董联声　编著

东北方言词条集成

（第一册）

线装书局

图书在版编目（ＣＩＰ）数据

东北方言词条集成：全 4 册 / 董联声编著 . -- 北京：
线装书局 , 2015.5
　ISBN 978-7-5120-1765-8

　Ⅰ . ①东… Ⅱ . ①董… Ⅲ . ①北方方言－方言词典－
东北地区 Ⅳ . ① H172.1-61

中国版本图书馆 CIP 数据核字 (2015) 第 032113 号

东北方言词条集成

编　著	董联声
责任编辑	赵鹰
出版发行	线装書局
地　址	北京市西城区鼓楼西大街四一号
邮　编	一〇〇〇九
电　话	六四〇四五二八三
网　址	www.xzhbc.com
印　刷	三河友邦彩色印装有限公司
字　数	一二一六千字
印　张	一二五
版　次	二〇一五年八月第一版第一次印刷
印　数	一二〇套
定　价	二九八〇元（全四册）

ISBN 978-7-5120-1765-8

9 787512 017658 >

卷 首 语

　　人类文明中最精彩、最可贵的创造就是语言，语言又根据地域不同有多国语言，多国语言中又有许多方言，东北方言就是中国诸多方言中极具特色、璀璨夺目的一颗明珠。东北方言充满了浓郁的地方特色和乡土气息，是丰富多彩的东北文化的一个重要组成部分。

　　东北方言流行和分布面积极广，主要流行于黑龙江、辽宁、吉林三省和内蒙古自治区东北部广大地区。东北方言的内容十分丰富，且诙谐幽默，趣味横生，这部《东北方言词条集成》便是在编之使人捧腹不止、读之使人忍俊不住的情趣中编辑而成，其韵味、其情趣非编者不能领略其万一。

　　东北方言浩瀚无涯，繁如烟海，如果仅靠一人单枪匹马、孤家寡人去搜集、挖掘、整理，似乎为个人能力所不及，其难度可想而知。这部书的资料来源，一是作者举半生精力 40 余年在民间尤其是在广大农村采撷、记录、整理的结晶；二是采用和借鉴小说、戏剧、电视剧、小品等文学作品中所使用的东北

方言；三是依靠《辞海》以及词典、字典等多种工具书。东北
方言收集高潮时期，尚无网络出现，只能依靠上述手段。由于
个人能力十分有限，尽管历经千辛万苦，呕心沥血，耗尽心血，
仍会挂一漏万，有许多精彩的东北方言未能收集其中，确实是
件令人遗憾而又无可奈何的事。本书共分为四部分，一是东北
方言中的日常生活与日常生活一般用语，二是东北方言中的专
用名词，三是东北方言中的专用动词，四是东北方言中的歇后
语，另外附录了大兴安岭林区的"林区之怪"和林区行话术语。
之所以将东北方言分为四部分，这是因为东北方言中的四个内
容风格各异，内容各有不同。东北方言中的日常用语，是东北
方言的主体，人们在日常对话和交往中往往不经意间脱口而出，
毫无掩饰或矫揉造作，相互间完全能够理解而不存在费解现象，
且用量极广，通俗易懂；与之相反，如果不是东北人或不熟悉
东北方言，往往不能理解东北方言土语的基本内容甚至出现笑
语。如"褶子"并不是折皱而是"出问题、事情糟糕"之意；"遮"
是"掩饰"之意；"下蛆"根本与蝇蛆无关，而是"在背后说坏话、
使坏招"之意。东北方言中有相当一部分是专用名词和动词，
这在东北方言中占相当大的比例。这部分专用名词和动词又不
同于日常用语、方言土语，有着特定的内容和含义，离开流行
地区便成为生涩怪僻之词而令人费解，如"孤老棒子"并不是
木棒而是"无儿无女的老人"之意；"老抠"是年纪较大的男
人对媳妇的昵称；"波罗盖儿"就是"膝盖"；"土鳖"是"乡
巴佬""不谙世事"之意而绝非鱼类；"鸳鸯"并不是指鸳鸯鸟，

而是指一对物品因故成单;"坐车"根本与乘坐车辆无关,而是"借光、借力"之意等。其他地区的人会绝然不懂或出现误解而闹出笑话,这类名词不胜枚举,比比皆是,信手拈来。东北方言中最具特色、妙趣横生、诙谐幽默而又使用极广的是东北方言中的歇后语。东北歇后语是东北方言中重要组成部分,它以独特的结构、丰富而深刻的内容、生动而独具一格的表现形式为东北群众喜闻乐见,具有鲜明的地方特色和浓郁的乡土气息,是东北方言中最精彩部分,更是一种特殊的口头文化。在收集、整理过程中,作者注意到这样一个问题,即东北方言中的歇后语广泛流行于东北广大地区,妙趣横生,相当精彩,编之、读之、阅之,均使人捧腹不止,忍俊不住。有些歇后语虽看似粗俗、土气,但内容丰富而健康,诙谐而幽默,如"月子里会情人——宁伤身体不伤感情""耗子吃猫咂儿——感情处在那儿了"等等,因此被广泛收入书中;而有一部分歇后语充满"黄色"或俗不可耐,语言和内容均不健康,虽然流传很广,使用频率极高且朗朗上口,妙趣横生,但也只能因其有伤大雅而忍痛割爱,弃充之不用。

这部《东北方言词条集成》并不是一部学术性很强的文化大餐或文学大作,只能作为人们茶余饭后消遣休闲的茶点小吃和普及性读物。但由于它轻松活泼,幽默诙谐,通俗易懂,也许会引起各类人士的关注和阅读兴趣,使人不知不觉中走进东北方言的博大世界之中。

本书附录部分即大兴安岭"林区之怪"和林区"行话术语",在大兴安岭林区流传甚广,几乎人人皆知,妇孺皆知。由于作者长期生活、工作于大兴安岭林区，非常熟悉和了解林区的林业生产和林区生活，也相当了解和掌握"林区之怪"和"行话术语"的特定内容，因此将"林区之怪"和"行话术语"进行了较翔实的解释。林区人民群众津津乐道的"林区之怪"和"行话术语"，是东北方言的组成部分，因此特将其附录本书之后。

由于东北方言词汇众多，浩如烟海，作者虽举毕生精力，费尽九牛二虎之力搜集和整理，但仍有许多遗漏之处，成为永久的遗憾。解决的办法，一是在实际生活中仍需继续补充完善；二是留些遗憾，留些空白，有待各方专家、学者和有识之士给予指导、补充和雅正，使再版时减少遗憾。

所要说及的是，作者即不是学术大家，又不是语言大师，是不过是文学爱好者和业余民俗工作者，充其量被称为"有心人"，因此本书难免有许多遗漏和谬误，也许会贻笑大方。殷切希望抛砖引玉，与诸位有识之士共同继续挖掘整理，使之日趋完善，更期望批评指正，不吝赐教。

编 著 者

2014 年 12 月于内蒙古扎兰屯市

序

　　董联声先生编著的《东北方言词条集成》初稿完成，在正式出版之前，请求我为本书作序。盛情难却，我便以一个东北人和东北方言、东北文化的研究者、热爱者的身份，谈谈我的认识和感受，以满足董先生的愿望。

　　当我看到厚厚的、沉甸甸的书稿时，着实令我既钦佩又感动。编著者董联声先生既不是研究所的专业研究人员，也不是高等院校的教授、副教授，而是一位已经退休的基层行政领导干部。编著这样一部专业性很强却没有任何功利而言的大型语言专著书籍，完全出于对东北方言的热爱和执着追求。试看功利熏天、追逐利禄不惜手段的当今社会，这样淡泊名利而潜心学问的业余研究者，尚能有几人？

　　董联声先生编著的《东北方言词条集成》一书，共收集东北方言词条1.1万余条，是迄今为止收集东北方言词条最多的一部东北方言专著，也是他40余年坚持不断地收集、整理东北方言结出的累累硕果。为收集、采访、调查、整理东北方言，他的足迹几乎踏遍了东北三省和内蒙古自治区东部区。所收集的东北方言词条，皆具浓郁的东北特色，充满了东北文化。近十几年间，许多人都在研究、整理东北方言，先后出版了一些东北方言词典或专著如 1991 年 6 月马思周、姜光辉主编的《东北方言词典》、2010 年 12 月尹世超主编的《东北方言概念词典》、2010 年 12 月肇恒玉、黄殿礼编著的《魅力东北话》、2012 年 12 月唐聿文编著的《东北方言大词典》等，但所载的东北方言词条均远没有董联声先生所编著的《东北方言词条集成》所载入的东北方言词条数量多，董联声先生所编著的《东北方言词条集成》词条多达 11000 条之多，也没有将东北歇后语列为东北方言，更没有将浩如烟海的东北方言进行详细分类，这都是董联声先生的独创，也是董联声先生对东北方言研究的突出贡献。

随着社会的发展、普通话的推广和普及，各地方言都在急剧发展变化，许多方言已经处于濒危状态或即将处于濒危状态。毋庸置言，抢救方言，保存方言，已经成为方言工作者的首要和刻不容缓的紧迫工作。作为流行面积最广、使用频率最高、词条数量最多的东北方言，其发展趋势同样面临濒危状态。随着普通话的普及和东北方言一步步进入濒危状态，东北方言的语词和词汇正在悄悄消失，许多词汇已经不被年轻人理解和使用。语言是文化的载体，语言的消亡在很大程度上代表着文化的消亡。以豪爽、粗犷、勇敢、彪悍为内涵的东北文化，是中华文化的重要组成部分，代表了黑山白水间世世代代繁衍生息的劳动人民的精神和智慧，离开了东北方言，这些东北文化便成为无源之水、无本之木，独特的东北文化精髓将何所寄附？

东北方言与北京官话有着密切的渊源，有理论认为，今天的北京官话就是女真入关时期的东北方言。我们暂且不去深入研究、讨论这种理论的正确与准确程度，但是，东北方言与北京官话的关系的确是"剪不断，理还乱"。研究北京官话的历史，离不开东北方言，研究普通话，同样离不开东北方言。满语和东北方言的关系也相当密切，研究满语更离不开东北方言。而董联声先生的大作，正可以为这些研究提供原汁原味的东北方言的语料或词条。当然，对于东北方言自身的研究来说，这些原始材料尤为宝贵，将是一笔用之不竭、随手拈来的宝贵财富。

诚如董联声先生所言，东北方言产生于广袤的黑土地，是众多民族相互影响、相互融合的结晶，是一种广泛流行于我国辽宁、吉林、黑龙江和内蒙古自治区东部地区的独立的方言体系。作为普通话基础母语的东北方言，具有生动形象、风趣幽默、粗狂豪爽、表意准确、言简意赅的特点。东北方言之所以能够成为中国普通话的基础母语，有着广泛的兼容性和原则性。所谓兼容性，多元文化的南北交汇、东西交汇，构成源远流长、博大精深的东北文化、东北方言；所谓原创性，是与鲜明的地域性紧密联系在一起的，黑山白水间，形成了地域性语言。而东北方言语词量十分丰富，浩如烟海，没有人能够将东北方言全部收集殆尽，只能在使用和研究、整理中逐步发掘和整理。

作为一个纯粹的东北人，一个语言研究工作者，一个东北

文化研究工作者，我由衷敬佩董联声先生，敬佩他不辞劳苦、
默默无闻、潜心研究、执着追求的求学精神；敬佩他对家乡的
无私奉献和付出精神。同时我也感谢董联声先生，感谢他为我
们和我们的后代"留住"祖宗的语言，感谢他挖掘、挽救了行
将濒危的非物质文化遗产。

　　是为序。

　　　　　　　　　　　　哈尔滨师范大学　教授郭圣言
　　　　　　　　　　　　2014 年 10 月 5 日于哈尔滨

目 录

日常生活用语

A

挨个儿 āi gèr　"挨"读 aī，下同。逐个，排队。

【例句】北京奥运会开幕式门票非常难买，得提前几个小时去挨个儿排队！又如电视小品《拜年》中台词：要是不答应，就把王八捞出来挨个儿放血！

挨班儿 āi bānr　顺序，一个挨着一个。

【例句】大家排好队，挨班儿检查！

挨板儿 āi bǎnr　①一个挨着一个。②同"挨个儿"。

【例句】①大家排好队，等一会儿挨板儿给大家验血！②大家别着急，一个一个挨板儿检查身体。

挨剋儿 āi kēir　受批评，受训斥。

【例句】今天我在家看世界杯足球赛而没去上课，结果挨剋儿一顿！

挨排儿 āi páir　①挨着排次序。②一个不漏。

【例句】①老张家挨排儿生了三个丫头。②这机器要挨排儿检查，看毛病究竟在哪里。

挨肩儿 āi jiānr　兄弟姐妹中排行相连，年龄相差很小。

【例句】老赵家挨肩儿 4 个都是小子。

挨边儿 āi biānr 接近，涉及。

【例句】你说的事儿和我可不挨边儿。又如这两件事儿根本不挨边儿！

挨帮靠底 āi bāng kào dǐ 也说"挨边儿靠己" ①指人与人之间关系非常密切、牢靠。②指物品摆放得非常整齐。

【例句】①要说他俩的关系，那可挨帮靠底的，老铁了！②你把苞米挨帮靠底地码好，别塌架了！

挨壁儿 āi bǐr "壁"读bǐ。突出"儿"音。①左邻右舍即邻居。②房屋相邻、相挨。

【例句】① 咱们挨壁儿住着多少年了，谁还不知道谁啊！②人家朝阳村挨壁儿的清一色大瓦房，都是近几年新盖的！

挨熊 ái xióng "挨"读ái，下同。 ①被批评、训斥。②受别人欺负。

【例句】①该破的案子始终破不了，今天又挨了局长一顿熊！又如考试不及格，今天又挨了父母一顿熊。②我的个子小，在班里总挨大同学熊！

挨梃 ái tìng 也说"挨撸"，意思相同。"梃"即"打""揍"，引申为挨批评，遭训斥。

【例句】那小子真不长记性，今天又挨了领导一顿梃。

挨崩 ái bēng 受批评，受训斥。

【例句】考试不及格，又挨崩了吧！

挨堆 ái duī 感到窝囊。

【例句】我是怎么了，不论表现多好，总是挨堆！

挨擂　ái léi　挨打，挨揍。

【例句】怎么了，今天又挨擂了？

挨骂　ái mà　受到别人的骂。

【例句】今天又挨骂了吧？谁让你就是不听话呢！

挨宰　ái zǎi　被不法商贩索要高价、缺斤少两等欺诈。

【例句】昨天我们吃饭挨宰了，多要好几十块钱！

挨呲儿　ái cīr　被训斥，被斥责。

【例句】你就长了个挨呲儿的脑袋，不挨呲儿就不长进！

挨憋　ái biē　①受局限，受制约。②因经济拮据而为难。

【例句】①有俩儿钱儿就乱花，怎么样，真正用钱就挨憋了吧？②去海南旅游，结果把带的几个钱儿花个溜干净，连回来的路费都没有了，真叫挨憋！

挨刀儿的　ái dāor de　一种含有嗔意的骂人语，意即"挨刀杀的"。

【例句】你这个挨刀儿的，我的意思你怎么就不明白？

哀咕　āi gu　"咕"字发短促轻音。哀求，恳求，低声央告。

【例句】任孩子怎么哀咕，我就是没答应！又如你和他哀咕啥呀，实在不行就算了！

矮憋　ǎi bie　"矮"字发重音。窄小憋屈。多形容房屋空间狭小使人感到压抑。

【例句】这么多年，你就住这么个矮憋的房子啊？

矮趴趴　ǎi pā pā　形容房舍等建筑物非常低矮。

【例句】你怎么盖了个这么矮趴趴的小房子？要盖就盖个大点儿的房子！

矮敦敦 ǎi dūn dūn ①形容人的个子既矮又粗。②形容物体短粗。

【例句】①就你矮墩墩的个子，就像武大郎，也想上春晚演出？②这台机器矮墩墩的，没看出有什么出奇的地方。

矮子里拔将军 ǎi zi lǐ bá jiāng jūn 在现有的条件下勉强选出相对突出者，即"矬子里拔大个儿"。

【例句】我也就是矮子里拔大个儿，成绩也不算太好！

爱咋咋地 ài zǎ zǎ dì "地"字发重音。不管别人怎样想，不计后果，自己想怎么样就怎么样，想怎么办就怎么办，其他无所谓。

【例句】这次北京我去定了，谁爱咋咋地！又如反正我又没钱，爱咋咋地！

爱脸儿 ài liǎnr 爱面子。

【例句】说你几句你就受不了，你还真爱脸儿！又如她那个人挺爱脸儿的，绝不会主动去求你！

爱物 ài wu "爱"字发重音，"物"字发短促轻音。心爱的玩意，喜欢的物品。

【例句】那辆老掉牙的破车倒成了他的爱物，每天不停地鼓捣！又如我家的那座老式挂钟是个古董，是我爷爷爱物，谁也不能动！

爱谁谁 ài shéi shéi 不管是谁，无论是谁。一种不管不顾的样子。

【例句】爱谁谁，咱们玩儿咱们的！

爱小儿 ài xiǎor 贪图小便宜，图小利。

【例句】你那姐夫真是爱小儿的主儿，无利不起早，不占便宜不罢休！

爱人儿肉 ài rénr ròu 讨人喜欢、喜爱的模样。

【例句】武东博长了一身爱人儿肉，真叫人稀罕（喜欢）！

爱人儿 ài rénr 招人喜爱，讨人喜欢。

【例句】这孩子真爱人儿，真是我的心肝宝贝！

碍 ài 顾及某人的情面。

【例句】不是碍老书记的面子，我早就和他翻脸了！

安稳客 ān wěn qiě “客”读 qiě。守规矩的人。多用于否定句即不是个安分守己的人。

【例句】他不老实，你也不是安稳客！

安席 ān xí 请来宾入座。

【例句】快请客人安席，宴会马上就开始了！

安眼儿 ān yǎnr ①出丑，丢脸。②硬加或加重罪过。③碍眼。

【例句】①他早不说晚不说，调查组一来他就说，这不是成心给我安眼儿吗？②已经给我处分了还揭旧事，这不是成心安眼儿吗？③你在这里真安眼儿，赶快走开吧！

安问 ān wèm 问候，慰问。

【例句】邻居家出了点事儿，过去安问安问。

安心 ān xīn 成心，故意，故意而为。

【例句】他这么做，不是安心吗？

唵 án ①疑问叹词。②表示要求的叹词。

【例句】①谁让你逃学的，唉？②老师，请让我参加足球队吧！唉？

揞 ǎn ①用手指把粉状物往物体表面按。②硬加，妄加。

【例句】①手烫伤了，先揞上点大酱再上医院。②你办的滥事别往我身上揞。

揞赃 ǎn zāng 栽赃陷害。

【例句】这都是赵四他们几个人给我揞赃，设好了圈套叫我钻！

按点儿 àn diǎnr 按照、依照规定的时间。依照规定的钟点。

【例句】按点儿上班下班，这是最起码的规定，你难道不知道吗？

按班儿按点儿 àn bānr àn diǎnr 同"按点儿"。

【例句】都给我按班儿按点儿上班，迟到早退可不行！

按天儿跑 àn tiān pǎo 按天计算，按日计酬。

【例句】这活儿咱们是按天儿跑，每天一结算。

按葫芦抠子儿 àn hú lu kōu zǐr ①顺着事物的过程和顺序。②精打细算。

【例句】①这点儿救济款你就按葫芦抠子儿一个一个去发，绝不能出错！②你也不用这么按葫芦抠子儿的算计，也不是你的买卖！

按下葫芦浮起瓢 àn xià hú lu fú qǐ piáo 比喻顾此失彼，不能兼顾。

【例句】这简直是按下葫芦浮起瓢，被盗的事儿还没破案，汽车肇事的事儿又叫我忙不过来了！

　　嗷唠 āo lao　"嗷"字发重音，"唠"字发短促轻音。①大声喊叫。②突然喊叫。

　　【例句】①你在那儿嗷唠什么呢？发生什么事儿了？②你突然嗷唠一嗓子，还真吓人一跳！

　　嗷嗷叫 āo āo jiào　象声词，形容情绪激动而乱喊乱叫。

　　【例句】看到战友们一个个倒下去，大家急得嗷嗷叫。

　　嗷嗷的 áo áo di　形容某种反应很强烈或哭声很强烈。

　　【例句】听说低保停办了，大家急得嗷嗷的，都跑到村部问个究竟！又如这么大个人了，看见打针还吓得嗷嗷的，真叫没有出息！

　　懊糟 āo zao　"懊"字读 āo 并发重音，"糟"字发短促轻音。窝火，生气，因问题长期得不解决而产生烦恼和懊丧。

　　【例句】孩子他爹的见义勇为问题一直没解决，到现在我们还懊糟着呢？又如这几天可把他懊糟坏了，人都瘦了一圈了！

　　熬发 āo fa　"熬"字读 aō 并发重音，"发"字发短促轻音。化脓。

　　【例句】我的伤口熬发大了，得赶快去医院！

　　熬扯 áo che　"熬"字读 aá，下同。"扯"字发短促轻音。忍受困难的煎熬。

　　【例句】这上有老下有小的，真够你熬扯的！

　　熬揹 áo ken　"揹"字发短促轻音。①艰难度日。②长期缺乏营养使身体受到损耗。

【例句】①老公在外打工，我一个人在家熬揹，日子非常艰难。②上山打火去了十几天，缺吃少喝的，可把人熬揹坏了！

熬星盼月 áo xīng pàn yuè 在满怀希望中艰难度日。

【例句】你出外打工，媳妇一个人照顾老伺候小，熬星盼月地等你回来，你这么做，你对得起谁啊？

傲拉巴登 ào la bā dēng 食品变质发出的怪味。

【例句】香肠放时间长了，有股傲拉巴登的怪味。

B

八 bā ①虚指最多、最大。②没有，没影儿。

【例句】①一口八个不同意，抬出八辈祖宗也不行。②别听风就是雨，根本没有那八事儿！

八打 bā dǎ 八成，大概，八分可能。

【例句】东北大帅吴俊升从小识马，马的优劣他一搭眼就知道八打。

八开 bā kāi 形容动作或语音持续时间很长。

【例句】你这个人可真死心眼儿，好话说了八开，你就是不动心！

八败 bā bài 迷信说法的八种灾害,如克夫、丧子、妨公婆等。

【例句】我这几年可真犯了八败,恶事一件事儿接着一件事儿!

八街 bā jiē 许多地方,很多地方。

【例句】这件事八街都知道,你能不知道?

八九 bā jiǔ 八九不离十,差不多,绝大部分。

【例句】虽然你没明说,但这事儿我已估计的八九了!

八谱 bā pǔ 大致的模样,大概是这样。

【例句】这事儿八谱准能成,放心吧!

八出戏 bā chū xì 比喻家庭成员间经常发生的不和或矛盾。

【例句】我们家常闹八出戏,一直挺闹心的!

八刀匠 bā dāo jiàng 多次离婚再嫁的女人。

【例句】老李婆子就是个八刀匠,结过多少次婚了?

八宗事儿 bā zōng shìr 根本没有或不存在着的事。

【例句】说我偷着扎吗啡(毒品)?根本没有那八宗事儿!

八辈子 bá bèi zi ①形容时间已经过去了很久。②时间将延续很长。

【例句】①这都是八辈子的事儿了,你怎么又提出来了?②电视小品《不差钱》中丫蛋儿台词:你要是把我领上了道儿(《星光大道》),我代表八辈子祖宗感谢你!

八百辈子 bā bǎi bèi zi 也说"八百年"。形容时间已经过去了很久、很长时间。是一种虚指而非实指。夸张性用语。

【例句】都八百辈子的事儿了,谁还能想起来?又如想让我给他道歉?等八百辈子以后再说吧!

八成儿 bā chengr 很可能，很有希望，差不多。

【例句】他提干的事儿八成儿有希望了！又如房屋拆迁八成儿商量的差不多了！

八辈儿祖宗 bá bèir zǔ zōng 不是实指，而是形容列祖列宗，很古老的祖宗。诙谐性用语。

【例句】电视小品《不差钱》中，丫蛋儿对毕姥爷说："你要把我领上道儿（《星光大道》），我八辈儿祖宗都感谢你！不，我代表八辈儿祖宗感谢你！"

八面见光 bá miàn jiàn guāng 形容人为人过于圆滑、老于世故，到处买好而不得罪人。

【例句】那小子八面见光，从不得罪人！又如你也不能八面见光，该坚持原则还得坚持原则！

八百六十遍 bā bǎi liù shí biàn 形容次数非常多。夸张性用语。

【例句】我已经告诉你八百六十遍了，你怎么就记不住呢？

八杆子打不着 bā gān zi dǎ bù zháo ①形容人际关系中有很远的亲戚关系却根本素无来往。②形容人与人或人与事之间毫无瓜葛，毫不相关，根本拉不上关系。诙谐性用语。夸张性用语。

【例句】①他是我一个八杆子打不着的远亲，毫无往来。②这事可与我八杆子打不着，和我毫无关系！

八杆子拨拉不着 bā gān zi bū la bú zháo "拨"读bū。同"八杆子打不着"。

【例句】这事儿和我根本八杆子拨拉不着,别把我牵扯进去!

八字儿还没有一撇 bá zìr hái méi yǒu yī piě 也说"八下还没有一撇儿"。尚无头绪,尚无结果,距事实、目标或真相相距甚远。

【例句】别听他瞎扯,考公务员那事儿八字儿还没有一撇呢!又如孩子的婚事八字还没一撇儿呢,刚刚有人提亲!

八杆子压(打)不出一个闷屁 bā gān zi yà bù chū yī gè mèn pì 形容人性格非常内向,不善言辞,极不爱说话。诙谐性、夸张性用语。

【例句】那人八杆子压(打)不出一个闷屁,这么大的事儿指望他还行啊?

扒 bā 仿照,模仿。

【例句】这爷俩儿长得可真像,就像扒出来的一样!又如你就照样子扒就行!

巴不得 bā bu dé 求之不得,迫切希望,正是心中所想。

【例句】你们巴不得我早点儿死了,好分我那点儿家产!又如巴不得不安排我公出,我家里还有不少事儿呢!

巴及 bā ji "及"字发短促轻音。巴结。

【例句】我刚刚退下来,就没人巴及我了,真是世态炎凉啊!

扒查 bā cha "扒"字发重音,"查"字发短促轻音。①仔细看。②寻找。③向上爬。

【例句】①你再扒查扒查仔细找找!②你在那儿扒查啥呢?③总想扒查个一官半职。

扒扒查查 bā ba chā chā ①形容手刨脚蹬非常费劲、费力的样子。②勉强。

【例句】①扒扒查查爬上树看"二人转"，就不怕摔着？②那小子野心不小，到底扒扒查查当了个官儿！

扒拉 bā la "拉"字发短促轻音。①拨动，翻动。②挑选。

【例句】①扒拉啥呢，挑一个就行了！②扒拉来扒拉去，也没有挑到一个好的！

扒眼儿 bā yǎnr 偷窥，在一旁看热闹，暗中看他人活动。

【例句】别光扒眼儿，也来玩两把吧！又如我兜里空空的没有钱，扒扒眼儿过瘾吧！

扒瞎 bā xiā 形容人瞎说，胡说，没根据乱说，胡乱编造事实。

【例句】你这个人真能扒瞎！又如你纯粹是扒瞎，哪有这种事儿？

扒扯 bā che "扯"字发短促轻音。①述说以前的事情。②不分青红皂白地批评、斥责。

【例句】①过去的事儿你就不要再扒扯了，你就说现在怎么办吧！②还没容我说话，处长就把我扒扯了一顿！

叭叭 bā ba 前一个"叭"字读长音发重音，第二个"叭"字发短促轻音。胡说、无根据乱说。

【例句】电视连续剧《乡村爱情交响曲》中王云台词：你（指刘大脑袋）在那穷叭叭啥呢？你跟李秘书到底啥关系？

叭叭 bā bā 两个"叭"字均拉长读。娓娓动听地、信口不停地说话。

【例句】小品《心病》中，赵本山饰演的心理医生赵大宝的台词：我媳妇！我还叭叭给人家讲课呢！又如你在那儿叭叭说啥呢，这么神神秘秘的？

疤瘌节子 bā la jiě zi 物体表面留下的疤痕。多指人的皮肤非常光滑。

【例句】你的皮肤真好，一个疤瘌节子都没有！

疤疤瘌瘌 bā bā lā lā 形容物体表面凹凸不平、疙疙瘩瘩的样子。

【例句】这块儿布怎么买的？疤疤瘌瘌的，看不出来吗？

疤瘌狗啃 bā la gǒu kěn 形容物品就像狗啃过一样残缺不全、残破不平。

【例句】你看，这片苞米地被熊瞎子啃得疤瘌狗啃的，肯定减产不少！

巴咧咧 bā liē lie 不负责任地胡说、瞎说。

【例句】那人真能巴咧咧，一点真话都没有！

吧嗒 bā da ①象声词。人或动物进食时发出的声音。②回味，思考，琢磨。

【例句】①行了，吃就吃吧，你就别吧嗒吧嗒地啦！②这事儿办完我就后悔了，仔细吧嗒吧嗒还真不是滋味！

吧嗒嘴儿 bā da zuǐr ①同"吧嗒"。②品尝，玩味。

【例句】①坐在炕上抽"蛤蟆头"（一种东北烈性草烟），边抽边吧嗒嘴儿！又如满屋的饭菜香味馋得我直吧嗒嘴儿！②我吧嗒吧嗒嘴儿仔细一想，还真是这么回事儿！

拔顶 bá dǐng 也说"谢顶"。头部顶端无法或头发稀疏。

【例句】呦，老赵，四十多岁就拔顶了！

拔 bá ①非常，特别，很。②因身体接触冰冷的液体或固体而感到不适。

【例句】①老子起诉儿子，这事儿听着叫人心里拔凉。②天凉了，公园里的水泥凳拔凉拔凉的，加小心别凉着！又如这冰棍儿太凉，吃着拔牙。

拔凉 bá liɑng 一般重叠使用。形容非常凉，特别凉。

【例句】电视小品《心病》中赵本山饰演的赵大宝台词：我这心啊，拔凉拔凉的！又如河水刚刚开化解冻，那水拔凉拔凉的扎骨头！

拔尖儿 bá jiānr "尖儿"拉长音并突出"儿"音。①争强好胜，出人头地，爱出风头。②成绩突出，位居首位。

【例句】①那小丫头别看年龄小，可最能拔尖儿！②若论学习，他在班里可最拔尖儿！

拔尖儿起调 bá jiānr qǐ diào ①同"拔尖儿"①。②出新花招儿，出新主意压制别人。

【例句】①她就愿意拔尖儿起调，事事处处都不让人！②事情已经这样了，你就别再拔尖儿起调了！

拔梗梗 bá gèng geng 第一个"梗"字发重音，第二个"梗"字发短促轻音。逞强，不服气。

【例句】有我在，你就别想拔梗梗！

拔犟眼子 bá jiàng yǎn zi ①脾气执拗、固执，不听劝告。②因不同见解而挑起事端。

【例句】①这小子就是拔犟眼子的牛脾气，别跟他一般见识！②咱们不是在商量吗，你就别再拔犟眼子了！

拔豪横 bá háo hèng 形容人为人蛮横、强横，毫不讲理。

【例句】少在我面前拔豪横，我可不吃这一套！又如吴大帅（吴俊升）一贯拔豪横，连东北大帅张作霖也不惯着！

拔脚木 bá jiáo mu 借用俄语"离开""走开"之意。

【例句】你要是不走，我就先拔脚木了！

拔橛子 bá jué zi 别人得到好处而自己替他人受过或为他人收拾残局。

【例句】要干你干，拔橛子的事儿我可不干！又如你们拍拍屁股都走了，拔橛子的事让我干，没门儿！

拔出萝卜带出泥 bá chū luó bo dài chū ní 由一件事引出其他许多事，也指受牵连。

【例句】你就别再查了，弄不好拔出萝卜带出泥，牵扯到领导就不好办了！

把把 bǎ bǎ 两个"把"字均发重音。回回，次次，每一次。

【例句】你怎么把把赢呢（指打麻将），有什么秘诀吧？

把干 bǎ gān 吸收水份。

【例句】紫药水把干，治疗小伤口效果最好！

把脉 bǎ mài 中医号脉诊断。

【例句】大夫，给我把把脉，好像气有些喘不上来。

把尿 bǎ niào 从后面用手托起婴幼儿的两腿让她小便。

【例句】别忘了给孩子把尿！

把着儿 bǎ zhāor 把握方向，出主意。

【例句】这事我不知道怎么办，你一定帮我把着儿啊！

把身子 bǎ shēn zi 由于工作的特殊性而使身体受到限制，不能自由活动。

【例句】出纳员的工作太把身子，想离开一会儿都不行。

把家虎 bǎ jiā hǔ 过日子非常仔细节俭，处处算计而不乱花钱。含有贬义。

【例句】电视连续剧《樱桃》中的二嫂可真是个把家虎，过日子可真是把好手！

把式儿 bǎ shir 某一行业、某项技术的内行人。

【例句】你当了一辈子车把式儿，还能有什么大出息？

把儿攥 bǎr zuàn 极有把握，很有把握。

【例句】今年亩产千斤，那还不把儿攥哪！

把握儿的 bá wōr di 此处"把"读 bá，"握儿"拉长音。非常把握，十拿九稳。

【例句】这事儿你可把握儿的，千万不能出错！又如交给我你就放心吧，我办事儿把握儿的，准保没问题！

把不过来码 bǎ bú guò lái mǎ 对复杂的事情理不出头绪，感到无法处理。

【例句】你看我，身兼数职，操心的事情太多，经常把不过来码！

罢了 bà liǎo "了"字发长音。叹息语，表示"到顶了""没法再说了"。

【例句】看你这身打扮，中不中洋不洋，也真算罢了！

跋踏 bà ta "跋"字发重音，"踏"字发短促轻音。乱踩，踩踏。

【例句】别上去跋踏了，踩坏了人家还不找你算帐啊？

跋扎 bà zha "扎"字发短促轻音。同"跋踏"。

【例句】参观的人群在老王的试验田中乱跋扎，老王心疼极了！

霸气 bà qì ①霸道。压众。②气味猛烈。

【例句】①黑社会分子平时霸气十足，横行乡里，气焰十分嚣张。②东北蛤蟆头（旱烟）可真够霸气，又辣又冲。

霸头子 bà tóu zi 首屈一指，占据首位。

【例句】要说抖空竹，那他可霸头子，谁也不能比！

—巴— ba ①加在单音节动词后，表示动作反复、轻率。②放在形容词后边，表示情感的程度。③插入名词和词组中，表示情感的厌恶。④放在双音节名词、形容词后边，表示厌恶的色彩。

【例句】①碰巴、支巴、推巴等。如你俩在那推巴啥呢！②快巴、紧巴等。如前几年那日子过得可是紧巴紧。③老巴、直巴等。如老两口老巴早就睡觉了。又如这人是个直巴筒子。④眼泪巴嚓、淡了巴唆、死巴溜秋、酸巴溜丢、贱了巴唆、长巴咧些、嘴巴唧叽、恶心巴拉、艮拉巴叽等。如瞧你贱了巴唆的样儿！又如她躲在一旁眼泪巴嚓地默默流泪。

—吧唧— bā jī 同"巴"。

【例句】苦了吧唧，穷了吧唧，甜了吧唧，绿了吧唧，酸了吧唧，土了吧唧，瘦了吧唧等。如你这一身土了吧唧的，好意思参加人代会啊？又如过去那日子穷了吧唧的，怎么熬过来的啊？

掰 bāi ①分开。②破零。③分手，绝交。

【例句】①一共 200 多元钱，你俩路上掰开用。②这 100 元钱给我掰开！③我和他彻底掰啦！

掰交 bāi jiāo 绝交。

【例句】因为一点小事儿，他俩就掰交了。

掰脸 bāi liǎn 翻脸，闹意见。

【例句】急头掰脸的，你这是干什么？又如两句话不投机，两人就掰脸了。

掰扯 bāi che "掰"字发重音，"扯"字发短促轻音。①分辨，分析。②说清楚，说道理。

【例句】①你告诉我他是谁，我去找他掰扯掰扯！②吴俊升终于把自己的身份掰扯清楚，取得了督军张作霖的信任。

掰理儿 bāi lǐr 追究道理。

【例句】我根本不是为了钱，而是为了掰理！

掰生 bāi sheng "掰"字发重音，"生"字发短促轻音。①挑拨离间。②关系疏远，出现隔阂。

【例句】①我们本来是一对好兄弟，都是老刘到处瞎掰生，使我们俩出现了隔阂。②你可别这么说，把她们俩整掰生了咋整？

掰不开镊子 bāi bu kāi niè zi ①理不清头绪。②遇事分不清是非好歹或拿不定主意。

【例句】①你总是糊糊涂涂，遇事掰不开镊子。②嗨！真是的，到关键时刻我还掰不开镊子了呢？

白 bái ①不花任何代价。②没有任何报酬。③没分输赢。

【例句】①每天在我家白吃百喝还不领情！②这一天我算白干了，白忙乎一天一分钱没赚！③今天算白玩儿（打麻将），没输没赢！

白搭 bái dā 没有用处，毫无价值。

【例句】东西买了一大堆，钱花了不少，结果用不上，全白搭了！

白搭白 bái dā bái 没有所得，没起作用，没有效果。

【例句】这病治也治不好，打针吃药也是白搭白！

白捡 bái jiǎn 不付出代价而不劳而获。

【例句】谁家的钱也不是白捡的，也不能大手大脚啊！又如村长突然出车祸死了，让这小子白捡了个村长当！

白得 bái dě 没花任何成本、气力白白获得。

【例句】你又没参加比赛，只是个板凳队员，也同样有奖金，简直是白得！

白给 bái gěi ①白白奉送，没有价值。②形容人无能，没有真实本领。均含有贬义。

【例句】①这不是白给一样吗，还谈什么呢？②那人办事儿有一套，绝不白给！

白唬 bái hu　"白"字发重音。①能说会道，喋喋不休。②没根据胡说乱说，信口胡说。

【例句】①那小子真能白唬，说得头头是道！②这小子瞪眼白唬，脸都不红！

白话 bái hua　"白"字发重音。同"白唬"。

【例句】说点正事，别在那儿瞎白话儿啦！

白费 bái fèi　没有用，不起作用。

【例句】电视小品《牛大叔提干》中赵本山饰演的牛大叔台词：现在的人喝酒都能喝醉，我喝多少都白费——不醉！

白净 bái jing　"白"字发重音。形容人的皮肤白而洁净。

【例句】这姑娘长得虽然不算好看，但皮肤倒挺白净的！

白睖 bái leng　"白"字发重音，"睖"字发短促轻音。用白眼仁看人即不用正眼快速看人，表示极度不满意、轻蔑或不重视。

【例句】赵老大很不高兴地白睖了他媳妇一眼，一甩袖子就走了。又如有什么话你就说，也不用白睖我！再如一听这话，我白睖了她一眼，她赶紧停住了话头。

白瞎 bái xiā　"瞎"字拉长音读。浪费，糟蹋。

【例句】这些粮食没派上用场就发霉了，真白瞎了！又如这饭都让你吃白瞎了，什么事儿也办不成！

白乐呵 bái lè he　白高兴，空欢喜。

【例句】打了一天麻将，没输没赢，闹个白乐呵！

白吃饱儿 bái chī bǎor ①好吃懒做、干吃不做事的人。②没有真实本领的人。含有贬义。骂人语。

【例句】①我看你就是个白吃饱儿，一天也没有个正事儿！又如一个大男子，就在家白吃饱儿，一家子人喝西北风啊！②你简直就是个白吃饱儿，什么真本领也没有，干啥啥不中！

白瞪眼儿 bái dèng yǎnr 毫无办法，无计可施。

【例句】人家位高权重，咋说咋是，你个土老包子不白瞪眼儿？

白白话话 bái bái huō huō "话"不读 huà 而读 huō。形容能说会道，善于言辞。

【例句】那小子就是个铁嘴儿，整天白白话话，不知道哪句话是真的！

白脸儿狼 bái liǎnr láng 忘记别人给与的好处或帮助即忘恩负义。含有贬义。

【例句】别理他，那人就是个白脸儿狼！

白眼儿狼 bái yǎnr láng 同"白脸儿狼"。

【例句】做人不要做白眼儿狼，要知恩图报！

白扯 bái chě 白费力气，不起作用。

【例句】我一个小喽喽毫无面子，去了也白扯！

白事儿 bái shìr 丧事，即"红白喜事"中的白事儿，与喜事即婚事相对应。

【例句】最近几天净忙丧事了，刚闲下来！又如最近忙什么呢！给几家白事儿捞忙（详见"捞忙"）呢！

白玩儿 bái wánr ①不赚也不赔。多用于做生意。②娱乐活动没有输赢。

【例句】①买卖忙了几个月，今天一算帐，就是个白玩儿！②打了一天麻将，没输没赢，闹个白玩儿！

白忙乎 bái máng hu 白白费力，劳而无功。

【例句】电视连续剧《乡村爱情小夜曲》中谢大脚台词：我这一辈子啊，白忙乎，就这命了！

白帽子 bái mào zi 外行人，对业务、技艺或技术完全不懂。讽刺性用语。

【例句】让一个白帽子来当我们的业务领导，真不知道上级领导是怎么想的！

白挠毛儿 bái náo máor 也说"白捞毛"。空费力而无收获。含有贬义。

【例句】你别急，我一定让他费尽力气白挠毛！又如干了一冬带八夏，一分钱也没挣，闹了个白捞毛！

百嘛儿不是 bǎi már bú shì 什么都不懂、什么都不会的人。讽刺性用语。含有贬义。

【例句】依靠他可不行，他百嘛儿不是！

白手拉爪 bái shǒu lā zhuǎ 两手空空，多指没带礼金或礼品。

【例句】人家办喜事儿，你就白手拉爪地去喝喜酒啊？又如我到海南旅游，白手拉爪就回来了，什么纪念品、土特产品也没买！

白不呲拉 bái bu ci lā 物体发白又不很白而且难看。

【例句】瞧你这身羽绒服，白不呲拉的，真不好看！又如这条裤子洗得白不呲拉的，就别穿了！

百套 bǎi tào 许多，百倍。用于"强、好"之后。

【例句】要说玩儿呼啦圈，那他可比你强百套了。

百天儿 bǎi tiānr 东北地区习俗，孩子出生一百天要摆酒席，宴请宾客庆贺孩子出生一百天。

【例句】村东头老唐家孩子百天，咱们去热闹热闹！

百八十个 bǎi bā shí gè 一百个左右，多指一百个之内。不是确定数字而是虚指。

【例句】修堤坝来了多数人？百八十个，有几个人没来！

摆弄 bǎi leng "摆"字发重音，"弄"字读 leng 并发短促轻音。①反复抚摸。②任意支使。③整治。

【例句】①他躲在一边儿一声不吭，就摆弄着那把小提琴。②你就带着我一块干吧，我们保证听你摆弄！③这家伙，这块地让你摆弄得真利索！

摆乎 bǎi hu "摆"字发重音。①炫耀。②摆动。

【例句】①出国打工挣了两个钱儿，不够他摆乎的了！②你别光摆乎手，有什么话你就直说！

摆咕 baǐ gu "咕"字发短促轻音。修理，反复摆弄。

【例句】赶快吃饭吧，别总摆咕你那些破烂玩意儿了！又如手机坏了，他摆咕了半天也没修好。

摆平 bǎi píng ①公平处理，使各方面都满意、平衡。②把严重后果化险为夷，处理妥当，各方都没意见。③收拾，惩戒。

【例句】①行，把这件事交给我，我肯定能摆平！②他们总是想吃掉我们，请您出面，千万要给摆平啊！③电视小品《功夫》中赵本山饰演的大忽悠台词：在十分钟之内我要不把他摆平，我就没法当你们的祖师爷了！

摆谱 bǎi pǔ 拿派，摆架子。

【例句】老板可真能摆谱，出门时带三、四个保镖，还开着大奔驰车招摇过市！

摆席 bǎi xí 大摆筵席，摆宴席招待客人。

【例句】老伙计，孩子结婚啥事摆席啊？

摆门面 bǎi mén miàn 讲究排场。

【例句】我这样做，纯粹是为了摆门面。

摆小摊儿 bǎi xiǎo tānr 在马路旁或市场摆放商品出售。

【例句】也没什么大买卖，在市场摆小摊儿混日子。

摆地摊儿 bǎi dì tānr 同"摆小摊儿"。

【例句】下班后去摆个地摊儿，挣俩小钱。

败家 bài jiā 诅咒语，使用范围很广词语。①不争气、不成器。②挥霍浪费，败坏钱财。骂人语。

【例句】①这败家的车，总也修不好！②那小子整天胡吃海塞，纯粹是个败家仔儿！

败家玩儿意儿 bài jiā wánr yìr 败坏家业的人，引指非常不争气的人。骂人语。

【例句】东北大帅吴俊升骂道：败家玩儿意儿，有能耐你就使吧！

败家子儿 bài jiā zǐr ①不务正业、挥霍家产的子弟。②挥霍国家资产的人。骂人语。

【例句】①你这个败家子儿，有多少钱叫你这么祸害！②王木生就是个败家子儿，王大拿的产业快叫他祸害光了！

败坏 bài huài 挥霍财钱，毁坏家业。含有贬义。

【例句】你这样做真是败坏门风啊！又如好好地一个家，都让你抽大烟败坏光了！

败祸 bài huo "败"字发重音。同"败坏"。

【例句】电视剧《走西口》中，梁满囤终于把裘家皮铺败祸光了！

败火 bài huǒ ①差劲，没出息。②泻火，发泄心中怨恨或不满情绪。③清火，消火气。

【例句】①你这个人真够败火的，与一个妇道人家争个没完！②赶紧给大爷找几个漂亮娘们，让老子败败火！③平时多喝点王老吉，那玩意败火！

败坏 bài huài 挥霍钱财，毁坏家业。

【例句】好容易攒点钱，都让你抽大烟（吸毒）败坏干净了！

拜把子 bài bǎ zi 通过盟誓结拜为兄弟。

【例句】我们几个人是拜把子兄弟！又如电视剧《乡村爱情故事》中，谢广坤硬要儿子谢永强同小金老板结成拜把子兄弟。

拜年嗑 bài nián kē 说好听的话，说恭维的话。

【例句】别看他长得肥粗短胖的,可真是会说话,满嘴拜年嗑!

拜逢 bài feng　"逢"字读 feng 并发短促轻音。巴结。含有贬义。

【例句】我也不是拜逢他,我是不得不向他汇报工作啊!

般搭般儿 bān dā bānr　①年龄仿佛。②各种条件或经历相等或相等。

【例句】①他俩儿年龄般搭般儿,正好是一对儿!②那小哥儿俩儿般搭般儿,每天都在一起玩儿。

般配 bān pei　"配"字发短促轻音。年龄、长相、身份、地位等非常相称。

【例句】香秀和李大国还真挺般配。又如王长贵和苏玉红太不般配了。

搬登 bān deng　"登"字发短促轻音。搬动,挪动。

【例句】把桌椅板凳都搬登出来,彻底清扫一遍。

搬死铆 bān sǐ mǎo　也说"凿死铆"。形容人过于认真、刻板、固执,不善变通。含有贬义。

【例句】你也别太搬死铆了,领导咋说就咋办呗!

搬死桩 bān sǐ zhuāng　同"搬死铆"。含有贬义。

【例句】你这个人就知道搬死桩,非得这么认真干什么?

扳不倒坐席—不是稳当客 bān bù dǒo zuò xí bú shì wěn dang qiě　"客"读 qiě。俗语,也是歇后语。①形容人不安分守己,惹是生非。②形容小孩子非常淘气,挨动手动脚。引申为不好对付。均含有贬义。

【例句】①这帮小子个个都是扳不倒坐席一不是稳当客，你可得多加小心！②你那孩子也是扳不倒坐席一不是稳当客，你得多加管教，等出了事了就晚了！

扳倒扶起　bān dǎo fú qǐ　旧房子拆毁后在原地建新房。

【例句】我家的房子是水灾后扳倒扶起的。

扳腚奏嘴儿　bān dìng zòu zuǐ　奏嘴儿即亲嘴。①比喻适得其反，引起与预想相反的结果。②不懂好坏。

【例句】①本想给老师送点礼，照顾照顾我的孙子。谁知扳腚儿奏嘴儿，老师把我批评了一顿！②那个扳腚奏嘴的货，就该狠狠惩罚他一下！

板　bǎn　①硬性改变、纠正某种坏毛病或不良习惯。②受拘束、约束。③控制。

【例句】①非把你这坏毛病板过来不可！②出纳员工作就是板身子。③车上人太多，板着身子站了几个小时！

板儿板儿　bǎnr bǎnr　两个"板儿"快速连起来读并突出"儿"音。①形容人穿戴整齐，举止讲究。②形容人不苟言笑，一脸严肃。讽刺性用语。

【例句】①瞧她一天板儿板儿的，活像个模特儿！②别看孙老板没啥文化，可整天板儿板儿的，真有派头！

板整　bǎn zheng　"板"字发重音，"整"读 zheng 并发短促轻音。整齐利索。

【例句】这件衣服穿在你身上可真板整！

板整儿的　bǎn zhēngr de　也说"板板整整儿的"。"整"

字读 zhēng，"整儿"拉长音读并突出"儿"音。①有头绪，有秩序。②衣着打扮齐整、利索。

【例句】①这件事儿可给我办板整儿的，别叫别人看笑话！②这次旅游，你给我打扮得板整儿的，别总像个土包子似的！

板板整儿整儿 bǎn bǎn zhēngr zhēngr "整"读 zhēng。①衣着整齐，利索。②行为中规中矩，非常规矩。

【例句】①咱们的老板，无论什么场合，总是穿得板板整儿整儿的，有个老板的派头！②他这个人，无论什么时候，都是板板整儿整儿的，从来不出什么差错！

扳招儿 bǎn zhāor 出主意，出招儿。

【例句】我初当领导，还靠老领导给多扳招啊！

板脚 bǎn jiǎo 因鞋瘦小鞋里或鞋底太硬使脚在鞋里很不舒服。

【例句】这鞋有些板脚，走长路非磨起泡不可！

板儿上钉钉 bǎnr shang dìng dīng 确定无疑,不可改变。

【例句】他当局长，那是板儿上钉钉的事儿，就等人大常委会讨论通过了！

板不住 bǎn bu zhù 克制不住，控制不住。

【例句】不让你喝醉酒，你怎么就板不住呢？

绊绊磕磕 bàn bàn kē kē ①行动不便，走路不稳。②遇事多有坎坷。

【例句】①你绊绊磕磕的，还到处走什么啊？②他们一家子老的老，小的小，绊绊磕磕一辈子走到今天，真不容易！

绊绊拉拉 bàn bàn lā lā 形容因故行路不方便，有些碍手碍脚。

【例句】这楼道里到处是破乱东西，绊绊拉拉的，走道儿得多加小心！

绊手拉脚 bàn shǒu lā jiǎo 妨碍手脚活动。

【例句】我每天带个绊手拉脚的孙子，怎么参加跳广场舞啊？

半疯 bàn fēng 形容人行为举止过于疯狂、乖张，一副疯疯癫癫的样子。并不是真疯，而是一种形象的比喻。

【例句】你一天疯疯张张的，怎么就像个半疯呢！

半红脸儿 bàn hóng liǎnr 双方都有些不高兴、稍有恼怒，但未达到真正生气、恼怒的程度。

【例句】两人话不投机，愈说愈僵，闹了个半红脸儿。

半旯边儿 bàn lǎ biānr ①只有一半的可能。②一半儿。

【例句】①你想跟他借钱，连半旯边儿也没有！②这张百元大票就剩半旯边儿了！

半拉架 bàn lǎ jià "拉"读 lǎ，下同。①技艺不精或功夫不到家。②事情正在进行中。③进度过半，接近完成。

【例句】①其实我的手艺只是个半拉架，还不能当师傅！②演出就要开始了，你可不能半拉架撂挑子不干哪！③楼房建到半拉架，资金没有了，只好暂时停工。

半拉磕叽 bàn lǎ kā jī ①不透彻，不完整，不完全。②物品不完整，残缺不齐，残缺仅剩一半。③形容人说话没说完。

【例句】①我的英语学得半拉磕叽，还不十分熟练。又如这楼房建得半拉磕叽的，想停工也不行啊！②这苹果被你啃得半拉嗑叽的，别人还怎么吃啊？③有什么话你就说完，半拉嗑叽的谁能听明白？

半半拉拉 bàn bàn lā lā　同"半拉磕叽"①②③。

【例句】①大桥建的半半拉拉的，怎么停了？②这钱半半拉拉的，不能花了，到银行去换新的吧！③你这没头没脑的话，说得半半拉拉的，谁能听懂？

半拉儿 bàn lǎr　半个，半块。

【例句】今天不太饿，我吃了半拉儿月饼就吃饱了。

半拉半儿 bàn lǎ bànr　"半儿"发重音并突出"儿"音。二分之一，半个。

【例句】杀过年猪,请全村人吃肉，一下子给我吃掉半拉半儿！

半瓶子醋 bàn píng zi cù　知识或学问、技能略知一二、一知半解。

【例句】我就是个半瓶子醋，让我当老师可不行！

半半咔咔 bàn bàn kā kā　也说"半半拉拉"。①技术不熟练，技艺不精，一知半解。②事情没有没有完成，处于中间状态。

【例句】①我的电脑技术也就半半咔咔的，谈不上精通！又如要说电脑技术，其实我也不精，半半咔咔的。②你家的小楼房怎么半半咔咔的就不建了？嗨！还不是没钱闹的！

半拉囫片 bàn lǎ hū piàn　也说"囫囵半片"。指事情未完成的状态。

【例句】这事儿办得半拉圆片的，什么时候是个完啊？

半半落儿 bàn ban làor "落"读 lào 并突出"儿"音。半路，中途，中间。

【例句】课刚讲到半半落儿，下课铃声响了。又如电视剧正看到半半落儿，突然停电了，你说急人不急人？再如足球赛正进行到半半落儿，突然下起大雨来了。你不是出国考察去了吗，怎么半半落儿回来了？

半截喽嗖 bàn jié lōu sōu 不完整，不全面，不彻底。

【例句】把话说明白点儿，半截喽嗖的，听也听不明白！

半拉子 bàn lā zi 指农村不到成年而参加劳动的少年。

【例句】小三是个半拉子，怎么干重活儿？又如东北大帅吴俊升小时候即放过猪也当过半拉子。

半达子 bàn dá zi 还未成年的半大小孩子。多指小男孩。

【例句】你一个半达子，不好好上学，当什么志愿者啊！

半截桩子 bàn jié zhuāng zi 指未成年的大小伙子。

【例句】这半截桩子似的小子可真能吃，一个人顶仨！

半大桩子 bàn dà zhuāng zi 同"半截桩子"。

【例句】这半大桩子人，天天在家白吃白喝一点劳动收入都没有。

半大小子 bàn dà xiǎo zi 同"半截桩子"。

【例句】这半大小子可真能吃，一个顶仨！

半语子 bàn yǔ zi 说话含糊，言语不清，语言有障碍。

【例句】你怎么说话像个半语子，能不能说清楚点儿！

半当腰儿 bàn dāng yāor ①不上也不下，处于中间或中游状态。②中间，中途。

【例句】①我的学习成绩处于半当腰儿，不上也不下！ ②说是去沈阳看"二人转"去了，谁知半当腰儿又返回来了！

半截腰儿 bàn jié yāor 同"半当腰儿"②。

【例句】答应陪同我去看电影的，谁知半截腰儿又变卦了。

半截落儿 bàn jié làor "落"读lào并突出"儿"音。同"半当腰儿"②。

【例句】电视剧正演到精彩处，半截落儿突然插播广告，你说急人不急人？

半死不拉活 bàn sǐ bù lā huó ①形容人萎靡不振，没有精神。②形容人处于昏迷状态。

【例句】①你一天浑浑噩噩、半死不拉活的，这日子可怎么过啊？②看到车祸，她吓得昏了过去，半死不拉活地被送到了医院抢救。

半拉眼儿没看上 bàn lǎ yǎnr méi kàn shàng 也说"半拉眼角没看上"。根本没瞧起，根本不入眼。

【例句】别看他当了村长，我可半拉眼儿没看上。

半傻不茶 bàn shǎ bú nié 形容人不精明，说傻不傻，说精不精，一副傻乎乎的样子。

【例句】你不看他表面半傻不茶的，其实精明得很，一肚子鬼心眼儿！

半掩门子 bàn yǎn mén zi 也说"半开门子"。半公开的妓女。

【例句】谁都知道那是个半掩门子的货，你和她可不许来往！

半大公鸡味儿 bàn dà gōng jī weir 半大公鸡即未长大的小公鸡。形容发出的声音就像小公鸡发出的沙哑、低沉的声音。讽刺性用语。

【例句】有人唱歌声音沙哑，张口就是半大公鸡味儿，却红得发紫，你说怪不？

伴拉儿 bàn lǎr 旁边，身旁。

【例句】宋老汉身体长年有病，身伴拉儿没人可不行！

办 bàn 操办酒席。多指婚礼酒席。

【例句】孩子结婚，什么时候办啊？

办事儿 bàn shir 泛指红白喜事、房子上梁、乔迁、祝寿、庆典、升学、小孩满月、生孩子等，统称"办事儿"。

【例句】老梁家今天办事儿，我去帮帮忙！

办个人儿 bàn ge rénr 多指中老年人或年龄偏大的人娶媳妇，再找老伴儿。

【例句】你的身体还不错，又有工资，怎么不办个人呢？

办置 bàn zhi "办"字发重音。操办，购置，采买。

【例句】搬进楼房了吗？家具办置的怎么样？

拌蒜 bàn suàn ①事情办糟糕了，出意外了。②形容人因醉酒等原因使腿脚不灵活，摇摇晃晃的样子。

【例句】①这下可拌蒜了，出门没带身份证！②怎么，喝多了？脚下直拌蒜！

帮 bāng 动词，从外边、外部贴上修补。

【例句】鞋后跟帮上块皮子还能穿。

帮贴 bāng tie "帮"字发重音，"贴"字飞短促轻音。帮助。

【例句】一个人单身在外，还要靠朋友多帮贴！

帮腔 bāng qiāng 从侧面帮助他人说话。含有贬义。

【例句】我们俩说事儿，用不着你帮腔！又如他俩吵架，你就别帮腔了！

帮帮伙伙 bāng bāng huǒ huǒ 结帮成伙。

【例句】咱们是革命组织，不能搞帮帮伙伙那一套！

帮狗吃食儿 bāng gǒu chī shír 替人说话，从中得到好处。含有贬义，骂人语。

【例句】你也是个帮狗吃食儿的货，一点立场都没有！

帮腔上不了台面儿 bāng qiāng shàng bù liǎo tái miànr 形容人本事再高，能力再强，也不能当主角，只能当配角或副手。

【例句】刘能再张罗，帮腔上不了台面儿，也只能勉强当个副村长！

梆当 bāng dang "帮"字发重音，"当"字发短促轻音。批评，斥责，敲打。

【例句】赵大娘贪小便宜吃大亏，被骗子骗走 3 万多元，被儿子狠狠梆当了一顿！

梆硬 bàng yìng 也说"梆梆硬"。指物体或食品非常硬。

【例句】这麻花梆硬的，真不好吃！又如这地冻得梆梆硬，没有挖沟机也挖不动啊！

棒硬　báng yìng　此处"棒"读 báng 不读 bàng。形容物品很硬，非常硬。

【例句】烀熟新鲜苞米非常好吃，放凉了棒硬的就不好吃了！

傍　bāng　"傍"读 bāng，下同。临近。主要指时间临近。

【例句】傍黑儿，傍亮儿，傍晌儿，傍亮儿、傍年跟前等，都是时间的接近、临近。如一直到傍年根底下他才回来。一直等到傍晌儿，也没见他回来。

傍叮　bāng dīng　傍临近，赶到。

【例句】他欠我 3 千多元钱，傍顶到大年三十才还给我！

傍着　bāng zhe　临近，接近。

【例句】傍着天黑的时候你再来，我在家等你！

绑丁儿　bǎng dīngr　"丁儿"突出"儿"音并拉长音。①连续不断。②死死盯住。

【例句】①你怎么绑丁儿往他家跑！又如咱们绑丁儿吵吵也不是根本办法，还是赶快想辙吧！②技术员绑丁儿在稻田里观察，才摸清了田鸡（林蛙）的生活习性。

绑身子　bǎng shēn zi　因特殊工作需要而限制行动自由。

【例句】当医生这工作有时太绑身子，如果患者太多，连上厕所的功夫都没有。

膀　bǎng　形容人身体长得粗壮、魁梧而高大。

【例句】那人长得精神，身体也挺膀的！又如演员尤勇长得可真膀，五大三粗的！

膀实 bǎng shi "实"字发短促轻音。同"膀"。

【例句】他哥儿俩长得都挺膀实的。

棒 bang ①形容人的本领、技艺等非常高、非常强。②形容人的身体非常强壮。③动词，哺乳期的妇女的乳汁饱胀几乎溢出。

【例句】①这钢笔字写得可真棒，不服不行！②小伙子体格真棒，是个运动员的身体。③奶水几乎要棒出来了，得赶快奶（nài，喂）孩子了！

棒槌 bàng chui ①非常笨，死脑筋。骂人语。②人参。③泛指各种木棒子。④一种洗衣服的工具。

【例句】①我要撒谎，我就是个棒槌！

棒子 bàng zi ①整穗玉米。②高装玻璃瓶。③对某地区、某行业人员的蔑称。④长而不硬。

【例句】①今年大丰收，苞米棒子又大又满粒儿！②服务员，再上一棒子酒！③他是个山东棒子！④今天上街买了些骨头棒子，回家炖酸菜！

棒子手 bàng zi shǒu 旧时在路边或隐秘处打劫的强盗。现代利用权力或势力强行行事的人也被戏称为"棒子手"。

【例句】我出摊儿买点儿货，维持个生活，你还要收保护费，你不成棒子手了吗？

傍边儿 bàng biānr "傍"读 bàng。①靠前。②接近。

【例句】①他会武把抄，三五个人傍不了边儿！②老爷子六十傍边儿了，快退休了！

包 bāo 赔偿。

【例句】假如赔了，我全给你包！

包屈 bāo qū 冤枉，心里委屈。

【例句】我包屈透了，怎么也说不清。又如怎么，刚说你两句，你就抱屈了！

包了儿 bāo liǎor "了儿"突出"儿"音。①全部买下。②全部承担。

【例句】①价格再低点，这菜我全包了儿！②你们每人交100元，缺多少我全包了儿！

包圆儿 bāo yuánr 同"包了儿"①。

【例句】这车西瓜你就别零卖了，商量商量价格，我全包圆儿！

包葫芦头儿 bāo hú lú tóur ①承担剩余的全部。②全部赔偿。

【例句】①每人交20元，如果不够，缺多少我包葫芦头儿！②这批货全部由我经营，无论赔赚，由我包葫芦头儿！

包锅 bāo guō ①全部。②全部承当。

【例句】①真是饿极了，3个人的饭菜叫我一个人包锅了！②你们能拿多少是多少（指金钱），不足的我一个人包锅！

包吃包住 bāo chī bāo zhù 免费提供吃饭、住宿。

【例句】活儿不算累，包吃包住，每月5000元，你看行不？

包着裹着 bāo zhe guō zhe 意同"藏着掖着"。竭力掩盖、遮掩。

【例句】这事儿也用不着包着裹着，没什么见不得人的！

包子有肉不在褶 bāo zi yǒu ròu bú zài zhě 不看表面现象而看实际情况。

【例句】包子有肉不在褶，看问题不要只看表面现象，一定要看实际效果！

苞米瓤子嗑儿 bāo mǐ ráng zi kēr 也说"苞米瓤子话儿"。①说难听的、互相抵触的话、抬扛子的话。②说令人讨厌、不中听的话。均含有贬义。

【例句】①你少说这些包米瓤子嗑儿！净抬杠！②你怎么光说些苞米瓤子嗑儿，会不会说点儿人话！

苞米瓤子话儿 bāo mǐ ráng zi huàr 同"苞米瓤子嗑儿"。

【例句】这次会亲家，多说好话，少说苞米瓤子话儿！

薄性 báo xing "薄"读 báo，下同。"薄"字发重音。不厚道，不大方。

【例句】随礼多拿两个钱儿，别显得太薄性，让人家说小抠儿！

薄情 báo qíng 同"薄性"。

【例句】那人就是个薄情人，对谁也是不冷不热的！

薄虚 báo xu "薄"字发重音，"虚"字发短促轻音。薄情寡意。

【例句】别动不动就提钱，显得多薄虚啊！

薄拉 báo la ①很少，仅有一点点儿。一般用作谦辞。②很低微，很廉价。多用于谦辞。

【例句】①这点儿礼虽然薄拉点儿，但这是我的一点儿心意，还请收下！②来，哥们儿，抽颗薄拉烟儿！我弄点儿薄拉菜，咱哥儿俩喝两盅！其他还有薄拉酒、薄拉地等多种。

薄边拉眼儿 báo biān lā yǎnr 形容人长得不丰满，不结实，非常单薄。

【例句】新娶的媳妇薄边拉眼儿的，好像有病！

保准儿 bǎo zhǔnr 肯定，一定。

【例句】你放心，我保准儿给你一个满意的结果！

保本儿 bǎo běnr ①不亏本。②不确定。

【例句】①倒腾了一车生猪，正赶上生猪落价，别说挣钱，保本儿就烧高香了！②他可能有点存款，有多少可不敢保本儿！

保不齐 bǎo bu qí 很有可能，不能保证，不能确定。

【例句】这孩子学习可真优秀，保不齐将来大有出息！又如13岁的孩子长一米八十多高，保不齐打篮球能进国家队！

保不住 bǎo bu zhù 同“保不齐”。

【例句】你别看今天还没出息，保不住将来就能成大款儿！

保媒 bǎo méi 为人介绍对象。从事这种职业的人被称作“媒婆”“红媒”，官称“婚姻介绍人”。

【例句】俺们的孩子还是你给保的媒呢！又如她婶子，请您给我儿子保媒呗，指定忘不了你的好处！

保媒拉纤儿 bǎo méi lā qiànr “纤”字读 qiàn。积极为他人牵线搭桥介绍对象，撮合男女婚事，类似媒婆。

【例句】电视连续剧《乡村爱情》中，谢大脚就是个保媒拉纤儿的主儿。又如谢大脚说：我保媒拉纤儿这么多年，还头一回看见你这么急的呢！

宝儿 bǎor ①说逗乐子话。②有滑稽动作的人。

【例句】①"二人转"演员浑身都有宝儿。②他是我们班里的活宝儿！

宝贝疙瘩 bǎo bèi gā da "疙瘩"读gāda。也说"宝贝蛋子"。比喻非常受宠爱的孩子。

【例句】我那宝贝疙瘩太淘，看孙子累得我上不去炕了！

饱打 bǎo dǎ 最大限度的肯定。

【例句】今年雨水勤，风调雨顺，饱打是个大丰收年！

饱汉子不知饿汉子饥 bǎo hàn zi bū zhī è hàn zi jī 吃饱喝足的人不理解饥饿的滋味。形容人不理解他人的苦衷或难处。

【例句】我看你就是饱汉子不知饿汉子饥，你一个月的工资好几千元，我们下岗职工才一千多元，能和你比吗？

报头子 bào tóu zi 领先，第一位。

【例句】要说科学种田，方圆百里，要数张旭科报头子了！

报熊 bào xióng 自甘软弱、消沉，自认技、艺或能力不如人而消极。

【例句】在怎么报熊了，还全指你给我们撑腰呢！

报庙儿 bào miàor ①东北旧风俗，人死后，亲属家人到土地庙烧香销魂，放声大哭，意在"销户口"。②形容像去报庙的人一样不停地哭叫。含有贬义。

【例句】①子时快到了，准备准备去报庙了！②别报庙了，快哄哄别让他再哭了！

报字号 bào zì hào ①旧时土匪的报号。②报出姓名。诙谐性用语。

【例句】①座山雕，草上飞等。②你是谁？报上字号来！

抱 bào ①结成团伙，抱团，结合在一起。②领养或过继他人的孩子。③苍蝇下蛆，引申为形容人长时间呆在一个地方不动。④分担，承担。

【例句】①多年不见的几个老同学一见面，大家乐得抱成一团。又如那几个河北老乡还真挺抱团。②老宋家刚刚抱了一个孩子，谁知是别人拐卖的。又如如果有相当的孩子，也给我也抱一个。③在那儿抱蛆呢，怎么不动？④割黄豆每人抱两根垄。每人抱一条垄，干不完不许收工！

抱蹲儿 bào dūnr 失业，无业可就，在家休息或四处流浪。

【例句】外出打工一夏天，一到冬天就抱蹲儿了！

抱窝 bào wō 本意是母鸡孵小鸡，引申为妇女生孩子。讽刺性用语。

【例句】她一直在家抱窝呢，还不知道是小子还是丫头！

抱膀儿 bào bǎngr ①袖手旁观，不闻不问。②双手交叉搭在双肩上。

【例句】①我一天忙得脚不沾地，你倒好，整天抱膀儿，吃饱就睡！②这天冷得直抱膀。

抱杆儿 bào gǎnr 毫无办法，无计可施。

【例句】孩子被绑架了，急得我直抱杆儿，就是不敢报警。

抱后腰 bào hòu yāo 撑腰的人，意同"抱粗腿"，找靠山。

【例句】我们几个外来户力孤势单，关键时候还需要个抱后腰的人。

抱一绝 bào yī jué 堪称一绝，绝技第一。

【例句】要说玩儿呼啦圈，那他可抱一绝，还在中央电视台表演过！

抱双儿 bào shuāngr 一个人占两个人的份儿，引申为"争强好胜"。

【例句】他这个人处处逞强，处处抱双儿。

抱团儿 bào tuánr ①几个人合在一起结成小团体。②形成合力。

【例句】①几个山东诸城人在哈尔滨打工，几个老乡挺抱团儿！②东北抗联赵尚志等几个人被日军团团围住，赵尚志几个人抱成团儿，与鬼子兵血战，宁死不屈！

抱孩子下井 bào hái zi xià jǐng 引申为深仇大恨。

【例句】他又没抱孩子下井，有什么解不开的矛盾呢！

豹子 bào zi ①比喻非常历害、非常有本领的人。②现代打扑克术语。三张完全相同的牌。

【例句】①他可是个豹子脾气，人人让他三分！②我是豹子，我赢了！

暴 bào 非常狠，特别狠。表示事情的严重性、严重程度。

【例句】这个月我可亏了个暴！又如你把我的名声丢了个

暴！再如他可出息个暴，土头土脑的一个庄稼佬当上了全国人大代表！

暴皮 bào pí ①因病、暴晒等原因使皮肤脱皮。②双眼皮儿。突出"儿"音。

【例句】①这几天阳光太足，我的胳膊都晒暴皮了！②那个姑娘双眼暴皮儿的，真挺好看！

暴土扬场 bào tǔ yáng cháng ①尘土或灰尘很大。②乱纷纷、乱糟糟的样子。

【例句】①这屋里怎么了，暴土扬场的？②长篇历史小说《三国演义》中，蜀中大将张飞独守当阳桥，遵诸葛亮计，故意赶拖树枝的马群来回奔跑，把林中弄得暴土扬场的，仿佛人马极多。

暴土狼烟 bào tǔ láng yān 形容外力将一个地方闹得乌烟瘴气。

【例句】土匪抢男霸女，无恶不作，把这一带弄得暴土狼烟的。

爆锅 bào guō 烹饪技术，热油加葱花等调料炒一下。

【例句】不着急吃饭，先爆锅炝个汤！

脖出溜 bé chū liu 打耳光，搧嘴巴子。

【例句】再逃学去网吧，看我不打你个脖出溜！

博役 bó yi 专指给日本人出劳役的人。

【例句】日本人真不是人，我给日本人当博役，吃够了苦头！

杯中酒 bēi zhōng jiǔ 酒杯里的酒，主要指喝酒时把杯中的酒一次性全部喝干，不许剩酒。

【例句】咱们杯中酒，喝完就吃饭！

背服 bēi fū "背"读 bēi。"背""服"两字均拉长音。"服"读 fū。妥贴，服从，从心里佩服。

【例句】这人办事极有本领，我真背服了！又如电视连续剧《乡村爱情故事》中刘能说：小样，就赵四一个人就能收拾你背服的，知道不？

背缺 bēi quē 替别人弥补亏空或承担责任。

【例句】你犯的错误闯的祸，难道还由我来给你背缺？

背累 bēi lěi 替人承担困难或帮助他人。

【例句】要不是他替我背累，我早就倾家荡产了。

背饥荒 bēi jī huang 欠债。

【例句】老婆脑血栓住院，花销太大，到现在还背着一身饥荒呢！

背包罗伞 bēi bāo luó sǎn "背"读 bēi，下同。形容携带的物品多而杂乱。

【例句】带这么多东西出国，背包罗伞的真不好带！

背着抱着一般儿沉 bēi zhe bào zhe yī bānr chén 无论怎样采取措施、方法都一样，没有实质区别。

【例句】其实背着抱着一般儿沉，你拿我拿（钱）还不都是老爹的钱！

北梆子 běi bāng zi 主要指东北人脑袋后部扁平。南方人前额突出即称"南勺子"。

【例句】北梆子，南勺子。

别逗 béi dòu "别"读 béi。不要开玩笑。

【例句】我已经落（读 lào）套了，你就别逗了！

倍儿 bèir 非常，特别，十分。

【例句】这人倍儿精，你还能唬了他？

倍奸儿倍奸儿 bèi jiānr bèi jiānr 形容人极其精明，极其聪明灵活。贬低性用语。

【例句】那人倍奸儿倍奸儿的，你哪是他的对手？

倍儿精倍儿灵 bèir jīng bèir ling 同"倍儿奸倍儿奸"。贬低性用语。

【例句】刘能倍儿精倍儿灵的，你还能骗了他？

背 bèi "背"读 bèi，下同。①运气不好，没有好运气。②听觉不灵敏，有些失聪。

【例句】①我这点儿可真够背的，一上午也没开壶做买卖没有成交！②啥？你大点儿声，我这耳朵有点儿背！

背字儿 bèi zìr 同"背"。

【例句】我这几年总走背字儿，处处不顺。

背晌 bèi shǎng 下午，错过阳光照射时间。

【例句】大日头的太热，背晌再铲地吧！

背阴儿 bèi yīnr 阴凉处。

【例句】找个背阴儿的地方，边吃饭边凉快儿凉快儿。

背风儿 bèi fēngr 不是普通话中的"背风儿"即风吹不到的地方，而是①能够安稳生活。②没有灾害、没有骚扰的地方。

【例句】①老板炒我鱿鱼，我还踹他呢，到哪儿不背风儿啊？②找个背风儿的地方，咱们消消停停地过安稳日子！

背静 bèi jing "背"字发重音。僻静，偏僻而无打扰。

【例句】咱们到公园里去谈，那里背静！

背道 bèi dào 偏僻、行人稀少的小道儿。不同于"背道而驰"中的"背道"。

【例句】那是一条背道，又黑又窄，没有几个人敢走！

背过气 bèi guò qì 由于疾病或其他原因暂时停止呼吸，但并不是真正死亡。

【例句】一听这话，吴大舌头吴俊升气得差点儿背过气去。

背旮旯儿 bèi gǎ lár 偏僻、狭小、人们不常到的角落。

【例句】呦！你家怎么住这么个背旮旯儿的地方？可真难找！

备不住 bèi bu zhù 也许，极有可能。

【例句】先把犯罪分子稳住，惊动了他，他备不住狗急跳墙！

被乎垛儿 bèi hu duòr 指几床被褥垛在一起。旧时曾是衡量是否生活富裕的象征。

【例句】进屋不用看别的，看看被乎垛儿就知道这家人家的贫富！

被驴踢 bèi lú tī 形容人因外力原因而使头脑不清醒，经常办傻事或出人意料的事。不是实指而是一种讽刺性用语。

【例句】你怎么脑袋被驴踢了？这明明是个圈套，你怎么就看不出来？又如让你干你就干？你怎么不动脑子想一想，你的脑袋被驴踢了？

被门挤 bèi mén jǐ 同"被驴踢"。

【例句】你的脑袋是不是被门挤了，这么重病的小孩你也敢抱养？

被门弓子抽 bèi mén gōng zi chōu 同"被驴踢"。

【例句】我看你的脑袋被门弓子抽了，刘能叫你下水你就下水啊？你会游泳吗？

锛 bēn 刀、斧等出现缺口或钝。

【例句】斧子锛了，得赶快磨磨。

锛锛坎坎 bēn bēn kǎn kǎn 形容非常不顺，坎坎坷坷。

【例句】咱俩锛锛坎坎过了一辈子了，生活刚好一点儿，你就想离婚？

奔儿咕 bénr gu "奔"读 bén，下同。"奔儿"突出"儿"音。死亡的代用语。诙谐性用语。

【例句】岁数大了，身体也不好，说不定哪天就奔儿咕了。

奔儿娄瓦块 bénr lou wǎ kuài "奔儿"突出"儿"音。形容脸部不平整不光滑而前额突出。讽刺性用语。

【例句】那人长得奔儿娄瓦块的，真不好看！

奔儿娄巴相 bénr lou bā xiàng "奔儿"突出"儿"音。形容人的额头长得即大又突出而特别难看。讽刺性用语。含有贬义。

【例句】这人长得奔儿娄巴相的，难看死了！

本钱 běn qián ①用于做生意或其他用途的基本费用或成本钱。②比喻可以凭借的资历、能力等。

【例句】①这车苹果，去掉本钱，还能挣个千八的！②让我去《星光大道》表演，我哪有那本钱啊！

本历年 běn lì nián 出生的年份与十二生肖的对应年。

【例句】2009年即乙丑年牛年是我的本历年。

本命年 běn mìng nián 同"本历年"。

【例句】今年的我的本命年，看来也得买条红腰带！

本情 běn qing "本"字发重音。本来，理所当然。

【例句】本情嘛，应当事事顺利，偏遇上许多不顺当的事儿。

本先 běn xiān 从前，原先。

【例句】本先我的老家在山东牟平，后来闯关东来到了黑龙江。

本乡本土 běn xiāng běn tǔ 都是本家乡的，本地的。

【例句】咱们都是本乡本土的，相互间都要有个照应！

本家本当 běn jiā běn dāng 泛指自己人，自家人，本家本土的故乡人。

【例句】咱们都是本家本当的自家人，就别说那些客气话了。

笨 bèn ①不粘的谷物。②动物中本地的土品种。③形容人愚昧、笨拙，思想不灵活。骂人语。

【例句】①今年种的都是笨苞米。粘豆包都是用笨黄米面蒸的，一点儿都不粘。②小笨鸡，笨猪，笨鹅等。今年的小笨鸡挺畅销。③你可真够笨的，什么事蓝牙都不懂！又如你可笨个灵巧，手机的功能多着呢，你怎么都不会？

　　笨老雕 bèn lǎo diāo 比喻人非常笨拙、愚昧。讽刺性、贬低性用语。

　　【例句】你也就是个笨老雕，这么开导你你也不开窍！又如你怎么这么笨呢！简直是个笨老雕！

　　笨寻思 bèn xín sī "寻"读 xín。不用科学或正确的思维方式而用愚笨、简单、一般的方式去思考（问题）。

　　【例句】这事儿不明摆着的吗，笨寻思也能想明白，他就是变着法让你送礼呢！

　　笨个灵巧 bèn ge líng qiǎo 形容人非常愚笨、愚昧。讽刺性、贬低性用语。

　　【例句】你真是笨个灵巧，连上网聊天都不会！

　　笨笨咔咔 bèn bèn kā kā ①形容人笨手笨脚，手脚不灵活。②形容人说话笨嘴拉舌，说话不流利。讽刺性用语。

　　【例句】电视剧《乡村爱情》中，范伟饰演的王大拿的儿子王木生说话口吃，笨笨咔咔的却总爱说话！

　　笨笨磕磕 bèn bèn kē kē 同"笨笨咔咔"①②。

　　【例句】①看你笨笨磕磕的样子，这么高的房子，你就别上来了！②你说话笨笨磕磕的，就别在会上发言了！

　　笨嘴拉舌 bèn zuǐ lā shé 笨嘴笨舌，说话或学话都很不流利、不流畅、不准确，没有口才。含有贬义。

　　【例句】就你笨嘴拉舌的，还想参加诗歌朗诵大赛？开什么国际玩笑！

　　笨嘴拙腮 bèn zuǐ zhuó sāi 同"笨嘴拉舌"。

【例句】你笨嘴拙腮的，就少说两句吧！

笨手拉脚 bèn shǒu lā jiǎo 形容人笨手笨脚，说话、办事都非常笨拙。含有贬义。

【例句】你笨手拉脚的，还是我来来，你一边儿待着去吧！

奔 bèn ①朝着，向着，奔着。②投奔。③接近。④从。

【例句】①你这个人就是奔钱使劲儿，无利不起早！又如他抬起脚，奔着他下身狠狠地踹了下去。②兄弟大老远奔你来了，你怎么一点儿不热情呢？③眼瞅快奔50岁了，还什么年轻啊！④我要去火车站，奔哪儿走最近？又如还是奔小道走吧，小道近些！

崩 bēng "崩"读bēng。①说话不拐弯抹角。②被子弹击中，枪毙。③批评，训斥。④话不投机而决裂。⑤牙被咯掉。⑥被欺骗，被骗取。

【例句】①有话你就照直崩，别拐弯抹角！②一枪把他崩了算了！③考试成绩不好，被爹妈狠狠崩了一顿！④谈谈俩人就谈崩了！⑤一不小心，门牙被崩掉一颗。⑥这次去日本做服装生意，不仅没挣着钱，反而被崩去好几万元！

绷 bēng ①紧紧的，不放松。②用针缝上或用针别上。

【例句】①你一天紧绷个脸，连点儿笑模样也没有，到底为了什么啊！②快去把被子绷上，晚上还要盖呢！

捧 běng "捧"读běng而不读pěng。①故意端架子、不表态。②不到关键时刻不开口说话或透露内幕、真相。③用手将物品捧在胸前。

【例句】①架子不小，说着说着还捧起来了！②这事儿你可得捧住，千万不能露了馅！③每个人都手捧着一颗蜡烛。

绷皮儿 běng pír　手脚皮肤裂了小口。

【例句】我的手都绷皮儿了，赶快上点药！

崩脆 bèng cuì　"崩"读 bèng。①形容食品非常脆而可口。②形容说话非常清脆。

【例句】①大萝卜崩脆，真挺可口。②他答应得崩脆，一口答应下来。

蹦 bèng　跳起来，引申为因恼怒而情绪激动。

【例句】话还没说几句，他就和我蹦起来了！

蹦悠 bèng you　跳动。

【例句】别在沙发上蹦悠！又如沙发真软乎，一蹦悠蹦起老高！

蹦高儿 bèng gāor　因极度高兴或极度恼怒而跳起来。有时重叠使用。

【例句】听到自己已被清华大学录取的消息后，高兴得我直蹦高儿！又如得知中国男足取得亚洲出线权，乐得他直蹦高高儿。

镚子儿 bèng zǐr　①极少的钱。②硬币。

【例句】①我现在镚仔儿皆无，穷得很啊！②借我几个小钱，没有纸票，小镚仔儿也行！

镚子儿皆无 bèng zǐr jié wú　手中无钱，一分钱也没有。诙谐性用语。

【例句】我现在是镚子儿皆无，有什么招儿你就使吧！

逼呲 bí chi　说粗话、瞎话，引申为批评对方不负责任地乱说话。

【例句】这事儿用不着你逼呲，我也不是成心的。又如你瞎逼呲啥呀，有你什么事儿？

鼻儿 bír　①火车、汽车的鸣叫声。②像哨子一样的东西。

【例句】①火车拉鼻儿，纪念抗日战争胜利 70 周年。②她就喜欢吹鼻儿。

鼻汀 bí ting　"鼻涕"的音变。

【例句】鼻汀都过河了，快给孩子擦擦！

鼻涕 bíti　不是鼻子流出来的鼻涕，而是引申为形容人遇事而服输、瘫软的样子。贬低性用语。

【例句】大烟瘾一上来，人就鼻涕了！又如别看你嘴硬，警察来了你还不鼻涕了？

鼻儿咕 bír gu　"鼻儿"突出"儿"音并发重音。死亡。诙谐的说法。

【例句】我得了一场大病，差点儿没鼻儿咕了！

鼻涕拉瞎 bí ti lā xiā　又流鼻涕又流泪，脸上不干净。贬低性用语。

【例句】看你那鼻涕拉瞎的样子，还能找到对象？

鼻子不是鼻子脸不是脸 bízi bú shì bí zi liǎn bú shì liǎn　形容人生气恼怒时脸部扭曲的样子。贬低性用语。

【例句】你看你，鼻子不是鼻子脸不是脸的，谁惹你生气了？

鼻涕一把泪一把 bí ti yī bǎ lèi yī bǎ 形容人哭得又流鼻涕又流泪、一副非常悲伤的样子。

【例句】这是为什么呀，鼻涕一把泪一把的，有什么过不去的坎儿啊？

比令 bǐ ling "比"字发重音。①讲究人，评论人。②对着，向着，朝着。

【例句】①他心直口快，说话就好比令个人！②别拿枪比令人。

比划 bǐ hua "比"字发重音。①形象地用手势或肢体的某一部分做模仿动作。②较量，比试。③敷衍，应付。

【例句】①你给比划比划，他具体长什么样？又如他比划着说，高嘛，比你略矮一点儿，比你还胖一点儿…… ②就你个臭棋篓子，不服？咱俩再比划比划！③比划一下就行了，何必这么认真呢？

比比划划 bǐ bǐ huà huà 形容人说话时指手划脚或指着对方说话的样子。

【例句】有话好好说，别比比划划的着人烦！

比三比五 bǐ sān bǐ wǔ 说话绕弯儿，不直截了当。

【例句】你不用比三比五的，我明白你的意思，不就是让我还钱吗？

比量 bǐ liang "比"字发重音。①同"比划"②。②粗略地比较、衡量。

【例句】①你说你的水平有多高，不行你俩就比量一下！

②你说你比他高，我怎么看不出来？你俩比量一下看看！

比价 bǐ jià 货与货、商品与商品比较后得到的价码。

【例句】这件羽绒服买得太贵了，买前也没比价比价！

闭火儿 bì huǒr 电灯及其他机械、电器的开关。

【例句】肯定是闭火儿坏了，该买个新的了。

闭着眼睛说瞎话 bì zhao yǎn jīng shuō xiā huà 也说"闭着眼睛说胡话"。信口胡说，信口说无根无据的话。含有贬义。

【例句】你这不是闭着眼睛说瞎话吗！我什么时候退出村长候选人了？

毙 bì ①压倒，超过。②精湛，绝对好。

【例句】①看人家那功夫，还不毙咱们一溜胡同？②你这一手绝活可贼毙！

避猫鼠 bì māo shǔ 见猫就怕的耗子。比喻人非常害怕，一副恐惧、惊恐状态。

【例句】你怎么一见领导就像避猫鼠似的？又如你可真有出息，见了老婆就像避猫鼠！

边边拉拉 biān biān lá lá 角落，非常偏僻背静的地方。

【例句】武警战士搜捕逃犯，边边拉拉都搜查过了，仍没有发现逃犯的踪影。

边拉儿 biān lǎr "拉"读 lǎ。①这边，那边。②"一边拉"的省略语。到一边去，表示无关紧要的去处。骂人语。

【例句】①这边拉儿是条大河，那边拉儿是座大山。②没事滚一边拉儿去，别烦我！又如快一边拉儿去，该干什么干什么去！

一边旵儿 — biān lǎr "旵"字用途非常广泛，多用于方位的副词，如一边旵儿、南边旵儿、上边旵儿、前边旵儿等等，详见本书《专用名词·方位》。

【例句】铁道道口旁边儿旵那栋房子就是他家！又如前边旵儿不远儿就是体育场。再如没事儿给我滚边旵儿去，看见你不烦别人！

编巴 biān ba "编"字发重音。①撒谎，编瞎话，胡编滥造，捏造事实。②编织。主要指条柳编织。

【例句】①你就编巴吧，看你能不能编圆乎了？②这个蝈蝈笼子是他自己编巴出来的。

编排 biān pai "编"字发重音你"排"字发短促轻音。编瞎话，胡编滥造以达到丑化人目的。

【例句】你又在那儿嘞嘞啥呢，不知又在编排谁呢！

编筐儿 biān kuāngr 引申为编造假话或编故事、捏造事实骗人。

【例句】又在那儿编筐儿了吧？我一听就明白！

编瞎话 biān xiā huà 本意为讲故事，引申为编造谎言。

【例句】那人最会编瞎话，听他的你得到十里地以外！

编芭造模 biān bā zào mú "模"读mú。编造、捏造虚假事实。含有贬义。

【例句】你们这些人纯粹是吃饱了撑得的，净编芭造模诬陷人！

编筐窝篓 biān kuāng wò lǒu ①用荆条、柳枝、苕条等物编织土篮、大筐、背篓等编织物。②编织的最后的一道工序，多指在喝酒时有人提议喝最后一杯酒，犹如编筐时最后一道工序。含有贬义。

【例句】①建设乡是出名的条柳编织乡，家家户户都会编筐窝篓！②编筐窝篓，贵在收口。就请您老人家提最后一杯结束酒吧！

编笆结笊 biān bā jiē zhào "笆"指簸箕，"笊"指"笊篱"，都是笤柳编织物。形容都是捏造、瞎编、胡编乱编。含有贬义。

【例句】你可别在那里编笆结笊的了，什么时候取消农机补贴了？

贬贬 biǎn bian 第一个"贬"字发重音，第二个"贬"字发短促轻音。挖苦人，损人。

【例句】我就这么点儿毛病，你就别再贬贬我啦！

贬弄 biǎn long "贬"字发重音，"弄"字读 lòng 并发短促轻音。贬斥，斥责。

【例句】有点功夫就到处显摆，师傅没少贬弄你吧？又如电视剧《李小龙传奇》中，李小龙初学功夫时，没少挨师傅的贬弄。

贬扯 biǎn che "扯"字发短促轻音。贬低，耻笑。

【例句】他最近可没少贬扯你，信不信由你！

扁 biǎn 用手打，揍。

【例句】再不听话，看我不扁你！

扁哈 biǎn ha "扁"字发重音。物体扁平，瘪瘪。

【例句】快吃饭吧，我都饿扁哈了！

扁乎 biǎn hu "扁"字发重音。同"扁哈"。

【例句】再不好好学习，看我不揍扁乎你！

扁的哈 biǎn de hā "哈"字拉长音。厚度不厚，较薄，扁平。

【例句】你看你买的这张床，扁的哈的真不好看！

扁扁哈哈 biǎn biǎn hā hā 形容物体不丰满、呈扁平体或瘪瘪。

【例句】你的拎这么大的包扁扁哈哈的，还不如换个小包呢！

扁毛畜牲 biǎn máo chù sheng 泛指禽类、畜类。骂人语。

【例句】这些不孝的儿女，连爹妈都不养，连扁毛畜牲都不如！

扁屁都不敢放 biǎn bì dóu bū gǎn fang 也说"扁屁都不敢放一个"。形容人由于畏惧对方而不敢说话，任何话都不敢说，任何不同意见也不敢发表。含有贬义，骂人语。

【例句】到了关键时候，你连扁屁都不敢放一个，要你干什么？

变方儿 biàn fāngr 想方设法，想尽一切办法。

【例句】你这是变方儿算计我，以为我看不出来啊！

变着法儿 biàn zhe fār "发"读 fā。 想方设法，变换各种方式。

【例句】电视剧《东北大先生》中，赵春安被关进大狱，女老板玛利莎变着法儿给他做些好吃的送进牢房。

变音儿 biàn yinr 声音变得不像正常人声。

【例句】听听，孩子病得不轻啊，都哭变音儿了！

变桄子 biàn guàng zi 改变主意，临时变卦。

【例句】商量好的事儿，关键时候怎么变桄子了？

变卦 biàn guà 反悔，推翻原定的事。

【例句】吴俊升说：请张钺当帮办的事就这么定了，谁也不能再变卦！

辫子 biàn zi 量词。专用于成挂的蒜，50 头蒜带蒜茎拧在一起叫一挂，两挂拧在一起叫一辫。

【例句】明天去赶集，到大集上买几辫子大蒜。

便当 biàn dɑng "便"字发重音。方便，便利。

【例句】我家门前就是菜市场，买点儿什么非常便当！又如地铁就在我家门口，出门非常便当！

瞟 biāo 紧紧盯着，注意举动。

【例句】他跑不了，我紧紧瞟着呢？

标 biāo ①插在器物或人头上的草，表示出卖。②美。带有贬义的美。

【例句】①想卖儿女，可以在头发上插根稻草标！②如今的姑娘都标得很，一个赛一个！

标直 biāo zhí "标板儿溜直"的省略语。溜直，很直。赞美语。

【例句】看人家李小龙的身材，标直！

标板儿溜直 biāo bǎnr liū zhí 形容人或物非常直而细高。

【例句】当了几年兵，谁知他身材练得标板儿溜直，再不是原来的窝囊样！又如中国仪仗队的战士们个个标板儿溜直，非常英武。

彪 biāo ①缺心眼儿，发傻，理智不健全。②做事不精明，说话或办事不着边际。③粗野，下流。均为贬低性用语。。

【例句】①你怎么这么彪，没大没小的！又如这孩子从小就有点儿彪，长大了也没见好！②看你这彪劲，说话这么不知深浅！③看你这副彪样，一点儿修养也没有！

彪呼呼 biāo hū hū 同"彪"。

【例句】①电视连续剧《马大帅》中范伟饰演的彪子，整天彪呼呼的，贼能装腔作势。②你瞧你，一天彪呼呼的，什么时候才能有个出息？

彪得呼的 biāo de hū de 形容理智不全而傻呼呼、一副缺心眼儿的样子。多用于骂人语，贬低性用语。

【例句】那小子整天彪得呼的，什么事他干不出来？

彪愣 biāo leng "彪"字发重音，"愣"字发短促轻音。形容人因缺心眼儿而莽撞。

【例句】电视连续剧《马大帅》中的彪子，整天飚楞的假装能人。

飑楞 biāo lēng "飑楞"两字均拉长音读。马上，立刻。

【例句】飑楞回家，赶快做几个菜招待客人！

婊子 biǎo zi 旧指妓女。也是骂人语。

【例句】你这个婊子养的，敢算计上我了！

摽 biào 较量，较劲儿，互不示弱。

【例句】你俩就别老是摽着了，什么时候是个完啊？

摽上了 biào shàng la 暗中较劲。

【例句】他俩的乒乓球水平旗鼓相当，比赛时两人摽上了！

摽劲儿 biào jìnr ① 暗中相互较量。②对着干。

【例句】①为了争取数学奥林匹克竞赛出线权，我们两个班正摽着劲呢！②我一个小老百姓，怎么敢和国家政策摽劲儿呢？

摽膀儿 biào bǎngr 同"摽劲儿"①。

【例句】一个个儿的都摽膀儿暗中使劲儿，谁也不服谁。

憋 biē ①难住，为难。②内心谋划。③冥思苦想。④郁积。

【例句】①一分钱憋倒英雄汉。②他正憋着劲儿想和你打架呢？③憋了这么长时间，他也没想明白。④别看表面挺平静，其实正憋着一场大乱子呢！

憋屈 biē qu "憋"字发重音，"屈"字发短促轻音。①内心委屈，烦闷，心情不舒畅。②地方窄小。

【例句】①听人劝，吃饱饭，想开点儿，别再憋屈了！②在农村里生活惯了，一进城还真觉得憋屈。又如房子太小，有点憋屈！

憋拉巴屈 biē la bā qū 同"憋屈"。

【例句】①听到见义勇为的出租车司机被当成肇事者的消息后，心里憋拉巴屈的，人们这是怎么了？②住惯了农村大炕，搬到楼房住，一下子憋拉巴屈的，还真不习惯！

憋气 biē qì 形容人心里有气而无法发泄、撒不出来。

【例句】你说怎么能赖我呢，真叫人憋气！

憋屁 biē pì 内心打坏主意。诙谐性用语。

【例句】别看他不声不响，不知在那儿又憋什么屁呢！

憋闷 biē men ①相互僵持而无语。②内心感到委屈而无法、无处发泄。

【例句】两人到现在还憋闷着，谁也不肯先说话。李大国看到香秀不停地与马忠往来，心里非常憋闷。

憋吃 biē chi 说话非常困难的样子。

【例句】宋老蔫憋吃了半天，到底也没说明白。

憋范儿 biē fànr 端架子，故作姿态。

【例句】你就别憋范儿了，有什么话你就痛快儿说吧！

憋死牛 biē sǐ niú 行不通的路，非常蹩脚的路。

【例句】你怎么住这么个憋死牛的地方！

憋得慌 biē de huāng 也说"憋挺慌"。因有话不能说憋在心里而难受。

【例句】刘能为女儿办怀孕酒席，谢广坤不去不行，去又不甘心，心里可真憋得慌。

瘪瘪 biē bie "瘪"读 biē，下同。第一个"瘪"字发重音，第二个"瘪"字发短促轻音。①物体变形凹下去。②没办法，没章程，无计可施。含有贬义。

【例句】①不小心，把个脸盆摔瘪瘪了。②平时挺神气，被警察抓走了，这回瘪瘪了吧？

瘪约 biē yue　"瘪"字发重音，"约"字发短促轻音。物品因外力作用变形、凹陷。

【例句】看看，把盆摔瘪约了吧？

别 bié　"别"读bié，下同。规劝他人不要这样。否定性用语。

【例句】不让你去，你就别去了！

别价 bié jia　"价"字发短促轻音。同"别"。否定性用语。

【例句】别价，我一个人去就行了，你就别去了！又如别价，这样就太不给我面子了！

别咕 bié gu　"别"字发重音。"死"代用语。诙谐性用语。

【例句】你这个老东西，还没别咕呢？又如酒喝得太多，人事不省，抬到医院就别咕了！

别见外 bié jiàn wài　客气性用语"请别客气"。

【例句】大冷的天，快上炕暖和暖和，别见外！

别拿豆包不当干粮 bié ná dòu bāo bú gàng gān lian　不要看不起、小瞧人。诙谐性用语。

【例句】你们也别拿豆包不当干粮，别看人小，人家可上中央电视台演出去了！

别拿村长不当干部 bié ná cūn zhǎng bú gàng gàn bù　同"别拿豆包不当干粮"。

【例句】不拿村长不当干部，山楂妹张月乔个子虽然矮小，却上了中央电视台《星光大道》演出还得了月冠军。

瘪子 biě zi 形容农作物没有成熟而干瘪，籽实不丰满。

【例句】今年的瓜子尽是瘪子，肯定卖不上价！

瘪样 biě yàng ①非常吝啬。②窝囊，不争气。詈语

【例句】①看你那小瘪样，连个手机都舍不得买！②就你那个小瘪样，还想上中央电视台演出？

瘪茄子 biě qié zi 本意是茄子因脱水而干瘪，引申为人泄气、泄劲，因故毫无办法、无计可施、无言以对而气馁。贬低性用语。

【例句】怎么样，事到如今，你也瘪茄子了吧？又如平常小嘴儿叭叭的，真正遇到难题就瘪茄子了？

瘪茄子色 biě qié zi shǎi 同"瘪茄子"。

【例句】一见王大拿，王天来立刻瘪茄子色了，一时无言以对。

瘪犊子 biě dú zi 也说"瘪羔子"。"王八犊子""王八蛋"之意。叽讽人的话，讽刺性用语，骂人语。

【例句】有屁快放，别在众人面前装瘪犊子啦！又如就他那个瘪犊子样，成事不足败事有余！

瘪得哈 biě de hā 形容物体凹陷、不丰满。

【例句】这篮球瘪得哈的缺气儿了，该打气儿了。

瘪瘪哈哈 biě biě hā hā 形容物体不丰满、不充实，干干瘪瘪。

【例句】用手悄悄一摸，装钱的红包里瘪瘪哈哈的，就知道没有多少钱！

瘪瘪瞎瞎 biě biě xiā xiā ①同"瘪瘪哈哈"。②形容人身体过于瘦弱干瘪。

【例句】①今年的苞米长得瘪瘪瞎瞎的，肯定是个灾年！②老赵家新娘子长得瘪瘪瞎瞎的，就像个病秧子！

瘪目瞎眼 biě mù xiā yǎn 对视力不好的人的一种蔑称、贬称。

【例句】你瘪目瞎眼的，身体又不好，就别到处乱走了！

别 biè "别"读 biè，下同。①阻挡、阻止、改变他人意见。②倔强，任性。③转动，转变。④被夹住。

【例句】①他俩的婚事儿硬让我别黄了！②他俩别起来可谁也解不开。③我就别不开这个劲儿，钓鱼岛怎么成了日本的领土了呢？④我的脚被别住了，快帮我一把！

别的 biè de 劝阻词"不要这样。"

【例句】别的，既然有病，你还是去医院看看病去吧！

别愣 biè leng ①形容人与人非常别扭，不随和。②路途不顺畅、崎岖不平而行路困难。

【例句】①他们俩一直别愣着，根本不说话！②过去咱进城多别愣，如今好了，进城可真方便！

别劲儿 biè jìnr 相互矛盾，反着劲儿，想法不一致。

【例句】一见面就吵架，总是别着劲儿！

别别愣愣 biè biè lēng lēng 同"别愣"①。

【例句】刘能和谢广坤一直别别愣愣的，一见面就掐！

别别拉拉 biè biè lā lā ①形容空间狭窄而使身体不舒服、不舒展。②形容道路不畅、行走不方便。

【例句】①教室里人多桌椅也多，坐着别别拉拉的挺不舒服。②红旗村至今也没修路，别别拉拉非常不好走。

蹩 biè 扭伤。

【例句】他的脚脖子叫自行车蹩住了。

蹩不住 biè bú zhù 无可如何也改变不了他人的意见、决定。

【例句】他这人太倔，你蹩不过他。

蹩脚儿 biè jiǎor 因交通不便等原因而出入不便或不顺路而需绕道。

【例句】太平沟位置太偏，去一趟太蹩脚。

拼 bīn "拼"读 bīn，下同。 ①相互攀比，比着做。②相互制约

【例句】①你有心脏病，喝酒我就不拼你了！②要去你自己去，拼我干啥？

拼对 bīn duì 拼凑、张罗。

【例句】拿几块旧布拼对一下，还可以做条裤子！又如赶紧拼对几个菜！

拼缝儿 bīn fèngr 时尚用语。没有经济实体，只在买卖双方之间搭桥联系，撮合双方成交，从中挣取差价或好处费。这种人也被称为"经纪人"。

【例句】这几年都在哪儿发财啊？嗨，净在满洲里拼缝了！

宾服 bīn fu "宾"字 发重音。从心里佩服、敬佩。

【例句】这个人武艺极高，我打心眼里宾服！又如李小龙的武功谁不宾服？

濒搏 bīn bo "搏"字发短促轻音。颠沛，熬煎。

【例句】老伴儿跟我濒搏了一辈子，现在日子好过了，她也不在了。

吧嗒嘴 biā da zuǐ "吧"读 biā。①形容咀嚼食物时口中发出的声音。②品尝食物。

【例句】①看你吃饭时不停地吧嗒嘴，好象多好吃似的！②他嘴里啃着沟帮子烧鸡，一边吧嗒嘴一边连说：真好吃，真香！

病秧子 bìng yāng zi 久病不愈，久病之人，身体不好。

【例句】那人身体一直不好，是个病秧子！

病篓子 bìng lǒu zi 同"病秧子"。

【例句】我都成病篓子了，每天吃药不断，全靠药维持！

病包子 bìng bāo zi 同"病秧子"。

【例句】老谢家媳妇都成病包子了，天天上医院！

病病歪歪 bìng bìng wāi wāi 经常有病，一副病态。

【例句】老孙头整天病病歪歪的，瘦得都脱相了！

病病殃殃 bìng bìng yāng yāng 同"病病歪歪"。

【例句】电视连续剧《乡村爱情变奏曲》中，谢广坤病病殃殃，还忘不了盼望着抱孙子！

病根儿 bìng gēnr ①早年坐下的病。②久治不愈的旧病。③引申为问题的根本原因。

【例句】①我这是从小坐下的病根儿，已经几十年了。②我这肺气肿已经好多年了，是老病根儿了！③问题到底出在哪里，还得认真找找病根儿！

并板儿 bìng bǎnr　并排，一个挨着一个。

【例句】三亚博鳌论坛会址前并板儿挂着多国国旗，非常壮观！

拨楞鼓 bú leng gǔ　"拨"读 bū，下同。本意是婴幼儿玩儿的一种手摇玩具，引申为人的头像拨楞鼓一样来回晃动，一种否定的表示。

【例句】叫他吃点菜，这孩子头晃得像拨楞鼓似的。

拨拨愣愣 bū bū lēng lēng　形容人有棱角、不服从、不听指挥而反抗。

【例句】一叫你干点儿活你就拨拨愣愣，什么时候才能有点儿出息？

拨楞盖儿 bū leng gàir　也写作"波楞盖儿"。膝盖。

【例句】我这老寒腿，一到阴天下雨拨楞盖儿就酸疼酸疼的！

脖溜儿 bó liūr　脖子和耳根处。

【例句】再不听话，我打你个大脖溜儿！

脖梗梗儿 bó gèng gèngr　扬头挺脖子不服气的样子。

【例句】上课玩儿手机，被老师批评，他还脖梗梗儿不服气。

拨楞 bū leng　"拨"读 bū。①不服从、反抗的表示。②猛烈晃动或抖动。

【例句】①刚说你几句，你就拨拨楞楞，我看就欠打！②

天太潮，快去把晾晒的包米拨楞拨楞，别发霉了！

不 bū ①"不知道"的简化。②"不是"的简化。

【例句】①不上哪去了？不干啥去了？②不今天演出吗？不来客了吗？

不兴 bù xīng ①不流行，不盛行。②不允许。③反问语"不允许吗""不行吗"。

【例句】①过年磕头，这都是老一套了，现在不兴这个。又如在我们这里不兴跳大神儿、算卦那一套。②我们村正在评比五星家庭，不兴虐待老人。③咋地，上学就不兴玩儿电脑啦？又如上班时间就不兴看闲书了？

不介 bú jie "不"字发重音。不是这样，如果不这样。否定性用语。

【例句】别人套兔子都是下兔子套，可大帅吴俊升小时候偏不介，而是趴在雪地上等。又如大帅张作霖当了黑龙江省省长，推举冯德麟为军务帮办，不介，就不任职。

不赖 bú lài 很好，不错。肯定性用语。

【例句】老李头人不赖，就是爱喝酒两口！

不带 bú dài ①不许，不准。②不可能。

【例句】①咱们玩儿电脑游戏打通关，可不带玩儿赖的！②我估计，他不带来的！

不抵 bù dí 不如，抵不上。

【例句】你还是多加小心，他们那伙人心狠手辣，弄死你不抵踩死个蚂蚁！

不善 bù shàn 不简单，真厉害。

【**例句**】中国女子冰壶队可真不善，连连获得世界冠军！

不善劲儿 bú shàn jìnr ①了不起，不寻常。②不屈服，不失颜面。

【**例句**】① 电视连续剧《亮剑》中，八路军团长李云龙可真不善劲儿，一个团的兵力就敢攻打县城！又如中国女子冰壶队可真不善劲儿，取得了世界冠军！②敌人这么毒打他都不招供，可真不善劲儿！

不差啥 bú chà shá ①差不多。②不比别人差。

【**例句**】①又没啥冤仇，你们俩不差啥就别吵啦！②我又不差啥，凭啥就不让我去！

不差是 bù chà shì 不是由于，不是因为，如果不是。

【**例句**】不差是计划生育抓得紧，他早就三、四个孩子了！

不的话 bú di huà "的"读 di。不然的话，如果不是这样的话。

【**例句**】不的话，我早就去旅游去了！又如本命年都要系红腰带，可以带来好运，不的话，会有厄运降临。

不对付 bú duì fu 情意不相投，有矛盾，合不来。

【**例句**】多少年了，他俩一直不对付。

不地道 bú dì dao 指人不道德、不讲究、不正派。

【**例句**】你这人可不地道，怎么连亲戚也敢骗呢！

不大离儿 bú dà lír "离儿"突出"儿"音。①差不多。②一般的，平常的。③时间相隔不长。

【例句】①他为人热情，身体也不大离儿！又如八路军侦察员把敌情摸个不大离儿，立即返回报告。②家家户户生活都不错，不大离儿的人家都有小四轮拖拉机。③这小子相中人家姑娘了，不大离儿就去人家一趟！

不是物 bú shì wù 比喻不懂道理，不识好歹。詈语。

【例句】要说二愣子那小子，可真不是个物，啥缺德的事儿都干！

不闯堆儿 bù chuǎng duir ①不威风，无气派。②不显得多，不起眼。

【例句】①就你们这些乌合之众，即使你们一起去也不闯堆！②把菜都集中在一起，否则不闯堆儿！

不打拢 bù dǎ lǒng 不表态，不往心里去。

【例句】局里派我们俩一块去，你怎么一直不打拢？

不得烟儿抽 bù dě yānr chou 吃不开，不被重视，不给好脸。

【例句】李明一直不得烟儿抽，一直没被提拔！

不赶劲儿 bù gǎn jìnr 不过瘾。

【例句】这酒杯太小，喝酒不赶劲儿！

不够脸儿 bù gòu liǎnr 丢面子。

【例句】被师傅批评了几句，他觉得不够脸儿，扭身就走了！

不筋不离儿 bù jīn bù lír "离儿"连起来读并突出"儿"音。见好就收，差不多就行了。

【例句】领导也没怎么批评你，不筋不离儿就行了，上那么大火干啥？

不禁混 bù jīn hùn 形容时间过得很快。

【例句】时间真不禁混，转眼间我们都老了！

不叫揍 bù jiào zòu 形容人不够朋友，不够意思。骂人语。

【例句】我都被人打出血了他也不帮忙，太不叫揍了！

不开面儿 bù kāi miànr 不给面子，不讲情面。

【例句】既然你无情，也别怪我不开面儿！

不赖歹 bù lāi dai "赖"读 lāi 并拉长音。不一般，不错。

【例句】别看你学习成绩全班第一，我的学习成绩也不赖歹！

不赶趟儿 bù gǎn tàngr 来不及，时间紧迫。

【例句】赶快吃饭，上班儿都不赶趟儿了！

不欠缝 bù qiàn fèng 形容人思想不开窍，不善变通。

【例句】你这人怎么这么不欠缝儿？劝了这么半天都白劝啦！

不让份儿 bù ràng fènr 不让步，不示弱。

【例句】思想工作做了不少，但两人儿都不让份儿！

不惜外 bù xǐ wài 不见外，没把自己当外人。

【例句】这人真不惜外，有什么说什么！

不咋的儿 bù zǎ dìr "的儿"连起来读并突出"儿"音。不怎么样，不怎么好。

【例句】找了个丈夫也不咋的儿，整天抽烟喝酒就是不干活儿！

不咋着 bù zǎ zhāo 同"不咋的儿"。

【例句】他人不咋着，不要与他深交！

不远暇儿 bù yuǎn xiár 不远处，距离离很近。

【例句】离你家还有多远？不远暇儿，马上就到了！

不着调 bù zháo diào ①行为靠不住。②不守规矩。

【例句】①那小子很不着调，不能重用他！②吴俊升吼道：训练谁不着调，罚他做俯卧撑五十个！

不走字儿 bù zǒu zìr 命运不好，倒霉。

【例句】今年真不走字儿，事事都不顺！

不挡害 bù dàng hài 没关系，无所谓。

【例句】这屋没外人，不挡害，有话只管讲！

不当刀 bù dàng dāo 不当回事。

【例句】你这人脸皮可真厚，拿得罪人不当刀！

不着消停 bù zháo xiāo ting 因故令人不能安定，不能休息。

【例句】日军司令部被张嘎子几个小孩子闹得日夜不着消停。

不失闲 bù shī xián 不停止，不断地。

【例句】小兵张嘎不失闲地进出日军司令部，获得许多重要情报。

不咬空 bù yǎo kōng ①弹无虚发。②不空手。

【例句】①训练中，武警战士弹无虚发，枪枪不咬空。②贼偷贼偷，见啥拿啥，从不咬空！

不要脸 bù yào liǎn 也说"臭不要脸"不知羞耻。骂人语。

【例句】他这个人真不要脸，三番五次的去人家白吃白喝。

不定性 bū dìng xìng 形容人性格不稳定，不成熟。

【例句】你都多大了，听风就是雨，怎么这么不定性呢！

不丁点儿 bù dīng diǎnr 极少，极小。

【例句】就不丁点儿活儿，我们俩就可以了，你就别过来了！

不顶硬 bù dǐng yìng 不顶用，不顶一个硬人。

【例句】你怎么这么不顶硬，这么点儿事也办不成？

不顶壳儿 bù dǐng kér 同"不顶硬"。

【例句】这么大的事儿，派我个小人物去怕是不顶壳儿！

不对笼头 bù duì lóng tou 对不上号，不合适。

【例句】你这话说得不对笼头，拍马屁拍得不是时候！

不分里外拐 bù fēn lǐ wài guǎi 不分里外，不分远近，不分亲疏。

【例句】你怎么不分里外拐，胳膊肘向外拐帮外人说话？

不够捻儿 bù gòu niànr 接续不上，连接不上。

【例句】我家还有百十斤粮，到秋收怕接不够捻儿！

不管乎 bù guǎn hū ①不管用，不好使。②不管事，不做主。

【例句】①别看你整天神气十足，说一不二，在我这儿可不管乎！②我只管人寿保险，财产保险我就不管乎了！

不合牙 bù hé yá 对不上茬儿，离主体太远。

【例句】你这篇文章写得离主题太远，完全不合牙！

不觉景 bù jiǎo jǐng "觉"读 jiǎo。①没有警觉。②不知不觉间。

【例句】①你的那些见不得人的事上边都知道了，你还不觉景呢！②不觉景间，天已经黑下来了。

不理护儿 bù lǐ hùr ①不注意，注意不到。②没引起注意。

【例句】①你把存折藏在人们不理护儿的地方，小心被贼偷走！②他啥时走的，我也没理护儿！

不理会儿 bù lǐ hùr ①不在乎，不当回事。②没留意。

【例句】①你的伤不轻，别不理会儿，快去医院吧！②你都从海南三亚旅游回来了？我怎么没理会儿你啥时候去的呢？

不许护 bù xǔ hù 不在乎，不在意。

【例句】我的身体好着呢，感冒发烧，头疼脑热根本不许护！

不理胡儿 bù lǐ húr ①不理睬，不搭理。②不领情，不溜须。

【例句】①他上赶着和我说话我也不理胡儿，看他能怎么地！②凭他怎么有权有势，我也照样不理胡儿他！

不捋那份儿胡子 bù lǔ nà fènr hú zi 对某事毫不理会，毫不理睬。

【例句】行了，别说了，我才不捋那份儿胡子呢！又如就是天王老子来了，我也不捋那份儿胡子！

不靠牌儿 bù kào páir 不能指望，靠不住。

【例句】你办事儿怎么这么不靠牌儿，让你去和他谈谈怎么还和他吵起来了？

不靠谱 bú kào pǔ 同"不靠牌儿"

【例句】他办事可不靠谱，你可得多加小心！

不老少 bù lǎo shǎo 很多，多极了。

【例句】广告发了不老少，但都没有什么回音儿。

不落体儿 bù lào tǐr　"落"读 lào，"体儿"突出"儿"音。不踏实，心中无数。

【例句】这事有点玄，我总觉得不落体儿！

不起眼儿 bù qǐ yǎnr　不惹人注意。

【例句】小时候的东北大帅吴俊升很不起眼儿，却很有心劲儿，一肚子鬼主意。

不容空 bù róng kòng　没有时间，时间紧迫。

【例句】税务局催我交税，并且不容空，必须三天内交齐！你说急人不急人？

不是善茬子 bú shì shàn chá zi　不是一般人物，不是好惹的人。

【例句】电视连续剧《乡村爱情小夜曲》的谢广坤可不是个善茬子，无理搅三分！

不上量子 bù shàng liáng zi　应到未到，爽约。

【例句】都等了一个多小时了，他怎么还不上量子？又如说得好好的，怎么就不上量子？

不上线儿 bù shàng xiànr　①不成材,不中用。②不通情理。

【例句】①你这人真不上线儿，给你机会也把握不住！②你怎么就不上线儿呢？说得我口干舌燥，你就是不明白！

不是个儿 bù shì gèr　不是对手。

【例句】要说打篮球，你可不是个儿，我一人顶你仨！

不是好饼 bù shì hǎo bǐng　不是好人。否定性用语。

【例句】电视剧《东北大先生》中，杜巡长可不是个好饼，一肚子坏主意！

不稀 bù xī 不稀罕，不值得。

【例句】我才不稀和他一般见识呢！又如我又不是不会玩儿，是不稀和他玩儿！

不走道儿 bù zǒu dàor ①滞住。②不前进，不迈步。

【例句】①螺丝上了绣，拧了半天也不走道儿。② 不走道，你就别吃打麻将用语！

不进盐精 bù jìn yán jing 不听劝告。

【例句】你这人怎么这么犟？劝了半天一点儿盐精不进！又如劝了半天，张学良就是不进盐精，不同意同于凤至的婚事。

不吐口儿 bù tù kǒur ①不答应。②不说出真相。

【例句】①商量了半天，她就是不吐口。②思想工作做了多次，希望她把知道的真相说出来，可她一直不吐口儿。

不断溜儿 bú duàn liùr 连续进行，接连不断。

【例句】绿交会上人来人往，到晚上还不断溜儿。

不显山不露水 bù xiàn shān bú lù shǔi 不露声色，不暴露真实意图。

【例句】老胡家二小子不显山不露水，啥时候上中央电视台《星光大道》演出去了？

不玩儿活儿 bù wánr huór "活儿"突出"儿"音。不真正从事某些事情、某项事业而敷衍塞责、应付了事。

【例句】别依靠他，他可是个不玩儿活儿的人！

不打奔儿 bù dǎ bēnr ①说话流畅。②遇事不假思索立即回答，立即办理。

【例句】①一段新诗词，他不打奔儿一口气读了下来。②我和他一说，谁知他连个奔儿都不打，一口答应下来！

不服天朝管 bù fú tiān cháo guǎn 连老天爷、天王老子都管不了。形容我行我素，恣意妄为，不服管束，谁也管不了。讽刺性用语。

【例句】你想去就去，想不去就不去，还不服天朝管了呢！

不哼不哈 bù hēng bù hā 不搭理，不理睬，不做声，不表态。

【例句】怎么说你你也不哼不哈的，脸皮咋就这么厚呢？又如你别看他不哼不哈的，心里可有个老猪腰子详见"猪腰子"呢！

不年不节 bù nián bù jiě 不是过年也不是过节即平平常常的日子。

【例句】这不年不节的，你给我送什么礼啊？又如不年不节的，哪儿放鞭炮呢？

不上讲 bú shàng jiǎng 不上讲究即不够档次，不值得一提。

【例句】你这件衣服买的可不上讲，样式太老了！又如我的做菜手艺可不上讲，您可别笑话！

不上数 bú shàng shǔ 排不上名次，数不上。

【例句】我的学习成绩可不上数，也就是中游吧！

不上线儿 bú shàng xiànr 应身为形容人性格乖张,不可理喻。

【例句】你咋这么不上线儿呢，这么劝你你也听不进去！又如刘能你可太不上线了，这么多人劝你，你还胡搅蛮缠！

不识数 bú shí shù 引申为①不懂道理，不懂事。②不知其中奥妙。

【例句】①就拿这么个破手机糊弄 leng 我，拿谁不识数咋地！②别拿谁不识数，你们那点儿猫腻以为谁看不出来呢！

不是个儿 bú shìgèr 不是对手。

【例句】要说下围棋，你可远远不是个儿，不信，咱俩这就下一盘！

不是物儿 bú shì wùr 不是个人，不是个东西。主要指人品。詈语。

【例句】那人才不是个物呢，一天驴行霸道的，四六不懂！

不是味儿 bú shì wèir ①回味后才理解其中的道理或奥秘。②遇到尴尬事儿而不自在、恼火。

【例句】①我越想越不是味儿，明明是我最先设计的舞蹈，怎么变成别人设计的了？②这么多的人劝我，我才觉得不是味儿，真的是我错啦！

不是滋味儿 bú shì zī weir 同"不是味儿"①。

【例句】我越想越不是滋味儿，出国考察怎么就不让我去呢？

不值当 bú zhí dàng 不值得，没有意义。

【例句】电视连续剧《乡村爱情故事》刘英对婆婆说：我不值当你们对我这么好，你们别对我这么好了！又如我打麻将被公安机关罚了款，想想怪不值当的！

不周不便儿 bù zhōu bú biànr 不周到，不方便。多用于谦辞。

【**例句**】孩子刚刚大学毕业，头一天上班，不周不便儿的还请老板多多包涵！

不信邪 bú xìn xié 不在话下，不听那一套。

【**例句**】我就不信邪了，钓鱼岛是我国固有领土，还能让日本霸占去？

不错眼珠儿 bú cuò yǎn zhūr 也说"不错眼儿"。形容目不转睛、眼睛不眨地看。诙谐性用语。

【**例句**】这孩子太淘，我整天不错眼珠儿地看着他，结果还是摔着了。

不吃生米儿的 bù chī shēng mǐr de 形容蛮横不讲理、不怕事儿的人。

【**例句**】看见过山猫野兽，还没看见过你这个不吃生米儿的呢！又如那人就是个不吃生米儿的主儿，你可离他远远的！

不犯毛病 bú fàn máo bìng 不违反规矩和世俗约定，不因此而出错误。与之相反的是"犯毛病"。

【**例句**】你先去和村长打个招呼，这样不犯毛病！又如你不到县委反应就直接到省委，这不犯毛病吗？

不犯说道 bú fàn shūo dao 同"不犯毛病"。

【**例句**】也不是送礼，只是表示一点儿意思，也不犯说道！

不够塞牙缝的 bú gòu sēi yá fèng de 形容东西非常少而不值一提。夸张性用语。

【例句】就这两个小钱儿，还不够塞牙缝的，人家能瞧上眼吗？

不叫玩意儿 bú jiào wán yìr 也说"不是个玩意儿"。不是东西，不是好人。骂人语。

【例句】"吴大舌头（吴俊升）也忒不叫玩意儿！"张作霖骂道，"连我的面子也不给！"

不是好道来的 bú shì hǎo dào lái de 形容钱款、物品来路不正，非法取得。贬低性用语。

【例句】别看他挺有钱，也不是好道来的！

不拉人屎 bù lā rén shǐ 形容人不说人话，不办人事，行为不端。骂人语。

【例句】连自己的亲戚都骗，传销那伙儿人都是不拉人屎的货！

不领情不道谢 bú lǐng qíng bú dào xiè 形容人不识好歹，对别人的帮助不知感恩、感谢。

【例句】我帮了他这么大的忙，他不领情不道谢的，好像我应该似的！

不怕大风潲了舌头 bú pà dà fēng shān la shé tou 形容人因说大话、说过头话、说谎编瞎话而遭到报应。诙谐性用语。

【例句】你说这话也不怕大风潲了舌头，还有点儿良心没有？

不死也得扒层皮 bù sǐ yě děi bā cēng pí "得"读děi。形容后果非常严重。

【例句】他得的是脑溢血，九死一生，不死也得扒层皮。又如他家一个孩子夭折了，一个孩子又被拐卖，这两口子不死也得扒层皮啊！

不吱声不念语儿 bú zhī shēng bú niàn yǔr 也说"不拈声不道语"。①形容人无论如何也不说话、不表态。②形容人性格过于内向，不爱说话。

【例句】①别人都发言了，你不吱声不念语儿的，到底什么意见啊？②你别看他整天不吱声不念语儿的，其实心里最有主意！

C

擦黑儿 cā hēir 天刚刚黑或快要黑的时候。

【例句】你快去快回，天擦黑前一定要赶回来！

擦屁股 cā pì gu 比喻为他人遗留的问题进行扫尾、处理善后。

【例句】把活儿干利索了，别叫别人来给你擦屁股！又如你可得把事儿办明白了，我可不给你擦屁股！

猜登 cāi deng "猜"字发重音。猜疑，猜测，怀疑。

【例句】这事儿谁干的谁知道，你就别乱猜登了！

猜摸 cāi mo　"猜"字发重音。同"猜登"。

【例句】你这不是毫无根据的瞎猜摸吗？

猜闷儿 cāi mènr　①猜谜语。②猜测难题，猜测别人说话的真正目的。

【例句】①大家猜个闷儿，谁回答正确有奖！②他像猜闷儿似的想了半天，最终也没弄明白。

才刚儿 cái gāngr　刚才，前不久。

【例句】才刚儿还在呢，谁知这会儿到哪里去了？

才将儿 cái jiāngr　同"才刚儿"。

【例句】才将我听说，低保费还要涨！

财迷打底儿 cái mí dǎ dǐr　形容人唯利是图，凡事总是从发财、赚钱方面着想，不考虑其他。

【例句】那人财迷打底儿，谁能算计过他啊！

踩肩膀头儿 cǎi jiān bǎng tóur　贬低或压制他人而达到自己升迁等某种目的。

【例句】那人没啥真实本领，就会踩肩膀头向上爬！

踩盘子 cǎi pán zi　一般指作案分子事先对作案地点、路线等进行考察和探路。

【例句】黄金被盗案，犯罪嫌疑人事先对黄金首饰店进行了踩盘子，制定了详细周密的盗窃计划才得手的。

踩咕 cǎi gū　"踩"字发重音。故意贬低、诋毁他人，压制、打击他人。

【例句】村长不仅不同意我当组长，还把我踩咕一顿儿！

彩儿 cǎir ①颜色，脸面。②花样。③毛病。

【例句】①你这么一说还真叫我脸上挂不住彩儿了！②你可真能添彩儿，办法可真多！③我这老毛病还没好，又添新彩儿了！

菜儿 chair ①可以轻易吃掉、制服的一碟小菜儿。诙谐性用语。②佳品，美味佳肴。引申为重要人物。

【例句】①那是我手下败将，不过是我嘴里的小菜儿。②别拿我们不当菜儿，兔子急了还咬人呢！

菜货 cài huò ①指没有真实本事，徒有虚名。②做菜的料。

【例句】①别看那小子长得一表人才，其实是个菜货！②这头牛干活可不行，只能是个菜货。

菜饽饽 cài bō bo 同"菜货"①。

【例句】原来你也是个菜饽饽，一到关键时候就堆碎（详见"堆碎"）了！

菜扒子 cài pái zi 指非常能吃菜而少吃主食。讽刺性用语。

【例句】你真是个菜扒子，面前这么多菜被你吃个溜光！

菜码儿 cài mǎr 指盘子中菜肴数量的多少。菜量大则称"菜码大"，反之称"菜码小"。

【例句】咱们到食为天饭店吃饭去，那儿的菜码大价格还便宜！

掺乎 cān hu 不正常的插手、参与管理或乱出主意。

【例句】大家到北京上访主要是反映官员腐败问题，你个大学生就不要掺乎了！又如这是大人们的事儿，你小孩子就不要跟着掺乎了！

惨　cǎn　失败的程度非常严重。

【例句】这回考试可真惨了，连中专的分数线都不到！

苍　cāng　也说"苍苍"。指因某种原因造成脸部或其他部位肿起来。

【例句】这一带蚊子瞎蠓太凶，咬得我脸都苍起来了！又如这一刀扎的挺狠，肉都苍苍起来了！

苍蝇抱蛋　cāng yíng bào dàn　比喻像苍蝇盯住鸡蛋下蛆一样紧紧贴住不放。讽刺性用语。含有贬义。

【例句】他这人作风可不怎么好，见了女人就像苍蝇抱蛋！

藏奸　cáng jiān　偷奸耍滑，不坦诚相见。

【例句】张明办事净藏奸，不办真事儿！

藏奸耍滑　cáng jiān shuǎ huá　偷奸耍滑，藏心眼，不坦诚相见。含有贬义。

【例句】谢广坤办事儿惯于藏奸耍滑，不知那件事儿是真的！

操累　cāo lěi　"累"读lěi。"操"字发重音，"累"字发短促轻音。操心，操持。

【例句】我们这一大家子全凭我妈一个人操累，可吃尽了苦头。

操事　cāo shi　"事"字发短促轻音。同"操累"。

【例句】全家就指着你操事呢，你可不能病倒啊！

糙话 cāo huà 脏话，粗俗话，淫秽话。

【例句】我说句糙话，你这事儿办得真不够揍！

槽子糕 cáo zi gāo 旧指蛋糕，引申为离不开的主要人物、核心人物。

【例句】离了你这个破鸡蛋，还做不成槽子糕了！

草鸡 cǎo ji "草"字发重音，"鸡"字发短促轻音。遇事不敢迎难而上而瘫软。

【例句】怎么样？真正遇到对手就草鸡了吧！

草鸡人 cǎo jī rén 也说"草鸡毛"。毫无能力的人。

【例句】那人就是个草鸡人，遇事就躲，上不了台面！

草迷 cǎo mi "草"字发重音，"迷"字发短促轻音。遇事儿胆怯，缩头缩脑。

【例句】你平时不是挺能耐的吗？现在怎么草迷了？

草爬子 cǎo pá zi 本意为一种吸血虫，引申为人像草爬子一样紧紧缠住人不放。

【例句】你怎么就像草爬子一样，单单盯叮住找不放？

操蛋 cào dàn ①效果很差、很次。②坏事了，出事了，把事情办砸了。③无能，窝囊，品质差。

【例句】①你们的成绩最操蛋，连个第三名都没拿到！②这回可操蛋了，把身份证弄丢啦！③那人天生就是操蛋的货，没个整了！

操蛋的玩儿应儿 cào dàn de wánr yingr 无能力、无本领的人。骂人语。

【例句】你天生就是个操蛋的玩儿应儿，这么简单的事儿也办不明白！

噌噌的 cēng cēng di ①象声词。形容速度极快。②形容身体非常好，行动迅速。

【例句】①眼见着马车在面前噌噌的驶了过去。②俺爹都七十多岁了，走路还噌噌的像个小伙子！

蹭 cèng ①借由子混顿偏食或捞取好处。②粘上。③意见不一致而发生冲突。④听觉错误。⑤擦掉，抹掉。

【例句】①怎么，又上我家蹭饭来了？②不小心裤子上蹭了一块油漆，新买的裤子弄脏了！③两人因合伙做生意分配不均，最后弄蹭了。④原来是我听蹭了，实在对不起！⑤写错了就蹭掉重写。

蹭痒痒儿 cèng yǎng yangr 利用物体磨擦皮肤以解痒，引申为①形容人懒惰。②形容人工作不认真，浮皮潦草。只作表面文章。

【例句】①那小子是个懒蛋子，每天蹲墙根儿蹭痒痒儿。②这次下去调查事故原因，一定要深入，蹭痒痒儿似的浮皮潦草根本调查不出事故真相！

磣心 chā xīn 食物因过于粗糙等原因引起胃部不适。

【例句】吃萝卜吃多了，有点磣心！

插伙儿 chā huǒr "插"读 chā，下同。①搭伙，合伙。②从一个人群加入另一个人群。

【例句】①咱们几个插伙儿把工程包下来，估计能挣大钱！

②我准备到你们那里插伙儿，你看行不行？

插空儿 chā kòngr 抽时间或利用空闲时间。

【例句】我插空儿到你们家去一趟，把孩子的婚事定下来！

插花儿 chā huār 不一样的物体相互穿插在一起。

【例句】这几年砖瓦房越来越多，插花儿还有几栋小楼。

插圈弄套 chā quān nèng tòo "弄"读 nèng。设圈套，设陷阱使人中计。

【例句】你别整天插圈弄套的祸害人了，还是干点儿正经事儿吧！

插圈绕扣 chā quān rào kòu 同"插圈弄套"。

【例句】他整天扎圈绕扣地算计我，防不胜防。

差以 chā yi 有所减轻，稍差。

【例句】头几年两人针尖对麦芒，谁也不让过儿，这两年差以了！

喳咕 chā gu 低声议论。

【例句】他二人在那喳咕半天了，谁知要搞什么鬼？

茬儿 char ①事由。②第一批。③一辈人。④人物。⑤商客，顾客。

【例句】①你不提这个茬儿我到忘了，原来还是下乡插队落户时乡亲们教会我做饭的。又如我这一忙乎，差点儿把这个茬儿给忘了！②头茬儿韭菜。③等我们这茬儿人都死光了，你也是这个味儿！④那人可不是个善茬儿，还是离他远点儿好。⑤这小饭店每天也没有几个茬儿，不亏损才怪呢！

茬口儿 chá kour ①前嫌，隔膜。②庄稼收割后留下的贴地皮的根儿。③轮换作物的种类和轮换的次序。③能与之发生联系的人和事儿。

【例句】①他俩过去一直有茬口儿，也不是一天了！②把地里的茬口儿收拾收拾，拉回去烧火！③头茬种玉米，下一个茬口儿就不能种甜菜了！③这事儿如果有茬口儿，你再给说和说和！

茬子 chá zi ①不好惹、厉害的人。②由头，借口。③形容为人凶恶而无人敢惹。

【例句】①今天你可是遇到茬子了，可得多加小心！②找个茬子到他家去一趟，把事情好好唠一唠！③那小子可是个茬子，没人敢嘲乎招惹他！

查 chá 动词"数""数数"。

【例句】把那捆钱查一查。把人数查查！

岔纰 chǎ pi "岔"读chǎ。"纰"字发短促轻音。　①无意间出现误会。②发生差错或纰漏。

【例句】①你得和他说清楚，要是弄岔纰了就不好办了！②这事儿都怨我，我把事儿弄岔纰了！

插花 chǎ huā "插"读chǎ，下同。穿插花样。

【例句】晚会别光唱歌，插花安排点儿曲艺舞蹈什么的！

插伙儿 chā huǒr 合伙，结伴。

【例句】他们几个人插伙儿去俄罗斯倒腾木材，结果赔得一塌糊涂！

插一杠子 chǎ yī gàng zi 中间插手，使事情节外生枝。

【例句】这事儿要不是赵四插一杠子，刘英的婚事早就成了！

插空 chuǎ kòng　"插"不读 chǎ 而读 chuǎ，下同。抽空，抽时间。

【例句】她二姨，抽空到我家串门啊！又如现在我挺忙，抽空我再来一趟！

馇 chǎ　动词，主要指熬粥或做其他粘稠类食品。

【例句】我想喝小米粥，快给我馇点儿小米粥。又如馇粥、馇猪食等。

差啥 chà shá　①疑问代词"为什么"。②凭什么。

【例句】①都一样条件，差啥不让我去？②差啥说没关系，我不是他爸的领导吗？

差头儿 chà toór　出现偏差。

【例句】我们可就指望你了，你可不能出差头儿啊！

差事儿 chà shìr　办事儿不到位，不合标准，与之对应的是"不差事儿"。

【例句】这你可有点儿差事儿，叫你送礼你怎么就不送呢？事儿还想办成吗？

差辈儿 chà bèir　弄错了辈分，辈分的长幼发生混乱。

【例句】呦，他表姐跟他叔叔搞对象，那不闹差辈了吗？

差糊了 chà hú la　错了，出现差错。

【例句】对不起，我把日子弄差糊了。又如都怨我，是我把事儿弄差糊了。

差不离儿 chà bú líer "离儿"突出"儿"音。差不多，有分寸，不过分。

【例句】东北大帅吴俊升小时候长得粗粗壮壮，十一岁的孩子和十四、五岁半大小伙子差不离儿。

差不点儿 chà bù diǎnr 差一点，悬一悬。

【例句】这次考公务员，差不点儿我就考上了！

差节气 chà jié qi 形容人办事不牢靠、不成熟，令人不让人放心。贬低性用语。。

【例句】你怎么竟跟小孩子一样，办事儿真差节气儿！

差成色 chà chéng sè 也说"差老成色了"。相差很多，差距很大，距离很远。

【例句】现在人们的思想老复杂了，照解放初期人们淳朴的思想可差成色了！又如你怎么能和人家比，你可差老成色了！

差一差二 chà yī chà èr 按照标准还差一些。

【例句】这次低保调查，咱村差一差二的都通过了调查。

差一不二 chà yī bú èr 差不太多，小小不言不必计较。

【例句】你别太认真了，差一不二就行啦！

差老成色了 chà lǎo chéng sè le 同"差成色"。语气加重。

【例句】电视连续剧《乡村爱情变奏曲》中卖豆腐的老宋可差老成色了，为姑娘的婚事到处收敛钱财！

岔头儿 chà tóur 节外生枝，偏差。

【例句】今天办事真不顺利，净出岔头儿！

岔气儿 chà qìr 因气流不通畅，呼吸时，使两肋间发生疼痛或不舒服的感觉。

【例句】他吃饭时生气，结果岔气儿了，很是不舒服。

拆登 chāi deng "拆"字发重音，"登"字发短促轻音。收集，聚集。

【例句】还欠你几百块钱了，等我再拆登拆登都还给你！

拆兑 chāi dui "兑"字发短促轻音。筹措，筹集。

【例句】你赶紧帮我拆兑几个钱，有急用！

拆了东墙补西墙 chāi la dōng qiáng bǔ xī qiáng 也说"拆东墙补西墙"。形容东挪西借，顾此失彼。

【例句】我这也是拆了东墙补西墙，纯属无奈之举啊！

柴 chái 蔬菜、水果等由于脱水而使纤维突出老化而失掉原来的口感变得干涩。

【例句】萝卜都柴了，做汤也不好喝了。这萝卜都柴火了，真不好吃！

掺霍 chān huo "掺"字发重音，"霍"字发短促轻音。也写作"掺和"。①插手、介入、参与。②把不同种类的物品混搭在一起。

【例句】①要不是他跟着乱掺霍，事早就办成了！②光用泔水喂猪可不行，起码得掺霍点儿糠或其他粮食才行！

掺乎 chān hu "掺"字发重音。同"掺霍"。

【例句】你跟着瞎掺乎什么呀，滚边儿晃子呆着去！

掺糠使水 chāng kāng shǐ shuǐ ①以假乱真，假冒产品。

②形容人说话添油加醋。

【例句】①咱可不做那些掺糠使水的事儿，凭良心挣钱！②媒婆谢大脚把赵 掺糠使水地介绍了一番。

馋 chán ①嘴馋。②江河水经常淹死人。

【例句】①这人真嘴馋，盘子里的肉都让他挑光了。②这条河可真馋，哪年夏天都淹死人。

馋虫 chán chóng 人们编造出的肚子里使人发馋引起食欲的虫子。是一种形象的比喻。

【例句】这盘菜真香，都勾起我的馋虫来了！

馋嘴巴子 chán zuǐ bà zi 追求吃喝。含有贬义。

【例句】这人真是个馋嘴巴子，好吃的都让他吃尽了！

缠 chán 应付。常用"难缠"即不好对付。

【例句】你这个人可真难缠。

骖 chǎn "骖"读 cǎn。下同。①能干。②不用鞍鞯等任何骑具骑马。

【例句】①他在单位非常能骖。②我骑马从来不用马鞍子，就是骖骑。

骖骑 cǎn qí 同"骖"②。

【例句】这次骑马大赛，我获得骖骑第一名！

颤悠 chàn you 摇晃，颤抖。

【例句】别颤悠了，颤悠得我直迷糊！

颤巍巍 chàn wēi wēi 形容过于摇晃、颤抖。主要形容老人或重病人行为不稳的状态。

【例句】老人颤巍巍地站起身来，厉声说道：我没死之前，谁也不许分我的家产……

长毛搭撒 cháng máo dā sā 形容人或动物毛发长而凌乱。含有贬义。

【例句】你这个人长毛搭撒的，真不讲究。又如这头奶牛怎么长毛搭撒的，肯定是有什么毛病。

长巴落儿 cháng ba làor "落"读 lào，并突出"儿"音。指呈椭圆形的物体。

【例句】美国人就喜欢玩橄榄球，橄榄球是长巴落形的，中国人可玩不惯！

长长 cháng chang 第一个"长"字发重音，第二个"长"字发短促轻音。①目瞪口呆，神情发傻。②呈长形状。

【例句】①听说没考上大学，孩子的脸顿时脸就长长了。②那人长得是长长脸儿，人挺瘦的。

长巴咧些 cháng ba liē xiē 形容物品稍呈长形。

【例句】这件上衣穿在你身上，长巴咧些的，真难看！

长劲儿 cháng jìnr 有耐力，力气持久。

【例句】你这么大个人，怎么是小毛驴儿拉磨——没长劲儿呢？

长脱脱 cháng tuō tuō 形容身体完全放松，失去控制，倒地不起的样子。

【例句】他醉酒不醒，长脱脱地躺在地上一动不动。

尝鲜儿 cháng xiānr ①第一次品尝某种食物。②第一次接触某件事情。

【例句】①我从来没吃过火龙果，这回我也尝鲜儿了。②带我去东方明珠塔，我也长长见识尝尝鲜儿。

常礼儿 chǎng lǐr 通常礼节，引申为常见的事儿。

【例句】人家病重咱去看看，这也是常礼儿嘛！

常行理儿 cháng xing lǐr 平常的道理，一般的道理。

【例句】俗话说，得饶人处且饶人，这也是常行理儿嘛！

肠子都悔青了 cháng zi dóu huǐ qīng la 形容非常后悔，后悔不迭。诙谐性用语。

【例句】我哪里知道抢劫也犯重罪啊，肠子都悔青了！

敞开儿 chǎng kāir "开儿"突出"儿"音。放开，任意，尽量，不受拘束。

【例句】大家敞开儿造，谁要不喝趴下谁就不够揍！

敞口儿 chǎng kǒur 不受限制，放开手脚。

【例句】过去买点儿油啊米面的都要凭票供应，如今都敞口儿卖，有钱就行！

敞亮 chǎng liang "敞"字发重音，"亮"字发短促轻音。本意是宽敞明亮，引申为①心胸开阔、舒畅。②人品好，说话或办事儿公道、透明、大方、大度。

【例句】①听你这么一说，我这心里敞亮多了！②电视小品《不差钱》中小沈阳饰演的苏格兰餐厅服务员对毕福剑饰演的姥爷说："唉呀妈呀，大爷你真敞亮，你太帅了！"

敞亮儿的 chǎng liāngr de "亮"读 liāng 并突出"儿"音拉长音。①宽敞明亮。②同"敞亮"②。

【例句】①一定把房子盖得敞亮儿的，住着也舒心。②做人一定要敞亮儿的，小肚鸡肠叫人看不起。

敞巴店儿 chǎng ba diànr　无遮无拦的住所，形容房屋破旧。

【例句】过去住的都是敞巴店，又漏风又漏雨，现在住的都是砖瓦房，既宽敞又明亮。

敞衣裂怀儿 chǎng yī liě huáir　形容人衣帽不整，衣服不系扣而敞开。

【例句】你整天敞衣裂怀儿的，找个对象都难！

场面人儿 chǎng miàn rénr　有一定社会地位、一定影响的人。

【例句】你别看刘能人长得不济，那也是场面人，处处落不下！

唱 chàng　①扮演。②遭受某种难处。

【例句】①他唱的是红脸关公，净装好人！②我这唱的哪儿出呢，都成了光杆儿司令了！

唱呀儿哟儿 chàng yār yōur　形容人袖手旁观而不伸手帮助。诙谐性用语。

【例句】我这儿忙得一塌糊涂，你就在那儿唱呀儿哟儿，一手不伸！

唱喜歌儿 chàng xǐ gēr　引申为只说好话而不说不好听、不顺耳的话。

【例句】你们也不能光唱喜歌儿，也要找找咱们的不足！

唱曲儿 chàng qǔr 说风凉话。

【例句】人家丢了钱,够难受的了,你就别在那儿唱曲儿了!

吵吵 chāo cha 形容人①七嘴八舌乱说话。②互相激烈吵骂,争吵不休。

【例句】①停一停,净听你们几个人吵吵了!②话不投机,两人说着说着就吵吵起来了!

吵吵巴伙 chāo chao bā huǒ 同"吵吵"① ②,语气加重。

【例句】①光这么吵吵巴伙的可不行,还是选出代表到政府去反映!②有话就好好说,吵吵巴伙儿的干什么?

抄 chāo ①将浮在水面的物品捞出来。②用筷子在水中夹挑。

【例句】①锅里净是沫子,快把锅里的沫子抄出来!②给我抄一碗面条。

抄家伙 chāo jiā huo 拿起趁手的武器或工具。

【例句】弟兄们!抄家伙,跟鬼子拼了!

抄手儿 chāo shǒur 把两手插在袖子里,形容人袖手旁观,不伸手相帮。

【例句】这事儿你可不能抄手儿不管,千万帮我一把!

抄近儿 chāo jìnr 走捷径,走近道。

【例句】你们先走,我抄近儿就撵上了!

抄底儿 chāo dǐr 彻底、干净。

【例句】这伙黑社会分子被公安机关抄了底儿,一网打尽!

焯 chāo ①将鲜嫩的食品在开水中汆一下。②热面条或其他热食品在凉水中过一下使之凉些。

【例句】①先把芹菜焯一下，剁馅包饺子！②把面条在水里焯一下，我爱吃凉面条。

嘲乎 cháo hu ①招惹。②参与。

【例句】①你别去嘲乎他了，他可不是好惹的。又如郭鬼子郭松龄有权有势，只有吴俊升敢嘲乎，最终打败了郭松龄。②那辆汽车又破旧又没手续，你也敢去嘲乎？

嘲弄 cháo long "弄"读 long。同"嘲乎"①。

【例句】800 亩荒山，别人不敢承包，我也没敢嘲弄。

嘲霍儿 cháo huor 同"嘲乎"①。

【例句】老板不是个好惹的，你就别去嘲霍儿他了！

朝天 cháo tiān 也说"朝天价"。整天，成天，天天如此。

【例句】你朝天这么喝（酒），多昝是个完啊？

朝面儿 cháo miànr 露面。

【例句】你是咱家当家的，人家摊事儿你不朝面儿怎么行？

潮 cháo 东北话里的"潮"不是普通话中的"潮"，而是①指人发傻、不聪明、不理智，一副傻乎乎的样子。②指人发火或生气。

【例句】①你看他那个潮样，谁能嫁给他！②俩人说着说着就潮了，劝也劝不住！

潮哄 cháo hong "哄"字发短促轻音。形容人傻乎乎、缺心眼儿。

【例句】那个人挺潮哄，别去招惹他！

潮活 cháo huo "活"字发短促轻音。招惹。

【例句】他就是个地癞子，你潮活他干什么？

潮货 cháo huò 来路不明的货或假冒伪劣产品。

【例句】我看着手机就是潮货，质量根本不行。

潮乎乎 cháo hū hū ①天气或物品有些潮湿。②同"潮哄"。

【例句】①这天有点儿潮乎乎的，八成是要下雨！②那人整天潮乎乎的，净办傻事儿。

潮得乎的 cháo de hū de ①形容人已经憋足了劲儿，几乎就要发火或生气的样子。②形容人发傻、一副缺心眼儿的样子。③潮湿。

【例句】①千万加小心，他俩潮得乎的，你就别惹他们了！②电视连续剧《樱桃》中小沈阳饰演的老板的小舅子整天潮得乎的，坑绷拐骗什么坏事儿都干。③这天潮得乎的，要下雨，快把晾晒的苞米收回来！

潮了吧唧 cháo la bā jī ①形容人缺心眼儿、一副傻乎乎的样子。②物品有些潮湿。

【例句】①黑龙江电视台娱乐节目《本山快乐营》中的小宋潮了吧唧的，看得观众笑声不断。②几天大雨不断，被褥潮了吧唧的，好天得晒晒了！

炒豆大家吃，砸锅一人兜 chǎo dòu dà jiā chī，zá guō yī rén dōu 好处人人有份，出了问题由一人承担。诙谐性用语。

【例句】咱们这次上访，可不能炒豆大家吃、砸锅一人兜。大家团结一心，出了事儿大家共同承担！

车轱辘话 chē gū lū huà 形容为一件事反复说重复说，絮絮叨叨。

【例句】车轱辘话已经说了一大车，还有完没完？又如真是喝多了，车轱辘话说个没完！

车脚钱 chē jiǎo qián 各种运费，包括搭车、乘车而付出的费用。

【例句】喂，哥们儿！车脚钱还没给呢！

车子哄哄 chē zi hōng hōng 形容人一副昏头昏脑的样子。

【例句】瞧你一天车子哄哄的样子，什么时候能有个出息啊？

扯 chě ①闲谈，没有目的的聊天。②参与。③从事，联系。

【例句】①一见面你俩就扯个没完，有什么可唠的呢！②没事儿在家喝点儿小酒，扯那玩意儿呢，管他什么美国出兵不出兵呢！③跟谁搞对象还不行，怎么偏跟他扯上了呢？

扯淡 chě dàn 也写作"扯蛋"。闲扯，胡扯，没根据瞎说，没有正事。骂人语。

【例句】没事儿别瞎扯淡，干点儿正事儿比什么都好！又如扯淡，我什么时候去红灯区了！又如黑灯瞎火的，住店的几个车老板子没事儿坐在大炕上瞎扯蛋！又如他们闹他们的，咱们可不跟他们扯蛋！再如电视小品《牛大叔陪客》中牛大叔台词：扯蛋扯蛋，是不是打这儿来的？

扯巴 chě ba "扯"字发重音，"巴"发短促轻音。没有计划地零星支出。

【例句】就挣几个有限的小钱儿，一扯巴就没了，还能攒钱？

扯扯 chē che 第二个"扯"字发短促轻音。①信口胡说、滥说。②麻烦事。

【例句】①你扯扯个没完，快住嘴吧！②我舅家出了点扯扯事，正打官司呢！

扯不扯 chě bu chě 表示后悔、谦虚的一种语气助词。

【例句】这扯不扯，几句话他就翻脸了！

扯皮子 chě pí zi ①闲扯，没事儿闲说话。含有贬义。②说或做与主题无关的事。

【例句】①正事儿办不了，扯皮子倒有一套！②忙都忙不过来，你还有闲心扯皮子？

扯犊子 chě dú zi ①胡说，没完没了的说。②不管闲事，不参与不该参与的事。骂人语。

【例句】①你这人净扯犊子，说话没边没沿儿！②他们闹他们的，你别掺乎，扯那犊子干啥！

扯王八犊子 chě wáng ba dú zi 同"扯犊子"②。语气加重，含有贬义。

【例句】我看那些人就是扯王八犊子，没事找事儿！又如那不是扯王八犊子吗？好好的楼拆它干什么？

扯马卵子 chě mǎ luǎn zi 同"扯犊子"②。

【例句】没事在家歇着，别去扯那个马卵子事儿！

扯钩拉纤 chě gōu lā qiàn "纤"读 qiàn。进行拉拢、撺掇、拉帮结伙一类不正当活动。

【例句】电视连续剧《西南大剿匪》中，国民党特派员扯钩拉纤，企图将土匪拉入国民党队伍。

扯旗放炮 chě qí fàng pào　兴师动众，制造声势。

【例句】你这扯旗放炮的，想干什么呀？

扯绺子 chě liǔ zi　找借口，寻由头，竭力掩饰。

【例句】你别扯绺子就溜，正事儿还没办呢！

扯闲片儿 chě xián piānr　闲说话，说些没用的话。

【例句】订那些没用的规章制度有什么用？净扯闲片儿！

扯老婆舌 chě lǎo po shé　背后传闲话，搬弄是非，将乙方的话添油加醋传给甲方。

【例句】老张婆子最爱扯老婆舌，没几句是真话！

扯胳膊拽腿 chě gē bo zhuài tuǐ　也说"扯胳膊抱腿"。①形容孩子多，家务负担重。②形容琐事缠身，无暇顾及。

【例句】①我这上有老下有小扯胳膊拽腿的，还能出去旅游？②都是因为你们扯胳膊拽腿的，否则我早就出息了，还能呆在这憋死牛的小山沟？

扯脖子喊 chě bó zi hǎn　形容人脸红脖子粗地大声喊叫。含有贬义。

【例句】你扯脖子喊叫啥呢，还能把你当哑巴卖了？

扯哩格儿楞儿 chě lī ger lēngr　胡扯,瞎扯。贬低性用语。

【例句】少跟我扯哩格儿楞儿，到底为什么？跟我说实话！

扯王八连蹄 chě wáng ba lián ti　说些没用的、毫无意义的话。讽刺性用语。

【例句】不用跟我扯王八连蹄，有什么话你就明说！

撤　chè　①以手抽打脸部，即抽、打嘴巴子。②挪，移。③减少。④抽取。

【例句】① 实在气不过，伸手撤了一个大嘴巴子！②把这个桌子撤了吧，没什么用了。③我预定的菜吃不了，撤掉几道菜吧！④把那几张纸撤出来。

撤嘴巴子　chè zuǐ bà zi　同"撤"①。

【例句】你再撒谎，看我不撤你嘴巴子。

撤火儿　chè huǒr　本意为消火，引申为消除矛盾，化解难题。

【例句】他俩打得不可开交，你不帮助撤火儿，还拱火儿，真不怕乱子大！

撤台　chè tái　抽身而退，借机溜走。

【例句】看他俩互不相让，我赶紧撤台了，省得说不清道不明的。

抻　chēn　①拉伤。②伸。③拽。

【例句】①我的胳膊抻着了，动都不敢动了！②有话好好说，别抻脖子瞪眼的！③衣服净是褶子，我帮你把衣服抻一抻。

抻头　chēn tóu　"抻""头"两字均发重音。出头露面。

【例句】这事儿明明就是个陷阱，别人都不露面，你非抻头干啥？！

抻头儿　chēn tour　"抻"字拉长音，"头儿"突出"儿"音并发短促轻音。①长时间不间断。②沉得住气儿，遇事不慌。③修养。

【例句】①这小伙子有本事，看来挺有抻头儿！②叫你这么长时间你也不吭一声，你可真有抻头儿！③吴俊升表示，我没文化，从小就没有抻头，坚决不去北京赴任。

抻腿儿 chēn tuǐr 死亡的代用词。诙谐性用语。

【例句】要想分家，等我哪天抻腿儿再说吧！又如不一会儿，这头奶牛就抻腿儿了。

抻悠 chēn you "抻"字拉长音读，"悠"发短促轻音。①发出的力量均匀，办事不着急。②拖延时间。

【例句】①别着急，抻悠着干！②抻悠着点，不要太快了！

抻劲儿 chēn jinr "劲儿"发短促轻音。①长时间不松劲儿，有不坚持懈的劲头。②沉得住气儿。

【例句】①这么长时间了，你还在满洲里做买卖呢，真有抻劲儿！②这么叫你，你也不着急，你可真有抻劲儿！

抻直 chēn zhí 多在打麻将时使用。"四舍五入"只有"五入"而没有"四舍"，即不足"十"一律"抻直"到"十"，以此类推。

【例句】你们玩儿多大的呢？两块五抻直，也没多钱！

抻开腰儿 chēn kāi yāor 没有负担，没有压力，直起腰杆，放手去做。

【例句】你这局长终于去掉"副"字了，这回可以抻开腰儿放手去干了！

嗔是 chēn shi 插入语，表示肯定、同意。

【例句】不会抽烟喝酒还能办事？嗔是的！

嗔着 chēn zhāo　"嗔"字发重音，"着"字发短促轻音。怪罪，责怪。

【例句】他嗔着我不和他一起去逛街，生气了！

陈芝麻烂谷子 chén zhī ma làn gǔ zi　陈年旧事儿，多少年前不易解决、提不起来的琐碎事情。

【例句】不听不听，谁听你们那些陈芝麻烂谷子的破事儿！又如多少年前的陈芝麻烂谷子的事儿了，还提它干什么？

沉 chén　"沉"读 chén，下同。　耳背，有些听不清。

【例句】年纪大了，有些耳沉。

沉底儿 chén dǐr　①沉到水中没了头顶。②隐藏，隐匿。

【例句】①大水一冲，所有的东西都沉底儿啦！②这么长时间都不见，你到哪儿沉底儿啦？找都找不到！

沉甸的 chén diān de　形容物品沉甸甸。

【例句】皮大衣沉甸的，穿着不舒服。

沉实 chén shí　结实而沉重。

【例句】这孩子长得挺沉实的，快抱不动了。

沉 chèn　"沉"读 chèn。①东西下落。②陷到土里。③塌陷。

【例句】①船沉底了！②房基都沉了。③防空洞上盖早就下沉了。

称手 chèn shǒu　"称"读 chèn。合手，使用方便。

【例句】这把铁锹又快又尖，使着可真称手！

趁 chèn　富有，比较有钱。

【例句】看来小陈挺趁，打麻将口袋里一把一把的"大白票"（一百元）！

趁钱 chèn qián 比喻某人比较富裕、有钱。

【例句】要说趁钱还要数中国男足，本事不高年薪可最高！

趁涝儿 chèn làor 形容非常富有，家资殷实。含有贬义。

【例句】你可真趁涝儿，这么好的衣服就不穿了？又如你小子出手可真大方，看来你挺趁涝儿啊！

趁过 chèn guò 同"趁涝儿"。

【例句】你多趁过啊，刚刚买的貂皮大衣就送人了。

趁劲儿 chèn jìnr 趁机。

【例句】中国女排大局 3∶2 领先，趁劲儿又赢一局，最终战胜了强大的古巴女排！

趁明白 chèn míng bai 利用没糊涂或没死之前的清醒时办事或说话。讽刺性用语，也是玩笑语。

【例句】有什么话趁明白敢紧说，晚了就来不及了！

趁早儿 chèn zǎor 敢紧，抓紧，不要拖延时间。

【例句】你趁早儿交待，争取宽大处理，免得蹲大狱！

趁早不趁晚 chèn zǎo bú chèn wǎn 抓紧有利时机，争取主动。

【例句】要我说，这事儿还是趁早不趁晚，一定要抓紧！

撑 chēng ①饱饱地吃，含有贬义。②张开。

【例句】①有人请客白吃喝，咱们还不放开撑？②天放晴了，把皮大衣撑开晒晒！

撑死 chēng si 顶多，充其量。夸张性用语。

【例句】你撑死不过是个小村长，还能有什么大出息！

撑腰 chēng yāo 在背后给予支持，做后台。

【例句】有政府给咱撑腰，咱还怕啥呀！

撑巴 chēng ba 支撑。

【例句】你上有老下有小，一个人撑巴这么一个家，也真不容易！

撑得慌 chēng de huāng ①不愿意管闲事。②吃得多后胃感觉难受。

【例句】我撑得慌啊，哪有闲心管他们的那些闲事儿！②今天的西餐太好吃了，我吃多了，有点儿撑得慌！

称二两棉花（你）访（纺）一访（纺） yāo èr liǎng mián huā (nǐ) fǎng yī fǎng 俗语，也是歇后语。东北方言中将称重称为"称"（yāo）。借用"纺"字的谐音"访"，比喻深入调查、了解。

【例句】说我为人小抠，你称二两棉花访一访，我是那种人吗！

成着 chéng zhe 非常，特别。

【例句】东北的冬天可成着冷了！又如国庆阅兵式，陆海空三军仪仗队成着威风了！

成是 chéng shì 同"成着"。

【例句】八路军战士迈着整齐的步伐进入北京城，成是威风。

成得 chéng de 同"成着"。

【例句】这鬼故事讲得成得吓人了!

成精 chéng jīng　原意为变成妖精,引申为过于打扮超过正常人的外貌。讽刺性用语。

【例句】瞧你这身打扮,大红大绿的,简直要成精了!

成用 chéng yòng　很有使用价值。

【例句】我这次去南方旅游,买了几件成用的好东西。

成天 chéng tiān　整天　天天。

【例句】你成天叨咕要买台液晶电视机,真要买时你又舍不得了!

成天价 chéng tiān jia　整天,一天。

【例句】你成天价在外玩儿,这家你还要不要?

成心 chéng xīn　故意,有意为之。

【例句】这么累的活儿,也不让歇歇,成心把我累死啊!

成色 chéng sǎi　"色"读 shǎi。事情的状况、样子。

【例句】你要是当了唱歌大明星,那是啥成色?

成宿 chéng xiǔ　"宿"地 xiǔ。整夜。

【例句】成宿打麻将我可不行,身体受不了。

成用 chéng yòng　有使用价值。

【例句】刚买的手机电池非常成用,半月二十天不冲一次电。

成宿半夜 chéng xiǔ bàn yè　整夜或直至深夜。

【例句】你一喝酒就成宿半夜地喝,还要不要身体了?

成年价 chéng nián jia　一年到头,整年,常年。

【例句】你成年价在国外做买卖,家里的事儿你什么时候管过!

成气候 chéng qì hou ①有成绩、有前途、有发展。②时机成熟,努力壮大。

【例句】①别看他蔫头蔫脑,其实早成气候了,不露罢了!②郭松龄叛军早已成气侯,势力很大。张作霖联合吴俊升,最终剿灭了郭松龄部。

成圈儿 chéng quānr 聚集成片儿。

【例句】草地上长着成圈儿的蘑菇。

成年到辈子 chéng nián dào bèi zi 也说"成年八辈子"。一年到头总是如此。诙谐性用语。

【例句】我成年到辈子在外打工,什么时候才能歇歇啊!

成宿隔夜 chéng xiǔ gé yè "宿"读xiǔ。昼夜不停,连续地。

【例句】成宿隔夜地苦干了一个夏天,大桥终于建成了!

成绺成行 chéng liǔ chéng hang 形容物品整整齐齐一个挨着一个。

【例句】采摘园建成或,游人成绺成行的来到采摘园参观,品尝采摘鲜果的乐趣。

成破厉害 chéng pò lì hai 得失利弊和厉害关系。

【例句】你把成破厉害都给他讲清楚,他不会不同意的。

程子 chéng zi 多说"这程子""那程子",即这段时间、那段时间。

【例句】这程子我一直不在家,在北京看孙子呢。

盛 chéng　向容器中装物。

【例句】来！给我盛碗稀粥！又如塑料袋太小，盛不下！

逞 chěng　娇惯，纵容。

【例句】你不能太逞着孩子，这样对孩子成长不利！

逞疯 chěng fēng　不顾体面地逞强。

【例句】老爷子！这么大岁数了，别太逞疯了！

逞能 chěng néng　出风头，逞强，装能人。

【例句】别人都不管，就你逞能！

逞疯拉势 chěng fēng lā shì　①形容人故意装疯卖傻。②形容人故意淘气闹事。

【例句】①你们逞疯拉势地干什么，有什么话就直说！②这几个孩子整天逞疯拉势地没个安静时候！

逞干巴强 chěng gān ba qiáng　没有能力或实力硬逞强。

【例句】你又没有经济实力，办什么老年福利院，你就别逞干巴强了！

吃 chī　①嵌进。②装，容。③认可，接受。

【例句】①这木头糟得吃不住钉了！②这汽车太小，吃不了多少货物！③警察可不吃地痞流氓那一套！

吃瓜烙儿 chī guā làor　受牵连，替他人承担责任。

【例句】张三犯法被判刑，李四也吃瓜烙儿被罚了款。

吃锅儿烙 chī guōr lào　同"吃瓜烙儿"。

【例句】老板因贪污受贿被判刑，作为财务总监，也跟着吃了瓜烙儿。

吃劲儿 chī jìnr ①承受力量。②紧要地方。

【例句】①胳膊扭伤了，不敢吃劲儿！②最吃劲儿的地方是赵局长那儿，他始终也不表态，不知到底是啥态度！

吃捧 chī běng 喜欢别人奉承。

【例句】那个人喜欢吃捧，你就多吹乎呗！

吃书 chīshū 爱读书。

【例句】她平时就爱吃书，年末考试考了个全校第一名！

吃腥 chī xīng 作风不正，喜欢同异性交往。讽刺性用语。

【例句】别看人长得端端正正的，其实就是个喜欢吃腥的货！

吃香 chī xiāng 受欢迎，受器重。

【例句】单位就他一个研究生，一直挺吃香。

吃咂儿 chī zār "咂儿"指哺乳期妇女的乳房。动词，吃奶。

【例句】孩子哭半天了，快给他吃口咂儿吧！

吃不开 chī bu kāi 不受欢迎，指挥不灵。

【例句】别看你是个大老板，平时指手画脚的，但你那一套在我们这里可吃不开！

吃得开 chī de kāi 与"吃不开"相反，很受欢迎，很有地位。

【例句】保健品在中老年人间可挺吃得开，许多人都在购买。

吃晌儿 chī shǎngr 吃午饭。

【例句】大叔，吃晌了吗？还没呢，这就回去吃！

吃小灶 chī xiǎo zào 引申为单独享受优厚或特殊待遇。有时用于褒义，有时用于贬义。

【例句】领导单独给我吃小灶，让我一个人去国外进修。又如老师安排我参加数学补习班，让我吃小灶单独补课。

吃枪药 chī qiāng yào 形容人说话蛮横、粗野，呛人。

【例句】怎么，吃枪药了，说话怎么冲！

吃奶劲儿 chī nǎi jìnr 使劲全力，使出最后的一点儿气力。诙谐性用语。

【例句】我都使出吃奶劲儿了，事情到底也没办成！

吃劳金 chī láo jin 被雇佣的人称为劳金，泛指被雇佣的人得到的劳动报酬。

【例句】旧社会，我给地主吃劳金，一年到头挣不了几个钱。

吃喜儿 chī xǐr 吃喜事宴会或其他值得祝贺的事提供的糖果、水果。

【例句】张老三的孩子考上了重点大学，咱们到老张家吃喜去！

吃白饭 chī bái fàn 借机蹭吃蹭喝。讽刺性用语。

【例句】你就是个吃白饭的货，有啥出息！

吃不住烙铁 chī bu zhù lào tie 比喻承受不了打击或挫折。

【例句】怕你吃不住烙铁，家里发生的事儿也没跟你细说。

吃不住劲儿 chī bu zhù jìnr 同"吃不住烙铁"。

【例句】土匪终于吃不住劲儿了，只好向剿匪部队缴械投降。

吃独食儿 chī dú shír 本意为独自吃饭，引申为独自享用，无论好事儿或得到的好处都由自己独吞或独占。含有贬义。

【例句】有福同享，有难同当，我可不是个吃独食儿的人！又如怎么，包工头已经把工钱拨下来了，到现在你还不发，想吃独食儿啊？再如上级发下来那么多纪念品，你到现在还不下发，你想吃独食儿啊！

吃猫食儿 chī māo shír 比喻饭量很小。

【例句】你这么大的小伙子，吃猫食儿呢，这么就吃这么点儿饭？

吃偏食儿 chī piān shír ①吃饭挑食。②与大家不同待遇而单独进行。

【例句】①嗨！我那宝贝孙子就吃偏食儿，吃饭总是挑三拣四！②她打篮球的技术不错，就是身体太单薄，该给她吃点儿偏食儿，重点练练体能！

吃眼下食儿 chī yǎn xià shír 形容自己不能做主，看别人眼色行事。

【例句】你也别光吃眼下食儿，该做主你就自己做主吧！

吃腥的嘴儿 chī xīng de zuǐr 比喻习惯于贪小便宜、受贿、接受吃请的人。

【例句】你就是个吃腥的嘴儿，贪便宜没够，早晚得栽大跟头！

吃官司 chī guān si 因犯法或违规，被追究责任或关进监牢。

【例句】电视连续剧《闯关东》中，朱开山一家因得罪了日本人而吃官司了。

吃惯嘴儿 chī guàn zuǐr 原意为某种口味已经习惯了，引申为形容习以为常、习惯动作或行为。常与"跑惯腿儿"合用。

【例句】刚领完低保费才几天啊，你又惦记低保费，我看你是吃惯嘴儿、跑惯腿儿了，就想着领低保费喝酒了！

吃现成的 chī xiàn chéng de 原意为吃已经做好的饭菜，引申为坐享其成，不再为其劳累。

【例句】大坝我们已经快修完了，你也上来了，你可真会吃现成的！

吃哑巴亏 chī yǎ ba kuī 明明吃了亏却因某种原因无法说出来。是一种形象的比喻。

【例句】往普通白酒里掺假按名酒卖，事情败露被罚，吃了个哑巴亏。

吃饱了撑的 chī bǎo la chēng de 没事儿找事儿。贬低性用语。

【例句】你吃饱了撑的啊，人家第三者插足，管你什么事儿啊？

吃粮不管穿 chī liáng bùguǎn chuān 形容不管家中一切闲事儿，坐享其成。讽刺性用语，含有贬义。

【例句】你一天就知道喝酒，吃粮不管穿，油瓶子倒了也不扶，里里外外就累我一个人！

吃亏占便宜 chī kuī zhàn pián yi 也说"吃亏占香油"。无论吃亏或占便宜在所不计。

【例句】不管吃亏占便宜，我都不计较，只要合情合理就行！

吃亏占香油 chī kuī zhàn xiāng yóu 同"吃亏占便宜"。

【例句】你这个人就是爱计较，什么吃亏占香油的，见好就收呗！

吃个苍蝇 chī ge cāng ying 本意为因吃苍蝇而恶心，引申为心情懊恼之极。

【例句】这事儿我可不干，不请示村长，我去拆人家房子，到时候我还不得吃苍蝇啊？

吃孙喝孙不谢孙 chī sūn hē sūn bú xiè sūn 比喻受人恩惠而不思报答。含有贬义。

【例句】那是个吃孙喝孙不谢孙的手儿，你还指望他帮助你吗？

吃不了兜着走 chī bu liǎo dōu zhe zǒu 对自己造成的任何后果都得承担责任。

【例句】这事儿你可想好了，出了事儿你吃不了可兜着走！

吃香的喝辣的 chī xiāng de hē là de "香的"指鱼肉等一切好吃的食物，"辣的"指喝酒，即有肉吃有酒喝。引申为①生活很好。②形容人有身份、有地位。

【例句】①虽然生活好了，但你也不能整天吃香的喝辣的，总得干点儿什么养家糊口吧！②这小子这几年倒腾房地产发了，整天吃香的喝辣的，神气得很！

吃了熊心豹子胆 chī la xióng xīn bào zi dǎn 熊的心、豹子的胆都是凶猛动物的内脏，引申为形容人的胆子非常大。

【例句】你吃了熊心豹子胆了，连老板你也敢骂？

吃一百个豆不嫌腥 chī yī bǎi ge dòu bù xián xīng 形容不汲取以往教训依然我行我素。讽刺用语。

【例句】电视连续剧《乡村爱情故事》中王老七说：吃一百个豆不嫌腥，一点记性也不长，上回"燕南飞"的事儿闹得还轻啊？

吃饱了喝足了 chī bǎo la hē zú la 也说"吃饱了喝得了"。饭也吃饱了，水也喝足了，表示一切条件都具备了。

【例句】你这么年轻，也不能吃饱了喝足了什么都不干了，总得找点儿什么营生干啊！

痴目瞪眼 chī mù dèng yǎn 形容生气或发怒时瞪眼的样子。

【例句】你一副痴目瞪眼的样子，跟谁吵架了？

迟登 chí deng "登"字发短促轻音。说话停顿。

【例句】他说话太快，连个迟登都不打。

迟愣 chí leng "愣"字发短促轻音。迟疑，愣神儿。

【例句】你怎么的了，迟愣啥呢？

侍弄 chì long "弄"读leng并发短促轻音。仔细经营，照顾照看。

【例句】这花儿叫你侍弄的可真漂亮！又如这老人叫你侍弄得真干净利索！

冲 chōng "冲"读chōng，下同。①无意惊散。②破。③打搅。④迷信说法对鬼神的冲撞、冒犯。

【例句】①两个小偷刚要下手，被路过的人给冲了。②盖房子要找明白人给算一算，别冲了风水。③这么晚了两口子还没起，咱们冲他们被窝子去！④穿戴干净再去烧香，别冲了财神爷！

冲账 chōng zhàng 抵债。

【**例句**】我给你一个弥勒佛古董，咱俩冲账就行了！

虫 chóng ①具有某种天资的人。②一般的人。③对孩子的昵称。

【**例句**】①考大学？你看我是上大学的虫吗？②没追究你的罪名，真便宜了你这个昏虫！③爹娘都死了，这一对小虫谁去抚养啊？

重茬兄弟（姊妹） chóng chá xiōng di（zǐ mèi） 重新组合的同父异母或同母异父的兄弟〔姐妹〕。

【**例句**】老赵家那几个孩子虽然是重茬兄弟姊妹，但相处的都挺好。

宠 chǒng 怂恿，娇惯。

【**例句**】这孩子已经让爹妈宠的不成样子，特别任性！

冲 chòng "冲"读 chòng，下同。①往硬物上摔或砸。②量词"副"。③说话或办事鲁莽而又有闯劲或态度蛮横。④特别好。⑤酒等气味浓烈，刺激性强。

【**例句**】①核桃再硬也架不住在石头上冲。②一冲牌。一冲扑克。③他那人说话太冲，真叫人接受不了！④你看人家那孩子，学习真冲，回回考试都考满分。⑤北京二锅头酒太冲，我可喝不了！

冲鼻子 chong bi zi 酒、烟等一切辛辣味道或其他怪味刺激鼻子。

【例句】你抽的是什么烟，这么冲鼻子！

冲天说话 chòng tiān shuō huà 对天发誓。一种发誓的表示。

【例句】冲天说话，我对你可真是一片诚心！

冲灯说话 chòng dēng shuō huà 同"冲天说话"，对灯发誓。

【例句】冲灯说话，我要是撒谎，我就出门轧死！

抽 chōu ①被风吹干。②"抽调"的省略用语。③"抽风"的省略语。④赎账，赎人。

【例句】①刚刚下了一场小雨，风一吹就被抽干了。②下乡插队落户 3 年后，才被抽出来参加了"一打三反"工作队。③一下子把他气抽了。④他被警察抓走了，赶紧凑钱抽人吧！

抽巴 chōu ba 有时重叠使用。①因收缩而使物体不平整或出现皱褶。②形容人逐渐消瘦。

【例句】①床单质量不好，一见水就抽巴了！②一场大病过后，好好一个人都抽巴没了！

抽抽儿 chōu chour 第二个"抽"字发短促轻音。①庄稼干旱后干瘪。②指人患病后身体瘦弱。

【例句】①一个多月没下雨了，地里的苗都抽抽儿了。②多日不见，你怎么抽抽儿成这个样子？

抽搭 chōu da 小声哭泣，一边哭泣一边一吸一顿地抽泣。有时重叠使用

【例句】什么事儿啊，抽抽搭搭的，哭得这么伤心？又如一句话没说完，竟抽抽搭搭地哭了起来。

抽风 chōu fēng 不是因病而抽搐意义上的"抽风"，而是比喻胡搅蛮缠，没有规律，偶然为之。

【例句】平时不表态，突然抽风似地来这么一下，还叫人一下子反应不过来！

抽空 chōu kòng 抽出时间，找出空闲。

【例句】抽空到我家来一趟，我有点儿事儿和你商量。又如我现在挺忙，抽空吧！

抽红儿 chōu hōngr "红"读 hōng ，"红儿"突出"儿"音。①赌博的庄主按一定比例抽取报酬。②利用职权捞取好处。

【例句】①没有正当职业，每年开赌抽红儿也挣了不少钱。②别看村长不是什么大官，每年抽红儿也发了财！

抽条 chōu tiáo ①暗中故意减少份量或原材料。②从他人的收入中暗中扣留部分留作自己用。是一种变相贪污行为。

【例句】①原材料涨价了，产品也都抽条了。②到手才这么两个钱儿，肯定是叫老板抽条了！

抽袋烟功夫 chōu dài yān gōng fu 形容时间很短。

【例句】刚刚走，还没有抽袋烟功夫呢！又如还没有抽袋烟功夫，警察就到了！

抽筋拔骨 chōu jīn bágǔ 形容非常吃力，非常费力。

【例句】好容易抽筋拔骨地攒了几千元钱回家过年，不料在公共汽车上被偷个精光。

仇口 chóu kǒu 互相仇恨的茬口。

【例句】两人长期不合，因一点点儿小事儿做下了仇口。

愁疙瘩 chóu gā da "疙瘩"读 gāda。难解的愁事。

【例句】考了两年也没考上大学，你可真成妈的愁疙瘩了！

愁帽子 chóu mào zi 捡来的帽子，意味着带来愁烦。

【例句】今年这么不顺，也没捡愁帽子，不知是怎么了？

愁肠子 chóu cháng zi 满肚子忧愁，心情郁结。

【例句】孩子都快 30 岁了，到现在还没成个家，连个对象也没有，真成我的愁肠子了！

瞅冷子 chǒu lěng zi 也写作"抽冷子"。寻找机会，乘人不备。

【例句】临近高考了，学习很紧张，瞅冷子才能回趟家。又如电视剧《李小龙传奇》比武中，瘦小子根本打不过李小龙，却瞅冷子暗下毒手，将李小龙扎伤。

瞅空 chǒu kòng 同"瞅冷子"。

【例句】几个八路军侦查员瞅空混进了鬼子把守严密的县城。

丑妻近地家中宝 chǒu qī jìn dì jiā zhōng bǎo 东北民谚，丑妻是说由于人长得非常丑而不容易出事，近地是说由于自家的土地离家很近而容易耕作便以管理，都是宝贝。引申为条件虽然不好却也有好的一面，事物有两面性而不是绝对的。诙谐性用语。

【例句】俗话说，丑妻近地家中宝，虽然我们的财力不如大公司，但我们有一批优秀工程技术人员，我们得知足啊！

丑妻近地破棉袄 chǒu qī jìn dì pò mián ǎo 同"丑妻近地家中宝"。破面袄虽然破旧却在关键时刻可以抵御风寒，胜似宝贝。诙谐性用语。

【例句】常言说得好，丑妻近地破棉袄，这是说虽然条件不好，但我们一定要知足啊！

臭 chòu ①记忆力差，糊涂。②孤立使其名声不好。③子弹失灵失效。④别扭。⑤低能，技艺不高。⑥销路不畅。

【例句】①我的记性就是臭，这事儿怎么也想不起来了！②既然他胡搅蛮缠不讲理，往后大伙都把他臭起来看！③糟糕，这颗子弹是颗臭子儿！④本来他俩一直很好，不知为什么最近臭起来了！⑤这扑克打得才臭呢，我可不跟你一伙儿。⑥今年貂皮大衣贼拉臭，贵贱没人要。

臭白 chòu bai "臭"字发重音。"白"字发短促轻音。贬低人，说坏话。

【例句】你别到处臭白人家了，谢大脚哪是那样的人啊？

臭白唬 chòu bái hu 也说"瞎白唬"。瞎说，胡说乱说。含有贬义。

【例句】你又在那儿臭白唬啥呢，整天不是说这个就是讲那个！

臭的哄 chòu de hōng 形容有些臭味。

【例句】这屋里臭的哄的，什么味儿啊，快开窗户放放吧！

臭哄的 chòu hōng de 同"臭的哄"。

【例句】酸菜臭哄的，该换换水了。

臭棋篓子 chòu qí lǒu zi 棋艺不高。含有贬义。

【**例句**】该你走了，你个臭棋篓子，我让你车马炮！

臭不要脸 chòu bú yào liǎn 东北地区使用率极高的骂人语，即"不知羞耻""真不要脸"之意。

【**例句**】电视连续剧《乡村爱情故事》中刘能对谢广坤说：什么你家新楼，你咋这么臭不要脸呢，这是人家王小蒙的！又如真是臭不要脸，就是八抬大轿抬我，我也不能嫁给你啊！

臭气拉哄 chòu qì lā hōng 形容气味不好，非常臭。

【**例句**】别看我那小孙子臭气拉哄的，那可是我的心肝宝贝啊！

出 chū ①一套套，一起起，一样样，一回回。②做，行，想出。③摆设。

【**例句**】①电视连续剧《乡村名流》中刘一手台词：瞧你这死出，没边没沿的！又如电视连续剧《乡村爱情小夜曲》中刘英娘台词：你（指刘能）一天一出的，想干什么呀！②这是你出的损招儿吧？可真够阴的！③今天你没出摊吗？生意不做了？

出出 chū chu 第二个"出"字发短促轻音。①撺掇。②到处串，到处游荡。含有贬义。③在背后搬弄是非，挑拨离间。

【**例句**】①要不是你出出，他俩能掐起来吗？②你就别到处出出了，干点儿正事儿吧！③那老婆子到处出出，传老婆舌，整天不着消停。

出跶 chū da 常重叠使用。形容人走路步子小又快的样子。

【例句】你一天出跶出跶到处走，忙什么呢？

出黑儿 chū hēir　①操办丧事。②操办丧事的先生或看风水的阴阳先生。

【例句】①最近忙什么呢？净忙着给人家出黑儿了！②最近几年总是不顺，还是找出黑儿的给看看祖坟吧！

出飞儿 chū fēir　本意为雏鸟开始飞行找食儿，引申为孩子长大成人可以独立生活。

【例句】你长大了可以出飞儿了，老人的话你也不听了！

出溜 chū liu　"出"字发重音。①向下滑行，自由滑行。②无声无息地走。③形容速度很快。

【例句】①这孩子读初中时学习很好，谁知刚念到高中就出溜下去了。②你怎么出溜到他家去啦？③时间过得真快，一出溜我们都进入老年行列了！

出门子 chū mén zi　也说"出门儿"。姑娘出嫁。

【例句】老张家二姑娘明天出门子，我们都去吃个喜儿！

出息 chū xi　"出"字发重音。①形容人有发展前途。②形容物品多于正常数量即"出数儿"。

【例句】①这小伙子真有出息，谁见谁爱！②这新大米挺出息的，要多加点儿水！

出息个暴 chū xi gè bào　形容人非常出息，出息过火。含有贬义、调侃味道。

【例句】这小子可真出息个暴，什么时候跑到中央电视台演出去了？

出血 chū xiě 肯花费，肯破费，付出代价。诙谐性用语。

【例句】你今天怎么这么出血，肯向灾区捐款？又如电视连续剧《乡村爱情变奏曲》中，为了支持儿子赵玉田当村长，一向抠门的赵四竟肯出血，垫付出外考察的全部费用。

出张 chū zhāng 出差，外出。

【例句】受领导派遣，他到北京出张了。

出菜 chū cài 出成绩，拿出精彩的东西。

【例句】我们这么多人全指你给出菜呢，你可别推辞！

出格 chū gé 超越常规。

【例句】既然领导信任咱们，咱们办事可不能出大格！

出鬼儿 chū guǐr 出了怪事，出了意想不到的事。

【例句】这可出鬼儿了，手机刚放在这儿就不见了，怎么找也找不到！

出手 chū shǒu ①货卖出去。②"离婚手续"的简称。③显示绝活、技能。

【例句】①年前进的真皮大衣，到现在还没出手呢！②今天你要不给我出手，我就死给你看！③俗话说，行家一出手，就知有没有。看来不给你亮几手绝活，你就不知道马王爷几只眼！

出活儿 chū huór ①超出常规做出的工作或活计。②工作效率很高。

【例句】①新研制的挖掘机可真出活儿，比旧式挖掘机功效提高近一倍！②不给开资就不出活儿，农民工也会偷奸耍滑了！

出篓子 chū lóu zi 也说"出漏子"。出乱子,出来意外事件。

【例句】哎呀,这下可出篓子了,矿山出事故砸死好几个人!

出漏子 chū lòu zi 同"出篓子"。

【例句】这事儿可得想好了,弄不好要出漏子!

出事儿 chū shir 不是"出事故"的出事儿,而是为人处事的"处事"的变音。

【例句】赵四的出事儿可实在不咋地,为人虚头巴脑,人品极差!

出外头 chū wài tou 上厕所的代用语。

【例句】等我一会儿,我先出外头一趟!

出五服 chū wǔ fú 血缘关系超过五代。根据我国的法律规定,血缘关系在五代之内不允许结婚。民间习俗,血缘关系超过五代即不再为逝者服丧。

【例句】我叫他三叔,但我们关系早已出五服了。又如长篇历史小说《红楼梦》中的贾宝玉和林黛玉是表兄妹,还没出五服呢!

出圈 chū juàn ①牲畜出栏外卖。②将猪、牛等牲畜圈中的粪便及杂物清理出来。

【例句】①肉牛膘情够了,可以出圈了!②牛圈太脏了,应该出圈了!

出头儿 chū tóur ①原指疮疖流出脓血,引申为矛盾公开化,到了解决的时候。②出人头地。

【例句】①别看事情这么复杂,总有出头儿的时候。又如这事儿也不能总闷着，早晚得出头儿。②别看他整天不声不响，那可是个有出息的人，早晚有一天要出头儿！

出红差 chū hóng chāi 旧时被枪决或砍头的土匪或其他重犯执行枪决或砍头时都要披红，这一过程叫做"出红差"。

【例句】今天出红差，咱们看热闹去！

出达出达 chū da chū da 形容人走路快而步子小。

【例句】只见他头不抬眼不睁，出达出达就走了！

出出溜溜 chū chu liū liū 形容人诡秘地走来走去。

【例句】最近你总到二寡妇家附近出出溜溜，到底想干什么啊？

出马一条枪 chū mǎ yī tiáo qiāng 一味蛮干，凡事不加思索。

【例句】王三爷嘱咐吴俊升：凡事多加思考，不能出马一条枪，不顾及后果！

锄杠 chú gàng 锄把，引申为从事农业劳动的人即庄稼人。

【例句】我一个撸锄杠的老庄稼人，还能到中央电视台《星光大道》演出？

杵 chǔ ①呆呆地傻站着不知所措。②比喻出现意外情况而使人目瞪口呆，不知所措。

【例句】别在那儿杵着了，快帮妈干点活儿！又如他在那儿杵了半天，也没想出好主意。②平时叫得挺欢，真出事儿了一个个都杵了。

杵子 chǔ zi 用拳头击打对方。

【例句】刘能憷了赵四一杵子，赵四立即住口了，不再提刘大脑袋被免职的事儿。

杵出　chǔ chu　"杵"字发重音，"出"字发短促轻音。撺掇。

【例句】我早让你给杵出糊涂了，也说不清是怎么回事了！

杵咕　chǔ gu　也写作"触咕"。"杵"字发重音。①怂恿，背后捣鬼，出坏主意。②唆使。

【例句】①都是董振堂杵咕的结果，这绝不是吴俊升的本意！又如要不是老赵那小子在背后触咕，这事能办砸吗？②是吴俊升杵咕你来的吧？那小子一肚子坏心眼！

杵坏儿　chǔ huàir　挑拨离间，出坏主意，背后使坏。

【例句】要不是有人杵坏儿，这事能露吗？又如都是你杵的坏儿，要不然他俩能打起来吗？

杵倔横丧　chǔ jué hèng sàng　形容人脾气暴躁,性格倔强,态度蛮横。贬低性用语。

【例句】他那驴脾气，整天杵倔横丧的，像谁欠他似的。

杵跶杵跶　chǔ da chǔ da　形容人走路慢慢腾腾、一瘸一拐的样子。贬低性用语。。

【例句】催你几遍了，你怎么杵跶杵跶地才来？

触胡子　chǔ hú zi　也说"杵胡子"。碰壁，受挫折。

【例句】不叫你出头你偏出头，这回触胡子了吧？

触杆儿　chǔ gǎnr　不是所措，显得难堪。

【例句】老板和财务总监一时都触杆儿了，呆在那里说不出话来。

处对象 chù duì xiàng 男女相互有恋爱关系。

【**例句**】他最近处了个对象。又如孩子最近处了个对象，过一段时间我看看究竟长得怎么样！

怵头 chù tóu 遇事胆怯不敢出头。

【**例句**】我一见数学就怵头，也不知为什么？

歘歘地 chuá chuā di 第一个"歘"读 chuá，第二个"歘"读 chuā 并发短促轻音。象声词。①急促的声音。②整齐的步伐。③大口地很快地吃东西。

【**例句**】①一阵大风歘歘地刮过，塑料大棚被吹翻了。②武警方队迈着整齐的步伐，歘歘地通过主席台。③一大盆饭被几个孩子不一会儿就歘歘地造光了！

抓 chuǎ "抓"读 chuǎ。下同。动词，用手抓取。

【**例句**】放学后到我家抓"嘎拉哈"（一种民间玩儿物即羊或狍子的膝关节）去！

抓空儿 chuǎ kòngr ①利用空余时间或抽出时间。②乘机，寻找时机。

【**例句**】①你二姨病了，你抓空儿替我去看看！又如现在实在没时间，等我抓空儿去一趟！②别看他今天蹦的欢，等我抓空儿收拾收拾他，叫他知道马王爷三只眼！

抓尖儿 chuǎ jiānr 处处出风头，显示自己比别人强。贬低性用语。

【**例句**】那小子平时净抓尖儿，谁也不服！

抓尖儿卖快 chuǎ jiānr mài kuài 处处出头露面，抢占上风，显示自己比别人强。语气加重。贬低性用语。

【例句】赶明儿给你娶个抓尖儿卖快的媳妇，看怎么整治你！又如那人就是个抓尖儿卖快的主儿，得理不让人！

欻　chuǎ　"欻"读chuǎ。①形容人大口吃，大口吞咽，胡吃乱造。一种开玩笑的说法。②形容猪、狗等动物吃食。含有贬义。

【例句】①今天还没欻饭吧？到我家欻去吧！又如西瓜刚一切开，他上去就开欻！②瞧你吃得就像猪欻的一样。

欻欻　chuǎ chuǎ　"欻"读chuǎ。动词，专指婴幼儿双手互拍的一种动作。

【例句】来！给姥姥欻欻！

揣　chuāi　①怀孕。②用大衣襟裹着婴幼儿。③将物品放在衣兜或怀中。④存放于心中。

【例句】①她吃了几副中药，终于揣上孩子了！②天冷了，她怀揣着孩子赶紧向家走。③揣好了，别掉下来摔坏了！④ 少给我揣着明白装糊涂，到底是怎么回事儿，必须给我说明白！

揣咕　chuǎi gu "揣"读chuǎi并发重音，"咕"发短促轻音。①折磨。②背后谈论、议论。

【例句】①我要不赶紧撤出，他们就把我揣咕死了！②有话当面说，别背后穷踹咕人！

踹　chuài　①超过，压倒。②蹬开，抛弃。含有贬义。③死亡的戏称。

【例句】①这场青歌大奖赛，你可把他们全踹啦！②怎么样？听说对象把你踹了？③等我踹腿儿那天，你们的心就净了！

踹咕　chuài gu　①反复用脚踩踏。②折磨，欺压。③参与并从中使坏、捣乱。

【例句】①你瞧你，院子踹咕的什么样儿了，怎么不收拾收拾？②"文化大革命"那咎，老干部都被踹咕的九死一生。③都是那小子从中踹咕，到现在他们俩也不说话。

踹弄　chuài long　"弄"字读 long 并发短促轻音。折腾。含有贬义。

【例句】就他那个脾气，还不把你踹弄死！

踹腿儿　chuài tuǐr　同"踹"③。

【例句】老了，身体不行了，说不定哪天就踹腿儿了。

穿一条裤子　chuān yī tiáo kù zi　串通一气，利害相通。贬低性用语。

【例句】任黑龙江省督军的吴俊升表示：坚决不与叛军首领郭松龄穿一条裤子，坚决与之战斗到底！

穿糖葫芦　chuān táng hú lu　比喻一件事引起几个后果。

【例句】儿子死了，老爹也死了，老娘也死了，真是穿糖葫芦了。又如枪声一响，两个日本鬼子被穿了糖葫芦！

穿小鞋儿　chuān xiǎo xiér　故意刁难或故意出难题。含有贬义。

【例句】我不怕别的，就怕领导给我穿小鞋儿！

穿连裆裤子　chuān lián dāngkù zi　相互包庇，相互勾结。贬低性用语。

【例句】别看你俩穿连裆裤子，你们俩那点儿猫腻儿，早晚我得捅破！

传瞎话 chuán xiā huà 搬弄是非，造谣生事，传闲话。

【例句】该一是一，该二是二，你就别到处传瞎话了！

传闲话 chuán xián huà 将一方的话添枝加叶传给另一方。

【例句】那娘们儿最能传闲话，她的话你也信？

传舌头 chuán ché tou 同"穿闲话"。

【例句】那人太能穿舌头，她的话你也信？

喘 chuǎn 招架。

【例句】这回可够你喘的了，看你还有什么章程！

喘气儿 chuǎn qìr 即歇气儿，指劳动时中间稍作休息。

【例句】大家都累了，先找个地方喘气儿吧！

串 chuàn ①流动。②换位。③调和。④用热气嘘。⑤灌装。⑥不同动物品种或植物品种相互交配。

【例句】①他在市场里不停地乱串，不知想干什么。②我有点晕车，咱俩串个位置好吗？③这屋冷而那屋热，开门儿串一串。④馒头凉了，放到笼屉里串串热气儿。⑤串袋子粮食。⑥这是条串种狗。

串换 chuàn huàn 互通有无，相互交换。

【例句】今天学校开运动会，妈给你带点儿好吃的，你跟同学们串换着吃！

串游 chuàn you "串"字发重音。"转悠"的变音。四处游荡、散步。

【例句】这么晚了，你还串游什么？

串烟 chuàn yān 由于饭锅底部焦糊而使满锅饭都有焦糊味儿。

【例句】实在对不起，今天的饭有点儿串烟，大家将就吃吧！

串种　chuàn zhǒng　①不同品种的动物或植物杂交改变原来的品种。②引申为混淆。

【例句】①那条狼狗是个串种，不是纯种狼狗！②大家注意，按顺序摆，别弄传种了！

串秧儿　chuàn yāngr　同"传种"①。

【例句】黄瓜串秧儿了，不好吃了。

串笼子　chuàn lóng zi　把事情弄错了、混淆了，张冠李戴。

【例句】这两个单词太不好记，弄不好就串笼子！

串皮子　chuàn pí zi　同"串笼子"。

【例句】你把她俩弄串皮子了，她不是小宋的媳妇，是她的小姨子！

串门子　chuàn mén zi　走东家串西家。

【例句】有空儿在家干点儿活儿，别走东家串西家地串门子啦！

串门儿　chuàn ménr　同"串门子"。

【例句】一到春节，大家都挨家挨户的串门儿拜年，节日气氛很浓。

串味儿　chuàn wèir　食品、饮料等同其他有特殊气味儿的物品放在一起相互传入超出自身以外的气味儿。

【例句】啊呀，这大米串味儿了，怎么有股子柴油味儿啊？

串袋子　chuàn dàizi　口对口把一个口袋里的物品倒入另一个口袋里。

【例句】来帮忙，串串袋子！

疮座子 chuāng zuò zi 疖疮的根部。

【例句】疮座子还没消肿，可真疼啊！

床子 chuáng zi 卖货的摊子。

【例句】把床子摆上，今天出摊儿！

闯实 chuǎng shi "闯"字发重音。敢出头，有出息。

【例句】老王家那三小子办事儿真闯实，长大准有出息！

闯关东 chuǎng guān dōng 清末至民国时期，为谋生计，山东、河北等地大批农民离开祖居地，到山海关以东地区即广大东北地区落脚谋生，这一历史事件被称为"闯关东"。

【例句】我的祖上是河北人，我家还是闯关东来到东北的呢！

闯堆儿 chuǎng duīr ①形容物体庞大。②形容人有势力、有地位、有影响。③引申为形态由小变大。④引申为制造声势。

【例句】①捆的别太紧了，松点儿显闯堆儿！②还是你去吧，还是你闯堆儿！③这孩子长得太小，在同学们面前太不闯堆儿！④明天潘家二小子结婚，咱们都去，给他家闯闯堆儿！

闯大运 chuǎng dà yùn 也说"撞大运"。碰运气。

【例句】玩股票哪有什么技巧，纯属闯大运！

吹乎 chuī hu "吹"字发重音。说大话，夸大宣传。

【例句】就你那两下子，再吹乎也没人买你的帐！

吹灯 chuī dēng ①散伙，解散。②死亡。诙谐性用语。

【例句】①行就行，不行咱们就吹灯！②你就抠吧，哪天吹灯了你就带到棺材里吧！

吹灯拔蜡 chuī dēng bá là ①死亡的一种带有贬低性的代用语。②散伙，解散。③事情到此结束。

【例句】①万一被抓住，咱们可就吹灯拔蜡了！②你不同意，那咱们就吹灯拔蜡，各奔他乡！③假如他再不听劝告，我就和他吹灯拔蜡，各自经营！

吹喇叭 chuī lǎ ba ①不用酒杯，嘴对酒瓶直接喝酒。②吹捧，替他人作宣传、制造舆论。一种诙谐或含有讽刺意味的说法。

【例句】①不用酒杯，咱们直接吹喇叭！②你这一辈子净为别人吹喇叭了，替别人做嫁衣裳，结果也没闹个官儿当当！

吹着唠 chuīzhe lào 说话之间夹杂着吹牛、吹嘘、说大话。

【例句】吹着唠吧，有那么玄乎？

吹气儿 chuī qìr ①人临死前发出的微弱气息。②简单的很容易办到的事儿。

【例句】①看来快不行了，只剩吹气儿了！②你以为盖楼是吹气儿呢，说完工就完工啊？

吹胡子瞪眼 chuī hú zi dèng yǎn 形容人生气或恼怒时的样子。讽刺性用语。

【例句】你少在那儿吹胡子瞪眼的，你以为我怕你啊！

吹五做六 chuī wǔ zuò liù 也说"吹五吆六"。吹嘘，吹牛，说大话。

【例句】那人整天吹五做六的，说话舞舞玄玄，你敢指望他啊？

捶 chuí 用手打、揍。

【例句】再逃学看我不捶你！又如让爹狠狠捶了一顿，他才老实。

槌头子 chuí tóu zi 拳头。

【例句】再不听话，小心我的槌头子！

春起 chūn qǐ 从春天开始，开春的时候。

【例句】从今年春起到现在一场透雨也没下。

春上 chūn shang 春天。

【例句】明年春上我指定去看你。

春头子 chūn tóu zi 初春，开春，春天刚刚开始。

【例句】每年春头子我都到河里捞开河鱼。

春脖子 chūn bé zi 从立春到可以开犁播种的这段时间。这段时间长即春脖子长，反之是春脖子短。

【例句】今年春脖子真长，到现在也不能开犁播种。

春猫逗狗 chūn māo dòu gǒu 春天的猫和狗都处于发情期，"春猫逗狗"比喻无事生非，招惹是非。讽刺性用语。

【例句】你整天春猫逗狗的，能不能干点儿正经事儿？

春捂秋冻 chūn wǔ qiū dòng 民间认为，春天多穿点儿衣服、晚点儿换棉装、秋天晚点儿穿棉衣宁可受冻，这样可以少生病。

【例句】春捂秋冻，你这么早就穿棉衣服了！

春困秋乏夏打盹儿 chūn kùn qiū fá xià dǎ gǔnr 民谚。春天容易困倦，秋天容易疲劳，夏天容易打瞌睡。

【例句】春困秋乏夏打盹儿，还没到春天呢，我怎么这么犯困呢？

春冻骨头秋冻肉 chūn dòng gǔ tou qiū dòng ròu 形容春天冷风刺骨，秋天寒气逼人，冷得各有不同。

【例句】外出打工你得多准备点儿衣服，春冻骨头秋冻肉的，小心自己的身体啊！

纯属 chún shǔ 纯粹是，真正是。

【例句】有钱还买不到货，纯属二百五！

纯牌儿 chún pánr 真正是。

【例句】我纯牌是个山东人，自小在山东长大，大学毕业后才留在了北京！又如电视小品《相亲》中徐老蔫台词：这事儿（指找媳妇）不想，纯牌儿唬人！

戳 chuǒ ①手指受伤。②竖立。③招惹。

【例句】①打篮球不小心把手戳了。②把旗杆靠墙戳起来。③别总戳孩子，小心跟你急！

戳咕 chuǒ gu "戳"字发重音，"咕"字发短促轻音。挑唆，怂恿，暗中使坏。含有贬义。

【例句】要不是他俩在领导那儿戳咕，事儿早办成了！

戳祸 chuǒ huo "祸"字发短促轻音。同"戳咕"。

【例句】你就别再戳祸了，我们亲家可不是那样的人！

戳秫秸 chuǒ shù gāi "秸"读 gāi。形容像割倒后立起的庄稼一样呆呆地站立着。

【例句】你们别一个个像戳秫秸一样傻站着了，赶快动手干活吧！

戳尿窝窝 chuǒ niào wō wo 暗中捣鬼，背后搬弄是非。含有贬义。

【例句】有事儿就当面说，别总在背后戳尿窝窝！

斥儿哈的 cī hā de　形容带有斥责口气说话。

【例句】有话你就好好说，别斥儿哈的。

呲儿 cīr　突出"儿"音。批评，斥责，训斥。

【例句】结果怎么样？到底还是挨了一顿狗屁呲儿！又如你小子是不是又挨呲儿了？

呲答 cīda　"呲"字发重音。有时重叠使用。批评，训斥。

【例句】有话好好说，别呲呲答答总是话里有话！

呲楞 cī leng　"呲"字发重音，"楞"字发短促轻音。①物体不规则、不整齐。②仰脸歪头一副不服气的表示。

【例句】①现在的青年演员都喜欢梳个呲楞头型，不知道好在哪里！②老师说他，谁知一说一呲楞，他就是不服！

呲缨子 cī yīng zi　原意是有萝卜不吃专吃萝卜缨子，引伸为①无边际的说话，说话不负责任。②闲说话，闲唠嗑。均含有贬义。

【例句】①这小子办事儿不把握，呲缨子却有一套。②闲来无事，俩人边喝酒边呲缨子。

呲毛儿 cī máor　形容人调皮、起刺儿。

【例句】这是司令亲自决定的事儿，谁敢呲毛儿！

呲楞儿 cī lēngr　"楞儿"拉长音。像声词。动作非常迅速。

【例句】我一把没拽住，让小偷呲楞儿一下子跑了！

呲喽屁 cī lou pì　没有响声的屁。引申为言而无信，说话不算话。含有贬义。

【例句】别听他放呲喽屁，他的话你也信！

呲 cī 糟糕，完蛋。

【例句】没想到这事儿生生叫他给整呲了。

呲溜 cī liu 脚下打滑。

【例句】广场地下太滑，差点把我呲溜个跟头！

呲边儿 cī biānr 溜边，凡事不出头。含有贬义。

【例句】这小子胆小，凡事总是呲边儿！

瓷实 cí shí 硬实，结实。

【例句】雪太大了，等明天雪瓷实些再赶路也不迟！

次 cì ①产品质量低劣。②人品较差。

【例句】①这种电冰箱质量太次了。②刘能那小子品质太次，见便宜就上！

刺头儿 cìtóur 形容刁钻、好挑剔又不好惹的人。

【例句】那人简直是刺头儿，别去惹他！

刺挠 cì nao ①皮肤痒痒。②形容因某事而蠢蠢欲动，跃跃欲试。有时重叠使用。

【例句】①我起了一身鬼风疙瘩荨麻疹，非常刺挠。②看别人养野猪发财，他也刺刺挠挠想养野猪，可惜一时筹措不到钱。

刺毛蹶腚 cì máo juě ding 形容人毛病很多，浑身是刺儿。

【例句】电视连续剧《乡村爱情》中的谢广坤刺毛蹶腚的，故事不断。

刺儿哄哄 cìr hōng hōng "刺儿"突出"儿"音。形容人不好惹，傲气十足，桀骜不驯。

【例句】你看他那刺儿哄哄的样子，谁敢惹他！

刺儿拉嘎叽 cìr lā gā jī 形容人遇事刁难，不好对付。

【例句】王天来刺儿拉嘎叽的，整天惹事儿不断。

从打 cóng dǎ 自从。

【例句】从打我记事起，我家就过得是穷日子。

从先 cóng xiān 从前。

【例句】从先这里是一片烂泥塘，如今已是休闲广场了。

从头到梢 cóng tóu dào shāo 也说"从根到梢"。从头到尾，从开始到结束。

【例句】从北京看完北京奥运会男篮比赛后，从头到梢比比划划地给乡亲们讲了一遍。

凑份子 còu fèn zi ①拿礼金共同随礼。②引申为添麻烦。

【例句】①明天村长的孩子结婚，咱们怎么也得去凑份子随礼啊！②这还不够乱啊，你还跟着凑份子！

凑堆儿 còu duīr 凑在一起。

【例句】他从小就爱凑堆儿，哪有热闹哪儿到！

凑合 còu he "凑"字发重音。将就，勉强。

【例句】这次考试，语文还凑合，数学外语都不行！又如条件太差，大家凑合点儿吧！

凑乎 còu hu 同"凑合"。

【例句】他们两口子不知为了什么总是吵架，其实，为了孩子，这日子也就凑合着过呗！

凑合事儿 còu he shìr 同"凑合"。

【例句】要说中国女足还凑合事儿，中国男足简直不值一提！

凑乎事儿 còu hu shìr 同"凑合"。

【例句】我的做菜水平实在有限，勉强凑乎事儿吧！

凑付 còu fu "凑"字发重音。①向前凑，聚集。②同"凑合"。

【例句】①这里已经够乱的了，你就别往前凑付了！②电视小品《说事儿》中白云说：我们生活上互相帮助，怎么跟你形容呢？黑土说：凑付过呗，还能离了咋地？

凑趣儿 còu qùr 凑热闹。

【例句】人家商量孩子的婚姻大事儿，你就别去凑趣儿了！

凑手儿 còu shǒur ①凑数，添一把手。②经济比较宽绰、富裕。

【例句】①三缺一，我们也玩儿不起来呀，你来凑手吧！②我一时还不凑手，没有这么多的钱，等秋后吧！

粗拉 cū la ①形容物体比较粗糙。②形容人性格比较粗糙、不够细心。

【例句】①这电脑桌怎么这么粗拉，做工一点儿也不细！②我这个人就是个粗拉人，还请见谅！

粗粗癞癞 cū cu lāi lai ①物品表面粗粗拉拉，很不平整。②做事毛糙不细心。

【例句】①这条毯子粗粗癞癞的质量不好，还是多花点钱买条好毛毯吧！②别看这人表面粗粗癞癞的，其实办事儿很细心。

粗拉物 cū la wù 不值钱的散碎物品。

【例句】也没什么好东西，都是些粗拉物！

粗鼓抡蹾 cū gu lūn dūn ①形容物体比较粗。②形容人长得粗壮。

【例句】①这种暖水瓶粗鼓抡蹾的，不好看。②这人长得粗鼓抡蹾的，也能当影视明星？

醋哄哄 cù hōng hōng 形容男女间关系上的嫉妒情绪，泛指嫉妒之心。含有贬义。

【例句】你看他那醋哄哄的样子，不知又吃谁的醋呢？

醋篓子 醋坛子 cù lǒu zi cù tán zi 醋篓子、醋坛子以及醋罐子、醋缸等都是同义词，即形容人妒忌之心严重，多指心眼小而妒忌心强的女人。均含有贬义。

【例句】电视剧《乡村爱情》中的李大国也是个醋坛子，总是怀疑香秀同王天来有什么不正当关系。

撺掇 cuān duo 在暗中纠集、联络、串联。含有贬义。

【例句】都是你撺掇的，要不然他能去搞传销吗？

撺拢 cuān long "撺"字发重音。背后怂恿，暗中撺掇。含有贬义。

【例句】谢广坤对谢大脚说：你去撺拢撺拢王老七，坚决不能让刘能当村长。

撺弄 cuān nong "撺"字发重音。①同"撺拢"。②借贷。

【例句】①电视连续剧《乡村爱情故事》中王天来说：以后我不再骚扰香秀，完事你也别撺弄秋歌跟我俩这那的，好不好？②等我撺弄俩钱儿，也开办个超市！

蹿 cuān 液体类呈喷射状。

【例句】暖气管子蹿水了，赶快想办法堵一堵！

蹿哒 cuān da "哒"字发短促轻音。①形容人走路一蹦一跳的样子。②走了，跑了。③怂恿，鼓励。

【例句】①你一天蹿哒蹿哒的，忙些什么？②谁知道这一会儿蹿哒到哪儿去了？③本来不想喝酒，架不住朋友一个劲儿蹿哒，一喝就喝多了。

蹿稀 cuān xī 腹泻不止。

【例句】不知吃了什么东西，有点儿蹿稀。

蹿箭杆稀 cuān jiàn gǎn xī 像射出的箭一样严重腹泻，语气加重。诙谐性用语。

【例句】可能是肥肉吃得太多了，今天蹿起了箭杆稀！

攒 cuán ①用手工组装。②聚集。

【例句】①攒棺材，攒木桶。②把粮食往上攒一攒！

攒拢 cuán long "攒"字发重音，"拢"字发短促轻音。聚拢。

【例句】天快黑了，快把羊群攒拢攒拢向回赶！又如要下雨了，快把苞米攒拢攒拢用塑料布苫上！

催死 cuī sǐ 形容催促得很紧。

【例句】你借给我点钱呗，高利贷借我钱的人催死我了，我得赶紧还上！

催死鬼 cuī sǐ guǐ 称催逼别人做某事的人。

【例句】这事儿你就快给我办了吧，没看见后还跟着个催死鬼！

催命鬼儿 cuī mìng guǐr　一般指小孩子遇事儿着急而使父母生气上火。骂人语。

【例句】你这个催命鬼儿,上吊还得找根绳子呢,你急什么?

脆 cuì　干脆,利落。

【例句】你看人家办事儿多爽快,嘎巴溜丢脆!

脆生 cuì sheng　①形容人说话声音非常清脆。②形容食品非常脆。

【例句】①那孩子说话多脆生,招人稀罕。②在地窖里埋了一冬天,胡萝卜还这么脆生。

存 cún　住宿。

【例句】天晚了,今晚就在我家存吧!

存心过不去 cún xīn guò bú qù　故意,有目的、有计划的进行阻挠或捣乱。

【例句】他这是存心和我过不去,否则能下这狠茬子吗?

寸 cùn　凑巧,碰巧,恰恰赶上。

【例句】你说怎么这么寸?刚一出门,一颗鸟粪掉在头上!

寸劲儿 cùn jìnr　①同"寸"。②巧劲,巧力。

【例句】①在千里之外的海南三亚碰上了东北家乡人,你说这寸劲儿。②石匠这活儿不能光凭力气,主要靠寸劲儿。

搓 cuō　"搓"读 cuō,下同。①吃酒席。②用手摆弄。③转动。

【例句】①今儿休息,咱们几个出去搓一顿。②今天有时间吗?咱哥儿几个搓圈麻将。③他将两个铁球在手中搓来搓去。

搓一顿 cuō yi dùn 小酌，小型酒席。

【例句】这几天放假休息，找机会咱哥俩儿到我家搓一顿！

撮弄 cuō long "弄"字读 long 并发短促轻音。①戏弄，耍弄，捉弄。②丛恿，煽动。

【例句】①没有你这么干的，这不是撮弄人吗？又如这人面矮脸小，你就别撮弄她了！②这事儿是不是你撮弄的，要不然她能翻脸吗？

搓和 cuō he "和"字发短促轻音。做思想工作或在两者间进行调解工作。

【例句】经村长反复搓和，两人终于和好如初。

搓搓 cuó cuo "搓"读 cuó，下同。①手或脚相互摩擦，是一种着急上火的表示。②弄成褶皱。

【例句】①急得她直搓搓手，干着急没办法。②她把窗帘弄搓搓了，抻也抻不平了。

搓咕 cuó gu "咕"字发短促轻音。暗中出坏主意或琢磨人。

【例句】他俩暗中搓咕了一阵子，终于想出一条妙计。

搓践 cuó jian "搓"字发重音。 ①搓弄。②揉搓。

【例句】①他俩合谋作损，把我搓践的够戗。②这大柿子可不禁搓践，稍一搓践可就熟汤了！

矬巴子 cuó bà zi 乡下人个子矮小。

【例句】这小子是个矬巴子，身高不过 1.5 米！

矬地缸子 cuó dì gāng zi 形容人长得矮小而粗壮。

【例句】潘长江长得就是个矬地缸子，演技倒不错！

矬子里拔大个 cuó zi lǐ bá dà gè 在现有的条件下勉强选取强者以充数。

【例句】咱们就矬子里拔大个，将就事儿吧！

挫 cuǒ 立着放。

【例句】把拖布挫在门后。把旗杆捆起来挫在仓库。

错一错 cuò yī cuò 移动一下，让个位置。

【例句】劳驾，请您错一错，给这位老人让个座！

错主儿 cuò zhǔr 换主人，换他人，

【例句】那小子人虽不济，但真有绝活，错个主儿还能有谁呢？

错错脚 cuò cuò jiǎo 两只脚快速交替移动。引申为非常着急上火的样子。

【例句】急得他直错错脚，干着急没办法。

D

搭 dā ①白送，奉送。②赔，亏损。③盖上，披上。④控制。

【例句】①电视小品《不差钱》中，小沈阳饰演的苏格兰餐厅服务员台词：大爷（指赵本山饰演的丫蛋的爷爷）你可真抠，

一个菜没点，我们还得搭一个！又如买五送一，买五个搭一个。②算计不到，把老本都得搭进去。③天太冷，被子上再搭条毯子吧！④冰道太滑，毛驴搭不住蹄。

搭嗤 dā chi "搭"字发重音。答理，理睬，应酬。

【例句】那人脾气不好，谁都不愿搭嗤他。

搭咯 dāge "搭"字发重音，"咯"字发短促轻音。①答理。②应酬。③到处寻找、联系。

【例句】①我和他说话，他总是不搭咯我。②我和他关系不好，你去替我搭咯一下。③你给我答咯答咯，帮我把这台旧车卖了！

搭咕 dā gu "搭"字发重音，"咕"字发短促轻音。到处搭话、联系。

【例句】别听刘能瞎搭咕，他还能有什么正经事儿！

搭眼儿 dā yǎnr 目光接触，随便看一眼。

【例句】一搭眼我就知道你是个好人！又如东北大帅吴俊升自小放马出身，一搭眼便知马的优劣。

搭茬儿 dā chár 也写作"答茬儿"。别人说话时插话或接着别人的话说话。

【例句】我们俩说话，你别总搭茬儿！这里没你什么事儿，少答茬儿！又如我们说正经事儿，你别乱答茬儿！

搭话 dā huà ①无目的的你一句他一句随便说话。②主动与他人说话。

【例句】①他俩你一句我一句闲搭话，慢慢地消磨时间。

②为了查出拐卖儿童的犯罪分子，侦查员主动与嫌疑人搭话，寻找犯罪线索。

搭伙 dā huǒr ①一般指中老年人丧偶后不办登记手续而同居的行为。②结伙。

【例句】①先别登记，你们两人搭伙儿一段时间，看看感情如何！②我说老谢，咱俩搭伙到西安旅游呗，主要看看兵马俑！

搭帮 dā bāng ①周济，捐助。②结伙。

【例句】①要不是乡亲们搭帮我，我无论如何也上不了大学的！②咱们哥儿几个搭帮去海南旅游去，经费自理！

搭讪 dā shàn 很难为情地，很尴尬地主动同对方说话。

【例句】被迫无奈，吴俊升只好搭讪着对张作霖说：这事还请大哥多多关照！又如你不稀答讪我，我还不稀搭讪你呢！

搭把手儿 dā bǎ shǒur 从旁协助、帮助。

【例句】平时没什么事儿，关键时候搭把手儿就行。

搭边儿 dā biānr ①依靠，接触。②有关系，有关联。

【例句】①依我看哪，不是我不同意，你跟谁能搭边儿呢？②这事儿和我可不搭边儿，你可别怀疑我！

搭脚儿 dā jiǎor 免费乘坐他人的顺路车。

【例句】明天去赶大集，我搭脚儿坐你的四轮子车去！又如明天你到城里去，搭脚儿梢我一段儿！

耷拉 dā la ①东西下垂。②松懈。

【例句】①听完那人的话，眼皮耷拉了，身体也瘫软了。

②他受了重伤，两只胳膊耷拉着，无论如何也抬不起来。

答兑 dá dui　"答"读dá，下同。"兑"字发短促轻音。
①应酬，应付。②接待，照应。③打发，支应。

【例句】①我实在没时间，请你去答兑一下！又如张作霖如愿以偿当了奉天省长，但怎么答兑难兄难弟冯德麟呢？张作霖又犯了寻思。②坐客（qiě，客人）好说，站客难答兑。③你去把那人答兑走，就说我不在。

打扫 dá suo　"打"读dá，"扫"读suō。清理、处理干净。多指剩饭剩菜

【例句】行了，我把这点儿剩饭剩菜打扫打扫吧，省得扔了！

打八刀 dǎ bā dāo　"打"读dǎ，下同。"八"字和"刀"字合起来是个"分"字，"分开"即"离婚"之意，多指女方离婚。

【例句】李二嫂同她丈夫早就打八刀了，已经有段时间了！

打奔儿 dǎ bēnr　①说话或背诵时突然停顿。②打问号。③阻挡，阻拦。④否定式即不犹豫、不停顿立即做出反应。

【例句】①你怎么说着说着突然打奔儿了？继续往下说！②看你这个样子，我真打奔儿，这是怎么了？③只要你同意，我这儿绝不打奔儿！④电视连续剧《乡村爱情》中，赵老四托谢大脚为儿子赵玉田说亲，谢大脚没打奔儿就答应了。

打冷儿 dǎ lěngr　突然地。

【例句】正在山坡上放羊，打冷儿蹿出一条狼来，吓得我不知所措。

打摽儿 dǎ biàor　腿脚或嘴不听使唤。

【例句】我这心里明白，就是嘴打摽儿！

打了 dǎ le 物体落地被摔碎。

【例句】拿紧点儿，小心掉地下打了！又如一不小心，花瓶掉地下打了！

打岔儿 dǎ chàr ①岔开话头。②用言语打断别人的话或打乱工作。

【例句】①他耳朵有点儿背，说话净打岔儿。②电视连续剧《乡村爱情故事》中皮长山媳妇说：你别给我打岔儿，我问你出门咋地？皮长山说：我不是打岔儿，关键这天儿真凉了！

打发 dǎ fu（"打"字发重音，"发"读 fu。①指派，指使，派出。②支使，驱使。③消磨时间。

【例句】①这事儿可不敢劳您大驾，打发个人儿来就行了！②摆上了满汉全席，吴俊升打发副官去请东北王张作霖。又如职工都好几个月不开支了，哪有钱还债啊！你赶快打发他走得了！③退休了，每天打打麻将、溜溜街打发时间罢了！

打饭碗 dǎ fàn wǎn 丢掉赖以生存的工作或职业。

【例句】我要去贩毒，要叫警察抓住，饭碗子不打了吗？

打横 dǎ héng ①对某事儿阻拦干涉。②汽车等做横向动作。③三张方形桌子呈"品"字型摆放，坐在横位，一般为部门领导。

【例句】①嫂子，我们都商量好了，你就别打横了！又如要不是他打横，合同早就签了！②坏了，雨大地下太滑，汽车打横了！③介绍一下，打横坐的这位就是我们科长！

打赖 dǎ lài 放赖，耍赖，不履行约定。

【例句】咱们竞杠捶（也称"捶钉壳"，即用手出"锤子、剪子、布"决定胜负），谁也不许打赖！

打溜须　dǎ liū xū　主动讨好、巴结他人。含有贬义。

【例句】让我去给他打溜须，没门儿！又如你可真会打溜须，领导喜欢啥你来啥！

打进步　dǎ jìn bù　同"打溜须"。

【例句】吆！你可真会打进步啊，知道老板喜欢喝茶，旅游回来还不忘给老板买盒好茶！

打蔫儿　dǎ niānr　①形容人性格内向或因病等其他原因而无精打采不爱说话、精神不振作。②形容植物因缺水或其他原因而低垂、萎缩。

【例句】①我说老哥，怎么打蔫儿了，叫老婆骂出来了吧？又如打什么蔫儿啊，不是丢钱了吧？②这扶桑花打蔫儿了，是不是缺水了？

打食儿　dǎ shir　"食儿"突出"儿"音。①比喻人自食其力，做力所能及的事情来养活自己。②比喻鸟类兽类寻觅食物。

【例句】退休后收入太低了，只好出来打食儿贴补点儿家用！②下雪了，小鸟们纷纷飞出窝来打食儿！

打脸　dǎ liǎn　丢丑，丢面子。指自己，也指他人。

【例句】武术比赛，你连决赛也没进去，你这不是给师傅我打脸吗？

打眼儿　dǎ yǎnr　①夺人眼目，惹人注意。②放眼望去。③望风。

【例句】①这么大岁数了，穿件大红旗袍，真够打眼儿的了！又如小伙子打扮得挺时髦，真打眼儿！②我一打眼儿就知道，这人可不是个善茬子！③我们俩进屋，你在外边打眼儿！

打挺儿 dǎ tǐngr ①"死"的隐语。②头向后仰，胸腹部挺起，多指小孩子哭闹耍驴的动作。③比喻不负责任，放任自流。

【例句】①发生了严重车祸，遇害者还没抬到医院就打挺儿了。②瞧你这孩子，一驴就打挺儿！③你在那打挺儿终归不是办法，总归得想个辙吧！

打样儿 dǎ yàngr 做出样子，引申为做出榜样并以此为标准。

【例句】谁不干（指酒）谁就是小舅子，我先打个样儿！

打圆场 dǎ yuán chǎng 缓解尴尬局面。

【例句】吴俊升和张作霖两人因平息郭松龄反叛争得面红耳赤，军务帮办张钺只好出来打圆场。

打不开点儿 dǎ bu kāi diǎnr ①资金紧张。②时间紧张抽不出空儿。

【例句】①我就这么点钱，到处需要钱，怎么也打不开点儿。②这几天忙得很，实在打不开点儿！

打滴溜 dǎ dī liū 物体悬垂向下坠。

【例句】找个单杠打滴溜，你的肩周炎就好啦！

打囫囵语 dǎ hú lún yǔ 含糊其辞，说话笼统不明确。

【例句】有话就快说，别打囫囵语！又如是谁的责任一定要分清，打囫囵语可不行！

打绺儿　dǎ liǔr　打卷，下垂。

【例句】我出了一身透汗，头发都打绺儿了！

打溺　dǎ nì　本意是猪泡在泥水中翻滚。引申为几个人不正常地常聚在一起。贬低性用语。

【例句】几个人正事儿不干，整天在一起打溺！

打粑粑溺　dǎ bǎ ba nì　吃奶的婴儿大便后没有及时清理而使婴儿在屎尿中玩耍。

【例句】这孩子打粑粑溺了，还不赶快收拾一下！

打马虎眼　dǎ mǎ hu yǎn　故意装糊涂，遮盖自己的言行。

【例句】有话就明说，别净打马虎眼！又如张作霖打马虎眼欺骗自己的盟兄吴俊升，心中很是过意不去，决定找机会弥补。

打冒支　dǎ mào zhī　假冒，冒充。

【例句】谁是这车的主人？真是你的车吗！你可别打冒支。

打耙　dǎ pá　本意是用酱耙搅动酱缸里的酱。引申为已经决定的事儿突然反悔。

【例句】咱俩说好了，谁要在关键时候打耙就罚谁！

打家伙什儿　dǎ jiā huo shìr　"什儿"发重音并突出"儿"音。究竟是干什么的。疑问代词。

【例句】这小子究竟是打什么家伙什儿的，怎么也摸不透。

打腰　dǎ yāo　①有地位，有势力，吃得开。②深得领导信任。

【例句】①别看他这几年挺打腰，兔子尾巴 —— 长不了！②这几年他一直挺打腰，深得领导信任。

打腰提气　dǎ yāo tí qì　同"打腰"①②。

【例句】①刘能一时打腰提气，当了副村长，把谢广坤气得发昏。②电视剧《乡村爱情》中的王长贵一时打腰提气，深得镇长的重视，被提拔为水利站站长。

打下手 dǎ xià shǒu 从旁协助做些辅助性工作。

【例句】我也就是打打下手，关键时候还得看师傅的手艺！

打扑棱用 dǎ pū leng yòng 敞开，放开手脚。

【例句】这些钱，你就是打扑棱用，一辈子也花不完！

打小儿 dǎ xiǎor 从小时候起。

【例句】打小儿起，他就是个练家子，长大果然成了世界冠军！

打误 dǎ wù 原意为车辆陷进泥潭而出不来，引申为因故耽误或借故推脱。

【例句】你是怎么回事？一到关键时候就打误？

打拢儿 dǎ lǒngr 表态，理会，是否同意或接受对方的意见。

【例句】说了一归糟儿（即"说到底"之意），他根本没打拢儿！

打连连 dǎ liān lian 也写作"打恋恋"。第一个"连"拉长音。同他人不正常接触或联系。含有贬义。

【例句】你以后少和他打连连，他是什么人你还不知道吗！

打怵 dǎ chù 胆怯，不敢出头。

【例句】他这个人胆子大，也闯实，什么场合都不打怵。又如谁都打怵这帮无恶不做、无法无天的黑社会打手！

打不住 dǎ bu zhù 不止，开外。

【例句】看人家那饭店那个火，每天收入一万元也打不住啊！又如中国男足队员的年薪在体育界最高，每人几十万元都打不住。

打惧　dǎ jù　害怕，恐惧。

【例句】中国男足就对韩国男足打惧，成为"恐韩症"，多年未能改变。

打鼻子　dǎ bí zi　不好闻或刺鼻的味道冲鼻子，使鼻子受刺激。

【例句】这鱼已经臭了，臭鱼味直打鼻子。

打冷颤儿　dǎ lěng zhànr　因冷或害怕身体突然哆嗦。

【例句】看到发生矿难后被救出的矿工的遗体，吓得我连连打冷颤儿！

打单儿　dǎ dānr　①穿单薄的衣服。②用单脚站立或滑行。③一只脚蹬自行车。④单身。

【例句】①这么冷的天，怎么还让孩子打单儿啊？②刚上冰场练习了几天，就能打单儿了！③过门卫不下自行车也得打单儿啊！④这么多年了，还打单儿一个人过呢？

打干证　dǎ gān zhèng　当证人，写证词。

【例句】你说你没参与抢劫，谁给你打干证？

打个沉儿　dǎ gè chéngr　沉吟一下，停顿一下。

【例句】"就是是他！"他打个沉儿又说"好像是他！反正我也说不准！"

打哏儿　dǎ génr　迟疑，楞神。

【例句】吴大帅欲请张钺当军师，张作霖打哏儿一下，最终同意了吴俊升的请求。

打唧唧 dǎ jì ji 第一个"唧"字发重音。争吵，发生口角。

【例句】他俩一天总打唧唧，谁劝也不听！

打狼 dǎ láng 最后一名，倒数第一。

【例句】这次数学竞赛，全班是我打狼。

打零儿 dǎ língr 为别人打零工的简称。

【例句】还没找到什么大活儿，先给别人打零儿呢！

打磨磨 dǎ mò mo 第一个"磨"字发重音。来回走动，来回兜圈子。

【例句】小三还没回来，也没音讯，急得爹娘在屋里直打磨磨。

打炮 dǎ pào 也说"一炮打响"。①比喻第一次行动就获得很大成功而博得喝彩。②打麻将打出的一张牌别人和〔hú〕了，这种现象就叫"打炮"，也叫"点炮"。

【例句】①名不见经传的"二人转"小演员小沈阳在2009年春晚上打炮了，获得满堂彩，身价倍增。②今天手气不好，总是打炮！

打人儿 dǎ rénr 吸引人，令人信服。

【例句】青年歌手大奖赛民族唱法一等奖获得者刘和刚可真打人儿，竟能获得100.05的高分！

打小宿 dǎ xiǎ xiǔ "宿"读xiǔ。临时野外过夜。

【例句】扑打大兴安岭特大森林火灾时，我们连续几天在山上打小宿。

打哑巴禅 dǎ yǎ ba chán ①故意装作不懂而与之纠缠。②装聋作哑。

【例句】①人家说东你说西，没法儿跟你打哑巴禅。②都到啥时候了，你怎么光打哑巴禅不表态！

打早 dǎ zhǎo 很早以前。

【例句】打早我就和你说，千万别沾毒品！

打站儿 dǎ zhànr 停留一下。

【例句】你先到大舅那儿打个站儿，然后再到大姑家！

打耳瓜子 dǎ ěr guā zi 打嘴巴子。

【例句】你再到处闯祸惹事生非，看我不打你大耳瓜子！

打嘚嘚 dǎ dē de 由于寒冷或紧张等原因使牙齿捉对碰撞。

【例句】今天天太冷穿的又少，牙直打嘚嘚！又如看到车祸现场惨状，我吓得直打嘚嘚。

打隔噔 dǎ gē deng 心中充满疑惑。

【例句】听到中国女排换教练的消息，我心中直打隔噔：这可能吗？

打哏儿喽 dǎ génr lou 气喘不匀，气流不畅，一种极度高兴的表示。

【例句】他听完我讲的有趣的故事，乐得他前仰后合直打哏儿喽！

打囫囵个 dǎ hú lún gè 和衣而睡。

【例句】扑打山火的日日夜夜，都是打囫囵个儿睡在大山上！

打滑 dǎ huá 因摩擦力小而发滑。

【例句】走山路时，坡陡山高，一步一打滑。

打滑呲溜 dǎ huá ci liū 借力滑行。

【例句】当官的有时就像打滑呲溜，一不留神就造个卡前失（向前摔倒，意即犯错误）！

打拘拘 dǎ jū ju 第一个"拘"字发重音。①卷曲。②不灵活。

【例句】①用火烧，如果布料打拘拘就不是纯毛料！②外边太冷，我的手冻得直打拘拘！

打扔格儿站儿 dǎ lēng ger zhànr "扔"读lēng。哄小孩子的一个动作，即将婴儿托在手上，让婴儿配合大人在手上屈伸、跳跃。

【例句】爷爷打扔格儿站儿，将小孙子托在手上，口中不停地说：站儿——站儿！

打立正 dǎ lì zhèng 立正，举手行礼。

【例句】在外边见到老师，一定要打立正！

打漂洋 dǎ piāo yáng 本意是顺水漂走，引申为比喻白白浪费，白白扔掉。

【例句】我这五百块钱花出去，要不是顺子帮我，差点打漂洋！

打水漂 dǎ shuǐ piāo 白白浪费，毫无收益。

【例句】没想到，送去2万元，事情也没办成，2万元钱白白打水漂了！

打愣儿 dǎ lèngr 发呆，发楞。

【例句】趁他打愣儿，我麻溜儿离开了现场！

打哈哈凑趣儿 dǎ hā ha còu qùr 形容不是认真的规范的，而纯粹是为了逗乐子凑趣儿，开开玩笑。

【例句】我这不也是打哈哈凑趣儿，没有任何恶意！又如这事儿一定要认真，千万不能打哈哈凑趣儿！

打破头楔 dǎ pò tóu xiē 故意从中捣乱破坏，从中阻碍，提出相反的意见。

【例句】我们都商量定了，你就别打破头楔了！又如你怎么老是打破头楔呢？你能得到什么好处呢？

打小九九 dǎ xiǎo jiǔ jiǔ 形容人内心打自己的小算盘、算自己的小账而不考虑其他。

【例句】企业重组，员工们都打起了小九九，各自琢磨自己的出路。

大嚓 dà cha "大"字发重音，"嚓"字发短促轻音。把事情弄大了，事情严重了。

【例句】这下把事儿弄大嚓了，不好收场了！

大扯 dà che "大"字发重音。①事情严重。②事情发展超出预想。

【例句】①你小心点，别把事儿弄大扯了！②电视小品《同学会》中范伟饰演的范老板台词：看人家吴德贵，整的老大扯了（指企业规模大）！

大发 dà fu "大"字发重音，"发"读 fu。①严重，超过一定程度。②病情更加严重。

【例句】①"整不好，刘能这下可赔大发了！"②天一冷，他的哮喘病更大发了。

大拿 dà ná ①掌大权的人。②技术方面的权威。③一种不服气、含有挑衅的口吻。

【例句】①张局长就是我们的大拿，不服不行！②张工程师技术过硬，方圆几百里都是大拿。③怎么着，给我耍大拿啊？哥们我可不吃你这一套！

大爷 dà yé "大爷"两个字均发重音。不同于称呼中的"大爷"，而是指社会地位较高、有一定势力和权威的男性。贬低性用语。

【例句】你就是俺们家的大爷，谁也不敢惹你！又如别跟养大爷似的，什么活儿也不干，赶快挑水去！

大头 dà tóu 出高价购买商品或接受服务，即花冤枉钱。与之相对应的是小抠儿、小店儿、小气。

【例句】摆一桌酒席花了580元，交了600元，你却说不用找钱了，怎么这么大头呢？又如我买件西服800元，你却花850元，你咋这么大头呢？

大脑袋 dà nǎo dai 引申为①形容人愚笨、智商不高、不聪明。②被人当做欺负或欺骗的对象。

【例句】①你可真够笨的，简直是个大脑袋，这么明显的圈套难道你看不出来吗？②说好了每人入股2万元，人家动员你交10万元，这不是抓你大脑袋吗？

大天 dà tiān ①最大程度。②牌九里的天牌即最大的牌点。

【**例句**】①说出大天来我也不和他过了，非离婚不可！

大荒儿 dà huɑngr 大概，基本意思。

【**例句**】听了多时，我才听出个大荒儿。

大面儿 dà miànr ①表面。②交往时反映在面子上。

【**例句**】①无论如何，咱们大面儿得过得去，得饶人处且饶人吧！又如他俩的关系大面儿上还行，看起来没什么大事儿！②该随礼还得随礼，大面儿上还得过得去！

大泡儿 dà pàor ①能耐。②额度很大的钱或大份的财物。

【**例句**】①你是个小老板儿，怎么到处显大泡儿？②这大泡儿钱都是现金，别放在家里，存进银行吧！

大大咧咧 dà dà liē lie 粗心大意，满不在意。

【**例句**】别看这人平时大大咧咧，心里可有数呢！

大舌头啷叽 dà shé tou lāng jī 说话时口齿不清。讽刺性用语。

【**例句**】东北大帅吴俊升小时候做病，说话大舌头啷叽，因此外号"吴大舌头"。

大八儿 dà bār 八成。

【**例句**】这事儿不用说，我也能猜出个大八儿！

大发劲儿 dà fu jìnr "发"读fu。过劲儿，超过一定程度。

【**例句**】电视连续剧《乡村爱情故事》中谢广坤说：做人得低调，别太张扬了，张扬大发劲儿了，容易出事儿！

大肚咧些 dàdùlīe xiē 腹部胀大，行动不便，多指孕妇，有时也指因肥胖而肚子大者。

【例句】你大肚咧些的，别到处乱走了！又如你看你大肚咧些的，哪像个年轻人啊！

大概齐 dà gài qí　也写作"大概其"。差不多，极有可能。

【例句】日子过得真不错，进院一搭眼就看个大概齐！又如不用说，我也能估个大概齐！

大估景儿 dà gū jǐngr　同"大概齐"。

【例句】要说他家，大估景也就是个中等户。

大估摸 dà gū mo　大约，估计。

【例句】看今年的行情，我这 50 亩地大估摸最次也能收入 5 万多元！

大约摸 dà yāo mo　"约"读 yāo。大约，大概，粗略地估计。

【例句】大约摸这已是 40 多年前的事儿了，许多往事我们还记得清清楚楚。又如从哈尔滨到北京大约摸开车得走 20 来个小时。

大约母 dà yāo mu　同"大约摸"。

【例句】抗美援朝大约母是 1950 年，具体我也记不清了！

大了呼哧 dà le hū chī　①满不在乎。②行为放荡不羁，随随便便，把自己看得比别人强。含有贬义。

【例句】①你整天大了呼哧，能有什么出息！②你到这里大了呼哧装什么能人？

大大呼呼 dà dà hū hū　"大大呼呼"四个字均发重音。毫不在意，随随便便的样子。

【例句】听了这话，刘能大大呼呼地说："谢大脚家我就去了，能怎么的？"

大眼儿灯 dà yǎner dēng 因病脸瘦或长得过瘦而眼睛显得很大。

【例句】你病后身体还没恢复，瘦得大眼儿灯似的，好好休息吧！

大咧咧 dà liē lie 不分时间、地点地乱说、乱讲，

【例句】张老三那人就是个大咧咧，什么话都说，肚里装不了二两香油！

大嘞嘞 dà lē le 同"大咧咧"。

【例句】你不要跟大嘞嘞似的，到处给我做宣传！

大白话 dà bái hua 也说"大白唬"。对能说会道的人的戏称。

【例句】那人就是个大白话，死人也能说活了！

大忽悠 dà hū you 对能说会道而且说话没边没沿、假话连篇的人的戏称。

【例句】赵本山饰演的大忽悠台词：你还不知道我大忽悠吗，好人我能忽悠茶了……

大碴子味儿 dà chá zi weir 主要指吉林、黑龙江等地方言独有的味道，因其非常爱吃大碴子而得名。借指没见过世面、孤陋寡闻的老农民。含有贬义。辽宁省部分地区的方言口音被称为"苣荬菜味儿"。

【例句】那小子一口大碴子味儿，还能当歌星？

大头顶 dà tóu dǐng 家中最大的长子，即最大的男孩。

【例句】我是我们家的大头顶，要帮助爹共同支撑起这个家。

大张口 dà zhāng kǒu 也说"狮子大张口"。指胃口大，索价高。

【例句】东西要价够高的了，你别趁地震灾害就大张口，该多少钱就多少钱吧！

大肚汉 dà dǔ hàn 对饭量大的人的戏称。

【例句】你可真是个大肚汉，这么大岁数了，一顿饭还能吃好几个馒头！

大事小情 dà shì xiǎo qíng 泛指大大小小、重要或不重要的各种事情。

【例句】那人就是个"屯不错"，谁家有个大事小情都少不了他！

大卸八块 dà xiè bá kuài 将整个物体或完整的事物分成若干小块。诙谐性用语。

【例句】电视连续剧《乡村爱情故事》中王大拿说：谁谢我，我就往外拿钱，几年把我谢完了，这不大卸八块了吗？

大头小尾儿 dà tóu xiǎo yǐr "尾儿"读 yǐr 并突出"儿"音。①事情有头无尾或结果不理想。②物体头大而尾小。

【例句】①这事儿怎么办得大头小尾儿的，答应的挺痛快，至今也没个结果！②这辆破车大头小尾儿的，真不好看！

大杂烩 dà zá huì ①许多菜烩在一起。②引申为把各种不同事物胡乱拼凑合在一起。含有贬义。

【例句】①今天把婚礼宴会剩下的菜重新再热一热，来个大杂烩！②那是国民党的杂牌军，什么人都有，就是个大杂烩！

大仰巴叉　dà yǎng ba chā　四脚朝天摔倒在地。

【例句】脚下一滑，摔了个大仰巴叉，到现在屁股还痛呢！

大膘月亮　dà biāo yuè liang　一轮明月。

【例句】你看，这一轮大膘月亮，贼拉亮！

大月亮地儿　dà yuè liang dìr　一轮明月照得大地一片明亮。

【例句】趁这大月亮地儿，正好赶路！

大天白日　dà tiān bái rì　大白天。

【例句】这大天白日的，你俩怎么敢干这种事儿？

大晌乎头儿　dà shǎng hu tóur　正中午时分。

【例句】这大晌乎头儿的，天这么热，你怎么还不休息，不要命了？

大敞四开　dà chǎng sì kāi　门窗都开着，比喻没有任何防范措施。

【例句】回到家一看，门窗大敞四开，心想：坏了，家中被盗了！

大小年儿　dà xiǎo niánr　大年指丰收年，小年指歉收年。

【例句】水果也有大小年，今年是大年，果木大丰收。

大小劲儿　dà xiǎo jìnr　也说"大小月"。农历三十是大劲儿，农历二十九一下为小劲儿。比喻赶巧、碰巧、巧遇。

【例句】我也不是有意的，这不是大小劲儿赶上了嘛！

大气儿也不敢喘　dà qìr yě bù gǎn chuǎn　不敢大声呼吸，比喻由于害怕而不敢说话或不敢做任何表示。讽刺性用语。

【例句】一看黑龙江督军吴俊升大发雷霆，熊旅长大气儿也不敢喘，只好听吴大帅一顿猛训！

大嘴儿嘛哈　dà zhuǐr mā hā　①形容吃东西又快又香。讽刺性用语。②形容有地位、有势力的人毫不负责地信口一说。讽刺性用语。

【例句】①你几天没吃饱饭了，大嘴儿嘛哈吃得这么痛快！②他位高权重，大嘴嘛哈地一说，叫我们怎么办？

大窟窿小眼儿　dà kū long xiǎo yǎnr　形容物品到处是窟窿或房子四处漏风。

【例句】这房子太破了，大窟窿小眼儿的，怎么住人啊？

大眼儿瞪小眼儿　dà yǎnr dèng xiǎo yǎnr　形容毫无办法，无计可施。

【例句】一听这话，大家大眼儿瞪小眼儿，谁也说不出话来！

— 嗒 —　da　词尾，用于动词后，表示动作具有短促的复现性。

【例句】走起路来蹶嗒蹶嗒。又如说着说着又抽嗒起来了。

— 达哈 —　dā hā　形容词尾，表示状态、性质的近似、弱化。

【例句】这日子过得穷达哈的。又如他的鼻子长得扁达哈的。

— 达忽 —　da hū　同"达哈"，有厌恶色彩。

【例句】粥熬得粘达忽的。又如那人长得胖达忽的。还有黑达忽、傻达忽等。

— 达哄 —　da hōng　同"达哈"。

【例句】臭豆腐臭达哄的，闻着不好闻，吃着却香。

达忽吃 — da hū chī 形容词尾，表示性质的严重，有厌恶色彩。

【例句】那小子见了女人就粘达忽吃的。又如你别傻达忽吃的就知道干活。还有闷得忽吃等。

— 达拉 — da lā 形容词尾，表示对前接实词所表示状态的弱化。

【例句】多拿俩个钱儿，咱不能损达拉的。又如别看这人性格粗达拉的，但人不坏。

— 达涝 — da lāo 形容词尾，用于动词后，表示动作具有短促的复现性。

【例句】别闹大劲儿了，没看她已经急达涝的吗？又如这心里空达涝的没个底儿。

— 达楞 — da lēng 形容词尾，用于动词后，表示动作具有短促的复现性。

【例句】这事儿办得可悬达楞的。又如那人傻达楞的，没什么心眼儿！

—达撩儿 — da liāor 形容词尾，表示程度的轻微。

【例句】你可轻达撩儿的，别惊醒了他！

—达鲁 — da lū 形容词尾,表示程度的浓厚,有赞许色彩。

【例句】他干达鲁的给我盛了一碗肉！又如我把他狠达鲁的训了一遍！

— 达馊 — da sōu 形容词尾，表示状态、性质的近似、弱化。

【例句】看你那穷达馊的样子！又如这天儿冷达馊的，又要变天！

　　待 dāi ①闲着。②停留，休息。③留住。④强令停止。⑤量词"玩一把"。东北方言把打扑克打一局或一个轮次叫做"一待"。⑥贬义词"休息，歇着"。

　　【例句】①累了一夏天了，冬天就回家待着吧。②别忙着走，快进屋待会儿吧！③在税务局实在待不下去了，又转到工商局。④待着吧，哪儿都不许去！⑤咱们再打一待扑克，分出个输赢！⑥没事一边待着，别来烦我！

　　待着 dāi zhe 休息，歇着。含有贬义。

　　【例句】哪凉快哪呆着去吧，别找不痛快！

　　待会儿 dāi hùir 等一会，过一会。

　　【例句】待会儿上我家去喝酒去，咱俩好好唠唠！

　　呆儿 dāir 常说"卖呆儿"。看热闹。

　　【例句】你在那儿卖呆儿干什么呢？快帮我干活！

　　呆呵呵的 dāi hē hē di 两个"呵"字均拉长音。形容人一副痴呆、傻气的样子。

　　【例句】故事讲到精彩处，人们听得呆呵呵的，都入迷了。

　　逮着了 dǎi zháo la ①抓住。②得到意外的收获。

　　【例句】①打麻将偷牌儿，叫人逮着了。②这么多人抓彩都没抓到，你抓了个二等奖，就你逮着了！

　　在 dǎi "在"读 dǎi。在东北方言中，常把"在"读成 dǎi，如在哪里，在什么地方等。

【例句】他没在（dǎi）家。他现在可能在（dǎi）文化馆唱歌呢！

带劲儿 dài jìnr "劲儿"突出"儿"音。①非常好看，漂亮。②起劲儿，兴头上。

【例句】①这小姑娘长得可真带劲儿，人见人爱！②大家玩得正带劲儿，天下起雨来了。

带劲儿 dài jìnr "带劲儿"两字均发重音而短促并突出"儿"音。非常好，很漂亮。

【例句】这姑娘长得可真带劲儿！又如她不光长得带劲儿，脾气还好！

带带拉拉 dài dai lā lā 断断续续，时断时续。

【例句】这一年，我带带拉拉地挣了不到一万块钱！

带把儿烧饼 dài bǎr shāo bing 比喻确凿的证据、把柄。

【例句】虽然我还没抓着他带把儿烧饼，但肯定是他确定无疑！

带把儿 dài bàr ①小男孩。②稳超胜券，十拿九稳。

【例句】①老崔家可真有命，又生了个带把儿的。②这事儿交给我吧，我拿他带把儿的，肯定没问题！

带刺儿 dài cìr "刺儿"突出"儿"音。①比喻说话拐弯儿抹角，含有讥讽或隐含他意。②比喻人性格倔强，脾气暴躁，谁也惹不起。③植物或动物身上有刺儿。

【例句】①你说话怎么总是带刺儿，能不能好好说话啊？②那人浑身带刺儿，还是离他远点儿好！③买黄瓜啊，顶花带刺儿，刚摘的啊！

带崽儿 dài zǎir ①多指哺乳类动物怀孕。②动物带领幼子。

【例句】①娘，快看，咱家老母猪带崽儿了！②黑熊带领着几个崽子在河边觅食。

带死不拉活 dài sǐ bù lā huó 要死还没死，离死不远。骂人语。并不是真死而是一种形象的比喻。

【例句】瞧你带死不拉活的样儿，这辈子连媳妇都找不着！

带搭不稀理儿 dài dā bù xī lǐr 形容人一副不愿理睬、不愿搭理的神情。讽刺性用语。

【例句】我跟你说话呢，你怎么带搭不稀理儿的呢？

戴眼罩儿 dài yǎn zhàor 使用阴谋或手段报复对方，故意栽赃，安插罪名。

【例句】张作霖故意给吴俊升戴眼罩儿，以杀亲子张学良要挟吴俊升。

戴笼头 dài lóng tou 像大牲口戴笼头一样给人戴上笼头加以约束、限制，是一种形象的比喻。

【例句】这小子办事儿太出格，看来得给他戴笼头了！

戴绿帽子 dà lǜ mào zi 指妻子与他人有不正当男女关系，其丈夫被称为"戴绿帽子"。

【例句】张作霖吼道：这不是给我戴绿帽子吗，看我怎么收拾他！

待承 dài cheng "待"字发重音。接待，招待。

【例句】东北人热情，来了生人也像老朋友一样待承。

单巴楞　dān ba lēng　"一个"或"孤单"之意。

【例句】家里其他人都不在家，就我单巴楞一个人！

单巴楞登　dān ba lēng dēng　同"单巴楞"。

【例句】一对夫妻就要一个孩子，是不是有点儿单巴愣登的，连个伴儿也没有？

单崩儿　dān bēngr　单个，独自，独自一个。

【例句】这活儿就单崩儿我一个人，我可完成不了！又如几个国家都不出兵，美国决定单崩儿出兵伊拉克！

单巴细语　dān ba xì yǔ　形容身体很单薄的样子。

【例句】你这么个单巴细语的小孩儿，能干啥重活？

单丢　dān diū　孤单一人。

【例句】把他单丢一个人扔在城里，你说我能放心吗？

单门儿　dān ménr　特意，专门。

【例句】这是单门儿给你的奖金，别人没有！

单抠　dān kōu　只对一个人。

【例句】这么多人，你为什么单抠我一个人？我和你也没有什么冤仇！

单薄　dān bao　"单"发重音，"薄"字读 bao 并发短促轻音。①身体瘦弱。②衣服穿得过薄过少。③力量不充实、不强大。

【例句】①小姑娘长得挺好看，就是身体长得太单薄了！②天这么冷，你穿的这么单薄，小心感冒！③这个案子影响很大，就我们几个人办案，力量是不是太单薄？

单细　dān xì　形容人长得瘦长而羸弱。

【例句】姑娘长得太单细，看来干不了重活。

担谅 dān liɑng "担"字发重音。担待，承受。

【例句】我说得有什么不对，还请多担谅！

耽材料 dān cái liào 浪费材料，材料不能得到充分利用而浪费。

【例句】如果要是 80 公分，这可就耽材料了。

胆儿突的 dǎnrtūde 也说"胆儿突突"。"胆儿"突出"儿"音。心惊胆战，心里不踏实。

【例句】儿子几天没音讯了，我心里总是胆儿突的。又如大帅吴俊升胆儿突突地介绍了自己的实力，使东北大军阀张作霖才彻底放下心来。

胆儿肥 dǎnr féi 形容人胆子太大，很有胆量。夸张性用语。

【例句】你可真是胆儿肥了，村长的小姨子你也敢潮乎(招惹)？

胆儿怵 darn chù 心中感到非常害怕、胆怯。

【例句】我最怕见领导，一见大人物我就胆儿怵！

掸 dǎn 淋水，甩水。

【例句】给花掸点水，花就精神起来了！

但凡 dàn fán 只要。

【例句】但凡我有一点儿办法，我也不张口啊。

但分 dàn fèn 同"但凡"。

【例句】但分有一分希望，也不能见死不救啊！

担 dàn ①支起物体两端。②从中间支起物体。③物体中途被挂被阻。

【例句】①把粮仓里的跳板担起来，准备粮食入仓！②朝鲜族体育活动压跳板，是将跳板中间担起来两头悬空。③"狼牙山五壮士"中有两名八路军战士跳崖后被大树担住侥幸生存。

淡不拉叽 dàn bu lā jī 也说"淡不拉嗦"。①形容食品味道很淡。②形容人说话办事儿没有力度、不顶用。

【例句】①这酸菜炖粉条淡不拉叽的，没什么滋味！②他来了以后淡不拉嗦地说了几句就走了。

— **蛋子** — dàn zi ①表示人物中的小者。②表示圆球形特征。

【例句】①媳妇蛋子、新兵蛋子等。②脸蛋子、屁股蛋子、生瓜蛋子等。

当当 dāng dang 也说"赶当当"。第一个"当"字发重音，第二个"当"发短促轻音。当口，恰在正好时机，关键时刻。

【例句】你早不来，晚不来，赶这个当当来，真是及时雨啊！

当当的 dáng dāng de 第一个"当"读 dáng，第二个"当"读 dāng 并发短促轻音。形容物品冻得非常坚硬。

【例句】这粘豆包冻得当当的，慢慢化开再说吧！

当令 dāng ling ①管事儿，管用，顶用。②掌权，有权势。

【例句】①你说话就当令，放心吧！又如领导有威望，说句话就是当令！②老赵当令后，带领乡亲们走致富之路很见成效！又如现在他不当令了，脾气也没了！

当院儿 dāng yuànr 自家院子里。

【例句】别在当院儿站着，快进屋说话！

当街 dāng jiē ①大街街口。②自己家院子。

【例句】①有事进屋去说，当街坐着算怎么回事？②有话进屋说，别在当街站着！

当目间儿 dāng mu jiànr "间"读 jiàn。中间。

【例句】那不在屋当目间儿的吗？怎么找不到？

当腰儿 dāng yāor ①同"当目间儿"。②事情进行一半或中间。

【例句】①大立柜当腰儿有一条小裂口。②会议正开到半当腰儿，突然一伙上访群众闯了进来，会议只好暂停。

当嘟 dāng lang "当"字发重音。①耷拉，垂着。②物体长而拖地。

【例句】①衬衣别当嘟着，扎到腰里去。②裤子都当嘟到地了，快提一提。

当不当正不正 dāng bu dāng zhèng bu zhèng ①形容物品摆放得不是位置，有些碍眼、挡害。②形容说话或办事儿不是时机、不是时候。

【例句】①这沙发摆得当不当正不正的，多挡害啊！②你当不当正不正地来这么几句，到底是什么意思啊？

挡黑 dǎng hēi "挡"读 dǎng，下同。阻挡光线，阻挡视线。

【例句】前边的楼太高，有点挡黑！

挡害 dǎng hài 也说"挡害 dàng hài"碍事。妨碍他人行动或行为。

【例句】桌子放在这儿多挡害，还是靠边儿放好些！又如没看这儿正忙呢吗，快躲开，别在这儿挡害！

挡影　dǎng yǐng　遮挡。

【例句】门一直没安上，挺大个屋连个挡影也没有！

挡道　dǎng dào　挡住道路使走路不方便。

【例句】你把汽车停在路中央，不挡道吗？

挡饯　dǎng qiàng　能够解决根本问题。

【例句】大病医疗保险可真挡饯，个人少花不少钱！

荡　dàng　刃器在磨具上粗磨。

【例句】在缸沿上荡荡刀，好去割黄豆！又如刀不快了，快到缸沿上荡荡刀。

挡刀　dàng dāo　"挡"读 dàng，下同。刀切物不畅快，有些阻碍刀的切入。

【例句】这地方骨头多，有点儿挡刀。

挡不住　dàng bú zhù　①阻止不住，阻止不了。②说不定，说不准。

【例句】①他要是出国旅游，你挡也挡不住啊！②挡不住他已经走了，我一直没见到他。

刀口儿　dāo kǒur　"刀"字发重音，"口儿"发短促轻音并突出"儿"音。厨师刀工质量。

【例句】考厨师的一个主要内容，就是看你的刀口儿如何！

刀口药　dāo kǒu yào　治疗刀伤的药，俗称"红药"。

【例句】俗话说，刀口药再好不如不受伤。又如刀口药再好不如不拉口。

刀条脸儿　dāo tiáo liǎnr　脸呈长条形。

【例句】几日不见，你怎么瘦成刀条脸儿了？

刀把子 dāo bà zi 对离婚后的女人的蔑称。因"打八刀"即"分"字而来。

【例句】好好的一个小伙子，非找一个刀把子干什么！

刀螂脖子 dāo láng bó zi 形容人的脖子细而长，就像刀螂的脖子。诙谐性用语。含有贬义。

【例句】那女人长个刀螂脖子，真难看。

叨 dāo ①禽类啄。②用工具舀、夹取、盛取。③迅速抓、逮。④拿，捞，

【例句】①看你俩吵架，就像叨架的公鸡！②出去上酱缸里叨碗大酱！给我叨点儿好菜。③就你那德性，能叨着个媳妇你还不偷着乐？④今年一年，我叨了一万多块！

叨咕 dāo gu ①自言自语地说或小声地对别人说，小声嘟囔。②带有教育、说教性质的嘱托。③絮絮叨叨的讲话。

【例句】①你在那叨咕什么呢？大点声说！②母亲时常对我叨咕，多做好事、善事。千万别做坏事、恶事，否则要遭报应的。③你给大家叨咕叨咕，这次去国外旅游有什么收获？

叨叨 dāo dao 第一个"叨"字发重音。唠叨，不停地小声说话。

【例句】已经够烦的了，你就别再叨叨了！

叨扯 dāo che "叨"字读平音 dāo，"扯"字发短促轻音。叨叨咕咕地不停说话、念道。

【例句】已经够烦的了，你就别再叨扯那些陈芝麻烂谷子的破事儿了！

叨扯 dáo che　"叨"字读二声 dáo 并发重音，"扯"字发短促轻音。抓挠，划拉。

【例句】趁着行情好，多叨扯两个钱儿！

叨哧 dáo chi　①叨叨咕咕不停说话。②背后议论人。

【例句】①歇歇吧，别一天到晚不停地叨哧了！②一天到晚，不是叨哧这个，就是叨哧那个！

捯饬 dáo chi　"捯"读 dáo，下同。"捯"字发重音，"饬"字发短促轻音。着意打扮。

【例句】本来就好看，这么一捯饬，就更漂亮了！

捯气儿 dáo qìr　①形容人临死前急促、时断时续的呼吸状态。②形容人上气不接下气的样子。

【例句】①抢救了一天也没什么效果，只剩捯气儿了。②风景倒挺好，但山太陡，爬了一阵子就得不停地捯气儿。

捯 dáo　两手替换。

【例句】把毛线帮我捯捯，捯好了好织毛衣。

捯本儿 dáo běnr　零零碎碎地收回本钱。

【例句】这批货肯定亏了，能捯本儿回来就烧高香了。

叨儿其咕 dáor qī gū　"叨"字读 dáo。①形容叨叨咕咕说话中隐含讽刺口味。②自言自语。

【例句】①有话直说，别叨儿其咕的！②你在那儿叨儿其咕的，说啥呢？

捣捣鼓鼓 dáodao gū gū　两个"鼓"均读 gū 并拉长音。暗中做不正常或见不得人的事儿。

【例句】有些人在下边捣捣鼓鼓做些见不得人的事儿，别以为我什么都不知道！

倒登 dáo deng 也说"倒腾"。"倒"读 dáo，"登"字发短促轻音。 ①贩运。②挪移。③倒个儿。④快步走、跑。

【例句】①到南方倒登桔子去！又如他刚从山东寿光倒登一车蔬菜。②把陈粮倒登出来好进新粮！③把酸菜缸里的酸菜赶快倒登一下！④他走的慢，两条短腿紧倒登！又如三步并做两步走紧倒登。

倒 dǎo "倒"读 dǎo，下同。①整钱换零钱。②间歇地挪移物品。③倒手，倒卖。④来回折使热水变凉。

【例句】①把这百元大票给我倒开！②这行李太沉了，一步一步倒吧！③这两天倒了几把蔬菜，挣了几个小钱儿！④水太烫了，等我倒一倒凉了再喝！

倒短儿 dǎo duǎnr 近距离运输。

【例句】火车运货到货后，再用汽车倒短儿。

倒牌子 dǎo pái zi 产品质量下降失掉市场而滞销。

【例句】不注意产品质量，结果怎么样？倒牌子了吧！

倒套子 dǎo tào zi 用牛或马拉车或拉爬犁将林中伐下的原木运到指定集材地点。

【例句】倒套子整整干了一个冬天，结果也没挣着什么钱？

倒霉透顶 dǎo méi tòu dǐng 命运非常不好，经常上当吃亏。贬低性用语。

【例句】真是倒霉透顶，就参加工作晚了几天，这次涨工资就没我的份儿！

倒血霉 dǎo xiě méi 同"倒霉透顶"，语气加重。贬低性用语。

【例句】我这辈子跟你结婚算是倒血霉了，不仅借不着啥光，反而净吃亏上当！

倒八辈子血霉 dǎo bá bèi zi xiě méi 命运更加不好，语气更加严重。贬低性用语。

【例句】电视连续剧《兵团岁月》中高连长媳妇台词：我算倒八辈子血霉了，跟着你这一辈子就没捞什么好！

倒台子 dǎo tái zi 垮台。

【例句】抗战进行了8年，小日本终于倒台子了。又如村支书横行霸道好几年，终于贪污受贿倒台子了。

倒 dào "倒"读dào。下同。①腾开。②退还。

【例句】①别站着茅坑不拉屎，赶快给好人倒地方！②把贪污款赶快倒回去，争取宽大处理。

倒搬桩 dào bān zhuāng 入赘当上门女婿。

【例句】电视连续剧《走西口》中，梁满囤倒搬桩当了上门女婿，后来成为裘记皮铺掌柜的。

倒插门儿 dào chā ménr 同"倒搬桩"。

【例句】别看李大国是倒插门儿女婿，到了王长贵家也挺孝敬岳父，故事不断。

倒背 dào bèi 倒背手站着。

【例句】他倒背站着，在窗前沉思，思绪不停地翻滚。

倒背脸子 dào bèi liǎn zi 背着脸。

【例句】推开门一看，客人倒背脸子正向窗外瞭望。

倒倒 dào dao 第一个"倒"字发重音，第二个"倒"字发短促轻音。颠倒，相反。

【例句】把帽子戴倒倒了。把衣服穿倒倒了。

倒反天罡 dào fǎn tiān gāng 违反常规，违反祖训，办事说话越格儿。

【例句】让你发言介绍经验，你怎么倒反天罡揭发起受贿的事来了？

倒粪 dào fèn 反复说别人不爱听的话，说脏话。骂人语。

【例句】你只能满嘴倒粪，说不出什么好话来！

倒蹶 dào jueē 走回头路，走冤枉路。

【例句】你这么走，不是倒蹶吗！又如没想到，我本想走近路，没想到走了个倒蹶！

倒打一耙 dào dǎ yī pá 反咬一口，污陷他人。

【例句】日本侵占中国，反到倒打一耙，说中国侵占日本的领海。

倒个儿 dào gèr 颠倒过来，转换位置。

【例句】你倒个儿想一想，是不是这么个理儿？又如桌子这么摆放不行，你倒个儿放，看着就舒服了！

倒贴 dào tiē 与亏损不同，这里指努力后不仅没有收入或收益反而违反常理给予对方财物。

【例句】不要彩礼，我们聘姑娘，难道娘家还要倒贴不成？

倒栽葱 dào zāi cōng　大头朝地倒下。

【例句】一阵大风刮来，他一个倒栽葱从汽车上摔下来。

倒仰儿 dào yǎngr　①身体直挺挺仰面朝天向后倒下。②形容人被气得向后倒下，是一种形象的比喻。

【例句】①脚下一滑，差点儿摔个倒仰儿。②几句话把吴大舌头（吴俊升）气得倒仰儿……

道道儿 dào daor　第一个"道"字发重音，第二个"道"字突出"儿"音。办法，主意。

【例句】那小子脑筋非常灵活，满脑子都是道道儿！

道过儿 dào guòr　道歉。

【例句】你这么伤害人家，还不赶快去道过儿？

道眼儿 dào yǎnr　①有主意，有心眼儿。②泥泞地中可落角的地方。

【例句】①别看他人老实，却极有道眼儿。②翻浆的路没有一处可落脚的道眼儿。

到了儿 dào liǎor　"了儿"连起来拉长音读并突出"儿"音。直到最后。

【例句】这孩子嘴可真严，问了多少遍，到了儿也没说出这几天她到底干什么去了！

到老 dào lǎo　同"到了儿"。

【例句】抢救了好几天，到老也没抢救过来。

到份儿 dào fènr　最大程度。

【例句】我的忍让已经到份儿了，该怎么办你看着办吧！

盗灰 dào huī 也说"扒灰"。公爹与儿媳妇有不正当关系。

【例句】老林头跟儿媳妇盗灰，全村人谁不知道？大家不说罢了。

嘚吧 dē ba 形容人絮絮叨叨地说话。

【例句】事情都过去了，还嘚吧它干啥？

嘚波 dē bo 同"嘚吧"。

【例句】行了，得饶人处且饶人吧，你就别再嘚波了！

嘚嘚 dē de ①同"嘚吧"。②浑身打哆嗦。

【例句】①歇着吧，别在那儿穷嘚嘚了！②冷风一吹，冻得我直嘚嘚！

嘚咕 dē gu ①小声地反复说。②背后或暗中说坏话。含有贬义。

【例句】①嘚咕啥呢，好话不背人，背人没好话，大点声说！②有话就明说，别总上领导那儿嘚咕我！

嘚嘚咕咕 dē de gū gū 小声地、反反复复地、絮絮叨叨地说。含有贬义。

【例句】有话你就快说，嘚嘚咕咕的谁也听不明白！

嘚嗦 dē suo "嘚"字发重音。"哆嗦"的变音。

【例句】突然警笛响起，吓得我一嘚嗦！又如人家抓赌博分子，你嘚嗦个啥呀？又如电视小品《昨天·今天·明天》中，赵本山饰演的黑土对宋丹丹饰演的白云说：那赵老二是脑血栓，见谁都嘚嗦。

嘚嘚嗦嗦 dē dē sūo sūo 同"嘚嗦"。

【例句】就你这身体，就别嘚嘚嗦嗦到处乱走了！

嘚儿嘚儿的 dēr dēr de 两个"嘚儿"均连起来读并突出"儿"音。很舒服，很自在。诙谐性用语。

【例句】如今党的政策好，收入不断提高，家家户户小日子都过嘚儿嘚儿的！

嘚儿的呵的 dēr de hē de ①形容人极不稳重，作风轻佻、草率。②形容人一副傻呵呵、神经不正常的样子。均含有贬义。

【例句】电视连续剧《樱桃》中王老板的小舅子整天嘚的呵的，游手好闲，没个正事儿。②这小子成天嘚儿的呵的，真是一事不成。

得活儿 dé huór 完成，完事了。

【例句】别忙，说话就得活儿！

得啦 dé la ①劝阻语"算了吧"。②申斥语"住口"。③结束，终止。

【例句】①得啦！得饶人处就饶人吧！②你得啦吧！怎么还没完没了呢？③你可得啦，这回我可不上你的当了！

得意 dé yi "得"字发重音，"意"字发短促轻音。喜欢，喜爱。

【例句】吴俊升开始并不得意后妈，但后来像亲娘一样孝敬后妈。又如赵本山初时并不得意小沈阳，后来慢慢发现了他许多长处。

德行 dé xing 也写作"德性"。①某人缺乏道德，人品极差。②娇嗔用语，善意或爱意地嗔骂对方，一般女性多用。讽刺性用语。

【例句】①就他那副德行，还想办大事业？②德行！快陪我逛商场去！又如德行，还跟我来这一套

得意儿 dě yìr "得"读 dě，下同。也说"竞意儿"。"得"字发重音，"意儿"突出"儿"音。故意。

【例句】我得意儿气气他，看他能怎么样？

得惯宜儿 dě guàn yǐr "宜儿"突出"儿"音。取得了一定好处或便宜仍不罢休。讽刺性用语。

【例句】给你点好处又来了，还得惯宜儿了！

得把 dě bǎ ①形容人得到了权利、地位儿神气十足。得势，成势力。②得到机会。

【例句】①要是咱能得把，咱就大干一场！又如刘能终于当上了副村长，这下可的把了，整日神气十足。②媳妇没在家，他可得把了，连续几天与几个酒肉朋友鬼混。

得济 dě jì 得到益处或好处。

【例句】你可得了你叔叔的济了，听说你上大学的费用全是你叔叔给出的？

得便儿 dě biànr 方便的时候。

【例句】我最近挺忙，得便儿我到你家喝酒去！

得脸儿 dě liǎnr ①争得或给予脸面。②得势，得到益处。

【例句】①老板把他提成部门经理，这下他可得脸儿了，每天趾高气扬，谁都不在话下。②生了几个闺女，终于生了个

小子，这下她可得脸儿了，家里外头的活儿都不干了！

得了便宜就卖乖 dě le pián yi jiù mài guāi 也说"得了便宜还卖乖"。得到便宜或好处后到处去显摆炫耀或说风凉话、违心话。讽刺性用语。

【例句】自己偷着乐吧，别得了便宜就卖乖！又如你真是得了便宜还卖乖，这么低的价格承包荒山还叫屈。

得烟儿抽 dě yānr chōu 形容人受重视、受宠爱，很得势或很吃香。讽刺性用语。与之相反的是"不得烟儿抽"。

【例句】别看他这会儿挺得烟儿抽，说不定哪天失势摔得更狠！

得瑟 dè se "得"读 dè，下同。"得"发重音，"瑟"字发短促轻音。用途非常广泛词语之一。①作风轻佻、不稳重。②到处卖弄，到处显摆。③不正常往来。均含有贬义，讽刺性用语。

【例句】①你看她那得瑟样儿，哪有个大姑娘样？②她买了件韩国进口的衣服，就不够她得瑟的了！又如轻点儿得瑟吧，能不能稳当点儿？③不让你和小三往来，你偏天天去得瑟！又如那是什么好地方啊？你非上那儿得瑟啥去？

得得瑟瑟 dè de sē sē 非常能显摆、卖弄。语气加重。含有贬义。讽刺性用语。

【例句】看他一天到处得得瑟瑟，满世界都不够他显摆的了！

得得嗖嗖 dè de sōu sōu 同"得得瑟瑟"。含有贬义。讽刺性用语。

【例句】你看他一天得得嗖嗖的样儿，不知自己半斤八两了！

得了巴嗖 dè le bā sōu 同"得得瑟瑟"。含有贬义。讽刺性用语。

【例句】理他干啥,那人整天得了巴嗖的,不是个稳当客(qiě)！

得 děi "得"读 děi，下同。①方便。②感叹语，发生反义变化。③很多。④首推。⑤舒坦。

【例句】①把椅子垫高点，得看。②劝了多少遍了，他得听啊！③你到国外旅游得钱了吧？④要讲穿，还得是哈尔滨！⑤这几年日子过得挺得呀！

得儿 děir "得"读 děi，下同。突出"儿"音。非常舒服，非常自在，心里得到满足。

【例句】电视小品《相亲》中老蔫儿对马丫说：老两口闲着没事儿抽着旱烟喝点儿茶水儿，扯个闲篇儿嗑点儿瓜子儿，又说又笑那有多得儿？

得亏 děi kui "亏"字发短促轻音。多亏，幸亏。

【例句】得亏国家的好政策，这么多的医疗费都给报销了。又如这病得亏抢救及时，要不然就危险了！

得劲儿 děi jìnr 突出"儿"音。舒服，舒适，惬意。多用于反义词即"不得劲儿"。

【例句】这高级汽车坐着就是得劲儿，真叫舒服！又如他犯错误受处分，你心里得劲儿啊？再如你这么一说，我心里怪不得劲儿。

得儿得儿的　děir děir de　两个"得儿"分别连起来读并突出"儿"音。①非常舒服，特别舒服。②应付。

【例句】①弄上二两酒，拌个小凉菜儿，这日子真是得儿得儿的！②别说唱歌，就是跳舞也是得儿得儿的！

得回　děi hui　同"得亏"。

【例句】我得回有个准备，否则就丢丑了。

得数　děi shǔ　首推，数得着。

【例句】要说国内哪个城市最美，还得数广州，那真是座花城！

逮　děi　遇到，碰到。

【例句】就她那点儿破事，逮谁跟谁说个没完。

扽　dèn　①拉紧，拽紧，专指两头同时用力或固定一头用力猛拉。②理睬，含有贬义。

【例句】①褥单子有些绉巴，快扽一扽。②他有什么了不起，咱不扽他！

灯　dēng　一般指老头儿。骂人语，也是玩笑话，

【例句】你这个老灯，怎么还没死？

灯笼裤　dēng long kù　破旧的短、肥单裤。

【例句】这么冷的天，你怎么就穿条灯笼裤？

蹬打　dēng da　①挣扎，奔波。诙谐性用语。②临死之前的挣扎。

【例句】①趁着身体好还能蹬打几年，再抓几个钱儿！②他蹬打了几下腿，终于不动了。

蹬腿儿 dēng tuǐr　"死"的代名词。诙谐性用语。

【例句】这块儿玉坠儿就留给孩子吧，等我蹬腿儿那天也留下点念想儿。

蹬腿撂片儿 dèng tuǐ liào piànr　"死"的隐语。

【例句】好好的一匹马，不知为什么突然蹬腿撂片儿了！

蹬鼻子上脸 dēng bí zi shàng liǎn　比喻得寸进尺，贪得无厌，犹如"得陇望蜀"。贬低性用语。

【例句】电视剧《走西口》中的梁满囤蹬鼻子上脸，当了裘记皮铺的上门女婿，还要当皮铺掌柜的！

蹬鹰 dēng yīng　全句是"兔子蹬鹰"。①分道扬镳。②掉头就跑，迅速离开。

【例句】①他俩好得就像一个人一样，最近因房产贷款蹬鹰了！②见势不妙，刘能赶紧兔子蹬鹰了。

登登的 déng deng de　①足足的、实实的。②形容极硬、极实。③紧紧的，严严的。

【例句】①这一袋子黄豆装得登登的，足有200斤！②这车货捆得登登的，开不了，放心吧！③大门关得登登的，叫也叫不开。

登登硬 dēng dēng yìng　非常坚硬。

【例句】这馒头碱小了，登登硬的，真不好吃！

等会儿 děng huǐr　过一段时间。

【例句】戏还得等会儿才开演呢，着什么急？

瞪眼儿扒皮 dèng yǎnr bā pí　形容人态度蛮横，表情凶恶。

【例句】你瞪眼儿扒皮的，这是干什么？谁欠你什么了？

瞪眼儿瞎 dèng yǎnr xiā 对文盲或识字不多的人的戏称。

【例句】我是瞪眼瞎啊，这么简单的广告词我还看不懂啊？又如我就是个瞪眼瞎，你这文章这么深奥，我可看不懂！

蹬筋 dèng jīn 形容人用力就像老牛拉车牛脖筋迸出的样子。

【例句】干点儿活就像老牛蹬筋似的，我看你油梭子发白——就是短炼！

瞪眼儿 dèng yǎnr ①眼睁睁。②偏偏，无论如何。

【例句】①这么好的一块好表，瞪眼儿给拿走了！又如电视连续剧《我的兄弟叫顺溜儿》中，两个人看着一个人，结果瞪眼儿让他逃跑了！②我要去旅游，媳妇瞪眼儿不让去。

低气 dīqi 低贱，卑贱。

【例句】你要觉得低气，你就别在这儿干！又如你去道个歉，也不会低气到哪儿去！

低头不见抬头见 dī tóu bú jiàn tái tóu jiàn 形容经常见面。

【例句】乡里乡亲的，低头不见抬头见，得饶人处且饶人吧！

滴溜八挂 dīliu bā guà 也说"滴溜甩挂"①形容果实累累。②形容衣衫褴褛的样子。③到处挂满了东西。

【例句】①你看这沙果，结得滴溜八挂的。②你这件破棉袄滴溜八挂的，早该进博物馆了。③日本乒乓球运动员福原爱的衣服、拎包等滴溜甩挂地挂满了小玩意儿，真叫人好笑。

滴里当啷儿 dī lǐ dāng langr ①形容人身各部失去控制。②形容物体下垂不停摆动。

【例句】①几天没睡好觉了，困得我滴里当啷儿的！②你这件破棉袄破得滴里当啷儿的，早该扔了！

滴溜儿圆 dī liūr yuán 常重叠使用。形容物体非常圆、特别圆。

【例句】瞧！今晚的月亮真是滴溜儿滴溜儿圆！

滴溜儿转儿 dī liur zhuànr 形容忙得团团转的样子。

【例句】为竞选村长，谢广坤每天忙得滴溜儿转儿，到处拉选票。

滴里嘟噜 dī li dū lu 形容物品很多并且成串儿下垂。

【例句】你滴里嘟噜地拎这么多东西，要干什么去啊？又如今年葡萄大丰收，一串串滴里嘟噜地挂满枝头。

提溜儿 dī liur "提"读 dī。①悬挂，悬垂。②提着。③拽耳朵。

【例句】①老张拽着单杠打提溜儿。②她提溜儿着一兜鲜桃走进病房。③天天提溜儿耳朵嘱咐你好好学习，你怎么就不长记性呢？

底儿朝天 dǐr cháo tiān 形容非常杂乱或乱七八糟。

【例句】日本宪兵把地下党的联络点翻了个底儿朝上，也没搜到密电码。

底儿掉 dǐr diào 比喻干净彻底，从里到外。

【例句】这件事我问了个底儿掉，也没问出个子午卯酉！

底垫儿　dǐ diànr　本钱。

【例句】这批货去掉底垫儿，挣不着啥钱！

底儿钱　dǐr qián　本钱。

【例句】养了一群羊，去掉底儿钱，还能剩个千八百块！

底儿　dǐr　①根儿。②积蓄。③把握，有数。④底细。

【例句】①我这病已经多少年了，也是个老病底儿。②你家有点老底儿，该花就花吧！③能不能考上大学，到现在心中也没个底儿！④电视剧《潜伏》中，敌特始终没有查出地下工作者翠平的底儿。

地起根儿　dì qǐ gēnr　也说"地根儿"。①根本，原来。②一开始。

【例句】①地起根儿就没有这回事儿，你这不是胡诌八扯吗！②这件事地起根儿就是你错了，你还狡辩什么？

地场　dì chang　"场"字发短促轻音。地方。

【例句】有个地场住就行了，啥好啊坏的！又如这人有好的地场，也有坏的地场！

地界儿　dì jièr"地"发重音，"界儿"发短促轻音并突出"儿"音。地方。

【例句】闯关东来到了黑龙江省地界儿，就在这儿安家落户了。

地头地脑儿　dì tóu dì nǎor　田地未开垦种植的边边角角。

【例句】地头地脑的地方，还可以种点儿葵花籽儿什么的。

地力　dì lì　土壤的肥沃程度。

【例句】那片儿兔子不拉屎的薄拉地一点儿地力也没有，你也敢承包？

地癞子 dì lài zi 行为不轨、无所事事、游手好闲的人。

【例句】你怎么就像个地癞子，什么时候才能有个正形啊？

地出溜 dì chū liu 形容人个子矮小而跑得很快。

【例句】那个地出溜跑的倒快，转眼儿就不见了！

地缸子 dì gāng zi 也说"压地缸子"。形容人像水缸一样，长得短粗而肥胖，上下一般粗。

【例句】别看他长得就像压地缸子，却娶了个漂亮媳妇！

地界儿 dì jier "地"字发重音，"界儿"发短促轻音并突出"儿"音。地方。

【例句】那是黄霸天的地界儿，你何必去招惹他啊！又如那是块兔子不拉屎的地界儿，你也敢承包？

地头地脑 dì tóu dì nǎo 耕地周围不算面积的边边角角少量土地。

【例句】不交农业税了，地头地脑的土地都被开发出来了。

地眼儿 dì yǎnr 最肥沃的土地。

【例句】谁都知道，那是块儿地眼儿，谁不想要啊！

第乜 dì miī 倒数第一，最后一名。

【例句】学校举行长跑活动，结果我跑了个第乜！

递话儿 dì huàr 打招呼，传话。

【例句】你去给科长递话儿，明天我请一天假。又如请你给递个话儿，看我明天能不能去上班？

递小话儿 dì xiǎo huàr　说小话，说软话，是一种哀求的表示。

【例句】因违章，汽车驾驶证被交警扣留了，司机只好不停地向交警递小话。

递不上当票 dì bù shàng dàng piào　①关键时刻回答不出所以然，说不明白。②关键时候没有办法，无计可施。

【例句】①笨嘴结舌的，一到关键时候就递不上当票！②你不是挺有一套吗？怎么一到关键时候就递不上当票？

掂 diān　①将物体放在手中估重量。②用腕力使物品在手掌上翻个儿。③晃动大勺炒菜。

【例句】①你掂一掂这桶豆油有多少斤？②将铜钱在手里掂了掂，铜钱字儿就朝上了。③师傅，快给我们掂两个好菜！

掂兑 diān dui　"掂"字发重音。①斟酌，考虑。②准备。③设法安排，再想办法。

【例句】①你帮我掂兑掂兑，这件事究竟应怎么办？②家里来客了，赶快惦兑俩菜！③你们先干着，如果人手不够，我再掂兑。

掂量 diān liang　"掂"字发重音。①斟酌，思量。②用于估计物品的份量。

【例句】①你咋不掂量掂量自己，是不是那块料！②这桶油我掂量足有 10 斤！

颠儿 diānr　①小步跑、跳，暗含"借机溜走"之意。②用语言敲打。③装傻。

【例句】①事儿没办完，你怎么早早就颠儿了？②有话就明说，别来颠儿的！③你小子别颠儿了，以为谁不知道呢！

颠达 diān da "颠"字发重音。①颠簸。②奔波，操劳。

【例句】①这条路太不好走，颠达了一道儿！②困难时期，我也没少颠达，还是过不上好日子。

颠儿颠儿的 diānr diānr di 两个"颠儿"连起来读并突出"儿"音。形容欢快地跑来跑去。

【例句】一句话把那小伙子支使得颠儿颠儿的，玩命地去卖力气！

颠馅儿 diān xiànr 也说"乐颠馅儿"。形容高兴或兴奋到了极点。

【例句】瞅瞅他，美得真是快颠馅儿了！

点搭 diǎn da "点"字发重音，"搭"字发短促轻音。边指着对方边说话。有时重叠使用。

【例句】说话文明点儿，别点点搭搭的！又如电视小品《防忽悠热线》中，屡次上当者范伟点搭着大忽悠赵本山说：我不上当了，你忽悠不了我了！

点拨 diǎn bō 指点。

【例句】有些事还不太懂，没有经验，还需要你老给多点拨。

点划 diǎn hua 指着人或物体说话。

【例句】他点划着我的鼻子说：这事儿就是你干的！

点儿背 diǎnr bèi 运气不好，不走运。与"点儿兴"相反。

【例句】真点儿背，几趟买卖也没挣着钱！又如手真点儿背，一上午也没和几把（指打麻将）！

点儿兴 diǎnr xìng　与"点儿背"相反，很有运气，很顺利。

【例句】你的点儿可真够兴的，买了20块钱体育彩票就抓了个头彩！

点儿高 diǎnr gāo　同"点儿兴"。

【例句】谁也没有你的点儿高啊，伸手就抓了个大彩儿！

点儿正 diǎnr zhèng　同"点儿兴"。

【例句】刘能说："这个事儿要是真的，咱那点儿可正透了！"

点儿低 diǎnr dī　同"点儿背"。

【例句】我怎么这么点儿低啊，好容易排到了，到我这儿火车票就卖完了！

点头交情 diǎn tóu jiāo qing　形容人与人间一般的、很浅的只是点头打招呼的交情。

【例句】我和他只是点头交情，没什么深交。

点子 diǎn zi　①量词，表示一点点，很少。②主意，办法。

【例句】①吃点子凉东西还有个不肚子疼的？又如就这么点子饭，够谁吃的？②你快给我出个点子，这事儿该怎么办？

点炮 diǎn pào　现代麻将术语，在出牌后别人和（hú）了。

【例句】今天手气可真背，净点炮了！

点卯 diǎn mǎo　形容人按时按点到达但不出工不出力，或偷偷溜走。

【例句】等我去单位点个卯，咱俩逛街去。

垫背 diàn bèi 代人受过。

【例句】我又没有错，凭啥给你当垫背？

垫补 diàn bu "垫"字发重音，"补"字发短促轻音。①少吃点食物临时充饥。②暂时借用或挪用钱财。

【例句】①还不到饭时你就饿了，先吃几块饼干垫补垫补！又如电视小品《牛大叔陪客》中吴秘书台词：要不你先吃点儿花生米、香肠什么的先垫补垫补？②本想暂时用点儿公款垫补一下，有钱赶紧还上，没成想露陷了，触犯了法律。

垫巴 diàn ba 同"垫补"①。

【例句】客人还没来齐，不能开饭，你要是饿了就找点儿什么吃的垫巴垫巴！

垫舌 diàn shé 抓住某人或某事进行嘲弄、奚落。

【例句】你们这些人没事别找事，别拿我垫舌！

垫牙 diàn yá 同"垫舌"。

【例句】你想当先进当劳模，拿我垫牙干什么？

垫底儿 diàn dǐr 最基础的准备和铺垫。

【例句】革命样板戏《红灯记》中李玉和道白：有了您这杯酒垫底儿，什么酒我都能对付！

惦心 diàn xin 惦念，惦记。

【例句】到地方就来个电话，省得家人惦心！

刁 diāo ①为人狡诈利害。②难而怪。③山势陡峭险恶。

【例句】①你这个人可真够刁的，什么事也难不住你！②今年高考的考题出得太刁。③这山砬子可真够刁的，真怪吓人的！

叼　diāo　①吊车叼物。②用手腕夹对方。

【例句】①吊车叼住一棵水泥杆。②一下子叼住了对方的手腕子。

屌样　diǎo yàng　无能，没瞧起、表示轻蔑对方的一种骂人语。

【例句】就他那个屌样，也能当阔老板？

屌蛋精光　diǎo dàn jīng guāng　干干净净，一点不剩。含有贬义，讽刺性用语。

【例句】一场麻将，输个屌蛋精光！又如一车生猪倒腾到河南，不仅不挣钱，反而赔个屌蛋精光！

屌儿郎当　diǎor lāng dāng　松松垮垮，不拘小节。讽刺性用语。

【例句】你整天屌儿郎当的，没个正事。又如东北大帅吴俊升训练军队极严，最容不得军队屌儿郎当、松松垮垮。

屌毛灰　diǎo máo huī　比喻微不足道，不值一提。骂人语。

【例句】什么大考、中考、小考，屌毛灰！都是骗人的玩意！

屌歪　diǎo wai"歪"字发短促轻音。把事情办砸了、办糟了。

【例句】这事儿都叫你办屌歪了，我怎么收场啊？

吊角儿　diào jiǎor　斜对面，对角。

【例句】两家店铺正吊角儿，各占一个角。

吊远　diào yuǎn　路途遥远而偏僻且不顺路。

【例句】你们家住的太吊远了，去一趟真不容易！又如他始终在一个非常吊远的小山村当小学老师，已经好多年了。

吊脚 diào jiǎo 同"吊远"。

【例句】我们家住得太吊脚了，光山路就得走十几里地。

吊膀子 diào bǎng zi 与他人调情、勾勾搭搭或有不正当往来。多指男人。

【例句】他和一个摩登的女人吊膀子，结果钱财被骗个精光！

吊小脸子 diào xiǎo liǎn zi 故意做出满脸不高兴的样子给人看或耍态度。

【例句】别看那女人长得有模有样，但脾气挺大，动不动就吊小脸子！

吊脸子 diào liǎn zi 同"吊小脸子"。

【例句】有什么话你就说，少给我吊小脸子！

调法儿 diào fār 想不同办法，变着法。

【例句】电视剧《走西口》中，田青大病，媳妇调法儿做些好吃的侍候他。

调样儿 diào yàngr 换样，变换不同方式。

【例句】老人胃口不好，你得调样儿做点儿好吃的给她吃！

调嗓 diào sǎng 演员清晨到户外练嗓子。

【例句】每天清晨，公园内都有人调嗓子！

掉蛋儿 diào dànr ①关键时候把握不住。②被免职或失势、下台。贬低性用语。

【例句】①平常人模狗样，一到关键时候就掉蛋儿！②他现在不是局长了，已经掉蛋了。

掉把儿 diào bàr 同"掉蛋儿"②。

【例句】我已经快六十岁了，眼瞅就掉把儿了！

掉价 diào jià ①降低身份，丢面子。②有损形象。

【例句】①让我去看大门？那不太掉价了吗？②挺大的一个腕儿，为了俩钱儿竟和小贩儿吵了起来，可真够掉价的！

掉腚 diào dìng ①不理睬而转身离去。②对事情有不同意见和看法而耍态度。③雄性动物发情后主动找雌性交配。

【例句】①话还没说完，他一掉腚转身就走了！②班子意见总是不统一，关键地方总有人掉腚。③东北地区俗语：母狗不掉腚，牙狗不上前。

掉链子 diào liàn zi 关键时候支撑不住而犯错误，不能承担责任或出纰漏。讽刺性用语。

【例句】电视剧《关东大先生》中，赵春安很受哈贝勒器重，但关键时候赵春安总掉链子，给哈贝勒找了许多麻烦。

掉腰子 diào yāo zi ①形容人调皮捣蛋。②形容人品行不端。

【例句】①别理他，那人净掉腰子，靠不住！②你这人真够掉腰子的，有没有点儿正形？

掉个儿 diào gèr ①互换位置。②换位思考。③不屑于理睬、搭理。含有贬义。

【例句】①要不然你俩掉个儿坐一下，这样他就不挡你了！②你掉个儿想一想，看是不是这么个理儿？又如②真是站着说话不腰疼，咱俩掉个儿你试试？③自从他当了科长之后，他就不掉个儿咱们哥们了！

掉渣 diào zhā ①形容人过于小气、吝啬、抠门。②形容女人脸上的脂粉抹得太多，讽刺性用语。③形容人某种特别，与众不同。讽刺性用语。④墙皮等表皮脱落。

【例句】①刘能抠得掉渣，你让他捐助，那不要他的命吗？②看你满脸抹得直掉渣，好看啊？③土得掉渣、抠得掉渣、懒得掉渣等。如看你一天懒得掉渣，这日子还咋过啊？④墙皮都掉渣了，应该抹一抹了！

掉色 diào sǎi "色"读 sǎi。褪色。

【例句】这衣服都掉色了，别再穿了！

掉崽子 diào zǎi zi 母猪等动物流产。

【例句】老母猪怎么掉崽子了？是不是吃得太肥了？

掉称 diào chèng 分量不足，因大称进小称出造成的损耗。

【例句】粉条含水份大，得赶紧卖掉，否则就掉秤了！又如进了一车土豆，除去掉秤和其他损耗，还能挣个千八（元）的。

掉进冰窟窿 diào jìn bīng kū long 形容使人感到非常寒心，像掉进冰窟窿里一样凉。诙谐性用语。

【例句】含辛茹苦地拉扯大了 6 个儿女，父母老了 6 个儿女却谁也不赡养，这使老人的心就像掉进冰窟窿一样凉，只好把 6 个儿女一同告上法庭。

跌份子 diē fèn zi 降低身份，丢面子。

【例句】今天请客钱带得不够，真够跌份子了！

叠巴 dié ba 拿把儿，矜持。

【例句】请你你都不来，怎么，还迭巴起来了？

迭个儿 dié gèr　翻个儿，犯寻思。

【例句】发现贵重的首饰盒不见，她心里一迭个儿，心提到了嗓子眼儿！

迭劲儿 dié jìnr　心里别扭，窝火。

【例句】累了一天，回到家一看，冰锅冷灶，他心里真迭劲儿。

丁 dīng　又可恨又可爱的人。诙谐性用语，含有嗔意。

【例句】你这个恨人丁，你怎么就不明白呢？

丁对 dīng dui　①能干，胜任。②对质。

【例句】①就他那两下子，当个力工都丁对不了，别说干技术活了！②这事儿最好我们俩当面丁对。

叮当五二 dīng dāng wǔ èr　形容说话或办事儿又快又利索的样子。

【例句】手脚真利索，叮当五二，说话间就把晚饭做完了！

叮问 dīng wèn　追问。

【例句】听完以后，我又叮问了几句，终于把事情的原委弄了个一清二楚！

叮把儿 dīng bàr　不间断、不停顿地。

【例句】"二人转"演员小沈阳未成名前，曾叮把儿在赵本山家打零工。

叮架儿 dīng jiàr　不停地，连续地。

【例句】不明白拉倒，别叮架儿老问，烦不烦哪！又如刘大脑袋叮架到谢大脚超市，我看他就没安什么好心。

叮当响 dīng dāng xiǎng 形容家境贫寒，一贫如洗，只有锅碗瓢盆空空如也发出响声。

【例句】以前那日子，家家穷的叮当响，要啥没啥！

叮当三响 dīng dāng sān xiǎng 同"叮当响"。

【例句】今天这日子你还不满足，叮当三响的日子你没过啊？

叮当乱响 dīng dāng làn xiǎng "乱"读 làn。多说"穷得叮当乱响"。同"叮当响"。

【例句】生产队那旮，日子过得叮当乱响，家家都是"涨肚户"（欠债户）。

叮当儿的 dīng dāngr de 同"叮当响"。

【例句】要说下乡当知青那旮，知青生活穷的叮当儿的，那日子可真难熬！

钉帮铁牢 dīng bāng tiě láo ①形容特别牢固、结实。②证据充分，不容置疑。

【例句】①你交待给我的事儿，我记得钉帮铁牢，忘不了！②这个案子钉帮铁牢，肯定没问题！

顶对 dīng dui "顶"字读 dīng，下同。"顶"字发发重音。顶个儿，拿得起。

【例句】他的嘴儿和活儿都顶对，样样拿得起放得下！

顶楞 dīng lèng 能干，能承担重任。

【例句】一看你这个人就顶楞，这活儿就交给你完成吧！

顶戗 dīng qiàng 能起作用。

【例句】榜样的力量是无穷的，实干比空唱口号顶戗多了！

顶硬 dǐng yìng 能承担重任，能解决难题。

【例句】你要真是不顶硬，就换别人去！

顶壳儿 dǐng kér ①顶用。②质量好，有保证。

【例句】①一群人没一个顶壳儿的，还能不败？②要说电冰箱，还是海尔牌顶壳儿！

顶个儿 dǐng gèr 能够承担责任，一个人能顶一个人。

【例句】孩子长大了，办事儿顶个儿了，我们也就放心了！

顶巴 dǐng ba "巴"字发短促轻音。坚持。

【例句】快来帮帮我，我快顶巴不住了！

顶巴不住 dǐng ba bú zh 坚持不住。

【例句】整天这么干，我这小体格也顶巴不住啊！

顶 dǐng　"顶"读dǐng，下同。①吃饱食不消化而厌食。②首推，顶数。

【例句】①这孩子吃得太急，吃顶住了。②全班顶数你的学习成绩最好。又如顶数海尔牌电冰箱质量最好！

顶 dǐng mēnr "哞"读mēn并突出"儿"音。　①婴幼儿学顶牛的一种动作。②对立。③动词撞、碰。

【例句】①来，孙子，咱俩顶哞儿玩！②这孩子脾气倔，最近和我顶哞了！③为争取交配权，两只雄鹿顶哞儿顶个没完。

顶牛 dǐng niú 原意为公牛之间顶架　引申为①相互冲突而争执不下。②比喻所处理的多个事物相互发生冲突。③个人的想法或利益与公众事务或利益发生冲突。

【例句】①究竟是否参加北京奥运会志愿者，由于临近高考，几个同学商量商量顶牛了，最后不欢而散。②又要迎接 4A 级风景区国检，又要接待全国精神文明建设现场会，还要召开换届选举会议，时间有些顶牛，实在安排不开。③电视连续剧《不是钱的事》中，民间艺术团二队面临体制改革解体，调音师陈老抠修理调音台的费用报销不了，队长尤任友与陈老抠发生顶牛，两人矛盾不断。

顶数 dǐng shǔ 首推。

【例句】舞蹈团里跳舞顶数你跳得最好，舞跳得最有范儿！

顶药 dǐng yào 不能从根本上治病而是临时解决眼前病痛的药即治标不治本的药。

【例句】光吃顶药不行，还得到医院查一查到底是什么病才行啊！

顶天儿 dǐng tiānr 最多，最高，最大限度，最大程度。

【例句】我估计，这次高考成绩不理想，顶天儿考 350 分！又如顶天儿把我开除了，还能咋地！

顶损 dǐng sǔn 至少，最少，最低限度，最低程度。

【例句】今年大丰收，苞米亩产顶损也得超千斤！又如这车生猪赶上价格好，顶损也能挣五千块！

顶头儿碰 dǐng tóur pèng 对面相遇。

【例句】电视剧《乡村爱情》中，谢大脚为赵玉田去说媒，与刘能闹个顶头儿碰，两人不欢而散。

顶真 dǐng zhēn 认真。

【例句】这事也不是什么原则事，你也不必太顶真！

顶缸 dǐng gāng 比喻代人受过，替人承担责任。

【例句】又不是我干的，凭什么拿我顶缸？

顶大梁 dǐng dà liáng 挑大梁，担当重任。

【例句】他一家人老的老病的病，就靠他一人顶大梁！

顶梁柱 dǐng liáng zhù 起非常重要作用的人或事物。

【例句】你二叔就是咱们老刘家的顶梁柱，你们可千万别辜负了他的一片苦心那！

顶门户 dǐng mén hù ①独立支撑一个家庭。②在某一个单位部门起主要作用的人。

【例句】①你也老大不小的了，该自己顶门户自己单过了。②全指您老人家顶门户呢，可不能提前退休啊！

顶门雪 dǐng mén xuě 在人起床前即清晨下的大雪。

【例句】昨晚下了一场顶门大雪，把门都封住了！

顶烟儿上 dǐng yānr shàng 遇事对着干，行为与法律规定相反，明知不行而行之，逆流而上。

【例句】如今是"严打"期间，你顶烟儿上肯定被判重刑！

顶风上 dǐng fēng shàng 同"顶烟儿上"。

【例句】现在形势这么紧，你还敢顶风上？

顶门儿 dǐng ménr 一个人支撑一个家庭独立过日子。

【例句】孩子终于长大了，可以顶门儿过日子了。

顶嗓子眼儿 dǐng sǎng zi yǎnr 形容吃得非常多，吃得非常饱，吃进去的饭菜似乎要从胃里溢出来。

【例句】你都吃得顶嗓子眼儿了，怎么还不撂筷儿？

顶风抽臭出二里地 dǐng fēng chòu chū èr lǐ dì　还有"顶风臭出四十里""顶风臭出几里地"等说法，都是一个意思，即形容名声很不好，名声非常坏。

【例句】那人顶风臭出二里地，你怎么和他交朋友？

顶在头上怕掉了，含在嘴里怕化了 dǐng zài tóu sheng pà diài la ,hán zài zuǐ li pà huà la　俗语,形容非常娇惯、娇纵孩子。

【例句】老曹家生了个小子，一家人真是顶在头上怕掉了，含在嘴里怕化了，娇惯得不得了！

定 dìng　①凝固。②眼球不动即死亡的征兆。③结。

【例句】①炒菜粉面子加多了，菜都有点定坨了。②这人完了，眼球都定了！③伤快好了，伤口都定嘎渣了！

定规 dìng gūi　①指定，肯定。②预定。

【例句】①这场球定规是韩国队赢，中国队铁输没赢！②这批苞米优良种子早就定规出去了，没有了！

定性 dìng xìng　性格变得成熟、稳重。反之是"不定性"。

【例句】你都这么大的人了，这么不定性呢？

定砣 dìng tuó　①主事人做出最后决定，拍板，不再变化。②凝固。

【例句】①我们商量半天，就请你定砣了！又如这事儿非得大老板定砣不可，别人可没这个权利！②面条得趁热赶快吃，一定砣就不好吃了。

定弦儿　dìng xiínr　打定主意。

【例句】我现在还没考虑好，等我定弦儿后再告诉你。

腚磴儿　dìng dūnr　屁股着地摔倒。

【例句】脚下一滑，摔了个大腚磴儿！

丢　diū　①羞，用手刮脸的动作。②羞耻，丢人。

【例句】①丢，丢！你这个没脸没皮的小屁孩！②这么大的孩子还和小妹妹抢吃的，你丢不丢啊！

丢荡　diū dɑng　"丢"字发重音。"荡"读 dang 并发短促轻音。悠荡，摇晃。

【例句】走起路来，两个耳环直丢荡！

丢荡的　diū dāng de　"丢荡"两字均拉长音。同"丢荡"。

【例句】一宿（xiǔ）没睡觉，把我困得丢荡儿的。又如你的自行车挂着水桶丢荡儿的，干什么去啊！

丢份子　diū fèn zi　丢脸面，有失身份。

【例句】让我和他说好话，那我不太丢份子啦！

丢派　diū pài　同"丢份子"。

【例句】你一个研究生，没个体面工作，非去当村官，多丢派啊！

丢腾　diū teng　"丢"字发重音。丢脸面，丢人现眼。

【例句】你收敛着点儿，别到处惹祸给我丢腾人！

丢磕碜　diū kē chen　丢脸面，出丑。

【例句】电视连续剧《乡村爱情故事》中小蒙娘说："你干啥呀，打电话呀，别丢磕碜了，拉倒吧！"

丢手艺 diū shǒu yi 不是指技术、技艺，而是因事业或其他不成功而丢脸面、失身份，出乖露丑。

【例句】你要是回答不出来，一个大教授，那不太丢手艺了！

丢东落西 diū dōng là xī "落"读là。形容到处丢东西，非常健忘。

【例句】我总是丢东落西的，记性非常不好。

冬闲 dōng xián 冬季农村农闲时期。

【例句】等冬闲咱们去趟铁岭，看看真正的《刘老根大舞台》！

东邻西舍 dōng lín xī shě 周围邻居，左邻右舍。

【例句】想当年咱们东邻西舍地住着，多亲密啊！又如这事啊，还得同东邻西舍商量一下才好。

东西院儿 dōng xī yuànr 东西邻居，住得很近的邻居。

【例句】原来咱们东西院儿住了好几年，如今都进城了，见一面都难了！

东西屋 dōng xī wū 同住一座房子的东头和西头。

【例句】虽然他们两家东西屋住着，但因为土地纠纷两家好几年都不说话了。

东遮西掩 dōng zhē xī yǎn ①遮遮掩掩。②找借口搪塞。

【例句】①你就别东遮西掩的了，就你那点儿破事儿以为谁不知道咋地？②听说要到县政府上访，赵四遮遮掩掩，到底悄悄溜了。

东扯葫芦西扯瓢 dōng chě hú lu xī chě piáo 说话内容毫无边际，东拉西扯不入正题，"王顾左右而言他"。讽刺性用语。

【例句】这么半天东扯葫芦西扯瓢的，也没说出个子午卯酉来！

东一榔头西一棒子 dōng yī láng tou xī yī bàng zi 也说"东一耙子西一笤帚"。比喻说话没有中心思想，东一句西一句，想到哪儿说到哪儿，想说什么就说什么。

【例句】你到底想说什么？东一榔头西一棒子的，也听不出个子午卯酉！

东一耙子西一扫帚 dōng yī pá zi xī yī sào zhou 同"东一榔头西一棒子"。

【例句】说了半天，东一耙子西一扫帚的，反正我没听懂。

东家长李家短 dōng jiā cháng lǐ jiā duǎn 也说"东家长西家短"。形容爱传闲话，爱议论人，爱扯老婆舌。含有贬义。

【例句】一个大老爷们儿，东家长李家短地到处乱说，嫌不嫌磕碜啊？

懂嘎儿 dǒng gár 懂行，内行。

【例句】要说拉丁舞，全校也就数你最懂嘎儿啦！又如这事儿你也不懂嘎儿，就别瞎惨乎了！

懂行 dǒng háng 同"懂嘎儿"。

【例句】一听你就懂行，说的都是行话！

懂门儿 dǒng ménr 同"懂嘎儿"。

【例句】看来你对修理汽车很懂门儿，你来修修试试！

懂个六 dǒng ge liù 讥讽对方什么也不懂。骂人语，讽刺性用语。

【例句】你懂个六啊，别诸葛亮的大裤衩子——愣装明嗰儿了！

动蹭 dòng ceng　"动"字发重音，"蹭"字发短促轻音。动手，行动。

【例句】别人的任务都完成了，你怎么到现在也没动蹭？

动撼儿 dòng hanr　"动"字发重音，"撼儿"字突出"儿"音并发轻音。动弹。

【例句】我给你包扎一下伤口，你别动撼儿！

动坑儿 dòng kēngr　挪动地方。

【例句】你违章在路边卖货，说你你怎么一直不动坑儿？

动窝 dòng wō　离开原地。

【例句】都几点了，你怎么还没动窝？

动真章 dòng zhēn zhāng　动真的，来真的，实实在在的，没有虚假。

【例句】平时说的比唱的还好听，一动真章就露陷了！

动真格的 dòng zhēn gé de　同"动真章"。

【例句】说好了向地震灾区每人捐助 500 元，到拿钱动真格的许多人都变卦了。

动嘴儿 dòng zuǐr　（只说话而不动手去做事或指手画脚而不实际操作。）

【例句】这事儿不劳您老人家亲自动手，动动嘴儿我们干就行了！又如别光动嘴，不服你来试试！

动武把操 dòng wǔ bǎ cāo　"武把操"即一般的拳脚功夫。这里主要指打架，动手打人。

【例句】有话好好说，别动不动就动武把操！

冻腥味儿 dòng xīng weir　蔬菜、水果等受冻后发出的异常味道。

【例句】好好的苹果怎么有股冻腥味儿？

斗斗飞 dōu dōu fēi "斗"读 dōu　婴儿两手击掌、一击一开的一种动作，边说"斗斗飞"边做动作。

【例句】来，跟奶奶做一个斗斗飞！

兜 dōu　①全面汇总或汇报各方面的情况。②向中间聚拢。

【例句】①趁班子成员都在，咱们把扶贫情况兜一下！②武警配合警察把大山兜了一个大网，一步步缩小包围圈。

兜底儿 dōu dǐr　承担最后的责任。

【例句】你俩就放手干吧，亏损了由我兜底儿！

兜老底儿 dōu lǎo dǐr　也说"揭老底儿"。把隐私、隐秘的不可见人的事儿给揭露出来。

【例句】看在老乡的面子上，我就不兜你的老底儿了！又如你要是还不老实说实话，我把你那点儿老底儿全都兜出来！

兜圈子 dōu quān zi　有话拐弯抹角不直接说而有意绕圈儿说。

【例句】有话就说，有屁就放，兜这么大圈子干什么？

抖 dǒu　①阔气，神气。②美起来，美好。③精神振奋，兴高采烈。

【例句】①你要攀个大款儿亲家，那可抖起来了。②你要发个大财，那可抖了！③小宝一下子中了 30 万元大奖，这下子可抖起来了！

抖起来 dǒu qǐ lái 同"抖"③

【例句】说你胖，你还抖起来了！又如去了一趟台湾旅游，你还抖起来了。

抖上天了 dǒu shàng tiān la 自我感觉良好而兴高采烈，精神振奋。

【例句】去了一趟中央电视台《星光大道》演出，都把他抖上天了！

抖落 dǒu lou "落"读 lou 并发轻音。一般重复使用。①用力抖动衣服或其他使附着物落下来。②仔细检查。③ 揭露、全部说出来。④挣脱。⑤铺张浪费。

【例句】①快把羽绒服上的雪抖落抖落！②如今社会不正之风严重，抖落抖落谁还没有灰？③你要是不跟我说实话，看我不把你那点儿破事儿都给你抖落出来！④这事儿我是抖落不掉了！又如我和她的关系就是跳到黄河也抖落不清了！⑤老伴儿这一病，把我这么多年的老本儿都抖落光了！

抖搂 dǒu lou 同"抖落"①③。

【例句】①抖搂抖搂大衣上的雪。②小心我把你那点儿破事给你抖搂出来。

抖擞 dǒu sou "抖"字发重音，"擞"字发短促轻音。外界猛然刺激而吓一跳。

【例句】你这么一喊，吓得我一抖擞！

抖神儿 dǒu shénr ①抖擞精神。②显摆神气。

【例句】①他抖抖神儿，拽了拽衣服，快步走向会场。②老农民骑个摩托车去种庄稼，你抖什么神儿！

抖落利索 dǒu lou lì shuo 清理干净，彻底解决。

【例句】我这点儿事儿这么也抖落不利索，跳进黄河也洗不清了！

斗大字不识一筐 dǒu dà zì bù shí yī kuāng "斗"读dǒu。也说"斗大字不识两口袋""斗大字不识一升"。形容人文化程度极低，不认识几个字。诙谐性、讽刺性用语，含有贬义。

【例句】斗大字不识一筐，还想到博鳌论坛演讲，做梦去吧！

逗 dòu ①开玩笑。②哄骗，捉弄，欺骗。③通过巧妙手段获得。

【例句】①你可别（bèi）逗了，快说正事吧！②你这么精明的人还逗不过他？③等我有钱了，我也给我媳妇逗条金项链！

逗咳嗽 dòu ké sou 开玩笑，没话找话说，故意引人发笑。

【例句】说点正经话，别总逗咳嗽！

逗壳子 dòu ké zi 同"逗咳嗽"。

【例句】大哥，可别（bèi）逗壳子了，我一个庄稼趴子还能当大官？

逗闷子 dòu mèn zi 开玩笑，找乐趣，解闷取乐。

【例句】你这人可真能逗闷子，说起话来一套一套的！

逗壳子 dòu ké zi 互相言语相逗。

【例句】这两口子闲来没事儿，净逗壳子找乐玩儿！

逗势 dòu shi 也说"逗嗖"。"逗"字发重音。①逗弄，开玩笑。②挑逗。

【例句】①我这不是逗势着玩儿吗，你那么认真干什么？②你和他媳妇瞎逗势什么，那他还不跟你急眼哪！

逗稀了 dòu xī la 形容被欺骗得很严重。

【例句】传销那伙儿人可把我逗稀了，好几万块钱都喂了狼了！

逗哈哈儿 dòu hā har 善意的开玩笑。

【例句】你可别光逗哈哈儿，快说正事儿吧！

逗嘴儿 dòu zuǐr ①亲嘴。②用语言相互逗趣儿。

【例句】①大点儿口喝（酒），别象逗嘴儿似的半天抿一口！②行了，别逗嘴儿了，该忙什么忙什么吧！

逗点儿 dòu dianr "逗"字发重音，"点儿"发轻音并突出"儿"音。不是普通话标点符号中的"逗点"，而是向对方索取、索要之意。

【例句】你有那么多好吃的，给咱逗点儿呗！又如小明上学带来好多画片儿，你不去逗点儿？

逗贺儿 dòu hèr 不花任何代价，白白捞取好处或便宜。

【例句】人家开商品交易会，他总想借机会逗贺儿。

逗乐子 dòu lè zi 开玩笑，没事儿找乐趣。

【例句】我这不是逗乐子吗，你何必认真呢！

逗老高丽 dòu lǎo gāo li 糊弄外行人或外地人。

【例句】你也别（bèi）逗老高丽，谁还不知道水立方是体育场馆？

逗老毛子 dòu lǎo máo zi 同“逗老高丽”。

【例句】你这是逗老毛子呢，以为我什么都不懂呢。

逗逗嗖嗖 dòu dou sōu sōu 形容人行为举止轻浮，喜欢随便嬉笑打闹。

【例句】他这个人整天逗逗嗖嗖的，没一点儿正行！

嘟嘟 dū du ①小声唠叨。②下垂。③噘嘴。④象声词，成串的声音。

【例句】①你嘟嘟个啥？ 有意见就说！②腮帮子嘟嘟着，不知嘴里含的什么？③你嘟嘟个嘴有啥不满意的？④哨子“嘟嘟”一响，比赛立即开始！

嘟噜 dū lu ①量词，成串、成堆、成群的物品。②动词，阴沉的脸、紧绷着的脸。③外国人说话或少数民族说话舌头打嘟噜发出颤音。

【例句】①今天炖明太鱼，快把门口挂的那嘟噜红辣椒拿来！②孩子嘟噜个脸小声地说：妈，考试没及格！③这俄语嘟噜嘟噜的，怎么也听不懂。

嘟嘟癞癞 dū dū lāi lāi “癞”读lāi。形容物体或人的肌肤表面不光滑、不平整。

【例句】老四起了一身蛇盘疮（带状疱疹），嘟嘟癞癞的挺难看。

犊子 dú zi “犊子”在东北方言中用途很广，如王八犊子、瘪犊子、完犊子等，大多数是骂人语。单使用"犊子"的本意是：①骂人语"王八"之意。②骂人语"小兔崽子"之意。均为贬低性用语。

【例句】①你可真能装犊子。又如你就是个驴性霸道的犊子玩儿意！②你这个小犊子，是不是欠揍了！

独　dú　形容人性格孤僻，不爱交结人，不合群。

【例句】那人挺独的，谁跟他都合不来。

独性　dú xing　"性"发短促轻音。同"独"。

【例句】那人太独性，心眼儿也太小。

独生子儿　dú shēng zǐr　"字儿"突出"儿"音。只有一个儿子。

【例句】他家就这么一个独生子儿，怎么能舍得让他去当兵？

独门独户　dú mén dú hù　一户房子只住一户人家，四周没有邻居。

【例句】还是你家好啊，独门独户的，不受污染又肃静！又如我家是独门独户，就在村西，非常好找！

独门独院儿　dú mén dú yuànr　同"独门独户"。

【例句】现在都住楼房了，像我家这样独门独院儿的平房到哪儿找去啊？

独食儿　dú shír　也说"吃独食儿"。"食儿"突出"儿"音。本意是独自进食，引申为全部霸占或自己独占而不容他人染指。

【例句】你扣住奖金不发，你想自己吃独食儿啊？

犊子　dú zi　本意是小牲口，引申为骂人语，多与名词、形容词组成，如王八犊子、瘪犊子等。

【例句】你这个犊子玩意儿，什么时候才能出息啊！

毒　dú　眼光敏锐。

【例句】他的眼睛可真够毒的，人家那点猫腻儿他一眼就看穿了！

毒花暴日　dú huā bào rì　比喻天气酷热。

【例句】这毒花暴日的，你不在家猫着，还干什么去？

赌气囊腮　dǔ qì nāng sāi　很生气的样子表现在脸上即满脸不高兴。

【例句】别一天赌气囊腮的样子，像谁欠你多少钱？

堵心　dǔ xīn　因事儿心里憋屈、憋闷。

【例句】这事儿叫我老堵心了，手机上的短信究竟是谁发的呢！

堵嘴　dǔ zuǐ　借故不让人说出实话或说出真话。

【例句】他给我送礼就为了堵嘴，不让我把他那点儿破事儿给捅出去！

堵被窝儿　dǔ bèi wōr　客人来访，主人尚未起床。

【例句】你这么早就来，纯粹是堵被窝儿来了。

堵窟窿　dǔ kū long　①堵塞漏洞。②偿还债务。

【例句】①你少给我捅篓子，我可不给你堵窟窿。②卖粮的钱先不花，赶紧堵窟窿吧！

肚儿　dùr　圆而突起像肚子的物品。

【例句】这是个大肚儿瓷瓶。又如手指肚儿！

肚子疼怨灶王爷　dù zi téng yuàn zào wáng yé　也说"肚

子疼怨灶乎爷"。不在自己身上找毛病而埋怨客观原因或千方百计找借口。讽刺性用语。

【例句】你就别肚子疼怨灶王爷了，就你那点儿本事也想上春晚？

—嘟噜儿— dū lur 放在形容词后，带有喜爱、亲昵色彩。

【例句】粉嘟噜儿的脸蛋儿、红嘟噜儿的小嘴儿等。

端 duān ①倾巢覆灭。②全部丢失。③用手向上托。④耸肩。

【例句】①小鬼子的炮楼叫八路军给端了。又如赌博窝点叫警察连窝给端了。②刚买的几件高档服装叫小偷给连窝端了。③把好菜好饭都端上来！④他肩膀一端，吓了一跳！

端着 duān zhe 故意装作深沉、不表态。

【例句】你就别端着了，有什么要求你就说吧！

端架子 duān jià zi 故意拿派，拿架子。

【例句】能办你就痛快儿地办，就别再端架子了！

端锅儿 duān guōr 全部抓住即连窝儿端。

【例句】赶快撤，小心被警察给端锅儿了！

端窝儿 duān wōr 同"端锅儿"。

【例句】行了，剩余的我全端锅儿了！

端肩膀 duān jiān bǎng 一种双肩略微上耸的体形。

【例句】我仔细端详了一下，这小伙子什么都好，只是有点端肩膀。

端尿盆儿 duān niào pénr 全句是"老太太端尿盆儿"。

民间打篮球的一种姿势并非正规姿势，两只手捧住篮球从裆处向上投篮。

【例句】他打篮球没什么真本事，就会老太太端尿盆！

端人家的碗，服人家的管 duān rén jiā de wǎn ,fú rén jiā de guǎn 吃人家的喝人家的，就必须听人家的，服从人家的管理，比喻受制于人。诙谐性用语。与"吃人家的嘴短，拿人家的手短"意思略同。

【例句】端人家的碗，服人家的管，我不听人家的行吗？

短　duǎn　①缺少，亏欠。②有把柄或短处攥在别人手中。③缺斤短两。

【例句】①你也不短他什么，怕她干什么？②你短他啥呀，怎么这么躲着他啊？③不对啊，你这明明是短称吗，你怎么不承认？

短揍　duǎn zòu 欠打，欠揍。骂人语。

【例句】错了还嘴硬，就是短揍！

短打　duǎn dǎ 该打，欠打。骂人语。

【例句】三天不打，上房揭瓦，我看你就是短打！

短炼　duǎn liàn 缺乏经验，缺少锻炼，经验和能力不足。讽刺性用语，含有贬义。

【例句】我看你就是油梭子发白——短炼（详见本书《歇后语》，就这点小事儿也解决不了？

短粗胖　duǎn cū pàng 形容人长得既矮又短又胖。

【例句】就你这短粗胖的身材，也想上《星光大道》？做梦去吧！

断 duàn 法院判决。

【例句】经过判决，法院把这间砖房断给了我！

断捻儿 duàn niànr 中断来路或供应不能衔接。

【例句】春天刚到，粮食就断捻儿了！

断溜儿 duàn liùr 同"断捻儿"。

【例句】绿交会上，参观购物的人群不断溜儿地出出进进，人来人往。

断顿 duàn dùn 断炊，没有粮食吃。青黄不接，上顿接不上下顿。

【例句】我们家早就断顿了，不是借粮就是吃野菜充饥。又如困难时期，断顿那是经常事儿。

断条 duàn tiáo 中断，连接不上。

【例句】虽然台柱子走了，但我们的演出不能断条，还得加紧排练，演出千万不能耽误！

断香火儿 duàn xiāng huor 没有儿子，不能传宗接代。

【例句】什么断香火儿，什么年代了，儿女还不都一样！

堆 duī ①形容人因故瘫倒。②形容物品因故坍塌。

【例句】①山洪暴发，一下子把我吓堆了！②雨太大了，后墙都快堆了！

堆歪 duīwai 同"堆"①。

【例句】酒没喝完，两人都堆歪到桌子底下了。

堆帮 duī bāng ①鞋帮摺皱。②菜类老帮脱落。③瘫倒。

【例句】①这双鞋还没穿几天就堆帮了！②雨水太大了，

白菜都堆帮了！③你不用神气，警察来了你就堆帮了！

堆裆 duī dāng　形容人因极度害怕而几乎瘫倒。

【例句】回到家中，开门后看到小偷正在翻东西，可把我吓堆裆了！

堆碎 duī sui　瘫软，踡缩。

【例句】看到汽车出事故把人撞得满地是血，可把我吓堆碎了！

堆堆拉拉 duī duī lā lā　形容到处堆满东西，乱乱糟糟的样子。

【例句】这楼道里堆堆拉拉到处是破烂，物业怎么不管管！

搥 duǐ　①用拳头平伸杵即触动对方。②硬塞给。③训斥或批评对方。④堵外债。

【例句】①他搥了我几下，我才醒过神来。又如黑龙江电视台播出的专栏文艺节目《本山快乐营》中，王云不停地搥刘大脑袋。②他搥给我几百块钱，怒气冲冲地走了。③我实在忍不住，搥了他几句。④外出打工两年多，才把几年的饥荒搥上！

搥搡 duǐ sang　"搡"字发短促轻音。同"搥"①。

【例句】你轻点搥搡吧，实在受不了了！

搥咕 duǐ gu　"咕"字发短促轻音。①用手触动对方。②用语言顶撞对方。

【例句】①搥咕我干啥？有什么话就直说！②我刚说几句话，他就把我搥咕回来了！

搥巴 duǐ ba　"巴"字发短促轻音。同"搥"①。

【例句】你别搋巴我，我明白你是啥意思。

搋搋咕咕 duǐ duǐ gū gū 同"懓"①。语气加重。

【例句】有话你就快说，搋搋咕咕干什么！

对 duì ①比着。②同归于尽。

【例句】①你们俩一个赛一个，就对吹吧！②对车中国象棋术语。

对付 duì fu "对"字发重音。①脾气秉性都很合得来。②敷衍，应付。③将就。

【例句】①电视连续剧《不是钱的事》中，银岭民间艺术团一、二演出队两个队长一直不对付，矛盾不断。②活儿挺累，挣钱也不多，一时也没有什么好工作，先对付着干吧！③电视小品《心病》中范伟饰演的病人说：假如苍天再给我一次机会，再给我对付几年，我一定把感情放在第一位！

对撇子 duì piě zi 对心思，合得来。

【例句】我和他就是对撇子，凡事儿能说到一起。

对卤子 duì lǔ zi ①比喻合心思。②对路，是那么回事。

【例句】①我们俩对卤子，凡事能商量到一起。②"董振堂说的对卤子，"吴俊升接着问："依你说下一步怎么办？"

对劲儿 duì jìnr ①形容人相互信任，关系友好。②非常对。③很正常。常反用即不对劲儿。

【例句】①我们俩挺对劲儿，凡事儿都能商量到一起。②就怎么办，对劲儿！③我怎么觉得哪地方不对劲儿呢，看看再说吧！

对脾气　duì pí qi　脾气相投，相互很合得来。

【例句】我们俩对脾气，在一起好几年了。

对心思　duì xīn si　①心意相合，相互了解。②称心，满意。

【例句】①这么多年，我们俩一直挺对心思。②给你介绍的姑娘怎么样，对不对心思！

对点子　duì diǎn zi　①意见相同，脾气相投。②弄到要害处。

【例句】①派我们俩人去考察，我们俩对点子！②你们俩都会解魔方？真是对点子了！

对庄儿　duìz huāngr　对路子。

【例句】小笨鸡炖榛蘑最对庄儿，是东北一道名菜！

对光儿　duì guāngr　双方或几方直接沟通、交流、协商以核对事实。

【例句】这事儿想瞒也瞒不住，他们一对光儿，什么都明白了！

对过儿　duì guòr　也说"对个儿"。对面。

【例句】我们家就住在三中对过儿！

对环儿　duì huánr　形成一整圈。

【例句】我这白癜风都已经对环儿了，满脖子都是！

对半儿劈　duì bànr pǐ　"劈"读pǐ。对半分，"二一添作五"。

【例句】你出钱，我出场地，挣钱咱俩对半儿劈！

对茬儿　duì chár　严丝合缝，符合，适合。

【例句】你说的可不对茬儿，根本就不是这么回事儿！

对眼儿　duì yǎnr　①对心思，想到一起。②满意，符合自己的心思。

【例句】①有歇后语说：王八瞅绿豆——对眼儿。②第一次相亲，两人就很对眼儿，有说不完的话。

对缝儿 duì fèngr 同"拼（bīn）缝"（详见"拼缝"）。不用资本，通过为买卖双方牵线搭桥从中获取好处费或商品差价的一种现代经济行为。

【例句】这几年在香港对缝，也挣了几个小钱儿。

对付事儿 duì fu shìr ①应付，敷衍，不负责任。②将就，勉强。

【例句】①你给人家打工，别总对付事儿，否则咱对不起人家。②这房子盖得也不咋样，对付事儿吧！

墩 dūn ①秧苗再长几天。②用力使物品平底立在地面。

【例句】①这稻子还得再墩几天！②把柴禾码齐了，墩一墩再捆上！

蹲坑儿 dūn kēngr 暗中守候，定点侦察。

【例句】警察连续3天蹲坑儿守候，终于将犯罪分子擒获。

蹲仓 dūn cāng 熊类在山洞或树洞中冬眠。

【例句】蹲仓的熊不能打，惹急了最凶猛！

蹲风眼儿 dūn fēng yǎnr "风眼儿"即监狱的代用词。被拘留或被判刑入狱。

【例句】这么粗的大树你都敢坎，你不怕蹲风眼儿啊？

蹲阳沟儿 dūn yáng gōur 也写作"蹲洋沟儿"。也说"蹲马路牙子"。沿街摆摊的商贩。

【例句】为补贴家用,老李退休夫妻俩后在县城蹲阳沟儿卖鞋袜。

蹲笆篱子 dūn bā lízi "笆篱子"为俄语"监狱"之意。进监狱，进牢房。

【例句】你整天没个正形，早晚还不得蹲笆篱子啊？

蹲拘留 dūn jū liù 被拘押在拘留所。

【例句】因为汽车肇事，蹲了几天拘留。

蹲市场 dūn shì chǎng 在市场里摆摊儿做买卖。多指小买卖。

【例句】蹲市场好几年了，维持个生活罢了。

蹾 dūn ①重重往下放。②车辆等运输工具过于颠簸。

【例句】①把麻袋再蹾蹾，还能装点！②路况不好，坐汽车骨架子都蹾散了！

蹾达 dūn da 同"蹾"①②。

【例句】①再蹾达蹾达，还能再多装点儿。②路况太差，坐长途汽车蹾达了一道儿！

敦实 dūn shi "实"字发短促轻音。形容人长得矮壮结实，粗壮有力。

【例句】国家男子摔跤队清一色都是敦实小伙儿。

哆嗦 duō suo ①抖动。②形容人被吓得全身抖动。③末尾。

【例句】①电视机出毛病了，图像不停地哆嗦。②面对大火，她吓得浑身哆嗦。③二十六拜都拜了，还怕最后一哆嗦？

多半儿 duō bànr "多读 duō。①大概，可能。②一大半，超过半数。

【例句】①这次旅游，她多半儿不能去，就是怕花钱。②放暑假了，大半儿同学都回家了，只有我们几个人打工挣学费。

多昝 duō zan "多"读 duó，下同。"昝"字发短促轻音。也写作"多咱""多暂"。什么时候。

【例句】托你办的事儿，你看多昝能办成？又如新买的住宅楼多暂才能搬进去？

多前儿 duó qiánr ①疑问代词"什么时间""什么时候"。②很久以前。

【例句】①多前儿发生的事儿，我怎么没听说？　②这件事已经是多前儿的事了，还提它有什么用！

多会儿 duó huir 同"多前儿"①。

【例句】变形金刚多会儿给我买啊？别的同学都有了！

多暂晚儿 duó zǎn wǎnr 什么时候。

【例句】老爹的病多暂晚儿才能好啊？又如这苦日子多暂晚儿才是个头啊？

多老长 duó lǎo cháng 非常长，特别长。

【例句】那一条垄多老长啊，望都望不到边。

多老远 duó lǎo yuǎn 非常远，特别远。

【例句】红军万里长征那得多老远啊，想都不敢想！

多少多 duó shǎo duō ①很多。②很少。

【例句】①多少多是多啊？已经不少了！②这一共才多少多的玩意儿，还架住大家拿啊？

多少是多 duá shǎo shì duō 第一个"多"读 duó，第二个"多"读 duō。多少才能满足。一种劝慰他人知道满足、知足常乐的日常用语。

【例句】多少是多啊，你每月都挣好几千元了，这么还嫌少啊？

多大点儿事儿　duó dà diǎnr shìr　事情不大，很容易办到。一种客气话。

【例句】多大点儿事儿，交给我，放心吧！

躲清静儿　duǒ qīng jìngr　部分地区读作 tuǒ。①躲开或远离是非之地、防止打扰以求清净。②躲避劳动或躲避承担需要承担的责任。

【例句】①大家为是不是向地震灾区组织医疗救护队争得不可开交，你怎么一个人到这里躲清静儿来了？②大家都在抢修被洪水冲毁的电缆线，你怎么在小酒馆里一个人喝酒躲清静儿！

躲滑　duǒ huá　部分地区读 tuǒ huá。想方设法逃避艰苦劳动或工作。一种偷懒的行为。

【例句】你这么老是躲滑啊，一到义务劳动就见不到你！

躲灾　duǒ zāi　躲避灾害或麻烦。诙谐性用语。

【例句】怨不得找不到你，原来到这里夺灾来了。

躲星　duǒ xīng　迷信说法，躲避灾星。

【例句】最近老是不顺，看来得找个地方躲躲灾星了。

躲钉　duǒ dīng　（详见后《专用动词·躲钉》）

躲尿窝　duǒ niào wō　（详见后《专用动词·躲尿窝》）

躲过初一，躲不过十五　duǒ guò chū yī duǒ bú guò shí wǔ　形容无论如何也躲不过去。诙谐性用语。

【例句】躲过初一，躲不过十五，你这躲躲藏藏的日子什么时候才是个完啊？

躲过一榔头，躲不过一楔子 duǒ guò yī láng tou, duǎ bú guò yī xiē zi 同"躲过初一，躲不过十五"。

【例句】躲过一榔头，躲不过一楔子，你不敢见我爹娘，早晚你不得见啊，躲到什么时候才行啊？

跺哒 duò da 腿和脚同时用力向脚底方向用力踏地。

【例句】天太冷了，快跺哒跺哒脚。又如冻得他直跺哒脚。再如腿抽筋儿了？赶紧跺哒跺哒脚！

跺脚 duò jiǎo 本意是脚用力踏地，引申为非常着急的样子。

【例句】看到中国足球队又没出线，急得他直跺脚，又喊又叫。

E

恶 ē 部分地区读 nè。①非常，特别，表示程度的高低大小。②凶恶，凶狠。

【例句】①柳蒿芽恶苦的，好吃吗？酸菜缸恶臭的，该换换水了。②有什么话你就说，恶达拉的干什么？又如用不着这么恶，有什么能耐你就使！

恶道 ē dao "道"字发短促轻音。凶狠，霸道，蛮不讲理。

【例句】赵家三小子总那么恶道，蛮不讲理！

恶达拉的 ē da lā di 形容非常凶狠的样子。

【例句】税收干部也要文明执法，有事儿说事儿，用不着恶达拉的！

恶恶实实 ē e shī shi 狠狠地、结结实实地。

【例句】真把我气坏了，恶恶实实地打了他一顿！

恶斯拉 ē sī lā 形容态度非常恶劣，一副凶狠的样子。

【例句】城管队员也要文明执法，你们这副恶斯拉的样子难道不违法吗？

讹人 é rén 把责任无端推向他人，借机敲诈。

【例句】这事儿和我毫无关系，说我干的纯粹是讹人！

恶央 ě yang "恶"读ě，下同。①非常厌恶。②想吐的感觉。

【例句】①谢广坤可真叫人恶央，见他不烦别人！②看到被车撞得皮开肉绽的受害者，我这心里直恶央。又如我一闻到烂酸菜味儿心里就恶央！

恶心人 ě xīn rén ①令人感到厌恶。②使人感到难堪。③揭人短处。

【例句】① 可恶的汉奸对中国老百姓耀武扬威、对日本鬼子低三下四那副嘴脸，可真够恶心人的。②我又没得罪你，你犯不着这么恶心人！③我又没抱你家孩子下井，你到处埋汰（详见"埋汰"）我，你这不存心恶心人吗？

恶心巴拉 ě xin bā lā 也说"恶拉巴心"。同"恶心人"①。

【例句】你这小嘴儿可真甜，甜得叫人恶心巴拉的。

恶臭 è chòu "恶"读è，下同。①形容人的名声非常不好。②形容非常难闻的气味。

【例句】①谢广坤整日胡搅蛮缠、为非作歹，在象牙山村名声恶臭。②酸菜虽然好吃，但发酵过程中的恶臭味儿也真难闻。

恶苦 è kǔ 形容食品或其他物品的味道非常苦。

【例句】这黄瓜恶苦的，没法吃了！又如这药怎么恶苦恶苦的，可真难吃！

饿皮虱子 è pí shī zi 在皮肤表面吸血叮住不放的虱子。引申为比喻纠缠不休的人。

【例句】你怎么就像个饿皮虱子似的总跟着我？该干嘛干嘛去！

嗯哪 ēn na ①应答声。②表示答应。

【例句】①路上加小心！嗯哪！②嗯哪，我马上就去！

摁下葫芦浮起瓢 èn xià hú lu fú qǐ piáo 形容接二连三的事情此起彼伏地出现，顾此失彼，应接不暇。诙谐性用语。

【例句】全班五十多个孩子，每天捣乱不断，摁下葫芦浮起瓢，忙得我手忙脚乱，真够操心的。

儿马蛋子 ér mǎ dàn zi ①不懂人情世故。②桀骜不驯。骂人语。

【例句】①那小子就是个儿马蛋子，四六不懂！②电视连续剧《樱桃》里刘老板的小舅子简直就是个儿马蛋子，谁的话也不听，整天胡作非为。

儿大不由爷 ér dà bù yóu yé 与"女大不由娘"异曲同工，都是孩子长大后，无论找对象、是否结婚、选择事业等等都不由父母，父母根本不能做主。

【例句】真是儿大不由爷啊，儿子都三十好几了，不找对象，更不结婚，真是急死人了！又如好好一个大学生，非要嫁给一个农民，劝都劝不住，真是女大不由娘啊！

耳雷子 ěr léi zi 耳光。

【例句】再逃学去网吧，看我不搧你几个耳雷子！

耳刮子 ěr guā zi 同"耳雷子"。

【例句】再惹我生气，看我不打你一个大耳刮子！

耳门子 ěr mén zi 外耳，引申为极远的地方。

【例句】那都是十几年前的事了，早都忘到耳门子后边去了！

耳音 ěr yīn ①声音分辨能力。②不同的声音。

【例句】①我耳音能力很强，一点儿跑调我都能听出来！②别老唱流行歌曲，唱段儿"二人转"给大家换换耳音！

耳楞 ěr leng "楞"字发短促轻音。形容事情突然发生而不知所措。

【例句】突然提起当年土地改革的事儿来，事情都过去几十年了，我一时还耳楞了！

耳背 ěr bèi 也说"耳朵背"。耳朵稍微有些聋，但不是耳聋。

【例句】你说话大点儿声，他有点儿耳背！

耳沉 ěr chén 也说"耳朵沉"。因听力不好而反应有些迟钝。

【例句】因为有些耳沉，参军当兵身体没合格。

耳性 ěr xing "性"字发短促轻音。记性。

【例句】不让你去网吧，说你多少遍了你怎么就没有耳性呢？

耳乎 ěr hu "乎"字发短促轻音。忽视，疏忽，马虎大意。

【例句】对不起，这事儿是我耳乎了。又如这次任务非常重要，千万别耳乎了！

耳根子软 ěr gēn zi ruǎn 形容人没有主见，容易轻信别人的话。反之是"耳根子硬"。

【例句】别看他是老领导，但耳根子软，总是相信老婆的话。

耳根子硬 ěr gēn zi yìng 形容人非常有主见，独断专行，不轻信别人的话。

【例句】那小子贼有主意，耳根子特硬，谁的话也不听！

二 èr 形容人不精明、有些傻、鲁莽。常用于骂人语。含有贬义。

【例句】电视小品《买车》中赵本山饰演的大忽悠对范伟饰演的范厨师说：你说你连二三都不分了，你都"二"到啥程度了？

二把刀 èr bǎ dāo 形容人本事不高，业务不精，一知半解。含有贬义。

【例句】他就是个二把刀，没什么真本领！

二百五 èr bǎi wǔ 形容人头脑简单，没有真实本领。含有贬义。

【例句】你可真是个二百五，连什么是 NBA 都不懂！

二虎 èr hǔ ①形容人有些缺心眼儿而呆傻。②行为莽撞。含有贬义。

【例句】①你这人怎么有些二虎呢，凡事儿多动动脑筋好不好？②电视连续剧《乡村爱情》中，谢广坤真够二虎的，到处惹事生非。

二虎巴叽 èr hǔ bā jī 也称"二虎巴登"，都是一个意思，形容人发傻，不精明。讽刺性用语。

【例句】你看他二虎巴叽的样儿，长大也不会有出息！含有贬义。

二虎巴登 èr hǔ bā dēng 同"二虎巴叽"。

【例句】电视连续剧《乡村爱情变奏曲》中小沈阳饰演的王天来二虎巴登的，整天做当大老板的梦，竟被骗走两千多万！

二傻不茶 èr shǎ bú nié 也说"半傻不茶"。形容人一副傻乎乎、精神萎靡不振的样子。

【例句】你别看他二傻不茶的，其实心眼儿多着呢！

二皮脸 èr pí liǎn 形容人没皮没脸，不知羞耻。含有贬义。

【例句】要不是我爷爷总催我去，我才不扯这二皮脸呢！

二乎癞子 èr hu lài zi ①滥竽充数，没有真实本领。②难以确定男女。

【例句】①厂里也难免有些二乎癞子，本事不高，工资可不低。②我以为泰国人妖是不男不女的二乎

癞子，原来她们原本就是男人，是从小就变性培养出来的。

二五眼　èr wǔ yǎn　也称"二五子"。形容什么真本领也没有的人。含有贬义。

【例句】他可真是个二五眼，这么简单的事儿也办不明白！

二五子　èr wǔ zi　同"二五眼"。

【例句】电视连续剧《樱桃》中的张老板小舅子纯粹就是个二五子，整天游游逛逛，惹是生非。

二八楞子　èr bā lèng zi　形容粗鲁、冒失的人。含有贬义。

【例句】电视剧《潜伏》中的翠平其实就是个二八楞子，莽撞又冒失，经常给地下党员余则成添乱子。

二杆子　èr gān zi　不懂道理而又蛮不讲理的人。含有贬义。

【例句】他就是个谁也惹不起的二杆子，没什么道理可讲！

二滑屁　èr huá pì　耍嘴又不干正事的人。骂人语。

【例句】平时没看出来，其实他是个二滑屁，没什么正事儿！

二癞子　èr lài zi　①无赖，小地痞流氓。②游手好闲不务正业的人。含有贬义。

【例句】①电视连续剧《飞虎神鹰》中的赌场小老板原来就是个二癞子，是地下党员燕双鹰将他领上了革命道路。②其实他就是个二癞子，除了混吃混喝没什么本事！

二流大挂　èr liú dà guà　形容人流里流气又不务正业的样子。含有贬义。

【例句】你一天二流大挂的，什么时候是个头哇？

二马悠乎 èr mǎ yōu hū 形容人一副漫不经心的样子。

【例句】他二马悠乎地看了一眼，随手就把报告扔在桌子上。

二马天堂 èr mǎ tiān tang 形容人稀里糊涂的样子。含有贬义。

【例句】就你整天二马天堂的揍相，连找个媳妇都难！

二老面 èr lǎo miàn 人老实，好欺负，也称为"老面兜"。含有贬义。

【例句】我那老头子就是个二老面，一锥子都扎不出血来！

二棉裤 èr mián kù 没见过世面的乡巴佬。含有贬义。

【例句】你穿戴利索点儿，别总被人叫二棉裤！

二大爷 èr dà ye 也说"明公二大爷"。形容蛮不讲理、谁也惹不起的主儿。含有贬义。

【例句】行行行，你是二大爷，你说怎么办就怎么办！

二返脚 èr fǎn jiǎo 也说"二番脚"。①走后又重新返回。②事情重做一遍。

【例句】①事儿办完了他就走了，谁知二返脚又回来了！②他一时没顾上，二返脚才想起来。

二乎 èr hu "二"字发重音，"乎"字发短促轻音。①疏忽。②犹疑不决。③糊涂。

【例句】①这件事都怨我，我还真二乎了！②该去赶快去，还二乎个啥？③我看他也够二乎的了，叫人耍了还不知道呢！

二话 èr huà 不同意见。多使用否定式即"没二话"。

【例句】只要是你决定的事儿，我坚决执行，绝无二话！

二话不说 èr huà bù shuō 完全同意，不表示任何不同意见。

【例句】派两个女侦查员远到广东查案，她俩二话不说，立即出发了。

二八月庄稼人 èr bā yuè zhuāng jiā rén 名义是农民却既不懂农业生产也不从事农业生产，根本不是正经的庄稼人。讽刺性用语。

【例句】二柱子长年不干庄稼活儿，也不懂庄稼事儿，其实就是个二八月庄稼人！

二八裉子 èr bā kèn zi ①关键处，关键时。②缺少管理的城乡结合部。③技艺不高、知识一知半解。

【例句】①我这次工资长也行，不长也有道理，正好在二八裉子上！②咱们住的这二八裉子，脏乱差占全了，也没人管一管。③指望他可不行，哪个二八裉子能有什么出息！

二上 èr shang 也说"搁二上"。中途，半路上。

【例句】事儿还没办完，你怎么二上就走了？

二场 èr chǎng 暗中。

【例句】犯罪分子不戴手铐，二场他跑了怎么办？

二等车 èr děng chē 自行车带人。讽刺性用语。

【例句】你们先走，我坐二等车随后就去！

二郎腿 èr láng tuǐ 一条腿叠压在另一条腿的坐姿。

【例句】你翘着个二郎腿，显什么派头？

二尾子 èr yǐ zi "尾"读 yǐ。阴阳人，两性人。

【例句】泰国人妖是男是女说不准，其实都是二尾子！

二意思思 èr yi sī si 也说"二意忽忽"。迟疑，犹豫，一时拿不定主意。

【例句】到底去不去到俄罗斯去做生意，到现在我还二意思思地拿不定主意。

二八扣 èr bā kòu 形容人说话、办事水分太大，毫无真实性，毫无信誉可言，连二八折都扣不住。诙谐性用语。

【例句】你说话舞舞玄玄，没边没沿，二八扣都扣不住，谁还信哪！

二茬子 èr chá zi 本意为第二茬庄稼，引申为重新成长崛起的新的一代人。

【例句】现代的二茬子学历高，知识丰富，比我们老一代可强多了，真可谓"长江后浪推前浪"，只是社会经验欠缺罢了。

二串子 èr chuàn zi 两个以上不同血统杂交的后代，指人也指动物。

【例句】现在市场上出售的野猪肉其实都是二串子，真正的野猪肉根本吃不到。

二半夜 èr bàn yè 夜班更深，主要指晚上9点至11点之间。

【例句】你每天都二半夜才回来，到底杆什么去了？

二八潮子 èr bā cháo zi 傻子的戏称。含有贬义。

【例句】你这个二八潮子，把你卖了你还帮助数钱呢！

二八扔 èr bā lēng "扔"读 lēng。痴呆、缺心眼的人。含有贬义。

【例句】你就是个二八扔的货，怎么就跟你说不明白呢！

二八愣登 èr bā lēng dēng 形容人傻里傻气的样子。含有贬义。

【例句】这小子儿巴愣登，净办傻事儿！

二拉呼哧 èr la hū chī 同"二八愣登"。

【例句】那人二拉呼哧的，谁能得意他！

二五不精 èr wǔ bù jīng 形容人一副缺心眼的样子。

【例句】瞧你二五不精的样子，整天都想什么呢？

F

发 fā ①成批买卖。②化脓。③送去劳改。

【例句】①到山东寿光去发几车蔬菜。②脚上的伤口今天有些熬发了。③这小子犯事叫公安局给发了。

发怵 fā chù 害怕，怯懦。

【例句】不知怎的，见了他我就发怵！

发贱 fā jiàn 也说"发洋贱"。①作妖态，撒娇。②谄媚，讨好。均含有贬义。

【例句】①你可真能发贱，也不知道什么叫羞耻！②就知道在领导面前发贱，你可真能做得出来！

发洋贱 fā yáng jiàn 不惜贬低自己的人格而讨好、谄媚别人。含有贬义。

【例句】电视娱乐节目《本山快乐营》中王云台词：王大拿就喜欢谢大脚，不让你给介绍别人，你（指刘大脑袋）非给介绍，你这不是发洋贱吗？

发烧 fā shāo 显示身份或地位，显示自己的财富。讽刺性用语

【例句】有两个钱就不够你发烧的了，其实你那俩钱才哪到哪呀！

发贼 fā zéi ①眼神露出狡诈状。②举止神秘。

【例句】①这人两眼直发贼，肯定不是什么好人！②这人有点发贼，你可提防着点儿！

发怞 fā zhòu 心眼或腿脚不灵活。

【例句】我这腿有点发怞！又如那人脑筋发怞，不适于做买卖！

发苶 fā nié 精神不振作，不集中，显得有些呆傻、心神不定。

【例句】你在那儿发什么苶呢？人都走光了！

发奓 fā zhà 形容因害怕或吃惊使头发直立起来的样子。

【例句】听老人讲起村东头闹鬼的事儿，听得我头皮直发奓！

发轴 fā zhóu 形容人反应迟钝，不机敏、不灵活。

【例句】你这人怎么这么发轴呢，几次喊你你都不动弹！

发毛 fā máo 心中暗自害怕，心惊胆战。

【例句】看到阴森森的坟圈子我这心里就发毛。

发愣 fā lèng 发呆，精神不集中。

【例句】你想什么呢，发什么愣呢？

发懵 fā mēng 糊涂，弄不明白。

【例句】一到法庭，见到那么多的法官，我一下子就发懵了。

发毛殃 fā máo yāng 形容人发脾气。

【例句】一看媳妇发毛殃了，刘一水赶紧打住话头。

发神经 fā shén jīng 形容人神经过敏，易于冲动，有不正常的表现。讽刺性用语，含有贬义。

【例句】叫你做饭，你动也不动，你在那发什么神经呢？

发麻 fā má ①身体某部因血流不畅等原因而麻木。②反应迟钝或惊恐不安。

【例句】①我这左腿有些发麻，是不是要得脑血栓？②公安机关打击传销活动，我这心里真有些发麻！

发飘 fā piāo ①形容物体份量过轻。②形容人作风不扎实。

【例句】①这车粮食有些发飘，看来粮食是不成啊！②这个人工作发飘，可不能担重担。

发死 fā sǐ 形容人头脑不灵活，办事儿死板不善变通。

【例句】你这个人怎么这么发死呢，人家话都点明了，稍微送点儿礼事儿不就办成了？

发送 fá song "发"读 fá。"送"发短促轻音。为死去的老人办理丧事的过程。

【例句】两个老人都是我发送的，还要我怎么样啊？

发汗 fā hàn 使用某种办法使身体出汗达到治病目的。

【例句】小小感冒没什么，喝点姜糖水发发汗就好了。

发昏当不了死 fā hūn dàng bù liǎo sǐ 发昏的最后结果不过一死。"当不了"即至多不过、最后结果之意。比喻在无可奈何的情况下，硬着头皮也要应酬、应付某种局面。诙谐性用语。

【例句】俗话说，发昏当不了死，总躲也不是办法，还是自首去吧！

乏 fá ①无能的表现。②过力或过劲儿。③因过于俗气而使眼睛疲劳。④劳累。

【例句】①你可真够乏的，她那么骂你你都没反应。②这锯已经用乏了，得伐一伐了！又如花已经乏了，刚开花的时候漂亮着呢！③这些节目早都演乏了，没有新鲜劲儿！④我这身子太乏了，赶紧睡一觉解解乏！

乏货 fá huò 笨蛋，没能力、不中用的人。骂人语。

【例句】你可真是个乏货，这么简单的事儿也办不明白！

乏蛋 fá dàn 同"乏货"。

【例句】你真是个乏蛋一个，这么简单地事儿也不明白！

发送 fá song "发"字读 fá 并发重音，"送"发短促轻音。对死者进行安葬并处理善后事情。

【例句】您老放心，百年之后，我保证好好发送您！

翻 fān ①搜查。②毁改。③器物的边儿或人的伤口外翻。④仿制，仿造。⑤翻脸。⑥翻译。⑦羊毛疔的俗称。

【例句】①警察把他家彻底翻了一遍，也没找到赃物。②我这件衣服就是原来那件大衣翻改的。③伤得挺重，肉都翻起来了。④不用买新的，照样翻一个就行了！⑤俩人因话不投机，几句话就翻了。⑥他的话我听不懂，你给我翻翻。⑦不好了，他起翻了，快找人给挑挑！

翻白儿 fān báir 指鱼死后浮在水面上。

【例句】水的污染太严重了，那一塘鱼都中毒翻白了！

翻白眼儿 fān bái yǎnr ①人之将死的一种状态。②用斜眼睛、白眼仁看人，一种蔑视、轻视的表情。

【例句】①看到老爹已经翻白眼儿了，知道恐怕不行了！②他正说到高兴处，看到媳妇直翻白眼儿，只好打住话头。

翻嗤 fān chi 也说"翻翻"。"翻"字发重音。同"翻"③。

【例句】这一刀砍得不轻，肉都翻嗤着！

翻睖 fān leng "翻"字发重音，"睖"字发短促轻音。用白眼仁儿迅速看人即很不满意的一种表示。

【例句】我向科长汇报截留资金的事儿，会计一直用白眼翻睖我。又如我和他没说完，他翻楞我一眼，

扭头就走了！

翻登 fān deng "登"字发短促轻音。寻找，为了找到想找的物品而翻动。

【例句】我这里肯定没有，别在我这儿翻登了！

翻浆 fān jiāng 也说"返浆"。春季解冻后公路或低洼地带泥浆泛起，可以陷车或其他机械。

【例句】公路翻浆了，过不去了，绕道吧！

翻把儿 fān bǎr 比喻失势者重新掌握权力。

【例句】近几年，被撤职的领导干部翻把儿的事情屡见不鲜。

翻盖子 fān gài zi 突然翻脸。

【例句】好说好商量的事儿，怎么说翻盖子就翻盖子呢

翻小肠儿 fān xiǎo chángr 述说过去给人的好处或财物。讽刺性用语。

【例句】我就这么一说，你就这么一听，并不想和你翻小肠儿。又如你这么大的一个人，怎么还翻小肠呢？

翻花 fān huā 水开后从下向上翻滚。

【例句】水都翻花了，快下饺子！

翻烧儿 fān shāor 捞回成本。

【例句】赔了一冬天，开春才翻烧儿，倒了几车大蒜才把本儿捞回来！

翻盘子 fān pán zi ①改变原来的决定或许诺、承诺。②比喻工作中途受挫或失败。③争吵、闹翻。

【例句】①答应好好的，不知为什么突然又翻盘子了。②这事儿弄不好就要翻盘子。③两人不知为什么突然反盘子了。

翻烧饼 fān shāo bǐng　就像烙烧饼一样翻来覆去（睡不着觉）。

【例句】你翻烧饼呢，翻过来翻过去的折腾什么呢？

翻脸猴子 fān liǎn hóu zi　像喜怒无常的猴子一样突然翻脸生气。诙谐性用语，含有贬义。

【例句】你怎么就像个翻脸猴子一样，说生气就生气呢？

翻蹄撂掌 fān tí liào zhǎng　也说"翻蹄亮掌"。形容高兴得手舞足蹈、举止失态的样子。骂人语，讽刺性用语。

【例句】听说刘能竞选村长落选了，谢广坤高兴得翻蹄撂掌的！

翻账坐坡 fāng zhàng zuò pō　形容人突然反悔、变卦。

【例句】听说拆迁费提高了，他立即翻账坐坡不同意原来的协议了！

翻肠倒肚 fān cháng dǎo dù　①胃中难受，有呕吐的感觉。②冥思苦想。

【例句】①我吃了什么了，这胃里翻肠倒肚的。②他翻肠倒肚地想了一宿（xiǔ），也没想出什么办法。

翻跟头打把式 fān gēn tou dǎ bǎ shì　形容人因故睡不着觉而翻来覆去。诙谐性用语。

【例句】你干什么呢，翻跟头打把式的，睡不着就坐起来走走！

凡人不接语儿 fan ren bu jie yur　自诩清高，不与一般人说话。讽刺性用语。

【例句】跟你说话呢，怎么凡人不接语儿的，你以为你是什么了不起的大人物呢！

烦乎 fán hu　"烦"字发重音。讨厌，厌烦。

【例句】他为什么这么烦乎你？你好好想想吧！

烦弃 fán qi　"弃"字发短促轻音。厌烦，厌恶。

【例句】见你不烦弃别人，离我远点儿！

烦人巴拉 fán rén bā lā①十分令人讨厌。②非常令人心烦。

【例句】①那人整天烦人巴拉的，招惹他干什么？②这事儿什么时候想起来都叫人烦人巴拉的，还提它干什么？

返磨儿 fǎn mòr　①变心眼儿。②醒过腔来。多用反义词。

【例句】①当面一套儿，背后就返磨儿！②道理讲了多少遍，就是返不过磨来儿！

返浆 fǎn jiāng　同"翻浆"。

【例句】这条路每到春天就返浆，真该好好修一修了。

返烧 fǎn shāo　①清醒。②好转。

【例句】①北京奥运会开过之后我才反烧，为什么不趁机会去北京看看新建的鸟巢等体育场馆？②过去他家的日子过得很穷，这几年靠党的政策才返烧了。

返乏 fǎn fá　①恢复体力。②缓过劲来。

【例句】①累得我精疲力尽，睡了一大觉也没返过乏来！②农业政策好，这几年农村渐渐返过乏来。

返嘴 fǎn zuǐ　改口，说了不算。

【例句】原来说得好好的，怎么这么快就返嘴了？

返球 fǎn qiu "返"字发重音，"球"字发短促轻音。不停地、翻来覆去地述说、絮叨以前的事儿。

【例句】你不停地返球几十年前的事儿，还有什么用啊？又如都是过去的事儿了，还返球它干什么？

反盆 fǎn pén 事情颠倒，反了个。

【例句】①这首歌唱反盆了，都串了词儿了！②这事儿闹返盆子了，别人的事儿怎么按到我的头上了？

反边 fǎn biān 不服管教、管束，任意胡为。

【例句】小小年纪，连村长的话也不听了，你还反边了呢！

反边子嘴 fǎn biān zi zuǐ 形容能说会道，说话里外都是理的人。

【例句】你是反边子嘴，我可说不过你！。

反桄子 fǎn guàng zi 已经决定的事儿突然反悔，变卦。

【例句】咱们说得好好的，关键时候你怎么又反桄子了？

反卦 fǎn guà 同"反桄子"。

【例句】咱们可说定了，谁要反卦谁就是娘们儿揍的！

反反 fǎn fan 第二个"反"字发短促轻音，背后说不满意、发牢骚的话。

【例句】你就别再反反了，哪有那么多平等的事儿啊！

反锅儿 fǎn guōr ①造反。②乱套，乱作一团。

【例句】①开发商老板不在家，农民工反锅儿了，集中在一起，要求增加工资。②班主任不在，同学们一时反锅儿了，乱作一团。

反乏儿 fǎn fár ①解除、恢复疲劳。②才明白过来。

【例句】①上山打火好几天，现在还没反乏儿呢。②到现在我才反乏儿，原来是你向领导反映的。

反磨 fǎn mò ①醒过腔来，终于明白过来。②变心眼儿，改变主意。

【例句】①到现在我才反磨儿，博鳌论坛原来在中国。②说得好好的，怎么突然反磨了？

反天 fǎn tiān 没有王法，作乱造反。

【例句】我的话也敢不听，还反天了呢！

犯话 fàn huà 说话，直接对话。是指不得已、十分勉强的对话。含有贬义。

【例句】我和他不犯话，有事儿和他直接说去！又如他俩不犯话，你也不是不知道。

犯边子 fàn biān zi 出格，越轨。

【例句】犯边子的事儿咱们可不干，要犯法的！

犯别 fàn biè 犯别扭，不对付，合不来。

【例句】这些日子我们俩有点儿犯别，总是说不到一起。

犯嘀咕 fàn dí gu 令人费猜疑，费思忖。

【例句】我这心里一直犯嘀咕，他在偷偷吸毒，他买毒品的钱是从哪里来的呢？

犯扯扯 fàn chě che 第二个"扯"字发短促轻音。惹麻烦，缠手，不顺利。

【例句】你这病可不是一天两天了，治起来可要犯扯扯！

犯不着 fàn bu zháo 也说"犯不上"。不值当，不值得。

【例句】就他那种人，你犯不着和他一般见识！

犯不上 fàn bu shàng 同"犯不着"。

【例句】您老一世英明，跟这种小人治气，犯不上啊！

犯膈应 fàn gè ying "膈应"有多种写法。①心中感到厌烦、讨厌。②触犯禁忌。犹如"哪壶不开提哪壶"。

【例句】①人家正是落难的时候，这时候去讨债，那还不叫人犯膈应吗？又如一看到台湾艺人一些令人作呕的表演，心里就烦膈应。感到厌烦。②刚刚受到纪律处分，需要的是安慰，你却说风凉话，你这不叫人犯膈应吗？

犯讲究 fàn jiǎng jiu 有讲究。

【例句】大过年的别什么话都说，过年说什么话，这是犯讲究的。

犯说道 fàn shuō dào 招惹议论，多指非议。

【例句】这事儿可不行，这事儿犯说道，弄不好要招惹是非的。

犯邪 fàn xié 出现或发生意想不到或离奇古怪的事情或结果。

【例句】你说是不是犯邪了，怎么咱们村总出横事非正常死亡呢？

犯劲儿 fàn jìnr ①老毛病出现反复。②器物出现新毛病。

【例句】①这两天变天，老病总犯劲儿！②这台磨床该修修了，总犯劲儿！

犯病 fàn bìng ①老毛病重犯。②招惹麻烦，造成过失。

【例句】①我看你是又犯病了，三天不打，上房揭瓦，你是少揍了！②王木生又犯病了，到处充大款儿，结果被骗好几百万！

犯毛病 fàn máo bing ①违反规定，违反有关制度。②同"犯病"②。

【例句】①你当多大官儿，也不能犯毛病，小心行事才是正道理。②郭松龄又犯毛病了，还要出兵攻打少帅小六子张学良。

犯口角 fàn kǒu jiǎo 引起争议或或发生争吵。

【例句】你是个有身份的人，和他犯口角值得吗？

犯风 fàn fēng ①炉灶或火炕的烟道与风向不合。②形容人不顺心，不高兴，不如意。

【例句】①火炕犯风，得修一修。②你今天犯的是哪门子风啊，怎么这么大的脾气？

犯话 fàn huà 解释，说明。

【例句】大当家的，要我说，用不着和他犯话，宰了他算了！

犯傻 fàn shǎ 形容人一时冲动做出的不理智，不聪明、糊涂行为，。

【例句】谢永强不是犯傻吗，公务员不当，非得去农村办果园！

犯堵 fàn dǔ 心中不快，有鲠在喉。

【例句】一想起日本右翼势力的所作所为，我这心里就犯堵。

犯相 fàn xiàng 属相不合，引申为命运相克，天生的相互合不来。

【例句】王长贵和刘能真是犯相，见面就吵，谁也不服谁！

犯小人 fàn xiǎo rén 屡被小人即心胸狭窄、恶意攻击、卑鄙卑劣之人所诬陷、陷害。

【例句】你这是犯小人了，总有人说你的坏话。

犯懊糟 fàn āo zao 心情不舒畅。

【例句】这几天有点儿犯懊糟，南京大屠杀这么大的事儿，日本一些人怎么会不承认呢？

犯掂掇 fàn diān duo 费思考。

【例句】这事儿还叫我犯掂掇，一时还拿不定主意。

犯寻思 fàn xín si "寻"读 xín。反复思考，捉摸不定。

【例句】这事儿还真叫人犯寻思，我还没有什么主意。

犯叨扯 fàn dāo che 费口舌。

【例句】这事儿有点儿犯叨扯，一时半会儿还说不清楚。

犯事儿 fàn shìr 做出违法、违纪的事情后事发。

【例句】不好了，犯事儿了，造假酒的事儿被警察发现了！

犯合计 fàn hé jì 引起顾虑，需要盘算。

【例句】这事儿有点儿犯合计，我得好好考虑考虑。

饭桶 fàn tǒng 非常能吃饭而无实际本领。含有贬义。骂人语。

【例句】你就是个饭筒，除了白吃饭还能干什么？

饭口儿 fàn kǒur 吃饭的当口，正值吃饭的时间。

【例句】这时候正是饭口儿，过会儿再去！

饭时　fàn shí　同"饭口儿"。

【例句】现在正是饭时，等过了饭时咱们再找他去。

范儿　fànr　派头，架势。

【例句】她的拉丁舞跳得非常优美，真有范儿！

翻　fàn　"翻"读 faàn。动词，仔细寻找。

【例句】等上秋咱们俩翻土豆去！还有翻苞米、翻谷子、翻麦子等。

方便　fāng biàn　不是普通话的"方便"，而是大小便的代用语。

【例句】请稍等一等，我先方便一下。

妨　fāng　"妨"读 fāng。①迷信说法，命运不好的人会给别人带来不幸或灾难。②相生相克，受别人的影响或妨碍。

【例句】①都是你妨的，我这命运总是不济。②他是火命，你是水命，你们相克，如果你们结婚，肯定相妨。

妨家的　fāng jiā de　给家里或其他人带来灾祸或不幸的人。骂人语。

【例句】你这个妨家的，家里有你没个好！

房户　fáng hù　租房的房客。

【例句】你们去找找房户，看他们能提供点儿什么有用的情况。

房扒掉馅饼　fáng bā diào xiàn bǐng　"房扒"，房脊。即从房梁上掉下馅饼，比喻不劳而获，坐享其成，坐等好事降临。诙谐性用语。含有贬义。

【例句】想什么呢，还能房扒掉馅饼啊，哪有这等好事儿？

访听 fǎng tīng 探听，打听。

【例句】你四处访听一下，我刘能到底是什么人！

防后手 fáng hòu shǒu 留有后手，留有余地，提防出现意外或意想不到的事情发生。

【例句】对付他这样的人，你一定要防后手，小心无大过儿。

放 fàng ①暂时不计较，不理睬。②利用坡度或水势滑动或流动。③敞开。

【例句】①今天先放你一马，日后你等着。②放木排，放爬犁。③今天你就放开肚子敞开吃吧！

放挺儿 fàng tǐngr 不管不顾，躺倒不干。讽刺性用语。

【例句】说得好好的，关键时候又放挺儿啦！

放羊 fàng yáng 引申为放任自流，无人管束。

【例句】刚走出校园，同学们就放羊了！又如领导不在家，你们就可以放羊了？

放八儿 fàng bār 本意是形容大牲畜快跑时四蹄分作前后两对儿，引申为快跑、急跑。

【例句】你怎么放八儿了，等待我，急什么！

放白条 fàng bái tiáo ①躺倒不干。②猪被杀后的胴体。

【例句】①他一看任务太重完不成，干脆放白条了！②一口大肥猪霎时被放了白条！

放扁儿 fàng biǎnr 睡大觉，躺倒不干。一种情绪不满的表示。

【例句】能干你就干，放扁儿算怎么回事儿？

放长条儿　fàng cháng tiáor　人躺倒在地，即人死了的隐语。

【例句】大活人一个，怎么突然就放长条儿了？

放粗　fàng cū　①撒野。②长肉。③毫无忌惮地说粗话、脏话。

【例句】①胆儿肥了吧？仗点酒劲你就敢放粗了？②骨头长好后肉才能放粗！③你小子有娘养没人教，说话敢放粗了！

放杵　fàng chǔ　①傻呆呆地站着。②因故突然停止。③神情呆傻、木讷，毫无办法。

【例句】①别在那儿放杵了，赶快帮我一把！②一听老四因汽车肇事被警察带走了，大家一时放杵了，不知如何是好。③你赶快想辙啊，放杵算怎么回事儿？他一看毫无希望，一时竟放杵了。

放搂儿　fàng lōur　①放开手脚，不受任何束缚。②快步跑。

【例句】①如今政策好，能发家致富的道儿你就放搂儿干吧！②放学铃声响了，同学们出了教室就放搂儿了，直奔足球场。

放傻　fàng shǎ　发愣。

【例句】你放什么傻，还不抓紧去？

放席　fàng xí　大摆筵席。

【例句】你家办喜事儿，准备放多少席啊？

放鹰　fàng yīng　设陷阱，放诱饵，使人上当受骗。

【例句】你还看不出来，他俩给你放鹰呢，你小心点儿！

放血　fàng xuě　①比喻使用不正常手段使其遭受损失。②将动物杀死。

【例句】①你要是再不还钱，看我不想办法给你放血！②电视小品《拜年》中范乡长老姑台词：要是不答应，就把王八捞出来挨个放血！

放刁 fàng diāo 故意讹人。

【例句】你少放刁，你家丢了东西和我有什么关系？

放赖 fàng lài 耍赖。含有贬义。

【例句】你这不是放赖吗，有你这样的吗？

放泼 fàng pě "泼"读 pě。撒泼，蛮不讲理。

【例句】有话你就好好说，放泼算怎么回事儿！

放悲声 fàng bēi shēng 因极度伤心而放声痛哭。

【例句】一听这话，他就放悲声了。

放丫子 fàng yā zi 光脚走路。

【例句】天已经这么冷了，你怎么还放丫子呢？

放悠儿 fàng yōur 分批招待客人，接待一批客人叫"放一悠"。

【例句】①今天的婚庆喜宴准备放几悠啊？②今天来的客人多，看来放三悠也够呛！

放狠话 fàng hěn huà 用语言相威胁。

【例句】土匪放出狠话，3天内不交粮食，灭了全村！

放屁功夫 fàng pì gòng fu 也说"屁大功夫"。形容时间很短。讽刺性用语。

【例句】你不是出国旅游去了吗，怎么放屁功夫回来了？

放屁崩坑儿 fàng pì bēng kēngr 比喻开玩笑,纯属闹着玩儿。

【例句】咱们这不是放屁崩坑儿的事儿吗，你何必认真呢！

放傻发愣 fàng shǎ fā lèng 形容遇事没有任何反应，就像傻子一样。

【例句】你放什么傻发什么愣，人都走光了，你怎么还不离开！

放屁崩脚后跟 fàng pì bēng jiǎo hòu gēn 与"喝凉水都塞牙"同意，形容人的命运非常差，就像放屁根本不能崩脚后跟一样根本不能发生的事儿发生了。讽刺性用语。

【例句】你说这人要是倒霉透了，喝凉水都塞牙，放屁都崩脚后跟！

飞 fēi ①抛掷。②意外得到。③熔化，消失。④非常，特别。

【例句】①两伙人打起来，石头棒子一阵乱飞。②这小子白捡个飞来的媳妇。③煮得时间太长，这锅肉都煮飞了。又如煮肉得慢火煮，急火就把肉煮飞了。④这刀磨得飞快。肉切得飞薄。

飞子儿 fēi zǐr "子儿"突出"儿"音。流弹。

【例句】突然一颗飞子儿打在了他的胳膊上，鲜血不断地流。

飞子 fēi zi "飞"字发重音，"子"字发短促轻音。①邮件上的标签。②领物或买物的凭条。

【例句】①先把飞子填好，再贴在邮件上！②过去许多商品都要凭飞子才能买到！

飞儿飞儿 fēir fēir 两个"飞儿"均连起来读并突出"儿"音。①表示极端程度即极其、特别。②刀剪等非常锐利。

【例句】①他的眼睛飞儿飞儿尖！②镰刀磨得飞儿飞儿快！

飞眼儿 fēi yǎnr 也说"抛飞眼儿""抛媚眼儿"。以目传情。

【例句】我刚上场扭大秧歌，几个老头把我打了一顿，说我给老太太抛飞眼儿了！

飞眼儿吊膀 fēi yǎnr diào bǎng 形容不正经的男女间眉目传情、双出双进、相互调情。含有贬义。

【例句】瞧他俩飞眼儿吊膀的，都不是什么好东西！

啡儿啡儿的 fēir fēir de 两"啡儿"连起来读并突出"儿"音。因劳累或生气发出的沉重的喘息声。

【例句】这一天累得我啡儿啡儿的。又如把我气得啡儿啡儿的。

啡儿呲啡儿呲 fēirci fēir ci 突出"儿"音。一种哭得非常伤心、边哭边抽泣的样子。

【例句】她一个人在那啡儿呲啡儿呲地哭个没完，怎么问也没问出个子丑寅卯来。

非 fēi 必须，偏偏。

【例句】这事儿非得我出面不可。又如不让我去，我还非去不可！

非得 fēi děi "得"读děi。"非得……不可"的省略语即"必须"之意。

【例句】这事儿非得我亲自动手吗？又如我自己去就行了，非得你也去吗？

非……不致 fēi bú zhì 表示必须、一定。

【例句】这事非得老板出面不致，否则他根本不在乎！又如他这么胡闹，非挨处分不致。

非……不解　fēi bù jiě　同"非……不致"。

【例句】你要是一意孤行，非栽跟头不解。又如不听老人言吃亏在眼前，你不听我的话，非吃亏不解！

肥　féi　①很实惠。②形容人长得肥胖。含有贬义。

【例句】①傻子都知道，那是个肥的流油的美差。②几年不见，你可肥多了！

肥实　féi shi　"肥"字发重音，"实"字发短促轻音。①脂肪多。②吃喝丰盛。

【例句】①这口猪可挺肥实！②今年这个年过得可真肥实！

肥秃噜　féi tū lū　也说"肥嘟噜"。①形容肥得肉直颤动的样子。②肥缺。

【例句】①你看这一圈小猪崽儿个个肥嘟噜的，真招人稀罕。②那可是个肥秃噜的位置，多少人瞪眼儿瞅着呢！

肥吃奘喝　féi chi zàng hē　大吃大喝。含有贬义。

【例句】像你这么整天肥吃奘喝的，什么时候才能有个出息啊？

肥吃肥喝　féi chī féi hē　同"肥吃奘喝"。含有贬义。

【例句】我的工作也就整天肥吃肥喝的，也没有什么实惠。

肥粗短胖　féi cū duǎn pàng　也说"肥粗瘪胖"。形容人身体肥胖而短粗。讽刺性用语。

【例句】没想到他肥粗短胖的，在中央电视台《星光大道》表演还得了个月冠军！

肥粗瘪胖 féi cū biě pang 同"肥粗短胖"。

【例句】小小年纪，长得非肥粗瘪胖的，这对象可不好找！

废 fèi ①把人弄残废或弄死。②去掉武功。③形容人毫无用处。

【例句】①我非把他废了才解气！②如果再仗着武功惹事生非，我就废了你的武功！③你这人可真废，说你什么好呢！

废物点心 fèi wù diǎn xin 非常愚笨、毫无用处的人。骂人语。

【例句】我看你就是个废物点心，这么简单的事儿也办不成！

肺管子 fèi guǎn zi 气管。多说"戗肺管子"。引申为①最不愿意听的话。②触动短处。

【例句】①一句话戗了张作霖的肺管子，顿时火冒三丈。②你干嘛非要戗人肺管子呢，那不叫人下不来台吗？

费劲儿 fèi jìnr 表示预想的结果几乎不可能办到，需要费尽气力争取办到。

【例句】中国男足要想冲出亚洲，那可费了劲了！

费事巴拉 fèi shì bā lā 很费力，非常费力。

【例句】你费事巴拉地干了一年，到底挣没挣钱？

费事巴累 fèi shì bā lěi 同"费事巴拉"。

【例句】你费事巴累地伺候着两个老人，到头来倒落了一身不是！

费事巴武 fèi shì bā wǔ　同"费事巴拉"。

【例句】你费事巴武地来找我，到底有什么事儿？

费劲巴力 fèi jìn bā lì　非常费力，很不容易。

【例句】好容易托人费劲巴力地给你找了份工作，你怎么还不满意？

分窝 fēn wō　一般指猪等动物脱离母乳喂养能够自行进食时从母畜身边分开。

【例句】小猪都长这么大了，怎么还不分窝呢？

分斤驳两 fēn jīn bé liǎng　也说"分斤掰两"。斤斤计较。

【例句】这事儿睁一只眼闭一只眼，你就别分斤驳两地计较了！

分心 fēn xīn　不是一条心，各怀心腹事。

【例句】合伙做买卖肯定不行，两人分心，根本不能成功。

分心眼儿 fēn xīn yǎnr　同"分心"。

【例句】啊，姑娘长大了，跟爹妈也分心眼儿了！

分开裆儿 fēn kāi dǎngr　能够分清楚。反之是"分不开裆儿"。

【例句】你纯粹是个二百五，谁亲谁后都分不开裆儿！

分人儿 fēn rénr　办事或事业成功与否要根据不同的人来决定，因人而异。

【例句】能不能胜任，这还要分人儿！又如这事儿可分人儿，你不行，但他可不一定！

分清里外拐 fēn qīng lǐ wài guǎi 分出亲疏、远近、里外、厚薄。有时可以反用即"分不开里外拐"。

【例句】到什么时候办事儿也要分清里外拐！又如你怎么分不清里外拐，帮外人说话！

坟圈子 fén quàn zi"圈"读 quàn。也叫"坟圈栏子"。坟地，坟墓场。

【例句】明天你到村北坟圈子去一趟，给你老姑烧烧纸！

坟茔地 fén yíng dì 同"坟圈子"。

【例句】翻过山头就是咱家的坟茔地，不算太远。

坟包儿 fén bāor 坟头。

【例句】爹的坟包草太后厚了，该拔拔草了。

坟骨朵儿 fén gū duor 同"坟包儿"。

【例句】坟骨朵儿上种点儿花，再修修坟墓。

粉 fěn ①风化成粉末。②粉刷。③淫秽的、黄色的、有色情的。

【例句】①这堆煤放得时间太长，都粉了！②这道墙去年刚粉过。③经过赵本山等人的不懈努力，东北"二人转"舞台上黄的、粉的表演基本不见了！

粉团儿 fěn tuánr 比喻又白又嫩的脸蛋儿。

【例句】那姑娘的脸蛋像粉团儿似的，又白又嫩。

粉嘟噜 fěn dū lū 浅淡色粉红色，多指人的脸，含有喜爱成分。

【例句】小姑娘粉嘟噜的脸蛋儿，真招人喜爱。

粉红似白 fěn hóng shì bái 形容白里透红。

【例句】这姑娘长得粉红似白的，真漂亮！

粉扑的 fěn pū de 同"粉嘟噜"。

【例句】看人家怎么长的，那小脸儿粉扑的，可真好看。

份儿 fènr ①气派，派头。②情份，面子。③地步。④程度。⑤哪套，哪种。

【例句】①瞧咱这一身打扮，够份不够份儿？②请您老看在我的份儿上，你就放过他吧！③你闹到这份儿上，也就打住吧！④这几年日子好过了，前几年你家穷到啥份上了？⑤都是他们惹的祸，你生的哪份儿气？

份堆儿 fèn duīr 达到的程度，地步。

【例句】前几年挺神气的，如今怎么混到这一份堆儿上了？

粪草囤门 fèn cǎo dùn mén 形容环境非常肮脏，到处是粪便垃圾。

【例句】这院子怎么粪草囤门的，这么脏，看得下眼啊！

风干篓 fēng gān lǒu 好喝酒但又很长时间没喝酒的人。

【例句】电视剧《水落石出》中，侦察员刘梦阳很爱喝酒，但执行追捕任务时几天没喝到一口酒，成了名符其实的风干篓！

风流亏 fēng liú kuī 在女人身上吃亏却又无法说出口。

【例句】电视剧《关东大先生》中，赵春安屡在女老板玛露莎身上吃风流亏。

风头上 fēng tóu shang 正值事情、事件的最高峰的关键时刻。

【例句】现在正在"打黑"的风头上，你们可别再惹事啊！

风是雨头屁是屎头 fēng shì yǔ tóu pì shì shǐ tóu 形容凡事都有预兆、苗头。

【例句】风是雨头屁是屎头，日本首相安倍晋三执意参拜靖国神社，就是要为侵略他国翻案。

疯 fēng ①小孩无拘无束地玩耍。②女人放纵情调。③逛悠。④顽皮。

【例句】①疯了一天了，也该歇歇了！②你看那姑娘那个疯劲儿！③这一天你又到哪儿疯去了？④这疯丫头，有话好好说！

疯张 fēng zhāng 形容肆意玩闹。

【例句】那孩子太疯张，没个稳当劲儿！

疯抢 fēng qiǎng 形容商品极其畅销。

【例句】彩色电视机刚刚投入市场那时候，非常难买，刚一上市，真是一片疯抢！

疯疯火火 fēng fēng huǒ huǒ 形容人行为粗鲁、不文静的样子。含有贬义。

【例句】你这疯疯火火的脾气，什么时候才能改？

疯疯张张 fēng fēng zhāng zhāng 同"疯疯火火"。

【例句】那么大的姑娘了，一天疯疯张张的，找个婆家都难！

疯疯扯扯 fēng fēng chě chě 形容人行为鲁莽，打打闹闹，不文静。含有贬义。

【例句】一天到晚疯疯扯扯的，哪有个姑娘样儿？

封喉 fēng hóu 原意为因患扁桃体炎或咽炎而呼吸困难，引申为眼睛肿得没缝儿。

【例句】他那一拳打得我眼睛都封喉了，到现在还肿着呢！

封江 fēng jiāng 大河大江全部结冰。

【例句】大河封江了，开始冬季捕鱼了。

封冻 fēng dòng 土地冻结。

【例句】等封冻后，咱俩进山打野猪去，不见不散！

封垄 fēng lǒng 下雪后大雪将大地全部覆盖，见不到土地垄。

【例句】今年大丰收，大地封垄了，庄稼还没有拉完。

逢年过节 féng nián guò jiě 每到过年过节的时候。

【例句】逢年过节你也到人家串个门儿，带点礼物看看人家，别忘了人家的好处。

浮囊 fū nang "浮"字发重音，"囊"字发短促轻音。形容物体膨松柔软。

【例句】①这瓜娄了吧，咬一口直浮囊。②这草甸子，一踩一浮囊。

浮灰 fú huī 表面的灰土。

【例句】这屋子几天没收拾了？桌面儿都是浮灰儿了！

浮钱儿 fú qiánr 比较少的不是动产的资金。

【例句】去身边儿还有几个浮钱儿，要用你就拿去用吧！

浮搁 fú gē 物体放在表面没有放牢可以移动。

【例句】小心别碰，螺丝没拧死，还浮搁着呢！

浮上儿 fú shàngr 表面，最上一层。

【例句】这果农可真坑人儿，这箱橙子就浮上儿几个好果！

浮皮儿 fū pir 表面，表层。

【例句】水果千万别成箱买，就浮皮儿一层是好的。

浮溜儿 fū lōur "浮""溜"两个字均拉长音读，"溜儿"突出"儿"音，一般重叠使用。液体或物体在容器中非常满几乎溢出来。

【例句】他给我倒了浮溜儿浮溜儿一杯酒！又如真是饿急眼了，到家造了浮溜儿浮溜儿两大碗大米饭！再如哥俩儿越喝越兴奋，浮溜儿浮溜儿一大杯酒我一口就干进去了！

浮浮溜溜 fū fu liū liu 水或液体很满要溢出容器。

【例句】轮到我倒酒，我给每人浮浮溜溜倒了一杯酒。

浮皮儿蹭痒 fū pír cèng yǎng 表面现象，不触及实质问题。诙谐性用语。

【例句】这么浮皮儿蹭痒地讨论一下，也解决不了什么实质问题！

浮头儿 fú tóur 同"浮上"。

【例句】这筐红富士苹果浮头儿还好，越往里翻个头儿越小！

服嘴 fú zuǐ 服输，输嘴，嘴上认输。

【例句】我老公就是好强的脾气，就是明知错了也不服嘴！

服软儿 fú ruǎnr 服输，认输。反之是"不服软儿"。

【例句】刘能说："赵四不是服软儿了嘛，亲戚里道的，我也不能太不给他面子了！"

服劲儿 fú jìnr 彻底服气。反之是"不服劲儿"。

【例句】别看他嘴上不服，其实心里早就服劲儿了。

服伏在地 fú fú zài dì 心悦诚服，特别佩服。

【例句】我对中国跳水队算是服伏在地了，摘取世界冠军如探囊取物。

福将 fǔ jiàng "福"读 fǔ，下同。指总能在危难关头化险为夷、逢凶化吉的人。

【例句】历史上程咬金是个出名的福将，总能逢凶化吉！

福根儿 fǔ gēnr 酒杯或酒瓶里剩余的残酒，酒桌上一种诙谐性的劝酒词。

【例句】来，这点儿服根儿倒给你，沾沾福气。

富态 fù tɑi "富"字发重音，"太"字发短促轻音。①形容人身体发胖，体态丰满。②富贵相。③落地烟囱。

【例句】①几天不见，你又富态了！又如你看二嫂，人长得多富态！②你看咱老板，天庭保满、地阁方圆的，长得就是富态相。③农村房屋改造后，原来的富态也都拆掉了。

富绰 fù chao "绰"读 chao。"富"字发重音，"绰"字发短促轻音。家资殷实，富裕。

【例句】这几年的日子富绰了，想吃啥吃啥，想穿啥穿啥！

副的 fù de 形状、情形，对某人行为举止的蔑称。"这套副的"、"这套号的"都是此意。

【例句】就他那套副的，还能有什么大出息？

G

嘎嘣 gā bēng 象声词。形容物体折断的声音。也形容人无缘无故突然死亡。诙谐性用语。

【例句】你咋不嘎嘣一下死了，那我才解气呢！

嘎锛儿 gā bēnr "锛儿"突出"儿"音。同"嘎嘣"。

【例句】我的脚脖子"嘎锛儿"一下子就折了。

嘎嘣脆 gā bēng cuì 形容人说话或办事儿非常干脆、爽快。

【例句】看人家说话，嘎嘣脆！

嘎儿牛 gār niu "嘎"读gā，下同。"嘎儿"拉长音并突出"儿"音，"牛"字发轻音短促。①形容人长得很特别、很不一般。②形容物品特别而不同凡响。

【例句】①瞧！那小女子长得可够嘎儿牛的！②广州亚运会设计的会徽可真够嘎儿牛的，耐人琢磨！

嘎儿嘎儿的 gār gār de 第一个"嘎儿"突出"儿"音，第二个"嘎儿"拉长音。①特别，非常。②很好，很棒。

【例句】①这几天天气嘎儿嘎儿冷！东北的天气嘎儿嘎儿地冷。甜香瓜，嘎儿嘎儿甜，不甜不要钱啊！②《刘老根大舞台》的"二人转"演员个个都是嘎儿嘎儿的，谁都有自己的绝活儿！

嘎码的 gā mǎ de 不是明确的物品，不是实指而是一种泛指。

【例句】咱俩轧东，你要输了就输给我点儿嘎码的。

嘎巴锅 gā ba gūo "锅"字拉长音。也说"剃光头"。打扑克术语即一局未赢满盘皆输。

【例句】怎么样？嘎巴锅了吧？一局也没赢吧？

嘎巴嘎巴 gā bā gā bā ①形容天气特别寒冷。②象声词，形容走路发出的声音。

【例句】①这嘎巴嘎巴冷的天，你就歇歇呗！②他的两腿挂满了冰水，走起路来嘎巴嘎巴直响。

嘎不溜脆 gā bu liū cuì 同"嘎不溜丢脆"。

【例句】刘能媳妇办事真利索，嘎不溜脆，从不拖泥带水。

嘎巴溜丢脆 gā ba liū diu cuì 也说"嘎巴溜脆""嘎崩溜丢脆"。①行为举止非常干脆利索。②说话爽快、利索，不拖泥带水。③食品吃起来爽口。

【例句】①几个小流氓被警察嘎巴溜丢脆地全给收拾了。②这小女子办事讲究，说话也嘎巴溜丢脆！③这水果萝卜嘎巴留丢脆，比水果还好吃。

疙瘩 gā de　"疙瘩"读 gā da，下同。用途非常广泛词语之一。①疑问动词，指方位、地方。②球状物或圆形物体。③量词，成片儿、粒儿、块儿等。④绳子等物体上的结儿。⑤心中不解的疑团。⑥两者之间的误会或矛盾。⑦父母最小的儿女。⑧少量的，很少一点点儿。

【例句】①请问：哪疙瘩卖海尔牌电冰箱？又如你这背包罗伞地到哪疙瘩去？再如我的手机放哪疙瘩了？②这里蚊子太凶，咬得我满脸都起了疙瘩。③把昨天剩的几疙瘩肉切切炖上！④铁栅栏的栏杆头上都焊着铁疙瘩。马缰绳上系了好几个疙瘩。⑤你心里的疙瘩还没解开？⑥你俩得找个机会好好唠一唠，把疙瘩解开。⑦赵家大嫂一堆孩子了，又生了个老疙瘩。⑧就这么一疙瘩地，能种出什么庄稼？

疙瘩膘儿 gā da biāor　凸起的、强健的肌肉。与之相反的是"水膘"。

【例句】你看人家那身体，浑身净是疙瘩膘儿！

疙瘩肉 gā da ròu　同"疙瘩膘儿"。

【例句】练体操的运动员个个都长了一身疙瘩肉，真让人羡慕。

疙瘩话 gā da huà　也说"三七疙瘩话"。调皮话，俏皮话，话中带刺。

【例句】有话好好说，别净说没用的三七疙瘩话！

疙瘩鬏儿 gā da jiūr　年纪较大的中老年妇女梳的将长头发缩在脑后的一种发饰。

【例句】什么年代了，年纪不大，怎么还梳个疙瘩鬏啊？

疙瘩头儿 gā da tóur ①物体突出的圆头部分。②灌木丛的根部，主要用于烧火做饭。

【例句】①火疖子的疙瘩头儿快冒脓了，非常地疼。②明天一早咱俩上山打疙瘩头儿去！

疙瘩牛 gā da niú 瘦弱的小牛。

【例句】你养些疙瘩牛长也长不大，能挣钱吗？

疙疙瘩瘩 gā ga dā dā ①形容人或物品表面不光滑。②形容人相互之间有隔阂、有矛盾。

【例句】①这种布料疙疙瘩瘩的，做裤子可不行。②他俩疙疙瘩瘩多少年了，一时半会儿和解不了。

疙瘩秃鲁 gā da tū lū ①稀疏而不连片。②块状物成堆成团。

【例句】①大山南边有一小片疙瘩秃鲁的草地可以放牲口。②一看疙瘩秃鲁的癞蛤蟆，我就恶心！

疙里疙瘩 gā lǐ gā dā ①同"疙瘩秃鲁"①。②粗细、厚薄不一。③高低不平。

【例句】①这片疙里疙瘩撂荒地已经好几年不种了！②这破棉袄疙里疙瘩的，穿着也不暖和，扔了算了！③这条土路疙里疙瘩的非常不好走！

疙瘩溜秋 gā da liū qiū 形容物品表面不光滑并有许多小疙瘩。

【例句】这块儿窗帘布质量不好，疙瘩溜秋的，退回去吧！

疙不溜秋 gā bu liū qiū 衣服或物品沾了一些脏东西。

【例句】怎么弄得，大衣疙不溜秋的，沾了一身什么东西？

割根儿 gā gēnr "割"读 gā，割断，从根本上连根割断，引申为彻底根绝，不留后患或任何希望。

【例句】我把钱全部没收，给你彻底割根儿，叫你再去赌！

嘎巴 gá ba "嘎"读 gá，下同。①小气，吝啬。②无风而寒冷。③蔫巴坏，不露声色地使坏。④粘附，附在。⑤糊状物干结体。

【例句】①那人嘎巴一辈子，想从他手中借钱那是难上加难。②这天嘎巴嘎巴冷！③别看他一天笑咪咪的，其实心眼最嘎巴！④这伤口都结嘎巴了，快好了！⑤你把那鼻涕嘎巴擦一擦！

嘎嘎儿 gá gar 第一个"嘎"发重音，第二个"嘎"拉长音并突出"儿"音。①结痂。②嘎渣儿。③痛处。

【例句】①我的伤口快好了，都结嘎嘎儿了！②东北很多人都爱吃大米饭嘎嘎儿。③你心眼儿怎么这么坏，净往人家嘎嘎儿上捅！

嘎儿码的 gár mǎ de 泛指零碎东西物品，不是实指。

【例句】你出国留学，我怎么也得给你买点嘎儿码的做纪念！又如你不信？咱俩嘎点嘎儿码的！

嘎碎 gá suì ①威胁语"要命"。②比喻心肠坏。含有贬义。③鱼腮。

【例句】①你再去招灾惹祸，看我不抠出你的嘎碎！②我看你小子也没安什么好嘎碎！③洗鱼时一定要把嘎碎抠净！

嘎就 gá jiu 身子缩在一起。

【例句】夜深了，吴俊升仍无睡意，嘎就在炕头想心事。

嘎儿吱儿 gár zhīr 多说"解嘎吱儿"。解恨，解气。

【例句】警察终于端掉了黑社会老窝，连他们的老大都被枪毙了，可真解嘎儿吱儿！

轧 gá "轧"读 gá，下同。东北话中，"轧"的用途很广，如轧亲家、轧邻居、轧连襟、轧妯娌、轧伙伴等，都是"结成"即结成各种亲密的关系之意。

【例句】这回咱两人家轧邻居了！又如咱两家轧成亲家了！再如咱俩轧伙儿做买卖，合起来力量大。

轧 gá 打赌。

【例句】北京奥运会肯定中国金牌第一，不信咱俩轧点儿啥！

轧东 gá dōng 打赌，赌输赢。

【例句】我说肯定是中国女排赢古巴队，不信咱俩轧东！

轧伙儿 gá huǒr ①结成团伙。②不举行结婚仪式、不办理结婚手续而同居行为。多指中老年人。

【例句】①我们俩轧伙儿去俄罗斯倒腾木材，也没挣着什么钱！②宋老蔫和小琴她妈俩人轧伙儿过了好几年，过得也不错。

尜 gǎ ①吝啬，小气。②人品坏。

【例句】老宋可真够尜的，一分钱能攥出水来！又如那小子贼尜，铁公鸡琉璃猫，一毛不拔。②那小子为人可挺嘎的，得多防着点儿！

乪咕 gǎ gu ①结合，凑合。②形容为人阴损，刁钻古怪，心术不正。③与众不同。④古怪。

【例句】①这两家人家平时就不对付，他两家乪咕到一起能行吗？②那人可够乪咕的，你可得千万加小心！③刘能办事儿真挺乪咕，净办些叫人发笑的事儿！④哪来这么些乪咕词儿，听都没听过！

乪拉古秋 gǎ lā gǔ qiū 也说"乪拉古七"。①形容非常稀少而罕见的、说不清道不明的物品。②形容人为人刁钻狡猾。

【例句】①这些乪拉古秋的东西，我怎么都没见过？②赵家小四为人乪拉古七的，坏心眼子可多了！

乪牙子 gǎ yá zi 形容人性情乖戾、不随和、不好相处的人，即"刺头儿"。

【例句】我就不信治不了你这个乪牙子！又如那人就是个乪牙子，没什么真朋友。

乪牙子话 gǎ yá zi huà 带刺儿或刺激人的话。含有贬义。

【例句】多说好话，少说那些乪牙子话！

嘎子 gǎ zi "嘎"读 gǎ，下同。精明机灵的男少年。

【例句】电视剧《小兵张嘎》里的嘎子真是个嘎小子，一肚子鬼心眼儿！

嘎拉哈 gǎ la hà 羊的膝关节骨，一种儿童玩具即"抓（chuǎ）嘎拉哈"。引申为要人命、致人于死地。威胁性用语。

【例句】你再一意孤行，看我不要你的嘎拉哈！

旮旯儿 gǎ lár ①角落。②偏僻地方。

【例句】①把犄角旮旯都要擦干净！②我家就住在东山旮旯那儿！

旮旯胡同　gǎ lá hú tong　非常偏僻、难以到达的地方。

【例句】你家怎么住在这么个旮旯胡同的地方，可真难走！

旮旯呼气儿　gǎ lá hū qìr　①形容人说话阴阳怪气或鬼话连篇。②非常稀少、平日难以见到的稀奇古怪的物品。

【例句】①小小年纪，怎么净说些旮旯呼气儿的大人话！②你哪来的这么多旮旯呼气儿的东西？

嘎　gà　"嘎"读gà，下同。①超过，比下去。②盯住。③半路拦劫。④阻挡。

【例句】①我一直领先，快冲线的时候他把我嘎过去了。②今天这场篮球赛的战术主要是人嘎人！③两个球都被对方给嘎去了！④你的任务就是嘎住他！

嘎达牙　gà da yá　也说"闲嘎达牙"。①无目的、无中心思想而漫无边际地闲聊。②吃零食解闷儿。

【例句】①没事儿你俩别闲嘎达牙了，办点正事儿吧！又如闲来无事儿，两人边喝酒边唠嗑嘎达牙。②他俩没事儿在那儿嗑瓜子儿嘎达牙呢！

嘎悠　gà you　"悠"字发轻音。①摇晃。②磨磨蹭蹭慢慢走的样子。

【例句】①这椅子不结实，哪能受得了你这么嘎悠！②快点走，还在后边嘎悠什么？

嘎嗒　gà da　"嗒"字发轻音。①摇晃。②剪子一张一合空绞。

【例句】①这椅子还架得住你这么嘎嗒？②这剪子叫你这么嘎嗒还不坏得更快！

嘎巴　gà ba　嘴一张一合不说话。一种非常生气的表示。

【例句】气得他干嘎巴嘴说不出话来。

嘎巴嘴　gà ba zuǐ　也说"干嘎巴嘴"。嘴一张一合说不出话。

【例句】硬是干嘎巴嘴说不出话来。又如吴俊升一时没了言语，嘎巴几下嘴没说出话来。

干啥　gà há　"干啥"读 gà há 而不读 gàn shá，下同。用途非常广泛词语之一。疑问动词"干什么""到哪里去""为什么"之意。

【例句】打扮得这么漂亮干啥去呀！又如不明白的事儿干啥不问一问？再如得饶人处且饶人吧，干啥得理不让人呢？

干啥玩儿意儿　gà há wánr yìr　同"干啥"。

【例句】我又没招你没惹你，你穷讲究我干啥玩意儿？

干啥吃的　gà há chī de　疑问动词"干什么的"。

【例句】你是干啥吃的，也来管我？

该　gāi　①报应。②管，关。③欠。

【例句】①活该，谁叫你惹事生非？②这里该你什么事儿？一边旯儿呆着去！③谁该你欠你的，你每天嘟噜个脸！又如我已经还你了五千元，还该你两千元！

该言　gāi yán　命里注定，活该倒霉。

【例句】该言我有发财的命，20 元钱抓了个大奖！又如这个事儿该言你倒霉，千年不遇的泥石流叫你摊上了。

该着 gāi zháo "着"读 zháo。同"该言"。

【例句】该着你有命，花了 20 块钱就抓了个大奖。

街 gāi "街"读 gāi 而不读 jiē，下同。①泛指市场或集市。②居住地的名称。

【例句】①明天咱俩儿上趟街，买点儿年货！②宫家街。尚家街。

街里 kāi lǐ 同街①。

【例句】二丫不在家，和她妈上街里了！

街边子 gāi biān zi 主城区的边缘，城乡结合部。

【例句】我家住在街边子，刚刚租的小平房。

街面子 gāi miànzi 也说"街面儿"。泛指城区的主要街道。

【例句】现在街面子挺乱的，出门要多加小心！

街筒子 gāi tǒng zi 狭长的街面。

【例句】今天是大集，满街筒子都是人。

街头儿 gāi tour 泛指城市与农村的结合部，与农村相对而言。

【例句】俗话说，街头儿的孩子农村的狗，都不老实啊！

街流子 gāi liū zi 对游手好闲不务正业的人蔑称。含有贬义。

【例句】赶紧找份工作，不能一天总当街流子了！

改 gǎi 毁了另做。

【例句】大衣毁了给二小子改棉袄。又如这件儿衣服改改还能穿！

改肠子 gǎi cháng zi 一改常态，发生变化。

【例句】这人原本不是这样啊，一个本分老实的人，怎么突然改肠子了？你看现在趾高气扬、不可一世的样子？

改口 gǎi kǒu ①改变自己原来的观点或决定。②称呼或辈分的改变。

【例句】①我已经答应借给他 5000 元，再说不借也没法改口啊！②已经结婚了，不能再叫婶，得改口叫妈了！

改口钱 gǎi kǒu qián 新娘、新郎第一次在公开场合称对方的父母为父母时，老人给晚辈的钱。

【例句】主持人：老人给儿媳妇改口钱喽！

搁 gǎi "搁"在此读 gǎi。在或从，即动作发生或事物存在的处所。

【例句】请问火车站搁哪条街？又如搁这到批发市场，也就还有半里地！

盖 gài ①非常好。②超过。③极限。

【例句】①这姑娘长得真是盖了帽了？②韩国男足比中国男足盖多了！③孩子不听话，整天泡电脑房，可把我气盖了！

盖场 gài chǎng 胜过所有对手。

【例句】台湾魔术师小刘谦的魔术表演在 2009 年春节晚会上可盖场了，被评为曲艺杂技类一等奖！

盖了帽了 gài la mào la 特别好，非常好，大大超过。

【例句】你这块表可真盖了帽了！是真正劳力士牌的吧？

概不嘞嘚 gài bū lēi de　不吃那一套，一概不予理睬。讽刺性用语。

【例句】就他那一套儿，本人概不嘞嘚！

干 gān　"干"读gān，下同。①只是，光是。②竭力。③支出。

【例句】①为什么这次闹事警察干抓我不抓你？②干哭就是哭不出来。③这次出国旅游，光路费就干花近万块钱！

干巴儿 gān bār　"干""巴儿"两字均拉长音。清一色，全部。

【例句】这次出国旅游，干巴儿坐飞机，一飞到底，真叫过瘾。

干巴 gān ba　"干"字发重音，"巴"字发短促轻音。有时重叠使用如"干巴巴""干干巴巴"。①形容文章或讲话不精彩、不生动、不丰富。②形容人因缺少水分而干渴。③形容植物因缺乏水分而不水灵。

【例句】①写文章一定要贴近生活，生动感人，净是空话套话干巴巴的谁爱看啊？②唱了一上午的歌，嗓子都干巴了。③这盆儿白兰花干巴巴的，是不是该浇水啦？

干巴楞儿 gān ba lēngr　"楞"读lēng。同"干巴儿"。

【例句】这次干巴楞儿拉的都是进口水果。又如这回你就干巴楞儿都买瘦肉，肥肉一点儿不要！再如进入前八名的女乒选手干巴楞儿都是中国女将！

干巴拉瞎 gān ba lā xiā　①形容人俏瘦。②形容植物缺少水分而不水灵。③形容食品缺少水分而发干。

【例句】①他长得这么干巴拉瞎的，是不是有什么病？②这花儿干巴拉瞎的，该浇水了！③这面包干巴拉瞎的，怎么吃啊，怎么也得弄点儿汤啊水啊的。

干的 gān de　实实在在的东西或内容。

【例句】别来那些没用的，来点干的！又如说那些都没有，捞干的说！

干锅儿 gān guōr　①引申为手中无钱，彻底没有，干干净净。含有贬义。②干涸的冰窟窿。

【例句】①打了一天麻将，手气太背，造干锅儿了！②几个小孩子在干锅儿里捞鱼。

干靠 gān kào　①不做努力，一味等待。②艰难度日，消磨时间。③容器内已经没水但仍加热。

【例句】①一个年轻人，不出去打工抓挠几个钱，也不能在家干靠啊！②电视小品《相亲》中赵本山饰演的宋老蔫说：这些儿女纯牌儿不孝，就兴他年轻人打情骂俏，连搂带抱，老年人就得干靠？③锅里的菜已经干锅了，不能干靠了，赶紧加点水！

干蹦儿 gān bèngr　"蹦儿"发重音并突出"儿"音。①全部，清一色。②只是，光是。

【例句】①今年收购粮食不打白条，干蹦儿现钱杵！又如今年政府出台政策，甜菜收购干蹦儿给现金，不打白条儿！②听了好半天，他一句话没说，干蹦儿点头儿！

干挠毛 gān náo máo　两手空空。

【例句】姐夫这次出国考察，别人都表示，咱们也不能干挠毛去送行啊！又如这回去俄罗斯倒腾木材，闹了个干挠毛，一点儿钱也没挣着！

干气猴儿 gān qì hóur 干着急、干生气而无可奈何。

【例句】人家做买卖都挣钱了，你却亏损，这不干气猴儿吗？

干碗儿 gān wǎnr ①河或井干透了。②水果核离肉。③杏的一个品种。

【例句】①这天这么旱，大河都干碗儿了。②干碗儿李子，好吃不贵！

干爪儿 gān zhuǎr 形容两手空空，多指手中一文钱没有，干干净净。诙谐性用语。

【例句】手气真背，这回又输干爪儿了！

干打雷不下雨 gān dǎ léi bù xià yǔ ①只哭声不流眼泪，意为假哭。含有贬义，讽刺性用语。②形容只说不做，言行不一。含有贬义。

【例句】①你可真能装，干打雷不下雨！②为人民服务绝不是一句空话，干打雷不下雨老百姓是不买账的！

干拉儿 gān lár "拉"读 lá 并突出"儿"音。只喝酒不吃菜。

【例句】你怎么自己干拉儿，也不吃点菜！又如喝酒也不能干拉啊，弄点什么花生米也行啊！

干巴能 gān ba néng 也说"逞干巴能"。实力不强而硬逞能。

【例句】咱既没钱也没有可靠的后台，就别逞干巴能了！

干达噜儿 gān da lūr "干"字拉长音，"噜儿"突出"儿"音。①纯粹，清一色。②专一。

【例句】①这回运来的水果干达噜儿的都是南方水果！②做小买卖干达噜儿的在家等可不行，得出去吆喝走动！

干儿 gānr 孤立，弃置。

【例句】别理他，把他干儿起来！

干压压 gān yā yā 密密麻麻。

【例句】正月十五灯展，街道上干压压都是观灯的人群。

干得乎的 gān de hū de ①形容物体或液体比较干而不水灵。②形容物体很多很满。

【例句】①这粥熬得干得乎的，再加点儿水就好了！②实在饿极了，干得乎的一大碗炖酸菜几口就被我吃光了！

干巴冷 gān ba lěng 没有风而特别寒冷的天气。

【例句】这些日子干巴冷，好多天没下雪啦！

干亲 gān qīn 没有任何血缘关系而结成的亲缘关系。这种关系在现实社会中极多如干爸、干妈、干姐妹、干儿子等以及其他各种干亲关系。

【例句】这是我的干姐妹，我和她一家子都是干亲！

干擎 gān qíng 不花任何气力、没有任何条件、耐心等待就自然而然可以得到。

【例句】老人就一个女儿，老人一死，老人那点儿财产她就干擎了。

干巴瘦 gān ba shòu 也说"干儿瘦"。形容人身体瘦弱、干瘪。

【例句】手术之后,身体一直干儿瘦干儿瘦的,但精神还不错!

干剩 gān shèng 去除各种支出和费用净剩的。

【例句】老爷子是离休干部，享受各种待遇，几千元工资几乎干剩。

干哕 gān yue 因恶心要吐却吐不出来的一种状态。

【例句】孩子他爹，媳妇在那儿干哕，是不是有喜了？

干嗦 gān suo "嗦"字发短促轻音。干爽，不湿。

【例句】春天大旱，刚刚下了一场小雨，风一吹大地很快就干嗦了。

干挺 gān tǐng 任其发展而不采取任何措施或束手无策。

【例句】这么重的病得赶紧送医院，不能干挺着等死啊！

干巴扯叶 gān bā chě yè 形容生活干干巴巴过于平静，没有高潮也没有什么乐趣。

【例句】这一天干巴扯叶的，咱们旅游去吧！

干净 gān jing 不是普通话的"干净"，而是说话不带脏话、脏字。

【例句】嘴巴放干净点儿，跟谁说话呢？

干嘴枯肠 gān zuǐ kū cháng 形容伙食很差，过于清淡而缺少油水。

【例句】这么长的时间干嘴枯肠的，改善改善伙食吧！

干没辙 gān méi zhé 束手无策，一点儿办法也没有。

【例句】老宋家房子着火了，消防车一时没赶到，大家一时干没辙。

干眼馋 gān yǎn chán 白白羡慕别人而自己毫无办法。

【例句】都是做买卖开饭店，人家的饭店红红火火，自家的饭店清清淡淡，干眼馋没办法。

干瞅着 gān chǒu zhao 干瞪眼，眼睁睁，无计可施。

【例句】人家的孩子都考上了大学，我儿子落榜，我是干瞅着没办法。

杆儿 gǎnr 量词，一股一股，时断时续。

【例句】我尿尿一杆儿一杆儿的！又如好像停水了，只有一杆儿一杆儿的水。

杆儿细 gǎnr xì 也说"杆儿屁"。死亡，玩儿完。诙谐性用语。

【例句】这老两口子命短，刚过几天好日子就先后杆儿细了！又如看样子是不行了，估计顶多拖到明天早晨就得杆儿细！

杆儿屁着凉 gǎnr pìzháo liáng 也说"杆儿细着凉"。①一切为时已晚。诙谐性用语。②同"杆儿细"。

【例句】①电视连续剧《站雷神》中雷神台词：等我们找到金矿图，那还不杆儿屁着凉了？②等你什么时候杆儿屁着凉了，我再还钱！

杆儿瞎 gǎnr xiā 不争气，窝囊废。骂人语。

【例句】你纯粹是个杆儿瞎，这么简单的事儿也办不成！

赶儿 gǎnr 及时，赶到。

【例句】赶儿出门时下起雨来。又如赶儿我到会场时已经开会了。

赶点儿 gǎn diǎnr　正赶到关口上或关键时刻。

【例句】我刚摆上酒菜你就来了，真赶点儿！

赶劲儿 gǎn jìnr 突出"儿"音。①管用，解决问题。②关键时刻。③说话有力度。

【例句】①一台拖拉机一天就翻40亩地，可真赶劲儿。②好容易有了说话的机会，还不挑赶劲儿的话说！又如来得正赶劲儿，赶快替我们想想办法！③看人家就是有水平，说话多赶劲儿！

赶山 gǎn shān　①猎人去山中打猎。②到山中采山货。

【例句】①今天赶山打着什么猎物？②明天早晨咱们一起去赶山！

赶网 gǎn wǎng　比喻替别人白卖力气。

【例句】忙了一天，还不知给谁赶网呢！又如去掉房租、水电费、取暖费及各种支出，没剩几个钱，都给人家赶网了。

赶喜儿 gǎn xǐr　①随份子参加婚礼。②吹鼓手为办喜事人家奏乐赚的钱。

【例句】①明天一早咱们到老赵家赶喜儿去！②明天老赵家办喜事，你带着唢呐咱们去挣俩赶喜儿钱！

赶毡 gǎn zhān（①形容人很多，很稠密。②特别浓厚。③毛、线等物缠到一起理不出头绪。

【例句】①绿色食品交易会展销厅内，人头攒动，熙熙攘攘，人多得简直赶毡了！②这件羊皮大衣的毛都赶毡了，可以进博物馆了！③这团毛线都赶毡了，恐怕摘不出来了！

赶趟 gǎn tàng 也说"跟趟"。来得及。

【例句】时间还早着呢，赶趟！又如我算了一下时间，指定赶趟！

赶明儿个 gǎn míngr ge ①等到明天。②虚指，以后的某一天。

【例句】①今天我实在没时间，赶明儿个我指定去！②今天我的礼金没时间送去，赶明儿个我找个时间一定亲自送去！

赶巧儿 gǎn qiǎor 碰巧，凑巧。

【例句】我也不是有意的，这不是赶巧儿碰上了吗！

赶上 gǎn shang ①碰到，遇到。②比得上，可以比一比。

【例句】①你来的正巧，赶上了，上炕吃饭吧！②你家要房有房，要车有车，彩电、电脑一应俱全，谁家能赶上你家？

赶脚儿 gǎn jiǎor 鞋的大小正合适。

【例句】这双鞋正赶脚儿，就买它吧！

赶当当儿 gǎn dāng dangr 正赶上时机。

【例句】真是赶当当，我刚刚摆上酒菜你就来了！

赶饭碗子 gǎn fàn wǎn zi 正赶上吃饭的时候。诙谐性用语。

【例句】过一会儿再去吧，省得赶人家饭碗子。

赶酒溜 gǎn jiǔ liù 不花钱白白喝酒。酒作坊旧习俗，熟人赶上烧锅出酒时可以不花钱白喝酒品尝。

【例句】老伙计，正赶酒溜儿，喝几口吧！

赶行市 gǎn háng shì ①赶上行情。②赶时髦。

【例句】①做买卖就得赶行市，错过了就挣不着钱了。②你可挺能赶行市啊，连貂皮大衣都穿上了！

赶早不赶晚 gǎn zǎo bù gǎn wǎn 宁可早些也不能晚些，尽力抓紧时间。

【例句】明天 8 点钟准时集合，赶早不赶晚，大家千万不能迟到。

赶块儿堆儿了 gǎn kuàir duīr la ①许多事情赶到一起。②催促性用语，赶快些。

【例句】①这几天真挺忙的，几件事儿赶块儿堆儿了！②我实在没辙了，你们赶块儿堆儿来呀！

赶着……赶着 gǎn zhao gǎn zhao 即一边这样，一边那样。表示一个动作连着另一个动作同时进行。

【例句】他赶着打手机赶着吃早餐。又如他赶着走赶着吃。

敢 gǎn ①优劣显现出来。②原来如此，发现原来没发现的情况。③表示情理明显，不必怀疑。

【例句】①敢你命好，退休后还不停地长工资。②这么多天不见，敢你出国了？③敢你们这么高的工资，站着说话不腰疼！

敢情 gǎn qing "敢"字发重音。原来如此，发现原来没发现的情况。一种表示怀疑的词语。

【例句】等你一直没来，敢情在家睡大觉呢！

敢是 gǎn shi "敢"字发重音。同"敢情"。

【例句】我说最近总也没见你,敢是到北京给孩子看孙子去了!

敢自 gǎn zì　同"敢情"。

【例句】有人愿意帮忙?那敢自好!

擀毡 gǎn zhān　①毛发或毛织物因过脏等原因粘在一起。②形容某种物品非常多而挤压在一起。诙谐性用语。

【例句】①皮大衣都擀毡了,洗都洗不出来了!②头发都擀毡了,快洗洗吧!

干 gàn　"干"读 gàn。"干"的用途很广,主要用作动词,可以代替许多动作、行为。①动词打、吃、走、跑等。②动词做、从事。③同意,答应。

【例句】①俩人话不投机,几句话就干起来了。②干买卖,干生意、干养殖、干修理等。③叫你带人去外地打工,你干不干?又如乱给起外号我可不干!

干架 gàn jià　同"干"①。

【例句】一直没吃饭,饿得我肠子直干架。

干仗 gàn zhàng　①打架。②折腾,闹腾。

【例句】①这两个小崽子总干仗,管也管不住。②一天没吃饭了,饿得肠子肚子直干仗!

干掉 gàn diào　彻底铲除,全部消灭。

【例句】这点儿酒,你一个人全干掉吧!又如他一个人干掉了 5 个鬼子。

干活不由东,累死也无功 gàn huó bù yóu dōng,lèi sǐ yě wú gōng　不按上级、主人或东家的意图办事儿而自行其是，其结果就是累死也没有任何功劳或成绩，不被承认。诙谐性用语。

【例句】谁都明白，干活不由东，累死也无功，老板叫你怎么办你就怎么办，你非另起高调干什么！

钢 gāng 激励，刺激，用反话相激。

【例句】看他一直没表态，我又钢了他一句！又如你别钢我，当我是傻子怎么的！

钢钢的 gáng gāng di 第一个"钢"字读 gáng，发重音；第二个"钢"读 gāng 并拉长音。①有力度，有份量，有地位。②非常、特别。

【例句】①咱那老支书，那办事能力，钢钢的！②看咱这身体，钢钢的！这电话机，质量钢钢的！广告语：感叹号，钢钢的！

岗子尖 gǎng zi jiān "岗"读 gǎng。山岗的最顶峰。

【例句】我们气喘吁吁地爬上岗子尖，放眼望去，才理解了啥是"会当凌绝顶，一览众山小"的意境。

杠 gàng ①粗磨。②锻造铁器成尖。③非常好，很精彩。

【例句】①刀不快了，去杠一下。②去铁匠炉杠把铁镐。③市里文工团演得杠好了，你不去看看！

杠尖儿杠尖儿的 gàng jiānr gàng jiānr de 容器装物非常满甚至冒出尖儿来。

【例句】我给他盛了杠尖儿杠尖儿的一碗大米饭，他三口两口就造进去了！

杠尖儿 gàng jiānr 同"杠尖儿杠尖儿"。

【例句】怎么，这么杠尖儿的一晚大米饭都吃光了？

杠尖儿竖流 gàng jiānr shù liú 形容器物盛物盛得非常非常满几乎就要溢出来儿。

【例句】我吃了一大碗杠尖儿竖流的大米饭，还感到没吃饱！

杠口甜 gàng kǒu tián ①满口都是甜言蜜语，比喻关系非常亲密。讽刺性用语。②形容食品口味极甜。

【例句】①一口一个"大叔"，叫得杠口甜！②这大西瓜，杠口甜！

岗烟儿起 gàng yānr qǐ "岗"读 gàng。古代烽火台多建于高高的山岗之上，远远即可看到燃起的狼烟，意味着战争开始。"岗烟儿起"即形容竞争、争斗非常激烈之意。

【例句】你俩争斗得岗烟儿起，究竟为了什么啊？

钢 gàng "钢"读 gàng。打造，锻造。

【例句】你去把镐尖儿钢一钢。又如过年了，把刀钢一钢，准备杀年猪。

搁 gāo "搁"读 gāo，下同。①放在，搁在。②用，拿。③从什么地方。④叫，让。⑤任用。⑥放置。

【例句】①这彩电搁在什么地方才好呢？②家里穷得叮响，你搁啥来招待客人哪？③上沈阳搁哪儿换车呀？④这事儿啊，要搁我说，就算了吧！⑤这公司副总究竟搁谁好呢？⑥要搁别人，我还信不过呢！

搁二上 gāo èr shang 在半道里或私下里。

【例句】电视剧《闯关东》中，朱传杰没经老爹朱开山同意，搁二上私自将饭店抵押出去与日本人合伙儿开煤矿。

搁嘴拱 gāo zuǐ gǒng 只停留在嘴上而不付之行动，靠说好话求人办事儿达到某种目的。

【例句】求人办事儿搁嘴拱啊，不来点儿真的能行啊？

高下 gāo xià 大约的高度。

【例句】他高下同我差不多！又如你说的是高下还是长度？

高低 gāo dī 无论如何，无论怎样。

【例句】谢广坤对刘能说：那得去啊，那高低得去啊！又如村长家办喜事，咱高低也得去随点儿礼啊！

高枝儿 gāo zhir 多说"攀高枝儿"。"高枝儿"指有地位、有势力、有权利的大人物或重要人物。

【例句】我一个老庄稼趴子，可不敢攀你的高枝儿！又如我家儿子可不敢攀高枝儿娶你家姑娘！

高摆 gāo bǎi 高人一等，

【例句】你是什么高摆的人物啊，有什么了起的？

高脚子 gāo jiǎo zi 高跷，即踩高跷。

【例句】大家把高脚子都准备好，到邻村扭大秧歌去。

高粱花子 gāo liáng huā zi 形容人非常土气而缺少文化修养。常用于自嘲。

【例句】就咱这满脑袋高粱花子的老农民，也能上中央电视台演出？

高粱地生的 gāo liáng dìshēng de 形容人人品极差，毫无修养，没人管教，犹如野地里出生。骂人语。

【例句】这小子简直是高粱地生的，整日打爹骂娘，真不是个东西！

高看一眼 gáo kàn yī yǎn ①看中，比他人给予更多照顾。②地位比别人更高一筹。

【例句】①请看在我的薄面，对我儿子高看一眼，安排个体面工作！②既然老板高看一眼，我要是不干出点儿成绩，也对不起老板的厚爱啊！

搞 gǎo 在东北方言中，"搞"的意义非常广泛，属万能动词之一，可替代许多动词的行为、动作，如搞对象、搞破鞋、搞业务、搞副业等等。

搞破鞋 gǎo pò xié 建立不正当的男女关系。含有贬义。

【例句】他年轻的时候净搞破鞋，那点儿丑事儿谁不知道！

搞对象 gǎo duì xiàng 处对象，建立恋爱关系。

【例句】搞对象哪能随随便便，长相倒在其次，怎么也得看看人品、家境啊！

告话 gào huà "告诉你话"的省略语。

【例句】来，给妈告话，老师怎么批评你了？

告送 gào song "告诉"的音变。

【例句】我可告送你，坑崩拐骗的事儿咱可不干！

告枕头风 gào zhěn tóu fēng 也说"吹枕头风""告枕头

话"，都是一个意思即女人在男人面前诉说他人的好处或不是、为他人求情或告状。是一种形象的比喻。

【例句】媳妇经常在丈夫面前告枕头风，老板终于决定罢免副手，启用新人。

告老师 gào lǎo shī　"向老师告状"的省略语。

【例句】你又逃学去网吧，看不给你告老师？

告唤 gào huan　"唤"字发短促轻音。也说"告讼"。"告诉"的音变。

【例句】你再抽大烟，警察抓你别说我没告唤你！

搁 gē　"搁"读 gē，下同。①关押。②拿，使用。

【例句】①那小子犯事叫警察给搁监狱去了！②他再不听话你搁鞋底子抽他！

搁事儿 gē shìr　有涵养，能容人容事儿，遇到问题心里能够沉住气。

【例句】别看人不大，可能搁事儿！又如那人多能搁事儿，什么时候也不发火。

搁楞 gē leng　"搁"字发重音，"楞"发短促轻音。①搅动，搅拌。②煽动，挑拨，背后做文章。

【例句】①锅里的粥再搁楞几下，要不然就落（lào）锅了！②好容易老板同意安排大家去旅游，你就别再瞎搁楞了！

搁不住 gē bú zhù　存放不下。主要指心里存放不下。

【例句】我这心里搁不住话，不说心里憋得慌。

胳膊肘向外拐 gē bo zhǒu xiàng wài guǎi　比喻维护他人

利益而不维护自己利益，向着外人说话而不为自家说话，与"分清里外拐"同意，即分不清里外之意。一种形象的比喻。

【例句】你是他亲姐夫啊，你怎么胳膊肘向外拐为别人说话啊！

胳膊拧不过大腿儿 gē bo nìng bú guò dà tuǐr 比喻在力量或地位上弱者总归较量不过强者。

【例句】你是不是有病啊，胳膊拧不过大腿儿，你和老板对着干，吃亏的还不是你啊！

嗝儿喽 gēr lou "嗝儿"突出"儿"音，"喽"字发短促轻音。①因吃得过饱、过快而发生的嗝逆现象。②语言冲撞使对方十分生气而干着急说不出话。

【例句】一口饭噎得他嗝儿喽嗝儿喽的，老伴儿说：你慢点儿吃啊，别噎坏了！②一句话把老板噎得嗝儿喽嗝儿喽的，半天说不出话来！

圪囊 gē nāng "圪"字发重音。碎秸秆棵及其他粮食作物棵的零碎物，主要用于作牲畜饲料。

【例句】把地下的圪囊收拾起来，还可以喂牲口！

袼褙 gē bei 用碎布或旧布加衬纸糊成的大张的厚布片儿，旧时主要用来做布鞋。

【例句】抽个空儿咱老姐儿俩打点袼褙，该给孩子们做鞋了！

割把草晾着 gē bǎ cǎo liàng zhe 也说"割把草晒着"。跟草无关，而是等待一段时间再说，等一等再说。

【例句】孩子们的婚事儿咱们先割把草晾着，目前当务之急是先给老爷子治病要紧啊！

格喽 gē lou 也说"搁喽"。"格"读 gē。"喽"字发短促轻音。①搅动。②挑拨。

【例句】①快去把大酱缸格喽格喽。②都是你给格喽的，整得我俩一直不说话。

隔长不短儿 gé cháng bù duǎnr 间隔很短时间，经常地、接连不断地。

【例句】隔长不短儿他就到我家来，主要是商量合伙做生意的事。

隔三差五 gé sān chà wǔ ①三天五天,形容时间相隔很短。②经常、时常。

【例句】①那小子隔三差五就来一趟,到底打的什么主意？②工商管理人员隔山差五就来一趟,检查得可勤呢！

隔色 gé sǎi "色"字读 sǎi。形容人性格独特，不随和，与人很难相处。

【例句】那个人太隔色，谁也不搭理！

隔路 gé lù ①形容人性格古怪，不随和。②不同，不一样。

【例句】①那小子性格太隔路，谁也交不透！②当了东北督军后，吴俊升跟往常没啥隔路的，仍然是每天早晨起来溜马。

隔路种 gé lù zhǒng 同"隔路"，专指为人处世更不随和、更与人难处的人。含有贬义。

【例句】电视连续剧《乡村爱情》中的谢广坤真是个隔路种，人见人烦！

隔眼 gé yǎn ①扎眼，不顺眼。②特别。

【例句】①我看他太隔眼，不愿理他！②都是你办事隔眼，真让人操心。

隔膜 gé mó 由于相互不了解、不相通而出现矛盾。

【例句】他俩早就有隔膜了，好长时间就不说话了！

隔凉 gé liáng 物品保暖性能好，能隔断凉气的传入。

【例句】狍子皮非常隔凉，就是铺在雪地里也不觉得凉。

隔行不隔理 gé háng bù gé lǐ 虽然行业不同，但做人的道理或行业的道德规范是一样的。

【例句】隔行不隔理，我们修理行业也要讲究诚信，绝不能欺骗客户。

隔着锅台上炕 gè zhao guō tái shàng kàng 超越正常程序，犹如"越俎代庖"。

【例句】你们上访不能隔着锅台上炕，应该先找县政府然后再找省政府才是正理！

胳肌 gé ji 也说"胳揪""胳肢"。"肌"字发短促轻音。在别人腋下或肩窝处抓挠使之发笑。

【例句】再说看我不胳肌你！又如我说我说，别胳肌我！

个儿人儿 gér renr "个儿"发重音突出"儿"音，"人儿"发轻音并突出"儿"音。自己，一个人。

【例句】这事儿用不着你操心，我个儿人儿办就行了！又如爹死娘嫁人，个儿人儿顾个儿人儿。

格棱子 gé léng zi "格"读 gé，下同。形容人的性格脾气非常古怪、孤僻、不合群。含有贬义。

【例句】你可真是格棱子，净办些缺德事！

格路种 gé lù zhǒng 行为举止或说话与正常人不同，非常古怪。骂人语。

【例句】你小子就是个格路种，净办些格路事儿！

格眼 gé yǎn 非常特别。含有贬义。

【例句】他们兄弟几个，就老三格眼，跟谁都不一样。

格另 gé ling 另外。

【例句】他不跟咱们去，非得格令一个人去。

格另各叫 gé lìng gé jiào 也说"各论各叫"。按照自己的辈分或身份称呼对方，而不是随着大家的称呼去称呼。

【例句】咱们是格另格叫，按我们的辈分我还得叫他舅舅呢！

格揪 gé qiu ①"格"字发重音，"揪"字发短促轻音。在别人腋下或刺痒处抓挠使其发笑。②作弄人，戏弄人，耍戏人。讽刺性用语。

【例句】①我们俩边聊边互相格揪，闹了半天！又如你格揪我，我格揪你，大家笑成一团。②你可别格揪人了，我哪儿是当艺术家的材料啊？又如你这不是格揪人吗，大款儿也是咱当的啊？　再如你可别格揪我了，我哪儿是那种人？你纯粹是格揪我，不就是喝酒吗？来，咱俩干一杯！

格磨 gé mo "格"字发重音，"磨"字发短促轻音。琢磨。

【例句】很长时间我才格磨明白，原来盛京就是沈阳啊！

搁 gě "搁"读 gě。①在什么地方。②从。

【例句】①他搁我身边工作了这么长时间，我也没注意。又如请问，大哥搁家吗？②搁这儿向南一直走就是火车站！

胳膊弯儿 gě bo wānr 像人的胳膊一样自然直角弯。

【例句】把铁线搣个胳膊弯儿！

咯叽 gè ji "咯"字发重音，"叽"字发短促轻音。①小声唠叨、绊嘴、争吵。②不断骚扰、纠缠。③哀求，求情。

【例句】①那两口子咯叽好几天了，也不知为了什么？②我们俩的事儿我们俩解决，你跟着咯叽啥？③你不用再咯叽了，我说不行就不行！

硌愣 gè leng 也写作"格楞"。"硌"字发重音，"愣"字发短促轻音。①别扭。②不光滑，不平滑。

【例句】①即使他说的话有些硌愣，你也别计较。②用手一摸，硌硌楞楞的。

咯愣子 gè léng zi "愣"读 léng。形容人性格独特，脾气古怪，与人不合。含有贬义

【例句】那个人是个咯愣子，你千万小心点儿！又如你怎么一出又一出，净办咯愣子事儿！

硌应 gè ying "硌"字发重音，"应"字发短促轻音。①形容人或物令人讨厌，心里厌烦，不喜欢。②恶心。

【例句】①这小子太咯应人，见他不烦别人！②一听他说话，我这心里就犯硌应。

咯眼 gè yǎn 不顺眼。

【例句 你怎么就看我咯眼，我有什么对不起你的地方？

咯生 gè shēng ①不顺畅，不融洽。②食物有些没熟透。

【例句】①他俩咯生多少年了，一直这样。②羊肉没熟透，有点儿咯生。

咯拉巴生 gè la bā shēng ①形容食物没有熟透、半生不熟。②形容人相互有矛盾、有隔阂、不融洽。

【例句】①牛肉还没熟，咯拉巴生的。②他俩总是咯拉巴生的，关系一直不好。

咯咯楞楞 gè ge lēng lēng ①形容物品凹凸不平。②形容人与人之间关系不好，总有些矛盾。③形容语言或文字不顺畅。

【例句】①这床躺着有些咯咯楞楞的。②他们俩一直咯咯楞楞的，也不是一天两天了。③这篇稿子写得咯咯楞楞的，请你给顺一顺。

咯咯泱泱 gè gè yāng yāng 形容虫类纷纷扬扬，不停地爬动。

【例句】叶面上咯咯泱泱爬满了腻虫，不打药不行了！

咯咯莹莹 gè ge yīng yīng 心里感到麻麻痒痒的不舒服。

【例句】孩子把蛤蟆骨都蝌蚪装了一盆子，咯咯莹莹的真叫人恶心。

咯咯挠挠 gè ge nāo nāo 麻麻痒痒，使人心中难受。

【例句】总觉得身上咯咯挠挠的，像有什么虫子在爬。

个儿 gèr "个"读gè，下同。突出"儿"音。①对手。②自己。

【例句】①要说打篮球，你可不是我的个儿。②个儿过个儿的日子，我也不能管别人家的事儿！

个儿论个儿叫 gèr lùn gér jiào 辈份不同但不能或不方便按辈份称呼，因此相互各自按照各自的不同关系称呼。

【例句】论辈份你应该叫我叔叔，你怎么叫我大哥！嗨！咱们这是个儿论个儿叫！又如咱们个儿论个儿叫，你叫我二舅就行！

个人家 gè rén jiā ①自己家。②住户，住家（与单位相对应）。

【例句】①这是我个人家的事儿，用不着你来操心！②对不起，打错了，这是个人家电话。

个月期程 gè yuè qī chéng 大约一个月左右的时间。

【例句】我这次出去也就个月期程的，很快就回来！

各个儿 gè gěr 第一个"各"发重音，第二个"个儿"读gěr并突出"儿"音。自己。

【例句】谁有难处，只有各个儿知道！

各事各码 gè shì gè mǎ 也说"一码是一码"。层次分明，不能与其他事情取代或混淆。

【例句】你欠我的钱，他欠你的情，各事各码，根本就不是一回事儿！

给劲儿 gěi jìnr 发挥作用，起好作用。

【例句】别看他平时不怎么样，关键时候也真给劲儿！

给天儿 gěi tiānr 天放晴。

【例句】潮苞米早就该晒晒了，可老天爷就是不给天儿！

给脸不要脸 gěi liǎn bú yào liǎn 不识抬举，不识好歹。詈语。

【例句】你别给脸不要脸，局长这么赏识你，你怎么还嫌好绕歹、非要跳槽呢？

给脸抓鼻子 gěi liǎn zhā bí zi 也说"给脸往鼻子上抓""给脸蹬鼻子""给鼻子上脸"，都是同一个意思，即得寸进尺，不知满足。

【例句】你也别给鼻子抓脸，工资一涨再涨，你还嫌少，你还有良心吗？

给个棒槌就认真 gěi ge bàng chui jiù rèn zhēn 棒槌，有人参、旧时洗衣服捶打衣服的木棒 2 个意思，这里是第二者。比喻非常认真。讽刺性用语。

【例句】何必给个棒槌就认真呢，睁一眼闭一眼过去不就行了！

给点儿阳光就灿烂 gěi diǎnr yáng guāng jiù càn làn 充分利用别人给的或制造的机会和条件显示自己或满足自己的需要。讽刺性用语。

【例句】你这个人真是的，怎么给点儿阳光就灿烂？又如你怎么给点儿阳光就灿烂？还不知道自己半斤八两了呢！

根本 gēn běn 本分，实在。

【例句】要讲过日子，还是农村姑娘根本。

根儿 gēnr ①遗留的底子。②剩余的底子。③正支血统，泛指儿子。

【例句】①这是多少年的老病根儿了，一到冬天就犯。②我溜溜剩茶根儿，扔了白瞎了！③老王家都是闺女，连个根儿都没有！

根子硬 gēn zi yìng 形容有靠山，有后台，有势力保护。

【例句】还是人家根子硬，一个小小初中生，要不然能考上公务员啊？

跟 gēn ①不如。②和，与。③亲近。④从。表示起点。⑤在，往。

【例句】①要说庄稼活儿，他可不跟我！②我那小子就跟他奶奶亲，别人都不行。③我孙子一直在奶奶家长大，他也不跟我啊！④你跟哪儿来啊？我刚跟河西开来！⑤你那么大的个子跟那儿一站，太显眼了！

跟趟 gēn tang ①来得及。②跟得上，赶得上。

【例句】①别着急，跟趟，时间还早呢！又如别急，跟趟，等我买点水果再上飞机！②你家孩子学习跟趟不，还补课吗？

跟不上趟 gēn bú shàng tang ①跟不上，落在后面。②跟不上形势的发展变化。

【例句】①割麦子他老是跟不上趟，我老得帮他一把。②年龄大了，我这老脑筋跟不上趟了！

跟腚儿 gēn dìngr ①紧跟着，一个跟一个。②紧追不放。

【例句】①看我们家那只老母鸡，跟腚儿下蛋！②本来我不同意，可老婆跟腚儿磨叽，真没办法！

跟把儿 gēn bàr "把儿"读 bàr 发重音并突出"儿"音。紧跟着，连续不断地。

【例句】要不是我跟把儿看着他，他早就又去赌了！

跟腚绊倒 gēn dìng bàn dǎo 碍事，碍手碍脚。

【例句】你别跟腚绊倒地跟着我，该干嘛干嘛去！又如有孩子跟腚绊倒的，啥也别想干成！

跟腚猴儿 gēn dìng hóur 比喻紧紧跟着的人，多指跟脚的小孩。

【例句】你怎么象个跟腚猴儿似的总跟着我？

跟腚虫儿 gēn dìng chóngr 同"跟腚猴儿"。

【例句】你别像跟腚虫儿似的总跟着我，到一边儿玩儿去！

跟屁虫儿 gēn pì chóngr 紧紧跟在后边。含有贬义。

【例句】老板走到哪儿你就跟到哪儿，你都成了老板的跟屁虫儿了！

跟脚星 gēn jiǎo xīng 同"跟腚猴儿"。

【例句】我家有个跟脚星，想参加合唱团根本不行！

跟头绊脚 gēn tou bàn jiǎo 形容人走步趔趔趄趄、几乎摔倒的样子。

【例句】听说四十年前在这里插队落户的知识青年回故乡探望乡亲们来了，老乡们喜出望外，跟头绊脚地到村口去迎接！

跟头把式 gēn tou bǎ shì ①磕磕绊绊，走路趔趔不稳的动作。②屡经磨难，费劲气力。讽刺性用语。

【例句】①听说在北京上大学的儿子已经回到村里了，老爹老娘跟头把式地跑到村口迎接。②电视连续剧《乡村爱情小夜曲》中，谢广坤跟头把式地给儿子谢永强安排了象牙山度假村副总的职务，谁知谢永强却执意要到山上去办果树园！

跟脚 gēn jiǎo ①前脚后脚，接踵而来。②旧指跟随主人出门的仆人，今多指紧跟大人出行的小孩子。③鞋的大小正好便于走路。

【例句】①我刚刚到，你跟脚就到了。②我有个跟脚的孩子，哪能出远门啊？③刚买的旅游鞋真跟脚！

跟吱 gēn zi "跟"字发重音，"吱"字发短促轻音。刚刚，才不久。

【例句】我跟吱到家，你也回来了！又如我吃过了，跟吱放下碗。

跟前儿 gēn qiǎnr "前"读qiǎn并突出"儿"音。①眼前，身边，附近。②邻近的时间。

【例句】①我记得，老邮局就在发达广场跟前儿。又如您老安心治病，我叫老姑娘到跟前儿伺候您！②眼瞅就到年跟前儿了，年货还没办置呢！

跟才 gēn cái 刚才，刚刚。

【例句】跟才说的，这么一会儿就不承认了？

哏儿喽 génrluo　因受到顶撞或生气而喘不上气，说不出完整话。不是因病而是一种情绪的表示。

【例句】几句话把他顶得直哏儿喽，一句话也说不出来！

哏儿哏儿的 génr génr de　同"哏儿喽"。

【例句】张作霖把吴俊升噎得哏儿哏儿的，半天没说出话来。

艮 gěn　指食品坚韧而不脆生。

【例句】这萝卜有些发艮！又如大果子不是新鲜的有些发艮。

艮揪揪 gěn jiū jiū　也说"艮吧揪""艮个揪"。①意思同"艮"，程度有所加重。②说话带刺儿，话里有话且有幽默感。

【例句】①这猪头肉咬起来艮揪揪的，真好吃！②那人说话总是艮揪揪的，还挺招笑，但不知到底是什么意思？

艮拉吧叽 gěn la bā jī　同"艮"。

【例句】别看鹿肉干吃起来艮拉吧叽的，可真有嚼头，越嚼越香。

哽唧 gēng ji　"哽"字发重音，"唧"字发短促轻音。①一般指小孩子撒娇时小声央求时的情态。②不停地、反复地哭哭闹闹。常重叠使用。

【例句】①小孙子哽唧了半天，就是要抱到外面玩玩儿！②你一天到晚总是哽哽唧唧的到底是为啥啊？

哽哽 gēng geng　第二个"哽"字发短促轻音。形容小孩不停哭闹。

【例句】行了，别哽哽了，我答应还不行吗！

梗梗儿 géng gengr "梗"读 géng。第一个"梗"字发重音，第二个"梗儿"发短促轻音并突出"儿"音。非常傲慢，蛮横不讲理。

【例句】你少跟我耍梗梗儿，我可不吃你那一套！

哽哽唧唧 gèng geng jī ji ①同"哽唧"①。②小声央求。

【例句】① 哽哽唧唧地磨了半天，我也没答应。②孩子哽哽唧唧地要玩儿电脑，被我狠狠训了一顿！

梗梗 gèng geng "梗"读 gèng。第一个"梗"字发重音，第二个"梗"发短促轻音。表示不服而歪着脖子、挺着脖子的样子。

【例句】你说他，他就是梗梗着脖子不爱听！

梗梗吃吃 gèng geng chī chī 第二个"梗"发短促轻音。办事儿不利索，拖拖拉拉，犹豫不决。

【例句】这是集体活动，每人都得交钱，你怎么梗梗吃吃的还不交？

攻 gōng 疮疖毒等聚集而发病。

【例句】你干什么上这么大火儿，攻出这么厉害的疮疖来？

供 gōng ①无偿供给。②侍候。

【例句】①外出打工供吃供住，每月开 800 元！②两个小工供一个瓦匠！

供不上溜儿 gōng bú shàng liùr 也说"供不上手儿"。供应的东西满足不了接连不断的需要。反之是"供上溜儿"。

【例句】最近皮装销售情况非常好，存货有点儿供不上溜儿了。又如赶快组织人手进货，豆油快供不上手儿了。

供上溜儿 gōng shàng liùr 也说"供上手儿"。供应的东西可以满足不需要。

【例句】去查查库，看做豆腐的黄豆供上溜儿不！

供一饥供不了百饱 gōng yī jiī gōng bú liǎo bǎi bǎo 一时的救助不能从根本上帮助受救助者解决长远的困难。

【例句】供一饥供不了百饱，必须找到致富的门路，帮助他们永远摆脱贫穷。

功夫劲儿 gōng fu jìnr 时候，时刻。

【例句】这事儿不趁热乎的功夫劲儿抓紧办，过这个村就没这个店儿了！

弓腰撅腚 gōng yāo juě dìng ①形容人低头弯腰、一副谦恭、谄媚的样子。②形容人哈腰不停地劳作。讽刺性用语。

【例句】①你瞅那大汉奸整天在鬼子面前弓腰撅腚的，真叫人恶心！②今年收成不好，弓腰撅腚地苦干了一年，到头来连成本都收不回来！

拱 gǒng ①用手或嘴撅物或叼物。②挺起。③挤。④针缝。⑤鼓出起。⑥扎进去。⑧将某人赶下台。

【例句】①猪八戒拱地儿！②这袋子土豆虽然不沉，我却楞没拱起来！③在人缝儿中使劲儿一拱就拱进去了！④口袋开口子了，我用针拱一下将就用！⑤后脖子拱出个脓包来！⑥听《聊斋》讲鬼故事，听到害怕处一头拱进你怀里！

⑧你别看现在他对你恭恭敬敬的，不定啥时候他就把你拱下台了！

拱火 gǒng huǒ　激人发火。

【例句】已经够上火的了，你就别再拱火了！

拱嘴儿 gǒng zuǐr　①努嘴。是一种面部表情示意。②物品发芽冒尖儿。

【例句】①看见我一拱嘴，他立刻停住话不再说了。②豆子才泡了两天就拱嘴儿了！

拱脓 gǒng nóng　疖疮化脓。

【例句】这几天疖子正拱脓呢，非常痛！

共起 gòng qǐ　也说"共齐"。一共，总共。

【例句】吆喝了半天，共起也没来多少人！

贡 gòng　为谋私利给他人送的财物或现金。

【例句】做大手术不给主刀大夫进贡，心中总是不把握！

勾 gōu　①数量用词。股、成。②平均，相当于。③搅拌。

【例句】①1吨尿素勾多少钱1斤？②每斤1.20元，勾4角钱一个。③勾点糨子糊窗户缝儿！

勾火儿 gōu huǒr　形容人故意挑起事端，激人发火。

【例句】已经够乱的了，你就别再勾火儿啦！

勾魂儿 gōu húnr　①把人的魂魄勾走，比喻将人领入歧途。②约人外出。诙谐性用语。

【例句】①都是你勾魂儿，他才给你一起去抢劫金店的！②怎么，又来勾魂儿来了？

勾死鬼儿 gōu sǐ guǐr 引诱别人做坏事的人。

【例句】你简直就是勾死鬼儿，整天勾引我们当家的（丈夫）去赌博！

勾连 gōu liān 勾引、引诱、串通他人做不正当的事儿。

【例句】那孩子本是个本分孩子，都是他给勾连学坏的。

勾芡 gōu qiàn 本意为向汤或炒菜添加淀粉，引申为添枝加叶，推波助澜。

【例句】要不是你勾芡，他们俩能打起来吗？

勾嘎不舍 gōu gǎ bù shě 心中实在舍不得，勉强而为之。

【例句】眼见将许多新衣服都捐给了灾区，老婆勾嘎不舍的，最后也同意了。

勾搭连环 gōu dā lián huán 也写作"狗搭连环"。互相串通，互相勾结，狼狈为奸。讽刺性用语。

【例句】你再和张老四勾搭连环，非进监狱不可！又如他俩整天勾搭连环泡在一起，准没什么好事儿！

勾勾巴巴 gōu gōu bā bā ①形容人身体卷曲不挺直，一副猥琐相，缺少精神气儿。②形容物体或植物卷曲不直。

【例句】①看你整天勾勾巴巴的样儿，能干成什么大事？②这批黄瓜遭水灾了，勾勾巴巴的，肯定卖不卜价了！

勾勾瞎瞎 gōu gou xiā xiā 皱褶不平的样子。

【例句】这张地图沾水了，勾勾瞎瞎的，看不清了。

勾拉勾秋 gōu la gōu qiū 形容物品卷曲不直。

【例句】大立柜的门怎么勾拉勾秋的，已经变形了。

勾拉嘎七　gōu la gā qī　也说"勾拉巴七"。形容物品弯曲变形。

【例句】这书是怎么装订的，勾拉嘎七的，看来得返工了。

勾肩搭背　gōu jiān dā bèi　相互搂抱，形容非常亲昵的样子。

【例句】那几个人平时勾肩搭背的，不知为什么，突然反目了，成为仇人了。

勾眉画眼儿　gōu méi huà yǎnr　过分地描眉打扮面容。含有贬义。

【例句】你勾眉画眼儿的这么打扮，到底要去干什么啊？

佝偻巴瞎　gōu lou bā xiā　形容人身体佝偻向前弯曲。

【例句】你佝偻巴瞎的，在家歇着得了，到处乱走什么啊！

钩儿　gōur　①器物尖端有弯儿。②大哭或咳嗽时吸气带音儿。讽刺性用语。③有零头。

【例句】①朝鲜族妇女传统的鞋脚尖儿还带钩儿。②哭就哭吧，干什么还带个钩儿？③这批货如能卖出去，能赚一倍还有钩儿呢！

沟满壕平　gōu mǎn háo pīng　本意是沟壑、壕沟都已填满。引申为①比喻得到许多好处或益处。②形容吃饱喝足，酒足饭饱。讽刺性用语。

【例句】①你这次外出检查工作，闹了个沟满壕平，收获挺丰富啊？②别人还没动筷子，你先造了个沟满壕平，你丢人不丢人啊？

勾勾 góu gou 第一个"勾"字读 góu（下同）并发重音，第二个"勾"读 gōu 并发短促轻音。 ①小心眼儿，自私。②身体卷曲。

【例句】① 就他那点儿勾勾心，谁还看不透？②你怎么在这里勾勾着睡着了？又如你这手怎么越长越勾勾了？

勾了勾秋 góu la gōu qiū ①同"勾勾巴巴"。②偷偷摸摸，不光明正大。

【例句】①岁数不大，怎么长得勾了勾秋的？②挺大个男人净干些勾了勾秋的事儿，也不怕人笑话！

狗蹦子 gǒu bèng zi 狗身上的跳蚤，引申为比喻上窜下跳、极不稳重的捣蛋鬼。

【例句】你怎么属狗蹦子的，一天没个安稳时候！

狗剂子 gǒu jì zi 形容人非常下贱、低微。含有贬义。

【例句】你看他狗剂子样儿，怎么还有姑娘相中他了？

狗性 gǒu xing 也说"人性狗"。①狗腥味，伤人恶语。②小气，吝啬。

【例句】①没扔骨头招来了狗性味，你来干什么？②他倒是有俩儿钱，不过平时太狗性了，一分钱不出手！

狗熊 gǒu xióng 怯懦，熊包。讽刺性用语。

【例句】这小子属狗熊的，胆子特别小。

狗扯羊皮 gǒu chě yáng pí 无聊地扯皮。

【例句】这帮玩意儿整天狗扯羊皮，纯粹是吃饱了撑的！

狗打连环 gǒu dǎ lián huán 比喻相互勾结，狼狈为奸。

【例句】你们和那伙人整天狗打连环的，准没有什么好事儿！

狗头宝 gǒu tóu bǎo 像金子似的珍贵、宝贝玩儿意。

【例句】他见了我这些老资料，竟然像得到了狗头宝似的高兴！

狗头金 gǒu tóu jīn 较大块像狗头样的砂金，引申为贵重的宝贝。

【例句】你怎么这么高兴？捡到狗头金了？

狗驼子 gǒu tuó zi 也说"耍狗驼子"。形容人故意做出像狗熊一样的笨憨而令人发笑的动作。晋语。

【例句】安静点，这是办公室，不是你耍狗驼子的地方！

狗剩儿 gǒu shèngr 狗吃后的剩饭，引申为劫后余生的大命之人。东北小孩儿很多以此为名，以求好养活。

【例句】那家人家可真逗，都什么年代了，生个儿子还起名叫狗剩儿！

狗牛子 gǒu niú zi 公狗生殖器。骂人语。

【例句】你这个狗牛子玩意儿，谁的媳妇你都敢欺负？看我不揍扁了你！

狗卵子 gǒu lǎn zi "卵"读 lǎn。同"狗牛子"。

【例句】狗卵子的，你给我滚得远远的！

狗揍的 gǒu zòu de 也说"狗操的"。狗生养的。犹如"狗娘养的"。骂人语。

【例句】我揍你个狗揍的玩意儿，看你还敢不敢去网吧！

狗尿台不济长在背儿上 gǒu niào tái bù jì zhǎng zài bèir shàng 狗尿苔为一种毒菌类植物即鬼笔；"不济"即"不怎么样"之意；"背儿上"引申为重要位置。形容人身份虽然低下却身居重要位置。讽刺性用语。

【例句】别看他人不怎么样，狗尿台不济长在背上，竟然当了局长！

狗尿苔不济长在金銮殿上 gǒu niào tái bú jì zhǎng zài jīn luán diàn shang 意思同上。金銮殿，借指地位非常重要。

【例句】狗尿苔不济长在金銮殿上，人家有个表哥是县长，就他那个小样也考上了公务员！

狗肚子装不了二两香油 gǒu dù zi zhuānng bú liǎo èr liǎng xiāng yóu 形容人城府太浅，性格外露，有事不能藏在心里。讽刺性用语。

【例句】你是狗肚子装不了二两香油，刚刚得了个红包就到处炫耀显摆，生怕别人不知道！

狗颠屁股 gǒu diān pì gu 形容人跑前跑后献殷勤。讽刺性用语。

【例句】他整天狗颠屁股似的向领导献殷勤打溜须，终于弄了个小官儿当当！

狗吃屎 gǒu chī shǐ 也说"狗抢屎""前趴子"。形容人被绊倒、摔倒后向前两手扶地的动作。

【例句】犯罪分子被警察一个脚绊把他摔了个狗吃屎，只好束手就擒。

狗改不了吃屎 gǒu gǎi bū liǎ chī shǐ 形容人本性难移，秉性、习惯、爱好、性格等都难改变。詈语，讽刺性用语。

【例句】狗改不了吃屎，这不，因为吸毒才出狱几天啊，又被警察抓走了！

狗皮袜子没反正 gǒu pí wà xi méi fǎn zhèng 狗皮做的袜子反穿正穿都可以，引申为①形容人相互关系十分友好，不分彼此。②形容人说话反复无常，说变就变。诙谐性用语。

【例句】①你们俩啊，好的时候狗皮袜子没反正，说翻脸就上法庭了！②你怎么候狗皮袜子没反正，刚刚说的话怎么这么快就变了！

狗肉丸子上不了席 gǒu ròu wán zi shàng bū liǎo xì 也说"狗肉丸子上不了台面""狗卵（读 lǎn）子上不了席"，都是一个意思即由于层次太低而不能登大雅之堂。讽刺性用语，骂人语。

【例句】我看你就是狗肉丸子上不了席，大家选你当村长，你还一百个不同意！

狗舔寮子个儿顾个儿人 gǒu tiǎn lióo zi gér gù gér rēn 寮子，狗的睾丸的俗称。形容自己只顾自己、自己只考虑自己而不顾他人。诙谐性用语。

【例句】你怎么狗舔寮子个儿顾个儿人，别人还没领到工钱，你先近水楼台先得月把工钱都扣下了！

狗咬狗一嘴毛 gǒu yǎo gǒu yī zuǐ máo 形容互相斗争、相互攻击即"窝里斗"。讽刺性用语。

【例句】张作霖与吴俊升本是结拜兄弟，却狗咬狗一嘴毛，终于反目成仇。

狗走千里吃屎 gǒu zǒu qiān lǐ chī shǐ 全句是"狗走千里吃屎，狼走千里吃肉"。形容本性难移。

【例句】俗话说狗走千里吃屎，他那驴脾气这辈子也改不了了！

狗屁不是 gǒu pì bú shì 形容人能力极低，什么真实本领也没有，什么都不是。

【例句】说你狗屁都不是，你还不服，手机蓝牙你都不会，你还懂什么？

狗奘狗奘 gǒu zàng gǒu zàng 两个"奘"字都发重音。骂骂吵吵，争吵不休。含有贬义。

【例句】你们几个人怎么整天狗奘狗奘的？有什么解不开的疙瘩？

狗屎撅子嗑 gǒu shǐ jué zi kē 非常不中听、对人有伤害、刺激的语言。含有贬义。

【例句】孔什长几句狗屎撅子嗑把东北督军吴俊升气得倒仰，坐在那里一时说不出话来。

狗不吃，鸡不鹐 gǒu bū chī, jī hū qiān 也说"狗不闻，鸡不鹐"。形容人人事关系不好，连狗都不闻，鸡都不鹐。诙谐性用语。

【例句】要说起老张那人，真叫狗不吃、鸡不鹐，人缘极差，连一个真正朋友也没有！

狗屁呲儿 dǒu pì cīr 突出"儿"音。斥责，呵斥，批评。含有贬义。

【例句】今天真够背的，事儿没办成，还挨了村长一顿狗屁呲儿！又如怎么样，挨了一顿狗屁呲儿，这回老实了吧！

狗眼看人低 gǒu yǎn kàn rén dī ①势利眼。骂人语。②根本看不起人。骂人语，讽刺性用语。

【例句】①你这就是狗眼看人低，就是个势利小人！②你这不是狗眼看人低吗，女人就办不成大事了？

狗肉贴不到羊身上 gǒu ròu tiē bú dào yáng shēn shàng 比喻没有亲缘关系难以相互接纳。讽刺性、诙谐性用语。

【例句】俗话说，狗肉贴不到羊身上，他们俩根本就不是一路人，你叫他俩合作，根本不行！

够 gòu ①触及，达到。②巴结。

【例句】①衣服挂太高了，我都够不着！又如我的学习不好，你就是再让我50分，我也够不着啊！②他上赶着够人家，人家也不搭理！

够戗 gòu qiàng ①（程度）十分厉害。②难以达到或完成。把握不大，希望不大。②难以承受，难以忍受。③病重几乎没有生还的希望。④行为过分。

【例句】①走了一天一夜的山路，累得我够戗！②这次考公务员希望不大，我看够戗。又如这次不知能不能出国，可能够戗！又如你也想选村长？我看够戗！③就你这小体格也外出打工？我看够戗！③心梗挺严重，我估计这次够戗挺过去！④你这个人真够钺，怎么和一个小小老百姓计较，丢不丢人啊？

够不上 gòu bu shàng　即"勾不上"，达不到一定标准或价格。

【例句】你给的这个价，我连本钱都够不上啊，根本不行！

够本儿 gou běnr　①可以满足需要。②能够达到一定标准或要求。

【例句】①我这辈子能买台进口名牌汽车，这辈子也就够本儿了！②什么时候我一个月能挣 1 万块钱，我也就够本儿了！

够过儿 gòu guòr　同"够本儿"。

【例句】①真是人心不足蛇吞象，你都年薪 10 万元了，怎么还不够过儿啊？②什么时候我能到新加坡、马来西亚、泰国旅游一圈儿，这辈子我就够过儿了！

够够儿的 gòu gōur de　第二个"够"读 gōu。"够儿"拉长音并突出"儿"音。极其不腻烦，忍耐到了极限。

【例句】一看港台电视剧我就够够儿的，连个普通话都说不好，真不知有什么看头！

够头儿 gòug tóur　达到预想或约定的数字或目标。

【例句】扯了十几尺布做套衣服，结果不够头儿，缺了一尺！又如准备了 300 元钱买张火车票，结果火车票涨价了，钱不够头儿了！

够手儿 gòu shǒur　①人数可以满足需要。②形容人的能力、水平可以达到所要求的程度。

【例句】①打麻将我们够手儿了，你就别来了。②要严格地说，干这一行你还不够手儿，还得练练。

够揍儿 gòu zòur　多使用否定语即"不够揍儿"。①不是人生父母养的。骂人语。②形容人不够意思。

【例句】①这小子真不够揍儿，连他老爹也不养！②你可有点不够揍儿，求你办这么点儿事儿都不行！

够喝一壶 gòu hē yì hú　难以承受，承受不了。讽刺性用语。

【例句】我把你的事儿告诉你媳妇，还不够你喝一壶的？

够口儿 gòu kǒur　①因年龄大而距死不远了。②牲口牙齿长齐了。③达到一定程度。

【例句】①我这么大岁数，够口儿喽！②这匹老马已经够口儿了！③你折腾够口儿了，警察快找你啦！

够意思 gòu yìshi　为人仗义，够朋友，够交情。

【例句】哥们儿真够意思！我都落套（失势之意）了还来看我！又如还哥们哪！向你借两千块钱你都不借，真不够哥们儿意思！

够哥们儿意思 gòu gē menr yì si　同"够意思"。

【例句】电视连续剧《不是钱的事》中于戴宁真够哥们儿意思，关键时刻总是帮助队长尤任友解决各种难题。

够劲儿 gòu jìnr　①力量足。②到份儿。③酒的度数高，喝起来爽口刺激。③讥讽人的人品较差。感叹用语。

【例句】①扛二百斤的袋子上四阶跳板，真够劲儿！②这一天累得可真够劲儿！③这是什么酒，真够劲儿！③每月开这么多工资还发牢骚，可真够劲儿！又如他这个人啊，爹妈都不养，真够劲儿！

够料 gòu liào ①是人材。②否定语"不成材"。

【例句】①让他当县长，够料儿！②这人真够料儿，一点正事也没有！

够说儿 gòu shuōr 达到一定程度。

【例句】你已经闹得够一说了，见好就收吧！

够一说 gòu yī shuō 同"够说"。

【例句】你们几个也够一说了，背着老板到国外推销企业产品挣私钱。

够十五个人看半拉月的 gòu shí wǔ gè rén kàn bàn là yuè de "拉"读 lǎ。形容人或事物、服饰等非常难看，令人难以接受。诙谐性、夸张性用语。

【例句】就你这身中不中、洋不洋的服装，真够十五个人看半拉月的！

公母俩 gū mǔ liǎ "公"读 gū 发"姑"音。一般指年龄较大的老两口。

【例句】天这么黑了，你们老公母俩还到哪里去？

咕嘟 gū du ①供不上。②长时间慢煮。③噘嘴。④喝进去。

【例句】①癞蛤蟆打苍蝇 —— 咕嘟不上嘴儿。②锅里的肉快咕嘟熟了。③小姑娘咕嘟个嘴儿满脸不高兴！④废话少说，把这杯酒咕嘟进去再说！

咕咕 gū gu 第二个"咕"字发轻音。低声交谈，小声嘀咕。

【例句】他俩躲在一边儿咕咕了一阵，不知在商量什么事儿！

咕囊 gū nɑng "囊"字发轻音。液体或气体被挤压时发出的声音。

【例句】我这伤口这几天跳脓呢，一摁直咕囊！

咕囔咕囔 gū nāng gū nāng 象声词。形容由于物品过于暄软因外力发出的声音。

【例句】走过塔头（详见本书《专用名词》"塔头"）地，咕囔咕囔直响。又如春天公里翻浆了，走上去咕囔咕囔的。

估摸 gū mo "摸"字发轻音。估计，大估景。

【例句】今年是个丰收年，粮食单产估摸都超千斤。

估堆儿 gū duīr ①人群集中。②对大堆的物品估价。

【例句】①你们几个人别估堆儿，站好了集中精力听老板讲话！②这车大白菜你就估堆儿吧，你看能给多少钱？

姑娘家家 gū niɑng jiā jiā 泛指小女孩、小姑娘。一种昵称。

【例句】这事儿姑娘家家的少打听！又如姑娘家家的，别跟着瞎惨乎！

孤老棒子 gū lǎo bàng zi 也说"轱辘棒子"。无儿无女的孤独老人。讽刺性用语。

【例句】现在政策多好啊，连农村的孤老棒子都享受低保了！

骨碌　gū lu "骨"读 gū，下同。①量词，一段，一节儿。②躯干或树干的一段。③圆柱形物体。④扭打在一起。⑤转动。⑥不停地忙碌。

【例句】①天黑了，我送你一骨碌。又如今晚易中天讲《三国》，主要是讲刘、关、张桃园三结义那骨碌！②把这段木头骨碌赶快运回去！③一段树骨碌。④不知为什么，他俩突然骨碌在一起了。⑤他骨碌着大眼珠子，心生一计。⑥我在厂里骨碌了一宿，到现在还没合眼呢。

骨节　gū jie 同"骨碌"①。

【例句】甜杆儿就最底下几骨节甜，越是上边越不甜！

箍眼　gū yǎn 牛马等大动物软骨突出症，引申为特别着急。讽刺性用语。

【例句】我都急出箍眼来了，你还在一边儿看热闹！

箍堆儿　gū duīr 人往一起聚拢、集聚在一起。

【例句】你们几个别箍堆儿唠嗑，注意听老师讲课！

轱辘　gú lu ①碾轧。②翻身睡觉，和衣而卧。③粘，滚。④打成一片地没日没夜地干工作。

【例句】①天已经上大冻了，可以把那些苞米都轱辘出来了！②晚上就在这里轱辘一宿吧！③天津大麻花轱辘一层又一层卷出来的。④一身土一身汗地和工人一起轱辘好多年了！

轱辘个子　gú lu gè zi 也叫"车轱辘汉子"。短粗身材。

【例句】举重运动员一般都是轱辘个子，身材不高却非常结实。

鼓 gǔ ①拱起来，冒出来。②喷。③接连。

【例句】①看这烟抽的，房子都快鼓起来了。②闲饥难忍，没事就在那儿鼓烟儿！③这点活儿一鼓气儿干完再歇着！

鼓灵 gǔ líng "灵"字发短促轻音。非常饱满。

【例句】这批大豆个个鼓灵的，肯定能出口。

鼓溜儿 gǔ liūr "溜儿"突出"儿"音。形容饱满而凸起的样子。

【例句】瞧我这肚子吃得鼓溜儿的了，怎么没吃够，还想吃！

鼓囊的 gǔ nāng de 鼓鼓囊囊。

【例句】你穿这么瘦的衣服，肚子鼓囊的，好看啊？

鼓包 gǔ bāo 发生预想不到的问题，出现预想不到的事故，犹如"事情败露"。讽刺性用语。

【例句】这边儿工作都做好了，没想到那边儿又鼓包了！

鼓捣 gǔ dao ①闹腾。②暗中挑唆、撺掇，做小动作。③倒腾，反复从事某一动作。

【例句】①大家商量好的事儿，你就别再鼓捣了！②这事儿要是他一鼓捣，非露馅不可！③你这是一趟一趟鼓捣什么呢？又如东北大帅吴俊升从小就是鼓捣马出身，对马非常有研究。

鼓秋 gǔ qiu "秋"字发短促轻音。①反复摆弄、调理、整治。②私下挑唆、撺掇。

【例句】①这摩托车你已经鼓秋一整天了，还没修好？②这事儿都是他给鼓秋的，否则早办成了！

鼓灵 gǔ líng 饱满。

【例句】这大豆可真鼓灵，可以出口了！

鼓肚儿 gǔ dùr ①物体鼓起如肚。②生气。③起起落落的样子。

【例句】①这道墙有些鼓肚了。②他被气得干鼓肚儿没话说。③大风将塑料大棚吹得直鼓肚儿！

鼓鼓囊塞 gǔ gǔ náng sāi "塞"读sāi。也说"鼓耳囊腮""鼓鼓囊囊"。形容物品圆圆鼓鼓、非常丰满的形状。

【例句】你这拎包里鼓鼓囊塞的，都装些什么东西啊？

鼓鼓溜溜 gǔ gǔ liū liū 也说"鼓鼓溜秋"。同"鼓鼓囊塞"。

【例句】今年雨水好，大豆荚鼓鼓溜溜的，肯定是个丰收年！

鼓鼓捣捣 gǔ gǔ dāo dāo "捣"读dāo，两个"捣"均拉长音。①忐忑不安。②偷偷摸摸。含有贬义。

【例句】①虽说得到了准信儿，但心里鼓鼓捣捣总是不放心。②你在那里鼓鼓捣捣摆弄什么呢？

鼓耳挠腮 gǔ eěr náo sāi 形容非常着急而又毫无办法的样子。

【例句】一听说儿子被绑架，他急得鼓耳挠腮的，一时不知怎么办才好。

骨头棱子 gǔ tóu léng zi 突出的骨头。

【例句】哟！怎么瘦得都露骨头棱子了？

骨血 gǔ xuě 血缘，有血缘关系。多指有血缘关系留下的后代。

【例句】这孩子是红军留下的骨血。又如我这辈子只生了几个丫头片子，也没留下什么骨血。

骨架　gǔ jià　也说"骨头架子"。人的外貌体型。

【例句】我这人生来骨架就小，到现在也是矮小个子。

骨棒儿　gǔ bàngr　骨骼。主要指人的身形。

【例句】丫蛋儿就是个小骨棒儿，永远也长不大。

骨灰坛子　gǔ huī tán zi　旧时没有骨灰盒，遇有骨灰多用坛子盛殓。

【例句】挖出的骨灰坛子一看，里面装的都是生锈的铜钱儿。

古　gǔ　过去发生的事儿，历史故事，历史上的发生的历史事件。

【例句】上了年岁的人，几乎都能讲这几段古！

古气　gǔ qì　形容古色古香的东西。

【例句】这座八仙桌挺古气的，别扔了，留着用吧！

古铜色　gǔ tóng shǎi　像古铜器一样深褐色。

【例句】你这件古铜色的短大衣挺漂亮的，穿起来真有派！

古趣儿　gǔ qùr　历史上发生的有趣儿的故事。

【例句】我给大家讲个"孔融让梨"的古趣儿！

古里古气儿　gǔ lǐ gǔ qìr　形容平时看不到、非常稀少、年代比较久远的物品。

【例句】你拿着这么一个古里古气儿的东西，还真以为是什么古董呢？

故故道儿　gù gu dàor　花招儿，损招儿。

【例句】跟我来这一套？量你也没有什么故故道儿！又如有什么故故道儿，你就想吧！

故故牛 gù gu niú　秘密。

【例句】我当然知道你们的故故牛，给你们留面子不说破而已！

故故头儿 gù gu tóur　是非，问题。

【例句】这事儿天知地知你知我知，一旦泄露可就出故故头儿了！

故事儿 gù shir　①有花样，有说法。②有隐情，有不公开的其他内容。③儿童做出的有趣儿动作或说出令人发笑的语言。

【例句】①不用问，他一直不出面，肯定有故事儿！②让你去谈判而老板却不出面，这里一定有故事儿！③在中央电视台《我要上春晚》栏目中，6岁的小演员武东搏可真有故事儿，花样百出。

痼动 gù dong　"动"字发短促轻音。①心术不正。②阴险，暗中使坏。③坏主意。

【例句】①这人心眼太痼动，叫人摸不透。②那人蔫痼动坏，交不得！③瞧他不声不响的，不又打什么痼动主意呢？

痼动心 gù dong xīn　同"痼动"①。

【例句】那小子长了个痼动心，成着坏了！

痼涌 gù yong　"痼"字发重音，"涌"字发短促轻音。①蠕动。②扭摆。③慢慢腾腾地走路。

【例句】①蝇蛆白白的满地痼涌，真令人恶心！②他撅着屁股瘤涌了半天也没把车修好。③快点儿走，在后边瘤涌啥呢？

— **古** — gu 动词尾，表示小幅度连续性。

【例句】踩古、挤古、磨古等。

— **古搭** — gu dā 形容词尾，表示厌恶色彩的性质不干脆。

【例句】粘古搭、软古搭、咸古搭等。

— **古都** — gu dū 表示性质的不清爽。

【例句】热古都、温古都、呛古都等。

— **古叽** — gu jī 表示性质的不干净，不利索。

【例句】软古叽、甜古叽、温古叽等。

— **古隆** — gu lōng 形容词尾，表示性质的不明确。

【例句】黑古隆、蔫古隆、热古隆等。

— **古轮敦** — gu lún dūn 词尾，带有厌恶色彩，表示体态的笨重肥胖。

【例句】胖古轮敦、圆古轮敦等。

— **古囊囊** — gu nāng nāng 词尾，带有厌恶色彩，表示性质缺乏硬度。

【例句】软古囊囊等。

【例句】你儿子来了？这回又想刮嗤点儿什么？

瓜拉 guā la "瓜"字 发重音。①受连累。②联系。

【例句】①如果我出事了，我绝不瓜拉你！②这事儿和我瓜拉不上！

瓜连 guā lian　"瓜"字 发重音。受牵连，担责任。

【例句】弄不好，我也要跟你受瓜连！

瓜带 guā dài　把柄，短处。

【例句】你是不是有什么瓜带在人家手里？又如这事与你有什么瓜带？

瓜搭 guā da　"瓜"字 发重音。①象声词，撂下脸子。②形容脸色呆板。③无休止地说。

【例句】①她听后，脸一瓜搭扭头就走了。②那人长得驴脸瓜搭的。③住嘴！别没完没了地胡瓜搭！

瓜子儿不饱暖人心 guā zǐr bū bǎo nuǎn rén xīn　一种形象的比喻。虽然物品不多但可以温暖人心，可以使人感到温暖。

【例句】虽然水灾补助款不多，但瓜子儿不饱暖人心，也是政府的一点儿心意。

呱搭嘴儿 guā dā zuǐr　同"吧唧嘴儿"。吃东西嘴里发生的响声。

【例句】咬牙放屁呱搭嘴儿，样样都让你占全了！

呱拉 guā la　"呱"字 发重音。形容人特别能说话。含有贬义。

【例句】你这张嘴啊，可真能呱拉！

呱唧 guā jī　象声词，人摔倒时发出的声音。

【例句】一不小心，"呱唧"摔了个大前趴子！

呱呱湿 guā guā shī　不同于普通话里的"呱呱"，而是形容衣服湿透的样子。

【例句】裤子尿得呱呱湿，快拿出去晒晒！又如没带雨伞，一场大雨把我浇个呱呱湿！

呱叽呱叽 guā ji guā ji 两个"呱"字均发重音，两个"叽"字均发轻音。①鼓掌的代名词。②形容衣物湿透了。

【例句】①欢迎你给唱首歌，大家呱叽呱叽！②挨雨淋了，浑身湿得呱叽呱叽的。

挂 guā "挂"读 guā，下同。受牵连。

【例句】这事儿虽然不是他干的，但也挂边儿。

挂边儿 guā biānr ①稍有牵连。②沾边儿，沾边儿就赖。

【例句】①他们打麻将赌钱，我看热闹，结果警察把他们抓了，我也挂边儿被罚款。②这事儿可都是他们几个人干的，跟我可不挂边儿！

刮 guā ①蹭，碰。②以手刮脸羞对方。③淘净。

【例句】①一不小心，崭新的上衣被刮了个口子。②羞不羞，大家用手刮她！③你把油底子都刮干净。

刮嗤 guā chi "刮"字发重音，"嗤"字发短促轻音。①搜刮。②羞辱。

【例句】①你小心点儿，一辈子攒那俩儿钱儿，还不让你那儿子刮嗤净了？②你这不是拐弯抹角地刮嗤人吗？

刮拉 guā la "刮"字发重音。①碰，涉及。②揩油，勒索。

【例句】①这案子和我一点也不刮拉！②当儿女的不能老去刮拉老人！

寡妇失业 guǎ fu shī yè 对寡妇的一种戏称。常常用于自嘲。

【例句】她一个寡妇失业的，日子过得多难啊！又如我一个寡妇失业的，还指望发大财啊！

寡妇门前是非多 guǎ fu mén qián shì fēi duō 寡妇由于没有丈夫，如果与之往来，便有不正当男女关系之嫌，因此要十分谨慎。诙谐性用语。

【例句】寡妇门前是非多，你总去帮助她，不怕人们说闲话吗？

挂 guà "挂"读 guà，下同。①牵挂，挂念。②蒙着，糊着，缠绕。③打电话。④勾搭。⑤含有，带

有。⑥搁置。⑦带。

【例句】①我心里总挂着这件事儿。②李子表面挂着一层霜。又如上山回来，裤子挂了一裤腿老苍子。

③我给家里挂个电话。④挂码子。⑤这苹果甜中挂酸。⑥这事查不出来先挂起来再说。⑦参军小到三年就挂长了！

挂不住 guà bu zhù 因丢面子、受羞辱而使脸上无光。

【例句】你办的这丢人事，连我也挂不住脸啦！

挂不住脸 guà bū zhù liǎn 同"挂不住"。

【例句】一名公务员在众人面前被监察人员抓住违纪行为，使科长也挂不住脸，一再检讨管理不严。

挂幌子 guà huǎng zi 虚假行为，形容做表面文章，以假乱真。

【例句】民工成立了维护合法权益小组，不过是幌子，迎接上级检查。

挂带 guà dài 牵连。

【例句】你要犯事儿，可不要挂带我！

挂拐 guà guǎi 较远亲戚。

【例句】我和他是挂拐子亲戚，论辈儿我叫他姑夫。

挂记 guà jì 惦念。

【例句】到地方打个电话，别让老娘挂记！

挂锄 guà chú 由铲草完毕把锄头挂起来引申而来,即农闲时节。

【例句】等挂锄时，我把那三间房盖起来！

挂马子 guà mǎ zi 有不正当的情人关系并与之鬼混。贬低性用语。

【例句】那小子整天挂马子，公然在公共场所出出进进。

— **瓜子** — guā zi 用于名词尾,表示物体形体小而紧凑。

【例句】咸菜瓜子、鲫鱼瓜子等。

掴 guāi ①拍打，摔打。②投掷。

【例句】①电视小品《英雄母亲的一天》中，赵丽蓉饰演的英雄的母亲的台词：孩子不听话，有时我也掴击几下！②咱俩儿比试比试，看咱们谁掴的远！

掴打 guāi da 也说“掴击”。“打”字发短促轻音。①拍打。②碰一下，打一下。

【例句】①看你这满身土，我给你掴打掴打！②胆儿肥了吧，你掴打一下试试？

乖乖 guāi guai ①感叹词"我的妈呀"之意。②小孩子的昵称。

【例句】①我的乖乖，你这是怎么了？②我的乖乖宝贝，你的病可算好了！

拐扯 guǎi che "拐"字发重音，"扯"字发短促轻音。拐弯，绕来绕去绕进去。

【例句】这事儿根本和我没关系，怎么又拐扯到我了？

拐带 guǎi dai "拐"字发重音，"带"字发短促轻音。①受牵连。②使用非法手段将人骗走，多指拐卖人口。

【例句】①儿子身子骨不好又有残疾，将来说媳妇都受拐带！②这么乱的市场，可得把小孩儿看好，要叫人贩子给拐带走了，哭都哭不上溜儿了！

拐搭 guǎi da ①一瘸一拐地走。②受牵连或影响。

【例句】①这么远的路，你怎么也拐搭拐搭地来了？②对不起，叫你也受拐搭了！

拐拉 guǎi la 形容人走路不稳摇摇晃晃的样子。

【例句】这么远的路，你拐拉拐拉地就不用去了！

拐拉腿 guǎi lā tuǐ 伸不直的腿，走路不稳。

【例句】刚才邻居家拐拉腿来找你，有事儿？

拐拉子 guǎi lā zi 瘸子，拐子。

【例句】我是拐拉子扭秧歌 —— 怎么也赶不上点儿！

拐弯儿 guǎi wānr 零头，有尾数。

【例句】我的岁数比你大一轮还拐弯呢！

拐旮旯儿 guǎi gā lár　即拐弯又偏僻背静的地方。

【例句】你怎么住这么个拐旮旯儿的地方，叫我好找。

拐弯儿抹角 guǎi wānr mò jiǎo　说话或办事儿不直截了当而是躲躲闪闪、旁敲侧击。

【例句】电视连续剧《乡村爱情故事》中谢广坤说：你要有啥话你就说，别拐弯儿抹角的，咱俩用不着这个，直搂！

拐脖子亲 guǎi bó zi qīn　不是直系亲属而是仅有亲属关系的远亲。

【例句】我和村长也不过是拐脖子亲，也没什么过多的往来。

拐弯儿亲戚 guǎi wānr qīn qi　不是真正亲戚，而是七拐八拐论出来的关系很远的亲戚。

【例句】村子大多数都是辽宁省庄河人，拐弯儿亲戚多得是。

拐把子亲戚 guǎi bà zi qīn qi　同"拐弯儿亲戚"。

【例句】他和我是拐把子亲戚，平时也没什么往来。

怪 guài　行为反常。

【例句】他的脾气有点儿怪！又如你说怪不怪，怎么给钱还不要呢？

怪道 guài dɑo　"怪"字发重音，"道"字发短促轻音。怪不得，难道。

【例句】这祸是他惹的？怪道他见人就躲！

怪乎 guài hu　埋怨。

【例句】这事不怪乎你，都是我的主意！

怪不得 guài bū dé　原来如此，如梦方醒。

【例句】怪不得你不报名参军，原来你是独生子啊！

　　关 guān ①关系到。②保准，肯定。

【例句】①我们商量好的，双方都没意见，关你什么屁事儿？②这是经领导批准的，关你不负责任！

　　关里 guān lǐ　东北人称山东、河北等山海关以里省份为关里。

【例句】你不是回关里了吗，什么时候回来的？

　　关里家 guān lǐ jiā　山东、河北等地迁居到东北后的农民对原来老家的简单称呼，即山海关以里的原籍老家。

【例句】老宋，今年回关里家了吗？

　　关里人儿 guān lǐ rénr　东北人称山东、河北等地山海关以内省份的人。反之是“关外人儿“。

【例句】他家原来是关里人儿，后来“跑盲流”来到咱们屯子的。

　　关板儿 guān bǎnr ①商店闭店。②商店倒闭。

【例句】①供销社今天关板儿了！②这家商店开了还不到一年就因亏损严重关板儿了！

　　关门儿雨 guān ménr yǔ　关门睡觉前下的雨即傍晚下的雨。

【例句】昨晚儿的关门雨下得可真大，一宿没停！又如有农谚说：关门雨，下一宿（xǔ）。

　　官 guān ①合法。②公办。

【例句】①用公家资金去给个人做买卖，究竟是个人的还是官办。②这家棋牌室是社区官办的！

官司 guān si 本意是诉讼行为，引申为一副倒霉相或一脸愁相。

【例句】什么事儿这么上火，满脸官司？

官项儿 guān xiangr 官家人，公务人员。

【例句】电视剧《乡村爱情》中，村长长贵一心想到镇里去混个官项儿！

棺材本儿 guān cai běnr 买棺材的钱即养老送终的很少的钱，最后所使用的钱。讽刺性用语。

【例句】你那俩钱儿省省吧，就留着当棺材本儿吧！

棺材瓤子 guān cai ráng zi ①对年龄很大或身体很不好的人的戏称或蔑称。②自称，快要死的人。讽刺性用语。

【例句】①你这个老棺材瓤子，身体还这么硬朗？② 嗨！老棺材瓤子了，还找什么老伴儿啊！

观西洋景儿 guān xī yáng jǐngr 在一边看热闹。含有贬义。

【例句】我们都忙得一团糟，你也不帮帮忙，还在那儿观西洋景儿呢！

掼 guàn 用刀扎。

【例句】土匪将刀向桌子上一掼，厉声说道：……

管 guǎn ①向，从。②不管，无论。

【例句】①你是我儿子，我不管你要养老费管谁要？②管你咋说，他就是不听。

管保 guǎn bǎo 保证，肯定，完全可以承担。

【例句】没问题，管保办成！又如到现在还不来，管保不能来了！

管保打个来回 guǎn bǎo dǎ gè lái huí ①管换,给予换货。②肯定语"保证成功"或"保证办成"。

【例句】①沙瓤大西瓜！不熟管保打个来回！②这事儿叫我去办，管保打个来回，你放心吧！

管饱 guǎn bǎo 可以让人吃饱。

【例句】旅游大餐虽然清淡，并不好吃，但可以管饱。

管够儿 guǎn gòur 保证满足需要。

【例句】这咱们今天放开喝（酒），管够儿！

管乎 guǎn hū 参与，融入其中。

【例句】事是你家亲戚的事，你可不能袖手旁观不管乎！

管打管叫 guǎn dǎ guǎn jiào 卖西瓜吆喝的保证语。"打"即拍打西瓜判断西瓜的成熟程度；"叫" 即切开西瓜的一小块查看西瓜的质量。

【例句】我的西瓜管打管叫，不甜不要钱！

管啥 guǎn shá ①什么都不怕。②什么都不是。③无论是何种情况

【例句】①咱俩就在上班时间去逛趟街，管啥都不怕！②你这人一毛不拔，管啥都不是！③海南这次我去定了，管啥我也不变！

管多昝 guǎn duó zǎn 也说"管多晚儿"。无论何时，不管什么时候。

【例句】人家对咱们有恩，管多咱咱们也不要忘记人家的恩德！

管多会儿 guǎn duó huěr 同"管多咱"。

【例句】管多会儿钓鱼岛也是中国的领土，什么时候成日本人的了？

管咋的 guǎn zǎ dì 无论如何，不管怎样。

【例句】亲不亲，故乡人，管咋的我们还是老乡！

灌 guàn ①骂人语"喝"，主指喝酒。②用糊状体将眼儿或缝儿弥死。

【例句】①你就往死灌吧！什么时候喝死算完！②把大衣柜的缝儿都用漆灌上！

灌马尿 guàn mǎ niào 喝酒，对喝酒行为的蔑称。詈语。

【例句】一天就知道灌马尿，这日子没法过了！

灌黄汤 guàn huáng tāng 同"灌马尿"。詈语

【例句】除了灌黄汤，你还能干点儿什么？

灌迷魂汤 guàn mí hún tāng ①被人给喝了迷魂药而使人神志不清，做事儿不符合常理。是一种形象的比喻，并非真的喝了什么迷魂汤。②进谗言。

【例句】①你叫人给灌迷魂汤了吧，怎么不知帮谁说话了呢？②肯定是你老婆给你灌迷魂汤了，哥哥的话你怎么也不相信了呢？

灌铅的脑袋 giàn qiān de nǎo dai ① 形容头脑不清醒，净做糊涂事。②形容低头耷脑，精神不振作。

【例句】①你怎么是个脑袋的脑袋，怎么点你也不开窍呢？②整天就像灌铅的脑袋，低头耷脑的。

灌包 guàn bāo 因灌满水而鼓起、隆起、膨胀。

【例句】房子被大水淹了，箱子柜子都灌包了。又如雨靴子漏了，靴子都灌包了。

灌腚风 guàn dìng fēng 能够吹开小孩开裆裤子的凉风。不大的中等风。

【例句】外边刮灌腚风了，多穿件衣服吧！

惯宜儿 guàn yǐr "惯"字发重音，"宜儿"读yǐr，拉长音并突出"儿"音。得到好处或占了便宜后仍不罢休停止。讽刺性用语。

【例句】去三亚旅游一次就花掉1万元，你还要到西藏旅游，你还得惯宜儿了呢！

惯瘾 guàn yǐn 成为习惯，习惯成瘾。

【例句】我抽这种烟已经抽惯瘾了，不换牌子！又如穿这种裤子已经穿惯瘾了，都习惯了。

惯惯儿的 guàn guànr de 完全习惯，已经习惯成自然。形成痼疾，不能改变。

【例句】天天喝大酒，什么都不干，早已经惯惯儿的了。

光 guāng 只，一味儿。

【例句】别光看人家挣钱眼儿热，你也琢磨干点儿什么！

光棍儿 guāng gùnr ①非常精明的人。含有贬义。②耍赖。③未结婚的男性，多指成年人。

【例句】①那人可是光棍儿，干什么都有一套！②大家都穿讲究点，咱们也别耍光棍儿！③林区的林业工人大部分是光棍儿。

光身 guāng shēn　一个人，单身。

【例句】这么多年了，你还光身一个人呢？

光巴 guāng ba　"巴"字发短促轻音。赤身裸体。

【例句】把衣服都脱光巴了，好好洗洗你那一身泥！

光溜儿 guāng liur　"光"字发重音，"溜儿"拉长音并突出"儿"音。表面光滑。

【例句】原来挺光溜儿的一张脸，怎么变得坑坑包包的？

光面 guāng miàn　体面，光彩。

【例句】孩子就结一次婚，办光面点儿，别太寒酸了！

光杆儿 guāng gǎnr　①比喻失势后成为孤家寡人而无人维护。②赤身。③单身汉或未成婚的单身男子。④花草落叶或没有绿叶衬托的花朵。

【例句】①把我的人都抽走了，我不成了光杆儿司令了？②这么冷的天，光杆儿穿衣服可不行！③我是光杆儿一个，一人吃饱全家不饿！④这花儿怎么了，叶子都掉光了，都成了光杆儿了！

光头儿 guāng tóur　也称"嘎巴锅"。打扑克术语，即一局也没赢而满盘皆输的一方被称为被"剃了光头儿"。

【例句】真痛快！把他们给剃了个光头儿！

光溜话 guāng liu huà　漂亮话，体面话。

【例句】少说光溜话，多办点实事儿！

光腚光 guāng dìng guāng 干干净净，一无所剩。诙谐性用语。

【例句】电视剧《走西口》中，田耀祖把全部家产输个光腚光！

光不溜 guāng bū liū 地面、物体、身体等表面没有任何覆盖物或任何遮挡。

【例句】这么大的院子光不溜的，咋不种点儿花草什么的，那多好看！

光溜的 guāng liū de 光秃秃。

【例句】院子里种点儿花啊草啊多好看，省得光溜的不好看。

光秃的 guāng tū de 光秃秃。

【例句】这么大的脑袋光秃的，好看啊？又如这山光秃的，怎么不栽点儿树？

光巴赤溜 guāng ba chī liū 也说"光巴出溜""光不出溜"。赤身裸体，一丝不挂。含有贬义。

【例句】他脱得光巴赤溜，一头钻进被窝儿！

光腚拉叉 guāng dìng lā chā 形容人穿得极少，几乎裸体。含有贬义。

【例句】你看那些人，光腚拉叉跳舞，成什么样子！

光腚娃娃 guāng dìng wá wa 从小一起长大的朋友。

【例句】我们俩是光腚娃娃，从小一起长大。

光脚不怕穿鞋的 guāng jiāo bú pà chuān xié de 硬碰硬，

但地位低的人并不怕地位高、有势力的人。一种形象的比喻。

【例句】别看看我们是农民工，但光脚的不怕穿鞋的，你能把我们怎么样！

光听辘轳把响，不知井在哪儿 guāng tīng lì lu bà xiǎng，bū zhī jǐng zài nǎr "辘轳"，一种旧式水井，摇动其把柄取水。知其然不知所以然，只知道表面现象而不知其根源。一种形象的比喻。

【例句】我们是光听辘轳把响不在家井在哪儿，"博鳌论坛"到底是咋回事儿？

咣当 guāng dɑng "咣"字读 guāng，下同。 "当"字发短促轻音。象声词。①反复开门声。②声音震耳欲聋。

【例句】①这么冷的天，别咣当门！②楼上邻居住着一对年轻人，每天震天响的音响把人能咣当死！

咣当 guāng dāng "咣""当"两字均发重音。①结清。②全部花光。

【例句】①咱们一把一咣当，款项全部付清，谁也不许欠钱！②到西双版纳旅游了一趟，上万块钱一下子就咣当光了！

咣咣的 guáng guáng de 也说"岗岗的"。第一个"咣"字读 guáng，发重音，第二个"咣"字拉长音。有份量，有力度，有地位。

【例句】我们俩的关系，嗨！咣咣的！又如海尔洗衣机的质量，咣咣的！

广够 guǎng gòu 最大限度地满足。

【例句】今天的酒菜光够，大家可劲儿造！

咣荡 guàng dang　"咣"读 guàng，"荡"发短促轻音。形容物品摇摇晃晃的样子。多重叠使用。

【例句】俗话说，一瓶子不满半瓶子咣荡。又如跑步时一定要把腰带勒紧，否则跑起来背包咣咣荡荡的影响速度！

逛 guàng　①无目的闲走，四处游荡。②在水平方向上摇荡。

【例句】①天黑了你不回家，还逛什么呢？又如走，咱俩逛街去！②猴子攀住树枝逛来逛去，玩儿得正高兴。

逛荡 guàng dang　"逛"字发重音。①同"逛"①。②摇摆不定。

【例句】①这么晚啦，还瞎逛荡啥呢？②小心点，别逛荡洒啦！又如那人就是个一瓶不满半瓶逛荡的人！

逛悠 guàng you　"逛"字发重音，"悠"字发短促轻音。①没目标闲走。②摇摆不定。

【例句】①二叔，这么晚了你还逛悠啥呢？②这车柴火没捆结实，一走就逛悠！

逛拉逛荡 guàng la guàng dāng　①形容粥、汤等汤类食品过稀。②形容物品松动摇动。

【例句】①这苞米面粥熬得太稀了，逛拉逛荡的不好喝！又如这白菜汤清汤寡水、咣了咣荡的怎么喝啊！②这大衣柜怎么咣了咣荡的，重新安装一下吧！

归堆儿 guī duīr　①归拢物品。②总共，一共。

【例句】①你把仓库里的杂乱物归归堆儿！②归堆儿咱们就两张嘴，怎么能挡住这么多人说闲话？

归齐 guī qí 原来如此，归根结底。

【例句】这事儿归齐是你一个人干的？又如真没想到，归齐是这么个结果！

归拢 guī lǒng 按规范要求进行管理。引申为训斥、惩戒。含有贬义。

【例句】你这人浑身都是坏毛病，就是欠归拢！又如那小子净捣蛋，你去给我归拢归拢！

归楞 guī leng "楞"字发短促轻音。①同"归拢"。②整理散乱的东西、物品。

【例句】①我看你就是欠归楞。②把原木都归楞到木垛里。

归道 guī dao "道"字发短促轻音。同"归楞"②。

【例句】你去把房间归道归道，客人马上就来了。

归置 guī zhi "置"字发短促轻音。同"归楞"②。

【例句】屋子里太乱了，快归置归置！

鬼 guǐ ①根本不存在的虚假事情。②骂人语"屁""蛋"。③聪明，有心计。

【例句】①我记得这句话是你说的！胡扯，我鬼时候说过这样的话？又如你唬弄鬼呢？这事儿我怎么不知道？②你牛性个鬼呀！③你小子别耍鬼，你一撅屁股我都知道拉什么屎！

鬼吹灯 guǐ chuī dēng ①鬼把戏。②虚话，假话。

【例句】①少来那些鬼吹灯的把戏！唬弄别人可以，唬弄我可没门儿！②你说话怎么这么不中听，夹枪带棒鬼吹灯！

　　鬼呲牙 guǐcīyá 深冬天亮前最冷的一段时间。

　　【例句】这鬼呲牙的大冷天儿，你怎么还出远门啊？

　　鬼眨眼儿 guǐ zhǎ yǎnr 冬天最冷季节天放亮前最冷的一段时间。

　　【例句】昨天我值夜班，鬼眨眼儿这段时间最低温度超过了零下 40 度！

　　鬼打墙 guǐdǎ qiáng ①鬼挡道。迷信说法，夜行人胆子小，有时感到眼前一片漆黑犹如被墙挡住。②迷路后走来走去又绕回到原地。

　　【例句】①你不能因鬼打墙就不走夜路吧？②鬼打墙了吧？怎么走了半夜又绕回来了？

　　鬼道儿 guǐ dàor "鬼"字发重音，"道儿"发轻音并突出"儿"音。使坏心眼，耍花花肠子。常重叠为"鬼鬼道儿道儿"式使用。诙谐性用语。

　　【例句】电视剧《乡村爱情》中，刘能鬼鬼道儿道儿净出花花点子！

　　鬼道 guǐdɑo 与"鬼道儿"不同。"鬼"字发重音，"道"字发短促轻音。机灵。

　　【例句】小兵张嘎非常鬼道，玩得日本鬼子团团转！

　　鬼道十出 guǐdào shíchū 形容心眼子又多又快。

　　【例句】小兵张嘎鬼道十出，进日本司令部如走平道！

　　鬼点子 guǐ diǎn zi 坏主意。

【例句】电视剧《神医喜来乐》中，徒弟鬼点子真多，穿着皇帝赏的黄马褂到处骗东西！

鬼门眼子 guǐ mén yǎn zi 鬼心眼儿，坏心眼儿。贬低性用语。

【例句】这小子鬼门眼子太多，对他一定要多加小心！

鬼魔道眼儿 guǐ mo dào yǎnr 形容人举动神神秘秘，一肚子鬼心眼儿、坏心眼儿。贬低性用语。

【例句】这小子鬼魔道眼儿太多，对他一定要多加小心！

鬼魔哈眼儿 guǐ mo hā yǎnr 也说"鬼头蛤蟆眼"。表情神秘，鬼鬼祟祟，令人难以琢磨。讽刺性用语。

【例句】他一天总是鬼魔哈眼儿的，谁知他想的是啥？

鬼头蛤蟆眼儿 guǐ tóu há ma yǎnr 同"鬼魔哈眼儿"。

【例句】瞧你，一天鬼头蛤蟆眼儿的，又琢磨啥鬼主意呢？

鬼魔撒眼儿 guǐ mó sā yǎnr ①形容人非常机灵、机警。②形容人非常狡猾、狡诈。讽刺性、贬低性用语。

【例句】①张嘎子鬼魔撒眼儿的，一肚子心眼儿。②一看他鬼魔撒眼儿的，就知道不是个好东西。

鬼魔三道 guǐ mo sān dào 形容人行为神神秘秘，鬼鬼祟祟。含有贬义。

【例句】看他那鬼魔三道的样子，准没干好事儿！

鬼画符 guǐ huà fú 也说"鬼画狐"。①蒙人的鬼把戏。②乱涂乱抹的图案。

【例句】①算了吧，就你那套鬼画符的把戏能蒙了谁？②你看你的脸，东一道西一道活像鬼画符！

鬼子六 guǐ zi liù 也写作"鬼子溜儿"。形容人狡诈、油滑、一肚子鬼心眼儿。讽刺性用语。

【例句】那小子就是个鬼子六，耍心眼儿谁也玩儿不过他！

柜上 guì shang 掌柜的，老板。

【例句】不好好干，咱也对不起柜上！

贵贱 guìjiàn 无论如何。

【例句】这事儿都怨我，贵贱也不让你承担责任！

跪炕沿儿 guì kàng yán 也说"跪搓衣板"。妻子惩罚丈夫的一种手段，虚指而不是实指。讽刺性用语。

【例句】这事儿如让你媳妇知道，还不得让你跪炕沿儿啊！

跪搓衣板儿 guì cuō yī bǎnr 同"跪炕沿儿"

【例句】你可别吓唬我，我胆子小。我要是答应了，我那口子还不让我跪搓衣板儿啊？

滚 gǔn ①豁出命打拼。②不讲条件不分昼夜地工作。③糟蹋。

【例句】①别人都别动手，我一个人和他滚。②老厂长真敬业，没黑没白整天在厂里滚。③这活儿太脏，可着工作服滚吧！

滚包 gǔn bāo 棉服里的棉花粘成团儿。

【例句】你这棉裤棉花都滚包了，能不冷吗？

滚犊子 gǔn dú zi "赶快滚开""赶快滚蛋"之意。骂人语。

【例句】这里没有你什么事儿，快滚犊子！又如滚犊子，别来烦我！

滚球子 gǔn qíu zi　"滚蛋""滚开"之意。骂人语。

【例句】你赶快给我滚球子，我烦着呢！

滚边赖界 gǔn biān lài jiè　相邻地块互相侵占。

【例句】现在农业政策一年比一年好，许多人外出打工又返回来种地，因此滚边赖界的事儿不断发生。

滚地包 gǔn dì bāo　不搭台子露天演出的"二人转"演出，也称"蹦蹦儿"。

【例句】农村年轻人举行婚礼，有时就雇滚地包的"二人转"演出！

滚赌 gǔn dǔ　豁出一切不要命去赌。

【例句】《走西口》中的田耀祖不顾劝阻去滚赌，结果一输再输！

滚瓜流油 gǔn guā liú yóu　①多形容牲畜或物品非常饱满而滚圆。②形容人非常富有，非常有油水。

【例句】①按科学饲养的十几口猪，一个个滚瓜流油肥肥壮壮。②当村长好几年了，早就富得滚瓜流油了！

滚瓜溜圆 gǔn guā liú yuán　同"滚瓜流油"①。

【例句】这地雷西瓜长得滚瓜溜圆的，肯定能卖个好价钱！

滚刀肉 gǔn dāo ròu　形容软硬不吃、胡搅蛮缠的人。含有贬义。

【例句】谢广坤纯粹是个滚刀肉，软硬不吃，胡搅蛮缠！

滚蛋出沟儿 gǔn dàn chū gōur 令人马上走开，离开。骂人语。

【例句】你不用臭美，我有办法叫你滚蛋出沟儿！

滚蛋咕噜孙 gǔn dàn gū lu sūn 马上滚蛋。骂人语。

【例句】少扯没用的，马上给我滚蛋咕噜孙！

滚鸡巴蛋 gǔn jī ba dàn 滚蛋。骂人语。

【例句】你给我滚鸡巴蛋，这里没你什么事儿！

锅儿 guōr 麻将术语，东南西北 4 风为一锅儿。

【例句】哥儿们，下班后咱们玩儿两锅儿！

锅烙儿 guō làor 也说"吃瓜烙"。受牵连，承担连带责任。

【例句】要去你自己去，我可不跟你吃锅烙儿！又如事情败露，他被判了刑，我也跟着吃了锅烙儿。

锅台转 guō tái zhuàn 形容人被家务所累，根本离不开没完没了的家务活。

【例句】这么大的岁数了，怎么还是个锅台转啊，让孩子们干得了！

馃子 guǒ zi 不是"煎饼馃子"中的油条，而是专指炉果、桃酥等各类点心。

【例句】"二人转"小帽《小拜年》唱词：馃子拿内匣……

馃匣子 guǒ xiá zi 旧时装点心的盒子。

【例句】回娘家时，别忘了刚买的馃匣子。

馃子铺 guǒ zi pù 旧时制作各类点心的作坊。

【例句】解放前我二叔在街边开了个馃子铺，专门制作各种小点心，生意还挺红火。

国高 guǒ gāo　伪满洲国中学生。

【例句】我老父亲是国高毕业，什么古书都能看。

过儿 guòr　突出"儿"音。①钱财。②用在动词"得"之后，表示达到应该采取某种行动的程度、全过程。③应该，可以。④量词"几遍"之意。⑤交情，交往。⑥过分。

【例句】①你家可挺趁过儿，房子都镶瓷砖了！②奶奶说，我这么大岁数也死得过儿了！又如这头肥猪杀得过儿了。③这本书我看一个过儿就可以讲下来。④衣服要洗干净，多投几个过儿！⑤这事好办，我们俩挺有过儿！⑥你这么做，是不是有点儿过儿了？

过 guò　①传染。②仿制。③进行。④翻个。⑤达到标准，可以通过。

【例句】①你把感冒过给我了！②把这封信过下来留个底儿！③你不服，咱俩过过招儿！④这案子我就不信翻不过来！⑤这回英语考试，我一定能过。

过场 guò chǎng　"过"字发重音。①往来。②应景，应付。③场面。

【例句】①咱家和他家也没过场，看他去干啥？②无论如何，就是走过场也得去一趟。③我什么过场没经历过，少给我来这一套！

过房 guò fáng　"过"字发重音，"房"字发短促轻音。过继。

【例句】他哥哥的三儿子过房给他弟弟了！

过礼 guò lǐ　旧时订婚时的一种仪式，即双方订婚后，男方向女方送去彩礼。

【例句】婚期快到了，什么时候咱们过礼去啊？

过午不候 guò wǔ bū hòu　错过时间不再等候。

【例句】明天 12 点你准时到达，否则过午不候！

过节儿 guò jier　"过"字发重音，"节儿"拉长音、发轻音并突出"儿"音。①有矛盾，有嫌隙。②接人待物的礼节。

【例句】①他俩早有过节儿，安排在一组能行吗？又如当年张作霖欺骗过吴俊升，两人曾有过过节儿。　②该送礼钱就送礼钱，这个过节儿咱可不能落 là！

过码儿 guò mǎr　①礼尚往来，有礼物钱财等往来关系。②人际关系。

【例句】①我和老张家有过码儿，孩子的婚礼我必须去！②你们关系那么好，还用走那过码儿？

过年嗑儿 guò nián kēr　也说"过年话""拜年话""拜年嗑"，都是同一个意思，即说好话，说对方愿意听、说讨人喜欢的话。

【例句】求人办事，多说过年嗑儿！又如电视小品《拜年》中台词：铆劲儿给他戴高帽，多说几句过年嗑儿，只要乡长心一乐，保证沟通差不多。

过河 guò hé　①鼻涕流过了嘴唇。②架空联结。

【例句】①鼻涕都过河了，快擦一擦。②搭灶门要起玄 xuàn 儿，非得过河不可！

过河钱 guò hé qián 养老、防老、应急的少量存款。含有贬义。

【例句】不管啥时候，也得留点儿过河钱！

过话 guò huà 传话，交谈。

【例句】给我过个话，说过几天我就到他家去！又如别干扰他，让他俩好好过过话儿！

过力 guò lì 用力过度而致病。

【例句】年轻时劳动过力，上了年纪各种病都找上来了！

过作 guò zuō “作”字读 zuō 并拉长音。过头儿。

【例句】他聪明过作了！又如这瓜熟过作了！

过不上溜儿 guò bū shàng liùr 形容生活非常困难几乎连吃饭都困难。

【例句】这几年光花钱治病了，穷得连日子都过不上溜儿了！

过家家儿 guò jiā jiar 原意为儿童模仿大人的一种游戏，引申为比喻把某事儿当做儿戏。

【例句】这么大的一个工程可不是过家家儿，千万可别当儿戏！

过劲儿 guò jìnr ①超过一定程度或范围。②过期，过时，已经过去。

【例句】①注意点儿，这玩笑开的可有些过劲儿了！②手术后非常疼，现在已经过劲儿了，不太疼了！

过去了 guò qu la ①因病或其他原因昏迷而不省人事。②死亡。

【例句】电视小品《心病》中高秀敏饰演的媳妇说：我老头子前两天买彩票中彩了，中了三千块钱。告诉他后，一激动，"嘎"一下抽过去了！③电视小品《心病》中高秀敏饰演的媳妇说：…… 住了好几天院，差点儿没过去！

过晌 guò shǎng　"过"字发重音。过了中午以后即下午。

【例句】现在我没空儿，过晌我到你家去，咱们仔细唠唠！

过堂烟儿 guò taáng yānr　抽烟时烟不咽下只在口腔里过一下即吐出。其实是不会抽烟的表示。

【例句】抽过堂烟也同样有害，不会抽你就别抽了！

过格 guò gé　过分，超过要求、标准、规矩等。

【例句】要我说，你的确做得有些过格了，你冷静想想吧！

过作儿 guò zuōr　"作"读 zuō。过头，过分。

【例句】我看你是有点儿聪明过作儿了，想得太复杂。

过哪儿河，脱哪儿鞋 guò nǎr hé tuà nǎr xié　比喻为客观情况所左右，被动地应付局面。

【例句】过哪儿河，脱哪儿鞋，走到哪说到哪，走一步算一步吧。

过年死个驴，不好也说好 guò nián sǐ gì lú,bū hǎo yě shuō hǎo　驴是重要役畜之一，过年死条驴，当然不是好事儿，但也可以看做是件好事儿。 勉勉强强，自我安慰，聊以自慰。

【例句】儿子过年不回家，但寄回俩钱儿。过年死个驴，不好也说好吧！

过这个村儿，没这个店儿 guò zhè ge cūnr ,méi zhè ge diànr　不可错过时机，错过时机，不可再来。

【**例句**】老板叫你当项目经理，你还推三阻四的。过这个村儿，没这个店儿，你不同意，以后恐怕没有机会了。

董联声 编著

东北方言词条集成

（第二册）

线装书局

H

哈　hā　"哈"读 hā，下同。①叹词，表示商量。②热气嘘。

【例句】①这事你就听我的，哈！②手冻裂了，快哈一哈。

哈哈儿　hā har　第一个"哈"发重音，第二个"哈儿"突出"儿"音并发短促轻音。①看热闹，看笑话。②虚话，假话，客套话。

【例句】①这事儿请您放心，谁也不能看哈哈儿！　②你别光打哈哈儿，赶快表个态！

哈哧　hā chi　打哈欠。

【例句】你哈哧连天的，几天没睡觉了？

哈哧连天　hā chi lín tiān　哈欠不断，接连打哈欠。

【例句】你怎么哈哧连天的，是感冒了还是缺觉了？

哈叱溜掌　hā chi liū zhǎng　形容气喘吁吁的样子。

【例句】你这哈叱溜掌的样子，有什么急事啊？

哈喇　hā la　"哈"字拉长音，"喇"字发短促轻音。食物变质发出不正常的味儿。

【例句】香肠已经哈喇了，不能再吃了！

哈喇子　hā lá zi　"喇"读 lá。流出的口水。多指人极度高兴后的一种表情。

【例句】馋得我哈喇子都流出来了！又如吴俊升一见她长得如花似玉，乐得哈喇子都流出来了！

哈汤 hā tang "哈"字发重音，"汤"字发短促轻音。①一塌糊涂。②建筑物倒塌或摇摇欲坠。

【例句】这事儿可叫你办哈汤了，得想个什么办法补救一下。②百年不遇的一场大雨，许多房屋都被泡哈汤了。

哈拉哈搭 hā la hā dā ①形容物体不够结实而有些摇晃。②形容人办事儿漫不经心。

【例句】①这椅子哈拉哈搭的，该修一修了！②这么重要的事儿交给你，你怎么哈拉哈搭的不认真？

哈腰撅腚 hā yāo juě ding ①形容人低头哈腰、一副谄媚奉承的奴才相。②形容人吃苦受累、拼命劳作的样子。

【例句】①电视连续剧《东北大先生》中，杜巡长哈腰撅腚地对哈贝勒说……②电视连续剧《老农民》中，土地承包之前，麦香村农民哈腰撅腚辛苦一年，到头来还是吃不饱饭。

哈拉皮带板筋 hā la pí dài bǎn jīn 本意为牲畜肉间的软组织，引申为形容死缠活赖、软硬不吃的人。贬低性用语。

【例句】你这人真是哈拉皮带板筋，煮不熟蒸不烂！

哈 há "哈"读 há，下同。①威胁性语言即吓唬、威胁，逼迫对方就范。②疑问动词"什么"。

【例句】①你少拿大话哈人，我可不吃这一套！②你手里拿的是哈玩意儿？拿出来瞅瞅！

哈人 há rén 同"哈"①。

【例句】你这不是哈人吗？有这么办事儿的吗？

哈唬 há hu "哈"字发重音，"唬"字发短促轻音。呵叱，大声训斥。

【例句】小三被他爹哈唬了一阵，这才老实下来。

哈乎 há hu "哈"字发重音，"乎"字发短促轻音。在乎，在意。

【例句】电视小品《农民火炬手》中宋丹丹饰演的白云台词：你（黑土）还哈乎我不？

哈悠 hà you "哈"读hà，下同。"哈"字发重音，"悠"字发短促轻音。①摇晃。②慢腾腾地走。③坐不稳，乱晃动。

【例句】①他用大号板手哈悠了半天也没把车轮胎卸下来。②赶快走！别在后边哈悠了！③你屁股长钉子了，乱哈悠啥呀？

哈巴 hà ba "哈"字发重音，"巴"字发短促轻音。腿有病一腐一拐慢慢走路。

【例句】就你这走法，什么时候才能哈巴到家啊？

哈达 hà da "哈"字发重音，"巴"字发短促轻音。磨磨蹭蹭地走。

【例句】我有急事先走了，你在后边慢慢哈达吧！

㨄 hāi ①用手打人，比普通的打要狠些。②过份地搜刮、掠夺、要高价，增加对方负担。③满载。④强加于人。⑤往墙上或物品是钉。

【例句】①再不听话，看我不撽你！②既然判了对方的责任，你还不乘机狠撽他！③50元一车烧柴，这么便宜，你还不趁机狠狠撽他一车！④该找谁找谁去，凭啥往我身上撽！⑤往墙上撽个大钉子。

孩伢子 hái yá zi 小孩子，昵称。

【例句】你个小孩伢子懂什么？

孩崽子 hái zǎi zi 泛指小孩子。

【例句】我家那孩崽子，太淘气啦！

孩子爪子 hái zi zhuǎ zi 泛指孩子，比喻孩子很多。

【例句】像我这样被孩子爪子拖累着，脱产学习真不容易！

孩子样儿 hái zi yàngr ①具有小孩子天真、单纯、可爱的正常状态，多用于否定句"没有孩子样儿"。②埋汰得可笑。

【例句】①爹娘没在家，这孩子造得都没孩子样儿了！②打扫完房屋，再看这几个人，都埋汰得没孩子样儿了！

孩子死了来奶了 hái zi sǐ la lái nǎi la 比喻"亡羊补牢，为时已晚"，一切都来不及了。诙谐性用语。

【例句】土匪来抢时，你到哪里去了？孩子死了来奶了，如今东西都被土匪抢光了你们都上来了，这还有用吗？

海 hǎi ①极多，多了去了；极大，大了去了。②瞎说，夸大地说。

【例句】①北京召开奥运会,除运动员外,光志愿者就海了!又如一场大病,那钱花得海了去了! ②我心里憋不住,信口胡海的。

海海的 hǎi hǎi de 形容极多、非常多的样子。

【例句】参加鄂尔多斯国际那达慕大会的各国、各民族运动员,那可海海的,多了去了!

海了浩了 hǎi la hào la 极其多,非常多。

【例句】嘿!今年雨水大,东山那蘑菇海了浩了!

海了去了 hǎi la qù la 同"海了浩了"。

【例句】好人那可海了去了,你怎么偏偏和他比?

海话 hǎi huà 说大话。

【例句】你这不是说海话吧,哪有这事儿?

害 hài 关系,关涉。

【例句】美国攻打伊拉克,害咱们什么事儿?

害事儿 hài shìr 碍事,挡害。

【例句】你站这害事儿,快躲开!

害事儿巴拉 hài shìr bā lā 同"害事儿"。

【例句】你把沙发摆在这儿,害事儿巴拉的,看不到啊!

害眼 hài yǎn 碍眼,妨碍。

【例句】人家谈恋爱,咱们站在这儿害眼!

害小病儿 hài xiǎo bìngr 怀孕的俗称。

【例句】最近害小病儿,请假没上班。

憨 hān ①形容人木讷憨厚而不精明。②说话声音粗声粗气。

【例句】①他不爱言语，就是个憨人。②别看他说话憨声憨气的，心里可有数呢！

憨了巴叽 hān la bā jī 同"憨"①。

【例句】你别看他表面憨了巴叽的，其实非常有心计！

憨达呼 hán da hū ①粗心大意，马马虎虎。②含糊其辞，有意回避。

【例句】①你怎么一天憨达呼的，也没个精神头儿！②你就别憨达呼的了，来那些弯弯绕干什么？

憨不登儿的 hān bu dēngr de 同"憨"①。

【例句】别看他憨不登儿的，其实人还是不错的。

憨达呼哧 hán da hū chī ①同"憨达呼"①②。③形容人憨厚老实。

【例句】①小心点儿，别憨达呼哧的把钱弄丢了！②有话就明说，别憨达呼哧的！③别看这人憨达呼哧的，其实精明着呢，满肚子都是鬼主意！

憨皮厚脸 hān pí hòu liǎn 也说"憨脸厚皮"。形容人脸皮厚，不知羞耻。骂人语。

【例句】你就是个憨皮厚脸的人，人家已经和你断交了，你还去找人家干什么？

憨头憨脑 hān tóu hān nǎo 同"憨"①。

【例句】别看小宋憨头憨脑的，娶的媳妇可挺漂亮！

寒贱 hán jiàn 做了不该做的事儿或说了不该说的话。

【例句】你这手怎么这么寒贱，什么都摸！又如你这孩子怎么这么寒贱，什么话都敢说！

寒贱物儿 hán jiàn wùr 也写作"罕贱物"。价格低廉而又诱人的小食品。

【例句】瓜籽虽然是不值钱的寒贱物儿，可办喜事儿谁也离不开，无论什么身份的人都爱吃！

寒碜 hán chen "寒"字发重音，"碜"字发短促轻音。①羞耻，可耻，丢人，丢脸面。②形容人长得很丑陋，难看。含有贬义。③讥笑人，揭人短处，使人难堪。

【例句】①这事儿亏你也办得出来，可真不知啥叫寒碜！②就你这寒碜样儿，也能上"春晚"？③怎么能劳您亲自来？这不是寒碜我吗？又如你可别寒碜我了，不就那点破事儿吗？

含着骨头露着肉 hán zhe gǔ tou lòu zhe ròu 形容说话吞吞吐吐、藏藏露露，躲躲闪闪，不表达真实内容或意思。含有贬义。

【例句】你把话说明白了，这么含着骨头露着肉的，谁能听明白？

含着冰溜子吐不出水来 hán zhe bīng liū zi tù bū chū shuǐ lái 冰溜子，挂在房檐上的冰柱。形容人肚子里有话说不出来即不善言语表达。诙谐性用语。

【例句】老王家二小子含着冰溜子吐不出水来，整天蔫头蔫脑的，恐怕找个媳妇都难！

罕不见 hán bū jiàn　"罕"读 hán。偶尔，偶然，平时难得一见。

【例句】大庆我有个朋友，罕不见的我也去看看他！又如儿子跟他奶奶住在老家，罕不见我去看看！

罕不央 hán bū yāng　出乎预料，没有想到。

【例句】罕不见的，怎么到我这里来了？

喊一嗓子 hǎn yī sǎng zi　下命令，下指示。形容人说话很有力度、很有权威。

【例句】你老人家喊一嗓子就好使，你说怎么办就怎么办！

喊山 hǎn shān　①林业工人术语，根据大树倒伏方向喊出的号子声，如"顺山倒""横山倒"等。②采人参术语，如发现较大人参或第一次发现人参，则高喊"棒槌"。③进山人对着大山高声喊听大山的回音。

【例句】①注意了，顺山倒喽……　②棒槌，棒槌……　③喔……呵……

汗巴流水儿 hàn ba liú shuǐr　形容人浑身淌汗的样子。

【例句】看你汗巴流水儿的，找个地方凉快凉快！

汗珠子掉地摔八瓣儿 hàn zhū zi diào dì shuāi bā bànr　也说"汗珠子摔八瓣儿"。形容劳累艰辛、挥汗如雨的样子，劳动成果来之不易。是一种虚指而不是实指。诙谐性用语。

【例句】多少年汗珠子掉地摔八瓣儿挣来的一点儿家业，一场大雨冲个干干净净！

旱鸭子 hàn yā zi 指不会游泳的人。含有贬义。

【例句】这么大的水，我又是个旱鸭子，怎么过河？

夯 hāng 实实在在地向车里装物品。

【例句】不管怎么样，今儿个非得狠狠夯它一车不可！

夯头夯脑 hāng tóu hāng nǎo 形容人一副傻乎乎、非常呆笨的样子。含有贬义。

【例句】别看他夯头夯脑的，其实很有心计，一卡巴眼就是一个主意！

行 háng "行"读 háng，下同。①有时，不固定。②形容技艺较低。③形容物品正宗、行货而不是假货、冒牌儿。

【例句】①他的病行好行坏，还在继续治疗。②在我们这里，手艺顶数他行。③我们店只卖行货，不卖假货！又如这口大铁锅的质量太行！

行行 hāng hāng 川流不息。

【例句】那达慕大会上，缕缕行行的到处都是人群。

行大呼哧的 háng dà hū chī de 也说"行了呼哧"。形容人稀里糊涂、马马虎虎的样子。含有贬义。

【例句】你怎么一天行大呼哧的？该清醒清醒了！

行乎 háng hu 行"字发重音，"乎"字发短促轻音。①马虎。②差错。

【例句】①你这次去参加谈合同要仔细点儿，别太行乎了！②这你就放心吧，行乎不了！

行市 háng shi ①身价。②市场行情，引申为追赶时尚。

【例句】①领导表扬了几句，就长行市了。②你那两下子，喝西北风都赶不上行市！

行初一行十五 háng chū yī háng shí wǔ 时间不固定，没规律。

【例句】我们这里就他行初一行十五的，谁知道他今天来不来。

嚎唠 hāo lāo "嚎"读 haā，下同。"嚎""唠"两字均发平音并拉长音。①大声训斥、斥责。②猛地大声喊叫。

【例句】①气的老师嚎唠一声，大家才安静下来。②你这突然嚎唠一声，把我的魂儿都吓掉了！

嚎嚎儿 hāo haor 第一个"嚎"字发重音，第二个"嚎儿"读平声、发短促轻音并出"儿"音。　①大声训斥、批评。②大声喊叫。均含有贬义。

【例句】①这事儿用不着急头掰脸地嚎嚎儿他，还得给他讲道理！②你对孩子嚎嚎儿啥呢，不会好好说吗？

嚎 háo ①大声啼哭。②大声喊叫。多用于骂人语，含有贬义。

【例句】①这孩子怎么嚎起来没完呢，是不是有什么病啊？②你在那嚎什么呢，谁都不是聋子！

嚎丧 háo sang "嚎"子发重音，"丧"字发短促轻音。对哭的一种贬称。骂人语。

【例句】你嚎丧个啥，又没死爹！

豪挺 háo ting "挺"字发轻音而短促。人很体面，很有气派。

【例句】那是个很豪挺的人，非常讲究！

豪横 háo heng “豪”字发重音，“横”字发短促轻音。霸道，蛮横不讲理。

【例句】你豪横个啥，不就是当了个小小村官吗，有什么了不起？

好 hǎo “好”读 hǎo，下同。①用在“你”前，表示怨恨、斥责、责骂的情绪。②可以，应该。③用在单音节动词前，表示赞许。

【例句】①好你个兔崽子，骗到我头上了！②别人都拿光了，我还有什么好拿？③孩子乖，好好吃奶！

好饼 hǎo bǐng 不是什么好人。含有贬义。

【例句】你也别说别人，你也不是什么好饼！

好说 hǎo shuō ①客气话“好商量”。②多说，顶多。③好一顿训斥。

【例句】①这事好说，你就放心吧！②年末奖金不多，好说几百元钱！③他刚才把我好说一顿！

好许 hǎo xǔ 充其量，顶多。

【例句】中国男足在亚洲好许是二流球队，小组都出不了线！

好歹 hǎo dǎi 说到底，归根结底。

【例句】我都跟你说了这么长的时间了，成与不成，好歹你也得给我一个准信啊！又如好歹我们还是老同学，这个面子无论如何你也得给！

好悬 hǎo xuán ①非常危险。②差一点。

【例句】①暖水瓶打了，好悬没烫着。②光顾着看电视连续剧了，好悬没赶上火车。

好使 hǎo shǐ ①形容人心地善良、心眼儿好。②形容人办事儿能力强，有威望。③形容物品好用，用起来得力。有时用于否定式。

【例句】①老张家二哥可是个热心肠的人，心眼儿可好使了！②你老爷子的话，好使，就这么办！③电视连续剧《乡村爱情故事》中永强妈说：受伤了（指谢广坤的耳朵被驴踢），耳朵不好使了！

好下水 hǎo xià shui 好心肠。多使用否定式，即形容人没有好心肠、心怀歹意。

【例句】那小子一肚子花花肠子，肯定没什么好下水！

好生儿 hǎo shēngr "生儿"拉长音并突出"儿"音。①好好地。②平白无故地。

【例句】①去和你妈好生儿做几个菜，人家可是贵客啊！又如有话好生儿说，发那么大的火干什么？再如好生儿的一个人，说没了就没了。②我好生儿在这呆着，招谁惹谁了？

好生的 hǎo shēng de 好好地。

【例句】在这好生的呆着，别乱动！

好不错儿 hǎo bú cuòr 挺不错，挺好，挺知足。赞许性用语。

【例句】过去那日子，能吃饱肚子就好不错儿了！又如还买 4G 手机干什么，有 3G 用就好不错儿了。

　　好养活 hǎo yǎng huo　容易成活，能够躲过病灾或其他灾害。东北地区旧俗，为了孩子好养活，经常给小孩儿起"狗剩""石头"等名字或留一个小尾巴辫、认干妈以求平安长大。

　　【例句】给孩子找个干妈吧，这样好养活！

　　好家伙 hǎo jiā huo　①好样的人。②感叹词，惊讶，赞叹，犹如"真可以"。

　　【例句】①抗美援朝的战士个个都是好家伙！②好家伙，怎么是你呀！

　　好赖不济 hǎo lài bù jì　也说"好歹不济"。无论如何，不管怎样。

　　【例句】好赖不济，你们都是老乡，有什么事情不好商量！

　　好模好样儿 hǎo mo hǎo yàngr　平白无故，没有缘由。

　　【例句】好模好样儿的，你怎么从工商局又调到税务局来了？

　　好好儿的 hǎo hāor de　第二个"好儿"发平音、拉长音并突出"儿"音。①警告、告诫语，表现的好一些、稳重一些。②平安，顺利，健康，没毛病。

　　【例句】①头一次到我们家，你可要好好儿的，可别让我爸我妈挑理！②你头一次出远门，可要好好儿的，凡事儿都要多加小心啊！又如刚才还好好的，怎么突然就死了呢？

　　好吃不撂筷儿 hǎo chī bú liào kuàir　也说"好吃不松嘴儿"。见到好吃的就没完没了地吃，引申为贪得无厌，得到好处或便宜还不满足、不罢手、不停歇。讽刺性用语。

【例句】已经抓了个大彩儿，你还不满足，还要投大注，你还好吃不撂筷儿了呢！又如刚刚从马来西亚旅游回来，又想到日本旅游，我看你好吃不松嘴儿了呢！

好狗护四邻 hǎo gǒu hù sì lín 优良的狗不仅为主人、还可以为四邻看家护院。引申为优秀人才不仅能为本家谋利益、争荣誉，同样可以为周围朋友或亲戚谋利益、争荣誉。

【例句】俗话说，好狗护四邻，新当选的村长不仅自己发家致富，而且带领乡亲们共同致富，乡亲们都借了光。

好大显示 hǎo dà xiǎn shi 也说"好大一显示"。①常用于疑问式用语"有什么可炫耀的""有什么可显示的"。②自以为尽到了最大努力。讽刺性用语。

【例句】①今年大丰收，你才挣了几万块钱，好大一显示，又买车又买电脑的！②我给你帮了这么大的忙，你好大一显示，才给了我几百块钱！

好饭不怕晚 hǎo fàn bú pà wǎn 好事儿总要到来，不怕迟早。一种安慰、劝喻的表示。

【例句】好饭不怕晚，只要身体健康，不怕不涨工资。

好离好散 hǎo lí hǎo sàn 友好离散、友好散伙，不留遗憾、不再纠缠。

【例句】咱们好离好散，结拜了一会，互相理解吧！

好孩子不往庙上舍 hǎo hái zi bū wǎng miào shàng shě 也说"好孩子谁往庙上舍"。原意是好孩子送到庙里当和尚没有前途、没有发展，引申为优秀人才不能埋没，而使其在应有的地位发挥应有的作用，犹如"人往高处走，水往低处流"。诙谐性用语。

【例句】俗话说，"好孩子不往庙上舍"，一个研究生你叫他整天和你卖大果子，他能有什么大发展？

好店三年不换客 hǎo diàn sān nián bú huàn qiě　"客"读 qiě。本意是讲信誉的店铺几年都是老主顾，引申为商业企业要靠信誉招揽顾客。

【例句】你没听说这么句话吗，好店三年不换客，你用水货欺骗顾客，还能有信誉吗？谁还买你的货？

好汉无好妻，赖汉娶花枝 hǎo hàn wú hǎo qī lài hàn qǔ huā zhī　本意是好汉往往没有贤惠的妻子，无能力、无本事的庸人往往娶到漂亮的媳妇。引申为英雄、杰出人才往往没有好报或好下场。诙谐性用语。

【例句】历史至今都是好汉无好妻，赖汉娶花枝，看看历史上的岳飞、狄仁杰，现今社会的刘少奇、彭德怀、陈毅等，不都是如此吗？

好虎架不住一群狼 hǎo hǔ jià bú zhù yī qún láng　也说"好狗架不住一群狼"。本意是凶猛的老虎也承受不了一群狼的袭击，引申为寡不敌众，受各种因素限制，再有本领也难以发挥。诙谐性贬低性用语。

【例句】你的作法再正确，大家都反对，好虎架不住一群狼，单拳难敌四手，你还能怎么样？

好汉架不住三泡稀屎 hǎo hàn jià bū zhù sān pāo xī shǐ　本意是再强壮的身体，也承受不了严重的腹泻。引申为个人再有本事，也抵挡不住周围恶劣的环境或众人的攻击。诙谐性用语。

【例句】好汉架不住三泡稀屎，你就说再有能耐，也架不住这么多的人坚决反对啊！

好男不和女斗 hǎo nán bū hé nǚ dòu　有见识、有本事的男人不能与没有见识、目光短浅的女人争高低、辩是非。诙谐性用语。

【例句】俗话说好男不和女斗，她一个老娘们，你就别和她一般见识了！

好心当成驴肝肺 hǎo xīn dàng chéng lú gān fèi　本是善心、助人之心、一片好心而不被理解、曲解。诙谐性、讽刺性用语。

【例句】你被汽车撞伤，我去救助你，却被当成肇事者，真是好心当成驴肝肺！

好事儿不出门，坏事儿传千里 hǎo shìr bū chū mén, huài shìr chuán qiān lǐ　也说"好事儿不出门，恶事儿传千里"。这里主要是说坏事儿、恶事儿、丑事儿往往传播速度非常快。

【例句】这真是好事儿不出门，坏事儿传千里。我就是耍钱被抓这点儿破事儿，一夜之间弄得全地球人都知道了！

好说不好听 hǎo shuō bū hǎo tīng　对容易引起误解的事情，虽然可以解释，但往往说不清楚而难以令人信服。

【例句】这事儿传出去，好说不好听，我要解释也解释不清了。

号 hào ①预先作标记占住。②这种，这类。③旧时在当铺当的衣物。④牢房的俗称。⑤标记。

【例句】①这块地方我早就号下了，你来晚了！②遇着这号人，算你倒霉！③死号，抽号。④他蹲了好几年的小号，刚刚放出来。⑤循着树号走，肯定能找到猎物。

号脉 hào mài 中医诊脉。

【例句】大夫，给我号号脉，我的胃总是不舒服。

好脸儿 hào liǎnr "好"读 hào，下同。爱面子。

【例句】那人很有修养，也是个极好脸儿的人！

好希 hào xi 也写作"好喜"。"好"读 hào 并发重音，"希"发轻音。喜好，爱好，喜欢。

【例句】我就好希画水粉画！又如我就好希这一口，你管得着吗？

好信儿 hào xìnr ①积极参与。②十分好奇。

好面子 hào miàn zi 十分注重脸面，爱面子。

【例句】那人多好面子，一点儿不好的话也不爱听。又如你也太好面子了，她也没说你什么坏话你就急眼了！

【例句】①你可真好信儿，啥事儿也缺不了你！②你可真够好信儿的，一个演唱会你也千里迢迢去看？

好酒的不进茶坊 hào jiǔ de bú jìn chá fang 喜欢饮酒的人一般不进茶馆喝茶。比喻各有所好，爱好各有不同。

【例句】俗话说，好酒的不进茶坊。你喜欢看书，我就喜欢唱歌，谁也别管谁！

耗 hào 干等，干呆着，靠着。

【例句】一个年轻人，干点儿什么也比在家干耗着强啊！

喝儿唠 hēr lao "喝儿"突出"儿"音并拉长音。大声训斥、斥责。

【例句】电视剧《闯关东》中，朱开山的三子朱传杰暗中将酒店抵押出去开煤矿，被老爹朱开山狠狠喝儿唠了一顿！

喝小老婆尿 hē xiǎolǎo po niào 对不停地笑的人的一种讽刺、诙谐性用语。含有贬义。

【例句】你在那"格儿格儿"地笑啥呢？喝小老婆尿了吧？

喝咧 hē lie "咧"字发短促轻音。没有准确音调的自唱。含有贬义。

【例句】酒足饭饱之后，吴俊升一个人斜歪在炕上喝咧起了《王二姐思夫》。

喝儿唠 hēr lao 大声训斥。

【例句】你跟他喝儿唠啥，有话不能好好说吗？

喝口凉水都塞牙 hē kǒu liáng shuǐ dóu sēi yá "塞"读 sēi。形容运气不好或事情非常不顺利。

【例句】你说我怎么这么背（命运不济）呢，喝口凉水都塞牙！

喝高了 hē gāi la 对过量喝酒即醉酒的一种诙谐性、戏谑性说法。

【例句】昨天实在喝高了，到现在还没醒酒呢！

喝大了 hē dà la 同"喝高了"。

【例句】你昨天是不是喝大了，净说胡话！

喝凉酒，花脏钱，早晚是病 hē liáng jiǔ, huā zāng qián, zǎo wǎn shì bìng 喝凉酒坐病，花来路不明或贪污受贿得来的钱更是早晚都要犯事。形容贪图不义之财迟早都要受到惩罚。诙谐性、讽刺性用语。

【例句】没听说吗，喝凉酒花脏钱早晚是病。你贪污我们的血汗钱，早晚都要遭报应！

喝人肚子不能喝狗肚子 hē rén dù zi bū néng hē gǒu dù zi 酒喝到狗的肚子当然不会耍酒疯，而喝到人的肚子就会耍酒疯。一种对喝醉酒耍酒疯的人的骂人语。

【例句】几口猫尿喝人肚子不能喝狗肚子，你要什么酒疯？

呵哧带喘 hē chi dài chuǎn 形容人因劳累而上气不接下气的样子。

【例句】等我呵哧带喘地赶到剧场时，《刘老根大舞台》已经开演了。

豁出去 hē chū qū "豁"读hē,下同。什么都不顾,放胆一搏。

【例句】我豁出去了，谁也别劝我！又如咱俩出国做买卖，你刚结婚，你能豁出去吗？

豁出一头 hē chū yī tóu 为了全局利益而牺牲局部利益、付出代价。

【例句】我豁出一头，不信我就赢不了他！

合 hé 伤口愈合。多用于反义词即"不合"。

【例句】我的皮肉不合，伤口好得很慢。

合不上 hé bu shàng 不合算，不够本钱。

【例句】咱俩合资，我出钱，你出场地人才，你占大股，我合不上！

合不来 hé bu lái 不能与人和睦相处。

【例句】可别把他俩儿放在一个组，他俩儿合不来！

合炉儿 hé lúr ①关系融洽。②合拢。③完全吻合。

【例句】①刚刚聚在一起不熟悉，慢慢就合炉儿了！②他大张着嘴，半天没合炉儿！③这话说得正合炉儿，我也是这么想的！

合适 hé shì ①合算，占便宜。②舒服，适宜。

【例句】①让他们去当力工，让我去开卷扬机，挺合适！②刚吃了不少西瓜，肚里有点不合适！

合牙 hé yá 对茬，合缝。

【例句】你这件上衣配这条裤子，看着还真挺合牙！

合该 hé gāi 命里该着，命运使然，不是人为的结果。

【例句】合该你走运，彩票玩儿了多年，什么也没得到，你刚入门就中了大彩！

合身儿 hé shēnr 衣服大小合体。

【例句】这件裙子穿在你身上，真挺合身儿！

河饹 hé le "河"字发重音，"饹"字发短促轻音。液体浸湿布或纸而留下的印迹。

【例句】瞧！又尿炕了吧？褥单上这片河饹！又如这是怎么弄的？大河饹套小河饹的！

核 hé 卖出。

【例句】把摩托车也核给你，你看行不？

核桃纹儿 hé tao wénr ①抬头纹的戏称。②不规则的纹条。

【例句】①哎！这么长时间不见了，你开始长核桃纹了！②还是小核桃纹白菜好吃！

饹饹话 hé le huà 也说"活络话"。态度暧昧，说出的话模棱两可，不明确表态。

【例句】别光说饹饹话，到底行不行，给个痛快话！

贺儿 hèr 多说"趁贺"。指金钱，也指物品极多。

【例句】你看村东老赵家，那可真趁贺儿，光摩托车就好几台！又如你戴的是块金表吧？可真趁贺儿！

赫儿 hèr ①财物，钱财。②用在形容词后面，表示程度的高低，有夸张成分。

【例句】①打开柜子一看，里面都是值钱的赫儿！②你急什么，时间还早赫儿呢！又如人比人还得活着，你比人家可差老赫儿了！再如他这人对自己严，对别人宽着赫儿呢！

赫亮 hè liang "亮"字发轻音。响亮。

【例句】你这名字挺赫亮啊！

黑 hēi ①盯住。②表情、面色阴沉。③贪婪。④心肠、手段狠毒。⑤贪污。⑥说话尖刻。

【例句】①我的天啊，他算把我黑上啦！②老爹感到自己办错了事儿，又不愿向朋友认错，黑着脸离开了！③这小子黑着呢，见钱比爹还亲！④这人心太黑，得多提防着点儿！⑤企业破产了，厂长肯定黑了不少钱！⑥那小子嘴太黑，什么话都能冒出来！

黑得乎 hēi de hū ①形容人长得稍黑。②形容环境黑暗不明亮。

【例句】①别看宋江长得黑得乎的，可是侠肝义胆，人送外号"及时雨"。②这屋子黑得乎的，怎么不开灯，省电呢？

黑压的 hēi yā de ①形容人非常密集。②形容物体非常密集。

【例句】①汽车展销大厅黑压的挤满了人，都是来看车模（模特）的。②苹果黑压的结满了树，树枝都压弯了。

黑咕咚 hēi gū dōng 形容环境很黑暗。

【例句】她叔啊，外边黑咕咚的，走路千万加小心啊！

黑咕隆冬 hēi gū lōng dōng 同"黑咕咚"。

【例句】这黑咕隆冬的天，你就别去了，行不行？

黑了巴黢 hēi la bā qū 形容物体表面发黑而且难看。

【例句】那人长得黑了巴黢的，咱姑娘怎么就看上他了？

黑不黢儿 hēi bu cānr 形容人的皮肤或脸稍黑。

【例句】这姑娘长得真好看，美中不足有些黑不黢儿的！

黑黢儿黢儿 hēi cānr cānr 同"黑不黢儿。

【例句】那人长得虽然黑黢儿黢儿的，但长得还是挺好看的！

黑漆寥光 hēi qī liāo guāng 也说"黑黢寥光"。漆黑一片，黑乎乎一片。

【例句】这屋子已经被烟熏得黑漆寥光的了，少抽点儿吧！

黑灯瞎火 hēi dēng xiā huǒ 形容天色特别黑暗而没有光亮。

【例句】你腿脚不灵，黑灯瞎火的，就别到处乱走了！

黑煞神 hēi shà shén 形容人脸色长得黑且容貌凶狠。

【例句】李逵就是个黑煞神！又如你长得就像个黑煞神似的，就别出头露面了！

黑价白日 hēi jia bái rì 没黑天没白天，日日夜夜。

【例句】爹妈黑价白日的把他们几个拉扯大。如今爹妈老了，几个儿女谁也不养，你说恨人不恨人？

黑不出溜 hēi bu chū liū 形容人或物稍微有些发黑。

【例句】电影《霓虹灯下的哨兵》台词：你黑不出溜的，靠边站！又如那人不仅长得黑不出溜的，而且还又矮又胖，难看死了！

黑瞎子掰苞米 hēi xiā zi bāi bāo mǐ 也说"熊瞎子劈苞米"。黑瞎子即黑熊，熊祸害庄稼掰苞米时掰后一穗丢前一穗。①比喻只求进度或数量而不求质量。②顾此失彼。讽刺性用语。

【例句】①你急什么，一定要注意产品质量，可别黑瞎子掰苞米，只求速度而不顾质量！②学一科就要掌握一科，千万别像黑瞎子掰苞米似的，学一科丢一科，学了后边忘了前面！

黑爪子挣钱白爪子花 hēi zhuǎ zi zhèng qián bái zhuǎ zi huā　"黑爪子"指劳动者；"白爪子"指不劳而获者。形容干活儿的人拼命挣钱，而不劳动、不劳而获的人去花钱、支配钱。一种形象的比喻。诙谐性用语。

【例句】我们是企业的主人，我们也得参与企业管理，不能总是黑爪子挣钱白爪子花啊！

嘿儿呼 hēir hū　"嘿儿"发重音并突出"儿"音。大声呵叱。

【例句】他也不是有意的，你就别再黑儿呼他了！

嘿儿喽气喘 hēir lōu qì chuǎn　也说"嘿儿喽带喘"。形容因病不停喘息。含有贬义。

【例句】看你这嘿儿娄气喘的样子，几十里地还能赶集？

哏斥 hēn chi　"哏"字发重音，"斥"字发短促轻音。大声呵叱。

【例句】进屋一看，她正横眉竖眼地哏斥她那不争气的儿子呢！

哏叨 hēn dao　也说"哏嗒"。"哏"字发重音，"道"字发短促轻音。同"哏斥"。

【例句】孩子都吓成这样了，就别再哏叨他了！

哏嗒 hēn de　①同"哏斥"。②因生气而推打或推搡。

【例句】①行了，哏嗒几句就行了，还没完没了啊？②孩子这么小，你轻点儿哏嗒她吧！

嗛 hén　含着。

【例句】他口中嗛着块糖。又如他眼中嗛着泪。

狠 hěn ①加劲儿。②凶恶，狠毒。③很重，很沉。

【例句】①糖尿病得狠锻炼，否则没有效果。②这人心狠手辣，千万要多防着点儿。③这一脚踢得挺狠，已经骨折了。

狠歹歹 hěn dāi dāi "歹"读dāi。两个"歹"字均拉长音。①形容人表现得很生气、一副恶狠狠的样子。②说话或动作凶狠。

【例句】①看你这狠歹歹的样子，谁惹你啦？②到底为什么啊，说话狠歹歹的，像谁欠你多少钱似的！

狠茬子 hěn zhá zi ①形容人为人狠毒或很有手段。②形容设下狠毒的计谋。

【例句】①这回遇到狠茬子了吧，傻了吧？②这都是吴俊升给张作霖下的狠茬子，决心给他颜色看看！

狠实 hěn shi 又重又狠。

【例句】这个跟头儿摔得够狠实的！又如你也太狠实了，怎么能要这么多的钱？

狠儿 hěnr 突出"儿"音。①婴幼儿故意做出用力的姿态。②下大力气。

【例句】①来！宝贝儿，给妈狠儿一个！②有人请客，不吃白不吃，还不狠儿吃他一顿！

恨人 hèn rén 使人感到生气、气愤。

【例句】每次都来晚，大家等你一个人，真恨人！

恨人丁儿 hèn rén dīngr 非常令人痛恨的人。含亲昵色彩，犹如"冤家"。

【例句】这孩子简直就是个恨人丁儿，怎么捎信让他回来，就是不回来！

哼哼 hēng heng 第一个"哼"字发重音，第二个"哼"字发短促轻音。专用于某种场合，一种不服气、轻蔑的表示。

【例句】让我去道歉？我就不听老太太那么一哼哼！

哼哈儿 hēng hār "哼""哈"两字均拉长音。形容人心不在焉，漫不经心，说话或办事儿敷衍应付。

【例句】一天你哼哈儿地心不在焉，到底想干什么啊？

哼哈不动 hēng hā bú dòng 也说"哼哈不带"。说定或决定的事儿就不能改变。

【例句】咱们先说好，哼哈不动，一把一清结算清，谁也不许欠账！

哼哼唧唧 hēng hēng jī jī ①小声哭泣。②小声哼哼即小声唱歌。

【例句】①你这一天到晚哼哼唧唧的，到底为了什么啊？②哼哼唧唧唱歌小曲儿，你挺潇洒啊！

横 héng "横"读 héng，下同。①横竖，反正。②大概，可能。

【例句】①我们的事儿横你管不着！②他横是外出不在家。

横是 héng shi 表示猜测的副词，犹如"可能""大概"，不能确定。

【例句】我二哥横是在深圳的工地打工，一直也没有准信。又如这事儿横是村长能了解！这病横是没个救了！他横是病了吧？好几天没上班了！

横必 héng bì 可能是，大概是。

【例句】横必人家受过专业训练。又如他说的横必是真的。

横睖 héng leng "横"字发重音，"睖"字发短促轻音。斜眼看。一种不满的表示。

【例句】我说了半天他也不吱声，狠狠横睖我一眼！

横扒拉竖挡 héng bā la shù dǎng 极力阻挠，百般阻挠。

【例句】要不是他横扒拉竖挡，事早办成了！电视小品《卖拐》中范厨师台词：你就不要横扒拉竖挡了，一家两口子，做人的差距咋就这么大呢！

横躺竖窝 héng tǎng shù wò 形容很多人乱七八糟、没有顺序地躺在地上。

【例句】一辆大客车出了车祸，地上横躺竖卧到处都是伤员，惨极了！

横瞪二意 héng dēng èr yì 三心二意，精力不集中。

【例句】注意听讲，别横瞪二意的！

横踢乱卷 héng tī làn juǎn ①语言激烈，行为不轨。②不服从管理而做出的越格行为或说出过激语言。均含有贬义。

【例句】①那小子驴性霸道，横踢乱卷，你离他远点！②你怎么横踢乱卷的，怎么劝也不听呢？

横踢马槽 héng tī mǎ cáo 也说"横搅马槽"。同"横踢乱卷"②。讽刺性用语。

【例句】这家伙脾气太差，在单位也经常横踢马槽，谁也说不得！

横着膀子逛 héng zhe bǎng zi guàng 也说"横着膀子晃"。形容人横行霸道、肆无忌惮的样子。含有贬义。

【例句】赵玉田整天横着膀子逛，怎么就没人管一管？

横草不过 héng cǎo bú guò 形容人非常精明，什么事也欺骗不了他。

【例句】那是个横草不过的主儿，你还和他斗？

横着难吞，竖着好咽 héng zhao nán tūn，shù zhao hǎo yàn 也说"竖着好咽，横着难吞"。形容顺耳的话容易被人接受而难听的话使人难以接受。

【例句】谁不知道，横着难吞，竖着好咽，有话你为什么不好好说，非得骂人不可呢！

横 hèng "横"读 hèng，下同。①形容蛮不讲理并有一定势力或力量。②态度蛮横，说话、办事很冲。

【例句】①市管员办事太横，一点儿素质都没有！②说话别这么横，没人怕你！

横茬子 hèng chá zi ①同"横"①。②本领高，技术过硬。

【例句】①这下可碰上横茬子了，老实了吧？②我师傅的技术在全厂都是横茬子，哪个不服？

横事儿 hèng shìr "横"字发重音。非正常死亡。主要指让人们很难接受的各种重大事故或雷击等自然原因造成的非正常死亡。

【例句】这几年咱们村接连发生了几起横事儿，你说怪不怪？又如咱村又出横事了，老刘家二小子叫雷击死了！

横死 hèng sǐ 同"横事儿"。

【例句】根据老祖宗传下来的老规矩，横死的人是不能进祖坟的。

哄扬 hōng yáng 相互传说，人们都这么说。

【例句】最近人们都哄扬，说咱们村要并到市区去了！

哄哄 hòng hong 第一个"哄"字发重音，第二个"哄"字读平音、发短促轻音。 ①没有根据的乱说、乱传、乱议论。②众口相传。

【例句】①别听那些人瞎哄哄，完全是胡编滥造！②他那点儿丑事儿，早就在全村哄哄开了！

轰嚷 hōng rǎng 众口传扬。

【例句】这事儿如果哄嚷出去，就惹人笑话了！

—哄哄 — hōng hōng 放在形容词尾，表示心高气傲。含有贬义。

【例句】没有多大学问，可整天架子哄哄的！又如你一天牛皮哄哄的有什么了不起？

红眼 hóng yǎn ①发怒或发急。②失去理智而疯狂。③嫉妒，眼红。

【例句】①看到连长牺牲，战士们急红了眼，纷纷跃出战壕。②看到老婆人被打，他急红了眼，一刀捅了下去！③人家发了财，你红什么眼？

红火儿 hóng huǒr 形容旺盛，热闹。

【例句】绿色食品展销会办得真红火儿，人来人往,川流不息！

红呲拉鲜 hóng ci lā xiān 也说"红呲拉歇"。血淋淋，红得令人难以接受。

【例句】呦，怎么浑身红呲拉鲜的，可真吓人！

红头涨脸 hóng tóu zhàng liǎn 因发怒、生气、害羞等原因而脸红脖子粗的样子。

【例句】瞧你，红头涨脸的，怎么了？又如那孩子挺腼腆的，跟生人一说话就红头涨脸的。

红眼巴嚓 hóng yǎn bā chā ①因眼病眼睛红红的样子。②痛苦悲伤，眼泪在眼眶中转动。

【例句】①你怎么红眼巴嚓的？闹眼睛了吗？②她一听这话儿，霎时红眼巴嚓的，眼泪随之流了出来。

红白喜事 hóng bái xǐ shì 泛指婚礼、庆典、祝寿等一切喜庆活动和葬礼等丧葬事务。

【例句】他就是村里的"屯不错"，红白喜事什么都落不下他！

红口白牙 hóng kǒu bái yá 也说"红嘴白牙"。①已经说出的话不能再收回。②责问对方说话不算话。

【例句】①这是咱们商量好的事儿，红口白牙的，你可不能变卦！②你红口白牙张口就说，我什么时候说话不算话了？

红脸儿 hóng liǎnr ①心地善良、为人友善之人。与之相反的是"黑脸儿"。②因害羞等原因脸部发红。③因闹矛盾而发怒或生气。

【例句】①你唱红脸儿，我唱黑脸儿，看他什么态度！②

一句话，把他闹个大红脸儿。③这么多年了，我们俩从来没红过脸儿。

红眼儿巴嚓 hóng yǎnr bā chā ①形容人眼睛哭得红红的样子。②因炎症而使眼睛发红。

【例句】①这是结婚，是大喜事儿，干嘛哭得红眼儿巴嚓的？②你的眼睛怎么了，红眼儿巴嚓的？

红眼儿枯瞎 hóng yǎnr kū xiā 同"红眼儿巴嚓"①②。

【例句】①你看你，哭得红眼儿枯瞎的，怎么见人啊？②你的眼睛怎么红眼儿枯瞎的，快去医院吧！

哄人儿 hǒng rénr 特指小孩哄大人开心。

【例句】刚刚会说话，就学会哄人儿了！

哄孙子 hǒng sūn zi 原意为大人哄哄孙子，演变为轻蔑对方，小视对方。

【例句】啥意思，你哄孙子呢？拿我当大头耍呢？

和 hòng "和"读 hòng。跟谁，和谁。

【例句】咱俩谁和谁呀，还分那么清楚干啥？

齁 hōu 非常，特别，一种表示程度的副词。

【例句】鲁菜、川菜都齁辣的，我可吃不惯。又如师傅，这菜齁咸的，怎么吃啊，回回锅吧！

齁巴 hōu ba ①指患气管炎等疾病发出的喘息声。②菜太咸使人感到喉咙难受。

【例句】①你齁巴气喘的，大冷天不要到处走啦！②菜太咸了，我的嗓子直齁巴！

齁喽儿气喘 hōu lour qì chuǎn 也说"齁巴气喘"。形容人的肺或气管有炎症、不停咳嗽、喘气带有痰声的样子。含有贬义。

【例句】这么冷的天，你齁喽儿气喘的，别到处乱走了！

齁儿喽 hōur lou 带痰的哮喘声。

【例句】夏天还好，一到冬天我就齁儿喽！

喉喉咸 hōu hōu xián 两个"喉"字均发重音。形容食品非常咸、特别咸。

【例句】师傅，这菜怎么炒得喉喉咸，给回回锅吧！又如咸黄瓜腌得喉喉咸，拿凉水拔一拔再吃！

喉儿喉儿的 hōur hōur de 两个"喉儿"均突出"儿"音并短促。非常生气，气愤已极。

【例句】一听这事儿，把我气得喉儿喉儿的。

喉喽 hóu lou 同"嚎唠"，即突然大声喊叫。

【例句】"你给我站下！"大叔猛然喉喽一声，"说清楚再走不迟！"

候候 hóu hou 第一个"候"字发重音，第二个"候"字发短促轻音。死盯着，死等着。含有贬义。

【例句】你就是候候到猴年马月，这好事儿也轮不到你头上！

候豆闲子 hóu dòu xián zi 形容手脚一直闲不住而惹人烦的人。含有贬义。

【例句】看你一天候豆闲子似的，能不能安稳着点儿！

猴儿 hóur ①狡诈。②躬身凑近。③紧紧盯着。

【例句】①你看那几个人，个个猴儿精猴儿精的。②我猴儿下身子问：到底怎么了？③你的任务就是紧紧猴儿住那几个人！

猴儿精 hóur jēng 形容人非常精明，像猴子一样狡诈。含有贬义。

【例句】那人猴精儿的，你可得小心点儿！

猴儿精猴儿精 hóur jīng hóur jīng 同"猴儿精"。语气加重。诙谐性用语。

【例句】那几个人个个猴儿精猴儿精的，看来都不是什么正经人。

猴儿奸 hóur jiān 同"猴儿精"。

【例句】那人猴儿奸猴儿见的，你可斗不过他！

猴儿拉儿 hóur lā "猴儿"突出"儿"音，"拉儿"拉长音并突出"儿"音。非常，特别，极其。

【例句】这小姑娘猴儿拉儿厉害！又如这人猴儿拉儿不讲理。

猴儿七儿 hóu qīr "七儿"拉长音并突出"儿"音。指举止不稳重、不安份的人。

【例句】邻居家小三就是个猴儿七儿，哪有安稳的时候？

猴儿头儿巴相 hóur tóurbāxiàng 形容人长相不好看，尖嘴猴腮，相貌丑陋。含有贬义。

【例句】那小子长得猴儿头儿巴相的，准不是什么好东西！

猴儿拉稀 hóur lā xī　坏心肠，一肚子坏心眼儿。含有贬义。

【例句】我就看不惯你那副猴儿拉稀的样子，一眨眼就是一个鬼主意！

猴拉急 hóu lā jí　非常急，特别急，急匆匆。

【例句】猴拉急地把我叫来，到底出了什么事儿？

猴儿瞜 hóur lou　"猴儿"字发重音，"瞜"字发短促轻音。瞪圆眼睛，表示极度生气。

【例句】我把去三亚看"人妖"表演的事告诉了媳妇，气得她把眼睛一猴儿瞜！

猴年马月 hóu nián mǎ yuè　没有年头，不知什么时候。夸张性用语。

【例句】我能当大款儿，那不等猴年马月啊？

候 hǒu　"候"读 hǒu。长时间耐心等候、等待。含有贬义。

【例句】你就是候到地老天荒，我也不能答应你！又如我在那儿白白候了一个晚上，最终也没见到他！

后半晌儿 hòu bàn shǎngr　下午，过午。

【例句】天太热，后半晌儿我们再进城吧

后个儿 hòu ger　"个儿"突出"儿"音。后天。

【例句】后个儿是礼拜天，咱俩钓鱼去！

后窜儿 hòu cuānr　小孩后长个儿。

【例句】哟！这孩子长这么高了，后窜儿的吧？

后撵儿 hòu niǎnr　①没按规定时间而晚来。②随后追赶。

【例句】①别人都到齐了，我是后撵儿来的。②你们先走，我后撵儿！

后尾儿 hòu yǐr "尾儿"读 yǐr 并拉长音。①后边。②后来。

【例句】①你先站到后尾儿，一会儿再叫你！②有事你就先走，后尾儿我再追你！

后返劲儿 hòu fǎn jìnr ①当时没有反应过来而事后才有反应而猛醒。②白酒等酒类慢慢显露酒劲儿。

【例句】①你不是不同意吗？怎么后返劲儿又同意了？②这酒喝着挺好喝，当时不上头，后返劲儿可真上头！

后脸儿 hòu liǎnr 指人或物品背面。

【例句】一看后脸儿的花纹就知道，这是明万历年间的铜镜。

后娘养的 hòu niáng yǎng de 也说"后妈养的"。形容人低人一等、不被人待见。讽刺性用语。

【例句】你们是嫡系，我们就是后娘养的，哪敢和你们比！

后脑勺儿 hòu nǎo sháor 多说"脚打后脑勺"。脚根本不可能打到后脑勺，比喻特别忙，忙得什么也顾不得。夸张性用语。

【例句】我这儿一天忙得脚打后脑勺，哪有闲心去旅游啊？

后账儿 hòu zhàngr "账儿"并不是算会计账，而是当时不作计较而事后再作计较。

【例句】咱可当面锣对面鼓说清楚了，别事后再找后账！又如这事儿已经过去这么长时间了，你怎么还找后账啊？

后尾儿 hòu yǔnr "尾"读 yǐ 突出"儿"音。后来，以后。

【例句】原来你早就出国了，我后尾儿才知道的。又如你老爷子仙逝了，后尾儿我才听说。

后老婆油 hòu lǎo po yóu　汤或炒菜煮熟或炒熟后加在表面的食用油。

【例句】豆腐汤太清淡，再加点儿后老婆油好看些。

厚 hòu　①稠密。②粘稠。③深厚，丰富。

【例句】①今年的李子结得这么厚，树都压弯了！②这粥熬得太厚了，再加点水！③张老师那学问可厚了，天文地理无所不知！

厚实 hòu shi　"实"字发短促轻音。①忠厚老实。②很多，很密。

【例句】①那孩子是厚实听话的孩子！②今年风调雨顺，你看那谷子结得多厚实！

厚道 hòu dao　"道"字发短促轻音。同"厚实"①。

【例句】这孩子挺厚道，从不惹事。

厚诚 gòu cheng　"诚"字发短促轻音。诚实厚道。

【例句】找对象一定要找一个厚诚的小伙子，千万别找油腔滑调的人！

候候 hòu hou　第一个"候"发重音，第二个"候"读平音并发短促轻音。等一等。

【例句】这事儿呀，候候再说吧！

呼通呼通的 hū tōng hū tōng de　形容人们蜂涌而至的样子。

【例句】足球场上，观众踊跃，那人呼通呼通的！

呼号儿的 hū hāor de "呼"拉长音，"号儿"拉长音并突出"儿"音。大声喝叫，欢呼雀跃。

【例句】听到北京获得承办奥运会的消息，同学们呼号儿的喊成一团儿！

呼呼拉拉 hū hū lā lā 形容人多杂乱的样子。

【例句】不大一会儿，乡亲们呼呼拉拉又都跑了回来，说是日本鬼子把村子团团围住了！

呼哈儿的 hū hār de "呼""哈儿的"均拉长音并突出"儿"音。形容许多人扎扎呼呼、吵吵闹闹的样子。含有贬义。

【例句】我一个电话，他们几个人呼哈儿的就全来了！

呼隆 hū long "呼"字发重音。①搅扰。②"呼噜"的音变。打鼾声。

【例句】①你这一呼隆，谁也别想安定。②你这呼隆打的水平不低，双频道带回声！

呼达 hū da "呼"字发重音，"达"字发短促轻音。①形容人奄奄一息尚有微微的喘气声。②跟随，形影相随。含有贬义。③开门，关门。

【例句】①这小子命真大，胸口挨了两刀，一时没死，呼达呼达直喘气儿。②别跟那小子整天在一起瞎呼达，学不出什么好！③你可别呼达那门了，热气都放跑了！

呼悠 hū yōu "呼""悠"两个字均拉长音。突然，猛然。

【例句】他一提这事儿，我呼悠一下子想起来了！

呼神哈鬼 hū shén hā guǐ ①形容人连蒙带唬，没一句真话。②形容人盛气凌人、大声呵斥的样子。

【例句】①王天来整天呼神哈鬼的，不知哪句话是真话！②那人简直就是个魔头，呼神哈鬼的装人。

呼哧带喘 hū chī dào chuǎn 形容因为剧烈运动而呼吸急促、不停喘息。

【例句】他呼哧带喘地撵了好几里路，最终也没撵上。

忽悠 hū you 使用非常广泛词语之一。"忽"字发重音并拉长音，"悠"字发短促轻音。①哄骗，说大话，没真话，用语言吹嘘。②有说服力的煽动。③飘忽，摇晃。④联系，联络。⑤头晕目眩。⑥猛然间。

【例句】①这小子真能忽悠，死人都能说活！又如电视小品《卖拐》中，大忽悠可真能忽悠，愣把好人忽悠瘸了！②如果再不解决，我就到工人间去忽悠。③车速太快，总感觉有点忽悠。④再卖不出去，我去给你忽悠忽悠！⑤我这脑袋忽忽悠悠的，迷糊得厉害。⑥我忽悠一下子想起来了，这都是几十年前的事儿了，不说还真想不起来。

忽忽悠悠 hū hu yōu yōu ①事情还没有确定或准确消息。②形容人虚头巴脑而让人不摸底细。③形容人的感觉虚无缥缈而心不落底。④形容人说话云山雾罩没有准话。

【例句】①究竟选谁当县人大代表，村民们还忽忽悠悠确定不下来。②你还不了解他，那就是个忽忽悠悠的人，肯定靠不住！③电视小品《卖拐》中赵本山饰演的大忽悠台词：我媳妇都看出来了，他（范伟饰演的范厨师）忽忽悠悠就瘸了！④他就是个忽忽悠悠的人，谁知那句话是真的！

忽通忽通 hū tōng hū tōng 形容事业或成就轰轰烈烈，很有名气，很有影响。

【例句】王氏集团的事业干得忽通忽通的，还准备在象牙山投资办旅游区。

忽扇儿忽扇儿 hū shānr hū shānr 两个"忽扇儿"均突出"儿"音。形容物品摇晃而不稳定。

【例句】这道小木桥走起来忽扇儿忽扇儿的，恐怕要出危险！

㧟 hū ①用手搦。②投放。

【例句】①一撇子㧟出去，打得他鼻口蹿血。②倒腾化肥来钱快，我这几万钱全㧟到化肥上了！

糊 hū ①投放。②围拢，围起来。③抹，补。④强加于。⑤覆盖。

【例句】①我把资金全糊在房地产投资上了，手中实在没有可用的钱！②听说要发低保金，大家都糊到了村部。③天冷了，快打点儿浆糊把窗户糊糊。④把责任都糊到了我的身上，他倒躲清静去了！⑤草太多了，把苗都糊住了。

糊嘴 hū zuǐ 形容因食品发黏而将嘴粘住使嘴张合不舒服。

【例句】粘豆包太黏了，有点儿糊嘴。又如馒头碱小，有些糊嘴！

糊 hū ①用粘状物涂抹。②聚集，聚拢。③强加。④围观。⑤盖，披。

【例句】①墙裂缝了，快用水泥糊上。②这里蚊子贼多，糊了我一脸！又如刚发点儿补助款，债主子都糊上来了。③这事儿怎么糊我头上了？④老外来了，大家糊着看。⑤天冷了，要冷就再糊条被吧！

烀 hū 慢慢用火煮。

【例句】把这条狗杀了，烀它一锅狗肉！又如烀土豆、烀茄子、烀苞米。

烀猪头 hū zhū tóu 睡觉的一种含有讥讽味道的诙谐性称呼。

【例句】在家烀猪头呢，怎么现在才来？

囫囵 hú lun 完整，完好。

【例句】你可得给我囫囵个儿回来，缺胳膊少腿我可不答应！

囫囵半片 hú lun bàn piàn ①不完整，残缺不全。②形容乱七八糟，一片混乱。

【例句】①囫囵半片说了半天，什么也没听明白！②这屋里造得囫囵半片的，怎么也不收拾收拾？

囫囵个儿 hú lun gèr 不脱衣服睡觉。

【例句】衣服也没脱，囫囵个儿睡了一宿！

囫囵身儿 hú lun shēnr 同"囫囵个儿"。

【例句】战争时期，许多时候都是囫囵身儿睡觉。

囫囵觉儿 hú lun jiàor 睡得沉，睡一个完整的觉。

【例句】他一宿净打呼噜咬牙，搅得我们也没法睡个囫囵觉儿！

囫囵语儿 hú lun yǔr 说话含糊不清，内容不明确。

【例句】你就别打囫囵语儿了，到底是什么意思，你就明说！

胡勒 hú lēi "勒"读 lēi。瞎说，胡说。骂人语。

【例句】哪有这事儿？都是你胡勒的结果！又如有歇后语说：狗戴嚼子——胡勒！

胡伦 hú lún 瞎说，乱说，无根据的谈论。

【例句】有人说ＵＦＯ不明飞行物是外星人制造的，这纯粹是毫无根据的胡伦。

胡诌 hú zōu 没有根据的胡说、乱说。

【例句】你听谁说中国出兵伊拉克了，这不是胡诌吗！

胡子 hú zi ①土匪，又有马胡子、红胡子、绺子、马鞍子等不同称呼。②玉米棒上的须子。

【例句】①电视剧《闯关东》中，鲜儿最终不仅成为胡子，而且成为胡子头即三掌柜。

胡撸 hú lu "撸"字发短促轻音。也说"胡拉"。①忙活，操劳。②勉强维持。③控制。④据为己有。⑤攫取。

【例句】①我的仨孙子都在我们家，我一个人也胡撸不过来啊！又如一大家子人，就一个人有工资，这日子咋胡撸也胡撸不过来！②这么一大家子，能胡撸这样已经不容易了！③那几个孩子太淘，怕你一个人胡撸不过来！④还没开饭，你怎么自己先胡撸上了？⑤企业破产了，企业的资产他可没少胡撸！

胡曰曰 hú yuē yue 无根据的胡说乱说。

【例句】你该怎么办就怎么办，身正不怕影子歪，别听别人胡曰曰！

胡搅搅 hú jiǎo jiǎo 形容人蛮不讲理而捣乱，胡乱搅局。含有贬义，讽刺性用语。

【例句】他这个人就是个胡搅搅，没人待见他！

胡搅大马勺 hú jiǎo dà mǎ sháo 同"胡搅搅"。

【例句】她这个人净胡搅大马勺，没什么朋友。

胡诌八扯 hú zhōu bā chě 也说"胡诌八咧"。同"胡诌"。

【例句】你可别胡诌八扯了，泰国动乱哪有中国人遇难？

胡球日鬼 hú qiú rì guǐ 形容人根本不办正经事而是胡作非为。贬低性用语。

【例句】那小子整天胡球日鬼的，哪有什么正经事儿！

胡思鼓叶 hú sī gǔ yè 形容人胡作非为，胡来乱来。

【例句】王天来整天胡思鼓叶的没正事儿，一下子赔进去好几十万！

胡作乱闹 hú zuō làn nào 作读 zuō，"乱"读 làn。形容人不顾法律或制度、舆论的约束，整日胡作非为，无理取闹。贬低性用语。

【例句】那几个孩子不好好上学，整天胡作乱闹，搅得学校一片混乱。

胡扯留拉 hú chě líu lá "拉"读 lá。毫无根据、不负责任地信口胡说、漫无边际乱说。含有贬义。

【例句】别在外边胡扯留拉，让人不放心！又如你怎么整天胡扯留拉的，到底哪一句才是真话啊？

胡打海摔 hú dǎ hǎi shuāi 形容缺乏理智地胡来乱来，一味蛮干。含有贬义。

【例句】别看他平时胡打海摔的，其实他粗中有细，很有心计！

胡嘞嘞 hú lē le 没完没了地信口胡说。含有贬义。

【例句】别在那儿胡嘞嘞了，快办正事儿吧！

胡子眉毛一把抓 hú zi méi mao yī bǎ zhuā 比喻不分青红皂白，无论是非曲折，统统照此办理。

【例句】谁的错就是谁的错，你别眉毛胡子一把抓！

胡编乱侃 hú biān luàn kǎn 形容人说话不负责任，没有根据地胡说、乱说。

【例句】你简直是胡编乱侃，我国什么时候向日本出兵了？

胡吃海塞 hú chī hǎi sāi "塞"读 sāi。也说"胡吃海造"。形容大吃大喝，铺张浪费，不知节俭。含有贬义。

【例句】就你这么整天胡吃海塞的，什么样的家庭也禁不住你这么造啊！

胡吹海哨 hú chuī hǎi shào 形容没有根据地瞎说、乱说、胡说。含有贬义。

【例句】别听那小子胡吹海哨的，他说话哪儿有个准儿！

胡打乱凿 hú dǎ luàn záo 形容行为或说话不加限制、没有顾忌。

【例句】胡打乱凿可不行，说话要有根据！

葫芦瓤子 hú lu ráng zi 废物，囊货。含有贬义。

【例句】你们这些葫芦瓤子，全都不懂！

葫芦头儿 hú lu tóur ①剩余的全部。②某些带圆壳的构件。

【例句】①这次集会每人交 20 元，缺多少我包葫芦头儿！又如这堆西瓜贱点卖，我全包葫芦头儿！②如水管的开关等。

葫芦倒帐 hú lu dào zhàng 糊糊涂涂，颠三倒四。

【例句】这么精明的人儿，这几年有些糊涂了，上来一阵儿葫芦倒帐的！

葫芦搅茄子 hú lu jiǎo qié zi 葫芦和茄子虽然都是农产品，但完全不是一个品种。形容毫不相干的东西混杂在一起。

【例句】哎呀！你这不是葫芦搅茄子吗，他们这两伙人怎么会混在一起？

糊涂棒子 hú du bàng zi 又糊涂又蛮干的人。含有贬义。

【例句】别看李逵是个糊涂棒子，其实他极有孝心，是个大孝子！

糊巴乱啃 hú ba làn kěn ①食物被烤糊或烤焦的样子。②环境被破坏的一片混乱、一片狼藉。

【例句】①这苞米烤得糊巴乱啃的，不好吃了！②这片苞米地被野猪拱得糊巴乱啃的，损失可不小啊！

糊马颠倒 hú mǎ diān dǎo 头脑不清，糊糊涂涂。

【例句】他总是糊马颠倒的，小心别让他走丢了！

糊了巴涂 hú la bā dū "涂"读dū。形容人头脑不清，办事儿糊涂。

【例句】你怎么糊了巴涂的，怎么敢和老板对着干？

糊涂庙糊涂神儿 hú du miào hú du shénr "涂"读du。办事人糊涂，管事人同样也糊涂。是说人人都处于糊涂之中，没有清醒之人。这是一种故意行为，也是一种形象的比喻。诙谐性用语。

【例句】政府办事人员连法律都不懂，我看是糊涂神糊涂庙，没地方讲理去！

摢拉 hú la 也说"摢搂"。①用手搂扫，划拉。②照应，管理。③用手抚摸。④对付，应付。⑤招架，抵挡。

【例句】①电视小品《卖车》中台词：迷糊了吗？没迷糊！没迷糊你在那摢拉啥呢？②活儿这么多，她一个人怎么也摢拉不过来。③她摢拉一下肿疼的胳膊。④好歹摢拉了八个菜！⑤俗话说，好狗架不住一群狼。我一个人可摢拉不过他们这么多人！

虎 hǔ ①有些呆傻，智力不全，有些缺心眼。②行为鲁莽，不加收敛。"彪"亦此意。均含有贬义。

【例句】①你这虎老爷们，这话你也信？又如你这虎老娘们，占小便宜吃大亏，怎么样，这回傻了吧？②你可真够虎的，就因为企业破产，你们就去冲击市政府？

虎劲儿 hǔ jìnr ①勇猛的干劲儿。②一股蛮力。③形容人智力不全、行为鲁莽。讽刺性用语。

【例句】①干这种活儿，只凭虎劲儿可不行，还得靠巧劲儿！②这小子可真有股虎劲儿，两个人都抬不动，他一个人就扛起来了！③就你这副虎劲儿，指定吃亏！

虎拉巴叽 hǔ la bā jī ①形容人办事粗鲁，行为鲁莽。②形容人没有心机，似乎缺心眼儿。

【例句】①你别看他虎拉巴叽的，其实粗中有细！②赵四整天虎拉巴叽的，吃亏上当总是他！

虎叽溜的 hǔ jī liū de 同"虎拉巴叽"。

【例句】电视栏目剧《本山快乐营》中的小宋整天虎叽溜的，没个正形。

虎巴巴 hǔ bā bā 形容人傻呵呵、一副缺心眼儿的样子。

【例句】别看东北大帅吴俊升一副虎巴巴的样子，其实粗中有细，很有心计。

虎嘲儿潮儿地 hǔ chāor chāor di 两个"嘲儿"字读平声、突出"儿"音并拉长音读。形容人傻乎乎、缺心眼儿、行为鲁莽草率。讽刺性用语。

【例句】电视剧《清凌凌的水，蓝莹莹的天》中，小姑奶奶虎嘲儿嘲儿地自己给自己到处找对象。

虎打虎着 hǔ dǎ hǔ zháo 形容人行为鲁莽、出手狠实。

【例句】小兵张嘎虎打虎着地还要缴游击队员老罗叔的枪。

虎蛋 hǔ dàn 举止鲁莽、愣头愣脑的样子近于"傻瓜"。詈语。

【例句】我宁可把姑娘许给残废人，也不嫁给你这个虎蛋！

又如那孩子就是个虎蛋，人家叫干什么就干什么，也没长个脑袋！

虎生生 hǔ shēng shēng 形容人身体健壮而聪明伶俐。

【例句】他可真是个虎生生的小伙子！

虎实 hǔ shi "虎"字发重音。①健壮。②闯实，愣实。

【例句】①小兵张嘎是个虎实实的半大孩子！②赵春安可真够虎实的，闯到日本特务机关去找妹妹！

虎皮子色儿 hǔ pí zi sǎir "色儿"读 sǎir，下同。①有起色。②事情有眉目。③因失掉颜面而难堪。诙谐性用语。

【例句】①要不是我里里外外把家治弄得刚抬头有点虎皮子色儿，还能指望你呀！②他在城里找了个媳妇，八成有个虎皮子色儿啦！③"严打"期间犯事儿，还不被弄个虎皮子色儿啊？

虎皮茄子色儿 hǔ pí qié zi sǎir ①形容人失势而一败涂地的样子。②形容人因失败或遇到挫折而一蹶不振的样子。讽刺性用语。

【例句】①这事儿要是让人知道了，还不把我整个虎皮茄子色儿啊？②谢广坤装神弄鬼，结果被乡亲们弄了个虎皮茄子色儿。

虎犊子 hǔ dú zi 形容行为非常莽撞、不懂道理的人。骂人语。

【例句】那人就是个虎犊子，任嘛不懂，就能闯祸！

虎屁朝天 hǔ pì chāo tiān 形容人呆傻、莽撞。骂人语。

【例句】那人就是个虎屁朝天的人，理他干什么？

虎凿凿 hǔ záo záo 形容傻乎乎而又脾气倔强、生性鲁莽的人。

【例句】这虎凿凿的小子，不知会闯出什么祸来！

唬 hǔ ①欺骗。②对付，应付。

【例句】①什么传销一夜能暴富，纯粹是唬人！②别看我笨，关键时候我也能唬两下子！

唬牌儿的 hǔ páir de ①冒牌货。②骗人手法。

【例句】①你卖的自行车质量怎么样？不是唬牌儿的吧？②你那一套我早领教了，别给我来那套唬牌儿的！

唬一阵子 hǔ yi zhèn zi 能顶一阵，能维持一阵。含有贬义。

【例句】功夫没白下，小提琴演奏还能唬一阵子。又如最起码你还能唬一阵子，我就不行啦！

唬老赶 hǔ lǎo gǎn 把别人当成外行儿连蒙带唬、虚张声势、夸大事实。贬低性、讽刺性用语。

【例句】你别在这唬老赶了，你以为我们都是傻子咋地啊！

唬老毛子 hǔ lǎo máo zi "老毛子"本意是对俄罗斯人的蔑称，引申为外行人。形容连蒙带唬、虚张声势欺骗外行人。贬低性、讽刺性用语。

【例句】你唬老毛子呢，以为我们什么都不懂呢。

唬洋气儿 hǔ yáng qìr 同"唬老毛子"。

【例句】你少给我唬洋气儿，真以为我什么都不懂呢！

糊弄 hù long "糊"读hù，"弄"读long，下同。①欺骗，哄骗。②将就，对付。

【例句】①让别人给你答卷子，你这是糊弄谁呢？②先摆个小摊儿糊弄着，慢慢再说吧！

糊弄局儿 hù long júr 敷衍塞责，蒙混。含有贬义。

【例句】派个孩子来开会，你不是糊弄局儿吗？

糊弄事儿 hù long shìr ①骗人的勾当。②应付差事。③客气话"还能对付""还可以"。

【例句】①说什么一夜能暴富，纯粹是传销人糊弄事儿！②这么大岁数还上班，只能糊弄事儿吧！③说我的画画得好，实在不敢当，糊弄事儿吧！

护犊子 hù dú zi ①过份偏爱孩子。②爱护偏袒自己的部下或亲信。均有贬义。

【例句】①你别太护犊子了，你那儿子不是什么好孩子，早该严加管教了！②咱们局长真挺护犊子，他批评行，他的部下别人谁也不能批评。

护崽子 hù zǎi zi 同"护犊子"①。

【例句】你也别太护崽子了，你那儿子也不是什么好东西！

护皮 hù pí ①水果、鸡蛋等皮难剥。②护孩子。③不爱脱衣服睡觉。含有贬义。

【例句】①熟鸡蛋有点儿护皮，剥不下来。②他家一直护皮，孩子惹事谁也不让说！③那小伙子真护皮，睡觉就不爱脱衣服！

护食 hù shí ①霸占食物不许他人吃，多指小孩。②引申为成果独享而不愿与人分享。

【例句】①这孩子被父母惯坏了，养成了护食的坏毛病。②自从承包了商业广场基本建设工程后，他就开始护食了，一点儿工程也不肯分包给别人。

一忽吃 — hū chī 放在形容词尾，表示为一塌糊涂。

【例句】你怎么了？烂眼忽吃的？又如看你一副傻了忽吃的模样！

一 忽拉 — hū lā 放在形容词尾，表示程度的深重。

【例句】外边天阴的忽拉的，恐怕要下雨！又如看你一身血的忽拉的，出什么事儿了？

花 huā 贪恋女色，作风轻佻，好色。

【例句】你说那老赵头，老了老了，倒花起来了。

花儿 huār 泛指一切超出正常的花样或种类。

【例句】这几个孩子都淘出花儿来了，管都管不住。

花花儿 huā huar ①比喻作风不正派。②不道德行为。③虚伪。④形容人骂人肮脏、下流，满口脏话。⑤色彩斑斓。均含有贬义。

【例句】①那小子挺花花儿，不知道挂了几个码子（暗娼）！②你可够花花儿的，这事儿你也办得出来？③那人为人可挺花花儿的，靠不住！④那老娘们骂人可花花儿了，你可得离她远点儿！⑤你穿的可够花花儿的，这样的衣服你也能穿得出？

花拉 huā la 也写作"哗拉"。"花"字发重音，"拉"字发短促轻音。①溃散。②解体，整体的物品散开或倒塌。

【例句】①一阵猛攻，土匪的队伍被官军给打花拉了！②小心点儿，别把立柜抬花拉了！

花项 huā xiàng　花钱的项目，花钱的用途。

【例句】你已经成大款了，这些钱打算什么花项啊？

花酒 huā jiǔ　也说"喝花酒"。有女人陪同喝酒。这里的"女人"不是指正常朋友间的女人，而是指"三陪"一类不正常的女人。

【例句】说实话，昨天是不是又去喝花酒去了？

花货 huā huò　行为浪荡轻佻、专在男女关系上下功夫的人。多指女人。骂人语，贬低性用语。

【例句】那娘们就是个花货，你怎么和她来往？

花搭 huā da　①穿插。②溃散。③视物模糊。④颜色杂乱。

【例句】①晚会不能只唱歌，花搭着加点舞蹈。②再困难也要顶住，队伍不能花搭了！③我的眼睛怎么感到有点花搭？④这件衣服颜色有些花搭，换一件吧！

花花搭搭 huā huā dā dā　同"花搭"④。

【例句】这条裙子花花搭搭的，有点儿太扎眼了。

花搭脸儿 huā dā liǎnr　①颜色深浅不一。②植物疏密不一。③不同的图案或好坏地块儿混搭在一起。

【例句】①哟！这么漂亮的衬衣怎么弄花搭脸儿了？②不知怎么回事儿，这块韭菜地都花搭脸儿了！③这块土地花搭脸儿，一疙瘩一块儿露出地皮，谁也不爱承包。

花搭面儿 huā dā miànr　大面上。

【例句】来客 qiě 了，怎么也得炒几个菜招待一下，无论如何花搭面儿上也得过得去！

花花儿点子 huā huar diǎn zi　也说"花点子"。阴损的、欺骗人的、拿不出台面的鬼主意、手段。贬低性、讽刺性用语。

【例句】那小子满脑子花花儿点子，不是什么好人！

花花儿道儿 huā huar dàor　骗人的鬼花招、鬼点子、不正当计谋、手段。含有贬义。

【例句】他一肚子花花儿道儿，你能斗过他？

花花儿肠子 huā huār cháng zi　心术不正，一肚子坏心眼。含有贬义。

【例句】这小子一肚子花花儿肠子，干不出什么好事！

花花儿事儿 huā huar shìr　指男女间不正当关系，主要指一些隐私传闻。讽刺性用语。

【例句】他们俩那点儿花花事儿，谁不知道？

花不愣登 huā bu lēng dēng　同"花搭"④。

【例句】这块塑料布花不愣登的，怪不好看的。

花丽胡哨 huā li hǔ shào　①卖弄语言技巧而没有主题或观点。②颜色斑驳艳丽。③华丽不实。

【例句】①花丽胡哨地说了半天，也没交待明白！②你这件花丽胡哨的衣服能穿出去吗？③净办些花丽胡哨的事儿，能不能来点儿实的？

花狐柳哨 huā hú liǔ shào　同"花丽胡哨"。

【例句】①别净说那些花狐柳哨哨的事儿，捞干的说！②

这么大胆岁数了，这花狐柳哨的能穿出去啊？③他这一辈子净干些花狐柳哨的事儿，没干什么好事儿！

花舌子 huā shé zi ①花言巧语、能说会道的人。②旧时土匪（胡子）的谈判代表。

【例句】①别耍花舌子了，快说正事吧！又如你可真是个花舌子，死人都能让你说活了！②我花了30块大洋雇的花舌字才将几个孩子赎回来！

花三儿五 huā sānr wǔ 华而不实、虚头巴脑的人。讽刺性用语。

【例句】我现在才看出来，他就是个花三儿五！

花屎蛋子 huā shǐ dàn zi 专在女人身上下功夫的人。骂人语。

【例句】原来他是个花屎蛋子，见了美女迈不动步！

花花道儿 huā huā dàor 坏主意，鬼花招儿。

【例句】别看他不吱声不吱气儿，不知心里又琢磨什么花花道儿呢？

花脖四眼 huā bó sì yǎn 形容人为人狡诈、一肚子鬼心眼儿。

【例句】你瞧她花脖四眼的样子，谁还能相信她？

划 huá ①插上，别上。②用笔勾去。③笔划。

【例句】①起风了，快把窗户都划上！②这段话写错了，都划掉吧！③字要一笔一划地写。

划拉 huá la ①聚在一起。②打人。③奸污。④扫除。⑤潦草地写字。⑥搂取、夺取。

【例句】①把所有的钱划拉在一起也不到一百元！②躲远

点，别让他划拉着你！③好好的一个姑娘，楞叫歹徒给划拉了！④把犄角旮旯儿都划拉干净！⑤检讨书我好歹划拉完了！⑥这件好衣服不穿，早晚也得让你儿子划拉去！

滑堂 huátɑng "滑"字发重音，"堂"字发短促轻音。①形容物品漂亮，美观。②形容人为人狡诈圆滑。

【例句】①瞧这身漂亮的貂皮大衣，真够滑堂的。②这人太滑堂，总也摸不透，不好交。

滑腾 huá teng "滑"字发重音"腾"字发短促轻音。①动作干净、利索。②为人狡诈。

【例句】①这事儿你可办得够滑腾的了！②那小子办事儿多滑腾！一屁俩儿谎！

滑蛋 huá dàn 为人油滑。

【例句】那人简直就是鸡蛋掉油锅 —— 滑蛋一个，凡事儿都能左右逢源！

滑溜 huá liu "溜"字发短促轻音。①物体表面光滑。②给人以好处办事儿容易的一种隐讳说法。

【例句】①师傅，自行车链子不滑溜了，给叫点儿油吧！又如洗澡时抹了点儿润肤露，身上真滑溜！②俗话说，哪儿不叫油哪儿不滑溜，这话一点儿不假！

滑目掉嘴儿 huá mu diào zǔir 形容人油腔滑调、油嘴滑舌。含有贬义。

【例句】小小孩子，怎么学得这么滑目掉嘴儿的？又如你怎么整天滑目掉嘴儿的，没一点儿正形？

滑不出溜 huá bū chū liū 也说"滑不叽溜""滑了巴叽"，都是同一个意思。①形容人为人狡诈、油滑。含有贬义。②形容物体表面光滑而不好握住。

【例句】①要说他啊，那人滑不出溜，一屁俩儿谎，不是什么好人！②鲇鱼滑不出溜的，还真不好抓。

滑了巴叽 huá la bā jī 同"滑不出溜"。

【例句】①你妹妹滑了吧叽的，你也得防着点儿！②桌布滑了吧叽的，换一种不滑的吧！

滑不叽溜 huá bu jī liū 同"滑不出溜"。

【例句】①那小子滑不叽溜的，办事儿可不准成。②地上洒了不少菜汤，滑不叽溜的，小心点儿！

滑跐溜 huá cī liū ①形容物体表面或地面非常滑。②双脚穿便鞋在冰面上滑动的一种滑冰动作。

【例句】①河面刚刚结冰，滑跐溜的，别摔着！②他俩在冰面上打滑跐溜。

话把儿 huà bàr ①话柄。②话茬儿，话没说完的话尾。

【例句】①说话小心点，别叫人抓住话把儿。②好！你接着他的话把儿继续说！

话茬儿 huà chár（①话头。②口气。

【例句】①别人说话你别总接话茬儿。②听他那话茬儿，你的事儿好像没什么希望！

话音儿 huà yīnr 话外之音，言外之意。

【例句】听他的话音儿，这事儿恐怕办不成！

话条儿 huà tiáor 外语中现成的话儿。

【例句】学外语光记单词不行，必须多记话条儿。

话痨 huà láo 形容人说话太多、太琐碎。骂人语。

【例句】你这个话痨儿，能不能少说几句？

话匣子 huà xiá zi 爱说话，喋喋不休说个不停。讽刺性用语。

【例句】他一打开话匣子就收不住了，谁也插不上话！

话赶话 huà gǎn huà 说话双方彼此说话时语言相激无意间说出来容易发生争吵的话。

【例句】这不是话赶话说出来的吗，我也没什么恶意！

话里话外 huà lǐ huà wài ①言语里没有明说而隐含的意思。②说话的口气。

【例句】①话里话外我也听明白了，这是在挑理呢！②听他话里话外的意思想借钱啊，有话就明说呗！

话到舌尖留半句 huà dào shé jiān liú bàn jù 因有所顾虑，说话吞吞吐吐不明说或关键地方说一部分留一点。

【例句】说到这儿，她不禁话到舌尖留半句，赶紧打住话头。

划龙 huà lóng 曲曲折折地前进。

【例句】司机喝醉了，汽车开得划龙了！

划狐 huà hú 心中疑虑，暗中盘算。

【例句】这事儿能是他干的吗？吴大舌头心里直划狐，拿不定主意。

划码子 huà mǎ zi 计算价格。

【例句】我先走一步了，你俩慢慢划码子吧！

划开拐 huà kāi guǎi　想明白，分清里外，辨清方向，辨明是非。与之相对应的是"划不开拐"。

【例句】电视剧《天下兄弟》中，娘终于划开了拐，要想娶儿媳妇，必须先嫁姑娘！

划不开拐 huà bù kāi guǎi　想不明白，分不清里外，琢磨不透。

【例句】你可真够笨的，这么简单点事儿也划不开拐！

画道儿 huà dàor　出主意。

【例句】这事儿我实在没主意了，求您千万给画个道儿！

画魂儿 huà húnr　也说"画狐"。①猜疑不定，心中犯嘀咕。②犹豫不定，拿不定主意。

【例句】①听说农村也要实行低保，我心里直画魂儿：这能是真的吗？②电视连续剧《乡村爱情》中，到底是不是在象牙山投资，王大拿一直画魂儿，犹豫不决！

画狐 huà hú　也写作"划狐"。同"画魂儿"①②。

【例句】①说是传销能暴富，我这心里一直画狐：天下哪有这样的好事落到你的头上？②电视连续剧《乡村爱情变奏曲》中，王大拿被骗三千多万，是不是报警，王大拿一直画狐。

画圈 huà quān　作套儿，设陷阱。

【例句】我算看清楚了，你们这是画圈坑我啊！

画押 huà yā　在公文、契约、供词记录等上签字（旧时不识字可以划＋字），表示认可。

【例句】如果没什么意见，那就画押吧！

坏菜 huài cài 糟糕，坏事了。感叹用语。

【例句】这件事儿一定要保密，露出去就坏菜啦！又如坏菜了，日本鬼子又杀回村来了！

坏醋 huài chù 同"坏菜"。

【例句】这下八成坏醋了，逃学的事儿叫我妈知道了！

坏水儿 huài shuǐr 形容人一肚子坏主意，狡诈的心计。

【例句】你小子一肚子坏水儿，准没什么好事儿！

欢 huān ①聪明，活跃。②灵敏。③快速。④沸腾。⑤快走。

【例句】①老宋家那胖小子长得可欢了，又聪明又可爱！②你那秤杆似抬不抬的，怎么不欢呢？③等车轮转欢了你再放水！④把油烧欢了再向锅里放佐料！⑤欢走，别在后边慢腾腾的！

欢实 huān shi 活跃，活泼，充满活力。

【例句】这小马驹儿真欢实！又如电视小品《卖拐》中大忽悠媳妇台词：他（范伟饰演的厨师）比去年欢实多了！

欢神儿 huān shénr 同"欢实"。

【例句】刚刚出狱，见了几个狱友，他们几个人又欢神儿了，谋划去抢储蓄所。

还愿的 huán yuàn de 该死的东西。骂人语，有嗔意。

【例句】我恨不得狠揍你这还愿的东西！又如你这个还愿的，怎么才回来呀？

缓 huǎn 化冻。

【例句】把冻梨缓缓再吃。

缓劲儿 huǎn jìnr ①松劲儿。②短暂休息一下，恢复力气。③解乏儿。

【例句】①绳子系牢了，别让绳子缓劲儿。②太累了，让我缓缓劲儿再干！③这几天太累了，几天也缓不过劲儿来！

缓空儿 huǎn kòngr 抽出时间或利用空隙时间。

【例句】我现在实在没空儿，等我缓空儿去找你。又如你就别催了，我缓空儿指定给你办就是了！

缓气儿 huǎn qìr ①恢复到正常呼吸。②喘一口气休息一下。

【例句】①老爷子都被医院宣布死刑了，谁知这一会儿又缓气了，可能是见好了！②让我缓缓气儿不行啊，快要急死我了！

缓棋 huǎn qí 悔棋。

【例句】你输了，不许缓棋！

缓霜 huǎn shuāng 因不隔凉而结霜。

【例句】胶底鞋最爱缓霜。

缓阳儿 huǎn yángr ①清醒过来，有所感悟。②苏醒过来。③有起色，得到解放。

【例句】①你这么一说，我才缓过阳儿来。②你看他，昏迷了好几天了，今天才缓阳儿。②八路军一来，穷人才缓阳儿了。

缓秧儿 huǎn yāngr 秧苗或树苗栽种后恢复正常生长的过程。

【例句】把茄子秧栽上后再浇点儿水，缓缓秧儿！

换班儿 huàn bānr　换别人交接班。

【例句】我一个人顶这么多天了，也该换换班儿了！

换饭 huàn fàn　替班的代替词。

【例句】这几天都是你换饭，明天叫明子来换你！

换气儿 huàn qìr　①潜水呼吸。②边呼边吸。

【例句】①他水性好，会换气儿。②吹唢呐、吹管的人都会换气儿！

换常儿 huàn chángr　也说"晃常儿"。时常，经常，时隔不久。

【例句】他换常儿到这里打麻将，不知道今天为啥没来。

换叨 huàn dao　"叨"字发短促轻音。调换。

【例句】你俩还是换叨一下，都熟悉熟悉。

换个儿 huàn gèr　互相调换位置。

【例句】你换个儿想一想，是不是这个道理？

换盅 huàn zhōng　东北地区风俗，男女双方婚事定下来后，男方请女方近亲属及媒人共同喝酒。

【例句】他二叔，明天换盅，你可一定要参加啊！

荒地格子 huāng dì gé zi　①撂荒地。②两块地中间尚没开荒的地带。

【例句】①你那片荒地格子多年不种了，包给我种吧！②这荒地格子这么大，还可以再开几亩地。

荒身子 huāng shēn zi　没经过锻炼的虚弱的身体。

【例句】就你那荒身子，到海南旅游还不把你累趴下！

荒数 huāng shù 大约、不明确、不具体的数字。

【例句】今年又增加工资了，详细不知道，荒数大约每人长五百元！

荒信儿 huāng xìnr 也说"谎信儿"不确定、不真实、没经过证实的消息。

【例句】听到荒信儿我就来了。又如有个荒信儿我就到！

慌慌 huāng huang 第一个"慌"字拉长音，第二个"慌"字发短促轻音。①急切盼望的心理状态。②传说，哄传。

【例句】①姑娘外出一个多月了也没个信儿，我这心里直慌慌。②光说要拆迁，慌慌了这么多天，也没个准信儿。

慌神儿 huāng shénr 心慌意乱。

【例句】听到家乡发生大地震的消息，可把他吓慌神儿了！

黄 huáng ①悔约。②倒闭。③结束，解除关系。

【例句】①定好的婚事，怎么能说黄就黄呢？②开业不到半年，由于亏损严重只好黄了。③我说不行吧，他俩处了没几天就黄了！

黄铺儿 huáng pùr ①倒闭，停业。②失败。均为诙谐性用语。

【例句】①刚开业的买卖，没几天就黄铺了。②处了几个女朋友，结果都黄铺了！

黄摊儿 huáng tānr 同"黄铺儿"①。

【例句】买卖干了不到两年，两人意见不同，只好黄摊儿了。

黄汤 huáng tāng ①同"黄铺"①。②酒的代名词。含有贬义。

【例句】①白吃不给钱，早晚还不得黄汤？②你就少灌点黄汤吧！

黄嘴丫子 huáng zuǐ yā zi 讥讽办事不牢靠、不成熟的半大孩子。

【例句】我参军那会儿，你还是个黄嘴丫子呢！又如你黄嘴丫子还没褪净呢，还敢跟我叫板？

黄金玉 huáng jīn yù 宝贝，好东西。

【例句】不说就不说吧，他还能说出黄金玉来呀？

黄金塔 huáng jīn tǎ ①玉米面窝窝头。②人的粪便。是一种调侃的语言。

【例句】①你蒸的这是黄金塔啊，准备送到工地去啊？②你准备跟在后边吃黄金塔啊？快点儿走啊！

黄鼠狼 huáng shǔ láng 本意是黄鼬，引申为①偷嘴吃。②吃里扒外。

【例句】①你属黄鼠狼的啊，怎么总偷嘴吃！②你怎么属黄鼠狼的，吃里扒外！

黄个央的 huáng ge yāng de 形容物体颜色略微发黄。

【例句】这件裙子黄个央的，真挺好看的！又如这杏儿黄个央的，快熟了。

黄皮拉瘦 huáng pí lā shòu 形容人身体瘦弱,面色发黄。

【例句】新娘子黄皮拉瘦的，好像有病的样子。

黄瓜菜都凉了 huáng guā cài dōu liáng la 比喻一切为时已晚，已经来不及，不赶趟。诙谐性用语。

【例句】等你研究明白了再去炒股，黄瓜菜都凉了！

一黄天 — huáng tiān 置动词后，表示严重或极大后果。

【例句】作（zūo）黄天、哭黄天、闹黄天等。你要是不让他喝酒，他还不给你作（zūo）黄天了！

恍惚儿的 huǎng hūr di ①好像、似乎听过、看到、记得。②神志不清，精力不集中。③看得或听得不真切，不能确定。

【例句】①好像有这么回事儿，我恍惚儿的听说过！又如我恍惚儿的听说过这事儿！②我恍惚记得是刘晓光说的。③我恍惚看见有一个人，一闪就不见了！

恍惚 huǎng hū 似乎，不确切，不确定。

【例句】我恍惚记得是我 8 岁那晉我爹去世的。

幌子 huǎng zi 本意是商店或饭店门前挂的招牌或标志物。引申为比喻为了某种目的而假借他人的名义或旗号。

【例句】你以后可不能打着我的幌子到处办事儿！又如你先去打着经理的幌子联系一下，看看结果如何再说。

谎花儿 huǎng huār ①只开花不结果的花。②引申为根本不会有结果。

【例句】①这一地的窝瓜开的都是谎花儿，估计要减产。②你说的这些都是谎花儿，根本是不可能的！

谎屁张三儿 huǎng pì zhāng sānr 形容爱说谎话，说话不可靠，没准头。含有贬义。

【例句】你简直就是个谎屁张三，说话没个谱！

晃 huàng ①跟，向。②有时，每隔一段时间。

【例句】①有理你晃法官说，跟我来什么劲！又如这事儿你晃我说不着，我又说了不算！②他的行动说不准，晃来晃不来。

晃常儿 huàng chángr 也说"晃（huǎng）常儿""换常"。时常，经常。

【例句】你到文化馆就可以找到他，他晃常儿到文化馆去。又如晃常儿这个时候人们早就来了，今天怎么了？

晃荡 huàng dɑng "荡"字发短促轻音。①漫不经心地走。②无业可就而到处闲逛。③奔波，奋斗。④变质。

【例句】①夜已经深了，他们几个喝完酒才晃荡回来。②一时没找到合适工作，只好在市场上闲晃荡。③为了儿子，只好可着当爹的身子晃荡。④取出种蛋来一晃，种蛋已经晃荡了，根本不能做种蛋了。

晃荡人 huàng dàng rén 用花言巧语欺骗人、糊弄人而不办实事儿。

【例句】说的话不算，你这不是晃荡人吗？又如你办不了就说句话，别晃荡人！

晃上晃下 huàng shàng huàng xià 差不多，差别不大。

【例句】8 岁的孩子长得又高又壮，和 10 多岁的孩子晃上晃下。

晃儿晃儿 huàngr huàngr 两个"晃儿"均突出"儿"音并连起来读。盲无目标慢慢地走。含有贬义。

【例句】上班的铃声响半天了，他才晃儿晃儿的走进办公室。又如大帅吴俊升手提马棒，晃儿晃儿地在操场上溜达。

灰秃噜 hūi tū lū 也说"灰突突"。灰溜溜，很没面子。讽刺性用语。

【例句】我被他整得灰秃噜的，怎么有脸再上班？

灰头土脸 huī tóu tǔ liǎn 同"灰秃噜"。

【例句】请假没成，反倒被老板训了一顿，闹得灰头土脸的，在工友面前很没面子。

灰土暴尘 huī tǔ bào chén 形容尘土很大、暴土扬长的样子。

【例句】这几天发生沙尘暴，整个天空灰土暴尘的。

灰不出溜 huī bu chū liū ①形容因某种原因而感到难堪、窘迫，情绪低落。②形容颜色过于灰暗。

【例句】①王天来被王大拿一顿猛训，灰不出溜地走出办公室。②这件大衣灰不出溜的，难看死了！

灰饯饯的 huī qiāng qiāng de 形容脸色死灰、情绪极度低落的样子。

【例句】你瞧你，脸色灰饯饯的，有什么难事，给大姐说说！

回来 huí lai "来"字发短促轻音。过一段时间。

【例句】这事儿没完，咱们回来再说！

回里 huí lǐ 原地。

【例句】等我拿件衣服再备点烟，我就向回里返！

回回 huí huí 每次都是这样。

【例句】你怎么回回都来晚，还有点儿时间观念吗？

回笼觉 huí lóng jiào 一觉睡醒后再接着睡。

【例句】早晨醒的挺早，我又睡了个回笼觉！

回头钱儿 huí tóu qiánr 长期投入首次到得收益、盈余。

【例句】养了一年多的牛，刚刚见回头钱儿！

回头客儿 huí tóu qiěr "客"读qiě。再次光顾或经常光临的顾客，俗称"主道"。

【例句】我看你的小店还不错，回头客儿还不少！

回炉 huí lú 比喻再托生一次。骂人语。

【例句】你这小子太缺德，应该好好回回炉！

回勺 huí sháo ①菜凉后重新加热。②引申为重新返工。

【例句】①菜已经凉了，请师傅再回回勺！②看来这活儿非回勺不可。

回奉 huí fèng 回报，报答。

【例句】遭难时节人家帮咱们一把，如今日子好了，咱们怎么回奉人家呢？

回生 huí shēng 食物熟软后长期存放而变硬变味。

【例句】烀土豆要趁热吃，回生了就不好吃了！

回楦 huí xuàn "楦"字发重音。本意是鞋楦变小，引申为比喻下滑，回缩，还不如从前，还不如过去，越来越没出息、长进。骂人语。

【例句】这么大人了，我看你是越活越回楦！

回回手 huí huí shǒu 顺手帮忙。客气话，一种客气的说法。

【例句】请你回回手，把拎包递给我！

回头 huí tóu ①事情过后，过一段时间。②悔改。

【例句】①别急，这事儿回头再说！②我看你是不撞南墙不回头，到时候就晚了！

回头棒子 huí tóu bàng zi 本意是大树的枝杈断后猛然弹起，可以伤人，引申为被人反咬一口或反过来被诬陷。

【例句】没想到这人心这么黑，平时对他这么好，关键时刻给我来个回头棒子！

回水窝子 huí shuǐ wō zi 漩涡。

【例句】忽然一个浪冲来，小船被回水窝子吞没了！

回头脚 huí tóu jiǎo 运输行业行话，指运输返回途中捎运货物挣计划之外的钱。

【例句】运输行业很难挣钱，全指回头脚才能挣点小钱儿！

回门子 huí mén zi 已经嫁出的姑娘同丈夫首次回娘家拜望妻家父母长辈。

【例句】咱们头一次回门子，你可得表现好一点儿，别叫人家笑话！

回笼觉儿 huí lóng jiàor 刚刚睡醒后接着再睡。

【例句】我刚刚睡了个回笼觉，还做了个梦呢！

回过味儿来 huí guò wèir lái 事情发生之后才明白过来。反之是"回不过味儿来"。

【例句】回到大营吴俊升才回过味儿来，原来这是张作霖给自己设的套儿啊！

回不过味儿来 huí bú guò wèir lái 通过回味却始终没明白。

【例句】我始终没回过味儿来，一个打工妹子，她是怎么当上人大代表的呢？

回过头来 huǐ guò tóu lái 事情有了结果之后。

【例句】还朋友呢，结婚也不告诉我，回过头来才跟我说。

悔青肠子 huǐ qīng cháng zi 也说"悔断肠子"。非常后悔，后悔不跌。

【例句】我都悔青肠子了，可有什么用呢？

毁 huǐ 打乱原来的次序重新进行。

【例句】这把牌不算，毁了重新来！

毁茬 huǐ chá 毁掉已种上的庄稼重种。

【例句】天一直不下雨，时间不赶趟了，只好毁茬再种荞麦。

毁了 huǐ la ①坏事了，糟糕了。感叹性用语。②事情严重，程度很深。

【例句】①这下可毁了，身份证弄丢了！②这事儿你可把我坑毁了，一辈子也翻不过来身来！

会气儿 huì qìr ①斗气，置气。②全凭某人嘴上一说而没有协议或证据。

【例句】①怎么？找上门来会气儿呀！②谁得一等奖，还不是你嘴上会气儿？

会来事儿 huì lái shìr 善说迎奉的话，会办讨人欢心的事儿。含有贬义。

【例句】要说刘能可真会来事儿，见什么人说什么话，左右逢源！

会亲家 huì qìng jiā "亲"读 qìng。儿女双方父母相会。东北地区风俗，无论儿女是否正式结婚，只要确定婚姻关系，双方父母见面都称作"会亲家"。

【例句】亲家母（女方母亲）明天过生日，准备点儿礼品，明天咱们会亲家去！

晦气 huì qi ①自己的命运不济。②别人给带来的不好运气。

【例句】① 真够晦气的，刚出门就看到了一场车祸！②你说晦气不晦气，刚刚考核通过，别人举报我有营私舞弊行为，又把我撤下来了！

贿拢 huì long "贿赂"的音变。给人以小恩小惠或某种好处以达到某种目的。

【例句】现在这些农民工平常也得贿拢点儿，要不然他们也不给你玩儿活儿啊！

荤 hún 低级、下流、庸俗、低俗、含有色情内容。多指表演或说话。

【例句】现在的"二人转"干净多了，荤的黄的少多了！又如嘴巴干净点儿，少来荤的！

荤的 hún de（①含有色情、污秽不堪色彩。②带有油腻、动物肉类的食品，与之相对的是"素的"。

【例句】①传统"二人转"荤的、黄的太多，现在已经不多见了，健康多了！②好几天没怎么吃饭了，怎么也得来点荤的解解馋！

荤嗑儿 hūn kēr 脏话，低级、下流、粗俗的话。

【例句】你嘴巴干净点儿，说话怎么净说荤嗑儿呢？

荤腥儿 hūn xīnr ①鱼肉类食品或含油量大的食品。②出现经济、生活方面问题而受到牵连。

【例句】①多少日子都没见荤腥儿了，做点儿红烧肉吧！②你可注意点儿，千万别沾上荤腥儿。

荤闷儿素猜 hún mènr sù cāi "闷儿"，谜语。"素猜"，从不含下流、粗俗、含有色情内容方面去猜。谜语表面看似含有下流内容，但猜谜语要从健康、文雅内容去猜。

【例句】我出几个谜语，但要荤闷儿素猜，别想其他的。

混合 hún he "混"字读hún，下同。"合"字发短促轻音。①感情融洽。②为人随和友善。

【例句】①咱们多聚会几次，就是为了多混合混合。②那人为人挺混合，从不与人发生矛盾。

混球儿 hún qiúr "混蛋"之意。骂人语。

【例句】谁反悔，谁就是一个混球儿！

混种 hún zhǒng 同"混球"。 骂人语。

【例句】我要是敢骗你，我就是个混种！

混搅马勺 hún jiǎo mǎ sháo 比喻混杂不明，混搅乱搅。

【例句】说来说去，还不是混搅马勺！

混汤拉水 hún tāng lā shuǐ ①形容歌曲平庸缺乏韵味。②形容食品清淡没有味道。

【例句】①这小曲唱得混汤拉水的，没什么听头！②这做的是什么汤啊，混汤拉水的，怎么喝啊？

混头混脑 hún tóu hún nǎo 形容人头脑不清楚，一团糊涂。讽刺性用语。

【例句】就你整天混头混脑的，什么事儿交给你能放心？

混头胀脑 hún tóu zhàng nǎ 形容头疼脑涨，有些神智不清。

【例句】考公务员考得我混头胀脑，到现在还头疼呢！

浑 hún 形容人糊涂而不明事理。骂人语。

【例句】我说你怎么这么浑呢，你老爹病了这么长时间你都不去看看！

浑浆浆 hún jiāng jiāng 形容人非常糊涂而不明事理。

【例句】你浑浆浆的脑袋，跟你说你也不开窍！

浑浑登登 hún hún dēng dēnh 形容人头脑不清楚而糊糊涂涂。讽刺性用语。

【例句】昨天晚上没睡好，到现在头还浑浑登登的呢！

浑儿画儿的 húnr huàr de "浑儿""画儿"均突出"儿"音。①比喻脸不干净，有很多污秽。②形容场所、环境或物品很脏乱。

【例句】①这孩子的脸浑儿画儿的，怎么也不给洗洗？②这屋子怎么这么脏，浑儿画儿的，多少时间不收拾了？

浑叽叽 hún jī jī 形容人性格偏强而不善变通。

【例句】电视连续剧《乡村爱情故事》中刘能说：你瞅瞅我家，刘英嫁给一个赵玉田，一天浑叽叽的。

浑身没有二两肉 hún shēn méi yǒu èr liǎng ròu 形容人举止轻浮不稳重。讽刺性、诙谐性用语。

【例句】你看他嘚瑟的浑身没有二两肉，还不知天高地厚了呢！

混 hǔn　"混"读 hǔn，下同。掺和。

【例句】把大米和小米混在一起，熬二米粥喝！

混血 hùn xuě　两个不同种族或品种后代。指人也指动物。

【例句】内蒙古自治区额尔古纳市居住着很多中、俄混血儿华俄后裔。

混 hùn　"混"字读 hùn，下同。①平庸地过日子。②糊弄。③捞取。

【例句】①这几年混得还可以吧？②没什么出息，慢慢混呗！③辛苦了几年，终于混了个文凭。

混子 hùn zi　没有真实本领蒙混过关的人。含有贬义。

【例句】你小子简直就是个混子，有本领你也去试试？

混场 hùn chǎng　跟在其中盲目活动。

【例句】不管谁家有事儿，他都在里边混场。

混头 hùn tou　"头"字发短促轻音。生活的价值、趣味。

【例句】农村调整政策后，人们才感到今后的日子大有混头了！

混吃儿 hùn chir　谋取吃喝，引申为追求吃喝、厌恶劳动而消磨时间。

【例句】俗话说："混吃儿等死"。又如家里没有劳动力，只能混吃儿吧！

混吃儿等死 hùn chīr děng sǐ　同"混吃儿"。含有贬义。

【例句】你一天什么都不干，就知道混吃儿等死，什么时候是个头呀？

豁 huō 断裂。

【例句】一使劲儿，把牛鼻子拉豁了。又如皮大衣的扣眼儿豁了。

豁子 huō zi 裂口，断口。

【例句】警察追得急，犯罪分子从墙豁子逃了出去！

豁出去了 huō chu qù le 也说"喝出去了"。不计后果，放手一搏。

【例句】我一定要到台湾去旅游，豁出去了，出事故也不怕！

豁牙露齿 huō yá lòu chǐ ①形容人牙齿不好，相貌不好看。含有贬义。②形容器物有缺口。

【例句】①你看他豁牙露齿的样子，难登大雅之堂！②这口锅已经豁牙露齿的了，买口新的吧！

攉扔 huō leng "扔"读 leng 并发短促轻音。①搅动。②搅扰。③鼓动，蛊惑。

【例句】①炉子快灭火了，快攉扔攉扔！②半夜里就把我攉扔醒了。③在他的攉扔下，村干部海选终于把妹夫选为村长！

活分 huó fen "分"字发短促轻音。灵活，有计谋。

【例句】就看他那活分劲，长大准有出息。

活泛 huó fan "泛"字发短促轻音。①为人处世灵活善变。②经济宽裕。

【例句】①那人办事儿多活泛，见什么人说什么话。②这两年养羊挣了几个小钱，生活活泛多了！

活宝 húo bǎo 喜欢开玩笑、逗人开心的人。

【例句】赵四就是个活宝，他在哪儿哪儿就热闹！

活口 huó kǒu ①留有余地。②不处死的俘虏。

【例句】①商量半天也没结果，只好留了个活口。②去抓个俘虏，一定要留活口。

活扣 huó kòu 可以解开的扣，与解不开的扣即"死扣"相对应。

【例句】鞋带一定要系活口，系死扣就解不开了！

活心 huó xīn 思想发生动摇，准备改变主意。

【例句】一听这话儿，小沈阳活心了，准备跟毕姥爷去北京参加《星光大道》演出。

活王八 huó wáng ba 妻子与他人私通，其丈夫被称为"活王八"。骂人语。

【例句】那人就是个活王八，他老婆早就和那个小老板混在一起了！

活拉话 huólahuà 也说"活络话""河饹话"，即含糊不清、态度不明确、不能肯定的话。

【例句】礼已经送去了，但只是给了个活拉话！

活斯拉 huó sī lā 也说"活呲拉"。活生生，眼看着，意想不到的事情发生了。

【例句】邮局活斯拉地把我的大学录取通知书弄丢了！又如他俩儿的婚事儿活呲拉被拆散了。

活腻歪 huó nì wai 活得不耐烦即活够了。骂人语。

【例句】我看你是活腻歪了，贩毒这种犯法的事儿你也敢干？

活人不能叫尿憋死 huó rén bú néng jiào niào biē sǐ 形容难题总会有办法解决。意同"车到山前必有路"。诙谐性用语。

【例句】你可不能想不开，活人不能叫尿憋死，办法总比困难多，咱们慢慢想办法！

火力 huǒ lì 人体热平衡能力。

【例句】年轻人火力旺，小病小灾都不怕！

火上房 huǒ shàng fáng 比喻非常紧急，犹如房子着火一样紧急。

【例句】都火上房了，你还有心在这儿喝酒？

火刺撩 huǒ ci liāo 形容像被火烧一样疼痛或焦急感觉。

【例句】听了四川汶川大地震的消息，心中火刺撩的。

火燎腚 huǒ liǎo dìng 情况紧急，像火烧屁股一样急急忙忙、心急火燎。一种形象比喻。讽刺性用语。

【例句】有什么火燎腚的事儿，把你急成这样？又如好容易来一趟，多住些日子，别像火燎腚似的着急走！

火暴 huǒ bào 脾气暴燥。

【例句】他就是个火暴脾气，一点就着！

火连症 huǒ lián zhèng 由于上火引起的浑身不自在，引申为着急上火。讽刺性用语。

【例句】他要去就让他去吧，要不会急出火连症的！

火得楞的 hǔo de lēng de 也说"火剌楞的"。因着急上火而做出过激行为或说出过激语言。

【例句】你这是因为什么呀，火得楞的，谁惹着你了？

火呲撩的 hǔo cī liāo de 形容非常生气，非常上火，火气很大。

【例句】什么事儿啊，火呲撩的，谁惹你了？

火呲撩咣 hǔo cī liāo guāng 同"火呲撩的"。

【例句】村长因为土地转让的事儿被查得火呲撩咣的，这时候你最好别去招惹他！

祸泛 huò fan "泛"字发短促轻音。祸害。

【例句】你咋这么祸泛东西？好好的手机你拆它干什么？

祸祸 huò huo 第二个"祸"字发短促轻音。糟蹋，祸害。

【例句】王天来说：你伙同李大国一起祸祸人我…… 又如好好的一个黄花闺女叫歹徒给祸祸了，乡亲们怒不可遏，纷纷到公安机关报案，要求严惩。

祸害 huò hai ①毁坏。②引起灾难的祸根。

【例句】①挺好的一台车，被他祸害完了，也不管管！②留这个祸害干什么，做了算了，否则早晚要坏事的！

和 huò "和"读 huò，下同。①水同其他粉状或颗粒状混在一起。②量词"几次""几遍"。

【例句】①和面，和水泥，和砂子等。②衣服没投净，多投几和。

和稀泥 huò xī ní ①调和矛盾，折中处理。②里外做好人，谁也不得罪。

【例句】①请你给评评理，说真话，别和稀泥！②那小子可真能和稀泥，谁也不得罪，外号"稀泥匠"！

豁亮 huò liɑng "豁"字发重音，"亮"字发短促轻音。形容房屋宽敞明亮。

【例句】这个房子盖得多豁亮，远近没有第二家！

J

鸡蛋花 jī dàn huā 开水加糖冲的鸡蛋汤。

【例句】早晨就冲个鸡蛋花，对付一卜就行了！

鸡头鱼刺儿 jī tóu yú cìr 比喻既琐碎又没油水的活儿。

【例句】我也就干些鸡头鱼刺儿的零碎活儿，也没什么奖金！

鸡架门儿 jī jià ménr ①鸡窝的小门。②男人的裤子前开口处。

【例句】①记住，临走时别忘了关好鸡架门儿！②整理军容风纪，别忘了扣鸡架门儿！

鸡子儿 jī zǐr 鸡蛋。

【例句】早晨煮两个鸡子儿，喝碗大米粥就行了！

鸡巴了屌 jī ba liǎo diǎo 形容人说话满嘴脏话、粗话、不干不净。含有贬义。

【例句】你嘴巴干净点儿，别鸡巴了屌满嘴脏话！

鸡飞狗跳墙 jī fēi gǒu tiào qiáng 也说"鸡飞狗跳"。形容非常混乱，乱作一团。含有贬义。

【例句】这是怎么了，鸡飞狗跳墙的，怎么闹成这个样子？

鸡粪味儿 jī fèn weir 形容双方语言冲撞、话语难听，几乎要打起来。

【例句】我也没说什么啊，她怎么鸡粪味儿了？

鸡刨狗咬 jīpáo gǒu yǎo 像小鸡吃、狗吃一样零星消耗。犹如"人吃马喂"。含有贬义。

【例句】一年到头就挣有限的几个钱，还架得住鸡刨狗咬的，还能攒钱？

叽咕 jī gū "咕"字发短促轻音。①小声争吵。②不停地吵吵嚷嚷。

【例句】①赢了别高兴，输了你也别叽咕！又如你们不了解真相，别跟着瞎叽咕了！②你不了解内情，别跟着瞎叽咕！又如你们几个人在那叽咕什么呢，有事儿说在明处！

叽拉赶蛋 jī lā gǎn dàn ①形容物品乱七八糟的样子。②说话语速太快而听不清。

【例句】这屋子怎么弄得叽拉赶蛋的，多少天不收拾了？

②服务员一口气报了那么多菜名，叽拉赶蛋的，一个也没记住！

叽里拐弯儿 jī li guǎi wānr 也说"叽拉拐弯儿"。①形容道路弯弯曲曲样子。②形容物体弯弯曲曲。

【例句】①你家叽里拐弯儿的，真不好找！②这外国字叽里拐弯儿的，很不好认。

叽拉拐弯儿 jī la guǎi wānr 同"叽拉拐弯儿"。

【例句】什么破地方啊，叽拉拐弯儿的，好容易才找到！

叽里骨碌 jī lǐ gū lū ①圆形物体滚动。②从高处滚下来。

【例句】①他的眼珠子叽里骨碌地转动了几圈，终于有了主意。②他被警察追得走投无路，叽里骨碌地从山坡上滚了下来。

叽里呱啦 jī li guā lā 说话听不清、听不懂。多指说外语或少数名族语。

【例句】几个俄罗斯商人叽里呱啦地说了一阵，大家什么也没听懂。

叽拉抓拉 jī la zhuā lā 形容吵吵嚷嚷、不停地说话或发出声音。

【例句】你们叽拉抓拉地吵吵什么，都闭嘴，听信访办的领导给我们讲讲！

叽里格生 jī lǐ gè shēng ①形容心情不好受。②产生矛盾而别别扭扭。③比喻物品或人的部位鼓鼓囊囊不平的样子。

【例句】①听到矿难死了那么多人，我这心里叽里格生的说不出来的难受！②我们不仅没有交情，反而因一点小事儿弄得叽里格生的。③你背这么大的兜子，叽里格生的，装的都是什么啊？又如怎么了，脸上叽里格生的，得什么病了吧？

叽里咣当 jī lǐ guāng dāng ①形容非常饥饿的样子。②空荡而不充实。

【例句】①上山打火，吃不好睡不着，常常饿得肚子叽里咣当的。②皮箱里的东西放好，别一走路叽里咣当的。

犄角旮旯儿 jī jiǎo gǎ lár 各个偏僻角落，不常用不常见的地方。

【例句】把犄角旮旯儿都打扫干净！别留死角！又如犄角旮旯儿都找遍了，怎么就找不着呢？

犄里旮旯儿 jī lǐ gǎ lár 同"犄角旮旯儿"。

【例句】住这么一个犄里旮旯儿的破地方，可真不好找！

急 jī 生气，恼怒。

【例句】别逗了，再逗就急了。

急眼 jīyǎn 很生气，动怒发火。

【例句】这人不识逗，一逗就急眼。又如别急眼，跟你逗着玩儿呢！

急头掰脸 jī tóu bāi liǎ 形容由于生气发怒而发脾气的样子。含有贬义。

【例句】大舅，别急头掰脸的干着急，慢慢想办法！又如我逃学去网吧玩儿游戏，我老爸知道后，急头掰脸地把我狠训了一顿！再如电视小品《不差钱》中丫蛋儿的爷爷对餐厅服务员说：鸡头掰脸地吃一顿得多少钱？

急急挠挠 jī jī nāo nāo 形容人因生气而发火、发脾气的样子。含有贬义。

【例句】有话慢慢说，急急挠挠的干什么？

急楞子 jī léng zi 脾气暴躁而性格急躁的人。

【例句】你这个急楞子脾气，什么时候能改一改？

急皮酸脸 jī pí suān liǎn 也称"急头隔脑"。由于生气着急而像受惊的猴子一样发脾气、耍态度。

【例句】有话慢慢说，别急皮酸脸地像个酸脸猴子！

急头隔脑 jī tóu gé nǎo 同"急头酸脸"。

【例句】干什么呀，急头隔脑的，发生什么事儿了？

急歪 jī wai 恼怒，生气。

【例句】有话慢慢说，急歪什么？

急急歪歪 jī jī wāi wāi 恼怒，生气，语气加重。含有贬义。

【例句】你怎么还急急歪歪的？他也没说你什么不好听的话呀！又如急急歪歪的干什么，有话不能好好说呀？

急拉暴跳 jī la bào tiào 非常发怒生气的样子。贬低性用语。

【例句】电视剧《潜伏》中，地下工作者余则成得到昔日好友、八路军军调代表左蓝牺牲的消息后，急拉暴跳地要查明真相，险些暴露身份。

急唠唠 jī lāo lāo 两个"唠"字均发平音并拉长音。形容人脾气急躁、动不动就发火的样子。

【例句】你这么急唠唠的为什么呀？谁惹着你了？

畸扭 jī niu　"扭"字发短促轻音。①变形，曲扭。②别扭。

【例句】①木质窗户时间长了，已经畸扭了。②俩人吵了一架，更加畸扭了！

激　jī　①用冷水泼。②受刺激。

【例句】①朝鲜冷面用冷水激才好吃。②昨天叫雨水激了一下，今天还头疼呢！

激愣 jī leng　也说"激灵"。"愣"字发短促轻音。形容人被惊吓后身体突然抖动。

【例句】夜半更深电话铃突然响起来，吓得我一激愣！

激赤白脸 jī cī bái liǎn　也说"激赤白赖"。心里着急，脸色难看。

【例句】二嫂进屋二话没说，激赤白脸地就把老公拽走了。

急茬　jí chá　"急"读jí，下同。也说"急茬子"。着急的事儿。

【例句】无论你什么急茬也先放一放，先参加抢修大坝！

急猴儿 jí hour　"急"字发重音，"猴儿"发短促轻音。形容人着急上火而行为急躁的样子。

【例句】慢慢走，你急猴儿什么？又如你急猴儿什么，后院子又没着火！

急忙瞎火 jí máng xiā huǒ　形容人急急忙忙而慌不择路的样子。

【例句】天都黑了，你还急忙瞎火地干什么去？

急三火四 jí sān huǒ sì　形容人急急忙忙、特别匆忙的样子。

【例句】天都大黑了，你急三火四地干什么去啊？

急赤巴火儿 jí chi bā huǒr　形容非常急迫、非常着急的样子。

【例句】你急赤巴火地叫我来，有什么急事儿？又如他急赤巴火地跑回村里，说是在外打工的老齐出车祸被压死了！

积幸 jí xìng　长久积德行善所取得的报应。

【例句】大难不死，这可是平时积幸的结果啊！

积德 jídé　做好事儿，做善事儿。

【例句】你口中积点德，别满嘴脏话！

挤兑 jǐ dui　"兑"字发短促轻音。①使用各种手段逼迫使其屈服、就范。②故意为难。

【例句】①我看明白了，你是一心想把我挤兑走，好给你腾地方！②他本来就心情不愉快，别再挤兑他了！

挤咕眼儿 jǐ gū yǎnr　递眼色以传递消息。

【例句】他一挤咕眼儿，我就明白了！

挤咕眨咕 jǐ gu zhǎ gu　挤眉弄眼的样子。

【例句】电视剧《潜伏》中，地下工作者余则成受到怀疑而被抄家，其假扮妻子的翠平不时向他挤咕眨咕地传递信息。

挤挤插插 jǐ jǐ chā chā　人头攒动，非常拥挤。

【例句】一走进火车站，挤挤插插都是人！

挤香油 jǐ xiāng yóu　①一种儿童游戏即大家坐在一起相互挤座位。②比喻挤来挤去。诙谐性用语。

【例句】①拿出儿童时代"挤香油"的手段，好容易挤了进去。

②屋内狭窄，三辈人在一条炕上"挤香油"。

几儿 jǐr　突出"儿"音。疑问动词"什么时间""几号"。

【例句】"我说老伴儿，今天几儿了，我快过生日了吧？"

叽咯 jì ge　"咯"字发短促轻音。①小声吵嘴、争辩。②发牢骚。

"叽"字发短促轻音。①电视连续剧《国门英雄》中，海关关长魏庭坚两口子不停地因老战友是否真正走私而叽咯，以致于谁也不回家。②咱们事先商量好，别回去后叽叽咯咯让同事们笑话！

叽叽 jì ji　第二个"叽"字发短促轻音。①小声争吵、吵架。②形容人因心胸狭窄而过于计较。

【例句】①你们叽叽什么呢，赶快住嘴！②王天来那人太叽叽，离他远点儿！

叽叽咯咯 jì ji gē gē　不停地小声吵嘴争辩。含有贬义。

【例句】静一静，什么也听不见，净听你们叽叽咯咯的！

叽个浪 jì gè làng　一般重叠使用。①吵嘴，拌嘴。②乱吵吵，吵吵嚷嚷。均含有贬义。

【例句】①不知为了什么，两口子整天叽个浪叽个浪！②大家静一静，净听你们几个叽个浪叽个浪！

自小 jì xiǎo　"自"读jì。从小，打小起。

【例句】我自小生活在大山里，上大学后才留到北京。

剂子 jì zi　①主要指人的身体身材的高矮、胖瘦。讽刺性用语。②准备包饺子、蒸馒头等面食揪或切的小面团。

【例句】①小品演员潘长江本来就是个小剂子，什么时候也长不高！又如你看人家姚明，生来就是个大剂子！②剂子揪匀点儿，别大大小小的！

记吃不记打　jì chī bú jì dǎ　形容人屡次在同一个地方、一个问题犯同样的错误受到惩罚而不接受教训加以改正。诙谐性用语。

【例句】人不能不犯错误，但不能记吃不记打，重要的是接受教训。

记性不大忘性强　jì xing bú dà wàng xing qiáng　形容人记性、记忆力非常不好。讽刺性用语。

【例句】你这个人就是记性不好忘性强，嘱咐你多少回了怎么就记不住呢？

记小账　jì xiǎo zhàng　全句是"大账不记记小账"。形容人心胸狭窄，不顾及全局利益而只顾自己的个人利益去计较小事儿。含有贬义。

【例句】那个人就爱记小账，你心里有个数！

戒　jì　"戒"读jì。戒掉，强行改变吸烟、喝酒、吸毒等不良嗜好。

【例句】国家号召戒烟，你什么时候戒烟啊？又如你要是把酒戒了，我就把饭戒了！

加钢儿　jiā gāngr　添油加醋外加挑拨，火上浇油。含有贬义。

【例句】要不是你加钢儿，他们能打起来吗？又如省省心吧，你就别再加钢儿了。

加载儿 jiā zàir 增加任务，增加负担。

【例句】年轻人应该多加载儿，多给他们一些锻炼的机会！

加码儿 jiā mǎr ①增加新的任务或指标。②变本加厉。

【例句】①去年的任务是年产 500 吨，今年一下子就加码儿到 700 吨，累死也完不成啊！②答应给你们涨工资，怎么又加码儿要增加奖金了呢？

家长里短 jiā cháng lǐ duǎn 家常琐事。

【例句】你们就别为家长里短、鸡毛蒜皮的小事儿总吵架了！

家外 jiā wài "家里外头"的省略语。统共，总共。

【例句】我家外才五口人，都住在一起。又如家外才挣一千多元，够干什么的啊？

家当 jiā gàng 家产，家业。

【例句】我汗珠子摔八瓣儿、苦巴苦业挣下的家当，一把大火烧了个干干净净！

家底儿 jiā dǐr 同"家当"。

【例句】我就这么点儿家底儿，也不能不留点儿过河钱儿啊！

家小儿 jiā xiǎor ①娶媳妇，成家立业。②妻儿老小。

【例句】①你的年龄也不小了，也该有个家小了！②我是有家小儿的人，这坑人骗人的事儿我可不干！

家家的 jiā jiā de 语气助词。①一类的，这样的。②泛泛的，没什么特点的。

【例句】①你个老娘们家家的，男人的事儿你少掺乎！②小孩子家家的，你懂什么？

家巴什儿 jiāba shìr "什儿"发重音拖长音并突出"儿"音。泛指各种工具、用具等。

【例句】你这自行车到处是毛病，快！把我的修车家巴什儿拿来，我给你修修！又如俗话说，人巧不如家巴什儿妙。你的技术再高，没有随心家巴什儿也不行！

家里家外 jiā lǐ jiā wài 总共，一共。

【例句】家里家外就两间破房子，要分家就分吧！又如家里家外 3 口人，一年能花销多少啊？

家趁万贯，带毛的不算 jiā chèn wàn guàn , dài máo de bú suàn "趁"，富有的意思；"带毛的"指饲养的家畜。形容虽然非常富有，但饲养的各种家畜都不能计算在内，原因是饲养家畜、家禽风险太大。

【例句】家趁万贯带毛的不算，你养猪投资太大，一旦市场行情不好，那亏损可就大了！

家趁万贯，不可咸豆子就饭 jiā chèn wàn guàn , bù kě xián dòu zi jiù fàn "咸豆子"，盐豆,旧时可以用来当菜就饭。家中富有、生活殷实也不可以铺张浪费，也要节俭过日子。

【例句】俗话说，家趁万贯，不可咸豆子就饭。别看你发了点儿小财儿，也不能太铺张浪费了！

家家卖酒，不露是好手 jiā jiā mài jiǔ , bù lu shì hǎo shǒu 也说"家家做酒，不漏是好手"。形容虽然都在违法乱纪，但不暴露就是成就，就是高手。犹如"丑事人人有，不露是高手"。诙谐性用语。

【例句】这年头撑死胆儿大的，饿死胆儿小的，家家卖酒，不露是好手。

夹咕 jiá gu ①作践，戏弄。含有贬义。②用眼快速看一眼，一种不满的表示。

【例句】①你同几个女人打交道，她们还不夹咕死你！②他心中很不高兴，抬眼夹咕他一眼，什么话也没说！

夹板儿气 jiá bǎnr qì 两头受气。含有贬义。

【例句】我两头都不是人，净受夹板儿气！又如这种夹板气儿我早就受够了，这回可熬到头了！

夹生 jiá sheng "夹"字发重音，"生"发短促轻音。①形容某种事情进行过程中因故导致无法继续或需重新进行。②形容某种知识、技艺或技能因时间长而荒废、生疏。③饭食半生不熟、中间有不熟的夹层。

【例句】①这事儿叫你给办夹生了，别人还得为你"擦屁股"收拾残局！②我学的是英语，但多年不用了，早就夹生了！③大米饭夹生了，不好吃了！

夹当儿 jiá dangr "当儿"发短促轻音。夹在中间或中间位置。

【例句】这几天我的课程挺紧，下周我趁夹当儿没课陪你逛街去！

加楔儿 jiā xiēr 在已经排好的队伍里挤进去即"加塞儿"。

【例句】大家都在排队，你别加楔儿啊！

假假咕咕 jiá jia gū gū 第一个"假"读 jiá。第二个"假"读 jia 发轻音，两个"咕"字均拉长音。假惺惺，虚情假意。贬低性用语。

【例句】办事儿都明白点儿，别来假假咕咕那一套！又如你就别再夹夹假假的，该怎么办就怎么办吧！

假模假样 jiǎ mo jiǎ yàng 也说"假模假式"。装模作样，故意伪装出来的样子。含有贬义。

【例句】看你假模假样的样子，有什么事儿求我？

假模假式 jiǎ mo jiǎ shì 同"假模假样"。

【例句】谢广坤假模假式地同刘能和好，刘能根本不予理睬！

假装模儿 jiǎ zhuāng mor "装"字拉长音，"模儿"突出"儿"音并短促。假装，假扮。

【例句】新编电视剧《敌营十八年》中，地下工作者江波与腾玉莲假装模儿成夫妻掩护工作。

架 jià ①承受。②用，使用。③禁不住。④弄到手。⑤穿着，穿在。⑥置名词前的动词，表示支起来。

【例句】①谁也架不住你这么白唬，死人也叫你说活了！②炉灶里的火不旺，架扇子搧搧！又如广交会那人海拉去了，得架鞭子赶！③就你这身子骨，还架得起这么折腾？又如架不住圈拢，他终于走上了传销的道路。④就一台名牌彩电，终于叫我给架来啦！⑤这套西服要架你身上就太般配了！又如这件西服架在你身上还挺精神！⑥架豆角、架黄瓜。

架架哄哄 jià jià hōng hōng 也说"架子哄哄"。摆架子，装腔作势。含有贬义。

【例句】这人整天架架哄哄，像有什么了不起似的！

架不住 jià bù zhù 禁不住，抗不住。

【例句】什么样的好身体也架不住这么折腾啊！

架火 jià huǒ "架柴禾生火"的简略语。

【例句】赶紧架火，准备出窑！

架弄 jià long "弄"读 long 并发短促轻音。①用各种方式窜弄、蛊惑。②招架。③显示，炫耀。

【例句】①老公禁不住几个朋友的架弄，终于同意结伙去国外打工。②这么重要的任务，我一个人可架弄不来！③你刚刚得了个学校百米冠军就架弄起来了，要是得个全国冠军，尾巴还不得翘到天上去啊？

架门儿 jià ménr 架势，派头。

【例句】看电业部门那些人傲气十足的架门儿，真叫人生气！

架鞭子赶 jià biān zi gǎn 形容非常多，多得使用鞭子赶。夸张性用语。

【例句】现在的大学生多得架用鞭子赶，人称可不缺！

架根儿底下 jià gēnr dǐ xià 临近，最后时刻。

【例句】本来说的好好的，咱俩搭伴儿到海南区旅游，谁知架根儿底下又变卦不去了！

驾辕 jià yuán 本意为驾辕马，引申为当家人、核心人、主要负责人。

【例句】咱哥们儿几个，你就驾辕吧，你喊一声就好使！

一家的 — jiā de ①用在企业字号后面，作为企业行业的标志。②用在丈夫的姓之后，一种对别人老婆、媳妇的戏称。

【例句】①如大华家的、劝业家的、烤鸭店家的等。②老张家的、老宋家的等。

一家家 — jiā jia 加在某些名词后边表示对某类身份的人的着重强调。

【例句】小孩子家家、小姑娘家家等。如你个小孩子家家的，懂什么？别跟着瞎参合！

奸 jiān ①多形容人心眼儿多，聪明，有心计。讽刺性用语。②听觉或视觉灵敏。

【例句】①那人可贼拉奸，你可逗不过他。②你这鼻子可真奸，这么远就闻着味啦？

奸头 jiān tóu 也说"耍奸头"。①自私取巧又耍心眼儿的人。②自私取巧的心眼儿。

【例句】①那人鬼魔哈眼儿的，是个有名的大奸头！②小心点儿，以后少给我耍奸头！

奸头巴脑 jiān tóu bān ǎo 同"尖嘴猴腮"。含有贬义。

【例句】这家伙奸头巴脑的，光想占便宜！

奸诈咕咚 jiān zhà gū dōng 形容人心术不正，又奸又坏。含有贬义。

【例句】白脸曹操奸诈咕咚的，非常有计谋。

尖贵 jiān guì　"金贵"的音变。非常贵重，非常难得，不容易得到。

【例句】过去那彩色电视机多尖贵，现在稀松平常，几乎家家都有！

尖溜儿 jiān liur　"溜儿"发短促轻音。形容物品非常尖锐、锋利。

【例句】这把镐的镐尖特别尖溜儿，用时加点儿小心！

尖尖腚儿 jiān jiān dìngr　形容人物非常不安定犹如屁股尖尖无法坐住一般。一种形象的比喻。

【例句】你怎么属尖尖腚儿的，就是坐不住！

尖嘴巴舌 jiān zuǐ bā shé　也写作"贱嘴巴舌"。①爱传闲话的人。②形容人善于耍嘴皮子。

【例句】①这是谁尖嘴巴舌，消息这么快就传出去了！②那人尖嘴巴舌的，就长着一张能说会道的嘴！

尖嘴猴腮 jiān zuǐhóusāi　形容人尖嘴瘦脸长相难看，一副奸诈狡猾的样子。含有贬义。

【例句】你看那人长得尖嘴猴腮的，一肚子坏水！

尖嘴巴子 jiān zuǐ bà zi　也说"尖嘴巴猴儿"。形容人爱抢话、插话。

【例句】你这丫崽子怎么像个尖嘴巴子，哪儿都有你！

间量 jiān liang　"量"字发短促轻音。房屋面面积大小或宽窄。

【例句】这栋房子间量倒不小，就是有点儿发暗。

间壁子 jiān bǐ zi 房屋内的隔断墙。

【例句】把这道间壁子拆掉，这屋就亮堂了。

捡 jiǎn ①采买。②取，拿。③接生。④"生孩子"的代名词。

【例句】①买菜再捡几块豆腐。又如电视小品《英雄母亲的一天》中母亲台词：捡豆腐还用叫车？②快把笼屉里的包子捡出来！③老吴家媳妇的几个孩子都是经我手捡的。④老宋家又捡了个大胖小子！

捡漏儿 jiǎn lòur ①补空缺。②意外得到收获或收益。

【例句】①今天的卧铺售完了，你明天早晨来看能不能捡漏儿！②局长突然出车祸死了，让他捡漏当了局长。

捡便宜 jiǎn pián yi ①不付代价而得到好处。②占别人的好处。

【例句】①我花 80 元买的，你却花 50 元，净捡便宜了！②想得倒美，别想捡我的便宜！

捡洋落儿 jiǎn yáng làor "落"读 lào。本意是捡拾日本人撤退、前苏联人等"洋人"回国时丢弃、遗弃的物品，引申为意外发财或得便宜。讽刺性用语。

【例句】这次外出检查工作，没少捡洋落吧？

捡着了 jiǎn zháo la 意外得到收获、好处或便宜，幸运降临。

【例句】这回你可捡着了，花 20 元抓了个大奖！

检斤 jiǎn jīn 过称称重量。

【例句】你这车淀粉砣都检斤了吧？又如大家都排好队，一车一车检斤！

剪子股 jiān zi gǔ ①像张开的剪刀那样的形状即 V 型。②三岔路的交叉路口。③东北旧习俗，搭建在剪子股的房子不吉利。

【例句】①快把铁丝儿拧个剪子股！②走到剪子股路口时，走东边那条路！③我的房子建在剪子股东侧，好几年了也没卖出去！

减 jiǎn 辞退。

【例句】企业减员，首先把我减了！

简直 jiǎn zhí 不是普通话中的"简直"，而是照直走，一直走。

【例句】你简直向北走就是火车站！又如你简直走，别拐弯儿！

简直杆儿 jiǎn zhí gǎnr 简直是，纯粹是，几乎是。语气加重。含有贬义。

【例句】让你买张飞机票都买不到，简直杆儿你就笨到家了！又如你简直杆儿就是个老面瓜，一锥子扎不出血来！

贱 jiàn ①撒娇。②献媚。③降低身份。④叽讽他人提出不正当要求、行为。均有贬义。

【例句】①宝贝，来，跟妈妈贱一个！②这女人可能跟他老公贱了！③你别这么贱皮子，上赶着主动去求他干什么？④你少跟我发洋贱，我才不吃你那一套呢！

贱巴喽嗖 jiàn ba lōu sōu ①价格便宜。②形容人轻佻而不自重。骂人语。

【例句】①这点儿茄子贱巴喽嗖的都卖给我吧！②你看你贱巴喽嗖的样子，成何体统！

贱拉巴嗖 jiàn lɑ bā sōu 也说"贱拉巴唆"。①形容人举止、说话不庄重、一副轻佻模样。②形容人有挑逗行为。均有贬义。

【例句】①一些港台演员在台上贱拉巴嗖的搔首弄姿，就有些年轻人喜欢，你说怪不怪？②你看你贱拉巴嗖的样子，简直令人作呕！

贱拉巴唆 jiàn lɑ bā sōu 同"贱拉巴嗖"。

贱巴呲喽 jiàn bɑ cī lōu 同"贱拉巴嗖"。

贱皮子 jiàn pízi ①不知好歹，作贱自己。骂人语。②不知好歹，不识抬举。骂人语。

【例句】①她那人就是个贱皮子，明知老公有外遇，却不去计较。②老板这么抬举你，你还不领情，你不是贱皮子吗？

贱种 jiàn zhǒng 不顾身份或面子从事不该从事的事儿。骂人语。

【例句】他就愿意去当清扫工而不当公务员，你说他不是贱种吗？

贱肉 jiàn ròu 稍触及便感到发痒的肉，比喻人不自重。骂人语。

【例句】看她那一身贱肉，不够得瑟的！

贱骨头 jiàn·gú tou 不自重，不自尊。骂人语。

【例句】你可真是个贱骨头，人家不得意你，你非主动贴乎干啥？

贱货 jiàn huò ①降低身份取悦对方。②作风轻佻不自重。

【例句】①你就是个贱货，主动送礼人家也不收，这回傻了吧？②她就是个贱货，你看她整天那个浪样？

箭打似的 jiàn dǎ shì de 形容像射出去的箭一样迅速。

【例句】听到爆炸声，他像箭打似的直接跑到现场！

箭杆儿稀 jiàn gǎnr xī 拉稀泻肚很厉害，像箭头一样喷射而出。夸张性、讽刺性用语。

【例句】昨晚吃了两根黄瓜，可能没洗净，今天早晨起来就拉起了箭杆儿稀！

见火 jiàn huǒ 将铁器烧红淬火。

【例句】把这镐见见火，再碾碾尖儿！

见见 jiàn jiàn 每每，每次。

【例句】他犯这样的错误不是第一回了，见见是这样！

见新 jiàn xīn 修复旧物的表面使之显出新样。

【例句】这块菜墩不平又旧，拿刨子见见新就行了！

见识 jiàn shi ①认识。②懂事的程度。

【例句】①这事儿也不能强求一致，仁者见仁，智者见智，各有各的见识。②他毕竟文化低，素质不高，不能和他一般见识。

见外 jiàn wài 客气，客套。一般反用即"不要客气""不要客套"。

【例句】你怎么见外呢，咱们谁跟谁啊？别这么说，这不见外了吗？又如别见外，给你你就收下吧！

见老　jiàn lǎo　①形容人从外观上看比实际年龄显得仓老。②形容人从外观上看比以前显得更仓老些。

【例句】①呦！这几年你可见老啊！②多年不见，你可见老啊！

见轻　jiàn qīng　程度有所减轻。多指疾病。

【例句】我爹的病这些日子见轻，谢谢你的关心！又如这些日子下了几场小雨，旱情有点儿见轻！

见天儿　jiàn tiānr　天天，每一天。

【例句】王天来见天去找李秋歌，李秋歌始终没答应王天来的求婚。

见上　jiàn shàng　看见。

【例句】还能躲到哪去，到处是通辑令，被人见上你就跑不了！

见不上　jiàn bu shàng　看不上，瞧不起。

【例句】难怪王老七见不上刘能，刘能的确太坏了！

见亮儿　jiàn liàngr　也说"透亮儿"。看到了希望和曙光。

【例句】写作组奋斗了几天几夜，政府工作报告终于见亮了，可以交稿了。

见面儿熟儿　jiàn miànr shúr　形容人善于交往，很快就可以与陌生人熟悉。含有贬义。

【例句】他这个人就是个见面儿熟儿，跟谁都能交朋友！

见缝下蛆　jiàn fèng xià qū　利用一切可利用的时机或漏洞就捣乱、整事儿、做文章。含有贬义。

【例句】你别见缝下蛆，怎么不怕乱子大呢？又如那些人就会见缝下蛆，没事儿还想整点儿事儿呢！

见啥人儿说啥话 jiàn shá rénr shuō shá huà　形容人为人油滑，区分不同对象说不同的话取悦对方。

【例句】你怎么见啥人儿说啥话，为人真诚点儿不行吗？

将就 jiāng jiū　①对付，凑合。②勉强适应。③应酬得了。

【例句】①咱俩挤一张床，就将就一宿吧！②别看我技术不精，但一般活都能将就！③农业十八般武艺，我样样都将就。

将巴儿 jiāng bār　"将""巴"两字均拉长音，"巴儿"字突出"儿"音。勉勉强强。

【例句】就这点钱，也就将巴儿能买张返程火车票。

将将巴巴儿 jiāng jiāng bā bār　同"将巴儿"。

【例句】打工每月也就 3000 元，将将巴巴儿供孩子上大学，一家人日常生活都困难。

将打将 jiāng dǎ jiāng　第二个"将"拉长音。刚刚够，勉强够。

【例句】就这俩儿钱儿，买双鞋还将打将！又如出去旅游带了五千元，回来时将打将，险些回不来！

将供嘴儿 jiāng gōng zuǐr　勉强能够满足需要。

【例句】低保费就那么俩儿钱儿，也就将供嘴儿，还得打工挣俩儿小钱儿补贴家用。

僵茬 jiāng chá　形成僵局。

【例句】商量来商量去，到最后还是僵茬了！

僵眼 jiāng yǎn 对立，僵局。

【例句】真整僵眼了，看我不揭他的老底儿！

讲比 jiǎng bǐ 比如说。

【例句】讲比说，我要能去北京奥运会当志愿者，我就能发挥英语熟练的特长。

讲儿 jiǎngr 有来历，有规矩，有说法。

【例句】在东北，过年有许多讲儿。又如达斡尔族的婚礼有许多讲儿都与汉族不同。

讲古 jiǎng gǔ 也说"讲瞎话""编瞎话"。讲故事，讲很久以前的事儿。

【例句】到冬天没事儿了，他就天南地北、古今中外地给我们讲古。

讲咕 jiǎng gu "讲"字发重音，"咕"字发短促轻音。背后讲究人、议论人。

【例句】没事儿说点儿别的，你别背后总讲咕人！

讲究 jiǎng jiu ①非常有学问、有修养。②背后议论人。③有来历，有历史。

【例句】①那人多讲究，从来也不发火儿，也不说脏话！②有话当面说，别总在背后讲究人！③八月十五吃月饼，这可是有讲究的！

讲究人 jiǎng jiu rén 同"讲究"①②。

【例句】①那人可是个讲究人，不笑不说话，为人也非常友善。②别再背后讲究人。

讲儿 jiǎngr 有学问，有说法，有规则。

【**例句**】要说起端午节吃粽子，那可有讲儿，已经有几千年的历史了！

讲瞎话 jiǎng xiā huà

【**例句**】编瞎话，公开说谎话。

【**例句**】你怎么睁着眼讲瞎话，什么时候发现野人的秘密了？

讲买讲卖 jiǎng mǎi jiǎng mài 遵守、讲究买与卖的规矩。

【**例句**】买卖人就得讲买讲卖，坑人的事儿今后可不能干了！

胼子 jiǎng zi 手掌、脚掌或其他皮肤因常磨擦而磨出一层硬壳儿。

【**例句**】长期干木匠活儿，手磨出了一层胼子！

犟咕 jiàng gu "犟"字发重音，"咕"字发短促轻音。顽固地强辩，狡辩。含有贬义。

【**例句**】领导批评你就虚心接受，有则改之，无则加勉，总犟咕啥呀！

犟犟 jiàng jiang 第一个"犟"字发重音，第二个"犟"字发短促轻音。固执地、没完没了地争辩、争吵。含有贬义。

【**例句**】弄不懂不会找明白人请教一下，你们俩能犟犟明白吗？

犟牛筋 jiàng niú jīn 形容非常固执、认死理不善变通的人。含有贬义。

【例句】别人都默认了，只有李四犟牛筋，非要弄个明白不可！

犟眼子 jiàng yǎn zi　也说"拔犟眼子"。不听劝阻，非常固执。含有贬义。

【例句】他生来就是个犟眼子，吃软不吃硬！又如你非拔犟眼子干啥，何必较真儿呢！

犟种 jiàng zhǒng　形容人的脾气倔强而又非常固执。骂人语。

【例句】你怎么天生就是个犟种，认准的事儿九牛也拉不回头！

犟驴 jiàng lú　对非常倔强、非常固执的人的蔑称。骂人语。

【例句】那人就是一头犟驴，九牛都拉不回头！

犟巴头 jiàng ba tóu　同"犟种"。

【例句】他就是个犟巴头，九牛都拉不回！

交代 jiāo dài　结束。"死"的代名词。诙谐性用语。

【例句】我这身体又是心脏病，又是高血压，不知啥时候就交代了！

交鞭儿 jiāo biānr　交出手中的权力。

【例句】我也是五十多岁的人了，快交鞭了！

娇惯 jiāo guan　"惯"字发轻音。①宠爱。②脆弱。

【例句】①小孩子别太娇惯了，这对孩子成长没什么好处！②山茶花是个娇惯的玩意儿，干了湿了都不行！

娇毛 jiāo máo　与正常人不同的坏毛病、恶习。

【例句】你这一身娇毛不改可不行，否则要耽误你的前途！

娇性 jiāo xing　"娇"字读jiáo，下同。"性"字发短促轻音。很脆弱。

【例句】什么东西这么娇性？是茉莉花吗？

矫情 jiáo qing　矫读jiáo并发重音，"情"字发短促轻音。①强词夺理，无理取闹。②不能吃苦耐劳。

【例句】①这人太矫情，无理辨三分！②这女孩儿太矫情，一点苦也吃不了。

嚼咕儿 jiáo gur　"咕"字发短促轻音并突出"儿"音。①专指美味佳肴。②泛指好吃的食物。

【例句】①已经到年根了，年嚼咕儿都准备好了吗？②晚上我到你家喝酒去，你拿什么嚼咕儿招待我？

嚼舌根 jiáo shé gēn　也说"嚼舌头"。比喻挑拨事端、搬弄是非。

【例句】这是谁嚼舌根，要不然她咋会对我这么大的气？

嚼头 jiáo tou　"头"字发短促轻音。形容食品值得回味、品味，很好吃。

【例句】呼伦贝尔草原的牛肉干非常有嚼头，越嚼越香。

嚼嘴磨牙 jiáo zuǐ mò yá　比喻说话办事儿多费口舌。

【例句】我在这嚼嘴磨牙地说了这么半天，你还没听明白我的意思啊？

搅马勺 jiǎo mǎ sháo ①比喻人不分好坏混在一起。②共同生活在一起。

【例句】①林区林场职工来自天南地北，都在一个锅里搅马勺。②我们俩是战友，一直在一个锅里搅马勺！

搅牙 jiǎo yá ①无事生非，胡搅蛮缠。②事情非常难办。

【例句】①这人真能搅牙！有事无事无理搅三分！②这事儿可真够搅牙的，费尽牛劲儿也没办成！

搅乎 jiǎo hu 也说"搅和"。扰乱，打乱。

【例句】我们正在商量出国打工的大事儿，你别瞎搅乎行不行啊？

搅闹 jiǎo nào 为非作歹，胡作非为。

【例句】大人们说话，小孩子别搅闹，到外边儿玩儿去！

搅局儿 jiáo júr 有意破坏正在进行中或计划中的的事情。

【例句】我们已经商量好了，你别来搅局儿！又如我们正在选举县人大代表，突然上访者闯进来给搅局儿了，只好暂时休会。

觉病儿 jiǎo bìngr 发觉自己毛病。

【例句】听到别人不停议论，我这才觉病儿。

觉警儿 jiǎo jǐngr 领悟，醒腔，明白过来。

【例句】电视剧《潜伏》中，配合地下工作者余则成工作的假媳妇翠萍不习惯地下工作，经常惹事儿，经余则成多次批评引导才觉警儿，认识到地下工作的危险性和残酷性。又如我已怀孕三个月了，这几天才觉警儿。

绞根棒子 jiǎo gēn bàng zi 本意是牛马车用于捆牢物品的绞锥，引申为比喻胡搅蛮缠的人。含有贬义。

【例句】你怎么就像绞根棒子似的，紧紧缠住不放？

脚窝儿 jiǎo wōr ①立足点，立足之地。②办事牢靠、把握。

【例句】①突然发生了轻微地震，吓得我没敢动脚窝儿！②我办事儿一步两脚窝儿，从来不差事儿。

脚踪 jiǎo zhōng 足迹。

【例句】无论耍钱或吸毒，这些场地我是从来脚踪不到的！

脚前脚后 jiǎo qián jiǎo hòu 也说"前后脚"。①几乎同一个时间先后到达。②形容跟得很紧，紧跟。

【例句】①听说老知青回来探望父老乡亲们，大家脚前脚后地赶到村部看望昔日的知青们。②我们是脚前脚后进的屋，怎么就不见了呢？

前后脚 qián hòu jiǎo 同"脚前脚后"①。

【例句】选举村长的海选大会还没开始，乡亲们前后脚都到了！

脚打后脑勺 jiǎo dǎ hòu nǎo sháo 形容非常忙、特别忙、忙得不可开交而不能脱身的样子。夸张性用语。

【例句】我整天忙得脚打后脑勺，都是为了这个家。你可好，一手不伸，只顾自己喝酒！

脚不沾地儿 jiǎo bú zhān dìr 形容非常忙，忙得双脚都不沾地。形象的比喻。诙谐性用语。

【例句】我一年到头儿忙得脚不沾地儿，也就闹个温饱，哪有什么存款啊？

脚钱 jiǎo qián 车脚钱，主要指人力车、畜力车等非机动车的运费。

【例句】别忘了下车后给人家脚钱！又如拉到二道街，你看脚钱多少钱？

脚正不怕鞋歪 jiǎo zhèng bú pà xié wāi 形容只要自己行为举止符合社会公德，就不怕他人议论。

【例句】俗话说，"脚正不怕鞋歪"。你没做亏心事，你怕什么？

脚上的泡自己走的 jiǎo shàng dè pào zì jǐ zǒu de 犯了错误，责任全在自己应由自己承担责任。诙谐性用语。

【例句】俗话说，"脚上的泡自己走的"。你瞧瞧你自己，这几年都干了些什么，要不然能落选吗？

叫 jiào ①试着撬动。②用手敲或拍出声音。③切开，割开，割开。④统一使劲。⑤因为。⑥判断不定。⑦索要。

【例句】①土太硬，挖不动，先用洋镐叫一叫。②叫叫缸沿儿，看漏不漏。③请把西瓜叫一叫，看熟不熟！④劲儿叫齐了，一块使劲儿！⑤不叫你瞎掺乎，事儿早办成了。⑥那姑娘是啥脾气，我一时还叫不准。⑦这批水果储存一冬，开春准能叫上价！

叫勺 jiào sháo 厨师以勺击锅表示菜已炒好。

【例句】还没走进饭店，老远就听见了厨师的叫勺声！

叫树 jiào shù 林区旧习俗，以棒击树引起狗叫寻找人家。

【例句】森林里传出有规律的叫树声。

叫不动庄 jiào bu dòng zhuāng 请不出主要人物或重要人物。诙谐性用语。

【例句】我可没面子，实在叫不动庄，还得请您老亲自出马！

叫不齐套 jiào bu qí tào 指挥不灵，难以调动。诙谐性用语。

【例句】这么办也是杀鸡给猴看，否则叫不齐套，谁也不听指挥！

叫魂儿 jiào húnr "叫魂儿"原是东北地区旧风俗，分为两种，一是为亡者叫魂儿归家，二是黎明时分为受惊吓的小孩以勺击门叫魂儿归位。今引申为①连续呼喊名字。②反复叫喊名字引起的反感用语。诙谐性用语。

【例句】①每到祭日，都给已故的老人叫叫魂儿，烧烧香！②有话你快说，别老叫魂儿啦！又如你叫魂儿呢，我又不是听不见！

叫劲儿 jiào jìnr 也写作"较劲儿"。①关键时候。②用足力量。③为难，作对。④比试，较量。

【例句】①养兵千日，用兵一时，叫劲儿的时候才看你们的！②双肩一叫劲儿，就把石碾子抱起来了。③钱也送到了，情也托到了，一直拖着不办，这不是成心叫劲儿吗？④《李小龙传奇》中，瘦小子成心和李小龙叫劲儿，决心比个高低！

叫板儿 jiào bǎnr ①叫阵，向对方发出公开挑战。②拿一把。

【例句】①就你那两下子，也敢同我叫板儿？②美国有意叫板儿，攻打伊拉克一个国家出兵！

叫号儿 jiào hàor 同"叫板儿"①。

【例句】一手插腰一手比划，一副叫号的样子！又如就你那小老样，也敢向我叫号儿？

叫响儿 jiào xiǎngr 出名，扬名。

【例句】在电视剧《关东大先生》中饰演赵春安的演员，因在这部电视剧中出演男主角而一炮叫响儿！

叫油 jiào yóu 本意为向器械等注润滑油，引申为办成某件事给有关人员送礼或给予好处。含有贬义。

【例句】如今有些地方腐败之风严重，哪儿不叫油哪儿不滑溜，办事不顺利！

叫准儿 jiào zhǔnr 确定，肯定。

【例句】是不是出国到东南亚旅游，到现在还没叫准儿呢！

叫真儿 jiào zhēnr 认真，追求真实结果或事情本源。

【例句】他办事儿喜欢叫真儿，从不马虎！

叫真章儿 jiào zhēn zhāngr 真实本领，真正手段。

【例句】考艺术院校，考术科才最叫真章儿！

叫座儿 jiào zuòr 上座率高。

【例句】二人转大舞台可真叫座儿，场场爆满！

觉轻 jiào qīng 睡觉不沉稳，稍有动静则醒。

【例句】我最近神经不太好，觉也轻，总也睡不实。

接洽 jiē qià 合适。

【例句】农民们都深切感到，近几年的惠民政策真接洽！

接茬儿 jiē chár ①接别人的话头。②紧接着做另一件事。

【例句】①别人说话你别总接茬儿！②大葱没起完，下午你接茬儿干！

接高 jiē gāo 就势，接茬儿。

【例句】这批货出手快，他接高赶紧又进了一批！

接下音儿 jiē xià yīnr 接他人的话尾而随音附和。

【例句】要说你就说，别老接下音儿！

接话把儿 jiē huà bàr 随声附和，接他人说话的脉络继续往下说。

【例句】"就是这个意思！"吴俊升接着张作霖的话把儿说："郭鬼子不剿灭是不行了，早晚是祸害！"

揭锅儿 jiē huòr 事情公开化、明朗化。

【例句】事情还没到揭锅儿的时候，还是别说破吧！

揭不开锅 jiē bú kāi guò 形容生活非常艰难，困难得一点儿粮食也没有。诙谐性用语。

【例句】想生活困难那咋，那困难得简直揭不开锅啊！

揭老底儿 jiē lǎo dǐr 揭露底细，揭露最隐秘的内情。

【例句】电视小品《不差钱》中，小沈阳饰演的苏格兰餐厅服务员几次要揭赵本山饰演的丫蛋儿爷爷的老底儿，几次被丫蛋儿爷爷岔开。

街坊 jiē fang 也说"街坊邻居"。左右邻居，周围邻居。

【例句】大家都是街坊邻居，相互谅解一下就过去了，何必大动肝火呢！

街坊邻居 jiē fang lín ju 同"街坊"。

【例句】街坊邻居的住着，抬头不见低头见，得饶人处且饶人吧！

街坊辈儿 jiē fǎng bèir 不是血缘关系的辈分，而是根据左邻右舍、街坊邻居长、幼的辈分而排出的称呼。

【例句】按街坊邻居辈儿论，我还得叫你二叔呢？

结疙瘩 jiē gā da "疙瘩"读 gā da。结下矛盾、冤仇或怨恨。

【例句】自打土地承包后，他们两家因土地承包结了疙瘩，这么多年了始终也没有好转。

皆因 jiē yīn 因为。

【例句】你和他总不说话，皆因啥呀？

结记 jiē ji "结"读 jié，下同。惦念，惦记。

【例句】到底是他姑啊，亏你总结记她！

结了 jié la 语气助词，可以了，结束了，完结了。

【例句】早说那不结了，何必藏藏掖掖的呢！又如那不结了，不就是暂时保密吗？

截骨儿 jié gur 也读"节（jiē）骨儿"。"骨儿"读 gur 并突出"儿"音。长度单位，一段儿。

【例句】把树截成2米长一截骨儿！又如甜杆儿就下面一截骨儿甜，上面不甜。

节骨眼儿 jié gu yǎnr 关键的、能起决定作用的紧急时刻或时机。

【例句】电视剧正演在节骨眼儿上，突然停电了，你说气人不气人？又如他正在公示考

核阶段，这个节骨眼儿去求他办事儿，这合适吗？

解嘎渣 jiě gá zha 也说"解嘎吱"。①解除心中的愤恨、恼怒而感到畅快。②因解决了极难解决的难题而感到畅快。③击中要害，非常解气。④解馋。

【例句】①说起土地改革运动，罪恶满盈的大地主被分被斗，真解嘎吱！②这次看病，因患癌症，前后花掉 10 万元，政府一下子就给报销了 8 万多元，真解嘎吱！③这人说话真能抓理，太解嘎渣了！④这小笨鸡炖蘑菇真香，真解嘎渣！

解气 jiě qì 出气，痛快。

【例句】北京奥运会中国金牌得第一，真叫人解气！

解劲儿 jiě jìnr 管用，使人感到舒畅。

【例句】看小小的烟花不解劲儿，还是看大型焰火解劲儿！

解饱 jiě bǎo 食物吃下去后耐饥饿。

【例句】夏锄农忙时节，农户们都喜欢吃粘豆包，这东西解饱，干活儿也有力气！

解馋 jiě chán ①欲望得到满足。②食欲得到满足而非常过瘾。

【例句】①好几天没抽烟了，这会儿抽颗烟可真解馋啊！②红烧肉真香，吃几口真解馋！

解恨儿 jiě hènr 解除心中的愤恨、恼怒而感到畅快。

【例句】警方花大气力，终于将黑社会头目一网打尽，深

受其害的当地百姓真解恨儿，无不拍手称快！

解乏　jiě fá　解除疲劳，恢复体力。

【例句】在深山老林扑打山火几天几夜没休息好，就想好好睡一大觉，解解乏！

解扭　jiě niu"解"字发重音，"扭"字发短促轻音。物体曲扭变形。

【例句】这大立柜有点儿解扭了，是不是该修修了？

搁儿　jiěr　"搁儿"读 jiěr。①自从。②在什么地方。

【例句】①搁儿今儿起，你到党校学习去！②此处不养爷，自有养爷处，搁儿哪儿还不混碗饭吃！

借高　jiè gāo　借台阶，借力量。

【例句】听大家这么一说，他也就赶紧打圆场借高消气了。

借高下驴　jiè gāo xià lú　也说过"借坡下驴"。比喻顺势下台阶。诙谐性用语。

【例句】局长给你个面子，你就借高下驴吧！

借坡下驴　jiè pō xià lú　同"借高下驴"。

【例句】行了，见好就收、借坡下驴吧！

借引子　jiè yǐn zi　也说"借由子"。借故，借原由，找借口。

【例句】没等会议开完，他就借引子退场了。

借由子　jiè yóu zi　同"借引子"。

【例句】他怕担责任，借由子离开了现场。

借光　jiè guāng　①分沾他人的利益。②客套话，希望别人给与方便或照顾。

【例句】①什么时候你也当个大官，叫我们也借借光！②等你成大款儿了，我们跟你也都借光了！

借媳妇过不了夜 jiè xǐ fu guò bú liǎ yè "媳妇"读 xǐ fu，"了"读 liǎo。形容一切要靠自己的努力，指望别人靠不住。

【例句】借媳妇过不了夜，无论如何也要自己努力，其他都白扯！

界壁儿 jiè bǐr ①邻居。②旁边。

【例句】①咱们界壁儿邻右住着，有什么事儿不好商量？②我家就住在体育场界壁儿！

界壁儿邻右 jiè bǐr lín yòu 左邻右舍，邻居。

【例句】婚礼庆典上，界壁儿邻右的乡亲们都来了！

金贵 jīn gui ①贵重。②罕见，少见。

【例句】①礼轻情义重，他送我的这份儿礼物非常金贵。②他从俄罗斯给我带回一个蒜卡子，东西不大，却很金贵！

筋筋 jīn jin 第二个"筋"字发短促轻音。①遇水收缩。②鼻子抽动。

【例句】①用水一投用水冲，这块布还筋筋了！②他一筋筋鼻子，我就明白了。

筋道 jīn dao "道"字发短促轻音。①形容人办事儿有耐力、有韧劲儿。②面食品有韧性、有拉力。

【例句】①这人办事一贯很筋道，从不打耙反悔！②这馒头真有筋道，很有咬头！

筋骨囊儿 jīn gū nāngr "囊儿"拉长音并突出"儿"音。①形容人办事有能力，有始有终，令人信服。②食品有韧性、有拉力、有咬头。

【例句】①这人真讲究，办事真有筋骨囊儿！②劣质面粉做出的挂面缺少筋骨囊儿！

筋筋拉拉 jīn jin lā lā ①形容人说话慢声慢语，说说停停，吞吞吐吐。②形容人办事儿不紧不慢，慢慢腾腾。③形容食品有咬头、有嚼头。④不连贯，连接不上。

【例句】①那人说话筋筋拉拉的，就是个慢脾气！② 要走你就快走，别这么筋筋拉拉、磨磨蹭蹭的！③砂锅筋头巴脑炖土豆，牛肉筋筋拉拉的挺有嚼头！④要给你就一次给他，别筋筋拉拉的，像抽筋似的！

筋筋叨叨 jīn jīn dāo dāo ①形容人说话有特点，有滋味，耐人寻味。②同"筋筋拉拉"③。

【例句】①那人说话筋筋叨叨的，真有意思！②猪爪儿吃起来筋筋叨叨的，挺有嚼头！

筋头巴脑 jīn tóu bā nǎo ①一种肉少筋多的猪肉或牛肉。②菜名。

【例句】①剩下的都是些筋头巴脑的，没什么好肉了！②给我来一个筋头巴脑炖土豆！

筋鼻子瞪眼 jīn bí zi dèng yǎn 形容人不满意而在脸部表现出的一种特殊表情。

【例句】有话就好好说，筋鼻子瞪眼干什么？又如干什么筋鼻子瞪眼的，谁招惹你了？

紧自 jǐn zi　总是，老是。

【**例句**】好吃就紧自吃，也不管别人！

紧衬 jǐn chen　①鞋等紧贴肉。②紧凑。

【**例句**】①这双鞋穿着挺紧衬。②这会开得挺紧衬，一环扣一环！

紧忙 jǐn máng　赶紧，连忙。

【**例句**】大家七手八脚，紧忙把伤员送到医院。又如发现抢劫犯正在抢劫，紧忙打 110 报警。

紧把手儿 jǐn bǎ shǒur　抓紧，马上。

【**例句**】大家紧把手儿，把这点活儿干完了再休息！

紧巴紧 jǐn ba jǐn　①形容过日子资金拮据、不宽裕。②形容时间紧迫、不宽裕。

【**例句**】①我家的日子过得紧巴紧，一点儿钱也攒不下！②时间紧巴紧，就剩一个小时了，飞机快起飞了！

紧的溜儿 jǐn de liūr　"溜儿"拉长音并突出"儿"音。接连不断，一个接一个。

【**例句**】你没看他们紧的溜儿的给村长打进步，就是想多承包点地！

紧赶慢赶 jǐn gǎn màn gàn　①非常紧急。②非常努力。

【**例句**】①坐飞机、坐火车，紧赶慢赶，还是没赶上北京奥运会开幕式！②这几年在北京打拼，紧赶慢赶，还是没选着理想单位。

紧紧鞋带儿 jǐn jǐn xié dàir　暗中整治人，故意"穿小鞋"。含有贬义。

【例句】别看你现在挺得意的，只要老板给你紧紧鞋带儿，还不够你喝几壶的？

尽　jìn　可着，让着。

【例句】分家吧，咱家就两间草房，尽可你挑！又如怎么尽可她挑呢，他又不是谁家二大爷！

尽自　jìn zì　总是这样。

【例句】怎么你尽自他说啊，我说几句不行吗？

进盐精　jìn yán jing　听人劝告，接受劝告。反之为"不进盐精"。

【例句】别再耍倔了，你就进进盐精吧！又如说了这么半天，你怎么一点不进盐精？

进贡　jìn gòng　为有关人员送礼、行贿以达到个人某种目的。与"叫油儿"略同。

【例句】要想承揽这项工程，不给有关人进贡根本办不成！

进项　jìn xiang　"项"字发短促轻音。收入。

【例句】在外打工进项也不大，还不如在家种地稳当。

进门子　jìn mén zi　新媳妇娶进门，女人结婚嫁到男方家。

【例句】自从娟子进门子后，老两口子就没享过福！又如自打张可进门子后，这个家才像个家！

劲儿　jìnr　①本领。②恰到好处，当口。③扣儿，花儿。

【例句】①短道速滑中国男、女队连续夺金牌，真够劲儿！②这肉再煮就过劲儿了！③这绳子多紧几个劲儿！

劲儿劲儿的 jìnr jìnr de 两个"劲儿"均发重音并突出"儿"音。①彼此间有隔阂而充满敌意。②很有劲头、有精神头的样子。

【例句】①他对我老劲儿劲儿的，不知为什么？②实行联产承包责任制后，大家干活儿都劲儿劲儿的！

近乎 jìn hu "乎"字发短促轻音。①亲近，亲切。②交情。③接近，靠近。

【例句】①要讲感情，还是我们哥儿俩近乎！②你先去套套近乎，兴许这事儿有门儿！③你不熟悉他，我带你去近乎近乎！

近便儿 jìn biɑnr "便"字发短促轻音。①亲近，亲热。②路途不远，路途较近。

【例句】①多日不回家了，这几天你们俩口子好好近便儿近便儿！②还是走这条路近便儿些！

近便人儿 jìn biàn rénr ①十分亲近的人。②近亲属。

【例句】①离开农村搬进街以后，没什么朋友也没什么近便人儿了②多年也没回老家了，老家也没什么近便人儿了！

近支儿 jìn zhīr "支儿"突出"儿"音。血缘最近的亲戚，但不是直系亲属。

【例句】我们俩是近支儿的兄弟，但也出五服了！

经儿 jīngr ①人体内气血运行，引申为路径，道路。②哺乳期妇女奶水涌出的俗称。

【例句】①有人爱抽烟喝酒，有人爱穿衣戴帽，这叫各走一经儿！②趁着来经儿，赶快奶（ nài）孩子吧！

经官　jīng guān　旧指官府今由有关行政机关处理，与"私了"相对应。

【例句】是经官还是私了？由你决定！

经管　jīng guǎn　①看管，看守。②管理，经营。

【例句】①这片林子就交给你经管了，一点要加小心！②我不在家的这几天，你把公司经管起来，可不能稀里马哈的！

精点儿　jīng diǎnr　不一点点儿，很小。

【例句】你这么精点儿的一个小屁孩，怎么净说大人话？

精灵　jīng ling　①聪明灵巧。②小动物。

【例句】①他有一个精灵的二叔，对他帮助很大。②咦！我的小精灵跑到哪里去了？

精细　jīng xì　聪明，有心计。

【例句】那是个精细人，凡事考虑得都很周全。

精打精　jīng dǎ jīng　精光，干干净净。

【例句】吸毒把他好好的一个家抽得精打精！

精神跳旺　jīng shén tiào wàng　形容人很精神，很活跃。

【例句】前几天还精神跳旺的，怎么说死就死了呢？

精神头　jīng shén tóu　有活力，有朝气，有生机。

【例句】电视小品《相亲》中马丫对老蔫说：你咋越活越回旋了呢，小时候那精神头都哪儿去了？

惊着了　jīng zhao la　专指儿童受惊吓。

【例句】这孩子就是惊着了，快找医生给看看吧！

井里蛤蟆酱里蛆 jǐng lǐ há ma jiàn lǐ qū 形容没有见过大世面、目光短浅、缺少见识的人，犹如"井底之蛙"。农村人认为井里的蛤蟆和大酱里的蛆都是正常的干净物，就是没见过大世面。

【例句】咱们就是井里的蛤蟆酱里蛆，纯粹就是个老农民，还参加什么论坛啊！

景儿 jǐngr ①隐情，把戏。②景气。③情景。

【例句】①谁也不知道他到底弄的什么景儿？又如有事儿就办在明处，整那个景儿干什么？②跟你干啥也干不出个景儿！③已经到了这景儿了，有什么话快说吧！

竟儿意儿 jìngr yìr "竟儿""意儿"均连起来读并突出"儿"音。故意，有意。

【例句】我也不是竟儿意儿撞的你，你急什么？又如对不起，我不是竟儿意儿的，你别生气！

竟腈 jìng qíng ①使足力量。②放弃其他措施，一味等待。

【例句】①这事儿我去办，肯定办成，你就竟腈准备钱吧！②药也不吃针也不打，那不竟腈等死了吗？

竞杠锤 jìng gàng chuí 即"锤钉壳"。以用手出石头、剪子、布的方式赌输赢、争先后，这种方式被称为"竞杠锤"，多在儿童间进行。

【例句】来！咱们竞杠锤，谁赢了谁先玩儿！

净泡 jìng pào "泡"即称重量。去掉毛皮等其他后净重。

【例句】这车西瓜可不轻，净泡也得上万斤。

净身出户　jìng shēn chū hù　不要或没有分的任何财产而离开家庭。

【例句】我就是净身出户也不和你过了！又如老王头实在受不了儿子儿媳的气，终于净身出户住在了老年公寓。

揪　jiū　①用手薅。②用火罐抽、吸。③揪痧。

【例句】①揪了两粒葡萄扔进嘴里，感到有点酸。②火罐揪得生疼，最终也没治好病！③我有颈椎病，常让大夫给我揪揪！

揪心　jiū xīn　担心，放心不下。

【例句】地下工作者随时都有掉脑袋的危险，真让人揪心！

揪心巴拉　jiū xīn bā lā　让人不放心，使人担心。

【例句】二姑娘进城一年多也没个音讯，让人揪心巴拉的！

揪巴　jiū ba　"巴"字发短促轻音。零零星星地摘、拿、用。

【例句】好容易积攒了几万块钱，老人一病，都揪巴干净了！

揪揪巴巴　jiū jiū bā bā　①衣服不平整、不舒展。②提心吊胆。

【例句】①这衣服怎么揪揪巴巴的，熨一熨就好了。②家里的媳妇出外打工大半年了，也没个音信，真叫人心里揪揪巴巴的不是滋味。

久后　jiǔ hòu　很久以后。

【例句】这人眼前看着还行，久后就难说了！

酒包　jiǔ bāo　饮酒量大而又好喝酒的人。含有贬义。

【例句】你就是个大酒包，常醉不醒！

酒漏子 jiǔ lòu zi 大量饮酒也喝不醉的人。含有贬义。

【例句】你是个酒漏子，多少酒也不够你喝！

酒疯子 jiǔ fēng zi 习惯于醉酒后耍酒疯的人。含有贬义。

【例句】那人就是个酒疯子，今儿个喝酒不带他了！

酒壮熊人胆儿 jiǔ zhuàng xióng rén dǎn 形容醉酒后利用酒精的作用胡作非为、什么话都敢说、什么事儿都敢做。含有贬义。"酒壮英雄胆儿"为褒义词。

【例句】我看你们真是酒壮熊人胆，就咱们这几个人、几条枪，就想去攻打鬼子司令部？

就打 jiù dǎ 自从，就算。

【例句】就打你是个百万富翁，每天豪赌还不输个精光啊！

就高 jiù gāo 借台阶，就势力。

【例句】算了吧，你就就高下台阶见好就收吧！

就说是 jiù shuō shi 应答语，犹如"是这样"。

【例句】再穷也不能穷教育，再苦也不能苦孩子！就说是！

就头 jiù tou "头"字发短促轻音。伴随吃饭或喝酒的菜肴或小食品。

【例句】这干巴饼怎么吃啊，连点就头都没有！

就手 jiù shǒu 顺便，顺手。

【例句】八路军攻打鬼子司令部，就手把炮楼也给端了。

就便儿 jiù biànr 同"就手"。

【例句】上市场买菜，就便儿买点儿豆腐来！

就乎 jiù hu "乎"字发短促轻音。①将就，迁就。②凑合。

③对付。

【例句】①我办事儿能力不强，你多多就乎吧！②你们两口子谁也别挑谁，就乎着过吧！③衣服小了点，就乎着穿吧！

就会儿 jiù huǐr 等一会儿，过一会儿。

【例句】现在人太多，你就会儿再来！

就饭吃 jiù fàn chī 遗忘，忘掉。诙谐性用语。

【例句】刚刚考试的历史题，这么快就忘光了，都就饭吃了吧？

拘 jū ①碍情面。②使用手段将人带来。

【例句】①我本不想帮忙，还不是拘老领导面子？②谁叫他也不来，还是我把他拘来了。

拘拉暴跳 jū lā bàotiào ①形容人脾气不好点火就着。含有贬义。②形容物体被烧后扭曲卷缩的样子。

【例句】①没说几句话，他就拘拉暴跳地骂起人来。②大火将一件羊皮大衣烧得拘拉暴跳的！

拘挛 jū luan "拘"字发重音，"挛"字发短促轻音。①形容人突然受刺激而做出的应急反应即"激灵"。②身子一伸一弯曲。

【例句】①在睡梦中突然被叫醒，吓得她一拘挛。②大鲤鱼还没死，还一拘挛一拘挛地动呢！

居家女 jū jiā nǚ 未婚女性。多指年龄偏大而未婚的女性。

【例句】你用的是什么化妆品啊？四十多岁一点皱纹都没有，就像个居家女！

居家人 jūj iā rén 守在家里不外出的人。

【例句】咱居家人要想致富，就得靠科学种田！

局势 jú shi 格局，气派。多用于形容房屋。

【例句】房子盖得太小，不够局势。

局面 jú miàn 规模。

【例句】今年的运动会局面可不小，无论参赛人数和竞赛项目都是历届之最。

举架 jǔ jià 房屋的高度。

【例句】你这房子举架太矮了，感觉有些压抑！

锯割 jù ge "割"字发短促轻音。①像拉锯一样来回不停地拉。②用弓子拉弦儿。均有贬义。

【例句】①不信？我拿个木棍儿也能把你锯割死！②难听死了，可别再锯割了！

锯锯齿儿 jù ju cǐr 像锯齿儿样的尖齿。

【例句】窗帘边镶的是锯锯齿儿花！又如老来少花边就像锯锯齿儿！

锯齿狼牙 jù chǐ láng yá 形容物品外缘里出外进就像锯齿一样不整齐。

【例句】这墙角怎么砌的，锯齿狼牙的，不行！马上返工！

锯响就有沫儿 jù xiǎng jiù yǒu mòr 形容只要行动就有效益、有收获。一种形象的比喻。

【例句】别看一时没有效益，锯响就有沫，只要坚持下去，肯定会有回报的！

聚筋 jù jīn ①抽筋。②筋聚成疙瘩。③收缩，形容人懒惰。

【例句】①原来就有爱聚筋的病，可能是静脉曲张！②你看我这腿都聚筋了！这是什么病啊？③别提了，这人懒得都快聚筋了！

卷 juǎn ①卷面子，碰钉子。②训斥，辱骂。③用脚踢。④甩开，抛弃。

【例句】①事情没办成，还被人卷了面子。②上课时间去上网吧玩游戏，连说带骂叫爹妈这顿卷！③他回家你就给我狠狠卷！别留什么面子！④说好咱们一块儿去香港旅游，你们怎么偷着走把我卷了？

卷檐子 juǎn yán zi 事情没有成功反而被卷面子，碰钉子。含有贬义。

【例句】事情没办成，结果还被卷了檐子。又如怎么样，卷檐子了吧！这回傻了吧？

卷毛儿会 juǎn máor huì　与本不宜共同吃的食物一块儿吃。

【例句】管他什么菜呢，掺在一起来个卷毛儿会！

卷铺盖 juǎn pū gai 也称"卷铺盖卷"。引申为被辞退回家。讽刺性用语。

【例句】我要是不努力工作，不知啥时候就被老板卷铺盖了！又如想不想好好干？不想干趁早卷铺盖回家！

撅 juē ①秤高使重量流失。②弯腰撅腚。③用工具使物品移位。④用锹翻土。

【例句】①这车苞米连扣水带去杂质，被粮库给撅进好几百斤！②有事没事？没事一边儿撅着去！③把地里的谷子都撅到四轮车上去！④趁清早凉快，我把那块地撅出来！

撅腰瓦腚 juē yāo wǎ dìng 弯着腰撅着屁股的样子。

【例句】撅腰瓦腚干了一整年，连个本儿都没挣回来！

撅尾巴找香油 juē yǐ ba zhǎo xiāng yóu "尾"读yǐ。"香油"不是普通话"香油"，而是"好处，便宜"，形容到处占便宜的人。贬低性用语。

【例句】刘能就是个撅尾巴找香油的人，有这个便宜他能不占？

撅嘴笨腮 juē zuǐ bèn sāi 形容人说话笨拙、笨笨嗑嗑，不善表达。

【例句】你说话觉嘴笨腮的，别跟着瞎掺合！

噘嘴骡子卖个驴价钱 juē zuǐ luó zi mài ge lú jià qiān 原意为骡子比驴值钱，但骡子的嘴上噘而像驴，故卖价如驴。引申为因不会迎合奉承说话、不善表达而吃亏。诙谐性用语。

【例句】你这孩子，噘嘴骡子卖个驴价钱，怎么这么不会说话，吃亏都吃在嘴上了！

噘 juē 噘嘴，一种不高兴的表示。

【例句】哎呀，这小嘴儿噘得能拴住驴了，谁惹你不高兴了，爷爷揍他！

噘嘴绷腮 juē zuǐ bēng sā 也说"噘嘴囊腮"。形容人生气后噘嘴板脸、脸色难看的样子。讽刺性用语。

【例句】谁惹你了？看你这噘嘴绷腮的样子？

噘嘴囊腮 juē zuǐ nāng sāi 同“噘嘴绷腮”。

【例句】这是干什么？噘嘴囊腮的，有什么想不开的事儿？

噘嘴骡子 jūe zuǐ lúo zi 形容人生气后脸色难看、脸长如骡。含有贬义。

【例句】别整天就像个噘嘴骡子，好像谁欠你多少钱似的。

绝了 jué la ①极致，到顶。②没有或不留后路或退路。

【例句】①高师傅的转呼啦圈的本事真绝了，百十斤的呼啦圈也能转几十圈！②你可别把事情办绝了，要给自己留点儿后路！

绝户 jué hù 指无儿无女的人家。詈语。

【例句】你就做损吧，早晚得绝户！

绝户气 jué hù qì 无子女的孤寡老人。

【例句】老何家至今也没有一男半女，看来指定是个绝户气了。

绝根儿 jué gēnr ①断绝，彻底没有。②断子绝孙，没有后代。

【例句】①我给你整绝根儿了，让你永远不用惦念！又如自从使用农药药鱼后，大河里的鱼几乎绝根儿了。②我就这么一个儿子，求求你，你把它杀了，我可就绝根儿了！

绝活儿 jué huór 独一无二、与众不同的超人本事、技术、能力。

【例句】张大夫的绝活儿就是能治不孕不育症，远近闻名。

绝头 jué tou “头”字发短促轻音。形容人与他人不一般，举止或言行很特殊。

【例句】这人挺绝头，无论冬夏都戴着那顶破帽子。

绝毙 jué bì 也说“贼毙”。最好，极好，特别好。

【例句】《本山快乐营》"二人转"演员绝毙了，个个都有自己的绝活！

噘　jué　"噘"读 jué。骂人。

【例句】谁再拉我去耍钱，我噘他八辈祖宗！

撅　juě　"撅"读 jué。①用手掰、折。②损伤。③恋爱中的一方首先提出断绝恋爱关系。

【例句】①把干树枝子撅巴撅巴烧火！②手指头被撅了一下，真疼！③电视连续剧《乡村爱情故事》中秋歌断然撅了同王天来的恋爱关系。

撅面子　juě miàn zi　不给面子，使人丢面子。

【例句】给你下请帖了，你都不去，你这不太撅面子了吗？

撅巴　juě ba　"巴"字读短促轻音。双手将东西折断。常重叠使用。

【例句】他把手里的柴火撅巴撅把往炕洞里一推,气哼哼地走了！

蹶子　juě·zi　牲口后腿抬起向后踢，称"尥蹶子"。引申为比喻人发脾气、发火儿。

【例句】这小子脾气大，说不定什么时候就尥蹶子！

蹶子流星　juě zi liú xīng　形容人高兴得连蹦带跳的样子。

【例句】看你蹶子流星的样子，捡着金元宝了？

倔巴头　juè bā tóu　脾气倔强，性情耿直，说话粗鲁。含有贬义。

【例句】那老爷子是个倔巴头，谁也劝不动！

蹶达　juè da　"达"字发短促轻音。①走路时身子一耸一耸的姿态。②身体猛然扭动。③摆动，悠荡。④因生气甩袖而走。常重叠使用。

【例句】①我走的很快，他在后边蹾达蹾达紧跟着。②他身子一蹾达，把脸儿扭了过去。③她梳了个蹾达小辫儿！④我怎么劝也没劝住，她一蹾达就走了！

均背 jūn bēi　平均。

【例句】除去平时消耗，你看我们均背每人能分多少？

均勾 jūn gōu　平均计算。

【例句】今年是个丰收年，苞米亩产均勾最少也得2000斤！

俊气 jùn qi　漂亮，帅气，长得好看。

【例句】这小伙儿长得多俊气，有模有样！

K

咔嚓 kā cha　"咔"字发重音，"嚓"字发短促轻音。①用刃器刮削。②搜刮，索要。③赢光。

【例句】①去把那锄把儿咔嚓一下！②有新衣服你就赶紧穿，要不然又让二小子咔嚓去了！③今天的手风真顺，把那三个小子咔嚓得精光！

咔哧 kā chi "咔"字发重音，"哧"字 发短促轻音。①比喻搜刮、索要钱物等。含有贬义。②除掉，整治。③象声词，物品撕裂发出的声音。

【例句】①昨天你儿子来了？又咔哧点儿啥东西？②就你这身臭毛病，我非给你咔哧掉不可！③不小心，崭新的裤子"咔哧"就刮开了一道口子。

咔咔的 kā kā de ①形容人办事儿果断，雷厉风行。②形容人特别整齐、利索，特别有自信。③象声词，非常、有力度。

【例句】①新官上任三把火，新公安局长上任后，把平时为害乡里、为非作歹的一批黑社会分子咔咔的都拿掉了！②电视连续剧《乡村爱情故事》中刘大脑袋说：我老自信了，咔咔的指挥他们，感觉自己就是老大！③《星光大道》主持人老毕台词：我咔咔的就把他拿掉！

卡 kǎ ①摔倒，跌倒。②盖章，用印。③勒索，刁难。④夹在中间，堵塞。⑤压，戴。⑥阻挡。⑦嵌住。⑧限制。⑨箍紧。

【例句】①卡倒了再爬起来。②去工商局卡个章儿！③该办不给办，就是想卡油水！④嗓子叫鱼刺卡住了！又如现代麻将术语，只和"卡"即3张副牌的中间一张。⑤鼻梁上卡副黑墨镜。⑥款已拨下来了，却叫会计科长给卡住了！⑦一块砖恰恰卡在烟筒口上！⑧尺寸卡准了，即不能大也不能小！⑨帽子有点小，卡脑袋！

卡巴 kǎ ba "巴"字发轻音。眨巴眼。

【例句】干着急卡巴眼，一句话也说不出来。

卡壳 kǎ ké 也说"卡〔qiǎ〕壳"。①中断。②刁难。

【例句】①几句话说得吴大舌头卡了壳，一时竟无言以对。②事情开始还挺顺利，谁知后来卡了壳，到会计这一关没过去！

卡裆 kǎ dāng 关键时刻，关键地点、部位。

【例句】早不来晚不来，偏偏在这个卡裆来！又如老支书是个卡裆，你去做做他的工作准成！

卡倒 kǎ dǎo 摔倒。

【例句】慢点儿跑，别卡倒了！又如在哪里卡倒，就在哪里爬起来！

卡跟头 kǎ gēn tou 向前摔倒。

【例句】电视剧《关中大先生》中，赵春安被跤王摔得连卡了几个跟头。

卡个子 kǎ gè zi 摔倒，滑倒。

【例句】冰面儿太滑，不小心一下子卡了个个子！

卡前失 kǎ qián shi 朝前摔倒，其他方式摔倒不叫"卡前失"。

【例句】不小心一个卡前失，摔得鼻青脸肿！

卡油 kǎ yóu 揩油，勒索。

【例句】在公路卜设卡子，纯粹是为了卡油！

卡脖子 kǎ bó zi 也说"卡（qiǎ）脖子""勒大脖子"。勒索，卡油水，刁难人。

【例句】几个到处卡脖子、索要保护费的黑社会分子终于被警察给拘留了，受到应有的处罚！

卡巴裆 kǎ ba dāng 胯下，裆处。

【例句】你要是从我卡巴裆钻过去，我就饶了你！

卡巴眼 kǎ ba yǎn ①形容人因生气而干瞪眼无话可说。②用挤眼、眨眼来暗示。

【例句】①吴俊升气得直卡巴眼，一时说不出话来。②他一卡巴眼，我就明白了，立即打住话头。

开 kāi ①用语言支走。②打破。③超过。

【例句】①咱俩商量个事儿，你把他先开走！②他把我的头开了个口子！③把前边那辆车开过去！

开付 kāi fu 支付，报销。

【例句】每个工每天 50 元，全部由我开付！又如今年低保都是村里开付的。

开面儿 kāi miànr 给面子。

【例句】人家真开面儿，一说就成！

开壳儿 kāi kér ①击碎脑袋。②开战。

【例句】①一枪就把罪犯的脑袋开壳儿了！②没等开壳儿，他就吓得尿裤子了！

开瓢儿 kāi piáor 脑袋被打碎。

【例句】电视剧《我的兄弟叫顺溜》中，八路军战士顺溜瞄了瞄准，一枪就把日军华东司令官的脑袋打开了瓢儿！

开当铺 kāi dàng pù 严重腹泄、拉肚子。讽刺性用语。

【例句】不小心吃了两个瓜，结果开起了当铺，拉肚子不止！

开光 kāi guāng 原指为死人洗面，引申为打得满脸开花，常借以讽刺不顾脸面的人。

【例句】你再不改掉那一身臭毛病，非叫人给开光不可！

开脸　kāi liǎn　东北地区旧习俗，姑娘出嫁前要绞脸，称为"开脸"，标志从此已成为媳妇。这种旧习俗今已不多见。

【例句】花轿就要到了，赶快给姑娘开脸，准备上轿！

开化　kāi huà　①江河、大地解冻。②思想解放，追赶时尚。

【例句】①今年春天来得真早，这么快就开化了！②你们家可真够开化的，说不要彩礼就不要彩礼了！

开锅儿　kāi guōr　形容人非常多、议论纷纷、乱哄哄一片的样子。

【例句】一听土地被村长卖给了承包商，一时村民们开锅儿了，纷纷到村部讨个说法！

开怀儿　kāi huáir　怀孕，肚子隆起。

【例句】秀儿结婚好几年了，至今也没见开怀儿！

开裤儿　kāi kùr　①肉离骨。②工具把儿坏了。

【例句】①这鸡顿得稀烂，都开裤了。　②镰刀把儿开裤了，快修一修。

开销　kāi xiāo　支出。

【例句】一个月挣的钱还不够吃喝住开销的，没什么帐算！

开斋　kāi zhāi　本意为破除斋戒，引申为改善生活，吃好吃的。

【例句】咱们今天去涮羊肉，开开斋！

开支　kāi zhī　发工资。

【例句】老赵，明天开支，别忘了去领工资！

开哨 kāi shào "哨"即开始吹牛说大话，信口胡说。

【例句】你听！赵铁嘴在那里又开哨了！

开事儿 kāi shìr 对事理或行情有认识。

【例句】你这人怎么这么不开事儿？见好就收呗！

开园 kāi yuán 瓜园里的瓜成熟后开始摘瓜、卖瓜。与之对应的是"罢园"。

【例句】等我的瓜园开园后，到瓜地尝瓜去！

开板儿 kāi bǎnr ①开张营业，多指商业店铺。②开门见山、直截了当地说。

【例句】①去看看大脚超市开板儿没！开板儿了给我买盒烟！②刚一进门儿，开板儿就说："看电视了没有？金日成死了！"

开眼儿 kāi yǎnr 增长见识，扩大视野。

【例句】我专程去北京看北京奥运会，这回可开眼儿了！

开壶 kāi hú 也写作"开和〔hú〕"。一天当中成交第一把买卖。

【例句】黄老板，今天买卖怎么样啊？嗨，别提了！到现在还没开壶呢！

开腔 kāi qiāng 开口说话。

【例句】我说，你怎么一直没开腔，到底打的什么主意？

开席 kai xí 宴会开始，开始就餐。

【例句】这都几点了，怎么还不开席啊？

开晴　kāi qíng　天气由阴转晴。

【例句】这天总算开晴了，赶快晒晒被吧！

开玩儿　kāi wánr　形容使用小伎俩、小权术。

【例句】既然你们不客气，我也就开玩儿了！

揩腚　kāi dìng　也叫"擦屁股"，即为他人收拾残局。

【例句】你是上派干部，揩揩腚走人了，我们怎么办？又如你留下的烂摊子，还得我给你揩腚！

看　kān　①"看"字读kān，下同。"看"字拖长音。叹词，表示埋怨。②照看。

【例句】①看！闯祸了吧？看！没章程了吧？②我去方便一下，请帮我看看摊儿 ！

看锅　kān guō　做饭。

【例句】她身子骨弱，留下她在家看锅吧！

看堆儿　kān duīr　守摊，看守物品。

【例句】我出去办点事儿，你替我看堆儿！

看青　kān qīng　在庄稼地里看护即将成熟的庄稼。包括看护瓜类、豆类等农作物。

【例句】瓜快成熟了，你去搭个棚子看青去吧！

看门料户　kān mén liào hù　也说"看门望户"。在家看护家院。

【例句】我们去打工，你年龄大了，就在家看门料户吧！

坎儿　kǎnr　突出"儿"音。①难以逾越的难关。②老年人的危险期。

【例句】①生活艰难，步步是坎儿！②七十三、八十四，这是老人的两道坎儿！

侃 kǎn ①明说，不客气地说。②非常能说，略近于"白唬"。讽刺性用语。

【例句】①我就明侃吧，你这事儿无论如何也办不成！②那小子可真能侃，死人都能让他说活了！

侃快 kǎn kuai "快"字发短促轻音。①形容人的性格直爽，说话办事儿直来直去。②形容人办事儿爽快、利索。

【例句】①这人办事儿真侃快，和我真对撇子！②一看就是个侃快人儿，真是把沙楞手！

砍的没有旋的圆 kǎn de méi yǒu xuàn de yuàn 形容编瞎话编不圆使人不能相信、不能信服。诙谐性用语。

【例句】你就编吧，砍的没有旋的圆，你怎么编我们也不相信！

看 kàn "看"读kàn，下同。①叹词"是吧！""对吧！"②语气助词"一起来"。③表示警告。

【例句】①看！人家果然挑理了吧？看！人家不高兴了吧？②要是再不开支，咱们就泡起来看！③看我怎么收拾你！看我不告诉老师！

看好 kàn hǎo ①刚巧，碰巧。②静等成功。

【例句】①我去串门儿，看好主人不在家。②这事儿交给我，你就放心看好吧！

看相 kàn xiang "相"字发短促轻音。长相。

【例句】这小姑娘看相挺好，不知人品怎么样？

看对象 kàn duì xiàng 相对象，相亲。

【例句】你都这么大了，还用娘给你看对象啊？你自己做主吧！

看人家 kàn rén jiā 东北地区旧习俗，男女双方亲事基本确定之后，男方到女方家察看女方姑娘长相、容貌、生辰八字以及家庭状况。如双方满意，则男方即给女方送去彩礼并举行订婚仪式。

【例句】当家的（指丈夫），什么时候去看人家，把婚事定下来！

看走眼 kàn zǒu yǎn 识人或识物出现失误。

【例句】文物专家也有看走眼的时候，何况我们老百姓！

看着办 kàn zhe bàn 无法同他人商量，而是根据实际情况独立斟酌行事。

【例句】反正我说完了，行还是不行，你看着办吧！

看不出火候 kàn būchūhuǒ hóu 把握不住时机，看不出什么时候该做什么、不该做什么。

【例句】你真看不出火候，老妈正在气头上，你偏这个时候去添堵！

看不下眼儿 kàn bú xià yǎnr 不能忍受，没办法再看下去。

【例句】行人被汽车撞倒了，见义勇为者被当做肇事者，真叫人看不下眼儿！

看得下去眼儿 kàn dě xià qù yǐnr 能够容忍，熟视无睹。与"看不下去眼儿"相反。

【例句】老人流浪街头，几个儿女都不管，你们也能看得下去眼儿？

看人下菜碟儿 kàn rén xià cài diér　因人而异，不能一视同仁，根据不同地位的人给予不同的待遇或看法。讽刺性用语。

【例句】你这人怎么看人下菜碟儿，我怎么就不能出国旅游了？

看人下笊篱 kàn rén xià zhào li　同"看人下菜碟儿"。

【例句】你能出国旅游，我怎么就不能？你这不是看人小笊篱吗？

看不出眉眼儿高低 kàn bù chū méi yǎnr gāo dī　形容看不出火候，看不出其中的利害而莽撞行为或说话。含有贬义。

【例句】老总想提拔小姨子当副总，你却横扒拉竖挡，你这个人怎么看不出眉眼儿高低呢？

糠 kāng　低劣，差，品质不好。常用否定语即"不糠"。

【例句】要说这小伙子，无论长相、人品、文凭、家境，哪项都不糠！

糠货 kāng huò　软弱无能的人。詈语。

【例句】你就是个糠货，让你去当副总你也不敢当！

糠饽饽 kāng bō bo　毫无能力、毫无本领的窝囊废。讽刺性用语。

【例句】别看我个子长得矮，但我也不是糠饽饽，不信试试！

糠了吧唧 kāng la bā jī　①形容食品水分不足而不脆、不爽口。②同"糠货"。

【例句】①大萝卜糠了吧唧的，不好吃了！②那人糠了吧唧的，你还能指望他啊！

扛 káng　①用肩撞。②量词。③承担。

【例句】①他扛了我一膀子。②割了一扛柴禾。③不用怕，天大的事儿由我一人扛着！

抗 káng　不禁。

【例句】这日子真不抗混，不知不觉我们都老了！

抗不住 káng bū zhù　支撑不住，忍受不了。

【例句】什么样的家，也扛不住你这么抽（抽大烟）啊！又如赶快帮帮我，我一个人实在扛不住了！

抗风 káng fēng　可以抵御风寒即强烈的寒风。多指衣服类。

【例句】羽绒服多抗风啊，还是买件儿羽绒服吧！

抗杠儿 káng gàngr　替他人承担责任。

【例句】他犯罪叫我去抗杠儿，这事儿我可不干！

抗造 káng zào　也说"抗劲儿"。指物，也指人。①结实，耐用。②耐得住，禁得住。

【例句】①要说抗造，还是大头鞋抗造，又暖和又禁磨！②你怎么这么不抗造，小小感冒也能把你拖垮？又如你的身体可真抗造，这么重的病也没把你拖垮！

抗住 káng zhù　也说"抗得住"。顶得住，承担得了。

【例句】这事儿你可千万要抗住，打死也不能说！

抗劲儿 káng jìnr　有耐力，有韧劲儿。指人，也指物。

【例句】八路军小战士可真扛劲儿，这么重的伤也没吭一声。又如吃粘豆包比吃大饼子扛劲儿多了！

抗老 káng lǎo 形容人比实际年龄要年轻许多。

【例句】老大妈，您可真抗老，七十多岁了还挺年轻！

抗造 káng zào ①形容物品非常结实，不容易损坏。②形容人身体结实，屡经风雨、磨难也不容易得病。

【例句】①这大立柜可真抗造，多少年了还一点儿没坏！②你这身体可真抗造，大冬天游泳也不得病！

炕上坐 kàng shàng zuò 东北地区习俗，让客人炕上坐即请客人坐在热炕上，是极热情的表示。

【例句】他二姑来了？快，炕上坐！

炕头儿 kàng tóur 火炕靠近炉子或灶口的一侧，炕温较高。与之对应的是"炕稍"，炕温较低。

【例句】大叔，冻坏了吧，炕头儿坐，快暖和 nǎn hūo 暖和！

炕梢儿 kàng shāor 火炕距炉子或灶口较远一侧，炕温较低。

【例句】来！他婶子，坐炕稍儿，炕头儿太热！

炕干儿 kàng gānr 不用锅或太阳晒而是用热炕烘干的食品。

【例句】这瓜籽是炕干的吧？一点都不香！

炕脚儿底儿 kàng jiaor dǐr 火炕与窗户台的结合部位。东北人睡觉一般头朝外脚向里，因此脚下部分称为"炕脚儿底儿"。

【例句】烟笸箩就在炕脚儿底儿，你自己拿吧！

　　炕角骨 kàng jiǎo gu　"骨"字发短促轻音。炕面与炕柜、柜子一类接触或交叉的部分。

【例句】烟笸箩我就放在炕角骨那疙瘩了，你找一找看还在不在？

　　炕巴子 kàng bā zi　瘫在炕上的病人。

【例句】我这类风湿病犯了一年多了，每天瘫在炕上，已经成炕巴子了！

　　炕头汉子 kàng tóu hàn zi　指没有真实本领而只能在家逞威风的人。含有贬义。

【例句】你也就是个炕头汉子，跟我耍威风，有能耐你去找村长说理去！

　　炕上炕下 kàng sàng kàng xià　泛指家里家外的各种活计。

【例句】咱们这个家炕上炕下还不都指着我，一年到头你才回来几天？

　　抗上 kàng shàng　习惯于不尊重领导、不听领导的话甚至顶撞领导、与领导唱反调的人。

【例句】那人就喜欢抗上，要不然早就提拔了！

　　考教 kǎo jiào　有讲究，有说道，有不成文的潜规则。

【例句】种甜菜可有考教，不能种子直播，必须纸筒育苗才能丰产！

　　靠 kào　①彻底。②习惯。③摽劲儿。

【例句】①水喝足，烟也要抽靠。②过去我不爱吃羊肉，如今还真吃靠了？③这么长时间了，我可真靠不起了！

熇 kào ①将肥猪肉熬成猪油，这一熬油过程东北话称为"熇"，这种油俗称"荤油"，主要食用，东北名菜"猪肉炖酸菜"主要使用"荤油"。②消耗身体。

【例句】①把肥肉切成碎块儿，准备熇油！②一个多月不见荤腥，身体熇的够戗吧！

熇劳 kào lao "熇"字发重音，"劳"字发短促轻音。不同于普通话里的"犒劳"，而是"因过度劳累而消耗身体"之意。

【例句】我住院这段时间，把你熇劳得够呛吧？

靠盘儿 kào pánr 坚守岗位，忠于职守，遵守规矩，令人信得过。

【例句】仓库保管员一定要选个靠盘儿的人，小心没大错！

靠楞 kào leng "靠"字发重音，"楞"字发短促轻音。形容人瘦得皮包骨头。

【例句】我这场大病，把你熬得靠楞了，真是过意不去！

靠墙 kào qiáng ①比喻像墙一样光光溜溜、干干净净。多用于手中拮据、没钱。讽刺性用语。②靠边，失去作用。

【例句】①这场麻将输靠墙了，身上带的俩钱输个精光！②俗话说，新媳妇上床，媒人靠墙！

靠色儿 kào shǎir 两种颜色十分接近。

【例句】这衣服的底色和花色太相近，真有点靠色儿了！

靠实 kào shi "实"发短促轻音。可靠，可信任。

【例句】那两口子都是靠实人，就把孩子暂时托付给他们吧！

靠边儿 kào biānr　"边儿"突出"儿"音并拉长音。①接近边缘。②因故失宠，被降职或撤职。

【例句】①喂，哥们！请靠靠边儿，给我腾个地方！②他呀，去年冬天就靠边儿了！又如"文化大革命"那旮儿时候，老干部都靠边儿了。

靠头儿 kào tour　"靠"字发重音，"头儿"发短促轻音并突出"儿"音。依靠，依赖。

【例句】他哥一失势，他一下子就没有靠头儿了。又如本指望他能有什么靠头儿，他一调走，全都完蛋了！

靠谱 kào pǔ　办事儿成熟老练，有把握，令人放心。反之是"不靠谱"。

【例句】赵本山、宋丹丹演出的电视小品小品《策划》中台词：地方台（电视台）好，别搁小崔那儿播，不靠谱！

嗑儿 kēr　说话，唠嗑儿。

【例句】你把那套损嗑儿收起来。又如有嗑儿你就唠，有话你就说，别吞吞吐吐的！再如这人的嗑儿真多，烦不烦人啊？

砢碜 kē chen　用途非常广泛词语之一。"磕"字发重音，"碜"字发短促轻音。①形容人的长相非常丑陋、难看。②害羞，害臊。③羞辱，羞耻，丢人。④羞辱他人，使人感到失去体面。

【例句】①这人长得太砢碜了，你怎么看上他了？又如现在的歌星真是越砢碜越出彩儿，你说怪不怪？②一个姑娘家家的到处出头露面，真不知砢碜。③无论如何，你也不该当众砢碜我！④你让我去当众给人道歉，这不是磕碜人吗！

砢了巴碜 kē la bā chēn 语气加重。①同砢碜。①②丢人现眼。贬低性用语。

【例句】①就你这砢了巴碜的样子，也要去《星光大道》演出？②就咱们那点儿武把操本领，可别砢了巴碜的丢人现眼了！

磕打 kē da ①敲打，提醒。②磨练。③较硬的物品相互撞击。

【例句】①有话明说，别净用话磕打人！②到农村去磕打几年，在基层锻炼一下有好处！③吃饭不许磕打饭勺子！

磕磕碰碰 kē kē pèng pèng ①人与人间发生轻微矛盾或冲突。②物品与物品之间相互碰撞。

【例句】①人与人在一起，难免磕磕碰碰，请您别介意！②这么多的碗，都包装好，别磕磕碰碰的碰坏了！

磕达牙 kē da yá 也说"嘎达牙"。闲来无事时闲说话、闲唠嗑。

【例句】他俩在酒馆里喝酒呢！还能干啥，没事儿俩儿人闲磕达牙呗！

嗑巴 kē ba ①口吃。②不流利地说或读。③重说一遍。含有贬义。

【例句】①也没有外人，说话你嗑巴什么？②这么简单的广告词儿你都嗑巴不下来？又如他的脸都吓白了，磕磕巴巴地说："……"③你再磕巴一遍，我怎么就不信那个邪！

嗑儿喽 kēr lou "嗑儿"突出"儿"音。哮喘，不停地咳嗽。

【例句】我这是老毛病了，一到冬天就嗑儿喽！

克 ké 批评。

【例句】这要让领导知道，非克你一顿不可！

搁 ké ①限制，刁难。②卡住。③扣上。

【例句】①这事儿跟我一点儿关系都没有，怎么单单搁住我了？②绞肉机不转了，原来叫砂子搁住了！③快把裤腰带搁上！

可 kě ①到处，遍地。②尽着，可着。③用在对话中，表示可能、肯定。

【例句】①商品展销会上，可街都是外国客商。②这几样东西可你挑！好吃的可你吃！③听说你出国了？可不！

可得 kě děi "得"读 děi。①一定要。②哪能，不可能。

【例句】①电视上播出了提高低保待遇的通知，可得好好听听！②不让他抽烟，不让他喝酒，他可得听啊！

可下 kě xia 终于，如愿以偿。

【例句】这么多年农业税可下免了，别提心里多高兴了！

可下子 kě xià zi 终于。

【例句】你可下子回来了，大家等你好几天了！又如可下子找到你了，爹妈都急坏了！

可哪儿 kě nǎr 到处，四处。

【例句】孩子走丢了，可哪儿也找不到！

可心儿 kě xīnr 称心，非常理想。

【例句】想生儿子就生了个儿子，真可心儿！

可钉可卯 kě dīng kě mǎo 正正好好，一点不差。

【例句】这双新鞋买得可钉可卯，穿着正合脚！

可不是咋的 kě bù shì zǎ di 应答语，表示肯定、同意。

【例句】可不是咋的，今天天气太冷了！

可劲儿 kě jìnr 用力，尽力。

【例句】北京奥运会上，刘翔夺得110米栏冠军，观众可劲儿鼓掌欢呼！

可劲儿造 kě jìnr zào 放开手脚，尽情享受，不受约束。

【例句】你说这酸菜炖得好吃？好吃你就可劲儿造吧！又如为大家准备好了白酒、啤酒、色酒，大家可劲儿造！

可身儿 kě shēnr ①穿着合体，正合适。②浑身。

【例句】①这件衣服你穿着正可身儿，好像给你定做的一样！②这场大雨，没带伞，可身儿都湿透了！

可把儿 kě bǎr 东西装满一只手为一把，即满满一把。

【例句】这瓜籽挺好吃，你可把儿抓，拿去嗑吧！

可了不傻 kě liǎo bù shǎ "了"读liǎo。语气助词，表示赞叹。

【例句】可了不傻，你什么时候到坦桑尼亚修铁路去了？

可惜了 kě xī liǎo "了"读liǎo并拉长音。感叹性用语。非常可惜，非常惋惜。

【例句】这么好的一个孩子，说没就没了，真可惜了的！又如这么多的饭菜都扔了，真可惜了了！

　　可咋整 kě zǎ zhěng 感叹语，可怎么办。

　　【例句】到现在他爹还没到家，你说可咋整啊？

　　可怜巴嚓 kě lián bā chā 形容非常令人可怜、同情。

　　【例句】你瞧孩子哭得可怜巴嚓的，就给她买个4G手机吧！

　　可怜不识见儿 kě lián bú shí jiànr "见儿"拉长音并突出"儿"音。感叹性用语。非常可怜，值得同情。

　　【例句】看她哭得可怜不识见的，他的心一下子软了下来。又如老宋看到这条病猫可怜不识见儿的，连忙抱着它走进了宠物医院。

　　苛痨 kè lao "苛"字发重音，"痨"字发短促轻音。①营养不足使身体衰弱。②约束，管教。

　　【例句】①知识青年上山下乡插队落户那旮儿，农村贫困，可把孩子们苛痨坏了！②把孩子送幼儿园，叫阿姨苛痨苛痨有好处！

　　嗑 kè ①用嘴咬。②磨。

　　【例句】①妇女做针线活儿时，常用嘴嗑线。②小心点！绳子快嗑断了！

　　嗑杈 kè chà ①树、花等植物从枝节处长出新枝。②节外生枝，旁生枝节。③派生出来而不是原生。

　　【例句】①黄瓜秧栽上不久，缓了几天秧就嗑杈了。②说得好好的，谁知半路杀出个程咬金，事情嗑杈了，老黄从中插了一杠子，把事情搅黄了！③咱们虽然是本家，但你们老孙家是我们老孙家嗑的杈。

　　剋蚩 kēi chi　"蚩"字发短促轻音。缓慢又琐碎地反复一个动作。

　　【**例句**】这么一篇作文，剋蚩一整天了，还没写完？

　　剋 kēi　①批评，申斥。②用指甲慢慢地抠、刮。

　　【**例句**】你逃学去网吧，老师知道了还不剋你？②口香糖粘裤子上了，剋也剋不下来！

　　啃 kěn　①磨平。②碾平。③解决。④亲吻。

　　【**例句**】①鞋磨脚，这脚后跟都让鞋给啃平了！②四轮车把地头都啃平了！③这个难题怕是一时啃不下来。④看你们俩啃个没完！也不知背个人！

　　啃青 kěn qīng　①庄稼尚未完全成熟就收下来吃。②牛、马、羊等牲畜啃吃刚刚发芽的青草。

　　【**例句**】①过几天青苞米下来了，到我家啃青去！②春天牲口能啃青了，羊就肥了！

　　掯 kèn　①掌握。②抓，按。③量词，用一只手能抓住。

　　【**例句**】①生杀大权在我手里掯着，你小子还能怎么样？②那小子拦路抢劫让警察给掯起来了。③他手里掯着一大沓子钱来到牲畜交易市场！

　　掯劲儿 kènjìnr　关键时候。

　　【**例句**】一到掯劲儿，他就没章程了！又如刘能说：老四啊，我才看透你，这人到掯劲时候才见真心！

　　掯在手里 kèn zài shǒu li　牢牢地握在手里不放。

　　【**例句**】你把低保费掯在手里不发，到底是什么意思？

啃 kèn 吃，呛。

【例句】一盆杀猪菜几乎叫我一个人啃光了！真解馋！

坑儿 kēngr 窝儿，地方。

【例句】不给我说明白，我就不离这个坑儿！

坑坑巴巴 kēng kēng bā bā 高低不平，不光滑，不平滑。

【例句】这条路坑坑巴巴，很不好走！这土豆表面坑坑巴巴的，肯定不好吃！

坑坑包包 kēng kēng bāo bāo 同"坑坑巴巴"。

【例句】这条路坑坑包包的，该好好修一修了！

坑人 kēng rén 使用手段使对方上当受骗或遭受损失。

【例句】商家卖假药，这不是活坑人吗？又如俗话说，麻子不叫麻子，这不是坑人吗？

吭吃 kēng chi "吃"字发短促轻音。说话拙嘴笨腮，欲说又止，意思表达不明确。

【例句】吭吃了半天也没说明白，你到底想干什么？

吭吭哧哧 kēng kēng chī chī 同"吭哧"。

【例句】王长贵的风流韵事传遍了全村，王长贵同谢大脚吭吭哧哧怎么也说不明白。

坑稀了 kēng xī la 严重上当受骗、被坑。

【例句】你可把我坑稀了，稀里糊涂参加了传销，几万元钱都打水漂了，那有什么一夜暴富啊！

吭吃瘪肚 kēng chī biě dù ①形容人说话不流利，不连贯，吞吞吐吐。②形容非常困难、非常吃力的样子。贬低性用语。

【例句】①吭吃瘪肚说了这么半天，最终也没说明白！②吭吃瘪肚坚持了这么长时间，到底也没挣着钱，我看黄了算了！

吭叽 kēng ji　"叽"字发短促轻音。哀求，恳求。

【例句】孩子吭叽了这么长时间，就是要买个变形金刚玩具！

空膛儿 kōng tǎngr　空心，未被利用的空间。

【例句】大西瓜熟过劲了，里边都空膛儿了。

空手拉脚 kōng shǒu lā jiǎo　形容手中没拿礼物或物品。

【例句】空手拉脚的，怎么去人家串门！

空荡荡 kōng dàng dàng　①肚里缺食不舒服。②缺乏内容。

【例句】①一天没吃饭了，肚子里空荡荡的真难受！②这么大的房子没有几件大家具，显得空荡荡的！

空心棉袄 kōng xīn mián nǎo　"袄"读 nǎo。外衣里边不穿背心衬衣只穿棉袄。

【例句】天太冷，里边穿件衬衣，别光穿空心棉袄。

空落落 kòng lào lào　"落"读 lào 并连起来拉长音读。引申为心中没底，空荡荡的，心中不安，即悬挂、惦念之意。

【例句】孩子他爹外出打工快一年了也没个信儿，我这心里空落落的，真让人不放心！

空头 kòng tóu　①空额，空饷。②象棋语"空头炮"。

【例句】①过去带兵的谁不吃空头！②象棋语："空头炮，把马跳"。他的空头炮险些把我将死。

空口白牙 kōng kǒu bái yá 说话没有任何根据、证据，而是随便说说。

【例句】你空口白牙地说说就行了吗，你有证据吗？

空手拉爪儿 kōng kǒu lā zhuǎr 两手空空。

【例句】你就这么空手拉爪儿地去看病人，你好意思啊？

空得唠的 kòng de lāo de "空"读kòng。①心中没底、无数、没着没落。②没主意，没办法。

【例句】①孩子上大学走后，我这心里空得唠的。②儿子因吸毒被抓走了，急得我整天空得唠的，一点儿办法也没有。

控干 kòng gān 将水分分离、淋出。

【例句】把芹菜控干点儿，要不然馅子太稀不好包饺子！

控水 kòng shuǐ 利用手段或办法将水分离。

【例句】把被单子控控水，很快就干了！

抠 kōu ①形容人非常小气，吝啬。②用手指紧紧地去扒。③刨根问底。④排挤，剔除。⑤打扑克术语。

【例句】①刘能可真够抠的，一分钱能攥出水儿来！②用点儿力气，把石头都抠干净！③这事儿我非抠明白不可，绝不能稀里糊涂就这么过去！④这次旅游想把我抠出去，没门！⑤他打扑克可不行，总挨抠！

抠门儿 kōu ménr 同"抠"①。语气加重。

【例句】你怎么这么抠门儿，孩子考上大学也啥不得多花一分钱！

　　抠抠唧唧 kōu kōu jī jī　也称"抠抠嗖嗖"。同"抠"①。语气加重。贬低性用语。

　　【例句】你想求人办事，就不能抠抠唧唧的，怎么也得出手大方些！

　　抠抠嗖嗖 kōu kōu sōu sōu　同"抠"①。语气加重。贬低性用语。

　　【例句】像你这么抠抠嗖嗖的，什么事也办不成！

　　抠了吧唧 kōu la bā jī　同"抠"①，语气加重。

　　【例句】要想办事儿，还抠了吧唧的舍不得花钱，那能办成吗？

　　抠死铆儿 kōu sǐ mǎor　也说"凿死卯"。形容人办事不灵活，不善变通，认死理，过分较真儿。贬低性用语。

　　【例句】你怎么这么抠死铆呢，换个方法试试不行吗？这人办事儿就爱凿死卯，没有一点灵活性！

　　抠扯 kōu che　"扯"字发短促轻音。慢慢地摆弄、鼓捣。

　　【例句】这么半天了，你在那儿不声不响地抠扯什么呢？

　　抠底儿 kōu dǐr　打扑克术语。双方出牌至最后，一方最后一张牌胜于另一方最后一张牌即为抠底儿，最后出牌方失败。

　　【例句】他剩下"Q"，我是个小王，让我给抠底了。

　　抠根儿 kōu gěnr　刨根问底儿。

　　【例句】你又何必这么抠根儿呢，差不多就行了呗！

　　眍瞜眼儿 kōu lou yǎnr　也说"眍瞜"。眼窝塌陷，多为因病或过度劳累所致。

【例句】一场大病，人瘦得眼都眍䁖眼儿了。又如连续熬了几宿，眼都熬眍䁖了。

抠 kóu　"抠"读 kóu。①形容人非常小气、吝啬。②厉害的女人。

【例句】①每一滴水、每一度电都算计，真够抠的！②那小丫头才抠呢，一点儿不让人！

口儿 kǒur ①能唱几句戏曲或歌曲。②少量喝酒。诙谐性用语。

【例句】①嘿！想不到，你还真能唱两口儿！②走，到我家，咱俩儿喝两口！

口脏 kǒu zāng 说话中带有脏话或话中有骂人话。

【例句】说话就说话，别太口脏！

口头福 kǒu tóu fǔ 也说"口福"。"福"读 fǔ。在吃喝方面享有福气，有好吃的总能赶上。

【例句】老了老了，没想到还这么有口头福，儿子旅游回来还给我带回了根本没见过的鲍鱼。

口紧儿 kǒur jǐnr 即"嘴严"，不该透露的信息一点儿也不透露。

【例句】这姑娘可真口紧儿，这么问也不说出孩子她爹到底是谁！

口重 kǒu zhòng 喜欢吃偏咸的食物。相反的是"口轻"。

【例句】我知道你口重，特意嘱咐师傅在菜里加点儿盐。

口轻 kǒu qīng 吃菜偏于口味淡些。

【例句】师傅，我口轻，菜别炒咸了！

口壮 kǒu zhuàng 形容人胃口好，吃东西不挑捡，吃什么都香。

【例句】这孩子真口壮，给什么吃什么，不挑不拣！

口头语儿 kǒu tóu yǔr 即"口头禅"。经常在说话中习惯性带出来的词语。

【例句】"必须的"，这是刘大脑袋常说的一句口头语儿。

口挪肚攒 kǒu nuó dù zǎn 靠勤俭节约、省吃俭用节省、积攒下来。含有贬义。

【例句】他这一辈子，省吃俭用，口挪肚攒，总算供两个孩子读完了大学！

口缝没欠 kǒu fèng méi qiàn ①一点儿信息、消息没有透露。②没有答应，没有吐口。

【例句】①到底在哪个工地打工，打听了好多人，口缝没欠，一点儿消息也没打听出来。②我想听听女方家的意见，但人家口缝没欠，就是不答应。

口头儿会气儿 kǒu tóur huì qìr 也说"嘴头儿会气儿"。只凭语言而没有任何文字或其他证据或凭证来决定某事。

【例句】你说的这些都是口头儿会气儿，没有真凭实据，打官司铁输没赢！

口头儿会齐 kǒu tóur huì qí ①统一口径，说法一致。②只停留在口头而不付诸实施。

【例句】①今天咱们看人妖表演，咱们可口头儿会齐，谁也不许回家和媳妇说！②电视小品《相亲》中徐老蔫说：

"开放搞活，就别口头儿会齐，实打实着，就得干点儿真事儿！"

扣　kòu　①毛估出肉率的折扣。②绳的一圈、拉链的每一齿儿、腰带的每一眼儿、螺纹的每一圈叫一扣。③翻地。④制作。

【例句】①这头牛肉膘好，三七开能扣住！这口猪又肥又大，出肉率能扣住！②绳子再紧几扣，别松了！③今天拖拉机共扣了5犁！④今年扣了两栋大棚，还不知收入如何。

扣梃　kòu tìng　现代麻将术语。麻将上梃后将手中牌扣下，只能和（hú）"卡儿"即三张连张牌中间一张，只抓牌不入手，直到别人打和或自摸。

【例句】上梃了，扣梃！

扣头儿　kòu tóur　①两头儿相碰。②时间一个周期。

【例句】①零线火线不能扣头儿，一扣头就短路了！②老公外出打工一年都扣头了，至今也没消息。

扣斗子　kòu dòu zi　车、船等运输工具或其他容器翻过来底朝上。

【例句】拖拉机与运货大汽车发生撞车事故，拖拉机已经都扣斗子了！

扣屎盆子　kòu shǐ pén zi　给人栽赃罪名、恶名。含有贬义。

【例句】请调查清楚，这事儿绝对不是我干的，别往我头上扣屎盆子！

哭叽尿嚎　kū jī niào háo　也说"哭叽尿腚""哭叽尿桑"。一副哭哭啼啼、悲悲切切的样子。含有贬义。

【例句】看你整天哭叽尿嚎的，没一点精气神儿！

哭叽赖韵 kū jī lài yùn 形容人哭哭叽叽并发出高低哭音的样子。含有贬义。

【例句】你怎么了，哭叽赖韵的，说给我听听！

哭哭咧咧 kū kū liē liè 也说"哭咧咧"。同"哭叽尿嚎"。

【例句】你整天哭哭咧咧的，到底为了什么啊！

哭不上溜儿 kū bú shàng liùr 无论怎样哭也无济于事，只靠哭根本解决不了任何问题。讽刺性用语。

【例句】不去自首，等警察来了，到时候哭都哭不上溜儿了！

哭眼儿抹泪儿 kū yǎnr mǒ lèir 也说"哭天抹泪儿"。形容人哭哭啼啼、边哭边抹眼泪、一副悲悲切切的样子。讽刺性用语。

【例句】你这是咋的了，哭眼儿抹泪儿的，谁招你惹你了，给娘说说！

哭天抹泪儿 kū tiān mǒ lèir 同"哭眼儿抹泪儿"。

【例句】每当两人说起几十年前下乡当知青的那段心酸历史，不禁哭天抹泪的，哭个不停。

哭巴精 kū ba jīng 对好哭的孩子的蔑称。

【例句】你这熊孩子整天哭，简直就是个哭巴精！

哭相 kū xiàng 脸上带有哭的表情。

【例句】看你一脸哭相，有什么不顺心的事跟姐姐说说！

哭音儿 kū yīnr 说话时带有哭声。

【例句】他和我说这事儿时，还带着哭音儿！

哭腔儿 kū qiāngr 同"哭音儿"。

【例句】她说话时还带着哭腔儿，够可怜的了。

哭相儿 kū xiàngr 脸上带有哭的表情。

【例句】你这一脸哭相给谁看呢！该干什么干什么，别给我脸子看！

哭丧脸儿 kū sāng liǎnr 脸上流露出一副不高兴的样子。

【例句】你一天哭丧个脸儿给谁看！

哭着喊着 kū zhe hǎn zhe 形容非常费力、非常努力、费尽心机的样子。

【例句】一年到头哭着喊着攒了几个钱，都叫你抽大烟败坏光了，你还是个人吗？

窟窿船儿 kū long chuánr 故意设置的圈套，陷阱。

【例句】我啥时候让你上过窟窿船儿？啥时做过什么对不起你的事儿？

窟窿桥 kū long qiáo 比喻吃亏上当的道儿。

【例句】凭咱俩这么多年的关系，我能让你走窟窿桥吗？

窟窿年儿 kū long niánr 歉收即收成不好的年景。

【例句】看样子今年又是个窟窿年儿，这日子可咋过？

窟窿巴眼儿 kū long bā yǎnr 形容物品到处是窟窿。

【例句】自行车外带已经被扎得窟隆巴眼儿的，换条新的吧！

苦熬干修 kǔ áo gān xiū 艰难渡日，毫无收益。诙谐性用语。

【例句】车老板儿苦熬干修一辈子，最终也没讨上老婆！

苦熬苦掖 kǔ áo kǔ yè 形容非常艰辛，非常节俭。含有贬义。

【例句】爹妈哭熬哭掖地把你们几个拉扯大容易吗？如今你们谁也不养爹妈，你们还是人吗！

苦心巴力 kǔ xīn bā lì 花费很大力气拼命劳作。含有贬义。

【例句】苦心巴力攒了几年的救命钱，结果全被小偷偷走了！

苦巴苦业 kǔ ba kǔ yè 奔波劳累，千辛万苦，费心费力。含有贬义。

【例句】赶快讨个老婆吧，别再一个人苦巴苦业地支撑门面了！

苦穷儿 kǔ qiónger 也说"哭穷儿"。本来不穷而故意向他人述说困难博得同情。含有贬义。

【例句】你家有房子有地，两个孩子都挣工资，就别再苦穷了！

刮碴 kuā cha "刮"读kuā，"碴"字发短促轻音。收刮，巧夺。

【例句】你那俩钱儿都让儿子给刮碴去了吧？

侉 kuǎ ①说话语音带有地方口音。②难看，土气。

【例句】①你离开老家这么多年了，说话咋还这么侉？②这件上衣太侉了，换件好点儿的吧！

侉了吧唧 kuǎ lā bā jī 同"侉"①。

【例句】河南话侉了吧唧的，真不好听！

挎 kuà ①附带。②相互搭钩。③悬吊。

【例句】①一般人家的正房都挎个偏厦子。②两人胳膊挎胳膊逛街去了！③摩托车货架上挎个奶桶。

跨 kuà ①兼任。②搭边儿坐。

【例句】①村长兼支部书记、又兼治保主任、还兼土地开发委员会主任，一个人跨好几个职务。②大客车满员，我只好在两个椅子中间跨着。

跨衔儿 kuà xiánr 身兼数职。

【例句】我身跨好几个衔儿，一天可真够忙的！

胯股轴儿 kuà gu zhóur ①股骨头。②髂（qià）骨上端。

【例句】①走了这么远的路，我的胯股轴儿又疼了！②我好像没有胯股轴儿，总也系不住腰带！

㧟 kuǎi ①舀水。②意外得到钱物。③用手挠痒痒。④用胳膊搭、钩、提物件。

【例句】①太渴了，快给我㧟瓢凉水来！②这回你可㧟着了，抓了个头等奖。③孙子，快给爷爷㧟㧟背！④小姑娘㧟着小筐儿去采蘑菇。

㧟上了 kuǎi shàng la 也说"㧟着（zháo）了"。得到意外收获、便宜。

【例句】这回可㧟上了，体彩抓奖一下子抓了个一等奖！

快溜儿 kuài liūr "溜儿"字拉长音。很快，赶快。与"麻溜儿"同义。

【例句】你把聘礼快溜儿拿回去，这事儿没商量！

快嘴儿莲儿 kuài zuǐr liánr 形容嘴快而又惯于传闲话的人。贬低性用语。

【例句】老张婆子就是个快嘴莲儿，这事儿要让她知道了还不传个遍！

快当快当嘴儿 kuài dang kuài dang zuǐr 只顾说一些痛快话过过嘴瘾而不顾及后果。含有贬义。

【例句】都啥时候了，你还说那些干什么，也不过是快当快当嘴儿，根本解决不了任何问题！

快溜儿的 kuài liūr de 催促性用语"快点儿"。

【例句】快溜儿的，都几点了，火车马上就进站了！

块儿 kuàir ①身材高大敦实。②肌肉发达。③地方。

【例句】①瞧你这块儿，真够棒的！②你这肌肉块儿，别人几年也练不出来！③你家在哪块儿住？

筷头儿 kuài tour 筷子夹菜部分顶端，主要指筷子夹菜的准头和数量。

【例句】几筷头儿下去，盘子里的菜快光了！又如他的筷头儿不停地往肉上叨。

筷头儿点儿事儿 kuài tóur diǎnr shìr 像筷子头一样一点点儿、很小的事儿。诙谐性用语。

【例句】别客气，筷头儿点儿事儿，不值一谢！

宽 kuān ①煮粥或熬汤水放得多一些。②知识丰富。

【例句】①煮苞米糁chá 糁子粥汤得宽点，这样才好吃。

又如炖小鸡儿汤宽点，别炖干锅了！②范增老爷子那肚囊可宽，琴棋书画无所不能。

宽份 kuān fen "份"字发短促轻音。松快，宽裕。

【例句】多给孩子俩钱，让他在学校宽份点！

宽绰 kuān chao "绰"读 chao 并发短促轻音。①比较富裕。②很宽敞，很敞亮。

【例句】①嚯！住这么大的房子，真够宽绰的！②我家几口人都挣工资，想买啥就买啥，日子过得挺宽绰！

宽打窄用 kuān dǎ zǎi yòng 计划留有余地而在实际中精打细算，力争节约。

【例句】出门时多带点儿钱，宽打窄用，别憋屈了自己。

宽心丸儿 kuān xīn wánr 给人以安慰、劝解。

【例句】你就别给我吃宽心丸了，丢了的钱还能找回来吗？

款式 kuǎn shì ①有派头，有排场。②漂亮，得体。

【例句】①看人家婚事，办得多款式！②这新楼房装修得可真够款式。

款儿 kuǎnr ①派头。②花样。③名头儿，姓名。

【例句】①人不怎么样儿，款儿可不小。②宋小宝表演起来净是款儿。③信上怎么落款儿的？

狂 kuáng ①谁也瞧不起，狂妄。②过份挑剔。

【例句】①你也太狂了！这些人都不如你？②嘴都吃狂了，吃什么都不好吃！

旷荡 kuàng dang 晃荡，摇晃。

【例句】车轴松了，车轱辘直旷荡！

亏情 kuī qíng 亏欠人情。

【例句】你对我的帮助，这么多年我总觉得亏情，送点薄礼不成敬意，表表心意而已！

亏嘴儿 kuī zuǐr 嘴上亏欠，主要指吃不到好吃的美味佳肴。

【例句】别看扑打森林大火生活艰苦，你可不亏嘴儿，吃了不少肉罐头！

魁实 kuí shi 魁梧健壮。

【例句】这小伙子长得粗壮魁实，是个举重的料！

襀 kuì ①折，弯。②挽系。③背过去。

【例句】①把绳子多襀几个弯儿！②用铁丝多襀几道。③把手襀过去！

困 kùn ①水果、蔬菜等果菜置放一段时间使其自然发生变化。②焐。

【例句】①大柿子太涩，困一段时间才能好吃。养鱼的水一定要多困几天才能用。②香蕉还没熟透，再困一困。

困难 kùn nɑn 形容人长的丑，"丑"的代用词。含有贬义。

【例句】没想到这姑娘长得还真困难，找个婆家可不易！

阔秧子 kuò yāng zi 有钱人家子弟。含有贬义。

【例句】你怎么像个阔秧子似的，只知道吃喝玩乐？

L

拉　lā　"拉"读 lā，下同。①栓，牵。②拽下。③建立。

【例句】①草场周围拉几道铁丝网。②别的课考得分数挺高，就外语把分拉下来了。③一山难容二虎，你就再另拉一个绺吧！

拉扯　lā che　"扯"字发短促轻音。伺候，抚养。

【例句】我母亲一把屎、一把尿辛辛苦苦把我们哥儿四个拉扯大，真不容易。又如东北大帅吴俊升从小由继母拉扯大。

拉巴　lā ba　"巴"字发短促轻音。①抚养，伺候。②拉拢。③比量。

【例句】①好容易把你拉巴这么大，说走你就走啊？②如果你能把花蝴蝶拉巴来入伙儿，我就让你当三当家的！③唱、念、武打，她都能拉巴几下！

拉帮　lā bāng　①同"拉扯"。② 帮助，扶持，接济。

【例句】① 这么多年，亏你拉帮我了！②要不是当午你拉帮我，我能发展到今天吗？

拉帮结伙儿　lā bāng jiē huǒr　不正常地结成小团体。含有贬义。

【例句】咱们这是机关单位，可不是拉帮结伙的地方！

拉帮套 lā bāng tào ①指旧社会一方穷苦男人为解决生活困难，允许另一方男人到自己家与自己的媳妇结为姘妇关系，由另一方男人帮助拉扯自己的孩子并帮助解决生活难题。②引申为拉偏架，拉架时偏袒一方。

【例句】①这老汉八十多岁，一辈子没结婚，旧社会净给人拉帮套了！②我俩打架，你凭什么拉帮套？

拉倒 lā dǎo ①到此结束，罢了，算了。②生命终止、结束。

【例句】①你快拉倒吧，哪能说离离婚就离呢？又如同意就同意，不同意就拉倒，磨叽啥呀！②电视小品《相亲》中宋老蔫对马丫说：你家妹夫搁哪儿上班儿……噢，拉倒了？

拉脸儿造 lā liǎnr zào 不顾及脸面一味蛮干。含有贬义。

【例句】管他什么朋友不朋友的，你就拉脸儿造吧！

拉勾 lā gōu 也称"拉勾上吊"。双方以勾小指头订誓约、结盟誓。

【例句】如果你不信，咱俩拉勾！

拉勾上吊 lā gōu shàng diào 同"拉勾"。

【例句】拉勾上吊，一百年不许变！

拉架子 lā jià zi ①摆出架势。②虚张声势，外强中干。

【例句】①电视剧《重案六组》中，两个村的村民因一场误会拉架子要拼个你死我活！②赵本山演出的电视小品《卖梨》中台词："实话告诉你，我还就不怕他！""不怕你就拉架子吧！"

拉瓤儿 lā rángr 瓜类过于成熟后瓤儿与瓜皮分离。

【例句】这瓜都拉瓤儿了，真是又甜又面！

拉粘弦儿　lā nián xiánr ①食物变质。②嘴流出粘涎子。

【例句】①馒头馊了，都拉粘弦儿了！②他患了脑血栓，嘴里直拉粘弦儿！

拉爬儿　lā pár ①走路脚拖地。②人的身子骨或物品骨架散架儿。

【例句】①他得脑血栓后，走路直拉爬儿。②这沙发质量太差，搬两次家就得拉爬儿！

拉手　lā shǒu 勾结。

【例句】不知他和他们怎么拉手，经常暗中见面。

拉松　lā sōng ①懈劲，松劲。②关键时候退缩。

【例句】①马上就上场比赛了，你可不能拉松啊！②大家正在紧张训练，准备参加奥运会，你怎么突然拉松了？

拉桌　lā zhuō ①摆桌。②撤桌。

【例句】①先别忙走，马上拉桌吃饭！②一个星期不拉桌了，每天客人不断！

拉鼻儿　lā bír 火车、汽车鸣笛。

【例句】火车头不停地拉鼻儿，发生什么事了？

拉家带口　lā jiā dài kǒu 带领一家老小即家庭全部成员，多指受家庭的拖累。

【例句】他在外打工挣钱，你在家拉家带口的伺候一大家子人，可真不容易！

拉呱儿　lā guār 闲说话，闲唠嗑，无目的闲聊。

【例句】你们俩儿先拉拉呱儿,我去弄俩儿好菜,咱们喝两盅！

拉饥荒 lā jī huang　欠债。

【例句】你就靠几亩地供着2个大学生，没少拉饥荒吧？又如为俩儿孩子上大学，我拉了一屁股饥荒，至今还没还完呢！

拉屎向回坐 lā shǐ xiàng huí zuò　①出尔反尔，已经决定的事儿突然又反悔。②已经办完的事儿又要求改变。讽刺性用语。

【例句】①就这么定下了，谁也不许拉屎向回坐，绝不许反悔！②你怎么拉屎向回坐呢！已经晚了！

拉屎的功夫 lā shǐ de gōng fu　也说"撒泡尿的功夫"。形容时间很短。诙谐性用语。

【例句】你不是出国旅游了吗，怎么拉屎的功夫就回来了？

拉硬屎 lā yìng shǐ　硬撑、硬挺，不服输。含有贬义。

【例句】企业都破产了，你也就别拉硬屎了，赶快想想自己的后路吧！

拉屁倒 lā pì dǎo　"屁"，语气助词。拉倒，算了。含有贬义。

【例句】不同意就拉屁倒，你以为我找不到好人了呢！又如你拉屁倒吧，鬼才信你的话呢！

拉拉儿 lā lar　第二个"拉"字发短促轻音并突出"儿"音。勉强，将将。

【例句】这箱苹果18斤有点儿拉拉儿。

拉偏架 lā piān jià　劝架时偏袒一方。

【例句】你拉架怎么拉偏架？也不分个谁是谁非！

拉近乎 lā jìn hu 也说"套近乎"。联络感情，拉近关系。

【例句】他跟我啥关系，你拉近乎也解决不了问题！

拉平 lā píng 也说"扯平"。两者相同、相等，没有差距。

【例句】……这样咱们就拉平了，谁也不欠谁的！

拉稀 lā xī ①变卦，反悔。②得不偿失。③漏水。

【例句】①到关键时候，你可得出庭作证，千万别拉稀！②这种拉稀坑人的事儿，咱无论如何不能干！③我这支钢笔总拉稀！

拉大排 lā dà pái "大排"，旧时大地主自己组织的地方武装。

【例句】大地主宋桐洲拉起了大排，强行要求每户交粮二斗。

拉杆子 lā gǎn zi "杆"读 gǎn。"杆子"，旧时土匪的别称。拉杆子即组织土匪结帮成伙。

【例句】电视连续剧《打狗棍》中，为与官府对抗，戴天理拉起杆子帮并成为大杆子头！

拉套子 lā tào zi 即"倒套子"。（详见本书《专用动词·倒套子》）

拉松套 lā sōng tào 松劲，后悔而停滞不前。

【例句】咱们不是说好了吗，你怎么拉松套了？又如你可别拉松套，定的指标一定要完成！

拉大网 lā dà wǎng 大面积全方位搜查、调查。

【例句】你们要组织拉大网式搜查，坚决不让犯罪分子漏网逃进深山老林！

拉钩扯纤儿 lā gōu chě qiànr 形容从中联络、穿线。

【例句】在吕大头拉钩扯纤儿的帮助下，鲜儿终于找到了土匪大当家的。

拉不开大栓 lā bù kāi dà shuān ①经济拮据，没钱可用。②因过于口渴或吃了酸涩的食品使舌头运转不灵。③大便不畅而便秘。

【例句】①给老人治病钱花个溜光，简直拉不开大栓了！②这山丁子（一种野生浆果）太涩了，舌头拉不开大栓了。③这些日子有些便秘，简直拉不开大栓了！

拉不出屎怨茅楼 lā bū chū shǐ yuàn máo lóu "茅楼"，旧指野外简易厕所。形容一味强调客观原因而不查找自身原因。诙谐性用语。

【例句】你真是拉不出屎怨茅楼（厕所），别人在俄罗斯倒腾木材都挣钱了，你没挣钱，你怨谁啊！

拉一屁股饥荒 lā yī pì gu jī huāng 也说"拉一屁股两炕饥荒"。形容欠债很多。夸张性用语。

【例句】老爹得了癌症，为给老爹治病，我拉了一屁股饥荒，到现在还没还清呢！

砬叉 lá cha "砬"字发重音，"叉"字发短促轻音。①形容人说话粗野低下，没有教养。②形容人泼辣，勇猛。

【例句】①一个女孩子，说话怎么这么砬叉？②那女子是个砬叉手，别惹她！

拉 lá "拉"读lá，下同。①用笔涂画。②磨。③刺。④切开，割开。⑤慢慢喝酒不吃菜。

【例句】①把这段文字都拉掉！②这件衣服穿着有点拉肉。③苞米叶子把手拉出血。④这棵果树已经快死了，拉掉算了！⑤电视连续剧《黑狐》中，新四军独立团团长方天翼同几个兄弟边干拉白酒边商量军事行动。

拉咯 lá ge 也说"拉咕"。"咯"字发短促轻音。联系，联络。

【例句】你去拉咯一下，看他是啥意见？又如倒腾化肥挺挣钱，你去拉咯拉咯，咱也倒腾点儿！

拉咕 lá gu "咕"字发短促轻音。同"拉咯"。

【例句】这次我去拉咕一下，看有没有希望！

拉巴 lá ba "巴"字发轻音。①形容人的皮肤粗糙而不光滑。②形容布料或物品过于粗糙。③不顺利。

【例句】①这些日子风吹日晒的，脸和手都拉巴了。②这条浴巾是新的，太拉巴了，轻点搓！③挺好的事儿，叫他们办拉巴了！

拉拉 lála 第二个"拉"字发短促轻音。①少量地滴答、流淌。②尿不净。③随处丢、放。④稍带出。⑤放下脸生气的样子。

【例句】①汽车油箱有点拉拉油。②前列腺有些肥大，尿尿时尿不净，总拉拉尿。③你怎么丢三落四的，到处拉拉东西。④"豆腐……"吆喝这两个字一点儿一点儿拉拉出来的！⑤听着听着，吴俊升的脸拉拉下来，怒声说……

拉拉脸儿 lá la liǎnr 第二个"拉"字发短促轻音。板起面孔，翻脸。

【例句】报名参加北京奥运会志愿者，谁知妈妈拉拉脸儿不高兴，要我安心学习，不要到处出头露面！

拉脸儿造 lá liǎnr zào 不顾脸面，放下脸面，什么也不顾，一味地去进行。

【例句】你管他什么酒驾不酒驾呢，你就拉脸儿造吧！

拉锯 lá jù 比喻双方来回往复，反复进行。

【例句】你赢一把，我输一把，净来回拉锯了，也没见什么输赢！

剌子 lá zi "子"字发短促轻音。难缠、不好惹的人。

【例句】怎么样，这回碰到剌子了吧！

喇叭匠 lǎ ba jiàng 本意为红白喜事雇请的以喇叭为主的民间乐队，引申为吹吹拍拍、为他人歌功颂德的人。讽刺性用语。

【例句】你当了这么多年喇叭匠，到现在也没混个一官半职？

拉溜儿 lǎ liūr "拉"读 lǎ。"溜儿"拉长音并突出"儿"音。与"这""那"连用，表示在附近一带。

【例句】他们家就住在这一拉溜儿！又如治疗不孕不育症的诊所就在大桥西边那拉溜儿！

喇忽 lǎ hu 也写作"晃乎""拉忽"。"喇"字发重音，"忽"字发短促轻音。疏忽，马虎，粗心大意。有时重叠使用。

【例句】你办事怎么这么喇忽？没长脑袋吗？又如你一天喇喇忽忽的，谁能相信你啊？

喇迷 lǎ mi "喇"字发重音拉长音，"迷"发短促轻音。①没主意，无计可施。②晕头转向。③深度醉酒。讽刺性用语。

【例句】①不让你吸毒你不听，这回进监狱了，喇迷了吧？②比赛还没开始，你怎么喇迷了？③喝这么点儿酒你就喇迷了，瞧你这点儿出息！

拉　là　"拉"读 là，下同。动词"磨"。

【例句】毛驴儿拉磨得戴蒙眼。又如把黄豆拉成面，做豆面馒头！

拉巴　là ba　"巴"字发短促轻音。形容人走路时腿脚不灵、脚步蹒跚的样子。

【例句】这么远的路，你拉巴拉巴的什么时候能走到哇？

拉磨　là mò　引申为比喻人因焦躁不安而团团乱转。

【例句】急得他直拉磨，干着急没办法！又如你在那儿拉磨呢？赶快想辙啊！

剌剌壳　là la ké　①物体中间部位凹陷部分。②人体下巴堆积的赘肉。

【例句】①把绳子绑在剌剌壳上，这样绑得结实！②瞧你胖得都出剌剌壳了！

落过儿　là guòr　"落"读 là，下同。漏掉，错过时机，失掉机会。

【例句】赶快随份礼去，咱可别落过儿！

落空　là kòng　同"落过儿"。

【例句】他们都去外地打工去了，我也不能落空，我也去！

落末渣儿　là mo zhār　"渣儿"拉长音并突出"儿"音。最小的，最末位的。一般指子女或孩子。

【例句】小四是老李家的小落末渣儿！

落末了　là mo liǎo　直到最后。

【例句】讨论来讨论去，到落末了也没拿出个好主意来。

落蛋儿的鸡　là dànr de jī　形容丢三落四、随处丢东西的人。含有贬义。

【例句】你怎么就像个落蛋儿的鸡，刚丢了钱包又丢了手机，围脖又不见了！

落下　là xia　①遗漏，丢掉。②落在后边。

【例句】①再仔细看一看，别落下什么东西！②你要是再不努力，可就叫同学们落下了！

辣茬子　là chá zi　厉害人，不好惹的人。

【例句】他可是有名的辣茬子，惹不得！

辣的耗的　là de hāo de　"耗"字拉长音。食品有些辛辣而使舌头不舒服。

【例句】酒那玩意辣的耗的，有什么喝头儿？又如四川菜都辣的耗的，真吃不惯！

腊根儿　là gēnr　也说"腊月根儿""年根儿"。腊月底即春节前夕。

【例句】已经到腊月根儿了，年货办置得怎么样了？

蜡黄肌瘦　là huáng jī shòu　即"面黄肌瘦"。形容人脸色发黄而身体削瘦，一副病态。

【例句】你这是怎么了，蜡黄肌瘦的，别是有什么大病吧？

一拉巴叉　— la bā chā　词尾，表示性质的乏味、丑陋。

【例句】水拉巴叉、干了巴叉等。

—拉巴登— la bā dēng 词尾，表示气味的恶劣。

【例句】傲了巴登、闹了巴登。

— 拉巴叽— la bā jī 词尾，常与形容词连接，表示对性质或状态的腻烦。

【例句】傻了巴叽、黑了巴叽等。

— 拉古— la gū 同"拉巴"。

【例句】埋拉古汰、粘拉古叽等。

— 拉古耐— la gū nài 词尾，表示味道的不正。

【例句】软拉古耐、咸拉古耐、腥拉古耐等。

—拉古囊— la gū nāng 词尾，表示味道的不正。

【例句】软拉古囊、腥拉古囊等。

— 拉古拽— la gū zhuāi 同"拉古耐"。

【例句】粘拉古拽等。

— 拉巴屈— la bā qū 多数词被嵌于后用于贬义，表示性质不纯正、不地道。

【例句】窝了巴屈、弯了巴屈等。

— 拉哄— la hōng 词尾。表示气味的混浊。

【例句】臭气拉哄、臊气拉哄等。

—拉克叽— la kè jī 词尾，表示性质的不纯正、不透明。

—【例句】半拉克叽等。

— 拉瞎— la xiā 词尾，表示物体或事物的病态。

【例句】干巴拉瞎、鼻涕拉瞎等。

— 拉巴屈 — la bā qū 多数词被嵌后用于贬义，表示性质的不纯正、不地道。

【例句】窝拉巴屈、弯拉巴屈等。

赖呆 lāi dɑi “赖”字读 lāi 并拉长音，“呆”字短促。很好，不错。

【例句】你说这小伙子赖呆不？你什么意见？又如要说这人真不赖呆，文武全才！

来 lái ①“来”在东北方言中被广泛使用，多为“在”的意思，即“在什么地方”“在哪里”等。②左右。

【例句】①这事儿你是来哪听说的？又如王小蒙说：永强，真让你说对了，你爹真来这呢！②听说这姑娘才二十来岁，具体多大不知道！

来不来 lái bù lái ①动辄，动不动。②还没怎么样。

【例句】①没说几句话，来不来就翻脸了！②怎么？来不来我的话没人听了？

来杆儿 lái gānr 放心去办，尽管去办。

【例句】来杆吧！这点小事我还办不成？又如老太太不吃肺子 —你就来杆（肝）儿吧！

来劲儿 lái jìnr ①使人振奋。②增加劲头。

【例句】①这酒越喝越来劲儿！②听说要发奖金，大家越干越来劲儿！

来菜 lái cài ①得到喝彩。②比喻俘获猎物。

【例句】①“二人转”新秀小沈阳刚出场就来菜！②猎手发现了猎物，悄悄对同伴说：“瞧！又来菜了！”

来快 lái kuài 来好事了，意外得到钱财或好处。

【例句】快看，这小子今天来快了，体彩中了20万！

来面儿 lái miànr 来劲儿，够劲儿。

【例句】大热天厂家举行啤酒品尝会，啤酒可劲儿造，真来面儿！

来神儿 lái shénr ①来劲儿，使人振奋。②来说道，来毛病。

【例句】①只要一说打麻将，他准来神儿！②说着说着你还来神儿了！

来人去客儿 lái rén qù qiěr "客"读qiě。客人来、客人走，客人来来往往。虚指不是实指，形容客人很多。

【例句】来人去客的，你表现客气点儿，说点儿客气话，别像木头桩子似的杵在那儿！

来事儿 lái shìr ①善于应奉诌媚，会说讨人喜欢的话，会办令人满意高兴的事儿。②女人来月经的代名词。

【例句】①那人多会来事儿，见什么人说什么话！②我来事儿了，想请两天假！

来钱道 lái qián dào 挣钱或其他来钱的途径。多指不正常的进钱渠道。

【例句】来钱道都让人堵死了，你怎么还有心喝酒？

来派 laái pài 形容人有派头，有气质。

【例句】我要是能到《星光大道》演出一把，那多来派！

唻 lǎi 胡诌，胡说。

【例句】他要问我，我就给他胡唻！

唻玄 lǎi xuán 吹牛说大话，说话不着边际。含有贬义。

【例句】两个牛蛙一盘菜，一点不唻玄！又如，这小子说话净唻玄，没一句真话！

唻大膘 lǎi dà biao ①说脏话，说下流话。②吹牛说大话，说话不着边际。③漫无边际、毫无目标的议论、谈论。含有贬义。

【例句】①那俩人儿在那儿喝酒唻大膘呢！ ②那小子真能唻大膘，一套一套的！③有事儿没事儿？该忙啥忙啥，少在这儿唻大膘！

�/獭 lǎi 用手撕开。

【例句】把旧衣服獭开改条裤子！又如把这张纸獭开，分开包书皮！

赖乎情 lài hū qíng ①将将够，勉强够。②硬往上贴往上靠，能够贴上边儿。

【例句】①选我当劳模，也就赖乎情！②要说亩产两千斤，纯属赖乎情！

赖皮缠 lài pí chán ①死死缠住。②耍无赖。

【例句】①你就是个赖皮缠，推都推不走！②赶快滚，别耍赖皮缠！

赖皮赖脸 lài pí lài liǎn 厚颜无耻，不顾脸面。骂人语。

【例句】赖皮赖脸的事儿咱可做不来，那得多厚的脸皮啊！

赖眼儿球哧 lài yǎnr qiú chī 形容人一副低三下四、百般乞求、纠缠不休的样子。含有贬义。

【例句】你这么赖眼儿球哧的求人家，何苦呢？有志者事竟成，自己努力呗！

赖赖巴巴 lài lài bā bā ①勉勉强强。②不水灵，不漂亮。③粗糙。

【例句】①今年农业歉收，全年赖赖巴巴收入还不到一万元。②那两口子都挺漂亮，怎么那儿子长得赖赖巴巴的！③这墙面怎么赖赖巴巴的，该修修了！

赖子 lài zi 也叫"地赖子"。地痞流氓。

【例句】那小子是个赖子，离他远点儿！

赖蛋 lài dàn ①支撑不住而认输。②无能，完蛋。

【例句】①斗牛大会上，一头凶牛终于赖蛋了！②那家伙才赖蛋呢！

赖嚎子 lài háo zi 也称"赖急嚎子"，称爱哭的孩子。含有贬义。

【例句】你真是个赖嚎子，整天哭个不停！

赖叽毛子 lài jī máo zi 也称"赖毛子"。多指小孩子耍赖。含有贬义。

【例句】二宝子就是个赖叽毛子，动不动就耍赖！

赖叽巴子 lài jī bā zi 形容非常爱耍赖的人。含有贬义。

【例句】那小子就是个赖叽巴子，你少和他打交道！

赖搭儿 lài dār "搭儿"拉长音并突出"儿"音。①喜欢同他人搭话的人。②喜欢主动同他人交往的人。多指小孩子。含有贬义。

【例句】①你这个小赖搭儿，可真会说话！②武东博就是个小赖搭儿，什么人他都能对付！

赖货 lài huò 赖皮，无赖。含有贬义。

【例句】那人就是个赖货，你还是离他远点儿。

赖皮缠 lài pí chán 无赖。含有贬义。

【例句】武东博就是个赖皮缠，谁拿他都没办法！

赖嚎的 lài hāo de "嚎"读hāo并拉长音。①形容小孩子哭哭闹闹不听话。②形容人没有主见。

【例句】①这孩子一天赖嚎的，到底是为什么？②他这个人赖嚎的，根本不成器！

赖赖歪歪 lài lài wāi wāi 形容人没精打采的样子。

【例句】你出去到广场走一走,别一天到晚赖赖歪歪地躺在炕上！

赖赖巴巴 lài lài bā bā 勉勉强强，扶持费力。

【例句】这次考公务员，文化课我赖赖巴巴地考了个及格，但面试还没进行呢！

癞狗扶不上墙 lài gǒu fú bú shàng qiáng 形容无论怎样帮助、扶持也不能长进。讽刺性用语。

【例句】我看你就是癞狗扶不上墙，老板叫你当公关部部长，你怎么就不同意呢？

懒散 lān san "懒"读lān。"懒"字拉长音，形容人邋邋遢遢不利索的样子。

【例句】两个孩子把她造得一天懒懒散散的，年轻轻的就不成样子了。

拦 lán ①刨。②用刀大致地切。

【例句】①拦土豆，拦地瓜。②把喂牛的草再拦几刀！

蓝哇的 lán wā de 水或天呈碧蓝色。

【例句】这蓝哇的天正适于出远门儿！

揽 lǎn 劳动工具作用于劳动对象的范围，犹如"贪"。

【例句】刨冻方揽得太大反而刨不来。又如好劳力割麦子一刀能揽一米长！

揽活儿 lǎn huór ①承包活儿。②接受零活儿。

【例句】①在工地上揽了点挖土方的活儿。②店铺一件一件地揽活儿。

揽月 lǎn yuè 推迟分娩时间。

【例句】二嫂到现在还没生，肯定揽月了！

懒被窝子 lǎn bèi wō zi 早晨醒后长时间不起床。

【例句】太阳都照屁股了还不起床，就爱懒被窝子！

懒牤子 lǎn māng zi 形容年轻身体好却不爱干活的小伙子。

【例句】你真是个懒牤子，什么活也不爱干！

烂眼子事儿 làn yǎn zi shìr 也说"烂眼边子事儿"。①琐碎而又难处理的事儿。②不正大、不光明的事儿。

【例句】①净是些烂眼子事儿，还是你自己解决吧！②谁稀得管你们那些烂眼边子事儿，你们能大胆地说出来吗？

烂眼边子 làn yǎn biān zi ①眼睛发炎，眼边眼角发红。②同"烂眼子事儿"②

【例句】①你怎么烂眼边子了，眼睛发炎了吧？②你死盯着人家看，你不怕烂眼边子啊？

烂眼枯瞎 làn yǎn ku xiā ①眼睛不好，烂眼边儿。②形容破烂不堪的物品。

【例句】①你烂眼枯瞎的，向前挤什么？②好的不捡，专捡烂眼枯瞎的往秤上扔！

烂乎 làn hu “乎”字发短促轻音。形容食品熟透而非常柔软。

【例句】这猪蹄炖得可真烂乎，挺有吃头。又如这牛肉太烂乎了，没有嚼头了。

烂桃儿 làntáor ①乱了秩序或规矩。②女性作风不正派。

【例句】①谁都可以考公务员，那不全烂桃儿了吗？②今天跟这个，明天跟那个，真是烂桃儿了！

烂嘴巴 làn zuǐ ba 形容非常爱说话、多嘴多舌的人。

【例句】你这个烂嘴巴，我家的事儿，用得着你来管吗？

烂嘴叨舌 làn zuǐ dāo shé 形容絮絮叨叨、唠唠叨叨、不怕磨破嘴皮的人。

【例句】用不着你们烂嘴叨舌地讲究我，等我抓着证据，绝不能饶了你们！

烂眼儿招苍蝇 làn yǎnr zhāo cāng ying 祸不单行，连遭厄运。诙谐性用语。

【例句】前几天刚刚把手机弄丢了，真是烂眼儿遭苍蝇，今天又被汽车撞了，你说我点儿背不背？

乱套 làn tào "乱"读 làn，下同。乱了秩序或规矩。

【例句】有规矩不守，这不乱套了吗？

乱弹 làn tán 理不顺的乱杂事、麻烦事。

【例句】这些乱弹事儿，可够我理顺一阵子了！

乱子 làn zi 祸事儿，麻烦事儿，纠纷。

【例句】舍家在外的，你可千万不要惹乱子，省得爹娘惦念！

乱营 làn yíng 比喻秩序非常混乱，乱了秩序或规矩。

【例句】电视连续剧《乡村爱情圆舞曲》（乡7）中，王长贵因抢救小梁落水牺牲，全村一下子乱营了！又如谁的话都不听，那还不全乱营了？

乱叭叭 làn bā ba 第二个"叭"字发短促轻音。随意乱插话、乱讲话。

【例句】这里没你什么事儿，别跟着乱叭叭！

乱糟糟 làn zāo zāo 一片混乱，杂乱无章，毫无秩序。

【例句】地铁里乱糟糟的都是人，真是人挤人，人撞人。

乱呛呛 làn qiàng qiang 第二个"呛"字发短促轻音。①形容很多人在一起吵吵嚷嚷、议论纷纷的样子。②乱参与意见。

【例句】①大家停一停，别乱呛呛，听刘总讲话！②这事儿你们不懂，别跟着乱呛呛！

乱呛汤 làn qiàng tāng 没有秩序地乱说话、乱插嘴。

【例句】已经够乱的了，你就别跟乱呛汤了！

乱放炮 làn fàng pào 形容人不顾场合、不负责任地随意说话、无根据地瞎说。

【例句】住嘴！这里没你什么事儿，别跟着乱放炮！

乱马营花 làn mǎy íng huā ①形容人马纷乱流动的样子。②形容人的生活不检点、不严肃。

【例句】①城门一开，一群难民乱马营花地涌进城去！②那人整天乱马营花的，还能有什么出息！

乱唪儿唪儿 làn bēnr bēnr 两个"唪儿"均突出"儿"音。瞎说，无根据乱说。含有贬义。

【例句】没根没据的，你在那儿乱唪儿唪儿啥？

乱坟岗子 làn fén gǎng zi 也说"乱尸岗子""乱葬岗子"。无人管理的野坟茔地。

【例句】那个屯子好找，穿过这片乱坟岗子不远就是！

啷当 lāng dang "啷"拉长音，"当"字发音短促。①耷拉。②落后。③搁置。④大物件上的小件。⑤写字。

【例句】①整天啷当着个老脸，就像谁欠他多少似的。②兄妹几人都是大学生，就我啷当了。③这件事儿先啷当着，以后再说。④邮包上啷当个小布条儿。⑤这笔字儿啷当得还不错！

啷当 lāng dāng "啷""当"两字均发平音并拉长音。左右，差不多。

【例句】看样子，也就是四十啷当岁的样子。

啷啷脸 lāng lang liǎn 拉拉脸，满脸不高兴的样子。

【例句】一天到晚总是啷啷个脸，一点笑容也没有！

啷当二怔 lāng dang èr zhèng 形容丢三落四、马马虎虎的人。

【例句】瞧你一天唧当二怔的，都想什么呢？

狼　láng　①对父母不孝的人。②为人狠毒。均含有贬义。

【例句】①他是远近有名的狼，对父母不是打就是骂！②这人狼着呢，一肚子坏水！

狼虎　láng hu　①吃饭狼吞虎咽的样子。②破烂，破旧。

【例句】①小伙子吃饭狼虎，不象小女孩儿细嚼慢咽。②这身衣服穿得太狼虎了，该换件新的了！

狼兴　láng xing　"兴"字发轻音短促。也说"狼呗"。形容人口味高，永远不满足。

【例句】看把你狼兴的，这么好的皮大衣也不穿了，还说过时了！

狼乎　láng hu　"乎"字发短促轻音。①形容人吃相不雅、狼吞虎咽的样子。②形容为人歹毒、狠毒。

【例句】①几天没吃饭了，这么狼乎！②那伙儿人可狼乎着呢，你可多加小心！

狼言　láng yán　形容人说大话，说狠话。

【例句】吴大帅早就放出狼言，一定要给郭鬼子郭松龄一点儿颜色看看！

狼脸狗挂　láng liǎn gǒu guà　形容脸色不好看、不正常。含有贬义。

【例句】怎么了老兄，狼脸狗挂的，好象不太舒服吧？

狼气　láng qì　狠实。

【例句】你可真够狼气的，谁的面子也不给！

狼烟地动 láng yān dì dòng 烟尘四起。

【例句】电视剧《闯关东》中，官军出动了一个营兵力，狼烟地动地对鲜儿所在的土匪窝子进行围剿！

狼掏狗捋 láng tāo gǒu luǒ 也说"狼撕狗捋"。形容物品破乱不堪的样子。

【例句】这是怎么了，狼掏狗捋的，简直成叫花子了！

狼哇的 láng wā de ①非常凶狠，非常狠毒。②很用力，很来劲儿。③孩子哭得很历害。

【例句】①这人办事一向狼哇的，一定要小心！②几个班组狼哇的比着干！③孩子哭得狼哇的，看看怎么啦！

狼吃不见面，狗吃撵出屎来 láng chī bú jiàn miàn，gǒu chī niǎn chū shǐ lái 也说"狼吃不算数，狗吃撵出屎来"。形容人的地位、身份不同，对待的方法、措施也有所不同，标准也不同。诙谐性用语。

【例句】我们也造假，他们也造假，怎么狼吃不见面、狗吃撵出屎来，处理我们不处理他们，这还有天理吗？

浪 làng ①形容人不正派，过于张狂显摆。②卖弄风骚。③美，招摇。

【例句】①不知哪来个浪女人，整天招摇过市的。②这女人你看她那个浪样，到处卖弄风骚！③穿了件貂皮大衣，不够你浪的！又如歌中唱道：大姑娘美，大姑娘浪……

浪三儿 làng sānr 形容举止轻佻而不稳重的人。讽刺性用语，骂人语。

【例句】整天就象个浪三儿，到处闲逛！

浪货 làng huò 爱卖弄或风流淫荡的女人。骂人语。

【例句】那是个有名的浪货，你离他远远的！

浪丢丢 làng diū diū 形容欢快欲舞的样子。

【例句】看你这浪丢丢的样子，肯定是有什么喜事儿，说来听听！

浪不溜丢 làng bu liū diū 形容举止轻狂、浪漫却招人喜欢。多指年轻女子。

【例句】那小娘们儿浪不溜丢的，真招人喜欢。

浪荡游魂 làng dàng yóu hún 形容人精神恍惚、萎靡不振。含有贬义。

【例句】自从孩子被犯罪分子拐卖后，两口子整日浪荡游魂的，痛不欲生。

— 啷叽 — lāng jī 词尾，表示厌恶色彩成分。

【例句】舌头啷叽，嘴巴啷叽等。电视剧《乡村爱情》中，范伟饰演的王木生说话总是大舌头啷叽的。

捞 lāo ①捞取。②救出。

【例句】①带我去吧，让我也捞点好处！又如救灾物资怎么也得让我们捞着点儿！②哥们儿叫警察抓走了，咱们得筹点儿钱把哥们儿捞出来！

捞着 lāo zhao "着"读 zhao 并发轻音。①意外得到好处或便宜。②被动给予。

【例句】①这回他可捞着了，抓彩票拿了个二等奖！②考公务员就考上他一个，这下可捞着了！

捞干的 lāo gān de 引申为抓住主题，说实话，办实事，不来虚的。

【例句】闲话少说，直接捞干的！又如咱们就捞干的，别拐弯儿抹角的净玩儿那些虚的！

捞一鼻子 lāo yi bízi 捞取好处。讽刺性用语。

【例句】好处不能都让你们得了，多少也让我捞一鼻子！

捞稍儿 lāo shāor 利用或借机会占小便宜。

【例句】这小子指定又来捞稍儿来了，防着他点儿！

唠叨 lāo dao "叨"字发短促轻音。说话絮叨，啰嗦，翻来覆去。

【例句】酒喝多了吧，没完没了地唠叨什么？又如别唠叨了，有空帮我多干点儿活儿！

痨病秧子 láo bìng yāng zi 痨病，肺结核的旧称。这里并不是专指肺结核，而是泛指重病或经常有病的人。

【例句】你怎么成了痨病秧子了，整天吃药不断！

劳心费力 láo xīn fèi lì 非常费气力、费心思。

【例句】爹妈劳心费力地供你上大学，容易吗？你可别忘本啊！

牢嘣 láo beng 也说"牢棒"。"嘣"字发短促轻音。结实。

【例句】要说关系，我们哥儿俩比别人更牢嘣！又如捆牢蹦了，千万别松扣儿！

牢棒 láo bang 同"牢嘣"。

【例句】别看张作霖和吴俊升表面挺牢棒，其实都在暗中使坏！

牢靠 láo kao "靠"字发短促轻音。①形容人稳妥可靠。②形容物品结实、坚固。

【例句】①小宋办事儿牢靠，这项工作就交给他吧！②这沙发坐着多牢靠，稳稳当当！

老 lǎo 用途非常广泛词语之一。①很多，特别多。②过份。③特别，非常。④总是，经常是。⑤尊称"您"。⑥"死"的隐语。⑦蔬菜等果菜类放置时间长或过了季节而变得不好吃。⑧在东北地区，凡是排行最小者均被称为"老"，如老姑娘、老儿子、老妹子、老叔、老姑、老姨、老舅等。

【例句】①北京召开奥运会，去的人可老多啦！又如东北著名菜小笨鸡炖粉条老好吃了！那小丫头又漂亮又乖巧，老稀罕人了！②这肉煮得太老了。又如这青苞米有点儿老了，不好吃了。③这茬子下得可老狠了。又如电视剧《乡村爱情故事》老好看了！④你和她说话，她老是笑咪咪的。⑤您老今年高寿哇？⑥我母亲还在，身体还行，父亲老了好几年了！⑦这豆角已经老了，都不好吃了！又如柳蒿芽老了就不能吃了！⑧她老姑，孩子的婚事儿定了没有？又如老姑娘，给爹倒杯酒！

老鼻子 lǎo bí zi 很多，多极了。

【例句】北京举行奥运会，到北京去看奥运会的人可老鼻子了！

老博带 lǎo bó dɑi 借用俄语。"苦力"之意。

【例句】这几年净卖老博带，也没挣几个钱！

老疙瘩 lǎo gā da "疙瘩"读 gāda。①子女中最小的。②同学或朋友等其中年龄最小的。③常用于人名。

【例句】①小六子是我们家的老疙瘩。②咱们班就属你小，你就是老疙瘩了！③张老疙瘩，宋老疙瘩。

老根儿 lǎo gēnr ①父母最小的子女的俗称。②旧病根。

【例句】①小四是我们家的小老根儿！②头疼病可是我的老病根了！

老虎妈子 lǎo hǔ mā zi 形容人像母老虎一样厉害。多指女人。

【例句】你真是个老虎妈子，动不动就吹胡子瞪眼。

老妈猴子 lǎo mā hóu zi 吓人语"妖魔鬼怪"。

【例句】快别哭了，再哭老妈猴子来了！

老劲儿 lǎo jìnr 一个劲儿，一直不停地。

【例句】你别老劲儿喝酒，快吃几口菜！

老赶 lǎo gǎn ①外行。②不赶时尚的落伍者。

【例句】①对植物保护我纯粹是老赶，你们就请别人吧！②你刚刚进城，看什么事都老赶，你就慢慢学吧！

老戞 lǎo gǎ 形容非常吝啬而又固执的人。

【例句】这老婆子，比老戞还戞！

老令儿 lǎo lìngr 老规矩，老习惯。

【例句】这可都是前辈子留下的老令儿了，咱不能变！

老年间 lǎo nián jiān 很多年前，早年。

【例句】要说起磕头作揖，这可是老年间的事儿了，大概有几千年的历史了！

老早 lǎo zǎo 很久以前。

【例句】老早我就告诉你了，公家的钱不能动，你怎么就不听呢？这下好了，进监狱了，后悔也来不及了！

老客儿 lǎo kèr 商人，生意人。一般指长途贩运者。

【例句】山东老客儿来了，准备几个好菜，好好招待！

老大贵姓 lǎo dà guì xìng ①问对方的姓名，或反问自己的姓名。②不知道对方是什么人，不知道对方是做什么的。含有贬义，一种调侃用语，诙谐性用语。

【例句】①抓了个头彩，只顾高兴，都忘了自己老大贵姓了。②你和我联手，我知道你老大贵姓啊！

老锅儿 lǎo guōr 老汤。多指煮肉汤。

【例句】老锅炖酸菜最讲究，最有炖酸菜味儿！

老二 lǎo èr 男人生殖器的戏称。含有贬义。

【例句】外边蚊子真多，老二都被咬肿了！

老灯 lǎo dēnge 对年龄较人的男性的戏称即"老头子"之意。讽刺性用语。

【例句】这两个老灯，净爱管闲事儿！又如你这个老灯，活得还挺健康呢？

老扩 lǎo kuǎir ①对自己媳妇的一种昵称。②对中年以上妇女的一种贬称。

【例句】①我的老扩为人贤慧，非常厚道！②瞎起哄的那个老扩，我也都叫不上名！

老爷子 lǎo yézi ①尊称老年男子。②称自己或对方上年纪的父亲。

【例句】①老爷子，今年多大岁数？②我家老爷子都八十多岁了，身体硬朗着呢！

老半蒯 lǎo bàn kuǎi 半大老婆子。含有贬义。

【例句】老赵家那老半蒯整天给人保媒拉纤，还真挺热心！

老娘们 lǎo niáng menr 泛指已婚或年龄偏大的妇女。含有贬义。

【例句】就你们这些老娘们儿，也敢和我叫板？又如那帮老娘们儿，一个比一个厉害，惹她们干什么！

老爷们儿 lǎoyémenr 泛指已婚、也指未婚的成年男子。与"爷们儿"不同。含有贬义。

【例句】广场上跳舞的人可真多，但老娘们儿多，老爷们儿少！又如那帮退休的老爷们儿，什么嗑儿不敢唠？

老姑娘 lǎo gū niang ①对排行最小的女儿的昵称。②对已达到已婚年龄而未婚的成年妇女的戏称。

【例句】①丫蛋儿是老赵家的老姑娘，惯得不成样子。②呦！那可是个老姑娘，大概四十出头了吧？

老闺女 lǎo guī nǚ 同"老姑娘"。

【例句】老闺女，放学了？老闺女，给爹拿瓶酒来！

老伴儿 lǎo bànr 年纪较大的老夫妻互相称老伴。

【例句】我老伴最近经常犯心脏病！又如介绍一下，这是我老伴儿！

老眉卡哧眼　lǎo méi kā chī yǎn　形容人长得眉毛发白、眼皮下垂、一副老态龙钟样子。诙谐性用语。

【例句】这老黄头老眉卡哧眼的，还找什么媳妇！

老实巴交　lǎo shi bā jiāo　形容人老实忠厚，守规矩而胆小。

【例句】你看他一副老实巴交的样子，还想做大买卖？

老猪腰子　lǎo zhū yāo zi　形容人很有主意，很有主见，非常固执。含有贬义。

【例句】赵三可真有老猪腰子，劝了半天也不动心！

老牛赶山　lǎo niú gǎn shān　形容办事或工作缺少计划，没有章法。

【例句】这工作是怎么做的，老牛赶山似的，也没个章法！

老乜儿　lǎo miēr　最末一个，最小一个，意思同"老疙瘩"。

【例句】他家共有 4 个孩子，四狗子是老乜儿！又如学校百米竞赛，我跑了个老乜儿！

老面兜儿　lǎo miàn dōuer　本意是熟透了的瓜很面，引申为比喻性格软弱缺乏斗争性的人。含有贬义。

【例句】我二叔就是个老面兜儿，谁也不敢得罪！又如电视连续剧《樱桃红》中的老乐简直就是个老面兜儿，一点反抗精神都没有，任凭荷花娘俩儿欺负！

老畜儿　lǎo tǎnr　指河北昌黎、栾县、乐亭一带有地方口音的人。

【例句】著名表演艺术家赵丽蓉是个老畜儿，一口老畜儿话！

老铁 lǎo tiě ①莫逆之交，关系特别好，也称"铁哥们儿"。②老相好的。

【例句】①都说我和李海是老铁，一点不错！②那是我的老铁，已经好几年了！

老铁加焊锡 lǎo tiě jiā hàn xī 形容人与人之间的关系非常牢固、牢不可破。

【例句】我们的关系是老铁家焊锡，不是你几句话就能破坏了的。

老外 lǎo wài ①外行。②外国人。

【例句】①火箭和飞船可不是一码事儿，你这就老外了！②村里来了一群老外，惹得许多人围观。

老人儿 lǎo rénr "人儿"突出"儿"音。不是传统意义中年龄较大的"老人"，而是①曾在此地居住过已离开此地的人。②曾在此地工作过已经离开此地的人。③曾在此单位工作过已经离开这一单位或在一个单位工作时间较长的人。

【例句】①我可是这里的老人儿了，20几年前我在这里住了十几年呢！②你得算这里的老人儿了，那时候我们还上小学呢！③你是单位的老人儿了吧，在这里工作多少年了？如今老人儿已经不多了！

老尿泥 lǎo niào ní 指生活作风不正经的老年男人。含有贬义。

【例句】别看岁数大了，其实就是个老尿泥！

老蔫儿 lǎo niānr 对性格内向、沉默寡言、不善言语的人的戏称。含有贬义。

【例句】那个三棍子也打不出一个闷屁的老蔫儿，你还敢指望他啊？

老油条 lǎo yóu tiáo 对办事儿非常圆滑、老于世故的人的戏称。含有贬义。

【例句】村长刘光贵简直就是个老油条，办事儿太圆滑了，见什么人说什么话，什么人也不得罪！

老皇历 lǎo huáng lì 旧的、传统的规矩、规定或约定俗成的作法。含有贬义。

【例句】如今是时尚社会，你们那些老皇历早就过时了！又如你说的那些都是老皇历了，谁还能记得？

老云接驾 lǎo yún jiē jià 指夕阳落入正在升起的黑云中，预示有大雨。

【例句】农谚说：老云接驾，不阴也下。

老把头 lǎo bǎ tou ①传说中挖山参和打猎人的保护神。②挖人参人的带头人。③对上山打猎采摘的人的尊称。

【例句】①这次上山可别忘了拜拜老把头！②你就带我们去挖参吧！你就是老把头！③张把头，今天上山有什么收获呀？

老板儿 lǎo bǎnr ①赶车人。②买卖人，生意人。

【例句】①赶车老板儿一般都会讲浑嗑！②宋老板儿，最近买卖怎么样？

老八板儿 lǎo bā bǎnr ①拘谨守旧，墨守成规。②拘谨守旧的人。

【例句】①现在是时尚社会，你们那套儿老八板儿早就行不通了！②老一辈人大多都是老八板儿的人，早就被社会淘汰了！

老天拔地 lǎo tiān bá dì 形容人长得非常老，专指年龄比较大的老人。讽刺性用语。

【例句】你这么大岁数了，老天拔地的，还专程跑到北京去看奥运会？又如老天拔地的，别有什么指望了，过一天算一天吧！

老抱子 lǎo bào zi ①正在孵鸡雏的老母鸡。②像老母鸡护小鸡崽一样偏爱子女或部下。

【例句】①咱家那老抱子整天趴窝，正在孵小鸡呢！②你怎么就像一个老抱子呢，两个孩子一个也舍不得放出去！

老倒子 lǎo dǎo zi 没见过世面、孤陋寡闻的人。含有贬义。

【例句】你这个老倒子，刚一进城就蒙了！

老斗 lǎo dǒu 同"老倒子"。

【例句】进城后闹了不少笑话，真是个纯粹的老斗！

老饭粒儿 lǎo fàn lìr 戏称老年人饭量大，越老越能吃。讽刺性用语。

【例句】你这个老饭粒儿，这么大年纪了还能吃一大碗饭！

老娘婆 lǎo niáng pó 也称"老牛婆"。民间接生婆。

【例句】孩子快生了，还不赶紧去接老娘婆！

老色儿样儿 lǎo shǎir yàngr 形容人长相或外表很难看样子。讽刺性用语。

【例句】就咱这土里土气的老色儿样儿，也能当选人大代表？

老秃牙子 lǎo tū yá zi 戏称年龄较大的老年人即"老家伙"。讽刺性用语。

【例句】你这个老秃牙子，牙都掉没了，还赶什么时髦？

老钱锈 lǎo qián xiù 小气鬼，吝啬鬼。讽刺性用语。

【例句】你真是个老钱锈，老爹病了，分文不出，一分钱能攥出水来！

老底儿 lǎo dǐr ①隐秘的内情、底细。②积蓄。③基础。

【例句】①你再一意孤行，看我不把你那点儿老底儿全给你抖搂出来！②我就这么点儿老底儿，借给你我连过河钱都没有了！③俗话说，寡妇生孩子 —— 有老底儿！

老脸 lǎo liǎn 脸面，面子。

【例句】如果你不答应，让我这张老脸往哪儿放啊！

老辈子 lǎo bèi zi 泛指前辈。

【例句】这是老辈子的规矩，应该改一改了！又如老辈子人都是这么过来的，我们怎么不行？

老猫房上睡，一辈传一辈 lǎo māo fáng shàng shuì，yī bèi chuán yī bèi 形容一代一代传下来、代代相传的传统做法或习惯。

【例句】俗话说，老猫房上睡，一辈传一辈。你们这样对待爹妈，将来你的儿女会怎么对待你们呢？

老小孩儿 lǎo xiǎo háir 形容上了年纪的老人就像顽皮淘气的小孩子一样，处世幼稚而不可理喻。

【例句】咱家老爷子近几年就像老小孩儿一样，不顺着点儿可不行！

老小孩儿小小孩儿 lǎo xiǎo háir xiǎo xiǎo hair 同"老小孩儿"。

【例句】老人嘛，老小孩儿小小孩儿，咱们还真不能和他一般见识啊！

唠 lào 说闲话，闲唠嗑，含有亲切味道。

【例句】哎！你俩唠什么呢？唠得这么近乎！

唠扯儿 lào cher "扯"字发短促轻音。闲谈，聊天。

【例句】今晚咱俩住在一起，好好唠扯唠扯儿！

唠嗑儿 lào kēr 同"唠"。

【例句】电视小品《昨天·今天·明天》小崔台词：就像你们东北，坐在炕头上唠嗑儿！

烙 lào 像烙饼一样上下翻动，引申为很热、很烫。

【例句】这炕烧得太热，直烙屁股！

烙饼 lào bǐng 比喻反复不定，翻来覆去。

【例句】怎么这政策就好象烙饼，说变就变？

捞 lào "捞"读 lào，下同。①拖拽。②拽动。

【例句】①孩子太气人，捞过来就打了一顿。②把那捆葱给我捞过来！

捞忙 lào máng 不图报酬自愿帮助别人的人。多指为红白喜事自愿帮忙者，主要帮忙者称为"捞头忙"。

【例句】几天不见，你忙些什么呢？也没什么大事儿，这几天到老张家捞忙去了！

捞不动腿 lào bú dòng tuǐ 因某种事物吸引而恋恋不舍、不愿离开。

【例句】那小子就是个老色鬼，见了漂亮女人就捞不动腿！

落架 lào jià "落"读 laà，下同。①失去往日的威风。②房屋倒塌。

【例句】①王老五落架了吧，再也神气不起来了！②房子都烧落架了，片瓦无存！

落地 lào dì ①接触地面。②物体落在地面。③婴儿出生。

【例句】①脚崴了好几天了，到现在还不敢落地呢！②果树上的水果结得太厚了，不少果都落地了！③孩子刚一落地，就大声哭起来，大家久悬的心终于放下来了。

落脚 lào jiǎo 稍作休息、停留、暂住。

【例句】他叔，再来到我家落落脚，咱们好好唠唠家常！又如人太多了，连落脚的地方都没有。

落汗 lào hà 消汗。

【例句】先坐下，落落汗，歇歇脚再吃饭！

落病 lào bìng 因故生病后遗留下病根。

【例句】谢大脚说：刘能你咋了，还叉个腰，挺个大肚子，你怀孕了？别落下毛病啊！

落锅 lào guō 饺子等食品煮时间长了而使食物落到锅底或化到锅里。

【例句】饺子都煮落锅了，赶快捞！又如快起锅，否则就落锅了！

落幌 lào huǎng 旧时各种商业店铺都挂有不同的幌子以区分店铺的性质并招揽顾客，今已不多见。"落幌"即摘下幌子闭店歇业。

【例句】饭店早落幌了，还总有人来喝酒吃饭！

落项 lào xiang "项"字发短促轻音。①不正常或意外得到的收益或好处，主要指金钱和物品。②为他人帮忙后得到的报酬。

【例句】①帮他干了一秋天，结果一点落项都没有！②你这次下去检查工作，落项不少吧？

落滚儿 lào gǔnr 开水沸腾后停止翻滚。

【例句】等水落滚了再沏茶，这样的水沏出的茶才好喝！

落炕 lào kàng 因病久卧在床，不能起炕。

【例句】张老汉已经病了很长时间，如今已经落炕了。

落套 lào tào ①衰落，没有能力。②失势，没有了官职或权利。含有贬义。

【例句】①这趟买卖可把我输落套了，不仅没挣钱，还赔了个惨！②那小子平时威风八面，不可一世，怎么样，这回落套了吧，没章程了吧？

落尾 lào wěi 直到最后，末尾。

【例句】电视剧《敌营十八年》中，地下工作者江波的真实身份落尾也没暴露。

落枕 lào zhěn 睡觉时因枕头不合适或睡姿不对而使脖子疼痛，转动不便。

【例句】昨天不小心睡落枕了，脖子现在还疼呢！

落忍 lào rěn 多使用否定式即"不落忍"。心里过意不去，不忍心。

【例句】我这么点小病，领导都来看望，心里真有点不落忍！

落头儿 lào tour "落"字发重音，"头儿"发短促轻音并突出"儿"音。为人做事儿后得到的好处。

【例句】这事儿肯定有落头儿，你就放手去干吧！又如这事儿要没有落头儿，她能去干哪？

落埋怨 lào mán yuàn 热心为他人办事儿没有办成反而给别人留下怨言或不满。

【例句】我费劲巴力地忙了好几天，没得到什么好处，倒落卜埋怨了！

落话把儿 lào huà bàr 被抓住把柄、留下把柄。

【例句】你这么办，不给人留下话把儿了吗！

肋脦 lē de 也说"嘞得"。①形容人举止或穿戴不整齐、不整洁、不利索。②形容各种举止或穿戴不整齐、不整洁、不利索的肋脦人。

【例句】①你怎么一天肋肋脦脦的，没一点利索劲儿！又如吴俊升从小肋肋脦脦惯了，几天不洗脸是常事。！②如今的大学生，很多人就像个肋贼兵，宿舍就像个猪圈！又如肋贼鬼、肋贼神等。

嘞嘞 lē le 也说"胡嘞嘞"。第二个"嘞"字发短促轻音。信口胡说，没完没了地说。

【例句】别听他胡嘞嘞！不定又嘞嘞出什么浑嗑来呢！

乐 lè 任凭，随便。

【例句】谁乐去谁去，反正我不去。又如就这活儿，乐干不干！

乐不得儿 lè bu dér ①巴不得，正中下怀，正是心中所想。②很满意的样子。

【例句】①不让我去，我还乐不得儿呢！②给孩子两元钱，孩子乐不得儿走了。

乐呵 lè he "呵"字发短促轻音。①高兴，快乐。②娱乐，游戏。

【例句】①电视小品《捐助》中赵本山饰演的钱大爷说："那什么，乐呵点儿！"白闹说："我还乐呵？我保证不哭行不？"②都说歌厅好玩儿，哪天咱们也去乐呵一把！

乐子 lè zi ①笑话，惹人发笑的事。②自找乐趣。

【例句】①真有乐子，赵春安竟把日本特务当成了自己妹妹。②退休了，没什么事干，自己找乐子呗！

乐意 lè yì 愿意，同意。

【例句】他让我去歌厅唱歌，还得看我乐意不乐意呢！

乐颠馅儿 lè diān xiànr 形容人兴高采烈、非常高兴的样子。含有贬义。

【例句】听说买家用电器国家还给补贴，可把他乐颠馅儿了，连忙买了一台电脑。

乐滋儿滋儿 lè zīr zīr 两个"滋儿"均突出"儿"音。形容人心里美滋滋儿的，特别高兴、愉悦。

【例句】手捧着儿子考上清华大学的录取通知书，心里乐滋儿滋儿的看个没够！

勒 lēi "勒"读 lēi，下同。①不搭理，不予理睬。②瞎说，胡说。③系，扎。④憋，抓。⑤敲诈。⑥捆扎。

【例句】①你不理我，我还不稀得勒你呢！②你别再那儿胡勒了，小心闪着舌头！③头上勒条白毛肚手巾。④咱玩个游戏"勒王八"吧！⑤这哪里是求人办事儿，纯粹是勒人！⑥使劲儿勒一勒，别让他跑了！

勒扯 lēi che "扯"字发短促轻音。不停地说话。

【例句】那人就是个话痨，有事儿没事儿整天价勒扯，也不知个累！

勒吃 lēi chi "吃"字发短促轻音。胡编乱造，编造事实。

【例句】真话好说，假话难编，再能你也勒吃不圆！

勒掯 lēi ken "掯"字发短促轻音。故意刁难人、难为人。

【例句】不给好处费就不给盖章，这不明摆着勒掯人吗！

勒大脖子 lēi dà bó zi 敲诈，勒索，敲竹杠。

【例句】一个指标就两千元，这不是勒大脖子吗？

擂 léi ①用手打。②整，弄。

【例句】①再不听话，别说我擂你！②就这俩儿钱也去耍钱，几把不就擂进去了！

累堆 léi dui "累"字读 léi，下同。"堆"字发短促轻音。身上的肥肉耷拉成堆。

【例句】瞧！你胖得下巴颏的肉都累堆下来了！

累掯 léi ken "掯"字发短促轻音。在生活上刻薄自己。

【例句】没办法，孩子多收项少，大人只好累掯着点儿！

累 lěi "累"读 lěi，下同。①有瘾，有癖好。②困难，苦难。

【例句】①又抽烟又喝酒，你可你真有那口累！②你孩子多，又有老人，日子累得够戗！

累巴累掖 lěi ba lěi yè 受苦受难，吃尽苦头。

【例句】孩子她娘累巴累掖一辈子也没享着福。如今日子好过了，她也去世了。

胁巴 lèi bā ①也称"肋巴条""肋巴扇儿"。即胁骨。②非常多。

【例句】①数数伤了几根胁巴？②拉的一屁股两胁巴饥荒，什么时候才能还完呢？

胁巴扇子 lèi bā shàn zi 胸部的侧面。

【例句】把猪胁巴扇子砍开，收拾好卖胁条骨！

楞扽 lēn den "楞"读 lēn。"扽"字发短促轻音。拖延。

【例句】这事儿老这么楞扽着也不像话呀！还得抓紧办！

扔 lēng "扔"读 lēng，下同。①遗留，撇下。②死的代名词。

【例句】①她一死，扔下仨孩子谁抚养？②老宋家的小病孩儿到底扔了，真可惜了了！

扔头 lēng tou 损耗。

【例句】这筐桃儿烂得多，扔头可不小！

扔货 lēng huò 毫无价值的人或物。含有贬义。

【例句】你进的这些货全都是扔货，一钱不值！又如你这个扔货，怎么这么笨呢！

扔给儿 lēng geir "扔"读重音，"给儿"读短促轻音并突出"儿"音。形容不务正业、游手好闲的人。有时也用于人的外号。含有贬义。

【例句】赵老四那个扔给儿，一天到处游游逛逛，什么正事儿也没有！又如吆！这不是王扔给儿吗？这几天在哪儿玩儿呢？

睖睖眼儿 léng leng yǎnr 眼睛向上挑，一种不满意的一种眼神。

【例句】批评你几句，你别睖睖眼儿不满意！

睖瞪 léng deng "睖"读 léng，"瞪"字发短促轻音。①狠狠瞪一眼，表示生气或有怨气。②发呆，走神。

【例句】①一听这话，她睖瞪了一眼，一声不吭，扭头就走了。②这傻小子，在这里发什么睖瞪？

冷丁儿 lěng dīngr 突然，出乎意料地。

【例句】人们冷丁儿从热闹的房屋走利索了，一个人也没有了，小屋显得空荡荡、冷清清的。

冷不丁 lěng bù dīng 冷不防，突然地，出乎意料地。

【例句】冷不丁闯进一个人来，吓我一跳！

冷待 lěng dài 慢待。

【例句】可不能冷待了客人啊！

冷拳 lěng quán 乘人不备出拳打人。

【例句】冷拳打人算什么英雄好汉！

冷风号天 lěng fēng háo tiān 也说"冷风寒天"。形容天气特别寒冷。

【例句】这冷风号天的，你不在家里待着，还到哪里去啊？

愣 lèng ①意外，突然。②出色。③竟，偏。④稍等。⑤欠火候。

【例句】①这事儿愣让我吃了个哑巴亏！②越干越愣，竟不知天已经亮了。③你看这人，人不出众，貌不压人，愣娶了个漂亮的媳妇！④先别走，再愣一会儿！⑤这鸡还得再煮一会儿，有点愣！

愣神儿 lèng shénr 发呆，发楞，走神。

【例句】一楞神的功夫，他就不见了！

愣头青 lèng tóu qīng 也说"青头愣"。鲁莽的小伙子。含有贬义。

【例句】那小子就是个愣头青，办事儿靠不住！

愣头愣脑 lèng tóu lèng nǎo 形容人性格非常鲁莽，办事儿说话粗鲁、冒失，毫无教养。含有贬义。

【例句】愣头愣脑的，你这是干什么？

愣头巴脑 lèng tóu bā nǎo 同"愣头愣脑"。

【例句】张嘎子就是个愣头巴脑的机灵鬼，一肚子鬼主意。

愣眉愣眼儿 lèng méi lèng yǎnr 使人摸不着头脑，不知所措。

【例句】一句话把大家说得愣眉愣眼儿的，一时竟不知说什么好。

愣冲 lèng chōng 粗野，粗鲁。

【例句】谁又惹着你了，到这里耍愣冲？

愣实 lèng shi 有些鲁莽，也有股闯劲儿。

【例句】这小伙儿挺愣实，有股闯劲儿！

哩哏儿楞儿 lī genr lēngr "哏儿"拉长音并突出"儿"音，"楞儿"拉长音并突出"儿"音。虚伪或不实在的话或行为。诙谐性用语。

【例句】有话实说，别给我扯那个哩哏儿楞儿！又如少来那个哩哏儿楞儿，到底是怎么回事儿？给我说实话！

哩哩啰啰 lī lī luō luō ①形容所带的物品非常多，非常琐碎。②形容人说话啰啰嗦嗦，絮絮叨叨。

【例句】①你这是干什么去啊，哩哩啰啰带了这么多东西？②她哩哩啰啰地说了一大堆，我什么也没听懂！

离股儿 líɡǔr 绳子破劲后，各股线松散分离。

【例句】这条绳子已经离股了，不能再用了。

离骨儿 líɡǔr 肉与骨头相分离。

【例句】羊肉都烀过劲儿了，都离骨了！

离核儿 lí húr "核"读 hú。果肉与果核分离。

【例句】血桃已经熟透了，已经离核儿了！

离娘肉 lí niáng ròu 东北地区习俗（详见本书《专用名词·生活习俗》）

【例句】老头子，别忘了给孩子准备明天用的离娘肉！

离手 lí shǒu 小孩长到一定年龄，可以不用家长几乎寸步不离的呵护了。

【例句】我那小子5岁多了，总算可以离手了！

离格儿 lí gér 说话或办事儿不讲原则或不符合标准。

【例句】虽然大家都理解你，但你也不能太离格了！

离谱儿 lí pǔr 偏离主题，偏离方向，偏离了人们的期望或愿望。与之相反的是"靠谱"。

【例句】这事儿办得真有些离谱儿了，难怪大家都有想法！

漓漓拉拉 lí li lā lā ①断断续续。②不断流洒。

【例句】①住宅楼发生凶杀案，血迹漓漓拉拉一直延续到楼房北边的小树林。又如说好10点钟准时开会，如今都10点半了，漓漓拉拉也没来几个人！②汽车油箱漏油了，漓漓拉拉洒了一地。

漓拉歪斜 lí la wāi xié 形容人东倒西歪，走路不稳。含有贬义。

【例句】你腿脚不利索，走路漓拉歪斜的，就别去了！又如看你这字儿写的，漓拉歪斜的就象蚂蚁爬！

沥了啷嘡 lí la lāng tāng "沥"读lí。形容液体在容器里晃晃荡荡几乎漾出来或微微漾出来。

【例句】小心点儿，沥了啷噹的，别洒一地！又如怎么整的，沥了啷噹地洒得到处都是。

里外里　lǐ wài lǐ　①总共，共计。②情况不同而结果相同。

【例句】①里外里也就一千块钱，够不够就是他了！②里外里也就是个死，还能怎么着？又如里外里也就是这么回事儿，随他去吧！

里外拐　lǐ wài guǎi　划清或分清方向、是非、远近、亲疏。

【例句】你这人怎么分不开里外拐？又如我怎么能分不开里外拐去帮助别人呢？

里打外算　lǐ dǎ wài suànn　精打细算，全部计算在内。

【例句】今年收成不好，里打外算，全年收入也不过万把块钱！

里城人　lǐ chéng rén　沈阳市以西锦州一带旧称里城，因此东北人习惯称这一带人为里城人。

【例句】这里原来荒无人烟，里城人来了以后建立了村屯才有人烟。

里倒歪斜　lǐ dǎo wāi xiē　①形容建筑物不齐整而有些歪斜。②形容人因故站立不稳。

【例句】①这道墙怎么砌的，里倒歪斜的，马上返工！②喝了多少酒啊，里倒歪斜的，快回家吧！

里外发烧　lǐ wài fā shāo　①形容办事儿不利索，拖泥带水。②形容物品里外都脏。

【例句】①这事儿叫你办得里外发烧，拖泥带水。②被面子都里外发烧了，快洗一洗吧！

里挑外撅 lǐ tiǎo wài juē 搬弄是非，制造磨擦，挑起事端。含有贬义。

【例句】要不是这小子里挑外撅，事儿早办成了！有歇后语说，连面胡子吃炒面 —— 里挑外撅。

里出外进 lǐ chū wài jìn ①形容物体很不整齐。②形容人出出进进，多而杂乱。

【例句】① 呦！这墙是怎么砌的，里出外进的！②婚礼那天，里出外进的都是人，真叫个热闹！

里面儿三新 liǐ wài sān xīn 也说"里外三新"。形容衣服或被褥里外布和中间的棉花都是新的。

【例句】那时候生活多困难，能穿套里外三新的棉袄都不容易。又如闺女就要出门子了，怎么也得做几套里外三新的被褥啊！

里三层外三层 lǐ sān céng wài sān céng 形容人非常多，四周密密麻麻围满了人。

【例句】《本山快乐营》来镇上演出，远近乡亲们都来了，里三层外三层，把舞台围得满满的。

理论 lǐ lun 不是普通话中的"理论"，而是研究、辩论之意。

【例句】不行，这事儿去非得找村长理论不可！又如这事儿非得理论理论不可，不能就这么定了！

立马 lì mǎ 立刻，马上。

【例句】只要你一句话，我立马就到！

立爽　lì shuɑng　完结，终结。

【例句】孙子长大了，我们老辈的也就快立爽了！

立正了　lì zhèng la　老实了，服从了。

【例句】小乌纱帽给你摘掉了，这回立正了吧？

立事儿　lì shìr　形容小孩子刚刚长大，已经成人，有了独立行为能力。

【例句】你都这么大了，也应该立事儿了，别让当妈的再操心了！

立刻亮儿　lì ke liāngr　"亮儿"读平声拉长音并突出"儿"音。立刻，立时，马上。

【例句】这么一说，我的火儿立刻亮儿就撤下去了！

立规矩　lì guī ju　旧时的规矩新媳妇在长辈面前只能站立而不能坐。引申为站立不动。

【例句】你在那儿立规矩呢？赶快坐啊！

立陡立崖　lì dǒu lìyá　形容山势十分陡峭。

【例句】这山势立陡立崖的，看着都眼晕！

利索　lì suo　"利"发重音，"索"发短促轻音。①彻底。②完事，结束。

【例句】①大病一场，如今病已经好利索了。②出国旅游一趟，手中的钱也花利索了。

利索儿　lì suōr　"利"字发重音，"索儿"读平音拉长音并突出"儿"音。干干净净，彻彻底底。

【例句】把东西收拾利索儿的，别丢三落四的！又如把事儿办得利索儿的，别叫别人抓住什么把柄！

利整 lì zheng　"利"字发重音，"整"字发短促轻音。利落整齐。

【例句】今天去会亲家，你穿利整点儿！又如快去！把屋子收拾的利整点儿，一会儿客人就到了！

利整 lì zhēng　"利""整"两字读平音并拉长音。①齐整，板整。②讲究，利索。

【例句】①赶快把屋里收拾利利整整的，一会儿客人就到了！②明天去广州参加广交会，你可得给我打扮得利整的！

利手利脚 lì shǒu lì jiǎo　也说"轻手利脚"。形容没有任何负担、牵挂。

【例句】你一个人利手利脚的，又有工资，再找个对象可不难！

力巴 lì ba　"巴"字发短促轻音。①外行，不熟练。②外行人。

【例句】①别看你是个焊工，要说电弧焊，你可是力巴！②我学的是内科，对治疗脑病我可是个力巴！

力道 lì dao　"道"字发短促轻音。效力。

【例句】野山参生长年头越多，力道就越大。

俩 liǎ　两个人，我们俩。

【例句】我俩还有什么说的？又如跟我俩还用客气？

俩半人儿 liǎ bàn rénr　零零星星几个人。虚指不是实指。

【例句】就来了这么俩半人儿，这会还怎么开？

俩不顶一个 liǎ bú dīng yī ge 形容人能力低、体力差。

【例句】就他？俩不顶一个，能行吗？

连恋 liān lian "连"读 liān 并拉长音，"恋"发短促轻音。形容很亲密地经常接触或联系人，主要指不正常的人。含有贬义。

【例句】那人可不是个物儿，你少跟他打连恋！

连桥 lián qiáo 两姐妹的丈夫互称连桥即"连襟"。

【例句】他大我小，我们俩是连桥！

连蹄 lián tī 动物脾脏。引申为要害、致命处。骂人语。

【例句】你把我惹急了，看我不要你的连蹄！

连向 lián xiàng ①紧接着。②顺势，就势，马上。

【例句】①他从部队转业后还没等分配工作，连向就去支援灾区去了。②他这么一说，老板连向就明白了乍回事儿！

连踪 lián zōng ①大火蔓延。②语句间不停顿。

【例句】①森林大火连了踪，一直烧到镇区。②你说话慢点，都连了踪了，听不出个数！

连裆裤子 lián dāng kù zi 引申为互相勾结，狼狈为奸。

【例句】为了各自的利益，张作霖和吴俊升两人暂时穿起连裆裤子，一起对付反叛的郭松龄。

连锅端 lián guō duān 全部解决、彻底铲除或转移。

【例句】公安机关不仅将黑社会头目绳之以法，还将打手和小头目全部抓获，将黑社会分子连锅端了！

连轴转 lián zhóu zhuàn 夜以继日，日夜不停。

【例句】为了抓获大毒枭，缉毒警察几天几夜连轴转，终于抓获了大毒枭，其他贩毒分子一并落网。

连笔字 lián bǐ zì 草体字。

【例句】你写的都是连笔字，我也认不出来啊！

连毛胡子 lián máo hú zi 脸颊和嘴周围长满了胡子即络腮胡子。

【例句】别看美国NBA几个球员都是连毛胡子，球打的是真好。

连汤水不涝 lián tāng shuǐ bù lào 形容人办事不利索，不干脆，拖泥带水。含有贬义。

【例句】瞧你这事儿办的，连汤水不涝的，净留尾巴！

连二大炕 lián èr dà kàng 两间或三间房子的炕连在一起的大炕。

【例句】昔日我们上山下乡插队落户当知青那旮，住的都是大炕，连二大炕住了十几个知青。

连跑带颠儿 lián pǎo dài diānr 形容因心急而快走加小跑。含有贬义。

【例句】这一路，连跑带颠儿的，总算赶到了。又如你这连跑带颠儿的，发生什么事儿了？

连蒙带唬 lián mēng dài hǔ 也说"连唬带蒙"。欺骗，蒙骗。含有贬义。

【例句】别听他的，连蒙带唬的，没有一句真话！

连宿搭夜 lián xiǔ dā yè 也说"连宿隔夜"。"宿"读xiǔ。①整宿整夜。②连续几天几夜。

【例句】①扑打大兴安岭大火时，上万人连宿搭夜地奋战在深山老林。②匪首"草上飞"被剿匪部队追得无处藏身，带领残部连宿搭夜地逃进了深山。

怜人肉儿 lián rén ròur　惹人喜欢的特别之处。

【例句】这孩子长得不算漂亮，可就是我的怜人肉儿！

敛巴 liǎn ba　"巴"字发短促轻音。收拢、聚拢在一起。

【例句】下雨了，快把晾晒的衣服收起来！又如奶奶把一些破旧布片儿敛巴敛巴做起了鞋垫。

脸膛儿 liǎn tángr　从额头到下巴。主要指人的脸色。

【例句】这人是红脸膛儿，是个热心肠的人！

脸盘儿 liǎn pánr　也说"脸庞儿"。人脸的形状、轮廓。

【例句】王云是个大脸盘儿，特征明显。

脸子 liǎn zi　脸色。

【例句】他不和你说话，就是给你个脸子看！

脸儿大 liǎnr dà　①不知羞耻。②不腼腆、不扭捏即大大方方。与之相反的是"脸儿小"。

【例句】①谢广坤脸儿可真够大的，什么场面都不怯场，什么场合都敢潮乎！②那疯丫头脸儿可真大，什么场合都敢唱上两嗓子！

脸儿小 liǎnr xiǎo　与"脸儿大"相反。①非常顾面子而不愿出头。②很腼腆，扭扭捏捏，不大方。

【例句】①丫头脸儿小，你就别难为她了！②那孩子脸儿小，肯定不能同意！

脸红脖子粗 liǎn hóng bó zi cū 形容人因情绪激动而红头涨脸的样子。

【例句】一听这话，谢广坤脸红脖子粗地吼道："这事儿绝对不是我干的……"

脸憨皮厚 liǎn hān pí hòu 形容人脸皮厚而不知羞耻。

【例句】电视连续剧《乡村爱情圆舞曲》中赵四可真是脸憨皮厚，捐出的钱还好意思要回来。

脸上挂不住 liǎn shàng guà bú zhù 因丢面子而不好意思脸上呈现羞愧之色。

【例句】电视连续剧《乡村爱情圆舞曲》中，赵四捐钱又向回要被儿子抢白，赵四脸上挂不住，竟同当村长的儿子争吵起来。

炼 liàn 燃烧物结成一体。

【例句】炉子里的煤都炼焦了！又如我看你就是油梭子（熬猪油的下脚料）发白 —— 短炼！

炼乎 liàn hu "乎"字发短促轻音。多指粥类熬得粘稠。

【例句】这粥熬得挺炼乎，多喝点儿！

练 liàn ①几件东西拴在一起。②练习，表演。

【例句】①赤壁之战，曹操把几条大船都练在了一起。②有本事练两手给我们看看！

练汤 liàn tāng 水米交融。

【例句】这粥练汤又柔软，真是好喝！

练汤儿 liàn tāngr "汤儿"突出"儿"音。连汤一起吃的面条，与之相对应的是清水煮面条即打卤面条。

【例句】今天中午吃面条，你是吃过水面还是吃练汤儿面？

练贫嘴 liàn pín zuǐ 耍贫嘴，喋喋不休的说话并含有幽默感。

【例句】他的外号叫张铁嘴，练起贫嘴来三天三夜也说不完！

恋乎 liàn hu ①亲密。②相亲相爱。

【例句】①探亲假到了，我还得在家恋乎几天再走！②那俩年轻人形影不离，整天恋乎在一起！

恋奶 liàn nǎi 婴儿长大了到了断奶期仍不肯断奶。

【例句】孩子长这么大了，怎么还恋奶呢！

恋堆儿 liàn duīr 恋群，喜欢与多人在一起。

【例句】我就喜欢恋堆儿，与大家伙说说笑笑真开心！

恋家 liàn jiā ①舍不得离开家。②想念家乡。

【例句】①你这么恋家，怎么去俄罗斯打工去啊？②我也是太恋家了，没等服役期满就闹着复原回家！

恋的乎的 liàn de hū de 形容粥类很粘稠。

【例句】新煮的大米绿豆粥恋的乎的，多喝点儿！

恋恋糊糊 liàn lian hū hū ①形容人与人之间感情非常深而亲密无间，整天在一起不分不离。②同"恋的乎的"。

【例句】①香秀与大国整天恋恋糊糊的，这使王天来非常恼火，故事不断。②大米粥熬得恋恋糊糊的真挺好喝。

炼汤 liàn tāng 同"恋的乎的"。

【例句】小米粥都煮炼汤了，粘的乎的，多喝点儿！

凉快儿 liáng kuɑir 不是普通话里的"凉快儿"，而是①闲呆着。②完蛋，完结。③冷落。

【例句】①这里没你什么事儿，哪凉快儿哪呆着去！②说得好好的，领导突然调走了，这事儿不凉快儿了吗？③屡屡犯错误，领导正凉快儿着他呢！

凉哇儿的 liáng wār de 也说"凉哇哇"。非常凉，很有凉意。

【例句】这大热的天，要有一口凉哇儿的井拔凉水喝喝，那该有多得儿！

凉食瓦块儿 liáng shí wǎ kuàir 形容食物非常凉，凉透了。

【例句】这饭菜凉食瓦块儿的，怎么吃啊，还是热一热再吃吧！

凉了吧唧 liáng la bā jī 形容食品或其他物品有些凉。

【例句】这粥凉了吧唧的，还是热粥好喝。又如塑料拖鞋凉了吧唧的，换双棉拖鞋吧！

良心叫狗吃了 liáng xīn jiào gǒu chī la 也说"良心喂狗了"。形容没有良心，缺乏公德。骂人语。

【例句】你良心叫狗吃了？你二叔对你这么好，因为一点儿家产你就起诉你二叔，你愧不愧啊？

量 liáng ①买，称。②拿棍打。

【例句】①给我量八尺花布！②再去泡网吧，看我不拿棍儿量你一顿！

两手 liǎng shǒu 本事，本领。

【例句】电视剧《李小龙传奇》中，日本跆拳道高手叫阵，李小龙给他们露了两手绝活 —— 寸拳！

两顶 liǎng dǐng 两相抵销，两不找。

【例句】你也不用还钱，帮我翻几天地，两顶了！

两掰 liǎng bāi 两分离，分手。

【例句】我们哥俩好的像一个人，几句挑拨离间的话就能让我们两掰呀！

两把刷子 liǎng bǎ shuā zi 本事，能力。

【例句】咱家都没什么本事，全凭你二叔这两把刷子支撑门面呢！

两岔儿 liǎng chàr 说话或办事与本意相反即出错了。

【例句】你怎么这么说？这话不说两岔儿去了吗？

两掺儿 liǎng chānr 两种不同的物品掺在一起。多指食品。

【例句】这发糕是两掺儿的，非常好吃，你不尝尝？又如中午吃大米小米两掺儿饭，多焖点儿！

两将就 liǎng jiāng jiu 两凑合，双方都能勉强接受或同意。

【例句】他同意卖，你同意买，你们俩就两将就吧！又如这事儿谁都不吃亏，我看就两将就吧！

两说着 liǎng shuō zhe 即可这样，也可那样，不能肯定，不能确定。

【例句】这事儿啊，还两说着，到底成不成，一点儿把握也没有。

两方世人 liǎng fāng shì rén 不是自家人，外人，路人。

【例句】吴俊升自小失去了母亲，是继母将他拉扯大，因此他从未把继母当作两方世人。

两下子 liǎng xià zi 能力，方法，办法。多用于否定语。

【例句】就你那两下子，也想挑战世界吉尼斯纪录？又如就我这两下子，还不够你喝一壶的？

两码事儿 liǎng mǎ shìr "风马牛不相及"的两回事儿。

【例句】电视连续剧《乡村爱情故事》中赵四说：那是两码事儿，这次主要不是给我儿媳妇办庆典吗？

两手攥空拳 liǎng shǒu zuàn kōng quán ①没有任何准备。②手中空空，即没拿任何礼物。

【例句】①我现在是两手攥空拳，你让我怎么办啊！②大过年的去串门，两手攥空拳，怎么去啊？

两眼一抹黑 liǎng yǎn yī mā hēi "抹"读mā并拉长音。人生地不熟或对新生事物不熟悉、不理解。

【例句】这地方我两眼一抹黑，让我找谁去？又如到国外旅游，两眼一抹黑，全凭导游讲解介绍。

两脚不沾地 liǎng jiǎo bù zhān dì 形容忙得两脚都不沾地。夸张性用语。

【例句】嗨！别提了，每天忙得两脚不沾地，也挣不了几个钱儿！

俩好儿嘎一好儿 liǎ hǎor gá yī hǎor "嘎"读gá。共同努力，彼此争取对方的好感。

【例句】咱俩是俩好儿嘎一好人，用不着别人插手！

亮底儿 liàng dǐr ①公开底细。②看到希望。

【例句】①我给你亮亮底儿，我有一件儿宝物，从未给外人看！②工程马上就亮底儿了，还希望大家再加一把劲儿！

亮摆 liàng bai "亮"字发重音，"摆"字发短促轻音。显摆，显示，炫耀。

【例句】警察把警官证一亮摆，犯罪份子束手就擒。

亮膘 liàng biāo ①有意显示肥胖或强壮的裸体身躯。②脱衣服睡觉。均为讽刺性用语。

【例句】①这么冷的天，你脱光衣服亮的什么膘啊！②天还没黑，他就吹灯亮膘了。

亮气 liàng qi "气"字发短促轻音。胸怀宽广。

【例句】电视剧《走西口》中，梁满囤是个抠抠搜搜没个大亮气的人。

亮眼子 liàng yǎn zi 明处，关键处。

【例句】咱们当面锣对面鼓，有话说到亮眼子处！

亮翅儿 liàng chìr 也叫"乍翅儿"。比喻不自量力的妄动。

【例句】武术的学问深着呢，你刚刚学点皮毛本事就想亮翅儿啊！

量呛 liàng qiàng 够呛，难料。

【例句】这项任务很艰巨，你有把握吗？我看量呛！

晾干儿 liàng gānr 弃之不管，主要指大家都离开只剩他一人。

【例句】你们不管都走了，不把我一个人晾干儿了吗？

撩 liāo ①用工具连续舀水。②睁开，抬眼皮。

【例句】①水都流进屋了，赶快把门口的积水撩一撩！②我说了半天，她眼皮都没撩一下！

蹽 liāo ①快步走，跑。②溜，借机快步走开。③凑，聚。④搁，放在。

【例句】①全校就数你蹽的最快！②事儿没办完，怎么蹽了呢？③有事儿没事儿反正你俩总往一块儿蹽！④我的手机蹽哪儿去啦？

蹽杆子 liāo gān zi 逃跑，逃走。含有贬义。

【例句】听到解放军的枪响，那帮土匪早蹽杆子了！

撩 liáo 撩，读 liáo，下同。①用手轻轻拨弄。②往上加。③挑逗，招惹。

【例句】①她用手轻轻撩了一下头发。②考艺术院校考术科考了 59 分，老师给我撩了 1 分，刚好及格！③不是她撩我，我也不会急眼啊！

撩理 liáo li "理"字发短促轻音。引诱，挑逗。

【例句】他那么个聪明人，你还想撩理他啊？

撩哧 liáo chi "哧"字发短促轻音。挑逗人。

【例句】她跑到这儿撩哧人，骂一句就跑开了！

撩闲 liáo xián ①闲来无事主动逗别人开心。②主动挑逗他人。贬低性用语。

【例句】①该忙啥忙啥去，少来撩闲！②看把你闲的，没事儿撩闲玩儿！

撩扯 liáo che "撩"字发重音，"扯"字发短促轻音。①招惹。②挑逗。含有贬义。

【例句】①你不要撩扯他，他急眼了谁都打！又如谁撩扯你了？怎么哭成这样？②他总去撩扯我媳妇，我能不急眼吗？

撩势 liáo shi "势"字发短促轻音。挑逗，惹事。含有贬义。

【例句】孩子，到北京上大学可别撩势别人，千万别惹祸！

撩人儿 liáo rénr 吸引人，吸引人的眼球。

【例句】这姑娘虽然穿得一般，但那长相可挺撩人儿！

撩骚 liáo sāo ①调情，打情骂俏。②招惹人。贬低性用语。

【例句】①玉珍这人作风不好，到处撩骚！②你稳重点儿，别到处撩骚！

燎 liǎo ①用火烧。②用烟熏。③用火苗慢慢烤。

【例句】①一把火把房子燎着了！②雪白的房子被烟燎得黑漆燎光的！③把猪头燎一燎！

燎锅底儿 liǎo guō dǐr ①东北地区习俗，搬入新居后要宴请客人。②比喻事情到了紧急时刻。

【例句】①明天中午，都到我家燎锅底儿！②现在不用我，过几天燎锅底儿还得找我！

燎 liǎo 用火熏、烧，使物品表面焦糊。

【例句】今天是二月二，把猪头燎一燎烀猪头。又如水壶都叫火燎黑了，快擦一擦。

燎嘴　liǎo zuǐ　烟或水太热有些烫嘴使嘴有灼热感。

【例句】这烟不好抽，有点燎嘴！

了局儿　liǎo júr　完结，了结，彻底结束。

【例句】今天的事儿绝不算了局儿，一定要找机会报仇！

了账　liǎo zhàng　比喻事情完结、了结、了事。

【例句】既然这样，咱们今天就算了账，过去的事儿既往不咎！

尥　liào　马、驴、骡等大牲畜两条后腿齐向后踢。

【例句】小心点，这匹马最爱尥蹶子！

尥高　liào gāo　撒欢。一种兴高采烈的表示。

【例句】听到考上大学的消息，我尥高往家跑！

尥蹶子　liào juě zi　①同"尥"。②形容因极度高兴而连跑带跳的样子。含有贬义。

【例句】①小马驹儿跟在车后又撒欢又尥蹶子。②听到当兵的叔叔回来探亲的消息，放学铃一响，他尥蹶子向家跑！

料　liào　①材料。②锯口。

【例句】①那人有真本事，别说当局长，就是当市长也够料！②这把锯没料了，得赶快掰一掰！

略么　liào mo　"略"读 liào，下同。稍微，略微。

【例句】就你这身材，我看打蓝球还略么差点儿！

略许　liào xǔ　稍微。

【例句】我这身体太差，略许着点儿凉就感冒发烧！

撂荒 liào huāng ①熟地不种使之荒芜。②闲置不用。

【例句】①你村头那块地撂荒几年了！②你有这身手艺不用，还等着撂荒啊？

撂挑子 liào tiāo zi ①放弃自己的责任。②放弃承担的任务。

【例句】①你得保证，关键时刻你可不许撂挑子！②假如你说话不算话，别说我给你撂挑子！

撂下脸 liàoxiàliǎnr 脸上出现不高兴或不满意的表情。与之相反的是"撂不下脸儿"。

【例句】听徐老蔫这么一说，谢广坤马上撂下脸儿来，要求马上召开会议讨论。

撂不下脸儿 liào bú xià liǎnr 不好意思，不好回绝，抹不开驳对方的面子。

【例句】徐老蔫实在撂不下脸儿来，只好答应谢广坤的无理要求。

咧咧 liē lie 第二个"咧"字发短促轻音。①乱说乱讲。②哭哭啼啼。

【例句】①没根没据的，胡咧咧什么？②快哄哄孩子，别让他咧咧了！

咧呵 liē he 口齿不清非正规地唱。

【例句】酒热耳酣之际，吴俊升咧开大嘴咧呵起东北小调《王二姐思夫》。

裂 liě "裂"读 liě，下同。①敞开。②外张。

【**例句**】①你看你也不系扣，裂着个怀儿，像个什么？②这花盆的口太裂，放花不好看！

裂合 liě he "合"字发短促轻音。同"裂"①。

【**例句**】一天裂合个怀儿，像什么样子？

裂瓜 liě guā "瓜"字发短促轻音。不端正，不周正。

【**例句**】这姑娘小时候挺好看，这几年怎么越长越裂瓜了？

裂歪 liě wai "歪"字发短促轻音。①形容人长得斜楞不正。②胡说，不负责任地乱说。③物品没有捆牢或质量不好而张开。④变形，失掉了原来的样子或模样。

【**例句**】①我得了面部神经麻痹症，整个脸都裂歪了！②就她那张嘴，还不得到处去给你裂歪去啊！③沙发质量不好，沙发腿儿都有些裂歪了！④这个大葫芦怎么长得裂歪了呢，样子忒不好看了！

裂喝 liě he "喝"字发短促轻音。嘴张开合不拢。

【**例句**】你别看他整天嘴裂喝着一副傻样，其实人并不傻，心眼儿可不少！

裂裂瓜瓜 liě liě guā guā 同"裂瓜"。

【**例句**】原来挺俊的小媳妇，生完孩子怎么变得裂裂瓜瓜的这么不好看！

趔 liě ①闪，甩。②撕开，撕破。

【**例句**】①用力一趔，把几个人都趔到一边去了。②把报纸趔开包书皮！

咧 liě 胡诌，没根据顺口胡说。

【例句】别听他没事儿胡咧，死人都让他说活了！

咧大膘 liě dà biāo 同"唻大膘"。信口胡说，说脏话。

【例句】东北"二人转"演出中，许多表演都是在咧大膘！

捌 liè 用力拽、拖。

【例句】别让他在这儿搅局，把他捌一边儿去！

列架子 liè jià zi 摆开阵势。

【例句】李小龙列了个架子，就等日本跆拳道高手前来进攻！

趔趔巴巴 liè liè bā bā 脚步蹒跚，行动吃力。

【例句】山高坡陡，趔趔巴巴总算爬上来了。

趔趔歪歪 liè liè wāi wāi 形容走路吃力走不稳的样子。

【例句】你看你，趔趔歪歪的能干点儿什么？

趔趔勾勾 liè lie gōu gōu 畏畏缩缩，十分害怕的样子。

【例句】我最怕上高，登机时，飞机快起飞了，我还趔趔勾勾不敢登机。

— 咧些 — liē xiē 词尾，表示情况的累赘、不利索。

【例句】你这大肚咧些的，还到哪儿去啊？又如看你这大鼻涕咧些的样子，都埋汰得没孩子样儿了！

拎 līn 提。

【例句】大雨过后，他和几个小伙伴儿每人拎个筐儿采蘑菇去！

拎 lín 拎，读 lín。抢。

【例句】前面塌方了，他拎起红衣服企图阻挡疾驰而来的火车。

拎搭 lín da ①抡。②摔摔打打，不满意的一种表示。

【例句】①他走得很快，两胳膊拎搭的可欢了！②有什么话就说，抡搭什么？

抡搭撇咧 lín da piě liě 摔摔打打，一副赌气的样子。

【例句】动不动就抡搭撇咧的，耍的是哪门子威风？

临完 lín wán 将要结束的时候。

【例句】你说倒霉不？临完临完，裤子上蹭了一大块油漆！

临穷末晚 lín qióng mò wǎn 直到最后，为时已晚。

【例句】临穷末晚你才来，早干什么去了？等你来，黄瓜菜都凉了！

临了儿 lín liǎor 一般重叠使用。"了儿"突出"儿"音。直到最后，最终。

【例句】临了儿临了儿你来了这么一手，你可真够阴的！

临末了儿 lín mò liǎor 同"临了儿"。

【例句】临末了儿你才来，你到底干什么去啦？

临时抓个垫背的 lín sǐ zhuā ge diàn bèi de 实在没办法的情况下临时采取紧急措施，目的是将自己开脱出来。

【例句】啊，临死前你还抓个垫背的，交不了差拿我顶缸！又如这小子临死前抓个垫背的，把责任都推到董事长身上了。

淋搭 lín da ①甩水。②下小雨。

【例句】①哎！小心点儿，你淋搭我一脸水！②外边大雨停了，小雨还有点淋搭！

檁子 lǐn zi ①皮肤皱起或肿起一条肉楞。②受伤后留下的一条条伤痕。

【例句】①长期抬木头，脖子后有一条长而硬的肉檁子。②严刑拷打后，革命者江姐身上留下一条条流血的檁子。

灵泛儿 líng fanr "泛儿"发短促轻音。非常灵活。

【例句】老爷子八十多了，腿脚还这么灵泛儿！

灵性 líng xing "性"字发短促轻音。非常聪明。

【例句】这小伙子真灵性，这么难的文章看一遍就会了！

灵巧 líng qiǎo 动作敏捷。

【例句】俗话说：你可真笨得灵巧！又如要不是身体灵巧躲得快，非让汽车撞上不可！

灵当幡儿 líng dng fānr "幡儿"拉长音并突出"儿"音。为死人送葬时由长子打的招魂幡儿。

【例句】给老人打个红色灵当幡儿吧，老人是高龄喜丧。

零揪儿 líng jiūr 零碎处理，一点点儿消耗。

【例句】5000块钱没有正用场，全部零揪儿了！俗话说，新媳妇放屁 —— 零揪儿。

零嘴儿 líng zuǐr 零食。

【例句】现在的孩子，吃得好，穿得好，零嘴儿也不断。

零碎巴拉 líng suì bā lā 零零碎碎的东西。

【例句】出远门别带那些零碎巴拉的东西，缺什么现买什么！

零碎儿巴五 líng suìr bā wǔ 零零碎碎的不值钱的、不重要的东西。

【例句】现在什么东西都不缺，出远门零碎巴五的东西就不要带了！

零头儿八碎 líng tóur bā suì 同"零碎儿巴五"。

【例句】好肉你们都挑走了，给我剩下的都是些零头儿八碎的，谁要啊？

领 lǐng ①互相牵手。②抱养或过继孩子。

【例句】①小朋友，过横道的时候大家都要手领着手，听明白了吗？②咱没孩子，赶快领一个吧！

领情 lǐng qíng 承受、领会他人的情意。与之相反的是"不领情"。

【例句】这咱们得领情，要不是在关键时刻他帮咱们一把，咱们早就完了！

领净 lǐng jing "净"字发短促轻音。清净，无人打扰或干扰。

【例句】大城市太乱了，找个领净的地方住一段时间清净清净多好！

领夯 lǐng hāng 领喊夯号并指挥打夯的方向、打法的领头人。

【例句】村里的宋师傅就是我们的领夯人。

另氏旁人 lìng shì páng rén 即外人，路人，毫无关系的人。与"两方世人"同义。

【例句】你怎么了？你也不是另氏旁人，是企业职工就要守企业的规矩！

令儿 lìngr　不成文的规矩。

【例句】这也不是上级的指示，就有这么个令儿！

溜 liū　"溜"读liū，下同。①很，非常。②凑和。③谄媚奉承。④垂下去，滑下去。

【例句】①这字写得溜齐。这墙抹得溜平。②找个地方溜一宿就行了。③他为什么这么打腰，全靠溜呗！④上学期还挺好，这学期成绩就溜下去了！

溜号 liū hào　借机溜走。

【例句】一看事情不好，会还没开完，他就借由子溜号了。

溜跶 liū da　①无目的地散步、闲走，是一种休闲或简单身体锻炼行为。②在商场、市场等公共场所无目的信步闲走。

【例句】①老爷子，溜跶呢？岁数大了，慢点儿走！又如路不算远，很快就溜跶到了！②娘！咱俩到街里溜跶溜跶，顺便头点儿东西！

溜严 liū yán　①严丝合缝，无懈可击。②嘴非常严，任何口风都不露。

【例句】①这水管子堵得溜严，一点儿水也不漏了。②这事儿真瞒得溜严，到现在我也不知道究竟是怎么回事！又如这个人嘴溜严的，怎么打听也没打听出来！

溜光 liū guāng　①很光滑，很干净。②一点不剩。

【例句】①小和尚很勤快，每天都把这院子扫得溜光。又如电视小品《不差钱》中丫蛋的台词：我也要上溜光大道《星光大道》！②这几年为了给你治病，好容易攒点钱花得溜光！

溜边儿 liū biānr ①凡事儿不靠前而躲躲闪闪。②不承担责任而借机溜走或躲在一旁。

【例句】①有事儿没事儿别总溜边儿，大胆闯呗！②既然是大家的事儿，你就不能溜边儿！

溜满 liū mǎn 容器装得满满的。

【例句】今年粮食大丰收，家家粮仓都装得溜满溜满的。

溜平 liū píng 光滑而平整。

【例句】这国道修得溜平溜平的！

溜平 liū píng 非常平坦而整齐。

【例句】这村道修得溜平的，这回出门可方便了！

溜圆儿 liū yuánr 形容物品非常圆。

【例句】这苹果是怎么种的，怎么个个溜圆儿也没个疤瘌疖子？

溜瘪 liū biǐ ①形容非常贫穷，兜里瘪瘪的，手里没有可用钱。②形容庄稼没有成熟，籽粒干瘪。

【例句】①我这兜里溜瘪的，兜比脸还干净，拿什么捐款啊？②苞米粒子溜瘪的，肯定是等外品了！

溜鼓 liū gǔ ①形容容器装得非常满而鼓胀。②形容庄稼籽粒非常饱满。

【例句】①这一袋苞米虽然装得溜鼓的，也不太沉。②今年的庄稼收成非常好，黄豆粒个个溜鼓的。

溜沟子 liū gōu zi 也称"溜沟子舔腚"。溜须，拍马屁。含有贬义。

【例句】那小子办事儿没什么真本领，溜沟子舔腚倒真有一套！

溜干净儿 liū gān jìngr 干干净净，一点儿不剩。

【例句】一宿麻将，兜里俩钱输了个溜干净儿！

溜尖儿 liū jiānr ①极聪明。②极锐利。

【例句】①这人溜尖儿，无利不起早，见便宜就上！②看来真是饿了，这溜尖儿一碗饭，被他几口就吃掉了。

溜溜儿的 liū liur de 第一个"溜"字发平音拉长音。第二个"溜儿"拉长音并突出"儿"音。胆怯、顺从，小心翼翼而轻手轻脚的样子。诙谐性用语。

【例句】被老师叫进办公室，几个学生溜溜儿的走了进来！

溜光水滑 liū guāng shuǐ huá 形容人衣着打扮非常讲究、得体，仪表堂堂。讽刺性用语。

【例句】你打扮得溜光水滑的，要出国啊？又如赵老板儿整天打扮得溜光水滑的，真叫有派！

溜光锃亮 liū guāng zèng liàng 也说"溜光湛亮"。形容物品表面非常光滑或光亮。

【例句】这玻璃被她擦得溜光锃亮的，真没少下功夫。

溜边儿打蹭 liū biānr dà cèng 遇事儿躲开而不靠前。贬低性用语。

【例句】你怎么属黄花鱼的，凡事溜边儿打蹭，总不靠前！

溜之大吉 liū zhi dà jí　偷偷走开或趁机离开。

【例句】事情还没办完，你怎么溜之大吉了？

溜须捧盛 liū xū pěng shèng　"溜"读 liú，下同。也说"溜须舔腚"。用语言或行动向有关人员谄媚、讨好。含有贬义。

【例句】你小子就会溜须捧盛，和领导打进步！

溜须舔腚 liū xū tiǎn dìng　同"溜须捧盛"。含有贬义。

【例句】别的你什么都不会，溜须舔腚倒有一套！

溜须匠儿 liū xū jiàngr　对善于阿谀奉承、溜须拍马者的蔑称。含有贬义。

【例句】你可真是个溜须匠，这种恶心人的话你也说得出来

留后手 liú hòu shǒu　为避免发生不测而采取的留有余地的措施。

【例句】哎呀！你这不是留后手吗，怎么这事儿不提早说呢？

柳 liǔ　①比喻人体细弱就像风摆柳。②肩膀下垂。③迎奉着说话。

【例句】①那姑娘长相真好，就是身材柳了点儿。②有句话说：男人肩宽点好，女人肩柳点好。③你也别多说，就跟着柳呗！

柳肩 liǔ jiān　同"柳"②。

【例句】这女人哪儿都好，就是有点儿柳肩。

绺子 liǔ zi　土匪的别称。

【**例句**】电视连续剧《闯关东》这，鲜儿不仅加入了绺子，还成为绺子二当家。

六 liù ①贬义词"什么"之意。②形容词"非常""特别"之意。

【**例句**】①你懂个六？你知道个六？②这电脑让你玩了个六臭够！这顿席你吃了六够！

六碟六碗儿 liù dié liù wǎnr 宴席的规模。也说"六碟六儿"。旧时，在农村，六碟六碗属盛大宴席。

【**例句**】在过去，谁家办喜事儿要是六碟六碗儿，那可是件了不起的大事！

六门到底 liù mén dào dǐ 非常彻底，全部公开，全部暴露。

【**例句**】我去人才招聘现场，工作人员把我的状况问个六门到底，最后还是没有录取。

馏 liù 将熟食品上笼屉加热或粥、汤类食品再加热的过程。

【**例句**】大米粥已经凉了，再上锅馏一馏。又如包子已经凉了，馏一馏热了再吃！

溜 liù "溜"读 liù，下同。①顺势牵引。②正常。③漫过。④捡拾。⑤糊、堵缝隙。

【**例句**】①钓了一条大鱼，顺水溜了半天才拽上来。②这日子都过不上溜，你还有心唱歌？③趟过溜腰深的水，慢慢走上岸。④溜西瓜皮，溜烟头，溜庄稼。⑤天冷了，赶快溜窗户缝儿！

溜儿 liùr 突出"儿"音。①技艺非常娴熟、熟练。②河水流急。③量词趟、行。

【例句】①这小曲唱得挺溜儿啊！又如广场上，小姑娘玩儿滑板玩儿的那个溜儿！②雨后水溜儿很大，冲出了河床。③一溜儿三间大瓦房。

溜缝儿 liùfèngr ①补充，帮腔儿，弥补不足。②加挑拨性语言。③吃干食后再吃稀食。

【例句】①由你和领导汇报，我来溜缝儿。②我们俩的事儿，用不着你帮腔溜缝儿！③别光吃饭，再喝点汤儿，溜溜缝儿！

遛 liù ①空跑，白跑。②粗粗地看。③随便走。④牵着牲口慢慢走。⑤检查猎物套子。⑥试转。

【例句】①这一趟，把我遛的够呛也没见到人。②临考试前，我才把复习题遛了一遍。③每天晚饭后我都到江边遛一圈。④这是干什么去？我去遛遛牲口！⑤我到山上遛遛套子，看有没有猎物！　⑥汽车修好了，发动一下遛一遛，看有什么故障没有。

遛腿儿 liù tuǐr ①往返徒劳，白白跑路，白白劳累。②指使他人。

【例句】①早早来却没见到人，白遛一趟腿儿！②能不能一次把活儿交代完，老让我一趟一趟遛腿儿，累不累呀！

遛趟子 liù tàng zi 猎人检查机关、套子或陷阱有否猎物。

【例句】明天我上山去遛遛趟子，看有什么收获。

遛墙根儿 liù qiáng gēnr 偷听、偷窥他人隐私。

【例句】为人做事儿要光明磊落，别总去遛墙根儿，叫人笑话！

聋三拐四 lóng sān guǎi sì　形容耳朵背听不清，说话乱打岔。讽刺性用语。

【例句】你聋三拐四的，听不清别乱插嘴！

龙兴 lóng xing "龙"字发重音，"兴"字发短促轻音。形容人精力充沛、充满活力的样子。

【例句】刚刚恢复了官职，你看，又龙兴起来了！

拢茬儿 lǒng chár　搭茬，理会。

【例句】媒人踏破了门槛，可她都不拢茬。

拢神儿 lǒng shénr　集中精力，集中注意力。

【例句】大家安静一下，拢拢神儿，听领导讲话！

拢人儿 lǒng rénr　招人，吸引人。

【例句】"刘老根大舞台"真拢人，每天都爆满。

拢火 lǒng huǒ　用柴草、木材点火、生火。

【例句】大家都冻坏了，赶快拢火，暖和 nǎn hu 暖和！

拢共 lǒng gong　总共，共计。

【例句】大喇叭喊了半天，拢共才来了几十个人。

垄沟儿 lǒng gōur　田地里的低凹处。与垄台儿相对应。

【例句】你就能顺垄沟儿找豆包，还能干点儿什么？

垄台儿 lǒng táir　田地里的凸起处，一般是播种撒种、庄稼生长的地方。

【例句】下田时小心点儿，别踩了庄稼！

垄沟儿找豆包 lǒng gōur zhǎo dòu bāo 也说"顺垄沟儿找豆包"。 ①农民的自称，具有调侃味道。诙谐性用语。

②形容非常容易、非常简单。

【例句】①咱一个顺垄沟儿找豆包的庄稼人，哪有那么娇气！②除了顺垄沟儿找豆包，你还会什么？

搂 lōu　词语使用非常广泛。①用力往怀里拽。②搜捕，抓捕。③用力向回拉。④搜刮，贪污受贿。⑤拿，取。⑥奔跑。⑦迎面。⑧动手打人。⑨麻将用语"自摸"。

【例句】①马毛了，赶快搂闸。②就你这么瞎闹，哪天公安局非把你搂去不可！③走！咱俩上后山搂草去！④这年头，哪个有权有势的人不搂？⑤照这么下去，还架得住这么搂？⑥加了一鞭，一直向北搂去！⑦搂头就是一棍子！⑧他再不听话，你就狠狠搂他一顿！⑨今天我的手气可真好，净自搂！

搂火 lōu huǒ　扣动枪的板机，引申为比喻不顾场合大胆说话。

【例句】这点猫腻儿谁都明白，别人都不说话，就你敢搂火！

搂钱耙子 lōu qián pá zi　全句是"搂钱耙子，装钱匣子"。"搂钱耙子"形容非常能挣钱、挣钱有门路的人，多指男人。"装钱匣子"形容会算计、小气、小抠、舍不得花钱的人，多指女人。讽刺性用语。

【例句】俗话说，男人是搂钱耙子，女人是装钱匣子。

搂头盖脑 lōu tóu gài nǎo　劈头盖脸，不留情面。

【例句】王天来被骗走几十万元，被老板王大拿搂头盖脑狠训了一顿。

瞜 lōu　看。

【例句】这么好看的一个姑娘，你连瞜都不瞜一眼就说不同意？

瞜一鼻子 lōu yī bí zi 看一眼。

【例句】什么时候从韩国进了这么多新鲜货，让我瞜一鼻子！

瞜希 lōu xi "希"字发轻音。观赏，观看。

【例句】哎！什么新鲜玩意儿，让我瞜希瞜希！

娄 lóu ①瓜果变质。②磨出窟窿。

【例句】①这瓜都娄了！不能吃了！②穿布鞋登山还不把鞋底磨娄了？

娄子 lóu zi 因处事不当而惹祸事、灾难、毛病、纠纷。

【例句】不听老人言，吃亏在眼前，怎么样，这回捅娄子了吧？

喽喽 lóu lou 第二个"喽"字发轻音。没有地位和权势的小人物。

【例句】我不过是个小喽喽，啥权也没有！

搂脖抱腰 lǒu bó bào yāo 形容关系非常友好，两人相互搂抱，肢体亲密接触。

【例句】瞧你俩搂脖抱腰的，成何体统？

— 篓子 — lǒu zi 一般指技艺不精的人。均含有贬义。

【例句】臭棋篓子、病篓子、纸篓子、酸菜篓子等。

漏兜 lòu dōu 无意间泄密、露底、露馅。

【例句】瞒是瞒不住的，早晚得露兜！

漏空 lòu kòng ①错过时机。②遗漏。

【例句】①明天把礼金送去，咱们可别漏空叫人笑话！又如没到北京看奥运会，真是漏了一空！②大家再仔细想一想，考虑齐全，千万别漏空！

漏子 lòu zi 因体质、质量等原因漏选、露掉的人或物。

【例句】大学漏子、当兵漏子、筛漏子等。

漏汤 lòu tāng 比喻内情败露。

【例句】糟了！偷渡的事儿要漏汤了！

露底儿 lòu dǐr "露"读 lòu，下同。泄露秘密、隐私、底细。

【例句】到底怎么露的底儿，一定要查个水落石出！

露馅儿 lòu xiànr 泄露秘密，泄露真相。

【例句】这事儿如果让王云知道，那不全露馅儿了！

露财 lòu cái 露富。

【例句】他出国经商挣了点钱，但一直不敢露财，生怕别人嫉妒！

露一鼻子 lòu yī bí zi 露一手，显示一番。

【例句】我给你露一鼻子，叫你领教领教我的真本领！

露相 lòu xiàng 露出本来面目。

【例句】真人不露相，露相非真人。

露脸 lòu liǎn ①因取得成绩或受到奖赏而脸上有光彩。②出人头地。

【例句】①小小的农民艺术家，也能参加全国画展，你可真露脸了！②刘翔夺得110米栏世界冠军，可真露脸，大长了中国人民的志气！

露齿牙 lòu chǐ zi　上唇短而遮不住牙的人。含有贬义。

【例句】豁牙子，露齿子，一辈子难找对象！

撸 lū　用途非常广泛词语之一。①捋，拽。②被撤职。③磨练。④脱扣，秃鲁扣。⑤斥责，训斥。⑥照葫芦画瓢。⑦粗略看、读、演、练。⑧毁约。⑨拉下脸。

【例句】①撸树叶。又如把芹菜叶撸一撸。②这小子犯错误了，被一撸到底。③到基层撸一段时间，锻炼锻炼，对成长有好处。④罗丝扣没拧住，撸扣了！⑤逃学了，被父母狠狠撸了一顿！⑥我画出个衣服样子，你照着撸就行了。⑦临考试前才撸了一遍复习题。⑧这么长时间没音讯，孩子的婚事非撸了不可。⑨有什么话你就说，撸个脸干什么？

撸达 lū da　形容人因生气发怒而脸色难看。含有贬义。

【例句】你一天撸达个脸，谁惹你了？

撸锄杠 lū chú gàng　①对从事农业生产的农民的蔑称。含有贬义。②农民对自己的戏称。含有贬义。

【例句】①他不过是个撸锄杠的庄稼人，能有什么大出息？②我一个撸锄杠的庄稼人，还能出国考察？

撸杆儿 lū gǎnr　撤职，降职。诙谐性用语。

【例句】村支书因贪污受贿，早就被撸杆儿了！

撸扣儿 lū kòur　①扣儿或套儿自然缓解。②螺丝因螺纹磨秃而松动或拧不住。

【例句】①暖气管子撸扣儿了，有点漏水，快紧一紧。②螺丝母撸扣儿了，得换个新的！

撸套子 lū tào zi 悔约。

【例句】弄不好，这门亲事也许就撸套子。

撸胳膊挽袖子 lū gē bo wǎn xiù zi 比喻因生气而跃跃欲试、大动肝火的样子。

【例句】你这是干什么，撸胳膊挽袖子的，想打架怎么的？

撸丧个脸儿 lū sàng gè liǎnr 形容人拉拉着脸满脸不高兴的样子。含有贬义。

【例句】你整天撸丧个脸儿给谁看？又如他一天到晚撸丧个脸儿像谁欠他多少似的！

卤 lǔ 纺织品被汗水浸透。

【例句】你看，小褂背后都卤了。

卤子 lǔ zi 用肉类、鸡蛋等做汤或加入淀粉而形成的浓汁，用来浇在面条、凉菜等食物表面上。

【例句】面条卤子、鸡蛋卤子等。电视小品《不差钱》小沈阳饰演的服务员台词：卤子不要钱！丫蛋儿台词：卤子咸了！

鲁 lǔ "鲁莽""粗鲁"的简化语。形容人性格粗野，缺乏教养。

【例句】那小子可鲁，点火就着。

鲁生 lǔ sheng 非人工种植而自然繁殖。

【例句】这片花儿都是鲁生的！不是我种的！

鲁生子 lǔ shēng zi 未经过拜师学艺而自学成才的人。

【例句】别看他精通电脑，其实他是个鲁生子，并没有上过学校。

路倒儿 lù dǎor 因冻、饿、病等原因而死在路边而无人管的死尸。

【例句】快看，那有个路倒儿！

路引 lù yǐn ①向导。②简单的路线图。③旧时死人升天的通行证。

【例句】①年轻时他给日本人当过路引。②出门拿着一份路引，省得迷路。③先生，请给开个路引吧！

路子野 lù zi yě 也说"路子宽"。形容人本事大、能力强、办法多，很有社会关系。

【例句】那人路子多野，啥事儿能难道他？又如老钟路子野，求他肯定能办成！

路炉担子 lù lú dàn zi 旧时挑担走街串巷为人补锅锯缸为生的手艺人。

【例句】我听爷爷说，他年轻时就是个路炉担子，专门给人补锅锯缸。

缕缕的 lū lū de ①不断溜的爬行。②果实累累。

【例句】①看这些蚂蚁，缕缕的！②嗬，这沙果结得缕缕的！

缕缕行行 lū lū hāng hāng "行"读hāng。来来往往，络绎不绝。

【例句】参加绿色食品交易会的人缕缕行行的，展厅里水泄不通！

虑虑 lū lū 第二个"虑"字发短促轻音。琢磨，思考，议论。

【例句】你在那儿瞎虑虑啥呢，怎么还不回家？

捋条子 lū tiáo zi "捋"读 lū。形容光说不做、说得好而不实际去实行。

【例句】你小子少跟我捋条子，我可不吃你这一套！

驴 lú 比喻为人性格倔强，粗野蛮横，缺乏教养。

【例句】十里八村谁不知道他驴，别理他就是了！

驴性 lú xing ①撒野。②脾气火暴，行为粗野，修养极差。含有贬义。

【例句】①那人可真驴性，谁的话也不听！②你怎么和你爹一个脾气，整天驴性霸道的！

驴马烂儿 lú mǎ lànr ①对行为不端、品行不正的人的蔑称，即不是人，不是正经人。含有贬义。②牲畜的下水、杂碎肉。

【例句】①叫这个驴马烂儿参加会议干什么！又如这都是什么人啊，都是些驴马烂儿，没一个好东西！②牛肉、牛皮都归你，其余驴马烂儿归我就行了！

驴球儿马蛋 lú qiú mǎ dàn 同"驴马烂儿"①。

【例句】这些人都是些驴球儿马蛋，你都从哪里找来的？

驴肝肺 lú gān fèi 比喻坏心肠。骂人语。

【例句】你简直是四六不懂，怎么把好心当成驴肝肺了？

驴性霸道 lú xing bà dào 同"驴性"。贬低性用语。

【例句】你别一天总驴性霸道的，人都让你得罪尽了！

驴年马月 lú nián mǎ yuè 也说"猴年马月"。遥遥无期，不知什么年月。夸张性用语。

【例句】我要是能当大款儿，那还不得驴年马月啊？

驴脸呱嗒 lú liǎn guā dā 形容人脸瘦长而难看。含有贬义。

【例句】瞧，奸臣秦桧那张驴脸呱嗒的脸，看着都让人讨厌。

驴脸淌汗 lú liǎn tǎng hàn 形容人像驴的脸一样不停地流汗。诙谐性用语。

【例句】修堤坝的活儿可真累，一个个累得驴脸淌汗。

驴唇不对马嘴 lú chún bú duì mǎ zuǐ 驴的唇与马的嘴根本不可能对在一起，比喻事实与说的或做的根本对不上号，根本不相符。一种形象的比喻。含有贬义。

【例句】你说的简直是驴唇不对马嘴，根本不是那回事儿！

驴粪蛋子发烧 lú fèn dàn zi fā shāo ①形容突然富起来的暴发户。②形容突然得势的小人。一种形象的比喻。含有贬义。

【例句】①社会上还真有驴粪蛋子发烧的事儿，赵四一个穷光蛋，怎么就成了大款儿了呢？②几年不见，这小子驴粪蛋子发烧，还当上了局长了！

捋 lǔ ①理顺，梳理。②粗读粗看。③简单梳理头发。④理出头绪。

【例句】①这几天事情太乱了，坐下来细细捋捋。②先把复习题捋一捋，慢慢再细抠。③头发太乱了，快捋捋。④前任领导留下的乱事儿，到现在我还没捋出头绪呢！

捋杆儿爬 lǔ gānr pá 也说"捋杆儿向上爬""顺杆儿爬"。顺着他人的意思或意愿顺情说好话。讽刺性用语。

【例句】你这小子就会捋杆儿爬，领导说啥你说啥！

履 lǚ 顺着，沿着。

【例句】履这条路向南走。履着线向前画。

缕缕瓜瓜 lǚ lǚ guā guā ①服服帖帖。②板板整整。

【例句】①现在他年纪小不懂事儿，长大了对您老肯定缕缕瓜瓜的！②小沈阳身材好，衣服穿得也缕缕瓜瓜的。

缕顺条扬 lǚ shùn tiáo yáng ①服服帖帖的样子。②形容身材细高而周正匀称，亭亭玉立。

【例句】①别看他在你面前缕顺条扬的，其实他时时刻刻都在惦记你的职位。②你看人家舞蹈演员的身材，个个缕顺条扬的叫人羡慕。

滤 lù 撒成条状。

【例句】滤黄豆。围着水沟滤一道拦水坝。

滤滤 lù lu 第二个"滤"字发轻音。①琢磨。②思虑，挂念。

【例句】①你不想着劳动致富，总滤滤着一夜暴富，天下哪有这么美妙的好事儿？②还不是滤滤你俩是个伴儿，相互有个照应！

滤籽儿 lù zir 口袋里的粮食或种子零零碎碎地漏出。

【例句】装玉米种子的口袋有眼儿滤籽儿了，快找针线缝一缝。

履草 lù cǎo 向铡刀内喂草。

【例句】来！咱俩配合，我履草，你铡草！

抡搭 lún da ①用手甩或乱舞。一种非常生气的表示。②气得扭身甩手的样子。

【例句】①你发什么邪火？抡搭谁呢？②刚要和他好好谈谈，谁知他抡抡搭搭地扭头就走了。

轮大襟 lún dà jīner 轮班，按顺序轮流交替。

【例句】轮大襟也该轮到我了！

论 lùn 排辈。

【例句】要从娘家论，我还得叫你三姨呢！

论说 lùn shuō 按理说，按实说。

【例句】论说，这个人人品倒不坏！

论头 lùn tou 说起来，论起来。

【例句】因有这么个论头，你才叫我姨夫！

论辈子 lùn bèi zi 一辈子从来没有过的事、历史上从来没发生过的事。

【例句】咱们村论辈子也没出过大学生，你们家算是祖坟冒青烟了！

罗乱 luó luàn "乱"读 liàn。　①无意间留下的麻烦。②无意间形成的灾难、祸患。

【例句】①我已经够烦的了，别再给我添罗乱了！②你把他得罪了，早晚不是罗乱啊？

罗难 luó nàn 同"罗乱"。

【例句】你把领导得罪太狠了，早晚是罗难！

罗圈儿屁 luó quānr pì 形容人说话模棱两可，态度不明朗。一种带有讥讽味道的骂人语。

【例句】放你娘的罗圈儿屁，我什么时候说过老总的坏话啊？

罗锅 luó guō 引申为物品不平整而起拱、突起。

【例句】按要求这应该是条直线，怎么出罗锅了？

罗锅巴相 luó guō bā xiàng 也说"罗锅吧叽"。对驼背人的戏称。含有贬义。

【例句】看他那个长相，罗锅巴相的，哪个姑娘能嫁给他啊！

捋 luǒ "捋"读 luǒ。牲口撕咬路边的庄稼。

【例句】给马戴上笼头，要不然它捋庄稼！

捋道驴 luǒ dào lú 爱偷嘴的驴，引申为形容特别贪吃的人。含有贬义。

【例句】你小子简直就是头捋道驴，贪吃没够！

落疤 luò bā 受伤留下疤痕。

【例句】我这伤口虽然好了，但肯定要落疤。

落体儿 luò tǐr 落地，踏实。

【例句】是否能享受低保待遇，现在正努力，目前还不落体儿。

落音儿 luò yīnr ①停止说话。②听话里隐含的内容。

【例句】①他的话刚落音儿，引起一阵哄堂大笑。②俗话说：听戏听戏眼儿，听话听落音儿！

摞摞 luò luò 也说"摞摞 luó luó"。相互叠压，一层层叠放。

【例句】这么多的人住一铺炕，睡觉还不得摞摞啊！

M

抹　mā　"抹"读mā，下同。①挣脱。②脱下，摘下。③擦擦。④放下。

【例句】①来晚了一步，狍子抹套跑了。②抹下帽子，恭恭敬敬地施了一礼！③把身上的泥水给我抹一抹。④天太冷，把帽耳子抹下来！

抹搭　mā da　"搭"字发短促轻音。也写作"抹达"。①眼皮下垂。②不用正眼看人，斜眼看人后立即撂下眼皮。一种蔑视、轻视的表示。③不高兴而撂下脸子。④咂舌声。

【例句】①劝了半天，她仍抹达着眼不说话。②你不用抹搭我，我知道你怎么想的！③她抹搭了老公公一眼，转身就走了。④吃没吃够？舔嘴抹达舌的。

抹搭山　mā da shān　也写作"麻达山"，源自满语。在山中迷路而找不到方向。

【例句】进山不久，我就抹达山了，幸亏老猎民把我迎了回来。

抹瞪眼儿　mā deng yǎnr　不停地眨眼。

【例句】这个洋娃娃真怪，还会抹瞪眼儿！

抹咕 mā gu　"咕"字发短促轻音。侦察，察看。

【例句】别忙动手，咱们先仔细抹咕一下！

抹乎 mā hu　"乎"字发短促轻音。理睬，答理。

【例句】他一天驴性霸道的，你抹乎他干什么？

抹套子 mā tào zi　悔约，说了不算反悔。

【例句】咱们一言为定，谁也不能抹套子！

抹嚓 mā cha　"嚓"字发轻音。顺情说好话，说安慰的话、哄人的话。

【例句】他一身好手艺，对他你得多抹嚓点儿，否则他不给你玩儿活儿！

抹挲 mā sa　用手轻轻抚摸、滑动。

【例句】李大国抹挲着香秀的脸轻轻说：我装神弄鬼是吓唬王天来，你别怕！

抹下脸儿 mā xià liǎnr　放下脸面，六亲不认。

【例句】对他你就得抹下脸儿来，该一是一，该二是二，你就别客气！

抹不下脸儿 mā bu xià liǎnr　碍于情面，不好意思去做。

【例句】那是我的老师，向他讨债我哪能抹下脸儿！

妈亲 mā qin　"亲"字发短促轻音。惊叹词"妈呀"。

【例句】我的妈亲，你咋病成这个样子？

妈巴子 mā bā zi　也说"妈了个巴子"。原指女人的阴道。东北地区常用的骂人语。

【例句】吴大舌头（吴俊升）骂道："妈了个巴子的，欺负到我的头上了！"又如"妈巴子的，我的面子他也敢不给，简直反天了！"

妈妈令 mā ma ling 约定俗成的规矩或传统习惯。

【例句】这都是些妈妈令，现在都过时了！

麻筋儿 má jīnr 人的胳膊拐弯处等使人感到发麻的地方。

【例句】哎呀，你碰我的麻筋儿了！

麻麻黑 mā mā hēi "麻"读 mā，下同。两个"麻"字均读平音并拉长音。天刚刚黑下来。

【例句】天都麻麻黑了，孩子还没回来，真急死人啦！

麻麻亮 mā ma liàng 两个"麻"字均读平音并拉长音。天刚刚放亮。

【例句】天麻麻亮他就走了，不知干什么去了！

麻溜儿 mā liūr "麻"字发重音，"溜儿"拉长音读并突出"儿"音。很快，快些，主要催促对方。

【例句】麻溜儿走，去晚了可就来不及了！又如麻溜儿回家取点吃的来！

麻溜 má liu "麻"字发重音，"溜"字发短促轻声。形容人说话或行动迅速，利索，动作快。

【例句】这人办事儿可真麻溜，头脑也灵活！

麻溜儿的 má liūr de 同"麻溜儿"。

【例句】麻溜儿的，客人马上就到了，快去做准备迎接！又如你麻溜儿的去大脚超市给我买盒烟！

麻楞 má leng　"麻"读má，下同。"楞"字发短促轻音。不光滑。

【例句】核桃外皮有些麻楞，但非常有营养！

麻利 má li　"利"字发轻音。动作迅速、敏捷、果断。

【例句】这媳妇做活儿手把儿可真麻利，眨眼间一桌子饭菜做好了！

麻爪儿 má zhuǎr　遇到紧急情况而惊慌失措，慌了手脚。

【例句】别充好汉，到时候你非麻爪儿不可！

麻大烦 má dà fán　很麻烦，非常麻烦，非常难办。是"麻烦"的诙谐性说法。

【例句】坏了，这下可麻大烦了，我刚刚买的的手机怎么也找不到了！

麻应人 má yìng rén　也说"麻痒人"。①见到不舒服、不顺眼的物品后心中产生的难受的感觉。②令人恶心、厌烦。

【例句】①你不怕蛇？多麻应人啊！又如癞蛤蟆太麻痒人啦！②这话亏你说得出来，真够麻痒人的！

麻麻嘟嘟 má ma dū dū　形容物品表面不光滑。

【例句】冷风一吹，脖子上麻麻嘟嘟地起满了鬼风疙瘩（荨麻疹）。

麻拘挛的 má jū luān de　浑身麻酥酥的起鸡皮疙瘩的感觉。

【例句】我一看见癞蛤蟆就麻拘挛的，浑身直起鸡皮疙瘩。

麻捻儿 má niǎnr　搓得极细的麻绳头用来穿针眼。

【例句】来！给我搓个麻捻儿！

麻穰子 má ráng zi 极细碎的麻屑。

【例句】看，不小心弄了你一身麻穰子！

麻杆儿 má gānr ①形容人身材特别瘦而高。含有贬义。②麻秸。

【例句】①那小伙子又瘦又高，简直就像个麻杆儿！②俗话说，麻杆儿打狼，两头害怕！

麻了麻烦 mā la mā fán 也说"麻麻烦烦"。①给对方或他人带来麻烦，一种谦辞。②非常麻烦。

【例句】①麻了麻烦的，我就不去了！②我们一来麻了麻烦的，你们受累了！

马马喳喳 mǎ ma chā chā 影影绰绰。

【例句】我马马喳喳听说又要给我们退休职工长工资！

马架子 mǎ jià zi 临时搭建的以木杆为主的住人的简易小窝棚。

【例句】房子还没盖好，我暂时住在一个小马架子里。

马号 mǎ hào 马厩的旧称。旧时马号也是社员聚会的场所。

【例句】我就一个人，平时就住在马号。又如你通知几个人，到马号商量点儿事儿！

马神客 mǎ shén kè 骗人的鬼把戏。

【例句】这彩电他卖得这么贱，非有马神客不可！

马屁精 mǎ pì jīng 对善于溜须拍马者的蔑称。含有贬义。

【例句】那人就是个马屁精，除了溜须拍马还能干点什么？

马趴 mǎ pā 身体向前摔倒即"卡前失"。

【例句】电视连续剧《飞虎神鹰》中，燕双鹰一脚将黑社会打手踢了个大马趴！

码 mǎ 词语使用非常广泛。①缝纫针脚。②庄稼捆。③盘子中菜的量，量多称"菜码大"，反之称"菜码小"。④赌注。⑤用拇指和中指量长度，一个长度为"一码"。⑥沿着，顺着。⑦有顺序地叠放。

【例句】①鞋垫针线儿轧的码要大些。②谷子码太大了，不好装车。③到喜洋洋酒家下馆子去，这家饭店的菜码大！④赶快下码！⑤桌子宽整整八码！⑥门窗都没有撬压的痕迹，犯罪分子是码哪儿进来的呢？⑦你把衣服都码起来，叠放整齐！又如你把那堆乱砖都码起来！

码子 mǎ zi ①作风轻佻、卖弄风骚的女人。②卖淫女即暗娼的蔑称。

【例句】①你也别小瞧，他还挂了个码子！②那女人就是个码子，得谁跟谁，可得离她远点儿！

码道儿 mǎ dàor 循着踪迹，顺着旧道儿。

【例句】你上了公路，码道儿向西走就找到刘村了！

码踪 mǎ zōng 沿着踪迹或其他痕迹去追寻。

【例句】剿匪部队码踪追到了河边，土匪却仍然不见踪影。

码后 mǎ hòu 往后排。

【例句】先可着老同志，年轻人尽量码后！

码量 mǎ liang 琢磨，研究。

【例句】这事儿你可得好好码量码量，不要莽撞！

码踪 mǎ zōng 沿足迹追寻。

【例句】犯罪分子躲进了大山，警察码踪追进了深山。

码拢 mǎ long "拢"字发短促轻音。大概，大约，估计。

【例句】这车鲜菜，我码拢能挣个千八百块的。

蚂蚁贩蛋 mǎ yǐ fàn dàn

【例句】形容人数众多，就像蚂蚁一样密密麻麻。

【例句】绿色食品交易会开幕那天，参加绿交会的人就像蚂蚁贩蛋一样在交易大厅来往穿梭。

骂街 mà jiē 也说"骂大街"。破口骂人。

【例句】她丢了手提电脑，正在骂街呢！

骂人讲话 mà rén jiǎng huà 一种开头语，没有实际意义。

【例句】骂人讲话，你们也不是什么好东西！又如骂人讲话，那帮人个个都是混蛋玩意儿，没什么好东西！

么咕咚 — ma gū dōng 形容词尾，表示昏迷或事物程度。

【例句】醉么咕咚、黑么咕咚等。

— 么哈 — ma hā 形容词尾，表示程度的轻与重。

【例句】醉么哈的等。

— 么滋儿 — ma zīr 形容词尾，表示程度的微、轻的样子。

【例句】笑么滋儿的等。

埋汰 mái tai 使用非常广泛词语之一。①脏，不干净，不卫生。②不道德的行为。③栽赃，故意为他人泼脏水。④要无赖。⑤低级下流。⑥办事儿不讲究，不按规则办事儿。

【例句】①桌子这么埋汰，赶紧擦一擦！②我怎么能干那种埋汰事儿？③你别埋汰人了！我哪是那种人！④你少给我耍埋汰！⑤都新社会了，你还演那些埋汰玩意儿！⑥你办事儿也真够埋汰的，讲好的价格又变卦了！

埋了巴汰 mái la bā tāi 也说"埋了古汰"。同"埋汰①"。

【例句】瞧你那埋了巴汰的样子，怎么去上学？又如干什么去了？浑身造得埋了巴汰的！

埋了古汰 mái la gū tāi 同"埋汰"①。

【例句】看你这张埋了古汰的小脸儿，还不赶紧洗一洗！

买好 mǎi hǎo 说讨对方喜欢的话或做对方喜欢的事儿即讨好他人。

【例句】《乡村爱情圆舞曲》中，为了能当上副总，刘能到处买好，工作竟做到宿敌谢广坤家。

买卖儿 mǎi mair 不是普通话里"做买卖"中的"买卖"，而是①勾当。②玩儿意儿。

【例句】①这是求人的买卖儿，不上贡送礼可不行！②那些人都不是好买卖儿，少和他们掺乎！

买棺材有钱，买药没钱 mǎo guān chái yǒu qián, mǎi yào méi qiàn 也说"有钱买棺材没钱买药"。形容有限的资金没有花在关键处，花钱不合理。一种形象的比喻。诙谐用语。

【例句】你怎么买棺材有钱，买药没钱呢？吃喝嫖赌都肯花钱，买台电冰箱就舍不得了！

卖 mài ①糟蹋。②毁坏。

【例句】①小心点儿，这好酒可别给卖了，卖了就糟蹋了！②几次要你小心点，到底把这么高级的吊灯给卖了！

卖骚 mài sāo 卖淫的隐语，即暗娼。含有贬义。

【例句】那女人就是个卖骚的货，你快离他远点儿！

卖乖 mài guāi 得了便宜或好处到处显示、炫耀。

【例句】你这人，真是得了便宜还卖乖！

卖讽 mài feng "讽"字发短促轻音。背后散布谣言，议论他人。

【例句】行了，你就别卖讽人了，怎么什么嗑儿都敢唠呢？

卖呆儿 mài dāir ①闲来无事看热闹。②呆呆地看。

【例句】①我们都忙不过来，你还在那儿卖呆儿？②你在那卖啥呆儿呢？还不快去上班！

卖大炕 mài dà kàng 同"卖骚"。

【例句】她整天撩骚，就是个卖大炕的货！

卖光景 mài guāng jǐng ①看热闹。②卖关子。

【例句】①大家都忙不过来，你怎么还在那卖光景？②嗳！你赶快说吧，别再卖光景了！

卖风流 mài fēng liú 形容人喜欢到处卖弄风流、打情骂俏。

【例句】你也就会到处卖风流，什么事儿干不出来！

卖手腕子 mài shǒu wàn zi ①白白替别人卖力气而无收益。②旧时靠手艺吃饭的人。诙谐性用语。

【例句】①这些日子也就给别人卖手腕子，帮帮忙！②我祖上就是个卖手腕子的，靠吹个糖人混饭吃！

卖啥吆喝啥 mài shá yāo hu shá "喝"读 hu 并发轻音。从事什么工作、行业就说什么话，说符合身份的话。是一种形象的比喻。

【例句】你可真是卖啥吆喝啥，三句话不离本行，开口就是抓彩儿！

迈门槛子 mài mén kǎn zi 再嫁的替代语，从一家走进另一家。

【例句】老宋婆子可真行，到老赵家这是第三次迈门槛子了。

颟 mān ①反映迟顿。②固执。

【例句】①他就是个一锥子扎不出血的颟人！②他整天颟大乎的就像头老牛！

颟大乎 mān da hū 同颟①。

【例句】他整天颟大乎的，量也不会有什么大出息！

颟了吧叽 mān la bā jī 形容人性格内向不爽快，反应迟钝。

【例句】《乡村爱情圆舞曲》中的方正颟了吧叽的，还敢向美女李老师求爱！

颟不出的 mān bu chū de 同"颟了吧叽"。

【例句】就你整天颟不出的，还敢出国做买卖啊？

颟达乎的 mān da hū de 同"颟了吧叽"。

【例句】别看他颟达乎的，竟敢到《星光大道》演出去了！

蛮实 mán shi 粗壮结实的身体。

【例句】体操名将李宁身体蛮实有力！

蛮不讲理 mán bù jiǎng lǐ 蛮横而不讲道理。

【例句】你这不是蛮不讲理吗，明明是你的错还嘴硬！

满 mǎn ①根本。②很，非常。

【例句】①你说他他满不在乎。②你这身材当个演员满够料！

满场 mǎn chǎng 到处，四处。

【例句】撒出人手满场去找。又如广交会上，满场都是人。

满口 mǎn kǒu ①表示肯定而没有保留。②满嘴。

【例句】①我去找老板一说，老板满口答应，二话没说！②你这个人怎么满口都是脏话，嘴巴放干净点儿！

满哪儿 mǎn nǎr 到处。

【例句】你不就到海南旅游去了吗，满哪儿说什么啊！

满徒 mǎn tú 学徒期满。

【例句】到今年五月，我就学徒期满徒了。

满大劲儿 mǎn dà jìnr 也说"卯大劲儿"。顶多，使足力气，尽最大力量。

【例句】我满大劲儿只能喝二两酒！

满街吆喝 mǎn gāi yāo hu "街"读 gāi，"喝"读 hu。到处宣传，到处炫耀。含有贬义。

【例句】电视连续剧《乡村爱情圆舞曲》中，儿媳小蒙怀孕，公爹谢广坤满街吆喝，竟然到村部用大喇叭广播！又如你不就获了三等奖吗，满街吆喝什么啊？

满满当当 mǎn mǎn dāng dāng 也说"满满登登"。形容容器装得非常满、特别满。

【例句】今年是个丰收年，家家户户的粮仓都装得满满当当的！

满打满算 mǎn dǎ mǎn suàn 总共，足额计算。

【例句】满打满算，你参加工作不过五年。

满嘴喷粪 mǎn zuǐ pēn fèn 形容毫无根据地胡说、瞎说。一种带有讽刺意味的骂人语。

【例句】住嘴吧，别满嘴喷粪了，狗嘴还能吐出象牙来！

漫槽 màn cáo 大水漫过河岸。

【例句】发大水了，都漫槽了！

漫坡 màn pō 斜坡。多指道路。

【例句】村前是一道漫坡，开车小心点儿！

慢讲 màn jiǎng 别说，假设。一种开头语。

【例句】慢讲你不是大老板，你就是大老板也别摆这么大的谱啊！

慢讲话 màn jiǎng huà 同"慢讲"。开头语。

【例句】慢讲话，就是国务院总理来了，我也这么说！

慢抽筋儿 màn chōu jīnr ①零受罪。含有贬义。②舒缓进行。

【例句】①要死就快点，可别慢抽筋儿！②再着急也要慢抽筋儿，否则会把事儿办砸！

慢声拉语儿 màn shēng lā yuǔr 形容人说话轻声慢语，轻柔舒缓，娓娓道来。

【例句】赵四慢声拉语地说："公司给我做的工作服，你要不服有招你就想吧！"

牤牛水儿 māng niú shuǐr　从大山里突然流出来的洪水。

【例句】这条路还得抓紧修，牤牛水儿一下来就没法施工了！

忙活 máng huo　①忙碌。②吃掉，收拾。③奸污。

【例句】①从早晨起来忙活到太阳落，一天挣不了几个钱！又如老公常年在外打工，就我一个人在家没日没夜的忙活。②这么长时间没见面，我以为你被土匪给忙活了！③多好的一个姑娘，叫歹徒给忙活了！

忙乎 máng hu　多重叠使用。①张罗，忙碌。②被人顺手拿走。

【例句】谢广坤说：哎呀，你说你一天忙忙乎乎的……　②人这么多，我的手机不知被谁给忙乎走了！

忙叨 máng dao　"叨"字发短促轻音。①忙忙碌碌，不得消闲。主要指无章法、无条理的忙碌。②因他人的行为使人从心里感到厌烦。

【例句】①我看你一天忙忙叨叨的，都忙些什么呢？②别满屋子瞎转悠了，真忙叨人。

忙忙叨叨 máng mang dāo dāo　同"忙叨"①。

【例句】就看你整天忙忙叨叨的，都忙些什么呢？

忙三跌四 máng sān diě sì　也说"急三跌四"。"跌"读diě。形容非常忙乱。含有贬义。

【例句】我们每天忙三跌四的不得闲，你倒好，小酒不离口，酒杯不离手！

忙三火四 máng sān huǒ sì　同"忙三跌四"。

【例句】你忙三火四地，这是干什么啊？

猫 māo　躲藏，藏起来。

【例句】你把游戏机猫在哪儿他都能找到！又如你们猫哪了，赶快出来吧！

猫下 māo xia　分娩。

【例句】想不到刚结婚才半年她就猫下了！

猫冬 māo dōng　冬季农民无农业生产任务而休息越冬。

【例句】夏天在外打工，一到冬天就回家猫冬了！

猫腰 māo yāo　哈腰，弯腰。形容时间非常短暂。

【例句】就这么几垄地，一猫腰就干完了！又如别急，就这几垄地，一猫腰就铲完了！

猫尿儿 māo niàor　对白酒的戏称。讽刺性用语，含有贬义。

【例句】你就整天灌猫尿儿吧，一分钱也不进，看这日子怎么过？

猫食儿 māo shír　比喻饭量很小。含有贬义。

【例句】呦！你咋吃这么点儿？你这是吃猫食儿呢？

猫月子 māo yuè zi　坐月子、生小孩即孕妇分娩期。

【例句】这些日了怎么没见你上班？我在家猫月子呢！

猫三狗四 māo sān gǒu sì　形容人行为举止没有定性，朝三暮四，变化无常。含有贬义。

【例句】也不是年轻人了，怎么还猫三狗四的，什么时候才能定性啊？

猫叫秧子 māo jiào yāng zi 猫发情时发出的凄厉的叫声，引申为不是正常声音的叫喊。骂人语。

【例句】喊什么，猫叫秧子呢，我又不聋！

猫一天，狗一天 māo yī tiān，gǒu yī tiān ①形容婴儿成长很快，一天一变。②引申为时好时坏，变化无常，令人琢磨不透。诙谐性用语。

【例句】①这猫一天狗一天的，几个月不见，孩子都长这么大了！②像你这样猫一天狗一天的，这么重要的工作怎么敢交给你？

毛 máo 用途非常广泛用语之一。①快却不顾质量。②牲畜受惊而狂奔。③特别微小。④虚岁。⑤睡觉在梦中受惊。⑥由于人或物太多而不值钱。⑦不去包装或其他称重量。

【例句】①铲地铲毛了。又如这小子干活太毛，你得看着点！②马毛了，快躲开！③你要赶快抢，晚了你连毛也摸不着！④今年我毛三十岁了！⑤昨晚睡觉睡毛了。⑥如今经理可毛了，抓一把十个有九个都是经理。又如这钱可毛了，百元大票撒手就没！⑦这车西瓜毛泡一万斤出头。

毛边儿 máo biānr 未剪齐、收拢的物品的边缘。

【例句】裤腿别轧死，先留下毛边儿！

毛病 máo bing ①身体有病。②有缺点、有不良嗜好。③损坏了。

【例句】①既然孩子有毛病就得赶紧看，别转成大病。②尖、懒、馋、猾，这些坏毛病他身上一个也不少！③这汽车有点毛病，得抓紧修一修。

毛道儿 máo dàor 乡间小道，山间小道。

【例句】夕阳西下，我们在林间毛道儿上散步。

毛愣 máo leng "愣"发短促轻音。多重叠使用。①冒冒失失，毛手毛脚。②梦魇，睡觉起吧症。

【例句】①干活儿仔细点儿，别毛毛愣愣的！②快醒醒，你睡毛愣了？

毛泡 máo pào 连包装等一起过秤。

【例句】这筐苹果毛泡四十斤！

毛秧 máo yang "秧"字发短促轻音。惊慌失措。

【例句】几个赌博分子被警察堵在赌场，赌徒个个毛秧起来。

毛咕 máo gu "咕"字发短促轻音。因疑惧而惊恐。

【例句】当听到煤矿发生矿难的消息，一下子把她吓毛咕了！

毛票 máo piào 1角、2角、5角钱等零碎钱的称呼。

【例句】今天收得都是些毛票子，数也得数一阵子！

毛丫子 máo yā zi 慌神儿，慌了手脚，惊慌失措。含有贬义。

【例句】把真相一说，吓得他一下子就毛丫子了！

毛秧子 máo yāng zi 同"毛丫子"。

【例句】刘大脑袋与王木生闹翻辞职了，王云这下可毛秧子了，不知怎么办才好！

毛愣三光 máo leng sān guāng 也说"毛了三光"。冒冒失失，莽莽撞撞，办事不稳重。含有贬义。

【例句】你干活儿怎么毛楞三光的，一点儿也没有稳当劲儿！

毛毛愣愣 máo mao lēng lēng 也说"毛毛腾腾"。行动慌张，不稳重。含有贬义。

【例句】你怎么一天毛毛愣愣的，稳重点不行吗？

毛竖搭撒 máo shù dā sā 形容牲畜的毛不顺溜、毛毛哄哄的样子。

【例句】这头奶牛怎么毛竖搭撒的？该上点料催催肥了！

毛头竖尾 máo tóu shù wěi 形容内心发毛，全身紧张。

【例句】贩毒的事情败露了，几个贩毒分子毛头竖尾到处躲藏！

毛干爪净 máo gān zhuǎ jìng 形容干干净净，一点儿不剩。讽刺性用语。

【例句】昨天一场麻将，输得个毛干爪净，还欠了一屁股饥荒！

卯子工 mǎo zi gōng 计时工。

【例句】这些日子，我在工地干卯子工呢！

铆大劲儿 mǎo dà jìnr 也说"铆足劲儿""满大劲儿"。①使足气力，用尽全力。②顶多是这样。

【例句】①铆大劲儿一天能铲 2 亩地。②一天到晚铆大劲能挣 20 元钱！

铆上了 mǎo shàng le ①被盯上了。②干个正着。

【例句】①我兜里有几个钱儿，结果被几个歹徒给铆上了。②今年要是种西瓜可铆上了！

冒 mào ①突然出现。②不妥，不错。③超量，超支。④开水烫。⑤露馅儿。⑥超支。

【例句】①我又从哪里冒出个表叔来？②照我说的去办，没个冒！③大家想怎么花就怎么花，冒不了！④米饭不用热，用开水冒一冒就行！⑤只要你不说，这事儿永远不能冒！

冒高儿 mào gāor ①超出。②拔尖儿。

【例句】①今年的全市财政收入估计一冒高就可以达到10亿元。②今年大丰收，家家户户粮食都冒高！

冒话 mào huà 婴儿开始刚刚牙牙学语，会吐简单的字句。

【例句】孙子才几个月啊，开始冒话了！又如我那小孙子刚会冒话儿，真稀罕人儿。

冒漾子 mào yàng zi ①过头，②水等液体溢出。

【例句】①这两个钱儿不算计着花，非冒漾子不可！②水库冒漾子了，淹了好几个村！

冒尖儿 mào jiānr ①出头，超过。②物品高出容器。

【例句】农业政策好，这几年村里出了好几户冒尖儿户。②真是饿极了，冒尖儿一碗大米饭几口就造光了！

冒头儿 mào tóur 刚刚超过。

【例句】你今年有40岁吗？今年都40冒头儿了！

冒蒙儿 mào mēngr ①贸然，没准备。②心中无把握，凭猜测或判断办事。

【例句】①我冒蒙儿买了3万元的股票，结果全套牢了！②我冒蒙儿给国务院领导写了一封信，没想到总理给我回信了！

冒炮 mào pào ①大胆说话，贸然发言。②超出常人。③爆炸。

【例句】①谁心里都明白却怕得罪人不说话，就你不知深浅瞎冒炮！②这人馋得出奇，懒得冒炮。③自行车里带袋冒炮了！

冒青烟儿 mào qīng yānr 也说"祖坟冒青烟儿"。迷信说法，祖坟冒青烟是人走旺运的征兆。

【例句】你能成大款儿，真是祖坟冒青烟儿了！

冒傻气 mào shǎ qì 形容人不知深浅表现出一副傻样儿。含有贬义。

【例句】你不懂，别乱冒傻气！

冒虎气 mào hǔ qì 控制不住自己的情绪或缺乏修养、经常办出格的事或说出格的话。

【例句】电视剧《亮剑》中，八路军独立团团长李云龙是农民出身，没有文化，虽然打仗勇敢而玩命，却经常办傻事、冒虎气、不听指挥而多次被撤职或降职。

冒鼓喧天 mào gǔ xuān tiān 也说"冒呼喧天"。①很突然，响动很大，气势很大。②言语过份夸大。③冒冒失失地有很大的排场。

【例句】①正开着会，上访者冒鼓喧天地闯了进来。②你们别冒鼓喧天地无根据瞎说！③没想到冒鼓喧天地进了一车瓜，结果到手就赔了！

冒烟儿咕咚 mào yānr gū dōng　形容烟尘四起或烟雾缭绕。夸张性用语。

【例句】瞧瞧，这屋叫你们抽烟抽得冒烟儿咕咚的，少抽点儿吧！

帽儿 màor　①文章引言、前言、契子。②菜肴上浇的调味卤汁儿。③像帽子一样遮雨物。

【例句】①写文章必须先有个小帽儿，读起来才顺畅。②肉帽儿，素帽儿。③烟筒帽儿，草帽儿。

— **冒烟** — mào yān　比喻行为已到极点或白热化。

【例句】忙冒烟了，坏冒烟了，缺德冒烟儿了等。吴俊升吼道："那小子坏得缺德带冒烟了，你还能指望他吗？"

哞儿 mēir　①牛、火车叫声。②老人与小孩一种亲昵游戏。

【例句】宝贝，跟姥爷哞儿一个！

没场 méi chǎng　"场"字发短促轻音。没地方，没办法。

【例句】一屁股俩儿谎，你的话可没场听儿去！

没抗儿 méi kàngr　抵抗不住，忍受不了。

【例句】几天没睡觉了，困得我没抗了，赶紧睡一觉！

没量 méi liàng　①没有气量。②没有酒量。

【例句】①你这个人可真没量，一个乳臭未干的小孩子你也计较！②我确实没量酒量，你就别逼我了！

没壳 méi ké　毫无办法，无计可施。

【例句】事情弄到这一步，我也没壳了！

没辙 méi zhé 同"没壳"。

【例句】怎么劝也不听，我可算是没辙了！

没治 méi zhì ①没有办法，无计可施。②最好不过，不可超过。

【例句】①吵也吵了，骂也骂了，他既不戒烟，也不戒酒，我是没治了！②小屋烧得热热的，再炒俩菜，烫壶酒，这小日子简直没治了！

没人 méi rén 犹如"没王法"，没人能管得了。讽刺性用语。

【例句】他整天横行霸道，谁也治不了，要我说，还没人了呢！

没磨 méi mò 没主意，没算计。

【例句】这事儿整得我晕头转向，成着没磨了！

没脸 méi liǎn 比喻人身体的病容易反复，不容易好，不容易根治。

【例句】这病才没脸呢，说犯就犯！

没魂儿 méi húnr ①胆子很小，吓得失掉了魂魄。含有贬义。②形容物品破烂的不成样子。③不见踪影。④形容人身体虚弱或精神萎靡不振。含有贬义。

【例句】①枪声一响，被围困的土匪早就吓得没魂儿了！②这条裤子才穿几天啊就没魂儿了！又如这床被都没魂儿了，换床新的吧！③刚一放学，明明就没魂儿了，谁知道哪儿疯去了！④这孩子贪睡，天一黑就没魂了！

没冒儿 méi màor 没错，错不了，十拿九稳。很有把握的表示。

【例句】没冒儿，你就放手去干吧！又如这场球中国队准赢，没冒儿！

没成想 méi chéng xiǎng 没想到，没预料到。

【例句】没成想赵家老三也能当大官！真是世道变了！

没动窝儿 méi dòng wōr 没离开原来的地方。

【例句】我们在这里住了三十多年，一直没动窝儿！

没多点儿 méi duō diǎner 很少，很小。

【例句】客厅摆满沙发后，显得没多点儿地方了！

没法儿 méi fār ①绝非如此。②了不得。

【例句】①选他当人大代表？没法儿，我非搅黄了不可！②电脑摔坏了，把我心疼得没法儿！

没劲气 méi jìn qi "气"字发短促轻音。没意思，没盼头。

【例句】一些粗制滥造的电视剧，越看越没劲气！

没个挡儿 méi ge dǎngr 挡不住，制止不住。

【例句】这日子红红火火的，没个挡儿了！又如他一天到晚地喝酒，怎么也劝不住，真没个挡了！

没好揍 méi hǎo zòu 没有正经人，没有好人。詈语。

【例句】那些人都是驴马烂子，没一个好揍！

没脸没皮 méi liǎn méi pí 厚颜无耻，不要脸面。詈语。

【例句】你这个人怎么这么没脸没皮，说了多少次就是改不了！

没理户儿 méi lǐ hùr 也说"没许户儿""没缕户儿"。没注意，没在意。

【例句】你说你家旁边就是浴池，我怎么没理户儿？又如没理户儿，什么时候他俩把一瓶子酒喝光了！

没许户儿 méi xǔ hùr 同"没理户儿"。

【例句】我们一直在开会，没许户儿他什么时候走的！

没缕户儿 méi lǚ hùr 同"没理户儿"。

【例句】你家紧挨着超市？我怎么没缕户儿？

没门儿 méi ménr ①没门路，没办法。②断然拒绝，根本不行，表示不同意。

【例句】①求了好多人也没办成，我可真没门儿了！②想让我投他一票，做梦去吧，没门儿！

没跑儿 méi pǎor 确定无疑，肯定是这样。

【例句】奥运会金牌中国准拿第一，没跑儿！又如这个案子肯定就是他干的，没跑儿！

没谱儿 méi pǔr ①心中无数。②办事儿不把握、不牢靠。

【例句】①能不能调走，领导一直没表态，到现在我也没谱儿。②买卖这么难做，没谱儿就别进货！又如那人办事儿可没个谱儿，指他还不得指黄瓜地（虚无缥缈之意）去啊！

没准儿 méi zhǔnr ①说不定，说不准，具有不确定性。②比喻人说话或办事儿不守规矩，不信守承诺。

【例句】①去不去到日本旅游，到现在还没准儿呢！②你这人办事儿怎么这么没准儿呢，满口答应的事儿，到现在也没什么动静！

没容空儿 méi róng kòngr 没有时间或没有机会。

【例句】说到医院去看你，这几天挺忙还没容空儿呢！

没死拉活 méi sǐ lā huó 不顾死活。

【例句】你没死拉活地连轴转，还要不要身体了？

没说儿 méi shuōr ①无可挑剔。②没问题。一种保证性用语。

【例句】①张师傅那手绝活儿，没说儿！②就这点事儿，没说儿！又如这事儿可就拜托你了！没说儿，放心吧！

没挑儿 méi tiāor 无可挑剔，没有其他意见。

【例句】我这儿没挑儿，你看他那怎么样？

没心拉肺 méi xīn lā fèi 形容人心中不想事，无心无肺。含有贬义。

【例句】你整天没心拉肺的，净想什么呢？

没深没浅 méi shēn méi qiǎn 不知深浅，无所顾忌。

【例句】你这孩子，怎么这么没深没浅的，这么没礼貌，赶快叫爷爷！

没乱儿 méi luànr "乱"读luàn不读làn并突出"儿"音。没问题，不负责任。

【例句】往死打！打死没乱儿！有事我兜着！

没边儿没沿儿 méi biānr méi yànr 漫无边际，没有尽头。

【例句】土匪杀人越货，抢男霸女，坏事干得没边没沿儿！又如你怎么说话没边儿没沿儿的，一点儿准儿也没有！

没失闲 méi shī xián 没闲着，没呆着。

【例句】边说边干活儿，两只手没失闲地忙活着。

没眼子事儿 méi yǎn zi shìr 根本没有或根本不存在的事。

【例句】你说得这些都是没眼子事儿，根本不存在！

没正形 méi zhèng xíng 形容人行为举止不稳重。含有贬义。

【例句】十七、八的大姑娘了，一天风风火火的，怎么就没个正形！

没咒念 méi zhòu niàn 无计可施，毫无办法可想。

【例句】一上数学课我就头疼，真没咒念！又如我准备调走，人家安排我去当副总，可咱们老板就是不放，真叫人没咒念！

没打牙 méi dǎ yá 任何食物也没沾嘴即什么也没吃。

【例句】这一场大病，病得我三天没打牙了！

没个盖 méi ge gài 没人能比，头一份儿。

【例句】要说短道速滑技术，中国的女运动员杨阳是没个盖了，多次夺得世界冠军！

没时八遍 méi shí bá biàn 一会儿一遍，多次。

【例句】这几天，电视里没时八遍地播放着美国出兵伊拉克新闻！

没油拉水 méi yóu lā shuǐ ①形容饭菜缺少油腻过于清淡。②日子平平淡淡没有高潮。

【例句】①这菜没油拉水的，实在不好吃！②这没油拉水的日子可怎么过！

没筋骨囊 méi jīn gū náng "骨"读 gū。①形容物品缺少拉力、韧劲。②形容人没有精神、缺少精神支柱、软弱而不坚强。

【例句】①这麻花是什么面啊，一点筋骨囊也没有！②豁牙子没有一点筋骨囊，刘大脑袋一吓唬他什么都说了！

没着儿没落儿 méi zhāor méi làor "落"读 lào。①因故心中无数而担忧，忧心忡忡。②无可奈何，无计可施。

【例句】①走了这么长的时间了也没个准信儿，我这心里没着儿没落儿的！②他那么驴性霸道的不讲道理，管也管不了，弄得我没着儿没落儿的！

没鼻子没脸 méi bí zi méi liǎn ①形容人不顾脸面、不择手段达到某种目的、目标。②狠狠地、不顾对方脸面训斥、谩骂对方。骂人语。

【例句】①人家不理你，你干嘛没鼻子没脸地去求人家？②上课时间我们几个人去网吧，老师知道后没鼻子没脸地把我们训了一顿！

没有鸡蛋，做不成槽子糕 méi yǒu jī dàn, zuò bū chéng cáo zi gāo 槽子糕即蛋糕的旧称。鸡蛋为主要原材料之一，没有鸡蛋当然做不了蛋糕。形容缺少主要人物则不能完成主要任务或承担重要责任。但这条词语往往反用。讽刺性用语。

【例句】我就不信了，缺少你这个鸡蛋，还做不成槽子糕了！又如缺少鸡蛋，还做不成槽子糕了？没有他，我们自己干，我就不信办不成！

没有弯弯肚子，就别吃镰刀头 méi yǒu wān wān dǔ zi, jiù bié chī Lián dāo tóu "弯弯肚子"即人的肠肚，呈弯曲状，镰刀头也呈弯曲状。引申为①没有真实本领就承担不了重任。②没有胆量就没有勇气承担大事。诙谐性用语。

　　【例句】①没有弯弯肚子，就别吃那镰刀头！让你去丹麦去订设备，你又不是专家，你又不懂机械，这事儿你也敢应？②没有弯弯肚子，就别吃那镰刀头！你以为别人能有发明，你也敢揽新成果发明，这是闹着玩儿吗！

　　没吃过猪肉，还没见过猪走 méi chī guò zhū ròu ，hái méi jiàn guò zhū zǒu 是一种反问语，本意是虽然没有吃过猪肉，但是看见过活猪。引申为形容自己并不是孤陋寡闻，而是见多识广，非常有见识。自嘲性、诙谐性用语。

　　【例句】你就别糊弄老赶了，没吃过猪肉，还没见过猪走啊！博鳌论坛咱没参加过，但也常看电视，知道这是在中国海南省三亚市举办的世界经济论坛。

　　眉眼高低 méi yǎn gāo dī　全句是"看不出眉眼高低"。看不出面临的形势，领会不了真正意图。犹如"不识时务"。

　　【例句】你瞧你，怎么就看不出眉眼高低呢，科长不就喜欢你那块手表吗，送给他不就行了吗？

　　每天 měi tiān　①往日。②天天。

　　【例句】①每天你们俩都形影不离，如今怎么闹掰了？②每天都吃一样的饭菜，时间长了谁也受不了！

　　每年 měi nián　往年。

　　【例句】每年这个时候都春暖花开了，今年怎么还这么冷？

　　美 měi　①舒服，得意。②高兴。

　　【例句】①一个月工资几千元，把你都美出鼻涕泡来了！②体彩抓了个二等奖，美得你不知姓什么了？

美个滋儿 měi ge zīr "滋儿"拉长音并突出"儿"音。很得意的样子。

【例句】手捧着儿子当兵的照片，美个滋儿的看不够！

美出鼻涕泡儿来 měichūbíti pàor lai 非常得意，高兴得不知说什么好。夸张性用语。

【例句】你要去参加《星光大道》表演？看不把你美出鼻涕泡儿来！

昧着心眼子 mèi zhao xīn yǎn zi 昧着良心，违背良心。

【例句】你可别昧着心眼子说话，说话要对得起自己的良心！

昧心钱 mèi xīn qián 违背良心得到的钱即来路不正的钱。

【例句】你不就挣了几个昧心钱吗，神气什么啊！

媚气 mèi qi 迷人，有媚力。

【例句】这姑娘长得真媚气，看着就是顺眼！

闷 mēn "闷"读 mēn，下同。①用力控制。②声音低沉。

【例句】①大家闷住，别泄劲儿！②今天的雷声怎么这么闷呢？好象要下雹子！

闷哧 mēn chi 有时重叠使用。形容人性格内向，不爱说话，不活跃。

【例句】你看她闷哧闷哧的样儿，还能有什么发展前途啊？

闷着 mēn zhe 不说话，不声张，不表态。

【例句】大家别闷着，到底同意不同意，总得有个态度！

闷屈 mēn qu "屈"发短促轻音，内心感到委屈说不出来而烦闷。

【例句】你一个人在那儿闷屈什么呢，说出来不就敞亮了吗？

闷一觉 mēn yī jiào 好好睡一觉。

【例句】昨晚儿连续接诊了几个重病人，一宿没合眼，我得赶紧回家闷一觉！

闷不出的 mēn bū chū de 同"闷哧"。

【例句】你别看赵老四闷不出的，其实鬼心眼子贼多！

闷得呼哧 mēn de hū chī 也说"闷达呼"。同"闷哧"。语气加重。

【例句】整天闷大呼哧不吱声，心里可有个老猪腰子主意！

闷忒儿密 mēn dēr mì ①全部吃光。②睡觉。诙谐性用语。

【例句】①实在饿极了，二斤蛋糕全被我一个人闷忒儿密了！②闲着没事儿，天一黑我就闷忒儿密了！

闷头财主 mēn tóu cái zhǔ 不露富、不显声势的土财主。含有贬义。

【例句】土地改革时，有个闷头财主也被斗被分了！

门 mén 蒙了，蒙头转向。

【例句】你这一通批评把我都造门了！又如证人一露面，他立刻就门了！

门头儿 mén tóur 有势力，有财力。

【例句】咱家姑娘可不能找有门头儿的人家，一定要找一个普通人家，否则非受气不可！

门斯克 mén si kè 发蒙，晕头转向，不知所措。含有贬义。

【例句】老师刚一提问，我就门斯克了！又如大家一吵吵，还把我弄门斯克了！

闷罐 mèn guàn "闷"读 mèn，下同。 ①带盖专门用于闷饭的铝锅。②闷罐车即四周全封闭的火车车厢。

【例句】①锅开了，大娘赶忙错开闷罐盖儿。②日本鬼子是坐闷罐车到枣庄的。

闷屈 mèn qu "屈"字发短促轻音。憋屈，烦闷。

【例句】在家太闷屈了，出来透透风！

蒙 mēng "蒙"读 mēng，下同。①昏迷，眩晕。夸张性用语。②瞎蒙碰巧，全凭运气。③欺骗，糊弄。

【例句】①爸爸给我买了台电脑，把我可乐蒙了。②公务员考试，好几道题我都是蒙对的。③你小子别蒙我，小心我揍你！

蒙门儿 mēng ménr 摸不清头脑，摸不清头绪，不知所措。

【例句】我第一次玩 4G 手机，还真有点蒙门儿！

蒙登 mēng dēng "蒙登"两字均拉长音。 ①同"蒙门儿"。②形容人头脑不清醒而糊糊涂涂、不知所措的样子。

【例句】①你突然这么一说，还把我造蒙登了！②劝你戒毒你不听，警察一抓你看你蒙登不？又如叫我去和外商谈判，见了老外我还不全蒙登了！

蒙事儿 mēng shìr 欺骗人，糊弄人，做假。

【例句】说点真话办点真事儿，别一天总蒙事儿！

懵 mēng "懵"读 mēng，下同。①头脑不清。②想不起来。

【例句】①这事儿真把我懵住了。 ②这么长时间早忘了，你一问我倒懵了！

懵圈 mēng quān 一时糊涂而不知所措。讽刺性用语。

【例句】上法庭当证人，一进审判庭我就懵圈了！

蒙着盖着 méng zhao gài zhao "蒙"读 méng，"着"读 zhao。故意遮掩，不使他人知道。

【例句】这事儿也不是什么见不得人的事儿，蒙着盖着干什么？

猛 měng 使用范围非常广泛之一。含有非常、特别、猛烈等多种意思。

【例句】吃饭很快叫猛吃；干活卖力叫猛干；冒冒失失叫很猛；很能吹牛说大话叫猛吹等。

猛劲儿 měng jìnr 全部释放，尽最大努力。

【例句】今天我请客，大家敞开肚皮猛劲儿造吧！

猛孤丁的 měng gū dīng de 也说"猛不丁的"。突然，猛然。

【例句】猛孤丁地说起来，我还真想不起来！

懵住 měng zhu "懵"字读 měng。一时想不起来并发愣。

【例句】忽然一问，还真把我懵住了。

梦生 mèng shēng ①遗腹子。②还不确定、不公开的事。

【例句】①这孩子是个梦生。②这次长工资有没有我还是个梦生。

梦种 mèng zhǒng 装疯卖傻。

【例句】大白天说梦话 —— 装梦种。

迷里麻拉 mīli mā lā "迷"读 mī，下同。说话不干不净带脏字。

【例句】说话文明点，别迷里麻拉的！

迷哩魔勒 mīli mō lē ①同"迷里麻拉"。②迷迷糊糊，行为举止没有目的。③因着急上火而心烦意乱、手足无措。

【例句】①你说话怎么迷哩魔勒的，都是跟谁学的？②你一天迷哩魔勒的，到底怎么了？③大学毕业后，始终也没找到工作，整天急得我迷哩魔勒的，就像丢了魂似的。

迷了嘛哈 mǐ la mā hā 形容人迷迷糊糊、萎靡不振的样子。

【例句】就你整天迷了嘛哈的样子，还想不想进步了？

迷溜 mī liu 两个字均发平音，"溜"字发短促轻音。身体原地转圈。

【例句】一巴掌把他打得转了个迷溜！

迷溜转儿 mī liū zhuànr "转儿"突出"儿"音并拉长音。身体原地转圈。

【例句】童谣：迷溜迷溜转儿，卡倒不吃饭儿！

眯 mī "眯"读 mī，下同。①躲藏。②闭上眼睛小睡一会儿，是一种短暂的休息。③呆一会。

【例句】①半天不见了，谁知他眯哪儿去了！②你要太困了就找地方眯一会儿。③这没你的事儿，找地方眯着去吧！

眯细 mī xi "细"字发轻音。眯缝眼。

【例句】大家都在忙，他倒挺消遣，在那儿眯细个眼儿拉起二胡来！

眯瞪　mī deng　"瞪"字发短促轻音。稍微睡一会儿。

【例句】我还没睡醒呢，再让我眯瞪一会儿！

眯楞　mī leng　"楞"字发短促轻音。①小睡一会儿。②似睡没睡的样子。

【例句】①我想再眯楞一会觉儿，谁也别打搅我！②他偎在被窝里眯楞着想心事。

眯缝　mī feng　①眼睛微眨，似眨似闭。②用蔑视或挑衅的目光看人。

【例句】①他一个人躲在那里眯缝着眼想心事。②他眯缝着小眼儿恶狠狠地看了一眼，一句话没说。

眯儿眯儿的　mīr mīr de　突出"儿"音。形容人感到非常害怕而不敢出声。

【例句】电视剧《乡村爱情圆舞曲》中的李副总整天对刘大脑袋眯儿眯儿的，一副毕恭毕敬的样子。

咪溜　mī liu　"溜"字发短促轻音。喝酒的代名词。

【例句】每天咪溜一盅酒，抽上几颗烟，这日子别提有多美了！

迷瞪　mí deng　"迷"读mí，下同。"瞪"字发短促轻音。①迷失方向。②迷惑不解。

【例句】①我已经辨不清方向，有些迷瞪了。②到底怎么回事？我都迷瞪了。

迷魂　mí hun　"魂"字发短促轻音。迷糊，头晕。

【例句】好象有恐高症，我一坐飞机就迷魂！

迷糊 mí hu　"糊"字发短促轻音。①头脑不清楚。②爱睡觉。③马马虎虎。④头晕。⑤泛指农村笨人。含有贬义。

【例句】①你一天到头迷迷糊糊的，什么时候能清醒点儿？②我有头疼病，一犯病就迷糊爱睡觉。③不是你粗心，是我迷糊了。④我有点儿迷糊，睡一觉就好了！⑤电视剧《插树岭》中的二老歪其实就是个二迷糊！

迷拉马哈 mí la mǎ hā　哼哼哈哈，一副不认真的样子。

【例句】交给你的事儿非常重要，可别迷拉马哈的办砸了！

迷迷瞪瞪 mí mí dēng dēnng　形容人糊糊涂涂、一副不清醒、没精神的样子。

【例句】你少给我迷迷瞪瞪的装糊涂，到底是怎么回事，实话实说！

谜儿 mír　①难解之谜。②谜语，猜谜。

【例句】①肇事司机到底是谁，到现在还是个谜儿。②我给大家猜个谜儿，大家猜一猜！

咪搭麻搭 mí da mā dā　①因生气而不正眼看人。②吃东西非常香甜的样子。

【例句】①谁惹着你了，一天总咪搭麻搭的样子！②真饿急了，一盘包子不一会儿就让我咪搭麻搭地造光了！

咪拉摸勒 mí la mō le　不声不响又不停地干着某件事。

【例句】那个老蔫儿，整天咪拉摸勒的就知道干活儿！

眯 mí　"眯"读mí。眼儿被堵住。

【例句】针眼都眯死了，纫不了针线了。

匿心 mì xīn　"匿"读 mì。违背自己的心愿。

【例句】你匿着良心就忍心克扣民工的血汗钱？

昧 mì　"昧"读 mì。半路截留、贪为已有即"私吞"之意。

【例句】说清楚，民工的血汗钱是不是都让你给昧下了！又如我们的补贴一直没到手，一定是让谁给昧下来了！

咩达 miā da　"咩"读 miā。"达"发短促轻音。大口吃、嚼，大吃大嚼。讽刺性用语。

【例句】可把我饿坏了，一桌子的菜差不多让我一个人给咩达了。

绵 mián　①形容人性格软弱。②份量稍显不足。

【例句】①这孩子性格太绵了点儿！②不足五斤，绵了点儿！

绵阳票子 mián yáng piào zi　一种伪满洲国时期使用的钞票。

【例句】过去的绵阳票子不值钱，一麻袋也买不了几十斤米！

揘 miǎn　①滚轧，辗压。②用手互搓、捏、压。

【例句】①我要撒谎，出门就叫汽车揘啦！② 打死你就像揘死个臭虫！又如那还不像揘死个老鼠！

揘拉 miǎn la　"拉"字发短促轻音。不用牙嚼而用舌头挤压吃食物。

【例句】肉嚼不烂，揘拉揘拉就咽下去了！

掹怀 miǎn huái 衣服不系扣用衣襟掩胸，一般指刚刚给吃奶孩子喂奶的女人。

【例句】给孩子喂完奶，二婶掹上怀接着又下地干活去了。

掹腰 miǎn yāo 也说"抿腰"。旧时棉裤裤腰十分肥大，需要将裤腰折叠再用裤带系牢，这种系法就称为掹腰，裤子称为掹腰裤。

【例句】过去穿的都是掹腰裤，如今都不见了。

面 miàn ①某些植物块茎纤维少而柔软。②疲乏无力。③打，揍。④弄死。⑤软弱无能，好欺负。

【例句】①沙土地的土豆发面。②饿得我头发昏腿发面。③咱俩把那小子面一顿，看他还敢不敢得瑟！④就我这小体格，还不让他把我面了！⑤你这个人可真够面的，就连他也敢欺负你，你连个屁也不敢放！

面矮 miàn ǎi 害羞，腼腆，不好意思，不敢出头露面。

【例句】我面子矮，不敢去见他！又如电视小品《相亲》中徐老蔫说："女人面子矮，就不敢照实说。"

面嫩 miàn lèn "嫩"读lèn同"面矮"。

【例句】那姑娘面嫩，你们见面说话小心点儿，别吓着人家！

面乎 miàn hu "乎"字发短促轻音。①形容人性格软弱，非常窝囊无能。②打死，弄死。③整治，修理，收拾。

【例句】①刘大脑袋可真够面乎的，一天让王云骂个狗血淋头！又如他看那人挺面乎，总欺负他！②一顿手榴弹就把几个日本兵给全面乎了！③李小龙真是一身好功夫，挑战的几个人都让他一个一个面乎了！

面儿 miànr 突出"儿"音。面子，情面。

【例句】看咱们多年的面儿，你就饶过他吧！又如无论如何，这个面儿也得给！

面个兜的 miàn ge dōu de 也说"面兜的"。"兜"字拉长音。①食物过于柔软而不筋道。②形容人缺少个性，缺少斗争、反抗精神。

【例句】①这种面包面个兜的，一点都不好吃！②电视连续剧《樱桃红》中的老乐，脾气面个兜的，没一点刚性！

面恍儿的 miàn huāngr de "恍"字读 huāng，下同。"面"字发重音，"恍儿"拉长音并突出"儿"音。似曾相识，恍恍忽忽似乎见过面或记得。一种不能确定的表示。

【例句】你还认识我吗？面恍儿的，对不起，实在想不起来了！

面恍恍 miàn hāang huāng 同"面恍儿的"。

【例句】咱们面恍恍的，好像什么时候见过面！

面子事儿 miàn zi shìr 希望看面子给予方便或照顾。

【例句】面子事儿，你就给办了吧！

面子活儿 miàn zi huór 表面活儿，表面文章。

【例句】玩儿点儿真的吧，别净干些面子活儿！

面儿上 miànr shàng 表面上，场面上，外交场合，公共场合。

【例句】面儿上总得过得去，别让他太难堪了！又如刘能说：我这面儿上人，无论如何我得到场啊！

面儿上人 miànr shàng rén 场面上人，社会上人。

【例句】电视剧《关东大先生》中，哈贝勒是面儿上人，哪有事哪到，啥事也落不下他！

面儿冷 miànr lěng 面孔过于严肃、呆板。

【例句】人长得挺漂亮，但就是有点儿面儿冷！

苗子 miáo zi ①未来的希望，好材料。②枪的枪筒或刀身的长度。

【例句】①这孩子是个练体操的好苗子，长大准有出息！②抗日战争时期使用的二十响盒子枪苗子特别长，很有准头。

瞄 miáo ①通过准星瞄准。②被人看中。

【例句】①三点成一线，瞄准了再勾板机！②我瞄准了这孩子，长大肯定是打篮球的好材料！

瞄上 miáo shang 被人盯住，被人选中目标。

【例句】坏了，我被小偷给瞄上了！又如他瞄上你家姑娘了，想让她给他做儿媳妇！

描 miáo ①按原有的图样仿制。②照着，顺着。

【例句】①描图。描花样子。②你描着这条道不拐弯直走就到了！

乜 miē ①倒数第一。②最小的。③最后一名。

【例句】①百公尺竞赛，我跑了第乜！②我们家大排行我是老乜！③全班年龄我数老乜！

乜兜儿 miē dōur 同"乜"③。

【例句】数学考试，我考了个乜兜儿！

乜了儿 miē liǎor 直到最后。

【例句】看了一场球赛，到乜了也不知谁胜谁负！

灭火儿 miè huǒr 引申为无话可说，哑口无言。诙谐性用语。

【例句】怎么样，这下灭火儿了吧，有章程你就使啊！又如几句话，就把它说灭火儿了！

民人 mín rén 清朝不在八旗之内的其他民族人。

【例句】我们祖上也是民人，一直没有入旗。

民装 mín zhuāng ①普通人穿的普通服装。②与满族人服装有区别的汉族服装。

【例句】①这身民装穿在你身上还挺漂亮的！②祖上穿的都是旗装，现在穿的都是民装了。

抿 mǐn ①用双唇抒。②用嘴唇夹。③用液体抹。④沾水向后拢头发。⑤吃进去。⑥宰、杀。⑥同"搌腰"。

【例句】①用嘴抿了抿线头，一下子就纫进去了。②麻坯在口中抿了抿，搓出绳来。③你咋不抿头，缺少桂花油。④头发太乱了，快沾点水抿一抿。⑤谁敢进妖精洞，进去还不让妖精给抿巴了？⑥去把那几只大鹅抿巴了！⑥过去的棉裤裤腰非常肥大，都是抿腰的。

抿一抿 mǐn yi mǐn 同"抿"④。

【例句】头发都乱成这样了，快沾点儿水抿一抿！

抿子 mǐn zi 不确定的笼统数字，犹如量词一扎、一把、份儿、件等。

【例句】挣了几个有限的钱儿，这一抿子，那一抿子，很快就扯巴光了。

名头 míng tou 名声，名气。

【例句】凭我孙悟空的名头，天兵天将哪个不怕我？

明白 míng bai ①送礼的代名词。②出色，出彩。

【例句】①想办成事，必须先去明白明白！②这事儿叫你办得真明白！

明白费 míng bai fèi 同"明白"①，送礼所支出的费用。

【例句】这点儿明白费不白交，事情办成后，你可就发了！

明情 míng qíng 确定无疑的事儿，明摆着的事儿。

【例句】明情就是这么个理儿，你怎么还不明白？

明镜 míng jìng ①心中明白。②事情非常明确。

【例句】①我这心里明镜似的，就是不敢说出口！②其实大家心里明镜似的，都碍着老领导的面子不说罢了。

明挑 míng tiǎo 公开揭露，把事情摆在明处而不是遮遮掩掩。

【例句】今天我就跟你明挑，不提拔你是我的意见，不是老总不同意！

明面儿 míng miànr 表面，当着众人的面。

【例句】有话就说在明面儿，背后捅捅咕咕算怎么回事儿！

明白人 míng bai ré 聪明人。

【例句】你是个明白人，这点猫腻你还看不出来？

明眼人 míng yǎn rén 明白事理的人，看得很明白的人，主要指局外人。

【例句】所谓"万里大造林"这套鬼把戏，明眼人一看就知道是大骗局，还就是有人上当，都是"一夜暴富"造的孽！

明睁眼漏 míng zhēng yǎn lòu 也说"明知眼漏"。人人都了解，人人都明白即"心知肚明"。

【例句】撞了人你就赶紧送人家上医院，这都是明睁眼漏的事儿，你干嘛非得逃逸啊？

明铺夜盖 míng pū yè gài 公开进行，主要指男女关系公开化而不避人。含有贬义。

【例句】他们俩明铺夜盖的，也不怕造成影响。又如他们已经明铺夜盖了，就差领结婚证了。

明公二大爷 míng gōng èr dà ye 假充的通晓事理、什么都懂的人、什么都明白的人。讽刺性用语。

【例句】就你能，你就是个明公二大爷！又如那小子就像明公二大爷似的，我就看不惯！

命相 mìng xiang 命运。

【例句】都怪你命相不好，嫁给了一个窝囊废！

摸脉 mō mài 号脉，中医诊病的方式。

【例句】大夫，请给我摸摸脉，我这胃总不舒服！

摸黑 mō hēir ①暗中摸索。②不熟悉，不认识。③夜幕降临，天刚刚黑。

【例句】①摸黑走山路，你可千万加小心啊！②来到这里，我两眼一摸黑，就得靠你了！③他昨天就走了，今天摸黑才回来！

磨咕 mó gu "磨"读 mó，下同。①行动拖拉缓慢，磨磨蹭蹭，拖延时间。②纠缠不休。

【例句】①你在那儿磨咕啥呢，还不赶快走？②有话快说，别跟我瞎磨咕了！

磨咕头 mó gu tóu 赖皮赖脸、非常难缠的人。含有贬义。

【例句】再耍磨咕头，看我怎么收拾你！

磨人 mó rén 纠缠人、折磨人，多指小孩子。

【例句】我这孙子太能磨人，一步都离不开人。又如说不行就不行，你就别磨人了！

磨牙 mó yá ①拌嘴。②小孩子不好哄，难伺候。③闲斗嘴。

【例句】①你听，那两口子又磨牙了！②孩子太磨牙，大人不得安生。③我忙得很，哪有功夫跟你闲磨牙！

磨嘴 mó zuǐ 多费口舌，无意义地争辩。

【例句】少给我磨嘴，就这么定了！

磨嘴皮子 mó zuǐ pí zi 同"磨嘴"。

【例句】打住吧！别跟我磨嘴皮子，说啥都没用！

魔儿 mór ①精神不正常的人。②魔怔。

【例句】①他是这一带有名的魔儿！②要这么高的价，你魔怔儿了？

抹糊 mǒ hu ①涂抹。②沾染。

【例句】①我这算什么画儿，瞎抹糊呗！②手上的黄色是拌良种时抹糊的。

抹眼泪窝子 mǒ yǎn lèi wō zi　哭啼，边哭边抹泪。

【例句】母亲给我们讲起了二十世纪六十年代末期至七十年代初期那段下乡插队落户当知青的苦难史，说着说着抹起了眼泪窝子。

抹油嘴儿 mǒ yóu zuǐr　赴宴吃请的代名词。

【例句】明天星期日，咱哥儿几个明天一块去抹油嘴儿去！

抹脖 mǒ bér　自杀的代名词。

【例句】他一时想不开，谁知就抹脖子自杀了！

磨 mò　"磨"读 mò，下同。①回转。②算计。

【例句】①听到命令后，开着汽车迅速向回磨！②你那点小心眼怎么能磨得过他呀！

磨叽 mò ji　①反反复复、啰啰嗦嗦地说。②办事儿不利索，拖泥带水。均含有贬义。

【例句】①说不行就不行，你还磨叽个啥？又如你喝多了，就别没完没了地磨叽了！②那人可不行，办事儿太磨叽！

磨叨 mò dao　①同"磨叽"①。②有时重叠使用即"磨磨叨叨"。同"磨叽②。

【例句】①有事儿你就快说，别磨叨了！②那人可不行，办事儿磨磨叨叨的，太着人烦！

磨磨 mò mo　第一个"磨"字发重音，第二个"磨"字发短促轻音。①转来转去。②心眼，心计。③考虑，思索。④滚轧。⑤磨叨。

【例句】①进山不久就迷了路，怎么也磨磨不出来。②如今的庄稼人，心里没点磨磨还真不行！③他的脑袋挺好使，什么事儿都磨磨明白！④地头儿让拖拉机给磨磨出个大坑！⑤别再磨磨了，让人心烦！

　　磨悠 mò you "悠"字发短促轻音。　磨蹭，慢慢走。

　　【例句】在后边磨悠什么呢？快走几步！

　　磨丢 mò diu "丢"字发短促轻音。纠缠。

　　【例句】他不在更好，省得总磨丢他那点儿破事儿！

　　磨磨丢 mò mò diū 没完没了地纠缠。

　　【例句】没给他买新书包，孩子便躺在地上耍起了磨磨丢！

　　磨车 mò chē ① 思想转弯儿。②比喻说话翻来覆去地磨叽。

　　【例句】①这事儿他一时还磨不过车儿来！②有话就快说，怎么老磨车！

　　磨不开 mò bù kāi 也说"磨不开面儿"。①羞愧，不好意思，打不开情面。②放不下脸面。③想不通，行不通。

　　【例句】①几句话说得他怪不好意思，实在磨不开再说讨债的事了。②这事儿光明正大，你还有什么磨不开的？③别上火，谁都有磨不开时候！

　　磨不开面儿 mò bù kāi miànr 同"磨不开①。

　　【例句】这是我的老师，让我去找他讨债，我实在磨不开面儿！

　　磨磨唧唧 mò mò jī jī 同磨叽①②。语气加重。含有贬义。

　　【例句】① 你这人，怎么磨磨唧唧的没完没了呢！②那人可不怎么样，办事儿磨磨唧唧的，没个利索时候！

磨饥荒 mò jī huɑng 也说"磨账"。①想方设法拖延还债时间。②转移债主，相互转债。

【例句】①赶快还债吧，再磨饥荒可不行！②他欠你债，我欠他债，咱磨饥荒吧！

磨豆腐 mò dòu fu 说话翻来覆去，磨磨叨叨。

【例句】有事就直说吧，别光磨豆腐了。

磨磨丢丢 mò mo diū diū 纠缠不休。含有贬义。

【例句】就这么点事儿，他每天磨磨丢丢地缠着我，烦不烦哪！

磨道驴 mò dào lú 形容习惯于听从他人摆布、指使的人。含有贬义。

【例句】我也不是磨道驴，干啥非得听他的啊？又如就他那个磨道驴，让媳妇治得一个来一个来的！有歇后语说：磨道驴——听喝（指挥）。

末兜 mò dōu 最后一名。

【例句】好歹我也不能考个末兜啊！

末了 mò liǎo 直到最后。

【例句】犟犟了半天，临末了，他才勉强同意。

抹 mò ①回，次。②赶上。

【例句】①今天就将就听一抹吧！②这瓜抹一个是熟的，抹一个是生的！

沫沫 mò mo 第一个"沫"字发重音，第二个"沫"字发短促轻音。细沫，沫子。

【例句】就是把我的骨头砸成沫沫，我也还不起这天价外债啊！

末末渣儿 mò mo zhār 排行最小的一个，一胎中最后生出的一个，指人也指猪等动物。

【例句】这头猪崽是头末末渣儿，体质太弱，还不知道能不能活下来。又如一胎生了4个孩子，末末渣儿是个小丫头片子。

抹乎 mò hu 抗污染，抗埋汰。

【例句】要买汽车就买台儿黑色的吧，黑色抗抹乎！

摸量 mū liang "量"字发短促轻音。约摸，估计。

【例句】我摸量他是嫌送的钱太少了，你说是不是？

呣咯 mū ge 形容没有牙而用牙龈咀嚼的样子。

【例句】酱牛肉有点嚼不烂，老太太呣咯呣咯就地咽下去了。

母子 mǔ zi 不是普通话中的"母子"，而是①土豆等薯类割掉芽子（东北地区栽种土豆时并不是直接栽种而是要剜除用作种子部分的芽来栽种）后剩余部分。②一切雌性动物，与雄性相对应。

【例句】①土豆母子保留好，还可以炖土豆吃！②林蛙（东北地区俗称"哈什蟆"mǎ）还是母子好吃，一肚子都是蛙籽！

母们 mǔ men "母"字发重音，"们"字发短促轻音。"我们"的音变。

【例句】这是母们家的撮子，怎么跑你们家来了？

木个丁的 mù ge dīng de "丁"字拉长音。形容物品比较硬而无味道。多指食品。

【例句】这肉炒得木个丁的，没什么味道！

木个张的 mù gè zhāng de　"张"字拉长音。①因产生隔阂而态度木然冷落。②伤口麻木胀痛的感觉。

【例句】①说了半天了，你怎么木个张的没个表情？②没事啦，不疼了，就是有点儿木个张的！

木头疙瘩 mù tou gā da　也说"榆木疙瘩"。"疙瘩"读 gā da。形容人过于呆板，反应迟钝，不善通变。讽刺性用语。

【例句】你简直就是个木头疙瘩，人家那么暗示你，你就不明白？

木榆脑袋 mù yú nǎo dai　同"木头疙瘩"。讽刺性用语。

【例句】你是木榆脑袋啊？就不会好好想一想啊？

N

呐摸 nā mo　①估计，琢磨。②准备。

【例句】①谁心里都有数，一呐摸就明白！②听说孩子快结婚了，都呐摸好了吗？

拿 ná　①故意做作。②负责。③撤销，撤职。④完成。⑤油腻。

【例句】①"二人转"演员小沈阳的作派别人还真难拿！②今天铲地，每人拿三根垄！③腐败了，叫人拿下来了吧？④不就这点事儿吗？一定拿下！⑤这猪肘子太肥，有点拿人！

拿巴 ná ba "拿"字发重音，"巴"字发短促轻音。故意刁难。

【例句】能办就快帮我办吧，就别再拿巴我了！

拿把儿 ná bǎr "把儿"拉长音并突出"儿"音。①要挟，故意刁难。②因掌握某种权利而故意为难对方。

【例句】①能办你就办，你就别拿把儿了！②就求他这么点儿事儿，总是推三推四的拿把儿！

拿活儿 ná huór ①能拿得住。②有办事能力。

【例句】①这把钳子真拿活儿！②诸葛孔明可真能拿活儿，发明出了著名的木牛流马！

拿对 ná dui "对"字发短促轻音。刁难，整治。

【例句】这次一定要拿对拿对他，否则往后的日子不好过！

拿大 ná dà ①故意做作，拿腔作势。②抬高自己，要挟他人。

【例句】①王天来被提拔为副总后有些拿大，总是在刘大脑袋面前装腔作势。②你小子也别拿大，这些人谁也不是好惹的！

拿捏 ná nie ①刁难，要挟。②扭捏。

【例句】①这话你拿捏谁呢？②有话就快说，拿捏个啥！

拿人 ná rén ①难为人。②食物油腻使人难以承受。

【例句】①到底是怎么回事？你就别拿人了！②"东北杀猪菜"油腻太大，有点拿人！

拿扭 ná niu "扭"字发短促轻音。 形容人办事儿扭扭捏捏，不爽快，不利索。

【例句】好容易商量定了的事儿，你怎么又拿扭起来了？

拿手 ná shǒu 善于、擅长做某件事儿或有独特技能或本领而不同于他人。

【例句】张大夫对治疗脑中风最拿手，治愈率极高。又如我最拿手的就是外语，考试都在 90 分以上！

拿下 ná xià 迫使对方顺从、降服，解决问题。

【例句】放心吧，就这点儿小事儿，指定拿下！又如电视小品《功夫》中，徒弟对师傅说："师傅，拿下！"

拿住 ná zhù ①被人控制而无法施展自己的本领。②被抓住。③因食物过于油腻而难以下咽。

【例句】①电视连续剧《乡村爱情故事》中赵四媳妇说："你看到没，彻底让人拿住了！"②汽车肇事者躲藏了好几天，最后还是被警察拿住了！③这趴猪脸太腻人了，吃不了几口就被拿住了！

拿大头 ná dà tóu 被人愚弄、被人冤枉而无法申辩。

【例句】凭什么叫我一个人出资修路啊，这不是拿大头吗！

拿不准 ná bù zhǔn ①判断不准。②拿不定主意。

【例句】①品牌汽车这么多，哪种品牌最好，一时我还拿不准。②究竟派谁去出国考察，至今我还拿不准呢！

拿头子 ná tóu zi 数第一，拿头名。

【例句】北京奥运会上，顶数中国体操队最拿头子，男女队双双获得团体冠军！

拿事儿 ná shìr 管事，做主。

【例句】这么一大家子人，全指你拿事儿呢！

拿载儿 ná zǎir 比喻在关键时候能够承担重担或承担责任。

【例句】要说还是老厂长拿载儿，虽然已经退休了，但还很有权威，遇到难题还得老厂长最后拿主意！

拿五做六 ná wǔ zuò liù 故意装腔作势，一本正经。讽刺性用语。

【例句】该怎么办就怎么办，别拿五做六装得一本正经的！又如张作霖吼道：吴大舌头，你少给我拿五作六，到底打不打郭鬼子，你明说！

拿不出手 ná bu chū shǒu ①一种不中看、不中用、恐怕对方挑剔、不好意思拿出来、唯恐被人贻笑大方的谦辞。②有时反用即否定语，完全可以展示或公开。

【例句】①这点儿小礼物实在拿不出手，只是一点儿心意，请您务必收下！②咱姑娘又不是拿不出手，你着什么急呢？

拿卡巴轴儿 ná kǎ ba zhóur 乘人之危为难人。

【例句】香秀对大国说：马总在咱们最困难的时候帮助咱们，现如今他陷入困境，咱可不能拿卡巴轴儿啊，快把钱还给人家吧！

拿话敲打人 ná huà qiāo dǎ rén 用语言直接或旁敲侧击提醒对方、暗示对方。

【例句】我明白，不用拿话敲打人，不就是让我别参加村长竞选吗？

拿人不当刀 ná rénbúdàng dāo 不被重视、重用，不被人看做是人才。多反用即否定语。

【例句】你别拿人不当刀，谁也不是好欺负的！

拿谁不识数 ná shéi bù shí shù 也说"拿人不识数"。同"拿人不当刀"。多反用即否定语。

【例句】你拿人不识数啊，就你那点儿猫腻以为谁不明白啊？又如你别拿人不识数，我们也不傻！

拿不是当理说 ná bú shì dāng lǐ shuō 故意强词夺理、混淆是非。

【例句】你这不是拿不是当理说嘛，明明是你的不是还要无理搅三分！

拿鸭子上架 ná yā zi shàng jià 勉为其难，明知不行而为之。讽刺性用语。

【例句】我哪儿懂什么谈判啊，要我去与外商谈判，这不是拿鸭子上架吗！

哪个 nǎ ge 个个，人人，每个人。

【例句】就你那点破事儿 哪个不知道？

哪管 nǎ guǎn 无论如何，最低限度，犹如"就是"。

【例句】哪管你个是高中毕业生，我也可以给你安排个工作！

哪海儿 nǎ hair 疑问动词"什么地方""在哪里"。

【例句】请问，哪海儿卖手提电脑？

哪好 nǎ hǎo 怎么好意思。

【例句】哪好总花你们的钱！又如哪好让你们破费！

哪儿国 nǎr guǒ "国"读 guǒ。并不是哪个国家，而是表示时间久远，很早很早以前的事情。一种虚拟的用语。

【例句】这都是哪儿国的事儿了，你还提他干什么！

哪门子 nǎ mén zi ①疑问动词"为什么""怎么回事"。常用于反问语。②无缘无故。

【例句】①他是我哪儿门子亲戚啊，我怎么不认识！②无缘无故的，你给我送的哪门子礼啊？

哪疙瘩 nǎ gā dā "疙瘩"读 gādā，下同。疑问动词"在什么地方"。

【例句】请问：原来的老戏园子在哪疙瘩？又如怎么哪疙瘩都有你呢？你烦不烦哪！

哪块儿 nǎ kuàir 疑问动词"在哪里""在什么地方"。

【例句】连农业税都免了，哪块儿有这好事儿！又如这里没你啥事儿，哪块儿凉快哪儿呆着去！

哪儿跟哪儿 nǎr gēn nǎr 根本不相干、不想属,根本没有关系。

【例句】什么博鳌论坛是海洋会议，这是哪儿跟哪儿啊，根本和海洋扯不上关系！

哪到哪儿 nǎ dào nǎr "哪儿"拉长音并突出"儿"音。①才刚刚开始，远远不到应达到的程度。②到底怎么回事。

【例句】①刚干了几天活你就受不了了，这才哪到哪儿呀！

又如刚学了几天汽车驾驶你就够了，这才哪儿到哪儿啊？②刚买了台摩托车又要买轿车，这是哪到哪儿呀？

哪儿说哪儿了 nǎr shuō nǎr liǎo "了"读 liǎo。到此为止，以后不再提起或传播。

【例句】我只告诉你一个人，咱们是哪儿说哪儿了，可别再传了！

哪儿多哪儿少 nǎr duō nǎr shǎo 分清是非曲直,分清孰轻孰重。

【例句】分配你当镇党委宣传委员，你非要去承包荒山，哪儿多哪儿少你分不清啊？

哪儿壶不开提哪儿壶 nǎr hú bù kāi tí nǎr hú 专门揭露不愿意、不公开、不光彩、不露脸的阴暗面。

【例句】你这不是哪儿壶不开提哪儿壶吗，非得说村长赌博被抓那点儿破事干什么？

那疙瘩 nà gā dā 在那里，在那个地方。肯定性用语。

【例句】体育馆大概就在大桥西那疙瘩。

那不结了 nà bù jié le 应答性用语"这不就完了""这不就可以了"。表示肯定。

【例句】那不结了！什么时候也得欠债还钱！

那不得了 nà bù dé la 同"那不结了"。

【例句】那不得了，答应好的事儿，说什么也不能变啊！

那不咋的 nà bù zǎ dì 应答性用语"可不就是！"

【例句】四川汶川大地震损失可太大啦！那不咋的，也死了不少人！

那可不咋地 nà kě bù zǎ dì "地"发重音。实在不怎么样。表示否定。

【例句】听说你们老板两年多没给开支了？你们老板那可不咋地！

那前儿 nà qianr ①那个时候。②很长时间。

【例句】①我当兵那前儿，你还没出生呢！②一直等了那前儿，你也没来！

那昝儿 nà zǎnr 同"那前儿"①。

【例句】我们下乡插队落户的那昝儿，真是吃够了苦头儿！

那啥 nà shá ①一时想不起来过渡语。②不便说或省略说的代词。

【例句】①那啥，我就不再多说了，你自己寻思吧！②你们的作法太那啥了，还是注意点儿好！

那拉溜儿 nà lǎ liùr 那个地方，那一带，那个范围内。

【例句】请问体育馆在哪儿？就在四道街东边那拉溜儿。

奶奶样儿 nǎi nai yànger 滑稽样，不成人样。讽刺性用语。

【例句】看你高兴的奶奶样，抓着大彩儿啦！又如这孩子怎么造成这么个奶奶样？还有没有人管了！

耐 nài ①忍受。②抑制。

【例句】①慢慢地耐着吧，孩子大了就好了！②终于耐着性子听完了枯燥无味的讲话。

耐心烦儿 nài xīn fánr 好脾气，有耐心。

【例句】就你家那醉鬼，我可没有那么好的耐心烦儿，要是我，早就一脚踹出门外了！

奶 nài　"奶"读 nài。动词，以乳头喂孩子。

【例句】好，等我奶完孩子，马上就去！

难心 nán xīn　心里很为难，不知如何是好。

【例句】办也不是，不办也不是，真叫人难心！

难斗 nán dòu　难缠，难对付。

【例句】这家伙才难斗呢，一肚子都是鬼心眼儿！

难受巴拉 nán shòu bā lā　形容心情非常难受、内心不舒服。

【例句】看到电视新闻播出的见义勇为者反倒被诬陷，真叫人心里难受巴拉的。

南朝北国 nán cháo běi guǒ　形容说话没边没沿、胡编乱造、没有主要内容、信口胡说。讽刺性用语。

【例句】赶快走吧，要等他俩南朝北国地唠起来，那还有完啊？

嗫 nàn　将食物等送到嘴里而含着一时不咽含。

【例句】把几片药片嗫进嘴里。又如喝完中药后，向嘴里嗫了几口白糖。

囊 nāng　①形容人软弱无能。含有贬义。②形容食品太软，缺少韧性。

【例句】①你可真够囊的，这么点事儿就难住了？又如老黄那人太囊了，叫人家欺负到家了也不敢吱声！②这面包太囊了，没什么咬头！

囊包 nāng bāo 也称"囊种"。形容人没能力，没魄力。含有贬义。

【例句】他是囊包一个，根本没有办事能力！

囊种 nāng zhǒng 同"囊包"。含有贬义。

【例句】打不还手骂不还嘴，那不成囊种了？

囊劲儿 nāng jìnr 没有力气，软弱无力。

【例句】她累得连囊劲儿也没有了！

囊了巴叽 nāng la bā jī ①形容人窝窝囊囊、性格软弱、精神不振作。②形容食品过份松软不坚挺而不筋道，没有咬头。

【例句】①就王老七囊了巴叽的，也能当副总？②这大果子放得时间长了，囊了巴叽的，太不好吃了！

囊囊膪 nāng nāng chuài 形容懦弱无能的人就像动物脏器囊囊膪一样柔软而不坚挺。含有贬义。

【例句】你就是个囊囊膪，一点儿钢性也没有！

囊囊不喘儿 nāng nang bū chuǎnr 很没精神，神情猥琐。

【例句】瞧你那副囊囊不喘儿的样子，一点出息不长！

囊哧囊哧 nāng chi nāng chi 形容人一副窝窝囊囊、精神萎靡不振的样子。

【例句】方正一天囊哧囊哧的，竟然向美女李老师求爱。

齉齉鼻子 nāng nang bí zi ①因感冒等原因使鼻塞而发出的声音。②说话鼻音很重。

【例句】①这几天感冒了，有点儿齉齉鼻子。②瞧你那齉齉鼻子，怎么不抓紧治一治！

攮 nǎng ①非常快地钻进去。②很快地躺下。③没好气地说。④硬塞。⑤用刀刺，戳。

【例句】①这家伙一闪身，攮进汽车里再也不出来。②进门没讲话，一头就攮在炕上睡着了。③半天没说话，最后攮了一句：我就这样了，爱咋地咋地！④向他怀里攮了几百元钱，转身就走了。⑤大腿被歹徒攮了一刀，鲜血直流！

攮斥 nǎng chi "斥"字发短促轻音。训斥，斥责。

【例句】我又没招你没惹你，你平白无故攮斥我干什么！

攮丧 nǎng sàng 也称"活该攮丧"。"攮丧"两字均发重音。倒霉。

【例句】今天真够攮丧的，白忙一天还赔了！

攮搡 nǎng sang "搡"字发短促轻音。①讥讽语"吃"。②推推搡搡。

【例句】①光知道攮搡，孩子今年的学费怎么办？②我站在这里又不碍谁的事儿，你攮搡我干啥？

馕 nǎng 硬往嘴里塞食物。含有贬义。

【例句】一天就知道往嘴里馕，油瓶倒了也不扶！

囔人 nǎng rén 说话语言尖刻而令人难以接受。

【例句】他说话也太囔人了，怎么难听怎么说，全不管别让怎么想！

囔熊话 nǎng xióng huà 说风凉话、使人听起来别扭的话。

【例句】有什么事儿就直说，别在那里囔熊话！

孬 nāo ①很坏，不好。②怯懦，没勇气。

【例句】①你看，这细瓷碗不孬吧？②你可真够孬的，连这点儿勇气也没有？

孬包 nāo bāo 胆小怕事的人。

【例句】你以为我是孬包吗？不信咱们签字画押！

孬糟 nāo zao "孬"字发重音，"糟"字发短促轻音。发愁。

【例句】购买农机具补贴一直没有兑现，借别人的钱一时也还不上，可把我孬糟坏了！

孬种 nāo zhǒng 形容人怯懦胆小，缺少勇气。骂人语。

【例句】你要不敢去，你就是孬种！

孬木 nāo mu ①借用俄语，即"小房子""小屋子"。②住宅楼一进门的小块空地也称"孬木"。

【例句】①我费劲巴力盖起来的小孬木，最后也被拆掉了！②一进门就是个小孬木，可以改作放鞋处！

孬门儿 nāo menr "孬"字拉长音，"门儿"突出"儿"音并短促。门道，窍门。

【例句】这部电视剧你已经看了好几遍了，看出什么孬门儿没有？

挠 náo ①跑。②走。③巴结。④用手抓、抠、挖。

【例句】①眨眼间，他早已挠得没影了。②事办完了，时间还早，慢慢往回挠吧！③这辈子我算挠不上去了。④让我给挠了个满脸花！

挠扯 náo che "扯"字发短促轻音。①竭尽全力奔波、奋斗。②紧跑。

【例句】①挠扯了几年，终于考入了全国重点大学。②快挠扯几步，马上就到了！

挠登 náo deng "登"字发短促轻音。拼命挣扎，努力拼搏。

【例句】一番努力，她从服务员挠登上了领班！

挠头 náo tóu 形容事情复杂麻烦而难以解决，因此使人头疼。

【例句】拆迁的事谈了几次，也没有谈成，真叫人挠头！

挠杠子 náo gàng zi 逃跑，很快地跑开、溜走，不辞而别。含有贬义。

【例句】听说领导要派他去侍侯病人，他早就闻讯儿挠杠子了！

挠杆子 ná gàn zi 同"挠杠子"。

【例句】他肯定是挠杠子了，好几天没来了！

挠丫子 náo yā zi ①逃跑。②撒手不管。均含有贬义。

【例句】①枪声一响，全都挠丫子了！②这事你就别挠丫子了，我们还指望你拿主意呢！

挠刺挠儿 náo cì náor 用手挠皮肤痒处以解痒。

【例句】来，好孙子，给爷爷挠挠刺挠儿！

挠挠儿 náo náor 突出"儿"音。婴儿一种做手指弯曲张开的动作。

【例句】来，给姥爷挠挠儿一个！

熬肯 náo ken "熬"读náo，下同。"熬"字发重音，"肯"字发短促轻音。①在非常艰难困苦的条件下艰难度日。②备受煎熬。

【例句】①三年自然灾害期间可把人熬啃坏了，连顿饱饭都吃不上！②你也别太熬啃自己了，身体要紧啊！

熬困 náo kun　"困"字发短促轻音。同"熬啃"①。

【例句】你爹熬困了一辈子，把你拉扯大可不容易啊！

熬苦 náo ku　"苦"字发短促轻音。同"熬啃"①。

【例句】这些日子把大家熬苦得够呛，晚上我请大家吃大餐！

脑瓜绷儿 nǎo guā bēngr　脑袋，主要指用手指弹脑门儿。

【例句】谁输了弹脑瓜绷儿，谁也不许玩赖！

脑仁子 nǎo rén zi　也说"脑瓜仁子"。脑浆。是一种形象的比喻而不是实指。

【例句】一见外语，我脑仁子都疼！

脑映 nǎo ying　恶心，干呕。

【例句】闻到汽油味儿我就脑映！

脑袋叫驴踢了 nǎo dai jiào lú tī la　还有"脑袋叫门挤了""脑袋叫门弓子抽了""脑袋进水了"等多种说法，都是一个意思，即由于受到外界刺激而产生错乱，引申为因神经错乱而做出不合常理的举动。讽刺性、诙谐性用语，含有贬义。

【例句】你的脑袋叫驴踢了吧，明知是陷阱，还要硬往里跳！又如刘大脑袋的脑袋简直叫门挤了，王大拿喜欢的是谢大脚，他却偏偏把杨晓燕介绍给王大拿！

脑袋进水了 nǎo dai jìn shuǐ la　同"脑袋叫驴踢了"。

【例句】你的脑袋简直进水了，让你把钱打入他的账户你就打，你怎么不动脑想一想？

脑瓜皮儿薄 nǎo guā pír báo 也说"脑皮儿薄"。①命运差，运气差。②人微言轻，不敢碰硬。是一种自嘲语。③胆儿小怕事儿，不敢承担责任。

【例句】①咱脑瓜皮儿薄，从来没想到什么中大奖！②领导怎么说，咱就怎么办，咱脑瓜皮儿薄，可不敢和领导对着干！③这事儿你可别找我，我脑瓜儿皮儿薄，办坏了我负不起责任！

— **脑袋** — nǎodai 词尾，表示身份低下。

【例句】挨呲儿没够的脑袋、要饭的脑袋、挨训的脑袋等。

闹 nào ①开玩笑。②淘气。③胡来。④弄，拿。

【例句】①别闹了，说正经事吧！②你这孩子真能闹，一天也不着消停！③你也想参加《梦想剧场》？别闹了！又如一个小屁孩也想当世界冠军？快别闹了！④我饿了，快给我闹点吃的！

闹扯 nào che "扯"字发短促轻音。①吵闹。②弄个，弄得。

【例句】①事儿多一闹扯，还把上网聊天的事儿给忘了！②靠双手在地里刨食儿，日出而作，日落而息，也只能闹扯个身暖肚子饱！

闹腾 nào teng "腾"字发短促轻音。①吵闹，扰乱。②闹着玩儿。③兴旺。④干，得到，获得。

【例句】①西藏"藏独分子"一闹腾，国外分裂分子可高兴了。②闹腾够了吧？快商量正事吧！③国家政策好，这几年小日子闹腾得真不错！④国家实行大型农机具补贴政策，他一下子闹腾好几台农机具！

闹觉 nào jiào 小孩子哭哭闹闹不肯睡觉。

【例句】我那小孙子这几天总闹觉，怎么哄也哄不睡！

闹心 nào xīn ①心烦意乱而郁闷。②心中难受。

【例句】①几次贷款都没办成，真让人有些闹心！②这糖尿病久治不愈，每天还要打针吃药，真够闹心的！

闹停 nào tíng 也写作"闹挺"。"闹"字发重音，"停"字发短促轻音。同"闹心"①。

【例句】这人怎么这么闹停呢，有他不烦别人！

闹映 nào yìng 群情激奋，情绪激动。

【例句】发生了矿难，矿工家属集在矿井前，乱哄哄一片闹映。

闹气 nào qì 跟人生暗气。

【例句】事儿没办成，还闹了一肚子气！

闹唤 nào huan "唤"字发短促轻音。形容哭哭闹闹不听话。多形容小孩。

【例句】你俩别闹唤了，快写作业吧！

闹哈哈儿 nào hā har 第一个"哈"拉长音，第二个"哈儿"突出"儿"音并发短促轻音。①开玩笑。②说笑话，凑乐趣。

【例句】①大杨阳夺得中国第一块短道速滑世界冠军，这可不是闹哈哈儿！②别生气，我不过也是随帮唱影闹哈哈儿凑趣儿，没什么恶意！

闹饥荒 nào jī huāng 经济困难，欠债很多，不停借债。

【例句】最近有点儿闹饥荒，实在打不开点儿，缓我几天吧！

闹义气 nào yì qi 由于相互有意见而断绝往来。

【例句】电视剧《走西口》中，姐夫梁满囤和内弟田青经常闹义气。

闹天头 nào tiān tou 天气变坏，不停发生刮风、下雨、下雪、天阴、阴冷等自然现象。

【例句】这几天闹天头，多穿点衣服！

闹不登 nào bu dēng 食物变质味道改变使胃里很不舒服甚至反胃。

【例句】这香肠可能坏了，吃着怎么闹不登的？

闹笑话 nào xiào hua 开玩笑。

【例句】我跟你闹笑话呢，你何必那么认真呢！

闹小病 nào xiǎo bìng 对妇女妊娠反应的样子俗称。

【例句】这几天儿媳妇正闹小病呢，干不了什么重活了！

闹着玩儿 nào zhe wánr ①同"闹笑话"。②不是开玩笑而是很认真、很严肃。

【例句】①土地承包也是闹着玩儿的？你没有承包金拿什么承包啊！②承包工程可不是闹着玩儿的，既要有资金还要有资质，对工程要终身负责啊！

闹闹吵吵 nào nao chāo chāo 两个"吵"均读 chāo 并拉长音。议论纷纷，吵吵嚷嚷，七嘴八舌。

【例句】你们几个闹闹吵吵地干什么，有什么意见一个一个慢慢说！

闹了归齐 nào la guī qí 归根结底，原来如此。一种突然醒悟的用语。

【例句】闹了归齐他们是实在亲戚啊，怨不得他们一个鼻子眼出气！

闹了半天 nào la bàn tiān 形容一段时间不知内情后来才明白。

【例句】闹了半天你还不知道索契冬运会在俄罗斯召开啊？

闹心巴拉 nào xīn bā lā 形容人心烦意乱、坐卧不安的样子。

【例句】低保办了这么长的时间也没办下来，闹心巴拉的，真让人着急！

闹了八开 nào le bā kāi 归齐，到底，原来如此。

【例句】闹了八开，这一切都是你编出来的呀！

闹了巴登 nào la bā dēng 形容食品发霉变质散发出的令人不舒服的气味。

【例句】这哈尔滨香肠已经坏了，闹了巴登的，不能再吃了！

哪疙瘩 něi gā da "哪"读 něi，下同。"疙瘩"读 gā da。疑问动词，哪里，什么地方。

【例句】这么冷的天，你穿戴这么齐整，要上哪疙瘩去啊？又如你说的到底是哪疙瘩啊，我怎么找不到呢？

哪点儿 něi diǎnr 疑问动词，哪里，哪些，什么地方。

【例句】今儿的政策极得民心，你说还有哪点儿不好？

哪块儿 něi kuàir 疑问动词，哪里，什么地方。

【例句】四川发生大地震，全国各地都支援，你说哪块儿有这好政策？

哪前儿 něi qiánr 疑问动词，什么时候。

【例句】大陆和台湾都通航了，过去哪前儿有这事？又如哪前儿等我有钱了，我也买台小汽车玩玩儿！

内坏 nèi huài 内心坏而不显露。

【例句】别看他外表老实，其实内坏着呢！

内里 nèi lǐ 内心，内部。

【例句】股票一跌再跌，虽说不知内里详情，但也能估计个八九不离十。

那点儿 nèi diǎnr "那"读 nèi，下同。一点点儿。

【例句】如今日子好了，买彩电那点儿钱算不得什么大钱！

那块儿 nèi kuàir 那里。肯定性用语。

【例句】小品《心病》台词：只有那块儿才是你永久的家！

那疙瘩 nèi gā da 那里，那个地方。

【例句】你怎么不上学总往网吧跑，那疙瘩究竟有什么好玩儿的？

那前儿 nèi qiánr 那个时候。

【例句】"文化大革命"那前儿，我才刚刚出生。

那口子 nèi kǒu zi 夫妻之间互称。

【例句】要说我那口子可没有什么抽烟啊、喝酒啊、赌博啊这些毛病，就是有点儿懒！

嫩 nèn ①资历尚浅。②火候不到。

【例句】①这么年轻就当教授，我看还嫩点儿！②这鸡再炖会儿，好像还嫩点儿！

嫩绰儿 nèn chɑor　"绰"读 chao 并发短促轻音。①同"嫩"①。②成年人长得年轻面少。③形容植物非常鲜嫩。

【例句】①三十岁出头就当市长，我感觉还嫩绰儿点儿。②你看她都快 40 岁了，还那么嫩绰儿，又年轻又漂亮。③瞧，这新摘的蕨菜，多嫩绰儿，一掐直出水！

嫩绰儿的 nèn chāor de　"绰儿"拉长音并突出"儿"音。同"嫩绰儿"③。

【例句】新采的蕨菜嫩绰儿的，一掐直出水！又如小葱嫩绰儿的，正好回去蘸酱吃！

哝叽 nēng ji　低声下气地哀求。

【例句】这孩子哝叽了半天，就给他买个手机吧！

能呆 néng dɑi　"呆"字发短促轻音。本事，本领。

【例句】让你当志愿者，你有这个能呆吗？又如不服？有能呆你来试试！

能呆劲儿 néng dɑi jìnr　有本事，有能耐，有能力。

【例句】你说不服，倒要看看你究竟有什么能呆劲儿！

能整 néng zhěng　能干，有本事。

【例句】让你去指挥交通，你能整得了吗？

能水儿 néng shuǐr　真实本领、能力。

【例句】他一个毛芽子能有什么能水儿？又如别看他整天喳喳呼呼，其实没什么能水儿！

能掐会算 néng qiā huì suàn 未卜先知，可以预测。通常用来夸奖对事物发展和走向有判断能力的人。

【**例句**】我看你是能掐会算啊，你怎么知道国家将要出台低保政策啊？又如王长贵说：你妈是刘伯温啊，能掐会算？

哪么 něng mo "哪"读 něng，"么"字发短促轻音。①怎么。②哪儿。

【**例句**】①钱包被盗了，这可哪么办呢？②请问：上秋林商场往哪么走？

弄 nèng "弄"读 nèng，下同。使用非常广泛的词语。①摆弄。②做，办。③搅扰。④耍弄，戏弄。⑤打死，杀死，用各种办法置对方于死地。

【**例句**】①没事儿干点儿什么不好，你总弄手机干什么？②老伴儿，赶快弄俩菜，我们哥俩儿好好喝两杯！③本来挺好的事儿，都让你给弄糟了！④妈，你不管哪，哥哥他总弄我，我们都没法玩儿了！⑥不听我的话，信不信我能弄死你！

那么 nèng mo "么"字发短促轻音。①那样。②那边。

【**例句**】①这事儿你看那么办行不行？②从这儿往那么一拐就是秋林商场了！

弄景儿 nèng jǐngr 故弄玄虚，搞鬼。

【**例句**】是怎么回事就是怎么同事，弄那景儿干什么？

— **弄景儿** — nèng jǐngr 词尾，表示事情的结果。

【**例句**】托人弄景儿的，种个地弄景儿的，买个菜弄景儿的，逛街弄景儿的等。如谢广坤好容易托人弄景儿的给谢永强找了个体面的工作，谢永强却坚持去种果树！

泞 nèng "泞"读 nèng，下同。①泥泞。②事情办砸了、办糟了。

【例句】①天刚下过大雨，路面一片泥泞。②这事儿叫你办得稀泞（详见本书"稀泞"）！

泞乎 nèng hu "乎"字发短促轻音。①稀烂。②泥泞。

【例句】①土豆烀熟后捣泞乎了，再加上蒜、盐、香菜等佐料，做成土豆泥，这就是一道东北风味菜。②这院子越跋踏（读 bà za "乱踏乱踩"之意）越泞乎！

泞泞克克 nèng neng kē kē 形容脓血模糊的样子。

【例句】蜀中名将关羽关云长臂膀受箭伤，脓血泞泞克克流了一片，关羽接受无麻药疗伤，留下了"刮骨疗毒"的美谈！

泞泥洼子 nèng ní wā zi 泥泞的洼地。

【例句】昔日的泥泞洼子，如今已成为人们休闲娱乐的广场。

泥胎子 ní tāi zi 比喻身材胖大、办事儿死板不灵活的人。

【例句】你这么个讲究人儿，怎么嫁了个泥胎子？

泥腿子 ní tuǐ zi ①旧时有钱人对穷苦农民的蔑称。②农民带有贬义的谦称。

【例句】①那些泥腿子也要当家作主？真是反了天了！　②我一个泥腿子，怎么能登大雅之堂？

泥头拐杖 ní tóu guǎi zhàng 形容人浑身是泥水、脏兮兮的样子。

【例句】呦，你这浑身泥头拐杖的，到哪儿作妖（详见本书"作妖"）去了？

泥姑千秋　ní gū qiān qiū　溅满泥水，非常肮脏。

【例句】你看你这一身，泥姑千秋的，也不知洗洗！

泥古溜秋　ní gu liū qiū　沾满泥土的样子。

【例句】快捡起来，踩个泥古溜秋的还怎么吃？

泥泞巴扎　ní nìng bā zā　也说"泥泞巴嚓"。泥泞不堪。

【例句】下这么大雨，外边泥泞巴扎的就别去了！

你　nǐ　语气助词，说话开头语。

【例句】你比方说⋯⋯ 你这么说吧⋯⋯

你小子　nǐ xiǎo zi　对男性玩笑善意称呼。

【例句】你小子财运咋这么旺呢？你小子发大财了吧？

腻歪　nì wai　因重复进行令人感到恶心、厌烦而失去耐性。

【例句】这部书我都看腻歪了！又如每天都吃这几种菜，都吃腻歪了！

腻糊　nì hu　又粘又滑溜。

【例句】①朝鲜族的传统食品 —— 打糕，又腻糊又粘软，非常好吃！

蔫儿　niānr　①暗暗地。②不爱说不爱动的性格。③植物开始枯萎。

【例句】①事儿还没给你办完，你怎么就蔫儿退了，怕送礼吧？②这孩子蔫蔫儿的，就这么个性格。③几天没浇水，叶子都打蔫儿了。

蔫巴　niān ba　①指人没精神，萎靡不振。②植物因缺水而干枯。

【例句】①我的好宝贝，这几天怎么这么蔫巴，病了嘛？②牡丹花蔫巴了，是天太热还是该浇水了？

蔫儿巴叽儿 niānr ba jīr "叽儿"拉长音并突出"儿"音。形容人性格内向，不爱说话。

【例句】那人脾气忒好，整天蔫儿巴叽儿也不爱说话！又如你怎蔫儿巴叽的不声不响？发生什么事了？

蔫儿巴儿的 niānr bār de均突出"儿"音。同"蔫儿巴叽儿"。

【例句】你这么一天到晚总是蔫儿巴儿的，精神点儿行不行？

蔫了巴登 niān le bā dēng 形容人性格内向，少言寡语。

【例句】看你蔫了巴登的样子，整天也不说话！

蔫有准儿 niān yǒu zhǔnr 外表不露，内心有数。

【例句】别看他不声不响，其实蔫有准儿，科学种田哪项少了他！

蔫巴拉瞎 niān ba lā xiā 形容植物萎缩不精神的样子。

【例句】你这菜园子里的菜怎么都蔫巴拉瞎的？是有虫子了？还是该浇水了？

蔫巴了曲 niān ba lā qū 形容植物萎缩弯曲。

【例句】这黄瓜蔫了巴曲的，卖给谁去？

蔫儿巴悄儿 niānr ba qiāor 悄悄的，没有声响。

【例句】怎么没告诉个信，你们蔫儿巴悄儿的就结婚了？

蔫儿蔫儿的 niānr niānr di 形容人不声不响的一种状态。

【例句】你别看他整天蔫儿蔫儿的不声不响，其实是个科技迷，有好几项科技成果呢！

蔫没声儿 niān mo shēngr 不声不响地从事着某种事情。

【例句】别看他整天蔫没声儿的，其实整天做着致富梦呢！

蔫儿戛儿的 niānr gār de "戛儿"拉长音并突出"儿"音。①不声不响，不爱说话。②精神不振，打不起精神。

【例句】①别看他蔫儿戛儿的不声不响，其实一肚子坏主意！②你今天怎么蔫儿戛儿的，是不是病了？

蔫嘎古冬坏 niān gǎ gū dōng huài 阴险毒辣而表面不露声色。含有贬义。

【例句】别看这人整天笑呵呵的，其实蔫嘎古冬坏，最不是个东西！

蔫儿不唧儿的 niānr bu jīr de "唧儿"拉长音并突出"儿"音。①形容人情绪低落，精神不振。②不声不响。

【例句】①不知怎么了，这些日子他总是这么蔫儿不唧儿的样子。②谁也没注意，他蔫儿不唧儿的悄悄走了。

蔫头耷拉脑 niān tóu dā lā nǎo 形容人精神不振、情绪低落的样子。讽刺性用语。

【例句】这日子一天比一天好，你一天蔫头耷拉脑的，还有什么不知足的呢？

年八的 nián bā de 大约一年、两年左右时间。是虚指而不是实指。

【例句】亲家，你们年八的不来一趟，多住几天吧！

年顶年 nián dǐng nián 一年到头，年头接年尾。

【例句】年顶年算下来，每年打工收入都超万元！

年根儿 nián gēnr 年底。过年前一段时间。

【例句】每到年根儿，家家户户都蒸粘豆包准备过年！

年号儿 nián hàor 起外号的一种戏称。

【例句】"玻璃球脑袋"，这个年号是不是你给起的？

年气儿 nián qìr 过年的欢乐气氛。

【例句】一进腊月，就显出年气儿来了？

年嚼咕 nián jiáo gu 过年才能吃到的好饭菜、食品或美味佳肴。

【例句】他嫂子，大年根了，年嚼咕都准备齐了吗？又如正月十五都过去了，年嚼咕还没吃完呐？

年吃年用 nián chī nián yòng 一年到头吃喝穿戴等各种生活费用。

【例句】年吃年用的一年到头也不少花，辛苦一年也剩不下啥！

年一年二 nián yī nián èr 年龄相仿，相差不多。

【例句】我们俩年一年二的，年龄差不多！

年八辈子 nián bā bèi zi 形容时间很长。是一种虚指而不是实指。

【例句】你年八辈子不回来一趟，就多住些日子伺候伺候你爹娘吧！

年纸单子 nián zhǐ dān zi ①记录一年到头生活各项支出的账本。②记录婚丧嫁娶等活动礼金和各项支出的清单。

【例句】①把年纸单子拿来，算算今年到底花了多少钱！②老伴儿，把年纸单子保存好，这都是债啊！

　　粘缠 nián chán ①好像粘糕一样粘在人身上，引申为缠磨人。②久病不爱好。

　　【例句】①孙子太小，每天都粘缠人。②这个病就是个粘缠病，很不爱好！

　　粘牙 nián yá 啰啰嗦嗦、唠唠叨叨说个不停、令人厌烦。

　　【例句】该干啥干啥去，你少跟我粘牙！

　　粘糊 nián hu ①形容人办事儿说话不利索、不爽快。②纠缠不休。③态度暧昧。

　　【例句】①那个人办事儿粘粘糊糊，可别指望他！②别老粘糊我，有理你去和老板说去！③香秀让王天来粘糊上了，甩都甩不开。

　　粘咕抓 niánguzhuā ①形容食品粘糊糊过于柔软而粘嘴。①形容物品过于发粘、粘糊糊。

　　【例句】①面包馏了两次，粘咕抓的不好吃了！②这条土路粘咕抓的不好走，还是走高速吧！

　　粘咕唧 nián gū jī 同"粘咕抓"①②。

　　【例句】①香肠发霉了，粘咕唧的不能吃了！②刚刚下过雨，地里粘咕唧的，下不去脚。

　　粘糊头儿 nián hu tóur 指办事儿很难缠、很难摆脱的人。

　　【例句】他可是个粘糊头儿，你可别让他给粘糊上！

粘糊 nián hu ①纠缠。②亲近。③死皮赖脸接近别人。

【例句】①你这个案子别和我一个人粘糊，去找公安局长反映！②上访人不停地说，市长耐心地听，俩人唠得挺粘糊！③我已经跟你解释多少遍了，你怎么还不依不饶地粘糊我？

粘汤水不落 nián tāng shuǐ bu lào 也说"连汤水不落"。"落"读 lào。形容人办事儿拖拖拉拉、粘粘糊糊、慢慢腾腾、拖泥带水。

【例句】他那个人办事儿粘汤水不落的，指望她还不得指黄瓜地去啊！

黏牙倒齿 nián yá dào chǐ 形容翻来覆去地说、反反复复地说。

【例句】你就别黏牙倒齿地没完没了了，我答应你还不行吗！

捻 niǎn 用手按压。

【例句】打死你还不像捻死个臭虫！

碾 niǎn ①被车轮等物碾压。②用铁锤锤打。

【例句】①相声语：你碾着我的脚了！②到铁匠炉去碾把镐！

撵 niǎn ①追赶。②驱赶。

【例句】①你们先走一步，我后撵！②撵牲口，撵爬犁。把园子里的小鸡儿撵走，别让小鸡儿叨菜！

撵趟 niǎn tang 时间来得及，一切都赶趟。

【例句】等下透了雨再播种，时间撵趟！

撵马虎屁 niǎn mǎ hǔ pì 事后才明白，才补救，犹如"马后炮"。含有贬义。

【**例句**】你净弄些撵马虎屁的事儿还有什么用？

念咒 niàn zhòu ①说使人厌烦的话。②说盼望别人不得好的话。

【**例句**】①你就别念咒了，说得人直头疼！②我天天给他念咒，再让他倒霉一回！

念叨 niàn dao "念"字发重音，"叨"字发短促轻音。小声地嘀咕、唠叨、谈论。多为说起过去的事儿或人物。

【**例句**】几个老伙伴儿唠着唠着，不知不觉念叨起"三年困难时期"的苦难生活。又如你可真不禁念叨，刚说到你你就来了！

念佛儿 nián fér 形容人困到一定程度而低头耷脑、摇摇晃晃的样子。

【**例句**】上山打火几天没睡好，困得我直念佛儿！

念驴马经 niànlúmǎjīng 形容读书人不懂礼貌，说话带有脏话、粗野不讲究。骂人语。

【**例句**】大学生还骂人，念的什么书？念的驴马经吧！

念三七儿 niàn sān qīr "七儿"拉长音并突出"儿"音。有话不明说而背后说刺激人、埋怨的话、旁敲侧击的话。讽刺性用语。

【**例句**】有话就明说，别在那儿念三七儿！又如你不用念三七儿，有什么话你就直说！

念想儿 niàn xiangr "想"读 xiàng。①纪念物。②印象，回忆。

【例句】①这是你娘临终前留给你的，做个念想儿吧！②我姐很早就死了，也没给我留下什么念想儿。

念好儿 niàn hǎor 述说他人曾给予的好处或帮助。

【例句】老厂长退休已经好几年了，但至今广大职工还念老厂长的好儿！

念小嗑儿 niàn xiǎo kēr 服输或因做错事不断地道歉、讨好，求得对方原谅。

【例句】这次因挂码子被媳妇发现，给媳妇念了多少小嗑儿啊！

念喜嗑儿 niàn xǐ kēr 专门说好听的、对方喜欢听的话。

【例句】你就别给我念喜嗑儿了，有什么事儿你就直说吧！

念央央儿 niàn yāng yangr ①有话或有事不直接说，而是故意绕来绕去说与话或事相关的话来暗示。②指桑骂槐。

【例句】①你就别念央央儿了，我听明白了，我不就是借了2000块钱没还你吗？还你就是了？②别听他在那儿念央央儿，我明白他的意思！

娘们儿 niáng menr ①对成年妇女的总称。②称自己的妻子。

【例句】①那群老娘们可不是好惹的！②我们家老娘们可是个好脾气！

娘们儿扣儿 niáng menr kòur 又称"老娘们儿扣儿"。即两个绳头两次交叉结成的扣，这种扣儿一用力就开即"活扣"。

【例句】把绳子扎紧，别净系老娘们儿扣儿，一使劲就开了！

娘们儿胆儿 niáng menr dǎnr　像女人一样胆子很小。贬低性用语。

【例句】平时挺威风的，如今你怎么成了娘们儿胆儿了？

娘们儿拳 niáng menr quán　把拇指放在食指根部攥成拳。

【例句】当我怕你？攥个娘们儿拳就能吓住人了！

娘家客 niáng jiā qiě　"客"读 qiě。①举行婚礼时，新娘家陪同到婚礼现场的女方亲属。举行婚礼时，按东北地区风俗，接待娘家客有许多讲究。②日常生活中女方到男方家做客的女方客人。

【例句】①请问：娘家客坐哪儿桌！又如把娘家客一定要陪好！②你家来了这么多客人，都是什么人啊？都是娘家客，长辈们几乎都来了！

娘亲舅大 niáng qīn jiù dà　东北地区旧习俗，在直系亲属中，舅舅的地位很高受到尊重，尤其是在婚嫁过程中表现得尤为明显。

【例句】俗话说"娘亲舅大"，这事儿还得听听你舅舅的意见！

蹑悄儿 niāo qiāor　"蹑"读 niāo。也说"蹑不悄地"。"悄儿"拉长音并突出"儿"音。悄悄地，不出声响地。

【例句】你怎么蹑悄儿地进来了，也没个动静！又如八路军蹑悄儿地摸进鬼子兵营，把鬼子团团围住。

尿 niào　①理睬，搭理。②有本事，有能力。

【例句】①别看他是当官的，我还不稀尿他呢！②别光说大话，有尿的到《星光大道》上露一鼻子！

尿包 niào bāo 意志软弱的人。骂人语。

【例句】真是尿包，还没上阵就熊了！

尿叽 niào jī "叽"字发短促轻音。①形容人性格不坚强，遇事退却。②形容人办事儿不爽快、不利索，拖泥带水。③哭哭啼啼。均有贬义。

【例句】①这小子办事太尿叽！又如平时挺能逞强，怎么一遇真章儿就尿叽了？②那小子办事儿尿叽叽的，指着他可不行！③遇着丁点事就尿叽叽的，还有什么出息？

尿叽叽 niào jī jī 同"尿叽"③。语气加重。含有贬义。

【例句】你怎么一天尿叽叽的，怎么像谁欠你多少钱了似的？

尿性 niào xing "性"字发短促轻音。①形容人性格坚强，不服软，有骨气。②有较小的能力或本事。含有贬义。

【例句】①革命先烈被打得皮开肉绽也不吭声，真有尿性！②要说他还真有点儿尿性，其貌不扬，还有个发明创造！

尿道儿 niào dàor 引申为借去厕所的机会悄悄溜走。一种诙谐性用语。

【例句】别等他了，这小子肯定借尿道溜了！

尿腚儿 niào dìngr 盛具向外倒水时液体顺口漫流。

【例句】这个暖瓶有点儿尿腚儿！

尿嚎嚎 niào hāo hāo 形容人非常自负，非常傲慢，非常倔强。

【例句】电视剧《大宋提刑官》中，退役武将史文俊一天尿嚎嚎的，把谁都不放在眼里，结果被污陷私通外国而进了天牢，吃了大亏！

尿炕的货 niào kàng di huò 形容人没能力、没出息。骂人语。

【例句】你也就是个尿炕的货，成事不足，败事有余！

尿裤子 niào kù zi 形容人遇事儿胆怯害怕而尿裤子。是一种形象的比喻而非实指。

【例句】别看你吹得欢，叫你老婆知道了，你还不吓得尿裤子啊？

尿裤兜子 niào kù dōu zi 形容人被吓得大小便失禁。是一种形象的比喻而非实指。

【例句】别看你得意洋洋的神气十足，吸毒的事儿一露被警察抓走你还不尿裤兜子啊！

捏 niē ①掩饰。②"喝酒"的代名词。③欺负。④量词"撮"。

【例句】①大家都知道你中了头彩了，别捏着了。②刘翔获金牌，大长了中国人的志气，咱俩儿捏两盅庆贺庆贺！③美国也是欺软怕硬，出兵伊拉克，老太太吃柿子——专找软的捏。④干红酒里给我放一小捏冰糖！

捏鼻子 niē bízi 形容强忍着不高兴的心情去做不情愿的事儿。

【例句】终于捏着鼻子听完了保健品推销员的推销宣传。

捏咕 niē gu ①摆布，摆弄。②撮合。

【例句】①别看他蔫头巴脑，也绝不是个好捏咕的种儿！②他们俩挺般配的，你去把他们俩捏咕捏咕结婚吧！

捏眼儿 niē yǎnr ①配合默契。②合谋作鬼。

【例句】①有吹笛的，有捏眼儿的，这谎撒的挺圆乎！②有吹笛儿，有捏眼儿，这套猫腻谁不明白！

捏窝窝 niē wō wo 设圈套，设陷阱。

【例句】这肯定是背后有人捏窝窝，挑拨离间！

乜 nié 重量稍显不足。

【例句】二斤白糖有点乜！

苶 nié ①有些呆傻，不机灵。②性格内向，思维不灵敏。

【例句】①不苶不傻的，怎么就考不上大学。②你怎么这么苶呢，明摆着人家设好的套儿，你难道就看不出来？

苶铁 nié tiě 彻底服输，服服帖帖。

【例句】老张一看情况不妙，一下子苶铁了，赶紧赔礼道歉。

苶歇 nié xie 因睡觉时间过长造成的似睡非睡、似醒不醒的状态。

【例句】昨天酒喝多了，第二天一上午都苶苶歇歇。

宁落一屯（桌），不落一人 nìng là yī tún，bú lào yī rén 也说"宁落一桌，不落一人"。"落"读 là。宁可丢掉、落下一屯子、一桌子人，也不落下一个人。常用在酒桌上的谦辞、客气话，意即挨个敬酒，一个也不能落下以免失礼。

【例句】俗话说，宁落一屯，不落一人。你给每人都敬酒了，怎么不给张小姐敬酒呢？

拧 nǐng ①扭伤。②转动脖子，不服气的表现。

【例句】①一不小心，把脚脖子拧了。②一说一拧脖子，就是不服！

拧扯 nǐng che "扯"字发短促轻音。形容人走路慢慢腾腾、摇摇摆摆的样子。常重叠使用。

【例句】都几点了，你怎么拧扯拧扯才来？

拧搭 nǐng da ①扭动腰身。②慢慢腾腾地走。常重叠使用。

【例句】①孩子一拧搭，不高兴地说：不给买手机，我就不上学了！②学校元旦联欢晚会已经开始半天了，小明才拧搭拧搭走进会场。

拧横 nǐng hèng "横"读 hèng。犯倔耍横。

【例句】犯了错误就要检讨，你还拧什么横呢？

拧梗 nǐng gèng 执意，非要。

【例句】你打定主意，拧梗要去贫困山区支教，谁也拦不住你！

拧梗梗 nǐng gèng geng 别劲儿，闹对立。

【例句】你小子翅膀硬了？敢跟我拧梗梗？

拧膛 nǐng táng 颠倒，相反。

【例句】这事叫你给办拧膛了！

拧歪 nǐng wai "歪"字发轻音。①走形，变形。②荒谬，相反。

【例句】①这鞋怎么穿拧歪了？②不小心把事儿办拧歪了！又如这你可想拧歪了，我的好意你怎么就不明白呢！

拧鼻子 nǐng bí zi 因不满意而不理睬并产生厌烦情绪。

【例句】美国拳击手泰森拳击时咬人耳朵，行内人士谁不拧鼻子？

拧个儿 nǐng gèr 心里因故而翻个儿、翻腾，心里难受。

【例句】在电视里看到刘翔受伤的消息，我的心里直拧个儿！

拧劲儿 nǐng jìnr 相悖，相反。

【例句】让你学电子琴你非学打乒乓球，这不闹拧劲儿了吗？

拧劲子 nǐng jìnzi 执拗不听劝。

【例句】你好话不听，怎么这么拧劲子呢？

拧肠刮肚 nǐngchángguādù ①站着或坐着时身子扭来扭去的样子。②挖空心思去思考。

【例句】①你看你拧肠挂肚的样子，站没个站样儿，坐没个样儿！②你一副心不在焉的样子，拧肠刮肚的想什么呢？

拧劲儿子旋儿 nǐng jìnr zi xuànr 头顶上长的反转的头旋儿，比喻人性格倔强。

【例句】这小子不好惹，头上长个拧劲儿子旋儿！

拧 nìng "拧"读 nìng。倔犟，不听话。

【例句】这孩子才拧呢，谁的话也听不进去！

凝 nìng 食品凝固成坨。

【例句】面条儿趁热吃才好，一放就凝了！

牛 niú ①敌对，顶牛。②非常傲气，神气，不可一世。③吹牛说大话。

【例句】①又如这孩子！因我不给他买手机，跟我牛上了。

②电视小品《捐助》中赵本山饰演的钱大爷说："美国都牛成啥样了，不也上这来借钱吗？扯啥玩意儿！"又如丁俊辉获得斯诺克世界冠军，可真够牛的了！③ 看把你牛的，就得了全国冠军，你就牛得不得了了，大话吹到天上去了？

牛皮 niú pí ①神气，吹牛的资本。②吹牛皮，说大话。

【例句】①人家到新马泰出国旅游，回来后可有牛皮吹了。②人家毕竟获了个大奖，吹吹牛皮也是正常的。

牛皮哄哄 niú pí hōng hōng 一副了不起、很高傲的样子。含有贬义。

【例句】你得了个全校百米第一名就牛皮哄哄的，将来要得个奥运金牌还不得美上天啊！

牛哄 niú hong "哄"发短促轻音。傲气，神气。

【例句】全年段考试你才排第八，你牛哄个啥？

牛气 niú qi 神气十足，自高自大。

【例句】你才考入全市重点高中，你有啥牛气的？

牛性 niú xìng "性"发短促轻音。很骄傲，很傲慢，很神气。

【例句】你刚考入文工团，可别太牛性了！

牛粪排子 niú fèn pǎi zi 一小堆儿一小堆的牛粪。

【例句】一朵好花插在牛粪排子上！

牛犊子舔的 niú dú zi tiǎn de 形容人的头发光亮湿润。含有调侃、讽刺意味。

【例句】你看胖翻译官的头发就像牛犊子舔的，苍蝇都站不住！

牛打江山马坐殿 niú dǎ jiāng shān mǎ zuò diàn 自己

努力奋斗所取得的成果被他人白白得到。诙谐性用语。

【例句】这可真是牛打江山马坐殿，好不容易筹备换届选举，村长却叫别人当了，白忙乎一场！

扭搭 niǔ da　"搭"字发短促轻音。①走路摇摇摆摆、不停扭动的样子。②摇头摆脑、一副极不高兴的样子。

【例句】①叫了好几遍，她才扭搭扭搭地走了出来。②她扭扭搭搭地说：该干嘛干嘛去，别来烦我！

扭头蹩棒 niǔ tóu biè bàng　形容人两人心存芥蒂或隔阂而别别扭扭、互不说话、见面即扭头离去的样子。

【例句】都一个单位的同事，有啥事不好商量，何必扭头蹩棒的？

扭皮搭撒 niǔ pí dā sā　①形容走路摇摇摆摆的样子。②漫不经心。讽刺性用语。

【例句】①这都几点了，你扭皮搭撒的才来！②看你那扭皮搭撒的样子，又在那儿琢磨啥呢？

扭腰晃腚 niǔ yāo huàng ding　形容人走路摇摇摆摆的样子。多指人作风轻浮不稳重。讽刺性用语。

【例句】你瞧她扭腰晃腚的样子，不知自己几斤几两了！

拗 niù　不听劝阻。

【例句】他非要去参加《星光大道》的表演，谁也拗不过他！

挪蹭 nuó ceng　缓慢而小距离地移动。

【例句】买国库券的人排着长队，半天也没挪蹭一下。

挪窝儿 nuó wōr　离开原来的地方、位子。

【例句】我在工商局工作了近二十年，一直也没挪窝儿！

挪窝儿 nuó wòr "窝"读 wò。同"挪窝儿"。

【例句】你挪挪窝儿，给我腾个地方！

挪骚窝儿 nuó sāo wōr（详见本书《专用动词·风俗习俗》）

O

呕 ōu ①厌恶。②身体受伤害。

【例句】①打开电视机，一看是中国男足比赛我就呕了！②干活要悠着来，千万别呕着，伤了身体可是一辈子的事儿！

怄 ǒu ①烟呛眼睛。②柴草等因潮湿而不爱起火。③通过烟道使火炕受热。④用烟熏。

【例句】①炉子不好烧，怄得两眼都肿了。②大兴安岭森林大火明火已扑灭了，但还有多处火在 怄烟。③夏天虽然热，但土炕凉，得用柴草怄一下以免着凉作病。④驯鹿怕蚊子，每天都要点柴草为他们怄蚊子。

怄烟 òu yān ①同"怄"④"。②故意造烟儿。

【例句】①你怄烟儿呛我为哪般？②火炕不好烧，也不修一修，成心怄烟哪！

呕鼻子 òu bí zi 厌恶，从内心反感。

【例句】有些低俗淫秽的演出，看了真叫人呕鼻子！

沤 òu ①滞留。②浸泡。③被汗水等浸泡而糟烂。④消耗时间。

【例句】①春天到了，还不外出打工，沤在家里干什么？②沤麻，即将秋天收割的麻放入水中浸泡使之麻经儿容易剥离。③长期泡在水里，鞋、袜子都沤了！④我们都走了，就你一个人在那沤吧，看你能沤到什么时候？

沤窝子 òu wō zi 也说"沤被窝子"。赖在被子里不起床。

【例句】都几点了，还在沤被窝子？

怄气 òu qì "怄"读ǒu，下同。生闷气，闹别扭。

【例句】你这驴脸瓜搭的样子，跟谁怄气呢？

怄烟 ǒu yān 点火造烟。指在野外点起火熏蚊虫或防早霜。

【例句】赶快找点干柴火，点火怄烟熏熏蚊子！又如赶快去地里点火怄烟，眼瞅着就下霜了！

P

趴窝 pā wō 鸡、鸭等家禽趴在窝里孵蛋，引申为①机器因故在原地不能动。②形容人因故不能起床。

【例句】①风雪太大，长途汽车在国道上趴窝了。②这几天怎么趴窝了，几天不上班了？

趴蛋儿 pā dànr 形容人因故失势而不能再从事某项工作。含有贬义。

【例句】"文化大革命"一下子把许多老干部都整趴蛋儿了！

趴架 pā jià 原指房屋被烧倒塌，引申为①比喻失势、失掉权力。含有贬义。②比喻事情已经结束再也无能为力。

【例句】①那人已经趴架了，你还找他干什么？②我已经累趴架了，快让我歇歇吧！

趴虎 pā hǔ 前趴子，脸朝下摔倒。

【例句】上学翻山路时，一块石头一绊将他摔了个趴虎！

趴被窝子 pā bèi wō zi 形容人早晨起来到了起床时间不爱起床而仍然趴在被窝里。

【例句】赶快起床，都几点了还趴被窝子！

啪啦 pā lā 量词"堆""片"，形容很多。

【例句】企业破产了，一大啪啦事都没人管了！

扒拉 pá la ①双手搂，将东西往里归拢。②乱划。③用筷子向嘴里拨食物。

【例句】①好好的一个企业，硬让几个人给扒拉黄了。②这字写的还不如狗扒拉的呢！③他连忙扒拉了几口饭，马上带着马扎去看"二人转"了！

扒搂 pá lou 用手或工具把东西归拢在一起。

【例句】收工了，快把工具扒搂扒搂放到仓库里去！

爬蹭 pá ceng　艰难地挪蹭。

【例句】从扑打山火现场退下来，走了几十里的山路，实在爬蹭不动了，躺在草地上就睡着了！

爬叉 pá cha　也说"爬扯"。向上爬，比喻钻营。含有贬义。

【例句】他这几年爬叉得可真快，从小小科员已经升到局长了！

爬灰 pá huī　也写作"扒灰"。公爹与儿媳通奸行为。

【例句】老宋头与儿媳妇爬灰，已经是公开的秘密，全村人谁不知道？

趴稀 pǎ xī　"趴"读 pǎ。疲惫不堪，特别劳累。

【例句】这次进山打火可把我累趴稀了，到现在也解不过乏来！

怕 pà　抗不住，禁不住。

【例句】真金不怕火炼。毛主席语录：世界上怕就怕认真二字。

啪啪地 pá pa di　走路或打击物体发出的声音。

【例句】实在把我气坏了，我啪啪的打了孙子几巴掌！又如小沈阳习惯用语：啊哈，啪啪的！

怕司 pà si　否决。

【例句】几个准备上春节晚会的小品都相继被总导演给怕司了。又如企业招收管理人员，大专以上文凭的一律招收，没有大专以上文凭的统统怕司！

拍 pāi　①诱拐。②用手掌击打。③挤压，砸。

【例句】①小心点儿，别让拍花的把你拍走！②打死你犹如拍死个苍蝇！③大地震中许多人被倒塌的楼房拍死了。

排场 pái chang "场"字发短促轻音。①数落，谴责。②场面。

【例句】①我自己的事我自己作主，用不着你来排场我！②现在婚礼越来越讲排场了，越办排场越大。

排嗤 pái chi "嗤"字发短促轻音。谴责，斥责。

【例句】不是我排嗤你，你今天的事办得可不太讲究！

排号 pái hào 排队。

【例句】"春运"期间，买火车票得提前排号也不一定买得到！

排谱 pái pǔ 即"摆谱"。有气派、有气势。

【例句】少在我面前排谱装犊子，我还不了解你？

排神 pái shén 比喻说完这个人再说那个人，唠唠叨叨没完没了。

【例句】妥！吃饱了，喝好了，大白唬不知又开始排神谁了！

牌背 pái bèi ①打牌手风不顺。②比喻时运不佳，命运不好。

【例句】①今天牌真背，净给人家"点炮"！②这几年他牌挺背，一步一坎儿！

牌面儿 pái miànr 表面，外表长相。

【例句】就凭哥儿们我这副牌面儿，什么样的媳妇找不着？

迫 pǎi ①稳当当地坐。②踩。

【例句】①你大屁股一迫，拿自己不当外人！②谁能架住你那大脚一迫！

迫地缸子 pǎi dì gāng zi 比喻身材短粗的人。

【**例句**】武大郎是个有名的迫地缸子！

迫拉脚 pǎi la jiǎo 又短又肥胖的脚。

【**例句**】就你这双迫拉脚，想买双合脚的鞋都难！

— 迫子 — pǎi zi ①加名词前，表示矮而宽或粗的形状。②加名词后，表示物品瘫软的样子。

【**例句**】①迫子腿、迫子缸、迫子车等。②牛粪迫子等。

派 pài ①派头，做派，身价。②用来，用作。③硬性指定。

【**例句**】①小沈阳可真有派，走路还一跳一跳的！②你这个手机是派什么用场的，短信还发不出去！③最后还得看法院给你派个什么罪名！

派不是 pài bú shì 指责他人的不是。

【**例句**】你也别给我派不是，等把问题弄清楚再说不迟！

攀 pān 拉着、拖拽别人。

【**例句**】要去你去，别攀我！

攀肩儿 pān jiānr 相互攀比。

【**例句**】我们俩同时参加工作，攀肩儿比比，他在国企工作，工资比我高出一大截儿！

盘 pán ①两脚交错踢球或毽子等。②用舌头来回拨弄食物。③把正在经营中的买卖整体卖出去。④蜷曲，不能伸展。

【**例句**】①中国女足队长孙雯的盘球技术堪称亚洲第一。②食物在口中盘来盘去，半天咽不下去。③实在经营不下去了，我把饭店盘出去了。④是虎你得趴着，是龙你得盘着。

盘道 pán dao　"盘"字发重音，"道"字发短促轻音。论道，引申为相互考问知识、经验等。

【例句】他科学种田有一套，你不妨向他盘道盘道！

盘论 pán lùn　相互理论一番，辨明是非。

【例句】咱们好好盘论盘论，新一轮土地承包怎么进行！

盘登 pán deng　"盘"字发重音，"登"字发短促轻音。倒腾。

【例句】企业破产，好多物资都让人盘登走了。

盘儿亮 pánr liàng　也说"盘子亮"。人的长相（主要指脸面）非常漂亮。

【例句】人家那姑娘盘儿亮，找个什么人家找不着？

盘腿儿大坐 pán tuǐ dà zuò　两腿弯曲交叉盘在一起稳稳坐着的一种坐姿。讽刺性用语。

【例句】吴大舌头在拐子炕上盘腿儿大坐，手端大烟枪默默想事儿。

嗙当 pāng dang　"嗙"字发重音，"当"字发短促轻音。痛打或狠狠训斥。含有贬义。

【例句】因违反队纪，几名中国乒乓队男队队员被男队主教练刘国良狠狠嗙当了一顿。

嗙嗙 pāng pang　第一个"嗙"字发重音，第一个"嗙"字发短促轻音。信口开河，无根据乱说话或说话不负责任。含有贬义。

【例句】你不了解情况，别在那里乱嗙嗙！

嗙嘴笨腮 páng zuǐ bèn sāi　形容口齿不伶俐、不善于讲话的人。含有贬义。

【例句】我嘡嘴笨腮的，也不会讲什么，还是听听大家的吧！

嘡头嘡脑 pāng tóu pāng nǎo ①不加考虑信口开河乱说、胡说。②不顾对方的脸面狠狠地训斥，犹如"没鼻子没脸"地训斥。均含有贬义。

【例句】①你嘡头嘡脑地胡说什么，该干什么干什么去！②几个同学到大河洗澡，被老师嘡头嘡脑地训了一顿！

旁踹 páng chuài 借故踹开即远远离开。

【例句】就他那小店瓢子咨嗇，还藏私房钱，还不一脚把他旁踹了！

旁开门儿 páng kāi ménr 女式裤子。

【例句】你穿的是什么裤子啊，旁开门的！

旁边旯儿 páng biān lǎr 旁边，一旁。

【例句】别跟着瞎掺乎，没事儿旁边旯儿呆着去！

耪青 pǎng qīng 旧社会地主的长工，主要指季节性短工。

【例句】我爷爷给地主当了一辈子耪青，吃尽了苦头。

耪地 pǎng dì 一切农活，主要指铲地。

【例句】要讲耪地，那人可是把好手，庄稼活儿样样精通！

胖不搭儿 pàng bu dār 体态稍胖。

【例句】那人胖不搭儿的，不笑不说话！

胖揍 pàng zòu 无端遭毒打，被打得很重。讽刺性用语。

【例句】也不知为什么，糊里糊涂挨了一顿胖揍！

胖咕囵蹾 pàng gu lūn dūn 形容人长得即矮又胖。

【例句】你瞧他长得胖咕囵蹾的，找个媳妇都难！

泡 pāo "泡"读pāo，下同。①形容食品或物品松软，不坚硬。②湖的别称。部分地区称泡子为"pǎozi"，多用于地名，如徐家泡子等。

【例句】①被水浸泡的死树稀泡，烧火做饭不易起火。②村北有个大泡子，常年不干！

泡泡囊囊 pāo pao nāng nāng 形容物体大而不实，发虚发飘。

【例句】等外苞米泡泡囊囊的，一麻袋也就一百斤出头！

抛费 pāo fèi 花销，开销。

【例句】你爹这一病，你家抛费不小吧？

抛文儿 pāo wénr 形容人说话咬文嚼字即"拽〔zhuǎi〕文"。

【例句】别看他文化水平不高，还总想抛文儿！

抛锚 pāo máo 不是普通话中汽车抛锚，而是比喻正在进行中的事情因故中止。

【例句】正在准备中的大型歌舞晚会，因突然发生大地震而被迫抛锚了！

刨 páo ①寻根问底儿。②不计算在内。

【例句】①从根刨到梢儿，问得可真细致！②刨去成本，从河北运来一汽车雪花梨大概能挣二千元！

刨嚓 páo cha 用工具挖。

【例句】土豆没起干净，你再用三齿钩子刨嚓刨嚓！

刨除在外 páo chú zài wài 去掉，减掉，除掉。

【例句】明天郊游可别把我刨除在外！又如成本刨除在外，所剩无几！

刨根儿问底儿 páo gēnr wèn dǐr 详详细细地盘问事情的来由或底细。

【**例句**】电视小品《捐助》中,刨根儿问底儿栏目组记者台词:刨根儿问底儿,刨个稀巴烂!

刨食儿 páo shir "食儿"突出"儿"音。原意为鸡鸭鹅等在土里觅食,引申为自食其力或出卖体力或技术以维持生活。

【**例句**】退休后,退休费太低,没办法,还得到处刨食儿挣俩钱儿补贴家用!

跑 pǎo ①不明原因的挪移。②用单砖砌墙。③用缝纫机粗粗地轧。

【**例句**】①几天没见,这么快你就跑北京去了?②砌这道墙跑单砖就行!③跆拳道服装看似简单,其实衣料质量要好,还要用缝纫机多跑几道粗线。

跑茬 pǎo chá 走样,背离原样。

【**例句**】湘绣讲究的是针法,针法不仅要细腻,还要严格按图谱刺绣,不能跑茬!

跑风 pǎo fēng ①泄露消息。②瓜类植物只长秧不结果。③小孩子到处乱窜、闲逛。④形容人作风轻浮不稳重。

【**例句**】①高考试题已经跑风了,全部作废!②水大,西瓜秧疯长,再不压蔓儿就跑风了。③你放学不回家,到哪里跑风去了?④这媳妇,家里地里什么活儿都不干,就知道到处跑风!

跑碱 pǎo jiǎn 面类发面兑碱后,时间长了碱性跑掉。

【例句】面发好了赶快蒸馒头，时间长了就跑碱了！

跑肚 pǎo dù 腹泻，泻肚。

【例句】昨天不知吃什么了，今天早晨就有些跑肚！

跑外 pǎo wài 专门在外面从事联系业务、推销产品、收账、催货等工作的业务人员。

【例句】我专门跑外，常年不在家。

跑偏 pǎo piān ①形容人的思想、行为偏离预定的轨迹或方向。②形容人的思想、行为脱离常规。③形容人出现了生活作风问题。

【例句】①电视小品《不差钱》中小沈阳饰演的苏格兰餐厅服务员说："我说走道儿咋没裆呢，妈呀，着急穿跑偏了！"②同一部电视小品中赵本山饰演的丫蛋儿爷爷说："你拉倒吧，你唱跑偏了，你这裤子也穿跑偏了，你就是个跑偏的人……"③我家的那位有点儿跑偏，看我抓住真章怎么收拾他！

跑腿子 pǎo tuǐ zi 光棍儿，单身汉，一般指长期在外的已婚男性。

【例句】别看张老三是个跑腿子，但穿得总是齐齐整整。

跑腿儿 pǎo tuǐr ①听人指使，为人做事打下手。②跑路，跑冤枉路。

【例句】①还能干啥，给老板跑跑腿儿，干点儿零杂活儿啥的！②为了找你，从河东头跑到河西头，可没少跑腿儿啊！

跑头子 pǎo tóu zi 旧社会没有结婚、没有固定家庭、以与男人姘居为生的女人。与妓女有所不同。

【例句】旧社会她就是个跑头子的，如今也结婚生子了。

跑腿学舌 pǎo tuǐ xiáo shé "学"读 xiáo。给别人传话、学话、打零杂。

【例句】退休了，单位聘我打更，跑腿学舌、打打零杂什么的。

跑惯腿儿 pǎo guàng tuǐr 全句是"吃惯嘴儿，跑惯腿儿"。得到好处或便宜后仍不住手而成为习惯行为。含有贬义。

【例句】我看你是吃惯嘴儿、跑惯腿儿了，已经发给你好几次困难补助款了，你年纪轻轻的，怎么不找点儿活儿干，又来要补助款了呢？

泡 pào "泡"地 pào，下同。①称重量。②欺骗、耍戏，浪费时间。③玩弄女人。④纠缠。⑤磨工。⑥用不正当手段获取。

【例句】①这头牛的牛膘好，毛泡也有三千斤。②我等了几小时他也没来，这不是活泡人吗？③你一天进歌厅泡女人，还能有什么出息？④你和几个地痞流氓泡在一起，早晚得犯事儿！⑤别再泡蘑菇了，为不影响施工进度，地槽必须两天内完成！⑥我装病不上班，终于泡来了一碗病号饭！

泡秤 pào chèng 同"泡"①。

【例句】举重运动员赛前都要泡秤，根据体重分配级别。

泡汤 pào tāng ①比喻全部落空，白搭工，白干了。②目标无法实现。

【例句】①一场大水，一年的辛苦全泡汤了！②领导原打算派我出国进修，谁知发生大地震，全体职工全力抗震，出国的事儿估计泡汤了！

泡儿 pàor 量词，犹如"一笔"。

【例句】一泡儿买卖。一大泡儿钱。刚攒了一大泡儿钱，结果一点点儿零揪了。

泡尿泥 pào niào ní 软骨头，没骨气。讽刺性用语。

【例句】既然是革命工作者，就是上断头台也不能泡尿泥！

泡蘑菇 pào mó gu ①软磨硬泡。②偷懒，拖延时间。

【例句】别跟我泡蘑菇，我说不行就是不行！②我给大家重申一遍，谁也不许耍滑偷懒泡蘑菇，两天之内必须完成！

炮 pào ①比喻发言激烈。②性子急、说话直的人。③抽一颗或一袋烟。④打麻将时出牌使别人和了即"点炮"。

【例句】①在党委会上，我按奈不住，放了一炮，对某领导的腐败行为提出了批评。②有位同学叫宋大楞，说话直率，总爱放炮。③休息休息，来，咱们来一炮！④点儿真背，又点炮（详见"点炮"）了！

炮筒子 pào tǒng zi 比喻人的性格急躁，心直口快，不掩饰，敢说话，敢发表意见。

【例句】他就是个炮筒子脾气，说话管不住嘴，你别和他一般见识！

呸 pēi 语气助词，表示"笑话，挖苦"，一种瞧不起的表示。

【例句】呸！就你这两下子也要参加春节晚会演出？

披红 pēi hóng "披"读pēi，下同。①旧时土匪临刑前要以红带披身，故名"红胡子"。②旧时结婚，新郎在结婚日要披红表示喜庆。

【例句】②六十年代之前，东北农村办喜事儿，新郎还要十字披红哪！

披麻袋片儿 pēi má dài piànr 比喻穷人沦落为乞丐。

【例句】想当年"闯关东"，多少人都披麻袋片儿了！

赔情 péi qíng 赔礼认错。

【例句】既然认识到自己的错误了，快给人家赔情认错吧！

赔本儿 péi běnr 本意是做生意亏损，引申为办事吃亏或不成功。

【例句】让我去干这种赔本儿的买卖，我可不干！

赔帐 péi zhàng 同"赔本儿"。

【例句】那我可不干，我要那么干的话，那不就赔账了吗？

赔不是 péi bú shì 赔礼道歉。

【例句】的的确确是我错了，我向你赔不是了！

赔钱货 péi qián huò ①旧时称女儿为"赔钱货"。②称办事儿能力不强、屡屡失败的人。骂人语。

【例句】①过去生个女儿都叫赔钱货，如今该叫挣钱匣子了！②我看你就是个赔钱货、败家子儿！

赔钱儿买卖 péi qiánr mǎi mài 同"赔本儿"。

【例句】电视连续剧《亮剑》中李云龙台词：赔钱儿的买卖咱可不干！又如这明摆着是赔钱的买卖，你怎么就不信呢？

配副子 pèi fù zi 打麻将或打扑克将手中的牌儿配成套。

【例句】这牌到现在还配不上副子，没个和 hú！

配搭 pèi da "搭"字发短促轻音。陪衬，配角，不是主要人物、内容或物品，只起陪衬作用。

【例句】你是团长，又是艺术总监，又任命了一名副总监，我这副团长不成配搭了吗？

配药 pèi yào 本意是根据药的配方配制药物，引申为故意给他人设圈套、设陷阱使对方上当受骗。

【例句】我这次受批评写检查，还不都是你给配的药，您就别不承认了！

喷 pēn ①顶撞人。②瞎说。

【例句】①这事儿你不明白，别在那乱喷。②不知实情别满嘴乱喷粪！

喷粪 pēn fèn 胡说，瞎说，说脏话，无根据的乱说。詈语。

【例句】别在那儿满嘴喷粪，根本不是那么回事儿！

喷儿呲 pēn chīr 形容人到处乱说、胡说。

【例句】你别在那儿乱喷呲，没人把你当哑巴卖了！

盆碴子 pén chǎzi 底儿完整、帮缺了一大块的破盆。

【例句】该喂食儿了，去拿那个盆碴子喂喂鸭子。

喷儿香喷儿香 pènr xiāng pènr xiāng “喷”读 pèn，两个“喷儿”均突出“儿”音。特别香，非常香，香气四溢，满屋飘香。

【例句】还是小磨香油好啊，喷儿香喷儿香的！又如炖鸡呢？满屋喷儿香喷儿香的！

膨膨 pēng peng 第一个“膨”字发重音拉长音，第二个“膨”字发短促轻音。膨胀，鼓起来。

【例句】质量好的羽绒服，下水洗后照样可以膨膨起来。

篷 péng ①悬空蒙盖。②表面浮洒土等碎沫。③胃滞。

【例句】①别漏雨，蓬布上面再篷一层塑料布。②甜菜纸筒育秧，最重要的首先是篷土。③胃有些不舒服，有点篷住了。

捧个刺猬 pěng gè cìwei 也说"手捧个刺猬"。进退两难。

【例句】弄到这个地步，真是手捧个刺猬猬，进退两难哪！

捧盛 pěng shèng 溜须捧盛，详见"溜须捧盛"。

【例句】你可真能捧盛人，见什么人说什么话！

捧臭脚 pěng chòu jiǎo 溜须、拍马屁，阿谀奉承，附庸依赖他人。骂人语。

【例句】你小子，就知道给领导捧臭脚，早晚有你倒霉的那一天！

捧着唠 pěng zhe lào 在人面前一味说好话、说中听的话，无原则地吹捧。讽刺性用语。

【例句】为了当上理事会会长，谢广坤在王老七面前不停地捧着唠，王老七却不领情。

碰车 pèng chē 发生冲突。

【例句】既参加二百米短跑又参加 4×100 米接力赛，有点碰车。

碰巧儿 pèng qiǎor 不是主动行为而是一种偶然行为。

【例句】今年运气好，碰巧儿两次中了三等奖！

碰巧劲儿 pèng qiǎo jìnr 同"碰巧儿"。

【例句】花了几十块钱抓了个大奖，真是碰巧劲儿了！

碰头儿 pèng tóur ①面对相遇。②迎面，扣头。

【例句】①北京奥运会上，中国男乒主教练刘国良和新加坡女乒主教练刘国栋两兄弟在北京碰头儿了。②相声演员刚出场就得碰头儿彩儿！又如电视剧《闯关东》中，鲜儿学戏成名后，演出经常赢得碰头儿彩！

碰锁头 pèng suǒ tou 去某家正巧某家主人锁门没在家。诙谐性用语。

【例句】约好了去他家串门儿，谁知铁将军把门 —— 碰了个大锁头！

碰茸角 pèng róng jiǎo 比喻地方狭窄。

【例句】宽绰地方有的是，怎么找了个这么碰茸角的地方开大会？

碰一鼻子灰 pèng yī bí zi huī 碰壁，遭遇拒绝或斥责。讽刺性用语。

【例句】我哪儿有面子啊？我说不去非让我去，结果怎么样？碰了一鼻子灰！

批八字儿 pī bá zìr 算命先生根据人的生辰八字来预测命运的一种迷信活动。

【例句】你得的是癔病，西医根本治不了，你找算卦先生批批八字儿兴许有效！

批儿片儿 pīr piànr "批儿""片儿"均拉长音并突出"儿"音。形容非常凌乱。

【例句】这屋子批儿片儿的，几天不收拾了？

劈啦啪啦 pí la pā la "劈"读pí，下同。 ①形容环境乱七八糟一片混乱。②形容泥溅水淌的样子。

【例句】①今天孩子没送幼儿园，结果家里被他造得劈啦啪啦的！②春天来了，街道上的积雪化得劈啦啪啦的！

劈里扑楞 pí li pū lēng 也说"劈里扑通"。形容人或动物进入水中发出的声音。

【例句】大热的天儿，几个人脱光衣服劈里扑楞跳进大河！

劈里扑通 pílǐ pū tōng 同"劈里扑楞"。

【例句】看到鬼子的兵舰来了，嘎子、胖墩、英子几个人劈里扑通就跳进了大河里！

皮 pí ①身体抵抗力强不易生病。②不听劝导。

【例句】①我的身体可真够皮的，什么冷啊热啊起个包扎个刺都没事儿。②我家的孩子太皮，非常任性，怎么说都不听话！

皮拉 pílɑ ①指人抗摔打，身体抵抗力强。②指动植物生命力强。③器物耐用不易损坏。

【例句】①参军后经过一段时间的锻炼，身体皮拉多了，轻易不生病。②月季花很皮

拉，非常好养！③这双皮靴真皮拉，穿了几年也没坏！

皮实 pí shi "实"字发短促轻音。①形容人身体结实，不易得病。②形容物品耐用不易损坏。

【例句】①我这身体可皮实了，轻易不得病！②这双靴子可真皮实，穿了几年了也不坏！

皮脸 pí liǎn 也称"二皮脸"。①形容人脸皮厚不知羞耻。含有贬义。②形容人过于淘气、顽皮。

【例句】①输了就认输，别耍二皮脸！②这孩子可真够皮脸的，越说越疯，谁说也不听！

皮脸儿疯 píliǎnr fēng 越说越来劲儿的顽皮，一般指小孩子。

【例句】到姑姑家串门，可不行耍皮脸儿疯啊！

皮条 pí tiao "皮"字发重音拉长音，"条"字发短促轻音。①食品不酥脆，发哏。②疲塌。③形容人经过历练和经历之后逐渐变得油滑、顽皮而形成习惯。

【例句】①这花生米放得时间长了，都皮条了！②你还不赶紧去，时间长闹皮条了就不好办了！③这孩子都叫他爷爷管皮条了，说什么他根本不听！

皮子 pí zi 形容调皮捣蛋成性的人。

【例句】你这孩子真是个皮子，天都能捅个窟窿！

皮了嘎叽 pí la ga jī 也说"皮了吧叽"。①形容人过于油滑。②形容人淘气、顽皮、不老实。③形容食品不脆而皮条。

【例句】①二嘎子一天皮了嘎叽的，偷奸要滑，没个正形！②我那孙子整天皮了嘎叽的，都是我给惯坏了！③这大果子炸得皮了嘎叽的，一点儿都不好吃！

皮拉个筋儿 pílā gē jīr 形容人嬉皮笑脸、调皮、顽皮，没有正行。

【例句】你不用跟我皮拉个筋儿，看我怎么收拾你！

皮泡肉厚 pí pāo ròu hòu "泡"读 pāo。形容人长得肥胖、臃肿。

【例句】就你长得皮泡肉厚的，还想登台跳舞？

—**皮子**— pízi 指在某种技巧、技术中非常熟练、油滑成性的人。

【例句】兵皮子、球皮子、舞皮子等。如张成国是我们班的球皮子，每天球不离手。

脾性 pí xing 性情，秉性。

【例句】按她的脾性，非去北京奥运会当志愿者不可！

劈成 pǐ chéng 按比例分成。

【例句】我出资，你出车，赢利咱俩劈成！

劈红 pǐ hóng 根据所得到的利润按比例分成。

【例句】每月给你三千元，年末根据经营情况再劈红。

劈犊子 pǐ dú zi 东北地区旧风俗，"拉帮套"（详见"拉帮套"）人家的孩子长到懂事儿年龄后，要举行一个仪式，确定哪个孩子姓什么、归谁养活，这种仪式称作"劈犊子"。"劈"即分配，"犊子"是对父母不清的孩子的蔑称。此俗今已不见。

【例句】听说过去还有"劈犊子"仪式，你见过吗？

屁 pì ①形容人既滑稽又调皮。②难以支撑，到了极点。③鬼主意。④语气助词。

【例句】①电视连续剧《清凌凌的水，蓝莹莹的天》中的小姑奶奶真够屁的，又当长辈又像年轻人一样搞对象谈恋爱。②为抢进度，加班加点干活儿，可把大家累屁啦！③别看他不声不响，不知心里又憋着什么屁呢！④等你到北京，奥运会早完了个屁的！

屁儿 pìr 玩笑语，对某人喜庆事善意的玩笑赞语。

【例句】昨天刚刚当上了组长，今天就屁儿起来了！又如刚当上老公公，就变得屁儿起来了！

屁磕 pì kē 说逗人发笑、俏皮、诙谐的话。多为开玩笑。

【例句】有话就说，有屁就放，我可没工夫听你这些屁嗑！

屁小子 pì xiǎo zi 形容爱开玩笑、打打闹闹、没有正经的小伙子。讽刺性用语。

【例句】就你这个屁小子，也想当大款？

屁颠儿 pì diānr 常重叠使用。"颠儿"拉长音并突出"儿"音。形容很高兴、很兴奋、高兴得蹦蹦跳跳的样子。讽刺性用语。

【例句】听说组织部门找他谈话，他乐得他屁颠儿屁颠儿就去了！

屁崩的 pì bēng de ①形容时间极短。②形容人员极少。含有贬义。

【例句】①你不是出国旅游去了吗，怎么屁崩的功夫就回来了？②这么重要的会，怎么才来了屁崩的几个人？

屁股蹲儿 pìgu dūnr 身体失去平衡摔倒而屁股先着地。

【例句】初学滑冰，一连摔了几个屁股蹲儿！

屁股沉 pì gu chén 形容人坐下不愿意起来，引申为串门时间过长而不愿离开、不着家。

【例句】王云屁股沉，说是到谢大脚超市找谢大脚唠嗑，直到晚上还没回来。

屁老鸭子 pì lǎo yā zi 应答语，就像放屁一样不算数。

【例句】你还想当影视明星？去个屁老鸭子的吧！又如去个屁老鸭子吧，你还想上中央电视台演出？

屁打流星 pì dǎ liú xīng 形容人既调皮又滑稽。

【例句】红姐性格泼辣，连那些屁打流星的小伙子们也惧他三分！

屁屎狼嚎 pì shǐ láng háo 形容屁又响又多。讽刺性用语。

【例句】见了好吃的就不下桌儿，看你撑得屁屎狼嚎的样子！

屁屎流星 pì shǐ liú xīng 形容人丢盔卸甲、狼狈不堪的样子。讽刺性用语。

【例句】看你屁屎流星的样子，到底发生什么事儿了？

屁大工夫 pì dà gōng fu 也说"皮呲工夫"。形容时间极短。

【例句】你不是出国考察去了吗，怎么屁大工夫就回来了？

屁大地方 pì dà dì fāng 形容地方很小，空间狭窄。

【例句】你怎么选了个这么屁大的地方开会啊，怎么坐啊？

屁大的事儿 pì dà de shìr 形容事情很小，不值一提。

【例句】屁大的事儿也来找我，要你们干什么？

屁大个人儿 pì dà gè rénr 形容年龄很小，资历很浅。

【例句】中国女子体操队屁大个人儿也能参加奥运会，还能夺取金牌！

屁股上有屎 pì gu shàng yǒu shǐ　形容人有污点、有问题。

【例句】这年月，哪个当官儿的屁股上都有屎，不反腐败是不行了！

啪啪的 piá piā de　"啪"读piá。第二个"啪"字读平音并拉长音。用手掌打人发出的声音。

【例句】小孩子实在不听话，让我啪啪的狠打了几巴掌！又如当红"二人转"演员小沈阳台词：哈啊！啪啪的！

㓥 piǎ　奚落人，挖苦人。

【例句】我获得了"希望之星"光荣称号，同事们㓥我说我是土包子开花！

㓥稀 piǎxi　形容过度劳累后瘫软无力。

【例句】团委组织年轻人参加重点工程大会战，这把我们累㓥稀了！

搧 pià　用手搧脸。

【例句】你敢动我，看我不搧你！

偏得 piān dě　不应得到而意外得到财物或好处即份外所得。

【例句】让我陪同领导去国外考察，真是偏得！又如水灾过后，政府帮我们盖起了新房，民政部门又补助五千元，真是偏得！

偏跨 piān kuà　①偏向一侧。②半个屁股坐。

【例句】①拉木材的大车装得有些偏跨，太危险了。②大客车超载，我只好偏跨在两张座椅间。

偏坠 piān zhuì　一头沉一头轻，引申为事情不平衡。

【例句】一儿一女都在城里读高中，你可不能偏坠，一定要一样待遇！

偏晌儿 piān shǎngr 中午刚过的一段时间。

【例句】趁偏晌儿休息，咱俩逛街去！

偏科 piān kē 学习中偏重于某一学科。

【例句】高中时我偏科，数学非常好而外语经常不及格。

偏亲儿 piān qīnr 远亲，沾亲带故论的亲威。

【例句】电视剧《闯关东》中，秀儿和朱家是偏亲儿。

偏心眼儿 piān xīn yǎnr 不能公正对待、一碗水端平而是偏袒一方。

【例句】现如今儿子姑娘都一样，你可不能偏心眼儿啊！又如虽然他是我的亲戚，但我不会偏心眼儿的，你放心，我会公正处理的！

偏厦儿 piān shàr "厦"读 shà。正房旁接出的简易房。

【例句】正房北侧再接出个偏厦儿，存放些嘎七码八乱七八糟的杂东西。

便宜 pián yi ①价格低廉。②好处。

【例句】①山东寿光产的蔬菜不仅质量比本地产的蔬菜好，价格还便宜。②北京人才招聘市场上，小赵的外语突出被优先录取，占了个大便宜！

便宜话 pián yi huà 不负责任、不付代价而好听的话。

【例句】这事儿没轮到你头上，敢情会说便宜话！又如便宜话谁不会说，敢情没摊到你头上！

便宜喽嗖 pián yi lōu sōu 价格十分便宜、低廉。含有贬义。

【例句】好货不便宜，便宜没好货！可别买那便宜喽嗖的破玩意儿，要买就买质量好的名牌产品。

片儿汤 piànr tāng 虚假不实的话或事儿。

【例句】别扯片儿汤了，我什么时候去哈尔滨大学生冬季运动会当志愿者了？

片儿拉三 piànr lā sān 形容人穿戴邋邋埋汰，不利索。

【例句】自打我认识他，他就那副片儿拉三的样子，没个利索时候。

骗腿儿 piàn tuǐr ①侧身抬起一条腿。②比喻时间十分短暂。

【例句】①他一骗腿儿跨上自行车就骑走了。②一骗腿儿的时间就不见了，谁知溜哪儿去了？

漂 piāo ①意外失掉。②腿脚因醉酒而没根儿走路不稳。

【例句】①原想参加中央电视台的《梦想剧场》，谁知老伴儿犯了心脏病，这事儿又打水漂了！②酒后回家，腿脚感觉有些发漂。

飘 piāo ①飘忽不定，不稳定。②份量过轻。③形容人作风轻浮、轻佻不踏实。

【例句】电视连续剧《闯关东》中，鲜儿所在的土匪飘忽不定，出没无常，令官军十分头疼。②一大汽车玉米棒飘轻飘轻的，没多少份量。③那个人挺飘的，靠不住！

飘悠 piāo you "悠"字发短促轻音。形容人或物品在水等液体中漂浮移动。

【例句】一个浪头打来，只见一个人影在河面上飘悠，一会儿就不见了！

飘轻儿 piāo qīngr ①分量非常轻。②形容很容易办到、很有把握办成的事儿。

【例句】①这雪糕飘轻儿，质量肯定不好。②这事儿就交给我好了，肯定没问题，飘轻儿！

瓢把儿上的事儿 piáo bàr shàng de shìr 根本没准儿、靠不住的事儿。诙谐性用语。

【例句】那都是瓢把儿上的事儿，靠不住的！又如那都是瓢把儿上的事儿，指望他那是竹篮打水 —— 场空。

瓢楞 piáo leng "楞"字发短促轻音。也说"瓢瓢"。①物体因外力造成变形。②物体因放置时间过长而变形。③说话时因故嘴说话不流畅，使意思表达不清楚、不明白。

【例句】①发生了交通事故，一台车前轮都撞瓢楞了！②木质窗户框时间一长就瓢楞了，还是塑料窗好！③有话慢慢说，着急嘴都瓢楞了！又如你嘴瓢楞什么，赶快说实话吧！

瓢瓢 piáo piao 第二个"瓢"字发短促轻音。同"瓢楞"③。

【例句】这场车祸，吓得我嘴都瓢瓢了！

瞟 piǎo 斜眼看人，含有轻蔑或暗示之意。

【例句】电视连续剧《亮剑》中，为给赵政委介绍对象，小田一面说话，一面用眼瞟老李，暗示他赶快离开。

票 piào ①欺骗。②玩弄。

【例句】①你多加小心，别让那女人给你票了。②别的本事没有，就会票女人！

撇 piē "撇"读piē ①弃置不顾，抛弃。②在液体上轻轻舀。③遗留。

【例句】①春节过后，许多男人都撇下父母妻儿到外地打工。②把火锅里的沫子撇一撇。③他死后撇下了3个年幼的孩子。

撇 piě "撇"读piě。 ①将东西用手扔出去。②拿腔捏调模仿别人说话或唱歌。③用嘴角叼烟袋。④向外张或斜。⑤左首，右首。⑥量词"几撇"。

【例句】①撇手榴弹，撇石头。②他就喜欢京剧，时不时撇几句京腔。③达斡尔族老太太喜欢撇个长长的烟袋抽烟。④这个椅子坏了，腿儿有点向外撇。⑤赶马车向左叫里撇，向右叫外撇。⑥老人留着两撇山羊胡子。

撇拉 piě la 小腿向外斜。

【例句】他撇拉着腿，在后边吃力地走着。

撇子 piě zi ①用巴掌打人。②对脾气。③对路子。

【例句】①电视剧《闯关东》中，朱家长子朱传文私自将煤矿的股份让给了日本人，被朱开山狠狠打了一撇子。②电视剧《走西口》中，田青和他姐夫梁满囤一直不对撇子，矛盾不断。③历史小说《三国演义》中，刘备、关羽、张飞三人最对撇子，终成"桃园三结义"。

撇嘴 piě zuǐ 嘴向左或右撇，说话带有轻蔑的神情。

【例句】她撇撇嘴不屑一顾地说：西安秦始皇兵马俑有什

么了不起，我已经看过好几遍了！

撇清净儿 piě qīng jìngr 即"躲清静儿"。①推卸责任。②离开是非之地喧闹之地寻求清闲、清净。

【例句】①你别撇清净啊，事儿是咱俩定的，责任不能我一个人负啊！②你倒好，到这儿撇清净来了！

撇儿咧儿 piěr liěr ①一摇一晃的样子。②又撇嘴又咧嘴一副轻蔑的神态。

【例句】①只见她撇儿咧儿地走了进来。②听说一个土老庄也要出国考察，很多乡亲们撇儿咧儿的根本不相信。

撇家舍业 piě jiā shě yè 也说"抛家舍业"。离开家庭、舍弃本来从事的事业而去从事其他事业。

【例句】看你们撇家舍业的也不容易，就不罚款了，写份儿检查吧！

撇三拉四 piě sān lā sì 形容人一副傲慢、高傲、瞧不起人的样子。

【例句】那人整天撇三拉四的，谁能放在他眼里啊？

瞥 piě 不经意地、随意地看看、瞧瞧。

【例句】他无意中向楼房瞥了瞥，发现盗窃分子正在跨越楼梯。

瞥咧 piě liě 形容人撇嘴咧嘴、一副瞧不起、轻蔑他人的样子。

【例句】电视连续剧《樱桃》中，二兄弟媳妇整天瞥咧的，一直给大伯哥脸子看。

拼兑 bīn dui "拼"读 bīn，下同。拼凑。

【例句】我小时候日子穷，穿的衣服都是旧衣服拼兑的。

拼巴 pīn ba　"巴"发短促轻音。同"拼兑"。

【例句】好容易拼兑几个钱，给儿子说媳妇，都叫你抽大烟抽光了！

贫 pín　絮絮叨叨而又令人发笑地说话。

【例句】那人说话可真够贫的！又如都什么时候了，你还贫？再如电视剧《贫嘴张大年的幸福生活》看的就是张大民那股贫劲儿！

贫了吧叽 pín la bā jī　形容人多嘴多舌、非常爱说话、没完没了地说话。

【例句】你少给我贫了吧叽的，烦不烦啊！

贫嘴呱舌 pín zuǐ guā shé　同"贫"。含有贬义。

【例句】电视剧《乡村爱情》中的刘能,贫嘴呱舌地真能白唬！

贫嘴嘎达牙 pín zuǐ gā da yá　形容爱说话，爱耍贫嘴。含有贬义。

【例句】少跟我贫嘴嘎达牙，我这正烦着呢！

品 pǐn　①琢磨，回味。②通过味觉辨别好坏。

【例句】①你品去吧，《刘老根》中的演员个个都非常棒！②这是新茶碧罗春，你品品味道怎么样？

聘钱 pìn qián　聘方向被聘方支付的聘用费。

【例句】还没等去上班,老板先给了我五千元的聘钱,真讲究！

呼愣嗙啷 pīng leng pāng lāng　形容人不安份故意弄出的声响。

【例句】你在那呼楞嘡唧的作（zuō）什么妖（详见"作妖"）呢？

平实 píng shi 平整。

【例句】新修的村路真叫平实，一马平川。

平起平坐 píng qǐ píng zuò 比喻双方地位或权力平等，没有高低贵贱之分。

【例句】一个毛头小伙子也能和我平起平坐？这世道真是变了！

平杵 píng chǔ 平手，不分上下，旗鼓相当。

【例句】李小龙与日本跆拳道高手打了半天不分胜负，闹了个平杵！

平槽 píng cáo 河水漾出几乎与河床平齐。

【例句】昨晚下了一宿大雨，第二天大河几乎平槽了！

平摆浮搁 píng bǎi fú gē 事情很清楚，都摆在表面。

【例句】事情平摆浮搁地谁都明白，就看你任何处理了！

平辈儿 píng bèir 辈分相同，都是一个辈分。

【例句】虽然我们不是平辈儿，但我们处得就像亲兄弟一样！

凭时气撞 píng shí qì zhuàng 凭运气撞大运得到某种结果。

【例句】毛头小伙刘亮，凭时气撞抓体育彩票抓了一台宝马小轿车，谁知惹来一场官司。

泼泔水 pō gān shuǐ ①为他人栽赃陷害、罗织罪名。②被人抛弃。

【例句】①你少给我泼泔水，我可不是那种人！②大贪官和珅将小妾十三姨像泼泔水一样休回家，幸亏风流才子纪晓岚收留了她。

泼凉水 pō liáng shuǐ　打击他人的积极性。

【例句】大家都为老板免于刑事责任而庆贺，你就别泼凉水说风凉话了！

婆婆妈妈 pó po mā mā　①形容人言语罗嗦、家长里短地说话。②形容人感情脆弱。

【例句】①姐儿几个聚在一起，家长里短、婆婆妈妈地说个没完。②她就是个婆婆妈妈的人，动不动就掉眼泪。

泼实 pǒ shi　"泼"读pǒ，"实"字发短促轻音。①形容人性格泼辣，活跃。②形容人有魄力，敢作敢为。③形容人既朴实又能干。④形容人嘴壮，不挑食儿且有食欲。

【例句】①电视剧《乡村爱情》中的谢大脚，可真是个泼实的角儿！②小宋可真泼实，穿一套印度服装招摇过市！又如冬泳爱好者个个都十分泼实，零下三十多度还能破冰游泳！③谢永强干活儿可真泼实，一年四季在荒山野岭栽种果树，也不知个累！④他吃东西可泼实了，也不挑食，吃什么都香！

破 pò　①让人猜谜语。②消除隐形灾难。③失去贞操。④损失。

【例句】①我出个闷儿，你来破一破！②天机不可泄露，说出来就破了。③这个漂亮女子始终不破身。④刚刚买的手机就丢了，该着今年破财！

破闷儿 pò mènr　猜谜语。

【例句】我出个谜语，大家来破破闷儿。

破气拉声 pò qìlā shēng　敲打破裂器物发出的难听声音，引申为形容人发出的声音十分难听。

【例句】你这是在唱歌啊？破气拉声的，难听极了！

破狼破虎 pò láng pò hǔ　破破烂烂，破烂不堪。

【例句】几天不收拾屋子了，看这破狼破虎的样子。

破马张飞 pò mǎ zhāng fēi　形容人不拘小节、张牙舞爪的样子。诙谐性用语。

【例句】老张婆子整天破马张飞的，一点也不安稳，就像个神经病！

破车 pò chē　比喻爱管闲事的人。

【例句】他是全村有名的大破车，专爱管闲事。

破车嘴 pò chē zuǐ　比喻爱说话、爱传闲话的嘴。

【例句】就凭你这个破车嘴，还有个不得罪人的？

破车爱揽载 pò chē ài lǎn zài　形容人爱管闲事又爱揽事。讽刺性用语。

【例句】你真是个破车爱揽载儿的货，执法不公的事多了，哪件是你能管得了的？

破鞋 pò xié　专指乱搞男女关系的女人。

【例句】她就是个破鞋，哪有什么正经事儿？

破破抓抓 pò po zhuā zhuā　形容人生气后又抓又挠的样子。

【例句】打死人不偿命吗？破破抓抓的这是干什么？

破死亡魂 pò sǐ wáng hún 形容不管不顾、一副豁出去拼命的样子。

【例句】谁惹着你了？你破死亡魂地要干什么？

破头烂齿 pò tóu làn chǐ 乱七八糟，破烂不堪。

【例句】这屋子怎么破头烂齿的啊，怎么没人收拾啊？

破烂儿 pò lànr ①废旧物品。②生活作风不正的女人。

【例句】①都搬入新楼了，这些破烂儿就扔了吧，还能带上楼啊？②那是个有名的破烂儿，可得离她远点儿！

破鞋烂袜子 pò xié làn wà zi 专指男女关系暧昧或不正当关系的行为。讽刺性用语。

【例句】省省心吧，谁管你们那些破鞋烂袜子的闲事儿？

破头楔 pò tóu xiē 一般说"打破头楔"。①已经决定的事儿又突然提出反对意见。②突然提出反对意见破坏他人的兴趣或兴致而使人扫兴。

【例句】①已经决定的事儿，你就别打破头楔了！②别人都高高兴兴的，你就别打破头楔了！又如咱们都商量好了，你怎么打破头楔呢？

扑 pū ①投奔。②伏在桌子上。③把全部精力投入工作和学习中。

【例句】①那个地方人生地不熟的，要我扑奔谁呀？②几个人扑在桌子上看地图制定作战计划。③全国劳模一心扑在社会主义建设事业上。

扑奔 pū ben 投奔。

【例句】走了几百里路，就扑奔你来了！

扑腾 pū teng ①脚蹬手刨地干。②用脚乱踩或乱打水。③张罗。④心里跳动。⑤挥霍浪费。⑥折腾，闹腾。

【例句】①我一个人多扑腾点，再苦再累，也要供孩子们上大学。②浴池里人多，别乱扑腾水！③为给儿子办婚事，他里外张罗，扑腾好几天了。④电视剧《走西口》中，看到田青被土匪刘一刀抓去并要砍头枪毙，吓得我心里直扑腾！⑤攒了几年的辛苦钱，叫他出国旅游快扑腾光了！⑥"二人转"新秀小沈阳一人一台戏，满场扑腾。

扑扑腾腾 pū pu tēngtēng 形容事业或生活兴旺、红火、富足、殷实。

【例句】这几年政策一年比一年好，家家户户小日子都过得扑扑腾腾的！

扑拉 pūla "拉"字发短促轻音。①蔓延。②扑打。③践踏。④拂拭，擦拭。

【例句】①如果发生草原大火，不能扑拉，否则越扑拉越大。②一场大兴安岭森林大火，一直燃烧了17天，才被数万名扑火队员扑拉灭。③这几天熊瞎子闹得挺凶，一大片苞米地被扑拉得够呛！④官场腐败现象很普遍，扑拉扑拉谁身上都有灰劣迹或错误！

扑楞 pū leng ①抖动翅膀。②扑打翅膀，挣扎翻滚。

【例句】①"扑楞"一声，草丛中飞出一只漂亮的野鸡。

②宰了的小鸡还在扑楞翅膀呢！

扑登 pūdeng ①脚蹬手刨、手脚一起用力，引申为非常努力，拼命劳作。②用脚乱踩、乱打水。③张张罗罗。

【**例句**】①家里人不是病就是残，全指他一个人扑登养家糊口呢！②前来梁山泊招安的官军被水中好汉按到水里胡乱扑登！③店里缺人手，只有我一个人乱扑登。

扑搂 pú lou "扑"读pú。①摆平或掩盖事情。②抹去，抹掉，抖落，用手掸。③用手向内搂。

【**例句**】①放心吧，张总，公司的账目我已经扑搂平，了肯定不出问题！②这年代，不正之风非常严重，扑搂扑搂谁都有灰尘！③挺好的一个企业，都让他们几个人给扑搂黄了！

铺垫 pū diàn 陪衬，衬托。

【**例句**】旧社会卖艺、武打、杂耍都不过是铺垫，收钱才是最后目的

铺盖 pū gai 行李物品。

【**例句**】想干不想干？不想干卷铺盖回家！

铺办 pū bàn 铺张，操办。

【**例句**】家里穷，孩子的婚事也没铺办，让他们旅行结婚就免了大操办婚礼了！

铺子 pū zi 收庄稼时收下的庄稼临时放在一起的小堆儿。

【**例句**】黄豆铺子、高粱铺子、玉米铺子等。

噗嗤 pū chi "嗤"字发短促轻音。胡乱说话，絮絮叨叨。詈语。

【**例句**】你根本不懂，别驴唇不对马嘴的乱噗嗤！

谱儿 pǔr ①计划。②头绪。③实际情况。④排场。

【**例句**】①这次安排出国考察根本没打你的谱儿！②你考公务员有谱了吗？③你说你要参加《神州大舞台》表演，不知贴谱儿不贴谱儿？④一个小小老板外出，要雇 2 个保镖，可真能摆谱儿！

朴白大身 pú bai da shen 也说"铺排大身"。"朴"读 pú。形容女人身材高大健康而性格朴实憨厚。

【**例句**】高秀敏朴白大身的，《圣水湖畔》等几个电视剧都是为她量身编剧的！

董联声 编著

东北方言词条集成

（第三册）

线装书局

Q

七大八 qī dà bā 七、八成，成功可能较大。

【例句】就你那点儿小九九，我还不猜个七大八？

七三八四 qī sān bā sì "七十三八十四"的省略语。"七十三""八十四"都是老年人难以逾越的年龄。引申为七嘴八舌地说些不受听、不中听的话。含有贬义。

【例句】你七三八四地说了一堆，谁惹你生气了？又如大家七三八四地说了一气，也没说出个子午卯酉来。

七老八十 qī lǎo bā shí 形容人年龄非常大。

【例句】你七老八十了，怎么就走不动了呢？又如都七老八十的年龄了，还跟着瞎掺乎啥啊！

七裂八瓣儿 qī liè bá bànr 形容物品已经破损，形成碎片。

【例句】一不小心，老爹的心爱宝贝清朝大花瓶叫我给摔个七裂八瓣儿。

七拧八挣 qī nǐng bá zhèng "挣"读 zhèng。①意见非常不统一，分歧很大。②物品摆放得里出外进不整齐。

【例句】①谢广坤召开家庭会议研究腾飞去向，结果七拧八挣地说什么的都有，不欢而散。②这柴火怎么码的，七拧八挣的，怎么不码齐了？

七拉枯吃 qī lā kū chi 形容速度很快。

【例句】他饿急了，七拉枯吃就将桌上的饭菜吃光了！

七大姑八大姨 qī dà gū bá dà yí 泛指众多的近亲、远亲等各种亲戚。讽刺性用语。

【例句】结婚那天，柱子家什么七大姑八大姨都来了，挤了满满一院子。

七个碟子八个碗 qī gè dié zi bá gè wǎn 也说"七碟八碗"。形容宴席丰盛，各种美味佳肴非常多。

【例句】你家七个碟子八个碗的准备了这么多的菜，这是要招待谁啊？

七两为参，八两为宝 qī liǎng wéi shēn bā liǎng wéi bǎo 旧制十六两为一斤，七两以下的人参为一般的好人参，八两以上的人参就是贵重的人参。引申为好坏之间只差一点点儿即差之毫厘谬之千里。

【例句】俗话说七两为参，八两为宝，你这几万斤苞米杂质就差了百分之一就成了二等，好几千块钱就打了水漂啦！

七百年谷子，八百年糠 qī bǎi nián gǔ zi, bā bǎi nián kāng 形容都是多少年以前的陈年往事、陈年老账。诙谐性用语。

【例句】这七百年谷子八百年糠的，已经过去多少年了，如今谁能说得清楚啊！又如七百年谷子八百年糠的，还提它干什么啊！

七股肠子八股线 qī gǔ cháng zi bā gǔ xiàn 肠子和线都是非常长的物品，形容事情就像肠子和线头一样非常混乱，头绪繁多，理也理不顺，理也理不清。

【例句】电视连续剧《乡村爱情圆舞曲》中，王大拿的儿子王木生把山庄搅得七股肠子八股线，叫王大拿和刘大脑袋理也理不清，矛盾不断。

七个不服，八个不忿 qī gè bù fú bá gè bú fèn "七"读 qí。互相不服气，谁也不服谁。

【例句】调解了半天，七个不服，八个不忿，到底也没调解成功。

欺 qī ①聚集。②拥紧。形容植物枝条互相遮挡阳光而影响生长。③仗势欺人。

【例句】①这几个姑娘总往一块儿欺，不知嘀咕些什么。②玉米种得太密，都欺住了，既不透风又不见光。又如甜菜都叫苞米叶子欺死了，还能高产吗？③这简直是欺人太甚，我和他们拼了！

欺欺 qī qi 第二个"欺"发短促轻音。形容婴幼儿依偎在父母怀中不肯离开。

【例句】我那小孙子整天欺欺着我，我是想干点儿什么也不行啊！

欺皮子 qīpízi 也说"欺怀"。小孩见爹妈喜欢别人的孩子而哭闹。

【例句】这孩子一见我稀罕别的孩子就欺皮子！

欺怀 qī huái 同"欺皮子"。

【例句】我家孙子特别欺怀，又特别任性。

欺生　qī shēng　欺负、排挤外来人。

【例句】他虽然是外来户，可咱们也不能欺生啊，还是和谐为上。

欺身　qī shēn　工作对象过于靠近而不便工作。

【例句】脚手架搭得离墙太近，有点欺身，没法砌砖了！

跂蹴　qī jiù　倚歪即蹲不蹲卧不卧的姿态。

【例句】在山中迷路了，只好在林子里跂蹴了一宿。

喊哧咕喳　qī chi kū chā　①形容极度兴旺发达。②形容速度快、利索。

【例句】①这政策好，咱们的日子就利用好政策发他个喊哧咕喳的！②为充分利用绿色通道，新鲜蔬菜喊哧咕喳地很快装上了大汽车。

喊哩喀喳　qī lǐ kā chā　也说"喊哧喀喳"。形容说话办事儿干脆、利索、爽快，犹如"三下五除二"。

【例句】要同意喊哩喀喳就办，别拖泥带水！

喊哧喀喳　qīchi kā chā　同"喊哩喀喳"。

【例句】经过一段时间的缜密侦查，大毒枭及其团伙被边防部队喊哧喀喳地全部擒获。

喊喊喳喳　qī qī chā chā　形容很小声、细细碎碎而杂乱的说话声。含有贬义。

【例句】有话就大声说，别在那喊喊喳喳地乱嘀咕！

喊喊咕咕　qīqīgū gū　也说"曲曲咕咕"。不停地避开人小声说话。含有贬义。

【例句】他俩嘁嘁咕咕好一阵子，终于决定报警。

礤　qī　①浸灭。②浇灭。③水向里浸。④溻沤。

【例句】①别乱扔烟头，快把烟头礤死。②临睡前要把炉子里的火礤死！③水一点点把火全礤死了。④小孩尿裤子了，要不快换裤子，湿裤子就把孩子屁股礤了。

齐　qí　①收取。②取齐。③完备。

【例句】①大家齐几个钱，支援灾区。②把这棵小树齐根剪断。③人都来齐了，开会吧！

齐刷儿　qí shuar　"刷儿"拉长音并突出"儿"音。整齐一致，非常齐整。

【例句】大兴安岭发生森林火灾，防火指挥部一声令下，上万名扑火队员齐刷儿地前来报到！又如今年雨水特别好，庄稼长得齐刷儿的，肯定是个丰收年！

齐整　qí zheng　"整"字发短促轻音。①整齐。②穿戴利索而整齐。

【例句】①今天召开村长海选大会，人来得还挺齐整的！②明天参加县里的人代会，你可得穿戴齐整点儿，别让人笑话咱庄稼人！

齐堆儿　qí duīr　聚居，聚拢在一起。

【例句】总共才齐堆儿了几百斤粮，好干什么用的！

齐脖梗　qí bó gěng　①从根部取齐。②水深到脖子处。

【例句】①把这棵小树齐脖梗儿砍掉，不能留高茬！②水齐脖儿梗了，不能再向前走了！

齐大夯儿 qídɑ hāngr 一齐，合伙儿。含有贬义。

【例句】有你们这样的吗？几个人齐大夯儿地欺负一个弱女子？

齐乎拉 qí hū lā 一齐，整齐。

【例句】听说发低保钱，低保户们齐乎拉地都来了。

齐边儿齐沿儿 qí biānr qí yànr "沿"读 yàn。"边儿""沿儿"均突出"儿"音。形容物品整整齐齐，非常规整，没有豁口或毛碴。

【例句】这电脑桌齐边儿齐沿儿的，又好看又好使。又如看人家那玻璃割 lá 得齐边儿齐沿儿的，连一点儿豁口也没有！

骑驴找驴 qílúzhǎo lú 手里拿着这件东西却到处去寻找这件东西。是一种形象的比喻。

【例句】手机不就在你手里吗，怎么还到处找手机啊，这不是骑驴找驴吗？

起 qǐ ①由内向外凸起。②排挤。③抓牌。④从。

【例句】①怎么打汽车带也鼓不起来，可能是车带漏了。②他总和领导闹矛盾，终于被领导找个借口起出去了。③这把牌起得不好，不是单张就是配不上副！④请问：您起哪儿来？又如起这儿向东就是阳光超市。

起刺儿 qǐ cìr ①故意捣乱，制造矛盾。②作乱，为非作歹。

【例句】①大家规规矩矩，就你老起刺儿！②土匪如果敢起刺儿，立即出兵征剿！

起哈子 qǐ há zi ①合伙闹事或进行威胁。②滋事，闹事。

【例句】①小心点儿，他们商量好几天了，恐怕要起哈子！②他们几个人总凑在一起嘀嘀咕咕，不知要起什么哈子！

起皮子 qǐ pí zi 寻衅闹事。

【例句】既然选大哥当村长，大家都得听大哥的话，谁也不许起皮子！

起屁儿 qǐ pìr 捣乱，出难题。含有贬义。

【例句】你大胆干吧，有谁敢起屁儿我收拾他！

起来 qǐ lai 命令语"躲开"。

【例句】你起来，看我的！

起高调 qǐ gāo diào 出新花样，别出心裁。含有贬义。

【例句】这孩子一点没长性，玩玩儿就起高调。

起打 qǐ dǎ 自从，自打。

【例句】起打6岁起，我就参加乒乓球培训班了！

起腻 qǐ nì ①背着人聚在一起。②纠缠。

【例句】①他们几个人总在一起起腻。②离我远远的，别在我面前起腻！

起小儿 qǐ xiǎor 从小，从年幼时开始。

【例句】电视剧《走西口》中，田青和梁满囤起小儿在一起长大。

起幺蛾子 qǐ yāo é zi ①故意出难题。②寻衅滋事。

【例句】①大家都讨论通过了，你又起什么幺蛾子？②谁要敢再起幺蛾子，看我怎么收拾他！

起头儿 qǐ tóur ①起第一句。②起第一针。

【例句】①大家一起唱，我来起个头儿！②我给你起个头，你接着往下织！

起夜 qǐ yè 夜间起来解大小便。

【例句】昨天茶水喝多了，半夜总起夜！

起早 qǐ zǎo 很早，老早。

【例句】起早他就赶集去了，到现在还没回来！

起先 qǐ xiān 起初，原来。

【例句】起先这事儿我也不知道，还是后来别人告诉我的。

起炕 qǐ kàng 指久病初愈之后能够下炕自由活动。

【例句】二嫂的哮喘病犯得很厉害，到现在也没起炕！

起儿 qǐr 特别要突出"儿"音。量词"遍""次"。

【例句】这一天都去了好几起儿了，你到底要干什么？又如这都是第几起儿了，什么时候才能完哪？

起根儿 qǐ gēnr 也说"地起根儿"。原来，原先，从根本上说。

【例句】这个主意起根儿就是我出的，凭什么把成绩安在他头上？又如这事儿起根儿就是你的不对，你还犟什么？

起祸架秧 qǐ huò jià yāng 起哄并鼓动别人闹事。

【例句】这里还没消停呢，你又在那里起祸架秧的想干什么？

气 qì 命运，机遇。

【例句】你可真有手气，2元钱抓彩儿抓了2万元大奖！又如你这人真有福气，儿女们听话又孝顺！

气头上 qì tóu shàng　正是生气的气头上。

【例句】他正在气头上，别去惹他，等消消气儿再说！

气脉 qì mài　①呼出吸进的气流与血气脉搏。②人气儿，即一个人在群体中受关注程度或受欢迎程度。

【例句】①大限将至，说话一句比一句气脉弱。②全票当选，说明他的气脉不错，很有人气儿！

气迷 qì mí　"精神病"的戏称。骂人语。

【例句】你得了气迷了？怎么帮助外人说话胳膊肘向外拐？

气儿 qìr　突出"儿"音。①衣服上开的缝儿。②劳动时间的长度。

【例句】①西服后边再开个气儿更好看！②趁天好，再干两气儿活儿再休息！

气性 qì xing　人的脾气。主要指性格粗鲁、脾气暴躁的人。

【例句】你的气性怎么这么大呢，赶快消消火吧！又如他的气性太大，动不动就发脾气！

气候 qìhou　规模，势力。

【例句】趁这股土匪还没成气候，立即出兵剿灭它！

气管炎儿 qì guǎn yánr　"妻管严"的谐音。妻子管得很严格。讽刺性用语。

【例句】你真是个气管炎儿，什么都听老婆的！

气不公 qì bú gōng　遇到不合理的事儿就愤愤不平、出头露面即"打抱不平"。

【例句】锁柱实在气不公，指着他吼道：你就是肇事者，你还不承认？

气包肚儿 qì bāo dùr 形容人气量小、嫉妒心强。含有贬义。

【例句】别人出息点儿她就嫉妒，真是个气包肚儿！

气不忿儿 qì bu fènr 看到不平的事心中不服气。

【例句】看到包工头儿这样欺负民工，我气不忿儿说了几句！

气不打一处来 qì bú dǎ yí chù lái 生气的理由很多，矛盾到了无以复加的地步。

【例句】我一看见刘能气就不打一处来，恨不得生吞了他！

掐 qiā ①剪断。②切断。③民间疗法即掐人中。④掌握，控制。⑤夹或箍住。⑥熄灭。⑦使布料起棱儿。⑧咬或啄。⑨吵架，争吵，发生矛盾。⑩删除，去除。

【例句】①别跟他多解释，不交电费就把电给掐了！②如果在学校你再乱花钱，我可把钱给掐了！③他再不醒，掐一下人中兴许有效！④我说了不算，大权都在一把手那儿掐着呢！⑤用钳子掐住一头儿，咱俩一起使劲！⑥火车里不许吸烟，请把烟头掐了！⑦她的裙子下摆还掐了一道摺，挺好看的！⑧两只公鸡正掐架呢！⑨他俩真是一对冤家，一见面就掐！⑩电视小品《今天　明天　后天》中宋丹丹饰演的白云台词：小崔，这段儿掐了别播啊！

掐算 qiā suàn ①掐着指头计算。②能掐会算。③谋划，筹划。

【例句】①俗话说：吃不穷，喝不穷，算计不到就受穷，谁家过日子不得掐算掐算！②依我看，不如找"徐半仙"掐算掐算，看看他怎么说？③我掐算，他们今天晚上肯定来偷袭！

掐巴 qiā ba 用力握住。

【例句】铁钎子掐巴紧点，小心砸了手！

掐齐 qiā qí 截止。

【例句】每月从 20 日掐齐，从 21 日开始计算！

掐头儿 qiā tóur 按顺序从头开始。

【例句】别着急，慢慢掐头儿说！

掐儿 qiār 量词，从张开的大拇指尖儿到中指尖儿为一掐儿。

【例句】桌子宽共 8 掐儿，足够用了。

掐架 qiā jià 同"掐"⑨。

【例句】你俩怎么回事儿，怎么见面就掐架啊？又如刘能和谢广坤是一对老冤家，见面就掐架！

掐尖儿 qiā jiānr 掐去植物的尖儿使其开花结果， 引申为对图谋不轨或作恶多端的领头人物进行打击、制服。

【例句】这伙地痞流氓折腾得这么凶，非掐尖儿整治不可！

掐点儿 qiā diǎnr 严格按照规定的时间即遵守时间。

【例句】你不愧是当兵的出身，每次都掐点儿来，从不耽误！

掐脖子 qiā bó zi 强迫，迫使。

【例句】我总是不爱上学，经常被爸爸掐脖子逼着去上学。

掐腰儿崴腚 qiā yāor wǎi dìng 两手卡住腰屁股向后撅，形容神气十足的样子。含有贬义。

【例句】她掐腰儿崴腚地站在门槛上高喊：有种的你就出来！

卡脖旱 qiǎ bó hàn "卡"读 qiǎ，下同。庄稼刚吐芽就遇到大旱。

【例句】今春又是卡脖旱，看来今年又遭灾了！

卡脖子 qiǎ bó zi 引申为抓住要害置对方于死地。

【例句】先不要惊动他，找到证据后给他来个卡脖子，一举抓获！

卡子 qiǎ zi ①设在路上的检查站。②器物上打的补丁。

【例句】①公路上又新设了一道卡子。②前车带上打了两个卡子。

千儿八儿的 qiānr bār de 千元左右（钱），不是准确数字。

【例句】外出打工，一个月也就能挣千儿八儿的！又如起早爬半夜的，也就挣个千儿八儿的，够干什么用？

扦 qiān ①用鞭子抽打。②用镰刀割。③用针扎。

【例句】①一鞭子把辕马耳朵扦个口子。②今儿下地，把高粱穗子扦扦！③把课程表扦在书架上，看着方便。

迁就 qiān jiu 将就。

【例句】对这种人绝不能迁就，一定要严肃处理！

牵着不走打着倒退 qiān zhe bù zǒu dǎ zhe dào tuì 形容不识抬举、不知好坏、给脸不要脸的人。讽刺性用语。

【例句】你这人怎么牵着不走打着倒退呢，越给脸越不要脸！又如那人纯属牵着不走打着倒退那伙儿的，你给他点儿脸，他还蹬鼻子上脸了呢！

前半晌儿 qián bàn shǎngr 上午。

【例句】最迟不能超过明天前半晌儿，一定还钱！

前趴子 qián pāzi 卡前失，向前摔倒。

【例句】脚下一滑，摔了个前趴子！

前儿 qiánr ①前天。②那时候。③什么时候。

【例句】①你什么时候回来的？前儿才回来！②你来那前儿正好赶上我不在家！③你多前儿去大连？告诉我一声！

前三脚儿 qián sān jiǎor 比喻工作或事业开头，犹如"三板斧"。

【例句】你当选市长后，前三脚儿打算怎么办？

前儿个儿 qiánr gēr "前儿""个儿"均突出"儿"音。①前天。②约前几天，不是确定数字。

【例句】①前儿个儿才开的会，今天你就忘了？②我前儿个儿不还你200元钱了吗，怎么你又来要了？

前后脚 qián hòu jiǎo 脚前脚后，刚刚发生。

【例句】咱俩前后脚到的，没差几分钟！又如也就是前后脚的功夫，怎么发生这么大的变化？

前边儿 qián biān lǎr "儿"用途很广，主要为方向用语，包括前边儿、后边儿、左边儿、右边儿等。"前边儿"即前面。

【例句】前边儿就是大市场，走几步就到了！又如火车站就在前边儿，拐个弯儿就是！再如你到前边儿看看，到底发生了什么事儿？

前拉后捎 qián lā hòu shào 比喻做事儿反复无常、出尔反尔、不守信誉。贬低性用语。

【例句】电视连续剧《乡村爱情故事》中永强妈说："送给人家了还寻思往回要，多磕碜哪？整那前拉后捎的事儿！"

前钻后跳 qián zuān hòu tiào 形容人上蹿下跳，不停地暗中活动。贬低性用语。

【例句】刘能前钻后跳到处活动，终于如愿以偿地当上了理事会会长。

前锛儿娄后勺子 qián bénr lou hòu sháo zi 形容人长得前额突起，脑后凹凸不平，长相非常难看。

【例句】那小子长得前锛儿娄后勺子的，哪个姑娘能看上他啊！

前跟头后把式 qián gēn tou hòu bǎ shì 形容非常辛苦，辛辛苦苦地拼命劳作。

【例句】前跟头后把式地苦干了一年，结果还赔了个底儿朝上！

前胸贴后胸 qián xiōng tiē hòu xiōng 也说"前胸贴后腔""前胸贴后背"。形容非常饥饿，饿得前胸贴到了后胸。不是实指，而是一种形象的比喻。夸张性用语。

【例句】怎么还不开饭啊，我都饿得前胸贴后胸了！

前腔贴后腔 qián qiāng tiē hòu qiāng 同"前胸贴后胸"。

【例句】在山中迷路了，几天没吃饭，饿得我前腔贴后腔，最后才被鄂温克猎民领出深山老林。

钱紧 qián jǐn 缺钱，经济拮据，经费紧张。诙谐性用语。

【例句】现在我是罗锅上山 —— 钱紧，否则房子早就盖起来了！

钱串子 qián chuàn zi 形容人只想着钱而不顾其他，舍命不舍财。含有贬义。

【例句】你怎么只认钱？真是个钱串子！

钱锈 qián xiù 小气、吝啬、守财奴。讽刺性用语。

【例句】钱！钱！钱！你一天就知道钱，脑袋生钱锈了吧？

钱眼儿 qián yǎnr 形容人一心琢磨钱而忘乎所以。含有贬义。

【例句】你就认钱，钻钱眼儿里了吧？

钳弄 qián leng "弄"读 leng 并发短促轻音。①故意挑逗。②一点点的抓弄、消耗。

【例句】①没事儿你钳弄她干什么，听她哭好听啊？②好容易攒了点儿钱，结果媳妇一病一点点儿钳弄没了！

鹐巴 qián ba ①抓巴，扯巴。②零抓，零用。③鸡、鸭等啄食。

【例句】①孩子太小，一天到晚鹐巴人。②这个月随礼多，几天就把一个月的工资鹐巴没了。③一棵大白菜一会儿就叫几只小鸡鹐巴没了。

浅皮儿麻子 qiǎn pír má zi 脸上有不明显的浅麻坑。

【例句】那小伙长的真挺精神的，不过脸上有点浅皮儿麻子！

浅白净脸儿 qiǎn bái jìng liǎnr 脸盘比较白净。

【例句】新郎是浅白净脸儿，小伙子非常英俊！

浅巴碟儿 qiǎn ba diér 比喻比较浅薄憋不住话的人。

【例句】那人是个浅巴碟儿，肚子里装不了二两香油！

欠儿 qiànr 突出"儿"音。①缺心眼儿。②手脚不规矩或嘴乱说。

【例句】①你这人怎么这么欠儿，啥闲事儿都管！②你这嘴真欠儿，怎么把这事儿给传出去了？

欠腚 qiàn dìng 略抬屁股，形容时间极短。

【例句】还没有欠腚功夫，你怎么就回来了？

欠揍 qiàn zòu 该打，找打，利用非法手段进行管理。詈语。

【例句】不让你去网吧你非去，我看你是欠揍了！

欠好 qiàn hǎo 正好。

【例句】你今天去了，欠好我没在！

欠收拾 qiàn shōu shi 同"欠揍"。骂人语。

【例句】吴俊升吼道："我看张作霖那小子就是欠收拾，给脸不要脸！"

欠拾掇 qiàn shí duo 同"欠揍"。詈语。

【例句】你这个人就是欠拾掇，说多少遍也没个改！

欠儿登 qiànr dēng "欠儿"发重音并突出"儿"音，"登"字发短促轻音。①多指小孩子不稳当而爱动手动脚、爱抢话。②言行不稳重爱惹是非的人。③哪有事儿哪到。均为骂人语。

【例句】①这孩子就是个欠儿登，没个安稳时候！②我只告诉你一个人，你别欠儿登似的到处乱说！又如她一天欠儿登似的，啥事儿都落不下她！③你怎么就像欠儿登似的，哪儿都有你！

欠不欠 qiàn bu qiàn 不应该，人犯傻。骂人语。

【例句】你说你欠不欠，得罪人的事儿谁都不说话，你得罪那人干什么？

欠火儿 qiàn huǒr ①欠打，缺少管教。詈语。②做事儿考虑不周有疏漏。③智力低下。

【例句】①一天这么疯疯火火的，总不着家，是不是欠火儿！②你让孩子退学去打工，我总觉得你考虑欠火儿，这不耽误孩子一辈子吗？③这孩子从小就有病，到现在脑袋还有点儿欠火儿！

欠火候 qiàn huǒ hou 特别差劲。詈语。

【例句】你这个人可真欠火候，说你什么好呢？

欠缝儿 qiàn fèngr 露出缝隙，比喻人思想稍微开点窍。

【例句】劝了一上午，思想总算欠了点缝儿。

欠脚儿 qiàn jiǎor 人走路时的毛病，即迈一步身子向前窜一下。

【例句】我记得那人走路有点欠脚儿！

欠手欠脚 qiàn shǒu qiàn jiǎo 形容愿意乱说乱动、手脚不老实。

【例句】你怎么一天欠手欠脚的，有没有个老实时候？

欠儿欠儿的 qiànr qiànr de 喜欢频频出头露面而令人生厌。詈语。

【例句】你这孩子，怎么这么欠儿欠儿的？又如你别一天欠儿欠儿的，有个大姑娘样！

欠二百吊 qiàn èr bǎi diào　"二百吊"是一种虚指，形容非常多的钱。因他人欠钱不还而不高兴。并不是真的欠钱，而是一种形象的比喻。

【例句】这是怎么了，像谁欠二百吊似的，脸拉这么长！

呛呛 qiāng qiang　第一个"呛"字发重音，第二个"呛"字发短促轻音。①争吵，争论不休。②纷纷议论。

【例句】①不知为了什么事儿，他俩人呛呛有一段时间了。②最近新闻媒体呛呛说，美国要单独出兵伊朗。

戗茬 qiāng chá　"读 qiāng，下同。戗①语言冲突，意见相悖。②迎着或逆着茬口。

【例句】①要不要捐款支援四川地震灾区，两人闹戗茬了，吵了起来。②种完甜菜的土地不能再种苞米，否则就戗茬了。

戗风 qiāng fēng　逆着、迎着冷风，使人喘不过气。

【例句】外边儿风大，戗风冷气的，还是别出去了！

呛风冷气 qiāng fēng lěng qì　顶着寒风逆着冷气，使人呼吸困难。

【例句】呛风冷气地走了半天，该歇歇脚了！

戗毛戗翅 qiāng máo qiāng chì　也说"戗毛耷翅"。形容人或物毛发长而不整齐、乱糟糟的样子。

【例句】看你戗毛戗翅的样子，也不知收拾收拾！又如这小猫怎么戗毛戗翅的，别是有病了吧？

戗毛耷翅 qiāng máo dā chì 同"戗毛戗翅"。

【例句】这奶牛戗毛耷翅的，该加点儿精料了！

戗毛炸翅 qiāng máo zhà chì 形容人咋咋呼呼、极不稳重的样子。

【例句】谢广坤整天戗毛炸翅的，到处惹是生非。

戗肺管子 qiāng fèi guǎn zi 比喻说些不受听、逆耳之言而伤人痛处、令人发火的话。

【例句】你怎么净说些戗肺管子的话，难怪人家生气。

强百套 qiáng bǎi tào 强胜许多。

【例句】中国的菜肴丰富多彩，花样繁多，比西方的西餐可强百套了！

强哧掰咧 qiáng chī bāi liē 强行、强硬地进行。

【例句】我说我不去，你非强哧掰咧地叫我去，结果怎么样，丢大人了吧？

强巴火儿 qiāng ba huǒr 也说"强势巴火儿"。经过艰难努力或拼搏勉勉强强达到目的或实现目标即"勉勉强强"。

【例句】经过几场硬仗，中国男子足球队强巴火儿才小组出线。

强势巴火儿 qiáng shì bā huǒr 同"强巴火儿"。

【例句】电视连续剧《樱桃》中，父母葛望、樱桃强巴火儿地说服了养女红红去认生身父亲。

强死巴活儿 qiáng sǐ bā huór 非常勉强，很不容易。含有贬义。

【例句】他妈死得早，我又当爹又当娘，强死巴活儿将这俩孩子拉扯大！又如我去赶大集，几个孩子强死巴活儿也要去，只好带着他们去赶集！

强打精神浪 qiáng dǎ jīng sheén làng 勉勉强强地去做，内心并不高兴而表面装作十分高兴的样子。诙谐性用语。

【例句】我这也是强打精神浪，其实我也并不愿意看老总的那副脸色！

强拧的瓜不甜 qiáng nǐng de guā bú tián 也说"强扭的瓜不甜"。本意是不成熟的瓜不甜，引申为凡事不能勉强为之而顺其自然。

【例句】姑娘既然不愿意，强拧的瓜不甜，你也就别勉强她了！

抢 qiǎng ①磨刀。②将锅底的锅巴清除。③碰伤或擦伤。

【例句】①磨剪子抢菜刀。②把锅底的锅巴抢干净再做饭！③一不小心，腿上抢破了一块皮！

抢槽 qiǎng cáo 抢占食槽，引申为抢先或优先得到机会或实惠。肯定性用语。

【例句】你得赶紧抢槽，先把位子占住，否则就没有机会了！

抢不上槽 qiǎng bú shàng cáo 达不到抢先或优先的目的而失掉机会。否定性用语。

【例句】自王军霞退役后，中国的中长跑项目总也抢不上槽了。

抢话 qiǎng huà 抢先或打断别人说话。

【例句】你别总抢话，听别人把话说完！

抢白 qiǎng bai "抢"字发重音，"白"字发短促轻音。当面责备或讽刺。

【例句】我把他好一顿抢白，他终于放下了去南方做买卖的念头。

抢福 qiǎng fǔ "福"读fǔ。东北地区旧风俗，年轻女子利用当伴娘的机会，把新娘子应做的事抢先做了，认为这样做会一生有福。

【例句】她哪里是来当伴娘的，她是专门来抢福的！

抢嘴 qiǎng zuǐ 抢先说话。

【例句】小孩子家家的，别抢嘴，听大人说话！

抢行市 qiǎng háng shi 趁价高之机推出商品或货物，引申为比喻抓住商机。

【例句】三鹿奶粉出现质量问题，被迫退出市场，其他各奶制品生产厂家趁机抢行市，纷纷占领市场。

抢孝帽子 qiǎng xiào mào zi 形容人非常着急、急急忙忙的样子。一种调侃、讽刺性用语。

【例句】你这是干什么去啊，抢孝帽子啊？

抢破头 qiǎng pò tóu 形容争先恐后的样子。讽刺性用语。

【例句】国债券再提高利率，那还不得抢破头啊！

抢秋膘 qiǎng qiū biāo ①利用秋天粮食作物成熟的有利时机为牲畜增肥，②比喻人过瘦应该增加分量或体重。东北地区民俗，立秋当天吃好吃的，可以使瘦人长膘或增加体重。

【例句】①快把马群赶到麦地去，抢枪秋膘！②哟，你怎么还这么瘦？该抢抢秋膘啦！

呛 qiàng　①大吃大喝，狼吞虎咽地吃。含有贬义。②烟雾多使喉咙不舒服。

【例句】①今天实在饿急了，把家里的剩菜剩饭全呛光了！②抽了多少烟？烟熏火燎的太呛人了！

炝 qiàng　东北地区一种凉菜做法即把蔬菜用水焯后加入佐料凉拌。

【例句】有现成的炝菜，咱俩好好喝两杯！

戗不住 qiàng bu zhù　"戗"读 qiàng。①顶不住，吃不消。②作乱，兴风作浪。

【例句】①吉林省督军戗不住了，打电报向奉天省督军求援出兵相助。②电视剧《闯关东》中，在官军的重兵围剿下，鲜儿所在的土匪最终戗不住了，只好同官府协商收编事宜。

呛汤 qiàngtāng　也说"乱呛汤"。呛锅做菜或做汤，引申为乱掺乎、乱插嘴。含有贬义。

【例句】大人说话，小孩子不要跟着乱呛汤！

悄默声儿 qiāo mo shēngr　也说"蹑 niāo 悄"。①形容声音很小或没有声音。②不露声色，不声张。

【例句】①你不是到四川灾区了吗？怎么悄默声儿地就回来了？②谁也没注意，他什么时候悄默声儿地走了。

悄声蔫语儿 qiāo shēng niān yǔr　悄悄地、无声无息地。

【例句】临行前，老妈悄声蔫语儿地为即将出国留学的儿子做这做那，默默流泪。

悄手蹑脚 qiāo shǒu niè jiǎo 蹑手蹑脚，轻手轻脚，尽力不发出声音。

【例句】宋晓峰悄手蹑脚地来到刘总门前，偷听刘大脑袋和王木生的谈话。

敲打 qiāo dǎ 用语言斥责或刺激他人。

【例句】这人是个死脑瓜骨不开窍，我敲打了他几句他才醒腔！

敲边鼓 qiāo biān gǔ 不是从正面而是从侧面帮助、提醒。

【例句】有话就直说，别总敲边鼓！

乔叫唤 qiáo jiào huan 比喻用力喊叫，变了音地喊叫。讽刺性用语。

【例句】北京奥运会百米栏赛场上，看到刘翔刚刚起跑就因伤停了下来，观众们急得乔叫唤！又如乔叫唤啥，都给我住口，听老大给我们训话！

翘愣 qiáo leng 也写作"翘棱"。"翘"读 qiáo，"愣"发短促轻音。①形容原平整的物品受潮后变形不平整。②事情出差头、出偏差。

【例句】①盖帘儿受潮了，都变翘愣了！②这事儿办翘愣了，再想别的办法吧！

瞧好 qiáo hǎo 慢慢看出好的结果或后果。

【例句】儿子办喜事儿，我花高价请的高级厨师，他炒的菜你们就瞧好吧！又如瞧好吧！我请的名律师，这场官司一定打赢！

巧 qiǎo ①便宜事。②碰巧，凑巧。

【例句】①苦干、实干加巧干！②你说怎么这么巧，在万里之外的三亚市碰见家乡人了！

巧劲儿 qiǎo jìnr ①凑巧的事。②利用自然规律出力。③用巧妙的手法办事。

【例句】①真是巧劲儿，我刚买了把雨伞就下雨了。②在森山老林中运木材，出傻力气不行，全凭使巧劲儿。③深山老林倒套子，最难是装车，使蛮力气不行，全指使巧劲儿！

巧使唤人 qiǎo shǐ huàn rén 利用手段不付报酬为之出力。讽刺性用语。

【例句】帮了一天厨，累得够戗，一分钱工钱不付，这不巧使唤人吗？

俏皮 qiào pi ①容貌或装饰与众不同，非常好看。②举止活泼或说话有风趣。

【例句】①你看小沈阳打扮得可真俏皮，穿着苏格兰裙子。②这小姑娘可真俏皮，人好看说话也好听。

俏活儿 qiào huór "俏"字发重音，"活儿"突出"儿"音。出力少挣钱多或既干净又舒服的活儿。

【例句】没实行联产承包责任制之前"大帮哄"时，因为不按劳计酬，谁都想干俏活儿。

俏皮嗑儿 qiào pi kēr 也说"俏皮话儿"。①开玩笑或带有讽刺意味的话。②歇后语。

【例句】①王小虎、魏三等"二人转"演员个个都会说俏皮嗑儿，一套一套的！②歇后语中有许多俏皮嗑儿，这是东北方言中的一个鲜明特点。

俏皮话儿 qiào pi huàr　同"俏皮嗑儿"。

【**例句**】少说俏皮话儿，别以为谁都是傻子！

撬行 qiào háng　①抢同行的买卖，通过提高价格或条件顶替或取代别人已商量好的生意。②通过提高价格或条件顶替他人已经商定的事情。

【**例句**】①我们已商量好每吨五百元成交，你怎么来撬行？太不道德了！②他可真能撬行，硬是把宋清莲弄到手了！

趄歪 qiē wai　①侧卧躺着休息或小憩。②倚着或靠着。

【**例句**】①累了一天了，我先趄歪趄歪吧！②他趄歪在椅子上，不停地抽烟，一句话也不说。

茄皮子色儿 qié pízi shǎir　也说"茄子色"。脸色呈茄子一样的紫色，比喻尴尬至极的面色。

【**例句**】听到这话，谢广坤脸上立刻成茄皮子色，高声吼道……

客 qiě　①客人。②外来的亲戚。③"家伙"。④长时间等待。

【**例句**】①今天我家请客，你来陪陪客呗！②我家今天来客了，我得赶紧回去！③你也不是什么老实客！④定好的上午10点签协议，我客等了2个多小时他也没来！

怯 qiè　指衣着款式与穿者身份或年龄不相适应、不相适宜。

【**例句**】呦！这么大年纪穿这么艳丽的衣服，是不是有点儿太怯了！

怯生生 qiè shēng shēng 形容胆怯、害怕或害羞的样子。

【例句】小雪还是第一次登台演讲，怯生生地放不开手脚。

怯手 qiè shǒu 胆怯而不敢下手。贬低性用语。

【例句】该下狠茬子就下狠茬子，可不要怯手！又如放几把炮（打麻将）就怯手了，不敢出牌了？

怯口 qiè kǒu 不敢在众人面前说话。贬低性用语。

【例句】你这么个厉害人，怎么关键时候也怯口了？

亲亲 qīn qin "亲戚"的音变。①走亲戚。②称呼孩子时用的昵称。

【例句】①这么多日子不见，到哪儿去啦？啊，到山东走亲亲了。②我的小亲亲，快穿衣服，上学快要迟到了！

亲戚礼道 qīn qi lǐ dào 沾亲带故，有亲戚关系。是一种虚指。诙谐性用语。

【例句】大家都是亲戚礼道的，都少说两句吧！

勤谨 qín jin 多做或不停地做即勤劳。

【例句】他是一个勤谨的人，大冬天也闲不住！

沁 qìn ①头向下垂。②把人或动物的头按到水里。

【例句】①他沁着头一声不吱。②电视剧《水浒传》中，阮小二众兄弟把前来招抚的虞候沁到水中一阵猛灌。

沁沁个头 qìn qin gè tóu 第二个"沁"发短促轻音。耷拉着脑袋，垂头丧气的样子。

【例句】你整天沁沁个头，没精打采的，想什么呢？

沁头沁脑 qìn tóu qìn nǎo 同"沁沁个头"。

【例句】谢广坤沁头沁脑的，不知有打什么鬼主意呢！

青 qīng 瓜果未熟。

【例句】那沙果还青着呢，先别摘！

青头愣 qīng tóu lèng 也说"愣头青"。办事鲁莽的小青年。含有贬义。

【例句】这小子是个青头愣，办事儿不把握！

青草没棵 qīng cǎo mò kē 形容庄稼或草丛又深又密。

【例句】青草没棵的，趟这么大露水干什么去啊？

青筋暴跳 qīng jīn bào tiào 形容人因情绪激动或恼怒生气使脖子青筋鼓起的样子。含有贬义。

【例句】啥事儿啊，干啥青筋暴跳的生这么大的气啊？

清亮 qīng liang "亮"字发短促轻音。清清楚楚。

【例句】那人的长相我看得清清亮亮，没个错！

清水罐子 qīng shuǐ guàn zi 引申为没有生育能力的男人。

【例句】老赵家他二哥是个清水罐子，四十大多了，到现在也没有个一男半女！

清汤寡水 qīng tāng guǎ shuǐ ①形容汤水缺少油水而过于清淡。②形容粥类太稀缺少米粒儿。③形容机关单位没有权利，犹如"清水衙门"。

【例句】①端起碗来一看，炖酸菜清汤寡水的，没有什么油腥！②这小米粥怎么熬的，清汤寡水的，一点儿都不好喝！③你去那个单位干什么，清汤寡水的，能有什么好处？

清水衙门 qīng shuǐ yá men 因没有权利、权势而得不到好处或经济利益的机关单位。含有贬义。

【例句】那个单位就是个清水衙门，也没有什么好处，你去当官也没什么捞头啊？

清不清浑不浑 qīng bu qīng hún bu hún 形容分不清是非曲折而存有疑虑。

【例句】这清不清浑不浑的，我可不背这个黑锅！又如你和她清不清浑不浑的，到底是啥关系？

轻的撩的 qīng de liāo de 轻轻的，浮皮潦草的。

【例句】你这么轻的撩的说了几句，能起什么作用呢？

轻飘儿的 qīng piāor de ①很容易做到的事儿。诙谐性用语。②形容物体分量很轻几乎要飘起来。

【例句】①不就办房照这么点儿事儿吗？交给我就行了，轻飘儿的！②我拎吧，轻飘儿的，一点儿也不沉！

腈等 qíng děng 坐享其成，只管静等好处的到来。

【例句】重礼已送上去了，你就腈等好消息吧！

腈管 qíng guǎn 只管。

【例句】这电视机质量很好，你就腈管看吧！

腈着 qíng zhe ①等待。②承担。

【例句】①告诉他，我在这里腈着，他什么时候来，我什么时候和他单挑！②没事儿，有事儿我一个人腈着，绝不连累大家！

腈好儿 qíng hǎor ①坐等好处，坐享其成。②保证，一准。

【例句】①放心吧，这事儿交给我，你就腈好儿吧！②这小子去北京告状去了，这是给领导上眼药，你就踏好儿等他被抓回来吧！

穷 qióng ①不值钱的。②表示动作经久而令人讨厌。

【例句】①你哪来那么多穷说道？又如你弄这么多穷书干什么？②穷叨叨。穷嘟嘟。穷搅一气。

穷作 qióng zuō "作"读zuō。形容人无节制地折腾、闹腾。

【例句】你就穷作吧，家里家外就那么点儿钱，都叫你输光了，看你拿什么过日子！

穷鬼 qióng gui 对过于贫困的人的蔑称。骂人语。

【例句】你这个穷鬼，打死兜里也掏不出十块钱来！

穷精神头 qióng jīng shen tóu 形容精神或精力用在毫无意义方面。

【例句】一天就知道要钱，一有耍钱场穷精神头就上来了！

穷得瑟 qióng dè se 特别能显摆、炫耀，过份出头露面。詈语。

【例句】这儿没你啥事儿，你跟着穷得瑟啥？又如当了个小小的村官，就不够你穷得瑟的了！

穷折腾 qióng zhē teng 过分地折腾，做事儿根本没有规则或规矩。

【例句】今天旅游，明天考察，又要搞什么调研，一天不够你穷折腾的！

穷家破业 qióng jiā pò yè 也说"穷家败业"。家境贫寒。含有贬义。

【例句】我这穷家破业的，能吃上饱饭就不错了！

穷家败业 qióng jiā bài yè 同"穷家破业"。

【例句】这几年糟心的事儿一件接一件，弄得我穷家败业的，没个整了！

穷嗖嗖 qióng sōu sōu 形容生活非常贫困或经济拮据。含有贬义。

【例句】前几年那日子过得穷嗖嗖的，真不知怎么熬过来的！

穷巴喽嗖 qióng ba lōu sōu 也说"穷喽巴嗖"。同"穷嗖嗖"。

【例句】你家这日子是怎么过的，穷巴喽嗖的，要啥没啥！

穷喽巴嗖 qióng lōu bā sōu 同"穷嗖嗖"。

【例句】我家穷喽巴嗖的，一下子来这么多客人，让我拿什么招待啊？

穷吃奘喝 qióng chī zàng hē 不顾自身条件，不知节俭也不知勤俭持家，过分追求吃喝挥霍。讽刺性用语。含有贬义。

【例句】你一天就知道穷吃奘喝，多好的家也叫你祸祸光了！

穷得叮当响 qióng de dīng dāng xiǎng 也说"穷得叮当乱响"。形容非常家境非常贫困，一贫如洗，贫困得锅碗瓢盆空空荡荡都能敲出响来。讽刺性用语。

【例句】企业已经多半年没开支了，家里简直穷得叮当响，连学生的学费都交不起了！

穷汉子得了狗头金 qióng hàn zi dé lā gǒu tóu jīn "狗头金" 是虚指，即意外发大财、意外得到令人吃惊的好处或钱财。一种调侃、讽刺性用语。

【例句】有什么喜事儿啊，像穷汉子得到狗头金似的，都美出鼻涕泡来了！

秋傻子 qiū shǎ zi 东北地区的秋天有一段较炎热的时段，人们称之为 "秋老虎" "小阳春"。这段时间气温较高，太阳灸晒，令人难以忍受，因此又被称为 "秋傻子"。

【例句】这 "秋傻子" 天可真够热的，不知热到什么时候？

秋老虎 qiū lǎo hǔ 同 "秋傻子"。

【例句】今年的秋老虎来得挺早啊，提前十来天！

秋埋汰 qiū mái tai 也说 "埋汰秋"。秋天的连阴雨。这种连阴雨对庄稼毫无用处，反而影响收成，同时到处泥泞不堪，行路困难，因此人们将这种连阴雨天称为 "秋埋汰" "埋汰秋"。

【例句】这秋埋汰可真叫人烦，不知什么时候才能停啊！

秋头子 qiū tóu zi 刚刚立秋后一段炎热时段，秋风大，气温高，正是收割、晾晒庄稼的最佳时节。

【例句】赶紧利用秋头子这段时间抢收大豆，晚了 "秋傻子" 一来就不赶趟了！

秋姑打子 qiū gū dǎ zǐ ①人老年得子。②秋天孵出的小鸡崽。③晚熟的瓜果或蔬菜。

【例句】①老宋家的快五十岁了，刚又生了个老儿子，真是秋姑打子！

秋半达子 qiū bàn dá zi 到了秋天还没长成的鸡、鸭、鹅等禽类。

【例句】眼瞅就到冬天了，你养的这些秋半达子小笨鸡怎么卖啊？

秋蹶子 qiū juè zi 同"秋半达子"。

【例句】该修一修鸡架了,要不然这些秋蹶子鸡怎么过冬啊？

秋成八月 qiū chéng bá yuè 秋天收获的季节。

【例句】秋成八月的，天老是下雨，肯定是个灾年！

求真儿 qiú zhēnr 认真，叫真。

【例句】也不赢房子赢地的，干嘛那么求真儿？

求人不当刀 qiú rén bú dàng dāo 拿求人办事儿根本不当回事儿。

【例句】你这个人，怎么求人不当刀呢，求人不得领情吗？

求人弄呛 qiú rén nèng qiàng "弄"读 nèng。费尽气力地求人、托人办事儿。

【例句】我求人弄呛地找了一份儿理想的工作，谁知被人给顶（替代）了！

求爷爷告奶奶 qiú yé ye gào nǎi nai 形容为办成某件事儿低三下四四处求人。讽刺性用语。

【例句】我求爷爷告奶奶好容易给你找了份儿体面工作，你却要到农村去养猪，你不是疯了吗？

球 qiú ①形容人顽皮、嘎古。②骂人语"算什么东西"。

【例句】①那人球了巴叽的，谁也不好接近。②你算个球啊！

球球蛋蛋 qiú qiú dàn dàn 形容人长得矮小而其貌不扬。含有贬义。

【例句】你看他长得球球蛋蛋的，哪家姑娘能嫁给他呀？

球哄哄 qiú hōng hōng 形容人故意作出没有正形、一副顽皮的样子。

【例句】你一天球哄哄的样子，哪个姑娘能喜欢你？

球子 qiú zi 好打架斗殴的年轻人。

【例句】吴家小四从小就是个球子，如今进监狱了吧！

糗 qiǔ ①憋着，窝着。②在家死守不出屋，死呆着不动。③长时间呆在一个地方不出来。④形容人怀才不遇。⑤粥类及面条等面类食品时间放长了而成粘坨。⑥长时间慢火煮，煮熟后不出锅再放一会。

【例句】①以前，一到冬天人们就在家里糗着。如今，各业兴旺，冬天人们也闲不着。②不能糗在这山旮旯里，我准备去俄罗斯打工。又如在家糗吧，不出去打工，全家吃什么喝什么？③人们都去俄罗斯出劳务去了，你怎么还在家里糗糗着？④多有才的一个人，楞在我们单位糗了这么多年也没提拔！⑤快吃吧，否则面条就糗了，糗了就不好吃了。⑥煮大楂子粥多糗一会儿才好吃。

取 qiǔ "取"读qiǔ。用途非常广泛词语之一。凡是普通话中动词"取"，在东北方言中动词均读qiǔ。①领取，拿。②领人。

【例句】①我到银行取工资去！②你丈夫赌博被派出所带走了，叫你带钱去取人！

屈嘴 qū zuǐ 嘴上吃亏即吃不到好东西。

【例句】现如今这孩子真享福，想吃什么吃什么，可真屈不了嘴！

屈赖 qū lài 冤枉，诬赖。

【例句】他一直都没参加法轮功组织，只是听了一次讲课，你可别屈赖好人！

曲咕 qū gu "曲"读 qū。也称"曲曲咕咕"。避开人低声说话。含有贬义。

【例句】他们几个人曲咕了好长时间，好像是要到俄罗斯去种西红柿！又如你俩在那曲曲咕咕说什么呢？能不能大声说？

屈才 qū cái 有才能不能充分施展发挥，人才没有得到充分利用。

【例句】一个本科大学生，总在这里当伙食管理员，这不是屈才吗？

趋 qū ①用脚尖轻踢。②用脚碾灭。

【例句】①他把地上的水桶向前趋了趋。②快把地上的烟头儿趋死！

觑觑 qū qu 第二个"觑"发短促轻音。凑在耳根小声说话，悄悄说话。贬低性用语。

【例句】你俩在那觑觑啥呢？好话不背人，背人没好话！

觑缝眼儿 qū fèng yǎnr 也说"觑觑眼儿"。眯缝眼儿，眼睛眯成一条缝。

【例句】人长的一般，两只觑缝眼儿不大。

觑觑眼儿 qū qū yǎnr 同"觑缝眼儿"。

【例句】那人是个觑觑眼儿，小眼睛不大！

曲拉拐弯儿 qū lā guǎi wānr 也说"曲里拐弯"。弯弯曲曲的样子。

【例句】他家住在一条曲拉拐弯的胡同里，非常不好找。

曲缕毛儿 qǔ lou máor 弯弯曲曲的头发。

【例句】今最时兴的就是把头发烫得弯弯曲曲的，不知那种曲缕毛儿有什么好看。

取直 qǔ zhí 按标准找直。

【例句】为啥不取直，非拐个弯干什么？

曲子 qǔ zi 不是普通话中的曲子，而是 ①不顺耳的话，不中听的话。②办法。

【例句】①憋了这么长时间不表态，不知要唱什么曲子？②当了多年的经理，企业破产了，你去摆小摊终究也不是个曲子啊！

苣荬菜味儿 qǔ mai cài weir 指辽宁省北部一带人的口音。含有贬义。

【例句】东北"二人转"说词中总带有苣荬菜味儿，听起来也怪有意思的！

去 qù ①非常，极其。②应答语，表示否定。

【例句】①北京 2008 奥运会上，中国代表团获得的金银铜牌可多了去了。②去个屁的吧，就你也想上北京当志愿者？

去个屁的 qù ge pì de 表示否定的一种口语。

【例句】去个屁的吧，我哪能干那种事儿啊！

去根儿 qù gēnr ①比喻把事情斩草除根，从根本上解决而不留后患。②比喻把疾病彻底根除、彻底解决而不再复发。

【例句】①你这次去，一定要彻底解决，彻底去根儿，可别留尾巴！②我这老寒腿啊，治疗了多少年了，始终也没去根儿！

去边儿拉子 qù biānr lǎ zi "拉"读 lǎ。令其立即离开。不是真的叫人离开，而是善意的、有好的斥责语。

【例句】谢大脚对刘能说：去边儿拉子，没工夫听你这些废话！

去了弯儿溜直 qu la wanr liu zhi 与"弯儿"和"直"无关，而是去掉不好的都是好的，去掉没用的都是有用的，以此类推。一种调侃、幽默性用语。

【例句】就你那点儿三脚猫的本事，去了弯儿溜直，有什么真本领？

黢儿黑儿 qùr hēir ①形容人的脸色比较黑。②形容天色比较黑。

【例句】①你这黢儿黑儿的脸，演包公不用化妆了！②这黢儿黑儿的天，深一脚浅一脚的，你们老两口子要到哪里去啊？

黢儿绿儿 qúr lǜr 深绿色。多形容庄稼或植物。

【例句】你看这大豆长得黢儿绿儿的，肯定是个大丰收年！

黢儿青 qúr qīng 青绿色，青紫色。多形容人的脸色。

【例句】我这眼眶子被他打得黢儿青，我还不报警？

圈拢 quān lǒng　也说"圈楞"。①劝说，劝诱，拢络。②聚集，集中。

【例句】①你去圈拢圈拢，让他们和咱一起干！又如架不住一劲儿圈拢，鲜儿终于入伙当绺子去了。②天黑了，赶快把牲口圈拢圈拢往家赶！

圈儿亲 quānr qēn　亲戚套亲戚，不管远近都是亲戚。

【例句】我们那屯子都是圈儿亲，也都是从辽宁庄河来的。

全毙 quán bì　盖过其他，超过所有。含有贬义。

【例句】赵本山的春晚电视小品《卖拐》一出场，把其他小品全毙了！

全踹 quán chuài　全部比下去，无法与之相比。

【例句】中国短道速滑运动员王蒙一出场，把各国运动员全踹，夺得女子 500 米短道速滑世界冠军！

全科 quán ke　"全"字发重音，"科"字发短促轻音。①父母儿女齐全。②应有尽有。诙谐性用语。

【例句】①你给打听打听，他家父母全科不？②你长得可真够全科的，连蹄子都长了！

全乎 quán hu　齐全，什么也不缺。

【例句】赶大集你把年货置办全乎了，省得再去一趟！

全科人儿 quán ke rénr　①子孙齐全的老人。东北地区旧习俗，男女结婚时，为图吉利，女方往往选择一位年龄较大的"全科人"参加送亲队伍。②身体健康无残疾（主要指有生育能力）、无缺陷的人。

【例句】①蒋老爷子儿女双全，身体又好，咱们就请蒋老爷子当咱们的全科人吧！②二柱子真是个全科人，百病没有！

权当 quán dāng 只当，就当。

【例句】别回家了，你把网吧权当你的家吧！

缺 quē "缺德"的简略语。

【例句】电视剧《杨三姐告状》中的高成栋才缺呢，同他父亲的小妾搞在了一起。

缺盖儿 quē gàir 欠打，欠揍。

【例句】我看你小子真缺盖儿，怎么老扑扑楞楞的！

缺肉 quē ròu 物体残破。

【例句】这张火车票缺了块肉，不知还能不能用？

缺彩儿 quē cǎir 人的五官或四肢有缺陷。

【例句】小伙子长得不错，也不缺彩儿，我看可以。

缺碴儿 quē chǎr 物体的边缘残缺。

【例句】这张百元大票缺了一大块碴儿，不能用了，交银行吧！

缺德鬼 quē dé guǐ 品行不端、品行不好的人。带有亲昵色彩的骂人语。

【例句】你这个缺德鬼，怎么到现在才来？又如是哪个缺德鬼把我的打火机拿走了？

缺大德了 quē dà dé le 非常缺德，缺德到顶。骂人语。

【例句】小偷可缺大德了，把给孩子的救命钱全偷光了！

缺老德了 quē lǎo dé le 同"缺大德了"。骂人语。

【例句】你可缺老德了，这么大的事儿你也敢连蒙带唬骗人？

缺德带冒烟儿 quē dé dài mào yānr 形容人品行非常坏，非常缺德。骂人语。

【例句】电视剧《东北大先生》中的杜巡长，真是缺德带冒烟儿了，心狠手辣，有奶就是娘。

瘸瞎鼻斯 qué xiā bísī ①泛指身体或面部有残疾的人。②对社会无赖、地痞流氓或呆傻茶憨等类人的蔑称。均含有贬义。

【例句】①企业招工，身体健康的人都不能全收，还能收瘸瞎鼻斯？②那帮瘸瞎鼻斯驴马烂儿，哪有什么好东西，你最好离他们远点儿！

瘸腿儿 qué tuǐr 本意为腿有残疾，引申为缺少内容，缺少项目，缺少人才。

【例句】中国男篮一直瘸腿儿，缺少个好后卫！又如看来你们企业管理层瘸腿儿，还缺一个保安队长！

瘸了吧叽 qué la bā jī 腿脚有残疾，走路一瘸一拐。

【例句】行了，你瘸了吧叽的，就别去了！

雀儿黑 quèr hēi "雀儿"突出"儿"音，"黑"字拉长音。很黑，非常黑，漆黑一片。指人也指物。

【例句】这雀儿黑的天，你还出去干什么？又如那小伙子虽然长得雀儿黑的，但身体挺棒的！

R

攘 ráng 扔，扬，乱扔放。

【例句】小孩子攘土玩。又如被子攘了一炕。

穰子 ráng zi 本意为又细又软又碎的麻丝，引申为心乱如麻。

【例句】心里像一团乱麻穰子理不出头绪。

瓤 ráng ①分量稍显不足。②身体软弱。

【例句】①五斤半还稍瓤点儿！②病好利索了，只是身体还瓤点儿！

让 ràng ①顶过，超过。②让别人多出棋子或多走几步。

【例句】①要想打架，让你们两个也不是个儿。②臭棋篓子，我让你俩子儿！

让份儿 ràng fènr 谦让，让步，宽容。

【例句】谈判中，可以适当让份儿，但原则一步不能让！

让服 ràng fu 忍让，谦让，妥协，不与对方一般见识。

【例句】看在咱俩是老乡的份上，我让服你一次！

饶哪儿 ráo nǎr 到处。

【例句】这么冷的天，你还饶哪儿走啥？

饶世界 ráo shì jiè 同"饶哪儿"。

【例句】就这么点儿事儿，用不着饶世界打听了！

饶着 ráo zhe 尽管，就是。

【例句】饶着给你们发这么多奖金，你们还不满意，还说没有别的企业多，我看你们是吃饱了撑的！

绕场儿 ráo chǎngr "绕"读 ráo，下同。到处。

【例句】我绕场儿找你，你怎么在这儿呢？又如你绕场儿打听一下，我是什么样的人！

绕哪儿 ráo nǎr 同"绕场儿"。

【例句】我绕哪儿都找遍了，怎么就找不到呢？

绕个儿 ráo gèr 逐个，一个个。

【例句】这些桔子都是我绕个儿挑的，怎么还有烂的呢？

绕晃 ráo huàng 摇晃的音变。

【例句】别在我面前绕晃了，晃得我直迷糊！

绕扯 ráo che "绕"读 ráo，下同。"扯"字发短促轻音。①受牵连，受蒙骗。②转悠，绕来绕去。

【例句】①这事和我根本毫无关系，怎么能把我绕扯进来了？又如他的心眼特别多，怎么会把他绕扯进去呢？②这么不好走的路，你怎么绕扯到我这儿来了？

绕登 ráo deng "登"字发短促轻音。同"绕扯"①。

【例句】刚刚把他摘出来，怎么又把他绕登进来了？

绕哄 ráo hong "哄"字发短促轻音。①来回走动。②用花言巧语迷惑。

【例句】①这里发生了刑事案件，没事儿别在现场绕哄。②你到河南去捣腾水果，千万加小心，别让人给绕哄了！

绕划　rào huɑ　"划"字发短促轻音。①同"绕哄"①。②形容说话办事儿绕弯子而不直截了当。

【例句】①你在这绕划啥呢，我看你没安什么好心！②有什么话你就直接说，别绕划了。

绕弄　rào nong　"弄"字发短促轻音。用花招骗取。

【例句】电视剧《闯关东》中，淘金工人好容易挣几个钱儿，又被金把头用各种办法绕弄回去了！

绕脖子　rào bó zi　①同"绕划"②。②形容言语事情曲折费心思。

【例句】①我看直接去报警吧，不要绕脖子了！②有话就直说，别绕来绕去绕脖子！

绕脚儿　rào jiǎor　走路绕远不方便、不顺路。

【例句】到黑龙江省穆凌县贩猪有些绕脚儿，可从齐齐哈尔直插过去。

绕弯儿　rào wānr　①从原地出发又绕回来。②不走直路多走弯路。

【例句】①让你去传达防火指挥部的命令，你没走多长时间怎么又绕弯儿回来了？②电视剧《清凌凌的水，蓝莹莹的天》中，上水村距下水村不远，翻座山绕弯儿就到了。

惹刺子　rě lá zi　①招惹是非，招惹麻烦。②招惹了不好惹的人。

【例句】①办事儿多动动脑筋，别总给我惹刺子！②局长的姑爷你也敢给处分，你就不怕惹刺子？

惹娄子 rě lóu zi 同"惹刺子"①。

【例句】这次派你去考察，你可认真点儿，千万别给我惹娄子！

惹眼 rě yǎn 本意为引人注目，引申为招惹是非。

【例句】你到深圳去做买卖，一定要扎扎实实，人生地不熟的，千万不要太惹眼了！

惹祸精 rě huòjīng 特别能惹祸的人。多指小孩子。带有嗔意的骂人语。

【例句】我看你就是个惹祸精，王晓身淘得没边儿，你招惹他干什么？

热乎 rè hu ①关系密切、融洽。②加热。③坐稳，坐热。

【例句】①你和他关系那么热乎，还是你和他说吧！②饭已经凉了，热乎热乎再吃。③你刚来，板凳还没坐热乎怎么又走了？

热古嘟的 rè gū dū de ①形容环境非常混乱或热烈。②形容物品非常热、烫。

【例句】歌厅里人多又热古嘟的，有什么好玩的？②刚刚出锅的粘豆包热古嘟的，小心烫嘴！

热乎拉的 rè hū lā de 同"热古嘟的"。

【例句】刚出锅的包子热乎拉的，慢点吃！

热乎劲儿 rè hu jìnr ①形容非常热情的样子。②趁着情绪正在高潮之际的时机。

【例句】①李捷的那种热乎劲儿，嘘寒问暖的，真叫我感动！

②企业正在开展"安全月"活动，现在你去说一下，趁热乎劲儿请示点儿经费，老板有可能批准。

热古挠儿 rè gu nāor 骚乱，混乱。

【例句】果然，一阵热古挠儿过去，人不喊了，枪也不响了！

热乎气儿 rè hu qìr ①关系维持得很好。②尚有热气。

【例句】①趁着你和银行行长还有些热乎气儿，赶快帮我贷点儿款！②这么大冷的天，屋里怎么连热乎气儿也没有？

热乎潦 rè hu liāo 热辣辣，火辣辣。

【例句】我这心里总感觉热乎潦的，好像犯心脏病了！

热乎拉 rè hu lā 同"热乎潦"。

【例句】这热乎拉的大热天，不在家休息，还到哪里去啊？

热闹东京 rè nào dōng jīng 形容很热闹的样子。

【例句】大厅里举办夏季服装展销会，热闹东京的到处都是人！

人儿 rénr 指人的行为、仪表。

【例句】这个人儿很不错，人品也好！

人客 rén qiě "客"读 qiě。顾客。

【例句】刚刚开业，人客可真不少！

人物 rén wù ①有影响的人。②有本领、有能力的人。

【例句】①"二人转"演员小沈阳一炮走红，如今已经是个响当当的人物了！②农民歌手朱志文大衣哥，如今已经不是简单人物了，经常在中央电视台演出。

人头儿 rén tóur 人品。

【例句】那个人一屁两谎儿，人头儿不怎么样！

人气儿 rén qìr 在众人面前的威望或关注程度。主要指惹人喜爱，很有人缘。

【例句】中国女足的人气儿非常旺，深受广大球迷的爱戴！

人样子 rén yàng zi 也称"人模子"。形容人长得非常标准、漂亮。

【例句】著名歌唱家宋祖英堪称人样子，极有人缘！

人尖子 rén jiān zi 人里的突出人物。多指心眼多而精明者。含有贬义。

【例句】你真是个人尖子，满肚子都是鬼心眼儿！

人精儿 rén jīngr 同"人尖子"，多指小孩。

【例句】阿尔法、秦梦瑶等都是小人精儿，一个个鬼精鬼灵的。

人芽子 rén yá zi 也叫"小孩芽子"。泛指小孩子，

【例句】真想不到，原来鼻涕拉瞎的一个人芽子，如今已经硕士毕业了！

人味儿 rén wènr 做人的基本准则、公德、品德。常用于否定式。

【例句】那人可一点儿没有人味儿，谁也不爱搭理他！

人缘儿 rén yuánr 人与人之间的融洽、信任程度和受欢迎程度。

【例句】那个人人缘儿不错，不笑不说话，为人厚道！

人性狗 rén xìng gǒu 不懂人情世故，人品极差。骂人语。

【例句】那小子人性狗，四六不懂，你别和他一般见识！

人来疯 rén lái fēng 一般指小孩儿在客人面前越闹越欢。含有贬义。

【例句】我这孙子就是个人来疯，管也管不住！

人情道理 rén qíng dào lǐ 做人的原则、规范。

【例句】你说你，多大年龄了，怎么还不懂人情道理呢？

人客百众 rén qiě bǎi zhòng "客"地 qiě。人很多，众人面前。

【例句】当着人客百众的面儿，你一定要给我说清楚，还我一个清白！

人马乱花 rén mǎ làn huā "乱"读 làn。人慌马乱。

【例句】电视剧《小兵张嘎》中，趁着人马乱花之际，张嘎子、胖墩、英子、乐乐几个人护着刘英混进防守严密的鬼子司令部。

人五人六 rén wǔ rén liù 形容人一本正经而非常虚伪的样子。讽刺性用语。含有贬义。

【例句】别看那小子表面人五人六的，其实肚子里一下子坏水！

人吃马喂 rén chī mǎ wèi 各种开支、各种费用，各种消耗。

【例句】承包荒山，第一年人吃马喂的，不亏损就不错了！

人生地不熟 rén shēng dì bù shóu "熟"读 shóu。形容既不熟悉当地情况也不熟悉风土人情，"两眼一抹黑"。

【例句】你到俄罗斯做买卖，人生地不熟的，千万要多加小心啊！

人心隔肚皮 rén xīn gé dù pí　相互不了解,各怀心腹事,人心难测。

【例句】你想的太简单了，人心隔肚皮，谁知他到底打的是什么主意啊？

人脑子打出狗脑子 rén nǎo zi dǎ chū gǒu nǎo zi　也说"人脑袋打出狗脑袋"。①形容为某事儿争夺、斗殴的混乱场面。②后果非常严重。诙谐性用语，贬低性用语。

【例句】①这要是让刘能知道，那还不人脑子打出狗脑子啊！②你们要是人脑子打出狗脑子，怕是要进监狱的。

人家偷驴你拔橛子 rén jiā tōu lú nǐ bá jué zi　别人干坏事，却由你去承担责任。诙谐性用语。

【例句】叫你别去你就别去，人家偷驴你拔橛子的事儿咱可不干！

人走时气马走膘 rén zǒu shí qì mǎ zǒu biāo　形容命运好，运气好，很有运气。诙谐性用语。

【例句】真是人走时气马走膘，一个大字不识几个的老农民，也当上人大代表了！

仁义 rén yi　知书达理，通情达理，性情随和有礼貌。

【例句】赵小花真是个仁义的姑娘，又懂事儿又有礼貌。

忍 rěn　有气不能出，憋在肚子里即"忍气吞声"。

【例句】人家有权有势,咱是小人物,斗不过人家,只好忍着吧！

忍肚子疼 rěn dù zi téng 比喻有苦难言,吃亏说不出口。

【例句】大礼送上去了,求人家给办的事儿一直没有音信,只好忍肚子疼慢慢等吧!

任嘛不是 rèn má bú shì 什么都不是。

【例句】别看他大学毕业,其实任嘛都不是,干啥啥不中!

认 rèn ①认可。②宁可。③认可。④贪,肯。

【例句】①孙老汉什么都不认,就认种西瓜!②我做买卖,就是认黄了也不干坑崩拐骗、弄虚作假的损事儿!③这么多的生意你都不认,就认玩股票!④你这人什么都好,就是认吃!

认脚 rèn jiǎo 分左右脚。

【例句】这鞋认脚,但袜子可不认脚。

认道 rèn dɑo "道"字发短促轻音。①辨别,识别。②一味坚持。

【例句】①你来认道认道,这是哪个朝代的文物?②一天到晚啥也不干,就认道上网聊天!

认准 rèn zhǔn 被盯上。

【例句】为啥就认准是我盗窃了电缆线?你有证据吗?

认可 rèn kě ①得到他人的承认、接受。②宁可,宁肯。

【例句】①经过一年多的积极努力,一个刚刚毕业的大学生,终于得到了大家的认可。②我认可把姑娘嫁给残疾人,也不会同意嫁给你一个醉鬼!又如认可工作不要了,也要把你告下台!

认命 rèn mìng ①接受、承认自己不好的命运、遭遇而不与之抗争。②无可奈何,只好默认。一种无奈的表示。

【例句】①步步是坎儿，处处不顺，算了吧，只好认命吧！②认命吧，这也是天意啊！

认门儿 rèn ménr 认认家门儿，引申为串门、做客。

【例句】我刚刚搬上新楼，什么时候到我家认认门儿！

认栽 rèn zāi 承认失败，承认吃亏，自认倒霉。

【例句】败在你的手里，我认栽了！

认账 rèn zhàng 表示承认自己的过错、失误或说过的话、办过的事儿。多用于否定式。

【例句】你说过的话，你可不能不认账啊！又如这是他亲自做出的决定，现在他又死不认账，你说可怎么办？

认死卯 rèn sǐ mǎo 认死理，不灵活，不善变通。

【例句】他这个人一辈子认死卯，没一点儿灵活性，九牛都拉不动！

仍 réng 象声词，表示物体快速旋转发出的声音。

【例句】钻天猴带着哨声"仍"地一下子就钻上了天。

仍仍地 réng réng di 速度飞快的声音和样子。

【例句】电门一开，电风扇"仍仍"地转了起来。

日 rí 象声词，形容速度非常快。

【例句】点燃的鞭炮"日"的一声就升上了天空。

日日的 rí rí di 形容速度飞快。

【例句】他骑上快马，日日的向南追了上去。

日咕 rì gu ①倒腾。变卖。②不经心的放置。

【例句】①他赌博输急了眼，把家里值钱的东西都日咕出去了！②把这些破破烂烂的东西归置个地方，别到处日咕！

绒嘟嘟的 róngdūdūdi　①密集的细毛使皮肤感到柔软而有弹性。②细绒毛密布的样子。

【例句】①优质獭兔皮拿到手中感到绒嘟嘟的。②貂皮大衣远处一看绒嘟嘟的。

容空 róng kòngr　不留一点点儿时间，不留一点点儿空闲。

【例句】我倒想去看看我爷爷，听说病得厉害，但得容空儿啊！

容让 róng rang　①宽容，忍让。②宽限。

【例句】①你不能容让她啊，她不是身体有病吗！②王木生哀求张老板再容让几天，一定还款！

柔儿柔儿的 róur róur di　两个"柔儿"连起来读并突出"儿"音。形容腿脚灵活走路极快的样子。讽刺性用语。

【例句】老爷子都快八十岁了，仍身子骨硬朗，走路柔儿柔儿的。

揉汤 róu tang　"揉"字发重音，"汤"字发短促轻音。用手不停地摆弄。

【例句】这本书都让你给揉汤烂了！又如别再揉汤了，再揉汤身子骨就散架了！

揉搓 róu chuo　"揉"字发重音，"搓"字发短促轻音。折磨。

【例句】你家老公这场大病，把你揉搓的够戗！

肉 ròu　①行动迟缓、拖拉。②突起而多肉。③整体上缺了一小块。④食物不酥脆。

【例句】①你这人办事总是肉筋筋的，没个痛快劲儿！②他长了一对肉眼泡。③百元大票缺了块肉。④酥饼时间放得长了，肉叽囊囊的不好吃了。

肉筋 ròu jin "肉"字发重音，"筋"字发短促轻音。拖拖拉拉，办事儿不爽快。

【例句】他那个人办事儿太肉筋！又如瞧你这肉筋筋的样子，真急死人了！

肉筋筋 ròu jīn jīn "筋筋"两字拉长音。①疲沓，拖拉。②办事拖拉的人。③说话不爽快的人。均含有贬义。

【例句】①这人就是一副肉筋筋的脾气！②你这人办事怎么这么肉筋筋的，这么简单点事儿还没办完？③他是有名的肉筋筋的人，一天也说不了几句话！

肉拉巴叽 ròu la bā jī 形容人行动缓慢，性格内向而不干脆。

【例句】那人就是个肉拉巴叽的慢脾气，你干着急没办法！

肉叽囊囊 ròu jī nāng nāng 同"肉拉吧叽"。

【例句】那人办事儿一贯肉叽囊囊的，什么时候也是那个脾气！

肉头 ròu tóu "肉""头"两字均发重音而短促。不敢出头、行动迟缓的人。

【例句】那是个有名的肉头人，指望他办事那还不得猴年马月？

肉头儿 ròu tour "肉"字发重音，"头儿"发短促轻音突出"儿"音。形容物品或食品丰富而柔软。

【例句】小孩儿的小脸蛋儿真肉头儿，非常好玩！又如蜜蜂小面包很肉头儿，吃起来挺可口。

肉蔫蛆 ròu niān qū　形容行动迟缓的人。骂人语。

【例句】你这个肉蔫蛆，能不能快点儿，急死人了！

儒气 rú qì　①文雅，斯文。②腼腆，羞于出头。

【例句】①你看那小伙子，说话办事都那么儒气。②你这人怎么这么儒气，没说话脸先红了！

如作 rǔ zuo　有地区也称"慰（yǔ）作"。①非常舒服。②心情愉快。③妥贴。

【例句】①庄稼佬第一次坐上了大飞机，这心里别提有多如作了！②购买大型农机具，国家还给补贴，这心里可真如作。③你这件衣服背后怎么有点不如作？我帮你改改吧！

擩 rǔ　①塞进。②闯进。

【例句】①把钱向他怀里一擩，转身就走。②他气呼呼推开门就擩进去了。

入邪 rù xié　过份入迷。

【例句】这些日子他就像入邪了一样，每天都泡在网吧里，不回家吃饭也不睡觉！

入脑子 rù nǎo zi　经过头脑认真思考，办事用脑筋。

【例句】你这人办事怎么不入脑子？又如这事儿你怎么不入脑子，这不明摆着设陷阱坑你吗？

入戏 rù xì　把某人的事迹编成戏剧，比喻成为典型。

【例句】你的这些事都可以入戏了！

软乎 ruǎn hu　"乎"字发短促轻音。①形容人的性格软弱好欺负。②形容食品松软、柔软无筋道。

【例句】①虽然我好欺负，你也别老太太吃柿子——专捡软乎的捏啊！②这面包挺软乎的，您老多吃点儿吧！

软乎话　ruǎn hu huà　服软的话，和蔼的话，听着顺耳的话。

【例句】你去和领导说句软乎话，你还能比谁低了不成！

软磨硬泡　ruǎn mó yìng pà　软硬兼施，一副不达目的不罢休的样子。

【例句】实在不行，你给他来个软磨硬泡，看看他到底是什么意见！

软拉咕唧　ruǎn la gū jī　形容食品或物品非常柔软、暄软的样子。

【例句】别看东北粘豆包软拉咕唧的，但又筋道又好吃！

软拉古耐　ruǎn la gū nāi　同"软拉咕唧"。

【例句】别看熟透了的芒果软拉古耐的，但非常好吃！

软咕囊　ruǎn gū nāng　同"软拉咕唧"。

【例句】这篮球软咕囊的，气不足了，该打打气了！

软拉巴塌　ruǎn la bā tā　①同"软拉咕唧"。②身体软弱无力。③性格懦弱。

【例句】①大柿子软拉巴塌的，我就不爱吃！②大病了几天，到现在身上还软拉巴塌的一点儿力气也没有！③小宋性格软拉巴塌的，这事儿交给他我可不放心！

软胎儿　ruǎn tāir "胎儿"突出"儿"音。形容物品质地松软不挺括。

【例句】软胎儿的貂皮大衣更值钱！

软摆 ruǎn bɑi "软"字发重音，"摆"字发短促轻音。软弱。

【例句】爹妈软摆窝囊了一辈子，也穷苦了一辈子。

S

仨亲俩厚 sā qīn liǎ hòu 泛指比较要好的亲戚朋友。

【例句】你也别太得意了，谁还没有仨亲俩厚的朋友。不信，你就等着吧！

仨多俩少 sā duō liǎ shǎo 比喻多与少、好与坏等最简单、最基本的问题。

【例句】你也不用糊弄我，别拿谁不识数，我知道仨多俩少，你糊弄不了我！

仨瓜俩枣 sā guā liǎ zhǎo 形容物品、礼物很轻、很不值钱，不值得一提。

【例句】就你拿的这仨瓜俩枣，还想求人办事儿啊？又如仨瓜俩枣的拿不出手，是一点儿意思！

撒欢儿 sā huānr "撒"读 sā，下同。因兴奋而连跑带跳的样子。多形容动物。

【例句】一见我下班回家，我的宠物狗欢欢撒欢儿向我扑来！

撒手定砣　sā shǒu dìng tuó　放开手脚、没有任何顾虑作出决定、决策。

【例句】这事儿咱们定不了，还得请老书记撒手定砣！

撒手没招儿　sā shǒu méi zhāor　无论如何也没有解决问题的办法。

【例句】我让孩子考清华，他非要考浙江美术学院，怎么劝也不听，我是撒手没招儿了！

撒欢儿尥蹶子　sā huānr liào juě zi　同"撒欢儿"。

【例句】一群儿马子在芳草地上撒欢儿尥蹶子。

撒酒疯　sā jiǔ fēng　形容人借着酒劲儿撒疯胡闹。

【例句】昨天你喝醉了，到处撒酒疯，你不知道？

撒谎撂屁儿　sā huǎng liào pìr　不说实话，编造谎言。讽刺性用语。

【例句】你这小子！撒谎撂屁儿的事你可没少干！

撒丫子　sā yā zi　①跑，快步走开。②放任自流，四散跑开。

【例句】①听说大学录取通知书已送到了家里，我撒丫子就往家跑！②放学铃声一响，同学们跑出校门就撒丫子了！

撒口　sā kǒu　①松口。②放弃主张，泄露秘密。

【例句】①大黄狗咬着裤腿就是不撒口。②事情已经到了这个地步，无论如何也不能撒口啊！

撒气　sā qì　①泄愤，释放内心的怨气、怒气、火气。②车带漏气。

【例句】①我又没惹你，你拿我撒什么气啊？②自行车带撒气了！

撒泡尿照照 sā pāo niào zhào zhào 形容条件完全不同，相差很多，根本不能相比。主要指责、讥讽对方。诙谐性用语。

【例句】你也不撒泡尿照照自己，就你那揍相，青莲能看上你啊？

撒泡尿淹(沁)死 sā pāo niào yān sǐ 也说"撒泡尿沁死"。形容人没有出息，没有前途，不如死了算了。主要指责、讥讽对方。讽刺性、诙谐性用语。

【例句】三十多岁的人了，干啥啥不中，学啥啥不会，撒泡尿淹死算了，还活着干什么！

撒泡尿功夫 sā pāo niào gōng fū 形容时间很短，一会儿的功夫。

【例句】几句话不投机，还没有撒泡尿功夫，刘能和谢广坤两人就打起来了！

撒尿和泥，放屁崩坑 sǎ niào huò ní , fàng pì bēng kēng 形容从小生活在一起，两小无猜，青梅竹马，一块儿长大，关系非同一般。诙谐性用语。

【例句】我们俩从小撒尿和泥、放屁崩坑，从小就是光腚娃娃。

撒目 sá mù 也写作"撒眸""撒摸"。"撒"读 sá。四处张望、寻找、观看。

【例句】撒目了一圈，也没发现可疑之处。

撒泼 sǎ pǒ "撒"读 sǎ，下同。"泼"读 pǒ。蛮不讲理，逞疯乱闹，任意胡为。

【例句】听到刘大脑袋被王木生逼得辞职的消息，王云开始撒泼，非找王大拿理论不可。

撒路灯　sǎ lù dēng 东北地区旧风俗，大年三十的晚上，农村在村子大路两侧挂满用松树明子做成的路灯，欢度春节。此俗已经绝迹。

【例句】我年轻的时候，每逢过年，全屯子都要挂满撒路灯，全屯子灯火通明，如今都不见了。

撒后　sà hòu "撒"读 sà。悄悄退缩，落在后边。

【例句】你怎么办事老撒后？能不能快些？又如你这人可真行，一到关键时刻就撒后！

赛似　sài sì 胜似。

【例句】你们俩真可以，懒得一个赛似一个！

赛脸　sài liǎn ①给脸不要脸。骂人语。②得到面子还不满足，又提出新的要求。

【例句】①你这孩子，怎么这么赛脸呢？越说越不听话！②我看他是有点儿赛脸，还没完没了了呢！

赛嘴　sài zuǐ 互相斗嘴，没事儿闲磨嘴皮子。

【例句】刘能和谢广坤整天赛嘴，一天不见就难受。

三孙子　sān sūn zi 形容身份极其低微、任人摆布的人。骂人话，诙谐性用语。

【例句】要分给我一套经济适用房，让我当三孙子都行！

三只手　sān zhī shǒu 小偷的别称。

【例句】让我干啥都行，我可不当三只手！

三吹六哨 sān chuī liù shào 形容人吹牛皮，说大话，信口开河不负责任。含有贬义。

【例句】那人整天三吹六哨的，没一句真话！

三七儿 sān qīr "七儿"拉长音并突出"儿"音。①说话含沙射影、阴阳怪气。②起码的常识和知识。

【例句】①这都是领导决定的事儿，如有意见就当面说，别总念三七儿！②都这么大岁数了，怎么三七儿不分，四六儿不懂。

三七疙瘩话 sān qīgā da huà "疙瘩"读gā da。说些含沙射影、阴阳怪气、发牢骚的话。讽刺性用语。

【例句】有事说事儿，少说三七疙瘩话儿！

三七鬼画狐 sān qī guǐ huà hú 故弄玄虚，耍鬼把戏。含有贬义。讽刺性用语。

【例句】不知谁在那里三七鬼画狐，把我们折腾得够呛！

三星傍晌 sān xīng bàng shǎng 也说"三星晌午"。三星接近中天，即将近午夜时分。

【例句】天都三星傍晌了，你不睡觉还在那鼓捣什么呢？

三星放横 sān xīng fàng héng 天快放亮的时候。

【例句】今天赶大集，天都三星放横了，你还不起床准备准备？

三头二百 sān tóu èr bǎi 三百元、二百元,即形容很少的钱。

【例句】孩子领导的儿子结婚，你三头二百的能拿出手啊？又如你就三头二百的还想做大买卖啊？

三亲六故 sān qīn liù gù 泛指亲戚朋友，不是实指。含有贬义。

【例句】咱们这是正经的大酒店，你别三亲六故、七大姑八大姨的都往这里领！

三天两头儿 sān tiān liǎng tóur 时断时续，经常不断。

【例句】这些日子，儿子和儿媳妇三天两头儿往咱家跑，是不是惦记着咱手中那俩钱儿呢？

三下五除二 sán xià wǔ chú èr 比喻速度非常快，利利索索。

【例句】三下五除二，八路军很快就端掉了小鬼子的炮楼。又如电视连续剧《铁血使命》中，经过仔细侦查，女子炸弹小队三下五除二就灭掉了日本鬼子的大东亚银行！

三扁四不圆 sān biǎn sì bù yuán ①形容人长得不周正，很难看。②形容物体圆不圆、扁不扁，外形不规则。

【例句】①宋晓峰长得三扁四不圆的，还一心追求宋青莲。②这是什么啊，三扁四不圆的，还国宝呢！

三把屁股两把脸 sān bǎ pì hu liǎng bǎ liǎn "股"读hu。本意是洗脸不认真、草草了事，引申为办事不认真，敷衍塞责。讽刺性用语。

【例句】交给你的任务，你就三把屁股两把脸的，糊弄谁呢？

三天不打，上房揭瓦 sān tiān bū dǎ , shàng fáng jiē wǎ 形容必须加以严格管教，给予压力，否则就要出大问题。诙谐性用语。

【例句】我看你是三天不打，上房揭瓦，不让警察来管你是不行了！

散花　sǎn huā　"散"读 sǎn，下同。形容四分五裂，整装的物品零碎而拢不到一起。

【例句】自行车就是让我蹬散花了，无可如何也追不上摩托车啊！又如这沙发是啥质量啊，还没抬到家就散花了！

散脚　sǎn jiǎo　脚步散乱。一般指醉酒后。

【例句】别看我已经散脚了，其实再喝二两也摔不着！

散仙儿　sǎn xiānr　不受组织或纪律约束的自由人。含有贬义。

【例句】你当了这么长时间的散仙儿，总该回单位上班了吧？

散架　sǎn jià　比喻过度劳累后骨架散落。诙谐性用语。

【例句】累得我已经散架子了！让我歇会儿吧！

散神儿　sǎn shénr　精神不集中，略微分神。

【例句】我刚一散神儿，就叫人摔了个大马趴！

散心　sǎn xīn　人心不齐，人心已散。

【例句】你不能走，你这一走，大家不就散心了吗？

散　sàn　"散"读 sàn，下同。①离婚。②施舍。

【例句】①好离好散，用不着急头掰脸的闹意见。②到庙里去散俩功德钱儿！

散摊儿　sàn tānr　散伙，解散。

【例句】几个人貌合心不合，早晚还不散摊儿？

搡　sǎng　①猛推。②堵上，堵住。

【例句】①有什么事儿就说事儿，干什么推推搡搡的。②墙上有个窟窿，快用破布搡上！

搡达　sǎng da　"搡"字发重音，"达"发短促轻音。也说"搡搡达达"。①言词和语气上冲撞损人。②用力推来推去。

【例句】①师傅听后很不高兴，搡达了他几句。②有话就好好说，搡搡达达干什么？

搡白　sǎng bai　"白"发短促轻音。训斥，批评，谴责。

【例句】王木生刚一进屋，就被王大拿搡白了一顿。

搡搡达达　sǎng sǎng dā dā　同"搡达"②。

【例句】别搡搡达达的，有什么事儿你就赶紧说！

嗓头子　sǎng tóu zi　喉咙结。

【例句】咸菜吃多了，嗓头子有点儿紧！

嗓葫芦　sǎng hú lu　①喉结。②嗓子眼儿。

【例句】①这一枪正打在鬼子的嗓葫芦上。②一根鱼刺儿正卡在嗓葫芦上。

嗓子眼儿　sǎng zi yǎnr　喉咙。

【例句】一刀扎在嗓子眼儿上，当时就没命了！

丧　sàng　①倒霉，不吉利。②态度生硬。

【例句】①今天真丧气透了，净碰上倒霉事儿。②一天到晚杵倔横丧的，到底为了什么？

丧丧　sàng sang　第二个"丧"字发短促轻音。一脸不高兴的样子。

【例句】你瞧你，丧丧个脸，有什么不高兴的事儿，说出来听听！

丧谤 sàng bang　"谤"字发短促轻音。顶撞，说话带有刺激性。

【例句】我咋地你了，丧谤谁啊？又如那个人嘴不好，就爱丧谤人！

丧良心 sàng liáng xin　丧尽天良，坏到极点，做出对不起人的事儿。骂人语。

【例句】我们的低保金你也忍心克扣，你这不是丧良心吗？

丧门星 sàng mén xīng　也称"扫帚星"。指人因命运不好给别人造成或带来灾难、晦气、祸患。骂人语，也说一种迷信的说法。

【例句】她就是个丧门星，连克了两个丈夫！

丧门罐子 sàng mén guàn zi　形容人长时间哭丧着脸不高兴。含有贬义。

【例句】别理那个丧门罐子，整天哭丧着脸不知给谁看！

丧门旋子 sàng mén xuàn zi　对爱哭爱闹的孩子的诅咒语。含有贬义。

【例句】你这个丧门旋子！爹妈这么做还都不是为了你？

丧德性 sàng dé xing　缺德，丧失德行。骂人语。

【例句】残疾人那俩钱儿你也敢偷？你可真够丧德行的！

丧主道 sàng zhǔ dao　"主道"即相互信任的买卖人、客户。因不守信用而失掉、失信于一直相互信任的客户。

【例句】刚进的化肥你就涨价，你这样做不是丧主道吗？

丧荡游魂 sàng dàng yóu hún 形容人一副魂不守舍、无精打采的样子。贬低性用语。

【例句】你整天丧荡游神的，到底为了什么？

骚 sāo 形容人说下流话，嘴里不干净。

【例句】你这嘴怎么这么骚，能不能嘴巴放干净点儿？

骚疙瘩 sāo gā da 痤疮。

【例句】你怎么长这么多骚疙瘩？抓紧治一治吧！

骚拉 sāo la 走东家串西家，串门子。含有贬义。

【例句】半天不见了，刚才你又上哪儿骚拉去了？

骚乎乎 sāo hū hū 形容人作风不正，举止轻浮。

【例句】你看他那骚乎乎的样，别理他！

骚货 sāo huò 也写作"臊货"。同"骚乎乎"。主要指女人作风不正。骂人语。

【例句】那女人就是个骚货，再看你和她在一起，看我怎么收拾你！

骚性 sāo xing 作风不正派，贪恋色情。骂人语。

【例句】你怎么这么骚性，整天也没个正形！

骚达子 sāo dá zi 借用俄语，"小人物"之意。

【例句】你是大局长，我只是个骚达子，怎么能和您比？

扫 sǎo "扫"读 sǎo，下同。①稍微碰一点边儿。②擦皮儿。③用棍平抡。

【例句】①伤得不重，被车尾扫了一下。②飞机好像扫着头皮飞过一样。③盗贼被追得沿路向北跑，我用棍子迎面一扫，盗贼立刻趴在地上束手被擒。

扫趟子 sǎo tàng zi　猎人检查所设机关是否猎获猎物。

【例句】明天早晨，我上山扫趟子去，看有什么收获！

扫听 sǎo ting "听"字发短促轻音。打听，探询。

【例句】市人大代表名单张榜公布了，我去扫听一下，看我父亲是否当选。

扫帚星 sào chu xīng "扫"读 sào 同"丧门星"。詈语。

【例句】她就是个扫帚星！家里的祸事不断！

臊皮 sào pi "皮"字发短促轻音。羞辱。

【例句】我用大神儿的话去臊皮他去，看他有什么话说！

臊腾 sào teng "腾"字发短促轻音。害羞，害臊，含有贬义。

【例句】你瞅你，真不知臊腾，大老爷们还抹口红？

臊不搭 sào bū dā 也说"讪不搭"。自己感到不好意思，很没面子。

【例句】刘能来到亲家王老七家，半天没人理他，坐了一会儿，只好臊不搭地走了。

臊皮嗑 sào pí ke 低级下流或讥讽性语言。

【例句】晚饭后，几个车老板没事聚在一起净唠臊皮嗑。

塞 sēi "塞"读 sēi 不读 sāi。①硬往空隙里摁放。②硬安置人员。③吃。含有贬义。

【例句】①书架已经满了，再也塞不下一本书了。②编制已经满了，但上级又硬塞进了两个人。③整天胡吃海塞，没一点儿正事！

塞牙 sēi yá 食物挤进牙缝。

【例句】我这牙不好，吃牛肉太塞牙了！

沙格楞 shā ge lēng 形容果瓜或豆馅起沙的样子。

【例句】这大窝瓜又甜又面，沙格楞的真叫好吃！又如东北粘豆包又粘又软，豆馅沙格楞的真有特点！

煞 shā "煞"读 shaā，下同。①缝合。②加盐排出水份。③风寒或药物等刺激皮肤感到疼痛。

【例句】①漂亮的男式蒙古袍袍外还要煞上一条彩带。②白菜馅上加点盐，煞一煞再把水挤干。③滴几滴眼药水，把眼睛煞一煞。

煞磋 shā chá ①形容眼睛视物清楚。②形容物品锐利而又能咬住对方。

【例句】①我的眼眼可煞磋了，打眼一瞧，入木三分！②这新式轧草机又透龙又吃草，可真煞磋！

煞茬 shā chá 形容人有权威，有威严，能够镇住场面，控制局面。

【例句】新来的镇长真挺煞茬，工作非常有能力。

煞口 shā kǒu 味道浓烈使舌头感到刺激。

【例句】淡茶没味道，我最喜欢喝煞口的浓茶。又如这二锅头酒真煞口，够味道！

煞实 shā shi ①作风扎实。②程度，态度。

【例句】①新来的体操教练非常煞实，为人也挺热情。②今年冬天冷得真煞实，与往年有很大不同。

煞心 shā xīn 安心，潜心。

【例句】家里的事不用你操心，你只管煞下心学习就行了。

煞腰 shā yāo 弯腰。比喻实实在在地干活儿或办事。

【例句】只要咱们煞下腰来干，还有不致富的？

煞楞 shā leng "煞"字发重音拉长音，"楞"字发短促轻音。形容干活或办事干脆利索不拖泥带水。

【例句】这人办事儿快刀斩乱麻，真够煞楞的。又如谢大脚办事儿真够煞楞的，答应给赵玉田介绍对象，说走就走！

煞楞的 shā lēng de "煞""楞"两字均拉长音。与前"麻溜儿"同意，催促性语言"赶快""快些"。

【例句】煞楞的，别磨蹭，到家天就黑了！又如煞楞的，飞机快起飞了！

杀年猪 shā nián zhū 东北地区旧习俗，进腊月开始，各家各户都要杀猪准备过年。杀年猪时村民都来帮忙，主人要用杀猪菜、血肠、酸菜炖粉条等招待。相互帮忙，借机聚会。

【例句】老宋啊，什么时候杀年猪啊，告诉一声，我去帮忙！

啥 shá 疑问动词"什么"之意。包括啥时候、啥地方等。

【例句】啥？相声老艺术家马季病故了？又如啥？这里要拆迁了？

啥啥 shá shá ①表示列举。②件件，样样。

【例句】①北京奥运会上，啥啥篮球啊、排球啊、乒乓球啊、游泳啊、田径啊，样样我都喜欢看！②为了去北京当奥运会志愿者，啥啥我都不顾了！

啥意思 shá yì sī ①疑问动词"这是为什么"。②疑问动词"怎么会这样"。

【例句】①日本乒乓球名将福原爱在 2012 年伦敦奥运会上乒乓球单打败给中国名将丁宁后，失声痛哭，丁宁等人安慰福原爱，福原爱说道："啥意思啊，刚打败了我又来安慰我！"②不知道啥意思，刘翔竟在伦敦奥运会受伤而再次退赛。

啥时晚儿 shá shí wǎnr ①疑问动词"什么时候"。② 肯定语"什么时候、任何时候都是这样"。

【例句】①啥时晚儿我们也去北京，当一回奥运会志愿者？②我这个人就是这样，啥时晚儿都不抽烟不喝酒。

啥前儿 shá qianr 同"啥时晚儿"。"多前儿""什么前儿""多咱"都是此意。

【例句】① 你啥前儿出国旅游去了，我怎么没听说？②每到这时候都有大雨，啥前儿都是这样！

啥似的 shá shì di 形容不可名状的情态。

【例句】四川汶川发生大地震，急得我啥似的，连忙到民政部门捐了一千元钱！

啥玩儿应儿 shá wánr yìngr "应儿"发重音并突出"儿"音。谴责对方相当不好，相当不是个东西。骂人语。

【例句】王木生是个啥玩儿应儿，又骗爹又骗娘，坑绷拐骗什么都干！

啥屎都拉 shá shǐ dóu lā 什么坏话都说，什么坏事儿都做，坏话说尽，坏事儿做绝。

【例句】你小子怎么啥屎都拉，救命的钱你也敢偷？又如你可真行，啥屎都拉，死人你也不放过！

啥屌不是 shá diǎo bú shì　形容人什么都不是，什么真实本领也没有。一种极其轻蔑的粗话、骂人语。

【例句】电视连续剧《乡村爱情圆舞曲》中的王木生啥屌不是，却整天惹是生非，不断搅局。

傻 shǎ　笨重，陈旧。

【例句】每天上班，你总是骑那台又旧又笨的傻自行车！

傻瓜 shǎ guā　特别傻的人。骂人语。

【例句】你这个大傻瓜，变着法儿骂你你还听不出来！

傻乐 shǎ lè　傻里傻气的笑。

【例句】你在那傻乐什么呢？有什么喜事？

傻大 shǎ dà　又重又笨。

【例句】你那傻大的自行车早该淘汰了！买台新的吧！

傻眼 shǎ yǎn　因某种意外情况而目瞪口呆，束手无措，无计可施。

【例句】想办汽车驾驶执照，还不想参加培训。新政策一出台，不参加培训一律不给办照，怎么样，这回傻眼了吧？

傻样儿 shǎ yàngr　①斥责语"傻里傻气"。② 一副憨傻的样子。多用于亲近或女子对所爱的男子深情而充满爱意的斥责语或嗔词。

【例句】①瞧你那傻样儿，连满街的霓虹灯也不认识！② 傻样儿，你怎么就不明白我的意思！

傻冒儿 shǎ màor 称有些呆傻而又土气的人。讽刺性用语。

【例句】你真是个傻冒儿，这么简单的骗局，你楞看不出来？

傻达乎 shǎ da hū 形容人傻里傻气、傻头傻脑的样子。含有贬义。

【例句】你看她找的那个对象，傻达乎的，不知哪儿好？

傻达呼哧 shǎ da hū chī 同"傻达乎"。

【例句】那人傻达呼哧的，没什么心眼儿。

傻透腔 shǎ tòu qiāng 形容人非常傻，从里到外都透出傻相。讽刺性用语。

【例句】你还想给你退款啊？你真傻透腔了，钱进了虎口，还能吐出来啊？做梦去吧！

傻大黑粗 shǎ dà hēi cū 身体高大又黑又粗。含有贬义。

【例句】这女人长得傻大黑粗的，简直像个男人！

傻狍子 shǎ páo zi 本意指狍子受惊跑后还要回头看同伴而被捕获，引申为有些呆板傻气的人。

【例句】你瞧我就像个傻狍子，说了这么半天话还不知你姓什么叫什么！

傻柱子 shǎ zhù zi 一般对性格内向、有些呆笨的男人的昵称。东北大秧歌和舞台中丑角都称"傻柱子"。

【例句】你怎么就像个傻柱子，进了城眼睛都不好使啦？

傻得呵的 shǎ de hē de "呵"字拉长音。形容人一副傻乎乎、发呆、发茶的样子。含有贬义。

【例句】别看二嘎子傻得呵的，今年考上了哈尔滨工业大学，你服不？

傻了巴叽 shǎ la bā jī 形容人不聪明,缺心眼,有些呆傻。含有贬义。

【例句】你别看他表面傻了巴叽的,其实一肚子鬼心眼儿!

傻了巴登 shǎ la bā dēng 同"傻了吧叽"。

【例句】瞧你,傻了巴登的,他的话你还没听懂吗?不就是要点儿好处费吗?

傻逼咧些 shǎ bī liē xiē 同"傻了吧叽"。

【例句】那个人傻逼咧些的,什么话都敢说,什么嗑都敢唠!

傻吃茶睡 shā chī nié shuì 形容人过于追求吃喝、懒惰贪睡而没有任何理想、信念、追求、技能等。讽刺性、贬低性用语。

【例句】你整天就知道傻吃茶睡,这日子什么时候是个完哪!

煞 shà "煞"读 shà,下同。①漏下,丢下。②水选。③用盐使植物出水。④晃动分出优劣。

【例句】①这回春游,怎么把老宋煞下了?②做饭前仔细煞一煞,大米里有沙子!③芹菜剁碎后用盐再煞一下,挤出多余的水份!④把烟叶煞一煞,选择好烟叶再抽!

煞脱 shà tuo "煞"字发重音,"脱"字发短促轻音。行动快而利索。

【例句】电视剧《乡村爱情》中,谢大脚办事煞脱又麻利!

煞底儿 shà dǐr ①最底下,最下边。②最末尾,最末位。

【例句】①捞面条要煞底儿慢捞,快了捞不出来!②考试怎么又煞底儿了?看我怎么收拾你!

色 shǎi "色"读 shǎi，下同。贬低性用语"瞧你那样子""瞧你那样儿"。

【例句】看你那熊色样儿？就你那色样儿也想当英雄人物？又如小色样儿！大款也是你能当的？

色样儿 shǎi yàngr 也说"熊色样儿"。"看那小样"之意。贬低性用语。

【例句】色样儿！学了几天唱歌就想去考文工团？

色迷眼儿 shǎi mí yǎnr 看到漂亮女人后发出的异样眼神儿。

【例句】看你这色迷眼儿样儿，见到漂亮女人就挪不动步了！

色狼 shǎi láng 形容极度贪恋女色的人。

【例句】那小子就是个色狼，见一个爱一个，离他远远儿的！

晒 shài 冷落人，不理睬。

【例句】我们来半天了也没人理我们，这不把我们晒这了吗？

晒脸 shài liǎn 给脸不要脸，没皮没脸。诙谐性用语。

【例句】这孩子真晒脸，你越理他他闹得越欢。

晒台 shài tái 使人孤立而感到尴尬。

【例句】领导怎么交办咱就怎么办，可不能让领导晒台！

晒蛋 shài dàn 仰脸躺着。形容特别懒惰的人。含有贬义。

【例句】这帮人不正经干活，又在那里偷懒晒蛋呢！

晒干儿 shài gānr "干儿"突出"儿"音并拉长音。对人不理不睬，有意冷落。

【例句】他既然喜欢单打独斗，那咱们就来个晒干儿，把他干儿起来！

晒泱泱 shài yāng yang 第二个"泱"发短促轻音。晒太阳，主要指懒人不劳作而虚度时光。

【例句】就知道躲在墙角晒泱泱，家里油瓶子倒了都不扶！又如几个人抱着个膀晒泱泱。

山旮旯儿 shān gǎ lár 偏僻的山角。

【例句】山旮旯儿那边就是《刘老根》里的"刘老根大舞台"。

山猫野兽 shān māo yě shò 本意为山中的野兽，引申为形容像野兽一样粗野而不懂道理的人。骂人语。

【例句】看惯了老虎大象，没见过你们这帮山猫野兽，四六不懂，不通人性！

山货 shān huò 讥讽没有见过世面的人。犹如"土鳖""土豹子"。含有贬义。

【例句】你这个老山货，连手机都不会使！

山炮儿 shān pàor 同"山货"。

【例句】你就是个老山炮儿，你懂个六哇！

山应 shān yīng 山里的回声。

【例句】进山后真是心旷神怡，放声大喊一声，得来的是一阵山应声！

山响 shān xiǎng 形容声音非常大，震耳欲聋。

【例句】你们几个人吵吵得山响，到底想出办法没有啊？又如刘翔打破男子110米跨栏世界纪录，现场一片山响，欢声雷动！

煽乎 shān hu “乎”字发轻音。①颤动，摇动，晃动。②吹牛皮说大话。含有贬义。③煽风点火，鼓动挑唆。含有贬义。

【例句】①沉甸甸的拉木材车装得太满，两头直煽乎。②你小子可真能煽乎，死人都让你说活了！③都是他煽乎的，要不然他俩能打起来吗？

搧 shān 用手搧打即打嘴巴子。

【例句】找挨搧啊，这么不听话，看我不搧你！

搧达 shān da “达”字发短促轻音。①上下摆动。②形容人心不在焉。

【例句】①把帽耳朵系上，搧达搧达的不好看！②你看你那样子，搧达搧达的想什么呢？

搧嘴巴子 shān zuǐ bà zi 打嘴巴。

【例句】再犟嘴，看我不搧你个大嘴巴子！

搧车嘴巴 shàn chē zuǐ bà 也说“破车嘴巴”。 好说话、好张扬的嘴。

【例句】你大姨可不是那种搧车嘴巴的人，人很稳重。

潸 shān 皮肤受冷风吹裂开细口。

【例句】别再哭了，小心把脸都哭潸了！

赸 shān 远远走开。詈语。

【例句】这里没你什么事，远点赸着去！

闪 shǎn ①丢下，甩下。②热身着凉。③倾斜。④团聚后分离使一方感到空虚难耐。

【例句】①对不起，我们俩光顾说话了，把你闪在一边儿！

②天太冷，出门忘戴帽子闪了一下，感冒了！③这道墙有些向外闪，赶快纠正！④刚到家就回部队了，把妈闪了一下！

闪人 shǎn rén ①因猝不及防遭受打击或变故而引发的失落感。②遭遇挫折、变故。

【例句】①孩子突然一走，还把我闪了一下，到现在我这心里还空落落 lào 的呢！②回老家了，也不和我说一声，这不太闪人了吗？

闪腰 shǎn yāo 无意中将腰扭伤。

【例句】昨晚我走夜路，路不好走，把腰闪了一下，到现在还疼呢！

闪肩儿 shǎn jiānr 趁机躲开，趁机离开。

【例句】听说要去林区运木材，这活又累又不挣钱，大家纷纷闪肩儿。

闪神儿 shǎn shénr 愣神儿，精神溜号儿。

【例句】我们俩去逛街，姐姐看得眼花潦乱，一闪神儿找不见了。

闪沿儿 shǎn yánr 器物的边儿向外翻。

【例句】你这庭院建得可真漂亮，斗拱闪沿儿的，真有俄罗斯的风格！

闪失 shǎn shi 出意外，出事故。

【例句】你们这次出国考察，一定要注意安全，千万别出什么闪失！

闪脚 shǎn jiǎo 因精神或伤病而使头发晕腿脚不灵便。

【例句】对不起，我有点闪脚，不能和你们一起去跳舞！又如昨天喝多了，今天还有点儿闪脚！

讪不搭 shàn bu dā 因无人理睬而感到尴尬、很难为情。讽刺性用语。

【例句】半天也没人理我，我只好讪不搭地站在一边。

讪脸 shàn liǎn 嬉皮笑脸的样子。多指小孩子的顽皮行为。

【例句】给你个面子，你还越来越讪脸了！

善 shàn 少，轻。

【例句】这小子不识趣儿，不能善绕他！

善茬子 shàn chá zi 不好惹、不好欺负、不好对付的人。

【例句】你以为他是个善茬子吗？还是离他远点儿好！

商量 shāng liang 不同于普通话里的"商量"，而是哀求、乞求、讨饶的意思。

【例句】任我怎么商量，孩子就是不肯去幼儿园，非要跟奶奶在家玩儿！

伤茬儿 shāng char 器物受损留下的伤口茬。

【例句】这条扁担中间有伤茬，用时加点儿小心！

伤力 shāng lì 因劳累过度而损伤了身体。

【例句】脱坯这活儿太累，悠着点儿干，别伤了力！

伤食儿 shāng shír 因多吃而消化不良。

【例句】好吃也别多吃，看伤着食儿！

伤和气 shāng hé qì 伤害感情，影响团结。

【例句】大家都是朋友，别因为一点儿小事儿伤和气。

伤筋动骨 shāng jīn dòng gǔ ①受了比较严重的外伤，伤了筋骨。②形容事情受到损失，动摇了根本。

【例句】①俗话说，伤筋动骨一百天，你受了这么重的伤，安心治疗吧！②一场禽流感，我可伤筋动骨了，几千只鸡都被捕杀了，损失好几万块！

晌 shǎng ①中午。②午夜。

【例句】①天已过晌了，他还没收工。②三星傍晌了，你怎么还不睡觉？

晌饭 shǎng fàn ①午饭。②农忙时午前或午后增加的一顿饭。

【例句】①亲家母，吃完晌饭再走吧！②夏锄太累，加顿晌饭吧！

晌乎 shǎng hu 晌午，正中午。

【例句】晌乎头子太热，先歇歇吧！

晌觉 shǎng jiào 中午觉。

【例句】吃完午饭再睡个晌觉，美死了！

晌午歪 shǎng wǔ wāi 也说"晌乎歪"。刚刚过中午的一段时间。

【例句】都晌午歪了，收工吃饭吧！

晌午头 shǎng wǔ tóu 也说"晌乎头"。正中午时分。

【例句】这大热晌乎头的，你不睡午觉，你准备到哪儿去啊？

晌不晌夜不夜 shǎng bū shǎng yè bú yè 既不是中午，也不是晚上，即选择的时间不合适，犹如"年不年节不节"。

【例句】谢永强说："爹，这晌不晌夜不夜的，又开什么家庭会啊？"

上街　shàng gāi　"街"读 gāi。"街"是东北地区一个笼统的地域概念，集市、商场等地都称为"街"。相对农村而言，城镇、城市也称之为"街"。"上街"即到上述地方去，是一种泛指。

【例句】明天我上趟街，看看我老姨！又如你到哪儿去？我上趟街！干啥去啊？买点儿棉（niáo）花！

上坟　shàng fén　到坟前祭奠死者。

【例句】上坟烧报纸 —— 糊弄鬼！上坟本应烧烧纸却烧报纸，故有此说。

上劲儿　shàng jìnr　①用心。②贬义"加油"。③拧发条。

【例句】①你这人平时工作不要强，争荣誉要好处可挺上劲儿的。②你要给他上点劲儿，他敢去市政府闹腾！③表停了，该上劲儿了！

上脸　shàng liǎn　①得寸进尺不满足。②喝酒脸红。

【例句】①你这人没有满足的时候，表扬你几句，你还蹬鼻子上脸了！②我喝酒最愿意上脸，喝点酒脸就红。

上眼　shàng yǎn　①看到眼里。②请别人看。

【例句】①中央电视台文艺栏目《梦想剧场》主持人毕福剑固定台词：各位请上眼！②你一次拿这么多现金，小心别人上眼！

上坎儿　shàng kǎnr　①地势较高处。②上首，首位。

【例句】①把木样子垛到上坎儿，省得叫雨水泡着！②你把货堆在我的上坎儿，我这货还怎么卖！

上掌 shàng zhǎng 同"上坎儿"①。

【例句】沿着这条街往上掌走，再往下坎儿就到了！

上牌 shàng pái 打麻将或玩扑克时，将洗好的牌重新断开，确定下家抓牌位置。

【例句】别溜号，该你上牌！

上秋 shàng qiū 到了秋天。

【例句】等上秋卖了庄稼，咱们也买台电脑玩玩！

上头 shàng tóu 因喝酒而头疼。

【例句】我实在没有酒量，一喝酒就上头！

上心 shàng xīn ①留心。②用心。③努力争取去做。

【例句】①这事儿就拜托你了，你可得上心啊！又如这事儿你要多上心，可别马虎！②办自己的事情还有个不上心的？③别看事情好像挺难，只要你上心，没有办不成的！

上喘 shàng chuǎn ①大口喘气，呼吸急迫。②患有气喘病的人。

【例句】①刚干了这么点活儿就上喘了？②老病根儿了，一到冬天就上喘。

上火儿 shàng huǒr 生气，发怒。

【例句】这么点儿事儿，不值得着急上火儿！

上食 shàng shí ①牲畜不挑食，爱吃食。②形容人很能吃饭，吃饭很香。讽刺性用语。

【例句】①这批猪可真上食，一天能长2斤肉！②你可真上食，也不怕噎着！

上数 shàng shǔ 数得着，名次靠前。

【例句】要说摆弄电器修理，方圆百里你可上数！

上套 shàng tào 中计，中了别人设好的圈套。

【例句】鬼子上套了，果然听咱们的调遣！

上相 shàng xiàng 照片上的相貌比本人还要好看。

【例句】瞧，你可真上相，照片比你本人漂亮多了！

上人儿 shàng rénr 陆续有顾客进门。

【例句】今天的买卖真好，刚开门就开始上人儿了。

上铃儿 shàng língr 拧紧闹钟或闹表响铃的发条，使其按时响铃。

【例句】别忘了给闹钟上铃儿，我要坐火车外出！

上门儿 shàng ménr ①入赘。②串门。

【例句】①他家招了个上门儿女婿！②如今他两家都不上门了！

上套儿 shàng tàor 上当受骗，落入圈套、陷阱。

【例句】这是我精心设计好的，就等他上套了！

上赶着 shàng gǎn zhe 也说"上赶支"。主动要求。

【例句】俗话说，上赶着不是买卖。又如我又不是没工作，干嘛上赶着求人办调转？

上赶着不是买卖 shàng gǎn zhe bú shì mǎi mai 做买卖过于主动招揽顾客往往不成功，对方冷淡而适得其反，事与愿违。

引申为不能主动同对方发生往来，要等对方主动上门。讽刺性
用语。

【例句】真是上赶着不是买卖，我越主动，他越不理睬我！

上门女婿 shàng mén nǚ xù 也称"倒插门"即入赘。

【例句】电视剧《走西口》中，梁满囤就是裘家皮铺的上
门女婿。

上下八程 shàng xià bā chéng 四面八方。

【例句】郭大夫名气很大，上下八程都来找他瞧病。

上眼药 shàng yǎn yào 故意给他人栽赃罪名、找难堪。

【例句】这么点事儿都办不成，不是给领导上眼药吗？

上外头 shàng wài tou 上厕所的代用词。

【例句】等我一会儿，我先上趟外头。

上亲客儿 shàng qīn qiěr "客"读 qiě。遗留满族旧风
俗，举行大型家庭宴会时，以女方客人为尊，被称为"上亲客儿"
受到格外尊重，其中有四个菜立有"上亲客菜"小牌儿，还要
给厨师赏钱。此习俗今已不多见。

【例句】准备准备，明天会亲家，接待上亲客儿！

上真章儿 shàng zhēn zhāngr 到了真正需要的时候即动真
格的时候。

【例句】别看你平时挺威风，等上真章儿的时候，你那点
儿猫腻一漏，你还不傻了？

捎载儿 shāo zàir 捎带完成任务之外的东西。多指用汽车
捎客。

【例句】求你捎个载儿，把我老姑娘带到城里去打工！

捎 shāo 托人带去。

【例句】老家遭灾了，赶紧给爹妈捎几个钱去。

捎脚 shāo jiǎo 顺便搭车。

【例句】明天你上街赶大集，让我捎脚呗！

捎带 shāo dài 顺便，顺手，不用特意或单独进行。

【例句】行，明天我到镇里去捎带就给你办了！

捎带脚儿 shāo dài jiǎor 同"捎带"。

【例句】你上街捎带脚儿给我买点儿药！谢谢了！

捎信儿 shāo xìnr 引申为传闲话。

【例句】咱们俩闹意见，原来都是捎信儿的惹的祸！

烧 shāo ①有钱后到处显摆。②物品不透气使皮肤难受。③水使皮肤疼痛。

【例句】①还到国外去旅游，有俩臭钱不够你烧的！②不能买塑料凉鞋，塑料凉鞋烧脚。③水靴子漏水，沤得脚有些烧。

烧高香 shāo gāo xiāng 好事临头后的表示，犹如"念佛"，感谢菩萨的慈悲。①形容修好行善。②形容感激不尽的心情。讽刺性用语。

【例句】①姑娘懂事，结婚不要过高的彩礼，这可真是烧高香了！又如我要是娶这么个孝顺的儿媳妇，我这辈子也就烧高香了！②你要是能给我儿子安排个好工作，那我可给你烧高香了！

烧火 shāo huǒ 比喻从侧面添油加醋或挑拨、撺掇、出坏主意，加剧事情向反面发展。含有贬义。

【例句】我们俩还说不明白，你就别再烧火了！

烧包 shāo bāo　有钱得意忘形，花不出去难受。讽刺性用语。

【例句】你有几个钱就这么烧包？钱多给灾区捐点儿！

烧心 shāo xīn　胃酸过多而使胃里感到火烧火燎地疼痛。

【例句】这几天我有点儿烧心，想到医院去看看！

烧大腿 shāo dà tuǐ　形容生活非常贫困，贫困得连烧火柴都没有，甚至将大腿当柴烧。诙谐性、讽刺性用语。

【例句】也不出外打工，就会在家喝闷酒。家里缺吃少穿，你叫我烧大腿啊？

烧百天儿 shāo bǎi tiānr　东北地区习俗，人死后除"烧三七""烧五七"外，到人死100天还要"烧百天儿"，以后还有"烧周年"，都是一种祭奠亡者活动。

【例句】买点儿烧纸啊、花啊、钱儿啊什么的，明天给老爹烧百天儿！

烧周年 shāo zhōu nián　同"烧百天儿"。烧周年是比较隆重的祭奠仪式，但最为隆重的祭奠仪式是"烧三年"。

【例句】我说老伴儿，买点儿烧纸、供品什么的，明天给爹妈烧周年去！

勺子 sháo zi　①骂人语"屁"。②拳头。③突起的后脑勺。

【例句】①你给我滚勺子！怕你个勺子呀！②我没防备，他上来就给我一勺子！③看你长得前奔儿娄后勺子的，也不对着镜子照照！

少揍 shǎo zòu 也说"欠揍""不够揍"，都是"不是人"之意。詈语。

【例句】我们家遭这么大灾，你还说风凉话，真他妈少揍！

哨 shào ①吹牛皮说大话，信口开河。②用工具削。③讥讽。

【例句】①那个人三吹六哨的，谁知哪句话是真的。又如你这个人怎么这么哨呢，什么话都敢搂！②一刀就把蛇头哨下来了。③你别总拿话哨我。

哨皮 shào pi "皮"字发短促轻音。羞辱，埋汰人。

【例句】我已经够后悔的了，你就别再哨皮我了！

哨听 shào tīng "听"字发短促轻音。打听。有时重叠使用。

【例句】不知我工作调转的事儿咋样了，你去给我哨听哨听！

捎捎 shào shao"捎"读 shào。第二个"捎"字发短促轻音。退一退，向后退。

【例句】咱们先把婚事向后捎捎，先投入抢险救灾吧！又如你的事儿啊，就先捎捎吧！

潲色 shào shǎi ①褪色。②掉价，降低身份、声望、名声、名誉。

【例句】①衣服刚洗一次就潲色了。②你和他们在一起，不觉得潲色吗？又如残疾人你也欺负，你不感到潲色儿吗？

潲 shào ①物体受强光照射、冷风侵蚀而变质。②洒水。

【例句】①帽子叫太阳潲得都不是色儿啦！②往青菜上潲点水，菜就支楞起来了！

少兴 shào xing "少"读 shào，下同。除"少兴"外，

还有"少相""少面"等多种说法，都是相貌比实际年龄还要年轻的意思。

【例句】长得还那么少兴！今年四十多了吧？看面相也就三十出头！

少色　shào shǎi　"色"读shǎi。①降低。②褪色。

【例句】①又如你干的这事儿少色啊，丢不丢人？②这块布不咋地，一洗就少色。

奓奓　shē shē　器物的外沿向外张。

【例句】暖瓶口有点奓奓，容易尿腚儿！

奓连　shē lian　工具的头部仰脖儿即头部与把儿之间角度过大。

【例句】这把锄头不好使，锄板儿有点儿奓连！

奓嘴子　shē zuǐ zi　指好多言多语、爱传闲话的人。

【例句】电视剧《走西口》中，田耀祖是个奓嘴子，既给土匪刘一刀传讯儿，又到处揭梁满囤的短儿。

赊嘴吃　shē zuǐ chī　欠帐吃饭。

【例句】电视连续剧《康熙微服私访记》中，康熙皇帝微服私访，被迫蒙吃蒙喝到处赊嘴吃！

赊帐　shē zhàng　购买商品或接受服务后不付现钱而欠钱记帐。

【例句】电视剧《乡村爱情》中，刘能不断在谢大脚的商店赊帐。

蛇皮　shé pí　人的皮肤干裂或起鳞片儿。

【例句】她身上起蛇皮，连裙子都不敢穿！

舌头啷叽 shé tou lāng jī 爱插嘴，爱说话。含有贬义。

【例句】我们说正经事儿呢，你别舌头啷叽乱插嘴！又如王木生说：我就烦别人说我舌头啷叽！

舍脸 shě liǎn 不顾脸面，低三下四求人。

【例句】平时又抽又喝把点钱都造光了，如今还舍脸来申请救济款？

舍手 shě shǒu ①因缺少重要的人物或技术、工具而感到缺少点什么不方便。②怀念过去的人或事儿。

【例句】①农药生产全指你技术把关，你请假探亲，我可真感到舍手！②用了这么多年的钢笔丢了，我还真有点儿舍手！

舍心 shě xīn 省心，放不下心。

【例句】俗话说：少不舍力，老不舍心。

舍身拔力 shě shēn bá lì 费心费力。

【例句】舍身拔力地把你从南方招聘来，就盼望着你能为企业的发展作出贡献！

舍家撇业 shě jiā piě yè 也说"抛家舍业"。舍弃家庭、放弃事业。

【例句】我舍家撇业到大东北来，就是要建设边疆，奉献青春！

谁不说 shéi bu shuō "谁说不是"的省略语。应答语，表示赞同。

【例句】这些日子肉价噌噌往上涨，真够老百姓呛的！谁不说，连油价也往上涨！

谁讲话 shéi jiǎng huà　借用他人的观点，开头语，语气助词。

【例句】谁讲话，越有钱越抠，这话真不假！又如谁讲话，会说的不如会听的。

谁谁 shéi shéi　被列举人的替代语，犹如"某某"。

【例句】到北京看了一场北京奥运会中国男篮与西班牙男篮的比赛，回来就说开了：谁谁表现如何，谁谁表现更精彩！

身板儿 shēn bǎnr　①身体，体格。②身份。

【例句】①就我这身板儿，参军当兵准没问题！②我父亲年轻的时候背着个"右派"的身板儿，一直到前几年才落实政策摘了"右派"帽子。

身子骨 shēn zi gǔ　泛指身体，主要指身体健康状况。

【例句】这日子越过越好，我这身子骨却越来越差了！

身膀 shēn bǎng　健壮而结实的身体。

【例句】我国跆拳道运动员陈冲身膀真好，夺得了悉尼奥运会世界冠军！

身砣 shēn tuó　身体的块头大而健壮。

【例句】从身砣上一看，就知道他是北京奥运会体操单项冠军李小鹏。

身量 shēn liang　"量"字发短促轻音。身材的高矮、胖瘦。

【例句】就他那身量，肥粗短胖的，也想上中央电视台演出？

身后 shēn hòu 兄弟姐妹排行中下一位。

【例句】生了5个女孩还不甘心，结果在小五身后就生了个男孩！

身伴晃儿 shēn bàn lǎr 身边，身旁。

【例句】年纪大了，就希望孩子们在身伴晃儿！

身板儿不利索 shēn bǎnr bú lì suo 身体有病，主要指怀孕。

【例句】最近身板儿不利索，干不了重活儿了！又如最近身板儿不利索，总是有病。

伸头儿 shēn tour 也说"抻头"。①领头。②出头露面。

【例句】①民兵连已集合完毕，就等你伸头儿带队呢！②要不是你伸头儿为我申诉，我的冤案还不得冤一辈子？

伸腰 shēn yāo ①种子叶芽伸展开。②伸懒腰。③放开手脚，挺直腰板。

【例句】①泡的豆子都伸腰了！②他伸了伸腰，长长喘了一口气。③有我给你做主，你就伸腰干吧！

伸胳膊撂腿儿 shēn gē bo liào tuǐr 动手动脚，一副要打架的劲头。含有贬义。

【例句】你别在我面前伸胳膊撂腿儿的，当我怕你怎么的？

深沉 shēn chen "深"字发重音，"沉"字发短促轻音。①有修养。②感情不外露。③含蓄。

【例句】①这个人可挺深沉，从不乱说话。②你不了解他，他可是个深沉的人。③人家说的话可深沉了，你慢慢领会吧！

深山老峪 shēn shān lǎo yù 也说"深山老林"。深山沟，大山深处。

【例句】他弃家出走，到深山老峪躲清静去了！

神 shén ①有神通。②极不一般。③难以理解。

【例句】①著名画家范曾真神了，一个人向四川地震灾区捐款一千万元！②邓亚萍的乒乓球可打神了，国内外无敌手！③真神了，前几天还在工厂上班，这几天去北京参加火炬接力去了！

神儿 shénr 特别突出"儿"音。①精神，兴趣。②神气。③病魔。

【例句】①一听说上网聊天你就来神儿啦！②这几年种甜菜挣了点钱，又买拖拉机又买农机具，看把他神儿的！③电视剧《东北大先生》中的二姨太精神不好，说来神儿就来神儿！

神道 shén dɑo "神"字发重音，"道"字发短促轻音。也说"神神道道"。①有神通。②办事儿神秘。

【例句】①真神道，他怎么能把律师事务所开到北京？②那人挺神道的，谁知道他打的什么鬼主意？

神道儿的 shén dāor de "道儿"拉长音并突出"儿"音。形容人行为或表情神神秘秘令人难以琢磨。含有贬义。

【例句】李大国一天神道儿的，装神弄鬼吓唬王天来！

神神道道 shén shén dāo dāo 也写作"神神叨叨"。两个"道"字均读 dāo 并均拉长音。举止言行神神秘秘。讽刺性用语。含有贬义。

【例句】老何家一家这几天神神道道的，不知在谋划什么大事！又如赵四整天鬼鬼祟祟、神神道道的装神弄鬼。

神累 shén lěi 嗜好，对某种爱好形成癖好。贬低性用语。

【例句】不叫你去旅游，你偏去，你有这口神累啊？又如他抽烟 30 多年了，就有那口神累！

神吹 shén chuī 吹牛说大话，程度非常严重。贬低性用语。

【例句】一顿神吹，把大家听得如醉如痴！又如别听他在那神吹，哪有他说的那么悬！

神侃 shén kǎn 能说会道，善于用用语表达。贬低性用语。

【例句】他一顿神侃，终于把事儿办成了。又如他可真能神侃，死人都能说活了！

神神颠颠 shén shén diān diān ①形容人有异常的精力。②形容办法奇巧。含有贬义。

【例句】①这老爷子八十多岁了，还神神颠颠地每天逛公园、逛市场。②这人神神颠颠可真有办法，硬把有工作的人办成了低保对象！

神魔鬼道 shén mó guǐ dào 形容人神秘、诡谲。讽刺性用语。

【例句】他一天神魔鬼道的，谁知他怎么想的。

审达 shěn da "达"字发短促轻音。带有追问的口气斥责。

【例句】孩子几天泡网吧没回家，回家后被父母好一顿审达！

甚 shèn ①厉害。②太多，太强。

【例句】①他把魔方研究得可真甚，几分钟就可以表演完成一套。②这几天的酒喝得太甚，头一直晕晕乎乎的！

瘆人巴拉 shèn rén bā lā 令人从内心感到害怕。

【例句】这条小巷太背了，又黑又暗，总觉得瘆人巴拉的！

瘆人毛 shèn rén máo 引申为某人身上有令人敬畏之处。讽刺性用语。

【例句】怕他干啥，他又没长瘆人毛！

瘆得慌 shèn de huang 同"瘆人巴拉"。

【例句】一个人到坟茔地，总觉得瘆得慌！

生怕 shēng pà 非常担心，特别害怕。

【例句】山林中传出阵阵狼嚎声，他赶紧把羊群往山下赶，生怕羊群被狼掏了。

生疼 shēng téng 非常疼痛。

【例句】他狠狠踢了我一脚，到现在还生疼呢！

生呲拉 shēng ci lā 活活的，平白无故的。

【例句】电视剧《关东大先生》中，"特使"赵春安出来找妹妹，生呲拉被巡警队关进了大牢。

生呲活拉 shēng ci huó lā 同"生呲拉"。

【例句】这条规矩生呲活拉被你给破坏了！

生荒子 shēng huāng zi 也说"生牤子"。①不谙世事的年轻人。②未经驯服的牲畜。

【例句】①那是一帮小生荒子，缺少政治头脑，很难办成大事。②那匹辕马是个生荒子，赶车时千万加小心！

生摘糖瓜 shēng zhāi táng guā 犹如"强拧的瓜"，强行作为之意。

【例句】生摘糖瓜的事儿咱不能做，一定要顺其自然！

— 生生 — shēng shēng 形容词的词尾，赞许色彩成份。

【例句】白生生的小孙子。俏生生的一张小脸儿。

生柴火 shēng chái huo 没烧透的柴火。

【例句】快把炕灶里的两块生柴火拽出来！太呛人了！

生烟子味儿 shēng yān zi wèir 未烧透的煤炭或木样子发出的呛人气味儿。

【例句】刚点上炉子，满屋子的生烟子味儿！

牲性 shēng xing "牲"字发重音，"性"发短促轻音。形容人就像牲口一样不懂事儿、不懂道理，凶残野蛮不懂礼貌。骂人语。

【例句】那人太牲性，四六不懂，不是个东西！又如你咋这么生性呢，连你爹也敢骂？再如那小子才生性呢，离他远点儿！

升发 shēng fā 发展。

【例句】这小伙子有出息，早晚有大升发！

甚么 shéng mo 反问词"难道"。

【例句】都十七、八岁了，甚么是小啊？又如那叫五千多元，甚么是少哇！

省肚子 shěng dù zi 节衣缩食。

【例句】现在生活好了，可不像困难时期要省肚子买"三大件"。

盛 shèng 高兴，兴致高。

【例句】参加义务劳动，大家干得可盛了。

盛脸 shèng liǎn 形容人越不让做越要去做，明知不对也要去做。

【例句】你可真够盛脸的，人家不欢迎你，你还一趟一趟跑什么？

盛心盛气 shèng xīn shèng qì 情绪饱满。

【例句】好日子还在后头呢，你就盛心盛气地活吧！

剩 shèng 落下，余下。

【例句】这一年起早贪黑拼命地干，结果也没剩什么！

剩钱 shèng qián 赚钱。

【例句】还行，这趟买卖挺剩钱！

剩落儿 shèng làor "落"读 lào。剩饭菜。

【例句】挣钱我全交，剩落儿我全吃！

湿涝涝 shī lāo lāo 湿漉漉，湿乎乎。

【例句】我是汗脚，鞋里总是湿涝涝的。

湿了呱唧 shī la guā jī 形容物品非常潮湿。

【例句】这湿了呱唧的衣服赶快脱下来，小心着凉感冒了！

十准 shí zhǔn 十分有把握，肯定。

【例句】这事儿十准能成，我已经和他说好了！

十不全儿 shí bu quánr 迷信说法：传说只要在掌管疾病的施仕纶（清朝大清官）身上相应部位贴上膏药或针灸即可治好相应的病症，东北一些庙宇供奉有"十不全"即施仕纶神像。比喻身患多种疾病的人。

【例句】这几年我百病缠身，赶上十不全儿了。

十冬腊月 shí dōng là yuè 农历十月、十一月即冬月、十二月即腊月，指一年当中最寒冷的季节。

【例句】这十冬腊月天的，你还要到三亚去旅游，你不是有病吧？

十里八村 shí lǐ bā cūn 周附近村屯。

【例句】十里八村谁不知道谢广坤家最富，近几年靠种药材发了家！

十五半遭 shí wǔ bàn zāo 不经常发生，偶然发生。

【例句】儿子十五半遭的才回来一趟，最近一直没回来！

识交 shí jiāo 重交情，讲义气，值得交往。

【例句】张局长可是个识交的人，谁有了什么困难他都舍身帮助！

识劝 shí quàn 听人劝告。与之相反的是"不识劝"即"不听劝告"。

【例句】你这人别不识劝，事情闹大了对谁都没什么好处。

识闹 shí nào 为人随和，懂得开玩笑，不生气，不急眼。与之相反的是"不识闹"。

【例句】孙老师是个识闹的人，说深说浅人家都不计较。又如你这人可真不识闹，开几句玩笑就急眼！

识逗 shí dòu 不容易生气，不爱翻脸。与之相反的是"不识逗"。

【例句】这不是跟你开玩笑呢吗，你怎么这么不识逗！

识足 shí zú 知足，满意。

【例句】这辈子我能买上手提电脑，我也就识足了！

时会儿 shí huìr 这时候，那时候。

【例句】我当兵时会儿，你还上小学呢！

时气 shí qi 一时的运气或一时的幸运。

【例句】俗话说人走时气马走膘。又如我也真走时气，大学刚毕业就被一家国企聘用了。

时兴 shí xīng 时尚，流行。

【例句】时代真是变了，有事儿不写信，时兴发短信了！

时不时 shí bù shí 动辄，不停地。

【例句】我时不时地给他打电话，看他都干些什么？

实诚 shí cheng 也写作"实成"。"诚"字发短促轻音。①为人诚实。②成熟，饱满。

【例句】①这孩子够实诚的，捡了个手机还交给了失主。②孩子的身子骨还没长实诚呢！又如今年的葵花籽没长实诚，瘪子贼多，一嗑一个空。

实惠 shí hui "惠"字发短促轻音。①为人实在，不虚伪，不藏心眼儿。②实际的好处。

【例句】①这人办事实惠，从不骗人。②逢年过节，单位总要发些米啊、面啊、油啊实实惠惠的福利，比发点儿钱还实惠呢！

实惠儿的 shí huīer de "惠"读 huī 并拉长音、突出"儿"音。同"实惠"①②。

【例句】①你就实惠儿的说，你究竟想要多少钱？②你实惠儿的给大家搞点儿福利比什么都强！

实情 shí qíng 确实，实实在在的情况。

【例句】你说的都是实情，我可以证明！

实在 shí zai "在"字发短促轻音。形容人忠厚老实。

【例句】小张为人太实在，经常吃亏！

实打实 shí dǎ shí 实实在在，没有虚假。

【例句】做买卖一定要实打实，坑崩拐骗的事儿千万别干！

实巴头 shí ba tóu 实心眼的人。含有贬义。

【例句】你真是个老实巴头，遇事就不会转个弯？

实不可解 shí bu kě jiě 实在不行。

【例句】不到实不可解的时候，千万不要暴露警察身份！

实码儿说 shí mǎr shuō 不撒谎，照实说。

【例句】他要问你，你就实码儿说，别遮遮掩掩的！

实底儿 shídǐr 实际情况，真实情况。

【例句】我交给你一个实底儿，这事儿真的不是我干的！

实打实凿 shí dǎ shí záo ①实实在在，没有半点虚假。②实心实意，不遗余力。

【例句】①像你这样实打实凿的人，现在不多了，我劝你还是灵活点儿，何必那么认真呢！②别光耍嘴，实打实凿地干点儿实事儿，比什么都强！

实在亲戚 shí zài qīn qi 血缘关系较近但并不是直系亲属，主要指关系较近的亲戚。

【例句】电视小品《不差钱》中赵本山饰演的丫蛋爷爷台词：你看，我们都是实在亲戚，关键是我们把菜都炖上了！

石头缝儿蹦出来的 shítou fèngr bèng chū lái de 不是人生父母养的。骂人语。

【例句】你是石头缝儿蹦出来的啊？有娘生没娘养的，对自己的亲生父母也动手打动嘴骂？

食嗓子 shí sǎng zi 声音不清脆、不透亮。

【例句】他那食嗓子还要参加歌曲大奖赛？别开玩笑了！

拾掇 shí duo "掇"字发短促轻音。①惩治人，管理教育人。②收拾。

【例句】①这小子欠拾掇，谁都敢骗，竟骗到我头上来了！②屋子里太乱了，赶快拾掇一下，客人快到了。

使钱 shǐ qián ①送钱行贿。②花别人的钱。

【例句】①求人办事儿不使钱还行？②我到这里使钱，这是瞧得起你！

使心劲儿 shǐ xīn jìnr 费脑筋，费心力，耍心眼。

【例句】不要把心思都花在使心劲儿上，首先要做好本职工作这是根本！

使招儿 shǐ zhāor ①使用计谋。②暗中耍花招。③出主意，出点子。

【例句】①电视连续剧《黑狐》中，新四军独立团副团长方天翼使招儿欺骗了鬼子，闯进了鬼子的毒气实验室。②都是你给使的损招儿，要不然我能被撸撤职下来吗？③我这工作调转的事儿，我是没招了，你给我使个招儿吧！

使绊子 shǐ bàn zi 因嫉妒或其他原因背后为他人设圈套、下狠茬子或诋毁他人、使坏。

【例句】他那个人阴得很,别看表面笑嘻嘻的,背后净使绊子!

使性子 shǐ xìng zi 发脾气，耍态度，充分发挥脾气较差的特性。

【例句】孩子丢了，难道我不急？你就别使性子了，赶快去找吧！

使坏 shǐ huài 背后出坏主意、说坏话、告刁状、耍花招。

【例句】都是我二嫂使的坏，要不然我二哥能那样对我爹妈吗？

使唤人儿 shǐ huàn rénr 指使别人替自己干事或服务。

【例句】哪有你这么巧使唤人儿的，白干了好几个月，不仅不给工钱，还要当保姆带孩子？

屎盆子 shǐ pén zi 罪名，恶名，坏名。贬低性用语。

【例句】别给我头上扣屎盆子！我可不担这个罪名！

屎遁 shǐ dùn 借屎遁形即借机溜走。含有贬义。

【例句】这次会议很重要，你可别屎遁了借机溜号！

屎一把尿一把 shǐ yī bǎ niào yī bǎ 端屎端尿，形容抚养伺候孩子或老人的艰辛和劳累。诙谐性用语。

【例句】我屎一把尿一把把6个孩子都养大，如今我老了，6个孩子都不养活我，你说气人不气人？

式儿 shìr 突出"儿"音。这样式儿，那样式儿，这样子，那样子。

【例句】你怎么了？从早到晚都这个式儿的坐着？又如刘能说："这谢广坤呐，今天可把我气死了，你说哪有这样式儿的？

事儿 shìr 有时重叠使用。①形容人过于讲究，遇事极认真。②形容人特别挑剔，爱挑毛病。③惹是生非，招惹是非。

【例句】①赵本山的女弟子王玉华说："我师傅评价我，说我就是个事儿人！"②你这人太难待伺候，一天到晚总是事儿事儿的！③你就别一天事儿事儿的了，少惹点儿事儿比啥都强！

事儿妈 shìr mā "妈"字拉长音。同"事儿"②。不论男女均可被称为"事儿妈"。均含有贬义。

【例句】你怎么就像个事儿妈似的，鸡蛋里也能挑出骨头！

事故由子 shì gù yóu zi 原由，因由。

【例句】他这几天没上班儿，不过是找了个事故由子去东南亚旅游去了。

是物 shì wù 货真价实的东西，引申为"是个真正的人"。反之是"不是物"即"不是个好人""不是个东西"。含有贬义。

【例句】那人才不是物呢，见女人就挪不动步！

是凡 shì fán "凡是"的倒置语。

【例句】是凡老总说的，无论对错，都得一律照办！

是问 shì wèn 追究责任。

【例句】出了事儿，我拿你是问！

是治 shì zhi 也写作"四治"。"治"字发短促轻音。非常规矩，中规中矩，非常符合要求。

【例句】人家那小店真是治，又干净又整齐！又如刘老板可真是治，干啥像啥！

是骡子是马，拉出来溜遛遛 shì luó zi shì mǎ , lā chū lái liù liu 第二个"遛"字发短促轻音。是否有真实本领，在众人面前展示一下。诙谐性用语。

市面儿 shì miànr 街面上。

【例句】咱们都在一个市面儿上做买卖，就别来虚假的那一套了！

试巴 shì ba "巴"字发短促轻音。①照量，试一试。②较量。

【例句】①去年高考就差了几分，今年我还要试巴一下。②你说你打乒乓球水平很高，咱俩试巴一下！

收 shōu ①某种作物丰收。②减缩，煞进。③向里噘。

【例句】①今年风调雨顺，收榛子又收蘑菇。②裤腰太宽了，得收回二指。③拔罐子，这一罐子收得挺狠！

收礼 shōu lǐ 特指逢有红白喜事及其他庆典活动，主人设宴宴请客人，收受前来贺礼人的礼金，这种行为被称为"收礼"。

【例句】刘能说："这不是要搞庆典吗？我得挨家挨户通知一下，人来的越多咱家收的礼越多！"

收秋儿 shōu qiūr 收尾，扫尾，处理遗留的问题。

【例句】咱们先撤，剩下的活儿由他们俩收秋就可以了！

收头儿 shōu tour 打绳子、织毛衣及编筐等最后一道工序。

【例句】这毛衣该收头儿了！不会我来教你！

收拾 shōu shi "收"读shōu。不同于普通话中的"收拾"。①捡拾，划拉。②收摊。③做。④打，揍，使用武力教训、管教。

【例句】①你去把仓库彻底收拾一下。②既然不挣钱，你还是把摊儿收拾了吧！③您先坐，我去收拾点饭菜！④这小子横行霸道，不给我面子，你俩把他收拾收拾！

收心 shōu xīn 把已经散乱、放纵的心思慢慢收回来。

【例句】玩儿够了没？放暑假一个多月了，就快开学了，也该收收心了！

收份子 shōu fèn zi 收集一定数量的钱财。多指违法、违规收取，借机敛财。

【例句】去，今天把赵四的份子收来！

熟腾 shóu teng "熟"读shóu并发重音，"腾"发短促轻音。①植物因内部组织受挤受压揉搓变软。②话题多次重复而令人生厌。

【例句】①这草莓可不能用手捏，捏熟腾了可卖不出去了！②换个话题吧，这段瞎话都让你讲熟腾了！

熟头巴脑 shóu tóu bā nǎo "熟"读shóu。比较熟悉，眼熟或耳熟。

【例句】大家都是熟头巴脑的乡亲，有事好商量。

手法 shōu fǎ 某种技能、专长的水平。

【例句】学开车多少日子了？现在开车的手法怎么样？

手把儿 shǒu bar 手上的技能。

【例句】你看人家，玩电脑的手把儿真利索！

手背 shǒu bèi 也说"手气背"。手气不好即运气不好。与之相对应的是"手兴"即运气好。

【例句】今天手真背，一把没和！

手兴 shǒu xìng 手气非常好即运气好。与之相对应的是"手背"。

【例句】今天的手真兴，净自搂，把把和！又如今天手真兴，抓了个大彩儿！

手冲 shǒu chòng 运气非常好，很有运气。多指打麻将、打扑克等娱乐活动。

【例句】今天你可够手冲的，总是自摸！

手气 shǒu qi 手上的运气即抓彩儿、打麻将、赌博等运气。

【例句】手气不错啊，这几天抓彩儿连续获奖，我怎么没有这运气？

手欠 shǒu qiàn ①爱动手打人。②手脚不老实，爱动手动脚。

【例句】①你手咋那么欠呢，孩子又没惹什么大祸，你老打他干什么？②你怎么那么手欠，人家打牌，你总伸手干什么？

手脚大 shǒu jiǎo dà 花钱大手大脚，不知节俭。

【例句】就你那么手脚大，还想攒下钱啊！

手头紧 shǒu tóu jǐn 经济拮据，手中没钱的隐语。

【例句】实在对不起，最近手头有点儿紧，等过一段粮食卖了就有钱了！

手头活泛 shǒu tóu huó fan 经济宽裕，手中有钱。与之相对应的是"手头不活泛"。

【例句】趁着手头活泛，赶紧买栋楼房！又如你别手头活泛就乱花钱，能省就省！

手头不宽裕 shǒu tóu bù kuān yù　经济紧张，手中钱不多。与之相对应的是"手头宽裕"。

【例句】最近手头不宽裕，实在没钱借给你！

手拿把掐 shǒu ná bǎ qiā　十拿九稳，极有把握。

【例句】如今中国乒乓球已经成为手拿把掐、绝对拿金牌的体育竞赛项目。又如没问题，手拿把掐，肯定完成任务！

手把脚环 shǒu bǎ jiǎo huán　手脚并用，举足无措即"手忙脚乱"。

【例句】我一个人整天忙得手把脚环的，你回来好几天了，也不知帮我干点儿什么，就知道在那喝酒！

手脚不适闲儿 shǒu jiǎo bùshíxiánr　形容人性格不稳重，爱动手动脚，没有安稳时候。

【例句】你这孩子，怎么手脚不适闲儿，刚刚玩儿完手机，又开始摆弄电脑，能不能学习学习啊？

手脚不干净 shǒu jiǎo bù gān jìng　形容人有小偷小摸、贪占小便宜等不良习惯。含有贬义。

【例句】刘能手脚不干净，他当理事会主任可不行！

守摊儿 shǒu tānr　也称"守堆儿"。坚守岗位。

【例句】我们去看"二人转"演出，你在单位守摊儿！

守堆儿 shǒu duīr　坚守岗位。

【例句】你干工作得守堆儿啊，不能朝三暮四的，小心老板抄你的鱿鱼！

守铺儿 shǒu pūr　信任可靠，不擅离职守。

【例句】赵三儿平时最守铺，还是让他当仓库保管员吧！

守家待地 shǒu jiā dài dì　也说"守家在地"。守在家中，不出远门。

【例句】别去深圳打工去了，守家待地在家种庄稼不也行吗？

收拾 shòu shi　"收"读shòu，不同于普通话里的"收拾"。①惩治，包括使用打、揍等非法手段。②干掉，消灭。③奸淫。

【例句】①你想办法把他收拾收拾，给他点颜色看看！②电视剧《闯关东》中，官军没能把鲜儿所在的土匪收拾掉，反叫土匪把官军收拾得够呛！③她让那个流氓给收拾了。

寿路 shòu lu　"路"字发短促轻音。寿命的长短。

【例句】您老安心治病，寿路还长着呢！

受 shòu　①遭到，得到。②喜爱，喜欢。

【例句】①"文化大革命"中，许多老干部受到了非人的折磨。②宋祖英的歌声真受听！

受憋 shòu biē　受窘，不自由。主要指不受缺少金钱的制约。

【例句】趁年轻多抓挠几个钱儿，老了好不受憋！

受应 shòu ying　也称"受用"。"应"字发轻音。舒服，舒坦，享受。

【例句】吃着瓜籽，喝着茶水，看着电视，这种日子可真受应！

受气包子 shòu qì bāo zi　挨别人欺负、经常受气的人。

【例句】我简直就是个受气包子，都拿我撒气！

受夹板子气 shòu jiá bǎn zi qì 夹在中间两头受气。

【例句】这是领导定的，又不是我定的，让我在中间受夹板子气！

瘦溜儿 shòu liur 身材苗条、瘦高。

【例句】你看人家长得多瘦溜儿，哪像你，胖得赛母猪！

瘦筋嘎拉 shòu jīn gā lā 形容人身体清瘦、柔弱、不健壮。

【例句】别看张老师瘦筋嘎拉，可没什么病。

瘦了吧叽 shòu la bā jī 同"瘦筋嘎拉"。

【例句】就你瘦了吧叽的，也敢和我比摔跤？我让你俩儿！

瘦驴拉硬屎 shòu lú lā yìng shǐ 比喻过于逞能、充阔，没有实力或能力硬充有实力或能力。讽刺性用语。

【例句】你既不是大款儿，又没有来钱道儿，还硬要扶持困难户，你就别瘦驴拉硬屎了，你有这个能力吗？

书迷 shū mí ①听说书着迷者。②爱读书、爱买书的人。

【例句】①我是个书迷，就爱听刘兰芳说的评书。②那人就是个书迷，每天都抱着书看！

熟 shú ①习惯。②动物听从口令。

【例句】①这台电脑我已经使熟了，换台新的还真不习惯。②大连极地馆的许多动物都驯熟了！

熟皮子 shú pí zi 熟皮子是通过捶打、刮削、浸泡等手段使皮张变得柔软。引申为比喻通过熟皮子等惩罚手段折磨人使人痛苦，并不是真的打人惩罚，而是一种形象的比喻。骂人语。

【例句】把他关起来，再给他熟熟皮子！又如我看你是皮子紧了，就欠给你熟熟皮子！

熟篇儿 shú piānr 非常熟悉的项目或拿手好戏。

【例句】唱个歌儿跳个舞，那是我的熟篇儿。

熟头熟脑 shú tóu shú nǎo 非常熟悉，非常了解。

【例句】大家都熟头熟脑的，能过去就过去吧，别太较真儿了！

熟头巴脑 shú tóu bā nǎo 同"熟头熟脑"。

【例句】都是熟头巴脑的乡亲们，有什么事儿都好商量！

数达 shǔ da "达"字发短促轻音。数落，批评，责备。

【例句】数达一阵又骂了一阵子！

数落 shǔ luo "落"字发短促轻音。同"数达"。

【例句】电视剧《老娘泪》中，找到儿子后，老娘没舍得数落犯罪的儿子，默默地送他去自首。

数叨 shǔ dao "叨"字发短促轻音。同"数达"。

【例句】我知道错了，你就别数叨了！

数嘴 shǔ zuǐ 耍嘴，光能说而不办实事。

【例句】别看他办事儿不怎么样，数嘴却真有一套！

数的着 shǔ de zháo "着"读 zháo。比较突出、优秀，可以排出名次，够得上标准。

【例句】他的网络游戏技术在我们同学中可数的着，打通关无所不能！

数闲篇儿 shǔ xián piānr 说闲话，闲唠嗑。

【例句】看把你俩闲的，没事儿在那数闲篇儿哪！

鼠迷 shǔ mi "迷"字发短促轻音。①慑服，害怕。②不幸，灾气。

【例句】①检察院一查你，你非鼠迷不可！②你说鼠迷不？平白挨了一棍子！

属 shǔ 像，类似。

【例句】你是属黄花鱼的？怎么总溜边儿！又如属夜猫子的，一到晚上就来精神！

数黄花鱼的 shǔ huáng huā yú de 黄花鱼有游边贴底的习性。借此比喻不肯出头而躲躲闪闪。含有贬义，讽刺性用语。

【例句】你怎么数黄花鱼的，为什么总溜边儿啊？

刷 shuā 贴，写。

【例句】"文化大革命"开始不久，毛主席也刷了一张大字报《炮打司令部》。

刷色 shuā shǎi 贴金，涂脂抹粉。

【例句】你不断给村支书刷色，是不是想当村长啊！

耍拉 shuǎ la 耍弄，戏弄。

【例句】电视剧《东北大先生》中，哈贝勒让杜巡长给耍拉了，哈贝勒憋气又窝火！

耍滑 shuǎ huá 敷衍了事，欺骗他人。

【例句】叫你干你就干，少给我耍滑！

耍龙 shuǎ lóng 比喻衣服破旧出窟窿。

【例句】你这条裤子都耍龙了，都可以进博物馆了！

耍驴 shuǎ lú 耍倔脾气，不听说劝。

【例句】我那孙子被我惯坏了，每天耍驴，谁说也不听！

耍熊 shuǎ xióng 耍赖，抵制。

【例句】小孙子要买新玩具，不给买就耍熊，说啥也不去幼儿园！

耍横 shuǎ héng 耍驴性，唱对台戏。

【例句】你要敢耍横，我就叫你卷铺盖卷儿回家！

耍叉 shuǎ chā ①小孩光腚或光着大腿。②吵翻。

【例句】①天这么冷了，怎么孩子还耍叉呢？②两人话不投机，说着说着就耍叉了！

耍挠 shuǎ náo 耍脾气。

【例句】这孩子刚两岁就会耍挠了！

耍耙 shuǎ pá 反悔，毁约，耍无赖。

【例句】这是咱们商量好的，你可不能耍耙啊！

耍滑头 shuǎ huá tóu ①耍心眼。②藏奸耍滑。

【例句】①电视剧《乡村爱情》中，刘能屡次耍滑头弄故事，屡次被戳穿！②答应的事儿，一定要给办，别总耍滑头糊弄人家！

耍嘴皮子 shuǎ zuǐpízi 也说"耍嘴儿"。光说不办，停留在嘴上。

【例句】你别光耍嘴皮子，办点儿实事儿！

耍贫嘴 shuǎ pín zuǐ ①耍嘴皮子，光说不办。含有贬义。②唠唠叨叨地说。

【例句】①你说话要有点准头，别净耍贫嘴！②一天光听你耍贫嘴，也不知道哪句是真话哪句是假话！

耍把式 shuǎ bǎ shi 翻腾，形容人不安分。

【例句】你一天翻跟头耍把式，到底练的是什么功？

耍活宝 shuǎ huó bǎo 故意做出滑稽动作或说出逗人发笑的话。

【例句】老邓可真能耍活宝，每天都逗得人哈哈大笑！

耍单儿 shuǎ dānr ①冷天穿单衣。②打光棍儿。

【例句】①大冷的天儿，你怎么还耍单儿呢？②老伴儿一死，王老汉可就耍单儿了。

耍花舌子 shuǎ huā shé zi 光说不做。含有贬义。

【例句】你别一天光耍花舌子，办点正事儿好不好！

耍急歪 shuǎ jī wɑi 耍脾气，翻脸。

【例句】有话慢慢说，别总耍急歪！

耍猴儿 shuǎ hour 也说"当猴耍"。①比喻戏弄人、不尊重人。②对无聊和毫无意义行为的比喻性的称呼。

【例句】①安排我当部门经理，又派我去当工长，这不是把我当猴耍吗？②我们这可是严肃的活动，不是来耍猴儿的，不遵守规矩你就请回吧！

耍埋汰 shuǎ mái tɑi 泛指大哭大闹威胁别人的行为。

【例句】到了信访办好好反映情况，别给人家耍埋汰！

耍圈儿 shuǎ quānr 物品的四周与中心分离。

【例句】这件羽绒服都耍圈儿了，买件新的吧！

耍小脸子 shuǎ xiǎoliǎnzi 也称"掉脸子"，即耍脾气，故意给别人脸色看。含有贬义。

【例句】你这脾气怎么这样？动不动就耍小脸子？

耍大冤 shuǎ dà yuān 闹不痛快，耍驴脾气。

【例句】在外边打完架，回家耍大冤来了！

耍把儿 shuǎ bǎr 不认帐或反悔。

【例句】定好的事儿，谁也不许耍把儿！

耍把子 shuǎ bǎ zi 拿架子，摆派头。

【例句】你能干你就干，就别耍把子了！

耍大刀 shuǎ dà dāo 不自量力，卖弄本事。

【例句】别在我面前耍大刀，就你那两把刷子，还在我面前显摆？

耍单帮 shuǎ dān bāng 也说"耍单儿"。脱离集体个人逞能、一个人行动而不需他人帮助。

【例句】这次旅游是单位集体活动,谁也不许耍单帮单独行动！

耍二皮脸 shuǎ èr pí liǎn ①不要脸面。②脸皮厚而赖皮赖脸。骂人语。

【例句】①严肃点，别耍二皮脸！②少给我耍二皮脸，你那点儿猫腻我还不知道？

耍狗砣子 shuǎ gǒu tuó zi 比喻故意做出一些低级耍笑行为。贬低性用语。

【例句】著名"二人转"演员魏三在台上耍狗砣子，逗得人哈哈大笑！

耍外面儿的 shuǎ wài miànr de 讲究外表、遵守场外规矩的人。

【例句】我爷爷当年是个极耍外面儿的人，很受人尊重。

耍家答子 shuǎ jiā dá zi ①只能在家中逞威风、发脾气，耍个人英雄。②在自家中玩耍而无外人。

【例句】①你也就在家里耍家答子，到外面你就茶铁（详见"茶铁"）了！②我们是耍家答子，玩儿几把小麻将！

刷 shuà "刷"读 shuà，下同。①不留情面地批评。②挑捡。③干净彻底地赢。④搧耳光。⑤拒绝并使其下不来台。⑥用不正当手段弄到手。⑦剔除抛弃。

【例句】①《星光大道》没去成，还让老父亲给刷了一顿。②把这捆韭菜刷刷！③打了一天小麻将，我把他们仨都给刷了！④再不听话，看我怎么刷你？⑤再不给我办事，看我不刷他个大马勺！⑥我终于把他新买的手机刷到手了！⑦我看刷他吧，不带他去三亚了！又如把次苞米都刷掉，好苞米能卖个好价钱！

刷白 shuà bái ①形容物体非常白。②形容人的脸色白里发青。

【例句】①每到晚上，街灯刷白一片，非常亮堂！②血流得过多，脸色刷白，人恐怕不行了！

刷齐 shuà qí 齐齐整整。

【例句】这国道修得刷齐刷齐的，一点弯儿都没有！又如你看！这趟树栽得刷齐，真像用尺量的似的！

刷大马勺 shuà dà mǎ sháo ①被解除职务或辞退。②碰壁。均为诙谐性用语。

【例句】①别看今天挺神气，早晚得被刷大马勺！②小赵去求局长帮忙贷款，局长不仅没答应，还批评了小赵，小赵被刷了个大马勺！

摔打 shuāi da "打"读da，发短促轻音。也称"摔摔打打"。①以摔东西的肢体行为表示不满。②磨炼，锻炼。③拿在手里磕打。

【例句】①有意见可以提，摔摔打打干什么？②先把他放到基层摔打摔打，然后再考虑提拔重用。③把脏衣服摔打一下，然后再放进洗衣机！

摔脸子 shuāi liǎn zi 耍态度，给脸色看。

【例句】因无故不上班被领导批评了几句，谁知话没说完他一摔脸子就走了。

摔泥泡 shuāi ní pào 儿童的一种玩儿泥游戏。

【例句】小孙子和其他小朋友一块儿摔泥泡，摔得满身满脸都是泥！

摔谝子 shuāi piǎ zi 跌摔，摔跟头。

【例句】刚下过大雨，广场太滑，一不小心摔了个大谝子！

摔摔打打 shuāi shuāi dā dā "打"地dā。同"摔打"①②。

【例句】①用不着摔摔打打的，有什么意见你就说！②这孩子太嫩，还得摔摔打打一阵子才行！

甩 shuǎi ①痛快地给或扔。②潇洒地写。③用长杆钓鱼。④抛弃。⑤玩耍。

【例句】①开学了，我到呼和浩特上大学，临行前我二叔一把甩给我五千块钱。②你的字写得真帅，给甩几笔！③走，到河边甩几杆鱼！④怎么，你叫人家给甩了？⑤闲着没事儿，咱们甩两把扑克！

甩词儿 shuǎi cír 即拽〔zhuǎi〕文，显示文采。

【例句】您今年贵庚？算了吧，你可别甩词儿了！

甩达 shuǎi da "达"字发短促轻音。突然甩手、转身，表示不满。

【例句】我又没招没惹你，你甩达啥？

甩裆 shuǎi dang "裆"字发轻音。裤裆较大或衣服较肥大。

【例句】你这件衣服有点大，你不觉得甩裆甩裆的吗？

甩耙子 shuǎi pá zi 不干了，放弃了。讽刺性用语。

【例句】我安排他去当保洁员，他竟甩耙子不干走人了！

甩头 shuǎi tou "甩"字发重音，"头"字发短促轻音。形容人有派头，有风度。诙谐性用语。

【例句】著名大画家范曾老爷子不仅画画得帅，人长得有风度，又非常有学问，可真有甩头！

甩头拔楞角 shuǎi tóu bū leng jiǎo "拔"读bū。形容人摇头摆脑不服气的表现。

【例句】儿子一天泡在网吧里，我熊了他一顿，他还甩头拔楞角地不服！

甩熊话 shuǎi xióng huà ①表示后悔或叫苦。②说强硬的话。

【例句】①这是一项重要而艰巨的任务，必须保证完成，谁也不许甩熊话！②刚刚涉及你一点个人利益，你不调查调查怎么就甩熊话？

甩湾子 shuǎi wān zi 河的拐弯处。

【例句】甩湾子处鱼多，咱们上那儿钓去！

甩剂子 shuǎi jì zi 生气或赌气离开，甩袖而走。

【例句】两句话没投机，他甩剂子就走了。

甩裆尿裤 shuǎi dāng niào kù 也说"水裆尿裤"。形容人衣着不整、衣服不合身而一副狼狈相。含有贬义。

【例句】就你这副甩裆尿裤的样子，怎么去会亲家，还不让人家笑话死？

甩大鼻涕 shuǎi dà bí zi 形容人痛哭流涕的样子。含有贬义。

【例句】你就抽吧，警察来了，看你不甩大鼻涕！

甩开膀子 shuǎi kāi bǎng zi 放开手脚，使出全力。

【例句】如今农业税都免了，种地国家还有补贴，你就甩开膀子干吧！

甩蹄拉拉胯 shuǎi tí lā lā kuà 形容人因过度劳累而支腿拉胯、摇摇晃晃站不住的样子。含有贬义。

【例句】你没看大家都累得甩蹄拉拉胯的，休息休息吧！

甩手掌柜的 shuǎi shǒu zhǎng guì de ①有权有势却不做

具体领导工作而放心让别人去做。②游手好闲、游游逛逛的人。讽刺性用语。

【例句】①你怎么成了甩手掌柜的，把企业都交给别人管理了？②你怎么一天就是个甩手掌柜的，什么活儿也不干？

甩牌子掌柜的 shuǎi pái zi zhǎng guìde 有职无权的经理或掌柜的。讽刺性用语。

【例句】电视剧《闯关东》中，朱家老大朱传文其实就是个甩牌子掌柜的，真正当家是老父亲朱开山！

帅气 shuài qi 英俊，漂亮。

【例句】著名演员唐国强演技好，人长得又帅气，是人们喜欢的影视明星。

拴车 shuān chē ①买车具组成一辆车。②赶大车。

【例句】①"人民公社"那咎儿，生产队连挂大车都拴不起。②实行联产承包责任制后，我自己不仅拴了车，还买了小四轮拖拉机！

拴对儿 shuān duìr 制造冤家对头。

【例句】这小子挺坏，经常在工友们中间拴对儿！

涮弄 shuàn long "弄"字读 long 并发短促轻音。转动眼珠儿想坏主意。

【例句】这人不停地涮弄着大眼珠子，不知又打什么坏主意？

双 shuāng "双"读 shuāng，下同。对折。

【例句】把绳子双着系，否则系不牢！

双日子 shuāng rì zi 逢双的日子即吉利的日子。

【例句】谁家举行婚礼不选个双日子？

双条 shuāng tiáo "二人转"的旧称，因多为男女两人演出，故名。

【例句】乡亲们就爱看双条，一天不看就像缺点儿啥似的！

双棒 shuāng bàng 双胞胎。

【例句】盼儿子盼儿子，结果一下子生了个双棒，你说美不美？

双身板儿 shuāng shēn bǎnr 怀孕妇女。

【例句】你已经是双身板儿了，多注意身体，千万别扭了摔了什么的！

霜打似的 shuāng dǎ shì de 形容人低头耷脑,精神不振,精神萎靡。

【例句】你干嘛像霜打似的，低头耷拉脑的，有什么想不开的事儿，说出来给姐姐听听！

爽利 shuǎng li "利"字发短促轻音。索性。

【例句】我爽利跟你明说吧，这次出国考察并没有你！又如爽利你就亲自去一趟吧，否则你不会查明真相！

爽手 shuǎng shǒu 顺手，应手。

【例句】这把小提琴用着真爽手！

爽手货 shuǎng shǒu huò 出手快、好卖的货。

【例句】江苏栖橙是爽手货，赶快去再进一批！

双 shuàng "双"读 shuàng，下同。一对儿，两个。

【例句】这姑娘长得真漂亮，高鼻梁，双眼皮儿，个子也高！又如老张家生了个龙凤胎一对双儿！

双眼暴皮儿 shuàng yǎn bào pír 形容人双眼皮长得好看，浓眉大眼。

【例句】影视演员赵薇双眼暴皮儿的，人长得很有神！

谁家过年不吃顿饺子 shuí jiā guò nián buú chī dùn jiǎo zi 与平常没有什么区别，完全属于正常，不值得大惊小怪，不值得任何骄傲或高兴。

【例句】谁家过年不吃顿饺子，你考试得了双百分也别太高兴，继续努力吧！

水 shuǐ ①败落。②软弱。③质量低劣。

【例句】①政策这么好，你家的日子怎么越过越水呢？②瞧你水裆尿裤的样子，能有什么出息？③有些电视剧太水了，简直是粗制滥造！

水膘 shuǐ biāo 肥肉，虚肉。

【例句】别看我块头这么大，其实都是水膘。

水货 shuǐ huò ①假冒伪劣产品。②指能力低下的人。

【例句】①摩托罗拉手机店不经营水货，全部是正品。②你就是个水货，这么好的买卖不挣钱还赔本！

水量 shuǐ liàng 游泳的技能。

【例句】我的水量一般，没什么大能量。

水汤 shuǐ tang "水"字发重音，"汤"字发短促轻音。软弱无力，非常懦弱。

【例句】平常逞强好胜，真到关键时候就水汤了。

水叽　shuǐ ji "叽"字发短促轻音。同"水汤"。

【例句】电视剧《樱桃》中红红的父亲太水叽了，没有一点儿刚性。

水灵　shuǐ ling ①新鲜。②漂亮而有精神。

【例句】①这黄瓜真水灵，顶花带刺的！②日本女乒乓球运动员福原爱这小姑娘长得真水灵，谁见谁都喜欢！

水裆尿裤　shuǐ dāng niào kù 裤裆长湿不干，引申为①同"甩裆尿裤"。②形容人办事不干脆不利索，拖泥带水。

【例句】①瞧你水裆尿裤的，能不能穿利索点儿！②那人办事儿水裆尿裤的，成不了大事！

水拉巴叉　shuǐ la bā chā 也说"水拉巴叽"。①淡而无味。②稀松平常。

【例句】①这菜做得水拉巴叉的，没什么味道。②这事一定要办好，绝不能办得水拉巴叉的！

水了巴叉　shuǐ la bā jī 同"水了巴叉"①②。

【例句】①这西瓜水了巴叉的，一点儿都不甜！②就你那点儿水了巴叽的三脚猫功夫，算啦吧！

水拉咣当　shuǐ la guāng dāng 同"水拉巴叉"①。

【例句】这豆角炖得水拉咣当的，一点儿也不香。

水水汤汤　shuǐ shuǐ tāng tāng 稀松平常，不上讲究。

【例句】这事儿 叫你办得水水汤汤的！又如瞧你办得这水水汤汤的事儿，你还有没有点儿长进？

水鸡尿蛋 shuǐ jī niào dàn 完蛋无能。骂人语。

【**例句**】你个水鸡尿蛋的玩意儿，连他你也怕？

水米没打牙 shuǐ mǐ méi dǎ yá 既没喝水也没吃饭。

【**例句**】我已经两天水米没打牙了，赶快给我做点儿什么吃的！又如我们在大山里迷路了，好几天水米没打牙了！

水过地皮湿 shuǐ guò dì pí shī 也说"雨过地皮湿"。①表面文章，表面现象。②稍纵即逝，不留任何痕迹。

【**例句**】中央文件一定要落实，绝不能水过地皮湿！又如一定要抓住证据，否则水过地皮湿，一切都为时已晚。

惇 shún 非常难看。

【**例句**】看你这衣服穿的，土不土洋不洋，怎么惇怎么打扮！

惇鸟儿 shún niǎor 愚蠢的人，笨人。骂人语。

【**例句**】你真是个大惇鸟儿，这么敲打你你也不开窍！

惇头 shún tóu ①愚蠢。②倒霉。

【**例句**】①你怎么这么惇头，要罚款你就给？②我可真够惇头的，刚一上火车钱包就被偷走了！

顺 shùn ①顺手拿走。②竖着放或插。③竖着放。④从。⑤按一个方向和顺序。⑥顺从。

【**例句**】①婚礼那天非常热闹，但有几条烟不知谁给顺走了。②抽出几根一看不对，又赶紧给顺进去了。③俗话说，顺的好吃，横的难咽。④顺你嘴里说不出什么好话来！⑤短兵相接，顺枪来不及了，只好撕打在一起拼命！⑥这小子横顺不吃，真是个横荏子！

顺撇儿 shùn piěr 性格或脾气对路，合拍。

【例句】这几年，我跟老主任合作一直挺顺撇儿！

顺过架 shùn guò jià ①适应环境。②适应所从事的工作。

【例句】①这样嘈杂的环境一时很难适应，慢慢地才顺过架来。②电脑操作员的工作一时很难适应，干了一个多月才顺过架来。

顺拐 shùn guǎi ①走路时左右脚迈出不协调，一侧的胳膊腿同时朝着一个方向迈动。②鞋不配套而是同一只脚的鞋。③不由自主顺着他人的立场或观点说话或办事。

【例句】①你怎么走路总顺拐？先迈哪只脚还不知道？②买了一双鞋，仔细一看才知道是双顺拐鞋！③我也不知道怎么就顺拐了，帮助对方说话了！

顺溜 shùn liù "顺溜"两字均发重音。顺便。

【例句】到医院顺溜给我开点儿药，我这儿正忙离不开！

顺溜儿 shùn liur "顺"字发重音，"溜儿"发短促轻音并突出"儿"音。①有次序。②顺畅，顺当，通畅。

【例句】①那片杨树长得可顺溜儿了，已经成材了！②今天办事儿可真顺溜儿，一点儿没遇麻烦！

顺手儿 shùn shǒur ①得心应手。②做事儿没遇阻碍非常顺利。

【例句】①这个手机买了好几年了，用惯了，使着真挺顺手儿！②这次办调转真挺顺手儿，没遇什么大麻烦！

顺口 shùn kǒu ①适合口味。②无意间说出的话。

【例句】①我喜欢吃东北菜，尤其是酸菜炖粉条，最顺口。②其实我也不是有意的，不过是顺口说出来的而已。

顺嘴儿　shùn zuǐr　①脱口而说，不假思索。②念或读起来非常流畅。

【例句】①总把北京残运会说成北京奥运会，说顺嘴儿了。②文章写得不错，中心思想明确，念起来也挺顺嘴儿。

顺色　shùn shǎi　同"靠色"。颜色过于接近。

【例句】你这条围巾和上衣太顺色了！

顺甜　shùn tián　非常甜。

【例句】新饮料产品沙果汁可口又顺甜，市场前景非常看好！

顺便儿　shùn biànr　利用一件事儿的机会做另一件事儿。

【例句】别多心，我不过是顺便儿问问，没旁的意思！又如你上医院顺便儿给我开点儿药来！

顺道儿　shùn dàor　"顺""道儿"两字均发重音。顺路，利用路途的方便。

【例句】你不说赶集去吗？上车吧，正好顺道儿！

顺道　shùn dao　"顺"字发重音，"道"字发短促轻音。非常顺利，没有曲折、挫折。

【例句】没想到今天办事儿这么顺道，今天真是个好日子！

顺毛驴　shùn máo lú　形容人只能顺着不能逆着，即"服软不怕硬"。讽刺性用语。

【例句】他这个人就是个顺毛驴，你说话一定要格外当心！

顺风旗 shùn fēng qí 也说"顺风打旗"。看人眼色行事，顺着别人的观点说话，按照别人的意思办事。

【**例句**】你就是个打顺风旗的货色，一点儿立场都没有！

顺杆儿爬 shùn gānr pá ①一味附和别人，借他人的思路或话题继续发挥。②他人稍给机会便加以利用并发挥。讽刺性用语。

【**例句**】①我说老公，你可别顺杆儿往上爬，这话可是你说的？②你可真能顺杆儿爬，好容易给你个公出开会的机会，你还要借机旅游，那你自己负责旅差费吧！

顺口溜 shùn kǒu liū 够不上诗，只是一种民间流行的押韵的长短不一的句子，多用于口语。

【**例句**】你这哪里是什么诗啊，充其量不过是个顺口溜而已！

顺毛抹挲 shùn máo mā suo "抹挲"读mā suo。同"顺毛驴"。

【**例句**】那小子才倔呢，你得顺毛抹挲，他才能听你的！

说 shuō ①代人提问。②提醒听话人注意。

【**例句**】①怎么，说你还不服吗？②我给你出一道脑筋急转弯题。说！

说道儿 shuō daor "说"字发重音，"道儿"发短促轻音。①讲究，来历。②问题，规则。③内情，隐情。④用话表达。⑤争论高低，理论一番。

【**例句**】①端午节吃粽子，这里还有个说道儿呢！又如我们家娶媳妇没那么多说道，简简单单就行了！②亏你买彩电时有原始发票，有没有发票说道儿可大了！③别人的录取通知书都到了，而我考高分的录取通知书一直没到，这里一定有说道儿！④我把这次去南方考察的感受跟大家说道儿说道儿！⑤凭什么不让我去南方考察，你得跟我说道儿说道儿！

说头儿 shuō tour　"说"字发重音，"头儿"发短促轻音。同"说道儿"①。

【例句】要说考公务员，这里说头儿可大了！

说破 shuō pò　用语言点破内情，揭露隐秘。

【例句】你就别装了，叫我把你那点儿猫腻给你说破好啊？

说话 shuō huà　①两种物体搭在一起。②因碰撞或摩擦发出声响。以上两个内容均多使用否定式语言。

【例句】①水管粗而罗丝帽口细，它俩说不上话。②盘碗之间要垫上纸，不能让它们说话，否则就碰碎了！

说话儿 shuō huàr　①插入语。②比喻时间很短。

【例句】①说话儿嘛，现在的政策实在是太好了！②说话儿北京奥运会就开完了，大学生冬季运动会又在哈尔滨举行了！

说项 shuō xiang　①同"说道儿"②　。②同"说道儿"⑤。③土匪与被绑票者的家属之间的斡旋人称"说项人"，也称"花舌子"。

【例句】①要说科学种田，这里的说项可多了！②我是总工程师，到底为什么不让我参加出国考察团，这你可得给我说项说项！

说死 shuō sǐ 说准，说定，不能改变。

【例句】这事儿咱俩可说死了，谁也别变！

说这话 shuō zhè huà 表示旧话重提。

【例句】说这话已是四十多年前的事了，那时我们初中刚毕业就到农村插队落户了。

说白了 shuō bái la ①把文词的含义说成白话。②把隐含的、不便明说的隐私或问题说清楚、说明白。

【例句】说白了，"贵庚"就是问今年多大年龄。②说白了，不让我参加地震义演晚会，还不是领导报复我不请假走穴的那件事儿！

说的是 shuō di shì 应答语，表示赞同。犹如"就是这样"。

【例句】如今这小孩子太任性！说的是，都是独生子，可娇惯了！

说不上 shuō bù shàng ①说不着。②说不清。

【例句】①人不是我打的，这事儿跟我说不上。②你问我？我也说不上！

说人儿 shuō rénr 娶媳妇或找老伴儿。多指中老年人。

【例句】老伴死了这么年了，你也没再说个人儿？

说笑儿 shuō xiàor 即"说笑话""开玩笑"的省略语，不是"说说笑笑"之意。

【例句】我这不是跟你说笑儿吗，你何必这么认真呢！

说瞎话儿 shuō xiā huàr 编瞎话，讲故事。

【例句】小品《超生游击队》台词："一到晚上就给我说瞎话儿，讲故事。""讲的什么，都忘了！"

说过撂过 shuō guò liào guò 以前说过的话或做过的事儿都撂在一旁不再重提、计较。

【例句】算了吧，过去的事儿就说过撂过了，你就说现在怎么办吧？

说咸道淡 shuō xián dào dàn 品头论足，发表各种议论，犹如"说长道短"。含有贬义。

【例句】咱们基金会的钱一定要定期公布，千万别叫人说咸道淡的说闲话。

说大话使小钱儿 shuō dà huà shǐ xiǎo qiánr 形容人善于说大话而不办实事，言行不一。含有贬义。

【例句】你小子说大话使小钱，从来不办正事！

说出大天来 shuō chū dà tiān lái 无论如何，什么理由也不行。一种肯定性用语。

【例句】说不行就不行，说出大天来也不行！

说话叭叭的，尿炕哗哗的 shuō huà bā bā de, niào kàng huā huā de "说话叭叭的"是形容人特别能说话；"尿炕哗哗的"是形容人没有真实本领，整个话是说能说会道而不办实事。讽刺性、诙谐性用语。

【例句】你小子说话叭叭的,尿炕哗哗的,从来不办人事儿！

私学 sī xiáo "学"读 xiáo。私塾。

【例句】解放前，我爹念了几年私学，当年就算知识分子了。

私房话 sī fáng huà 说有关个人隐私的话，说悄悄话。

【例句】姐儿俩多年不见面了，刚一见面，两人有说不完的私房话！

私活儿 sī huór 私自揽的活儿或自己的活儿。

【例句】有班不上，请病假在家干私活儿！

私孩子 sī hái zi ①超计划生育没有落上户口的孩子。②私生子。

【例句】①何家那个老儿子是个私孩子，到现在也没落上户口。②那是她带来的私孩子，爹是谁都不知道。

丝丝挠挠 sī sī nāo nāo 麻、绳、线等交错盘结。

【例句】这团毛线丝丝挠挠的，很难摘开！

丝丝拉拉 sī sī lā lā 断断续续，一阵一阵，稍微有些。主要指疼痛、伤痛。

【例句】我这是老寒腿了，一到冬天就丝丝拉拉地疼。

思谋 sī mo 思索，思考。

【例句】我思谋着,电脑课很快就会列入高中的主要教学内容。

嘶嘶哈哈 sī sī hā hā 因天气寒冷或食品在口中过辣、过烫而发出的声音。

【例句】十冬腊月天太冷了,出门一个个被冻得嘶嘶哈哈的。

撕巴 sī ba ①打架时双方互相撕扯对方即"扭打"。②缠磨。常重叠使用。

【例句】①刘能和谢广坤素来不和，两人一见面就撕巴起来了。又如你们别撕撕巴巴的，有话好说，叫别人看见多不好！②这么大岁数的人，还架得起你这么撕巴？

撕破脸皮 sī pò liǎn pí　翻脸，不顾情面。

【例句】要想秉公执法，就要撕破脸皮！

死 sǐ　使用非常广泛词语之一。①不留余地。②过期不许赎回、领回即作废、失效。③食物发硬。④代表动词"恨"。⑤置动词前代表"爱"。⑥其余还有起副词作用的死拉冷、死拉沉、死驴、死抠、死倔、死犟、死不要脸等等，都是"非常""特别"之意。

【例句】①你先别把事说死，还能商量商量吗？②我参加的是"人寿安康险"，如果不按期交纳保费，保险就死了。③今天蒸的馒头碱小了，有些发死。④这几天你死哪儿去了，连个影都不见！⑤死进来吧，还在外边站着干什么？⑥这死冷的天，你不在家猫着，还上哪儿逛去啊？

死性 sǐ xing　"性"发短促轻音。为人办事儿死板不灵活。

【例句】那人太死性，指望他办事儿可不行！

死样儿 sǐ yàngr　含有娇嗔、亲昵的指责语或骂人语。

【例句】就你那死样儿，还能当影视明星？又如你瞧你，就你那小死样儿，哪个人能看上你？

死倒儿 sǐ dǎor　野外或路边没人认领的死尸。

【例句】哎呀！路旁有个死倒儿，赶快报警吧！

死死的 sǐ sǐ de　①不留余地，不留后路。②全部忘记，没有印象。

【例句】①这事儿咱们可得定得死死的，可千万不能再变啊！②哎呀！这事儿我可忘得死死的了，亏你提醒！

死个丁的 sǐ ge dīng de "丁"字拉长音。①形容人呆板、没眼力见。②形容食物发硬不松软。③死死的、牢牢的。

【例句】①他那个人办事死个丁的，脑袋不开窍！②这饼烙得死个丁的，咬都咬不动。③人挪活，树挪死，你为什么非得死个丁的拴在一个单位？

死钱儿 sǐ qiánr ①无利息的钱。②没派上用场的钱。

【例句】①放在你手中就是点死钱儿，如果借给我我会给你按红利分成！②我手中就这么点死钱儿，如果借给你，我连个过河钱都没有了！

死玩意儿 sǐ wán yìr 含有亲昵成分的骂人语。

【例句】你这个死玩意儿，这么长时间也不来看我！

死羊眼 sǐ yáng yǎn 形容人办事不机灵，没有眼力见。骂人语。

【例句】你怎么像个死羊眼，那么暗示你你都不明白？

死心眼儿 sǐ xīn yǎnr 比喻人为人呆板不灵活，不善通变。

【例句】你真是死心眼儿，遇事不会多动动脑筋？

死拉沉 sǐlāchén 同"死嘟噜沉"。

【例句】老式彩色电视机死拉沉，如今都是超薄电视机，非常轻。

死葫路 sǐ hú lù "路"字发重音并拉长音读。①实心的，没有孔没有缝。②比喻办事死板不灵活。

【例句】①石碾子是死葫路的，也没个把手，非常难搬动！②你怎么长个死葫路脑袋，一点儿也不开缝儿！

死闷子 sǐ mèn zi 形容人不机灵，呆板。

【例句】我们那经理是死闷子一个，他认准的道儿谁也说不动！

死膛儿 sǐ tángr 形容物品因实心儿而不通气。

【例句】这根钢管已经死膛儿了，不能再用了！

死心儿 sǐ xīnr 同"死膛儿"。

【例句】来，找一根死心儿的铁管当撬棍使！

死眼泡 sǐ yǎn pāo 形容人呆板没有眼力见的人。

【例句】你可真是个死眼泡，领导是什么心思你怎么就看不出来？

死规局儿 sǐguījúr "局儿"拉长音并突出"儿"音。固定不变的规则或制度。

【例句】这是实行多年的死规局儿，任何人也不许改变！

死冷寒天 sǐ lěng hán tiān 天气非常寒冷。

【例句】这死冷寒天的，你还要去旅游啊？

死热黄天 sǐ rè huáng tiān 也说"死热荒天"。形容天气非常炎热、闷热。

【例句】这死热黄天的，喘气都困难，怎么去旅游？这死热荒天的，你不在家待着，大老远跑来干啥？

死殃巴出 sǐ yáng bā chū 形容人过于固执而不灵活。含有贬义。

【例句】在一个单位共同工作了十几年，人家都去走礼，你怎么死殃巴出的没什么表示？

死佯摆气 sǐ yáng bǎi qì 形容人萎靡不振、佯死不活的样子。含有贬义。

【例句】你这是咋的了？死佯摆气的，活不起了咋的？

死泥抹子 sǐ ní mǒ zi 比喻人过于呆板而不灵活。含有贬义。

【例句】我那公公就是个死泥抹子，胡搅蛮搅的不讲理！

死人幌子 sǐ rén huǎng zi 形容身体特别单薄、消瘦、形同死人。含有贬义。

【例句】他那像死人幌子的身子骨，怎么能干重体力活儿？

死脑瓜骨 sǐ nǎo guā gǔ 形容人脑筋不开化、不灵活，遇事不会动脑筋，喜欢认死理。

【例句】你这人怎么是死脑瓜骨，在一棵树上吊死？又如你怎么死脑瓜骨，办这么大的事不进贡能办成吗？骂人语，含有贬义。

死嘟噜沉 sǐ dū lu chén 非常沉，死沉死沉。

【例句】搬家时电冰箱最难搬，连个把手也没有，死嘟噜沉！

死不要脸 sǐ bú yào liǎn 不知羞耻。有时用于骂人语，程度较轻；有时用于娇嗔用语，含有嗔意。

【例句】你咋这么死不要脸，脸皮比长城都厚！又如你个死不要脸的，多长时间没和我联系了，死哪儿去了？

死乞百咧 sǐ qi bái liē ①非常，特别。②过分地纠缠、软磨硬泡。

【例句】①你病倒之后不省人事，我们抬你去做CT检查，你可真是死乞百咧的沉啊！②孩子死乞百咧地缠着我，非要给他买个手机不可！

死爹哭娘 sǐ diē kū niáng 形容人非常倔强、执拗，不听劝告而我行我素。骂人语。含有贬义。

【例句】你个死爹哭娘的犟种，不叫你做买卖你偏不听。怎么样，赔惨了吧！

死眉卡吃眼 sǐ méi kā chi yǎn 形容人呆呆板板不机灵。骂人语。

【例句】你怎么死眉卡吃眼的，也不长个眼儿力见儿！

死要面子活受罪 sǐ yào miàn zi húo shòu zuì 为了维护自己的脸面而牺牲一切。讽刺性用语。

【例句】你可真是死要面子活受罪，你找领导认个错还能掉块儿肉啊，将来怎么再见人家啊？

四称 sì cheng "称"字发短促轻音。也称"适称"。比喻身体各部分匀称、和谐。

【例句】人长得不高不低，身体四称苗条。

四致 sì zhi "四"字发重音，"致"字发短促轻音。妥贴，讲究，既形容人，也形容物体。

【例句】你看这小伙儿长得多四致，找不出什么缺点。又如这房子盖得多四致，远近没有第二家。

四彩礼 sì cǎi lǐ 也说"四盒礼儿"。四种物品组成的一份礼品。民间认为"四"是吉祥数字，意为齐全。

【例句】今年8月是老岳父八十大寿，咱们买四彩礼去拜寿吧！

四五六　sì wǔ liù　有条理，有头绪。

【例句】你这死脑瓜骨，咋就掰不出个四五六来呢！

四眼儿齐　sì yǎnr qí　非常齐全，什么都不缺少。

【例句】干嘛非要四眼儿齐啊，差一不二就行了呗！

四棱四角　sì léng sì jiǎo　方方正正。

【例句】这房子盖得四棱四角的，真有气派！

四六不懂　sì liù bù dǒng　形容人头脑僵化，什么也不懂。含有贬义。

【例句】这么下力培养你，你这人怎么四六不懂，好赖话都分不清！

四眼儿齐　sì yǎnr qí　东北民间认为"四"是吉利数字。"四眼儿齐"即是什么都齐全了、条件完全具备了。

【例句】啥事儿都四眼儿齐了，就等你来做主了！

四马分肥　sì mǎ fēn féi　形容方方面面都来分割利益。

【例句】企业发达了，许多人眼儿热，免不了都来四马分肥！

四六不上线　sì liù bú shàng xiàn　形容人不成材，不成器。

【例句】这么下功夫培养你也不见长进，你这人怎么四六不上线呢？

四路旁人　sì lù páng rén　路人，陌生人。

【例句】亏得你们亲戚一场，连四路旁人都不如！

四棱　sì léng　正方体的物品。

【例句】四棱见方的魔方在爱好者手中玩得出神入化！

四棱见线　sì léng jiàn xiàn　棱角分明。

【例句】中央电视台专栏节目《想挑战吗》中，魔方挑战者不到一分钟就可以还原四棱见线、已经被破坏得毫无规则的魔方！

四棱八箍 sì léng bā gū 形体不规则。

【例句】奇石爱好者珍藏的奇石中，有许多是四棱八箍的怪石，外行人根本看不明白！

四马攒蹄 sì mǎ cuán tí 手脚都被捆绑上，形容累得不成样子，动弹不得。

【例句】扑打森林大火去了十几天，回来时已经累得四马攒蹄，美美地睡了一大觉。

四转圈儿 sì zhuàn quānr 四周，周围。

【例句】来到西安兵马俑展览馆参观，一进展览馆，四转圈儿一瞅，才知道秦始皇为我们留下了这么宝贵的财富，让人叹为观止！

四脚落地 sì jiǎo lào dì "落"读lào。形容非常稳妥、安稳，没有漏洞或遗憾。

【例句】放心吧，已经四脚落地了，肯定经得起检查！

四腿拉胯 sì tuǐ là kuà 也说"四脚拉胯"。形容人手脚伸开、无拘无束的样子。含有贬义。

【例句】你四腿拉胯地躺在炕上，叫人看见多不好看！

四仰巴叉 sì yǎng bā chā 四肢伸开、仰面朝天躺倒。含有贬义。

【例句】你四仰巴叉地躺在那里干什么呢？

一丝忽拉 —sī hū lā 形容词尾。表示恐惧或厌恶。

【例句】血丝忽拉、热丝忽拉等。如哎呀！这是怎么了，浑身血丝忽拉的，怪吓人的！

松包 sōng bāo 形容人怯懦、窝囊。

【例句】你咋这么松包，不让你去你就不去？

松套 sōng tào 泄劲儿。

【例句】咱们既立下了军令状、签署了协议书，就必须按协议内容办，谁也不许松套！

耸达 sǒng da "达"字发短促轻音。推、搡。

【例句】我实在走不动了，你就别再耸达我了！

耸耸达达 sǒng sǒng dā dā 形容人哭时双肩抽动。

【例句】什么事儿啊，哭得这么伤心，还耸耸达达的！

送 sòng ①身体向前挺。②用工具递。③目光跟着目标走。④送进司法机关接受惩治。

【例句】①听口令：收腹、挺胸、抬头，身体稍向前送！②一捆捆沉甸甸的谷子被洋权送进脱谷机入口。③我们在村口告别了前来送行的众乡亲，乡亲们的目光将我们送出很远很远……④再不改，看我不把你送进大狱！

送官 sòng guān 旧指把人送官衙问罪，今指交由有关行政管理部门进行行政处罚。

【例句】这要是在旧社会，非把你送官不可！又如咱们是送官呢还是私了？既然私了不行，那就送官吧！

送货 sòng huò ①把好事或便宜送到家。②白白送给人家。讽刺性用语。

【例句】①他千里迢迢扑奔你，还不是给你送货来了？②打一把麻将输一把，我简直就是个送货的小工兵！

送贺儿 sòng hèr 送财物，送礼物。

【例句】我哪年不给那几个头面人物送贺儿，今年也不能例外！

送空头人情 sòng kōng tóu rén qíng ①只在口头上许诺给予好处而并不付诸实施。②自己不出力，借别人的光给他人好处。

【例句】①你别光送空头人情，什么时候你也领我到大酒店喝点儿国外名酒！②你就别送空头人情了，我知道这事儿不是你办的，其实是老杨帮忙给办的！

馊主意 sōu zhú yi 见不得人的坏主意。

【例句】你好主意不出，怎么净出馊主意！

馊巴主意 sōu ba zhú yi 坏得出奇的主意。

【例句】你怎么净出馊巴主意，一肚子花花肠子！又如这肯定是刘能出的馊巴主意，除了他没别人！

俗 sú ①不新奇，不新颖。②俗气，不协调。③贪爱钱财。

【例句】①你不觉得这幅画太俗了吗？一点儿没有新意！②好好的砖墙贴些红红绿绿的瓷砖，你不觉得太俗了吗？③你这人咋这么俗，这点小便宜也占？

素气 sù qi ①衣着朴素。②食物缺少油荤。

【例句】①你这件衣服太素气了，显得人更老了！②这鸡蛋炒角瓜片太素气了，没滋拉味儿的！

酸 suān　形容人脾气差，易生气发火。

【例句】你这脾气咋这么酸呢，怎么这么爱发火呢？

酸性 suān xing　同"酸"。

【例句】这孩子才酸性呢，动不动就急歪！

酸叽撩的 suān ji liao de　也说"酸叽溜的"。形容食品太酸不可口。

【例句】馒头碱小，酸叽撩的，真不好吃！又如这俄罗斯大列巴酸叽撩的，有什么吃头！

酸叽溜的 suān jī liū de

同"酸叽撩的"。

【例句】东北大菜酸菜炖粉条，酸菜酸叽溜的，粉条滑叽溜的，真好吃！

酸不溜丢 suān bu liū diū　①形容人办事不大方，小肚鸡肠。②形容食品有酸味。

【例句】①张科长为人酸不溜丢的，一点儿也不豁达。②这梨还没成熟，酸不溜丢的，一点都不好吃。

酸皮拉臭 suān pí lā chòu　形容人脾气暴躁，好翻脸，好急歪。含有贬义。

【例句】他就是个酸皮拉臭的脾气，少搭理他！

酸脸猴子 suān liǎn hóu zi　同"酸皮拉臭"。

【例句】谢广坤就是个酸脸猴子，说翻脸就翻脸，喜怒无常。

酸叽叽 suānjījī　形容人脾气不好，修养较差，遇事沉不住气而爱发脾气耍急歪。含有贬义。

【例句】你这人怎么酸叽叽的，动不动就耍急歪？

酸溜溜 suān liū liū ①形容心中感到酸楚、难受。②形容身体感到浑身疼痛。③形容食品或食物有些发酸。

【例句】①听到老朋友突然病逝的噩耗，我这心里酸溜溜的，说不清是什么滋味儿！②这一天，从早晨忙到晚上，累得我浑身酸溜溜的。③苏巴汤酸溜溜的，非常好喝。

算 suàn ①容让。②结算工钱。

【例句】①咱俩摔跤，算你俩人！②给他算半年的工钱，让他走人！

算个六 suàn gè liù 什么都不是，什么都不算。一种蔑视的用语、骂人语。

【例句】你算个六啊，没有大哥，能有你的今天吗？

算个啥 shuàn gè shá 同"算个六"。

【例句】他算个啥啊，不就是个小老板吗，神气啥呀！

随礼 suí lǐ 也说"随份子""随人情""出份子""凑份子"，都是一个意思，即携带礼金到别人家参加婚丧嫁娶等活动并送上礼金。

【例句】电视小品《捐助》中白闹说："大妹子，如果你俩要真能成的话，权当我随礼啦，行不？"

随份子 suí fèn zi 同"随礼"。

【例句】村东老宋家二小子结婚，咱得去随份子凑凑热闹！

随种 suí zhǒng 同"随根儿①"。

【例句】俗话说：蛤蟆没毛 —— 随种。

随群儿　suí qúnr　为人随和，行为举止与大家一致，很有人缘。

【例句】那人人缘好，也随群儿，就愿意和她在一起。

随根儿　suí gēnr　①长相外貌像长辈。②办事风格特点像老一辈。

【例句】①这孩子的眼睛、鼻子都像他爹，真随根儿。②刚会说话就爱唱"二人转"，真是随根儿！又如俗话说，老鼠生来会打洞 —— 随根儿。

随大溜儿　suí dà liùr　同大多数人一道做事儿或行动。

【例句】你就随大溜儿就行了，不要太出头露面！

随风倒　suí fēng dǎo　本人没有主见，没有坚定的立场，而是见风使舵，就像墙头上的小草一样随风而倒。含有贬义。

【例句】你怎么就像墙头草随风倒,你自己到底是什么意见啊？

随帮唱影　suí bāng chàng yǐng　本人无主见，遇事儿随声附和、盲目随众、随大溜。

【例句】开会时你就随帮唱影，别人怎么说你就怎么说！

随弯就弯　suí wān jiù wān　因势利导，随波逐流。

【例句】遇事要有主见，不能随弯就弯随大溜！

碎嘴子　suì zuǐ zi　①说话贫嘴拉舌、絮絮叨叨的人。②说快板书演员所用的竹板也称碎嘴子。

【例句】你这人可真是个碎嘴子，每天叨叨咕咕不停地说。

孙子　sūn zi　①低三下四的样子。②形容人不谙世事。贬低性用语。

【例句】①打架的时候还天不怕地不怕，一到派出所就成孙子了！②那小子才孙子哪，税务局来查税收，他什么话都说！

孙子辈儿 sūn zi bèir　最低等次。

【例句】要说起手表，你那可是孙子辈儿的！

孙猴子脸 sūn hóu zi liǎn　形容人喜怒无常，说变就变。

【例句】你看他那孙猴子脸，一天不知变几变，真叫人琢磨不透！

孙男弟女 sūn nán dìnǔ　子子孙孙，泛指同族中的小辈儿人。

【例句】老爷子过八十大寿，孙男弟女都来了，挤了满满一屋子。

损 sǔn　①用刻薄语言挖苦，狠狠批评。②小气，吝啬。③最少，最小。④穷酸。⑤恶毒，损着。⑥不起眼。

【例句】①结果他被领导狠狠损了一顿，这才老实了。②用这种烟招待客人，不显得太损了吗？③虽然不累，但最损一天也能挣20元。④开会出门别穿得太损了。⑤这一招真损，差点吃了大亏。⑥一年到头就这么几个损钱！

损种 sǔn zhǒng　遭受别人的打击、挖苦而不反抗的人。骂人语。

【例句】我再不听劝，就成了不懂人味的损种王八蛋了！

损气 sǔn qi　丢人，丢脸。

【例句】他的性格太特儿，别说别人不喜欢他，就是他媳妇都嫌他损气！

损人 sǔn rén　骂人，挖苦人。

【例句】有话好好说，别话中有话总损人。

损招儿 sǔn zhāor 坏主意，见不得人、拿不上台面的阴招，阴狠毒辣的坏手段。

【例句】这是谁出的这损招儿，肯定不是什么好东西！又如为了挣俩钱，他什么损招儿都用！

损脸 sǔn liǎn 丢脸，面子上不好看。

【例句】因为不大点儿事儿让人训了一顿，别提多损脸了！

损贼 sǔnzéi 指无论物品贵贱、价值高低都偷的贼，引申为形容人品味较低、素质较差的人。骂人语。

【例句】张作霖吼道：吴大舌头（吴俊升）那个损贼，也配和我谈条件？

损样 sǔn yàng ①缺少德行。②样子难看。均为骂人语。

【例句】①就他那个损样，也能当选人大代表？②看你长得损样，哪个姑娘能看上你算是瞎了眼！

损到家 sǔn dào jiā ①最低，最次，最低的估计。②形容人特别阴狠、毒辣。含有贬义。③形容人特别能算计、小气、抠门儿。含有贬义。

【例句】①我估计，损到家我也能得百分之八十的选票。②这小偷真是损到家了，孩子的救命钱他也忍心偷！③刘能真是损到家了，给女儿刘英办怀孕庆典借机敛财，谁知竹篮打水——一场空，闹了个白忙乎！

损拉巴叽 sǔn la ba jī 同"损"④。

【例句】你看他一天损拉巴叽的样子，好像谁都不如他！

嗍 suō ①吮吸，用嘴舔手指或筷子上的残留食物。②嘴里含糖块儿并且不停在嘴中转动。

【例句】①他不停地嗍拉着冰糖葫芦棍儿！②看我口中嗍拉着一块糖，他馋得直流口水！

嗍拉 suō la 同"嗍"①

【例句】喝酒不吃菜，嗍拉嗍拉钉子当菜吃！

索罗杆子 suō luō gān zi 满族旧俗，民间住户门前竖一长杆，杆顶有斗，内放五谷杂粮，主要喂乌鸦，满族认为乌鸦是吉祥鸟。

【例句】过去满族人都要做索罗杆子，主要喂乌鸦，他们认为乌鸦是吉祥鸟。

T

趿拉 tā lā ①不讲究，穿着随便。②穿着拖鞋造成的声音。③鞋后跟和脚跟分离。④鞋穿在前脚上而脚后跟不提鞋拖着。

【例句】①不管什么皮鞋、布鞋、胶鞋，有双鞋趿拉着就行了。②穿双硬底拖鞋，一走趿拉趿拉直响。③这双鞋有点大，挂不住脚，一走一趿拉。④真是怪事，有鞋不穿就喜欢趿拉着！

溻 tā ①洇透。②用热气嘘使食物变软。③蒸熟的食物底部粘到屉布上。

【例句】①出汗太多，汗水把衬衣都溻透了。②包子都凉了，放在笼屉里再溻一溻。③包子溻到屉布上起不下来了！

溻底 tā dǐ ①米粥类粘锅底。②包子、馒头等蒸熟的面食粘连屉布。③心里感到踏实，安定。

【例句】①玉米面粥不勤搅动就会溻底。②刚出锅的包子不翻个儿就会溻底。③听了你这话，我这心里才溻底。

塌心 tā xīn 同"溻底"③。

【例句】一直看到儿子坐着火车渐渐远去，母亲才塌下心来：儿子总算踏上了大学之路！

塌腔 tā qiāng 物体因缺少充填物而塌陷。

【例句】赶快开饭吧，我的肚子都饿塌腔了。

塌腰 tā yāo ①物体中间塌陷。②形容人哈腰干活。

【例句】①房架子木杆过软，整个房盖都有些塌腰了。②领活的是个好劳力，一塌腰就能割半亩地！

塌秧 tā yāng 新鲜蔬菜变软。

【例句】炖豆角时，新鲜豆角先炒塌秧后再添汤。

塌 tā 摊、炒鸡蛋。

【例句】炒个土豆丝，再塌个鸡蛋，咱哥儿俩喝两杯！

塌眯 tǎ mi "塌"读tǎ。"眯"字发短促轻音。①眼睛微眯。②蔫巴、瘫软而无主意。

【例句】①午饭过后，他塌眯着眼睛想心事。②把证据一拿，他立刻塌眯了！

踏空 tà kōng ①踩空。②跑空道。

【例句】①高山走钢丝，十分危险，一脚踏空脚下就是万丈深渊。②放心吧，儿子办事非常准确，从不踏空。

胎 tāi "胎"读 tāi ①植物授粉后形成初期发育体。②形容人的性格非常软弱。

【例句】①葡萄刚一坐胎，就该掐尖了。②这个人真有些过胎了，一点儿钢性也没有。

胎里带 tāi lǐ dài 也说"胎儿带"。娘胎带出来的，即天生而非后天生长。

【例句】你那嘴怎么就那么损呢，胎里带的啊，怎么就改不了呢？

胎儿瞎 tāir xiā ，下同。①彻底绝收、绝产。②从根子上就失败、落空。

【例句】①今春这场大旱，庄稼坐地就胎儿瞎了！②如果我不帮他，他还不胎儿瞎了？

胎胎歪歪 tāi tāi wāi wāi 形容人的身体有病，病病殃殃，似乎坐不稳、站不住。

【例句】看你这身体，整天胎胎歪歪的，赶快吃点儿保健品补补吧！

胎歪 tǎi wai "胎"读 tǎi 并发重音，"歪"字发短促轻音。①吓得瘫软。②落空，作废。③"死亡"的戏称。诙谐性用语。

【例句】①平时说得比唱得还好听，一到真章就胎歪了！②政策一变，咱们的计划全胎歪了！③他患了脑出血急症，刚送到医院没等抢救就胎歪了！

抬 tái　①高额借钱，借高利贷。不同于正常借贷，而是一种民间高利借钱行为。②把货物一次性卖出。

【例句】①还有什么难处？你需要钱我帮你抬！又如买车钱实在不够，我又抬了几万！②这车菜抬不抬？我全要了！

抬钱 tái qián　也说"抬款"。同"抬"。

【例句】抬给我十万块钱，三分利，怎么样？

抬粮 tái liáng　借出去粮食收取利息。

【例句】他每年都抬粮挣几个小钱儿，也没什么大收入！

抬人 tái rén　抬高地位或身价。

【例句】这身西服穿在你身上,真挺抬人的,即可身儿又有气质！

抬杠 tái gàng　各执己见，故意说反话、唱反调，同时进行狡辩、争辩、争执。

【例句】你咋这么说话？这不是抬杠吗？又如你俩就别抬杠了，有什么不好商量的？

抬轿子 tái jiào zi　①为他人吹捧、唱赞歌、说谄媚的话。②为了达到自己的某种目的不顾降低自己的身份为他人帮忙。均为讽刺性用语。

【例句】①你这么给他抬轿子，究竟为了什么啊？②你一味给他抬轿子，他给了你什么好处？

贪晌 tān shǎng　推迟、后延午间收工时间。

【例句】夏除大忙时节，许多人都要贪晌铲地。

贪长 tān zhǎng ①小孩子生长过快，贪长而不健壮。②农作物贪长只长棵不长穗或果实。

【例句】①哟！这不是小顺子吗？长这么大个子，光贪长了吧！②雨水太大，苞米只贪长棵子不结穗！

贪黑 tān hēi ①时间过晚还不休息或停止。②天已经黑下来还不停止而继续进行。

【例句】①别太贪黑了，明天还得起早上火车呢！②通知部队，加速前进，贪黑前一定要赶到陇海路！

贪贱吃穷人 tān jiànchīqióng rén 贪小便宜吃大亏，因贪图便宜而多花钱反倒吃了亏。

【例句】俗话说，贪贱吃穷人，你可别光图便宜吃大亏啊！

摊 tān ①遇到某人并形成一定关系。②遇到某事并形成一定关系。

【例句】①也真是不易，我们摊上了一个好老师。②真是幸运，摊上了一个好社会。

摊事儿 tān shìr ①遇到麻烦事。②吃官司。

【例句】①电视剧《走西口》中，田青摊事儿被关进大牢。②电视剧《闯关东》中，朱开山一家因煤矿股份转让摊上事儿，被起诉到法庭。

摊煎饼 tān jiān bin ①比喻生意、事业等摊子铺得过大。②像摊煎饼一样翻来覆去。诙谐性用语。

【例句】①你怎么铺这么大摊子？都成摊煎饼了！②你怎么了，摊煎饼呢，翻来覆去的，想什么呢？

瘫巴 tānba 因病瘫痪在床、失去劳动能力的人。

【例句】你爹瘫巴这么多年了，全靠你屎一把尿一把的伺候，可真难为你了！

弹 tán ①难对付。②被牛等牲畜踢着。

【例句】①梁满囤实在是一个难弹的人，就像滚刀肉。②躲远点，别让老牛弹着！

弹脑瓜儿崩儿 tán nǎo guāer bēngr 用手指弹对方的脑袋使其接受惩罚。

【例句】咱们打几把扑克，谁输了要弹脑瓜儿崩儿！

弹弄 tán long "弹"字发重音，"弄"读 long 并字发短促轻音。①对付，应付。②试探性做或从事某事。

【例句】①那小子蛮不讲理，没人敢弹弄他！②俄罗斯有一桩好买卖，你敢不敢弹弄弹弄？

探肩儿 tàn jiānr 稍微有些驼背。

【例句】人长的不错，只是有点儿探肩儿！

探头食 tàn tóu shí 寅年吃卯年粮，比喻空亏。

【例句】这辛苦一年，由于歉收，不仅没有存粮，还要吃探头食。

嘡啷 tāng lang "嘡"字发重音，"啷"字发短促轻音。①挥霍，消费。②试探，拖一拖。③漫不经心，懒懒散散。

【例句】①在外地打工，结果挣几个钱都嘡啷在路上了！②关于卫生体制改革，一时还拿不准，嘡啷嘡啷再说吧！③你这人太嘡啷了，老爷子过八十大寿这么大事儿你就给忘了？

趟 tāng ①用话试探。②为摸清情况而探路。③用脚在地面行走、挪动。

【例句】①我先用话趟趟他，看他的门市房出租要多少钱？②我们先搞试点，给城市经济改革趟出一条路。③电视剧《水落石出》中，刘梦阳等刑警队员趟着没膝的大雪追赶犯罪分子。

蹚道儿 tāng dàor 同"趟"①②。

【例句】①我先去和他谈谈，趟趟道儿，看他究竟是什么态度！②大部队先别动，我带侦查员先趟趟道儿，抓几个"舌头"来！

汤汤水水 tāng tāng shuǐ shuǐ ①主食副食，稀的干的，比喻饭菜很齐全。②形容人办事儿不认真，马马虎虎。

【例句】①婆婆病了，儿媳妇整天汤汤水水的伺候着。②你小子指望不上，整天汤汤水水的，没个认真时候。

汤头火热 tāng tóu huǒ rè 。发高烧。多形容儿童。

【例句】这孩子汤头火热的，感情是发高烧，赶快去医院吧！

堂子 táng zi 即香堂子，旧时跳大神儿请仙所设的堂口。

【例句】过去跳大神儿要摆堂子，还要请大神儿治病。

堂神儿 táng shénr 旧时跳大神儿请来的仙人。

【例句】各路堂神儿请听清，今有太白下凡间。

搪 táng ①对付，应付。②将两头支起来。

【例句】①上访的人太难缠了，你去搪一搪，看他们究竟有什么要求和意见。②两张椅子搪上板子，临时对付一宿吧！

搪头马面 táng tóu mǎ miàn 形容人虚虚假假。含有贬义。

【例句】那个人整天搪头马面的，真不知道他打的是什么算盘！

膛音儿 táng yīnr 形容人说话底气足、声音响亮而低沉。

【例句】著名歌唱家杨洪基嗓音好、底气足，非常有膛音儿！

淌包 tǎng bāo ①装在口袋中的物品流出来了。②比喻败露。

【例句】①玉米袋子被老鼠嗑得淌包了。②这件事你知我知，千万不能露馅淌包。

淌流儿 tǎng liùr "流"读liù。①液体或其他物体呈流水状，②流水汇集成小河。

【例句】①麻袋漏了，都淌流儿了！②干渴难耐之际，一条淌流儿的小河突然出现在人们面前。

趟头儿 tàng tóur 节骨眼上，关键时刻。

【例句】正赶上"严打"的趟头儿上，肯定得重判！

趟子 tàng zi ①猎人在野兽必经之路设的陷阱或套子。②庄稼人均摊地垄排列开铲地或收割。

【例句】①今天上山溜溜趟子，看看有什么收获！②今天割黄豆，每人拿两趟子！

烫 tàng ①欺骗，蒙人。②遭人宰割或暗算。

【例句】①她拿身边的同志耍着玩儿，烫了这个烫那个。②怎么样？今天叫人烫了吧？

绦 tāo 指布料质地稀疏。

【例句】这布绦得很，只能作窗纱或屉布子。

掏 tāo ①狼、狗等用嘴扒出动物或人的五脏。②瞎说，胡说。

【例句】①幸亏躲得快，险些让狼给掏了！②别听他在那掏了，没几句真话！

掏扯 tāo che "扯"字发短促轻音。同"掏"②。

【例句】别瞎掏扯了，骂人顶什么用？

掏兜儿 tāo dōur ①名词小偷，扒手。②动词行窃，盗取财物。

【例句】①那小子是掏兜的，早就被警察盯住了！②上车小心点，别叫人给掏了兜儿！

掏耳朵 tāo ěr duo 暗中传信、报信。

【例句】电视剧《走西口》中,是田耀祖为匪首刘一刀掏的耳朵。

掏灰 tāo huī 也称"掏灰钯"。特指公爹与儿媳偷奸。

【例句】老田家二媳妇跟她公爹掏灰，公开的秘密，这事儿你都不知道？

掏上了 tāo shàng la 碰巧发了财或交了好运，得到了意外的收获或实惠。

【例句】你这回可掏上了，抓了个头等奖！

掏瞎 tāo xiā 说瞎说，说谎话。

【例句】我这里笔笔有帐，不是掏瞎。

淘 táo 指小孩子不听话、淘气、顽皮。

【例句】我那小孙子才淘呢，管都管不住！

淘登 táo deng "登"字发短促轻音。到处寻找。

【例句】我淘登了偏方,专治风湿病！又如这么古老的旧书,你是在哪儿淘登的呢？

淘换 táo huan "换"字发短促轻音。同"淘登"。

【例句】如今都是高产苞米，像过去的粘苞米种子可不好淘换了。

淘弄 táo long "弄"读 long 并发短促轻音。到处寻找，四处搜寻。

【例句】他已经走失三天了，叫我到哪儿去淘弄他去啊？又如这种药可不好买，容空儿我去淘弄淘弄！

讨风 tǎo fēng 打探消息，探口气。

【例句】你去讨讨风，看这场足球赛他们摆的是什么阵型！

讨趣儿 tǎo qùr 引起别人的欢心和喜爱。

【例句】你打扮得花姿招展的，到哪里讨趣儿去呀？

讨 tǎo 伸开两臂以两只手中指尖间距离来测量长度。一讨约合五尺。

【例句】你量量这块窗帘布有几讨？

套 tào ①成系列的器物。②给原孔径加阔。③给锅炉或炉子腔膛抹泥。④外衣里面再加衣服。

【例句】①我刚刚买了一套餐具，刀铲勺俱全。②把罗丝口再套几扣！③套炉子，套烟筒。④外面太冷，里面再套个马夹儿！

套弄 tào long "弄"字读 long 并发短促轻音。①糊弄，诱骗。②诱使人上套儿。

【例句】①这次谈判很重要，你要小心，别让人给套弄了。②你想办法把他给套弄来！

套路 tào lu "路"字发短促轻音。主意，办法。

【例句】我实在没主意了，就看你有什么套路了！

套号的 tào hào de 对某类人贬低称呼的代名词。

【例句】就刘能那套号的，铁公鸡琉璃猫 —— 一毛不拔！

套近乎 tào jìn hu 拉近关系，联络感情。有时用于贬义。

【例句】你去和他套套近乎，毕竟他是你的老同学吗！又如少跟我套近乎，我可不吃你这一套！

腻勒 tě le "腻"读 tě，"勒"字发短促轻音。形容人衣着打扮不整齐、不利索、不干净。

【例句】今天不是参加人代会吗？穿戴利索点儿，别腻勒腻勒地叫人笑话咱庄稼人！

特性 tè xìng 有自己独特的、不同于他人的性格，主要指古怪的脾气、秉性、嗜好、怪癖等。

【例句】你这人可真有特性，干净得叫人无法接受，土豆丝儿也要洗好几遍！又如谢大脚可真有特性，王长贵越追求她，她越不理他，矛盾不断！

特意儿 tè yìr "意儿"突出"儿"音。①故意，有意为之。②专门。

【例句】①对不起，踩您的脚了，我不是特意儿的，车上的人太多了！②今天去特意儿请了假到医院来看你，你的伤好得怎么样了？

忒儿塌的 tēir tā de 说话不明说而隐含它意、带刺儿。

【例句】说话文明点，别跟我忒儿塌的！

熥 tēng ①将已经凉了的熟食品上笼屉用热气熏蒸。生食上屉不叫"熥"而叫"蒸"。②热敷。

【例句】①把凉馒头上屉熥一熥，凉着吃怕闹肚子！②脚崴了？赶紧用热水袋熥熥就好了！

疼人儿 téng rénr ①疼爱别人。②使人疼爱。

【例句】①这孩子从小就知道疼人儿，非常懂事！②这孩子又聪明又懂事，可疼人了。

腾 téng 照原样仿制仿做。

【例句】你把设计图再腾一份儿给我！腾鞋样子。腾衣服样子。

腾腾海海 téng téng hǎi hǎi 形容物品丰富、繁多的样子。

【例句】如今的节日市场腾腾海海的，只要有钱，什么都可以买到。

腾腾火火 téng téng huǒ huǒ 形容生活兴旺、红火的样子。

【例句】国家政策好，你就放开手脚干吧，不愁日子不腾腾火火！

腾 tèng "腾"读 tèng。故意拖延时间。

【例句】孩子的婚事定在八月十五，别再往后腾了。又如该走就抓紧走，别再腾了。

踢里嘡啷 tī lǐ tāng lāng ①形容人办事不利索、不爽快。②形容人衣着不利索。

【例句】①你这人办事怎么这么踢里嘡啷的，一点都不痛快！②瞅你穿得踢里嘡啷的，怎么去相亲哪！

踢里秃鲁 tī lǐ tū lū 形容行为快而有声音。

【例句】饿急了，一大碗面条踢里秃鲁地就吃进去了。

踢儿蹋的 tīr tā di　"踢儿"突出"儿"音。①同"踢里嘡啷"②。②形容人疲惫不堪的样子。

【例句】①这件大衣有点长，穿上踢儿蹋的。②光说做买卖挣钱，结果累得踢儿蹋的，也没挣着大钱。

踢蹬 tī deng　"蹬"字发短促轻音。①挥霍浪费，胡乱花钱。②毁灭、垮台、糟糕、完蛋。

【例句】①哪有他那么踢蹬的，整日交朋好友、胡吃海塞！②又抽又喝又赌的，什么样的家庭也架不住他这么踢蹬啊！

提拉 tí la　也称"提溜"。手中提物向下垂。

【例句】一手提拉着一条大鲤鱼，一手提拉着几捆蔬菜。

提搂 tí lou　①悬。②拎。

【例句】①孩子外出打工很长时间没音讯，我这心每天都提搂到嗓子眼儿。②时间到了，我提搂着旅行包就向车站赶去。

提气 tí qì　①长志气。②增强体内元气。

【例句】①刘翔获得奥运会110米栏世界冠军，真给中国人提气！②红枣又补血又提气，多吃点！

提另儿 tí lìngr　重新，再次。

【例句】这事儿咱们提另找时间再商量。又如这事儿我办不了，你提另找人吧！

提另格儿 tí lìng gěr　"格儿"读gé突出"儿"音。单独，自己。

【例句】我提另格儿再到人才交易市场去一趟。

提里嘡啷 tí lǐ tāng lāng　①形容人四肢失去控制的样子。②形容衣服破烂而摆动的样子。

【例句】①这几天困得我提里嘡唧的，得赶紧睡一觉。②电视剧《济公》里济公的穿戴提里嘡唧的，到处是补丁。

体登 tǐ deng ①毁掉，死亡。②搬弄，揭露。③因生病、被折磨等原因而使身心感到难以承受。

【例句】①好好一个家，都让你吸毒给体登了。②你那点儿见不得人的事儿，惹急了别说都给你体登出来！③这场大病可把人体登完了，家里的积蓄都花光了不说，我这身体也一天不如一天了！

体根儿 tǐ gēnr 原先，从前，起初。

【例句】体根儿这里是一片垃圾场，如今已经改建成公园了，完全认不出来了！

体念 tǐ niàn 设身处地为他人着想。

【例句】你就说不体念自己，也得体念体念老婆孩子啊！

体性 tǐ xing "性"字发短促轻音。人的性格、脾气、秉性。

【例句】依着我的体性，我非找他拼命报仇不可！

替 tì ①比照原样剪裁。②顶替，替代。

【例句】①我等着急用，把这份文件给我替下来！②我没有时间，你替我去趟税务局！

替身儿 tì shenr 本人由别人代替。

【例句】电视剧中许多高难动作都是由替身儿替演的。

替死鬼 tì sǐ guǐ 一个人替代另一个人死亡。

【例句】电视剧《杨三姐告状》中，丫环红姐当了高老二的替死鬼，被割掉舌头后又被处死。

剃光头儿 tìguāngtóur 打扑克术语即一局没赢，满盘皆输。诙谐性用语。也称"嘎巴锅"。

【例句】真叫痛快，把他们剃了个光头儿，一局没赢！

天头 tiān tou "头"字发短促轻音。年成。

【例句】今年灾情严重，就这个天头！

天顶天儿 tiān dǐng tianr 每天，天天，一整天。

【例句】你天顶天去股票大厅炒股，究竟是挣了还是赔了？

天老爷 tiān lǎo yé 语气助词"我的天啊"之意。

【例句】天老爷！你什么时候到俄罗斯做买卖去了？

天塌众人死，过河有瘸子 tiān tā zhòng rēn sǐ , guò hé yǒu qué zi 本意是如果天塌下来，包括你我都在内无人能幸免，如果过河先淹死的必将是矮个子或腿脚有毛病的人。引申为大家面临的条件都一样，因此不应该有顾虑，放手去做。犹如"有难同当"。诙谐性用语。

【例句】俗话说，天塌众人死，过河有瘸子。你怕什么，尽管放手去干！

添 tiān ①生孩子的代名词。②增加人口。

【例句】①西头老徐家又添了个小丫头！②恭喜娶儿媳妇了，又添人进口了！

添彩儿 tiān cǎir ①增加光彩、荣耀。②添毛病，反话正说。

【例句】①生了四个女儿又生了个儿子，真够添彩的！②我刚刚稳定，你就给我闯祸，净给我添彩儿。

添美 tiān měi 反义词。犹如"臭美""不知寒碜"之意。

【例句】别添美了，刚答应你买个手机，又想买摄像机！

添奉 tiān feng "添"字发重音，"奉"字发短促轻音。奉献，奉送。

【例句】我们又不欠他什么，凭什么添奉他们？

甜不叽儿 tián bu jīr 形容微甜但使人生厌的食品。

【例句】南方的炒菜都甜不叽儿的，真吃不惯！

甜巴滋儿 tián ba zīr 香甜，甜丝丝。

【例句】刚刚睡了个甜巴滋儿的回笼觉，还做了一个好梦！

甜活人儿 tián huo rénr "人儿"突出"儿"音。① 讨人喜欢。②增加喜事儿。

【例句】①你家小孙子会唱歌又会跳舞，真甜活人儿！②老乳牛刚生了一个小母牛，真是甜活人！

舔 tiǎn 吃掉。

【例句】你拱卒，我舔你的车！

舔腚 tiǎn ding 溜须拍马，阿谀奉承。詈语。

【例句】你简直就像个舔腚的哈巴狗，整天跟在领导屁股后摇头摆尾！

舔嘴巴舌儿 tiǎn zuǐ bā shér 也写作"甜嘴巴舌"。①写作"舔嘴巴舌儿"时，形容没吃够的馋相。②写作"甜嘴巴舌儿"时，形容嘴甜，说话动听。

【例句】①看你舔嘴巴舌儿的样子，准是还没吃饱！②小伙子甜嘴巴舌儿真会说话！

腆 tiǎn ①肚子挺起。②衣服翘起、撅起。

【例句】①你腆着个大肚子不在家休息还到处走什么？②你这件衣服有点毛病，有点腆腆着。

靦脸 tiǎn liǎn 厚颜无耻，厚着脸皮去做某件事儿。詈语。

【例句】刚对你父母又打又骂的，你还靦脸好意思来要钱？

腆胸迭肚 tiǎn xiōng dié dù 形容人腆着（向外凸起）肚子挺着胸。讽刺性用语。

【例句】咱老板腆胸迭肚的，可真有派！

挑刺儿 tiāo cìr 挑剔，挑毛病。

【例句】要办你去办，别坐着不知腰疼净挑刺儿！

挑拣 tiāo jiǎn "挑"字发重音，"拣"字发短促轻音。①同"挑刺儿"。②挑选。

【例句】①那老太太可挑拣了，可不是个省油的灯。②买皮夹克可得挑拣挑拣，质量上完全不同！

挑理 tiāo lǐ 埋怨对方礼数不周，做事儿有欠缺，有失礼之处。

【例句】谢大脚挑理了，说是老宋没给面子，没同意把宋晓峰介绍给宋青莲。

挑眼 tiāo yǎn 挑剔，找毛病。

【例句】那人就好挑眼，穷讲究太多！

挑理儿 tiāo lǐr 过分地挑毛病，指责对方失礼之处。

【例句】我知道,这是挑我的理儿呢。是我的不对,怨不得他！

挑字眼儿 tiāo zì yǎnr 挑剔说话或文章措辞的语言字句。

【例句】这都火烧眉毛了，谁考虑那么周到，你就别挑字眼儿了！

调理 tiái li “调”字发重音，“理”字发轻音而短促。①故意出坏主意使人上当受骗。②欺骗，耍弄。③治理。④照料，管理。⑤管教，训练。⑥调养，调护。

【例句】①这小子净出鬼点子调理人。又如这小子心眼太多，我被他调理了！②已经通知我参加《星光大道》表演，到北京后又决定不让我参赛，这不明明是调理人吗？③这个家让我调理得井井有条、阔阔绰绰！④幼儿园的孩子们叫阿姨调理得很有素质，经常参加大型文艺演出。⑤这匹大辕马叫车老板子调理得非常听话，驾驭起来非常顺手！⑥孕妇在孕期一定要把伙食调理好，可不能马虎了！

挑 tiǎo ①挑拨，拆散。②抬起眼皮。③用工具翻开。④民间的一种针刺疗法。

【例句】①有钱了，我把马车挑了，买台小四轮拖拉机！②她见了我，连眼皮都没挑一下转身就走了。③把谷捆子都挑到车上去，快点儿！④胳膊上起了个小疖子，快用针挑一下！又如快请赵婶把“翻”（民间称呼即“羊毛疗”）挑一下！

挑明 tiǎo míng 把本来隐秘的事情公开、明说。

【例句】电视剧《杨三姐告状》中，知情人林媚春终于良心发现，挑明了事实的真相。

挑头 tiǎo tóu ①带头。②把车调转方向。

【例句】①我们想到俄罗斯去种菜，还是你给我们挑个头吧！②这是单行线，汽车不能挑头！

挑灶 tiǎo zào 拆毁炉灶。比喻散伙，不过日子了。

【例句】两口子吵嘴，一赌气还真的挑灶不过了！

挑大梁 tiǎo dà liáng 起骨干作用。

【例句】中国女篮主力队员隋菲菲真不愧为挑大梁的，关键时能发挥作用！

调头 tiǎo tóu "调"读 tiǎo。①车辆调转方向。②带头，带领。

【例句】①赶快调头，前面修路不通车了！②都是你调的头，要不然他能干那些事儿吗？

跳脓 tiào nóng 疖疮或伤口溃烂化脓。

【例句】脖子上的疖子跳脓了，可能快出头了！

跳槽 tiào cáo ①比喻离开一个单位跳到另一个单位另谋职业。②引申为已婚妇女作风轻浮，轻易离开原夫家嫁到另一家。含有贬义。

【例句】①我在北京打工，三年两次跳槽，如今这个单位还不错，当了个小白领，工资还挺高！②李二嫂从老张家跳槽又嫁到老李家。

跳格 tiào gé ①跳级，越格。②一种儿童游戏。

【例句】官运真顺，他从局长跳格直接提拔为市长。

跳猴儿 tiào hóur 因生气而闹腾，折腾。

【例句】他要换台大彩电，老伴儿坚决反对，气得他直跳猴儿！

跳马猴子 tiào mǎ hóu zi 形容人不稳重，说话办事儿毛毛糙糙。多形容小孩子。

【例句】你怎么就像个跳马猴子似的，没个老实时候！

跳大神儿 tiào dà shénr 流行于东北地区一种巫神迷信活动。

【例句】老张太太有病不找医生看，却专门去跳大神儿，那能治好病吗？

跳老虎神儿 tiào lǎo hǔ shénr 本意为满族祭祀动物神舞的一种，引申为大吵大闹耍蛮横。

【例句】我要是还不把火炕修好，你大婶从姑娘家回来还不跟我跳老虎神儿啊？

贴乎 tiē hu "乎"字发短促轻音。①一厢情愿的亲近。②好似合情合理。③意思和内容都非常接近。

【例句】①电视剧《清凌凌的水，蓝莹莹的天》中，小姑奶奶粘粘糊糊硬贴乎郑铁军。②你这么说还比较贴乎，听着顺耳！③你这话说得还挺贴乎，最近我是要出国旅游，到澳大利亚去！

贴谱 tiē pǔ 接近实际，合乎情理，合乎实情。

【例句】别说，你这话说得挺贴谱。又如你说得完全不贴谱，根本不是那回事儿！

贴晌儿 tiē shǎngr 接近中午时分。

【例句】她贴晌儿来过，以后就不知去哪了！

贴壳儿 tiē kér ①形容饿得前胸贴到后背，是一种形象的比喻。②有空间的物体贴在一起。③泄气。

【例句】①我都饿得贴壳儿了，赶快做饭吧！又如两天没吃一顿饱饭，如今都饿得贴壳儿了！②汽车轱辘扎漏了，一下子就贴壳儿了！③一听说老村长落选了，老伴儿一下子就贴壳儿了！又如几句话把他说得低头耷脑贴壳儿了。

贴边儿 tiē biānr　靠谱，挨得上边儿。

【例句】哎，这话你说的还贴边儿，我爱听！又如你这话说得不对，完全不贴边儿！

贴铺衬儿 tiēpūchenr "衬儿"突出"儿"音并发短促轻音。接近实际，基本符合实际。

【例句】你这话说得还贴铺衬儿，基本就是这么回事儿！

铁 tiě　①牢靠。②坚决。③板着面孔。

【例句】①我们哥儿俩的关系绝对铁！②我和他铁干没完！③他铁着脸，走进拆迁办的大门。

铁子 tiě zi　也写作"贴子"。"子"字发短促轻音。①彼此之间关系非常要好。②不正当男女关系的两人之间互称。

【例句】①我们俩是一对儿铁子，原来就是师兄弟，现在是铁哥们儿！②那是我的铁子，经常往来！又如赵本山、宋丹丹饰演的电视小品台词："谁的信？""铁子！"

铁心 tiě xīn　也说"铁了心"。下了决心，坚决不变。

【例句】你是铁心离婚是不？对！没商量！

铁嘴儿 tiě zuǐr　能说会道或嘴不饶人的人。含有贬义。

【例句】电视剧《走西口》中，田耀祖号称田铁嘴儿、田半仙儿！

铁哥们儿 tiě gē menr　关系非常牢固、牢靠的兄弟。不是同胞兄弟而是社会性兄弟，既包括举行结拜仪式也包括不举行结拜仪式的兄弟。

【例句】我有一帮铁哥儿，大都是无钱无势的穷兄弟，关系贼铁！

铁姊妹 tiě zǐ mèi 也说"铁姐妹"。意同"铁哥们儿"。

【例句】我们几个铁姊妹经常往来,有什么事儿都互相帮助!

听词儿 tīng cír ①怀着崇敬的心情听讲话或听议论。②听话音,听话外之音。

【例句】①论到张教授讲课，你就听词儿吧，真叫滔滔不绝！②听词儿你还听不出来，他这是指桑骂槐骂你呢！

听音儿 tīng yīnr 听话里的真实含义。

【例句】京剧《沙家浜》阿庆嫂台词: 锣鼓听声,听话听音儿!

听声 tīng shēng ①暗中偷听。②旧俗，在洞房外偷听新婚夫妇第一夜动静。③等待观察事态的动向。

【例句】①隔墙有耳，小心墙外有听声的！②咱们几个今天晚上到新房听声去！③我们已经商量好了。不信？听声吧！

听说 tīng shuō ①听话。②听别人说。

【例句】①我那孩子听说，一点也不惹祸！②听说你要到欧洲去旅游，是真的吗？

听喝 tīng hē 听从他人的指挥、安排，接受他人的支使。

【例句】我这里没说儿，我是磨道驴 —— 听喝！

听风就是雨 tīng fēng jiù shì yǔ 听到不实信息不经调查核实就下结论或发作。

【例句】你怎么听风就下雨，谁说要取消大病保险了？

挺 tǐng ①变得僵硬。②忍受痛苦。

【例句】①鱼都挺了，赶快收拾！②革命烈士江姐挺住敌人的严刑拷打，始终不暴露党的地下组织。

挺头 tǐng tou "头"字发短促轻音。①忍受精神或肉体上遭受折磨的痛苦。②食品较长期不变质。

【例句】①轻伤不下火线，胳膊被子弹打穿了还坚持战斗，真有挺头。②天津大麻花真有挺头，三个月两个月也不变质。

挺住个儿 tǐng zhù gèr 直起腰板不退缩。

【例句】一定要挺住个儿，该说的说，不该说的坚决不能说。

挺住架儿 tǐng zhù jiàr 稳住架，意志坚定不动摇。

【例句】你一定要挺住架儿，有我呢，一切不用怕！

梃 tǐng "梃"读 tìng。①打，揍。②训斥，处罚。

【例句】①惹急了我，看我不梃你一顿！②你闯红灯，让交警发现还不梃你？

通齐 tōng qí 统共，总共。

【例句】英语通齐 26 个字母，有什么难学的？下功夫没个学不会的！

通天 tōng tiān 越级直通最高领导。

【例句】你别小看这个人，他可有通天的本事！

通人性 tōng rén xìng 理解、通融，通过交流理解他人，懂得人情道理。多用于否定语"不通人性"。

【例句】你这个人怎么不通人性呢，老娘病了这么多天了，你怎么都不去看看呢？

捅 tǒng ①揭露。②打小报告。③暗中出坏主意。

【例句】①合伙贪污的事最后还是被捅了出去。②这事儿是你给捅上去的吧？③这小子盗车都是你给捅的吧？

捅咕 tǒng gu ①琢磨。②用不正当手段获取。③摆弄，拨弄。④暗地里挑唆、蛊惑。⑤泄露，外露。

【例句】①架不住我老捅咕，电视机终于修好了！②这件字画捅咕给老外，准挣大钱！③不听大人话，这台电子琴终于捅咕坏了吧？④电视剧《乡村爱情》中，刘能背后捅咕赵老四去和王老七争个高低。⑤这事儿是不是你给捅咕出去的？肯定就是你！

捅捅咕咕 tǒng tǒng gū gū 鬼鬼祟祟，背后做文章。含有贬义。

【例句】有话就明说，别在背后捅捅咕咕的！

捅篓子 tǒng lóu zi 惹祸，惹麻烦，造成祸患。

【例句】在学校一定要听老师的话，千万不要捅篓子！又如谁要敢给我捅篓子，看我怎么收拾他！

捅毛蛋 tǒng máo dàn 同"捅篓子"。

【例句】虽然不惹大祸，但总捅毛蛋也使全班同学不满意。

捅马卵子 tǒng mǎ lǎn zi 惹麻烦，惹是非。骂人语。

【例句】你傻不傻，怎么净干捅马卵子的事儿？

捅牛屁股 tǒng niú pì gu 东北农村耕地、运输都用牛，人在牛后，故说"捅牛屁股"。泛指农民，也是农民一种自嘲称呼。诙谐性用语。

【例句】咱们一个捅牛屁股的，怎么买得起大楼房啊？

捅夹肢窝儿 tǒng gǎ zhi wōr "夹"读gǎ。"夹肢窝"即腋窝，引申为比喻偷偷摸摸地暗中从事着某件事儿。讽刺性用语。含有贬义。

【例句】这本来是光明正大的事儿，你非捅夹肢窝儿干什么？

捅尿窝窝 tǒng niào wō wo 第二个"窝"字发短促轻音。背后搞鬼，使坏，搬弄是非。讽刺性用语。

【例句】这人心术不正，净干些捅尿窝窝的事儿！

痛快儿 tòng kuāir "快儿"读平音拉长音并突出"儿"音。赶快，快些，不能犹豫。催促性用语。

【例句】叫你去你就痛快儿去，还磨蹭什么？又如有话就痛快儿说，别吞吞吐吐的！

偷艺 tōu yì 不拜师而暗中学艺。

【例句】我这手磨铰刀的手艺是我偷艺学来的，没有师傅教。

偷油儿 tōu yóur 偷懒，偷空，抽出时间。

【例句】别着急，这事儿我偷油儿指定给你办！

偷荒 tōu huāng 不经有关部门批准或不经当地政府批准而私自开荒。

【例句】城里大款到农村去偷荒，引起村民的强烈反对！

偷蔫儿 tōu nianr 偷偷地，悄悄地。

【例句】你把这份材料偷蔫儿给纪检委送去，别让别人看到！

偷儿摸儿 tōur māor "摸儿"读 māor。常重叠使用。"偷儿""摸儿"都突出"儿"音。①瞒着他人偷偷地从事某事。②悄悄地，无声无息地。

【例句】①丈夫打工走了，儿子上大学也走了，二嫂一个人伺候两个老的，还要伺弄几十亩地，经常一个人偷儿摸儿抹泪。②你小子，不是在坦桑尼亚修铁路呢吗，什么时候偷偷儿摸摸儿回来了？

偷三野四 tōu sān yě sì 形容人不光明正大而是偷偷摸摸地进行。含有贬义。

【例句】你小子整天偷三野四的，哪个姑娘能看上你？

偷鸡摸鸭子 tōu jī mō yā zi 形容人惯于小偷小摸，行为不端。犹如"偷鸡摸狗"。含有贬义。

【例句】王天来整天偷鸡摸鸭子，难怪李秋歌看不上他。

偷摸渗漏 tōu mō shèn lòu 各种方式的小偷小摸。

【例句】这伙盗贼偷摸渗漏，见啥偷啥！

头 tóu ①表示时间在先。②表示第一次。

【例句】①头一天，头两年。②头一次，头一回。

头茬 tóu chá 第一次、第一批割掉的韭菜等蔬菜。

【例句】大家瞅大家看哪，这是头茬韭菜，又新鲜又便宜啊！

头喷儿 tóu pènr 突出"儿"音。最先成熟的瓜果。

【例句】大家看啊，这是头喷儿香瓜，又甜又脆啊！

头里 tóu li "里"字发短促轻音。前头，前边。

【例句】你头里刚走，他脚后就到了。

头年 tóu nian "头"字发重音，"年"字发短促轻音。去年或上一年。

【例句】头年是个丰收年，粮食获得大丰收！又如他老姑是头年来的吧？

头年儿 tóu niánr "头""年儿"均发重音，"年儿"突出"儿"音拉长音。年前，过年之前。

【例句】就这么点儿活儿，你还得干到头年儿去啊？又如不急，那俩儿钱儿头年儿还我就行！

头天 tóu tiān 前一天。

【例句】他头天刚刚来过，最近几天没来！

头晌儿 tóu shǎngr 也说"头半晌"。上午。

【例句】放心吧，明儿头晌儿我准到！

头半晌儿 tóu bàn shǎngr 即头晌，上午。

【例句】这片地头半晌儿一定要铲完！

头刚儿 tóu gāngr 刚刚，刚才。

【例句】我的皮大衣头刚儿挂在这儿的，怎么不见了？

头前儿 tóu qiánr 以前，前不久。

【例句】头前儿他还在呢，这会儿不知道哪儿去了？又如头前儿刚刚说过的话，怎么这么快就忘了？

头疼脑热 tóu téng nǎo rè 泛指小病小灾，身体小毛病。

【例句】现在好了，头疼脑热不用出村了！

头头脑脑 tóu tóu nǎo nǎo 泛指大小领导、各级领导。含有贬义。

【例句】王长贵救人牺牲，镇里头头脑脑都来参加追悼会。

头一末儿 tóu yī mòr 头一回，第一回，第一遍。

【例句】这是我头一末儿参加全国青年歌手大奖赛，真有点紧张！

头拱地 tóu gǒng dì 无论如何、拼尽全力要完成某件事。诙谐性用语。

【例句】您老就放心吧，这事儿我头拱地也得给您办成！

头三脚难踢 tóu sān jiǎo nán tī 开局不易，刚刚开始的工作有难度。犹如"万事开头难"。

【例句】俗话说，头三脚难踢，我刚刚当上村官，还请您老多指教啊！

头子 — tóu zi 放在名词尾，表示厌恶，适于表示器物或人残损破旧或形容某种不正当性行为。

【例句】破刷帚头子、破布头子、破鞋头子等。如那人纯粹是个破鞋头子，与许多男人都有关系！

投 tóu ①用细长物捅眼。②用清水漂。③酒没醒透再小饮。

【例句】①用通条把枪管仔细再投一投。②把洗完的衣服再仔细投投。③留下一瓶酒，明天早晨再投投（也说"透透"）。

投挺 tóu ting　"投"字发重音，"挺"字发短促轻音。①对撇子，合得来。②所办之事非常圆满，反之是"不投挺"。③形容人办事儿可靠，有条理。

【例句】①这么多年，我们哥儿俩一直挺投挺。②说实话，今天你这事办得可不投挺啊！③那人办事儿多头挺，叫人放心！

敨　tǒu　①烟丝流失使烟卷发空。②用物捅炉子使炉子透风好烧。③在物体上钻眼。

【例句】①这烟虽然是好烟，但时间长了，都有些敨了。②快把炉子敨一敨，都快灭火了！③把刨子（木工工具）敨一敨，已经不好使了！

敨喽 tǒu lou　"喽"字发短促轻音。形容人非常饥饿，几乎饿瘪了。

【例句】三天没吃一顿饱饭，早把我饿得敨喽了！

透　tòu　①达到一定程度。②形容非常彻底、完全、极其、极端等。③使之透气、好烧。

【例句】①一场大雨，把我浇了个透湿。又如她没完没了地缠着我，真叫人烦透了！②你这个人可真傻透了！真把人烦透了！③快把炉子透一透，炉火不旺了！

透龙 tòulong　"龙"字发短促轻音。①透出本色。②锋利而无阻碍。③办事透明而妥当。

【例句】①这件小衬衫叫你洗得真透龙！②这把锯使起来真透龙！③田青聪明伶俐，极有心计，办事也透龙。

透溜 tòu liu　"透"字发重音，"溜"字发短促轻音。①

形容声音清晰而甜脆。②比喻办事儿灵活、机灵。③机械运转灵活。

【例句】①你这嗓子可真透溜，是个唱歌的好材料！②这是谁选的小秘书啊，呆头呆脑的，办事儿一点儿都不透溜！③这电推子一点儿也不透溜，该叫点儿油了！

透灵 tòu ling　"灵"字发短促轻音。声音响亮透彻而清楚。

【例句】刘和刚在全国青年歌手声乐大奖赛上，以透灵的歌喉力压群雄获得一等奖！

透问 tòu mèn　仔细打听。

【例句】你去透问一下，新的《刑事诉讼法》什么时候开始执行？

透腔儿 tòu qiāngr　①穿透物体躯干。②透顶。诙谐性用语。③彻底。

【例句】①大树已拉得快透腔儿了！②快开饭吧！我已经饿透腔儿了。③这人还没死透腔儿，还有救！

透底儿 tòu dǐr　透露内情。

【例句】亏得你给我透了个底儿，心里才有数。

透亮 tòu liang　"透"字发重音，"亮"字发短促轻音。①天刚破晓。②物体或器物干净而透明。

【例句】①天刚透亮，晨练的人们就已经开始。②这桌子擦得可真透亮，简直可以当镜子用了！

透亮儿 tòu liàngr　"透"字发重音，"亮儿"发短促轻音、

拉长音并突出"儿"音。工作或所进的事情将近完成或事情已经看到成功的希望

【例句】忙了一整年，直到腊月二十八，春节晚会的准备工作才透亮儿了。

透亮奔儿 tòu liàng bēnr "奔儿"读 bēnr，拉长音并突出"儿"音。语气加重，形容某种物体非常干净透明。

【例句】这玻璃让你擦得透亮奔儿！这窗帘洗得透亮奔儿！

透一透 tòu yī tòu 喝醉酒后没完全醒酒，再少喝点酒以驱除残醉。

【例句】昨天晚上实在喝多了，今天再喝点透一透！

秃噜 tū lu 用途十分广泛词语之一。①变卦，改变主意。②脱落。③褪皮。④出溜，滑倒。⑤粗读。⑥滑出，走嘴。⑦爽约，失约。⑧带声音吸。

【例句】①协议书已经签字了，可不能再秃噜了！②这洗脚水太烫了，快烫秃噜皮了！③快烧水把这条狗秃噜一下！④脚下一秃噜，摔了个仰巴叉！又如脚下没站稳，一下子从山上秃噜下来了！⑤临阵磨枪，不快也光，考试前再秃噜一遍也有用！⑥对不起，我说秃噜嘴了，不是有意的！⑦对象没少介绍，但一个一个都秃噜了！⑧粥太烫，只能秃噜着慢慢喝！

秃拉巴叽 tū la bā jī ①形容头发稀疏。②形容物品光光溜溜。

【例句】①你的头秃了巴叽的没几根头发，使点"章光101"试试？②这面墙秃了巴叽的，安个墙画能好看些！

秃噜反帐 tū lu fǎn zhàng ①形容办事儿出而反而，反复

无常。②形容办事儿没有头绪，缺少章法。③形容做工不细，反复修改。贬低性用语。

【例句】①你看你办事儿秃噜反帐的，总没个准儿！②这事儿叫你办得秃噜反帐的，到现在也没办成！③这件儿旗袍叫你做得秃噜反帐的，改了多少遍了？

秃噜扣子 tū lū kòu zi 也说"秃噜扣"。罗丝松扣，引申为①说话不算数，说完了又变卦、反悔。②绳子打结后又松扣。

【例句】①本来商量好一起去海南旅游，谁知她秃噜扣子又不去了！又如咱们俩合伙去俄罗斯捣腾木材，每人投资 10 万元，谁也不许秃噜扣！②汽车行驶途中，绳子秃噜扣了，货物一路丢了不少！

秃噜边子 tū lu biān zi 同"秃噜扣子"。

【例句】说得好好的一手钱一手货，怎么到真章时又秃噜边子了？

秃噜皮儿 tū lu pír ①外力使皮肤受伤而掉皮。②外力使物品表皮受损。

【例句】①只是秃噜点儿皮儿，小伤，没事儿！②这么贵的新家具，搬运时不小心碰秃噜皮了！

突突 tū tu 第二个"突"字发短促轻音。①象声词，连串的声音。②心脏或肌肉跳动。③鸭子吃食发出的声音。

【例句】①南京大屠杀，残暴的日本鬼子用机枪"突突"了许多无辜的中国老百姓。②在电视新闻中看到四川汶川大地震死了那么多人，我的心现在还直突突呢！③一群鸭子很快就将一片土杂粮突突光了！

—秃噜— tū lú　形容词尾，对形容内容起性质、状态的强化作用。

【例句】灰秃噜、光秃噜等。森林采伐过剩，整个大山光秃噜的，根本没有大树！

图意 tú yi　"意"字发短促轻音。企图得到。

【例句】你不就图意咱爹那所老宅子吗，要不然你还来看爹！

图希 tú xī　"希"字发短促轻音。贪图，希望得到。

【例句】我这么干，只凭良心，不图希什么好处！

土鳖 tǔ biē　①非常吝啬、抠门的人。骂人语。②非常胆小、怕事儿的人。含有贬义。

【例句】①你这个土鳖，什么钱一到你手里就像进了保险柜，只进不出！②你简直就是个土鳖，叫你办点儿事儿怎么这么难？

土瘪 tǔ biě　不谙世情、没有见识的乡巴佬。含有贬义。

【例句】别拿我们当土瘪！城里那些猫腻我们也懂！

土瘪钱 tǔ biě qián　私藏的、拿不出大面的少量钱。讽刺性用语。

【例句】我手头上还有几个土瘪钱，留着当过河钱吧！

土瘪老财 tǔ biě lǎo cái　没见过世面、吝啬又仔细的土地主。含有贬义。

【例句】你就是个土瘪老财，一辈子没见过大钱，一点儿小钱儿你就答应了？

　　土包子 tǔ bào zi　"包"读 bào，下同，也写作"土豹子"。对没见过世面、不懂世情的庄稼人的蔑称。含有贬义。

　　【例句】那人就是个土豹子，什么也不懂！

　　土包子开花 tǔ bào zi kāi huā　土里土气、没见过世面的人或贫穷的人突然改变了身份和地位。含有贬义，讽刺性用语。

　　【例句】这几年政策好，你挣了几个小钱儿，西服穿上了，手机配上了，摩托车骑上了，可真是土包子开花了！

　　土老冒儿 tǔ lǎo màor　同"土包子"。

　　【例句】电视连续剧《乡村爱情》中，谢广坤本是个深山沟里的土老冒儿，竟敢到大上海硬充大款爷，笑料不断！

　　土了吧叽 tǔ la bā jī　①形容人衣着打扮非常土气、不时尚。②形容人办事儿忸忸捏捏不大方。③形容物品过时落伍。

　　【例句】①瞅你这一身儿，土了吧叽的，简直就像个屯大爷！②你瞧你土了吧叽的样儿，叫你去会亲家你也不敢去，你还能干点儿什么？③这土了吧叽老式沙发，怎么搬进新楼啊？

　　土腥味儿 tǔ xīng weir　食物没处理好而有发土的味道。

　　【例句】这藕片是怎么炒的，怎么有股子土腥味儿？

　　土埋半截子 tǔ mái bàn jié zi　年龄很大，几乎到了快死的时候。一种形象的比喻。

　　【例句】我们都土埋半截子了，留着钱不花，还能带到棺材里啊！

　　吐口 tù kǒu　表示答应、同意，不再坚持原来的意见或观点。

【例句】别人动员我参加法轮功的宣传活动，我一直也没吐口。

团 tuán ①收缩。②对折。

【例句】①炖豆腐刚出锅，烫得我直团舌头！②把绳子团过来，再系一扣！

团拉 tuán la "拉"字发轻音。①用舌头挤压食物下咽。②用手搓将物品搓成圆状。

【例句】①牛肉筋头巴脑的嚼不烂，团拉团拉就咽下去了！②蒸玉米面菜团子并不复杂，玉米面捏成饼填入馅，再团拉团拉就可以入锅蒸了！

团弄 tuán long "弄"字读 long 并发轻音。①用手掌搓东西成圆形。②摆布，拢络。

【例句】①把菜团子团弄圆了，别扁扁哈哈的不好看！②他俩僵了好长时间了，你去帮他们团弄团弄！

团圆媳妇儿 tuán yuan xǐ fur 旧指童养媳。

【例句】听说过去还有团圆媳妇儿，现在可没有了。

忒 tuī 太，非常，特别。

【例句】你也忒懒了点，这么点活儿也不愿意干！又如这本书挺深奥的，忒难读懂了！

推横车 tuī héng chē 不同意，出难题起阻碍作用。

【例句】不是我们不通情达理，而是你总推横车！

推三躲四 tuī sān duǒ sì 再三推诿，再三推脱。

【例句】你也不用推三躲四的，到底行不行，你给个痛快话！

推磨磨圈儿 tuī mò mo quānr 说话或办事兜圈子。

【例句】有话你就痛快说，别总推磨磨圈儿！

推饸饹车 tuī hé le chē ①形容人说话或办事儿左右逢源，既不肯定也不否定，里外不得罪人。②形容办事儿责任不清、互相推诿。均含有贬义。

【例句】①到底怎么办你明确表个态，别光推饸饹车！②这拆迁赔偿的事儿到底归哪个部门管，请政府明确责任，落实主管部门，别哪个部门都推饸饹车！

推饸饹船儿 tuī hé le chuánr 同"推饸饹车"②。

【例句】政府干部可不能推饸饹船儿，一定要给我们一个明确的答复！

腿 tuǐ ①形容第三者插足，有不正当的男女关系。②骂人语。

【例句】①熟悉历史的人都知道，据传说杨贵妃和安禄山有一腿！②去你妈拉个腿！这事儿别往我头上安！

腿脚 yuǐ jiǎo 这里主要指人的身体健康状况。

【例句】大娘！有八十了吧？腿脚还挺利索啊！

腿绊儿 tuǐ bànr ①即下脚绊，以腿脚绊人。②引申为暗中下手，暗中使招儿。

【例句】①电视剧《关东大先生》中，摔跤王一个腿绊儿把赵春安摔个大跟头！②有话就明说，别暗中下腿绊儿使阴招儿！

腿肚子转筋 tuǐ dù zi zhuàn jīn 形容人受惊吓后小腿痉挛即"转筋"。并不是真的腿肚子转筋，而是一种形象的比喻。诙谐性用语。

【例句】深更半夜的你这么突然一喊,吓得我腿肚子直转筋!

腿打摽儿 tuǐ dǎ biàor 全句是"心里明白腿打摽儿",这是下半句。意思是因惊吓虽然心里非常明白但非常害怕,腿直哆嗦不敢迈步而欲言又止、吞吞吐吐的样子。

【例句】看到车祸受害者被撞得血肉模糊的样子,我的腿直打摽儿,一步也迈不动步了!

腿轻屁股沉 tuǐ qīng pì gu chén 形容串门儿时间过长而迟迟不归。多形容妇女。含有贬义。

【例句】你怎么腿轻屁股沉,这都几点了,还做不做饭了?

褪 tuì ①脱衣服。②将裤子脱到一半儿。

【例句】①赶快把衣服褪下来,我给你洗洗。②把裤子往下褪一褪,我给你上药!

煺皮 tuì pí ①擦伤。②擦掉身上的污垢。含有贬义。

【例句】①不小心摔了一跤,将手掌摔煺皮了! ②你的脖子太埋汰了,还不烧点水好好煺煺皮!

屯 tún ①形容人比较土气。②聚土截水。

【例句】①你怎么这么屯,连上网都不明白?②古话说,兵来将挡,水来土屯!

屯子 tún zi 村庄,村子,农民的居住地,对城市而言。多用于地名,如皇姑屯、苏家屯等。

【例句】俺们那个屯子现在挺富,住的都是新盖的砖瓦房!

屯亲儿 tún qīnr 同村居住的友好乡亲。

【例句】我和他是屯亲儿，关系非常好！

屯不错 tún bu cuò 在农村事事出头露面、事事落不下、遇事好出头的人。含有贬义。

【例句】王家老二是个屯不错，什么事儿也落不下他！

屯老二 tún lǎo èr 没见过世面的乡巴佬。含有贬义。

【例句】你真是个屯老二，连鼠标也不懂！

屯大爷 tún dà ye 在农村中有钱有势的人。含有贬义。

【例句】张绪科家承包了几百亩地，农机具一应俱全，简直就是屯大爷！

屯迷糊 tú nmí hu 对没见过世面的庄稼人的蔑称。含有贬义。

【例句】你个屯迷糊，连县城都没去过，也敢上中央电视台？

托底儿 tuō dǐ 可靠。

【例句】这件事得找个托底儿的人去办，大意不得！

托门子 tuō mén zi 托人情，找关系。

【例句】公务员公开考录，光考试成绩好还不行，还要托门子过面试这一关！

托人弄呛 tuō rén nòng qiàng 同“托门子”。

【例句】我喜欢当警察，几次考警校，结果托人弄呛的也没成功！

拖拉 tuō la “拉”字发短促轻音。不是普通话中的“拖拉”，而是形容物体长而下垂。

【例句】看你的胡子，都拖拉到地了！又如裤子太长了，都拖拉地了！

脱壳儿 tuō kér 比喻中途退出。

【例句】大家统一行动，谁也不行中途脱壳儿！

脱相 tuō xiàng 因病失去原来的面貌。

【例句】因患癌症，他已经脱相了！

坨 tuó ①积食。②下沉凝结。

【例句】①也许是吃粘豆包坨住了，胃有些难受。②白灰坨住了不能用，搅稀了才能刷墙用。

坨儿 tuór 形容人身高、体大、粗壮。

【例句】就我这坨儿，压也能压死你！

砣 tuó 主意，章程。

【例句】他们都去俄罗斯种菜去了，你去不去心中要有个砣！

妥活儿 tuǒ huór 完成任务，应办的事办完了。

【例句】妥活儿，你叫我起草的文件已经完成了！

妥壳 tuǒ ké 没问题，没个跑，肯定之意。

【例句】这回这事儿可妥壳了！没跑儿！

妥妥儿的 tuǒ tuǒr de 非常妥当，保证不出问题。一种肯定的表示。

【例句】您交给我的事儿已经办的妥妥儿的，放心吧！

躲 tuǒ "躲"读 tuǒ 不读 duǒ，下同。逃避。

【例句】是福不是祸，是祸躲不过！

躲滑 tuǒ huá 干活避重就轻。

【例句】这人可真够懒的，给自家干活儿还躲滑！

脱清净 tuǒ qīng jìng 躲清静，逃避劳动和责任。

【例句】挺会休闲啊，我们忙得不可开交，你跑到这儿脱清净来了！

W

洼 wā 水平低，能力低。

【例句】我没什么工作经验，工作能力太洼！

洼兜儿 wā dōur 低洼凹陷的地方。

【例句】房南有片洼兜儿，可以改建成养鱼塘！

挖呲 wā ci "呲"字发短促轻音。挖苦，训斥。

【例句】我是按领导的旨意办事儿，你凭什么这么挖呲我？

挖眍 wā kou "眍"字发短促轻音。用眼睛瞪人。一种示意的表示。

【例句】他越说越离谱，老婆挖眍他一眼，他佯作不知，继续喋喋不休。

挖墙脚儿 wā qiáng jiǎor 本意是挖墙脚使整座房屋倒塌。

引申为比喻拆台，为达到自己的某种目的利益而将对方主要人物或人才挖走。

【例句】你把我的总会计师高价聘走了，你这么办不是挖墙脚吗？

挖门子 wā mén zi 也称"挖门子盗洞"。四处寻找、到处托关系、找人情。含有贬义，讽刺性用语。

【例句】要想参军，还不赶快挖门子找人？

挖门子盗洞 wā mén zi dào dòng 同"挖门子"。含有贬义，讽刺性用语。

【例句】我挖门子盗洞的好容易给你安排了个好工作，你干嘛非要承包果树园哪？

娃娃脸儿 wá wa liǎnr 形容成年人长得年轻，实际年龄和外貌长相不符，脸面就像儿童的脸。

【例句】你看他四十大多了，还是个娃娃脸儿！

娃娃音儿 wá wa yīnr 成年人说话带有童音的韵味。

【例句】那人可真是的,这么大年龄了,说话还有娃娃音儿！

瓦 wǎ "瓦"读wǎ。①陷进去，多指经营亏损。②掏出心里话。③从高处栽下来。④裁衣服。⑤倒赃。⑥失败，栽跟头。

【例句】①这趟买卖不仅没赚钱，还把老本瓦进去了！②心里憋了一肚子话，就是没有机会向外瓦！③一不小心，他从跳板上一头瓦了下去。④衣服领子裁小了，还得再瓦一圈儿！⑤贪污钱财容易，向外瓦就难了！⑥劝你你不听，这回瓦进去了吧？

刓 wǎ ①用手舀的动作。②用唇夹食物入口。

【例句】①斛一碗面过来。②大家还没有动筷，他先斛了一口！

瓦 wà "瓦"读 wà，下同。①耀眼。②透心。

【例句】①这瓦蓝瓦蓝的天，万里无云！②大热天喝口瓦凉瓦凉的井拔凉水，真是叫爽！

瓦弄 wà leng "弄"字读 leng 并发短促轻音。一般重叠使用。努力去争取，去钻营。

【例句】就业局正在组织农民工去俄罗斯输出劳务，你不去瓦弄瓦弄？

瓦底 wà dǐ 由于火大而使粥等粘糊状食物凝固或焦糊。

【例句】熬得时间太长了，大米粥已经瓦底了！

瓦蓝 wà lán 蓝色蓝得透明、耀眼。多形容蔚蓝色的天空。多使用重叠句。

【例句】看着这瓦蓝瓦蓝的天空，真叫人舒畅！

歪 wāi 也说"歪歪"。①小睡，侧卧。②形容人不讲道理反而埋怨、陷害、栽赃别人。

【例句】①太累了，我得先歪一会儿。②你这人真歪，怎么怨到我头上了？

歪歪 wāi wai 第二个"歪"字发短促轻音。①比喻心眼儿不正，偏袒一方或偏向一方。②物品摆放不正有些偏斜。

【例句】①你这人怎么这么歪歪呢，明摆着是他的错，干嘛硬按到我的头上？②地图挂得有点儿歪歪，摆正点儿！

歪歪心眼儿 wāi wai xīn yǎnr 同"歪歪"①。

【例句】你怎么长个歪歪心眼儿，别人都对，就是我一个人的错！

歪道 wāi dao　"道"字发短促轻音。同"歪②"。

【例句】你这人可真歪道，自己不承认还栽赃陷害别人！

歪愣 wāi leng　"愣"字发短促轻音。①形容人人品不正。②侧眼睛看人。一种不满意的表现。

【例句】①那人心眼太歪愣，咱得离他远点儿！②他不高兴地歪愣了我一眼，扭身就走了。

歪歪腚 wāi wai dìng　器物底部不平。

【例句】这暖水瓶有点儿歪歪腚，换个新的吧！

歪歪嘴儿 wāi wai zuǐr　形容人说话不公正、不讲理或偏袒一方。

【例句】你这人怎么长个歪歪嘴儿，有你这么说话的吗？

歪瓜裂枣 wāi guā liè zǎo　①形容人外貌不端正或有缺陷。含有贬义。②泛指形状不规则但仍可食用的瓜果。诙谐性用语。

【例句】就你长得歪瓜裂枣的样子，也要参加青歌大赛？

歪扡斜拉 wāi kuǎi xié lā　形容人不干正经事儿而专干歪门邪道的事儿。含有贬义。

【例句】放着正道你不走，非要歪扡斜拉地办见不得人的事！

歪打正着 wāi dǎ zhèng zhóo　"着"读zháo。①非本意

而意外或侥幸得到满意的结果。②比喻本意不是如此而凑巧与别人的意见相同或一致。

【例句】①本来我借钱是为了渡过难关，谁知用这笔钱抓体彩抓了个三等奖，这也是歪打正着！②我这也是歪打正着，谁知我们想到一起去了！

歪了吧叽 wāi la bā jī ①形容人蛮不讲理，胡搅蛮缠。②形容物体不正有些偏斜。

【例句】①那小子歪了吧叽的，四六不懂，离他远点儿！②这挂钟挂得外了吧叽的，你看不出来啊？

歪歪叨叨 wāi wāi dāo dāo 形容人蛮不讲理，挑三拣四，过于挑剔。

【例句】那老娘们歪歪叨叨的，你还是少撩骚她！

歪帮不上线 wāi bāng bú shàng xiàn 形容人不知好歹而扶不起来。骂人语。

【例句】你这个人就是歪帮不上线，好不容易给你找了一份儿不错的工作，你却偷懒儿睡觉被人家开除了，说你什么好呢？

崴 wǎi ①同前"舀①"。②走路极其困难。③扭伤，崴脚。④陷入失落。⑤事情办砸了，办糟了。⑥山水的拐弯处。多用于地名。

【例句】①崴了两勺蜂蜜。崴了一瓢水。②这么远的路，你是怎么崴回来的？③我崴了脚了！④政策一变，有些人非崴进去不可！⑤这下可崴了，我把银行卡弄丢了，那里有20多万呢！⑥刘家崴子，四道崴子等。

崴崴 wǎi wai 第一个"崴"字发重音，第二个"崴"字发短促轻音。陷入困境，无计可施。讽刺性用语。

【例句】看你平时闹得凶，这回"严打"，你崴崴了吧？

崴泥 wǎi ní 事情陷入困境而不易处理。

【例句】我也是侥幸逃出，这事儿如果轮到你，非崴泥不可。

崴进去 wǎi jìn qù ①事情陷入困境。②经营发生亏损。

【例句】①这回可崴进去了，警察非找上门来不可！②这趟买卖可崴进去了，不仅没挣钱，还亏损五千大多！

崴杆子 wǎi gān zi 遇到麻烦事而不易解决。

【例句】坏了，崴杆子了，耍钱儿输大钱的事儿叫老婆知道了！

外快 wài kuài 意外捞取或获得钱财或好处。

【例句】这回下基层检查工作，你没少捞外快吧？

外捞儿 wài làor 正常以外获得的收获即非正常的收入。含有贬义。

【例句】请问：今天又有什么外捞儿？又如别看他工资不高，外捞可不少！

外抠 wài kuǎi 不合款式或规范的做法或衣着。

【例句】瞧你身儿打扮，上身穿西服，下身穿条破裤子，净来这外抠！

外卖 wài mài ①超出自家范围属外人所有。②商家送货上门，另收取服务费。

【例句】①怎么分都成，反正都是本村人，也没外卖！②我们蛋糕房也开展外卖业务。

外场 wài chǎng 公开场合。

【例句】穿利索点儿，在外场别叫人笑话咱！

外场人儿 wài chǎng rénr 场面上的人，见过世面的人。

【例句】王大拿是个外场人，见过大世面的，这点儿小事儿能难住他？

外面儿人儿 wài miànr rénr 局外人，与自己无关的人。

【例句】这儿也没有外面儿人儿，有什么话你就直说吧！

外向 wài xiàng 与内向相反，指性格鲜明而外露。

【例句】这人太外向，什么话也憋不住！

外性 wài xiang "性"字发短促轻音。见外，外道。

【例句】都是自家人，用不着这么外性！

外招 wài zhāo 令想其他办法，主要指非法或不正当手段。

【例句】这事儿走正道根本办不成，看有什么外招吧！

外道 wài dao "道"字发短促轻音。有时重叠使用。客气，见外。

【例句】别外道，都是一家人，一家人不说两家话！又如你这个人怎么外外道道，咱俩还客气什么？

外姓人 wài xìng rén ①娶进门的媳妇。②不是自家人即外人。

【例句】①外姓人就是比不了亲闺女，处处隔心。②他毕竟是外姓人，说话加点儿小心！

弯弯绕 wān wān rào 阴谋诡计。多指善使用心计、爱耍鬼心眼儿的人。含有贬义。

【例句】刘能就是个弯弯绕，一肚子鬼心眼儿！

弯曲裂八 wān qū liè bā "曲"读 qū，下同。物品不直、不平整而且有些弯曲。

【例句】这是什么大立柜啊，弯曲裂八的，你看不出来啊？

弯了巴曲 wān la bā qū 形容道路或物品不直且弯曲。

【例句】那条山道弯了巴曲的，开车小心点儿！

弯弯肚子 wān wān dǔ zi "肚"读 dǔ。形容人满肚子鬼主意、极有心机而心机不正。含有贬义。

【例句】刘能那小子满肚子弯弯肚子，不耍心眼儿过不了日子！

睕 wān 用白眼珠狠狠地看人。一种不满意的表示。

【例句】我还没说完，她狠狠睕了我一眼，转身就走了！

睕愣 wān leng "愣"字发短促轻音。同"睕"。

【例句】你睕愣我干什么，难道我说的不对吗？

剜门子 wān mén zi 托关系，托人情，找门路，走后门。含有贬义。

【例句】这事儿啊，有点儿难，你去剜门子找人，肯定能办成！

剜弄 wān leng "弄"读 leng 并发短促轻音。搜寻，寻找。

【例句】这么好的文物，恐怕有上千年了，你是从哪儿剜弄来的呢？又如你给我剜弄剜弄，我的手机是不是这小子给顺走了？

剜门子盗洞 wān mén zi dào dòng 同"剜门子"。

【例句】你小子行啊，剜门子盗洞的，到底把低保办成了！

剜进筐就是菜 wān jìn kuāng jiù shì cài ①形容无论好坏得到就好。②形容不加考虑就做出选择。诙谐性、讽刺性用语。

【例句】①剜筐就是菜吧，管他什么质量不质量的，便宜就好！②你儿子也没什么毛病，别急着找媳妇剜筐就是菜，怎么你也得仔细相一相啊！

完犊子 wán dú zi ①废物，完蛋货。②垮台，死亡。③不孝。均为骂人语，均有贬义。

【例句】①连上网都不会，真是个完犊子！②我这病没个治好，说不定哪天就完犊子了！③这么小年纪就打爹骂娘，长大也是个完犊子货！

完球 wán qiú 混蛋，完蛋。诙谐性用语。

【例句】实行土地包产到户，二流子懒蛋可都完球了！

完蛋货 wán dàn huò 指责对方无能力、没出息，就是个废物。骂人语。

【例句】电视小品《不差钱》中赵本山饰演的丫蛋儿爷爷台词：真是个完蛋货，在家怎么教你（指丫蛋儿）的！

完蛋操 wán dàn cào "操"读cào。指责对方不是东西、不是个人。骂人语。

【例句】是哪个完蛋操的，敢到我家偷东西！

玩儿 wánr 突出"儿"音。①耍弄，戏弄。②玩笑。③清闲自在，玩耍游戏。　④淫荡，出卖色情。

【例句】①三番五次叫我来，可又不给办，这不是玩人吗？②从现在开始，我们就开玩了！又如要说耍嘴皮子，你可玩不过他！

③电视小品《卖拐》中赵本山饰演的大忽悠说：没事儿，我们俩在这玩儿呢！④那是个小码子（暗娼），不知跟多少人玩儿过了！

玩儿漂 wánr piào "漂"读 piào，"玩儿"突出"儿"音。①故意作出超凡脱俗或不同凡响的举动。②展示绝技。③虚张声势，卖弄手段。

【例句】①三九天还不穿棉衣，真够玩儿漂的！②滑冰场上，有人单脚着地玩儿了个漂。③就你那点儿三脚猫功夫，也敢和我玩儿漂！

玩儿赖 wánr lài 突出"儿"音。耍赖，不算数。

【例句】咱俩下盘棋，谁也不许玩儿赖！

玩儿埋汰 wánr mái tài 手段卑鄙下流而不光明正大。含有贬义。

【例句】你这不是玩儿埋汰吗，这也太损了！

玩儿阴的 wánr yīn de 暗中使坏，背后出狠招。含有贬义。

【例句】吴俊升吼道：好你个盟兄张作霖，你给我玩儿阴的，我也不能轻饶了你！

玩儿轮子 wánr lún zi ①耍花招，耍心眼儿，不说实话。②没有真实本领而故意卖弄本事。含有贬义。

【例句】①怎么不说实话？跟我玩儿轮子呢！②少跟我玩儿轮子，你那点儿本事我还不知道？

玩儿邪的 wánr xié di 从事超越常规的事儿。一般指作风不正派。

【例句】俗话说，男人有钱就学坏，女人学坏就有钱。不过还得走正道，不能玩儿邪的！

玩儿应 wánr yeng　也说"这玩意"。　①不是简单人物。②逗趣。③不是东西。骂人语。

【例句】①赌王能将麻将牌随心所欲地玩耍，要什么来什么，真是个玩儿应！②布娃娃还能开口说话，还能和你调侃，真是个玩儿应！③这玩儿应，总说城市给落农村户口，可就是不见真章！

玩儿不转 wánr bu zhuàn　行不通，指挥不灵。

【例句】收起你那套连蒙带唬的把戏吧，在我这儿可玩不转！

玩儿深沉 wánr shēn chén　故意装得深沉、稳重、庄重、严肃，一副城府极深的样子。讽刺性用语。

【例句】刚当了个小官儿，就跟我俩玩儿深沉啊？算了吧，我还不了解你啊？

玩儿完 wánr wán　彻底完蛋、失败而无法挽回。

【例句】唉呀妈呀，这卜可玩儿完了，刚刚头的4G手机不见啦！

玩儿大了 wánr dà la　过头，过分，超过正常。

【例句】有歇后语说，五块钱抻直——玩儿大了！（详见本书《歇后语》）

挽弄 wǎn leng　"弄"读 leng 并发短促轻音。划拉，聚集。

【例句】出国打工，也不过多挽弄几个钱儿！

晚儿 wǎnr　时候。

【例句】我小时晚儿可没少吃苦！又如我小时晚儿是在农村长大的！

晚三春 wǎn sān chūn 晚到极点，一切为时已晚。犹如"黄瓜菜都凉了"。诙谐性用语。

【例句】等你筹够钱再做生意，早晚了三春了！

晚三秋 wǎn sān qiū 同"晚三春"。

【例句】现如今网络技术是时髦专业，等你毕业再从事网络工作，怕是晚三秋了。

碗底子 wǎn dǐ zi 剩在碗里的剩饭剩菜。

【例句】都吃干净了，不许剩碗底子！

碗大勺子有准儿 wǎn dà sháo zi yǒu zhǔnr 不受环境的任何影响，不管别人什么要求，我行我素，想怎么办就怎么办，该怎么办就怎么办。

【例句】别听别人怎么说，碗大勺子有准儿，该怎么办，还不是我说了算吗？

王八 wáng ba 即鳖、乌龟、甲鱼，引申为媳妇与别人通奸，丈夫则被称为"王八"，也称"戴绿帽子"。骂人语。

【例句】你个老王八，你也配跟我说话？

王八犊子 wáng ba dú zi "混蛋""王八蛋"之意。詈骂人语。

【例句】吴俊升骂道：张作霖，你这个老王八犊子给我来这套儿？又如这帮土匪都是些王八犊子，没一个人揍的！

王八羔子 wáng ba gāo zi 同"王八犊子"。

【例句】你这个小王八羔子，再去网吧，看我不打断你的腿！

王八爬 wáng ba pá 一般指字写得很潦草难以辨认。骂人语。

【例句】看你写的那字，像王八爬一样，谁能看明白？

王八二怔 wáng ba èr zhèng 形容人晕头转向，不知所措。

【例句】忙了一天，累得我王八二怔的！又如一天忙得王八二怔的，一年到头也挣不了几个钱！

王大娘锔缸 wáng dà niáng jū gāng 表现穷困内容的难唱曲，来源于"二人转"名段《王大娘锔缸》中"仅有一口缸还破了"等内容。形容生活特别困难，难以维系。

【例句】这几年丈夫有病、孩子上学、婆婆病故，灾难不断，有苦难言，真成了"王大娘锔缸了"！

往回 wǎng huí 往常，以前每回。

【例句】往回这里也不收费啊，怎么这里也开始收费了？

枉活 wǎng huó 白白活在世，活得毫无意义。含有贬义，讽刺性用语。

【例句】你连个手机都不会玩儿，我看你枉活这么大岁数了！

望起 wàng qǐ 向一块儿。

【例句】你把晾的衣服望起收一收。

望许 wàng xǔ 兴许，指不定。

【例句】再等一等，望许政策还能变呢！

望门寡 wàng mén guǎ 男女订婚后，男方死亡，女方被称为望门寡。

【例句】说起来挺惨的，她是个望门寡，没结婚她丈夫就死了，她守寡守了一辈子！

望门妨 wàng mén fāng "妨"读 fāng。同"望门寡"。

【例句】她是个望门妨，一般人都不敢娶她。

往死— wǎng sǐ 后接动词或形容词，加重事或物严重程度。

【例句】往死抠、往死笨、往死沉、往死算计等。如刘能往死抠，一分钱都能攥出水来。又如我那老公往死笨，怎么教也不开窍！

忘魂儿 wàng húnr 忘我。

【例句】一天就知道忘魂地干活儿，有福也不会享！

忘性 wàng xing 记性不好，容易忘事儿。反之是"记性"。

【例句】我这个人是记性不好忘性强，兴许是上了年纪的缘故吧！

旺祥 wàng xiang "祥"字发短促轻音。兴旺和平，平平安安。

【例句】没什么大盼头，只希望大人孩子都旺祥，可别出什么灾祸！

旺兴 wàng xing "兴"字发短促轻音。非常旺盛。反之是"不旺兴"。

【例句】现如今农村政策好了，农民的日子一天比一天旺兴。又如天不下雨，长期干旱，庄稼苗都发蔫打绺不旺兴。

畏 wēi 恐惧，打怵。

【例句】不知为什么，他就畏那个数学老师！

搣 wēi 将细长而直的东西变弯曲。

【例句】把铁丝搣成圆圈儿！

微微了了 wēi wēi liǎo liǎo ①形容数量很少,微乎其微。②形容剩余的很少。

【例句】①向四川地震灾区捐款,微微了了的可拿不出手!②你们先走吧,微微了了的活儿我一会儿就干完了,随后就去!

为难遭灾 wéi nán zhāo zǎi "灾"读 zǎi。遇到困难或不幸。

【例句】以后如有为难遭灾的,缺钱花就来找我!

为人儿 wéi rénr 交结朋友。

【例句】一个人出门在外,既得会为人儿,又要提高警惕小心上当!

维拢 wéi long "拢"字发短促轻音。维持,维系。

【例句】外出打工,人多事多,还得靠你给维拢呢!

卫生球儿眼 wěi shēng qiúr yǎn 用白眼儿球看人,表示瞧不起。诙谐语。

【例句】有什么了不起,别总拿卫生球眼儿看人!

尾后 wěi hòu 以后,最后。

【例句】弄不好,这事儿尾后还得落埋怨!

煨咕 wěi gu "咕"字发短促轻音。①磨磨蹭蹭。讽刺性用语。②煨在被窝不愿起床。

【例句】①妇女出门真难,不知要煨咕多半天!②别在被窝子里煨咕了,赶快起床吃饭上学!

委 wěi ①拖拉,磨蹭。②在原地挪动。

【例句】①还委在那里干啥?还不快走!②拖拉机把这里委个大坑!

委委 wěi wei 第一个"委"发重音，第二个"委"字发短促轻音。不起身而略抬屁股稍动一动的一个动作。

【例句】来，你向里委委，给我让个地方！

委窝子 wěi wō zi "窝"读wò。原地转动使地面出坑，引申为无论如何也不离开原地。

【例句】你在那里委窝子是要下蛋哪！还不赶快走！

未见起 wèi jiàn qǐ 不见得。

【例句】别看你本领高，可未见起是他的对手！

为这节儿 wèi zhè jiěr 因为这个。

【例句】领导净搞性骚扰，为这节儿，我连班都不敢上！

味儿 wèir 突出"儿"音。①说话的音色和语调。②毫无价值。③听觉或视觉感到很有滋味、有韵味。

【例句】①你到东北已经几十年了，怎么说话山东味儿还这么浓？②你这话说得可真没味儿！③听李玉刚反串唱的京剧《霸王别姬》可真有味儿！

喂 wèi ①行贿收买。②浸润。

【例句】①包工头为了承揽工程，早把某些官员喂饱了。②新良种都是包衣种子，都是经药物喂过的。

喂窝子 wèi wò zi "窝"读wò。钓鱼前先在大河某处投食。

【例句】明天咱俩钓鱼去，我早已喂好窝子了！

温乎 wēn hu ①水温不凉不热。②使用，保管。③男女间亲近的表示。

【例句】①这水还挺温乎，正好喝！②这个高级打火机先在我这温乎温乎，过几天就还你！③经过一段时间的接触，最近他俩可温乎了！

温凉不展儿 wēn liáng bù zhǎnr 凉热温度正合适。

【例句】这水温凉不展儿的，正可口！

温得乎 wēn de hū 稍有温度，不凉不热，温度正合适。

【例句】这屋内的温度不凉不热，温得乎的正好！

瘟大灾的 wēn dà zāi de 遭灾遭难。诅咒语，骂人语。

【例句】你这个瘟大灾的，不得好死！

瘟灾的 wēn zāi de 同"瘟大灾的"。

【例句】你这个瘟灾的孩子，看我不打断你的腿！

文词儿 wén cír 说话讲究用词。

【例句】我是个大老粗，听不懂这些文词儿！

文化水儿 wén huà shuǐr 文化水平，学问。

【例句】别看他少言寡语的，文化水儿可高着呢！

文文明明 wén wen míng míng 不是普通话中的文明，而是形容人的性格安静文雅。

【例句】看人家那姑娘文文明明的讨人喜欢，哪像你，风风火火的，没个安稳时候！

稳拿 wěn ná 有绝对把握。

【例句】平时学习成绩非常优秀，考全国重点大学那还不稳拿！

稳当 wěn dang "稳"字发重音，"当"字发短促轻音。多重叠使用。①稳重妥当。②稳固牢靠。

【例句】①你就稳稳当当坐着吧，来得及，时间早着呢！②捆稳当了，千万别开了！

稳当的 wěn dāng de "当"字读 dāng 并拉长音。稳稳当当，牢靠妥当。

【例句】你们到台湾旅游，一定要稳当的，那里总闹事儿，一定要多加小心！

稳当客儿 wěn dang qiěr "客"读 qiě。稳重的人。多用于否定句。含有贬义。

【例句】别说旁人，你也不是什么稳当客！

稳住架 wěn zhù jià 稳住神，沉住气。

【例句】你们别着急，稳住架，办法总比困难多，咱们慢慢想办法！

稳拿糖瓜 wěn ná táng guā 手到擒来，保证或肯定达到目的。

【例句】种植甜菜有政府做保，挣钱还不稳拿糖瓜？

问道 wèn dɑo "道"字发短促轻音。打听，探听。

【例句】你把这事问道明白了再表态！

嗡嗡 wēng weng 第二个"嗡"字发短促轻音。背后议论。

【例句】别听他们背后瞎嗡嗡，该怎么办还怎么办！

翁 wèng "翁"读 wèng。①起劲围攻。②大声叫喊。

【例句】①大家一个劲儿的翁他！②"文化大革命"中，大哄大翁式的批斗几乎天天都在发生。

窝 wō ①用手将铁线等物拧成圆状。②返回，转回。③蜷曲。④积压。⑤挫伤。

【例句】①把铁丝窝成个圆圈。②快把车再窝回去！③一个连的兵力窝在大山里转不出来。④这批货全窝在手里了！⑤把手指头窝了！

窝囊 wō nang ①脏而不利索。②蜷缩。③无能，怯懦。④委屈。

【例句】①这身衣服穿得太窝囊。②你们这一辈子过得可真够窝囊的！③你媳妇这么骂你你也不还口，真够窝囊的！④这么多人都埋怨我，我的窝囊向谁说？

窝屈 wō qu ①内心感到憋屈。②埋没。

【例句】①这事儿办得真够窝屈的。②长期在山里窝屈着，真埋没了人才！

窝搓 wō chuo “搓”字发短促轻音。蹂躏，揉搓。

【例句】这张画可是贵重文物，你可要保留好，千万别窝搓坏了！

窝心 wo xin 不顺心，心中感到很不愉快。

【例句】见义勇为帮别人，反倒被当做肇事者，你说窝心不窝心？

窝心脚 wō xīn jiǎo 就像胸口挨了一脚一样受到沉重打击。

【例句】消息传来，王小蒙流产了，就好像挨了窝心脚一样，谢广坤简直痛不欲生。

窝贬 wō bian “贬”字发短促轻音。①憋屈，心情不畅。②贬低，欺负。

【例句】①就这么窝贬着的嫁出去，妈能忍心吗？②吴俊升咋寻思咋不是滋味，决定窝贬张作霖几句。

窝窝 wō wo 第二个"窝"字发短促轻音。①象声词，众人说话嘈杂一片声。②水滴成坑。③窝形物品。④圈套。

【例句】①有话一个一个说，别躲在一边瞎窝窝。②滴水穿石，房檐下的水泥地已出现一排水窝窝。③毡窝窝，燕窝窝。④这肯定是有人背后捏窝窝，挑拨离间。

窝风 wō fēng ①风受阻挡，不易通过。②炉子、火炕、火墙等取暖设备因排烟不畅而不好烧。

【例句】①找个窝风的地方，大家抓紧休息一下！②炉子有点儿窝风，找个瓦匠师傅给修一修。

窝工 wō gōng ①因施展空间过小而人多施展不开。②因计划不周或指挥不当而导致人员不能发挥最大作用。

【例句】①就这么点儿工程量，来了这么多的人，这不窝工吗？②这样干太窝工了，赶快把人撤出去一部分！

窝火 wō huǒ 受到委屈、烦恼等不顺的事儿得不到发挥，有气难撒。

【例句】答应提我当部门经理，结果提了别人没提我，你说窝火不窝火？又如有歇后语说：耗子进灶坑 —— 憋气又窝火。

窝回头 wō huí tóu 转身，掉头。

【例句】俗话说，老马识途，其实老牛也认道儿。收工了，累了一天的老牛窝回头就向回跑！

窝里反 wō lǐ fǎn 也说"窝里斗"。自行残杀，内讧。

【例句】检察机关还没进驻，公司就窝里反了，你举报我，我举报你！

窝里横 wō lǐ hèng 只能在家庭内部耍威风、耍态度。

【例句】你那能耐都哪去了，只能窝里横，打媳妇骂孩子，一到外面就熊了！

窝囊废 wō nang fèi 怯懦无能、毫无本事的人。詈语。

【例句】你这人就是个窝囊废，一事不成！

窝囊人 wō nang rén ①同"窝囊废"。②有气或有火不能发泄。

【例句】①刘大脑袋真是个窝囊人，一天叫媳妇王云骂个狗血淋头，一声也不敢吱！②你不就是个窝囊人嘛，一天叫媳妇训八遍！

窝脖儿 wō bór 回驳，反驳。

【例句】领导的话还没说完，他就来个大窝脖儿，大声反驳起来！

窝脖子气 wō bó zi qì 窝囊气，心中有气说不出来。

【例句】我可不受这窝脖子气，此处不留爷，自有养爷处，我给老板炒鱿鱼，立马走人！

窝囊八代 wō nang bā dài 形容家庭人口多而又都没有能力或本领。含有贬义。

【例句】我们家窝囊八代的，没一个能人，要想脱贫致富，难啊！

挼巴 wō ba ①用手将物品搓折、弯曲。②布满折皱。

【例句】①他把张纸捵巴捵巴就放进书包里。又如他把看完的信捵巴捵巴就扔在地上了。②这张纸太捵巴，没法包书皮了！

我说 wǒ shuō 表示提醒对方注意的开头言。①喊叫妻子的代用语。②表示豁然明白。③打算，筹划。

【例句】①我说，今天做什么饭？我说，我的手机放哪儿了？②我说呢！老不见他，原来他出国了！③要我说，就给孩子买个手机吧！

卧 wò ①将坑或槽等再加深。②将物体再往下放。③将食物蒸熟或煮熟。

【例句】①栽果树的坑挖的太浅了，再往下卧卧。②炉子再往下卧卧就好烧了！③快去，给我窝俩鸡蛋，少搁点儿葱花！

窝儿 wòr "窝儿"突出"儿"音并读wò，下同。①人体或物体所占的位置。②职位。

【例句】①给他挪挪窝儿，让他到那边坐！②在行政办公室干了十几年了，至今也没挪窝儿。

窝 wò 编织。

【例句】编筐窝篓，全在收口。

窝子 wò zi 固定的场所。

【例句】这座煤矿就是我的窝子！又如窝子我几经窝好了，星期天咱俩钓鱼去！

卧底 wò dǐ 埋伏，潜伏，以刺探内部情况。

【例句】电视连续剧《潜伏》中，余则成就是共产党在敌人内部的卧底。

诬赖 wū lài 毫无根据地把某种坏事儿、不良的事儿强加在别人头上。

【例句】你别诬赖好人，我怎么能干这种事儿呢？

乌泱 wū yāng 一般重叠使用。形容人很多，多得数不清。

【例句】"刘老根艺术团"来这里演出，来了不少大腕名角，前来观看的人乌泱乌泱的，海了去了！

乌嘟 wū du "乌"字拉长音，"嘟"字发短促轻音。①泛指一切温度不高不低、处于中温状态的水、汤等液体。②形容事情复杂、使人难以理解或理不清头绪。

【例句】①乌嘟水、乌嘟汤、乌嘟粥等。如这乌嘟粥清汤寡水的，不好喝。又如说也真怪，乌嘟茶一喝我就闹肚子腹泻！②谁都知道，那是一壶乌嘟茶，其中的猫腻你能弄明白吗？

乌涂水 wū tú shuǐ 不凉不热的温水或其他液体。

【例句】我爱喝热茶水，就不爱喝乌涂水！

乌了巴嘟 wū la bā dū 也说"乌了巴涂"。①同"乌嘟水"。②形容办事儿不利索，不干脆。③形容物体不干净，不透明，模模糊糊。

【例句】①这稀粥乌了巴嘟的，没什么喝头！②这工作叫你干得乌了巴嘟的，没有一点儿头绪！③你家的玻璃多长时间没擦了，乌了巴嘟的，快不透亮了！

乌漆麻黑 wū qī má hēi ①身份不好。②非常脏或污浊。

【例句】①这个乌漆麻黑的人，啥坏事都少不了他！②瞧你乌漆麻黑的小脸儿，还不快洗洗！

乌眼儿鸡 wū yǎnr jī 形容人撕破脸皮闹矛盾、打架斗狠的样子。讽刺性用语。

【例句】他俩打得像乌眼儿鸡似的，恨不得你吃了我，我吃了你！

乌眼儿青 wū yǎnr qīng 因外伤而使脸部发青或眼眶青肿。讽刺性用语。

【例句】赵四一个躲闪不及，被打了个乌眼青。

乌七糟八 wū qī zāo bā 乱七八糟的样子。引申为比喻不正经的人或事。含有贬义。

【例句】你愿意交朋好友我不反对，但也不能乌七糟八什么人都交啊！

乌疾六瘦 wǔ jí liù shòu 形容人心急火燎、坐卧不安的样子。含有贬义。

【例句】有俩儿臭钱儿，看把你烧得乌疾六瘦的！又如这几天总是下雨，在家呆得我乌疾六瘦的。

呜噜语儿 wū lu yǔr "语儿"突出"儿"音。含糊其词，支吾搪塞，态度不明确。

【例句】电视剧《潜伏》中，地下工作者余则成的真实身份险些暴露，只好打呜噜语儿遮掩。又如你别打呜噜语儿，到底怎么办，你明确表个态！

呜嗷地 wū āo di "呜""嗷"两字均拉长音。形容相互吵架时的叫骂。

【例句】说着说着，三句话不投机，俩人呜嗷地干起来了！

呜嗷乔叫 wū āo qiáo jiào 乱哄哄大声叫喊。含有贬义。

【**例句**】老赵家哥儿几个因分家闹得呜嗷乔叫，谁也不让步！

呜嗷喊叫 wū āo hǎn jiào 同"呜嗷乔叫"。

【**例句**】你们几个乌嗷喊叫的，干啥呢？

呜哇嘡 wū wā tāng 象声词，敲锣打鼓的声音，也指娶媳妇的热闹场面。

【**例句**】有民谣：呜哇嘡，呜哇嘡，娶个媳妇尿裤裆！又如那边儿呜哇嘡的，是谁家娶媳妇呢！

呜呜滔滔 wū wu tāo tāo ①形容哭得非常悲痛。夸张性用语。②大河流水的流动声。

【**例句**】①她边说边哭，哭得呜呜滔滔的。②大水溢出河床，呜呜滔滔到处乱流。

屋里的 wū lǐ de 对自己的妻子的谦称。

【**例句**】介绍一下，这是我屋里的！

尢赖汉 wú lài hàn 不务正业、行为不轨的人。

【**例句**】那哥儿几个都是无赖汉，瞧那日子过得，真没法看！

无头蒙 wú tóu mēng 无根据，莫须有。

【**例句**】这场无头蒙的官司打了一年多，可把我折腾完了！

无冬历夏 wú dōng lì xià 没有冬夏，时间不分早晚，成年累月。

【**例句**】我无冬历夏地在外打工，你却在家打麻将输钱，你对得起谁啊！

无可无不可 wú kě wú bú kě 行不行都可以，怎么办都行，即对事物满意而无话可说。

【例句】我是无可无不可，你们看着办就行了！

无利不起早 wú lì bù qi zǎo 得不到好处或不能获得利益便不去努力。含有贬义。

【例句】你这个人可真是无利不起早，没有你不占的便宜！

五方六月 wǔ fāng liù yuè 农历五、六月间的炎炎夏日。

【例句】这五方六月的，天儿这么热，你还到哪儿去啊？

五雷嚎风 wǔ léi háo fēng 暴跳如雷，十分恼怒。讽刺性用语。

【例句】几句话，把吴大帅气得五雷嚎风的，一步就蹿了上去！

五迷 wǔ mí 也说"鼠迷"。迷迷糊糊，神志不清。多形容惊吓所致。

【例句】打开房门，突然发现屋内有人，一下把我吓五迷了！

五迷三道 wǔ mí sān dào ①形容人迷迷糊糊，神志不清。②形容人行为表情神神秘秘令人难以琢磨。讽刺性用语，均含有贬义。

【例句】①你一天到晚五迷三道的，不知想些什么？②这人整天五迷三道的，他究竟想要干什么？

五行八作 wǔ hang bá zuò 泛指各行各业，一般多指手工业。

【例句】这满世界五行八作的，哪行哪业不能出人才？

五更半夜 wǔ jīng bàn yè 半夜时分，夜深人静的时候。

【例句】五更半夜的，你不睡觉，你作什么妖（详见"作妖"）啊？

五冬六夏 wǔ dōng liù xià 严冬盛夏，泛指一年四季。

【例句】五冬六夏，你怎么就穿这一件衣服啊？

五马倒六羊 wǔ mǎ dǎo liù yang 形容没有规律、没有效益地瞎折腾，乱倒腾。讽刺性用语。

【例句】你五马倒六羊地干了整整一年，到底挣钱没有？又如你就别五马倒六羊地瞎折腾了，还是老老实实种地吧！

舞扎 wǔzha "扎"字发短促轻音。①摆弄。②反复扑打。③应付，应酬。④打架，搏斗。

【例句】①你不声不响的，在那里舞扎什么呢？②灶门柴火上了房，紧舞扎一阵才扑灭。③一次接待这么多游客，我这小饭店还一时舞扎不过来。④话不投机，几句话俩人就舞扎起来了。

舞舞扎扎 wǔ wǔ zhā zhā ①形容人张牙舞爪、虚张声势的样子。②形容人办事儿不稳重、毛毛草草。③形容人手舞足蹈、风风火火的样子。均含有贬义。

【例句】①根本没有你的事儿，你舞舞扎扎跟着瞎闹什么？②让你办点儿事儿，你舞舞扎扎地没个稳当劲儿！③少跟我舞舞扎扎的，跟我俩还装！

舞马长枪 wǔ mǎ cháng qiāng ①形容又伸胳膊又踢腿、风风火火的样子。②形容生气发怒、情绪激动的样子。讽刺性用语。均含有贬义。

【例句】①这里没你什么事儿，你舞马长枪的瞎掺和什么？又如象牙山度假村正开董事会，总经理刘大脑袋媳妇王云舞马长枪地闯了进来…… ②把他爹气得舞马长枪的，抢起棍子就是一顿打！

舞舞玄玄 wǔ wǔ xuán xuán 形容人虚张声势、故意做作的样子。含有贬义。

【例句】他一天舞舞玄玄的，弄不清他究竟要干什么！

舞玄舞玄 wǔxuánwǔxuán 同"舞舞玄玄"。

【例句】你能不能安稳点儿，整天舞玄舞玄的，你累不累啊？

— 伍的 — wǔ de 用在列举内容后面，表示所举内容的丰富。

【例句】你又不痛不伍的，吃什么药哇？又如你光会打针伍的还不行，必须懂得医理药性才行！

武把操儿 wǔ bǎ chāor ①泛指一般的拳脚功夫。②打架斗殴。③能力或技艺。

【例句】①小心点，他会武把操儿！又如你要真不服，咱俩动动武把操儿！②俩人三句话不投机，竟动起了武把操儿！③这活儿技术性挺强，叫你干，你得有武把操啊？

捂 wǔ ①粮食或食品因潮热而变质。②用手掌成窝状去摁。

【例句】①天太热，粮食有点儿捂了，快拿出来晒晒太阳！②捂住了一个大蚂蚱！

捂大蛆 wǔ dà qū 天热了还穿着厚衣服。讽刺性用语。

【例句】这么热的天还穿个羽绒服，租来的还是捂大蛆啊！

捂个溜儿严 wǔ ge liūr yán ①把非常隐秘的事情遮盖得严严密密不被他人知道或了解。②把身体遮盖起来。

【例句】①行啊，你把娶媳妇的事儿捂个溜儿严啊，蹑（niǎo）悄领回一个漂亮媳妇！②喝点儿姜汤，再把被子捂个溜儿严，发发汗，感冒就好了！

捂着盖着 wǔ zhāo gài zhāo "着"读 zhāo。比喻遮遮掩掩，千方百计不被他人知道了解。

【例句】这事儿是光明正大的事儿，何必捂着盖着的，弄得神神秘秘的！

务 wù ①自学。②从事。③贪。④专心研究、思考。

【例句】①我从没进过医学院，我的这些本事全是自务的。②俗语说：干啥务啥，这话不假。③你务得太多，贪多嚼不烂哪！④把这个工作总结回去好好务务，把想法告诉我！

物色 wù shǎi "色"读 shǎi。寻找。

【例句】你去给我物色一个精通电脑技术的人才来！

误 wù ①车陷在原地不能动。②淤积血。

【例句】①卡车误在烂泥塘里了。②快挤一挤，伤口别误住血！

焐 wù ①暂时在手中温热一下。②合睡在一起。③母鸡孵小鸡。④用热的东西接触凉的东西使之变暖和、变热、变干等。

【例句】①刚买的手机还没有焐热，就被老师给没收了。②两人焐在一个被窝儿。③老抱子正焐小鸡呢！④焐手、焐脚、焐被窝、焐酒等。我的脚冻得生疼，快给我焐焐！

焐被 wù bèi　睡前将被褥在床上或炕上铺好。

【例句】天黑了，快焐被睡觉吧！

焐被窝儿 wù bèi wōr　①睡前提前将被褥在热炕上铺好，依靠热炕的温度使被窝儿变得温暖。②为使凉被窝儿变得温暖不致于钻进被窝儿时感到冰凉，他人提前钻进被窝儿依靠自身身体的热量使被窝儿变得相对温暖。有老人给小孩焐被窝儿、夫妻一方给另一方焐被窝儿等。③暗指结成夫妻。

【例句】①天太冷了，赶快焐被窝儿吧！②我说老蒯（老伴儿，指女方），天挺冷，你先进被窝儿给我焐焐被窝儿！③如果你不嫌弃俺是二婚，又带个孩子，俺同意给你焐被窝儿！

雾气沼沼 wù qì zāo zāo　雾气浓重，雾气升腾。

【例句】这雾气沼沼的天空，什么时候能晴啊？

X

稀 xī　①不屑。②表示程度极深。③用在动词后，表示严重后果。

【例句】①就你那不阴不阳的样子，谁稀搭理你！②又上山送货，又伺候病人，几天不休息，可叫你们折腾稀了！③你可把人坑稀了！可把我累稀了！

稀得 xī dě ①不屑于，没看上，没瞧起。有时用于否定语即"不稀得"。②有时使用省略语即只使用"稀"，意思同前。

【例句】①你请我，我还稀不稀得来呢！又如你不理我，我还不稀得理你呢！②我不稀得去，要去早去了！我不稀得跟他玩儿，要玩儿早就去了！

稀泞 xī nèng "泞"读 nèng。①把事办砸了、办糟了而遗留的难题他人很难处理，非常缠手。②道路泥泞难行。

【例句】①这事叫你办得稀泞，别人还怎么办？②这路稀泞，怎么走啊？

稀囊 xī nāng ①形容人性格软弱，办事儿不果断。②形容食品发软而没有韧性。

【例句】①那人办事儿稀囊，要指望他还不指望到黄瓜地（虚无缥缈之地）去呀！②雨水太大，这瓜稀囊，既不甜也不脆！

稀泡 xī pāo 形容食品过于松软而没咬头。

【例句】你这俄罗斯大面包做得稀泡，根本没有俄罗斯大面包的特点！

稀淌 xī tang "淌"字发短促轻音。瘫软之意，程度很深。

【例句】听说你遭到歹徒的袭击，可把我吓稀淌了！

稀溜儿 xī liur "溜儿"发短促轻音并突出"儿"音，有时重叠使用。①粥、汤等液体很稀。②道路泥泞。

【例句】①这大米粥熬得稀溜溜儿的，又烂乎又好喝！②

大雨刚刚下过，河水快要漫槽了，大家拿着工具淌着稀溜溜儿的泥水路向河边跑去！

稀嫩　xī nèn　①形容女人、小孩皮肤柔嫩、细嫩。②形容食品、食物水分多而鲜嫩。③形容人阅历浅，经验少，能力差。

【例句】①这小孩小脸蛋儿稀嫩，真好玩儿！②青苞米稀嫩的，吃起来没有什么苞米味儿！③虽然对方实力不强，技术稀嫩，但也不可轻视！

稀碎　xī suì　粉碎，非常细小的碎屑。

【例句】茶杯掉地下摔了个稀碎！

稀罕　xī han　"希"字发重音，"罕"字发短促轻音。①喜欢，喜爱。②很稀奇、很少见的物品。

【例句】①我就稀罕韩国电视剧，每天看个没完。又如这小姑娘长得可真稀罕人！②这鼻烟壶可是个稀罕物，是祖上留下来的吧？

稀客儿　xī kèr　①不常来、不常见的客人。②尊贵的客人。

【例句】①哎呀，这不是老四吗，你可是稀客啊！②林老板来了？您可是我们家稀客啊！快炕上坐！

稀糟　xī zāo　非常糟糕，非常差劲儿。

【例句】这事儿叫你办得稀糟，我怎么为你收场啊！

稀胎　xī tāi　形容人因病或过于劳累而身体瘫软无力。

【例句】扑打大兴安岭大火十几天，可把我造稀胎了！

稀腾　xī teng　"腾"字发短促轻音。到了极限而挺不住。

【例句】去了一趟峨眉山旅游，走了几十里山路，可把我累稀腾了！

稀巴烂 xī bā làn ①形容物品特别烂，极其破碎。②破破烂烂，乱七八糟一片。

【例句】①电视小品《捐助》中记者台词：刨根问底儿，刨个稀巴烂！②小偷把屋里翻个稀巴烂，也没找到什么值钱的东西！

稀烂贱 xī làn jiàn 价格特别便宜。讽刺性用语。

【例句】这桃儿稀烂贱，是处理的吧？多买几斤！

稀松平常 xī sōng píng cháng 比喻做事儿非常轻松，游刃有余。

【例句】稀松平常点儿事儿，交给我就行了，放心吧！

稀泥包浆 xī ní bāo jiāng 形容一片泥泞的样子。

【例句】刚刚下过大雨，这路面稀泥包浆的直陷车。

稀拉巴登 xī la bā dēng 稀少，稀疏，稀稀拉拉。

【例句】年成不好，西瓜地稀拉巴登结了几个瓜！又如时间早过了，稀拉巴登的也没来几个人。

稀巴楞登 xī ba lēng dēng 同"稀拉巴登"。

【例句】年龄越来越大了，头发也掉了，稀巴楞登没几根毛了。

稀拉百软 xī la bǎi ruǎn 形容物品柔软不坚挺的样子。

【例句】这稀拉百软的纸，怎么能包书皮？又如这包子包得稀拉百软的，都立不起来了！

稀里逛荡 xī lǐ guāng dāng 形容稀粥、汤水等流食非常稀。

【例句】这粥熬得稀里逛荡的，怎么喝啊！

稀拉光汤 xī lā guāng tāng 同"稀里逛荡"。

【例句】这稀粥稀拉光汤的，不抗饿，还得吃点儿干的！

稀里哗啦 xī lǐ huā lā 形容日子非常艰难，穷困潦倒不可收拾。

【例句】这日子叫你抽大烟得稀里哗啦的，没法过了！

稀达溜儿的 xī da liūr de "溜儿"字拉长音。形容食品非常稀。

【例句】这酒稀达溜儿的也不塞牙，多喝点，没事儿！

稀里马哈 xī lǐ mǎ hā 形容人稀里糊涂，马马虎虎。含有贬义。

【例句】你一天稀里马哈的，能不能精神点？

稀拉面软 xī lā miàn ruǎn 像面一样柔软，主要用来形容人的性格。含有贬义。

【例句】就你那稀拉面软的性格，还不叫人欺负？

稀里哈搭 xī lǐ hā dā ①马马虎虎，做事不认真。②器物部件结构松动。

【例句】①这人办事儿总是稀里哈搭的，让人不放心！②桌子腿已经稀里哈搭的，该修修了！

稀里忽鲁 xī lǐ hū lū 速度快而不精心。

【例句】今天饿坏了，一大碗面条稀里忽鲁地就被我吃光了！

稀汤寡水 xī tāng guǎ shuǐ 形容伙食很差，缺少油水。

【例句】进山倒套子(用畜力车运输木材)，整天稀汤寡水的，可遭老罪了！

稀糊淖烂 xī hū nǎo làn 也说"稀糊烂"。形容食品过于烂熟而没有韧性。

【例句】这猪肘子炘的稀糊淖烂的，没什么吃头儿。

稀糊淖泞 xī hú nǎo nèng "泞"读 nèng。①道路或路面泥泞不堪。②形容事情办得一团糟，毫无章法，毫无头绪，一塌糊涂。

【例句】①这大雨连天的，出门的路稀糊淖泞的，歇歇再走吧！② 瞧你这事儿办得稀糊淖泞的，还能不能行？

嬉皮笑脸 xī pí xiào liǎn 形容人一副轻浮、嬉笑而不严肃的样子。

【例句】少给我嬉皮笑脸的，到底想干啥，你就明说！

喜兴 xǐ xing "兴"字发短促轻音。①非常令人高兴喜事。②因高兴而脸上有笑容。③脸面长得美好有笑意。

【例句】①这是件喜兴的事儿，你可别搅局！②新郎子一脸的喜兴样儿。③这人面善又懂礼貌，长得真喜兴！

喜丧 xǐsāng 高龄人逝世。东北习俗，高龄老人逝世称"喜丧"，需放鞭炮、撒红色纸钱。

【例句】你家老太君是喜丧，起灵前放挂鞭吧！

喜兴嗑儿 xǐ xing kēr 也说"喜兴话儿"。说令人喜欢、高兴、吉祥的话。

【例句】你说点儿喜兴嗑儿，别人家不爱听啥你说啥！

喜声笑韵 xǐ shēng xiào yùn 一片欢声笑语。

【例句】看到刘翔创造世界纪录的场面，现场喜声笑韵，一片欢腾！

洗 xǐ 被赢光，被偷光，被抢光。

【例句】今天打麻将手气贼好，我一个人把他们三个人都给洗了。又如刚搬新居就招贼，给洗个精光！

惜外 xǐ wài 见外，外道，客气。

【例句】咱都是一家人，说话别惜外！

戏弄 xì nong "弄"字发短促轻音。①耍戏，捉弄。②过分宠爱，过分亲昵。

【例句】①电视剧《关东大先生》中，哈贝勒被杜巡长给戏弄了。②她姥姥把外孙子戏弄坏了！

系 xì 撒籽育秧。

【例句】我系两池子菠菜，再系点茄子秧！

细 xì 节俭，会算计。

【例句】二嫂那人可细了，真能过日子！

细作 xì zuo ①详细。②暗探。

【例句】①我看电视，中央电视台把将要实行的《食品安全法》介绍的可细作呢！②旧时战争派出的侦察人员称为细作。如细作来报，敌人前锋部队距此还有二十里！

细发 xì fa "发"字发短促轻音。①细腻。②颗粒较小。

【例句】①这姑娘皮肤可真细发。②这白糖挺细发，质量好！

细事儿　xì shìr　形容人说话琐碎、讲究。

【例句】这人办事忒细事儿，很不好接触。

细高挑儿　xì gāo tiǎor　形容人身材细高而苗条修长。

【例句】那姑娘是个细高挑儿，长相也不错！

细巴连千　xì ba lián qiān　也说"细巴连天"。形容人身体细高而体质瘦弱。

【例句】乡亲们给儿子介绍了个对象，不过我看长相一般，细巴连千地身体也不好。

细枝末节　xì zhī mò jié　比喻详详细细，从根到梢。

【例句】儿子从国外打工回来探家，奶奶把细枝末节问了个遍！

细枝闹叶　xì zhī nào yè　形容事情细致而复杂。

【例句】爹，网上聊天细枝闹叶的很复杂，告诉你你也听不懂！

细篾儿拉的　xì mǐr lá de　"篾"读mǐ并突出"儿"音。"拉"读lá，"割开"之意。形容人的眼睛很小，似睁似闭，似乎睁不开，就像细篾儿割开的细细一条缝。讽刺性、诙谐性用语。

【例句】刘大成的眼睛就像细篾儿拉的一样，还能上《星光大道》表演，真是奇了怪了！

细致掰文儿　xì zhì bāi wénr　详详细细、掰开了揉碎了地讲述。

【例句】行了，你就别细致掰文儿地说了，我们心里都明白！

嬉痒　xì yǎng　皮肤痒痒。

【例句】我花粉过敏，一接触花粉，浑身都嬉痒！

瞎 xiā　①庄稼欠收，灾年。②死的忌语，一般指儿童。③糟蹋，浪费。④辜负。⑤庄稼籽粒不饱满。⑥绳、线等理不出头绪。

【例句】①今年五灾俱全，就是个瞎年头！②孩子患先天心脏病，出生还不到一个月就瞎了。③没用的东西买了这么多，不把钱都花瞎了吗？④可瞎了父母对你的一片心了！⑤收成不好，瞎玉米这么多！⑥这团毛线已经瞎了，理不出来！

瞎掰 xiā bāi　瞎说，无根据胡说。骂人语。

【例句】你怎么说话这么不负责任，净瞎掰！

瞎扯 xiā chě　①无根据信口胡说。②撒谎。③没有指望。骂人语。

【例句】①别瞎扯，说点正经话！②你这不是瞎扯吗，瞒别人可瞒不了我！③还是爹娘真正疼你，别人都瞎扯！

瞎呲 xiā cī　①说话不着边际，没有根据胡乱说。②无事闲聊，天南地北无边际闲说话。含有贬义。

【例句】①你这不是瞎呲吗，什么时候中国向越南出兵了？②说点儿正经话，别在那瞎呲了！

瞎话 xiā huà　①编故事。②谎言。

【例句】①《聊斋》都是编瞎话，唬弄小孩子的！②外国人生吃耗子？都是你编出来的瞎话！

瞎火 xiā huǒ　①子弹中的臭子。②没有光亮，漆黑一片。

【例句】①刚进山打猎就遇到了狗熊，我连忙举枪射击，谁知第一枪就出现了瞎火！②这黑灯瞎火的，你还到哪里去啊？

瞎诌 xiā zhōu 胡编乱造，信口胡说。

【例句】电视剧《关东大先生》中，什么出来找妹妹，都是赵春安瞎诌！

瞎蒙 xiā mēng "蒙"读 mēng，下同。乱猜测，碰运气。

【例句】抓了个大奖也是瞎蒙的，哪有什么技巧！

瞎眼儿蒙 xiā yǎnr mēng ①形容人视力不好。②引申为行为举止莽撞。③一种可以在人体或动物身上吸血的昆虫即"牛虻"，也叫"瞎眼虻"。

【例句】①你个瞎眼儿蒙，这么大的人站在你面前你都看不见？②你这个瞎眼儿蒙，政府你也敢乱闯？

瞎噗呲 xiā bū ci "噗"字发重音，"呲"字发短促轻音。没根据的胡说、乱说。讽刺性用语。

【例句】不了解情况，别在那儿瞎噗呲！

瞎扎呼 xiā zhā hu 虚张声势地说或喊叫。含有贬义。

【例句】别听他瞎扎呼，听蝲蝲蛄叫还不种黄豆了呢！

瞎咧咧 xiā liē lie 第二个"咧"发短促轻音。无目的、无根据的信口胡说、乱说。含有贬义。

【例句】别在那儿瞎咧咧了，没人把你当哑巴卖了！

瞎嘞嘞 xiā lē le 第二个"嘞"字发短促轻音。同"瞎咧咧"。含有贬义。

【例句】有事儿没事儿？该忙什么忙什么去，别在这瞎嘞嘞！

瞎白唬 xiā bái hu 毫无根据的信口胡说。含有贬义。

【例句】瞎白唬啥呢，不知又在埋汰谁呢？

瞎嗙嗙 xiā pāng pang　第二个"嗙"字发短促轻音。形容胡说乱说，说话没根据，完全不可信。含有贬义。

【例句】别在这儿瞎嗙嗙了，没人把你当哑巴卖了！

瞎哄哄 xiā hōng hōng　"瞎"字发重音，两个"哄"字均发平音并拉长音。形容人眼睛视力不好，视物不清但不是失明。

【例句】明天去西安旅游，你瞎哄哄的，就别去了！

瞎哄哄 xiā hòng hong　"哄"字读hòng，第一个"哄"字发重音，第二个"哄"字发短促轻音。多数人同时无根据地乱传、乱说。

【例句】你别听瞎哄哄，哪有什么香蕉生长病毒的事儿，都是网上胡编滥造的！

瞎嗡嗡 xiā wēng weng　同"瞎哄哄"。

【例句】别听他们瞎嗡嗡，两家婚事还没定呢，只是有点儿眉目！

瞎目忽呲 xiā mù hū cī　视物不清。对视力不好的人的讽刺性称呼。含有贬义。

【例句】你瞎目忽眦的，别到处乱走！

瞎目糊眼 xiā mù hū yǎn　形容人视力不好，视物不清，但不是双目失明。含有贬义。

【例句】天都快黑了，你瞎目糊眼的还到哪里去啊？

辖唤 xiá huan　"辖"字发重音，"唤"字发短促轻音。也说"辖狠""辖管"，都是吓唬、管教、约束的意思。

【例句】孩子已经知错了，你就别再辖唤他了！又如这几个孩子淘得没边儿，你不辖唤住他们，不知又给你惹什么祸呢！

辖唤人 xiá huan rén 欺负人。

【例句】他是弟弟，不懂事儿，你可别辖唤人，听到没有？

辖 xiá 降服，制服。

【例句】他谁都不怕，只有你能辖住他！

下 xià ①用于器物的容量。②剪、铰出样子。③民间制酱的工艺。

【例句】①我这塑料桶里装着一下子豆油，大概有 10 斤。②你先下个土锅炉样子，我给你焊！③春天到了，快下缸大酱。

下蛆 xià qū 形容人背后说坏话，出坏主意。含有贬义。

【例句】为人要光明正大，别在那里背后下蛆了！

下舌 xià shé ①传闲话，传瞎话，打小报告。②搬弄是非。

【例句】①我们昨天到大河游泳，是谁下舌告诉老师的？又如都是赵四那小子下舌传闲话，害怕害怕还是让刘大脑袋知道了！②土云真就是个卜古老婆，这点儿事儿要是让她知道了，还不给你传个遍！

下生 xià shēng 出生，出世。

【例句】刘大成唱歌的本事也不是下生就会的，还不是下苦功练出来的！

下道儿 xià dàor ①离开正题说低级下流话。②走上邪路。

【例句】①几个人凑在一起，说着说着就下道儿了。②挺好个孩子，不知为什么开始走下道了！

下脚儿 xià jiǎor 落脚的地方。多用于否定语即"没地方下脚"。

【例句】这屋子叫你们造得批儿片儿（详见"批儿片儿"）的，简直没地方下脚儿！

下炕 xià kàng 一般指久病初愈之后，身体状况好转能够下地活动。

【例句】爷爷久病终于见好了，可以下炕了！

下饭 xià fàn 能使主食吃得多的菜肴或食品佐料。

【例句】我就爱吃腐乳臭豆腐，吃那玩意儿真下饭！

下黑儿 xià hēir 晚上。一般指当天晚上。

【例句】就这么说定了，等下黑儿我到你家喝酒去！

下话 xià huà ①发话，发出命令。②歇后语的后半句。

【例句】①领导已经下话了，谁也不准请假！②马尾拴豆腐，下话是什么？

下货 xià huò ①商品畅销。②食物使人爱吃而吃得多。

【例句】①今年貂皮大衣可真下货，几个月卖了好几十件！②满桌子的菜，还是东北杀猪菜最下货！

下地 xià dì ①到田间劳作。②久病之人大病初愈可以下地活动。

【例句】①该下地了，快吃饭吧！②谢广坤大病一场，现在可以下地了。

下来 xià lai "下"字发重音，"来"字发短促轻音。①成熟。②上市。

【例句】①今年的榛子下来没有？②青苞米刚刚下来，又甜又嫩！

下势 xià shì 失去权势，落魄。

【例句】张村长已经下势了，没什么神气的了！

下作 xià zuo "下"字发重音，"作"字发短促轻音。比喻为人低贱，为达某目的而不顾脸面。

【例句】你这人怎么这么下作，他家的东西是那么好拿的吗？

下把 xià bǎ ①下一回。②下手抓。

【例句】①我在《星光大道》上没表现好，下把我非把别人毙了不可。②哎！别人还都没动筷子，你怎么先下把了？

下力 xià lì 舍得出力。

【例句】干自己家的活儿你都不肯下力，你说你都懒到什么程度了？

下眼 xià yǎn 眼睛可以看到的地方。

【例句】这屋子怎么这么乱？简直没处卜眼了！

下眼子 xià yǎn zi 让人低看施以白眼。

【例句】让我去办那下眼子事，我才不去呢！

下笊篱 xià zhào li ①抢先一步，抢先进行。②处心积虑地对人使坏。

【例句】①这事儿是我反应迟钝了，要不然我先下笊篱，哪有你的份儿！②小心啊，你对他不礼貌，他可准备对你下笊篱了！

下家伙 xià jiá huǒ　采取措施，抢先下手。

【例句】小心点儿，他可准备对你下家伙了！

下崽儿 xià zǎir　本意是动物产崽儿，引申为派生出来的或钱生钱所得的利息。讽刺性用语。

【例句】有俩钱儿就是舍不得出手，孩子上大学也不肯多给一分钱。怎么，你还留着钱下崽儿啊？

下死手 xiì sǐ shǒu　采取置人于死地的办法、措施而不顾后果。

【例句】咱们俩是闹着玩儿的，你怎么下死手啊？

下三烂儿 xià sān lànr　也说"下食烂儿"。①地痞流氓的别称。②形容人低三下四、委曲求全的样子。

【例句】①那小子是个下三烂儿，可别惹他！②要我去干那丢人现眼、下三烂儿的事儿，我可不干！

下台阶儿 xià tái jiēr　形容人处于尴尬境地之后，需要外力帮助摆脱窘地、摆脱尴尬局面一步一步走下台阶，犹如"见好就收""就坡下驴"。

【例句】村长海选大会，原村长只得了几票，他实在没法下台阶儿，只好借故溜出会场。

下茬子 xià chá zi　①暗中使坏，暗中设圈套、设陷阱。②用心思，下功夫。

【例句】①那小子一肚子鬼心眼儿，小心他给你下茬子！②去年没考上大学，今年可得下茬子啦！

下绊子 xià bàn zi　比喻背后使用阴损、毒辣手段陷害、打击别人。

【例句】无论是办事儿还是为人，都要光明正大，绝不能背后使阴招、下绊子！

下辈子 xià bèi zi 不是"下一辈子"，而是幻想的、遥不可知的未来，是一种虚指而不是实指。

【例句】要我给他认错道歉，哼，下辈子吧！又如你想离婚和她去过，没门！等下辈子吧！

下半拉 xià bàn lǎ ①下边，以下，事情做完了以后。②物品的下半部分。

【例句】①上级的文件传达完了，下半拉我说几件事儿！②这场大雨真够大，虽然打着雨伞，下半拉还是都湿透了！

下眼皮子 xià yǎn pízi 形容让人看不起、任人摆布。

【例句】我也不是没有正式工作，让我去干让人瞧不起的下眼皮子活儿，我才不干呢！

下不去眼儿 xià buqù yǎnr 形容实在看不惯，不忍心看，看不下眼儿。

【例句】这屋子叫你们造得乌烟瘴气的，实在下不去眼儿了！

下不来台 xià buláitái 使人处在十分尴尬、窘迫的境地而无法下台。

【例句】你当着这么多的人这么说他，实在是让他下不来台！

吓屁了 xià pì le 吓破胆了，非常害怕。

【例句】邻居家着大火了，好悬（差一点）烧到我们家，可把我吓屁了！

吓人道怪 xià rén dào guài 使人感到非常害怕、惊恐、恐惧。

【例句】这故事让你讲得，吓人道怪的。又如这么高的过山车，吓人道怪的，你爬上来干什么？

吓一老跳 xià yī lǎo tiào 吓一大跳，受到惊吓。

【例句】电话里说我的孙子被劫持，要我拿钱去赎，把我吓一老跳，原来是一场骗局！

一 下 — xià 置形容词后，表示程度的大小。

【例句】这桌子横下1.5米。又如这棵灯笼杆长下4米多。

仙乎 xiān hu 神气，趾高气扬。

【例句】这几年政策好，可把他仙乎起来了！

仙仙道道 xiān xiān dāo dāo 也说"神神道道"。①行为诡谲，高深叵测。②思维敏捷但是人不可靠，使人无法信任。均含有贬义。

【例句】①电视连续剧《走西口》中，田耀祖每天仙仙道道，装神弄鬼。②这人每天仙仙道道的，你们外出对他可要多加小心！

先说 xiān shuō 插入语，表示让步或转折。

【例句】不管怎么样，先说我没出面，怎么样，惹刺子了吧？

先头 xiān tóu "头"字发重音。以前，从前，刚刚开始。

【例句】先头我说的话都不算数，那都是醉话！又如我先头在外地上的高中，去年才转回来的！

先前儿 xiān qiánr 以前，原来。

【例句】你这个人先前儿不是这样啊，怎么当个小官儿就这样了呢？

先方儿 xiān fāngr 前妻或前夫。多指前妻。

【例句】两个孩子都是先方儿带来的。又如这所房子还是先方儿留下来的。

鲜灵 xiān ling "灵"字发短促轻音。①新鲜，味道好。②新奇。

【例句】①这桃儿运到大东北还这么鲜灵，真不容易！②你们那儿怎么总出这鲜灵事儿？

闲崩坑儿 xián bēng kēngr 闲扯淡，闲磨牙，没事找事儿闲说话。骂人语。

【例句】我这儿正忙着呢，没事一边呆着去，别在我这儿闲崩坑儿！

闲扯淡 xián chě dàn 没边没沿儿闲说话、闲唠嗑。含有贬义。

【例句】你们几个净闲扯淡，西餐还有中国饭菜好吃？

闲篇儿 xián piānr 喋喋不休地说与正事无关的话。

【例句】你哪来这么多闲篇儿，说点儿正事！又如少给我扯闲篇儿，该干啥干啥去！

闲摸见儿 xián bo jiànr ①闲着没事儿的时候。②无意中、预料不到发生的事儿。

【例句】①闲摸见儿的，你总摆弄手机干什么？②你怎么闲摸见儿的到我这儿来了，有什么事儿吧？

闲嘎答牙 xián gā da yá 也说"闲嗑答牙"。"嘎"字发重音，"答"字发短促轻音。①无边儿无沿儿没有实质内容的闲说话，闲唠嗑。②吃小食品解闷。均有贬义。

【例句】①我们几个没事儿闲嘎答牙呢！②桌上摆放着瓜籽糖果，他们几人在那儿嗑瓜子闲嘎答牙呢！

闲嗑答牙 xián kē da yá 同"闲嘎答牙"。含有贬义。

【例句】你们先嗑瓜子闲嗑答牙，菜马上就好！

闲出屁来 xián chū pì lái 形容人非常清闲，无所事事。诙谐性用语。

【例句】你整东游西逛，都天闲出屁来，没有一点进项，拿什么当吃喝啊？

闲饥难忍 xián jī nán rěn 形容人百无聊赖，因无事可做而心中难受。含有贬义。

【例句】不想干活儿，又不想吃苦，闲饥难忍，就去耍钱。

闲磨嘴皮子 xián mó zuǐ pí zi 无事儿闲聊，没目的说闲话。

【例句】别一天闲磨嘴皮子，赶紧找点儿事儿干，一家子老小都等你挣钱养家糊口呢！

闲扯大栏儿 xián chě dà lánr 闲来无事儿无边无沿地闲说话、闲唠嗑。含有贬义。

【例句】你俩别在那闲扯大栏儿了，什么时候谢大脚和刘能不错了？

咸菜篓子 xián cài lǒu zi 形容人生活过于贫穷，除了咸菜没有其他。讽刺性用语。

【例句】嘿！他家呀，就是个咸菜篓子，要啥没啥！

咸腊肉 xián là ròu 也写作"闲腊肉"。形容人整天无所事事，就像一块腊肉一样闲在那里。讽刺性用语。

【例句】我就是咸腊肉一块，整天没事干，都闲出屁来了！

咸淡儿 xián dànr "淡儿"发重音并突出"儿"音。①品菜的滋味，主要是口尝菜的咸与淡、咸盐的浓度。②稍微有咸味。

【例句】①你尝尝这道菜咸淡儿怎么样？②这芝麻饼是有咸淡儿的，挺好吃。

咸个滋儿的 xián ge zīr de "滋儿"突出"儿"音并拉长音。形容食品稍咸而适口。

【例句】这五香瓜籽咸个滋儿的，真挺好吃！

咸咕乃的 xián gu nāi de 形容食品过咸。

【例句】这香肠咸咕乃的，一点儿都不好吃。

咸吃萝卜淡操心 xián chī luó bo dàn cāo xīn 比喻没事儿找事儿，操闲心，闲操心，没有必要的操心。诙谐性用语。

【例句】人家两口子打架，你去管什么闲事儿，你这不是咸吃萝卜淡操心吗？

嫌乎 xián hu "乎"字发短促轻音。嫌恶，厌恶，不喜欢。

【例句】我炒菜的水平不高，您别嫌乎！

显摆 xiǎn bai "摆"字发短促轻音。炫耀，显示，意同"得瑟"。

【例句】她刚买了条貂皮大衣，真不够她显摆的了！

显皮 xiǎn pi 同"显摆"。

【例句】他拿出新买的手机，在同学面前显皮。

显大包 xiǎn dà bāo 显能耐，过份炫耀。

【例句】这人为人很低调儿，就怕说她出风头显大包！

显大眼儿 xiǎn dà yǎngr 同"显大包"。

【例句】要不是你到处显大眼儿，能叫警察抓住？

显大气 xiǎn dà qi 到处炫耀自己。

【例句】你不就是去过新马泰旅游吗，显什么大气呀！

显欠儿 xiǎn qiànr 显能，显阔气。

【例句】人们都叫穷，就你露富，你显什么欠儿呀！

显肚儿 xiǎn dùr ①妇女怀孕后肚皮隆起。②饺子等显得馅大。

【例句】①张家二姑娘开始显肚了！②这饺子皮薄馅大真显肚儿！

显怀儿 xiǎn huáir 同"显肚儿"①。

【例句】怀孕多长时间了？都显怀儿了。

显魂儿 xiǎn húnr ① 出丑，丢乖露丑。②灵魂显现。

【例句】①你又不懂，去跟着显什么魂儿？②这病怎么突然就好了？是不是显魂儿了？

现眼 xiàn yǎn 全句是"丢人现眼"。出丑，丢脸。

【例句】你别在这里丢人现眼了！快走开！

现管儿 xiàn guǎnr 当时有权管理或处置，过后即无权。

【例句】俗话说得好，县官儿不如现管儿！

现前儿 xiàn qiánr 眼前。

【例句】现前儿身体怎么样啊？

现成的 xiàn chéng de ①本来就有的，不是事先准备好的。②已经准备好的，可以使用、出售或其他用处。

【例句】①要说东北歇后语，那不是现成的，要多少有多少！②借多少？家里有现成的，不用到银行去取！

现得利儿 xiàn dě lìr "利儿"突出"儿"音。只求眼前得好处而不顾长远利益。

【例句】摆个小摊卖个香烟什么的，只图个现得利儿！

现钱儿杵 xiàn qiánr chǔ 现金交易，不打白条或赊欠。

【例句】这回咱俩现钱儿杵，谁也别欠谁！

现巴巴地 xiàn bā bā di 特意地。

【例句】我现巴巴地跑回来向你报信儿，你还不领情！

现世报儿 xiàn shì bàor 作恶或做坏事儿立即得到报应。讽刺性用语。

【例句】你这个现世报儿，早晚要遭报应的！

现时晚儿 xiàn shí wǎnr 现在，现在这个时候。

【例句】现时晚儿取(qiǔ)钱都不到银行了，互联网都能解决。

现买现卖 xiàn mǎi xiàn mài 也说"现学现卖"。知识或技艺刚刚学到手就应用或卖弄。

【例句】我这也是现买现卖，这点儿蓝牙知识还是刚学的呢！

现上轿现扎耳朵眼儿 xiàn shàng jiào xiàn zhā ěr duo yǎnr 女子结婚不做提前准备，临上轿时才匆忙扎耳朵眼儿。形容不做提前准备，事到临头才着急。诙谐性用语。

【例句】早干什么去了，现上轿现扎耳朵眼儿，庄稼都老高了才买化肥，还能来得及吗？

线儿黄瓜 xiànr huáng guā　形容人长得又高又瘦。含有贬义。

【例句】看你长得就像个线黄瓜，又瘦又高！

线儿屎 xiànr shǐ　即"拉线儿屎"。①形容在厕所解大便蹲的时间过长。②形容所用时间过长。讽刺性用语。

【例句】①你拉线儿屎呢，蹲了足有半小时了吧？②你拉线儿屎哪，穿个衣服也用这么长时间？

陷进去 xuàn jìn qù　"陷"在此处读xuàn。①比喻上当受骗。②比喻生意赔本儿亏损。③车陷在泥潭里。

【例句】①吴俊升聪明反被聪明误，最后还是陷进去了，中了张作霖设计好的诡计。②到俄罗斯倒腾了一车木材，结果木材国际降价，一下子陷进去了，连本儿都没收回来！③救助站吗？我的大平头车陷进去了，赶快派车救援！

乡下饭 xiāng xià fàn　即农村饭、庄稼饭，吃具有农村特色的饭菜。

【例句】咱们找家农村饭庄，吃点儿乡下饭！

乡里乡亲 xiāng lǐ xiāng qīn　都是老乡、乡亲。

【例句】咱们都是乡里乡亲的，谁也别瞒谁了！

香油 xiāng you　"香"字发重音，"油"字发短促轻音。不是食品香油，而是占小便宜。

【例句】给你二百元钱快走人，就别管吃亏占香油了！又如别整天只想着占香油，想点儿奉献精神行不行？

香香 xiāng xiang 第二个"香"字发短促轻音。好处，便宜。

【例句】好你个刘能，见香香就上，这回怎么样，当理事会长吃亏了吧？

香饽儿饽儿 xiāng bōr bor 突出"儿"音。受宠爱、受喜欢或受器重、受关注的人或物。讽刺性用语。

【例句】你也不是什么香饽饽，别自觉儿不错了！又如你还成了香饽饽了，几个单位还都争着要！

香滋辣味儿 xiān zī là weir ①各种不同的味道混合在一起。②美味佳肴的味道。

【例句】①电视小品《如此竞争》中巩汉林说："那边是厕所！"赵本山说："那样正好，香滋辣味儿的。"②别看饭店小，香滋辣味的，人客（qiě）不断！

香香嘴儿臭臭屁股 xiāng xiāng zuǐr chòu chòu pì gu 形容大吃大喝只能吃好的再拉出去，没有实际意义。讽刺性用语。

【例句】你们几个人整天在一起吃吃喝喝，也不过是香香嘴儿臭臭屁股，还能有什么出息？

镶金边儿 xiāng jīn biānr ①比喻人能说会道，说话嘴甜。②比喻物品质量比别人的强、好。

【例句】①你可真长了个镶金边儿的嘴，说的比唱的还好听！②怎么的，你的手机镶金边儿了，比我的好那么多？

相门户 xiāng mén hù 东北地区旧俗，媒人介绍后，欲结儿女亲的双方彼此相看、了解对方的人口、财产等方面的情况，这是确定婚姻的重要步骤。

【例句】过几天咱们相相门户，得选个黄道吉日！

响 xiǎng ①最大程度。②出名，有名声。

【例句】①这几天天气真好，响晴响晴的！②数学竞赛考第一，全市都造响了！

响边儿 xiǎng biānr 水开之前发出的声响。

【例句】别着急，已经响边儿了，马上就下饺子！

响快 xiǎng kuɑi 形容人性格非常爽快，说话直截了当。

【例句】这人挺响快的，人缘也好！

响干 xiǎng gān 一般重叠使用。非常干燥。

【例句】这烟叶响干响干的，一点儿也不潮！

响平 xiǎng píng 非常平坦、平整。

【例句】全镇各学校都修建了塑胶跑道，响平响平的，漂亮极了！

响晴 xiǎng qíng 形容天的颜色非常蓝，晴空万里。多使用重叠语。

【例句】外边响晴响晴的，赶快晾晾被子吧！又如别看这天响晴响晴的，说不定什么时候就有雨。

响晴瓦亮 xiǎng qíng wà liàng 同"响晴"。

【例句】这响晴瓦亮的天，一时半会儿下不了雨！

想 xiǎng ①筹划。②设法得到手。③思念，想念。

【例句】①不能这么干看着，总得想个辙呀！②哥儿几个想钱都想疯了，决心冒险抢运钞车。③几年不见面，怪想的呢！

想儿 xiǎngr 突出"儿"音。惦念，企盼。

【例句】我一心要去悉尼看奥运会，结果护照办不下来，这才没想儿了！

想白毛儿 xiǎng bái máor 妄想，空想。讥讽性用语。

【例句】一个土老庄也想当明星，你想白毛儿去吧！又如俗语说：想白毛儿，白毛儿老，白毛老儿，吃青草。

想一出是一出 xiǎng yī chū shì yī chū 一会儿一个主意，一会儿想起一件事儿。形容人反复无常、反复多变。讽刺性用语。

【例句】谢广坤媳妇对谢广坤说：你怎么想起一出是一出，又开什么家庭会！

想睡觉递枕头 xiǎng shuì jiào dì zhěn tóu 形容人很会察言观色，阿谀奉承，看人脸色办事儿。讽刺性用语。

【例句】那小子才会溜哪，想睡觉递枕头，见什么人说什么话！

相面 xiàng miàn 本义是算卦先生根据面相算出吉凶祸福，引申为仔细、反复地端详、查看。

【例句】买双皮鞋光相面了，看好了没有？又如象棋不是相面，赶快走啊！

相住 xiàng zhù 互相让路而双方向同一方向让路。

【例句】你让我也让，结果相住了！

像那 xiàng nà 语气助词，犹如"按理说"。

【例句】人家问你大学念几年级了，像那你就告诉念几年级了，怎么又扯到别的上去了！

像模像样儿 xiàng mo xiàng yàngr 一本正经，模仿得非常像。含有贬义。

【例句】看到儿子像模像样儿地坐在主席台上，老两口子心里简直乐开了花！

向口 xiàng kou　"向"字发重音，"口"字发短促轻音。民间风水先生认为房屋或坟墓所朝的方向都有讲究。

【例句】请先生给我家看看向口，这几年我家怎么总是不顺呢？

向着 xiàng zhao　"着"读 zhao。偏袒、偏向一方。

【例句】你怎么向着外人说话，这不是不分里外拐吗？

向远 xiàng yuǎn　相互不能和睦相处，格格不入。

【例句】刘能和谢广坤两个人越来越向远，见面就掐（争吵）！

向情不向理 xiàng qíng bú xiàng lǐ　也说"向情向不了理"。感情因素可以理解，但不能违背规律、法律或行为规则。

【例句】这事儿向情不向理，就是老板亲自处理也得这么办！

削 xiāo　①打人，揍人。②干，整，弄。③敲诈，勒索。④插，放。

【例句】①再不改正，看我非削你不可！又如你是不是皮子痒痒了，找削啊？②这汽车真有劲儿，拉满粮食一小时还能削百十公里。③普普通通一桌菜好几百元，真没少削。④钓鱼钩上削着一只活蚂蚱！

消停 xiāo ting　"消"字发重音，"停"字发短促轻音。①安稳，安静。②停止。

【例句】①能不能消停一下，别再闹了！②大家消停一下，都听我说！又如我们俩矛盾不断，这么多年也没消停过，见面就掐（吵架）！

消停儿 xiāo tīngr "消""停儿"两字均拉长音并突出"儿"音，不同于以上"消停"。安安稳稳，稳稳当当。

【**例句**】城市里太乱，咱们攒点儿钱，到农村消停儿地过日子，多好啊！又如别闹了，让人消停儿呆一会儿行不行？

销销儿 xiāo xiaor 第一个"销"发重音，第二个"销儿"发短促轻音并突出"儿"音。机械或其他器物上安装的一触即发的机关。

【**例句**】小心点儿，那里到处都有销销！

学话 xiáo huà "学"读 xiáo，下同。①把听到的话学给别人听。②小孩刚刚会冒话

【**例句**】②你给老师学话，就说小刚病了，不去上学了！②这孩子不小了，也会学话了！

学乖 xiáo guāi ①学得聪明起来。②模仿。

【**例句**】①什么时候你也学乖了，轻易不表态！②有几个人也要学乖，不再去泡网吧了！

学生 xiáo sheng "生"字发短促轻音。对自己家上学的孩子的爱称，对别人家上学的孩子的尊称。

【**例句**】我家有两个学生，都在外地上大学！又如你家学生上几年级了？

小 xiǎo ①将近，接近。②很小，较小。

【**例句**】①你参军小三年了吧？②小小不然的，就算了吧！

小名 xiǎo míng 乳名，小时候父母给起的非正式名称。

【例句】旧时为了好养活，东北地区常给孩子起狗剩、石头等小名。

小话 xiǎo huà ①认罪服输的软话。②含有揭短意味的言词。③令人感佩的谈话。

【例句】①驾驶证被交警没收了，只好向交警说小话。②有什么事儿就和检察官说，犯不着总让人说小话。③班长和我谈心，小话说了不少，我才认识到所犯错误的严重性。

小病儿 xiǎo bìngr 不是指小病消灾，而是主要指妇女怀孕。

【例句】这些日子开始闹小病了，就是想吃酸的！

小不点儿 xiǎo bu diǎnr ①很小的孩子。②集体里年龄最小的人。

【例句】① 2009 年春节晚会小品《不差钱儿》中，饰演丫蛋的演员毛毛年龄小，身材也矮小，真是个小不点儿！②电视剧《小兵张嘎》里的演嘎子的演员，原是个小不点儿，如今已长成大小伙子了！

小达溜儿 xiǎo da liūr "溜儿"拉长音并突出"儿"音。①规模较小。②最少，几乎，差不多。

【例句】①我在韩国小达溜儿地开了家中国服装店。②这车瓜啊，小达溜地也有上万斤！

小性儿 xiǎo xìngr 使小性子，常因小事儿而生气发脾气。

【例句】得饶人处且饶人吧，别总使小性儿了！

　　小脸儿 xiǎo liǎnr 也说"吊小脸子"。形容人心中不满便极容易发火、耍脾气，故意给人脸色看。

　　【例句】谢大脚动不动就要小脸儿，王长贵无可奈何，经常陪着笑脸。

　　小尕子 xiǎo gā zi ①泛指小孩子。一种含有贬义而又有嗔意的称呼。②个头较小。

　　【例句】①电视剧《小兵张嘎》中，嘎子、胖墩、乐乐、英子，几个小尕子别看年龄小，却敢和日本兵对着干，有胆有识。②这批苹果净小尕子，恐怕卖不上好价！

　　小尕豆子 xiǎo gā dòu zi 泛指小孩子。语气加重。含有贬义。

　　【例句】你这个乳臭未干的小尕豆子，也敢和我叫号！

　　小孩伢子 xiǎo hái yá zi 同"小尕豆子"。

　　【例句】小兵张嘎等几个小孩芽子经常出入于鬼子司令部。

　　小店儿 xiǎo diànr 形容人小气、吝啬而心眼儿小。含有贬义。

　　【例句】你别看他挣了几个钱，可还是那么小店儿，一毛不拔！

　　小店儿瓤子 xiǎo diànr ráng zi 小抠，非常吝啬。语气加重。含有贬义。

　　【例句】他那人纯粹是个小店瓤子，一分钱能攥出水来！

　　小抠儿 xiǎo kōur 同"小店儿"。

　　【例句】就刘能那小抠儿，你让他捐款，那不要他的命吗？

小份子 xiǎo fèn zi　私房钱。含有贬义。

【例句】王云向刘大脑袋大喊一声：把小份子钱给我交出来！

小小不然 xiǎo xiǎo bù rán　不值一提，不值一说。

【例句】小小不然的，就不要太计较了！

小九九 xiǎo jiǔ jiǔ　比喻不便说出的心中的小算盘、内心深处的想法。

【例句】就你心里那点小九九，我还不知道？别跟我装了！

小来小去儿 xiǎo lái xiǎo qùr　"去儿"拉长音并突出"儿"音。小规模、小范围或数量很少。

【例句】小来小去儿的玩了几次麻将，也没见输赢。又如小来小去儿的捣腾几车水果，挣了几个小钱！

小样儿 xiǎo yàngr　藐视对方，认为对方没出息、上不了台面而蔑视对方的一种称呼。

【例句】电视连续剧《乡村爱情故事》中刘能说："小样儿，我费这么大劲儿把庆典整到我家办，你还想插一手，做梦吧你！"

小老样儿 xiǎo lǎo yàngr　蔑视对方，犹如"就你那熊样"。含有贬义。讽刺性用语。

【例句】就你那小老样儿，也敢去炒股？非赔光不可！

小人儿精 xiǎo rénr jīng　①智力超常的小孩子。②矮小而聪明的人。

【例句】①活跃在舞台上的秦梦瑶、阿尔法等个个都是小人儿精。②电视剧《家有儿女》饰演小雨的小演员尤浩然，真是个小人儿精！

小时晚儿 xiǎo shí wǎnr　"晚儿"突出"儿"音并拉长音。小的时候。

【例句】我记得我小时晚儿特别穷，上中学了还没穿过毛衣、毛裤，连白衬衣也买不起。

小崽儿 xiǎo zǎir　相对较小的人或物。

【例句】电视剧《敌营十八年》中饰演康英的孩子梅果的小演员，那么点个小崽儿也不怕镜头，演得特别好！又如买了一筐富士苹果，谁知里边净是小崽儿！

小字眼儿 xiǎo zì yǎnr　语言或文字"儿"化。

【例句】东北方言中，小字眼儿语言占相当大的比例！

小帐 xiǎo zhàng　①日常生活中的零碎支出。②只计较小事儿而忽视大事儿。

【例句】①他头脑灵敏反映特快，就能算小帐！②这么大的收入你不仔细算，偏偏盯住那些小帐！

小闷头户 xiǎo mēn tou hù　小有财富而不露富的人家。讽刺性用语。

【例句】姑娘处了个对象，据说家庭挺富，是个小闷头户。

小辫子 xiǎo biàn zi　本意是小辫儿，引申为比喻被人抓住把柄。

【例句】把事儿办得干净点儿，别让人抓住小辫子！

小肚鸡肠 xiǎo dù jī cháng　鸡的肚子、肠子都很细长，不能过多容物。引申为人的气量狭小，心胸狭窄，不能容人容事儿，不考虑大局。讽刺性用语。

【例句】就你个小肚鸡肠的小气鬼，还能有什么大出息啊？

小菜儿一碟儿 xiǎo càir yī diér 比喻就像一小盘菜一样不值一提，不是什么难事儿，轻而易举就可以办到或完成。诙谐性用语。

【例句】要说写一幅字画，那可是小菜儿一碟儿，准备好纸笔吧！

孝亲 xiào qin 孝顺，尽孝。

【例句】抗日名将马本斋虽说是威震一方的抗日大英雄，对他母亲却非常孝亲。又如黑旋风李逵性格粗鲁办事鲁莽，对老娘却非常孝亲。

孝心 xiào xīn "孝"字发重音，"心"字发短促轻音。孝敬。

【例句】几年大学毕业回来了，这回可得为你爹娘好好尽孝心了！又如那孩子可孝心了，就知道心疼爹妈！

笑乎 xiào hu "乎"字发短促轻音。耻笑，讥笑，嘲笑。

【例句】你就穿这身土老庄衣服出国考察，还不让人家笑乎死？

笑话 xiào hua "话"字发短促轻音。同"笑乎"。

【例句】搬进新楼，咱们也得好好装修，可别叫人笑话！

笑么滋儿的 xiào mo zīr de "滋儿"拉长音并突出"儿"音。脸上稍有笑意。

【例句】别看他脸上笑么滋儿的，心里说不定在想什么呢？

笑面虎 xiào miàn hǔ 表面和善面带微笑而背后使坏，心狠手辣。含有贬义。

【例句】他是个笑面虎，对他千万要小心！

揳 xiē 用工具击打。

【例句】把钉子揳进去。又如桌子腿有点松，揳进两个揳子就行了。

蝎很 xiē hen 也写作"歇罕"。"蝎"字发重音，"很"字发短促轻音。令人喜欢、喜爱。

【例句】小小武东博能说会唱，机灵乖巧，可真蝎很人。

蝎很巴嚓 xiē hen bā chā 非常喜欢，特别喜欢。

【例句】刚刚花高价买了一条貂皮大衣，谢大脚歇很巴嚓地穿上向王云显摆。

蝎咧 xiē lie "蝎"字发重音，"咧"字发短促轻音。①过分夸张，渲染气氛。②形容人娇生惯养，经不起困苦的磨练。

【例句】就胳膊磕破点儿皮你就这么蝎咧，如果是革命者你早就是叛徒了！

歇晌 xiē shǎng 中午休息。

【例句】饿得都透腔了，还不歇晌啊？

歇气儿 xiē qìr 劳动中间稍作休息。

【例句】大家趁歇气儿的时候，讲起了当年"三年自然灾害"那段儿悲惨的历史。

邪 xié ①奇怪，离奇。②神经错乱。

【例句】①刚买的手机就找不到了，真邪了门了！②无缘无故的发这么大脾气，这是发的哪门子邪呢？

邪性 xié xing　"性"字发短促轻音。①离奇，摸不透。②行为乖僻。

【例句】①那个人真邪性，怎么也交不透。②动不动就发火骂人，确实有点邪性！

邪门儿 xié ménr　反常，琢磨不透。

【例句】真邪门儿了，他哪来这么大神通？

邪乎 xié hu　"乎"字发短促轻音。①夸张，言过其实。②威胁，吓唬。③形容事情怪异不正常。

【例句】①几元钱就能治好大病？可真能邪乎！②连说带邪乎，好容易说通了。③真能邪乎，打雷能劈死好几个人？

邪劲儿 xié jìnr　不正常的、超出常理的怪事儿。

【例句】这小子虎啊，邪劲儿一上来，什么事儿都干得出来！

邪虎事儿 xié hu shìr　难以承受或难以对付的事儿。

【例句】我们那里邪虎事儿可多了，甚至有人无缘无故就自杀了，也不知道为什么！

邪的歪的 xié de wāi di　办事儿或说话越格，有犯罪、作风不正、偷摸盗抢等一切不符合规矩、不符合要求、不道德行为。多使用否定式语，指没有上述行为。

【例句】咱这一辈子没有那邪的歪的，问心无愧！

邪门歪道 xié mén wāi dào　不正常的、阴险毒辣的手段或主意。

【例句】这小子正道不走，净走邪门歪道！

邪三扤四 xié sān kuǎi sì 形容人蛮不讲理、讲歪理。含有贬义。

【例句】谢广坤邪三扤四地不讲理，和刘能矛盾不断。

邪门儿哈眼儿 xié ménr hā yǎnr 形容人心眼儿不正，走邪门歪道。含有贬义。

【例句】那小子邪门儿哈眼儿的，一看就不是什么好东西！

邪门儿鬼道儿 xié ménr guǐ dàor 形容人行为诡异、神秘、反常。含有贬义。

【例句】自从她从娘娘庙回来以后，整天邪门儿鬼道儿的，不是说狐仙附体，就说太上老君降临。

邪拉忽吃 xié lā hū chī 过分夸大事态。

【例句】你邪拉忽吃的，在那叫喊什么呢？

斜愣 xié leng 也写作"斜睖"。"愣"字发短促轻音。①不满意斜着眼看人。②偏斜。③眼有残疾。

【例句】①我刚想说事儿，被科长斜愣两眼，只好打住话头儿。②我在作画，老师一直斜愣着我，好像很不满意。③那人是个斜楞眼儿！

斜眉睖眼 xié méi lèng yǎn ①怒视对方。②用傻乎乎、呆呵呵的眼神看人。

【例句】①你用不着斜眉睖眼地看着我，我没什么对不起你的！②你干啥（gà há）这么斜眉睖眼地看着我，有什么话你就说呗！

斜巴掺子 xié ba chān zi 形容道路或物品歪歪斜斜、有些不正。

【例句】通往景区的山路都是斜巴掺子的弯路，有些不好走。

斜巴悠子 xié ba yōu zi 同"斜巴掺子"。

【例句】这所破房子早就该拆了，斜巴悠子似的多挡害啊！

写字儿 xiě zìr ①题字，题名。②写证明，写字据。

【例句】①老师，请给写个字儿呗！②这事儿光说不行，必须得写个字儿！

血 xiě ①最低最劣，损到家。②彻底 穷尽。

【例句】①我儿子迷上了赌博，怎么劝怎么骂也不改，真是血没招儿！②刚刚建好的房子遭了一把大火，烧个溜光，真倒了八辈子血霉了！

血筋儿 xiě jīnr 也写作"血津儿"。从肉里浸出的血水。

【例句】蒙古族特色食品手把肉不能煮的太熟，半生不熟带血筋儿才好吃。

血葫芦 xiě hú lu 形容满头满脸都是血。夸张性用语。

【例句】两个男人为争个女人，双方都被打得血葫芦似的。

血乎打掌 xiě hū dǎ zhǎng 故意夸大事实、一副大惊小怪的样子。

【例句】你别血乎打掌的，不没把你怎么样吗？

血赤忽拉 xiě chi hū lā 也说"血糊漓拉"。①到处是血迹。②大惊小怪。

【例句】①快去看看，那个人到处血赤忽拉的，不知发生了什么事儿？②听起来血赤忽拉的，真瘆人。

血拉呼哧 xiě la hū chī 与血无关，而是无限夸大事实、夸大事态的程度。

【例句】看你说得血拉呼哧的，哪有这么严重，不过碰破点儿小皮儿而已！

血糊漓拉 xiě hū lí lá 同"血赤忽拉"①。

【例句】呀！这是怎么了？血糊漓拉的，出车祸了？

血招没有 xiě zhāo méi yǒu 毫无办法，束手无策。

【例句】他就迷住抓彩儿了，好像真的能发财似的，怎么劝都不听，血招没有！

瀣 xiè ①稀释。②变质。

【例句】①把芝麻酱瀣一下，拌凉菜吃！②鸡蛋黄都瀣了，不能吃了！

瀣口 xiè kǒu 食物因有水而产生过软的现象。

【例句】这炖鱼水放得太多了，炖得有些瀣口！

瀣汤 xiè tang "瀣"字发重音，"汤"字发短促轻音。①食物变软。②懈怠，腻烦。

【例句】①酸汤子（详见"酸汤子"）得趁热吃，一瀣汤就不好吃了！②电视剧净演武打片，看多少遍了，早看瀣汤了！

瀣松 xiè song "松"字发短促轻音。①形容纪律不紧张而松弛。②形容物品过于肥大宽松而不紧凑。

【例句】①这么瀣松的军队，还能打仗吗？②这布鞋太瀣松了，不跟脚。

瀣拉咣汤　xiè la guāng tāng　形容粥、汤等液体水多太稀。

【例句】这粥煮得瀣拉咣汤的，有什么喝头！

瀣拉吧叽　xiè la bā jī　同"瀣拉咣汤"。

【例句】大米粥多熬一会儿，粘达乎才好喝，瀣拉吧叽的可不好喝！

懈拉哈达　xiè la hā dā　①懒懒散散。②心不在焉。③物体松懈。

【例句】①都给我紧张点儿，一个个懈拉哈达的，像什么样子！②想什么呢，懈拉哈达的？③这电脑桌懈拉哈达的，该修一修了！

泄火　xiè huǒ　①排除体内的火气。②排除心中的愤怒。

【例句】①你这是肝火上升，吃几付药泄泄火吧！②他这是心火太盛，好好劝劝他，想通了自然就泄火了！

卸　xiè　①将动物尸体肢解。②骂人语，犹如"我恨不得肢解了你"之意。

【例句】①你们俩快动手，把那只羊卸了！②你再对我不礼貌，看我不卸了你！

卸债　xiè zhài　还清债务。

【例句】好多年的债务压得我喘不过气儿来，如今我出国打工几年，还清了债务，总算卸债了！

卸载儿　xiè zàir　①解除负担。②从车上卸货。

【例句】①当了十几年的班主任，如今年龄大退休了，总算卸载儿了！②赶了一宿的夜路，终于到地方了，赶快卸载儿吧！

卸磨杀驴 xiè mò shā lú 本意是驴拉完磨已经没用了即杀掉，引申为将用过的人、出过力的人一时没用了就抛弃而一脚踢开，犹如"狡兔死，走狗烹"。讽刺性用语。

【例句】我刚帮他成功竞选，他当上官儿就不用我了，你说这不是卸磨杀驴吗？

谢顶 xiè diěng 头顶部头发脱落。

【例句】年龄不大，怎么开始谢顶了？

新新 xīn xin 第二个"新"字发短促轻音。新鲜，新奇。

【例句】网上银行？没听说过，这事儿可挺新新。又如出国考察看到不少新新事，真是大开眼界！

心邪 xīn xié 形容心术不正、总喜欢搞邪门歪道的人。

【例句】你怎么这么心邪？这么诚实厚道的人你也不放过？

心说 xīn shuō 心中暗想。

【例句】我心说，这人撒谎一点儿都不脸红，世上真有这样的人！

心道儿 xīn daor "道儿"发短促轻音并突出"儿"音。心眼，心劲儿。

【例句】打乒乓球靠什么取胜？除技术水平外，靠的是心道儿，"用思想打球"就是这个道理！

心坎子 xīn kǎn zi 心里、内心。

【例句】别听他说的比唱的还好听，谁心坎子里没杆儿称，还不了解他？

心尖儿 xīn jiānr 也说"心尖子"。最喜欢、喜爱的人。

【例句】人老了，没什么事业了，只好把小孙子当成心尖儿宝贝！

心眼儿 xīn yǎnr ①形容人心地善良。②形容人有心胸、有气量。③形容人有心计、有计谋，既聪明又机灵。

【例句】①我去看了，那小伙儿个子高，身材不错，心眼儿也好！②小金哥不仅人长得帅，心眼儿好，有气量，工作也有能力！③那人城府挺深，又有心眼儿，有事儿深藏不露，可不是一般人儿！

心眼儿好 xīn yǎnr hǎo 心地善良。

【例句】我们社区的片警既心眼好，又热心，谁有困难都帮！

心眼儿好使 xīn yǎnr hǎo shǐ 人聪明，有心计，有计谋。

【例句】电视剧《走西口》中的田青心眼儿特好使，心胸开阔，而其姐夫梁满囤小肚鸡肠，目光短浅。

心眼儿活泛 xīn yǎnr huó fan 有心计，思路广，办事儿灵活。讽刺性用语。

【例句】那小子心眼儿多活泛，这点儿事儿可难不倒他！

心眼儿多 xīn yǎnr duō 极有心计，聪明而缜密。

【例句】嘎子心眼儿多，经常出入鬼子司令部，放心吧！

心眼儿小 xīn yǎnr xiǎo 心胸狭窄，小鸡肚肠。

【例句】刘能心眼儿小，他能得到副总待遇，还不屁颠儿屁颠儿的来？

心里长草儿 xīn lǐ zhǎng cǎor 想入非非，心乱如麻，有了新的想法或不安分的想法。

【例句】听说采蘑菇也能挣大钱，大雨一过，大姑娘、小媳妇心里都长草了，都想进山采蘑菇。

心事重 xīn shì zhòng 思虑过重，多虑而不开通。

【例句】这孩子不爱说话又心事重，每天都心事重重的！

心揪揪 xīn jiū jiu 第二个"揪"字发短促轻音。心中惦念而放不下。

【例句】自从你被抓走以后，我这心一直揪揪着，不知要判多少年！

心凉半截 xīn liáng bàn jié 一时感到非常失望、彻底绝望。

【例句】到村部一看，张榜公布的村长候选人名单里没有我，我的心一下子就凉了半截！

心急火燎 xīn jí huǒ liǎo 心急如焚，一副十分焦急的样子。

【例句】听说儿子在工地出了事故，老爹老娘心急火燎地赶到了工地。

心焦目乱 xīn jiāo mù làn "乱"读 làn。形容人焦躁不安的样子。

【例句】贷款到期了还不上，急得我这些日子心焦目乱的！

心绞磨乱 xīn jiǎo mó làn "乱"读 làn。形容心神不宁、心情烦乱的样子。

【例句】别哭了，哭得人心绞磨乱的，哭有什么用？

心不在肝儿上 xīn bú zài gānr shàng 形容一副心不在焉、魂不守舍、精力分散、精力不集中的样子。

【例句】瞧你，心不在肝儿上的样子，想什么呢？又如对不起，我心不在肝上，一时给忘了！

心急吃不了热豆腐 xīn jí chī bù liǎo rè dòu fū 比喻办任何事情都要慢慢来，绝不能着急，否则欲速则不达。讽刺性、诙谐性用语。

【例句】学外语要一步一步来，不能太着急，心急吃不了热豆腐，功到自然成！

寻 xín "寻"读 xín，下同。①娶媳妇。②嫁丈夫。

【例句】①这么大了，还不寻个媳妇？②老大不小了，怎么还不寻个人家？

寻思 xín si 思考，思索。

【例句】这事儿啊，我寻思着，根本办不成！又如我寻思来寻思去，我还是不出头露面的好。

寻思过味儿 xín sī guò wèir 经过认真琢磨终于领会了其中的含义。

【例句】说了半天，我才寻思过味来，原来是这样啊！

寻死上吊 xín sǐ shàng diào 一心上吊自杀。并不是真的要自杀，而是一种威胁性举动或语言。

【例句】你拿寻死上吊吓唬谁，我才不吃你这一套呢！

信皮儿 xìn pír 信封。

【例句】怪事儿啊，心皮儿也没写地址，怎么寄来的呢？

信底儿 xìn dǐr 即"信皮儿"。以前别人来信的信封，主要指通信地址。

【例句】亏得我留了个信底儿，否则怎么联系他？

信瓤儿 xìn rángr 主要指装在信封里的书信。

【例句】信皮儿我拿走了，信瓤放在桌子上了！

信邪 xìn xié 屈服于邪恶势力。多用于否定式即"不信邪"。

【例句】我就不信这个邪，咱文化低就不能炒股票了？

兴 xīng "兴"读 xīng。①或许，可能。②准许，允许。③流行。

【例句】①这次改选村长，你兴许能选上！②你当幼儿园老师，可不兴虐待孩子！③你说怪不怪，现在谁也不写信了，都兴发短信了！

兴许 xīng xǔ 也许，或许，大概，可能。

【例句】兴许我的话应验了呢？看结果吧！又如我这次出国，主要是定设备，如果一切顺利，兴许很快就回来！

星崩儿 xīng bēngr 星星点点，很少。

【例句】就你挣的那两个星崩儿的钱，也能养家糊口？

腥古耐 xīng gū nāi 令人讨厌的腥臭味。

【例句】这手提包腥古耐的，装鱼了吧？

腥味儿 xīng wèir 引申为有过政治错误、劣迹等犯罪前科。

【例句】像我这有腥味儿的人，哪个单位能聘用？

腥嚎嚎 xīng hāo hāo 也说"腥的嚎"。形容腥的味道非常浓重。

【例句】这座房子原来是存放海鲜的屋子，至今还有一股腥嚎嚎的味儿。

醒 xǐng ①将和好的面稍放一段时间。②睡醒。

【例句】①让面醒一醒，过一会再包饺子。②睡醒了？吃饭吧！

醒过味儿来 xǐng guò wèir lɑi 品出滋味，领会含义，与"寻思过味儿"略同。

【例句】长篇历史小说《水浒传》中，李逵当了一回县官，把虐待老娘的儿子狠训了一顿。老娘的儿子终于醒过味儿来，搀扶着老娘回家了。

醒过神儿来 xǐng guò shénr lɑi 突然醒悟或恢复集中注意力。

【例句】还没等他醒过神儿来，她俩手牵手一溜烟跑了！

醒盹儿 xǐng dǔnr 小睡后醒来，人尚处于不十分清醒状态。

【例句】我还没睡盹儿就把我叫起来了，不知有什么急事！

醒腔儿 xǐng qiāngr 醒悟，突然明白过来。

【例句】你们几个人天天在一起喝大酒，现在政策这么好，你们也该醒醒腔儿了，该干点儿什么了！

醒腔开窍 xǐng qiāng kāi qiào，终于明白事理。

【例句】你也该醒腔开窍了，政策多好啊，不能混吃等死了！

擤鼻涕 xǐng bíti 也说"擤鼻子"。捏住一个鼻孔用力将另一个鼻孔中的鼻涕擤出来。

【例句】她说到这里，便边哽咽边擤鼻涕，失声痛哭起来。

兴 xìng ①美滋滋儿，得意。讽刺性用语。②好牌运，好手气。③性冲动。

【例句】①干嘛今天精神这么兴啊？捡钱了吧？②今天的手气真兴，连和了几把！③有句话说，八十岁老太太出台 —— 兴（性）起来了！

性体 xìng ti "体"字发短促轻音。性格，脾气秉性。

【例句】这个人性体真好，不笑不说话！

悻人巴拉 xìng rén bā lā 形容由于噪音刺耳或轻挠皮肤引起的不舒服感。

【例句】外边汽车没完没了的拉鼻儿干啥？悻人巴拉的！

悻痒 xìng yang "痒"字发短促轻音。轻抚皮肤产生的麻痒。

【例句】一挠脚心我就悻痒。

凶 xiōng ①易出事故或祸事。②为人非常恶劣、凶恶。

【例句】①那条河挺凶，每年都淹死人！②我又没犯错误，你对我这么凶干什么？

凶了吧叽 xiōngla bā jī ①形容人一脸凶相。②形容为人非常凶恶。

【例句】你瞅那人长得凶了吧叽的，一副恶相。②我又没找你惹你，你对我这么凶了吧叽的干什么？

凶巴巴 xiōng bā bā 同"凶了吧叽"②。

【**例句**】有什么话你就说，凶巴巴的干什么？

熊 xióng　①形容人无本事无能力软弱无能、懦弱。②形容人有些呆傻。③受人欺负。④用不正当手段索取。⑤训斥，斥责。⑥欺骗，耍弄。

【**例句**】①　你简直熊到家了，打针抽血也害怕！②那人可真够熊的，整天挨老婆训斥不敢吱声！③权倾朝野的鳌拜心中想：就你们这些小孩子也敢来熊我？④我从他那儿熊来一块表。⑤在外玩电脑一天没回家，回家后被爹妈狠狠熊了一顿！⑥反正他也不懂行，被我熊得够戗！

熊人 xióng rén　被人欺负，欺负人。

【**例句**】你们也不能这么熊人，鱼塘说好了我们承包，怎么又叫你小舅子承包了？

熊包 xióng bāo　形容软弱无能、性格怯懦的人。含有贬义。

【**例句**】这小子真熊包，叫师傅训了一顿还哭了起来！

熊蛋 xióng dàn　同"熊包"。含有贬义。

【**例句**】你可真是个熊蛋，这么欺负你，你也不还口！

熊蛋包 xióng dàn bāo　同"熊包"。含有贬义。

【**例句**】你真是个熊蛋包，他说不行就不行啊？他是你爹还是你娘啊？

熊色 xióng sǎi　"色"读 sǎi。①形容人窝囊、无能而不争气。②形容人长相非常难看。骂人语，含有贬义。

【**例句**】①就你那个熊色，哪个姑娘能看上你？②就你长得这个熊色，找个对象都难！

熊样儿 xióng yàngr 同"熊色"①。

【例句】看你那熊样儿，能不能长点儿出息？

熊色样儿 xióng sǎi yàngr 同"熊色"①②。詈骂人语，含有贬义。

【例句】①就你那熊色样儿，也想上《星光大道》？快拉倒吧！②就他那熊色样儿，这辈子也甭想当官儿！

熊货 xióng huò 同"熊色"①。

【例句】你这个熊货，被人欺负到家了！

熊到家 xióng dào jiā ①比喻非常无能、懦弱。②形容人非常愚蠢、笨拙。骂人语，含有贬义。

【例句】①你简直是黑瞎子叫门 —— 熊到家了！他不叫你玩儿你就不玩儿了？②你真是熊到家了，手机蓝牙这么点儿事儿，你怎么就弄不明白呢？

熊包软蛋 xióng bāo ruǎn dàn 同"熊包"。含有贬义。

【例句】黑龙江电视台播出专栏节目《本山快乐营》中的刘大脑袋这小子真是个熊包软蛋，整天叫老婆骂个狗血喷头！

熊头日脑 xióng tóu rì nǎo 形容人萎靡不振的样子。含有贬义。

【例句】你怎么整天熊头日脑的，没个精神时候！

修理 xiū lǐ 不是普通话里的"修理"，而是管理、管教、整治、收拾、惩罚、惩戒之意。含有贬义。

【例句】再不听话，看我怎么修理你！又如你这人皮子痒痒，我看就是欠（缺少）修理！

修好积德 xiū hǎo jī dé 积德行善。

【**例句**】人这一辈子都要修好积德，千万不要净办缺德事儿！

羞臊 xiū sào 也说"没羞没臊"。害羞，害臊。不知道羞不知道臊。多用否定式用语。

【**例句**】你怎么不知道什么叫羞臊，这么大的姑娘去跳"草裙舞"！

宿 xiǔ "宿"读 xiǔ。①量词，一夜叫一宿。②动词，在夜里住一宿。

【**例句**】①你一宿一宿不回家，你到底在外边儿干些什么？②今天你就别回家了，就在我这里住一宿吧！

秀溜儿 xiù liur "溜"字发短促轻音。多形容人的身材苗条。

【**例句**】看人家那身材多秀溜儿，就是跳舞蹈的坯子！

袖 xiù ①现代篮球的一个动作即投篮。②偷拿。

【**例句**】①快出手袖啊！时间到了！又如他袖篮一点儿也不准！②打火机放在宿舍的桌子上，不知谁给袖走了！

袖里吞金 xiù lǐ tūn jīn ①买卖人在袖筒里讨价还价的一种交易行为。②用手指暗中计数。③算卦的一种。

【**例句**】①为一头腱子牛，两人袖里吞金商量半天。②咱们还是用袖里吞金计算，这样来得快！③大神儿用袖里吞金的方法算了一卦。

锈 xiù ①吝啬。②视物模糊。③器物因生锈而不光泽。

【例句】①做买卖可不能太锈了，有钱大家赚嘛！②眼睛上火，有点发锈。③这把唢呐多年不用，有点生锈了！

嘘 xū ①热气呲。②内火烧。

【例句】①没小心，让笼屉给嘘了一下。②着急上火，嘴唇嘘了一溜泡！

嘘乎 xū hu "乎"字发短促轻音。①吹牛皮，说大话。②闲聊。③套近乎。

【例句】①他俩你一句我一句在那里嘘乎谁怕谁。②你们在这里嘘乎吧，我有事儿先走了！③我得和他嘘乎嘘乎，借俩钱儿！

嘘嘘乎乎 xū xū hū hū 虚情假意。含有贬义。

【例句】你少给我嘘嘘乎乎来这套！又如看你整天嘘嘘乎乎的样子，贼拉烦人！

虚泡涨肚 xū pāo zhàng dù 形容物品体大而虚浮。

【例句】虚泡涨肚的挺大一包，其实没有多少有用的东西！

虚头巴脑 xū tóu bā nǎo 虚情假意，圆滑世故。含有贬义。

【例句】瞧你虚头巴脑的样子，哪句是真话，哪句是假话？

许可 xǔ kě 营业执照。

【例句】开业好几天了，许可还没办呢！

许护 xǔ hù 注意，留神。多使用否定式即"不许护"。

【例句】他什么时候走的？我怎么没许护？又如没许护，什么时候这里起了一栋楼！

续 xù　接连向里送。

【例句】你铡草，我来续草！

絮 xù　铺垫。

【例句】别把鸡蛋打了，筐里多絮点儿草！

絮窝 xù wō　①比喻挑选地方安家、落户。②形容非常杂乱犹如母猪絮窝。含有贬义。③鸟兽坐窝。

【例句】①凡是能絮窝的地方都找遍了，也没找到个合适的地方！②看你这屋子，乱得就像絮窝！③老母猪絮窝。

絮叨 xù dao　"叨"字发短促轻音。唠唠叨叨不停说话。含有贬义。

【例句】别在那儿絮叨了，快干活儿吧！

絮烦 xù fan　"絮"字发重音，"烦"字发短促轻音。说话或讲话过多或过长、过于重复令人感到腻烦、厌烦。

【例句】老板的讲话可真叫人感到絮烦的，又臭又长！

暄乎 xuān hu　"乎"字发短促轻音。松软而有弹性。

【例句】还是沙发坐着暄乎，比硬板凳强多了！

暄腾 xuān teng　"腾"字发短促轻音。松软，有弹性。既指物品也指食品。

【例句】还是沙发好，坐起来多暄腾！又如这馒头真好吃，暄腾又筋道！

玄 xuán　漫无边际地说。

【例句】你可太能玄了！有几句话是真的？

玄乎 xuán hu “玄”字突出重音，“乎”字发短促轻音。①夸大事实，夸大其词，虚夸。②不把握，不确定。

【例句】①你可真能玄乎，死人都让你给说活了！②我看这事玄乎，等等再看看结果吧！

玄达乎儿 xuán da hūr “乎儿”拉长音并突出“儿”音。不牢靠，不把握。

【例句】我总觉得咱俩的婚事玄达乎儿的，心里总不落底儿！

玄达楞的 xuán da lēng de “楞”读 lēng 并拉长音。同“玄达乎儿”。

【例句】这事儿啊，我看玄达楞的，等等看吧！

玄达溜儿的 xuán da liūr de “溜儿”拉长音并突出“儿”音。同“玄达乎儿”。

【例句】我看这事儿玄达溜儿的，有点儿够呛！

悬 xuán 也说“好悬”“唻悬”。①危险，好险。②过分夸张。

【例句】①高考上线我只多了一分，真够悬的！②你可真能悬，我国军队只是维和部队，什么时候出兵埃塞俄比亚了？

悬一悬 xuán yī xuán ①差一点儿，很悬。②很危险。

【例句】①昨天悬一悬，差点儿让汽车给撞了！②再悬一悬，小命儿就没了！

选姑爷子 xuǎn gu yé zi 过分挑选、挑剔。讽刺性用语。

【例句】你这是选姑爷子哪，扒拉来扒拉去没选中一个！

楦 xuàn　①骂人话，犹如"吃吧，塞吧"。②往兜里或容器里用力填、揣。

【例句】①每人分一个面包，拿去楦吧！②手里拿着，嘴里还楦得满满的。

趐微 xuē wēi　稍微，稍许，一点点儿。

【例句】这件皮衣趐微贵了点儿！又如这双鞋趐微小了点儿！再如请你些趐动一下，给我腾个地方！

趐摸 xué mo　"趐"字突出重音，"摸"发短促轻音。①四处寻找、察看。②暗中用眼睛偷瞧。③搜刮。均含有贬义。

【例句】①我说，你在那里趐摸什么呢？②两眼总向姑娘身上趐摸。③名义上是看我来了，不知又趐摸什么来了！又如就你那俩钱儿，早晚儿叫你那宝贝儿子趐摸去！

趐趐摸摸 xué xué mō mō　来回转悠，四处寻找，有所企图。含有贬义。讽刺性用语。

【例句】你在那趐趐摸摸干啥呢？又如你进屋就趐趐摸摸，找什么呢？

趐 xuè　比喻半抢半夺得来。

【例句】这个手机是从朋友那趐来的，我先用用！

熏 xūn　①训斥。②吹牛。③熏染。

【例句】①今天放学回家太晚了，被父母熏了一顿。②期末考试考了个第三名，非常得意，同父母没完没了的紧熏！③当了几年制酒工，不会喝酒也熏会了！

Y

丫头　yā tou　①父母称呼自己的女儿。②长辈称呼年龄较小的小女孩，是一种昵称。

【例句】①丫头啊，爹妈老了，就指望你了！②丫头，客人到齐了，可以上菜了！

丫蛋儿　yā dànr　泛指小姑娘，是东北人对小姑娘的普遍称呼，也是一种昵称。

【例句】这是谁家的丫蛋，长这么好看！又如丫蛋儿，给爹挠挠痒儿！

丫头片子　yā tou piàn zi　泛指未成年的小姑娘，是一种蔑称、戏称。

【例句】这些小丫头片子，一个赛一个厉害，谁也不敢惹！

丫崽子　yā zǎi zi　泛指未成年的小孩，包括男孩、女孩。

【例句】这小丫崽子，真会说话儿！

压　yā　用草和泥盖房。

【例句】我压了一间小草房，还没住进去呢！

压茬 yā chá ①有镇住场面、控制局面的能力。②说话或处理问题果断、干脆利落。③沉实有分量。

【例句】①赵书记真有能力，光说不行，办事儿真压茬！②别看她年龄小又是个女的，说话可压茬了，不服不行！③这床被又厚又软，真压茬！

压事儿 yā shìr ①形容人具有掌控局面的能力。②形容人自控能力强而不愿传播是非。

【例句】①要不是老板能压事儿，那上访告状的人还不得告到北京去啊？②小李秘书还挺能压事儿的，愣没把刘大脑袋的不检点行为告诉王大拿！

压服 yā fú 镇服，控制、制止。

【例句】怎么了，我还压服不住你了？还反了天了呢！

压腰钱 yā yāo qián 把应急的少量钱带在身上以备急需。

【例句】我身上还有几个压腰钱，都给你吧！

压摞 yā luó 物品几层重叠。

【例句】这些商品都压摞了，快倒腾一下！

压堂 yā táng 老师延长下课时间。

【例句】今天老师又压堂了！又如王老师就爱压堂，要不然我们早就踢足球去了！

压秤 yā chèng 同体积相比，物体称重分量相对较重。

【例句】往黄豆粒掺沙子，就是为了压秤。

压轿 yā jiào 东北地区旧俗，男女青年结婚时，由女方亲属一小孩儿（男女均可）坐在新娘的轿子里陪坐，可以辟邪并带来吉祥，下轿时男方要给压轿小孩压轿钱，否则不下轿。此俗今已不见，由"压车"替代。

【例句】俺结婚时还是俺侄女给压轿呢，现如今都是压车了。

压车 yā chē 不是"押车"，而是专指为结婚青年男女送亲的小孩压车。东北地区风俗，青年男女结婚时，要由女方出一个小孩儿坐在新娘的车里陪坐送亲，下车时接亲的新郎要给小孩儿压车钱，否则不下车。

【例句】每天俺结婚，压车的小孩儿找好了吗？

压不住阵脚 yā bū zhù zhèn jiǎo 控制不住局面。反之是"压住阵脚"。

【例句】这事儿还得你出面，否则我也压不住阵脚啊！

押孤丁 yā gū dīng 本意是赌博时在胜率极低的方面下注，引申为孤注一掷。

【例句】他实在输急眼了，来个押孤丁，把房子也押上了！

鸭蛋 yā dàn ①零蛋，多指考试考了个零分。②毫无收获，颗粒无收。

【例句】①总不上课偷着去网吧打游戏，结果数学考了个鸭蛋！②学校召开运动会，我们班得了个大鸭蛋！

鸭蛋儿 yā darn 突出"儿"音。泛指小姑娘。有时也称自己年龄较小的女儿，是一种昵称。

【例句】电视小品《不差钱》中赵本山饰演的爷爷对毛毛饰演的鸭蛋儿说："唱吧，李娜唱的《青藏高原》……"

鸭蛋儿脸 yā dànr liǎn 椭圆形脸，也称瓜子脸。

【例句】那小姑娘长着一副鸭蛋儿脸，可稀很（喜欢）人了！

鸭子巴掌 yā zi bā zhang 比喻笨手笨脚。含有贬义。

【例句】就你那鸭子巴掌，也想绣花啊？

鸭子腿儿 yā zi tuǐr ①两膝相叠盘坐的姿势。②二郎腿。

【例句】①老太太盘着鸭子腿儿，嘴里叨个大烟袋。②你个小孩伢子，盘个鸭子腿儿象个什么？

鸦默雀动 yā mo qiǎo dòng 像不停发噪声却保持沉默的乌鸦、像爱叽叽喳喳叫的鸟儿却无声无息一样，非常安静，毫无声音。

【例句】①你鸦默雀动地把他找来，谁也不要惊动，我有话说。

牙外话 yá wài huà 题外话。

【例句】我和你说正经事儿，你怎么总打岔说牙外话呢？

牙子 yá zi ①路边石。②衣物上装饰性的花边。③多出的部分。

【例句】①建筑工人正在修马路牙子。②这件衣服下边再镶个花牙子就更好看了。③这道墙怎么砌的？这不都出了牙子了吗？

牙口 yá kou "口"字发短促轻音。①牲口的岁数。②人的牙齿，引申为人的年龄、身体健康状况。

【例句】①这匹马牙口还不错，还可以训出来！②不行了，年龄大了，牙口也不行了！

牙对牙口对口 yá duì yá kǒu duì kǒu 当面对质。

【**例句**】把他叫来，我俩牙对牙口对口当面说清楚！

伢子 yá zi 即"小孩伢子"，泛指小孩子，多指小男孩。

【**例句**】你水平也太洼了，跟个小孩伢子治什么气？又如你个小孩伢子懂什么？

哑巴 yǎ ba ①无声无息。含有贬义。②无人说话。③磨刀反而不快。

【**例句**】①领导一顿猛训，大家一时都哑巴了。②听到有人被厂开除的消息，大家都哑巴了，不知怎么办才好！③这把菜刀磨过劲了，反倒哑巴了！

哑谜 yǎ mí 有事不明说即"王顾左右而言他"。

【**例句**】你们俩打什么哑谜？有话不能明说吗？

哑号 yǎ hào 也说"哑巴令儿"。用手势或表情传递信息。

【**例句**】他心里明白主人的哑号，立即行动起来。

哑巴令儿 yǎ ba lìngr 同"哑号"。

【**例句**】一看大哥发出了哑巴令儿，众兄弟立即发起了冲锋。

哑巴狠 yǎ ba hěn 暗中发狠、心中发狠而不露声色。

【**例句**】谁惹着你了，你这老实人也发起了哑巴狠？

哑巴冷 yǎ ba lěng 没有风的干冷的天气。

【**例句**】今天一点风也没有，真是哑巴冷！

哑巴亏 yǎ ba kuī 即"吃哑巴亏"。明知吃亏却不能明说、不能声张。与"哑巴吃黄连有苦说不出"意思略同。

【**例句**】吴俊生吃了个哑巴亏，暗下决心，一定要找张作霖报仇！

哑巴禅 yǎ ba chán 也说"打哑巴禅"。有话不说而是用手比划。

【例句】有什么话你就说，打什么哑巴禅！

哑巴霜 yǎ ba shuāng 没有任何征兆就下的霜。

【例句】前几天下了一场哑巴霜，成片的窝瓜都冻死了！

哑默悄儿地 yǎ mo qiāor di 也说"哑默悄声"。悄悄地、没有什么声响地。

【例句】你们把拉粮大车哑默悄儿地拉到村边，等我的命令！

哑默悄声 yǎ mò qiāo shēng 同"哑默悄儿地"。

【例句】一提到捐款，刘能、谢广坤、赵四几个人哑默悄声地谁也不出声了。

压悠儿 yà yóur 中间着地、两头跷起轮流起落的现象。

【例句】我领孙子到广场压悠儿玩去！

压根儿 yà gēnr 从根本上说，从源头上说。

【例句】压根儿我就不认识他，我怎么和他联系？又如我压根儿就没上过大学，怎么能有大学文凭？

压马路 yà mǎ lù 多指闲暇之余在路边闲走、闲逛、散步，是一种休闲消遣活动。

【例句】你们老两口儿还挺有闲心，这么晚了还压马路呢！

烟火 yān huǒ ①后代，传宗接代。②伙食。③专指火柴。

【例句】①只盼着生个儿子，主要是怕断了烟火。②谁能自找烟火就放谁一天假！③把烟火递给我，点颗烟解解乏！

烟屁股 yān pì gu 抽烟后剩下丢弃的烟头。

【例句】会议结束之后，满地都是烟屁股。

烟笸箩 yān pǒ luo 一种用柳条编织或用纸糊的盛放碎旱烟叶的浅筐，曾是东北地区广大农村普遍使用的生活用品，今已不多见。

【例句】把烟笸箩递给我，我卷颗烟解解乏！

烟儿炮 yānr pào 即"大儿烟炮"。寒冬刮起的暴风雪。

【例句】深山老林刮起了大烟儿炮，最低气温已突破零下四十度。

烟粉味儿 yān fěn wèir 硝烟味道，引申为双方发生争吵而出现火药味儿。

【例句】说着说着，两人出现了烟粉味儿，谁也不让谁。

烟气刚刚 yān qì gāng gāng 形容烟雾缭绕、烟气很大的样子。

【例句】这屋叫你们抽（烟）得烟气刚刚的，快开开门散散烟吧！

烟熏火燎 yān xūn huǒ liǎo 长期被烟火熏烤。

【例句】做豆腐整天烟熏火燎的，也挣不了几个钱！

严实 yán shi "实"字发短促轻音。①保密，不透落任何信息。②严密，不通风不透气。③藏得隐秘，不容易找到。

【例句】①你的嘴要严实点，不能想说什么就说什么。②把大酱缸盖严实点儿，否则容易生蛆。③你可得把存折藏严实点儿，别让小偷找到！

严丝合缝 yán sī hé fèng ①形容事情非常完美而无瑕疵、无纰漏、无疏漏、无懈可击。②形容物品之间没有缝隙连接得非常紧密。

【例句】①好！这事儿办得严丝合缝的，真让我高兴！②这檩子槽卯严丝合缝的，大小正合适！

严打严地 yán dǎ yán di 正正好好，完完全全。

【例句】怎么样？这事儿严打严地照我的话来了吧？

言语 yán yǔ 说一声，打一声招呼。

【例句】家里有什么事儿你言语一声，我随叫随到！又如你要用钱，你就言语一声！咱哥俩儿别客气！

盐打哪儿咸，醋打哪儿酸 yán dǎ nǎr xián，chù dǎ nǎr suān 盐为什么咸，醋为什么酸。引申为一切要从根本原因说起，查找根本原因。诙谐性用语。

【例句】你也不用有怨气，盐打哪儿咸，醋打哪儿酸，你不查查自身的原因，到底是为什么？

眼时 yǎn shí 眼下，目前。

【例句】虽然眼时我们还困难点儿，但国家政策这么好，我们一定能富裕起来！

眼气 yǎn qì ①因自身嫉妒、眼红儿生气。②他人非常羡慕而嫉妒。

【例句】①你不就是买台手提电脑吗？你也别眼气我，我买台更大的给你看看！②你也别看人家眼气，不服你也当大款儿啊！

眼亮 yǎn liɑn "眼"字发重音，"亮"字发短促轻音。视野开阔，无遮挡物。

【例句】围墙拆除后，整个院子立刻眼亮了许多。

眼俗 yǎn sú 没眼力见，辨别不出真实意图。

【例句】你这人可真眼俗，话说到这份儿上你还听不出是啥意思？

眼蓝 yǎn lán ①形容人因事无可奈何而目瞪口呆。②十分急迫、焦急、盼望。诙谐性用语。

【例句】①你要是遇到这种事儿，还不气得你眼篮啊！②刘能拿出 200 元捐款，看得赵四直眼蓝！

眼望 yǎn wàng ①盼头，希望，眼看。②安慰。

【例句】①杨三姐告状眼望就告赢了，却不料换了州官，又成为泡影！②上坟、烧纸，都不过是活人的眼望。

眼尖 yǎn jiān 眼光敏锐，视物非常快。有时含有贬义。

【例句】谢广坤那小子眼睛贼尖，杨晓燕那点儿心事儿他看得一清二楚！

眼晕 yǎn yùn 眼花缭乱。

【例句】一个人能舞动百十斤的呼啦圈儿，看得人直眼晕。

眼眵子 yǎn chī zi 眼屎。引申为人有手病。

【例句】人生在世，谁还没有点儿眼眵子，还不给个改正的机会啊？

眼皮子浅 yǎn pí zi qiǎn ①形容人目光短浅,用于谦词。②形容人目光短浅，鼠目寸光。用于贬义。

【例句】①我就是眼皮子浅，怎么就没看出来他还能成为大款儿呢？②那人眼皮子浅，就是个势利眼，这样的人还是不交的好！

眼罩儿 yǎn shàor ①他人强行给予的恶名，罪名。②比喻立竿见影，立即给对方出难题使其陷入窘境。

【例句】①让我去作检讨？你这不是给我戴眼罩吗？②你不送大礼，他还不给你眼罩儿戴啊？

眼熟 yǎn shóu "熟"读 shóu。似曾见过面，似曾熟悉。

【例句】吆！看着这么眼熟，到底是谁来着？

眼生 yǎn shēng 陌生，没见过的人。

【例句】对不起，不认识，有点儿眼生！

眼力见儿 yǎn li jiànr 反应灵敏，善于观察，能够善解人意、看出火候或时机。

【例句】二嘎子真有眼力见儿，为人乖巧，真是个人见人爱的好孩子！

眼儿热 yǎnr rè "眼儿"连起来并突出"儿"音。忌妒，眼红。

【例句】同村的人外出打工都能汇回点钱来，他看着十分眼儿热。

眼巴巴 yǎn bā bā ①急切的盼望。②两眼呆呆地望着危险或不如意的事情发生而毫无办法，无可奈何，束手无策。

【例句】①俩孩子眼巴巴等着爸爸打工回来，带回钱来好交学费。②救火车还没到达，大家眼巴巴地看着大火越烧越旺，直到房子被烧落了架。

眼泪巴叉 yǎn lèi bā chā 眼泪汪汪、两眼满含泪水、一副十分可怜的样子。

【例句】小孙子眼泪巴叉的哀求奶奶，今天不去幼儿园，就在家里和奶奶玩儿！

眼泪窝子 yǎn lèi wō zi 泪囊。引申为爱流泪。

【例句】妈妈就是眼泪窝子浅，一讲起过去的苦难生活就流泪。

眼巴前儿 yǎn ba qiánr ①眼下，目前。②常见的。

【例句】①眼巴前儿就有合适的人选，你看怎么样？又如眼巴前就有一桩好买卖！你干不干？②别看我只念了几天书，但眼巴前的字我还都认得！

眼皮耷拉 yǎn pí dā la ①因年龄大而耷拉眼皮，即眼皮下垂。②用于否定式即形容对人态度冷淡、爱理不理的样子。

【例句】①真是年龄不饶人啊，几年不见，你的眼皮都耷拉了！②我几次去找他，他连眼皮都没耷拉，根本不理我！

眼不见为净 yǎn bú jiàn wéi jìng 眼睛看不见，心中就不烦，心中就安静。

【例句】他爱怎么办就怎么办，我是眼不见为净，也不想那么多！

眼大漏神 yǎndàlòu shén 眼睛虽然大，却视力不好，看不清东西。调侃、讽刺性用语。

【例句】你可真是眼大漏神啊，这么大的人站在你面前，你也没认出来！

眼眶子高 yǎn kuàng zi gāo 心高气傲，不放在眼里。

【例句】那姑娘可眼眶子高，一般人都看不上！

眼眶子发青 yǎn kuàng zi fā qīng 被人看不上，被人看不起。也有不讨人喜欢的意思。

【例句】老板这么就看你眼眶子发青呢，你也不想想到底是为什么？

眼皮子夹你 yǎn pí zi jiá nǐ 看人时眼睛微眯、似睁似合的样子。比喻根本瞧不起人、藐视人。诙谐性用语。

【例句】他已经是远近闻名的大款儿了，你去找他，他还不眼皮子夹你啊！

眼馋肚子饱 yǎn chán dù zi bǎo ①形容肚子已经饱了，可眼睛还在贪馋，还不满足。②形容人贪得无厌，非常贪婪，犹如"得寸进尺"。

【例句】①我这也是眼馋肚子饱，从来也没吃过这么好的大餐，许多菜听都没听过，甭说见了！②你别眼馋肚子饱，这山望那山高，等这项工程完工后，再给你安排新活儿，保证让你挣钱！

掩 yǎn ①压倒，超越。②通过对比使自己羞愧。③用物品挤住使物体不能活动。④逐步撒土挡住涌进来的积水。⑤隐藏。⑥关闭，闭合。⑦受气。

【例句】①不蒸包子争口气，掩掩那些人！②同一单位同一工龄，他挣三千我挣一千，这不掩人吗？③拿块石头把车轱辘掩上！④古话说：兵来将挡，水来土掩！⑤谁把《金陵春梦》

掩起来了？我怎么干找也找不到？⑥掩窗户，掩门。⑦刘能说：
刘英啊，你爹今天叫好几个人给我掩了！

掩人 yǎn rén ①招人白眼儿或受到侮辱。②非常羡慕而生
嫉妒。

【例句】①你不就是买台奔驰车吗，到处显摆，这不就是
掩人吗？②你瞅那大型演唱会，人山人海，热闹非凡，大腕儿
云集，盛况空前。再看咱们的演唱会，可真够掩人的！

魇着了 yǎn zhāo la 形容人梦中遇到十分恐惧的事情因而
呼吸困难，惊醒后仍然心有余悸。

【例句】昨天半夜我做梦魇着了，到现在还害怕呢！

厌恶 yàn wu "恶"读 wù 并发短促轻音。①令人讨厌。②
刺激性强。③蛮不讲理，不明事理。

【例句】①你这人真厌恶，谁的隐私你都向外嘚嘚！②这
名酒真厌恶，非常煞口！③你怎么这么厌恶人呢，该说不该说
你什么都敢说！

燕儿窝 yànr wō ①盖房时留下的檐墙间的窟窿。②屋里地
下的小坑。

【例句】①注意，千万别把燕儿窝给堵上！②把地上的燕
儿窝都要抹平！

央格 yāng ge "央"字拉长音，"格"字发短促轻音。央
求，请求。

【例句】架不住他一味央格，总算同意给他买台手提电脑！

秧子 yāng zi ①外表中看而什么真实本事都没有的人。②

不务正业的富家子弟。③游手好闲、非常懒惰的人。④身体有病或非常虚弱不能从事体力劳动的人。⑤土匪黑话，被抓或被绑票的人均称"秧子"。

【例句】①你们这些秧子货，怎么能挑起重担？②你们这些只会享受不干真活的秧子们，什么时候才能长进？③你这个秧子货，一天到晚什么也不干，什么时候是个了啊！④你一天就像个秧子似的，什么都干不了，又养老又伺候小的，都指我一个人！⑤把那些秧子给我看好了！跑了一个拿你是问！

怏怏话 yāng yang huà　幸灾乐祸的风凉话。

【例句】人家都遭了这么大难，不说帮一把，还说些怏怏话干啥！

殃食 yāng shí　消化不良而总是打臭嗝。

【例句】不让你多吃你不听，看！吃殃食了吧？

殃打的 yāng dǎ de　即"霜打的"。形容人萎靡不振的样子。

【例句】你们怎么像殃打的，一个个低头耷脑的？

殃殃戗戗 yāng yāng qiāng qiāng　形容人久病不愈、无精打彩的样子。

【例句】老哥哥，病了几年了？怎么老是殃殃戗戗的样子？

阳干 yáng gān　用太阳晒干而不是阴干的物品。与之相对应的是"阴干"。

【例句】把湿烟叶放到外头叫它阳干，这样的旱烟抽起来有味儿道。

羊上树 yáng shàng shù　比喻出现违反常情、常理的怪事。

【例句】怎么这些年净出些羊上树的事儿，小孩子还让老鼠给嗑伤了！

羊肉贴不到狗身上 yáng ròu tiē bú dào gǒu shēn shàng 形容外人永远也不能和自己一条心。诙谐性用语。

【例句】你别指望他能和你一条心，羊肉贴不到狗身上，你还是多防着点儿好！

扬而翻天 yáng er fān tiān 形容非常杂乱、杂乱不堪。诙谐性用语。

【例句】看！这屋里叫你弄得扬而翻天的！

扬呆二怔 yáng dai èr zhèng ①形容人愣头愣脑、行为鲁莽。②形容人神情漠然、一副呆傻的样子。讽刺性用语。

【例句】①你瞧你，干点儿活儿扬呆二怔的，能不能稳当点儿？②你看你扬呆二怔的这副样子！发生什么事儿了？

扬场五道 yáng cháng wǔ dào 本意为在场院打场场院内暴土扬场、乱七八糟，引申为①比喻办事儿或干活儿无条理，杂乱无章。②比喻物品摆放得乱七八糟。

【例句】①你瞅你，干点儿活儿扬场五道的，能不能利索点儿啊？②俩孩子今天没去幼儿园，把家里造得扬场五道的，简直无法插脚了。

扬巴 yáng ba "巴"字发短促轻音。形容人失意后重新振作起来。

【例句】你看他，又扬巴起来了！

扬捧 yáng peng "扬"字发重音，"捧"字发短促轻音。形容人神气十足、神气活现的样子。

【例句】表扬你几句，你还扬捧起来了，还能有什么出息？

扬失 yáng shi "失"字发短促轻音。抛撒，乱扔。

【例句】吃饭也不老实，看把饭粒扬失一桌子！又如小心点，别把衣服扬失一炕！

佯疯炸庙 yáng fēng zhà miào 装疯卖傻，吵吵闹闹。讽刺性用语。

【例句】你们一大早晨佯疯炸庙地跑到这里，究竟想干什么？

佯死不活 yáng shǐ bù huó 半死不活，无精打采，精神萎靡。

【例句】干啥这么佯死不活的？有啥过不去的事儿？

佯湿不干 yáng shī bù gān ①物品半干半湿。②庄稼半青半黄。

【例句】①这大阴天的，衣服还佯湿不干，收起来干什么？②长时间不停地下雨，没有阳光，满地庄稼佯湿不干的，恐怕要歉收！

洋 yáng 不同于一般。

【例句】这人可真洋，穿西服不扎领带，却戴个蝴蝶结儿！又如吃饭前先喝咖啡，净来那洋的！

洋二色子 yáng èr sǎi zi 特别，与众不同。含有贬义。

【例句】这人一天净整些洋二色子的事儿，真让人接受不了！又如他就是洋二色子的人，净办些格路（详见"格路"）的新鲜事儿！

洋兴 yáng xing "兴"字发短促轻音。神气十足，傲气十足。

【例句】"四人帮"都打倒了，你还有什么洋兴的？

洋捞儿 yáng làor 原指捡拾洋人丢弃的物品，引申为白得的或偏得的意外财物。

【例句】这次外出检查工作，你得了不少洋捞吧？

洋妞儿 yáng niūr ①称城里的小女孩。②称外国小女孩。

【例句】①红灯区里不少洋妞儿在拉客。②旅游团来了一帮洋妞儿，快看看去！又如现如今可真怪，许多洋妞儿在电视节目里公开征婚！

洋式儿 yáng shìr 不同一般。

【例句】吃饭前先喝咖啡，净来洋式儿的！

洋洋摆摆 yáng yáng bǎi bǎi 形容人神气十足的样子。

【例句】电视剧《插树岭》中，二老歪一个摆土坷垃的土包子，一天还洋洋摆摆的穿套西服到处显摆！

仰脸儿 yǎng liǎnr 形容人傲气十足，一副对他人不屑一顾、不放在眼里的样子。

【例句】俗话说，"仰脸儿老婆低头汉"，这都是不好惹的人！

仰壳儿 yǎng kér 也说"倒仰"。①睡觉时面朝天仰头睡，引申为形容人因生气而气得仰面朝天。②仰面躺倒，比喻懒惰而睡大觉。③不劳而获。

【例句】①就他那作派，任你多大气量也把你气得仰壳儿。②不喝酒不干活儿，可喝了酒就仰壳儿。③你就仰壳儿躺着，等着房巴掉馅儿饼吧！

仰八叉 yǎng ba chā 四脚朝天、仰面倒地的姿势。

【例句】领孙子到广场去玩儿，广场地面很光滑，一不小心，一下子摔了个大仰八叉！

仰歪 yǎng wɑi "仰"字发重音，"歪"字发短促轻音。①仰卧休息。②稍微睡一会儿。③死亡的隐语。

【例句】①累了一天了，一进屋就仰歪在炕上了。②实在太累了，我得先仰歪一会儿。③送到医院不一会儿，他就仰歪了！

养活 yǎng huo "活"字发短促轻音。①提供满足生长需要的条件使其顺利成长。②保证正常生长。③生下孩子，后继有人。

【例句】①这老天爷可真养活人，风调雨顺。②起名叫狗剩子，目的是好养活！③吴大帅养活了俩小子俩丫头，使吴家香火不断。

养汉 yǎng hàn 也说"养汉老婆"。女子在自己的丈夫之外另有情人，即偷汉子的女人。詈语。

【例句】你个养汉的，整天东家走西家串，也不知道什么叫磕碜（详见"磕碜"）！

养大爷 yǎng dà yé 养在家里衣来伸手饭来张口、不爱劳动、什么不干却傲慢成性的男子。并不是实指而是一种讽刺性用语。

【例句】我家也不是养大爷是地方，一天什么也不干，就知道喝酒，什么时候是个头啊？

样子货 yàng zi huò 形容物品华而不实，中看不中用。

【例句】这些儿童玩具都是样子货，孩子玩玩儿就坏了！

漾 yàng 液体漾出容器。引申为事情处理不公有失公允。

【例句】你得一碗水端平，否则就漾出来了！

漾奶 yàng nǎi 婴儿吃奶吃多后吐奶。

【例句】快！孩子漾奶了，快拍一拍！

幺二三 yāo èr sān 事情的道理，事情的层次顺序。

【例句】瞎白唬不行，你得说出幺二三来！

吆哄 yāng hong "哄"字发短促轻音。①大声不客气直呼名姓。②叫卖，吆喝。③赶牲口发出的声音。

【例句】①章玉海，我吆哄你这么半天你怎么没听见？②你吆哄了半天，也没看你卖出多少！③要下大雨了，你吆哄羊群快往回赶！

吆三喝四 yāo sān hē sì 形容人指手画脚、发号施令的样子。

【例句】你整天吆三喝四的，谁怕你不成？

吆五作六 yāo wǔ zuò liù 同"吆三喝四"。

【例句】你吆五作六的干什么？谁怕你咋地？

幺蛾子 yāo é zi ①不合理、反常的举动。②鬼点子，馊主意、坏主意。

【例句】①这小子净出幺蛾子，不是什么正经人！②大家都已经商量好了，你又出什么幺娥子？

约 yāo "约"读yāo，下同。凡是称重量，东北地区均称"约"。①用尺量，用秤称。②买。

【例句】①给我约约这桶油，看有多少斤！②今天在市场上约了几斤肉！

约摸 yāo mo 大概，估计，有可能。

【例句】我约摸，这事儿肯定是赵四那小子干的！

妖道 yāo dao "妖"字发重音，"道"字发短促轻音。①女人举止轻佻。②与众不同的做法或办法。

【例句】①你看她一扭三晃的妖道样儿！又如这女人可妖道，你可得多提防点儿！②你小子妖道真不少啊，咱村子能不能脱贫致富，就看你的了！

妖道的 yāo dāo de "道"读 dāo。"妖""道"两字均发平音并拉长音。形容人行为不轨，心术不正，满肚子鬼心眼。含有贬义。

【例句】那人整日妖道的，不定又在耍什么鬼点子呢！

妖里妖道 yāo lǐ yāo dāo 形容打扮非常妖艳、作风轻佻而不稳重。含有贬义。

【例句】你看那娘们整天妖里妖道的，肯定不是什么好东西！

腰条 yāo tiáo 主要指人的身材高矮胖瘦，多指高挑的身材。

【例句】舞蹈演员那腰条，个个都高挑秀溜！

腰板儿 yāo bǎnr 身子骨，主要指人的身体健康状况。

【例句】我的腰板儿还行，能吃能喝的，就是有点高血压！

腰包 yāo bāo 腰间存放的钱包。借指经济实力。

【例句】这几年政策好了，经济形势也好转了，农民的腰包也逐渐鼓起来了。

腰街 yāo jiē 村屯中心聚居区。

【例句】《乡村爱情》中，村子里男女老少在腰街大树下议论起谢大脚和村长的婚事。

腰劲儿 yāo jìnr ①由腰部产生的力量。②人的能力、本事。

【例句】①我是腰间盘突出，使不上腰劲儿！②真正叫起真儿来，他有多大腰劲儿，我心中有数！

摇干叶儿 yáo gān yèr 比喻身上分文皆无。诙谐性用语。

【例句】几场麻将下来，怎么样？摇干叶儿了吧？

摇头拨拉角 yáo tóu būlajiǎo "拨"读bū。比喻人摇头摆脑一副不服管不服气的样子。

【例句】说你这么半天，你还是摇头拨拉角的，不服是咋的？

摇头尾巴晃 yáo tóu yǐ ba huàng "尾"读yǐ。①形容人一副低头哈腰、奴颜婢膝的奴才相。②形容人摇头晃脑、神气十足的样子。均含有贬义。

【例句】①你整天跟在领导面前摇头尾巴晃的，你好意思啊？②你看他摇头尾巴晃的，像有什么了不起似的！

遥哪儿 yáo nǎr ①到处，四处。②漫无目标。

【例句】①你这孩子，每天遥哪儿疯跑，吃饭都找不回来！②你这是遥哪儿去啊，也不跟妈说一声！

遥场儿 yáo chǎngr 同"遥哪儿"①。

【例句】我们遥场儿找你也找不到，你到哪儿去了？

遥街 yáo gāi "街"读gāi。满街，整个村子。

【例句】你遥街打听打听，我给谁过面子？

遥车大辆 yáo chē dà liàng　形容为某事不怕艰苦、不嫌路途遥远、投入很多、非常隆重地去做。

【例句】电视连续剧《乡村爱情故事》中，赵四说："你说常贵跟咱们有仇吗？咱们遥车大辆给人告了！"

窑姐儿 yáo jiěr　旧指妓女。

【例句】电视连续剧《闯关东》中，鲜儿曾当过窑姐儿，后又当了土匪二掌柜。

窑子娘儿们 yáo zi niár men　"娘"读 niá。旧社会对妓女的蔑称。

【例句】她年轻时当过窑子娘儿们，至今也没结婚。

咬 yǎo　①蚊虫叮咬。②身体某部位被挤。③两个物件相互插扣。

【例句】①这里蚊子太凶，被咬得够呛！②一不小心，手被石头给咬了一下！③铁瓦盖得互相咬住才能不漏雨！

咬口 yǎo kǒu　同"咬"③。

【例句】过去盖房主要用阴阳瓦做房盖，阴阳瓦就是两块瓦互相咬口防止漏雨。

咬尖儿 yǎo jiānr　也说"抓〔chuǎ〕尖儿"。形容人处处出头露面、抢先、占便宜、显示自己。

【例句】电视连续剧《马大帅》中范伟饰演的保安队长处处咬尖儿，最终还是吃了大亏。

咬耳朵 yǎo ěr duo　①说悄悄话。②耳朵冻得像被咬一样疼痛，比喻天气非常冷。

【例句】①他们俩咬了一阵耳朵，不知在商量什么。②嘿，今天这天儿真有点咬耳朵！

咬头 yǎo tou　"咬"字发重音，"头"字发短促轻音。食物筋道、耐嚼。

【例句】内蒙古呼伦贝尔草原的牛肉干真有咬头，越嚼越香！

咬嘴 yǎo zuǐ　说话或文章拗口不流利。

【例句】文章写得真不错，但这句话有点咬嘴！

咬准 yǎo zhǔn　说得准确无误。

【例句】这事儿你可得咬准，要不然大家都得吃瓜落儿！

咬钩 yǎo gōu　①鱼儿吞食钩上的饵料。②指人中计、吃亏上当。

【例句】①快看！鱼咬钩了！②长篇历史小说《三国演义》中，周瑜设计，蒋干终于咬钩中计。

咬木头 yǎo mù tou　说话入木三分。

【例句】这话说得真咬木头，解劲儿！

咬牙打精 yǎo yá dǎ jīng　形容人咬牙发狠的样子。

【例句】你干啥咬牙打精的这副样子？谁抱你孩子下井了？

咬眼皮子嗑 yǎo yǎn pízi kē　比喻说话尖刻、伤人。

【例句】别说那咬眼皮子的嗑，谁的钱也不是大风刮来的！

咬小字眼儿 yǎo xiǎo zì yǎnr　说话突出"儿"话音。

【例句】那人说话爱咬小字眼儿，一听就是东北人！

夭火 yào huǒ　"夭"读 yào。烟丝燃烧途中爱灭火。

【例句】这旱烟肯定没着过露水，有点夭火！

要裉 yào kèn 要害部位。

【例句】有种的往要裉地方下手，别让我遭罪！

要脸儿 yào liǎnr 要强，要面子，顾及脸面。

【例句】小品《捐助》中赵本山饰演的钱大爷对白闹说："你要钱要脸儿？"白闹说："我要老伴儿！"

要不得 yào bu di 难怪，怨不得。

【例句】要不得刘和刚唱歌大都是以歌颂父母的歌儿为主，原来是父母亲含心茹苦供他上的音乐学院。

要嘎碎 yào gá sui 嘎碎即动物内脏。引申为要命。威胁性用语。

【例句】这次活动你要不听话，看我不要了你的嘎碎！

要劲儿 yào jìnr 考验，能力。

【例句】这天可真要劲儿，穿这么厚的衣服还冻透了！

要不介 yào bú jiè 要不然，如果不是这样。一种商量的口吻。

【例句】要不介从你哪儿先借给他2万元，等我宽绰了再借给他！

要不的 yào bú de 假设，如果。一种商量的口吻。

【例句】要不的我一个人去就行了，你就别去了！

要死不留念想（性） yào sǐ bū liú nàn xiang 形容人得罪人得罪遍了，临到死也不给人留下任何好印象。诙谐性、夸张性用语。

【例句】你小子千万别要死不留念想，别把事儿做绝了。

要知道尿炕就不睡觉了 yào zhī dào niào kàng jiù bú shuì jiào la　如果事先知道事情的结果，开始就不这样做。诙谐性用语。

【例句】"谁知道刚刚取（qiǔ）出来的钱就能丢啊？""要知道尿炕就不睡觉了，赶快报警吧！"

要知道尿炕就睡筛子了 yào zhī dào niào kàng jiù shài shāi zi la　同"要知道尿炕就不睡觉了"。诙谐性用语。

【例句】要知道尿炕就睡筛子了，我哪知道汽车肇事啊？

噎 yē　①困难地咽。②说话使对方难以接受。

【例句】①也没有汤啊水啊的，我硬把半个馒头噎下去了。又如这干面包太噎人了，快给我来点儿水！②这家伙说话也太噎人了！

噎食 yē shí　吃饭或吃其他食物时噎住。

【例句】吃包子吃急了，有些噎食！

噎人 yē rén　①说话冷冲而难听，令对方无法接受。②食品使喉咙堵塞而咽不进去。

【例句】①你说话怎么这么噎人呢，会不会说点儿人话？②这窝瓜真面，有点儿噎人。

噎死 yē sǐ　同"噎人"①②。

【例句】①那人说话太冲，简直能噎死人！②吃烀地瓜吃得太快了，都要噎死了！

噎脖子 yē bó zi　同"噎人"①。

【例句】那小子说话真叫人噎脖子，还是离他远点儿！

掖着藏着 yē zhe cáng zhe 也说"藏着掖着"。①有话不明说，躲躲闪闪。②物品怕人发现而到处掖藏。③努力掩饰、掩盖，怕人发现。

【例句】①有话你就明说，干嘛这么掖着藏着的！②不过是个新手机吗，何必这么掖着藏着的，谁还能偷走不成？③公司被盗，这么大的事儿掖着藏着总不是办法，还得报警！

爷们儿 yé menr 不同于"老爷们"。①礼貌用语，两辈人互相称呼。一般长辈称晚辈为"小爷们儿"，晚辈称长辈为"爷们儿"。②很义气或很讲究的表示。

【例句】①爷们儿，我能帮你干点什么？又如小爷们儿，请问大华商场怎么走？③真是个爷们儿，够意思！电视小品《心病》台词：你真是个爷们儿，纯爷们儿！

爷太 yé tai "太"发短促轻音。比喻非常牛气，谁也瞧不起，谁也不服。

【例句】张作霖吼道："吴大舌头（吴俊升）那个爷太，连我也不放在心上了！"又如王木生可真爷太，磕磕巴巴地不停地与王大拿争吵！

野 yě ①游逛。②收不回心。③未婚女子放荡。④心胸远大。

【例句】①一天没回家了，到哪儿野去了？②他都野了，心都收不回来了！③她没考上大学，就跟那些不三不四的人学野了。④别看人小，心可挺野，读完研究生还要出国留学呢！

野鸡 yě jī 对卖淫女的贬称。

【例句】看见了吗？那个穿得花姿招展的年轻女子是个野鸡！

野物 yě wù 泛指山里的野生动物。

【例句】今天上山都打着了什么野物？有什么收获？

野鸡溜儿 yě jī liùr 形容像野鸡走路那样连跑带颠地小跑。讽刺性用语。

【例句】老兄，你这是干什么去？像野鸡溜儿连跑带颠的？

野路子 yě lù zi 不是正规渠道，不是正经办法。

【例句】这事儿正经渠道走不通，野路子倒有希望。

野戏台子 yě xì tái zi 在野外搭建的戏台。有别于正式剧场，多为旧时草台班子演出场地。

【例句】建团初期，我们在外搭野戏台子演出，条件可比现在差多了！

夜影子 yè yǐng zi 夜幕降临。

【例句】夜影子一下来，满天都是乱飞的蝙蝠。

夜游 yè yóu 睡梦中突然醒来到处乱走，第二天浑然不知。

【例句】你昨天晚上夜游了，到处乱跑，你一点儿都不知道？

夜猫子 yè māo zi 比喻经常晚上活动而不正常睡觉的人。含有贬义。

【例句】他就是个夜猫子，深更半夜也不睡觉！

夜游神 yè yóu shén 同"夜猫子"。

【例句】你简直就是个夜游神，都后半夜了，你怎么还不睡觉啊？

夜个儿 yè ger 昨天。

【例句】夜个儿我做了一个梦，乘坐ＵＦＯ上了火星！

一块堆儿 yī kuài duīr 共同在一起。

【例句】我们俩一块堆儿做买卖好几年了！几个体操爱好者一块堆儿来到北京，观看北京奥运会体操比赛。又如昨天晚上我们一块儿堆儿打麻将，谁也没离开过！

一边儿晃子 yī biānr lǎ zi 滚一边去。詈语。含有贬义

【例句】滚一边儿晃子去，别在这儿烦我！

一溜胡同 yī liù hú tòng 无阻无挡，接连不断。

【例句】咱们几个联起手来，人多势众，还不造他一溜胡同！

一屁俩谎 yī pì liǎ huǎng 谎话连篇，根本没有准话。含有贬义。

【例句】那小子办事儿说话总是一屁俩谎，没一句准话！

一枪俩眼儿 yī qiāng liǎ yǎnr ①一招失算两处吃亏。②一箭双雕或一石二鸟。

【例句】①耽误买卖还不算，还出了车祸，真是一枪俩眼儿！②这趟沈阳没白跑，不仅赚了钱，还一枪俩眼儿，获得了一条重要信息！

一勺成 yī sháo chéng 一次成功，一次性。

【例句】谈判嘛，总要有来有往，几次反复，哪有一勺成的！

一勺子 yī sháo zi 一家伙，一下子，一回。

【例句】能不能打破"恐韩症"，中国男足是否能战胜韩国男足，就看这一勺子了！

一勺烩 yī sháo huì 汇集到一块儿一并处理。

【例句】不管是西瓜还是香瓜，一勺烩，统统拉回来！

一杵儿 yī chǔr 单程。

【例句】我们村到你们村，也不算远，一杵也就 20 里地！

一遭儿 yī zāor 一块儿。

【例句】这两辆自行车你一遭儿骑回去吧，我打的回去，省得我再骑了！

一嗷嗷的 yī ào ào di 两个"嗷"字均发重音。喊声不断，表示群情激愤。

【例句】听说企业要破产，职工一嗷嗷地要找厂长算帐！

一本正 yī běn zhèng "一本正经"的省略语。含有贬义。

【例句】你看他表面上一本正，其实一肚子花花肠子！又如你家老公就是一本正，一天总是板着个脸！

一鼻子 yī bí zi 一些，一下。

【例句】我去找领导要求补发所欠的工资，结果碰了一鼻子灰！

一担头子 yī dàn tóu zi 表示很少，一点点。含有贬义。

【例句】你在国营企业，我在外资企业，你那一担头子工资还不如我的零头呢！

一个 yī gè "个"字发重音。①成对数余下的单儿。②表示成份纯、成色足。含有贬义。③表示无关轻重。④表示稍微、稍许。

【例句】①这筐鸡蛋是十五对零一个！②我看你就是大笨蛋一个！③就是一个玩儿，还值得那么认真？④你再喊一个试试？

一个 yī ge "一"字发重音，"个"字发短促轻音。①置动词、形容词、名词前，表示无关轻重。②置动词后，表示"稍许"。

【例句】①一个玩儿，还值得那么认真？又如一个笨鸡蛋，还用跑挺远去超市去买？②有能耐你骂一个试试？又如你上哪去？走一个我看看？

一晃溜儿 yī lǎ liùr 方向用语，即"那一带"。

【例句】养鱼池大概就在大桥北面那一晃溜儿！又如那一晃溜儿就是运动场！

一个劲儿的 yī ge jìnr di 不停顿地，连续不断地。

【例句】2009年哈尔滨大学生冬季运动会上，中国夺取的金牌数一个劲儿的向上涨！又如这石油价格一个劲儿地往上涨，我们出租车挣钱太难了！

一个点儿的 yī ge diǎnr di 同"一个劲儿的"。

【例句】你穷搅一个点儿的，谁还能相信你？

一家伙 yī jiā huo 一下子。表示惊讶。

【例句】好长时间没见，你怎么一家伙跑到坦桑尼亚修大桥去了？

一就 yī jiù ①索性，既然。②就手，顺手。

【例句】①一就已经同意了，就放手让他去干吧！②新的户口簿已经给办了，一就把新一代身份证也给办了吧！

一就一就 yī jiù yī jiù 顺其自然，听天由命。

一揹子 yī kèn zi 手握的厚度。

【**例句**】手里拿着一揹子报纸。手里拿着一揹子钱。

一个来一个来的 yī gè lái yī gè lái di ①极有把握，很容易办到。②超过很多，不是一个层次。

【**例句**】①要是让我去中央电视台《想挑战吗》栏目表演绝活儿，那还不是一个来一个来的？②要我和他去比摔跤，胜他还不是一个来一个来的！

一楞一楞的 yī lèng yī lèng di ①愣神而不知所措。②极有可能，极能作得来。

【**例句**】①你这大声一喊，把我们吓得一楞一楞的！②要说别的不行，要说上网那我可是一楞一楞的！

一溜遭 yī liù zāo 反反复复。

【**例句**】派谁去同外商谈判，总经理选了一溜遭，也没选到合适人选。

一溜十三遭 yī liù shí shān zāo 形容某件事反反复复，反复多次。

【**例句**】怎样办一个联合体公司，商量了一溜十三遭，结果各说各的调儿，各吹各的号，最终也没拿出个成熟的方案。

一抹脸儿 yī mā liǎnr "抹"读 mā，下同。不讲情面，脸色难看。

【**例句**】去找当局长的二叔给我儿子安排个工作，谁知他一抹脸儿一口拒绝了！

一抹色儿 yī mà shǎir 清一色。

【例句】去网吧打游戏或上网聊天的，一抹色儿都是年轻人！

一门子 yī mén zi 一个劲儿，总这样。

【例句】你一门子心思想发财致富，至今也没选到合适的项目！

一抿子 yī mǐn zi ①隐私，不能明说的隐秘事。②量词，一笔，一件。

【例句】①就你那一抿子事，能瞒别人可瞒不了我！②就你那一抿子钱，也想办个公司？

一挠挠 yī nāo nao 第一个"挠"字发重音，第二个"挠"发短促轻音。很少很少，很小很小。

【例句】就你那一挠挠小心眼儿，还能办成大事业？

一大扒拉 yī dà pǎ la "扒""拉"均拉长音。一片，一堆，形容很多。

【例句】前几年日子不好过，饥荒拉了一大扒拉！又如就你那一大扒拉孩子，要想脱贫致富真不容易！

一泡儿 yī pàor 量词，一笔，成批。

【例句】还欠老四几千块钱，今年收成好，一泡儿就还给他吧！

一骨节 yī gū jie 一段儿，一截儿。

【例句】他手中握着一骨节粗树枝，迈开大步走进了深山。

一天价 yī tiān jia 天天，整天。

【例句】你一天价向外跑，到底干什么去了？又如歌厅很红火，一天价人来人往不断！

一攉攉 yī huō huo　成人的大拇指尖到中指尖的长度为一攉攉。比喻很少、很短。含有贬义。

【例句】手捧着刚刚从河里捞来的一攉攉长的开河鱼到处显摆！又如看你那一攉攉长的身段，怎么学跳舞啊？

一道号儿 yī dào hàor　一路货色，一丘之貉，同伙。含有贬义。

【例句】少客气，我还不知道你们都是一道号儿的，少来骗我！

一拍儿 yī pāir　量词，一次，一把。

【例句】走！咱俩打一拍儿乒乓球去！

一撇一咧 yī piě yī liě　形容用撇嘴、咧嘴方式表示看不惯、不满意的神情。

【例句】电视剧《刘老根》中，大辣椒看药匣子那个样儿，总是一撇一咧的。

一气儿 yī qìr　①一段时间，一阵儿。②一连气儿。

【例句】①关键时刻，我也能顶一气儿。②他一气儿吃了三个馒头！

一水 yī shuǐ　一招儿。含有贬义。

【例句】真没想到，这家伙还有这么一水！

一水水儿 yī shuǐ shuǐr　①纯一色，清一色。②朝同一方向。

【例句】①参加北京奥运会志愿者的一水水儿都是大学生。②奥运会旗手迈着统一的步伐一水水儿向前走！

一顺撇 yī shùn piě ①顺拐。②同一侧。

【例句】①走着走着，胳膊腿儿又一顺撇了。②没想到买了两只一顺撇的鞋。

一嘟噜 yī dū lu 许多，一串儿。

【例句】我家孩子爪子一嘟噜，日子能好吗？

一嗡嗡的 yī wèng wèng di 连个"嗡"字均发重音。议论纷纷，声音不断。

【例句】厂内职工一嗡嗡的，都说企业要破产。

一晃儿 yī huàngr 比喻时间极短，一眨眼的功夫。

【例句】不知不觉，一晃儿我们便到了退休的年龄！

一拖拉 yī tuō lā 一嘟噜，一串串，很多。

【例句】我家上有老下有小，老老小小一拖拉，还能想出去旅游？

一抬一夯 yī tái yī hāng 打夯，有人抬夯，有人砸夯。引申为一唱一和。含有贬义。

【例句】你们俩干啥呢？一抬一夯的，演双簧呢？

一小小儿 yī xiǎo xiǎor 小的时候，幼年时期。

【例句】回想一小小儿的时候，那日子才苦呢，根本没吃过大米饭，连穿件新衣服都难！

一作儿 yī zuòr 一准，一下子。

【例句】放心，欠你的钱年底一作儿都还给你！

一心巴火 yī xin bā huǒ 心情急切。

【例句】赵春安一心巴火地找妹妹，结果被当成特使。

一遭儿 yī zhāor 一块儿。

【例句】你先别去，等"五一"长假咱俩一遭儿去南方旅游！

一准儿 yī zhǔnr 肯定，指定。

【例句】等冬天卖了粮，欠你的钱一准儿全部还你！

一把联儿 yī bǎ liánr 磕头结拜的结义弟兄。

【例句】这人可真是的，全厂这么多人，他只认他那一把联儿的哥儿们，别人谁的话也不听！

一个味儿 yī gè weir 形容人相互都一样没有区别，犹如"一丘之貉"。贬低性用语。

【例句】你跟他俩一个味儿，都不是什么好东西！

一股脑 yī gǔ nǎo 全部，全都。

【例句】我一股脑都跟你们说了吧，这都是我们老板的主意，他才真正是我们的幕后指使者！

一连串儿 yī lián chuànr ①一个挨一个。②一件事挨着一件事。

【例句】①到网吧里玩儿游戏的人可不少，一连串儿都是学生。②最近公司里发生了一连串儿的稀奇古怪事儿，大家可要提高警惕！

一门心思 yī mén xīn si 专心致志，心无旁骛。

【例句】你一门心思研究那《易经》，你还能研究出什么结果来啊？

一对双 yī duì shuàng "双"读shuàng。①双胞胎。②两个，一对儿。

【例句】①没孩子没孩子，一下子生了个一对双！②一对双的两个哑铃，不知什么时候丢了一个！

一把撸 yī bǎ lū 采取统一行动，一次性共同解决。

【例句】企业破产，把我们年纪大的职工一把撸了！

一堆一块儿 yī duī yī kuàir 无论好坏、优劣，不分具体情况，就这一部分。含有贬义。

【例句】我就这一堆一块儿，爱要不要，你看着办吧！又如就你那一堆一块儿，到哪儿也没什么人缘！

一忽拉 yī hū lā "忽""拉"均拉长音。很快地、突然地。

【例句】就这么点儿活儿，大家动手，一忽拉就干完了。又如听到发生矿难，职工家属一忽拉来到矿井打探消息。

一忽通的 yī hū tōng de 形容动静很大、很有声势。

【例句】听到扩大发放低保款范围的消息，人们一忽通的跑到民政局打探消息。

一哄声的 yī hòng shēng de 齐声叫喊，喊声不断。

【例句】当刘翔出现在110米栏跑道上的时候，观众一哄声的跑到起跑线左右观看刘翔创造世界纪录！

一连溜儿 yī lián liùr 一连气，连续不断。

【例句】为观看北京奥运会，从大东北跑到北京，在北京一连溜儿呆了半个多月！

一拉溜儿 yī lā liùr 一片片，一排排。

【例句】地震之后，在各地的支援下，地震灾区建起了一拉溜儿崭新的砖瓦房！

一丢丢 yī diū diū 一点儿点儿，一丁儿丁儿，很少。

【例句】就这么一丢丢奖金，你说，够分给谁的？

一溜八开 yī liù bā kāi 形容动作开展到了极限。夸张性用语。

【例句】我转了一溜八开，也没找到北京鸟巢的入口处。

一溜火线 yī liù huǒ xiàn 形容动作像子弹运行那样快。

【例句】听到"刘老根大舞台"剧组在北京演出消息，我一溜火线赶到售票处买票，结果还是没买到！

一溜圈儿 yī liù quānr 反复思考。

【例句】派谁参加北京奥运会女子乒乓球赛，国家乒乓球女队主教练施之皓思考一溜圈儿，最终还是派老将王楠参赛。

一搂儿 yī lōur 不挑不捡，无论好坏，照一个模式处理。

【例句】这新鲜草莓不挑不捡，一搂儿5元钱一斤！

一抹糊 yī mā hū 也说"两眼一抹糊"。"抹"读mā，"糊"拉长音。假装糊涂，佯作不知，不细追究。

【例句】我看这也不是原则问题，两眼一抹糊过去算了！

一码溜儿 yī mǎ liūr 全部，都是。

【例句】到四川地震灾区参观，昔日瓦砾遍地的废墟，如今一码溜儿都是新盖的砖瓦住房。

一蹦子 yī bèng zi 一段一段的时间，有高潮也有低潮。

【例句】收黑木耳大多数是南方老客，一蹦子一蹦子的，有时人挺多，有时也没什么人！

一码 yī mǎ 大概，可能。

【例句】本来他不知道，一码是你告诉了咱爹！

一边儿 yī biānr　同样，一样。

【例句】小姑娘，多大了？啊，六岁，和我孙女一边儿大！

一弄儿 yī nòngr　动辄，动不动。

【例句】学校一再要求在校生上课时间不准去网吧，可他们几人一弄儿就溜进网巴去了，看也看不住。

一屁头 yī pì tóu　①也说"一屁头工夫"。形容时间很短。②一家伙。

【例句】①时间过得真快，一屁头工夫北京奥运会结束好几年了。②几年没见，你怎么一屁头扎到俄罗斯做买卖去了？

一溜气儿 yī liù qìr　一口气，形容动作非常快。

【例句】伙伴儿们紧催，她一溜气儿干完了家务活儿，赶紧赶过去了！

一星半点儿 yī xīng bàn diǎnr　很少，极少，一点点儿。

【例句】哪怕你有一星半点儿的良心，你也不至于恩将仇报啊！

一出一出的 yī chū yī chū de　形容一件事儿一件事儿连续不断、反复多次做出。讽刺性用语。

【例句】喝多了吧，怎么一出一出的，想起什么是什么？又如你这一出一出的，到底演的是哪儿出啊？

一时半会儿 yī shí bàn huǐr　短时间内。

【例句】你突然这么一问，我一时半会儿还真想不起来！

一劳本食儿 yī láo běn shír　"食儿"突出"儿"音并拉

长音。形容一辈子循规蹈矩、墨守成规、"不越雷池一步"的人。含有贬义。

【例句】我这一辈子一劳本食儿，从不做越格的事儿，没大出息，可也没做过亏心事儿！又如就他一劳本食儿一辈子，只能混吃等死！

　　一推六二五 yī tūi liù èr wǔ 本意是珠算中口诀"一退六二五"，借以形容人遇事推卸责任，推得一干二净、彻彻底底。讽刺性用语。

【例句】别看你把责任一推六二五，但最终你也脱不了干系！又如你也别一推六二五，你是保安，公司被盗，你怎么也推卸不了责任！

　　一屁股两炕 yī pì gu liǎng kàng 形容很多很多。含有贬义。

【例句】实行土地承包以前，那日子过得紧哪，谁家都欠生产队一屁股两炕的饥荒，还也还不完！

　　一贴老膏药 yī tiē lǎo gāo yào 形容非常生气、非常恼火的样子。含有贬义。

【例句】吴大舌头吴俊升一听这话，气得一贴老膏药，火冒三丈……

　　一把一吱嘎 yī bǎ yī zhī gā 也说"一把一利索"。做完一件事立即了结而不留后患。多用于现代麻将术语，即一把一结清款项而不相互拖欠。讽刺性用语。

【例句】先说清楚，咱们是一把一吱嘎，谁也不许欠账！

一把一利索 yī bǎ yī lì suo 同"一把一吱嘎"。

【例句】咱们不是说好了吗，一把一利索，你怎么欠账呢？

一冬带八夏 yī dōng dài bá xià 形容年复一年、一年到头费尽气力、苦巴苦业地进行劳作。

【例句】我一冬带八夏、汗滴子摔八瓣儿挣下的这个家业，就叫你这么抽大烟得破家败业的，你还是个人吗？

一泡尿功夫 yī pāo niào gōng fu 形容时间很短。讽刺性用语。

【例句】你不是回老家探亲去了吗，怎么一泡尿功夫就回来了？

一星管二 yī xīng guǎn èr 原意是指称的刻度，引申为可以从两个方面制约。

【例句】你是村书记，又兼着村长，一星管二，谁敢不听你的？

一走一过 yī zǒu yī guò 只是路过，并不停留。

【例句】我们是一走一过，你不必准备午饭。

一把鼻涕一把泪 yī bǎ bí ti yī bǎ lèi 痛哭流泪的样子。

【例句】讲着讲着，老妈一把鼻涕一把泪地讲起了当年下乡当知青的苦难生活。

一把屎一把尿 yībǎshǐyībǎ niào 形容抚养子女或老人的艰辛、艰难。多指抚养子女。

【例句】老人一把屎一把尿地把你们兄弟几人拉扯大，容易吗？到如今你们却不养老人，你们还有良心吗？

一边儿旯儿待着去 yībiānr lǎr dāi zhe qù 斥责对方不要参与令其赶快离开。骂人语。

【例句】谢大脚对刘能说：没事儿一边儿旯儿待着去，我和王云的事儿不用你管！

一边儿旯儿凉快去 yī biānr lǎr liáng kuai qù 也说"哪儿凉快哪儿待着去"。同"一边儿旯儿待着去"。詈语。

【例句】一边儿旯儿凉快去，这里没你什么事儿，少跟着瞎掺乎！

一会儿秧歌一会儿戏 yī huǐr yāng gē yī huǐr xì 形容一会儿这样、一会儿那样，变化无常。讽刺性用语。

【例句】你怎么一会儿秧歌一会儿戏的，到底想干什么？

一条道儿跑到黑 yī tiáo dàor pǎo dào hēi 形容人非常执拗、固执、倔强，按照自己认定的主意行事绝不改变，犹如"不撞南墙不回头"。含有贬义。

【例句】你这个人怎么死脑瓜骨，一条道儿跑到黑，领导叫你怎么办你就怎么办，你还瞎犟什么？

一律打家伙什儿 yī lù dǎ jiā huo shìr "什儿"发重音并突出"儿"音。不问青红皂白，统统照此办理。

【例句】不论老人、小孩，一律打家伙什儿，都去修防洪堤！

一脸抹不开肉 yī liǎn mò bú kāi ròu 害羞、害臊，非常不好意思得罪对方。

【例句】你怎么一脸抹不开肉，叫你说你就说呗，实话实说！

一脑袋高粱花子 yī nǎo dai gāo liáng huā zi 形容没文化、没见识的庄稼人。有时用于自嘲。诙谐性、讽刺性用语。

【例句】咱一脑袋高粱花子，哪敢出国考察啊？又如就你那一脑袋高粱花子，也想出国旅游啊？

一个锅里搅马勺 yī gè guō lǐ jiǎo mǎ sháo ①共同在一锅吃大锅饭，比喻相互关系很近。②共同在一起生活。③共同混在一起，同流合污。含有贬义。

【例句】①过去"吃大锅饭"时，大家一锅搅马勺，也没有个好坏！②我俩当兵一直在一锅里搅马勺！③我可不跟你们在一起一个锅里搅马勺，这里没我什么事儿，明天我就离开这里！

一个槽子里拴不了俩叫驴 yī gè cáo zi lǐ shuān bū liǎi liǎ jiào lú 比喻两个强人、能人不能在一起共事、工作。诙谐性、讽刺性用语。

【例句】一个槽子里拴不了俩叫驴，你把他们俩安排在一起，那不早晚是个事儿啊！

一棍子打（压）不出个闷屁 yī gùn zi dǎ bù chū gè mèn pì 形容极不爱说话，特别不爱说话。一种形象的比喻。诙谐性、讽刺性用语。

【例句】那小子一棍子打不出个闷屁，选他当村长能行啊？

一扁担打不出一个闷屁 yī biǎn dan dǎ bù chū yī gè mèn pì 也说"一扁担擂不出一个屁"。同"一棍子打不出个闷屁"诙谐性、讽刺性用语。

【例句】你这人，真是一扁担打不出一个闷屁。说了半天了，你倒是说话啊，到底行不行啊？

一锥子扎不出血 yī zhuī zi zhā bū chū xuě 形容人特别木讷、反应迟钝，非常不愿意说话、表态或暴露内心世界。诙谐性、讽刺性用语。

【例句】那人就是个呆子，一锥子扎不出血，指着他还不得指到黄瓜架去啊！

一撅尾巴就知拉什么粪蛋儿 yī juē yǐ ba jiù zhī lā shén mo fèn dànr 比喻十分了解对方，特别了解对方，对方所有的行为举止都在掌控之中。诙谐性、讽刺性用语。

【例句】吴俊升见张作霖又整景儿（详见"整景儿"），一撅尾巴就知道他拉什么粪蛋儿，直截了当地拒绝了他的无理要求。

衣裳架子 yī shang jià zi 苗条漂亮的身材体形。

【例句】看人家那身材，穿什么衣服都好看，简直就是个衣裳架子！

依足 yī zú 知足，满足，满意。

【例句】这么好的政策，你就依足吧！

胰子 yí zi ①最致命处。②最厉害，最严重。詈语。

【例句】①你再惹事生非，看我不摘了你的胰子！②那人可真够损的，都损出胰子了！

已就 yǐ jiù 已然，已经发生。

【例句】事情已就这样了，再说啥也没用了！

意思 yì si ①略作表示。②男女间的爱慕。③ 前途，发展。

【例句】①虽然我们交往不多，但他孩子结婚，总得意思一下。又如赔俩钱儿是意思，别伤了兄弟情份。②你对他是不是真有点意思？要不要我去给你说说？③我这个小买卖也不求什么大意思，养家糊口呗！

意意思思 yì yì sī sī 也说"二意思思"，也写作"意意丝丝"。犹豫不决，犹犹豫豫。

【例句】电视连续剧《杨三姐告状》中，知情者媚春几次意意思思想说出实情，都被哥哥拦住了！

呓怔 yì zheng 熟睡时乱说乱动，引申为精神不正常。讽刺性用语。

【例句】就你也想发大财？发呓怔了吧？

阴损 yīn sǔn 心术不正、心思歹毒而不外露。

【例句】那个人为人太阴损，不是个正经人！

阴丝忽拉 yīn si hū lā ①为人阴毒而不露。②天气阴沉。

【例句】①这张脸总是阴丝忽拉的，不知打什么鬼主意。②这天阴丝忽拉的，恐怕要下大雨！

阴天儿忽拉 yīn tiānr hū lā 同"阴丝忽拉"①②。

【例句】①张总那张阴丝忽拉的脸，可不少什么善良人！②这阴天儿忽拉的，恐怕不能晒粮食了！

阴招儿 yīn zhāor 损招儿，阴险毒辣、卑鄙下流的手段。

【例句】这个人心术不正，什么阴招儿都使！

阴损嗑儿 yīn sǔn kēr 难听的、刻毒的、刺激人的话。

【例句】你别净说些阴损嗑儿，有什么话不能好好说呢！

阴阳曲儿 yīn yáng qǔr ①说话阴阳怪气。②话中明夸暗责难。

【例句】①有话就明说，别在那唱阴阳曲儿！②你这是夸我呢？少唱那阴阳曲儿，当我听不出来咋的？

阴阳脸儿 yīn yáng liǎnr ①变化无常的脸。②某种东西有两种不同颜色。

【例句】①你怎么是个阴阳脸儿，一会儿阴一会儿阳的！②为了防止红富士苹果出现阴阳脸影响质量，果农为未成熟的苹果套上了纸袋。

阴损咕咚坏 yīn sǔn gū dōng huài 形容人为人阴狠毒辣，手段卑鄙，人品极差。含有贬义。

【例句】东北大帅吴大舌头阴损咕咚坏，与盟兄张作霖狼狈为奸，又打又拉。

阴痛 yīn tòng 身体内部深处疼痛。

【例句】受了点儿风寒，这骨头缝里阴痛阴痛的！

荫凉 yīn liāng 大树、房屋等遮蔽阳光形成的阴影。

【例句】找个荫凉的地方，休息一下！

音儿 yīnr 突出"儿"音。①说话的语音。②话里的真实内容。

【例句】①锣鼓听声儿，说话听音儿。②谁知他的话里是个什么音儿？

洇 yīn ①湿润。②渗透。③液体扩散。

【例句】①喝口水，洇一洇嗓子再唱！②用水洇一下邮票才能揭下来。③国画的主要特点就是洇，行家称为"润"。

引蛋 yǐn dàn 放在鸡窝里引诱母鸡下蛋的蛋。

【例句】小心点，别把引蛋摔碎了！

引子 yǐn zi 找借口，找理由。

【例句】他一看事不好，借引子溜走了！

瘾 yǐn ①克制。②某种物质成嗜好。③因缺少某种成嗜好的物质而难受。

【例句】①都没烟抽了，大家只好瘾着吧！②犯烟瘾，犯酒瘾，犯毒瘾等。③犯烟瘾了，憋得真难受！

瘾头 yěn tou 上瘾、成瘾的程度。

【例句】这打麻将的瘾头可不小，一天不落，天天如此！

应 yīng 应验，兑现。

【例句】真应这了句话了：子不教，父之过！

应验 yīng yàn 事后得到验证。

【例句】怎么样，我的话应验了吧，当时你就不信，现在怎么样？

应承 yīng chéng 答应，同意。

【例句】宋晓峰求谢大脚向宋青莲求婚，谢大脚二话没说，一口应承下来。

应誓 yīng shì 发出的誓言得到应验。

【例句】你这么为非作歹、胡作非为，不怕应誓啊？

应名 yīng míng ①某种虚名。②以他人的名义。③仅仅是一种名义。

【例句】①应名我是中医师，其实我就是挂个名，并不行医看病，主要应付检查。②我应名当个法人代表，其实真正掌舵的是我爹！③我只在单位应个名，也不上班，到退休年龄就退休了！

应许 yīng xǔ 答应或允许。

【例句】没有明哥的应许，谁也不许动手！

应景儿 yīng jǐngr 对付事，唬弄事。

【例句】你应应景儿就行，可别太认真！

应名打鼓 yīng míng dǎ gǔ 形容把名声搞得很大、很响；场面、气势很大，非常隆重。

【例句】你应名打鼓的还是大学毕业生，怎么连封像样的诉讼状也写不出来？

应时应晌 yīng shí yīng shǎng 按时按点，准时。

【例句】这副中药你一定要应时应晌的吃，可不敢耽误！

应该应份 yīng gāi yīng fèn 完全应该，理所当然，责无旁贷。

【例句】谢什么啊！这不是应该应份的吗！

【例句】你们应名打鼓地去俄罗斯种西红柿，到底挣钱没有？

迎头 yíng tóu 正面，迎面。

【例句】一个迎头棒喝，真把他镇住了！

营生 yíng sheng "营"字发重音，"生"字发短促轻音。工作，职业，事业。

【例句】这一冬天了，我也没有正经营生。又如你总得找个营生干哪，总这么呆着也不是事儿啊！

影 yǐng ①藏。②遮挡。③厌恶。

【例句】①把这几个鸭蛋先影起来。②小偷偷东西还得有同伙替他影着点儿。③东家吃，西家吃，从来不请别人，可不把人影死了！

影乎 yǐng hu "乎"字发短促轻音。①掩护，遮挡。②一闪而过，身影忽隐忽现。③在眼前晃动。

【例句】①你给我影乎一下，可别让老师看见！②刚才还见他影乎一下，这一会儿不知道哪里去了！③别在我面前影乎，耽误我看电视！

硬 yìng ①风冷又急。②多一点。③由软变僵。④字写得漂亮。⑤形容酒后劲儿大或水中某种物质含量大。

【例句】①今天这小风可挺硬啊！②这一筐苹果三十斤还硬一点儿！③坐了半天的汽车，两条腿都硬了！④你的这笔字写得可真硬啊！⑤这地方的水硬，喝了爱肚子疼！

硬气 yìng qi "气"字发轻音。①性格刚强有骨气。②有正当理由。

【例句】①新四军将士真硬气，被国民党军队团团围住誓死不降！②新四军完全可以硬气起来，同国民党谈判，但他们为了抗日，拒绝了敌人的招降阴谋。

硬别 yìng biè "别"读biè。坚决不同意而使其不能成行或失败。

【例句】既然俩孩子都同意了，你们老两口子就别硬别了！

硬撑 yìng chēng 没有能力或实力却花大气力拼命撑住。

【例句】病这么重，你就别硬撑了，赶快到医院吧！又如该交代你就痛快儿交代吧，就别硬撑了！

硬实 yìng shi "实"字发短促轻音。形容身体健壮，硬朗。

【例句】老哥！这么大年纪了，身体还这么硬实！

硬肋 yìng lèi "硬""肋"两字均发重音。①关键所在。②重要或坚硬部位。

【例句】①拖拉机爬在小山坡的硬肋上灭火了！②攻城时，士兵们踏上云梯的硬肋上同守城士兵拼杀起来！

硬菜 yìng cài ①档次高、品位高、上讲究的美味佳肴。②有鱼有肉有荤腥的好菜。

【例句】①这都是我们请来的国际友人，一定要安排能代表中国特色的高档次硬菜！②孩儿她娘，来客（qiě）了，赶快整俩硬菜，我们好好喝两盅！

硬棒 yìng bang "棒"字发短促轻音。①理直气壮。②硬朗，结实。③多一点儿。

【例句】①贩运生猪也不是违法的事儿，怎么就硬棒不起来？②这次出去，必须给我硬硬棒棒的回来！③这次组织少数民族代表出去学习考察，蒙古族代表占四分之一还硬棒点儿！

硬碰硬 yìng pèng yìng 两强相遇。

【例句】中国女排对美国女排可谓硬碰硬，必有一拼！

硬茬子 yìng chá zi 非常厉害、极难对付的对手。

【例句】电视连续剧《冷风暴》中，地下党员明子遇到了硬茬子，与日军女少佐金城凌子两人交战了数十个回合未见输赢！

硬不撅的 yìng bū juē de 也说"硬撅撅的"。①形容物品比较硬。②形容说话或语言生硬，态度野蛮。

【例句】①这香肠硬不撅的，肉少粉面子多，真不好吃！②就你说话硬不撅的，谁能喜欢你啊？

拥 yōng 推，挤。

【例句】别再拥了，再拥我就掉沟里了！

庸乎 yōng hu 也写作"拥乎"。"乎"字发短促轻音。①疑问动词，为什么，因为什么。②引申为由谁引起、谁的责任。

【例句】①我又没违法，你庸乎啥罚我？②她俩争吵了这么半天，到底庸乎谁啊，谁先骂人的啊？

用项 yòng xiang "项"字发短促轻音。用途，用处。

【例句】现在的牛价这么低，你一下子收购这么多牛，到底有什么用项？

悠 yōu ①摇晃。②招待客人一批为一悠。③舒缓。④移位。

【例句】①把孩子悠睡了才能干活儿。②今天客人真多，前后共招待了三悠客人。③你悠着点儿吹吧，也不怕风大潲了舌头！④这房脊有点儿向北悠了。

悠着点儿 yōu zhao diǎnr 努力控制着，不能过度。

【例句】我说你悠着点儿干，别累坏了！

悠肩儿 yōu jiānr 扛麻袋时两人抬麻袋悠到另一人肩上。

【例句】来，我俩悠肩，你来扛！

悠荡 yōu dɑng "荡"字发短促轻音。 形容没有任何工作单位和职业、处于闲置状况而四处闲逛。

【例句】一时还没找到合适工作，现在还悠荡着呢！

悠荡锤儿 yōu dɑng chuír①遭到斥责、训斥或用拳头打。②在旁看热闹而不参与其中。

【例句】①参与赌博，不仅被罚了款，还挨老婆一顿悠荡锤儿！②大家都去上访，你可别打游荡锤儿！

游荡着 yōu dàng zhao 尚未落实，一时仍未出结果。

【例句】我看这事儿先游荡着，慢慢再商量，你说行不！

悠忽气儿 yōu hu qìr 将死前微弱的呼吸气流。

【例句】趁犯罪分子还有一丝悠忽气儿，赶快把口供录下来！

由打 yóu dǎ 从。

【例句】由打去年你上大学离开家，我第一次见到你！

由子 yóu zi 由头，理由。

【例句】今天不去上学，总得找个由子啊！

油 yóu 技艺熟练。②处事为人非常油滑。③打扮时髦。

【例句】①日本女篮个子不高，但球玩儿得非常油！②这位女老板左右逢源，真够油的！③这女子的这身打扮可真够油了！

油子 yóu zi 经历多、经验丰富而狡猾的人。

【例句】参军多年了，已经成老兵油子了。

油水 yóu shuǐ　本意为饭菜里所含的油脂过少，引申为捞取好处，多指不正当的额外收入。含有贬义。

【例句】当个农调员有什么油水，也就挣个死工资，还不如当个村主任油水大呢！

油缩子 yóu suō zi　本意为肥肉焅油后剩下的油渣滓。引申为缺少历练。

【例句】有句成语叫油缩子发白 —— 短炼！

油渍乃的 yóu zi nāi de　"乃"字读平音并拉长音。①油垢非常脏。②形容心里油腻的感觉。

【例句】①你这是干什么去了，怎么浑身造的油渍乃的？②这猪爪儿油渍乃的，太腻人了！

油光锃亮 yóu guāng zèng liàng　①形容人的衣着打扮过于齐整，含有贬义。②形容物体光滑而圆润。

【例句】①你穿得油光锃亮的，要出国啊！②你怎么剃个光头啊，油光锃亮的，好看吗？

油叽嗝奈 yóu jī gē nài　①形容对油腻食物产生的厌腻感觉。②引申为对长期从事某项工作产生厌烦情绪。

【例句】①这扒猪脸油叽嗝奈的，实在吃不下去！②杀猪贩子整天油叽嗝奈的，真没什么干头！

油渍麻花 yóu zī mā huā　"麻"读mā。形容物体或衣物粘满或积存难以除去的油渍。

【例句】这工作服叫你穿得油渍麻花的，无论如何也得洗一洗了！

油瓶子倒了也不扶 yóu píng zi dǎo la yě bū fú 形容人非常懒惰、不负责任，甚至油瓶子倒了油撒出来了也不扶一把。诙谐性、讽刺性用语。

【例句】你瞧你懒的油瓶子倒了也不扶，这日子可怎么过啊！

有盼儿 yǒu pànr 有希望。

【例句】不管年龄有多大，只要身体好就有盼儿！

有闹儿 yǒu nàor 有故事，有戏。

【例句】电视连续剧《乡村爱情》中，顶数刘能有闹儿，故事不断！

有命 yǒu mìng 有运，运气好。

【例句】赵春安真有命，竟能从大狱中逃出去！

有尿 yǒu niào 有能耐，有本事，有志气。讽刺性用语。

【例句】有尿咱俩比试比试？又如你和我利害啥呀？有尿你去和别人拼命去！

有尿性 yǒu niào xing 同"有尿"。讽刺性用语。

【例句】你能把他打趴下，算你有尿性！

有门儿 yǒu ménr 希望，看到了希望。

【例句】一听这话有门儿，王长贵连忙向齐镇长请求恢复工作。

有的是 yǒu de shì 别多，非常多，到处都有，取之不尽用之不竭。

【例句】要说旅游，我们那里有的是好景点，看也看不完！又如你不干，有的是人愿意干，你别后悔！

有会子 yǒu huǐ zi "会"读 huǐ。已经有一段时间，时间已经不短了。

【例句】老赵，什么时候到的啊？啊，已经有会子了！

有年限 yǒu nián xiàn 也说"有年头"。有历史,已经过去多年。

【例句】说起八月十五吃棕子可有年限了，据说有几千年的历史！

有年闲子 yǒu nián xián zi 同"有年限"。

【例句】要说知识青年上山下乡，那可有年闲子了，已经过去好几十年了！

有好瓜打 yǒu hǎo guā dǎ 有好戏看，有热闹看。引申为没有好结果。

【例句】这么劝你你都不听，将来准有好瓜打！

有一腿 yǒu yī tuǐ 通奸关系的隐语。

【例句】据说唐朝的杨贵妃跟安禄山还有一腿，当然这都是民间传说。

有其限 yǒu qī xiàn 为数不多。

【例句】同样外出打工，我一年挣有其限的几个钱，可同村赵三每年带回上万元！

有抻头 yǒu chēn tou ①有主意而不轻易拿出、不显露。②办事儿稳重。

【例句】①那人多有抻头，轻易不表态。②电视连续剧《亮剑》中，八路军独立团政委赵刚可真有抻头，遇事儿总是有主意、有办法。

有嚼头 yǒu jiáo tou ①形容食品口感好,有韧劲,耐咀嚼。②形容讲话或文章耐人寻味或产生联想。

【例句】①鹿肉干真有嚼头,越嚼越香。②杨书记的讲话符合实际又有哲理,挺有嚼头!

有人缘儿 yǒu rén yuánr 极受欢迎、喜爱,天生具有与人交往的能力和技巧。

【例句】谢大脚就是有人缘儿,到哪儿都受欢迎。

有日子 yǒu rì zi 已经过去一段时间。

【例句】老娘去世有日子了,老爹现在还挺健康。

有时有晌 yǒu shí yǒu shǎng 不是一味进行或从事某项工作或事业,而是有舒有缓,有张有弛,有节制地进行。

【例句】打麻将也要有时有晌,不能天天玩儿,娱乐也要注意身体!

有两把刷子 yǒu liǎng bǎ shuā zi 有真实本领,有两下子。

【例句】范曾不愧为著名书画家,真有两把刷子!

有一搭无一搭 yǒu yī dā wú yī dā 有意无意,有也可,无也可。

【例句】他们俩有一搭无一搭在那闲聊消磨时间。

有滋有味儿 yǒu zī yǒu weir 津津有味,很有滋味。

【例句】夜深了,累了一天的人们都进入了梦乡,只有他一人还在有滋有味儿地看书,不时地轻轻发出会意的笑声。

有来道趣儿 yǒu lái dào qùr 有滋有味儿,趣味儿很浓。讽刺性用语。

【例句】我们都急得火上房，你怎么一个人有来道趣儿的在那唱歌呢？

有鼻子有眼儿 yǒu bí zi yǒu yǎnr 形容像真的一样真真切切、栩栩如生。诙谐性用语。

【例句】你说你没中大奖，怎么人家说得有鼻子有眼儿的，你还不承认！

有骆驼不吹牛 yǒu luò tuo bù chuī niú 骆驼比牛大，形容人特别能吹，不怕大，不嫌多，越大越多越好。讽刺性用语。

【例句】你呀，有骆驼不吹牛，就是不怕事儿大！又如那小子是有骆驼不吹牛的手，他的话你也信！

淤 yū 汤或水溢出容器。

【例句】粥淤锅了，快灭火！

愚囊巴膪 yū nāng bā chuǎi 形容人又愚蠢又窝囊。含有贬义。

【例句】就你一天愚囊巴膪的样子，窝囊到家了，能成什么大事儿？

余富 yú fu 剩余。

【例句】每人分三千元，余富的全归你！

榆木脑袋瓜子 yú mù nǎo dài guā zi 比喻死脑筋，为人不灵活。詈语，讽刺性用语。

【例句】你真是个榆木脑袋瓜子，一点也不开窍！

鱼鳖虾蟹 yú biē xiā xiè 不是什么好东西，没什么好人。骂人语。

【例句】什么鱼鳖虾蟹你都招啊，你以为咱们是收容所啊？

慰作　yū zuo 也写作"如作"。"慰"读 yū 并发重音，"作"字发短促轻音。①形容心情像得到极大安慰一样非常舒服、愉快、畅快。②稳当，老实，不动。③规则，规整。多用于否定式即不规则，不规整，乱七八糟。④身体生病。

【例句】①终于享受到了盼望多年的农村低保，生活有了保障，心里别提多慰作了！②你能不能慰作点儿，老老实实坐那儿写作业！③新搬的楼房，怎么这么不慰作，东西摆放得乱七八糟，一点儿也不规矩！④最近身体不太慰作，大病小病总是不断！

雨　yǔ 在东北方言中，一切雌性动物均称"雨"，如鱼牛、雨猫等。

【例句】咱家那头雨牛要下牛犊了！那只雨猫发情了（俗称"叫秧子"）！

雨头　yǔ tóu 暴雨到来之前向四外扩散的前排雨点。

【例句】雨头来了，马上要下大雨了！

雨腥味　yǔ xīng weir 暴雨到来之前空气中弥漫潮湿味儿。

【例句】这么大的雨腥味儿，肯定有一场大暴雨！

语声　yǔ shēng 说话的声音。

【例句】听这语声，好像是我们当家的！

预备　yù bei "备"字发短促轻音。不同于普通话里的"预备"，而是指"事先计划招待客人"之意。

【例句】房子就要上大梁了，你家预备了吗？又如孩子快结婚了，预备了吗？

冤 yuān ①冤屈。②被人诬陷。

【例句】①你还说冤？我这冤向谁诉去？②你可别冤我，这事儿的确不是我干的！

冤种 yuān zhǒng ①受很大的委屈而心情沮丧的人。②吃亏上当的人。

【例句】①这小子像个冤种，整天也不说话！②见义勇为成了肇事者，这不成冤种了吗？

冤哄哄 yuān hōng hōng 形容人因故有怨气、一脸不高兴的样子。

【例句】老姑娘，你这一脸冤哄哄的样子，谁招你惹你了？

冤大头 yuān dà tóu 受到极大冤屈却不申诉、不反抗，默默忍受。含有贬义。

【例句】这事儿的确不是我干的，我能承认吗？承认了岂不成了冤大头了吗？

鸳鸯 yuānyang 不是水鸟鸳鸯，而是一对物品因故成单。

【例句】咦，我的鞋怎么成鸳鸯了？

鸳鸯只儿 yuān yang zhīr "只儿"拉长音并突出"儿"音。本是一对、一双的物品都是一个方向即"一顺撇"。

【例句】这双鞋是鸳鸯只儿，给换一换吧！

原起根儿 yuán qǐ gēnr 原来，原先，从根本上说。

【例句】这地方原起根是一条臭水沟，如今建成了休闲广场。

原回去 yuán huí qù ①还回去，送回去。②恢复原样。

【例句】①用完别人的东西一定要原回去，好借好还嘛！②我把手机拆开，结果原不回去了！

圆 yuán ①最高、最大的程度。②调解。③一圈儿，全部。

【例句】①吹牛皮吧，你抡圆了吹！②大家帮你把这事儿圆一圆！③今天手点儿可真够背的，点炮都点圆了！

圆合 yuán he "圆"字发重音"合"字发短促轻音。同"圆"②。

【例句】这事儿有点儿棘手，我帮你圆合圆合看看！

圆泛 yuán fan "圆"字发重音，"泛"字发短促轻音。①斡旋、沟通。②形容人办事儿圆滑、灵活。

【例句】①双方各不相让，剑拔弩张的，镇政府正在圆泛这件事儿！②那人办事儿多活泛，滴水不漏！

圆全 yuán quan "圆"字发重音，"全"字发短促轻音。①圆满，周全。②协调、调解、劝说、斡旋。

【例句】①看田青办事儿想得多圆全，滴水不漏！②这事还得你去圆全圆全，事儿闹大了对谁也不好！

圆乎 yuán hu "圆"字发重音，"乎"字发短促轻音。形容物体很圆的样子。

【例句】那姑娘长着一双大眼睛，圆乎乎的脸，很招人喜欢！

圆咕隆冬 yuán gū lōng dōug 也说"圆咕仑蹾"。形容物体呈圆形或略呈圆形。

【例句】山体滑坡，一块圆咕隆冬的大石头滚到路中央。又如新买台汽车怎么圆咕仑蹾的，像个什么？看着这么不顺眼！

圆拉咕咚 yuán la gū dōng 同"圆咕隆冬"。

【例句】这座沙发圆拉咕咚的，你说好看么？

远道儿来的 yuǎn dàor lái de 从很远的地方或外地来的。指人也指物。

【例句】你是远道儿来的，不容易，你先说！又如这椰子可是远道儿来的，带过来可不容易！

远接近送 yuǎn jiē jìn song 十分热烈地迎接、欢送，以示热情。一种客气话。

【例句】不管是什么干部，只要是上级领导就要远接近送，这种恶习一定要改一改！

远点儿煽着 yuǎn dianr shān zhe 远远地离开，即"滚远点儿""滚得远远的呆着去"。骂人语。

【例句】给我远点儿煽着去，见你不烦别人！

远圈子话 yuǎ quān zi huà ①不实际的客气的言谈。②外道话。

【例句】①别说那远圈儿子话了，先说怎么过眼前这一天吧！②咱们都是自家人，就不说那远圈儿子话了！

远道儿没轻载 yuǎn dáor méiqīng zài "载"读 zài。由于距离过远，轻物也成为重物。

【例句】远道儿没轻载，你就别拿这么多的东西了！又如别看份量不重，远道儿没轻载，走一段路你就拿不动了！

远亲不如近邻 yuǎn qīn bú rú jìn lín 虽然是亲戚关系，但如果不经常往来，感情反而不如经常往来的邻居。如果有困难，邻居可以帮忙而远亲却不能帮忙。

【例句】这点儿事儿算什么，远亲不如近邻吗，不值一提！

怨 yuàn 责怪，归咎。

【例句】这事儿都怨我，是我忽疏了！

怨不得 yuàn bù dě 要不然，原来如此。

【例句】怨不得他当了北京奥运会火炬手，原来他是全国劳模！

怨不说 yuàn bu shuō 同"怨不得"。

【例句】怨不说农业税都免了，原来是国力大大增强了！

曰曰 yuē yue 胡说，瞎说。

【例句】别听他瞎曰曰，没一句真话！

约摸 yāo mo "约"读 yāo。估计，大概，可能。

【例句】我约摸着，孩子放假快到家了！

哕 yuě ①象声词，呕吐时发出的声音。②动词，呕吐。

【例句】①他喝多了，哕的一声吐了一地。②怀孕之后，总是干哕！

月窠儿 yuè kēr 没有满月，主要指没有满月的吃奶孩子。

【例句】电视连续剧《樱桃》中，葛望两口子在村边的大树下捡到了一个月窠儿孩子，演出了一系列苦情戏。

月婆子 yuè pó zi 刚刚生孩子、孩子还没满月的妈妈。

【例句】你哪像个月婆子，什么活儿都干，不怕落（lào）下（遗留）病啊？

月儿圆 yuèr yuán 很圆满，没漏洞。

【例句】尽管说得月儿圆，人家就是不信！

月黑头 yuè hēi tóu 没有月亮的漆黑之夜。

【例句】这月黑头的，你一个人敢走啊？

月亮地儿 yuè liàng dìr 一轮明月当头，有明亮月亮的夜晚。

【例句】趁着这大月亮地儿，赶快往家走！

越肥越添膘 yuè féi yuè tiāo biāo ①好上加好，锦上添花。②永远没有满足。诙谐性用语。

【例句】①真是越肥越添膘，本来工资就高，年末还得了一大笔奖金。②承包了水塘还想承包荒山，我看你是越肥越想添膘，没完没了了！讽刺性用语。

越瘸越加棍儿点 yuè qué yuè jiā gùnr diǎn "点"，挂拐棍。跟棍儿没关系，比喻本来来就非常困难，又有了新的困难。一种形象的比喻。诙谐性用语。

【例句】唉，这几年啊，越瘸越加棍儿点，老母亲得癌症花光了积蓄，一场大水又把房子冲塌了！

吁 yué 吆喝牲口的指令，表示向左即向内；与之相对应的是"喔 wó"，向右即向外。

晕 yūn ①胡乱走。②喝酒。

【例句】①好多天没见了，你晕到哪去了？②咱哥俩今天没事晕两盅！

晕得乎 yūn de hū 迷迷糊糊或飘飘然的样子。多指酒后的醉酒状态。

【例句】两杯酒下肚，我真有点晕得乎的！

匀乎 yún hu "乎"字发短促轻音。①周到而无破绽。②腾让，平均。

【例句】①你这谎话编得可真匀乎，滴水不漏。②大家把座位匀乎一下，大家都坐下！

匀 yún 转卖，转让。本来别人不准备出售或转卖而是在买者请求之下转手或出售。

【例句】你就把这件牛仔裤匀给我吧！又如这只新手机既然你没看好，那你就匀给我吧！

匀溜 yúnliu 均匀，匀称。

【例句】看人家姑娘长得多匀溜，不胖不瘦正好！

匀空 yún kòng 腾出时间，抽出时间，倒出时间。

【例句】等我匀空，我一定亲自去拜访您老人家！

云字卷儿 yún zì juǎnr 云状图案，比喻花花样。

【例句】我们单位有俩嘎咕人，都嘎咕出云字卷儿来了！

云山雾罩 yún shān wù zhào 形容说话毫无边际、云里雾里、玄而又玄让人摸不清头脑。讽刺性用语。

【例句】他云山雾罩的一顿神侃，大家都听得呆了！

云南戛戛国 yún nán gā ga gǒu 比喻远到九霄云外，极远的世界。夸张性用语。

【例句】这事我还真忘到云南戛戛国去了！

运气 yùn qì 聚集愤怒情绪准备打架或其他形式发泄。

【例句】他运足了气，准备找他打个鱼死网破！

Z

咂儿巴 zār ba 婴儿吃奶的代用语。

【例句】你没受着小孩咂儿巴，长得这么年轻！

咂儿咂儿 zār zar 第一个“咂儿”发重音并突出“儿”音，第二个“咂儿”发短促轻音。①名词，专指妇女哺乳期乳房。②动词，给孩子吃奶，同时指奶水、乳汁。

【例句】①来，孩子，摸摸咂儿咂儿，睡觉吧！②孩子饿了，赶快给他吃咂儿咂儿吧！

咂摸 zā mo“摸”字发短促轻音。细品滋味。多重叠使用。

【例句】你再仔细咂摸咂摸，是不是这么个理儿？

砸吧嘴儿 zā ba zuǐr ①慢慢回味、品味。②吃得香的一种表示。

【例句】①你再砸吧砸吧嘴儿，看看是不是这么个理儿？②你看他吃的那个香，直砸吧嘴儿！

咂咕 zā gu“咕”字发短促轻音。品味，琢磨。

【例句】这事儿过了这么长时间，我才咂咕过味来！

咂人 zā rén 水非常凉以致于砭入骨髓。

【例句】河水刚刚开化，特别咂人，可不能下水！

杂巴凑 zá ba còu　不一样、不统一的各种乱七八糟的东西拼凑在一起。

【例句】这台电视剧演员都是杂巴凑，没一个名演员。又如这台电视机零件都是杂巴凑，不停地换件。

杂花 zá huā　①品种不纯、不正。②颜色不一致、不统一。

【例句】①说是粘苞米种子，其实都是些杂花种子。②这件貂皮大衣有点儿杂花。

杂拉咕七 zá lā gū qī　基本没有用处的零零碎碎的物品。

【例句】这么多杂拉咕七的乱东西，都是什么呀？

杂七码八 zá qī mǔ bā　也说"杂七戛八"。不常见、说不清的杂乱物品。

【例句】我们家全指我鼓捣（倒卖）些杂七码八的东西生活呢！

杂七杂八 zá qī zá bā　各种零零碎碎、不常用、不常见的东西。

【例句】已经搬进楼房了，可是这些杂七杂八的东西一时就舍不得扔（lēng）了！

杂种操的 zá zhong cào de　"操"读 cào。犹如"不是人养的"。　骂人语。

【例句】小偷被抓后，周围群众怒不可遏："打死这个杂种操的！"

杂种馅的 zá zhǒng xiànr de 同"杂种操的"。避免说"操"字的音变。骂人语。

【例句】揍他个杂种馅儿的，看他还敢不敢再欺负人！

砸 zá ①用缝纫机缝。②捣毁。③制造。④用凉水浇入开水。

【例句】①师傅，给我砸条裤子。②西藏发生"藏独"事件，歹徒们把橱窗全砸碎了。③用猪胰子加入碱后砸成胰子。④水开了，快用凉水砸一下。

砸锅 zá guō 形容把事情办糟了，办砸了，失败了。

【例句】怎么样？不听老人言，吃亏在眼前，办砸锅了吧？

砸锅卖铁 zá guō mài tiě 形容为了某事或为实现某种目的而不惜倾其所有、倾家荡产。夸张性用语。

【例句】孩子小小年纪就得了败血症，就是砸锅卖铁也得给孩子治病啊！

砸摸 zá mo "摸"字发短促轻音。琢磨，算计。

【例句】我就不多说了，你砸摸砸摸是不是这么个理儿！

砸实 zá shí 说定，议死。

【例句】今天咱们把事砸实了，谁也不许反悔变卦！

砸巴 zá ba "巴"字发短促轻音。①痛打、痛揍一顿。②收拾、管教、提醒。③嘴上下闭合，发出轻微响声。多重叠使用。是一种品味、思量、欲言又止的状态。

【例句】①他再不老实，咱俩去砸巴他一顿！②孩子已经是高中生了，你得勤砸巴点儿，否则就考不上大学了！③老宋听后，砸巴砸巴嘴儿，什么也没说。

砸孤丁 zá gū dīng 绑架，抢夺。

【例句】闹土匪那咎，土匪可凶了，绑票、杀人、砸孤丁，什么坏事都做！

砸明火 zá míng huǒ 明火执仗地抢劫。

【例句】土匪垂死挣扎，竟敢砸明火，引起剿匪部队的重视。

咋的 zǎ di ①疑问动词"怎么的""怎么样"。②自豪语"够意思"。

【例句】①我究竟咋的了，你们这么熊我？又如咋的了，哭成这个样子？②考试考了全班第一，咋的？又如咋的？没咒念了吧？傻了吧？

咋说咋好 zǎ shuō zǎ hǎo 言听计从，绝无二话。

【例句】咋说咋好，全听你的！

咋整 zǎ zhěng 疑问动词"怎么办"。

【例句】孩子已经好几天找不到了，你说咋整？急死我了！

咋办 zǎ bàn 同"咋整"。

【例句】这事儿你说咋办吧，我是没招了！

咋回事儿 zǎ huí shìr 疑问动词"怎么回事儿"。

【例句】到底咋回事儿，你给我说明白！又如咋回事儿你不知道啊，装什么糊涂？

栽 zāi 从高空头朝下跌落。

【例句】不小心，他从大货车上一下子栽了下来，摔成重伤。

　　栽歪 zāi wai “歪”字发短促轻音。①形容人走路歪歪斜斜不平衡的样子。②形容人的身体某一部分有些歪斜或一肩高一肩底。③形容物品歪斜不正。④侧身躺着。

　　【例句】你走路怎么栽栽歪歪的，腿脚有什么毛病啊？②你怎么栽歪个膀子？我有肩周炎，胳膊抬不起来！③字画挂得有点儿栽歪，右边再高点儿！又如奖状挂的有点侧歪！④这人怎么侧歪在这儿了？赶快报告民政部门！

　　栽棱 zāi leng “棱”字发短促轻音。①歪斜，向一边倾斜。②向一边斜卧。主要指小睡一会儿。

　　【例句】①大汽车一栽棱，一下子翻进沟里。②我实在有点儿累，找个地方侧棱一会儿！

　　侧棱膀子 zāi leng bǎng zi “侧”读 zāi，下同。①人的肩膀一高一低。②器物或物品上部有些歪斜。

　　【例句】①你怎么了，有些侧棱膀子？②这车装得有点儿侧棱膀子，有点儿悬，赶快正一正！又如你看，窗户上沿有点侧楞膀子！

　　侧巴棱子 zāi ba léng zi 歪歪斜斜地躺下。

　　【例句】你怎么侧巴棱子躺下了，赶快脱了衣服好好睡！

　　侧巴横郎 zāi ba héng láng 形容物体歪歪斜斜的样子。

　　【例句】这房子怎么盖的，侧巴横郎的？

　　侧巴楞子 zāi ba lèng zi 同“侧巴横郎”。

　　【例句】这块木头是个侧巴楞子，根本不能用！

　　灾气 zāi qi 恶运，运气不好。

【例句】今天谁给我带来的灾气，办事儿怎么这么不顺？

灾星 zāi xīng 同"扫帚星"，即给人带来不幸或倒霉。

【例句】你一来我就倒霉，你纯粹就是个灾星！

灾瘟 zāi wēn 得了瘟疫。詈语。

【例句】你这个灾瘟的，怎么还不死？

宰 zǎi 对方索要或收取商品或服务价格过高。夸张性用语。

【例句】这店真黑，太能宰人！

再份 zài fen "再"字发重音，"份"字发短促轻音。但凡有可能。一种极致的表示。

【例句】再份能起来，我也不在炕上躺着！

再不济 zài bú jì 最起码，最低，最损。

【例句】别拿豆包不当干粮，最不济我还是个老党员吧！又如赔不了多少，最不济也能把本儿收回来！

再一再二不能再三再四 zài yī zài èr bū néng zài sān zài sì 不能一再迁就，不能没完没了，一次两次可以，屡次就不行了。

【例句】凡事儿都有个限度，再一再二不能再三再四啊，总这样可不行啊！

在讲儿 zài jiǎngr ①有讲究，有来历。②可以讨价还价或商讨。

【例句】①"五一"国际劳动节，那可是在讲儿的！②这事儿难说，那可就在讲儿了！

在凭 zài píng "再"字发重音，"凭"字发短促轻音。任凭，全凭。

【例句】能否出国留学，可就在凭你了！

在人儿 zài rénr 分人，因不同的人而有不同结果。

【例句】做买卖有人成功，有人失败，那可全在人儿了！

在外 zài wài 除外，不在包括、安排之内。

【例句】除公出在外的，每人承担2米的修堤坝任务！

在早儿 zài zǎor 从前，以前。

【例句】在早儿这里是一片涝洼地，如今这里已成为公园。

咱 zán 自称，即"我"，指单人。

【例句】咱可不是那样的人！又如这件事和咱没关系。

咱们 zán men 代表多人的自称即"我们"。

【例句】咱们可不去丢人现眼！又如这次出台的低保政策，和咱们退休职工无关。

攒 zǎn ①留存。②憋。

【例句】①多攒点钱好娶媳妇！②开着会我出不去，大便已经攒半天了！

攒肚 zǎn dù ①故意不吃东西。讽刺性用语。②婴儿长时间不大便。

【例句】①听说下午宴会，上午他就攒肚不吃饭了！②这孩子真能攒肚，一天没大便了。

昝 zǎn ①东北方言中，多种疑问动词均用"昝"，如多昝、什么昝、哪昝等等，都是"什么时候"之意。②肯定性用语如这昝、那昝等，都是"时候"之意。

【例句】①我多昝说过这样的话？又如我什么昝到过三亚？②这昝的孩子们可没吃过苦！那昝咱们吃的是啥，穿的是啥？

脏口 zāng kǒu 说话中带脏话。

【例句】注意点，说话可不许带脏口！

脏话 zāng huà 说骂人的话，说低级下流的话。

【例句】你这人怎么这么没修养，说话满口脏话！

脏了吧叽 zāng la bā jī 形容人的外表或五官不干净，脏兮兮的。②形容人说话带有污言秽语。

【例句】①你瞅你，这张小脸儿脏了吧叽的，几天不洗了？②你这脏了吧叽的嘴放干净点儿，能不能长点儿出息？

奘 zàng ①脾气急躁火暴。②言语生硬。

【例句】①你的脾气怎么这么奘，谁说跟谁来！②你说话怎么这么奘！啥难听说啥！

奘奘 zàng zang 第二个"奘"字发短促轻音。也说"狗奘狗奘"。不停地争吵，吵架。讽刺性用语，骂人语。

【例句】你俩奘奘半天了，见好就收吧！又如就听你俩狗奘狗奘的，能不能都少说两句！

奘咕 zàng gu 同"奘奘"。

【例句】你俩在那儿奘咕啥呢，有啥了不起的大事儿啊？

遭瘟的 zāo wēn de 犹如"遭瘟灾的"。骂人语。

【例句】你这个遭瘟的，没什么好下场！又如刘能这个遭瘟的，到处乱嚼舌头！

遭老罪了 zāo lǎo zuì le 非常遭罪，吃苦，遭受磨难。

【例句】下乡插队当知青那咱（那时候），要吃没吃，要穿没穿，真遭老罪了！

糟心 zāo xīn 形容人心烦意乱，心情不畅。

【例句】真叫人糟心，外出打工一年多了，怎么连个信儿都没有呢？

糟损 zāo sǔn 损失，浪费。

【例句】这么多土豆，能一个不遭损吗？又如这批苹果质量太差，糟损太多！

糟禁 zāojin 也说"糟践"。"糟"字发重音，"禁"字发短促轻音。①损失，糟蹋。②损害人，贬低人。

【例句】①这么好的菜，不吃都扔了，这不都糟禁了吗？②你可别糟禁人了，我哪能干那种事儿呢？

糟贬 zāo bian "贬"字发短促轻音。贬低人，毁誉人。

【例句】他们是在糟贬你，你没听出来？

凿 záo ①固执，死板。②大胆说话。

【例句】①这人办事儿真有点凿！②会上你可真能凿，什么嗑都敢唠！

凿巴 záo ba ①狠狠地打。②钉上，修理。

【例句】①他们几个人又把他凿巴了一顿。②他硬把这个破裂的课桌给凿巴上了！

凿死卯　záo sǐ mǎo　形容人过份认真,不善变通。含有贬义。

【例句】谁像他那么死性,办事儿净凿死卯,也不看个眉眼高低!

早班儿　zǎo bānr　走在前边,位于前列。

【例句】购买国债你可真是早班儿,大门还没开你就来了!

早年　zǎo nián　很多年以前。

【例句】早年间,这里荒无人烟,只有鄂伦春猎民在这里打猎为生。

早起先　zǎo qǐxiān　早先。

【例句】早起先东北人口非常少,都是后来闯关东过来的。

早侵　zǎo qin　也说"一早侵"。早晨。

【例句】这大早侵的,你干什么去? 又如一早侵你就忙起来了!

早着赫儿　zǎo zhao hèr　"赫儿"突出"儿"音并拉长音。时间很充分,时间来得及。

【例句】大家别急,时间早着赫儿呢! 又如时间早着赫儿呢,来得及!

早晚是事儿　zǎo wǎn shì shìr　早早晚晚都要暴露,都要出事儿,是必然结果。

【例句】别看你们今天得意,你们那点儿猫腻早晚是事儿,等着吧!

早养儿子早得济　zǎo yǎng ér zi zǎo dě jì　一种狭隘见识,认为早生育男孩就早得到儿子的照顾、周济、好处。

【例句】什么早养儿子早得济，那都是哪年的黄历了，如今生儿生女都一样！

早一天晚一天 zǎo yī tiān wǎn yī tiān 早早晚晚，迟早有一天。是一种预料中的必然现象。

【例句】别看你们贩毒挺挣钱，早一天晚一天迟早有一天，你们非进监狱不可！

造 zào 用途非常广泛词语之一。①放开手脚、肆意行为而不顾后果。②挥霍浪费，败坏。③闯，跑。④破坏、毁掉。⑤大吃大喝。

【例句】①今天我请客，到迪厅去跳舞唱歌，大家放开喉咙可劲儿造！又如今天我请客，大家放开肚皮可劲儿造！②你爹给你留下这点家产，不到一年你就给造光了。③管他呢，先造进去再说！④屋子叫俩孩子造得实在不像样子，几乎没地方插脚了！⑤几天没吃饱饭了，一大碗饭、两盘子菜一会儿就给造光了！

造巴 zào ba "巴"字发短促轻音。糟蹋，无休止的浪费。

【例句】好容易攒了点儿钱，叫你一次旅游都造巴光了！

造害 zào hai "害"字发短促轻音。祸害，糟蹋。

【例句】你们怎么把屋子造害成这样子？又如这么把东西造害一地，还不收拾收拾！

造践 zào jian "造"字发重音，"践"字发短促轻音。损坏，毁坏。

【例句】好好一件 T 恤衫，不到一年你就给造践完了！

造祸 zào huo "造"字发重音，"祸"字发短促轻音。糟蹋。

【例句】好好一个家，都让他吸毒给造祸完了！

造得楞 zào de lèng 形容人为某事而干得有劲儿、漂亮，值得赞赏。夸张性用语。

【例句】杨三姐一个小姑娘可真造得楞，告状从县衙一直告到国民政府！

造一气 zào yī qì 非常有能力，有实力，非常厉害。赞赏用语。

【例句】广州恒大男子足球俱乐部真造一气，竟然得了亚冠联赛冠军！

贼 zéi 用途非常广泛词语之一。①非常，特别。这是东北方言中最有代表性的语词，如贼大、贼好、贼毙、贼坏、贼死、贼冷、贼拉狠、贼拉酷、贼拉倔、贼拉犟、贼漂亮等等，均为表示程度的形容词或副词。②狡猾，狡诈。③敏锐。④油滑而难以控制。⑤不正常。

【例句】①东北名菜猪肉炖粉条，那可贼拉好吃！②这小子太贼，谁也摸不透他想啥！③那人贼着呢，什么也骗不了他！又如你小子眼可真贼，八百里地的事儿都能看见！④这瓶子发贼，拿也拿不住！⑤这灯泡亮得发贼，要爆炸吧？

贼毙 zéi bì 绝对压倒。

【例句】这身衣服贼毙！又如毕福剑主持的《星光大道》贼毙！

贼逗 zéi dòu 也说"贼拉逗"。非常逗乐，非常使人发笑。

【例句】电视小品《不差钱》可贼逗，一个菜没点，英格兰餐厅还得搭一个！

贼盖 zéi gài　同"贼毙"。

【例句】小沈阳的表演贼盖了，红遍全国！

贼拉 zéi la　用途非常广泛词语之一。极其，非常，特别。如贼拉坏、贼拉多、贼拉冷、贼拉厉害等。

【例句】电视剧《关东大先生》中的杜巡长贼拉坏，贼拉恨人！

贼性 zéi xing　"性"字发短促轻音。有心机，有谋略。含有贬义。

【例句】那人太贼性，你能干过他？

贼性味儿 zéi xing weir　带有偷盗的嫌疑。讽刺性用语，含有贬义。

【例句】这便宜我可不占，我嫌乎它有贼性味儿！

贼死 zéi sǐ　最厉害的程度，最大程度。

【例句】听说他吸毒又叫警察抓走了，把他媳妇气个贼死！

贼骨头 zéi gǔ tou　能承受住皮肉的毒打。

【例句】这小偷长了一身贼骨头，周围群众这顿揍他也没吭一声。

贼皮子 zéi pí zi　①形容人禁得住打。②皮肉伤口容易愈合。

【例句】①那小子才是贼皮子呢，怎么收拾也不告饶。②赵春安真是个贼皮子，从大狱出来不久伤口就愈合了！

贼溜溜 zéi liū liū 形容人鬼鬼祟祟的样子。含有贬义。

【例句】那几个小子贼溜溜的，你可得提防着点儿！

贼拉厉害 zéi lā lì hài 非常厉害，特别厉害。即说人品，也说能力、技艺。诙谐性用语。

【例句】那姑娘可贼拉厉害，你可别招惹她！又如陆海涛可贼拉厉害，谁的唱法都能模仿，惟妙惟肖。

怎么的 zěn mo de "怎"读zěn。 疑问动词"怎么样"。

【例句】怎么的，打人白打啦？又如不让我闯红灯我就闯了，能把我怎么的？

怎么 zěn mo 疑问动词"怎么回事"。

【例句】怎么，大学毕业后到现在也没找到合适的工作？

怎么 zèn mo "怎"字读zèn。肯定性用语"这么""这么着"或"这么办"。

【例句】这事儿我看怎么的，你看行不？又如怎么的，实在不行，给他赔两个钱儿，先堵堵他的嘴！

怎么昝 zèng mo zǎn "怎"字读zèng 并发重音。现在，这个时候。

【例句】怎么昝的年轻人什么苦也没吃过，更不知道幸福生活来之不易！

锃亮 zèng liàng 器物闪亮耀眼。

【例句】两对花瓶擦得锃亮。

锃明瓦亮 zèng míng wà liàng 同"锃亮"。语气加重。

【例句】玻璃擦得锃明瓦亮。

　　缯巴 zèng ba 衣服小而感到束缚。

　　【例句】你这么胖，穿件体形衫不觉着缯巴吗？

　　扎 zhā ①钻。②直奔。③聚拢。④刚刚长出。⑤抵，伏。

　　【例句】①老鹰在高空盘旋，兔子一头扎进洞里。②飞机一头向大海扎下去。③大家散开点儿，别扎堆儿！④小鸟儿扎开翅膀要飞。⑤她一头扎到枕头上大哭起来。

　　扎煞 zhā sha “煞”字发短促轻音。①活跃。②伸展。

　　【例句】①这几年形势一好，你的精神也扎煞起来了。②刚浇上水，叶子立刻就扎煞起来了。

　　扎哕 zhā yuē ①由于外界某事刺激而引起内心的反感。②食物使胃不舒服。③刺痒。④比喻事情办糟了，办砸了，出现与原来预想的结果有出入的不好、不理想的现象。

　　【例句】①日本政府把中国的钓鱼岛“国有化”，听到这一消息后，我这心里直扎哕：这不明目张胆地欺负人吗？又如看看，把他弄扎哕了吧？②这萝卜吃到胃里有些扎哕。③头发茬子在脖子上挺扎哕！④本来领导都同意了，结果让你给办扎哕了！

　　扎脖儿 zhā bòr 本意是用绳子把脖子捆上。比喻因外界原因而不吃不喝、活活饿死。诙谐性用语。

　　【例句】没有工资，也没有退休费，再不给点儿低保费，难道还让我们扎脖儿等死啊？

　　扎窝子 zhā wō zi 人总呆在家里不外出，主要指成年人不外出劳动或从事经营。含有贬义。

【例句】年纪轻轻的，别在家里扎窝子，到外头闯一闯！

扎猛子 zhā měng zi 民间一种游泳姿势，即头先入水潜入水底，不是正规的游泳姿势。

【例句】有歇后语说：洗脸盆扎猛子——不知深浅。

扎嘴儿 zhā zuǐr 本意是扎住口袋嘴儿，比喻像把嘴扎住一样不让人说话。

【例句】难道还不让人说话了，再怎么着也不能把我们的嘴扎上吧？

扎撒手 zhā sa shǒu 两手松开，既不动手也不干什么。一种尴尬、不知所措的情态。

【例句】我忙得不可开交，你扎撒个手站在那干什么！

扎扎哄哄 zhā zha hōng hōng 形容毛发或枝条等物参差不齐的样子。

【例句】你多长时间不理发了？扎扎哄哄的成了草鸡窝了！

扎不哕的 zhā bū yuē de ①形容食物有些粗糙、扎嘴。②形容物品不平整、有些粗糙。

【例句】①这苞米面菜团子扎不哕的，一点儿都不好吃。②这条毛毯质量太差，扎不哕的。

扎巴拉沙 zhā ba lā shā ①心里感到很不舒服。②食物有些干散，不柔软。

【例句】①听到飞机失事死了好几名中国大学生的消息后，我这心里扎巴拉沙的真不是滋味。②这饼烙得扎巴拉沙的真不好吃。

咋呼 zhā hu 也说"咋咋呼呼"。①炫耀性的叫嚷。②过份地张罗。③威吓。

【例句】①你咋呼啥，究竟想干什么？②瞧他那个咋呼劲儿！③我把他咋呼了一顿，他才老实下来。

咋呼鸟儿 zhā hu qiǎor "鸟儿"读 qiǎor。本意是高声吆呼吓唬小鸟儿，引申为藐视、小看对方而采取一些低级的办法吓唬对方。诙谐性用语。

【例句】你咋呼鸟儿呢？我又不是三岁小孩，你来了我就怕你了？

咋咋呼呼 zhā zha hū hū ①大声地、不管不顾地说话。②有意卖弄、显摆，即"得瑟"。

【例句】①你一天咋咋呼呼的，有什么了不起？②别在那儿咋咋呼呼的了，哪儿凉快哪儿呆着去吧！

扎古 zhágu "扎"字读 zhá 发重音，"古"字发短促轻音。①着意打扮。②诊治，治疗。

【例句】①这么漂亮的人，这么一扎古更漂亮了！②让他给扎古扎古，死马当活马医，兴许有救！

眨眯 zhǎ mi "眯"字发轻音。也说"眨巴"。眼皮一开一合的样子。

【例句】他向外眨眯了几眼，才知道要变天了！

眨巴 zhǎ ba 同"眨眯"。

【例句】他小眼睛一眨巴，想起了一个好主意！

乍巴 zhàba "乍"字发重音，"巴"字发短促轻音。小孩刚刚学会走路、摇摇晃晃走路不稳的样子。

【例句】我的孩子才 2 岁，刚会乍巴！

乍把儿 zhà bǎr "把儿"突出"儿"音并拉长音。开始，最初，刚才。

【例句】乍巴儿还晴朗朗的天，突然刮起大风来了！又如乍把儿还在呢，这会儿不知到哪里去了！再如乍把他不是个坏孩子，但总去网吧看淫秽电影，终于走上了犯罪道路。

乍起根儿 zhà qǐ gēnr 从前，最初。

【例句】乍起根儿也不是这样，怎么突然变了？又如乍起根儿我家住在北边平房，拆迁后才搬到楼房。

乍惊百怪 zhà jīng bǎi guài 大惊小怪。

【例句】没什么大不了的，别乍惊百怪的！

乍猛的 zhà měng de 猛然的，突然的。

【例句】你乍猛的这么一问，我还真懵住了！

诈和 zhà hú "和"读 hú。①打麻将术语，不能和以为和了。②打诈语，假充横。

【例句】①对不起，你诈和，包庄吧！②你别诈和，谁不知道谁呀！

诈唬 zhà hu "唬"字发短促轻音。①虚张声势。②恐吓，欺骗。

【例句】①你不用穷诈唬，早晚毁在你这张嘴上！②金手镯又不是我偷的，你再诈唬我我也不知道！

诈尸 zhà shī ①形容人突然大声喊叫或做出发狂似的动作。骂人语。②假死的人又活过来了。

【例句】①你在那儿诈尸呢,风风火火的!②电视连续剧《狄仁杰探案》台词:老爷,不好了,公子诈尸了!

炸 zhá ①凉水冰冷入骨。②用开水焯。

【例句】①这井拔凉水直炸牙根儿!②把芹菜先炸一炸,然后再剁碎包饺子!

炸刺儿 zhà cìr 也写作"扎翅儿"。闹乱子,挑起是非,挑起事端。

【例句】大家都挺老实,就你愿意炸刺儿!又如事情就这么定了,我看谁敢炸刺儿?

炸锅 zhà guō ①发怒,群起反抗。②惹祸。③炒菜"炝锅"。

【例句】①话还没说完,他们就炸锅了。②成功了算大家的,炸锅我一人承担!③用葱花炸锅再炒菜!

炸庙 zhà miào ①群起反对,吵吵嚷嚷不答应。②通过故意耍炸而欺骗,使之说出实情。

【例句】①一听宋江要受朝廷的招安,众好汉都炸庙了!②你别炸庙了,想要我说出实情,没门儿!

炸凉 zhá liáng 透骨凉。

【例句】今天的风真硬,炸凉炸凉的!

炸营 zhà yíng 群情激奋,乱作一团。

【例句】没等他说完,大家就炸营了,一致反对!

炸肺 zhà fèi 形容非常生气,要把肺气炸开。

【例句】与房屋开发商一谈,拆迁费才给这么点,可把我气炸肺了!

炸眼 zhà yǎn ①形容人服装鞋帽等物品颜色太艳丽而吸引人。②形容人行为举止过于出众、出风头而令人瞩目。有时用作褒义，有时用作贬义。

【例句】①别人穿的都是西服扎领带，你穿一身火红的唐装，是不是真有点太炸眼了！②篮球运动员姚明可真炸眼，在美国NBA也高人一头！又如别看山楂妹（张月娇）长得不起眼，但在《星光大道》可挺炸眼，唱得太好了，得了个月冠军！

奓 zhà ①毛发竖立。②张开。

【例句】①夜深人静，一条野狗突然在我眼前蹿过来，吓得我头发根直发奓！②这件上衣的下摆太奓了，得改改！

奓胆子 zhà dǎn zi 壮胆，勉强鼓起勇气，硬挺着。

【例句】我孤身一人走夜路，奓着胆子翻山越岭向回走！

摘 zhāi 借款，借贷。

【例句】治病钱不够，大家给你凑点儿，你再去摘点，治病要紧！又如东摘西借，总算凑够了孩子上大学的钱！

摘胰子 zhái yí zi 要命，要你的命。骂人语，威胁性用语。

【例句】你惹恼了我，看我不摘了你的胰子！

摘巴 zhāi ba 挑选，挑拣，采摘。多重叠使用，多指摘蔬菜。

【例句】你去把韭菜摘巴摘巴，晚上包韭菜馅饺子！

择 zhāi "择"读zhāi，下同。①用手仔细挑捡。②抖落，分辨。③剔除，择出。

【例句】①把那团毛线仔细择择。②你叫人赖上可就择不清了！③这事儿可得把我择出来，我可不跟你们吃瓜落！

择不开 zhái bu kāi ①无法脱身，无法摆脱。②区分不开。

【例句】①最近我挺忙，真择不开身子去旅游。②到底是谁的责任，我一时半会儿还真择不开。

择日子 zhái rì zi 选择良辰吉日，选择好日子。主要指选择婚礼、庆典、祝寿、开业等吉祥日子。

【例句】儿子结婚，可是一辈子大事儿，一定要择个吉祥好日子！

窄巴 zhǎi ba "巴"字发短促轻音。①经济拮据，生活不宽裕。②紧迫，窄小。

【例句】①你家这日子过得太窄巴了吧？②你怎么住这么个窄巴小房？

窄憋 zhǎi bie "憋"字发短促轻音。①心胸狭窄。②经济紧张，生活不宽裕。

【例句】①不是我心胸窄憋，实在是穷日子过怕了！②回想起咱们小时候过的那种窄憋日子，至今心里还难受！

沾 zhān ①遇到。②稍微。③占便宜。

【例句】①这事儿要一沾你，准没个好！②薄利多销，沾利就走！③我不沾不借，你别害怕！

沾光 zhān guāng 借别人的力量、势力、权利而得到好处、利益或益处。

【例句】他二叔当了村长，他可没少沾光。

沾边儿 zhān biānr ①接触，借他人的光。②靠近，接近。

【例句】①为你鞍前马后卖死力气，好处没沾边边儿，倒落了一身不是！②你说的这些和我根本不沾边儿，你爱找谁找谁去吧！

沾包儿 zhān bāor ①受牵连，受连累。②闯祸，招惹是非，惹出祸端。

【例句】①这件事儿说不清楚，弄不好我也要跟着沾包儿。②你怎么把村长家的狗给打死了，这下可沾包了！

沾包赖 zhān bāo lài 略有责任或牵连即被纠缠，就要承担责任。

【例句】你别沾包就赖，我又没干什么？又如我只是在一边儿看热闹，又没参加赌博，抓我干什么，这不是沾包赖吗？

沾连子 zhān lián zi 也写作"粘莲子"。同"沾包儿"①②。

【例句】①你惹了祸，让我也跟着沾连子了！②这下可沾连子了，要让老板知道了非让我卷铺盖回家不可！

沾亲带故 zhān qīn dài gù 有各种亲戚、朋友关系。

【例句】大家乡里乡亲、沾亲带故的，都互相让一让就过去了！

沾火就着 zhān huǒ jiù zháo 也说"点火就着"。比喻人的脾气火爆、性格急躁，稍遇事就生气发火、发怒、恼怒。

【例句】都这么大岁数了，你那沾火就着的驴脾气怎么还没改啊！

沾奸取巧 zhān jiān qǔ qiǎo 耍心眼儿，偷奸耍滑，捡便宜就占。

【例句】刘能最能沾奸取巧，占便宜的事儿肯定少不了他！

沾边儿就赖 zhān biānr jiù lài 与所发生的事件、事情略有关系、关联就要承担责任。

【例句】他们打架斗殴，我在旁边儿看热闹，抓我干什么，这不是沾边儿就赖吗？

粘 zhān ①惹麻烦，惹祸。②挂鸟。

【例句】①这下可粘了，逃学的事让我爸知道了！②到处挂粘鸟网粘鸟可不行，鸟是国家保护动物！

粘帘子 zhān lián zi 由于事情败露而惹祸，惹麻烦。诙谐性用语。

【例句】这下可粘帘子了，贩毒漏陷儿了，警察都来调查了！

占 zhàn 符合，合乎。

【例句】坑、崩、拐、骗，你样样占全了。

占地方 zhàn dì fang 占用过多的空间。

【例句】沙发太占地方了，客厅显得小了！

占身子 zhàn shēn zi 也说"绑身子""把身子"，即脱不开身。

【例句】要去你先去吧，我这里占身子离不开！

占窝儿 zhàn wōr 占位置，占座位。

【例句】你先给我占个窝儿，我随后就到！

占香油 zhàn xiāng you 也说"占相应"。"油"字发短促轻音。与香油无关，而是占便宜之意。

【例句】别总想占香油，吃亏是福嘛！又如该多少我就给你多少，我可不想占相应！

占理 zhàn lǐ　有道理，站得住脚。

【例句】我看这事儿啊，还是人家占理，你就别没完没了了！

站 zhàn①　指某种时间、某种机会。②终止点。

【例句】①今天中午睡过站了，上班迟到了！②你这么闹下去什么时候算一站呢？

站住 zhàn zhu　"住"字发短促轻音。婴儿出生后是否能存活。

【例句】她二嫂连生了两个儿子，都没站住！

站栏柜 zhàn lán guì　当营业员、售货员。

【例句】我在国营商店站了十多年栏柜，商店解体了，我也下岗了。

站着说话不腰 zhàn zhao shuō huà bù yāo téng　不理解对方疾苦或困难，说话幸灾乐祸或不负责任。诙谐性用语。

【例句】你别站着说话不腰疼，你每月开（支）好几千块，我们才开一千多块，能和你比吗？

绽线 zhàn xiàn　缝口处井线。

【例句】枕头绽线了，漏了一炕荞麦皮！

张 zhāng①　向外倾斜。②翻倒。

【例句】①这道墙有点向外张了！②他一下子从跳板上张了下来！

张嘴 zhāng zuǐ　开口说话，比喻有求于人，请求他人帮助自己。

【例句】张嘴求人又不是什么磕碜事儿，有什么抹不开的？

张罗 zhāngluo ①四处奔走。②筹划。③应酬，接待。

【例句】①客人都快到家了，你还不快点儿张罗桌椅板凳，客人来了往哪儿坐啊？②你赶紧去张罗钱去，我要进趟城！③一下子来这么多客人，可够你张罗一阵了！

张罗命 zhāng luo mìng 天生一辈子操心、疲于奔命的命运。

【例句】他就是个张罗命，什么心都操，一辈子也闲不住！

张罗人 zhāng luo rén 比喻天生一辈子操心、受累、疲于奔命的人。

【例句】我退休后，开了个小棋牌室，没想到挺操心的，太张罗人了，没个闲时候！

张张罗罗 zhāng zhang luō luō 形容忙忙碌碌、疲于应酬、应付，几乎没有闲时候。

【例句】开个小饭店，每天张张罗罗的，倒也挺忙！

章程 zhāng cheng "章"字发重音，"程"字发短促轻音。①能耐，本事。②主意，办法。

【例句】①平时挺要强，关键时候你就没章程了！②我们都没办法了，就看你有什么章程了！

长毛 zhǎng máo ①食物发霉变质。②心中发慌。

【例句】①面包已经长毛了，不能再吃了！②看到发生车祸的事故现场，吓得我心都长毛了！

长毛儿 zhǎng máor "毛儿"拉长音并突出"儿"音。提高价格。

【例句】①这肉这么好卖，还不赶快长毛儿！

长脸 zhǎng liǎn 比喻给自己或给他人争光、争气、争得荣誉。

【例句】我的学生还真给我长脸，参加全国数学竞赛得了金奖！

长猴儿 zhǎng hóur "猴儿"拉长音并突出"儿"音。提高身价，提高价码。

【例句】夸他两句，他还长猴儿了！又如麻将如果感觉玩得点小，那就赶紧长猴儿！

长毛病 zhǎng máo bìng 长脾气,标准提高,增加新的标准,不同往日。

【例句】好你个赵玉田，长毛病了，竟敢撂我的电话了！

长草儿 zhǎng cǎor 心中不安现状而心里有了新的想法。

【例句】听说许多人都到俄罗斯种西红柿发财去了，赵四心里也长草儿了。

长行市 zhǎng háng shi 形容人因故长脾气而得意忘形、忘乎所以。讽刺性用语。

【例句】几天不见，你小子长行市了，敢跟老子犟嘴啦！又如赵四长行市了，敢跟刘大脑袋叫板儿！

长记性 zhǎng jì xing 比喻吃一堑长一智,总结经验教训。

【例句】你因为贪小便宜吃多少次亏了，怎么就不长记性呢？

长能呆 zhǎng néng dai "能"字拉长音，"呆"字发短

促轻音。增长本事，增长能力。含有贬义。

【例句】你小子长能呆了，敢和我叫板了！又如你和谁说话呢，长能呆了，管不了你了！

长眼力见儿 zhǎng yǎn li jiànr 增长观察事物、随机应变、看他人眼色行事、别人需要什么就给予或提供什么帮助的能力。反之是"不长眼力见儿"。

【例句】你这个人怎么就不长眼力见儿，领导已经住院了，别人都去探望，你一个身边儿的小秘书，怎么就不带俩钱儿去看看去？

长眼神儿 zhǎng yǎn shénr 同"长眼力见儿"。

【例句】在领导身边儿工作，一定要长眼神儿，别像个木鱼脑袋死不开窍，否则不会有什么出息！

长八个心眼儿 zhǎng bá ge xīn yǎnr 形容既聪明心眼儿特别多，办事儿又灵活。含有贬义。

【例句】你就是长八个心眼儿也斗不过他啊！又如你小子长八个心眼儿，一眨眼就是一个鬼主意！

掌 zhǎng ①锔，修补。②小块平整土地。

【例句】①师傅，请给这匹马挂挂掌！②我家在沟掌上还有间小房。

掌子 zhǎng zi ①物体外部所附的补丁。②山区中一块较小的平整地。③煤矿生产作业的地方。

【例句】①给马挂副掌子，给鞋后跟儿钉个掌子。②村西北不远儿有块掌子！③在掌子面作业时一定要注意安全！

掌包的 zhǎng bāo de 旧指掌柜的，经理人。

【例句】梁满囤从一个逃荒打工者成为裘记皮铺掌包的。

掌柜的 zhǎng guì de ①旧时店铺店主，私企经理人。②土匪头领。③男主人。

【例句】①掌柜的在吗，请他出来见我！②旧时土匪分为大掌柜、二掌柜等。如大掌柜，你说了算，我们唯你马首是瞻！③东北地区常把男主人称为掌柜的，是媳妇对丈夫的称呼。如掌柜的，咱家缺粮了！

掌鞭的 zhǎng biān de 旧指赶车老板。主要是畜力车。

【例句】我当了一辈子掌鞭的，近几年才退休放下鞭子。

掌勺的 zhǎng sháo de ①厨师。②引申为说了算的人、拿主意的人。

【例句】①我在酒店当了好几年的掌勺的，主要做东北菜。②咱们也不能谁掌勺谁说了算，还得听听大家的意见。

掌鞋的 zhǎng xié de 修鞋匠，修鞋师傅。

【例句】我一个掌鞋的，还能当人大代表？

仗咕 zhàng gu "咕"字发短促轻音。争吵，拌嘴。

【例句】行了，你们几个别仗咕了，还是听掌柜的怎么说吧！

仗胆儿 zhàng dǎnr 壮胆。

【例句】天已黑透了，只好仗胆走夜路。

仗义 zhàng yi "义"字发轻音。①有势力，有力量。②讲义气。

【例句】①咱投资入股，说话也仗义。②大哥！你可真仗义！

仗依 zhàng yi "仗"字发重音，"依"字发短促轻音。依仗某种权势、权利。

【例句】他为什么这么神气，还不是仗依当公安局长的哥哥！又如吴俊升的弟弟仗依当黑龙江督军的哥哥的势力，为非作歹，为害一方。

仗腰眼子 zhàng yāo yǎn zi 依仗有势力、有权势的人做靠山。含有贬义。

【例句】王天来有大老板王大拿仗腰眼子胡作非为，竟赔进一千多万！

胀肚 zhàng dù 负债，欠债。

【例句】未实行联产承包责任制之前，生产队社员大多数都是胀肚户。

召唤 zhāo huan "召"字发重音，"唤"字发短促轻音。不同于普通话里的"召唤"，而是"呼喊"、"叫喊"、"叫嚷"之意。

【例句】有什么事儿，你召唤我一声就行！又如你召唤谁呢，大点儿声！

招 zhāo ①吸引。②使人爱听。

【例句】①"二人转"演员新秀小沈阳的表演风趣幽默，真招人笑。②杨少华、杨义父子的相声非常招听！

招儿 zhāor 突出"儿"音。主意，办法，招数。

【例句】有什么招儿你尽管使，我等着你！

招听 zhāo tīng 同"招"②。

【例句】宋祖英的歌儿最招听！

招笑儿 zhāo xiàor　引人发笑，能引起他人笑声的语言或动作。

【例句】2009 年春晚小品《不差钱儿》挺招笑儿！又如电视小品《钟点工》中赵本山台词：我给你讲个笑话，这个笑话老招笑儿了，我这半辈子就指它活着。

招子 zhāo zi　方法，办法。

【例句】老兄，你出的招子就是高！

招风 zhāo fēng　①招惹是非。②故意引人注意。

【例句】①刚挣俩钱儿就显摆，也不怕招风？②这女人长得漂亮，身材也好，真招风！

招惹 zhāo rě　触犯，招来是非。

【例句】赵春安以找妹妹为由，矛盾百出，招惹了许多麻烦！

招摸 zhāo mo　"摸"字发短促轻音。估计，约莫，可能。

【例句】到这个时候他还不来，我招摸他不能来了！

招猫惹狗 zhāo māo rě gǒu　形容人总是惹事生非，招惹是非。含有贬义。

【例句】别一天招猫惹狗到处惹事儿，给我老老实实在家呆着！

招养老女婿 zhāo yǎng lǎo nǚ xu　自己没有儿子而将女婿入赘，希望将来像儿子一样给自己养老送终。

【例句】亲家招养老女婿，不外是希望有个养老送终的人，你在老丈人家一定要像孝敬我一样孝敬你老丈人二老啊！

招人稀罕 zhāo rén xī han 令人喜欢，招人喜欢。

【例句】小演员武东博真招人稀罕，小小年纪多才多艺又聪明伶俐！

着 zhāo "着"读zhāo，下同。①耐用，好用。②触动，触摸。③叫，让。④容，装。⑤得到。⑥中计，着道儿。

【例句】①彩色电视机就属长虹牌最着用。②电脑这新玩意娇贵得很，不懂行可着不得。③光干活儿不给工钱，这事儿着你也不干！④屋子太小，着不下这么多人。⑤蚊子太凶，这一晚上我也没着消停！⑥《三国演义》中，蛮王孟获可没少着诸葛亮的道儿！

着儿念 zhāor niàn 即"没着儿念"。即有办法无办法，有辙没辙。

【例句】朝鲜人民民主共和国发展核设备的决心很大，六国和谈一时也没着儿念。

着家 zhāo jiā 在家，呆在家中。

【例句】指望你干点活儿，你总也不着家！

着调儿 zhāo diàor 责任心强，办事儿认真，循规蹈矩。与之相对应的是"不着调儿"。

【例句】别说，这个人还挺着调的，除了抽点儿烟还真没大毛病！

着面儿 zhāo miànr 露面，见面。

【例句】这次上访，你怎么老不着面呢？又如我去找了几次了，他就是不着面。

着紧崩子 zhāo jǐn bèng zi 关键时刻，紧要时刻。

【例句】我武功虽然不精，但着紧崩子我也可以露两手！

着 zháo "着"读 zháo，下同。①入睡，睡着了。②着急。

【例句】①他困极了，说着话就睡着了。②孩子迷上了网吧，我是干着急没办法。

着笑 zháo xiào 非常令人可笑。

【例句】电视连续剧《清粼粼的水，蓝莹莹的天》中，小姑奶奶可真着笑，到处自己给自己找对象。

着急忙慌 zháo jí máng huāng 形容心情非常着急，急不可耐。

【例句】这么晚了，你着急忙慌地跑来，究竟有什么急事儿啊？

找 zhǎo ①将遗漏处进行补充或处理。②找出并矫正。

【例句】①把刷完涂料的地方再找一找，别漏掉什么地方！②房屋装修完了，请你给找找毛病！

找病 zhǎo bìng 形容人自找麻烦，自找不愉快。詈语。

【例句】谁都知道他们那点儿猫腻，但谁都假装不知道，就你不知深浅去举报，你这不是找病吗？

找宿 zhǎo xiǔ "宿"读 xiǔ。找临时过夜的住处。

【例句】淮海大战期间，解放军官兵宁可露宿街头，也不惊动老百姓到老百姓家找宿。

找抽 zháo chōu 自找挨打，自找挨嘴巴子。

【例句】我的话你也不听，你找抽啊？

找削 zhǎo xiāo "削"，打、揍之意。自找挨打。

【例句】你还敢逃学去网吧，你是不是找削啊！

找邪火 zhǎo xié huǒ 找茬子，找事儿。

【例句】整天价摔摔打打，说不上他这又是找谁的邪火！

找茬儿 zhǎo char 故意找麻烦找别扭，寻找机会泄私愤、图报复。

【例句】你的那点儿破事儿谁都知道，也不是我给你捅出去的，你别找茬儿整我！

找人家 zhǎo rén jia "家"字发短促轻音。"人家"即未结婚的夫家，"找人家"即找对象。

【例句】这么大的姑娘了，也不找个人家，到底是为什么啊？

找事儿 zhǎo shìr ①故意找麻烦、挑起事端。②寻找职业、工作。

【例句】①电视连续剧《乡村爱情故事》中刘英说："其实我也不愿意找事儿，就是我知道我爹有点儿要面子不是吗！"

找后账 zhǎo hòu zhàng 事后再寻找以前曾发生的、已经过去的旧事计较、评说，与"秋后算账""翻小肠"意思略同。

【例句】这么大的人了，还找后账，真小心眼子！又如咱们丑话说在前边，当面锣对面鼓，可不许找后账！

找挨骂 zhǎo āi mà 自讨挨骂，招人骂。

【例句】你小子找挨骂怎么的，什么嗑儿都敢说？

找小脚儿 zhǎo xiǎo jiǎor 挑毛病，寻找对方细小的毛病进行打击、报复。抓住别人细小的不足或短处而大做文章。

【例句】大家都去送礼，我要是不送点礼，他还不得给我找小脚儿啊！又如让你干你不干，别人干你又光找小脚儿！

找不着北 zhǎo bu zháo běi 本意是辩不清东南西北，引申为①比喻因高兴而忘乎所以。②辨不清方向，蒙头转向。诙谐性用语。均含有贬义。

【例句】①得了个冠军，看把你美的，找不着北了吧？②你怎么蒙了？找不着北了吧？

找不自在 zhǎo bū zì zɑi 自找麻烦，自找不愉快，自寻烦恼。

【例句】这事儿和你根本没关系，你别跟着瞎掺乎，别找不自在！

照 zhào ①按着。②比照，相比。③护着，庇护。④往。⑤透光检查。

【例句】①这事儿不能急，照一年等吧！②照发达地区比，我们这里还很落后。③有你给我们照着，我们放心多了。④好吃你就照死吃吧！⑤这批蛋都照过了，没有寡蛋！

照说 zhào shuō 按理说。

【例句】照说中国男足根本不该输给小国科威特,可一输再输！

照直 zhào zhí ①说话直来直去。②沿着直线。

【例句】①有话你就照直说，不用拐弯抹角！②照直剪，别剪歪了！

照直蹦 zhào zhí bèng 有话直接说，不拐弯抹角。含有贬义。

【例句】有话你就照直蹦，别藏着掖着的！

照量 zhào liang "量"字发短促轻音。①试一试。②比试。③斟酌。

【例句】①文工团招生，我想去照量一下！②听说你的棋艺挺高，咱俩照量一下如何？③这话我是说到位了，你照量着办吧！

照眼 zhào yǎn 光线晃眼。

【例句】这么点小屋点这么大的灯泡，你不觉得照眼吗？

照我话来 zhào wǒ huà lái 说过的话应验，不幸言中。

【例句】我说他考不上公务员就是考不上，怎么样，照我的话来了吧？

照灯说话 zhào dēng shuō huà 对灯发誓，发誓的一种。

【例句】对灯说话，我要是变心，出门就叫车压死！

折 zhē "折"读 zhē，下同。①倾倒。②从高处跌落。

【例句】①一大卡车上万斤煤，翻斗车不到几分钟就折个溜干净！②跳伞运动员从万里高空一个跟头折下来！

折巴式 zhē bǎ shi 翻跟头。

【例句】翻跟头折把式就是柔道选手练习的主要内容。

折个子 zhē gè zi ①翻跟头。②来回翻身。

【例句】①动画片《小蝌蚪找妈妈》里的小蝌蚪为了寻找妈妈，在水里不停的折个子翻跟头。②炕太烫了，热得我直折个子！

折腾 zhē teng ①翻来覆去呈痛苦状。②多次重复行动。③变卖。④抖露，透露。

【例句】①昨天夜里发烧，折腾了一夜没睡好！②这么难走的路，什么时候才能折腾到家？③你把这些货折腾出去总不能亏损吧？④小品《不差钱》中小沈阳饰演的苏格兰餐厅服务员台词：不让我上《星光大道》，看我不把你那些丑事都给你折腾出去？

折腾穷，穷折腾 zhē teng qióng，qióng zhē teng 形容人反反复复做某件没有实际意义的事情。含有贬义。诙谐性用语。

【例句】你就这么俩钱儿，今天存，明天取，折腾穷，穷折腾，那钱还能生钱哪？

折合 zhé hé "折"读 zhé。平均，均一均。

【例句】一亩地折合六百六十平方米。又如一亩地折合产土豆 2020 斤。

辙 zhé ①办法，主意。②借口，机会。

【例句】①办法想尽了，他也戒不了吸毒，我是没辙了！②不让他去赌，这不！找了个辙他又去了！

遮 zhě "遮"读 zhě，下同。掩饰，辩解。

【例句】错了还不认错，你就遮吧！又如错了就是错了，还遮什么遮？

遮绺子 zhě liǔ zi ①搪塞，掩盖。②找借口，借引子。

【例句】①煤矿发生矿难，矿主遮绺子想方设法躲避有关部门调查。②下岗职工集体上访，总有人遮绺子溜走。

褶子 zhě zi 不是普通话中的"褶子"，而是出问题，坏菜了，糟糕了。惊叹语。

【例句】这下可褶子了，银行卡上的现金全部被人支走了！又如这下可褶子了，逃学上网吧的事儿叫老师知道了！

这不 zhè bu "这"读 zhè，下同。"这"字，在东北方言中，有的方言区读 zhè，有的方言区读 zhèi，在日常生活中，有的地方读 zhè，有的地方读 zhèi，在此不作论述。"这不"，插入语，表示正在进行中。

【例句】跳水女皇郭晶晶已获得了多块金牌，这不，刚刚又获得北京奥运会三米板跳水金牌！

这份儿 zhèi fèner 这种程度，这种地步。

【例句】话说到这份儿上了，你就看着办吧！

这昝 zhèi zǎn 现在，这个时候。

【例句】这昝可不同从前了，人们想的都是升官发财，谁还想为人民服务啊！

这么昝 zhèi me zǎn 同"这昝"。

【例句】这么昝就去旅游去可不行，怎么也得秋收之后才行！

这前儿 zhèi qianr 同"这昝"。

【例句】这前儿就走吗？等我一会儿不行吗？

这程子 zhèi chéng zi 这阵子，这一段时间，最近一段时间。"那阵子"即"那一段时间"，也说"那程子"。

【例句】这程子老没见你，你到哪儿去了？

这帮子 zhèi bāng zi "这"读 zhèi，下同。这些人，这群人。

【例句】这帮子人没什么好东西，离他们远点儿！

这撇子 zhèi piě xi 这一带，这一边。

【例句】这撇子都姓周，外姓人很少。

这疙瘩 zhèi gā da "这"读 zhèi，下同。"疙瘩"读 gā da。也说"那疙瘩""哪疙瘩"等。都是"地方"之意。

【例句】请问，这疙瘩给登广告吗？又如这疙瘩是法院吗？

这场 zhèi chǎng 这里，这地方。

【例句】这场从来没见过大官儿，谁知国务院总理温家宝到这场访贫问苦来了！

这个 zhèi ge ①表示很夸张。②表示急切心情。

【例句】①赵本山、范伟等人表演的小品《卖拐》，逗得大家这个乐啊！②孩子到南方去上大学去了，她娘这个惦记啊！

这拉溜儿 zhèi lǎ liù er "拉"读 lǎ，"溜"读 liù。"溜儿"发重音、拉长音、突出"儿"音。附近，这一带。与之相对应的是"那拉溜儿"。

【例句】我记得我小时候就住在这拉溜儿，现在都是高楼大厦找不着了！

这套副的 zhèi tào fù de 也说"这套号的"。这种人，这些人。含有贬义。

【例句】就这套副的，大字都识不了两筐，就挣了几个小钱，也想出国去旅游？

这套号的 zhèi tào hào de 同"这套副的"。含有贬义。

【例句】就这套号的人，你不值得可怜他！

这时晚儿 zhèi shí wǎnr 这会儿，这时候。

【例句】这时晚儿复习正忙，我可没空去网吧！

这湾儿 zhèi wānr 这一带。

【例句】这湾儿方圆几百里没有不知道养牛大王的！

这阵儿 zhèi zhènr 这时候。

【例句】如今的农业政策这么好，这阵儿再让我外出打工我也不去了。

这粪堆儿 zhèi fèn duīr 到了这种地步，到了这种程度。诙谐性用语。

【例句】你都混到了这粪堆儿了，还自觉不错呢！又如到了这粪堆儿了，你还有什么说的？

这功夫 zhèi gōng fu 这个时候。

【例句】我估摸着，孩子这功夫恐怕已经快到家了。又如你怎么这功夫才来？

这嗑唠得 zhèi kēr lòo de 这话说得好与坏、对与错。一种谴责性用语。

【例句】瞧你这嗑儿唠得，白菜地里耍镰刀——不把嗑儿（棵）唠散了吗？又如这嗑儿唠得，像谁把你怎么样了似的！

这样式儿的 zhèi yàng shìr de "式儿"突出"儿"音。①感叹用语，你怎么会这样。②疑问动词，你怎么能这样。

【例句】①你怎么这样式儿的，你爹那人是多好一个人啊，你怎么这么对待他啊？②你怎么能这样式儿的，本来挺好的一个孩子，怎么当了一个小官就变了呢？

这支子人 zhèi zhī zi rén 这一类人，这样的人。含有贬义。

【例句】你们这支子人总在一起，还能有什么好事儿？

这支子玩意儿 zhèi zhī zi wán yìr 同"这支子人"。含有贬义。

【例句】这支子玩意儿作（zuō）的挺凶，警察不收拾是不行了！

这话儿怎么说的 zhèi huàr zǎn mō shuō de 语气助词"怎么会这样""怎么弄成这样"。

【例句】这话怎么说的，几天不见，你怎么病成这样？

针头线脑儿 zhēn tóu xiàn nǎor 本意是细小的针和线头儿，引申为①细小的、零零碎碎的东西。②细微的小事情。

【例句】①下岗后，我也就捡些针头线脑的废品卖卖贴补家用。②你可别小看针头线脑的小事儿，弄不好就会发展成大错儿！

针儿扎的 zhēnr zhā de "针儿"突出"儿"音，"扎"拉长音。形容人脾气外露，遇事夸张喊叫，邪邪虎虎。夸张性用语。

【例句】你在那儿针儿扎的叫喊什么呢？发生什么事了？

针儿扎火燎 zhēnr zhā huǒ liǎo "针儿"突出"儿"音。①形容创伤、伤口就像针扎一样疼。②形容人性格外露，脾气非常火爆。均为夸张性、诙谐性用语。

【例句】①我的腿伤针儿扎火燎的疼，至今还没见好！②你看你爹那针儿扎火燎的脾气，我可不敢去你家！

针鼻儿大的窟窿斗大的风 zhēn bír dà de kū long dǒu dà de fēng ①缝隙虽小但可以刮进来很大的风。②引申为事情虽然小，但可以引起严重的后果。

【例句】①窗户缝一定要糊严实,针鼻儿大的窟窿斗大的风,三九天就进寒气了。②你别不当事儿,俗话说,针鼻儿大的窟窿斗大的风,小错会发展成大错啊!

真亮 zhēn liāng "真""亮"两个字均发平音拉长音。真切,清楚。

【例句】这件事儿我是看得真亮的,就看你的态度如何了!

真亮儿 zhēn liangr "真"字发重音,"亮儿"字发短促轻音并突出"儿"音。同"真亮"。

【例句】我记得很真亮儿,存折就放在柜子里了。又如我看得很真亮儿,肯定错不了!

真楚 zhēn chū "楚"读 chū。"真""楚"两字均拉长音。清清楚楚。

【例句】电视剧《杨三姐告状》中,杨二姐如何被害,知情者媚春心里真楚的,就是不敢透露实情。

真嗑 zhēn kē 真话,实在话,体己话,私房话。

【例句】咱们唠点儿真嗑行不行,别来那些虚头巴脑的。

真盖 zhēn gài 也说"真盖了帽了"。真好,非常好,盖过、超过其他。

【例句】广州恒大俱乐部男足可真盖,夺得亚冠联赛冠军!

真格的 zhēn gé de 真正的,实在的。一种非常认真的表示。

【例句】说真格的,你到底同不同意这门亲事儿?又如真格的,咱们能因这么点儿小事闹掰吗?

真是的 zhēn shì de 感叹性用语，怎么会这样，表示遗憾，表示不理解。

【例句】真是的，宋老蔫怎么能拿闺女做交易？又如可也真是的，一个傻子的话你们也信！

真有你的 zhēn yǒu nǐ de 你可真行，你真可以。一种出乎预料的感觉。谴责性用语。

【例句】真有你的，连北京都没去过！又如真有你的，这么缺德的事儿也能干得出来！

真章儿 zhēn zhāngr "章儿"拉长音并突出"儿"音。①真本事，真本领。②实际行动。

【例句】①这么混乱的一个单位，你来当头头，就看你有没有真章儿了！②不动真章儿，你还真解决不了问题！

真是的 zhēn shi de 也说"嗔是的"。表示埋怨，犹如"真没办法"，暗含佩服之意。

【例句】真是的，26岁的女乒名将王楠不仅参加了北京奥运会，还获得了女单亚军、双打冠军！

真真儿的 zhēn zhēnr de 第二个"真儿"突出"儿"音并拉长音。听得或看得清清楚楚、一清二楚。

【例句】你家孩子叫一个生人抱走了，我看得真真儿的，赶快报警吧！

枕头瓤子 zhěn tou ráng zi 比喻人窝囊、无能。含有贬义。

【例句】那人就是个枕头瓤子，窝囊到家了！

这 zhèn "这"读 zhèn，下同。这么，与"那么"相对应。

【例句】谁能想到，政策好，水果结的也这好，个大香甜又没虫子！

这么 zhèn mo 肯定性用语，这么办，这样进行。

【例句】依我看，咱们这么的，先派几个侦查员侦查侦查，把情况弄清再说！

镇 zhèn ①压倒。②澄清。③冰冻。

【例句】①李小龙的武功真可谓武功盖世，威镇八方。②把这盆浑水镇一下再用。③我要喝冰镇啤酒。

镇唬 zhèn hu "唬"字发短促轻音。威吓，恐吓。

【例句】小孙子越来越顽皮，我已经镇唬不住他了！

争嘴 zhēng zhuǐ ①在吃东西上多吃或占了别人的份儿。②比喻一样东西不能满足两个不同需要。

【例句】①你是哥哥，让着点弟弟，别和弟弟争嘴。②又要正常上班，又要自考函授大学，两下争嘴。

争斤夺两 zhēng jīn duó liǎng 也说"争斤驳两"。斤斤计较，计较小事儿。含有贬义。

【例句】大家都谦让点儿，千万别争斤夺两的，抬抬手就过去了！

睁眼瞎 zhēng yǎn xiā ①比喻没文化、不识字。②没见识，没素质。含有贬义。

【例句】①我就是个睁眼瞎，大字不识几个！②我看你就是个睁眼瞎，电视上不停地说"入关"，你就是听不懂！

挣口袋 zhēng kǒu dɑi 比喻替他人掩饰过错、承担责任即为人受过。

【例句】事实真相已经清楚了，你就别替他挣口袋了！

整 zhěng 用途非常广泛词语之一，也是使用最广泛的动词之一，可以代替许多动词如整人、整事儿、整饭、整酒等。①用卑鄙手段对人进行肉体或精神折磨。②做，弄。③钻营，巴结。④奸污，有奸情。⑤强行喝酒。⑥装修。⑦吸，抽。⑧说。⑨战胜。⑩修理。⑪熨烫。⑫扯，挣。

【例句】①"文化大革命"主要是人整人。②赶快整点饭，赶快整点水！③这人可真能整，不知怎么的就发财了！④不知什么时候把人家肚子整大了！⑤来！都得整进去酒，谁不整进去谁就不够揍！⑥呦，这屋子整得不错啊！⑦你可真能抽烟，一颗接一颗地往里整，也不咳嗽！⑧事情已经这样了，还整这些没用的干啥？⑨两人斗了半天，谁也没整过谁。⑩这点儿小毛病，我自己整就行了，用不着送修理部！⑪看我整的这发型，酷不？⑫还练武术呢，小心把你那瘦腿裤子整开！

整儿 zhěngr 没有零头，主意指数量。

【例句】这台电脑我花了五千元整儿！又如我今年五十岁整儿！

整装儿 zhěng zhuāngr 完整，整齐。

【例句】我的工资整装儿，没有零头，每月三仟元！

整个浪儿 zhěng gè làngr "浪儿"发重音并突出"儿"音。全部的，所有的，彻底。

【例句】黑龙江省领导向国家防火总指挥部报告说，大兴安岭整个浪儿都着大火了！

整景儿 zhěng jǐngr 故弄玄虚,故意搞名堂,人为制造假象。

【例句】有事儿就明说,整那个景干什么? 又如该说你就直接说吧,就别整景儿了!

整事儿 zhěng shìr ①装腔作势,煞有其事。②有意制造事端。

【例句】①东北军阀张作霖有意整事儿,以协助郭松龄反叛为由,要枪毙儿子小六子张学良! ②别给我整事儿,哪儿凉快儿哪儿呆着去,老子不吃这一套!

整的哪儿出 zhěng de nǎr chū 要进行的是什么内容,到底要干什么,令人费解。疑问动词。

【例句】谢广坤媳妇说:你整的是哪儿出啊,又开什么家庭会啊?

正 zhèng ①不可改变。②应该。③右手,右边。

【例句】①这孩子的主意才正呢,谁劝也不听! ②花你的钱还不是正花啊! ③我写字、吃饭、打乒乓球都是用正手。

正道 zhèng dɑo "正"字发重音, "道"字发短促轻音。①准确。②正直。

【例句】①这一脚踢得正道,足球应声飞入网窝。②这人心挺正道,都愿和他交朋友!

正倒 zhèng dɑo "正"字发重音, "倒"字发短促轻音。颠倒过来,拨乱反正。

【例句】这么多年的冤假错案在"大接访"时给正倒过来了!

正用 zhèng yòng 正经用途。

【例句】把钱花到供孩子上大学上，这是正用！

正桩 zhèng zhuāng "桩"字拉长音。①正经事。②正宗、正经货。

【例句】①别的都瞎扯，供孩子上大学这才是正桩。②只有贵州茅台酒厂出产的茅台酒才是正桩，其他分厂生产的都不正宗！

正经 zhèng jǐng 确实。含有夸奖之意。

【例句】这画儿画得正经不错呢！又如这小提琴拉得正经挺好听呢！

正形 zhèng xíng 形容人循规蹈矩、规规矩矩而不是随随便便、放荡不羁。多使用否定语即"没有正形"。

【例句】你这么大的人了，怎么一天也没个正形，还赶不上三岁小孩子！

正相应 zhèng xiāng yīng 比喻正合适，恰到好处。

【例句】你来得正相应，正愁没人帮我讲价砍价呢！

正当相主儿 zhèng dāng xiàng zhǔ 关键人物，核心人物，真正的当事人。

【例句】这事儿啊，还得找正当相主儿，其他人谁也不行！

正经八本儿 zhèng jǐng bā běnr 也说"正经八百""正经八北"。一副正正经经的、很认真样子。含有贬义。

【例句】他正经八本儿地坐在主席台上，真像个领导人呢！

正经八百 zhèng jǐng bā bǎi 同"正经八本儿"。

【例句】你怎么还正经八百的挺认真啊，别忘了，我可对你有恩啊！

正经八北 zhèng jǐng bā běi 同"正经八本儿"。

【例句】看你正经八北的样子，你以为你是谁呢？

正式八经儿 zhèng shì bā jǐngr ①郑重其事，煞有其事，一丝不苟。含有贬义。②按照准确、正确、正规的程序去做。

【例句】①谢广坤一个土的掉渣的土豹子，到上海正式八经儿地装起大老板来了，真叫人好笑！②等将小日本赶出中国，我正式八经儿地抬八抬大轿娶你做新娘！

正得儿 zhèng děir "得"读 děi 并拉长音、突出"儿"音。正好，正合适。

【例句】你不叫我去正得儿，我还乐不得省几个钱呢！

怔 zhèng 发呆，发楞。

【例句】你在那发什么怔呢？想什么呢？

怔的喝的 zhèng de hē de "怔"读 zhèng，"喝"字拉长音。形容人行为呆傻、木然、发苶。骂人语。

【例句】看你一天怔的喝的样子，都想些什么呢？

挣巴 zhèng ba 挣扎。

【例句】关在笼子里的狗熊拼命挣巴。又如老实点儿，再挣巴看我不揍你！

挣命 zhèng mìng 比喻为了保全生命或保证生活所需而拼命努力、挣扎。讽刺性用语。

【例句】看到种西瓜挺挣钱，他舍掉种苞米挣命去种西瓜，不料西瓜掉价滞销，让他赔了个底儿朝天！

挣挣巴巴 zhèng zheng bā bā 形容衣服瘦小箍身。

【例句】这条牛仔裤穿在你这虎背熊腰的身上，挣挣巴巴的！

支 zhī ①用手段使其离开。②借理由向后推迟。

【例句】①想办法把他支开，别让他在这儿碍眼！②赶快给开工钱吧，不能再向后支了！

支巴 zhī ba ①互相撕打。②维持。

【例句】①不知为什么，他俩支巴起来了。②再支巴几年，你家就可以盖楼房了！

支开套 zhī kāi tào 指挥得度，支配得当。

【例句】让他当经理，他能支开套吗？

支楞 zhī leng "楞"字发短促轻音。①竖起，翘起。②仰头摆头，一副不服气的表示。

【例句】①经过水泡太阳晒，麻杆都支楞起来了。又如后边儿这溜儿头发总支楞着，怎么梳也不倒。②批评你几句，你还支楞起来了！不服啊？

支毛儿 zhī máor 也说"支楞毛儿"。比喻调皮，闹事。

【例句】我把他们狠训了一顿，没一个人敢支毛儿！又如也就你敢和我支毛儿，别人谁有这么大胆？

支楞毛儿 zhī leng máor 同"支毛儿"。诙谐性用语。

【例句】我说了半天，没一个人敢支楞毛儿！又如就这么定了，谁敢支楞毛儿，别说我不客气！

支招儿 zhī zhāo 帮助别人出主意、想办法。

【例句】就你那臭棋篓子，用不用我给你支招儿啊？

支嘴儿 zhī zhuǐr ①出主意。②插话，接话。③命令他人、支使他人做事儿而自己却不去做。

【例句】①我说的不对的地方，你给我支支嘴儿！②这里没你什么事儿，别在这儿乱支嘴儿！③这些事儿我们年轻人干就行了，你老人家支支嘴儿就行了！

支楞八翘 zhī leng bā qiào 也说"支楞八叉""支楞八角"都是同一个意思。①比喻人性格倔强、胡作非为而又不服从管理。②散乱不齐，乱七八糟。含有贬义。

【例句】①那小子整天支楞八翘的，谁也管不了！②这么多柴禾支楞八翘的，太不好装车了！

支腿拉胯 zhī tuǐ lā kuà 形容人四仰巴叉躺倒的样子。含有贬义。

【例句】东北大帅吴俊升支腿拉胯地躺在炕上，悠闲地哼起了小曲儿。

支黄瓜架 zhī huáng gua jià 比喻相互间吵嘴或支起架子打架。

【例句】说着说着，俩人支起黄瓜架打起来了！

吱声 zhī shēng ①出声，说话。②打招呼，说一声。

【例句】①吓得我半天没敢吱声！又如嘘！别吱声，悄悄地进去！②用得着我的地方就吱声，别客气！

吱儿吱儿辣 zhír zhír là 两个"吱儿"均突出"儿"音。形容食品非常非常辣。

【例句】这小辣椒看着不起眼儿，吃起来吱儿吱儿辣！

知近 zhī jìn 知心，贴心。

【例句】我找几个知近的朋友唠唠嗑儿，说说话儿！

知足 zhī zhú 满足。

【例句】在"三年困难"时期，人们能吃上不掺糠掺菜的纯玉米面窝窝头就知足了，根本吃不上大米白面。又如你的月工资已好几千元了，怎么还不知足？

知情 zhī qíng 领情。

【例句】对我这么好我还不知情，我还是人吗？

直溜的 zhí liū de 两个字均发重音，"溜"字拉长音。形容人或物非常直而没有弯儿。

【例句】立正，稍息！一个个都给我站直溜的！

直溜儿 zhí liur"直"字发重音，"溜儿"发短促轻音、拉长音并突出"儿"音。①管理、教训、管束、驯服。②形容非常直而没有弯儿。③动词，将有弯儿的物体用外力使其变直。

【例句】①那小子对我一直不服气，你去给我直溜儿直溜儿！②行了，你就别来那广东话了，还是把舌头捋直溜儿了说普通话吧！③果树苗有点儿歪，绑个棍儿把它直溜儿直溜儿！

直杵 zhí chǔ 说话、办事儿直来直去、直截了当。含有贬义。

【例句】有话就直杵，别绕来绕去！

直门儿 zhí menr "直"字发重音，"门儿"突出"儿"音、发短促轻音。一直地，连续不断地。

【例句】国家和政府直门儿加大对贩毒分子的打击力度！又如政府直门儿给退休职工涨工资，还有什么不满足的呢？

直筒子 zhí tǒng zi 思想简单、说话、办事儿直来直去的人。

【例句】他就是个直筒子人，肚子里装不了二两香油

直巴头 zhí ba tóu 形容性格直爽、说说办事儿直来直去的人。

【例句】那是个直巴头，脾气贼拉倔，什么话都敢唠！

直嗓子 zhí shǎng zi 也说"白嗓子"。唱歌未经专业训练，发音不准，犹如"五音不全"。讽刺性用语。

【例句】那人是个直嗓子，唱什么歌儿都不在调上！

直个劲儿 zhí ge jìngr 接连不断，不停顿。

【例句】看到日本足球队进球了，急得我直个劲儿连连拍大腿！

直巴楞腾 zhí ba lēng tēng 也说"直巴楞登""直不隆通"，都是同一个意思。形容人说话或办事儿非常坦率、爽快，直来直去，不拐弯抹角。含有贬义。

【例句】说话、办事儿都要多想想多动脑筋，可不能直巴楞腾的，这要吃大亏的！

直巴楞登 zhí ba lēng dēng 同"直巴楞腾"。

【例句】他就是个直巴楞登的人，没什么坏心眼儿！又如他那个人说话直巴楞登的，这事儿可不能让他知道！

直不隆通 zhí bu lōng tōng 同"直巴楞腾"。

【例句】你这直不隆通的性格，净得罪人，闹不好可要吃大亏的啊！

直眉愣眼儿 zhí méi lèng yǎnr 形容人目光呆滞、惶恐不安。

【例句】他进屋后，直眉愣眼儿地瞅了半天，一句话没说。

值当 zhí dàng 值得，合算。与之相对应的是"不值当"。

【例句】为这点事着急上火，值当吗？又如就为了省下几元钱，大老远的不坐公交而走着走，值当吗？

值不当 zhí bu dàng 不值，不合算。

【例句】您老人家消消气，值不当和这样的人生这么大的气！

值个儿 zhí gèr 同"值当"。

【例句】跑这么远路花这么多钱病还没治好，太不值个儿了！又如我用5亩次地换2亩好地，也值个儿了！

值银子 zhí yín zi 很值钱，非常值钱。

【例句】冰毒可值老银子了，一般人可买不起。

指定 zhǐ dìng 肯定。

【例句】等我发财了，指定忘不了你的好处！

指项 zhǐ xiang "指"发重音，"项"发短促轻音。指望，希望，对将来的承诺和期盼。

【例句】不交农业税，使用良种和购买农机具还享受补贴，农民更有指项了！又如他二叔一死，两个一直由二叔供着上大学的孩子可没指项了。

指肚轧亲 zhǐ dù gā qīn 指腹为婚。旧时东北地区民间一种婚姻习俗，今已不见。

【例句】他俩从小就是指肚轧亲，两人分别上大学之后才算拉倒。

纸儿糊的 zhǐr hú de　形容物品或人很脆弱、很不结实。含有贬义。

【例句】你当我是纸儿糊的呢，那么不禁磕打？又如我又不是纸儿糊的，这点儿困难难不倒我！

纸牌儿落地 zhǐ páir luò dì　本意是玩纸牌出牌后不能后悔，引申为已经决定的事儿不能后悔。

【例句】咱们说定了，纸牌儿落地不能后悔！

纸儿包纸儿裹 zhǐr bāo zhǐr guǒ　两个"纸儿"均突出"儿"音。原意为十分小心地将物品里三层外三层地包起来或裹起来，比喻物品非常珍贵。诙谐性用语。

【例句】老知青们返回故乡探望昔日的乡亲们，还把纸儿包纸儿裹的当年老照片给乡亲们看。

指项 zhǐ xiang　"项"发短促轻音。指望，盼头，希望。

【例句】我们老两口子还指项着儿子养老送终呢，谁知儿子怎么不懂事儿，连看都不看我们！

指不定 zhǐ bú dìng　说不准，有可能不是这样。

【例句】我要是不回来，指不定你们要闹成啥样呢！

指个醒 zhǐ ge xǐng　提示一下。

【例句】你给我指个醒，要不然我没地方寻思去。又如多亏你给我指个醒，要不然我非栽跟头不可！

制子 zhì zi　临时量长度的简单量具。

【例句】找个制子，把这道墙量一量！又如把制子拿来！

治弄 zhì nong　"治"发重音，"弄"发短促轻音。鼓捣，摆弄。

【例句】你每天都在治弄这些嘎七码八的东西，你究竟在研究什么？

治气　zhì qì　①怄心，堵气。②由于不服气等原因而故意做出某事以使对方为难。

【例句】①这是和谁治气呢，发这么大火？又如这事儿可别治气，保证身体最重要！②我知道，孩子是在和我治气呢，就是因为我不同意给她买手提电脑！

置弄　zhì nòng "置""弄"两字均发重音。购置。

【例句】等我有钱了，也置弄台电脑玩玩！

置拢　zhì long "拢"发短促轻音，同"置弄"。

【例句】手机升级了，我也置拢个 4G 手机玩玩。

滞扭　zhì niu "滞"字发重音，"扭"字发短促轻音。常重叠使用。形容人扭扭捏捏地很不情愿、很不痛快、很不顺从的样子。

【例句】拆房盖楼是好事儿啊，开发商找你谈，你怎么还这么滞扭呢？

滞滞扭扭　zhì zhì niū niū "滞滞""扭扭"均拉长音。同"滞扭"。

【例句】别人都上车了，可玉兰还滞滞扭扭不肯上车。

中　zhōng　①应答声，表示可以，同意。②可以。③很好。

【例句】①中啊，你说怎么办就怎么办！②这是个中看不中用的废东西！③东北"二人转"就是中听！又如这酒真中喝，好喝不上头！

中用 zhōng yòng ①有使用价值。②有独立工作能力。

【例句】①这台小四轮拖拉机可真中用，什么农活儿都能干！②我那孩子可真中用，一个顶俩儿！

中巴溜儿 zhōng ba liūr 也说"中达溜儿"。中等，中间。

【例句】我孩子在学校学习属中巴溜儿，不好也不坏！又如我的武术也就中巴溜儿吧，不好也不赖！

中达溜儿 zhōng da liūr 同"中巴溜儿"。

【例句】我这乒乓球水平，也就中达溜儿，不算太高！

种 zhǒng 背后告状，说坏话，打小报告。

【例句】不知谁给我种的坏，被领导狠批评了一顿！又如都是你给种的，要不老师怎么会知道？

种 zhòng ①怀孕、受精。②作，埋下。

【例句】①如果用人工受精那多把握，一次就种上了！②他俩的矛盾可有年头了，俩人的冤仇在二十年前就种下了。

中邪 zhòng xié 形容人邪祟附体的样子。

【例句】不知他中了什么邪，整天魂不守舍的！

中彩儿 zhòng cǎir 股票、体育彩票等各种设彩活动或游艺活动得奖。

【例句】什么事这么高兴啊？是不是中大彩儿了？

重 zhòng ①手脚力量太大。②眉毛浓重。③说话低沉。

【例句】①你下手太重了！②两道浓眉挺重。③感冒了，说话声音挺重。

重载 zhòng zài 车船或人负沉重货物。

【例句】有关交通法律规定,轻载车或空车要给重载车让路。

周溜 zhōu liu "周"字发重音,"溜"发短促轻音。①说话中听。②衣着打扮得体、齐整。

【例句】①还是你说话说得周溜,让人爱听!②你看那人穿得多周溜,身材显得多苗条!

周正 zhōu zheng 形容人长得端正。

【例句】这小伙儿长的真周正,鼻子像鼻子眼象眼!

周延 zhōu yan "延"字发短促轻音。周密,走到,周全。

【例句】你考虑的挺周延的,我没什么说的了。

捁 zhōu ①动词,从一侧或一端抬起或掀起沉重的物体。②向前推,多指一边抬一边推。③抖露,透露、公开。④向嘴里倒使杯底朝天。

【例句】①你再去要钱叫我抓住,看我不把桌子给你捁了!②电视小品《三鞭子》中赶毛驴车老板子台词:这条路,真难修,全是坎儿,净是沟,汽车到这就打误,全靠毛驴儿往上捁啊!③小心我把你那点儿丑事儿都给你捁出来!④来!把这杯酒都捁了!

捁登 zhōu deng "登"字发短促轻音。揭露出来,抖落出来。

【例句】惹急了我,看我不把你那点砢碜事儿给你捁登出来!

轴 zhóu ①比喻人做事儿不痛快、不机灵、不灵活并且不爱说话,而且非常有主意、主意正。②汽车或其他机械类阻力大而且转动不畅。

【例句】①你这个人怎么这么轴呢，让你干点儿什么事儿就是滞滞扭扭的，半天也不动弹。②师傅，给看看，自行车轱辘有些发轴！

轴实 zhóu shi 体格健壮。

【例句】你看人家那身体，轴轴实实的！

撇撇 zhǒu zhou 第二个"撇"字发短促轻音。①噘嘴，拧鼻子，一种生气的表示。②唆使，撺掇。

【例句】①看！这小嘴儿撇撇着，谁惹着你了？②要不是他在中间瞎撇撇着，他能发这么大火吗？

撇撇嘴儿 zhǒu zhou zuǐr 努嘴示意，用撇嘴的动作做出某种表示。

【例句】电视剧《杨三姐告状》中，知情者媚春刚要说出高家少爷毒死杨二姐的真相，看到哥哥直撇撇嘴儿，只好就此打住！

撇撇脸 zhǒu zhou liǎn 脸上带有生气的表情。

【例句】这是怎么了？撇撇个脸像谁欠你八百吊似的！

怞 zhòu ①关节运动不灵活。②慢性子。③浑身皮肤发紧。

【例句】①我这是怎么了？眼前发昏腿发怞！②你这个人怎么这么怞，干答应不动弹！③可能是感冒了，浑身这么怞的慌。

咒 zhòu 诅咒。

【例句】你这不是咒我吗？我招你惹你了还是抱你家孩子下井了？

咒败 zhòu bai "败"字发短促轻音。同"咒"。

【例句】这是谁咒败我呢，怎么这么不顺呢？

猪打溺 zhū dǎ nì ①猪在泥水坑中打滚儿。②比喻几人常在一起鬼混。

【例句】①看你这一身泥土，活像猪打溺似的！②他们几个人天天在一起猪打溺，准没干什么好事！

猪腰子 zhū yāo zi 也说"老猪腰子"。非常有主见，非常有主意。含有贬义。

【例句】不管你怎么说，我有一个老猪腰子 —— 就是不出钱！

猪嘴獠牙 zhū zuǐ liáo yá 形容人长得嘴向前噘、牙向前突出、相貌非常难看。含有贬义。

【例句】瞧他长得猪嘴獠牙的样子，哪有姑娘看上他啊！

主道 zhǔ dao "主"字发重音，"道"字发短促轻音。老顾客，老主顾，经常光顾的回头客。

【例句】做买卖一是靠诚信，二是靠老主道。

主儿 zhǔr ①姑娘已经订婚，多指未婚的男方。②货主。

【例句】①老吴家四姑娘早已经有主儿了，你还介绍什么对象！②对不起，这货已经有主儿了！

主事儿 zhǔ shìr ①一家之主，一个家庭当家作主的人。②管理者，主持工作的人。

【例句】①我们家还是我老蒯（妻子，老伴）主事儿，大事儿都是她说了算！②老总不在家，副总在家主事儿，有什么事儿和他说就行！

住家儿 zhù jiār 住户。

【例句】原来这儿有几户住家儿，拆迁后都搬走了！

嘱告 zhǔ gào 嘱咐，叮嘱。

【例句】我嘱告多次了，他根本不听，天天还是去赌！

抓 zhuā ①选买，选择，挑选。②无计可施。③拿，取。

【例句】①春天到了，到市场上抓两口小猪崽。②没有做好准备，到时候还不抓瞎？③趁春节销售旺季，赶紧抓几个钱。

抓瞎 zhuā xiā 因没有准备而措手不及，毫无办法，无计可施。

【例句】你平时逞强好胜，怎么样？这回抓瞎了吧？又如看好了这台彩电，可钱没带够，大老远的，又没办法取钱，你说抓瞎不抓瞎！

抓蛤蟆 zhuā há ma ①形容出汗多湿透裤子。②毫无办法而任人摆布。

【例句】①这天儿热得裤子里都抓蛤蟆了！②这偷林子的事儿一暴露，咱们还不都被抓蛤蟆了？

抓唬 zhuā hu "唬"字发短促轻音。①吓唬，恐吓。②恃强凌弱。③自己占便宜而使别人吃亏。

【例句】①抓唬别人行，想抓唬我？做梦去吧！②你甭抓唬我，我可不吃你那一套！③那人可不行，贪得很，见什么抓唬什么！

抓阄 zhuā jiū 通过轮流抓取写好的纸团或其他可以做抓阄的物品来决定胜负、输赢、物品的归属等来决定自己的命运。

【例句】既然大家都没意见，咱们就抓阄决定吧！

抓挠 zhuā nao 用途非常广泛词语之一。"抓"字发重音，"挠"字发短促轻音。①心中无着落。②功夫、本事。③白拿。④形容某些食品耐吃、耐放。⑤撕扯，撕打。⑥钻营，攀附。⑦收集，集聚。⑧可以依靠、巴结的人。

【例句】①出国这么长时间没什么音讯，当娘的可真没抓挠了！②就凭他的那两抓挠，哪是你的对手？又如他可不是简单人物，一年可不少抓挠钱！③儿子多日没来，今天来不知又想抓挠什么？④这秋天的大秋果可真禁抓挠，一直吃到春节！⑤两句话不投机，他们俩抓挠到一起了。⑥不愧为火箭干部，几年间就从科长抓挠到了县长。⑦元旦到春节期间，正是一年间抓挠钱的紧要关头！⑧他姑父一直当村长，他也一直仗势欺人，为害乡里。结果换届选举他姑父落选了，这下他可没抓挠了！

抓手 zhuā shou "手"字发短促轻音。抓头，比喻可以依靠的人或可用的物品。

【例句】我还没出徒，结果师傅突然调走了，这下我可没抓手了！

抓抓 zhuā zhua 第二个"抓"字发短促轻音。形容为人过于计较小事儿，办事肤浅不扎实。

【例句】他这个人就是个抓抓，没什么人缘！

抓家伙 zhuā jiā huo 没办法，无计可施。

【例句】没有充分准备就开展行动，到时候非抓家伙不可！

抓老赶 zhuā lǎo gǎn 也说"抓土鳖"。抓住不懂行或缺乏经验的短处使之吃亏。

【例句】就咱们几个老农民去城里承包工程，弄不好还不让城里人抓老赶哪！

抓土鳖 zhuā tǔ bie 同"抓老赶"。

【例句】咱得抓紧学习电脑技术，否则还不得叫人家抓土鳖啊！

抓小辫子 zhuā xiǎo biàn zi 被人抓住把柄。

【例句】你这件事儿一定要处理好，千万别让人抓小辫子！

抓话把儿 zhuā huà bàr 被人抓住说话中露出的把柄、破绽。

【例句】你去不要紧，但说话一定要小心，别叫人抓话把儿！

抓色儿 zhuā shǎir "色"读shǎi。着色，上色。

【例句】这布挺抓色儿！又如要买就买条重色的裤子，即抓色儿又禁脏。

抓野膘儿 zhuā yě biaor 也说"抓秋膘儿"。让自己家的牲口去偷吃别人家的庄稼以壮肥。

【例句】放马时小心点，别让它们去抓野膘儿！

抓秋膘儿 zhuāqiūbiāoer ①同"抓野膘儿"。②形容人太瘦需加食量增加体重。诙谐性用语。。

【例句】①把羊都放到小麦地，让羊抓抓秋膘儿！②哎呀，你怎么这么瘦啊，该抓抓秋膘儿了！

抓心挠肝 zhuā xīn náo gān 心情烦燥、心烦意乱而又不知如何是好。夸张性、讽刺性用语。

【例句】电视剧《老娘泪》中，老娘得知儿子携贪污款潜逃的消息后，整天急得抓心挠肝的，决心找到儿子劝其投案自首。

爪子流星 zhuǎ zi liú xīng ①形容动物爪子很多。②形容货物摆放不整齐。③比喻好顺手拿别人东西。④形容很不驯服的样子。

【例句】①油爆小龙虾好吃吗？爪子流星的？②这库房这个乱，爪子流星的，能看下去眼啊？③那人爪子流星的，手脚不干净！④他的媳妇虽然长得俊，但爪子流星的，也不是个好惹的主儿！

拽 zhuāi "拽"读 zhuāi。①用力摔。②跌倒，跌落。

【例句】①把钱向桌子上一拽，赌气囊腮地走了。②宝贝儿！慢点跑，别拽啦！又如一不小心，把腿拽坏了！

拽 zhuǎi "拽"读 zhuǎi。故意说一些令人难懂、生涩、深奥的词语或古典文字以显示自己有学问，也叫"拽文"。

【例句】行了，你就别拽了，什么贵庚，不就是问我多大岁数吗？

拽腿 zhuài tuǐ "拽"读 zhuài。比喻拖累。

【例句】你们小时候哥兄弟好几个，拽胳膊拽腿的，日子真难熬啊！

跩达 zhuǎi da "跩"读 zhuǎi，下同。"达"字发短促轻音。形容人或动物走路不稳、摇摇晃晃、像鸭子走路一样。

【例句】鸭妈妈带着几个小鸭子跩达跩达向河边走去！又如那人得了脑血栓，走路跩达跩达的。

跩儿跩儿 zhuǎir zhuǎir 突出"儿"音。①形容人走路不稳摇摇晃晃。②形容人得志后走路趾高气扬的样子。

【例句】①他大病一场，现在走路还跩儿跩儿的呢！②你看把他牛的，走路都跩儿跩儿的！

拽猫尾巴上炕 zhuài māo yǐ ba shàng kàng 形容人极度疲劳，连爬上炕的力气都没有，只好借助猫的一点点儿力气。诙谐性、夸张性用语。

【例句】这几天连续扑打森林大火，累得我差点儿拽猫尾巴上炕了！

砖门脸 zhuān mén liǎn 土房用红砖砌迎面墙。引申为比喻徒有虚表，名不符实。

【例句】看那娘们儿穿戴得真时髦，其实不过是砖门脸儿，徒有虚表！

砖头瓦块儿 zhuān tóu wǎ kuàir 碎砖乱瓦，一片乱七八糟的样子。

【例句】建筑工地到处是砖头瓦块，根本没有下脚的地方。

转世 zhuǎn shì "转"读zhuǎn，下同。　迷信说法，由某种神仙或人重新托生。

【例句】长篇历史小说《西游记》中的猪八戒，据说是是天蓬元帅转世。

转年 zhuan nian 第二年，一年以后。

【例句】转年你就16岁了，还什么小啊！

转眼功夫 zhuǎn yǎn gōng fu　一眨眼的时间。形容时间很短、很快。

【例句】呦，转眼功夫，孩子都长这么大了！又如转眼功夫怎么就回来了？

转楞 zhuàn leng"转"读 zhuàn，下同。"楞"字发短促轻音。转动。

【例句】那小子心眼贼多，眼珠子一转楞就是一计！

转迷溜儿 zhuàn mī liur　①围着树、桌等物转圈游戏。②转圈打转。

【例句】①他们围着大树转起了迷溜儿。②咱们走了半天了，怎么转了个迷溜儿又走到原处了？

转磨磨 zhuàn mō mo　第二个"磨"字发短促轻音。①在原地转来转去，心情急躁的一种表示。②兜圈子。③动脑筋琢磨。

【例句】①他急得直转磨磨，就是想不出主意。②别转磨磨了，有话就直说。③我转了半天磨磨才想明白。

转轴子 zhuàn zhóu zi　①见风使舵。②临时改变。

【例句】①我家老公最会见风使舵，脑瓜转轴子比我还快！②哎！咱们刚刚定好的事儿，你怎么突然转轴子了？

转腰子 zhuàn yōu zi　①原地打转转。②磨磨蹭蹭闲逛游。

【例句】①电视剧《乡村爱情》中，王小蒙心情不好，打得拉磨做豆腐的毛驴直转腰子。②上班时间，谁也找不到他，不知到哪里转腰子去了！

转桄子 zhuàn guàng zi　也说"变桄子"。反悔，变卦。

【例句】说得好好的，怎么突然转桄子了？这可咋办？

转圈儿 zhuàn quānr ①四周。②转动。

【例句】①考大学考术科时，考场转圈儿坐满了考官。②这车轮子怎么不转圈了？该修修了！

转圈儿丢人 zhuàn qhuānr diū rén 形容四处丢人，到处丢人，颜面丢尽。

【例句】考公务员没考上，人才交流市场又因为个子太矮企业不录取，我这可是光屁股拉磨——转圈儿丢人！

转过劲儿来 zhuàn guò jìnr lái 反应过来。

【例句】呦，我现在才反过劲儿来，最近你两口子对老人这么近乎，原来是惦记他们那座房产啊！

转摸摸 zhuàn mō mo 第二个"摸"字发短促轻音。①在原地不停转圈儿，心情焦虑、烦躁的一种动作。②引申为兜圈子。均为讽刺性用语。

【例句】①接到绑匪的电话后，到底汇不汇款赎人，他在屋里转摸摸，拿不定主意。②你就别给我转摸摸了，到底行不行，你给个痛快话！

转转摸摸 zhuàn zhuàn mō mō ①形容翻来覆去、转过来转过去地琢磨事儿、打鬼主意。讽刺性用语。②转来转去，似乎在寻找什么。均为讽刺性用语。

【例句】①吴俊升转转摸摸地寻思，到底打不打郭松龄，一时还拿不定主意。②儿子领媳妇又回来了，转转摸摸地四处查看，不知又在蹅摸（寻找）什么。

赚 zhuàn 挣钱。

【例句】现如今谁都知道赚钱，但赚钱绝不是容易的事儿。

赚面子 zhuàn miàn zi 挽回面子，找回面子。

【例句】不劳劳烦、劳驾您了，还是我自己找个台阶赚回面子吧！

装 zhuāng 用途非常广泛词语之一。东北方言中的"装"不同于普通话中的"装"即"伪装""假装"，而是有多种意思，主要是指①不该表现的时候所做的表现行为。②故意做出某种姿态或端架子。③遮掩，掩藏，掩盖。④设计陷阱使人上当。⑤故意装出一本正经或有身份、有地位的样子。

【例句】①就你那点儿本事，你还装啥呀！②你就装吧，就是一个中专生，还给人家大学生讲课呢！③"这事儿究竟是谁给捅出去的？""我怎么知道？""你就装吧，早晚我会查出来的，到时候叫你吃不了兜着走！"④你就是再鬼，最终还是叫人装进去了吧！②那人可真能装，以为自己是什么明星大腕呢！又如你就别装了，该怎么办就怎么办吧！

装模 zhuāng mo "模"字发短促轻音。假装。

【例句】你已成了远近闻名的致富能手，还摆出一副装模穷的样子干什么呀？

装象 zhuāng xiàng 也写作"装相"。①装模作样。②佯作不知。

【例句】①你可真能装，真是牛鼻子插大葱——装象！②你可别装象了，是你干的就是你干的，还装什么啊！

装人 zhuāng rén 收敛自己平时的恶劣言行、坏毛病、坏习惯而假装正经。讽刺性用语。

【例句】平时凶神恶煞、神气十足的，这会儿在这儿装人，究竟想干什么？

装屁 zhuāng pì 装象，摆架子。讽刺性用语。

【例句】老奸臣秦桧真能装屁，总把自己打扮成大忠臣。

装熊 zhuāng xióng 故意装出一副非常无能的样子。含有贬义。

【例句】这次体操竞赛，谁也不许装熊，平时老师怎么教的就怎么比赛！

装憨儿 zhuāng hānr 故意装傻、装笨以博得同情。含有贬义。

【例句】你装什么憨儿啊，我还不了解你吗？

装犊子 zhuāng dú zi 装好人，伪装自己，犹如"就像个王八犊子"。骂人语。

【例句】装什么犊子，滚得远远的！又如别装犊子了，我还不知道你？

装孙子 zhuāng sūn zi 故意装得顺从老实、非常下贱以博得同情。骂人语。

【例句】你这会儿装孙子了，早干什么去了？

装大把 zhuāng dà bǎ 本不富裕故意装得有钱有势的样子。含有贬义。

【例句】一咬牙，只好装大把，把一千块钱借给了他！

装样子 zhuāng yàng zi　故意装出或摆出某种姿态、样子。

【例句】让全城的临街商贩一律搭建遮阳棚，不过是装装样子迎接检查！

装神弄鬼 zhuāng shén nòng guǐ　假装鬼神借以骗人、吓人。含有贬义。

【例句】电视连续剧《乡村爱情》中，李大国故意装神弄鬼吓唬王天来。

装疯卖傻 zhuāng fēng mài shǎ　①故意装得疯疯癫癫的样子以伪装自己。②假装不知情、不知道以回避所面临的难题。含有贬义。

【例句】①犯罪分子虽然装疯卖傻，但是最终也没能逃脱法律的惩罚！②电视剧《杨三姐告状》中杨家二少爷害死媳妇后，面对国民政府法官的调查，装疯卖傻，推三阻四，最终还是露出了狐狸尾巴。

装大尾巴狼 zhuāng dà yǐ ba láng　"尾巴"读 yǐ ba。故意装出有能力、有势力、财大气粗的样子。讽刺性用语。

【例句】你一个庄稼趴子，大字不识几筐，装什么大尾巴狼，还到 YBC 达沃斯（全球非官方经济论坛）讲学去了！

装蒜 zhuāng suàn　摆架子，拿身份，装腔作势，故意表现出有某种能力的样子。

【例句】你可别装蒜了，打死我我也不信！又如：你又不懂电脑技术，你在这装什么蒜！

装大瓣儿蒜 zhuāng dà bànr suàn 同"装蒜"。语气加重。讽刺性用语。含有贬义。

【例句】少给我装大瓣儿蒜，你是什么人我还不知道？

装老衣裳 zhuānng lǎo yī shang 给死人穿的衣裳。多指为故去的老人穿的衣裳。

【例句】爹恐怕不行了，赶快准备装老衣裳吧！

庄稼人 zhuāng jia rén 农民，种田人。

【例句】朱志文大衣哥一个庄稼人，竟跑到中央电视台演出去了！

庄稼院儿 zhuāng jia yuànr 泛指农村或农民家庭。

【例句】咱们庄稼院儿的人，只有种田才是根本。

庄稼没棵 zhuāng jia mò kē 庄稼又高又密的样子。

【例句】漫山遍野庄稼没棵的，羊跑进去上哪找去？

庄稼趴子 zhuāng jia bǎ zi 庄稼汉，庄稼人。既是自称又是谦称。含有贬义。

【例句】别说我就是个庄稼趴子，就是大学生也弄不懂什么叫金融危机啊？

壮 zhuàng ①码放，摆放。②蒸气充足。

【例句】①往缸里壮白菜，准备渍酸菜。②等笼屉里的气壮足了再撤火！

壮脸 zhuàng liǎn 为之争光使脸上有面子、有光彩。

【例句】小轿车门前一停，那多壮脸啊！又如假如你能考上公务员，那我多壮脸啊！

壮脸面 zhuàng liǎn miàn 同"壮脸"。

【例句】今天请你去给我主持婚礼，给我壮壮脸面。

壮腰 zhuàng yāo 腰包鼓起，形容有钱、富有。

【例句】你出国考察，给你二千元壮壮腰！

壮胆儿 zhuàng dǎnr 用各种办法使自己增加胆量。

【例句】你这是走夜路唱歌 —— 给自己壮胆儿呢！

壮门面 zhuàng mén miàn 在外表上造声势，增光彩。

【例句】我举办生日宴会，你也去参加，给我们壮壮门面！

撞大运 zhuàng dà yùn 完全是碰运气。

【例句】这次考公务员，完全是撞大运，考题大部分都是我的长项！

坠 zhuì ①抓住东西向下使劲儿。②把重量加在尾部或下部。③暗暗跟踪。

【例句】①你越拉他，他越向下坠。②钓鱼都要备个鱼坠儿！③出门露了富，被小偷给坠住了。

坠脚 zhuì jiǎo 累赘，因有负担而行动不便。

【例句】要不是因为孩子太小坠脚，我也去北京看看奥运会！

坠脚星 zhuì jiǎo xīng 多指孩子多拖累人不便行动。

【例句】家里好几个孩子坠脚星似的，我还能出去旅游？

坠手 zhuì shǒu 物件感到沉重。

【例句】这斧子挺快，就是有点坠手！

准成 zhǔn cheng "准"字发重音，"成"字发短促轻音。①准确无误，有把握。②形容人性格安稳、沉稳。③办事牢靠。

【例句】①你找得真准成，一找就找到我家了！②不光模样长得好，性子也准成！③田青办事可准成，一步一个脚印儿，值得信任！

准保 zhǔn bǎo 肯定，一定。

【例句】这事儿准保是你干的，你不承认也不行！

准当 zhǔn dang 准确，稳当。

【例句】没看准当，到底多少斤，劳你再过过称！

拙嘴笨腮 zhuó zuǐ bèn sāi 笨嘴笨舌，不善言语表达。

【例句】我拙嘴笨腮的，还是别让我去了！

吱声 zī shēng 从旁说话，插话。

【例句】大人说话，小孩别乱吱声！

吱儿咂儿的 zīr zār de "吱儿""咂儿"均突出"儿"音，"咂儿"拉长音。摇头晃脑、口中念念有词，表示可惜、不满或夸大的表情。

【例句】你看他那样子，吱儿咂儿的，不知想干什么？

吱哇乔叫唤 zī wā qiáo jiào huan 许多人一起乱喊乱叫。讽刺性用语。

【例句】大伙儿一听就炸了庙，吱哇乔叫唤，坚决反对！又如吱哇乔叫唤什么，不服是怎么的？

吱哇乱叫 zī wā làn jiào "乱"读 làn。许多人乱喊乱叫、吵吵闹闹。讽刺性用语。

【例句】你们吱哇乱叫什么呢，能不能叫人安静点儿！

滋 zī ①喷射。②冒出，拱出。

【例句】①达斡尔族老太太喜欢叼个大烟袋，"吧"一口烟，"滋儿"一口痰！②快来看，黄豆滋芽了！

滋毛 zī máo ①同"支楞毛"。②诙谐语"干啥"。

【例句】①这事儿就这么定了，看谁敢滋毛？②夜猫子进宅，无事不来，你来滋毛了？

滋润 zī run 舒服。

【例句】"滋儿"一口酒，"吧"一口菜，这日子可真滋润！

滋滋 zī zī 两个"滋"字均发重音。形容非常、特别，无法再超越或提高。

【例句】电视小品《捐助》中白闹说："平时吃羊肉串儿都得喝八瓶啤酒，后来把钎子撸得滋滋冒火星子！"

滋滋歪歪 zī zi wāi wāi 形容急躁而不耐烦的样子。

【例句】他已经累得滋滋歪歪的，你就别拿他开心了！

龇楞牙 zī leng yá 略带微笑而不表态的样子。

【例句】你一说他就一龇楞牙，也不知他是什么态度。

子午卯酉 zǐ wǔ mǎo yǒu 所以然，到底如何，全部因由。

【例句】我看你也说不出什么子午卯酉，连什么是WTO都说不清，一边儿待着去吧！

仔细 zǐ xi 不同于普通话里的"仔细"，而是"节俭""节省""算计"之意，主要内容是小气、吝啬。

【例句】电视连续剧《樱桃》中葛望弟媳妇那日子过得真仔细，没有算不到的地方！

紫拉毫青 zǐ la háo qīng 脸上或皮肤青一块紫一块。引申为脸色难看，羞愧难当。

【例句】别看他脸皮厚，也叫村长给损个紫拉毫青！

紫巴溜丢 zǐ ba liū diū 微微呈紫色。

【例句】这葡萄紫巴溜丢的，有点儿太酸了。

自来 zì lái 从来，一开始。

【例句】这事儿自来也不怨我，都是他自己搞的鬼！

自打 zì dǎ 自从。

【例句】自打打破"大锅饭"之后，我们的日子真是一天比一天好！

自儿 zhìr "自儿"连起来读并突出"儿"音。①痛快，舒服。②漂亮。

【例句】①你看人家多自儿，轻巧儿的钱就挣到手了！②你看那姑娘长得比仙女儿还自儿呢！

自个儿 zì gěr "个"读 gě 并突出"儿"音。也说"自己个儿"。自己。

【例句】放心吧！这件事儿交给我自个儿就行了！

自己个儿 zìjǐ gěr 同"自个儿"。

【例句】这是我自己个儿的事儿，你就不必操心了！

自来熟 zì lái shóu 形容习惯于或善于同陌生人打交道，不用介绍即可主动同生人说话打招呼，似乎原来就很熟。

【例句】你可真是个自来熟，跟什么人都能说上话！

自来色儿 zì lái shǎir　"色"读 shǎi。原来本色。

【例句】现在的家俱越是自来色儿越时尚！

自己的梦自己圆 zì jǐ de mèng zì jì yuán　自己的问题或造成的后果最终还是由自己解决，指望不上别人。讽刺性用语。

【例句】俗话说，自己梦自己圆，你自己办错了事儿还得你自己解决，还能指望别人啊！

自己（个儿）的刀削不了自己（个儿）的把儿 zì jǐde dāo xuě būliǎo zìjǐde bàr　"削"读 xuě。把儿，工具的把柄。自己的问题或后果自己解决不了，需借助外力才行。

【例句】俗话说，自己（个儿）的刀削不了自己（个儿）的把儿，你让市纪检委去查市委书记的贪污受贿问题，他们能查得了吗？

吱歪 zì wai　"吱"字发重音，"歪"发短促轻音。多重叠使用。磨磨蹭蹭，行动缓慢，迟迟不动。

【例句】让你去你就去，怎么这么吱歪？又如你怎么这么吱吱歪歪的，一个年轻人办事儿怎么这么不利索？

渍 zì　①因油垢多而使螺丝、盖儿等拧不动。②眼儿、孔被弥死。

【例句】①油桶盖都被油给渍住了，拧不动了！②下水道堵了，都叫油泥给渍住了！

渍扭 zì niu　"扭"字发短促轻音。行动不爽快、磨磨蹭蹭的样子。

【例句】叫你去办点事儿，你怎么这么渍扭呢？

总 zǒng 不断地，经常地。

【例句】你怎么一天总玩电脑啊？又如你不在家复习功课，怎么总走啊？

总头儿 zǒng tóur 最高负责人。

【例句】这事我们说了不算，得找我们总头儿！

走 zǒu ①寡妇改嫁、再嫁。②移位。③物体在某种液体中过一下。

【例句】①算上这家，刘二嫂已经走了三家了。②房盖有点向西走了。③油炸糕要在锅里走油炸出金黄色！

走道儿 zǒu dàor 同"走"①。

【例句】我最终还是同意她走道儿，儿子都不在了，还拦着人家干什么？

走了 zǒu le 人死的代用词。

【例句】我那口子得了癌症，没几年就走了！

走心 zǒu xīn ①关心。②溜号。

【例句】①对你儿子你可得走心了，别让他总往网吧里跑！②考试的时候，可千万别走心哪！

走乏 zǒu fá 形容心神劳乏的样子。

【例句】他的心早已走乏了，怎么好再麻烦他？

走绺 zǒu liǔ 走来走去。

【例句】他一个人美个滋儿的那里走绺呢！

走风 zǒu fēng 泄露消息或信息，暴露秘密。

【例句】是不是走风了？怎么连一个活口也没抓到？

走相 zǒu xiàng 行动姿态。

【例句】一看他那走相，就知道是小沈阳！

走动 zǒu dòng 朋友或亲戚之间互相往来。

【例句】都多年没走动了，求人家还好意思吗！

走脸儿 zǒu liǎnr 争光，争得荣誉。

【例句】我那孙子还挺给我走脸儿，全市电子琴比赛还得了冠军！

走嘴儿 zǒu zuǐr 也说"秃噜嘴儿"。说话间无意说漏嘴、说错话、泄露秘密。

【例句】我一时没注意，说走嘴儿了！又如这不怪他，是我没注意说秃噜嘴儿了！

走脑子 zǒu nǎo zi 用脑子思考。

【例句】我不费那事，也不走那脑子！

走油儿 zǒu yóur 食品失去油性。

【例句】大米不能存放时间太长，一走油儿就不好吃了！

走字儿 zǒu zìr ①运气好，有机遇。②钟表运转。

【例句】①今天真不走字儿，一上午没和几把！②小品《防忽悠热线》中赵本山饰演的大忽悠台词：这块表戴在我手上就没走过字儿！

走背字儿 zǒu bèi zìr 命运不济，运气不好，凡事儿都不顺利。含有贬义。

【例句】人要是走背字儿，连喝凉水都塞（sēi）牙！

揍 zòu "人生养出来的"之意。詈语。

【例句】办这事儿的人真不够揍！又如敢教训我的人还没揍出来呢！

揍性 zòu xing 也说"揍相"。"揍"字发重音，"性"字发短促轻音。犹如"熊样""缺德样"。骂人语。

【例句】看你那揍性，能有什么大出息！

揍相 zòu xiang "揍"字发重音，"相"字发短促轻音。同"揍性"。

【例句】就你那副揍相，也不撒泡尿照照自己，看是不是那块料？

足实 zú shi "实"字发轻音。①多而实在。②满足。

【例句】①人家那酒席办得才足实呢！②这趟买卖你赚得挺足实啊！

足兴 zú xing 也写作"足性"。"兴"字发短促轻音。充足，满足。

【例句】这次赴南方考察，收获可够足兴的吧？又如那个饭店不错，饭菜给的可足兴了。

足嗓 zú sǎng 满足胃口。

【例句】真是人心不足蛇吞象，他已经挣了几百万元了还不足嗓！

足足裕裕 zú zu yū yū 充充足足。

【例句】实行农业优惠政策后，农民的日子足足裕裕，一天比一天好！

祖宗喧天 zǔ zōng xuān tiān 祖宗八代，列祖列宗。形容把祖宗八代都骂遍了。一种形象的比喻。

【例句】吴大舌头吴俊升把张作霖祖宗喧天地臭骂了一顿，最终也没敢对张作霖动武。

祖坟冒青烟 zǔ fén mào qīng yān 民间认为，祖坟冒青烟是受祖宗的阴德而兴旺发达、好运降临的征兆。①祖上积德，荫及子孙，惠及后代。②有时也用于否定句，即因祖上无德而使后人丢人现眼。

【例句】①真是祖坟冒青烟，让我一个庄稼趴子成了远近闻名大款儿！②他家祖坟冒青烟了，怎么出了这么一个祸害？

钻计 zuān ji 善于把握和利用机会。

【例句】那人真能钻计，头脑也灵活，长大准有出息！

钻头日脑 zuān tóu rì nǎo 形容为人奸滑、到处占便宜。讽刺性用语。

【例句】听说今天发放良种补贴，他钻头日脑地早早跑到了发放补贴款现场！

钻心摸眼儿 zuān xīn mō yǎnr 寻找机会。含有贬义。

【例句】几个扒手钻心摸眼儿地在金店门口转了几圈，始终没找到下手的机会！

钻席筒子 zuān xí tǒng zi 旧时人死后用席子卷埋，比喻被枪决或砍头处死。

【例句】你再不彻底戒毒，早晚还不得钻席筒子？

钻钱眼儿 zuān qián yǎnr "眼儿"突出"儿"音。比喻视财如命，一心为钱。讽刺性用语。

【例句】你怎么钻钱眼儿里了，六亲不认，只认得钱！

钻牛犄角 zuān niú jījiao 也说"钻牛角尖儿"。过于固执，看问题或处理问题局限于一个方面，认准一个道儿不放松。讽刺性用语。

【例句】你也不用钻牛犄角，办事儿活泛一点儿不行吗？

钻耗子洞 zuān hào zi dòng 形容隐藏很深。诙谐性用语。

【例句】你就是钻耗子洞，我也能把你找出来！

纂 zuàn ①编造。②写作，编著。大型著作称"纂"，小型文章称"撰"。

【例句】①哪有这事儿？别听他胡纂！②著书立说要写明编纂者姓名！

纂空儿 zuàn kòngr 无根据地瞎说。

【例句】没影子的事儿，你别在那瞎纂空儿了！

赚 zuàn 与前文"赚 zhuàn"不同，指暗中扣下、私自留下。

【例句】农民工的工钱都让他赚下了。

攥 zuà ①手握。②用手抓使面糊从指间挤出。

【例句】①用力攥住，别松手！②攥丸子，攥汤子。

攥出水来 zuàn chū shuǐ lái 形容人非常小气、吝啬，把钱看得很重而轻易不出手。讽刺性用语。

【例句】那是个有钱能攥出水来的抠货，向他借钱那还不要他的命啊！

嘴儿 zuǐr 一头儿，一侧。

【例句】我这烟袋嘴儿还是翡翠的呢。又如拐过山嘴儿，就到我家了。

嘴茬子 zuǐ chá zi 口才，语言表达能力。

【例句】这个人的嘴茬子真厉害，真是铁嘴儿！

嘴损 zuǐ sǔn 形容人说话刻薄、犀利、难听、不讲情面。含有贬义。

【例句】你嘴上积点德，说话别这么嘴损！

嘴壮 zuǐ zhuàng 形容人饭量大而不挑食，吃什么都香。含有贬义。

【例句】你这人可真嘴壮，吃什么都香！

嘴大 zuǐ dà 有权有势的人说话比小人物说话管用。含有贬义。

【例句】这事对不对，就看谁的嘴大谁嘴小了！

嘴潲 zuǐ sào 形容人说话带污言秽语，满嘴脏话。含有贬义。

【例句】那人怎么样儿？不怎么样，说话嘴太潲！

嘴黑 zuǐ hēi ①形容人说话不讲情面，语言尖刻犀利。②说话直截了当，切中要害。

【例句】①别看他说话嘴黑，其实人还是挺不错的。②你别嫌我嘴黑，这几年你可没少搂啊！

嘴欠 zuǐ qiàn 形容人说话不讲究，本不该说话时乱说话，不该插话时乱插话，不该说的话到处乱说。含有贬义。

【例句】就你嘴欠，管那些闲事儿干什么？又如别嘴欠，瞎说什么？

嘴笨 zuǐ bèn 形容人不善说话，不善表达想说的话的内容。

【例句】我这个人就是嘴笨，人们都叫我"二语子"。

嘴快 zuǐ kuài ①形容人愿意抢话。②形容人说话频率快。③形容人到处传闲话、散布是非。

【例句】①你别这么嘴快，我们说话你别总抢话！②慢点儿慢点儿，你说话这么嘴快谁能听得清楚？③你咋这么嘴快呢，这要是传到小宋耳朵里，他指不定怎么讲究我呢！

嘴头子 zuǐ tóu zi 嘴巴，口头。引申为①仅仅停留在嘴上。②形容人极有口才。

【例句】①那人最能耍嘴头子，说的比唱的还好听呢！②刘书记嘴头子真好，真能讲，知识也丰富！

嘴打摽 zuǐ dǎ biào 全句是"心里明白嘴打摽"，这是下一句。形容在关键时候虽然心里非常明白，但是由于紧张等原因而使嘴不好使、说话不利索、吞吞吐吐或发音不准确、无法表达准确意思。

【例句】当警察问我孩子被拐的具体情况时，我是心里明白嘴打摽，怎么也说不明白！

嘴瓢瓢 zuǐ piáo piao 第二个"瓢"字发短促轻音。同"嘴打摽"。

【例句】看到汽车肇事现场的惨状，吓得我嘴都瓢瓢了，也忘记报警了！

嘴巴长 zuǐ ba cháng ①到处传闲话、搬弄是非的人。②愿意接别人的话或愿意插话的人。含有贬义。

【例句】①就王云嘴巴长，王长贵和小黄那点儿事儿到处乱说。②就你嘴巴长，我们俩说话，你别乱插话，不说话能憋死你啊？

嘴巴嘟叽 zuǐ ba lāng jī ①说话带刺儿或有脏话。②话中带有骂人语。均有贬义。

【例句】①请你嘴巴放干净点，别嘴巴嘟叽的净说脏话！②怎么，犯了法还嘴巴嘟叽的？

带走！

嘴头儿会气儿 zuǐ tóur huì qìr ①只停留在嘴上，嘴上说但没有真凭实据而并不一定算数。含有贬义。②只说不办，并不落实。

【例句】①这是你们嘴头儿上会气儿，没有证据，更没有法律依据。②你们别光嘴头儿会气儿，能不能办点儿实事儿！

罪名 zuì míng 坏名声，恶名声。

【例句】该多少钱就多少钱，我可不担蹭吃蹭喝的罪名。

醉麻哈 zuì mā hā 微有醉意。讽刺性用语。

【例句】看你醉麻哈的样子，喝了多少酒？

醉马天堂 zuì mǎ tiān táng 形容人喝酒喝得酩酊大醉的样子。讽刺性用语。

【例句】终于赢球了，球迷们一个个喝得醉马天堂的。

最损 zuì sǔn 最坏的结果，最低的结果。

【例句】我没有功劳也有苦劳，最损也得让我当个二当家的啊！又如今年风调雨顺，粮食大丰收，苞米亩产最损也得超过 2000 斤！

最次 zuì cì ①同"最损"。②最末，最后，最不好。

【例句】①今年考公务员，我估计，考分最次也得超过 80 分！②这次青歌大赛，××表现得最次，成绩位列末位。

嘬瘪子 zuō biě zi 遇到难题而毫无办法、束手无策，也含有尴尬、陷入窘境之意。

【例句】不叫你集资办企业你不听，结果没有几个人投资，这下嘬瘪子了吧！

作 zuō 在东北方言中，"作"字在不同地方、不同的使用方式有不同的发音，分别读作 zuō、zuó、zuò。此处"作"读 zuō，下同。①闹腾，过度玩耍。②做恶。③糟蹋自己。

【例句】①几个孩子一放假，凑到奶奶家开作。②大毒贩终于被判死刑，这都是他平时作的。③喝酒能醉成这样，这不是作吗？

作妖 zuō yāo 闹事，闹腾，弄故事，过度玩耍。

【例句】进屋一看，几个孩子正作妖呢！

作祸 zuō huò ①骚扰，祸害。②惹祸。③小孩子淘气。

【例句】①电视剧《闯关东》中，鲜儿所在的土匪绺子从不作祸百姓，主张劫富济贫。②孩子回来一直不说话，肯定是在学校作祸了，我得问清楚！③到二姨家可不许作祸，要不然就不让你去了！

作黄天儿 zuō huáng tiānr 闹翻天，大闹一场。含有贬义。

【例句】我要知道他们在哪里耍钱，非去作黄天儿不可！

作 zuó 此处"作"读 zuó，下同。①淘气。②吵闹，折腾，祸害。

【例句】①我这几个孩子太淘，整天在家作！②钱不及时还给他，他还不整天作你！

作死 zuó sǐ ①自寻死路。含有贬义。②不得好死。骂人语。

【例句】①剿匪大军已将我们团团包围，我们硬冲不是作死吗？②你个作死的，到底什么时候回来啊？

作贱 zuó jian "贱"字发短促轻音。①故意毁坏。②作弄，戏弄。③践踏，蹂躏。

【例句】①你一天到晚作践手机干什么，作践坏了怎么办？②孩子还小，你可别作践他！③小猫也没惹你，你作践它干什么？

作人 zuó rén 过于淘气、做出使人厌烦的举动。

【例句】我那小孙子太作人，我都看不住他了！

作惯瘾儿 zuó guàn yǐnr 得到便宜或好处仍然不住手而还想再做。

【例句】这小子简直是作惯瘾儿了，刚刚偷了青苞米（半成熟），今天又来偷青黄豆（半成熟）来了！

左 zuǒ 形容事情办得不合时宜或不对路子。

【例句】怎么样，事情办左了吧？又如你瞧你，事情办得这个左！

左皮 zuǒ pi 也说"叉皮"。事情办砸了，完全不对路，与预想的目的相反。

【例句】这事都叫你给办左皮了！真是的！

左溜儿 zuǒ liùr 索性，反正这样，终归这样，不会改变。

【例句】左溜儿已经这样了，爱咋咋地吧！又如左溜儿我也答应了，别再变了，就按我说的办吧！

左撇侉子 zuǒ piě lǎi zi 即左撇子，习惯于用左手。

【例句】我生来就是左撇侉子，从小就是这样！

作脸 zuò liǎn 此处"作"读zuò，下同。争光，争脸面。

【例句】这孩子可真作脸，大学刚毕业就被一家外企聘去当项目经理了。

作损 zuò sǔn 办坏事，办缺德事。

【例句】欺负残疾人可是作损的事，咱们可不能干！

坐 zuò ①旋转物稳定下来。②沉淀，沉落。

【例句】①等色子坐个最大点儿12！②这个坑不够深，再往下坐一坐。

坐车 zuò chē ①不出本钱、不花费气力而借光、借力。②赌博的一种手段即不和也不"放炮"（详见"放炮"）。

【例句】①你也不用投资，就坐车跟着分红利吧！②我不和也不放炮儿，就跟着坐车吧！

坐蹭车 zuò cèng chē 本意是不花钱坐车，引申为不花成本、不花代价，利用他人的投入或成果实现自己的目的或目标。含有贬义。

【例句】这次出国考察，你也不用自己拿钱，就跟着坐蹭车吧！

坐蜡 zhuò là ①因事儿办砸了或闯祸、出现了预想不到的结果而承担应该承担的责任。②事情没办妥而陷入尴尬难堪境地。诙谐性用语。

【例句】①根本没进行深入调查，谁知是这么个结果，这回可叫我坐蜡了！②吴俊升心想：张作霖你想让我坐蜡，做梦去吧！

坐清 zuò qing 也说"坐醒"。"坐"字发重音，"清"字发短促轻音。放置一段时间使液体沉淀，澄清。

【例句】这水有点浑，坐清一下就好了！又如等水坐清坐清还可以洗衣服。

坐夜 zuò yè 守夜。多指丧事期间在夜里守灵。

【例句】你们年轻，今天晚上你们几个坐夜，辛苦你们了！

坐水 zuò shuǐ 烧水。

【例句】客人都来了，还不快去坐壶水！

坐相 zuò xiang "相"字发短促轻音。坐姿，主要指人的仪态。

【例句】看你，坐没个坐相，站没个站相！

坐病 zuò bìng 病痛因故没有治愈或未能彻底根除而留下病根。

【例句】我这还是生孩子不小心坐下的病根，现在都找上来了！

坐地 zuò dì ①根本，从来。②当时。

【例句】①这件事坐地我就不同意，所以我也不承担任何责任！②一听这话，他坐地就蒙了！

坐地户 zuò dì hù 不是外迁户而是祖辈住在这里的老住户。

【例句】坐地户一般都不得克山病，外来户许多人都得了克山病，你说怪不怪？

坐窝儿 zuò wōr "窝儿"字突出"儿"音。从根本上说，本来。

【例句】这个摊位坐窝儿就是我的，你凭什么占？

坐地儿 zuò dìr "地儿"突出"儿"音。①就地。②从根本上说或论。

【例句】①咱们坐地儿把事儿定了吧，不用再开会了！②这事儿坐地儿跟我毫无关系，我也不承担任何责任！

坐根儿 zhuò gēnr 也说"坐起根儿"。本来，原来，原先，最开始，从根本上说。

【例句】这人办事儿不牢靠，演艺也不精，坐根儿就不应该让他上台演出！

坐起根儿 zuò qǐ gēnr 同"坐根儿"。

【例句】这事儿坐起根儿就是你的不对，你就别再犟了！这个舞蹈坐起根儿就是我创作的，怎么成了别人的？

坐不住金銮殿 zuò bú zhù jīn luán diàn 沉不住气，不能稳稳当当而是匆忙行事。诙谐性用语。

【例句】你小子怎么坐不住金銮殿呢，着什么急啊？又如听说飞机失事了，爹妈可坐不住金銮殿了，连忙打探消息！

坐一回金銮殿就乱了朝纲 zuò yī huí jīn luán diàn jiù làn la cháo gāng　"乱"读 làn。形容刚刚掌握了一点儿权利就乱了规矩，乱了秩序。诙谐性用语。

【例句】你刚当村长才几天啊，坐一回金銮殿就乱了朝纲，你想怎么办就怎么办，那不全乱套了吗？

做豆腐 zuò dòu fu　形容人暗中做手脚或出坏主意。含有贬义。

【例句】要不是他暗中做豆腐，事情早办成了！

做扣儿 zuò kòur　使用计谋事先设计好坑人害人的陷阱、圈套。含有贬义。

【例句】让我去进修，等我回来已经没有我的位置了，你们这不是做扣儿害我吗？

做鬼儿 zuò guǐr　同"做扣儿"。

【例句】原来是你挑拨离间做的鬼儿啊，怨不得她一直在生我的气呢！

做醋 zuò cù　形容人背后进谗言，说坏话。含有贬义。

【例句】答应妥妥的又变卦了，肯定是背后有人做醋了！

做情 zuò qing　"情"字发短促轻音。出主意，做主。

【例句】你虽然说了不算，可也能做情一半，你就帮助办办吧！

做伴儿 zuò bànr　陪伴。

【**例句**】我老公出门了，你来给我做我伴儿呗，我一个人挺孤单的！

做梦娶媳妇 zuò mèng qǔ xí fu 胡思乱想，做不切实际的美梦。诙谐性用语。

【**例句**】你就别做梦娶媳妇了，净想美事儿，那怎么可能？

董联声 编著

东北方言词条集成

（第四册）

线装书局

东北方言中的专用名词

（一）天文　气象　地理

1. 天文

日头爷儿 rìtou yér 太阳。

日头 rì tou 有些地区也读"日〔yì〕头"。太阳。

日头地儿 rì tou dìr 阳光直接照射的地方。

太阳地儿 tài yáng dìr 阳光直接照射的地方。

大膘月亮 dà biāo yuè liang 一轮明月，明亮的月亮。「例」
这大膘月亮，真亮，正好赶夜路！

月亮地儿 yuè liang dìr 月光直接照射的地方。

月黑头 yuè hēi tóu 没有月光的漆黑之夜。

满天星 mǎn tiān xīng 繁星满天的夜空。

贼星 zéi xīng 流星。

星星雨 xīng xing yǔ 流星雨。

三星 sān xīng 猎户星座中央三颗最明亮的星，人们常根据三星在夜空中的位置来判断时间。

三星高照 sān xīng gāo zhào 猎户星座中央三颗最明亮的星高高悬挂在夜空。

阳面儿 yáng miànr 阳光直接照射的地方，即向阳的一面。

阴面儿 yīn miànr 阳光照射不到的地方，即背阴的地方。

背阴儿 bèi yīnr 阳光照射不到的地方，即阴面。

2. 气象

顶头风儿 dǐng tóu fēngr 迎面刮来的大风。

迎头风儿 yíng tóu fēngr 同"顶头风儿"。

顺风儿 shùn fēngr 与行进方向一致的风。

逆风儿 nì fēngr 与行进方向相反地风，也叫"戗风"。

戗风儿 qiāng fēngr 同"逆风儿"。

旁风儿 páng fēngr 从两侧吹过的风。

旋儿风儿 xuàner fēngr 打着旋转刮过的风。

贼风儿 zéi fēngr 从缝隙、空穴中透出来的冷风，这种风容易使人受寒得病。

风眼儿 fēng yǎnr 大风口。

杆子风 gān zi fēng 硬风，大风。

龙吸水儿 lóng xī shuǐr 龙卷风，飓风。

鱼鳞云 yú lín yún 鱼鳞状的云，这种云预示着将要下雨。有农谚说：天上鱼鳞云，地上雨淋淋。

马尾云 mǎ wěi yún 马尾状的云。

钩钩云 gōu gou yún 钩钩状的云。

疙瘩云 gā da yún "疙瘩"读 gāda 。雨前天空中升起的块儿状云，预示将要下雨。

老云 lǎo yún 日落前西方日落处升起的团状黑云，预示着将要下雨。有农谚说：老云接驾，不阴也下。

霹雳闪电 pì lì shǎn diàn 电闪雷鸣。

炸雷 zhàléi 雷雨交加中炸出的响雷。

脆雷 cùi léi 同"炸雷"。

雨点子 yǔ diǎn zi 雨滴。

筒子雨 tǒng zi yǔ 倾盆大雨。

瓢泼大雨 piáo pō dà yǔ 像用瓢泼水一样的大雨，即倾盆大雨。

马蔺雨 mǎ lián yǔ 像马蔺一样宽的大雨。

连雨天 lián yǔ tiān 不停的连续下几天的雨，也指这种天气。

连阴雨 lián yīn yǔ 同"连雨天"。

拉拉天儿 lá la tiānr 下雨时断时续的天气。

关门儿雨 guān ménr yǔ 天刚刚黑后下的雨，这时下的雨可下一整夜。有俗语说：关门雨，下一宿〔xiǔ〕。

晴天漏儿 qíng tiān lòur 晴空的云中掉下的疏落的雨滴。

伏雨 fú yǔ 入伏后下的雨。

秋傻子 qiū shǎ zi 深秋下起不停的大雨。这种雨对农业毫无用处，而只能对秋收造成危害，因此将这种雨戏称为"秋傻子"。

毛毛雨 máo mao yǔ 细如牛毛，且下个不停的雨。

牛毛细雨 niú máo xì yǔ 同"毛毛雨"。

涝套雨 lào tào yǔ 能使大河小河都涨水的连天雨。

冰块子 bīng kuài zi 块状的冰，也叫"冰块儿"。

冰脑子 bīng nǎo zi 江河结冻时最初结成的絮状冰。

冰溜子 bīng liū zi 冬天悬挂在房檐等处冰雪初融结成的冰锥。

冰砣子 bīng tuó zi 较大块的冰块。

冰碴儿 bīng chár 在水面上结的一层薄冰。

冰窟窿 bīng kū long 在冰面上凿出的洞，多为汲水或捕鱼用。

沿流水 yàn liú shuǐ 江河解冻时沿着岸边融化的水。

燕凌水 yàn líng shuǐ 同"沿流水"。

桃花水 táo huā shuǐ 春天冰雪融化后汇聚到山沟后流出的水，因这种水流下山后适值桃花绽蕾，故名。

控山水 kòng shān shuǐ 也说"困山水"。冰雪消融后渗进山里又慢慢从地面冒出来形成的山水。

困山水 kùn shān shuǐ 同"控山水"。

暗流　àn liú　表面平稳而实质水流湍急的水流带。

封江　fēng jiāng　江河表面全部结冰。

大雪片子　dà xuě piàn zi　成絮状的大雪。

鹅毛大雪　é máo dà xuě　像鹅毛一样成片儿的大雪。

棉花套子雪　mián huā tào zi xuě　成絮状犹如棉花套子的大雪。

清雪儿　qīng xuěr　稀疏零散、落到地面薄薄一层的小雪。

小清雪儿　xiǎo qīng xuěr　同"清雪儿"。

雪珠子　xuě zhū zi　小米粒儿状的雪，霜降前多见。

雪瓮　xuě wèng　①大风卷出的深雪窝儿。②人踩踏出的雪窝子。

雪檩子　xuě lǐn zi　深冬刮风后路上的条状雪。

雪壳子　xuě ké zi　积雪表面结成的硬壳。

冷子　lěng zi　小粒儿的雹子。

烟儿炮　yānr pào　冬天刮起的暴风雪。

大烟儿炮　dà yānr pào　冬天刮起的特大暴风雪。

白毛儿风　bái máor fēng　冬天刮起的暴风，风将雪花儿刮得漫天飞舞，故名。

顶门儿雪　dǐng mánr xuě　在人们起床前即清晨下的大雪，大雪将住房的门顶住而推不开门。

哑巴冷　yǎ ba lěng　没有寒风的干冷。

臭雾　chòu wù　有臭味的雾。

虹　gàng　"虹"读 gàng。彩虹。

东虹 dōng gàng　东边出现的彩虹。

西虹 xī gàng　西边出现的彩虹。

双虹 shuāng gàng　同时出现的两条彩虹。

天儿 tiānr　天气。

天道 tiān dao　同"天儿"。

天头 tiān tou　同"天儿"。

连阴天儿 lián yīn tiānr　久阴不晴的天气。

假阴天儿 jiǎ yīn tiānr　似晴非晴，虽有薄云但不下雨的天气。

秋傻子 qiū shǎ zi　东北地区的秋天有一段较炎热的时段。这段时间气温较高，太阳灸晒，令人难以忍受，因此又被称为"秋傻子"。「例」这秋傻子天可真够热的，不知热到什么时候？

秋老虎 qiū lǎo hǔ　同"秋傻子"。「例」今年的秋老虎来得挺早啊，提前十来天！

小阳春 xiǎo yán chūn　同"秋傻子"。

秋埋汰 qiū mái tai　秋天的连阴雨。这种连阴雨对庄稼毫无用处，反而影响收成，同时到处泥泞不堪，行路困难，因此人们将这种连阴雨天称为"秋埋汰""埋汰秋"。「例」这秋埋汰可真叫人烦，不知什么时候才能停啊！

埋汰秋 mái tai qiū　同"秋埋汰"。

秋头子 qiū tóu zi　刚刚立秋后一段炎热时段，秋风大，气温高，正是收割、晾晒庄稼的最佳时节。「例」赶紧利用秋头子这段时间抢收大豆，晚了秋傻子一来就不赶趟了！

3. 地理

平川地 píng chuān dì　地势平坦的地方。

岗子地 gǎng zi dì　山岗子上的田地。

漫岗地 màn gǎng dì　丘陵上的田地。

涝洼地 lào wā dì　地势低洼、容易积水成涝灾的田地。

下洼地 xià wā dì　地势低洼、容易积水成涝的地方。

洼兜儿 wā dōur　地势低洼处。

沟塘子 gōu táng zi　同"洼兜儿"。

涝洼塘 lào wā táng　容易积水的沼泽地、低洼地。

蛤蟆塘 há ma táng　陷人的沼泽地。

崴子 wǎi zi　山或水甩弯的地方，常用于地名，如红毛崴子。

塄子 léng zi　田埂。

土塄子 tǔ léng zi　田埂。

坝塄 bà leng　高出水面的长形堆积体，主要指拦河坝。

地头地脑儿 dì tóu dì nǎor　田地边缘零零散散不成规模的土地。

大荒片儿 dà huāng piànr　大片的未开垦过的荒地。

紫荒地 zǐ huāng dì　未开垦的处女地。

撂荒地 liào huāng dì　种过后又荒芜的田地。

碱不辣地 jiǎn bù là dì　盐碱地。

碱巴拉地　jiǎn bā lā dì　同"碱不辣地"。

兔子不拉屎地　tù zi bù lā shǐ dì　同"碱不辣地"。

沙溜地　shā liú dì　沙土地。

露骨地　lòu gǔ dì　土层薄、砂石裸露的瘠薄地块。

沙包儿　shā bāor　沙土地中的沙堆。

黄土倔子　huáng tǔ jué zi　土质粘、易板结的黄土地。

黄土板儿　huáng tǔ bǎnr　同"黄土倔子"。

抹斜子　mǒ xié zi　形状偏斜、不规则的田地。

甸子　diàn zi　野外地势低矮的草地。

草甸子　cǎo diàn zi　同"甸子"。

野甸子　yě diàn zi　同"甸子"。

草垡子　cǎo fá zi　在草甸子里用铁锹切出的由草根盘结的泥块。这种草垡子是东北农村砌墙盖房、砌猪圈、砌仓房等主要建筑材料，还用它修筑迎水面堤坝。

塔头　tǎ tóu　低湿地中生长的由草根和泥土缠绕而成的一种墩状草。

塔头墩子　tǎ tóu dūn zi　同"塔头"。

塔头沟子　tǎ tóu gōu zi　生长墩状草的条状低湿地。

王八坑　wáng bā kēng　春夏之际，田地间出现的翻浆地。

酱缸　jiàng gāng　春夏之际发生的较深的翻浆地。

山尖儿　shān jiānr　山峰。

山顶　shān dǐng　大山最高处。

半山腰儿　bàn shān yāor　山腰。

蹬窝子　dèng wō zi　山腰的低洼处。

窝拉兜子　wō lā dōu zi　山谷。

窝拉蜷儿　wō lā quánr　同"窝拉兜子"。

山根儿底下　shān gēnr dǐ xià　山脚下。

沙坨子　shā tuó zi　沙地中体积较大的沙滩。

岗爪子　gàng zhǎo zi　山岗的余脉。

砬子　lá zi　山上耸立的大岩石。常用于地名。「例」长石砬子、炮台砬子等。

滚石砬子　gǔn shí lá zi　陡峭而有浮石的大岩石。

井湾子　jǐng wān zi　泉眼。

撅尾巴泉　juē yǐ ba quán　"尾"读 yǐ。山泉水。因打山泉水时要哈腰撅屁股，因此得名。

泡子　pǎo zi　"泡"读 pǎo。面积较小的水面，面积较大的称"湖"。常用于地名。「例」卧牛泡子、黑鱼泡子等。

水泡子　shuǐ pāo zi　"泡"读 pāo。同"泡子"。

海子　hǎi zi　湖泊、水泡子。

甩弯儿　shuǎi wānr　江河的转弯处。

江脸子　jiāng liǎn zi　最高水位线到江边之间的斜坡。

江滩　jiāng tān　江河中露出的砂石地。

江套子　jiāng tào zi　河套。

青沟　qīng gōu　大江大河封冻后，一条未全面冻实仅是一层薄冰面称为青沟，对行人尤为危险。

川口　chuān kou　两山夹一沟、两山夹一道水的地势。

地猫儿 dì māor 夹在地垄中间的半截垄。

地瞭子 dì liào zi 同"地猫儿"。

地眼儿 dì yǎnr 最肥沃的土地。

吊水壶 diào shuǐ hú 有瀑布的悬崖。

独眼道 dú yǎn dào 不分岔的道路。

驮子道 duò zi dào 驮驮子的牲口走的山路,泛指狭窄的山路。

鹅头峰 é tōu fēng 形似鹅头的山峰、悬崖。

掌子 zhǎng zi 山区中一块较小的平整地面。

（二）自然现象

荒火 huāng huǒ 自然或烧荒引起野外荒地的大火。

山火 shān huǒ 山林中燃起的大火。

酸菜味儿 suān cài wèir 渍酸菜发酵过程中散发出的难闻的气味。

胃气味儿 wèi qì weir 从胃里返上来的难闻的气味儿，即"打饱嗝儿"出来的味儿。

酒气味儿 jiǔ qì weir 喝酒后从胃里返上来的难闻的酒气味。

冻性味儿 dòng xing weir 蔬菜、瓜果或其他食品冷冻后融化过程中而产生的气味儿。

生性味儿 shēng xing weir 食物未烧熟时散发出的气味儿。

霉腥味儿 méi xīng weir 食品或其他物品发霉产生的气味儿。

汗腥味儿 hàn xīng weir 汗液或汗渍散发出的难闻气味。

雨腥味儿 yǔ xīng wèir 下雨前空气中的潮湿气味。

河洛 hé lou "河"字发重音，"洛"字 发轻音。衣物、纸张等物品被液体弄湿弄脏而留下的痕迹。

滞子 zhì zi　残留在物体表面的污渍。

戗茬儿 qiāng chár　①同物体的纹理相逆的方向。②说话或办事儿与对方意愿相反。

顺茬儿 shùn chár　①同纹理一致的方向。②按对方的意愿说话或办事儿。

毛茬儿 máo chár　未经修剪的衣物或未曾修整的物品的边缘。

白茬儿 bái chár　物体露出的本来面目或颜色。

地儿 dìr　衬托花纹或文字未曾人为修整本来面目的底部。

豁儿 huōr　豁口。

瘪儿 biēr　①物体表面凹处。②物体因外力变瘪。

瘪瘪儿 biē biēr　同"瘪儿"。

秃乎路 tū hū lù　"路"字发重音。①植物没有枝杈成光杆。②物体失去附属物件成为独立体。

疙瘩郎儿 gā da lángr　"疙瘩"读 gāda。物体两头细中间粗而凸起的部分。

疤瘌节子 bā la jié zi　物体表面留下的类似伤疤的痕迹。

跐圈 cī quān　自行车、畜力车、人力车的外车胎口迸离车圈。

地气 dì qì　①地下的凉气。②地下的气体与空气相交汇。民间认为地气可以增加人的寿命。

哈气 hā qì　①寒冷空气中，从口中呼出的成白雾状的水蒸气。②寒冷空气中，凝附在物体表面的水蒸气。

漫槽 màn cháo　大水漫过了河床，发大水的意思。

返盐 fǎn yán　盐碱地盐霜浮出地面的现象。

（三）季节 时间 节日

1. 季节

打春　dǎ chūn　立春。

春起　chūn qǐ　开春儿的时候。

春头子　chūn tóu zi　刚刚开春的一段时间。

春脖子　chūn bó zi　从立春开始到开犁的这段时间。立春早，如闰正、二、三月即称春脖子长，反之称春脖子短。

大夏天　dà xià tiān　盛夏。

五方六月　wǔ fāng liù yuè　炎炎夏日。

五黄六月　wǔ huáng liù yuè　炎炎盛夏。

五冬六夏　wǔ dōng liù xià　严冬盛夏，泛指一年四季。

头伏　tóu fú　初伏。二伏称中伏，三伏称末伏。

上秋　shàng qiū　立秋后。

小秋 xiǎo qiū 刚刚立秋的时候。

瓜秋 guā qiū 西瓜、香瓜等瓜类成熟上市的季节。

麦秋 mài qiū 小麦等麦类成熟后收割麦子的季节。

交九 jiāo jiǔ 进入从冬至开始的"九",即进入严冬，开始"数九"，东北地区的"三九"天最为寒冷。

冬月儿 dōng yuèr 农历十一月。

十冬腊月 shí dōng là yuè 泛指最寒冷季节。

死冷寒天 sǐ lěng hán tiān 特别寒冷的天气。

2. 时间

头儿年儿 tóur niánr 突出两个"儿"音。临近春节之前。

头儿年 tóur nian "头儿"字发重音并突出"儿"音。去年。

年根儿 nián gēnr 年底。

年根儿底下 nián gēnr dǐ xia 临近春节的一段时间。

本历年 běn lì nián 与自己生肖相同的年份，即出生年的属相年为自己的本历年，「例」庚寅年即为属虎人的本历年。

本命年 běn mìng nián 同"本历年"。

月根儿 yuè gēnr 月底。

今儿个 jīnr ge 今天。

今儿 jīnr 同"今儿个"。

明儿个　míngr ge　明天，也指将来。「例」赶明儿个我也出国旅游去。

明儿　míngr　明天。

后儿个　hòur ge　后天。

大后儿个　dà hòur ge　后天的第二天，即大后天。

昨儿个　zuór ge　昨天。

夜儿个　yèr ge　昨天晚上。

夜来后晌儿　yè lái hòu shǎngr　昨天晚上。

前儿个　qiánr ge　前天。

大前儿个　dà qiánr ge　大前天。

大天白日　dà tiān bái rì　整个白天。

早侵　zǎo qin　"早晨"的音变。

头晌儿　tóu shǎngr　上午。

前晌儿　qián shǎngr　同"头晌儿"。

前半晌儿　qián bàn shǎngr　同"头晌儿"。

头午　tóu wǔ　同"头晌儿"。

头半晌儿　tóu bàn shǎngr　同"头晌儿"。

东南晌儿　dōng nán shǎngr　上午九点到十点多钟这段时间。

晌火　shǎng huo　中午。

傍晌儿　bàng shǎngr　接近中午的时候。

晌火头儿　shǎng huo tóur　正中午时分。

大晌火头儿　dà shǎng huo tóur　正中午时分。

晌火头子 shǎng huo tóu zi 正中午非常炎热的一段时间。

后晌儿 hòu shǎngr 下午。

后半晌儿 hòu bàn shǎngr 同"后晌儿"。

过晌儿 guò shǎngr 同"后晌儿"。

下晌儿 xià shǎngr 同"后晌儿"。

贴晌 tiē shǎng 将近下午三点钟的一段时间

下晚儿黑儿 xià wǎnr hēir 晚上。

下黑儿 xià hēir 同"下晚儿黑儿"。

黑更半夜 hēi jing bàn yè 深夜，夜深人静之时。

三星晌火 sān xīng shǎng huo 三星当头之时，即午夜过后一段时间。

在早儿 zài zǎor 从前。

早年儿 zǎo niánr 泛指过去的一段时间。

早先年 zǎo xiān nián 泛指过去的一段时间。

一小儿 yì xiǎor 小的时候。

起小儿 qǐ xiǎor 同"一小儿"。

才刚儿 cái gāngr 刚才。

头刚儿 tóu gāngr 刚才，不一会儿。

如今晚儿 rú jīn wǎnr 现在，眼下。

现前儿 xiàn qiánr 眼下，眼前。

眼目前儿 yǎn mù qiánr 眼下，目前。

眼时 yǎn shí 现在。

末后了儿 mò hòu liǎor 最后，最终。

拉末了儿 là mò liǎor 同"末后了儿"。

临了儿 lín liǎor 即将结束，即将完成之际。

临末了儿 lín mò liǎor 同"临了儿"。

临穷末晚 lín qióng mò wǎn 到最后的关键时刻。

前后脚儿 qián hòu jiǎor 指前一个人刚走或来，后一个人就走或来。形容前后相离时间极短。

脚前脚后 jiǎo qián jiǎo hòu 同"前后脚儿"。

这前儿 zhèi qiánr "这"读 zhèi。这时候。

这咱 zhè zǎn 同"这前儿"。

这么咱 zhè me zǎn 同"这前儿"。

那前儿 nèi qiànr "那"读 nèi，下同。那时候。

那咱 nèi zǎn 同"那前儿"。

那么咱 nèi me zǎn 同"那前儿"。

啥前儿 shá qiánr 什么时候。

多咱 duó zǎn 什么时候，疑问代词。

什么前儿 shén me qiánr 什么时候。

这程子 zhèi chéng zi 这阵子。

那程子 nèi chéng zi 那阵子。

哪程子 něi chéng zi 哪阵子。

八百辈子 bā bǎi bèi zi 虚指很早以前，很长时间之前。

猴年马月 hóu nián mǎ yuè 夸张性用语，遥遥无期，不知等到哪一年。「例」我要当上大款，还不得猴年马月啊！

鬼眨眼儿 guǐ zhǎ yǎnr 冬天天快亮前最冷的一段时间。

鬼呲牙 guǐ cī yá 同"鬼眨眼儿"。

3. 节日

大年三十儿 dà nián sān shír 春节。农历十二月三十日，即除夕日。

三十儿 sān shír 除夕日。

年三十儿 nián sān shír 同"三十儿"。

三十儿晚上 sān shír wǎn shang 除夕之夜。

三十儿下晚儿 sān shír xià wǎnr 同"三十儿晚上"。

三十儿下晚儿黑儿 sān shír xià wǎnr hēir 同"三十儿晚上"。

年五更 nián wǔ jīng 除夕深夜。

阳历年 yáng lì nián 元旦。

阴历年 yīn lì nián 农历正月初一，即春节。

大年初一 dà nián chū yī 农历正月初一。

米娘娘生日 mǐ niáng niang shēng ri 主要是商家祭财神，一般人家也要祭财神。

开斋日 kāi zhāi rì 同"米娘娘生日"。

祭财神日 jì cái shen rì 同"米娘娘生日"。

破五儿 pè wǔr 农历正月初五，俗称"破五儿"。民间认为这一日是财神生日，诸多禁忌此日皆可破，最重要的内容是迎财神、开市贸易。

送穷日 sòng qióng rì 农历正月初六，民间认为这一日为祭送穷神（穷鬼）日，送走穷困，迎接新的一年美好生活。

人七日 rén qī rì 指农历正月初七、十七、二十七这三天。民间传说，女娲造天第七天造出来人，为"人类的生日"。民间认为这几日是"人日子"。

人日子 rén rì zi 同"人七日"。

石头生日 shí tou shēng ri 农历正月初十。这一日,石磨、石碾等一切石器均不能动。

龙抬头 lóng tái tóu 农历二月初二。民间传说，这一日玉龙回到天庭,继续为人间行云布鱼。民间习俗有为小孩理发"剃龙头"，吃爆米花。

二月二 èr yuè èr 同"龙抬头"。

娘娘庙会 niáng niang miào huì 农历四月十八日。

雨节 yǔ jié 农历五月十三日。民间认为这一天是雨节，要祭拜龙王。

虫王节 chóng wáng jié 同"雨节"。

七月七 qī yuè qī 农历七月初七日，即乞巧节。民间传说，这一天是牛郎织女鹊桥相会的日子，今已演变成"情人节"。

鬼节 guǐ jiě 农历七月十五日。民间认为这天为鬼节，道教称中元节,佛教称盂兰节,要祭拜先祖和故去的亲人，超度亡灵。

盂兰盆会 yǔ lán pén huì 农历七月十五日，佛教称盂兰节，民间要举行盂兰盆会，超度亡灵。

八月节 bā yuè jiě 中秋节。

八月十五 bā yuè shí wǔ 同"八月节"。

团圆节 tuán yuán jiě 同"八月节"。

九月九 jiǔ yuè jiǔ 重阳节。后将这一日定为"敬老节"。

仙节 xiān jiě 同"九月九"。

鬼王节 guǐ wáng jiě 农历十月初一日。民间认为这天为鬼王节，即"送寒衣节"，来源于孟姜女的传说。

冬节 dōng jiě 阳历 12 月 22 日或 23 日。即"冬至节"，民间主要向父母尊长祭拜、吃馄饨、吃饺子、宰羊吃羊肉，官府则休假相互拜访。

腊八儿 là bār 农历腊月初八。民间这一日要喝腊八粥，开始采买年货准备过年。

腊八节 là bā jiě 同"腊八儿"。

小年儿 xiǎo niánr 农历腊月二十三日。民间这一日要打扫厅厨、吃灶糖、送"灶王神"，祈求灶王爷"上天言好事"。

灶王节 zhào wáng jiě 同"小年儿"。

祭灶节 jì zhào jiě 同"小年儿"。

（四）方位 量词

1. 方位

东边儿旮儿 dōng biānr lǎr 东边。

西边儿旮儿 xī biānr lǎr 西边。

南边儿旮儿 nán biānr lǎr 南边。

北边儿旮儿 běi biānr lǎr 北边。

上边儿旮儿 shàng biānr lǎr 上边。

下边儿旮 xià biānr lǎr 下边。

前边儿旮 qián biānr lǎr 前边。

后边儿旮 hòu biānr lǎr 后边。

左边儿旮 zuǒ biānr lǎr 左边。

右边儿旮 yòu biānr lǎr 右边。

旁边儿旮 páng biānr lǎr 旁边。

这边儿旮 zhè biānr lǎr 这边。

那边儿旮　nà biānr lǎr　那边。

一边儿旮　yì biānr lǎr　一边。

里边儿旮　lǐ biānr lǎr　里边。

外边儿旮　wài biānr lǎr　外边。

哪边儿旮　nǎ biānr lǎr　哪边儿，什么地方。

哪旮溜儿　nǎ lǎ liùr　什么地方。

哪旮块儿　nǎ lǎ kuàir　什么地方。

这旮儿块儿　zhè lǎr kuàir　这一块儿，这一带。

这旮儿溜儿　zhè lǎr liùr　同"这旮儿块儿"。

那旮块儿　nà lǎ kuàir　那一块儿，那一带。

那旮儿溜儿　nà lǎr liùr　同"那旮块儿"。

脚底下　jiǎo dǐ xià　脚下边。

尽顶上　jǐn dǐng shàng　最上边。

尽底下　jǐn dǐ xià　最下边。

头前儿　tóu qiánr　前边。

后尾儿　hòu yǐr　"尾"读 yǐ。后边，最后。

大前边儿　dà qián biānr　最前边。

大头前儿　dà tóu qiánr　同"大前边儿"。

大后尾儿　dà hòu yǐr　"尾"读 yǐ。最后边。

大后边儿　dà hòu biānr　同"大后尾儿"。

右手儿　yòu shǒur　右边。

左手儿　zuǒ shǒur　左边。

当间儿　dāng jiànr　中间，正中间。

正当间儿 zhèng dāng jiànr 正中央。

半当腰 bàn dāng yāo 不上不下的中间或当中位置。

半截腰 bàn jié yāo 同"半当腰"。

半截落儿 bàn jié làor 半途，中途。

半半落儿 bàn bàn làor 同"半截落儿"。

半落儿 bàn làor 同"半截落儿"。

伴旮 bàn lǎ 身边儿，旁边儿。

跟前儿 gēn qiánr 附近，眼前。

眼皮底下 yǎn pí dǐ xià 同"跟前儿"。

这疙瘩 zhèi gā da "疙瘩"读gāda，下同。这块儿，这里。

那疙瘩 nèi gā da "那"读nèi。那块儿，那里。

哪疙瘩 něi gā da 哪里，什么地方。疑问代词。

转圈儿 zhuàn quānr 周围，四周。

四圈儿 sì quānr 同"转圈儿"。

一圈儿 yì quānr 同"转圈儿"。

把头儿 bǎ tóur 成趟住房第一家或一端。

堵头儿 dǔ tour 最尽头，最深处。

旮旯儿 gā lár 偏僻的小地方。

背旮旯儿 bèi gā lár 偏僻的角落。

犄角旮旯儿 jī jiǎo gā lár ①偏僻角落。②不常用、不常见的地方。

浮头儿 fú tóur 最上边，表面。

浮上儿 fú shàngr 同"浮头儿"。

2. 量词

百儿八十 bǎir bā shí　接近 100 的数目，概数。

千儿八百 qiānr bā bǎi　1000 左右的数目，概数。

万儿八千 wànr bā qiān　10000 左右的数目，概数。

斤八儿的 jīn bār de　1 斤左右，概数。

毛儿八七儿的 mǎor bā qīr de　"毛"读 mǎo。人民币数量，七、八毛钱或几毛钱，不足 1 元钱。

一下儿 yí xiàr　容器装满的数量。「例」筐里装了满满一下儿。

一下子 yí xià zi　同"一下儿"。

一泡儿 yí pàor　相当多的一笔数量，概数。如每年都要交取暖费，这是不小的一泡儿钱！

一大泡儿 yí dà pàor　同"一泡儿"。

一大些 yí dà xiē　不少，相当多。概数。「例」别看这么一大些人，其实一个出息的也没有！

一丢丢 yì diū diu　一点点儿，很少一点儿，概数。「例」给我一丢丢就行，多了也没用！

一丁丁 yì dīng ding　同"一丢丢"。

一抿子 yì mǐn zi　很少的一份儿，概数。「例」这一抿子那一抿子，也得不少钱！

一豁豁 yì huō huo 从大拇指尖到食指尖不展开的一段长度，不是具体长度，而是虚指，即表示很短，是一种讽刺性用语。「例」就你那一豁豁长的小短腿儿，也配穿西裤？

一扎 yì zǎ "扎"读 zǎ。民间常用的一种长度，即一只手大拇指尖到中指尖充分展开的一段长度。「例」桌子长度正好 5 扎。

庹 tǎo 民间常用长度。成年人两臂充分展开，从一只手的中指尖到另一只手的中指尖的一段长度。「例」这棵大树树围两庹还多！

半拉儿 bàn lǎr 半个，一半儿。「例」刚吃了半拉儿月饼就饱了。

半下 bàn xià 容器装到一半的数量。「例」给我倒半下酒就行，多了也喝不了！

单儿 dānr 单数。

双儿 shuāngr 双数。

双儿 shuàngr "双"读 shuàng。一对儿，双胞胎。「例」老孙家生了个一对儿双儿！

整儿 zhěngr 整数而没有单或零头儿。「例」我每月开支 3000 元整儿！

个儿 gěr "个儿"读 gěr，突出"儿"音。不够成双或成对儿而成单。「例」六对儿零一个儿。

米毛儿 mǐ máor 英制毫米。

子儿 zǐer 一束，一把儿。「例」给我拿几子儿挂面。

沓子 dá zi 一叠儿，一摞儿。「例」这么一沓子钱，够数一阵子了！

捏儿 niēr 用大拇指、食指或大拇指、食指、中指夹取的很少的数量。「例」菜有点儿淡，再加一小捏儿盐！

掐儿 qiār 用大拇指与其他指尖儿共同握起的很少的数量。「例」炒土豆丝再加一掐儿韭菜就更好吃了！

冲 chòng "冲"读 chòng。副，打儿，一个整体的数量。「例」一冲扑克，一冲麻将。

杆儿 gǎnr 股，主要用于液体的喷射状态。「例」汽车漏油了，一杆儿一杆儿往外喷！

悠儿 yōur 批，伙儿。多用于接待客人的批次。「例」孩子办喜事儿，人客（qiě）真叫旺，一天接待了好几悠儿客人！

起儿 qǐr 遍，次。「例1」我叫你好几起儿了，你怎么听不见？「例2」这件事儿说你几起儿了，你怎么就是改不了？

气儿 qìr 两次间歇中的段落或间歇的时间。「例」干了好大一气儿了，该歇歇了！

大多 dà duō 超出某一数量很多。「例」都30〔岁〕大多了，怎么也不找个对象？

啷当 lāng dāng "啷当"两字均发重音。多一些，多出一点儿，不是准确数字。「例」都50啷当岁了，到现在也不成个家！

溜儿 liùr 排，行。「例」人排成了两溜儿。

墩儿 dūnr 堆，簇。「例」树趟子里有一墩儿蘑菇。

行 xíng 层，多指表面一层。「例」水面儿上一行蜻蜓。

铺拉 pū la "铺"读 pū，下同。一大片儿，虚指而不是实数。「例」瞧你铺拉的这一大片儿！

铺子 pū zi 多用于农村割地时的计量单位，割下的庄稼随割随放在陇台上，约一抱为一铺子。

骨碌 gū lu 一段，一节儿。「例 1」这么精彩的电视剧刚演了一骨碌就停电了！「例 2」你把那棵木头截成三骨碌！

骨节儿 gū jier 同"骨碌"。

丈 zhàng ①量词，专用于表明人参园的面积，一般长一丈、宽三尺为一畦。②量词，专用于打牌，四人玩牌，顺时针算每人玩十八把满一丈，其中十二把为一枪，六枪为一丈。

（五）野生动物

1. 野生动物

野牲口 yě shēng kou 泛指各种野生动物。

山猫野兽儿 shān māo yě shòur 同"野牲口"。

野物 yě wù 泛指山林里的野生动物和野生禽类。

老虎妈子 lǎo hǔ mā zi 老虎。

大爪子 dà zhuǎ zi 老虎。

山神爷 shān shén yé 老虎。

山把头 shān bǎ tóu 同"山神爷"。

老把头 lǎo bǎ tóu 同"山神爷"。

老虎屪子 lǎo hǔ liáo zi 老虎的阴茎，名贵药材。一种植物也称"老虎屪子"。

张三儿 zhāng sānr 狼。

豺狼子 cái láng zi 很瘦的狼。

熊瞎子 xióng xiā zi 黑熊、棕熊的总称。因黑熊视力较差,故名。

黑瞎子 hēi xiā zi 黑熊。

蹲仓 dūn cāng 黑熊冬眠。黑熊有冬季不吃不动躲在树窟窿里越冬的习性。

走驼子 zǒu tuó zi 体大凶猛的黑熊。

狗驼子 gǒu tuó zi 幼小尚未成长的黑熊。

猫驼子 māo tuó zi 同"狗驼子"。

狴达狴 hān da hān 驼鹿,俗称"四不象"。

四不象 sì bù xiàng 驼鹿,因其头象像驴、蹄像牛、尾像马、身像牛而得名。麋鹿、驯鹿均俗称"四不象",但东北方言中的"四不像"特指驼鹿,即狴达狴。

狴鼻子 hān bí zi 驼鹿的鼻子,一种名贵东北特产,与熊掌齐名,主要用来炒菜食用,清脆可口。

小肥猪儿 xiǎo féi zhūer 獾。

貉儿 háoer 貉子。

山狸子 shān lí zi 山猫。

快马狸 kuài mǎ lí 同"山狸子"。

黄皮子 huáng pí zi 黄鼬。

黄鼠狼 huáng shǔ láng 同"黄皮子"。

黄仙 huáng xiān 同"黄皮子"。民间认为黄鼬有神气,故名。

艾虎子 àihǔ zi 艾虎,又名地狗、鸡貂、两头乌,嘴尖而黑,体形外貌与黄鼠狼相似。

山跳儿 shān tiàor 野兔。

跳猫子 tiào māo zi 同"山跳子"。

跳猫儿 tiào māor 同"山跳子"。

野跳儿 yě tiàor 同"山跳子"。

刺猥猥 cì wéi wei 刺猬。

耗子 hào zi 老鼠。

花鼠子 huā shǔ zi 田鼠。

水耗子 shuǐ hào zi 麝鼠。

豆杵子 dòu chǔ zi 鼹鼠。

瞎目杵子 xiā mù chǔ zi 鼹鼠。因其常年生活在地下洞穴之中视力极差而得名。

绕尾巴兔儿 rào yǐ ba tù 兔子的一个品种。头似鼠，前腿短，后腿长，尾长，极善跳跃，尾巴绕一圈跳一下，故名。

花丽棒子 huā li bàng zi ①松鼠。因其毛皮有花色条纹而得名。②皮上有花斑的青蛙、鱼。

长虫 cháng chong 蛇的俗称。

野鸡脖子 yě jī bó zi 一种花脖子的有毒蛇。

野鸡翎子 yě jī líng zi 野鸡即环颈雉的后尾长翎。

2. 飞禽

雀儿 qiǎor 对小型飞禽的总称。

家雀儿　jiā qiǎor　"雀"读作 qiǎo。麻雀的总称。

大家贼　dà jiā zéi　大麻雀。

老家贼　lǎo jiā zéi　同"大家贼"。

鹁鸽子　bǔ gē zi　鸽子。

鹁鸽儿　bǔ gēr　同"鹁鸽子"。

野鸡　yě jī　环颈雉，也叫"山鸡"，雄鸡羽毛华丽。野鸡为著名美味佳肴，野生野鸡为国家保护动物。

水鸭子　shuǐ yā zi　野鸭，双宿双飞，为国家保护动物。

水乍腊子　shuǐ zhà là zi　翠鸟。

沙半斤儿　shā bàn jīnr　松鸡，山鹑，又名半翅子、沙鸡，因其体重每只约半斤重，故名。

飞龙　fēi lóng　学名榛鸡，味道极佳，曾为清廷贡品，为大兴安岭"八珍"之一。

苏雀　sū qiǎo　"雀"读 qiǎo，下同。一种额头及胸部生有红毛的山雀，大小形状均如麻雀。

铁雀　tiě qiǎo　一种体型和外貌极像麻雀的小型飞鸟。东北地区名菜"香酥铁雀""炸铁雀"即此鸟。

黑老鸹　hēi lǎo gua　乌鸦。

大嘴儿老鸹　dà zuǐer lǎo gua　同"黑老鸹"。

奇鹊　qí què　"喜鹊"的变音。

花脖儿老翁　huā bór lǎo wēng　喜鹊。

臭咕咕　chòu gú gu　布谷鸟。

叨木冠子　dāo mù guān zi　啄木鸟。

长脖儿老等 cháng bór lǎo děng 一种脖长腿长的水鸟，即苍鹭的俗称，因其常常在水中扬起长长的脖子等待鱼儿而得名。

老鹞子 lǎo yào zi 鹰的通称。

夜猫子 yè māo zi 猫头鹰。

海东青 hǎi dōng qīng 玉爪鹘，羽毛非常珍贵。

叫天雀 jiào tiān què 云雀鸟。

窝楞 wō leng 同"叫天雀"。

蓝大胆儿 lán dà dǎnr 鸟名，灰体，不怕人。

燕别咕 yàn bié gu 蝙蝠。

3. 昆虫

蝇子 yíng zi 苍蝇，也泛指蝇类昆虫。

蚂蛉 mā ling 蜻蜓的统称。

蚂螂 mā lang 同"蚂蛉"。

黄毛子 huáng máo zi 一种黄色大蜻蜓。

瞎蠓 xiā méng 牛虻。

瞎眼儿蠓 xiā yǎnr méng 同"瞎蠓"。

大眼儿蠓 dà yǎnr méng 体大的牛虻。

卡嘴虻 qiǎ zuǐ méng 林区特有的一种专咬牲畜的大黑蝇。

小咬儿 xiǎo yǎor 一种蚊类昆虫，体较小，吸人畜血。

刨锛儿 páo bēnr 林区的一种蚊类昆虫，吸食人血。

草爬子 cǎo pá zi 一种爬在人体皮肤上吸血而不下来的小昆虫，学名蜱虫，也称森林壁虱，形体大小极象臭虫，头部有倒戗刺儿，钻进去拔不出来，因其叮住人畜吸血时口器伸入皮肤越叮越紧，故名。可传染脑膜炎等疾病。

蚂蟥 mā ti 水蛭。

水摸牛 shuǐ mō niú 蜗牛。

磨磨牛 mò mo niú 蜗牛。因行动缓慢、头上有一对触角似牛而得名。

蹦虫儿 bèng chóngr 一种水生虫类，体小，可用做鱼食。

线儿蛇 xiànr shé 一种水生虫类，体细长似线，可用做鱼食。

盖盖虫 gài gài chóng 甲虫。

地牤牛 dì māng niú 一种甲虫，因其力大，故名。

屎壳郎 shǐ ke lāng 蜣螂。

扁担勾 biǎn dàn gōu 螳螂的俗称。

蚂蚱 mà zha 蝗虫。

龙虱子 lóng shi zi 一种夏天聚集在灯光下的黑壳甲虫，肉可食。

蝲蝲蛄 là la gǔ 蝼蛄。冷水甲壳类昆虫，形体极像小龙虾，煮熟后遍体通红，味道鲜美。

癞癞蛛 lài lai zhū 大蜘蛛。

羊剌子 yáng lá zi 毛毛虫。

羊剌罐儿 yáng lá guànr 羊剌子赖以生存的外壳。

量天尺 liáng tiān chǐ 尺蠖。

吊死鬼儿 diào sǐ guǐr 能吐丝使身体从树上垂吊下来的虫子。是对这种虫子形象的称呼。

蜜虫 mì cong 蚜虫。

腻虫 nì cong 同"蜜虫"。

花大姐 huā dà jiě 瓢虫的通称。

茧蛹 jiǎn yǒng 柞蚕蛹。

跳子 tiào zi 跳蚤。

狗蹦子 gǒu bèng zi 同"跳子"。

老臭 lǎo chòu 臭虫。

老蟑 lǎo zhāng 蟑螂。

蠢虫 chǔn chóng 蛇。

颁虫巂 bān chóng guī 同"蠢虫"。

小龙儿 xiǎo lóngr 蛇。用于生肖时称"小龙儿"。

长虫 cháng chóng 同"小龙儿"。

曲蛇 qǔ shé 蚯蚓。

蚩虫 chī chóng 同"曲蛇"。

地龙 dì lóng 同"曲蛇"。

钱串子 qián chuàn zi 蜈蚣。

草鞋底 cǎo xié dǐ 一种节肢动物，因形似草鞋，故名。

草鞋底子 cǎo xié dǐ zi 同"草鞋底"。

马蛇子 mǎ shé zi 壁虎。

蹦虫儿 bèng chóngr 一种水生虫类，体小善跳，可用作鱼食。

饿皮虱子 è pí shī zi 泛指尚未吃饱的虱子。

叫哥哥 jiào gē ge 蝈蝈。

山叫驴 shān jiào lú 蝈蝈的一种，翅长而体轻，叫声响亮。

扑拉蛾子 pū la é zi 蛾子。

扑楞蛾子 pū lēng é zi 同"扑拉蛾子"。

蝎子箭 xiē zi jiàn 蝎子尾巴上的毒针。

羊拉罐儿 yáng lá guànr 毛毛虫的虫蛹和它赖以生存的壳儿。

羊蝲子 yáng lá zi 一种有毒的毛毛虫。

4. 鱼类

鲤子 lǐ zi 鲤鱼。

鲤鱼拐子 lǐ yú guǎi zi 个体较小的鲤鱼。

鲫瓜子 jǐ guā zi 鲫鱼。

鲫鱼瓜子 jǐ yú guā zi 同"鲫瓜子"。

鲫鱼花子 jǐ yú huā zi 鲫鱼中的小鲫鱼

泥鳅狗子 ní qiu gòu zi "狗"读 gòu。泥鳅。

黑鱼棒子 hēi yú bàng zi 黑鱼，即乌鳢。

狗鱼棒子 gǒu yú bàng zi 狗鱼。

胖头 pāng tou "胖"读 pāng，发重音，下同。鲢鱼。

胖头鲢子 pāng tou lián zi 个体较小的鲢鱼。

山胖头 shān pāng tou 葛氏鲈塘鳢。

怀头 huái tóu 鲇鱼中的一种，即"六须鲇"。

怀子 huái zi 形状极像鲇鱼，头大，体两侧有金色条纹。

青根 qīng gēn 青鱼。

草根棒子 cǎo gēn bàng zi 同"青根"。

三花五罗 sān huā wǔ luó 黑龙江省名贵鱼种。鳌花鳜鱼、鳊花鳊鱼、鲫花谓之"三花"；哲罗、法罗三角鲂、铜罗、胡罗、雅罗谓之"五罗"。

嘎牙子 gǎ yá zi 黄鱇鱼、乌苏里鮠均称"嘎牙子"。

老头儿鱼 lǎo tóur yú 鲈鱼。

华子鱼 huá zi yú 东北雅罗鱼。

塔嘛鱼 tǎ ma yú 鳎目鱼。

黄姑子 huáng gū zi 黄尾姑。

板黄 bǎn huáng 细鳞斜颌姑。

吉花 jí huā 花鲭鱼。

吉勾 jí gōu 同"吉花"。

柳根儿鱼 liǔ gēnr yú 绦鱼。

柳根儿沉 liǔ gēnr chén 同"柳根儿鱼"。

柳根池 liǔ gēn chí 同"柳根儿鱼"。

大马嘴 dà mǎ zuǐ 黑龙江马口鱼。

扁担勾儿 biǎn dɑn gōur 东北薄鱼。

砂葫芦 shā hú lu 东北邻颌顺鲌。

鳇鱼小舅子 huáng yú xiǎo jiù zi 黑龙江杜父鱼。

鳇鱼舅舅 huáng yú jiù jiu 同"鳇鱼小舅子"。

七星子 qīng xīng zi 七鳃鳗。

牛尾巴 niú wěi bɑ 乌苏里鳅。

川钉子 chuān dīng zi 蛇鲌。

突吻鲌 tū wěn jū 同"川钉子"。

花鲇鱼 huā nián yú 嘁鳙鱼。

山鲇鱼 shān nián yú 江鳕。

岛子 dǎo zi 翘嘴红鲌。

七粒浮子 qī lì fú zi 鲟鱼。

细鳞 xì lín 细鳞鱼，分为"山细鳞"和"江细鳞"两种。

黑老鸹脚 hēi lǎo guā jiǎo 东北鲸。

老母猪鱼 lǎo mǔ zhū yú 同"黑老鸹脚"。

哲罗 zhē luo 哲罗鱼，黑龙江名贵鱼种"五罗"之一。

刀鱼 dāo yú 带鱼。

镰刀鱼 xián dāo yú 同"刀鱼"。

海勒摸儿 hǎi le mēr 田螺。

蛤蜊 gǎ lɑ 河蚌。

蛤蜊瓢儿 gǎ lɑ piáoer 蚌壳。

草虾 cǎo xiā 湖沼中生长的小毛虾。

蝼蛄虾　lóu gu xiā　一种头象螃蟹，尾象蝼蛄的虾。

蟹子　xiè zi　螃蟹。

墨斗鱼　mò dǒu yú　乌贼。

青乖子　qīng guāi zi　青蛙。

母抱子　mǔ bào zi　雌青蛙。

癞蛤蟆　lài há ma　蛤蟆。

癞唧吧子　lài jī bā zi　同"癞蛤蟆"。

草蛙儿　cǎo wār　一种身体全绿的青蛙。

金道子　jīn dào zi　①身上有黄线条的青蛙。②带有黄条纹的香瓜。

哈什蚂　hà shi mǎ　"蚂"读 mǎ。哈什蚂有哈什蟆、田鸡、中国林蛙、东北林蛙等多种称呼，既是美味佳肴，又是名贵药材。

蛤蟆骨朵儿　há ma gù duor　"骨"读 gù，并发重音。蝌蚪。

春鱼片子　chū yú piàn zi　春天投放的鱼苗。

甩子　shuǎi zi　"子"字发重音。指雌鱼排卵。

（六）森林树木　野生植物

1. 森林树木

林子　lí zi　森林、树林的通称。

老林子　lǎo lí zi　森林，一般指原始森林即"深山老林"之意。

白松　bái sōng　松树树种之一。

臭松　chòu sōng　松树树种之一。

鱼鳞松　yú lín sōng　松树树种之一。

樟子松　zhāng zi sōng　松树树种之一。

黄花儿松　huáng huār sōng　松树树种之一。

曲柳儿　qǔ liǔr　水曲柳树。

花蜡子　huā là zi　水曲柳木的一种，宜做家俱面儿。

条子　tiáo zi　树木细长的枝条。「例」柳树条子、松树条子。

松塔　sōng tǎ　偃松、红松等松树所结的果实，也称松果，可食用，也可榨油。状如佛塔，故名。

松树塔 sōng shù tǎ 同"松塔"。

松油子 sōng yóu zi 松树所溢出的油脂。

松明子 sōng míng zi 利用松树油子做成的火把。

松树毛子 sōng shù máo zi 松针，主要指落叶松的松针，可入药。

小叶樟 xiǎo yè zhāng ①杨树的一个品种。②多年生草本植物，多生低洼处，叶细长，茎分节。

核桃楸子 hé tao qiū zi 野核桃树。

自来旧儿 zì lái jiùr 楸木的别称。

榆树钱儿 yú shù qiǎnr "钱儿"读"qiǎnr"。榆树结出的籽实，状如旧铜钱而小，可食用。

柳毛狗儿 liǔ máo gǒuer 柳枝上春天结出的绒球儿。

毛毛狗儿 máo máo gǒuer 同"柳毛狗儿"。

柳条通 liǔ tiáo tòng "通"读 tòng。低矮茂密的柳树丛。

柳毛子 liǔ máo zi 低矮的小柳树。

高丽柞 gāo li zuó 柞树的一种。

玻璃棵子 bō li kē zi 低矮丛生的柞树。

玻璃哄子 bō li hòng zi 同"玻璃棵子"。

榛柴棵子 zhē chái kē zi ①结榛子的榛树丛，可用于烧火取暖做饭。②泛指丛杂的草木。

树趟子 shù tàng zi 成行的灌木。

树棵子 shù kē zi 低矮丛生的灌木。

王八骨头 wáng ba gǔ tou 灌木名，即金银忍冬。

马尿臊 mǎ niào sāo 灌木名。

暴马子 bào mǎ zi 灌木名。一种可以作中草药材的坚硬而耐腐朽的木材，中草药名为白丁香。

老虎豂子 lǎo hǔ liáo zi 灌木名，茎有细密的刺儿。

刺老牙 cì lǎo yá 灌木名。茎有刺儿，顶尖嫩叶刚生出时可食。

叉巴拉 chā ba là "拉"字发重音。树或其他植物分枝形成的"丫"体。

树丫子 shù yā zi 树杈。

树丫巴儿 shù yā bar 同"树丫子"。

树卡巴儿 shù kā bar 同"树丫子"。

卡不腊儿 kā bu làr 树杈的分岔处。

歪脖儿树 wāi bór shù 树干上部歪向一边的树。

木头轱辘儿 mù tou gū lur 截成段儿的木头。

原条 yuán tiáo 被伐倒后没有进行修整造材的整棵树木。

站杆 zhàn gān 枯死后仍然站立不倒的大树。

老头儿树 lǎo tóur shù 根粗而梢细、树冠大而枝干短的活立木。

驴尾巴树 lú yǐ ba shù "尾"读"yǐ"。同"老头儿树"。

腊杆子 là gǎn zi 秃梢而无大树冠的大树。

迎门树 yíng mén shù 距被伐倒的大树较近的对面的大树。

迎门挂 yíng mén guà 同"迎门树"。

水灌子 shuǐ guàn zi 长期被水浸泡达到饱和状态的死树。

红糖包 hóng táng bāo 内部严重腐烂的大树。

佛爷座子 fé yé zuò zi 大树伐倒后留下的树墩子。

佛爷龛 fé yé kān 同"佛爷座子"。

吊死鬼 diào sǐ guǐ 垂挂在树杈上的大树枝。一种虫子也称"吊死鬼"。

木头疙瘩 mù tou gā da "疙瘩"读gā da。盘根错节的木头。

倒木 dǎo mù 死亡而倒伏的大树。

浪木 làngmù 长期漂浮在水中的树根腐烂后剩下最坚硬部分，是制做根雕的极好材料。

火燎杆儿 huǒ liáo gǎnr 被大火烧过的死树。

蚂蚁哨 mǎ yǐ shào 被虫蛀蚀过的木头。

糟烂箱 zāo làn xiāng 严重朽烂的木头。

雷殛木 léi jī mù 雷电击过的木头。民间传说此木能避邪。

飞刀 fēi dāo 棠槭树的果实。

飞花 fēi huā 飞扬的杨树絮。

树栽子 shù zhāi zi 供移栽的树苗。

2. 野生植物

猴腿儿 hóu tuǐr 一种蕨类植物，茎上有毛，故名。

广东菜 guǎng dōng cài 野菜，似蕨。

哲麻子 zhē má zi 野菜，茎叶有刺，蜇人，故名。

扫帚菜 sào zhou cài 地肤。苗成熟后可绑扎扫帚，故名。

扫帚苗儿 sào zhou miáor 同"扫帚菜"。

小根蒜 xiǎo gēn suàn 根似蒜，但较普通蒜头略小。

猪毛菜 zhū máo cài 老时扎人，种子可用作饲料喂猪等。

猫爪子菜 māo zhuǎ zi cài 野菜，形似猫爪，故名。

猫耳朵菜 māo ěr duo cài 野菜，可入药。

乔目菜 qiáo mu cài 苣荬菜。

蕨菜 jué cài 山野菜之一，营养丰富，有"野菜之王"之称，为主要出口林产品之一。

苣荬菜 qǔ mai cài 多年生野生草本植物，嫩叶可生食，全身入药。

明叶儿菜 míng yèr cài 野菜，叶有光泽。

柳蒿 liǔ hāo 蒿类植物丘柳蒿，嫩时可食

柳蒿芽 liǔ hāo yá 丘柳蒿的嫩芽，可食用，为东北地区特色食品。

车轱辘草 chē gú lu cǎo 车前草，嫩芽可食用。

车轱辘菜 chē gú lu cài 同"车轱辘草"。

猪耳朵草 zhū ěr duo cǎo 同"车轱辘草"。

和尚头 hé shang tóu 桔梗。

万年松 wàn nián sōng 又名"老虎爪"〔zhuǎ〕。中草药卷柏，可入药。

戳老婆针儿 chuǒ lǎo po zhēnr 鬼针草。一种籽端带有倒

钩双刺、附着力很强的草，可入药，中草药名为"蚊床子"。

　　拙老婆针儿 chuǒ lǎo po zhēnr　同"戳老婆针儿"。

　　鬼刺儿草 guǐ cìer cǎo　同"戳老婆针儿"。

　　串地龙 cuàn dì lóng　穿龙薯蓣，可入药。

　　山葱 shān cōng　藜芦，可入药。

　　爬山秧 pá shān yāng　蝙蝠葛，可入药。

　　猫眼草 māo yǎn cǎo　狼毒，可入药。

　　黄瓜香 huáng guā xiāng　地榆，可入药。

　　狼牙草 láng yá cǎo　一种中药药名。

　　蚂蚁菜 mǎ yǐ cài　马齿苋，可入药。

　　赖毛子 lài máo zi　鹤尸，可入药。

　　耗子花儿 hào zi huār　白头翁，可入药。

　　羊奶子 yáng nǎi zi　白薇，可入药。

　　山苞米 shān bāo mǐ　玉竹，可入药。

　　败酱草 bài jiàng cǎo　小蓟，可入药。

　　兔子拐棍儿 tù zi guǎi gùnr　荆介，可入药。

　　独根草 dú gēn cǎo　列当。

　　路林 lù lín 中草药铃兰，有剧毒。

　　黄柀椤 huáng bō luo　黄蘗树。

　　香马料 xiāng mǎ liào　草甸子上生长的一种野草。

　　走马芹 zǒu mǎ qín　生于低湿地，有毒，但牲畜喜食。

　　鬼叉儿 guǐ chār　生于低湿地，种子有叉状刺，常粘附在人畜身上。

狗蝇子 gǒu yíng zi　种子有刺儿，常挂在狗身上，故名。

蒺藜狗子 jī li gǒu zi　蒺藜,种子有刺儿,常附在人或畜身上。

苍子 cǎng zi　"苍"读 cǎng。苍耳，种子长圆形，有刺儿，有时特指其种子。

老苍子 lǎo cǎng zi　同"苍子"。

狗尾巴草 gǒu yǐ ba cǎo　狗尾草。

谷莠子 gǔ yǒu zi　田间野草，形似谷穗，很难分辨，因此有"良莠不分"一词。

毛莠 máo yǒu　田间野草，茎有毛，根红色。

塔头缨子 tǎ tóu yīng zi　生长在塔头上的草，叶细长。

错草 cuò cǎo　草茎分节，茎有细密的棱，故名。

节骨草 jiē gu cǎo　木贼，因草茎呈段状分节，故名。

苇子 wěi zi　芦苇。

苇芦子 wěi lú zi　芦苇中低矮的芦苇。有的地区也特指苇根。

婆婆丁 pó po dīng　蒲公英，嫩叶可生食。

灰菜 huī caì　藜，人可生食，也可用作饲料。

刺儿菜 cìr cài　蓟。

拉拉菜 lā la cài　同"刺儿菜"。

水棒棵 shuǐ bàng kē　年生草木植物,叶子椭圆,茎有卩,花粉红色，喜生低洼处。

酸么浆 suān me jiāng　味道发酸的野草，有多种，常见的茎杆发红，叶子呈三角形，茎叶均可食用。

苇子 wěi zi　芦苇。

　　苇芦子 wěi lú zi　芦苇中低矮的芦苇。有的地区也特指苇根。

　　小叶樟 xiǎo yè zhāng　①多年生草本植物，多生低洼处，叶细长，茎分节。②杨树的一个品种。

　　吊死鬼儿 diào sǐ guǐr　①未完全铲断的野草。②长在茎上被霜打过的烟叶。③一种大树上的虫子。④已经锯断但被其他树木支着未倒的大树枝。

　　草窠儿 cǎo kēr　草丛。

　　草窠子 cǎo kē zi　同"草窠儿"。

3. 野生浆果

　　山丁子 shān dīng zi　山荆子果实，成熟时果粒暗红或鲜红，果实浑圆黄豆大小，酸甜可口。

　　臭李子 chòu lǐ zi　稠李，成熟时果粒漆黑，果实浑圆黄豆大小，酸中泛甜。

　　山里红 shān lǐ hóng　野山楂，成熟时果粒鲜红，果粒较山楂略小，酸甜适口。成熟期果树一片火红，故名"山里红"。

　　刺玫果儿 cì méi guǒr　野玫瑰的果实，成熟时果粒鲜红，椭圆形有尖顶，略甜微酸。野玫瑰茎干布满尖刺，故名。

　　托盘儿 tuō panr　成熟时由红色或粉红色小颗粒攒成盘状

或盆状，甜度较高，口感极佳。

高粱果儿 gāo liáng guǒr 也称高丽果，即野草莓。成熟时通体呈粉红色或鲜红色，果粒透明，酸甜可口。

灯笼果儿 dēng long guǒr 成熟后多为绿色或淡绿色，果实浑圆呈黄豆大小，味酸略甜。

黑天天儿 hēi tiān tiānr 龙葵，成熟后果实漆黑，黄豆粒大小，味道略酸。

牙格达 yá gē dá 学名红豆果，成熟后果实鲜红泛白，颗粒较黄豆略大，既可生食，也可制酒，主要产于大兴安岭西北坡。

都柿 dū shi 学名越桔，商品名蓝莓，成熟后果实深蓝，表面有白霜儿，比黄豆粒略大，酸甜可口，既可生食，也可制酒制做饮品、果酱，主要产于大兴安岭西北坡。

榛子 zhēn zi 一种野生落叶灌木所结的果实，成熟后果实从包皮中脱出，呈暗黄色或淡褐色，十分坚硬，即可食用又可榨油，炒榛子为东北地区传统小食品。

虫子包 chóng zi bāo 生虫子的水果。

4. 野生花卉

晃花 huǎng huā 未受粉而不能结果实的花。

转头莲 zhuàn tóu lián 葵花，向日葵。

转日莲 zhuàn rì lián　同"晃花"。

季季草儿 jì ji cǎor　凤仙花，其果实旧时曾为染指甲等染料。

指甲花儿 zhí jia huār　同"季季草儿"。

锯锯草儿 jù ju cǎor　"季季草儿"的变音。同"季季草儿"。

大烟花 dà yān huā　野生花卉，花开金黄，花型与罂粟花相似，故名。

喇叭花儿 lǎ ba huār　牵牛花。花朵呈喇叭状，花开多色，攀援而开。

打碗花儿 dǎ wǎn huār　同"喇叭花儿"。

达子香 dá zi xiāng　野生杜鹃花。花开时节漫山遍野盛开杜鹃花，为大兴安岭主要观赏野生花卉。

年息花 nián xī huā　同"达子香"。

满山红 mǎn shān hóng　同"达子香"。

映山红 yìng shān hóng　同"达子香"。

迎春花 yīng chūn huā　同"达子香"。

柳桃 liǔ táo　夹竹桃。

柳树桃 liǔ shù táo　同"柳桃"。

闪东哥 shǎn dōng gē　野生百合科植物，花开红色。

闪东花 shǎn dōng huā　同"闪东哥"。

卷帘花 juǎn lián huā　野百合花，花瓣上卷鲜红，花色艳丽。

黄花菜 huáng huā cài　一种开黄花的野生植物即金针菜，

还有萱草等多种称呼，花和花蕾均可食用。

地瓜花 dì guā huā 大丽花。花朵硕大艳丽，花色多种。

土豆花 tǔ dòu huā 同"地瓜花"。

细粉莲 xì fěn lián 西番莲。

扁竹莲 biǎn zhú lián 唐菖蒲，花开成串，花色多样，五彩缤纷。

扫帚梅 sào zhou méi 花开鲜丽，五颜六色，花期较长，花棵较高。

扭嘴儿 niǔ zuǐr 形容花刚刚结蕾露出花骨朵。

梃儿 tǐngr 花梗。

5. 食用菌

榆黄蘑 yú huáng mó 野生蘑菇品种之一。黄色，为出口品种之一。

白蘑 bá mó 野生蘑菇品种之一。白色。白蘑分多种，生长在大兴安岭西麓呼伦贝尔草原的草原白蘑最为名贵。

白脸儿蘑 bái liǎnr mó 野生蘑菇品种之一。以白色为主，略有紫色斑点。

花脸儿蘑 huā liǎnr mó 野生蘑菇品种之一。白色略有紫花点儿。

榛蘑 zhēn mó 野生蘑菇中的主要品种之一。褐色。干蘑鲜蘑均味道鲜美，干蘑味道尤佳，为东北地区传统小吃"小笨鸡炖蘑菇"的主要原料。

趟子蘑 tàng zi mó 野生蘑菇品种之一。黄褐色，因成趟生长，故名。

草蘑 cǎo mó 野生蘑菇品种之一。黄褐色。

扫帚蘑 sào zhou mó 野生蘑菇品种之一。形似扫帚，故名。

元蘑 yuán mó 野生蘑菇品种之一。学名黄蘑、冻蘑，菌伞呈扇形，成熟后呈黄褐色，菌柄短灰白色有绒毛。

黄花儿蘑 huáng huār mó 野生蘑菇品种之一，学名鸡油蘑，金黄色，为出口品种之一。

大腿儿蘑 dà tuǐr mó 野生蘑菇品种之一，学名牛肝菌，淡黄色，蘑茎短粗如婴儿大腿，故名，为出口品种之一。

鸡腿蘑 jī tuǐr mó 野生蘑菇品种之一，灰白色，形如鸡腿，故名。

蹬腿儿蘑 dēng tuǐr mó 一种野生有毒蘑菇。人食用后可致死亡，故名。

猴头儿蘑 hóu tóur mó 即刺猬菌，俗称"猴头儿蘑"，成熟后颜色雪白，因形状酷似猴头而得名，名贵野生菌类。

猴头儿 hóu tóur 同"猴头儿蘑"。

牛肝 niú gān 菌类，生于树杆上，干硬后可燃着熏蚊。

马粪包 mǎ fèn bāo 马勃。可止血。

狗尿台 gǒu niào tái 鬼笔。生长在潮湿地方的一种真菌。

菌盖带红色，表面有粘液，味臭，不可食。

蘑菇头儿 mó gu tour 尖顶蘑菇。

蘑菇腿儿 mó gu tuǐr 蘑菇的茎。

6. 人参

棒槌 bàng chui 人参。

棒槌营子 bàng chui yíng zi 种人参的营地。

山货 shān huò ①特指野生人参。②泛指榛子、蘑菇等林间特产。

山参 shān shēn 野生人参。

野参 yě shēn 同"山参"。

家参 jiā shēn 人工培植的人参。

园参 yuán shēn 同"家参"。

品叶 pǐn yè 人参生长的年头。「例」三年生称为"三叶参"，以此类推。

二甲 èr jiǎ 二年生的人参。

灯台子 dēng tái zi 长至三枚轮生叶的人参。

卢头 lú tóu 人参的颈部。这是判断人参质量的关键部位。

（七）农业生产 农作物 蔬菜 瓜果

1. 农业生产

踩格子 cǎi gé zi 踩格子为东北地区一种农业种植技术，分为踩上格子和踩下格子。撒种后再用脚将浮土踩实以保墒称踩上格子；撒种前用脚踩实土壤不使种子滚落沟里称踩下格子。

踩烟 cǎi yān 东北地区种烟的一种方法。撒籽后，要用脚踩一遍，直到出苗，目的是保墒。

插茬 chā chá 将两根破开股的绳头编接成一根绳。

茬口儿 chá kour ①庄稼的播种宽度。②所种庄稼的品种。

串种 chuàn zhǒng 具有两种特征的动物、植物杂交后产生的新品种。

垄台儿 lǒng táir 庄稼地垄的上平面，侧面叫垄帮儿。

放秋垄 fàng qiū lǒng 立秋后收割之前对大秋作物进行最

后一趟地，目的是增产和防止明年长杂草。

封垄 fēng lǒng ①庄稼垄之间叶子长得交叉连接密不透风。②趟最后一遍土封垄台。

滚垄 gǔn lǒng 向邻地移垄台侵占邻地的土地。

耪 huái 东北地区农村翻地的一种方式，指把旧垄从中间破开。「例」耪谷子、耪高粱。

耠 huō 东北地区农村种地的一种形式，指将庄稼垄从中间破开。

破茬 pò chá 传统农耕方式，指将庄稼垄破开，垄台变垄沟，垄沟变垄台，在新的垄沟中点籽儿。

起垄 qǐ lǒng 把土地做成垄，以利耕种。

碾场 niǎn cháng 打场。在场院中碾轧谷物等粮食作物。

涝秧 lào yāng 瓜果罢园，自然造成瓜秧逐渐死亡。

漫撒 màn sǎ 播种的一种，指不分垄的撒种。

苗眼儿 miáo yǎnr 庄稼幼苗时，苗与苗间埯儿。

铺子 pū zi 连续几刀割下来的庄稼随手临时堆在一起的小堆儿。「例」豆铺子、苞米铺子。

掐尖儿 qiā jiānr 掐去农作物的尖儿，以利分杈开花结果。

卡脖儿旱 qiǎ bór hàn 小苗刚刚出土便遭到人旱。

晒红米儿 shài hóng mǐr 高粱在秋天经阳光照晒由青变红。

晒籽粒 shài zǐ lì 庄稼在秋天经日晒逐渐成熟的过程。

榨子 zhà zi 庄稼或树木收割或砍伐后剩下的根部短茎。「例」玉米榨子、树榨子。

插茬 chā chá 将两根破开股的绳头编接成一根绳。

串种 chuàn zhǒng 具有两种特征的动物、植物杂交后产生的新品种。

窟窿年 kū long nián 歉收的年景。

2. 农作物

小日月庄稼 xiǎo rì yuè zhuāng jia 生长期不长的庄稼。

铃铛麦 líng dang mài 燕麦。

麦秸箭子 mài jiē jiàn zi 麦梃儿。

麦毛儿 mài máor 麦芒儿。

麦余子 mài yú zi 麦壳儿。

麦角 mài jiǎo 小麦黑穗病,也叫"乌米",可人药。

乌米 wū mi "乌"字发重音。农作物黑穗病。「例」高粱乌米、苞米乌米。

粳子 jīng zi 特指不粘的水稻。

苞米 bāo mǐ 玉米,既指植株,也指果实。

苞米棒子 bāo mǐ bàng zi 未脱粒之前的整穗玉米。

苞米须子 bāo mǐ xū zi 玉米的须缨,可入药。

苞米缨子 bāo mǐ ying zi 同"苞米须子"。

苞米胡子 bāo mǐ hú zi 同"苞米须子"。

苞米骨子 bāo mǐ gú zi 玉米棒儿脱粒后剩下的部分，可用作制酒辅料。

苞米脐子 bāo mǐ qí zi 从玉米粒发芽部位上分离出来的颗粒，含油料较高，可制油。

蓼儿 liàor 授粉部分的玉米穗儿。

稳子 wěn zi 扬场时落在下风头儿的麸皮糠壳等物。「例」谷稳子、麦稳子等。

秸棵 jiē ke "秸"字发重音。泛指农作物脱粒后剩下的茎株，可用作饲料。

糜子 mí zi 即大黄米，黍类作物。粒比小米大些，有粘性，是制做粘豆包的主要材料。

瘪子 biě zi "瘪"字发重音。一切尚未成熟、籽粒不饱满的农作物均可称为"瘪子"，即秕谷。

瘪谷 biě gu 同"瘪子"。

瘪乎 biě hu 同"瘪子"。

黄豆 huáng dòu 大豆。

甜菜疙瘩 tián cài gā da "疙瘩"读 gā da，下同。甜菜。

甜疙瘩 tián gā da 同"甜菜疙瘩"。

芥菜疙瘩 jiè cài gā da 芥菜膨大的根部，主要用丁腌咸菜。

芥菜缨子 jiè cài yīng zi 芥菜的缨须，主要用于腌咸菜。

毛嗑儿 máo kèr 向日葵，即葵花籽儿，也指葵花。

瓜子儿 guā zǐr 同"毛嗑儿"。

斜么嗑儿 xié me kèr 借用俄语。葵花籽儿。

斜目子儿 xié mù zǐr 同"斜么嗑儿"。

甜杆儿 tián gǎnr ①一种类似高粱的农作物，杆甜，故名。②能嚼出甜汗的鲜嫩玉米杆也称"甜杆儿"。

箭杆儿 jiàng gǎnr "箭"读 jiàng。高粱或糜子杆最上一节儿，常用来穿盖帘或扎鸟笼。

地瓜 dì guā 红薯。

豆破子 dòu pò zi 破开的黄豆粒。使用浸出法出油后的黄豆渣，也称豆破子，商品名为"豆粕"。

豆稳子 dòu wěn zi 打过场后破碎的大豆豆荚皮。

高粱破儿 gāo liáng pòr 破碎的高粱瓣儿。

高粱挠子 gāo liáng náo zi 脱完粒的高粱穗，主要用来烧炕取暖。

糊脖草 hú bó cǎo 紧贴庄稼根部长的杂草。

烟梗儿 yān gěngr 旱烟叶的叶梗。

瞎苞米 xiā bāo mǐ 未成熟的瘪苞米。

3. 蔬菜

菜秧子 cài yāng zi 用于移栽的蔬菜幼苗。

线儿茄子 xiànr qié zi 茄子品种之一，细而长的茄子。

油瓶茄子 yóu píng qié zi　茄子品种之一，短粗浑圆的茄子。

紫皮茄子 zǐ pí qié zi　茄子品种之一，紫色的茄子。

茄包 qié bāo　未长成的小茄子。

茄裤儿 qié kùr　茄子蒂把儿上齿形包皮儿。

水黄瓜 shuǐ huáng gua　果实细长、颜深绿色、水分多的一种黄瓜，又分若干品种。

旱黄瓜 hàn huáng gua　果实短粗、黄绿色、成熟时间比水黄瓜晚的一种黄瓜，又分若干品种。

线黄瓜 xiàn huáng gua　一种细而长的黄瓜，黄瓜品种之一。

叶儿三黄瓜 yèr sān huáng guā　长到三个叶儿时即结瓜的黄瓜，故名。

角瓜 jiǎo gua　西葫芦。

倭瓜 wō gua　南瓜。

红小豆 hóng xiǎo dòu　赤小豆。

小豆 xiǎo dòu　同"红小豆"。

赤豆 chì dòu　同"红小豆"。

架豆角 jià dòu jiǎo　豆角品种之一，爬蔓结角，故名。

五月鲜 wǔ yuè xiān　豆角品种之一，农历五月即可成熟上市，故名。

老来少 lǎo lái shào　豆角品种之一，成熟较晚，故名。

钩钩黄 gōu gōu huáng　豆角品种之一，成熟较晚，钩状而呈金黄色，故名。

江豆宽 jiāng dòu kuān 豆角品种之一，呈极细长状。

油豆角 yóu dòu jiǎo 豆角品种之一，油豆角的统称，又分若干品种。

家雀蛋儿 jiā qiǎo dànr 豆角品种之一，子粒个大饱满，犹如麻雀蛋，故名。

大红袍 dà hóng páo 豆角品种之一，通身红色。

白几豆儿 bái jǐ dòur 豆角品种之一，通身白色。

猪耳朵豆儿 zhū ěr duo dòur 豆角品种之一，状如猪耳朵，故名。

大姑娘卷袖儿 dà gū niang juǎn xiùr 豆角品种之一。颜色碧绿，成熟后豆荚开裂上卷，故名。

老母猪跷脚儿 lǎo mǔ zhū qiào jiǎor 豆角品种之一。颜色浅绿有斑点，短粗而弯曲，故名。

小孩儿胖腿儿 xiǎo háir pàng tuǐr 豆角品种之一。形状细长，成熟后拖地，故名。

大马掌 dà mǎ zhǎng 豆角品种之一。因豆角宽大而得名。

芥葱 nié cōng 打过籽后又发芽的葱。

葱鼻涕 cōng bí ting “涕”读 ting。大葱葱叶内的粘液。

葱头儿 cōng tóur 大葱葱白部分。

葱白儿 cōng báir 同“葱头儿”。

葱背儿 cōng bèir 大葱白茎儿部分。

葱杆儿 cōn gǎnr 大葱整个茎部分。

葱屁股 cōng pì gu 葱茎最下部膨大部分。

楼葱　lóu cōng　葱上长葱，故名。

元葱　yuán cōng　洋葱。

白皮蒜　bái pí suàn　皮白色的大蒜，故名。

紫皮蒜　zǐ pí suàn　皮紫色的大蒜，故名。

独头儿蒜　dú tóur suàn　独体而不分瓣儿的蒜。

蒜辫子　suàn biàn zi　用蒜和茎、叶编成的辫子，便于保存携带。

蒜苗儿　suàn miáor　青蒜。

洋柿子　yáng shì zi　西红柿，即蕃茄的统称，分若干品种。

柿子　shì zi　同"洋柿子"。

奶柿子　nǎi shì zi　西红柿品种之一。形似乳房的西红柿，故名。

桃儿柿子　táor shì zi　西红柿品种之一。形似桃的西红柿，故名。

粉柿子　fěn shì zi　西红柿品种之一。一种颜色粉红的西红柿，学名"俄罗斯特"。

牛心柿子　niú xīn shì zi　西红柿品种之一。形似牛心的柿子，故名。

鬼子姜　guǐ zi jiāng　洋姜，可腌渍咸菜。

姜不辣　jiāng bū là　同"鬼子姜"。

尖椒　jiān jiāo　一种细长而尖的辣椒，较辣。

小辣椒儿　xiǎo là jiāor　同"尖椒"。

青椒　qīng jiāo　一种粗而短的大辣椒，不辣。

大辣椒 dà là jiāo 同"青椒"。

羊角辣椒 yáng jiǎo là jiāo 细长形状类似羊角的辣椒，一般辣。

三角儿菠菜 sān jiǎor bō cài 叶呈三角状的菠菜，故名。

山东菜 shān dōng cài 白菜品种之一，抱团较紧，因由山东省传入品种，故名。

大青帮 dà qīng bāng 白菜品种之一，成熟后呈深绿色，故名。

趴拉棵子 pǎ la kē zi ①心抱得不实的白菜。②完全没有抱心，菜叶落地的白菜。

疙瘩白 gā da bái 甘蓝的俗称，也称"大头菜。

大头菜 dà tóu cài 同"疙瘩白"。

水萝卜儿 shuǐ luó bor 水萝卜的通名，有多个品种。

灯篓红 dēng lou hóng 萝卜品种之一，成熟后通体红色呈圆圆灯笼状，故名。

大红袍 dà hóng páo 萝卜品种之一，成熟后通体呈红色，故名。

豆瓣儿青 dòu bànr qing 萝卜品种之一，成熟后呈豆青色，个体较小。

地八寸 dì bā cùn 萝卜品种之一，因块根露出地面部分较长，故名。

绊倒驴 bàn dǎo lú 同"地八寸"。

心儿里美 xīnr lǐ měi 萝卜品种之一，萝卜心呈紫红色，故名。

槟榔萝卜 bīng láng luó bo 紫心萝卜，也称"心里美"萝卜。

胡萝贝 hú luó bèi 胡萝卜的音变。

苤拉疙瘩 piě la gā da "苤拉疙瘩"读 piě la gā da。苤蓝。可腌制咸菜，也可炒食。

卜留克 bǔ liú ke 借用俄语。苤蓝的一种，一种东北农村人工种植的圆形暗黄色块茎植物，主要用于腌制咸菜，类似南方的榨菜，也可炒食。

甜菜疙瘩 tián cài gā da 甜菜的根儿，传统叫法称甜菜，是东北地区制糖的主要原料。

甜疙瘩 tián gā da 同"甜菜疙瘩"。

土豆儿 tǔ dòuer 马铃薯。

土豆子 tǔ dòu zi 同"土豆儿"。

麻土豆儿 má tǔ dòur 土豆品种之一，表面粗糙，口感面，含淀粉率高。

串地龙 chuàn dì lóng 土豆品种之一，产量高，形状长圆，含淀粉率高。

高丽白 gāo li bái 土豆品种之一，颜色较白。

克山红 kè shān hóng 土豆品种之一，颜色通体红色，因原产地在黑龙江省克山县，故名。

红眼圈儿 hóng yǎn quānr 土豆品种之一，表面淡红，芽坑呈紫红色犹如眼圈儿，故名。

堆帮 duī bāng ①白菜等菜类在地里老帮脱落。②鞋帮被踩出褶皱。

蹿苔 cuān tái 蔬菜拔梗打籽。

缓秧 huǎn yāng 移插的蔬菜秧苗或栽种的树秧苗恢复正常生长的过程。

4. 瓜果

歪瓜咧枣儿 wāi guā liě zǎor 泛指形状或外表长得不好看，但味道仍甜美的瓜果。

山梨 shān lí 野梨。

山梨蛋子 shān lí dàn zi 同"山梨"。

海棠果儿 hǎi táng guǒr 海棠结出的果实。

山葡萄 shān pú tao 野葡萄。

家葡萄 jiā pú tao 泛指人工培植的葡萄，分若干品种。

香瓜子 xiāng guā zi 香瓜的通称，分若干品种。

香瓜儿 xiāng guār 同"香瓜子"。

白糖罐儿 bái táng guànr 香瓜品种之一，呈淡黄色，个体较小，甜度较高，故名。

羊角蜜 yáng jiǎo mì 香瓜品种之一，一端粗大一端渐细呈羊角状，通体深绿，甜度中等，略脆。

铁皮青 tiě pí qīng 香瓜品种之一，个体较大，通体呈铁灰色，甜度一般。

铁把儿青 tiě bǎr qīng 同"铁皮青"。

大金道子 dà jīn dào zi 香瓜品种之一，通身深绿而布满金黄色条纹，个体大而甜脆。

新红宝 xīn hóng bǎo 西瓜品种之一，瓜皮深绿有黄色条纹，瓜瓤鲜红而甜。

泰国乌皮 tài guó wū pí 西瓜品种之一，由泰国引进，瓜皮深绿。

吊雷 diào léi 西瓜品种之一，个体较小，通体浑圆，生长过程中吊在空中，故名。

沙果 shā guǒ 沙果的统称，学名文林果、林擒果。分为若干品种，大兴安岭东麓特产，主要生食，可制作饮料、干果。

红太平 hóng tài píng 沙果品种之一，成熟时呈鲜红色，果粒较大，甜酸适中，主要生食。

黄太平 huáng tài píng 沙果品种之一，成熟时呈红中泛黄色，清脆可口，为生食和制作果汁饮料、沙果干等干品的主要果品之一。

铃铛果 líng dāng guǒ 沙果品种之一，成熟时果型恰似铃铛而得名，果味浓郁，主要生食。

大秋果 dà qiu guǒ 沙果品种之一，成熟期最晚，极耐贮存，为制作冰糖葫芦主要原料。

123 果 yāo èr sān guǒ 学名金红果，俗名 123 果，因成熟期 123 天得名。成熟时果粒较黄太平果略大，清脆可口，非常耐贮存。

七月鲜 qī yuè xiān 学名 K 九果，俗名七月鲜，因农历七月成熟得名，果色鲜红，果型略呈椭圆形，果味浓郁，主要生食。

菇娘儿 gū niǎngr "娘"读 niǎng，下同。灯笼草的果实的统称。人工种植的一种浆果，分为黄红两种。

黄菇娘儿 huáng gū niǎngr 灯笼草的果实品种之一，成熟后果实呈金黄色，大拇指甲大小，浑圆如球，味道酸甜爽口，为东北地区著名小食品。

红菇娘儿 hóng gū niǎngr 灯笼草的果实品种之一，成熟后果实呈深红或桔红色，个体较黄菇娘儿略大，可入药，药名挂金钟、挂金灯儿。

挂金灯儿 guà jīn dēngr 同"红菇娘儿"。

压压葫芦 yà yà hú lu 葫芦品种之一，两头粗而中间细，主要为观赏。

大葫芦 dà hú lu 葫芦品种之一，通体浑圆，顶部略尖，个体较大。

瓜秋儿 guā qiūr 瓜果成熟上市季节。

瓜妞儿 guā niǔr 未成熟的小瓜蛋儿。

瓜屁股 guā pì gu 瓜蒂，瓜把儿。

纽儿 niǔr 刚刚结出的小瓜蛋。

秋姑打子儿 qiū gū dǎ zǐr ①因作胎儿晚而未成熟的瓜果。②秋天孵出的小鸡崽，未等长满羽毛天气就冷了。③形容人老年得子。

秋纽子 qiū niǔ zi 因结纽晚而未成熟的瓜果。

头蔓瓜 tóu màn guā 瓜类植物头一个瓜纽儿。

（八）家畜 家禽 宠物

1. 家畜

儿马 ér mǎ 公马。

儿马子 ér mǎ zi 同"儿马"。

儿马蛋子 ér mǎ dàn zi 小公马。

骒子 kè mǎ 母马。

马驹儿 mǎ jūr 小马

马驹子 mǎ jū zi 同"马驹儿"。

沙里马 shā lǐ mǎ 深黄色的优质马。

跑马 pǎo mǎ ①善于奔跑的马，与"走马"相对应。②男子遗精。

老牛闷儿 lǎo niú mēnr 老牛。

牤牛 māng niú 公牛。

牤子　māng zi　同"牤牛"。

牤牛蛋子　māng niú dàn zi　小公牛。

犍子　jiàn zi　骟过的成年公牛。

乳牛　yǔ niú　"乳"读 yǔ。产奶母牛。

秋㨂子　qiū juè zi　秋天生的小牛。

波勒子　bē lěmāo lú　两岁左右的小牛。

疙瘩牛　gā da niú　很瘦弱的小牛或因病长不大的牛。

毛驴儿　māo lúr　毛驴。

毛驴子　māo lú zi　同"毛驴儿"。

叫驴　jiào lú　种公驴。

骒驴　kè lú　母驴。

驴搭哈儿　lú dā hàr　两岁左右的小驴。

驴胜　lú shèng　驴的阴茎。

叫骡儿　jiào luór　种公骡。

儿骡儿　ér luór　公骡。

儿骡子　ér luó zi　同"儿骡儿"。

骒骡子　kè luó zi　母骡子。

骒骡儿　kè luóer　同"骒骡子"。

马骡儿　mǎ luóer　公马与母驴交配后产生的后代，体型高大健壮。

驴骡儿　lú luóer　公驴与母马交配后产生的后代，体型较小而弱。

噘嘴儿骡子　juē zuǐr luózi　不是指骡子，而是用骡子嘴长特性比喻人非常生气时的样子。「例」谁惹你生气了？怎么小嘴儿像个噘嘴骡子似的？

骡丫子 luó yā zi 小骡子。

泡卵子 pāo luǎn zi 种公猪。

泡卵儿 pāo luǎnr 同“泡卵子”。

牤猪 māng zhū 公猪。

猕儿 mír 劁过的公猪。

郎母猪 láng mǔ zhū 老母猪。

豚儿 túnr 劁过的母猪。

壳郎 ké lāng 劁过的猪，不论公母。

笨猪 bèn zhū 当地饲养的地方品种土猪。

荷包猪 hé bao zhū 长不大的病猪。

猪羔儿 zhū gāor 仔猪。

猪羔子 zhū gāo zi 同“猪羔儿”。

猪羔儿羔儿 zhū gāor gāor 同“猪羔儿”。

猪拱嘴儿 zhū gǒng zuǐr ①猪嘴的前部。②供猪饮水用的铜水嘴儿。

痘儿猪 dòur zhū 体内有囊虫卵的猪。

痘儿 dòur ①猪囊虫卵，寄生在生猪体内的一种绦虫幼囊。②旧时出天花也称出“痘”。

米糁子 mǐ shēn zi 猪囊虫卵。

米糁子猪 mǐ shēn zi zhū 体内有囊虫卵的猪。

晚劁 wǎn qiāo 母猪生过崽后被劁。

羓子 pǎ zi 公羊。

牤羊　māng yáng　同"羓子"。

羊羓子　yáng pǎ zi　种公羊。

牤羊羓子　māng yáng pǎ zi　同"羊羓子"。

羊羔子　yáng gāo zi　小羊。

羊羔儿　yáng gāor　同"羊羔子"。

苦鲁布子　kǔ lù bù zi　两岁的小羊。

奶盒子　nǎi hé zi　也称"奶子"。一般指母羊等牲畜的乳房。

奶壶子　nǎi hú zi　母羊的乳房。

羊座子　yáng zuò zi　羊后鞧。

蜷窝　quǎn wō　猪等家畜脖子下胸前的凹陷处。

蜷腰　quǎn yāo　猪等家畜肚子和后腿相连的瘪洼处。

打圈子　dǎ juàn zi　母猪发情。

打栏　dǎ lán　牛、马、猪等大牲畜发情。

兜嘴　dōu zuǐ　大牲畜的笼嘴。

蜂窝肚　fēng wō dǔ　牛的象蜂窝一样的肠胃。

哈拉皮　hā la pí　泛指牲畜肉间的软组织。

哈拉巴　hā la bà　"巴"读bà。牲畜或动物的肩胛骨。旧时乞丐用来打板儿乞讨。

黄瓜肉　huáng gua ròu　牛、羊后臀部内下端的条肉。

驴三件　lú sān jiàn　驴的全套生殖器官。

牛鼻镜　niú bí jìng　牛鼻子最前端无毛处。

牛鼻锔　niú bí jū　牛鼻子上带的铁环。

牛粪排子　niú fèn pǎi zi　"排"读pǎi。牛粪堆儿。民

间有俗语：一朵鲜花插在牛粪排子上了。

牛衣 niú yī 牛胎盘。

牛子 niú zi 泛指动物的阴茎。

跑臊 pǎo sāo 牲畜发情。一般指牛、马、驴、骡等大牲畜。

蹄碗儿 tí wǎnr 马、骡、驴等蹄壳。

辔头 pèi tou 马笼头。

2. 家禽

笨鸡 bèn jī 当地饲养的地方品种土鸡。

小笨鸡儿 xiǎo bèn jīr 同"笨鸡"。

溜达鸡 liū da jī 即笨鸡，因其在饲养过程中在山林草丛间自由奔跑而得名。

笨鸭 bèn yā 当地饲养的地方品种土鸭。

笨鹅 bèn é 当地饲养的地方品种土鹅。

固固头儿 gù gu tóur 笨鸡品种之一，头上长有一撮竖立的毛儿，故名。

大芦花 dà lú huā 笨鸡品种之一，羽毛白斑点相间，故名。

白乐呵儿 bái lè her 笨鸡品种之一，通体白色。

洋鸡 yáng jī 鸡品种之一，一种以菜食为主的非本地鸡，羽毛白色。

鸡子儿 jī zir 鸡蛋。

鸡崽儿 jī zǎir 鸡雏。

鸡崽子 jī zǎi zi 同"鸡崽儿"。

鸭子儿 yā zir 鸭蛋。

鸭崽儿 yā zǎir 鸭雏。

鸭崽子 yā zǎi zi 同"鸭崽儿"。

鹅崽儿 é zǎier 鹅雏。

鹅崽子 é zǎi zi 同"鹅崽儿"。

麻鸭 má yā 鸭子品种之一。羽毛上带有褐色斑点的鸭子。

雁鹅 yàn é 鹅品种之一。一种体型像大雁的土品种灰鹅，故名。

子儿鹅 zǐr é 鹅品种之一。一种土品种白鹅，产蛋多。

寡蛋 guǎ dàn 因未受精而不能孵雏的蛋。

蛋碴子 dàn chǎ zi "碴"读 chǎ。鸡卵巢里未成熟的小鸡蛋。

蛋包 dàn bāo 鸡、鸭等类家禽的卵巢泄殖腔。农村有摸蛋包看鸡是否有蛋的习惯作法。

凤头儿 fèng tour ①鸟或禽类头顶突起的圆顶儿。②女人布鞋前尖上的线穗。

鼓鼓头儿 gù gu tóur "鼓"读 gù。第一个"鼓"发重音"头儿"拉长音并突出"儿"音。①鸡等禽类或其他动物头顶上长出的凸起毛丛或肉疙瘩。②小孩头顶处留出一绺头发的发式。

鸡轱辘 jī gú lu 一种草制的中间粗、两头都有口的鸡窝。

歇窝 xiē wō 鸡、鸭停止下蛋。

蛋茬子 dàn chá zi 下蛋鸡宰后腹腔内余留的尚未固化成形的小蛋。

蛋包 dàn bāo 鸡鸭等禽类的生殖腔。

3. 宠物

牙狗 yá gǒu 公狗。

巴拉狗子 bā la gǒu zi 巴儿狗。

哈巴狗儿 hà ba gǒur "哈"读"hà"。同"巴拉狗子"。

板凳狗 bǎn dèng gǒu 一种矮腿的地方品种狗。

四眼儿 sì yǎnr 两眼上各有一白斑的地方品种狗。

奔儿喽狗 bénr lou gǒu 对地方品种笨狗的统称。

柴狗 chái gǒu 当地饲养的又瘦又小的笨狗。

郎猫 láng māo 公猫。

牙猫 yá māo 同"郎猫"。

乳猫 yǔ māo "乳"读"yǔ"。母猫。

女猫 nǔ māo 同"乳猫"。

单耳立 dān ěr lì 家兔品种之一,因其一耳下垂,一耳直立,故名。

公子 gōng zi 泛指雄性家畜或其他动物。

母子 mǔ zi 泛指雌性家畜或其他动物。

　　落末渣儿 là mo zhār "落"读"là"。猪等家畜一窝中最后出生的一个即最小的一个。人中排行最小的也称"落末渣儿"。

　　小末末渣儿 xiǎo mò mo zhār 同"落末渣儿"。

　　叫春 jiào chūn 猫、狗等小动物春季发情。

　　叫秧子 jiào yāng zi 同"叫春"。

　　起秧子 qǐ yāng zi 群狗发情。

　　公子 gōng zi 泛指雄性家畜或其他动物。

　　母子 mǔ zi 泛指雌性家畜或其他动物。

（九）人物称谓

1. 血亲称谓

祖爷爷 zǔ yé ye 高祖，爷爷的爷爷。

祖太爷 zǔ tài yé 同"祖爷爷"。

祖奶奶 zǔ nǎi nai 高祖母，爷爷的奶奶。

祖太奶 zǔ tài nǎi 同"祖奶奶"。

太爷爷 tài yé ye "太""爷"两字均发重音。父亲的爷爷。

太奶奶 tài nǎi nai 曾祖母，父亲的奶奶。

爷爷 yé ye 祖父，父亲的父亲。爷爷的哥兄弟按排行称× 爷。

奶奶 nǎi nai 祖母，父亲的母亲。爷爷的哥兄弟的媳妇按爷爷的排行称× 奶。

大爷 dà ye "大"字发重音。伯父，父亲的哥哥。

大娘 dà niáng "大""娘"两字均发重音。伯母，父亲的嫂子。

叔叔 shū shu 叔父，父亲的弟弟。

婶婶 shěn shen 叔母，父亲的弟弟的媳妇。

姑姑 gū gu 父亲的姐姐或妹妹。

姑夫 gú fu "姑"读gú。父亲的姐妹的丈夫。

叔伯哥哥 shū bāi gē ge 父亲的兄弟的儿子。较自己年龄小者称叔伯弟弟。

叔伯姐姐 shū bāi jiě jie 父亲的兄弟的女儿。较自己年龄小者称叔伯妹妹。

舅爷 jiù yé "舅""爷"两字发重音。父亲的舅舅。

舅奶 jiù nǎi 父亲的舅母。

姑爷爷 gū yé ye 父亲的姑父。

姑爷 gū yé "姑""爷"两字均发重音。同"姑爷爷"。

姑奶 gū nǎi 父亲的姑姑。

姑奶奶 gū nǎi nɑi 同"姑奶"。

妯娌 zhóu li 兄弟之间的媳妇互称妯娌。

2. 外戚称谓

姥爷 lǎo ye "姥"字发重音。外祖父，母亲的父亲。

姥姥 lǎo lɑo 第一个"姥"字发重音。外祖母，母亲的母亲。

姥儿 lǎor　同"姥姥"。

舅爷爷 jiù yé ye　母亲的祖父即爷爷。

舅奶奶 jiù nǎi nai　母亲的祖父即奶奶。

舅姥爷 jiù lǎo ye　"姥"字发重音。母亲的舅舅。

舅姥娘 jiù lǎo niáng　"姥"字发重音。母亲的舅母。

舅姥儿 jiù lǎor　同"舅姥娘"。

舅姥姥 jiù lǎo lao　同"舅姥娘"。

姑姥爷 gū lǎo ye　母亲的姑父。

姑姥姥 gū lǎo lao　母亲的姑姑。

姑姥儿 gū lǎor　同"姑姥姥"。

姨爷 yí yé　父亲的姨夫。

姨奶 yí nǎi　父亲的姨母。

姨姥爷 yí lǎo ye　母亲的姨夫。

姨姥姥 yí lǎo lao　母亲的姨母。

娘舅 niáng jiù　媳妇的舅舅，即娘家舅舅，一般背后称呼。

亲娘舅 qīn niáng jiù　媳妇的舅舅，即娘家舅舅。

3. 夫妻称谓

老公公 lǎo gōng gong　丈夫的父亲。

公公 gōng gong　同"老公公"。

老婆婆　lǎo pó po　丈夫的母亲。

婆婆　pó po　同"老婆婆"。

大伯哥　dà bāi gē　"伯"读"bāi"，下同。丈夫的哥哥。

大伯嫂　dà bāi sǎo　丈夫的嫂子。

小叔子　xiǎo shū zi　丈夫的弟弟。

弟妹　dì mèi　弟弟的媳妇。

兄弟媳妇　xiōng dì xí fū　丈夫弟弟的媳妇。

大姑姐　dà gū jie　丈夫的姐姐。

大姑子　dà gū zi　同"大姑姐"。

小姑子　xiǎo gū zi　丈夫的妹妹。

老丈人儿　lǎo zhàng renr　妻子的父亲。

老丈眼子　lǎo zhàng yǎn zi　同"老丈人儿"。

老泰山　lǎo tài shān　同"老丈人儿"。

老岳父　lǎo yuè fù　同"老丈人儿"。

老丈母娘　lǎo zhàng mu niáng　妻子的母亲。

大舅哥　dà jiù gē　妻子的哥哥，即内兄。

大舅子　dà jiù zi　同"大舅哥"。

大舅嫂　dà jiù sǎo　妻子的嫂子。

小舅子　xiǎo jiù zi　妻子的弟弟，即内弟。

小舅子媳妇　xiǎo jiù zi xí fu　妻子弟弟的媳妇。

大姨姐　dà yí jiě　妻子的姐姐。

大姨子　dà yí zi　同"大姨姐"。

小姨子　xiǎo yí zi　妻子的妹妹。

4. 社会称谓

老爷们儿 lǎo yé menr 对年龄较大的成年男子的泛称，与"爷儿们"不同。诙谐性用语。「例」闲来无事，那帮老爷们儿唠闲嗑呢！

大老爷们儿 dà lǎo yé menr 同"老爷们儿"。

老娘们儿 lǎo niáng menr 对年龄较大或成年妇女的泛称。含有贬义。

大老娘们儿 dà lǎo niáng menr 同"老娘们儿"。

娘们儿 niáng menr 对成年妇女的泛称。

老少爷们儿 lǎo shào yé menr 对包括长辈、晚辈、平辈所有人都在内的一种合称，也是尊称。「例」老少爷们儿，大家听我说……

小爷们儿 xiǎo yé menr 长辈称呼晚辈，是一种尊称或客气的称呼。

爷们儿 yé menr ①两辈人互称"爷们儿"，表示亲近、热情。「例」长辈对晚辈说："爷们儿，咱俩杀一盘象棋！"晚辈对长辈说："爷们儿，需要我帮忙吗？别客气！"②泛指成年男子，含有赞许、赞扬口吻。「例」你真是个爷们儿！纯爷们儿！

客 qiě "客"读 qiě，下同。客人。

人客　rén qiě　顾客，来的客人。

高人贵客　gāo rén guì qiě　尊贵客人。

七大姑八大姨　qī dà gū bā dà yí　泛指一般的亲戚，不是实指，而是形容很多亲戚。

三亲六故　sān qīn liù gù　泛指亲戚朋友，形容亲朋好友很多。

仨亲俩厚　sā qīn liǎ hòu　形容关系非常好的亲戚朋友很多。

三老四少　sān lǎo sì shào　①对包括男女老少都在内的周围群众的一种尊敬。②旧时民间帮派相互称谓。

本家本当的　běn jiā běn dāng de　本家人，自家人。

亲亲　qīn qin　"亲戚"的音变。

亲门近枝儿　qīn mén jìn zhir　同族的直系亲属。

一家子　yì jiā zi　①同一家族的人。②同姓而不同宗的人为表示亲近也常说是"一家子"。

老公母俩　lǎo gū mǔ liǎ　"公"读"gū"。老夫妻俩。诙谐性称呼。

公母俩　gū mǔ liǎ　老夫妻俩。

老爷子　lǎo yé zi　①对年龄较大的男子的尊称。②对人称自己的父亲或称对方年龄较大的父亲，是一种尊称。「例1」我们家老爷子到现在身体还好着呢！「例2」你家老爷子今年高寿啊？

老妹子　lǎo mèi zi　对比自己年龄小的成年女子的称呼，即"小妹妹"，是一种尊称或客气的称呼。

大妹子 dà mèi zi 同"老妹子"。

妹子 mèi zi 同"老妹子"。

老妹儿 lǎo mèir 同"老妹子"。

老半口子 lǎo bàn kǒu zi 老夫妻中的一方既老伴儿，背后称谓。「例」我那老半口子最近身体不太好，总是有病！

老疙瘩 lǎo gā da "疙瘩"读"gā da"。①兄弟姐妹排行中最小者。②集体中年龄最小者。

老把头 lǎo bǎ tou ①传说中保护猎人、挖参人的保护神。②一伙挖参人的领头人。③对每个放山人即采集山货人的尊称。

老帮蒯 lǎo bāng kuǎi 类似"老娘们儿"。含有贬意。

老饭粒儿 lǎo fàn lìr 戏称老年人饭量大，越老越能吃。讽刺性用语。

老乜 lǎo miē 最后一个，最末一个。

老尿泥 lǎo niào ní 形容软弱而又不正经的老年人。含有贬意。

老灯 lǎo dēng 即"老头子"，对年龄较大的男人的戏称。有时是一种詈语，有时是一种玩笑语，用在不同地方有不同的含义。「例」那个老灯最不是个玩意儿！「例2」你这个老灯，活得还挺滋润呢！

老㧟儿 lǎo kuǎir 对自己媳妇的昵称，多用于中老年人身上。

老面兜儿 lǎo miàn dōur 过于软弱缺乏斗争性的人。

老面瓜 lǎo miàn guā 同"老面兜儿"。

老钱锈　lǎo qián xiù　老年中的吝啬鬼、小气人。含有贬意。

老小孩儿　lǎo xiǎo háir　对语言和行为与实际年龄不符，带有孩子气，就像孩子似的老年人的戏称。含有贬意。

老姑娘　lǎo gū niang　①家中最小的女儿。②已过结婚年龄，但一直未婚的成年妇女。

小子　xiǎo zi　①泛指儿子。②泛指小男孩。

闺娘　gūi niang　①父母对女儿的昵称。②对年轻未婚女子的通称，含有亲昵成份。

老小子　lǎo xiǎo zi　最小的儿子。

老闺娘　lǎo gui niang　最小的女儿。

老丫儿　lǎo yār　最小的女儿，昵称。

小老丫儿　xiǎo lǎo yār　同"老丫儿"。

大爷　dà ye　"大"字发重音，"爷"字发短促轻音。泛称比自己父亲年龄大的成年男子。

大娘　dà niáng　泛称比自己父亲年龄大的成年女子。

亲家　qìng jiā　"亲"读"qìng"，下同。夫妻双方的父母互称"亲家。"

亲家母　qìng jiā mǔ　夫妻二人的一方父母称另一方的母亲为"亲家母。"

亲家爹　qìng jiā diē　夫妻二人的一方父母称另一方的父亲为"亲家爹。"

家里的　jiā lǐ de　自己称自己的媳妇，是一种谦称。

屋里的　wū lǐ de　同"家里的"。

掌柜的 zhǎng guì de ①妻子称自己的丈夫，是一种尊称。②一般的买卖人。

当家的 dāng jiā de ①妻子对丈夫的昵称。②旧时胡子即绺子头称大当家、二当家等。

当家子 dāng jiā zi ①本家。②同族的人。

少的 shào de 指自家或别人家的儿子。用在自己身上为谦词，用在别人身上为尊词。「例1」我家少的到现在还没结婚呢！「例2」你家少的在哪儿工作啊？

半个人儿 bàn ge rénr 寡妇的隐语。

半个身子人儿 bàn ge shēng zi rénr 同"半个人儿"。

倒插门儿的 dào chā ménr de 入赘女婿。

上门女婿 shàng mén nǔ xu 同"倒插门儿的"。

养老女婿 yǎng lǎo nǔ xu 同"倒插门儿的"。

媳妇儿 xǐ feir ①公婆对自己的一个或几个儿媳妇的通称，一般为背称。②称已婚成年妇女。

大媳妇 dà xǐ feir 公婆对自己的大儿媳妇的通称，一般为背称。

二媳妇 èr xǐ feir 公婆对自己的二儿媳妇的通称，一般为背称。按兄弟排行类推。

小媳妇 xiǎo xǐ feir 对已婚年轻媳妇的通称。

代头儿子 dài tóu ér zi 过继的儿子。

代头儿媳妇 dài tóur xǐ fu 过继儿子的媳妇

代头儿姑娘 dài tóur gū niang 过继女儿。

代头儿女婿 dài tóur nǔ xu 过继女儿的丈夫

黄花儿闺女 huáng huār guī nü 未婚处女。

黄花儿闺娘 huáng huār gui niang 同"黄花儿闺女"。

黄嘴丫子 huáng zuǐ yā zi 专指尚未成熟、办事不牢的半大孩子。

居家女 jū jiā nǔ 未出嫁的处女。

家孤佬 jiā gū lǎo 早已过结婚年龄而一直未结婚的老处女。

连桥儿 lián qiáor 连襟。

一担挑 yī dàn tiāo 连襟。姐姐和妹妹的丈夫互称"一担挑"。

妯娌 zhóu li 兄弟之间的媳妇互称妯娌。

小小子 xiǎo xiǎo zi 泛指未成年的小男孩。

小小儿 xiǎo xiǎor 小男孩儿。

小丫头 xiǎo yā tou 泛指未成年的小女孩。

丫旦儿 yā dànr 对未成年小女孩的昵称。

丫蛋儿 yā dànr 对小姑娘、小女孩的昵称。

丫崽子 yā zǎi zi 对小女孩、小姑娘的戏称。

丫头儿 yā tour ①泛指未成年的小姑娘、小女孩。②称对比自己辈分小的女孩,是一种昵称。

丫头片子 yā tou piàn zi 泛指未成年的小姑娘、小女孩。含有贬义。「例」你个乳臭未干的小丫头片子,逞什么能?

小丫头片子 xiǎo yā tou piàn zi 同"丫头片子"。

拉渣儿 là zhār 兄弟姐妹中最小的孩子。

末末渣儿 mò mo zhār 同"拉渣儿"。

一对双儿 yí duì shuàngr "双"读 shuàng。孪生子。

双棒儿 shuàng bàngr 同"一对双儿"。

大双儿 dà shuàngr 孪生子中先出生者。

二双儿 èr shuàngr 孪生子中后出生者称"二双儿"。

小尕儿 xiǎo gār 小孩儿，对未成年小孩的通称，含有轻蔑口气。

小尕豆子 xiǎo gā dòu zi 同"小尕儿"。

小尕子 xiǎo gā zi 同"小尕儿"。

小孩伢子 xiǎo hái yá zi 同"小尕儿"。

小毛孩子 xiǎo máo hái zi 同"小尕儿"。

小孩崽子 xiǎo hái zǎi zi 同"小尕儿"。

屎孩子 shǐ hái zi 称很不懂事的小孩子。

小大人儿 xiǎo dà rénr 对精灵懂事的小孩儿的戏称。

小不点儿 xiǎo bù diǎnr 对长得很小的孩子的爱称。

宝贝蛋子 bǎo bei dàn zi 受宠爱的孩子。

宝贝疙瘩 bǎo bei gā da 长辈对较小的晚辈的昵称。

小尾巴儿 xiǎo yǐ bar "尾"读 yǐ。对出门时跟在大人身后的小孩儿的昵称。

后老儿 hòu lǎor 继父。

后妈 hòu mā 继母。

干老儿 gān lǎor 义父。

干爹 gān diē 同"干老儿"。

干爸 gān bà 同"干老儿"。

干妈 gān mā 义母。

二房 èr fáng 续弦。

后老婆 hòu lǎo pe 继室，第二个媳妇。

侄男外女 zhí nán wài nǚ 泛指兄弟姐妹的子女。

隔辈人 gé bèi rén 儿女的子女。

耷拉孙子 dā la sūn zi 玄孙。一般戏指而不是实指，有时为詈语。「例」我要是说话不算数，我就是个耷拉孙子！

耷拉孙儿 dā la sūnr 同"耷拉孙子"。

私生子 shī shēng zi ①没有办理结婚手续而生的孩子。②没有取得计划生育指标后违法生的孩子也称私生子。

姑舅亲 gū jiù qīn 姑表亲。有俗语说：姑舅亲，辈辈亲，折了骨头连着筋。

姨娘亲 yí niáng qīn 姨表亲。有俗语说：姨表亲，不是亲，死了姨娘断了亲。

屯亲 tún qīn 同屯居住的友好关系，并不是实在亲戚。

姊妹儿 zǐ meir ①姐妹，包括血亲姐妹和非血亲姐妹均可称姊妹。②兄弟姐妹的统称。

亲姊热妹 qīn zǐ rè mèi 同胞姊妹。

一个娘肠儿爬的 yí gè niáng chángr pá de 一母所生的兄弟姐妹。

主儿 zhǔr ①未婚姑娘的对象，也指对象的家庭。②已婚妇女的配偶。

老头儿　lǎo tóur　媳妇对丈夫的爱称，多用在年龄偏大者身上。

老头子　lǎo tóu zi　同"老头儿"。

磕头弟兄　kē tóu dì xiong　结义兄弟。

磕头的　kē tóu de　同"磕头弟兄"。

老铁　lǎo tiě　莫逆之交，关系极密切的人。

假小子　jiǎ xiǎo zi　容貌打扮及性格举止都酷似男孩儿的女孩儿。

淘气包子　táo qì bāo zi　顽皮淘气的孩子。含有贬意。

猴七儿　hóu qīr　突出"儿"音。特别顽皮、淘气的孩子。含有贬意。

浪三儿　làng sānr　突出"儿"音。举止轻佻，不务正业，游手好闲的男人。含有贬意。

猴儿丫头　hóur yā tóu　对顽皮淘气的女孩儿的昵称。

贱兽儿　jiàn shòur　对顽皮撒娇、讨人喜欢的小孩儿的昵称。

月窠儿　yuè kēr　未满月仍在吃奶的婴儿。

本儿本儿先生　běnr běnr xiān sheng　对只会照本宣科或只会照本念的人的戏称。

房户　fáng hù　房客，租用房屋的客人。

拐脖子亲　guǎi bó zi qīn　较远的亲戚关系而非直系亲属。「例」我叫他舅，我们是拐脖子亲！

生荒子　shēng huāng zi　①不谙世事的年轻人。②未曾结婚的小伙子。

　　柴火妞 chái huo niū 泛指农村未成年的小姑娘、小女孩。

　　孩伢子 hái yá zi 也称小孩伢子。泛指小孩子。

　　孩崽子 hái zǎi zi 同"孩伢子"。

　　孩子他妈 hái zi tā mā 丈夫对妻子的一种昵称。

　　孩儿他妈 hái ér tā mā 同"孩子他妈"。

　　孩子他娘 hái zi tā niáng 同"孩子他妈"。

　　孩子他爹 hái zi tā diē 妻子对丈夫的一种昵称。

　　黄嘴丫子 huáng zuǐ yā zi 专指尚未成熟、办事不牢的半大孩子。

　　黄花闺女 huáng huā guī nü 未婚少女即处女。

　　黄花大闺女 huáng huā dà guī nü 同"黄花闺女"。

　　居家女 jū jiā nǚ 已超过结婚年龄但仍未出嫁的处女。

　　家孤佬 jiā gū lǎo 早已过结婚年龄而一直未结婚的老处女。

5. 地域称谓

　　坐地户儿 zuò dì hùr 一直在本地居住的人和人家，与"外来户儿"相对。

　　老户儿 lǎo hùr 同"坐地户儿"。

老人儿 lǎo rénr 同"坐地户儿"。

外来户儿 wài lái hùr 由外地迁移到本地居住的人和人家,与"坐地户儿"相对。

街 gɑi "街",东北大部分地区读 gāi,少部分地区读普通话中的 jiē。"街"的内容很广泛,按行为可分为上街、上街里、逛街、溜街等,按去向又可分为街里、市场、商场、街区、城里等。

街里 gāi lǐ "街"读 gāi,下同。城镇、城区,对农村而言。

街里人 gāi lǐ rén 在城镇里居住的人或人家。

街里的 gāi lǐ de 同"街里人"。

街上的 gāi shàng de 同"街里人"。

庄户人家 zhuāng hù rén jia 在农村居住的人家。

屯子 tún zi 农村,村屯,农民居住之地。

屯子人儿 tún zi rénr 在农村居住的人。

庄稼院儿 zhuāng jia yuànr 泛指农村或农民家庭。多为自称。

庄院儿 zhuāng yuànr 同"庄稼院儿"。

庄户 zhuāng hu 同"庄稼院儿"。

山下 shān xià 主要指林区的小城镇,对林区居民居住地而言。

山上 shān shàng 远离城镇的林区居民居住地,对林区小城镇而言。

沟里 gōu lǐ 主要指林区,对城镇而言。

臭糜子　chòu mí zi　旧时关内移动到东北地区的居民对辽宁省籍人的一种蔑称。

老畲儿　lǎo tǎir　东北人称操唐山、滦县、昌黎等地口音的人。

老西子　lǎo xī zi　对山西籍人的蔑称。

老西儿　lǎo xīr　同"老西子"。

南蛮子　nán mán zi　东北人对南方人的蔑称。

南方蛮子　nán fāng mán zi　同"南蛮子"。

北梆子　běi bāng zi　南方人对东北人的蔑称。东北人称南方人为南蛮子，南方人称东北人为北梆子，因东北人脑袋左右宽而得名。

京油子　jīng yóu zi　对北京籍人的蔑称。

山东棒子　shān dōng bàng zi　对山东籍人的蔑称。

山东子　shān dōng zi　同"山东棒子"。

安东线儿　ān dōng xiànr　对辽宁籍人的旧称。

里城人　lǐ chéng rén　同"安东线儿"。

奉大头　fèng dà tóu　同"安东线儿"。

辽阳杆子　liáo yáng gǎn zi　同"安东线儿"。

辽阳棒子　liáo yáng bàng zi　同"安东线儿"。

苣荬菜味儿　qǔ mai cài wèir　指辽宁一带的地方口音。

关里家　guān lǐ jiā　已经迁到东北地区的河北、山东、辽宁等地的农民对自己的原籍的简称，即山海关以南的老家。

老家　lǎo jiā　同"关里家"。

江省 jiāng shěng 特指今黑龙江省齐齐哈尔市，因清朝末期在齐齐哈尔建有齐齐哈尔城并驻有黑龙江将军，使齐齐哈尔一时成为黑龙江省省会而得名。

回回 huí hui 对回族人的称呼。

高丽 gāo li 对朝鲜族人的称呼。

高丽棒子 gāo li bàng zi 对朝鲜族人的蔑称。

老鞑子 lǎo dá zi 对蒙古、达斡尔族的人蔑称，也是对东北地区达斡尔、鄂伦春、鄂温克人的统称。

鱼皮鞑子 yú pí dá zi 对赫哲族人的旧称。

江鞑子 jiāng dá zi 同"鱼皮鞑子"。

满洲人 mǎn zhōu rén 对满族人的旧称。

在旗人 zài qí rén 对被编在布特哈八旗之内的满族和其他族人的旧称。

老毛子 lǎo máo zi 对俄罗斯人的旧称。

大鼻子 dà bí zi 泛指欧洲人，主要指俄罗斯人。

鬼子 guǐ zi 旧时对日本侵略者的一种憎恨的称呼。

小鬼子 xiǎo guǐ zi 同"鬼子"。

小鼻子 xiǎo bí zi 同"鬼子"。

（十）品德品行社会称谓

套副儿的 tào fùr de 对某人或某一类人蔑称，常说"这套副儿的""那套副儿的"。「例1」就他那套副的，也配和我说话？「例2」就他那套副的，还能有什么出息？

套号儿的 tào hàor de 对某人或某类人的蔑称，常与"这、那"结合。「例1」别搭理那套号儿的！「例2」那套号的不是什么好东西！

道号儿的 dào hàor di 同"套号儿的"。

坏种 huài zhǒng 品德败坏、刁钻缺德的人。

贱种 jiàn zhǒng 做事不知趣、费力不讨好的人。詈语。

贱皮子 jiàn pí zi 同"贱种"。

缺德鬼 quē dé guǐ 对缺乏社会道德、品行不端的人的蔑称。詈语。

万人恨 wàn rén hèn 令人憎恨的人。含有贬义。

万人烦 wàn rén fán 同"万人恨"。

万人嫌 wàn rén xián 同"万人恨"。

隔路种 gé lù zhǒng 性格太古怪、不随和、不与常人交往的人。含有贬义。

一本正 yì běn zhèng “一本正经的人”的省略语。有时略含贬义和讽刺性。

奸头 jiān tóu 又奸又滑、老于世故的人。

滑蛋 huá dàn 油腔滑调的人。

老油条 lǎo yóu tiáo 办事儿油滑、老于世故、左右逢源的人。

白脸儿狼 bái liǎnr láng 忘恩负义，没有良心的人。

白眼儿狼 bái yǎnr láng 同“白脸儿狼”。

醋坛子 cù tán zi 心胸狭窄、嫉妒心特别强的人。

醋罐子 cù guàn zi 同“醋坛子”。

咸盐罐子 xián yán guàn zi 指心胸开阔、不吃醋、不忌炉的女人，与“醋罐子”“醋坛子”相对应。

溜须匠儿 liū xū jiàngr 吹吹拍拍，一味奉承谄媚的人。

巴拉狗子 bā la gǒu zi 驯顺又听话的奴才。

刺儿头 chìr tóu ①难对付的、不好惹的人。②为人凶恶无人敢惹的人。

蜇麻子 zhē má zi 说话特别尖刻、嘴上不饶人、不好惹的人。

坐地虎 zuò dì hǔ 在当地有权有势、横行霸道的人。

光棍儿 guāng gùnr ①未结婚的单身男人。②离婚后未结婚的单身男人。③非常精明、精明强悍的人。含有贬意。

跑腿子 pǎo tuǐ zi 单身在外的已婚男子。有时含有贬意。

车轴汉子 chē zhóu hàn zi ①硬汉。②身材矮小却身体健壮的人。

省油灯　shěng yóu dēng　容易相处、为人随和或指让人省心的人。

不是省油灯　bú shì shěng yóu dēng　让人操心、担心、惹是生非，非常难缠的人。贬底性用语。

茬子　chá zi　极难对付的人。

善茬子　shàn chá zi　用于否定句或反问句中，说明是极难对付的人。「例」那人可绝不是个善茬子，可别去招惹她。

孬包　nāo bāo　胆儿小而又怯懦的人。含有贬义。「例」谁要是不敢去，谁就是孬包！

孬种　nāo zhǒng　无能力而又懦弱的人。常用于詈语。「例」我看你就是个孬种！

窝囊废　wō nang fèi　无能力而又懦弱的人。常用于詈语。

囊货　nāng huò　特别无能力，特别笨的人。含有贬义。

囊种　nāng zhǒng　同"囊货"。

菜货　cài huò　同"囊货"。

二五眼　èr wǔ yǎn　形容技艺不精、一知半解、没有真实本领的人。「例」老程就是个二五眼，干啥啥不中！

二虎　èr hǔ　智力不全、缺心眼儿的人。并不是真正缺心眼儿，而是一种贬低、讽刺性用语。

二五子　èr wǔ zi　没有真实本领而又喜欢不懂装懂的人。含有贬意。

二百五　èr bǎi wǔ　①缺心眼的人。讽刺性用语。②没有真实本领而不懂装懂的人。讽刺性用语。

二性子 èr xìng zi 性格不定、反复无常的人。

二蹦子 èr bèng zi 调皮捣蛋的人。

二混子 èr hùn zi 身在其中却不干正事、无真实本领而滥竽充数的人。贬低性用语。

二花屁 èr huā pì 油嘴滑舌、不做正事的人。詈语。

二鬼子 èr guǐ zi 旧时称帮助日本侵略者欺压中国人民的汉奸。

二进宫 èr jìn gōng ①第二次重返某地或某处的人。②特指再次犯罪入狱的人。

混子 hùn zi 混迹于其中，但并不认真做事，滥竽充数的人。

二把刀 èr bǎ dāo 对某项工作或技术技艺不高、知识不足、一知半解的人的称呼。含有贬意。

半瓶子醋 bàn píng zi cù 同"二把刀"。

二皮脸 èr pí liǎn 形容人没脸没皮，不知廉耻。有时用于詈语。「例」那家伙就是个二皮脸，脸比长城都厚！

二八月庄稼人 èr bā yuè zhuāng jia rén 对农活不内行也不正经干农活的农民。讽刺性用语。「例」他也就是个二八月庄稼人，整天也不干个正经活儿，到处惹事生非！

白吃饱儿 bái chi bǎor 毫无能力、什么事儿也办不成的人。詈语。

饭桶 fàn tǒng 毫无能力、只吃不做、什么事也办不成的人。詈语。

菜扒子 cài pá zi 对特别能吃菜的人的戏称。含有贬意。

馋嘴巴子 chán zuǐ bà zi　对过于追求吃喝或贪吃贪喝的人的蔑称。含有贬义。

馋鬼 chán guǐ　嘴特别馋、一味追求吃喝的人。

现世报儿 xiàn shì bàor　丢人现眼立刻得到报应的人。

球子 qiú zi　顽皮成性的人。骂人语。

皮子 pí zi　调皮捣蛋成性的人。

贼皮子 zéi pí zi　顽劣而屡教不改的人。

肉头 ròu tóu　①软硬不吃的人。②办事儿不痛快的人。

滚刀肉 gǔn dāo ròu　软硬不吃、好赖不懂、胡搅蛮缠的人。含有贬义。

欠儿登 qiànr dēng　"登"字发重音并拉长音。①爱乱说乱动、惹事生非、惹人讨厌的人。②爱出头露面、哪有事儿哪到的人。詈语。

酒包 jiǔ bāo　嗜酒如命的人。含有贬义。

酒鬼 jiǔguǐ　同"酒包"。

酒篓子 jiǔ lǒu zi　特别能喝酒而又不醉的人。讽刺性用语。

老蔫儿 lǎo niānr　性格不开朗、沉默寡言的人。

老闷儿 lǎo mēnr　同"老蔫儿"。

快嘴莲儿 kuài zuǐ liánr　愿意说话又爱传闲语的人。多指女性。含有贬义。

直筒子 zhí tǒng zi　思想简单、说话不婉转、直来直去又不善掩饰自己观点、说话或办事儿直来直去又不善权变的人。

大炮 dà pào　说话直来直去、喜欢发表意见又不加掩饰的人。

大嘞嘞 dà lē le　喜欢随处乱说而又没完没了地说的人。含有贬义。

大咧咧 dà liē lie　同"大嘞嘞"。

大白唬 dà bái hu　讲话不看边际、信口胡说的人。含有贬义。

白唬匠儿 bái hu jiàngr　同"大白唬"。

花舌子 huā shé zi　善于花言巧语、善于迎奉的人。

碎嘴子 suì zuǐ zi　说话非常絮叨的人。

铁嘴儿 tiě zuǐr　善于说话，能言善辨，能说会道的人。讽刺性用语。

驴脾气 lú pí qi　性格倔强、爱耍脾气而又不听劝告的人。

赖急巴子 lài jí bā zi　爱哭闹、爱发脾气而又惹人讨厌的小孩儿。

赖急嚎子 lài jí háo zi　同"赖急巴子"。

赖急毛子 lài jí máo zi　同"赖急巴子"。

哭巴精 kū bā jīng　极爱哭而又不听劝的小孩儿。诙谐性用语。

夜哭郎 yè kū láng　夜间不停哭闹的孩子。如果有这样的孩子，家长则四处张贴"我家有个夜哭郎……行人君子念三遍，一觉睡到大天亮"内容的标语传单。

吵夜郎 chǎo yè láng　同"夜哭郎"。

奶光子 nǎi guāng zi　吃奶的孩子。

酸脸猴子 suān liǎn hóu zi 说翻脸儿就翻脸的人。

冤种 yuān zhǒng 总爱生气、没有好脸色的人。

噘嘴儿骡子 juē zuǐr luó zi 总爱生气、没有好脸色的人。含有贬义。

犟眼子 jiàng yǎn zi 爱固执己见又百般狡辩的人。

犟种 jiàng zhǒng 同“犟眼子”。

拧种 nìng zhǒng 宁折不弯而又固执己见的人。

倔巴头 juè ba tóu 脾气倔强固执己见而不听劝告的人。

老倔头 lǎo juè tóu 脾气特别倔的老头儿。

屎橛子 shǐ jué zi 比喻又臭又硬的人。

损头 sǔn tóu ①做事不大度且一副寒酸相的人。②受人欺负而常吃亏的人。

损种 sǔn zhǒng 做事不大度，一脸寒酸相的人。

穷头 qióng tóu 对过于节俭的人的贬称。

小抠儿 xiǎo kōur 非常吝啬的守财奴。

小店儿 xiǎo diànr 同“小抠儿”。

小店儿瓤子 xiǎo diànr ráng zi 同“小抠儿”。语气加重。

抠门儿 kōu ménr 小气，吝啬。

闷头老财 mēn tóu lǎo cái 心眼儿过小而又不爱露富的有钱人。含有贬义。

把家虎儿 bǎ jiā hǔr 持家理财很严、极能算计的人。

搂钱耙子 lōu qián pá zi 善经营、善理财、挣钱极有手段的人。含有贬义。

肋脦兵 lē de bing 对衣着邋遢而又生活不检点的人的蔑称。

肋脦鬼 lē de guǐ 同"肋脦兵"。

肋脦神 lē de shén 同"肋脦兵"。

气管儿炎 qì guǎnr yán "妻管严"的谐音，特别惧内即怕老婆的人。讽刺性用语。

八刀匠儿 bā dāo jiàngr "八""刀"合起来为"分"，离婚称"打八刀"，因此对经常闹离婚的妇女贬称为"八刀匠儿"。

串儿鸡 chuànr ji 借用"串儿"字，对爱走西家、串东家串门子的妇女的贬称。

赖搭儿 lài dār 对爱同别人搭话、善于交往的人的蔑称。

落蛋儿鸡 là dànr ji "落"读là。对爱随处遗失东西的人的戏称，含有贬义。

拉拉蛋儿鸡 là la dànr ji 同"落蛋儿鸡"。

勾死鬼儿 gōu sǐ guǐr 善于用各种手段勾引人以达到自己目的人。

人精儿 rén jingr 极精明的人。赞许性用语，常用于赞许小孩。

人尖子 rén jiān zi 出类拔萃的人。赞许性用语。

万事通 wàn shì tōng 什么事情都知道、什么事儿都明白的人。含有贬义。

明公 míng gōng 对不懂装懂、硬充明白人的蔑称。讽刺性用语。「例1」有歇后语说：屁股眼儿插电棒儿 —— 硬充明公。

「例 2」用不着你上这儿来充明公！

明公二大爷 míng gōng èr dà ye 同"明公"，语气加重。

力巴 lì ba ①外行人。②出卖体力劳动的劳动者。

力巴头 lì ba tóu 同"力巴"。

老外 lǎo wài ①外国人。②外行人。

老赶 lǎo gǎn ①外行人。②思想守旧、不赶时尚的人。

白帽子 bái mào zi 什么都不懂又假充明白人的人。含有贬义。

生荒子 shēng huāng zi 生手儿、没有经验的人。

土八路 tǔ bā lù 非科班出身、未经过正规教育的人。含有讽刺意味。

山炮 shān pào 对没见过世面、不谙世事的人的蔑称。

土豹子 tǔ bào zi 形容人没见过世面、思想不开放、不谙世事儿的人，即土气又不大方。含有贬义。「例」没想到他们也成了大款儿，真是土豹子开花！

土老冒儿 tǔ lǎo māor 同"土豹子"。

土鳖 tǔ biě "鳖"读 biě。乡巴佬，不谙世事、不通世情的人。

老屯 lǎo tún 对没见过世面的乡下人的贬称。

屯老二 tún lǎo èr 同"老屯"。

屯迷糊儿 tún mí hur 同"老屯"。

臭手儿 chòu shǒur 对技艺拙劣或某种技艺不精的人蔑称。

臭棋篓子 chòu qí lǒu zi 对棋艺掘劣的人的蔑称。含有讥讽意味。

彪子 biāo zi 半傻不傻、智商低下、举止行为鲁莽粗野的人。

傻狍子 shǎ páo zi 傻瓜，像呆傻的狍子一样傻。含有贬义。

傻柱子 shǎ zhù zi ①呆傻、愚笨的男人。②舞台上或东北秧歌队里傻里傻气的小丑儿。

愣头儿青 lèng tóur qīng 做事莽撞、性格粗鲁的年轻人。

青头儿愣 qīng tóur lèng 同"楞头儿青。"

秧子 yāng zi 游手好闲、什么也不会做的人。含有讥讽意味。

街溜子 gāi liū zi "街"读 gāi。游手好闲、不务正业的人。

花屎蛋 huā shǐ dàn 专在女人身上下功夫的人。含有贬意。

地赖子 dì lài zi 整日游手好闲、好吃懒做的无赖之徒。含有贬义。

破鞋烂袜子 pò xié làn wà zi 对生活作风不正、乱搞男女关系的人的蔑称。

骚货 sāo huò 举止轻佻、行为放荡的女人。詈语。

破鞋 pò xié 对行为放荡、品行不端、乱搞男女关系的女人的蔑称。

骚跑卵子 sāo pǎo luǎn zi 对爱搞不正当两性关系的男人的蔑称。詈语。

掏灰耙 tāo huī pá 公公同儿媳发生不正当两性关系，公公被称为"掏灰耙"。

大茶壶 dà chá hú 旧称妓院的男老板。

窑姐儿 yáo jiěr 对妓女的旧称。

窑子娘们儿 yáo zi niáng menr 对妓女的旧称，也是蔑称。

野鸡 yě jī 对暗中卖淫女的蔑称。

码子 mǎ zi 同"野鸡"。

卖大炕 mài dà kàng 卖淫的隐语。

大烟鬼 dà yān guǐ ①久吸鸦片成瘾的人，因其精神萎靡而被称为"大烟鬼"。②今抽烟成瘾者被戏称为"大烟鬼"。

三只手 sān zhi shǒu 特指扒手，即小偷儿。

损贼 sǔn zéi 无论物品贵贱、价值高低什么都偷的贼。含有贬义。

扔包的 lēng bāo de "扔"读 lēng。一种诈骗手段，以丢包为诱饵，骗取拾包者的钱财。

外鬼 wài guǐ 不是内部而是外部的坏人或犯罪份子。有俗语说：没有家贼，引不来外鬼。

拍花儿的 pāi huār de 旧时利用麻醉手段拐骗儿童的人。

拐头子 guǎi tóu zi 拐卖人口为业的人。

蹦子手 bèng zi shǒu 欺骗别人钱财的人。

棒子手 bàng zi shǒu ①拦路抢劫的强盗。②富贵人家的护院或打手。

杆子 gǎn zi 土匪的一种称呼。

胡子 hú zi 强盗，特指到别人家中抢劫的土匪。

红胡子 hóng hú zi 同"胡子"。

马贼 mǎ zéi 旧指骑马的强盗，对"步贼"而言。

步贼 bù zéi　同"马贼"。

插千儿的 chā qiānr de　旧指给土匪通风报信的人。

采盘子的 cǎi pán zi de　旧指给土匪探路侦察的人。

瞭高儿的 liào gāor de　旧指强盗抢劫时的放哨人。

笨老雕 bèn lǎo diāo　对头脑不灵活、说话或办事儿都很极笨的人的蔑称。讽刺性用语。「例」你真是个笨老雕，什么是蓝牙都不懂！

大损鸟 dà sǔn niǎo　讥称愚蠢的人。骂人语。

大牙狗 dà yá gǒu　好闹事而又难对付的农村无赖。

范儿 fànr　①派头，架势。「例」大老板西装革履的，可真有范儿！②韵味。「例」还是舞蹈家黄豆豆跳舞有范儿！

骡子 luó zi　本意为马与驴生出的后代，引申为比喻没有生育能力的人。含有贬义。

人核子 rén hé zi　人里的尖子，多指心眼鬼道之人。含有贬义。

散仙儿 sǎn xiānr　不受纪律约束的零散人员。「例」机关整顿纪律，你这散仙儿恐怕当不成了！

傻狍子 shǎ páo zi　形容人比较呆傻。因狍子有受惊后奔跑时还要不时停下来回头看同伴而不快速逃跑而得名。「例」你这个傻狍子，人家把你卖了你还帮人数钱呢！

色狼 sǎi láng　"色"读 sǎi。极度贪恋女色的人。

顺毛驴 shùn máo lú　性格倔强、凡事只能顺着不能逆着的人。「例」他那人就是个顺毛驴！

夜猫子 yè māo zi 对经常晚睡的人的蔑称。含有贬义。

狱霸 yù bà 监狱犯人中领头人物，常常结伙儿欺负新入狱的犯人。「例」张三就是狱中的狱霸！

（十一）社会职业称谓 其他人物称谓

1. 社会职业称谓

庄稼趴子 zhuāng jia pǎ zi ①他人对农民的蔑称。②农民对自己的戏称。「例」我一个庄家趴子，还能当大款儿？

撸锄杠的 lū chú gàng de 同"庄稼趴子"。

土老庄儿 tǔ lǎo zhuāngr 对农民的蔑称。

庄稼院儿 zhuāng jia yuànr 特指种地的庄稼人，即农民。

屯老赶 tún lǎo gǎn 对愚昧落后、不赶时尚的农民的蔑称。

屯老董儿 tún lǎo dǒngr 同"屯老赶"。

耪青的 pǎng qīng de 旧时地主家的长工。长工有不同的分工。

耪青份子 pǎng qīng fèn zi 同"耪青的"。

里青 lǐ qīng 旧时地主家的长中的四类耪青人之一。

外青 wài qīng 旧时地主家的长中的四类榜青人之一。

把青 bǎ qīng 旧时地主家的长中的四类榜青人之一。

小青 xiǎo qīng 旧时地主家的长中的四类榜青人之一。

榜大青 pǎng dà qīng （旧时地主家的长工中"里青"中的整工。）

打头的 dǎ tóu de 旧指长工中领着干活的人，今特指集体所有制时期在前边带领着农民干农活的领头人。

看青的 kān qīng de 看护大地青苗的人。

马牙子 mǎ yá zi ①牲口经纪人，即买卖牲口双方的中间人。②掮客，旧时替人做中间买卖的介绍人，即今天的经纪人。

拉缰头的 lā jiāng tou de 牲口经济人，即买卖牲口双方的中间人。

屯不错 tún bu cuò 在农村热心为他人帮忙、红白喜事等凡事都出头露面的人。

屯大爷 tún dà ye 在农村有权有势、有一定威望、财大气粗的人。

半拉子 bàn lā zi 泛指农村中的未成年但已经参加农业劳动的小男孩。

大半拉子 dà bàn lā zi 泛指农村中未成年但已经参加农业劳动的年龄较大、体力较强的男孩。

小半拉子 xiǎo bàn lā zi 泛指农村中未成年但已经参加农业劳动的年龄较小、体力较弱的男孩。

车老板子 chē lǎo bǎn zi ①包括农村、城镇在内的赶马车、骡车、驴车等畜力车的人均称"车老板子"。②现代人将汽车司机也戏称为"车老板子"。

老板子 lǎo bǎn zi 同"车老板子"。

车把式 chē bǎ shi 包括农村、城镇在内的赶马车、骡车、驴车等畜力车的技术熟练的成年人。

掌鞭的 zhǎng biān de 赶车老板。

掌包的 zhǎng bāo de ①旧时指戏班经理人，管理某些事的经济人。②旧时马车的跟车人。

网户搭 wǎng hù dā 渔民把头，即捕渔人的带头人。

网务搭 wǎng wù dā 同"网户搭"。

船搭 chuán dā 河渡口摆渡的船夫。

卖苦大力的 mài kǔ dà lìde 旧时靠出卖体力劳动维护生活的劳动者。

扛大个儿的 káng dà gèr de 旧时车站、码头等地的搬运工。

掌作的 zhǎng zuō di 旧时城镇手工业中受雇领徒工干活的人。

掌鞭的 zhǎng biān de 赶车老板。

掌包的 zhǎng bāo de ①旧时指戏班经理人、管理某些事的经济人。②旧时马车的跟车人。

打当的 dǎ dāng di 旧时早晨上工、晚上收工自己回家的临时雇工。

博义 bó yi 日伪统治时期日本侵略者对中国劳动人民的蔑称。

　　老博带 lǎ bó dɑi 借用俄语。旧时称依靠出卖劳动力、出苦力的劳动者，是一种带有污蔑贬低性的称呼。

　　劳金 láo jin "劳"字发重音。旧时的伙计、长工，即他人的雇工。

　　大劳金 dà láo jin 劳金中的整工。

　　脚行 jiǎo háng 旧时的搬运工。

　　挑担儿的 tiāo dànr de 旧指挑夫。

　　大行李 dà xíng li 在林区、矿区劳动的单身汉。

　　老客儿 lǎo kèr 客商，游商，一般指长途贩运的客商。

　　跑经纪的 pǎo jīng ji de 自己不出本钱，为买卖双方牵线搭桥从中获利的中间人。

　　跑买卖的 pǎo mǎi mɑi de 泛指生意人。

　　跑长腿儿的 pǎo cháng tuǐr de 从事长途贩运的客商。

　　跑短腿儿的 pǎo duǎn tuǐr de 从事短途贩运的客商。

　　跑外柜的 pǎo wài guì de 旧指采购人员。

　　站栏柜的 zhàn lán guì de 旧指商店的店员。

　　小柜腿子 xiǎo guì tuǐ zi 旧指店铺的伙计。

　　小打儿 xiǎo dǎr 旧指店铺的小伙计或旅店中的服务员。

　　学生意的 xiáo shēng yi de "学"读xiáo。旧指店铺中的学徒工。

　　小二 xiǎo èr 旧称饭店中的服务员。

　　掂大马勺的 diān dà mǎ sháo de 厨师。

　　跑堂的 pǎo táng de 旧称饭店中的服务员。

二道贩子　èr dào fàn zi　由产地购进货物再转手卖给他人或将物品转手倒卖的商贩。

三道贩子　sān dào fàn zi　由"二道贩子"手中购进货物然后转手卖给他人的商贩。

出床子的　chū chuáng zi de　把商品摆在摊床里出售的小商贩。

摆地摊儿的　bǎi dì tānr de　把商品摆在地面上出售的小商贩。

摆小摊儿的　bǎi xiǎo tānr de　同"摆地摊儿的"。

蹲市场的　dūn shì chǎng de　泛指在各类市场中从事买卖的商贩。

撂地儿的　liào dìr de　旧时摆地摊卖药、卖艺或叫卖其他物品的人。

货郎子　huò lāng zi　旧时挑担儿摇手鼓走街串巷贩卖日用品的游商。

货郎　huò lāng　同"货郎子"。

货郎挑子　huò lāng tiāo zi　同"货郎子"。

挑挑儿的　tiāo tiāoer de　同"货郎子"。

喝啷子　hē lāng zi　同"货郎子"。

路炉担子　lù lú dàn zi　游动的铁匠挑子。

拼缝儿的　pīn fèngr de　"改革开放"之后出现的一种新的社会职业，即本人不出本钱，依靠为买卖双方牵线搭桥并为之服务从中获利或好处费。

唱蹦子的 chàng bèng zi de 旧称唱"二人转"的艺人。

唱唱儿的 chàng chàngr de 旧称以卖唱为生的艺人。

掰糖的 bāi táng de 专指旧时走街串巷的卖糖人。卖糖人将薄薄的糖片制成葫芦等形体出卖，买糖者把葫芦等完整掰下来，剩余部分再换糖片，因此得名。

老学究 lǎo xué jiū 旧指私塾先生。今称年龄较大、文化水平较高的知识分子，是一种戏称。

坐堂先生 zuò táng xiān sheng 旧指中医，今指较大药店中的坐堂医生。

打板儿先生 dǎ bǎnr xiān sheng 算卦先生。

扎纸活儿的 zā zhǐ huór de 旧指纸扎铺的工匠。

炮手 pào shǒu ①旧社会给地主老财家看家护院的人。②旧时土匪中的专职枪手。③猎民一般被称为炮手。「例」张炮手，今天打到什么猎物了？

使唤丫头 shǐ huan yā tou 旧指年轻的女佣人。

老妈子 lǎo mā zi 旧指年长的女佣人。

老娘婆 lǎo niáng pó 接生婆，主要指民间接生婆。

跳大神儿的 tiào dà shénr de 巫师。

大神儿 dà shénr 巫师，特指首领。

二神儿 èr shénr 巫师首领的助手。

堂神 táng shén 旧时跳大神时请来的巫婆或巫汉。

堂子 táng zi 旧时跳大神请仙设堂的地方。

香堂子 xiāng táng zi 同"堂子"。

超罚师 chāo fá shī 农历七月十五日，盂兰盆会上诵《往生咒》、超度亡魂的法师。

刀笔协神 dāo bǐ xié shén 旧指讼师，相当于当代的律师。

红媒 hóng méi 对媒人的尊称。

大红媒 dà hóng méi 同"红媒"。

月下佬儿 yuè xià lǎor 对媒人的尊称。

月佬 yuè lǎo 同"月下佬儿"。

代客儿的 dài kèr de 旧时称婚丧嫁娶中的主持人，今称"司仪"。

武把子 wǔ bǎ zi ①京剧中的武生。②稍微会点武术的人也被称为"武把子"。

更倌儿 jīng guanr 更夫。

上灶儿的 shàng zàor de 在灶前做菜的厨师。

掌刀儿的 zhǎng dāor de 负责切肉切菜的厨师。

面案儿的 miàn ànr de 在面案上负责做面食的厨师。

粉匠 fěn jiàng 农村制作粉条的工匠。

大车儿 dà chēr 蒸汽机车火车司机。

二车儿 èr chēr 蒸汽机车火车司机助理。

火车迷子 huǒ chē mí zi 火车司机。

大烧儿 dà shāor 蒸汽机车火车司炉。

小烧儿 xiǎo shāor 蒸汽机车火车司炉的助手。

戈必旦 gē bì dàn 借用俄语。军官。

骚鞑子 sāo dá zi 借用俄语。原指士兵，今指身份低微、无权无势的小人物。诙谐性用语。

师级干部 shī jī gàn bu "师级"是"司机"谐音，戏称汽车司机。

老板子 lǎo bǎn zi 对汽车司机诙谐性称呼。

花子头儿 huā zi tóur 乞丐的首领。

打哈拉巴的 dǎ hā le bā de 旧时称乞丐。

打鱼鼓儿的 dǎ yú gǔr de 同"打哈拉巴的"。

甩手掌柜的 suǎi shǒu zhǎng guì de ①比喻虽有权势和地位却不管具体事物的人。含有贬义。「例」我早已把产业交给了我儿子，别看我是董事长，其实我就是个甩手掌柜的！②家庭中不管家务的一方的谦称。「例」家里一切都是老蒯（老伴儿）说了算，我就是个甩手掌柜的！

头头脑脑儿 tóu tóu nǎo nǎor 泛指领导、管理者、大小头目。

大拿 dà ná 某一方面的权威或技术能手。

白丁儿 bái dīngr 没有任何职务和职权的普通人。诙谐性用语。如我就是个白丁儿，说了也不算哪！

挂单儿和尚 guà dār hé shang 旧指借住在别的寺院里的和尚。

火住道人 huǒ zhù dào ren 旧指带有家眷的道人。

火居道人 huǒ jū dào ren 同"火住道人"。

老灯官儿 lǎo dēng guānr 旧指元宵日掌管放灯事务的人。

灯官儿爷爷 dēng guānr yé ye 旧指元宵日掌管放灯事务的男人。

灯官儿奶奶 dēng guānr nǎi nai 旧指元宵日掌管放灯事务的女人。

板凳队员 bǎn dèng duì yuán 体育比赛球类比赛中的替补队员。

一道杠儿 yí dào gàngr 少先队中小队一级的干部，佩戴一道杠的袖章，故称。

两道杠儿 liǎng dào gàngr 少先队中中队一级的干部，佩戴二道杠的袖章，故称。

三道杠儿 sān dào gàngr 少先队中大队一级的干部，佩戴三道杠的袖章，故称。

愁帽子 chóu mào zi 捡来的帽子。民间认为一般不能捡帽子，怕惹来愁事。

木把头 mù bǎ tou 旧时林业工人的泛称。

木头老倌儿 mù tou lǎo guānr 旧时林业工人的自称。

大茶壶 dà chá hú 旧时妓院中的男仆。

大差 dà chāi 旧指死囚犯。

傻公子 shǎ gōng zi 东北秧歌中的领头人。

阎老五 yán lǎo wǔ 阎王爷。

带犊子 dài dú zi 对改嫁后带来的孩子的蔑称。

带葫虏字 dài hú lǔ zi 同"带犊子"。

林大头 lín dà tóu 自新中国成立初期至 20 世纪 80 年代末期这一历史时期，东北地区林业系统以采伐木材为主，财大气粗，花钱大手大脚，因此人们戏称林业系统为"林大头"。

铁小抠儿 tiě xiǎo kōur 自新中国成立初期至"改革开放"初期，全国铁路系统经济形势比较紧张，在职工建房、工资待遇等方面经济比较困难，因此有"鉄小抠"的戏称。

2. 其他人物称谓

跟脚星 gēn jiǎo xīng 大人出门总爱跟在后面的小孩儿。含有贬义。

跟腚虫儿 gēn dìng chóngr 同"跟脚星"。

跟屁虫儿 gēn pì chóngr 同"跟脚星"。

避猫鼠儿 bì māo shǔr 特别畏惧某人或某种势力，犹如鼠畏猫，称这样的人为"避猫鼠儿"。

磨道驴 mè dào lú 比喻习惯于听人摆布支使的人。有歇后语说：磨道驴 —— 听喝儿。

二半破子 èr bàn pè zi 日子过得不算好也不算坏的人家，多用做谦辞。［例］"别看别人都家富了，可我家也就是个二半破子，勉强维持个生活！"

中溜户儿 zhōng liū hùr 日子过得不算好也不算坏的人家即中等户。［例］"我家也就是个中溜儿户儿，维持个温饱呗！"

破大家儿 pò dà jiār 日子过得不好、破破烂烂的人家。含有贬义。

死秧儿 sǐ yāngr 旧指绑票后被杀的人。

活秧儿 huó yāngr 旧指绑票后待赎回的人。

小支使儿 xiǎo zhi shir 供人支使的人，一般用于刚刚懂事儿、可供大人支使的少儿。

小答对儿 xiǎo dá duir 对方虽不重要但总需应酬的人，属于"离不开惹不起"的人。诙谐性用语。

大肚子汉 dà dǔ zi hàn 对饭量特别大的人的戏称。

直肠子驴 zhí cháng zi lú 对刚吃完饭或正吃着饭就拉屎的人的谑称。

菜耙子 cài pá zi 对特别能吃菜的人戏称。

觉迷 jào mí 对嗜睡的人的戏称。

臭气篓子 chòu qì lǒu zi 对爱放屁的人的谑称。

放屁精 fàng pì jing 同"臭气篓子"。

咸菜篓子 xián cài lǒu zi 形容生活非常贫穷的人或人家。

寡蛋 guǎ dàn 对不能生育的妇女的贬称。

二串子 èr chuàn zi 混血人。

二毛子 èr máo zi 专指中国人同俄国人结合后生下的混血儿，即"华俄后裔"。

二以子 èr yǐ zi 阴阳两性人。

带犊子 dài dú zi 妇女改嫁后带去的孩子。

带胡鲁子 dài hú lǔ zi 同"带犊子"。

梦生儿 mèng shēngr 遗腹子。

全科人儿 quán ke rénr 指父母、子女、配偶兼全的人。

十不全儿 shí bù quánr 比喻有多种疾病的人，是一种戏称。[例]"这几年我疾病缠身，简直是个十不全儿了。"

半边人 bàn biān rén 寡妇。

二婚 èr hūn 再次结婚。

先房 xiān fáng 男人丧妻又娶，称已死的妻子为先房。

重眼子 chóng yǎn zi 哥兄弟中不被父母疼爱者。

月窠子 yuè kē zi 没满月正在哺乳期的婴儿。

活人妻 huó rén qi 对离婚后再嫁的妇女的戏称，因原夫仍在世，故名。

望门妨 wàng mén fǎng 男女订婚后，一方死后，活者被称望门妨。

望门寡 wàng mén guǎ 男女订婚后，男方死后，女方被称为望门寡。

跑腿儿 pǎo tuǐr 单身汉。一般指长期在外的已婚男性。

光棍儿 guāng gùnr ①单身汉。②非常精明的人。含有贬义。[例]"少在我面前耍光棍儿！"

孤鲁棒子 gū lu bàng zi 对年老而无妻的人的戏称。

老光杆子 lǎo guāng gǎn zi 同"孤鲁棒了"。

老跑腿子 lǎo pǎo tuǐ zi 同"孤鲁棒子"。

绝户 jué hu 结婚多年直到年龄很大仍没有后代的人。含有贬义。

绝户气 jué hu qì 终生无子女的孤寡老人。

绝户头 jué hu tóu 同"绝户气"。

熟透的瓜 shóu tòu de guā 衰老濒死的人。诙谐性用语。

棺材瓤子 guān chai ráng zi ①对年龄很大身体多病的人的戏称。②年龄很大身体多病的人自己的戏称。

死人幌子 shǐ rén huǎng zi 疾病缠身、满脸病容、形同死人的人。

受气包儿 shòu qì bāor 经常被当做抱怨和泄愤对象的人。含有贬义。

三孙子 shān shūn zi 居于人下、看人脸色、身份低微、任人摆布的人。含有贬义，也是一种戏称。

半疯儿 bàn fēngr 举止失常、近于疯癫的人。

黑户儿 hēi hùr 住在当地而没有当地户口的人。

二劳改 èr láo gǎi 劳改释放的人。

抱路倒儿 bào lù dǎor 因冻、饿、病等原因而死在路边的死尸。

死倒儿 sǐ dǎor 倒在路旁或旷野中的死尸。

河漂儿 hé piāor 河面上漂浮的死尸。

（十二）人体各部称谓 体态称谓

1. 人体各部称谓

①身体

身板儿 shēn bǎnr 主要就身体健康状况而言。

身子板儿 shēn zi bǎnr 同"身板儿"。

身子骨儿 shēn zi gǔr 同"身板儿"。

坨儿 tuór 指人身体的高矮胖瘦，身高体胖而骨骼大的人称"大坨儿"，反之称"小坨儿"。

块儿头儿 kuàir tour 同"坨儿"。

块儿 kuàir 同"坨儿"。

骨棒儿 gù bàngr 骨架，骨骼。

骨头架儿 gǔ tou jiàr 骨架、骨骼。个子高、骨骼大称"大骨架儿"，反之称"小骨架儿"。

身量儿 shēn liangr 身材的高矮胖瘦。

身条儿 shēn tiáor 身材，主要指身材是否苗条。

腰条儿 yāo tiáor 身材，一般指苗条的身材。

疙瘩膘儿 gā da biāor 即结实强健的肌肉,身体健康有力。

水膘儿 shuǐ biāor 形容人只有虚胖的身体而没有健康的身体和结实的肌肉。含有贬义。

中溜膘儿 zhōng liū biāor 即不胖不瘦的身材。

②头部

脑瓜子 nǎo guā zi 头,头部。

脑袋瓜儿 nǎo dai guar 同"脑瓜子"。

脑袋瓜子 nǎo dai guā zi 同"脑瓜子"。

脑壳儿 nǎo kér 同"脑瓜子"。

脑瓜壳儿 nǎo guā kér 同"脑瓜子"。

脑瓜骨 nǎo guā gǔ 颅骨。

脑梆骨 nǎo bàng gǔ 颅骨。

脑瓜仁子 nǎo guā rén zi 脑袋内部,主要指脑神经,是一种虚指。[例]"烦得我脑瓜仁子都疼!"

脑盖子 nǎo gài zi 即头盖骨

天龙盖 tiān lóng gài 同"脑盖子"。

脑瓜门儿 nǎo guā ménr 前额头。

脑门儿 nǎo ménr 前额头。

锛儿娄 bénr lou 凸起的前额。

鹅头锛儿娄 ē tóu bénr lou 像鹅头那样凸起的前额。

锛儿娄头 bénr lou tóu 头部具有前额突起的特征

后脑勺儿 hòu nǎo sháor 脑后凸起的部分,也指整个后脑。

后脑海 hòu nǎo hǎi 指整个后脑。

南北头 nán běi tóu 前额和脑后部凸起的头。

脖梗子 bó gěng zi 脖子。

③脸部

长瓜脸儿 cháng gua liǎnr 稍呈长型的脸。

长巴脸儿 cháng ba liǎnr 同"长瓜脸儿。

刀条子脸 dāo tiáo zi liǎn 细长削瘦的脸型。

洼抠脸儿 wǎ kou liǎnr 面部向内凹陷的脸。

四方大脸 shì fāng dà liǎn 大而略呈方型的脸,也称"国字脸儿"。

黄净子脸 huáng jìng zi liǎn 肤色偏黄的脸。

白净子脸 bái jìng zi liǎn 肤色白净的脸。

赤红脸儿 chì hóng liǎnr 肤色发红的脸。

红脸儿大汉 hóng liǎnr dà hàn 脸色赤红而又身体强壮的成年男子。

颧骨腮 quán gǔ shāi 颧骨凸起处。

下巴颏子 xià ba ké zi 下颌。

腊腊壳儿 là la kér ①因过于肥胖在下颌处形成的肉褶。②物体上的细槽或沟。

门中 mén zhōng 人中。

酒坑儿 jiǔ kēngr 酒窝。

抬头纹 tái tóu wén 额头上的皱纹。

核桃纹儿 hé táo wénr 同"抬头纹"。脸部皱纹多如核桃，故名。

蝴蝶脸 hú dié liǎn 指女人妊娠后脸上生长的褐色斑纹。

雀匾匾 qiǎo bǎ ba 人脸上的雀斑。

④五官

嘴丫子 zhuǐ yā zi 嘴角。

大嘴叉子 dà zhuǐ chà zi 显得特别大的嘴，或指具有此种特征的人。含有贬义。

舌头弦儿 shé tou xiánr 舌下同舌头相连的肉膜。

小央忽子 xiǎo yāng hū zi 小舌头。

牙花子 yá huā zi 牙床。

牙梆骨 yá bāng gǔ 颌骨。

板儿牙 bǎnr yá 门牙。一般多指门牙较大者。

立事牙 lì shì yá 智齿。

大牙 dà yá 智齿。

牙滞子 yá zhì zi 牙垢。

兜齿儿 dōu chǐr 下齿前错，包着上齿。也叫"地包天""大下巴"。

眼眉 yǎn méi 眉毛。

眼睛毛儿　yǎn jing máor　眼睫毛。

眼人儿　yǎ rénr　瞳人。

眼芯子　yǎn xìn zi　眼球内部。

眼珠子　yǎn zhū zi　眼睛。

眼梢子　yǎn shāo zi　外眼角。

眼梢儿　yǎn shāor　眼角。

眼角子　yǎn jiǎo zi　同"眼梢儿"。

吊眼梢子　diào yǎn shāo zi　眼角向上吊起的眼睛，也指这样的人。

金鱼眼　jīn yú yǎn　眼球向外凸出的眼睛。

大眼儿泡儿　dà yǎnr pāor　同"金鱼眼"。

三角眼儿　sān jiǎo yǎnr　小而略呈三角形的眼睛。

眯眯眼儿　mī mi yǎnr　眯成一条线的眼睛。

眯缝眼儿　mī feng yǎnr　同"眯眯眼儿"。

鸡爪纹　jī zhǎo wén　外眼角的皱纹。

通天鼻子　tōng tiān bí zi　鼻梁直通向额部即高而直的鼻子。

蒜头儿鼻子　suàn tóur bí zi　鼻尖儿像蒜头儿的鼻子。

鹰钩儿鼻子　yīng gōur bí zi　鼻尖儿像鹰嘴的鼻子。

趴趴鼻子　pǎ pɑ bí zi　鼻梁低矮、显得发扁的鼻子。

塌鼻子　tǎ bí zi　同"趴趴鼻子"。

鼻孔眼儿　bí kǒng yǎnr　鼻孔。

耳头　ěr tou　耳朵。

耳丫子 ěr yā zi 耳朵与头相接的部分。

耳根子 ěr gēn zi 耳垂儿与腮相接处。

耳仓儿 ěr chāngr 耳轮上方的小坑儿。不是人人都有，仅有部分人有。

耳垂子 ěr chuí zi 耳垂儿。

耳门子 ěr mén zi ①外耳。②引申为非常遥远以前。[例]"陈年老帐，都忘到耳门子后去了！"

招风耳 zhāo fēng ěr 形容人的双耳耳廓大而向前。

嗓子眼儿 shǎng zi yǎnr 咽喉。

气嗓儿 qì shǎngr 气管靠近咽喉的部分。

嗓葫芦儿 shǎng hú lur 喉结。

葫芦头儿 hú lu tour 喉结。

⑤躯干

心脯儿 xīn pǔr 胸脯。

心叉子 xīn chǎ zi 胸骨正中的底部。

护心骨 hù xīn gǔ 胸廓。

腔子 qiāng zi 胸腔。

肝儿 gānr 肝脏。

肺子 fèi zi 肺脏。

肋条 lèi tiao 肋骨。

肋条骨 lèi tiao gǔ 同"肋条"。

肋巴 lèi ba 同"肋条"。

肋巴骨　lèi ba gǔ　同"肋条"。

肋巴扇子　lèi bā shàn zi　两肋部分。

肋叉子　lèi chǎ zi　"叉"读 chǎ。　肋骨下部，软肋。

奶子　nǎi zi　专指女性的乳房。

奶头　nǎi tóu　同"奶子"。

咂儿咂儿　zār zar　第二个"咂儿"突出"儿"音。女人乳房的俗称。

咂儿　zār　同"咂儿咂儿"。

奶胖子　nǎi pāng zi　"胖"读 pāng。特指女性乳房膨大部分，不包括乳头。

妈妈儿胖子　mā mār pāng zi　同"奶胖子"。

油瓶子奶头　yóu píng zi nǎi tou　特指女性状似油瓶、大而垂的乳房。

肚囊子　dù náng zi　一般指人的腹部，也包括其他动物。

肚囊儿　dù nángr　同"肚囊子"。

将军肚儿　jiāng jūn dùr　因胖而向外挺起的腹部。

胯胯　kuà kua　胯骨。

大胯　dà kuà　胯骨。

胯骨轴儿　kuà gu zhóur　腰胯间髋骨部分。

胯巴轴儿　kuà ba zhóur　同"胯骨轴儿"。

胯裆　kuà dāng　大腿根部即裆部。

卡巴裆　kǎ bā dāng　胯下，两条大腿根部之间。

胯骨裆　kuà gu dāng　同"卡巴裆"。

灯篓骨　dēng lou gǔ　胯骨之上的骨头。

脊娘　jí niang　"脊梁"的音变，即脊梁。

后脊娘　hòu jí niang　脊梁。

脊娘骨　jí niang gǔ　脊梁。

脖腔骨　bó qiāng gǔ　颈骨。

屁股蛋子　pì gu dàn zi　屁股。

屁股蛋儿　pì gu dànr　同"屁股蛋子"

腚槌儿　ding chuír　同"屁股蛋"。

腚槌子　dìng chuí zi　同"屁股蛋子"

腚沟子　dìng gōu zi　两臀中央的沟即屁股沟。俗称"屁股沟"

屁眼子　pì yǎn zi　肛门。

腚眼子　dìng yǎn zi　同"屁眼子"。

腚门子　dìng mén zi　同"屁眼子"。

腚巴楼子　dìng ba lōu zi　两屁股之间部位。诙谐性用语。

腚锤　dìng chuí　屁股。

尾巴根子　yǐ ba gēn zi　"尾"读 yǐ。即坐骨。

⑥四肢

哈拉巴　hā la bà　肩胛骨。

锁子骨　suǒ zi gǔ　锁骨。

锁楞骨　suǒ leng gǔ　同"锁子骨"。

肩膀子　jiān bǎng zi　肩部。

肩膀头儿 jiān bǎng tóur 同"肩膀子"。

膀子 bǎng zi 同"肩膀子"。

胳肢窝儿 gā zhi wōr "胳"读 gǎ. 腋下。

胳膊拐儿 gě bo guǎir 胳膊肘儿。

胳膊腕子 gé bo wàn zi 臂弯。

手脖子 shǒu bó zi 手腕子。

手脖儿 shǒu bór 手腕子。

左撇侎子 zhuǒ piě lǎi zi 习惯于用左手写字、吃饭、使用工具或做各种事情。

左撇子 zhuǒ piě zi 同"左撇侎子"。

杵子 chǔ zi 拳头，主要指用拳头打人。

槌头子 chuí tóu zi 拳头。

手丫 sǒu yā 手指间的分岔处。

手指丫巴儿 sǒu zǐ yā bar 同"手丫"。

手纹 sǒu wén 指纹和掌纹的统称。

大拇手指头 dà mǔ sǒu zhí tou 大拇指。东北地区习惯把手的五指依次称为大拇哥、二拇立、看钱佬、坐台戏、小妞妞。

大拇哥 dà mǔ gē 大拇指。

二拇手指头 èr mǔ shǒu zhí tou 二拇指。

二拇立 èr mǔ lì 二拇指。

看钱佬 kān qián lǎo 中指。

坐台戏 zhuò tái xì 无名指。

小妞妞 xiǎo niū niū 小手指。

小拇手指头 xiǎo mǔ sǒu zhí tou　小拇指。

小拇哥 xiǎo mǔ gē　小拇指。

手指盖儿 shǒu zhǐ gàir　指甲。

指就棚儿 zhǐ jiu péngr　指缝上部的指甲。

膙子 jiǎng zi　手掌或其他地方的皮肤长期磨出来的一层硬壳，也叫"膙巴"。

腿腕子 tuǐ wàn zi　腿向后弯曲处。

大腿里子 dà tuǐ lǐ zi　大腿根部内侧的皮下肌肉部分。这里是人体肌肉最嫩部分。[例]"你把我的大腿里子都掐红了！"

波罗盖儿 bō luo gàir　膝盖。

波勒盖儿 bō le gàir　同"波罗盖儿"。

波楞盖儿 bo leng gàir　同"波罗盖儿"。

烧饼骨 shāo bing gǔ　髌骨，即膝盖骨。

腿梆骨 tuǐ bang gǔ　胫骨，一般特指其正面肉少、易受磕碰部位。

干腿棒子 gān tuǐ bàng zi　泛指整个小腿腿骨。

迎面骨 yíng miàn gǔ　小腿骨正面即腿胫骨。

二郎腿 èr láng tuǐ　坐时一条腿叠放在另一条腿上的姿势。

跳楞腿 tiào leng tuǐ　长而外分的腿。

脚脖子 jiǎo bé zi　脚腕子。

踝棒骨 huái bang gǔ　踝骨。

脚丫子 jiǎo yā zi　也称"脚巴丫子"。　脚。

脚巴丫儿 jiǎo bā yār 脚。

大拇脚趾头 dà mu jiǎo zhí tou 大脚趾。

小拇脚趾头 xiǎo mu jiǎo zhí tou 小脚趾。

二拇脚趾头 èr mu jiǎo zhí tou 二脚趾。

脚趾盖儿 jiǎo zhí gàir 趾甲。

脚趾丫巴儿 jiǎo zhǐ yā bar 脚趾间分岔处。

脚孤拐 jiǎo gū guai 大脚趾和脚面侧面向外凸起的骨头。

脚底板儿 jiǎo dǐ bǎnr 脚掌。

脚豆子 jiǎo dòu zi 脚趾头。

脚揽根 jiǎo lǎn gen 脚脖子背面的粗筋。

裤兜子 kù dōu zi 裤裆。这里主要指两裆即两条大腿之间。

有歇后语：裤兜子里装脑袋 —— 没脸见人！

⑦胡须 毛发

八撇胡儿 bā piě húr 八字胡须。

两撇胡儿 liǎng piě hur 同“八撇胡儿”。

人丹胡子 rén dān hú zi 上嘴唇一道横胡须，日本人多见。

连毛胡子 lián máo hú zi 络腮胡子。

连面胡子 lián mian hú zi 同“连毛胡子”。

木梳背儿 mù shū bèir 刘海儿的戏称。

鬼见愁 guǐ jiàn chóu 小男孩儿脑后留的小辫儿。民间认为留这样的小辫儿的小孩儿好养活。

小尾巴儿 xiǎo yǐ bar “尾”读 yǐ。同“鬼见愁”。

偏毛儿 piān máor 小孩儿头顶上偏一点儿的小辫儿。民间认为梳这样的发式的小孩儿好养活。

纂儿 zuǎnr 绾在脑后的发髻，多见年龄偏大的中老年妇女。

疙瘩鬏儿 gā dajiūr "疙瘩"读 gā da。绾在脑后成团儿的一种发髻。多见中老年妇女。

背头 bēi tóu 男子向后梳理的发型。

乖乖角 guāi guai jiǎo 小女孩梳的一种两支小辫向上的发式。

半拉瓜 bàn lǎ guā 只剃了一半儿留一半的发式。

头旋儿 tóu xuànr 头顶自然形成的旋状发式。民间认为，一个人的头顶出现两个"头旋儿"，这样的人性格倔强而命硬。

头穴儿 tóu xuèr 同"头旋儿"。

拧劲子旋儿 níng jìn zi xuànr 头上长有反转的头发旋。民间认为，有这种头发旋的人性格倔犟即"驴性"。

盘头 pán tóu 旧时女子一种发式，将辫子盘在头上表示已婚。

盘髻 pán jí 旧时妇女将发辫改为盘头式，表示已结婚成为媳妇。

⑧皮肤 肌肉 神经

肉皮儿 yòu pír 泛指皮肤。

肉皮子 yòu pí zi 泛指全身皮肤。常用于骂人语。〔例〕"我看你是肉皮子紧了！"

肚囊皮　dù náng pí　腹部的皮肤，一般较松软。

毛缝眼儿　máo feng yǎnr　汗毛孔。

倒戗刺　dào qiāng chì　指甲周围翘起的须状刺儿，逆碰有痛感。

肉刺儿　ròu cìr　手指甲旁长出的倒戗刺儿。

檩子　lǐn zi　皮肤被抽打或磨损后起的条状疤痕。

痂瘢儿　gá zir　皮肤伤口愈合后留下的硬壳儿。

痂渣儿　gá zar　同"痂瘢儿"。

疙瘩膘　gā da biāo　"疙瘩"读 gā da，见前。

疙瘩肉　gā da ròu　发达而鼓起的肌肉，多指胳膊上发达的肌肉。

哈蟆肉　há ma ròu　向内曲臂时上臂突起的肌肉。

暄肉　xuān ròu　人体的皮下脂肪肉，这种肉比较松软。〔例〕"你看他年纪轻轻身上那一身暄肉。"

痒痒筋儿　yǎng yang jīnr　身体某些部位如腋下、肋下肌肉怕触碰，一碰就要发笑，故称。

痒痒肉儿　yǎng yang ròur　同"痒痒筋儿"。

皴　cūn　皮肤上积存的泥垢。

皴嘎巴　cūn gá ba　皮肤上由汗泥、污垢结成的痂。

氄刺儿　rǒng cìr　扎在皮肤上的眼睛看不清的细小的刺儿。〔例〕"手上扎了些氄刺儿，挑也挑不净！"

潸　shān　湿皮肤受冷风吹后而裂开小细口称为潸。〔例〕"别哭了，再哭脸都潸了。"

⑨生殖器官

小便 xiǎo biàn 专指男性小便器。

下边儿 xià bianr 男性、女性生殖器的隐语。

底下 dǐ xia 同"下边儿"。

屌 diǎo 专指男性生殖器的阴茎。

鸡巴 jī ba 专指男性生殖器。

牛子 niú zi 专指男性生殖器。

㞘儿 dēr 专指男性生殖器。

卵子 lǎn zi 睾丸。

卵子子儿 lǎn zi zǐr 睾丸。

小牛儿 xiǎo niúr 小男孩的生殖器。

牛儿 niúr 小男孩的生殖器。

家雀儿 jiā qiǎor "雀"读 qiǎo。小男孩的生殖器的戏称。

小鸡儿 xiǎo jīr 小男孩的生殖器。

小鸡鸡 xiǎo jī jī 小男孩生殖器的昵称。

巴子 bā zi 泛指女人阴部。多用于骂人语。「例」"妈了个巴子的"。

尿泡 suī pao 膀胱。

⑩排泄物 分泌物

白毛儿汗 bái máor hàn 人汗，多指惊恐时所出的汗，夸张性用语。[例]"吓出了一身白毛汗。"

鼻停　bí ting　鼻涕。

脓带　néng dai　同"鼻停"。

痂巴儿　bí ting gá bar　干鼻屎。

鼻挺痂疕儿　bí ting gá zhir　干鼻屎。

鼻痂儿　bí gár　鼻屎干物质。

鼻痂痂儿　bí gá gar　"痂儿"突出"儿"音。已经干的鼻屎、鼻涕。

眵目糊　cì mu hū　眼屎。

耳残　ěr chán　耵聍。　即耳屎。

精儿　jīngr　女性哺乳期乳房生出的一股奶汁。

奶精儿　nǎi jingr　同"精儿"。

棒　bàng　女性哺乳期间因乳房内液体多而引起的鼓胀。既指人也指动物。

吐蜜　tù mi　吐沫，唾液。

吐抿　tù min　吐沫，唾液。

吐沫星子　tù mo xīng zi　唾液飞溅的沫子。

哈拉子　hā lá zi　口水。

粘涎子　nián xián zi　口中产生的粘液。

粘涎儿　nián xiánr　同"粘涎子"。

屁屁　bǎ ba　人屎。

屎橛子　shǐ jué zi　比较干硬的条状粪便。

线儿屎　xiànr shǐ　细条状粪便。

青屎　qīng shǐ　①婴儿屎。②绿屎。民间认为婴儿拉青屎是受惊吓所致。

2. 体貌体态称谓

斜楞眼儿 xié leng yǎnr 眼斜的人。

斜不楞 xié bu lèng 眼斜的人。

肿眼泡儿 zhǒng yǎn pāor 上眼皮肿胀的人。

肿眼泡子 zhǒng yǎn pāo zi 同"肿眼泡儿"。

金鱼眼 jīn yú yǎn 眼球特别突出的人。

鼓眼泡儿 gǔ yǎn pāor 同"金鱼眼"。

转眼子 zhuàn yǎn zi 眼球不能定于一处、总爱频频转动的人。

疤瘌眼儿 bā la yǎnr 眼皮上有疤的人。

大眼儿灯 dà yǎnr dēng ①久病或重病的人眼睛显得特别大，故称。②非病但生来眼睛特别大的人。

吊角眼 diào jiǎo yǎn 指外眼角上挑的眼。［例］"那小子好认，长了个吊角儿眼！"

吊眼稍子 diào yǎn shāo zi 稍向上吊起的眼睛。

阴天乐儿 yīn tiān lèr 生来头发和眼眉皆白的人，畏光，故称。

塌鼻子 tǎ bí zi 鼻梁塌陷的人。

豁子 huō zi 唇裂的人。

　　三瓣嘴儿 sān bàn zuǐr　因病、因故或先天性的唇裂呈三瓣状的人。

　　豁牙子 huō yá zi　牙齿脱落一部分的人，主要指门牙脱落的人。

　　齁儿巴 hōur ba　支气管哮喘病人或因其他病症而哮喘的病人。

　　嗑巴 kē ba　结巴。

　　半语子 bàn yǔ zi　言语功能有障碍、说话不清楚的人。

　　公鸭嗓儿 gōng yā sǎngr　嗓门尖而略带嘶哑声音像鸭叫的人。

　　老撇 lǎo piě　口音不正的外地人。

　　老公嘴儿 lǎo gong zuǐr　长至成年而不生胡须的男子。

　　老婆嘴 lǎo po zuǐ　同"老公嘴儿"。

　　秃老亮 tū lǎo liàng　秃子，对秃头人的戏称。

　　痨病腔 láo bìng qiāng　长期患肺结核病久治不愈的人。

　　瘫巴 tān ba　①全身瘫痪久卧在床的人。②腿有严重残疾不能正常走路而生活基本能够自理的残疾人。

　　魔怔 mé zheng　①精神病患者。一般指狂妄型精神病人。②对虽然不是精神病患者但精神有障碍的人的戏称。

　　拽爪子 zhuāi zhuǎ zi　对胳膊有残疾的人的戏称。

　　拽子 zhuāi zi　同"拽爪子"。

　　一把手儿 yī bǎ shǒur　对只有一只胳膊或一只手的人的戏称。

一条半腿 yī tiáo bàn tuǐ 腿有严重残疾的跛子。

地不平 dì dú píng 对腿有残疾因此走路不稳的人的戏称。

点脚儿 diǎn jiǎor 腿或脚有残疾，走路一脚高一脚低的人。

罗圈儿腿儿 luó quānr tuǐr 长有〇型腿的人。

簸箕脚 bò qi jiǎo 外八字脚。

拐拉腿儿 guǎi la tuǐr 腿伸不直、走路时两腿不平衡的腿。

罗锅儿 luó guōr 驼背的人。

大晃杆 dà huàng gān 比喻身材特别高大而过于单细的人。

大料叉 dà liào chā 比喻高且瘦的人。

矬子 cuó zi 对身材过于低矮的人的蔑称。

矬把子 cuó bà zi 同"矬子"。

地出溜儿 dì chū liur 对身材过于低矮的人的蔑称。

地缸子 dì gāng zi 对身材又矮又粗的人的蔑称。

压地磙子 yà dì gǔn zi 对身材又矮又粗的人的蔑称。

碜大姑 chěn dà gū 形容肥胖臃肿的丑女人。

双身板儿 shuàng shēn bǎnr "双"读 shuàng，下同。孕妇。

双身子 shuàng shēn zi 同"双身板儿"。

月婆子 yuè pé zi "坐月子"期间的产妇。

尿炕精 niào kàng jīng 有尿床病的人。

刀螂脖子 dāo lang bó zi 脖子很细而长的人。

（十三）生产工具用具

1. 农业生产工具用具

犁杖 lí zhang 犁。

犁梭子 lí suō zi 犁上的部件。

瞎摸儿 xiā mēr 犁上部件，用以提起犁身，因位于隐蔽处全凭手的感觉，故名。

小摸儿 xiǎo mōr 同"瞎摸儿"。

大耳铧子 dà ěr huá zi 大型犁铧。

大耳朵铧子 dà ěr duo huá zi 同"大耳铧子。

牤牛铧子 māng niú huá zi 同"大耳铧子。

辙三铧子 zhé sān huá zi 犁铧根据大小分辙一到辙五，辙一最小，辙五最大，辙三铧子为中型犁铧。

铧溜儿 huá liūr 小型犁铧，即辙一铧子。

铧溜子　huá liū zi　同"铧溜儿。

锄板儿　chú bǎnr　套在锄柄上铲草的部分，即锄头板儿。

锄杠　chú gàng　锄柄即锄头把儿。

锄钩子　chú gōu zi　连接锄板儿和锄头裤的弧形铁棍儿。

锄裤儿　chú kùr　锄头用以安装锄板儿的小孔口。

柴镰　cái lián　砍柴用镰刀。

草镰　cǎo lián　割草用镰刀。

片儿镐　piànr gǎo　片状镐，主要用于刨地。

盖儿锹　gàir qiāo　一种圆形锹。

广锹　guǎng qiāo　各种铁锹的统称。

背锹　bèi qiāo　翻地垄用的锹，锹头象镐那样套在柄上。

二齿钩子　èr chǐ gōu zi　农用工具之一，长长的木柄顶端垂直安有两个铁齿钩子称二齿钩子，安有三个铁齿称三齿钩子，安有四个铁齿称四齿钩子。

二齿挠子　èr chǐ náo zi　同"二齿钩子"。

二齿子　èr chǐ zi　同"二齿钩子"。

扬杈　yáng chā　扬场用的木杈，不是铁杈。

连斤　lián jin　连枷。

连替　lián ti　同"连斤"。

独杆套　dú gǎn tào　农村一种搂烧火用的野草的专用耙子。

耢拍子　lào pài zi　给苗眼盖土的农具。

搂场耙　lōu cháng pá　打场时用来搂取碎秸壳的耙子。

爬犁 pá li　耕地时承放犁铧的工具，不是冰雪爬犁。

爬犁架子 pá li jià zi　同"爬犁"。

钐刀 shàn dāo　一种从俄罗斯传入的割草的专用大刀。长长的把儿，把儿中间有手柄，刀头又长又细，割草时用刀抡，一抡一大片。钐刀不是磨而是"砸"，是一项很难掌握的专业技术。

耲耙 huái ba　东北地区耲地的工具。

耲耙撩子 huái ba liáo zi　耲耙前部破垄用的铁器。

撮子 chuō zi　各种撮土或粮食等物的工具的统称。

簸箕 bò qi　①用竹或柳条编成的三面有坡沿、一面敞开平坦的家用工具，主要用来簸粮食等物。②其他用塑料、铁皮制成的工具，主要用来清扫垃圾等杂物。③簸箕形的指纹。

簸箕舌头 bò qi shé tou　簸箕前端的一条窄窄的横木板儿。

土篮子 tǔ lán zi　用柳条或笤条编成的浅筐，有弯形提梁，主要用于盛装土等沉重物体。

土篮儿 tu lánr　同"土篮子"。

抬筐 tái kuāng　用柳条或笤条编成的筒形大筐。因提筐方式主要是抬，故得名。

挑筐 tiāo kuāng　用柳条或笤条编成的担物用的筐，底较深。

圆子 yuán zi　一种用柳条编的筐，口圆形。

腰子筐 yāo zi kuāng　一种元宝形的筐。

抬方 tái fāng　用草袋子做成的抬土工具。

点葫芦 diǎn hú lu 用葫芦做的种地点籽的一种播种工具。

磨盘 mò pán 承放磨扇的木板，圆形。

磨脐子 mò qí zi 石磨扇正中的轴。

磨脐儿 mò qír 同"磨脐子"。

上哈 shàng hà 磨的上一扇。

下哈 xià hà 磨的下一扇。

扭轴 niù zhóu 石磙，碌碡。

扦刀 qiān dāo 一种专门用来割高粱的刀。

电滚儿 diàn gǔnr 电动机。

电滚子 diàn gǔen zi 同"电滚儿"。

别乐窝子 béi le wō zi 借用俄语。牵引机，带发动机的前车，俗称"座机"。

撒马料扎 shā mǎ liào zha 借用俄语。由马牵引的割麦机。

热特 rè te 柴油机。

火犁 huǒ lí 拖拉机。

蹦嘣 bèng beng ①小四轮拖拉机、三轮手扶拖拉机。②东北"二人转"也称"蹦蹦"。

蹦蹦儿 bèng bengr 小四轮拖拉机。

蹦的蹦儿 bèng de bèngr 手扶拖拉机。

小红牛儿 xiǎo hóng niúr 对红色老式拖拉机的戏称。

摆轮 bǎi lún 泛指较小的机器齿轮。

鞭哨 biān shào 边子最前端部分细皮条，甩动时可以发出清脆的响声。

鞭由 biān yóu　即指鞭子最前端部分皮条，也泛指鞭子的鞭绳。

鞭梢子 biān shāo zi　鞭杆儿上段较细的竹制部分。

2. 林业生产工具用具

快码子 kuài mǎ zi　林区伐木用的一种单人用的大锯。

大肚子锯 dà dǔ zi jù　林区伐木用的一种两人合用的大锯，因锯身呈弧形而得名。

（其他林业生产工具用具详见本书《附录·林业行话术语》）

3. 渔业生产用具工具

拉网 lā wǎng　长形捕鱼网具的统称，分为大拉网、小拉网两种。

张网 zhāng wǎng　大型定量捕鱼网具，网身置放在江河急流处。

旋网 xuàn wǎng　比拉网小，船上或沿岸均可作业，用时将网旋形抛出，故名。

榔头网 láng tóu wǎng 一种小旋网。

铁脚子网 tiě jiǎo zi wǎng 拉网的一种。

丝挂子 sī guà zi 丝织片状网的统称，丝挂子种类很多。

浮挂子 fū guà zi 丝挂子之一。

底挂子 dǐ guà zi 丝挂子之一。

板挂子 bǎn guà zi 丝挂子之一，如果用于冬季冰下作业，则称"板挂子"。

搅捞子 jiǎo láo zi 一种杆端有圆形网兜、冬季伸进冰窟窿里搅水捞鱼的捕鱼工具。

撅嗒钩儿 juē da gōur 在冰洞上钓鱼的一种方法，不用鱼饵。

干钩儿钓鱼 gān gōur diào yú 同"撅嗒钩儿"。

快钩 kuài gōu 为多组钩，不用鱼饵，置于江河急流处，主要用于捕捞大鱼。

滚钩 gǔen gūo 同"快钩"。

捋钩 luǒ gōu "捋"读 luǒ。用于冬季捕鱼的钩类之一。

趟钩 tāng gōu 以食引鱼的钩类之一，一根长线可拴钩几百至数千不等。

毛钩 máo gōu 以食引鱼的钩类之一。

冰镩 bīng chuān 破冰捕鱼的工具，主要用于凿冰窟窿。

鱼亮子 yú liàng zi 一种捕鱼方式，利用自然地势定置的捕鱼用具即下网或拦网将河水挡住捕鱼。

亮子 liàng zi 同"鱼亮子"。

旋子 xuàn zi 与"亮子"为一类，但较小。

迷魂阵 mí hún zhèn 也称"旋"，在浅水中插杆数根，围以狭长的小眼网，可捕各种杂鱼。

冰槽子 bīng cháo zi 冰下捕鱼的主要方法。

搅罗子 jiǎo luó zi 冰下捕鱼的工具。

花篮子 huā lán zi 小型捕鱼具，用竹皮编织成球状，两端留有带倒须的口，鱼进得来出不去，主要用于涨水期捕鱼，以捕鲫鱼为主。

须笼 xū lóng 小型捕鱼具，多用柳条编成两个可以对接的圆筒形，两端口上有倒须，可捕各种杂鱼。

鲇鱼囤 nián yú dùn 小型捕鱼具，开关与"须笼"同，为深水捕鲇鱼专用工具。

搬撑子 bān chēng zi 小型捕鱼具，用四根竹竿或木竿共撑一块方形密眼网，正中系鱼饵，用于岸边捕小杂鱼。

卡子 qiǎ zi 用竹签加芦苇做成的捕鱼具，以玉米粒为饵，以捕大鲤鱼为主。

搬罾 bān zēng 一种用竹竿或木棍做支架的方形捕鱼工具。

冰窟窿 bīng kū long 冰面上凿出来的洞，主要用于捕鱼。

抄篓子 chāo lǒu zi 一种杆端有圆形网兜的捕鱼工具。

沉钩 chén gōu 钓鱼的一种方法。不使用鱼漂，撒长线使钩沉底，鱼咬钩则杆上的铃响。

网房子 wǎng fáng zi 打鱼人住的窝棚。

网窝子 wǎng wò zi 经常投饵料并经常下网捕鱼的河的某一地方。

漂子 piāo zi 鱼漂儿。

4. 工匠专用工具用具

家巴什儿 jiā ba shìr 泛指各种小型常用和专用工具。

家伙什儿 jiā huo shìr 同"家巴什儿"。

刨锛儿 páo bēnr 瓦匠用的断砖小锤，因一端似锛，另一端为锤头，故名。

夹剪 jiá jiǎnr 小号的老虎钳子。

嗑丝钳子 kè sī qián zi 掐断铁丝用的钳子。

螺丝刀子 luó sī dāo zi 改锥。

掌锤儿 zhǎng chuír 掌鞋用的小锤儿。

拐尺 guǎi chǐ 有直角形拐角的尺，木匠、瓦匠等通用。

尺杆子 chǐ gān zi 多指临时制作的长木尺而非正规尺，也叫"尺棍儿"。

泥抹子 ní mě zi 瓦匠抹泥用的专用工具。

密板子 mì bǎn zi 同"泥板子"，瓦匠抹泥时托泥用的专用工具。

铅坠儿 qiān zhuìr ①瓦匠用的吊线工具。②钓鱼线、网的底坠儿。

洋剪子 yáng jiǎn zi 理发推子。

刀挡子 dāo dàng zi 磨刀的厚皮条，一般指理发师磨刮脸刀的皮条。

石榔头 shí láng tóu 筑路或勘探时用来击石的锤，锤把儿是软棍，有弹性，不震手。

5. 其他日用工具用具

洪炉 hóng lú 铁匠炉，打铁的工作坊。

老吊 lǎo diāo 起重机，吊车。

拔路 bá lù 拔钉子用的专用工具，铁制，柄较长，一端弯曲，头似羊角叉，一端弯曲有直角叉。

巴锔子 bā jū zi 一种铁制建筑材料，呈 U 型，两端有尖，能把两块木制品钉住而连接在一起。

抢子 qiǎng zi 一种能铲掉物体表皮或附着物的工具，头部扁平而锋利，另一端为手把柄。

望杈 wàng chā 上望时往房顶送泥用的专用杈。

磨石 mé shí 磨刀石。

大拉石 dà lá shí 较粗的磨刀石。

挠子 náo zi ①用来梳毛的带齿的工具，多用于为羊梳毛。②用来削土豆皮的工具。③带眼的漏瓜丝的工具。

洋镐 yáng gǎo 丁字镐，也叫十字镐，主要用于刨坚硬东西。

（十四）日常生活用具用品

1. 卧具

被火 bèi huo 被褥。

被乎 bèi hu 同"被火"

被乎垛儿 bèi hu duòr 几床被褥叠在一起。旧时曾为判断家庭生活好坏的标志之一。

被头 bèi tóu 被子盖在人体上身的一端。东北人有在被的一端即被头绷衬布的习惯，以便于清洗，减少洗被衬的次数。

被当头 bèi dāng tóu 罩在被头上的衬布。

被腰 bèi yāo 横着缝在被面中部的装饰性布块。

被衬 bèi chèn 套在被子内面的布，起保护作用和便于清洗的作用。

被罩儿 bèi zhàor 套在整个被子外面的罩布，便于换洗。

被套 bèi tào 缝在被子里的棉絮。

褥套 rú tào 缝在褥子中的棉絮。

线儿毯 yiànr tǎn 一种线织的很薄的毯子。

枕头瓤子 zhěn tou ráng zi 装在枕套里起垫高作用的荞麦皮等物。

板铺 bǎn pù 木板搭成的简易床铺。

通铺 tōng pù 并排可以睡很多人的铺。

榻榻米？ tā tā mì 借用日语。铺在床上的草垫子。

2. 家具

条儿桌 tiáor zhuō 长条形桌子。

靠边儿站 kào biānr zhàn 一种能折叠放置的桌子，因折叠后常靠墙放置，故名。

一头儿沉 yì tóur chén 一侧有柜或抽屉而另一侧没有柜或抽屉只有桌子腿儿的桌子，故名。

抽匣儿 chōu xiár 抽屉。

抽斗儿 chōo dǒur 抽屉。

抠手儿 kōu shǒur 桌子、立柜或其他家俱上用来拉开抽屉、门的凹槽。

抓手 zhuā shǒu 家具上用于稳定或固定、移动物体的把手。

鼻儿 bír 突出"儿"音。①家具或其他物体上的小拉手如"门鼻儿"。②发出像哨子一样的响声，如"吹鼻儿"、"火车拉鼻儿"。

炕琴 kàng qín 摆在炕上放衣物的柜子。炕琴有两种，一种为上下两层，下层放衣物，上层放被褥；另一种为单层，柜内放被褥，柜上摆放钟表、茶具等。

炕橱儿 kàng chúr 同"炕琴"。

炕柜儿 kàng guìr 同"炕琴。

地琴 dì qín 放在地上装被褥衣物的立式柜。

床头柜 cuáng tóu gui 置于床头放衣物杂物的小柜子。

疙瘩柜 gā da guì 放在地上的能够移动的装衣物的简易木箱。

被格儿 bèi gér 安在墙壁上放被褥的架子。

隔板架儿 gé bǎn jiàr 安在墙壁上放置杂物的隔板。

碗架子 wǎn jià zi 碗橱。

碗架柜儿 wǎn jià guìr 碗橱。

马杌子 mǎ wù zi 一种四方小凳。历史上曾为上马凳，故名。

杌凳子 wù dèng zi 同"马杌子"。

马扎子 mǎ zhá zi 也叫"马扎儿"。一种以木棍为腿、四腿交叉、上面绷帆布或麻绳等、可合拢便于携带的简易小凳子。

摆登儿 bǎi dengr "摆"字发重音，"登儿"突出"儿"音。泛指室内各种摆设。

绷簧 bèng huáng 弹簧。

3. 洒扫用具

笤帚疙瘩 tiáo chu gā da "笤帚"读 tiáo chu，"疙瘩"读 gā da，下同。笤帚把儿，也泛指小笤帚。

笤疙瘩 tiáo gā da 同"笤帚疙瘩"。

笤帚头儿 tiáo chu tóur 残破的笤帚。

蝇甩子 yíng shuǎi zi 拂尘。

蝇拍子 yíng pāi zi 苍蝇拍子。

拖子 tuō zi 拖把。

地板拖子 dì bǎn tuō zi 同"拖子"。

拖布 tuō bù 同"拖子"。

4. 梳洗用具

木梳 mù shu 各种木质梳子的统称。

羊肚子手绢儿 yáng dǔ zi shǒu juànr 旧指毛巾。

胰子 yí zi 肥皂、香皂的统称。

香胰子 xiāng yí zi 香皂。

搭竿儿 dā gānr 晾晒衣服用的竹竿。

铜盆 tóng pén 旧时洗脸盆多用铜制，故名。

洗衣板儿 xǐ yī bǎnr 专指上面刻有凹槽、搓衣服用的木板洗衣服板。

搓衣板儿 chuō yī bǎnr 同“洗衣板儿”。

槌巴石 cuí ba shí 洗衣时槌衣服用的石头。

槌衣板儿 cuí yī bǎnr 洗衣时槌打衣服用的木板儿和木槌。

灰汤水 huī tāng shuǐ 旧时一种把荞麦秸灰放在水里再过滤后的水，因有碱性，可用来洗衣服。

灰汤 huī tāng 同“灰汤水”。

碱水灰 jiǎn shuǐ huī 同“灰汤水”。

牙缸 yá gāng 刷牙漱口杯。

5. 炊具 餐具

焖罐 mēn guàn 焖饭用的铝锅。

锅帘子 guō lián zi 蒸食物时搭在蒸锅上的帘子。

屉布 tì bù 衬在锅帘子或笼屉上面的布，以防所蒸食物同帘子粘连。

马勺 mǎ sháo 炒勺。

大勺 dà sháo 炒勺。

漏勺　lòu sháo　一种有许多小孔的勺子，主要用来捞取油或汤中的食品。

笊林　zhào lin　即"笊篱"的音变。用于捞取汤水中饺子、面条等食物的漏勺，多为竹编或铝合金制品。

菜墩儿　cài dūnr　切菜用的小木墩儿，圆形较厚，有别于菜板。

菜墩子　chài dūn zi　同"菜墩儿"。

菜板儿　chài bǎnr　专指切菜用的木板。

片儿刀　piànr dāo　一种刀片很薄的刀，主要用于把食物切成薄片。

锅铲子　gūo chǎn zi　炒菜等用的小铁铲，分为铁制、铝制、铝合金等多种。

锅抢子　guō qiǎng zi　同"锅铲子"。

刷帚　shuá chu　"刷"读 shá。刷锅洗碗用的小扫帚即炊帚。

擀么杖　gǎn me zhàng　"擀面杖"的音变。擀面条、擀饼等用的长圆体木棒，分为大、中、小多种。

蒜缸子　suàn gāng zi　捣蒜用的钵，有铜、铁、石等多种质地。

蒜缸儿　suàn gāngr　同"蒜缸子"。

蒜臼子　suàn jiù zi　同"蒜缸子"。

蒜槌子　suàn cuí zi　捣蒜用的杵，与"蒜缸子"配套使用。

盖帘儿　chài liánr　覆盖或盛放食物的帘子，多用秫秸编成，多为圆形，大小不一。

酱帽子　jiàng mào zi　盖在大酱缸上面的尖项帽状物，有防雨、防阳光直接照射作用。

酱斗蓬　jiàng dǒu peng　同"酱帽子。

酱幕斗 jiàng mù dǒu 用作盖大酱缸的一种用高粱秸皮编成的高装圆锥形大草帽。

酱栏儿 jiàng lánr 用秫秸等围起来的栏圈儿，可将酱缸放置其中，故名。

筷笼子 kuài lóng zi 盛放筷子的笼状器物。

起子 qǐ zi 起瓶盖的工具。

瓶起子 píng qǐ zi 起瓶盖的工具。

钵子 bǒ zi 比盆小而底略深的盛具。

盔儿 kuīr 比盆小而底略深的餐具。

羹匙儿 gēng chír 小汤勺。

匙子 chí zi 用骨片或竹片制成的一头窄一头稍宽的日用小工具，一般用于包饺子时舀饺子馅。

汤盘 tāng pán ①装汤汁的较深的盘子。②木制长方形、带有高边的端盘，主要用来端菜、端饭用。

接碟儿 jiē diér 酒席上接饭菜用的小碟子。

土豆擦儿 tǔ dòu chār 一种将土豆擦成条状、泥状的擦子。

6. 容器 盛器

迫子缸 pǎi zi gāng 主要用于腌渍卜留克、苤蓝〔音 piě la〕等块儿状咸菜的矮缸。

浑水缸　hún shuǐ gāng　盛放泔水的缸。

水筲　shuǐ shāo　泛指水桶。

喂大罗儿　wèi da luór　借用俄语。一种底小口敞的水桶。

巴筲子　bā shāo zi　小水桶。

奶斗子　nǎi dǒu zi　一种接牛奶用的小桶。

柳罐斗子　liǔ guan dǒu zi　柳罐。旧时主要用于盛水或从深水井中打水。

班克　bān ke　借用俄语。一种装油、酒等物的方形桶。

拉古儿　lá gur　塑料桶。较大塑料桶称为"大拉古儿"，较小塑料桶称为"小拉古儿"。

洋铁拉子　yáng tiě lá zi　用洋铁做的方形油桶。

玻璃棒子　bō li bàng zi　玻璃瓶子，旧时多指油瓶子。

酒棒子　jiǔ bàng zi　酒瓶，主要指装酒的玻璃瓶子。

酒嘟噜　jiǔ dú lu　一种盛酒器，器具身大，有两耳。

沙胖子　shā pàng zi　一种肚大、表面粗糙瓷酒壶。

瓶堵儿　píng dǔr　用来塞住瓶口的软木塞等。

水鳖　shuǐ biě　旧时盛热水的瓷瓶或铜瓶，用于热敷或取暖，因形状扁平似鳖，故名。

暖瓶　nǎn píng　"暖"读 nǎn。暖水瓶。

暖壶　nan　同"暖瓶"。

茶缸儿　chá gāngr　喝水用的缸子，主要指搪瓷缸子。

茶缸子　chá gāng zi　同"茶缸儿"。

提溜儿　tí liur　"提"字发重音，"溜儿"发轻音并突出"儿"

音。舀取酒、油的器具，有长把儿，分为酒提溜儿、油提溜儿不等。由于液体比重不同，提溜儿大小也有区别，根据液体的比重按斤、两制成一套，一般分为 5 斤、2 斤、1 斤、半斤、2 两等。

提篓儿 tí lǒur 同"提溜儿"。

7. 照明用具

洋蜡 yáng là 蜡烛。

磕头了儿 kē tóu liǎor "了"读 liǎo，"了儿"拉长音并突出"儿"音。一种细而短的小蜡烛，因燃烧时间很短而得名。

糠灯 kāng dēng 旧时一种照明用具，谷糠拌入酥子油渣，用米汤拌成膏状，涂在麻秆上，晒干后用于点火照明。

懒老婆 lǎn lǎo pe 糠灯的灯架。

提灯 tí dēng 桅灯，也称"马灯"。

保险灯 bǎo xiǎn dēng 一种带灯罩的煤油灯，也叫"汽灯"，俗称"气死风"。

气死风 qì si fēng 同"保险灯。

灯舌头 dēng shé tou 马灯的灯捻儿。

管儿灯 guǎnr dēng 日光灯。

灯管儿 dēng guǎnr 日光灯管。

跳泡儿 tiào pàor 日光灯的启动器。

灯泡儿 dēng pàor 白炽灯。

秀丝 xiù shī 保险丝。

闭火儿 bì huǒr 电灯等电器电路开关。

电棒儿 diàn bàngr 手电筒。

明子 míng zi 火把，用松油多的松木条制成，用来照明。

8. 烧火取暖用具

风匣 fēng xiá 风箱。旧式鼓风机，主要为取暖做饭用的大锅头送风助燃。

炉铲子 lú chǎn zi 往炉子里送煤和掏取炉渣用的小铁铲子。

炉钩子 lú gōu zi 捅火用的铁钩子。

炉盖子 lú gài zi 铁炉子或砖炉子炉板上的铁盖板儿。

炉筒子 lú tǒng zi 由一节节的铁筒组合起来的炉子的烟筒。

拐脖子 guǎi bó zi “炉筒子”的拐角部分。

掏火耙 tāo huǒ pá 从炉膛掏柴灰用的一种木柄铁头耙子。

烧火棍 shāo huǒ gùn 烧火时拨火用的木棍。

洋火儿 yáng huǒr 专指火柴，不含打火机类。

烟火儿 yān huǒr 同“洋火儿”。

起灯儿 qǐ dēngr 同"洋火儿"。

洋取灯儿 yáng qǔ dēngr 专指打火机类，不含火柴类。

火匣 huǒ xiá 盛放火柴的小匣子。

火绒子 huǒ róng zi 用艾叶晒干做成，旧时点火用。

火纸篾子 huǒ zhǐ miè zi 点火用的纸捻儿。

火墙子 huǒ qiáng zi 由红砖搭建的有许多烟道的砖墙，主要利用红砖传热快而散热慢的原理取暖，为东北地区传统的传统取暖方式，同火炕、火炉共称为"三大取暖器"。

火炕 huǒ kàng 东北地区传统取暖方式。用红砖或石板砌成的布满许多烟道的大炕，火炕分多种，除独立的火炕外，还有连二大炕、连三大炕、蔓子炕等。一为睡觉，二为通过火炕取暖。

火炉子 huǒ lú zi 东北地区传统取暖方式。特指用红砖砌成的、一用于烧火做饭、二用于烧火墙子、烧火炕取暖的炉子。

地火龙 dì huǒ lóng 用砖砌出来的、埋在屋内地下通过地卜烟道散热的取暖设施。

插板儿 chā bǎnr 用于火墙子隔断烟道的铁插板。

插关儿 chā guānr 同"插板儿"。

瘪拉搭 biě lā dā 借用俄语。砖砌的炉子。

嘎斯罐儿 gá shi guànr 煤气罐、液化气罐。

嘎斯气儿 gá shi qìr 煤气。

木桦子 mù bàn zi 将松木或桦木等截成 50～80 公分的木段，再连续劈成几块儿，用来烧火取暖、做饭等。

柴火 chái huo 也叫"柴禾"，烧火、取暖、做饭等用的干树枝、榛柴棵、玉米杆等一切可用于烧火的植物统称"柴火"。

玻璃斧子 bō li fǔ zi 一种俄罗斯传入的刃长而斧顶扁形的大斧子，也称"洋斧子"。

9. 缝纫用具

机器针 jí qì zhēn 缝纫机针。

机器 jí qi 缝纫机。

马神 mǎ shén 借用俄语。缝纫机。

马神针 mǎ shén zhēn 借用俄语。缝纫机针。

拨楞槌儿 bū leng chuír "拨"读bū。一种民间纺线工具。一般为骨制，利用牛骨腿锲入丁字形铁丝或铁条，拨动该工具使之不停地悬空旋转使麻纰儿或麻茎绞成细麻线，这种细麻绳主要用来纳布鞋底和鞋帮儿，是旧时做布鞋的主要工具。

拨槌儿 bū chuír "拨楞槌儿"中的转动的骨槌儿。

针锥 zhēn zhuī 纳鞋用的专用锥子，一般锥把、锥针均为铁制。

顶针儿 dǐng zhēnr "顶"字发重音，"针儿"发轻音并突出"儿"音。做衣服、做鞋等缝纫活儿时戴在手指上的铜箍或铜套儿，箍套表面布满浅坑，用以顶住针鼻儿使针扎透被缝物体，为旧时民间成年妇女必备的缝纫小用具。

顶根儿 dǐng gēnr　同"顶针儿"。

大替针 dà tì zhēn　纳鞋用的专用大针。

马蹄针 mǎ tí zhēn　掌鞋用的专用大针。

绗针 háng zhēn　绗被用的专用大针。

缝针 féng zhēn　缝补麻袋用的专用大长针。

线板儿 xiàn bǎnr　缠线用的木板儿。

线轱辘儿 xiàn gú lur　缠线用的线轴儿。

轴儿线 zhóur xiàn　缠在线轴儿上的线。

桄儿线 guàngr xiàn　在桄子上绕好取下来成圈的线。

麻捻儿 má niǎnr　搓得极细的用来穿针眼儿的麻绳头儿，也称"纫头"。

麻坯儿 má pīr　剥下来的麻缕，这是搓麻绳的主要材料。

麻穰 má rǎng　从麻里梳下来的细碎的碎麻丝。

花撑子 huā chēng zi　绣花时用来撑起绣布的用具，一般为两个竹圈。

烙提 lào ti　专指旧式铁制熨斗或烧碳熨斗，不含电熨斗。

10. 其他日常生活用品用具

掏耳勺儿 tāo ěr sháor　掏耳屎的小型用具，有长柄，一端似勺。

耳勺子 rě sháo zi 同"掏耳勺"。

耳勺儿 rě sháor 同"掏耳勺。

老头儿乐 lǎo tóur lè 搔痒用具，一般为木制，柄长，一端似爪，多为老人使用，故名。

痒痒扒儿 yǎng yang pár 同"老头儿乐"。

痒痒挠儿 yǎng yang náor 同"老头儿乐。

夹剪儿 jiá jiǎr 指甲剪。

二饼 èr bǐng 眼镜的戏称。

千里眼 qiān lǐ yǎn 望远镜。

柱棍儿 zhǔ gùnr 拐杖。

旅行袋儿 lǚ xíng dàir 旅行用提包。

钱夹子 qián jiá zi 钱包。

钱夹儿 qián jiár 钱包。

票夹子 piào jiá zi 公共汽车、旅客列车服务员等装取票据和零星钱款的小皮兜。

票根儿 piào gēnr 车、船及其他各种票的存根或报销凭证部分。

钱搭子 qián dā zi 旧时外出时搭在肩上存放现金及其他杂物的口袋。

钱折 qián zhé 存款折。

烟荷包 yān hé bāo 带在身边装碎烟叶的小口袋。

烟笸箩 yān pǒ luo 用纸糊的类似矮筐的装税烟叶的工具。

烟楼子 yān lóu zi 农家晾晒烟叶的四面透风的小房子。

烟梗子 yān gěng zi 烟叶中的叶脉。

烟拐子 yān guǎi zi 割烟叶时带下来的烟杆部分。

烟架子 yān jià zi 一种晾晒烟叶的架子。

阳历牌儿 yáng li páir 日历牌。

月份牌儿 yuè feng páir 同"阳历牌儿"。

月历牌儿 yuè li páir 同"阳历牌儿"。

洋皇历 yáng huáng li 同"阳历牌儿"。

手戳儿 shǒu chuōr 个人名章。

洋油 yáng yóu 旧指煤油。

火油 huǒ yóu 同"洋油"。

闭火儿 bì huǒr 电灯或其他电器的开关。

表把儿 biǎo bàr 手表上用来紧发条、拨表针的部件。

表耳子 biǎo ěr zi 手表"表爪子"和"表棍"的合称。

表棍儿 biǎo gùnr 穿表带的横棍儿。

表爪子 biǎo zhuǎ zi 表壳两侧安装表棍的突出部分。

窗镜子 chuāng jìng zi 窗户上的玻璃。

窗帘盒子 chuāng lián hé zi 镶在窗户上部用以上扯窗绳的长形木槽，也称"窗帘盒"。

刺儿鬼儿 cìr guǐr 铁蒺藜，带有刺儿的铁线。

电匣子 diàn xiá zi ①收音机。②留声机，也称"戏匣子"。

戏匣子 xì xiá zi 旧指留声机，今指收音机。

电棒 diàn bàng 手电筒。

兜兜 dōu dou 第一个"兜"字发重音，第二个"兜"字发轻音而短促。婴儿戴在胸前用于接口水和从口中流出的食物的小围巾。

奶鸭子 nǎi yā zi 婴儿用奶嘴。

褯子 jiè zi 吃奶婴儿用于接屎尿的小块儿布。

尿褯子 niào jiè zi 同"褯子"。

年对子 nián duì zi 过年贴的春联。

对子 duì zi 同"年对子"。

福字儿 fú zìr 过春节时贴在门上或墙上的写有"福"字的方纸块儿。

挂笺儿 guà qianr "挂"字发重音，"笺儿"字发轻音。过年时贴在门楣或窗户上的彩色刻纸，象征平安吉祥。

飞子 fēi zi "飞"字 发重音，"子"发轻音而短促。①邮件上的标签儿。②领取和购物的凭条。

坟骨都 fén gū du 坟头，也叫"坟丘子"。

坟圈子 fén quàn zi "圈"读 quàn。墓地，坟茔地。

盖帘儿 gài liánr 用细秫秸编成的圆形帘子，主要用来摆放饺子等。

盖头 gài tōu 旧时新娘头上蒙的红绸或红布。

公道佬 gōng dào lǎo 指旧时一种秤。

棺材天、棺材地、棺材帮 guān cai tiān guān cai dì guān cai bāng 棺材盖儿、棺材底儿、棺材两侧。

怀头 huái tou 棺材前后的堵头，大头叫前怀头，小头叫后怀头。

料子 liào zi 特指做棺材的木料。

六块板儿 liù kuài bǎnr 棺材的俗称。因棺材由天、地、左帮、右帮和前堵、后堵六块板儿组成，故名。

大棺箱 dà guān xiāng 套在棺材外边的大棺材即椁。

铃铛幡儿 líng dang fānr 出殡时由长子手持的纸幡。

路引 lù yǐn ①死人升天的"通行证"。②简单的路线图。③向导。

岁头纸 suì tóu zhǐ 也称"岁数纸"。死者家门口一侧挂的烧纸挂儿，死者多大年龄就挂多少张纸。

滚笼 gǔn lóng 一种设有滚动装置的捕鸟笼子。

蛤蟆头 há ma tóu 东北地区一种烈性烟叶。

蛤蟆镜 há ma jìng 太阳镜。

灰吊儿 huī diàor 也称"灰啷当"。墙角等处附着的沾满灰尘的蛛网或粉尘。

灰啷当 huī lāng dang 同"灰吊儿"。

蒺藜狗子 jī li gǒu zi 铁蒺藜即刺线，也称"刺滚儿"。

压把子井 yà bà zi jǐng 也称"洋井"。手压式铁井，由俄罗斯传入。

洋井 yáng jǐng 同"压把子井"。

辘轳 lù lu 手摇式土水井。

辘轳把儿 lù lu bàr 手摇式土水井的摇把儿。

井吊杆儿 jǐng diào gǎnr 利用杠杆力从井中吊水的压杆儿。

罗镜 luó jìng 罗盘。

麻雷子 má léi zi 鞭炮的一种，单响，响声很大。

马葫路 mǎ hú lù 马路上的下水井或消防栓。

幔子 màn zi 幔帐，蚊帐。

煤坯子 méi pī zi 用煤面儿掺入黄粘土脱成坯，主要用来烧火取暖。

煤核 méi hú "核"读 hú。没烧透的煤渣儿，还可以用于取暖做饭。

销销 xiāo xiao 第二个"销"字发轻音。机器或其他器物上安装的一触即发的机关。

销子 xiāo zi 门窗等各种插棍。

门别子 mén bié zi 用以插住门类似小门闩的小东西。

门插关儿 mén chā guānr 小门闩。

门划儿 mén huár 小门闩。

门把手 mén bǎ shǒu 门的拉手。

门鼻子 mén bí zi 门钉锦。

门弓子 mén gōng zi 用铁弹簧或竹弓、胶皮条制成的拉门的弹性装置。

门拉吊儿 mén lā diàor 锁门用的门钉锦。

暖窖 nǎn jiào "暖"读 nǎn，下同。有取暖设备的窖，如花窖、菜窖等。

暖气包 nǎn qì bāo 铸铁制暖气片或一组暖气片。

暖壶 nǎn hú 暖水瓶。

尿壶 niào hú 夜壶，男人专用的一种接尿工具，一般病人或老人使用。

尿憋子 niào biē zi 同"尿壶"。

瓢儿 piáor 半圆形的空壳，如窝瓜瓢、西瓜瓢、蛤蜊瓢、葫芦瓢等。这里主要指葫芦瓢，旧时用作舀水工具。

瓢形鞋 piáo xíng xié 两头尖的船形鞋，多为朝鲜族女人穿着。

笸箩 pǒ luó 用柳条、蔑条编成或纸糊的圆形的较浅的器物。如针线笸箩、烟笸箩等。

扑儿 pūr 用软东西做成的圆形的涂抹小工具。如粉扑儿、棉花扑儿等。

千斤 qiān jin "千"字发重音，"斤"字发轻音。①杠杆压小型起重工具，用于稍微抬高汽车等重物以便修理等用。②牛、马车上的闸。③胡琴上把琴弦拉向琴杆的钩或套。

锓刀 qǐn dāo 窄而细长的杀猪刀。

秋皮钉 qiū pí dīng 钉鞋掌用的四棱槽圆顶小铁钉。

裙腰铃 qún yāo líng 也称"腰铃"。 巫婆或巫汉腰上系的铜铃。

绒线 róng xiàn 细毛线。

山货 shān huò 山货为林产品和土特山珍的总称，含榛子、木耳、蘑菇、金针蘑、猴头蘑等山产品和中草药材等，同时也包括野猪、黑熊、狍子等野生动物。

手攮子 shǒu nǎng zi 匕首。

腰别子 yāo bié zi ①匕首。②旧时一种别在腰中的小型手枪。

手捧子 shǒu pěng zi 也称"手扣子"。手铐。

绳吊子 shéng diào zi 手摇绳车的摇把儿。

绳爪子 shéng zhuǎ zi 破开的多股绳头，用于同另一根绳编接。

水龙带 shuǐ lóng dài 消防车的帆布输水带。

水龙布 shuǐ lóng bù 较厚的帆布。

水袜子 shuǐ wà zi 泛指高腰胶鞋。

手押 shǒu yǎ "押"读yǎ。手印儿。如摁个手押。

四彩礼 sì cǎi lǐ 四种物品组成的一份礼物。历史时期不同彩礼不同。

旧时主要是点心类、烟酒类，现今主要是罐头类、水果类。

袜底板儿 wà dǐ bǎnr 用来补袜子的木制楦胎。

乌玻璃 wū bō li 半透明的玻璃。

围枪 wéi qiāng 猎枪。

席瓜子 xí guā zi 一种破秫秸的工具。

席屉篓 xí tì lǒu 一种上圆下方、主要用于装鸡蛋等物的编筐。

洋铁剌子 yáng tiě lá zi 薄铁水桶。

摇车儿 yáo chēr 婴儿摇篮。一种薄桦木板制成、长圆形、一头翘起、可吊在房梁上来回悠荡或放置在炕上前后或左右晃动的育儿工具。

悠车儿 yōu chēr 同"摇车儿"。

晃床儿 huàng chuángr 育婴工具之一，一种供婴儿睡觉的小床，不同于"摇车儿"，底部弧形，放于地面或炕面，可左右或前后摇晃。

纸壳儿 zhǐ kér 厚而硬的纸片。

治子 zhì zi 临时用于丈量长度的简单量具如板尺、绳子等。

祖宗牌儿 zǔ zōng pair 为祖宗、祖先所供奉的牌位。

（十五）疾病 药品

1. 疾病

天灾病业 tiān zāi bìng yè 泛指一切疾病性灾祸。

天灾病孽 tiān zāi bìng niè 同"天灾病业"。

攻心番 gōng xīn fān "攻心番"是东北地区地方病最严重的一种 —— 克山病的俗称，因首例患者在黑龙江省克山县发现而得名。这是地方性心脏病的一种，分为急性发作和慢性发作即潜在型两种，民国时期至新中国建立初期急性发作死亡率极高，今已被遏制，无急性病例发生。

大粗脖儿 dà cū bór 东北地区地方病之一地方性甲状性肿。因患者甲状腺肿大而得名。

粗脖根儿 cū bó gēnr 同"大粗脖儿"。

气脖子 qì bó zi 同"粗脖根儿"。

气瘰 qì lěi 同"粗脖根儿"。

大骨节 dà gǔ jiě 东北地区地方病之一大骨节病，历史上也是危害程度最严重疾病之一，显著特征为四肢关节尤其是双手关节肿大变型。今已基本被控制，发病率较低。

布病 bù bìng 东北地区地方病之一布氏杆菌病的简称，为人畜交叉感染的传染病。

黄板儿牙 huáng bǎnr yá 东北地区地方病之一低氟性龋齿，因地方水质含氟量过低而引发的疾病，牙齿发黄是其显著特征之一。

呆傻病 dāi shǎ bìng 东北地区地方病之一地方性克汀病，主要表现为呆、傻、茶、瘫、智力低下，为危害性严重的地方病之一。今已基本被控制，发病率极低。

脏病 zāng bìng 梅毒、花柳之类性病。

抽羊杆儿疯 cōu yáng gǎnr fēng 癫痫病发作。

羊杆儿疯 yáng gǎnr fēng 癫痫病。

痨病 láo bìng 肺结核病的旧称。

近觑眼 jìn qū yǎn 近视眼。

觑觑眼 qū qu yǎn 近视眼。

雀蒙眼 qiǎo méng yǎn "雀"读 qiǎo。夜盲症。

对眼儿 duì yǎnr 内斜视眼。

对眼儿斜 duì yǎnr xié 内斜视眼。

大白眼 dà bái yǎn 从外观看眼睛正常而实际上看不清东西，视物不清，是一种戏称。

疤瘌眼　bā la yǎn　眼皮有疤痕的眼睛。

玻璃花　bō li huā　眼角膜白斑。

耳底子　ěr dǐ zi　中耳炎。

耳沉　ěr chén　听声音能力差，耳朵有点背但不是全聋。

闹嗓子　nào sǎng zi　咽炎或扁桃腺炎。

鬼风疙瘩　guǐ fēng gā da　荨麻疹。

酒刺　jiǔ cì　痤疮。

粉刺　fěn cì　痤疮。

骚疙瘩　sāo gā da　痤疮。

青春美丽豆儿　qīng chūn měi lì dòur　痤疮的一种诙谐称呼。

黄水疮　huáng shuǐ chuāng　一种流黄水的疮。

黄米疮　huáng mǐ chuāng　同"黄水疮"。

黄皮疮　huáng pí chuāng　同"黄水疮"。

酒糟鼻子　jiǔ zāo bí zi　鼻头肥大呈赤红色类似酒糟色，故名。

雀儿斑　qiǎor bān　"雀儿"读 qiǎor。雀斑的俗称。

苍蝇屎　cāng yíng shǐ　"雀斑"的诙谐性称呼。

黑俏子　hēi qiāo zi　同"苍蝇屎"

黑粽子　hēi zòng zi　同"苍蝇屎"

火疖子　huǒ jiē zi　因生气上火而生的疖子。

闷头　mēn tou　"疖子"的委婉说法，因"疖"与"接"谐音，人们比较忌讳。常长在脑后、脖颈、腰背部，是比较严重的一种疖子。

砍头疮 kǎn tóu chuāng　头疽。这是疖子中最重的一种，常长在后脑部，如不及时治疗可危及生命。

白胡佬 bái hú lǎo　带白顶的小疖子。

疮座子 chuāng zuò zi　疖疮的根底部。

脓塞子 néng shāi zi　疮疖脓血中较浓的中心部位。

生疖子 shēng jiē zi　未出头的疖子，此时最疼。俗话说：生疖子 — 硬挤。

鼠疮 shǔ chuāng　也称"黄鼠疮"。淋巴腺结核。

蛇盘疮 shé pán chuāng　带状疱疹，常呈带状生长在腰背部。

日毒疮 rì dú chuāng　日光性皮炎。

钱儿疮 qiánr chuāng　金钱癣，因其形状类似铜钱儿，故名。

秃疮 tū chuāng　黄癣。

豹花儿秃 bào huār tū　头上一小块一小块秃发即"斑秃"。

松皮癣 sōng pí xuǎn　银屑病。

杏花癣 xìng huā xuǎn　杏花盛开时即早春生长的一种癣，故名。

千日疮 qiān rì chuāng　猴子。

时令症 shí lìng zhèng　因季节变化而生的病，多指中暑。

老寒腿 lǎo hán tuǐ　因寒冷而得的老年性关节炎。

漏肩风 lòu jiān fēng　肩周炎。

小肠儿换气 xiǎo chángr huàn qì　疝气。

气卵子 qì lǎn zi　疝气。

臭胳肢窝儿 chòu gǎ zhi wōr 狐臭。

狐臊 hú sāo 狐臭。

柳肩 liǔ jiān 两肩下垂。

柳肩膀儿 liǔ jiān bǎngr 两肩下垂。

耷拉肩 dā la jiān 两肩下垂。

耷拉膀子 dā la bǎng zi 两肩下垂。

吝肩 lìn jiān 两肩向上耸起。

端肩膀儿 duān jiān bǎngr 两肩向上耸起。

独槌 dú chuí 只有一只胳膊的人。

单膀儿 dān bǎngr 同"独槌"。

点脚儿 diǎn jiǎor 走路时脚点地。

拐拉腿儿 guǎi la tuǐr 伸不直的腿，走路时一拐一拐，故名。

罗圈腿儿 luó quān tuǐr 双腿呈 O 型的腿。

哈巴腿儿 hà ba tuǐr 走路时两腿向外弯曲的腿。

外八字儿 wài bā zìr 走路时两脚外分呈八字形。

里八字儿 lǐ bā zìr 走路时两脚向里撇。

侧楞膀子 zāi leng bǎng zi 人的身体一肩高一肩低。

偏肩膀儿 piān jiān bǎngr 同"栽楞膀子"。

六枝儿 liù zhir 某一只手长了六个手指头儿。

罗锅子 luó guō zi 驼背。

罗锅儿 luó guōr 驼背。

烂脚丫儿 làn jiǎo yār 脚气。

掉斜风 diào xié fēng 面部神经炎。

中风不语 zhòng fēng bù yǔ 中风致使无法言语，多为脑血栓所致。

半语子 bàn yǔ zi 不能完整说话、发音也不清楚的人。

玻璃气儿 bō li qìr 一种精神病，症状是爱絮叨、胡言乱语，多见于女性。

魔怔病 mó zheng bìng ①精神病的通称。②有人表现为神精质即举止异常不同于正常人，也被戏称为"魔怔病"。

绷皮儿 bèng pír 手或脸因风吹而裂小口。

病秧子 bìng yāng zi 久病而长期不愈的病人。

病篓子 bìng lǒu zi 同"病秧子"，但专指患有多种疾病而长期不愈的人。

玻璃云儿 bō li yúnr 指甲受伤而形成的内部淤血的现象。

打哏儿喽 dǎ génr lou ①吸进的气流在喉部受到时断时续的阻碍而发出的声音。②由于高兴而使呼吸气流受阻。如乐得我前仰后合，直打哏儿喽！

错环儿 cuò huánr 脱臼。

掉腰子 diào yāo zi 腰骨骨折等原因而使后腿拖地。

掉迭肚 diào dié dù 脱肛。

蹲肚儿 dūn dùr ①拉稀、泻肚。②小孩子吃完饭跳一跳食物往下沉以利消化。

痘病 dòu bìng 出天花。

痘奶奶 dòu nǎi nǎi 司掌天花的神仙，迷信说法。

哈拉子 hā lá zi "拉"字拉长音。流出的口水。

筋包 jīn bāo 筋疙瘩。

上喘 shàng chuǎn ①得了或犯了气喘病。②大口喘气。

2. 药品

鞭 biān 泛指动物或牲畜的阴茎。一般可做药用，如鹿鞭、驴鞭等。

鹿鞭 lù biān 鹿的阴茎，有滋阴壮阳功效。鹿鞭有多种，有梅花鹿鞭、驼鹿鞭、驯鹿鞭等，各有不同医疗价值，均为东北地区名贵中草药。

二百二 èr bǎi èr 红汞。

百草霜 bǎi cǎo shuāng 锅底灰，可入药。

凤凰衣 fèng huáng yī 鸡卵膜，入药可消食积，健脾胃。

伏龙肝 fú lóng gān 灶心土，入药有温中止呕和胃止血功效。

望同砂 wàng tóng shā 野兔粪，入药有明目杀虫功效。

臭球儿 chòu qiúr 卫生球。

臭球子 chòu qiú zi 卫生球。

吊针 diào zhēn 用于为病人输液的一套器具。

药钵子 yào bǒ zi 捣药用的钵。

狗宝 gǒu bǎo 狗结石。

马宝 mǎ bǎo 马结石，入药有清热解毒、镇惊化痰功效。

刀口药 dāo kǒu yào 治疗刀伤的药。

蓼吊子 liào diào zi 中草药水红子。

淋子 lìn zi 过滤中药药用的纱网。

童子尿 tóng zǐ niào 小男孩的尿，民间传说有治病的功能。

（十六）服装 鞋帽手套 饰品 化妆品

1. 服装

球衣 qiú yī 绒衣。

球裤 qiú kù 绒裤。

卫生衣 wèi shēng yī 绒衣。

卫生裤 wèi shēng kù 绒裤。

毛衫儿 máo shānr 特指婴儿穿的毛边儿衣服。

毛衫子 máo shān zi 同"毛衫儿"

汗榻儿 hàn tār 旧指贴身穿的中式小褂儿。

背襟子 bèi jin zi 特指贴身穿的薄背心。

挎篮儿背心儿 kuà lánr bèi xīnr 两根宽带挎在肩上的背心。同"背襟子"，男用较多。

马夹 mǎ jiá 特指穿在衣服外面的背心，分为棉式和单式。

旗装 qí zhuāng 旧指满族服装，汉族服装称民装。

棉囤子 mián dùn zi 棉坎肩。

棉猴 mián hóu 一种衣服与帽子连在一起的老式女式棉衣。

棉水靰鞡 mián shuǐ wù la 靰鞡分多种，这里指棉胶鞋即胶底棉帮靰鞡。

袄罩儿 ǎo zhàor 套在棉袄外面的罩衣。

袄片儿 ǎo piànr 已经裁完但未絮棉花的袄里或袄面。

袄袖子 ǎo xiù zi 衣服的衣袖。

脖领子 bó lǐng zi 上衣的衣领。

大脖领子 dà bó lǐng zi 同"脖领子"。

领嘴儿 lǐng zuǐr 衣服的领口。

围脖儿 wéi bór 围巾。

学生蓝 xiáo sheng lán 一种蓝布的旧称。

布丝儿 bù sīr 条状或丝状的布。

铺衬挠子 pū chen náo zi 散碎的布条儿布块儿。

开綮儿 kāi qir "开"字发重音，"綮儿"发轻音。衣服的前后开衩。

布拉吉 bǔ lá ji 借用俄语。一种连体的夏季女裙。

灯篓裤 dēng lou kù 破旧而肥大的裤子，主要指单裤。

嘚儿娄裤 dēr lou kù 同"灯笼裤"。

连裆裤 lián dāng kù 裤裆缝死的裤子，主要指小男孩稍长大穿后穿的裤子。

死裆裤 sǐ dāng kù 同"连裆裤"。

开裆裤 kāi dāng kù 裤裆不缝死的裤子，留有尿口，主要指小男孩为解小便方便穿的裤子。

活裆裤 huó dāng kù 同"开裆裤"。

连筋倒儿 lián jīn dǎor 小孩儿穿的连脚裤。

裤衩儿 kù chǎr 裤头。

萝卜裤 luó bo kù 妇女穿的上肥下瘦的裤子。

脚蹬裤 jiǎo dēng kù 妇女穿的一种弹力裤，裤脚有带，套在脚上能使裤腿绷直。

裤鼻子 kù bí zi 缝在裤腰上用来穿皮带的布条。

帮带儿 bāng dàir 缝在裤腰上穿皮带的套儿。

裤听子 kù tīng zi 裤筒。

裤兜子 kù dōu zi 裤裆。特指裤子的裆部。

皮大哈 pí dà hà "哈"读hà。皮大衣，多指皮朝里毛朝外的皮大衣，这种皮大衣既保暖又防雪。

皮大氅 pí dà chǎng 同"皮大哈"。

水叉 suǐ chà 下水穿的一种不透水的裤子。

围嘴儿 wěi zuǐr 给婴儿接涎水用的小围巾。

围嘴子 wěi zuǐ zi 同"围嘴儿"。

兜兜 dōu dou 同"围嘴儿"。

大绒 dà róng 一种表面起绒的纺织品，旧时多用于做旗袍。

趟子绒 tàng zi róng 灯芯线，也称"条绒"。

线儿绨 xiànr tì 用柞蚕丝织成的纺织品，比绸子稍厚，一般用做被面、褥面。

麻花儿布 má huār bù 一种蓝地儿白花的布。

更生布 gēng shēng bù 旧时的一种劣质布。

白花奇 bái huā qí　一种白布的旧称。

白士布 bái shì bù　一种白布的旧称。

裤兜子 kù dōu zi　特指裤子的裤兜。

裤线 kù xiàn　裤腿前的纵向折印。

裤脚子 kù jiǎo zi　裤子下端靠近脚的部分。

裤脚儿 kù jiǎr　同"裤脚子"。

旁开门 páng kāi mén　女式在一侧开门的衣裤。

扣鼻儿 kòu bír　衣襟上为套纽扣而设的开口。

蒜么纥达 suàn me gā da　中式服装由布条编结的球状纽扣，与扣襻配套。

葫芦襻儿 hú lu pànr　"襻儿"读 pànr 并突出"儿"音。也叫"葫芦排儿"，即中式服装的一种布纽扣。

扣米儿 kòu mǐr　也称"扣母""扣门儿"。 布扣中的母扣。

襻带 pàn dài　①裤腰穿皮带的裤鼻子。②单轮推车挎在脖子上的布带。

兜儿 dōur　上衣裤子衣袋的统称。

挎兜儿 kuà dōur　①衣服兜儿。②一种老式背兜。

抠兜儿 kōu dōur　嵌在衣服里面的暗藏式衣袋。

吊兜儿 diào dōur　缝在衣服外边的两个衣袋，主要为中山服。

贴兜儿 tiē dōur　紧贴衣服外面缝制的衣袋。

插兜儿 chǎ dōur　斜嵌入衣内的衣袋，因便于插手，故名。

牙子 yú zi　衣物上做装饰用的花边。

板儿带 bǎnr dài　一种又宽又硬的腰带，又称"腰里硬"。

布拉条儿 bù la tiáor 碎布条。

布鲁穗儿 bù lū shùir 布边上脱落的线。

布啷当儿 bù lāng dangr 物体上附着的布条。

岔裤 chà kù ①套裤。套裤一般由狍皮、鹿皮或狍子皮制成，高约到膝盖，最高的可达腿根部，极耐磨，主要为进山狩猎或进山打柴时用。②水裤也称岔裤，也称水岔。

寸带儿 cùn dàir 一寸宽的布条。

翻毛 fān máo 皮衣毛朝外，皮革里朝外。如翻毛皮鞋、翻毛大衣等。

后摆儿 hòu bǎir 衣服后襟最下面的部分。

空心棉袄 kōng xīn mián ǎo 身体表面不穿衬衣、背心等任何衣服而空穿棉袄。

缲 qiào 也叫"贴缲"，即衬在衣服边缘的花边儿或布条。

贴缲 tiē qiào 同"缲"。

煞裉 shā kèn "煞""裉"两字均发重音。缝合裤筒、袖筒。

套子 tào zi ①棉衣、棉被褥里的棉絮。②捕获野兽的各种埋伏机关。

2. 鞋帽 手套

夹鞋 jiǎ xié 单鞋。

夹鞋片子 jiǎ xié piàn zi 单鞋。

懒汉鞋 lǎn hàn xié 一种鞋口有松紧带儿的布鞋，由于穿脱都很方面，故名。

胶皮鞋 jiāo pí xié 泛指各种胶鞋。

靰鞡 wù la 一种胶底高帮穿鞋带的鞋。靰鞡分多种，夏季穿的称胶皮靰鞡，冬季穿的称棉靰鞡，雨季穿的胶皮靴子称水靰鞡。

胶皮靰鞡 jiāo pí wù la 夏季穿的胶底单帮并有四个穿鞋带耳子的鞋。

棉靰鞡 mián wù la 冬天穿的胶底棉帮并有四个穿鞋带耳子的棉鞋，穿时可垫进靰鞡草以保暖。这种棉鞋曾是东北地区极普及的冬季主要用鞋之一。"东北有三宝，人参、貂皮、靰鞡草"指的就是这种靰鞡和垫进靰鞡的靰鞡草。

水靰鞡 shuǐ wù la 胶底胶帮半高腰水鞋，主要下雨天穿着。

毡疙瘩 zhān gā da "疙瘩"读 gā da。一种用粗羊毛制成的高腰、半高腰、矮腰保暖性极强的毡鞋或毡靴。毡疙瘩曾为东北地区寒冷季节极普及的主要防寒保暖用鞋，尤其是林业工人等长时间在室外劳作的人们的主要防寒保暖用鞋。今已不多见，偶有穿着。

踢死牛 tī sǐ niú 手工制做的两道梁的老山鞋。

钉脚 dīng jiǎo 也叫"雪钉鞋"，冬季踏雪走长路鞋或蹄上结的尖形冰疙瘩。

凤头儿 fèng tour ①女人布鞋前尖上的线穗。②鸟或禽类头顶突起的圆顶儿

袼褙 gē bei 旧时做布鞋用的主要材料之一，将旧碎布加纸衬用浆糊一层一层糊出来的大片布，主要用于手工做布鞋，即可做鞋帮，也可做鞋底。

坡跟儿鞋 pō gēnr xié 一种女式后跟为漫坡型的鞋。

跶拉板儿 tā la bǎnr 没有帮只有布带的木拖鞋。

翁得 wèng deǐ "得"读 deǐ。借用鄂伦春语。高腰棉靴子。

鞋鼻子 xié bí zi 旧式跶拉鞋的前部、老式布鞋前脸的棱。

鞋舌头 xié shé tou 盖在鞋的脚面上的状如舌头的鞋盖儿。

鞋拔子 xié bá zi 布鞋或皮鞋用于提鞋的提手。

鞋跶拉 xié tā la 泛指拖鞋。

鞋窠拉 xié kē la 泛指鞋的内部。

鞋提拔 xié tí ba 鞋的后部用以提鞋的短布条。

鞋鱼子 xié yú zi 钉在鞋后跟上的半圆形鱼状铁钉。

鞋样子 xié yàng zi 旧时用纸壳剪出的做鞋用的样子。

毡帽头儿 zhān mào tour 用细羊毛制成的圆形沿儿顶为塌窝形的礼帽。

耳扇子 ěr shān zi 帽耳子。

帽兜子 mào dōu zi ①各种帽子的统称。②把帽子翻过来盛东西用的帽子也称"帽兜子"。

帽壳子 mào ké zi 棉帽帽盔儿即不包括帽耳子的整个

帽子。

　　帽扇子 mào shān zi 棉帽帽耳子。

　　帽头儿 mào tour ①瓜皮帽，②毡帽头。

　　貉壳儿 háo kér 貉皮帽子。

　　手巴掌 shǒu bā zhang 棉手套。

　　手闷子 shǒu mèn zi 专指大拇指与其他四指分开的棉手套，用棉花和布制成，一般配有连接两只手套的长带。

3. 饰品 化妆品

　　手镯儿 shǒu zuór 手镯子。

　　金镏子 jīn liū zi 金戒指。

　　手镏子 shǒu liū zi 各种戒指。

　　扳指 bān zǐ 大拇指上戴的戒指，但不是指清朝流行的板指。

　　耳钳子 ěr qián zi 耳环。

　　金钳子 jīn qián zi 金耳环。

　　坠子 zhuìzi 耳坠。

　　头卡儿 tóu qiār 妇女专用的发卡。

　　头卡子 tóu qiā zi 同"头卡儿"。

　　鬓卡儿 bìn qiār 拢住鬓发用的发卡子。

头绳儿 tóu shéngr 扎头发用的绒绳。

粉 fěn 香粉。

胭粉 yān fen 香粉类。

红 hóng 泛指各种胭脂。

烟荷包疙瘩 yān hé bao gā da 长嘴烟袋用的烟口袋坠儿。

抿头油 mǐn tóu yóu 旧时由蓖麻油或榆树皮泡过的水加苏油熬成的头油。

（十七）餐　饮

1. 饮食

大锅儿饭 dà guōr fàn　①做大量饭菜供多数人吃需用大锅，意为粗淡饭菜，故称。②引申为责任不清，赏罚不明，共同在一起工作或劳动。

小灶儿 xiǎo zàor　供少量人吃的饭菜用小锅做，故称，意为做得精细的饭菜。

早沁饭 zǎo qin fàn　早饭。

晌火饭 shǎng huo fàn　午饭。

晌饭 shǎng fàn　同"晌火饭"。

贴晌饭 tiē sǎng fàn　干农活时到下午两、三点钟时才吃饭。

下晚儿饭 xià wǎnr fàn　晚饭。

月子饭　yuè zi fàn　妇女"坐月子"即生孩子期间的特殊饮食，传统的月子饭主要为小米粥、鸡蛋、红糖等。

嚼骨儿　jiáo gǔr　泛指一切美味佳肴、好吃的食品等。

年嚼骨儿　nián jiáo gǔr　过年时才能吃到的美味佳肴或其他平时吃不到的好食品。

百家饭　bǎi jiā fàn　各家轮流安排的饭食。吃百家饭的原因和内容极丰富，如给各种工作队、工作组的派饭、上级领导检查工作派饭、孤儿或生活极为困难者、重病失去劳动能力者到各家各户轮流吃饭等等。

蹭饭儿　cèng fànr　借因由白吃不付钱的饭菜。

八八席　bā bā xí　八碟八碗的酒席，在农村属盛宴，一般红白喜事时才能有如此盛宴。

六六席　liù liù xí　六碟六碗的酒席。

刀口儿　dāo kǒur　"刀"字发重音，"口儿"突出"儿"音并短促。切工的手艺，切的细与粗、厚与薄。

2. 主食

饽饽　bō bo　泛指用面粉或其他面类做的面食，如馒头、花卷、面包等，不包括饺子、包子等有馅食品。

粘米　nián mǐ　大黄米、小黄米等各种粘米的统称。

大黄米 dà huáng mǐ　颗粒较大的黄米，大黄米面是做东北地区传统食品粘豆包的主要原料。

小黄米 xiǎo huáng mǐ　颗粒较小的黄米，这是做黄米饭的主要原料

大楂chá**子** dà chá zi　玉米粒加工破碎后，颗粒较大者称大楂chá子，主要做大楂子干饭、大楂粥等。

小楂子 xiǎo chá zi　玉米粒加工破碎后，颗粒较小者称小楂子，主要煮粥。

小葛子 xiǎo gě zi　玉米粒破碎成极小颗粒称为"小葛子"，主要煮粥。

炒米 chǎo mǐ　炒熟的稼米，常用来泡牛奶当茶待客。

二米饭 èr mǐ fàn　大米和小米搀在一起做成的干饭。

二米子 èr mǐ zi　同"二米饭"。

小米子 xiǎo mǐ zi　小米。

米汤 mǐ tāng　淘米水，可用于浇花等用。

水饭 suǐ fàn　大米饭、二米饭、大楂子干饭、高粱米干饭等饭焖熟后再加凉水冲后捞出再吃，都称为水饭，这是东北地区盛夏季节经常吃的一种传统特色主食，主要由辽宁省传入。

捞饭 lāo fàn　一种东北特点主食。将小米煮八成熟捞出再蒸熟的米饭。将高粱米饭、大楂子粥煮熟后捞出后用凉水过一下再吃也叫捞饭。以上几种饭食均为东北地区传统夏季主食。

稀粥 xī zhōu 粥。

粘粥 nián zhōu 用大黄米、小黄米、江米等粘米煮的各种粥。

二葫芦头 èr hú lu tóu 非常粘稠的粥。

粘糊头 nián hu tóu 同"二葫芦头"。

白面 bái miàn 面粉的统称。

达子粥 dá zi zhōu 一种达斡尔族群众喜爱的食品，即由米和碎肉一起煮的粥。

沙子面 shā zi miàn 一种精制面粉，呈细沙状。

苞米面儿 bāo mǐ miànr 玉米面。

棒子面儿 bàng zi miànr 同"苞米面儿"。

粘面子 nián miàn zi 用黄米粉做成的粉坨儿，主要用于制做粘豆包。

粘米面子 nián mǐ miàn zi 同"黏面子"。

年团子 nián tuán zi 用黄米面做成的团子，这是制作黏豆包的备料。

粘豆包儿 nián dòu bāor 用黄米面做皮儿，精选芸豆烀熟后捣成碎泥状做馅儿，包成比乒乓球略大的圆球状上屉蒸熟后直接食用。筋道柔软，粘软香甜，为东北地区传统风味食品。

粘火勺 nián huǒ sháo 同"粘豆包"，但不蒸熟而是烙熟。

粘饼子 nián bǐng zi 用黄米面做成的饼。

大饼子 dà bǐng zi 大饼子即玉米面锅贴，分为发面和死面两种。发面大饼子用发酵后的玉米面兑碱后贴成的玉米面饼子，贴锅一面有"嘎吱"即硬壳儿。大饼子曾是东北地区长期食用的主要主食之一，也是传统主食之一。民间流传有用大饼子救明朝开国皇帝朱元璋的故事。

窝窝头儿 wō wo tóur　窝窝头儿分为发面和死面两种。发面窝窝头儿用发酵后的玉米面兑碱后，捏成正金字塔状，底部为空洞，上屉蒸熟即可食用。窝窝头儿同大饼子一样，曾是东北地区长期食用的主要主食之一，也是传统主食之一。

黄金塔 huáng jīn tǎ　①玉米面窝窝头。②人粪堆也戏称"黄金塔"。

锅烙儿 guō làor　形似水饺，在平锅上用油煎制。

锅出溜 guō chū liu　也叫"一锅出""锅贴儿"。一种东北传统粗粮面食。将发酵后的玉米面用水搅成糊状后，用勺子从锅上沿往下倒贴的厚饼，锅底熬菜如炖豆角等，锅周围贴玉米面大饼子。

锅贴儿 guō tiēr　贴在锅帮上烙熟的有一层硬壳的玉米面饼。与"大饼子"接近，但大饼子是用清水锅，锅贴儿的锅底炖菜。

饸子 hé zi　一种馅饼，用面两面贴合，中间包馅，以韭菜饸子为多见。

韭菜饸子 jiǔ cɑi hé zi　以韭菜加鸡蛋等为馅儿做成的饸子。

煎饼饸子 jiān bǐng hé zi　以煎饼夹馅儿做成的食品。

子孙饽饽 zǐ sūn bō bo　东北地区旧风俗，结婚时食用蒸饺，象征子孙繁衍。

嘎吱儿 gá zhir "嘎"读 gá 并发重音，"吱儿"突出"儿"音。附在食品表面的硬壳，如大饼子嘎吱儿、大米饭嘎吱儿、烙饼嘎吱等。

嘎巴 gá ba 同"嘎吱儿"。

饼嘎巴儿 bǐng gá bar 同"嘎吱儿"。烙饼或贴大饼子时，饼或大饼子表面形成红黄色较硬的外皮儿。

玻璃叶饼 bō li yè bǐng 一种东北季节性粘食。在柞树叶子上摊上粘面和大豆馅，然后对折蒸后即可食用。这种粘食又称"桲椤叶饼"。

剂子 jì zi 包饺子时为擀皮儿而揪成的小面团儿或面块儿。蒸包子、蒸馒头、烙饼等揪成的面团儿或面块儿均称"剂子"。

扁食 biǎn shí 饺子的旧称。

迫子烧饼 pǎi zi shāo bing 一种不分层、外皮不带芝麻的烧饼。

醭面 bú miàn 做面食时为防止粘连而撒在面食外面的干面粉。

糖三角儿 táng sān jiǎr 以白糖或红糖为馅，面粉为皮，包成三角形的糖包。

糖包儿 táng bāor 与糖三角儿不同，同样以白糖或红糖为馅，但包出的形状象包子，故名。

清水饺子 qīng shuǐ jiǎo zi 煮熟一锅换一回水煮熟的饺子，这种煮法煮出的饺子吃起来爽口。

馅子 xiàn zi 包饺子、包子等用的生馅儿。

戗面儿 qiàng miànr　向发好的面里掺入大量干面粉，然后再揉匀蒸馒头或其他面食品，这种面食嚼起来很有韧劲儿。

杠面馒头 gàng miàn mán tou　将发好的面掺入大量干面粉反复揉搓，用这样方法蒸出来的馒头有筋力、面味儿足。

戗面馒头 qiàng miàn mán ou　同"杠面馒头"。

酸菜蒌 suān cài lǒu　纯用酸菜加猪油包成的玉米面菜团子或饺子。

倭瓜蒌 wō gua lǒu　纯用倭瓜即南瓜为馅的玉米面包子或菜团子。

绿豆箕子 lù dòu qí zi　用绿豆和小面块做成的一种地方小食品。

粉疙子 fěn gā zi　绿豆面作皮儿里面卷肉馅的食品。

疙瘩汤 gā da tāng　"疙瘩"读 gā da。用白面搅成碎面疙瘩煮成的汤，东北地区传统主食之一。

面片儿 miàn piànr　把和好的白面擀薄，然后揪或切成小的薄片做成片儿汤，东北地区传统主食之一。由于主要为手揪，因此又被称为"揪面片儿"。

糊涂 hú du　玉米面粥。

玉米糊糊儿 yù mǐ hú hur　同"糊涂"。

酸汤子 suān tāng zi　一种流行于东北地区玉米面细做食品。玉米经水磨磨成玉米面后发酵，用时勾芡和成面状，再用手攥面团用力挤也可戴汤子套，使面成筷子状长条，直接入锅煮熟后即可食用，可按个人爱好加炸酱或加糖，口味滑腻筋道，为东北地区传统风味小吃。

　　汤子 tāng zi 同"酸汤子"。

　　攥汤子 zuàn tāng zi 同"酸汤子"。

　　春饼 cūn bǐng 立春当日一种薄而小的白面饼，主要吃法为春饼卷土豆丝。

　　春卷儿 cūn juǎnr 以薄面做皮，夹肉馅或豆沙馅，卷成短圆柱形，油炸，焦脆可口。

　　大馃子 dà guǒ zi 油条。

　　馃子 guǒ zi 油条。

　　炉果 lú guǒ 一种长方形、白面加油烤制的饼干类点心。

　　炉箅子 lú bì zi 长方形、中间布满条状空心、形状似炉箅子的油炸食品。

　　列巴 liě ba 面包。旧时特指较大的俄式面包。

　　槽子糕 cáo zi gāo 蛋糕的旧称。

　　冷面 lěng miàn 面条做法的一种，挂面或手擀面煮熟后用凉水浸泡冷却，加上卤头即可食，并非指朝鲜风味。

　　过水面 guò shuǐ miàn 手擀面或挂面煮熟后置于冷水中，然后取出，加入大酱或卤子即可食用。

　　浑汤面 hún tāng miàn 手擀面或挂面同汤、菜及各种调料一起煮，煮熟后连汤带面直接食用。

　　连汤面 lián tāng miàn 同"浑汤面"。

　　打卤面 dǎ lǔ miàn 挂面或手擀面煮熟过水，然后浇卤子即成"打卤面"。

　　宽心面 kuān xīn miàn 切得较宽的面条，一般用于长寿面。

长寿面 cháng shòu miàn 寿诞日吃的较宽的面条。

橡子面 xiàng zi miàn 用柞树的果实磨成的面，解放前曾是东北地区穷人的主食之一。

面起子 miàn qǐ zi 小苏打。

跑碱 pǎo jiǎn 发面使碱后，因存放时间长致使碱性跑掉。

串烟 chuàn yān 做饭的锅底焦糊冒烟。

3. 副食

猪肉桦子 zhū ròu bàn zi 屠宰后的猪去掉头、蹄和内脏，再劈为两部分，则称为"猪肉桦子"。

头蹄下水 tóu tí xià sui 屠宰后的猪的头、蹄子和内脏。

下水 xià shui 牛、羊、猪等牲畜的全部内脏。

杂碎 zá sui 同"下水"。

驴三件儿 lú sán jiànr 公驴的生殖器部分，可以入菜。

驴剩 lú shèng 也叫"黑驴剩"。同"驴三件儿"。

连替 lián ti 猪的胰脏

沙肝儿 shā gānr 牛、羊、猪的脾脏。

灯笼挂儿 dēng long guàr 牛、羊、猪等牲畜的心、肝、肺等，如包括肠、肚，则称 "全下水"。

连筋儿倒儿 lián jīnr dǎor 未切开仍筋肉相连的肉。

囊囊膪 nāng nāng chuài 猪腹部肥而松软的肉。

肉丁儿 ròu dīngr 切成极小的碎块儿的肉。

髈蹄 pǎng ti "髈"字发重音，"蹄"字发轻音。猪的前后大腿。

猪蹄儿 zū tír 猪的蹄子。

猪手 zhū shǒu 同"猪蹄儿"。

猪爪儿 zhū zhuǎr 同"猪蹄儿"。

口中 kǒu zōng 用作食品的猪、牛的舌头。

白肉 bái ròu 肥肉片。主要指用来做的东北菜的五花三层猪肉。

血肠 xiě cháng 将猪血灌入猪肠加入调料煮熟，吃时将其切成寸段，可单独食用也可配炖酸菜食用。其他如鸡血、鸭血、牛血等均可制作血肠。

血脖儿 xiě bór 猪脖颈部分的肉，这部分肉以瘦肉为主。

血豆腐 xiě dòu fu 猪、牛、羊及鸡、鸭等动物血加调料煮熟后形成的块状，主要用来配菜吃。

后鞧儿 hòu qiūr 猪臀部的肉，主要为瘦肉。

腰条儿 yāo tiáor 猪腰部的肉，这部分肉肥瘦分明。

硬肋 yìng lèi 猪肉两肋部分，这部分肉软而薄。

肘花儿 zhǒu huār 猪肘上的肉。因横断面有肉筋相连的花纹而得名。

槽头肉 cáo tóu ròu 牛、羊、猪等牲畜前脖颈肉。

板筋 bǎn jīn 主要指牛的板筋即宽肌腱，多为炖着吃，既筋道又有咬头。"牛板筋炖大萝卜"是传统的东北名菜。

牛蹄筋儿 niú tí jīnr 牛蹄的筋腱。

鸡胗根儿 jī zēn genr 鸡胗。

腚尖 dìng jiān ①猪等后鞧的纯肉部分。②禽类尾部凸起的肉。

臀尖儿 tún jiānr 猪等后鞧的纯肉部分。

咸鱼坯子 xián yú pī zi 晒干的咸鱼。

蒜瓣儿肉 suàn bànr ròu 蒜瓣状的肉，主要指黄花鱼等鱼肉。

鸡蛋糕儿 jī dàn gāor 鸡蛋羹。

茶蛋 chá dàn 也称"茶叶蛋"，用掺有茶叶和酱油及其他佐料的水中煮熟的鸡蛋。

鸡子儿 jī zǐr 鸡蛋。

皮冻儿 pí dòngr 肉冻，主要用猪肉皮熬制而成。

冻儿 dòngr 同"皮冻儿"。

醋蛾 cù é 食醋长时间放置后生长出的菌类粘膜。

大酱 dà jiàng 东北地区民间传统食品。大豆绞碎后晾半干做成长方体酱块，等待发酵。发酵后捣碎入缸，放置阳光下，每天不停搅动，直至大酱发酵至恰好时。一年四季均可食用，主要用于大葱及其他蔬菜蘸酱食用。

粉坨子 fěn tuó zi 马铃薯即土豆淀粉凝结成的坨子。

粉耗子 fěn hào zi 漏土豆粉条后剩下的淀粉疙瘩，可煮吃或烧吃，为东北特色小食品之一。

挂浆 guà jiāng 烹饪的一种厨艺即拔丝，如挂浆土豆、挂浆地瓜等。

鬼子姜 guǐ zi jiāng 菊芋，俗称鬼子姜、姜不辣，可腌制咸菜。

姜不辣 jiāng bu là 同"鬼子姜"。

哈拉 hā la "哈"字发重音，"拉"字发轻音而短促。①食品变质变味。②食品过甜或过咸引起嗓子嘶哑。

花生豆 huā shēng dòu 花生米。

毛儿嗑儿 máor kèr 葵花籽，向日葵的籽儿。既可炒食，也可榨油。

焖子 mèn zi 东北传统小吃，如鸡蛋焖子，用大酱和鸡蛋搅匀后猛火蒸熟，可醮烀土豆、烀茄子等共同食用。

剔骨肉 tì gǔ ròu 从骨头上刮下来的瘦碎肉。

油缩子 yóu suō zi 炼（音 kào）即慢慢熬制）猪油后剩下的油渣滓。猪油基本炼净后的渣滓称"油缩子"，颜色发白，因此有歇后语：油缩子发白 —— 短炼。

卤子 lǔ zi 用于兑面条、豆腐等食品用的粘稠汤汁。

4. 菜、汤

黑菜 heī cài 黑木耳。

黄花儿菜 huáng huār cài 金针菜即萱草。

大件儿 dà jiànr 宴席上的鸡鱼。

酒咬儿 jiǔ yǎor 喝酒时用以下酒吃的菜。

折摞儿 zhé luór 主要指各种剩菜，再吃时将各种剩菜混到一起热后再吃即称"折摞儿"。

菜码儿 cài mǎr 在价格同等的条件下，菜肴盛在盘子中数量的多少，盘子大菜多即"菜码大"，反之"菜码小"。

色子块儿 sǎi zi kuàir 把肉及萝卜等蔬菜切成色子大小的块儿既是"色子块儿"。

粉皮儿 fěn pír 东北地区的粉皮儿主要由马铃薯淀粉制成薄薄的圆片儿状，食用时一般同黄瓜丝、菠菜等蔬菜共同拌在一起。粉皮儿滑嫩筋道，口味极佳，这种粉皮儿不同于其他地区的粉皮儿。

拉皮儿 lā pír ①同"粉皮儿"。②一种以粉皮儿为主的凉菜。

虾皮儿 xiā pír 海虾或江河虾去肉后的皮，可做汤菜调料。

小海米儿 xiǎo hǎi mǐr 同"虾皮儿"。

蒜茄子 suàn qié zi 东北地区传统咸菜一种。茄子蒸熟后晾凉，加入蒜泥、食盐、香菜等调料腌制而成。

茄泥 qié ní 同"蒜茄子"。

糖蒜 táng suàn 大蒜加糖、盐后腌制而成的咸菜，口味甜酸而脆。

咸蒜 xián suàn 大蒜不加糖只加食盐及其他调料腌制而成，口味略咸而脆。

咸瓜子 xián guā zi 用黄瓜腌制而成的咸菜。

韭菜花儿咸菜 jiǔ cɑi huār xián cài 用韭菜花腌成的咸菜，口味辛辣刺激。

酸菜 suān cài 新鲜大白菜洗净放入大缸自然发酵腌制而成，口味酸脆爽口。这是东北地区传统名菜"猪肉炖酸菜粉条"的主要原料，也是寒冷季节贮存大白菜的传统做法。

干豆腐 gān dòu fu 大豆制品之一，略干呈薄片状，可凉拌可炒菜可生食，口味柔软滑嫩。

水豆腐 suǐ dòu fu 大豆制品之一，呈块儿状，对于"干豆腐"而言，鲜嫩多汁，柔软细嫩。

冻豆腐 dòng dòu fu 冷冻后的水豆腐，煮后呈泡沫状。

豆腐泡儿 dòu fu pàor 豆腐略干后经油炸膨起有较大空隙的豆腐。

豆瓣儿酱 dòu bànr jiàng 大豆发酵后制成的一种大酱，酱里有豆瓣儿。

豆腐卷儿 dòu fu juǎnr 即干豆腐卷儿，把干豆腐卷成卷儿配以佐料加工成的豆制品。

豆腐干儿 dòu fu gānr 豆腐加入调料挤压出水后切成的小方块状食品。

豆腐皮儿 dòu fu pír 煮熟的豆浆表面上结的薄皮，揭下来后晾干形成有滋味的薄皮。

豆腐乳 fú lǔ "乳"读 lǔ。腐乳。用小豆腐块做坯，经过发酵腌制而成，颜色鲜红或暗红。

豆腐脑儿 dòu fu nǎor　大豆煮熟后加入石膏或卤水凝结而成的糊稠状半固体，吃时加入卤汁。

血豆腐 xiě dòu fu　"血"读 xiě，下同。大牲畜及猪、羊、鸡、鸭等血凝结成的血块儿，主要用于食用。

血肠 xiě cháng　利用猪血加入调料灌的肠。东北特色风味食品之一。

高汤 gāo tāng　煮肉后留存的汤。

老汤 lǎo tāng　同"高汤"。

清汤 qīng tāng　没有肉只加各种调料煮成的汤。

甩袖汤 suǎi xiù tāng　把鸡蛋打碎搅匀甩到汤里使之成为蛋花儿，因有"甩"的动作，故称"甩袖汤"。

苏巴汤 sū ba tāng　借用俄语。用西红柿和卷心菜做成的汤，口味微酸辛辣。

呛汤 qiàng tāng　①油热后加入调料爆炒一下后再放水。②引申为乱插话、乱掺事。

鸡蛋花 jī dàn huā　一种白开水冲开鸡蛋加白糖的方便食品。

炝菜 qiàng cài　加醋炒的菜或冷拌的菜。

青苞米 qīng bāo mǐ　半成熟的嫩苞米，可用来煮熟鲜食，东北传统美食，称之为"啃青苞米"。

白醭儿 bái búr　醋、酱油等因置放时间过长而长出的白色霉菌。

5. 饮品

老白干儿 lǎo bái gānr 白干儿酒。

一元糠麸 yì yuán kāng fū 旧时一种糠麸酒，因一元钱 1 斤，故称。

酒梢子 jiǔ shāo zi 酿酒出酒时的末尾部分即最后从酒锅里流出来的酒，酒度数降低，酒质渐差。

末稍子 mò shāo zi 同"酒稍子"。

色酒 shǎi jiǔ 果酒。

6. 其他食品、饮品

棉花糖 mián huā táng 利用糖锅旋转拔丝儿做成的像棉花一样儿童愿意吃的糖。

油茶面儿 yóu chá miànr 面粉加食用油、白糖、芝麻等炒熟，吃时用开水沏成糊状。

糊米 hú mǐ 炒糊的高粱米，主要用来沏水喝或代茶饮，不同于煮奶茶用的炒米。

茶根儿 chá gēnr 尚未喝尽的少量茶水及剩茶。

茶叶底子 chá yè dǐ zi 喝剩的茶水中残存的茶叶。

味之素 wèi zhi sù 借用日语。味精。

冰糕 bīng gāo 泛指冷食制品，如雪糕、冰棍儿、冰激凌等。

井拔凉水 jǐng bá liáng shuǐ 刚刚从深水井中打出来的凉水，这种凉水特别凉，东北人称"凉得拔牙"，盛夏季节喝井拔凉水特别解渴提神。

青酱 qīng jiàng 酱油。

瓤 ráng 各种瓜果或其他面食品的馅。如西瓜瓤、窝瓜瓤、月饼瓤等。

肉核儿 ròu hér 也称"瘦肉核子"。 去掉肥肉和肉皮的精肉。

肉帽儿 ròu màor 浇在素菜上面的熟肉沫。

撒子 sǎn zi 一种油炸面食品，细长条相连扭成花样。

丧饭 sàng fàn 为前来料理丧事的人准备的饭菜。

乡下饭 xiāng xià fàn 也叫"农村饭""庄稼饭"，即农家常吃的饭菜。

（十八）教育 艺术 游戏 体育

1. 教育

圈家馆 quān jiā guǎn 旧时私塾。

私学儿 sī xiáor "学"读 xiáo，下同。旧时私塾。

老饱学 lǎo bǎo xiáo 旧时私塾教书先生。

老学究 lǎo xué jiū 对年龄偏大、知识渊博的人的一种戏称。

讲台桌儿 jiǎng tái zuōr 讲台。

讲桌儿 jiǎng zuōr 讲台。

粉笔擦儿 fěn bǐ cār 黑板擦。

板擦儿 bǎn cār 黑板擦。

水笔 suǐ bǐ 毛笔。

元子笔 yuán zǐ bǐ 圆珠笔。

油笔　yóu bǐ　同"元子笔"。

油子笔　yóu zǐ bǐ　同"元子笔"。

油笔管儿　yóu bǐ guǎnr　圆珠笔芯。

仿圈　fǎng quān　学习毛笔字写仿时用来压纸的铜框。

仿建子　fǎng jiàn zi　同"仿圈"。

水色　suǐ sǎi　水彩画颜料。

蜡笔色　là bǐ sǎi　蜡笔。

印纸　yìn zhǐ　复写纸。

玻璃纸　bō li zhǐ　复写时用的衬垫纸，为薄且透明的塑料膜。

格尺　gé chǐ　直尺。

橡皮蹭儿　xiàng pí cèngr　橡皮。

蹭皮　cèng pí　橡皮。

钢笔水儿　gāng bǐ suǐr　墨水。

墨盘子　mì pán zi　"墨"读 mì。砚台。

小考儿　xiǎo kǎor　平时的小测验。

满点　mǎn diǎn　满分。

零蛋　líng dàn　零分。

洋字码儿　yáng zì mǎr　阿拉伯数字。

大照　dà zhào　毕业证。

伏假　fú jià　暑假。

农忙假　nóng máng jià　农忙时节放的假。

码字题　mǎ zì tí　运算题。

文字题 wén zì tí 应用题。

真字儿 zhēn zìr 繁体字。

扫儿 sǎor 指笔划中的"撇"。

病厦儿 bìng shàr 笔划中的病字旁。

乱绞丝儿 làn jiǎo shīr 笔划中的绞丝旁。

宝字盖儿 bǎo zì gàir 笔划中的宝盖。

犬右儿 quǎn yòur 笔划中的反犬旁。

侧王儿 zāi wángr "侧"读 zāi。笔划中的斜王旁。

软耳刀 ruǎn ěr dāo 笔划中的耳刀旁。

硬耳刀 yèng ěr dāo 笔划中的单耳刀。

廷字儿 tíng zhìr 笔划中的建字旁。

探笔 tàn bǐ 写毛笔字或写书法时在砚台边上理顺笔毛刮去多余墨汁，这种动作称为"探笔"。

2. 艺术

大戏 dà xì 京戏。一般将京剧演出称为唱大戏。

落子 lào zi "落"读 lào。评剧。

蹦子 bèng zi 东北"二人转"。

蹦蹦儿 bèng bengr 东北"二人转"。

扁担戏 biǎn dan xì 木偶戏。

驴皮影 lú pí yǐng 皮影戏。因其主要道具皮影是用驴皮制做的，故名。

影人子 yǐng rén zi 皮影戏里剪成的人物图像。

书馆儿 shū guǎnr 讲书人说书的茶馆儿。

地蹦子 dì bèng zi 平地东北大秧歌。

高脚子 gāo jiǎo zi 东北大秧歌中的高跷。

野台子 yě tái zi 露天临时搭设的舞台。

瞎话儿 xiā huàr 编瞎话，讲故事。

踩台 cǎi tái 即彩排。

滚地包 gǔn dì bāo 旧时一种露天搭台演出形式。

胡胡 hú hu 也叫胡琴，京胡，二胡。

截子 jié zi 竹板的另一件儿，即用七件竹片穿在一起的打击器，俗称"碎嘴子"。

齿板儿 chǐ bǎnr 在竹板一类打击器乐中与"碎嘴子"配套使用的带齿的长形竹板，俗称"拉 lá 子"。

拉子 lá zi 同"齿板儿"。

说口 shuō kou "说"字发重音，"口"字发短促轻音。"二人转"中不唱而只凭嘴说的一种技巧。

冲天触 chōng tiān chǔ 从头顶立起的小辫儿，多用于戏曲演出的扮相。这种小辫又称为"朝天柱""朝天刷"等。

耳音 ěr yīn ①语音分辨能力。[例]"我的耳音非常好，唱歌跑一点调我都能听出来。"

②指听的内容。[例]"来，咱们换换耳音，唱段新歌！"

煞戏 shā xì 戏剧或其他文艺演出结束。

戏帽 xì mào 正戏开场前的垫场小戏。

3. 民间游戏 游艺

抓嘎拉哈 chuǎ gǎ lā hà "抓"读 chuǎ，"哈"读 hà。民间儿童游戏之一，多在小女孩间进行。"抓"即玩耍之意；"嘎拉哈"即狍子或羊、猪的膝关节，凹凸不平。四面分别称轮儿、支儿、坑儿、背儿。玩儿时将"嘎拉哈"涂红色或不涂色，玩法技巧很多，大致有"翻""抓"等几种，用一个用布做成、内装粮食颗粒或小石子的布口袋作"子儿"。东北地区各少数民族儿童多开展这种游戏。

搧撇记 shān pià ji 民间儿童游戏之一，多在小男孩间进行。用正面绘有《三国演义》、《杨家将》等图案的圆形硬纸片，以打正反面决定胜负。

弹琉琉 tán liú liu 民间儿童游戏之一，也称"弹玻璃球儿"，主要在小男孩间进行。"琉琉"即各种颜色的玻璃球，用大拇指、二拇指和中指弹出玻璃球，以谁先"进城"或将他人的球弹出为胜，还有多种玩法。

弹玻璃球儿 tán bō li qiúr 同"弹琉琉儿"。

打冰嘎儿 dǎ bīng gár 民间儿童游戏之一。"冰嘎儿"即冰陀螺，用鞭子抽打"冰嘎儿"使之快速在冰面上旋转，男孩、女孩均开展此游戏。

打冰猴儿 dǎ bīng hóur 同"打冰嘎儿"。

打翁朵儿 dǎ wēng gár 民间儿童游戏之一。"翁朵儿"为木制球状体，侧面有双孔，击打旋转时发出"嗡嗡"的响声，因此得名。

打火朵儿 dǎ huǒ gár 民间儿童游戏之一。"火朵儿"为铁制圆球型，击打时相互碰撞发出火花，因此得名。

打朵儿 dǎ gár 民间儿童游戏之一。"朵儿"为两头尖的短木棍，用木刀砍其一端待其翻转弹起再用力击出，击远者为胜。

打瓦 dǎ wǎ 民间儿童游戏之一，主要在小男孩间进行。选瓦若干块，各自将一块瓦立于 10 米左右为自己的目标瓦，然后用手中的瓦击打目标瓦，打中次数多者或击中事先划定的线为胜。

跳猴皮筋儿 tiào hóu pí jīnr 民间儿童游戏之一，即"跳皮筋儿"，主要在小女孩间进行。两人手牵极细长的皮条即"皮筋儿"，其他人在两条"皮筋儿"间做各种翻花动作，成功一次增高一格，从脚踝到脖颈，依次进行，先完成者为胜，此外还有多种玩法。

跳格子 tiào gé zi 民间儿童游戏之一，主要在小女孩间进行。在土地上画出方格，用"子儿"决定先后顺序，按格轮换跳格，先完成目标者为胜。

推轱辘圈儿 tūi gú lu quānr 民间儿童游戏之一，主要在小男孩间进行。轱辘圈儿即铁轱辘圈儿,一种用粗铁线做成铁环、再用粗铁丝做成推钩的配套儿童玩具,玩儿时用推钩推动铁环不停向前滚动,玩者随之向前奔跑。

拽窝窝 zhuāi wō wo　民间儿童游戏之一,主要在小男孩间进行。把软泥搓揉成有眼儿窝头状,然后眼儿朝下猛摔发出响声。

过家家儿 guò jiā jiar　民间儿童游戏之一,多在小女孩间进行。用布料或纸片剪出男女老少或大人小孩形象,再安排他们做饭、洗衣服、种地等各种生活。

编花儿篮儿 biān huār lánr　民间儿童游戏之一,主要在小女孩间进行。源于满族儿童游戏。若干小女孩均把一条后腿搭在后边另一个小女孩的腿上,围成一个圆圈,另一只脚着地,边跳边拍手唱:编哪编哪编花篮,花篮里面坐小孩……,直到有人坚持不住而掉下来,其他人再补上空缺继续跳、唱下去,直到筋疲力尽……

扔坑儿 lēng kēngr　"扔"读 lēng。民间儿童游戏之一。先把玻璃球弹入坑中者为胜,类似现代"高尔夫"球。

藏妈乎 cáng mā hū　民间儿童游戏之一,男孩、女孩均玩儿。以"子儿"决定谁先藏起来,其他人寻找,找到藏者为胜,交替进行。
藏猫乎 cáng māo hū　同"藏妈乎"。

摸瞎 mō xiā　民间儿童游戏之一。被蒙住眼睛的儿童摸到别人后代替自己继续摸他人。

下五道儿 xià wǔ dàor　主要在儿童间进行,成人偶有玩之。在土地上画出横竖各五格,以石子或其他小物件为棋子,先吃光对方或逼死对方为胜。因横竖各 5 条线，因此得名。

弹脑瓜崩 tán nǎo guā bēng　一种游戏，在玩扑克等赌输赢的游戏中，输者被赢者用手指弹脑袋。

打悠千儿 dǎ yōu qianr　即"荡秋千"，但非指正规秋千而是指简易秋千，悠来荡去。小男孩、小女孩均开展此项活动。

打悠悠儿 dǎ yōu your　同"打悠千儿"。

迷娄转儿 mí lou zhuànr　一种自身在原地旋转的游戏。

摆妈妈人儿 bǎi mā ma rénr　儿童游戏之一。幼儿在画片上指认谁是妈妈谁是爸爸的一种游戏。

印花人儿 yìn huā rénr　一种儿童玩具，画面背面洇上水，将画片正面的画面全部复印到另一张纸上，这种纸被称为"印花人儿"。

包毽儿 bāo jiànr　一种儿童踢毽子游戏。即按预先约定的数字为标准踢毽子，先踢满者为胜。

扯拉拉狗 chě lá la gǒu　一种儿童游戏，类似"老鹰抓小鸡"。

弹字儿谜 tán zìr mí　一种儿童游戏。以手指弹硬币使之不停旋转，参与活动一方猜中硬币一面为胜。

子儿 zǐr　突出"儿"音。民间儿童游戏中主要用于"猜先"的工具之一，用各色花布缝成小口袋，内装各种米粒、小石子等填充物，小女孩玩"抓嘎拉哈""跳格子"等游戏均用"子儿"决定先后或辅助游戏。

布子儿 bù zir　同"子儿"。

背儿 bèir ①儿童游戏中"抓嘎拉哈"中的"嘎拉哈"其中一面称为"背儿"。②硬币或其他物品不是正面的一面，正面称为"面儿"。

面儿 miànr 硬币或其他物品正面的一面，背面称为"背儿"。

打扔格儿站儿 dǎ lēng ger zhànr "扔"读 lēng。婴儿试站的一种活动，即将婴儿托在大人手上或身上托举做伸屈、跳动等动作。

打哇哇 dǎ wā wa 一种婴儿游戏，一边口中喊"哇……"，一边用手掌交替地捂住或放开嘴巴，婴儿发出时断时续的"哇"声。

能能站儿 néng neng zhànr 婴儿试站，哄孩子的一种动作。

拉皮儿 lā pír 一种玩笑游戏，即二人传球，使球在第三人头顶蹭过。

报叫儿 bào jiàor 现代麻将的一种玩法技巧。在没有"混儿"配副、没有"一九喜儿"、"差牌"不超过一对的情况下，就可以"报叫"，即和牌只能和3张牌点中的中间一张。例如"报叫"后只能和一、二、三条中间的二条，以此类推。自摸或他人打牌均可和牌，如果和牌，可增加一番。

扣梃 kòu tìng 现代麻将玩法的一种技巧。手中的牌上梃〔即等待和牌〕后，将牌全部扣下，开始"扣梃"，即只能和三张点数相连的中间一张牌如只能和一、二、三饼中的二饼，自摸或别人打牌均可和，自己抓牌如不和不能入手而打出，直到自摸或别人打和为止，扣梃后如和牌加番。

拆桯 cāi tīng　现代麻将玩法的一种技巧。手中的牌上桯后，根据自己的判断，为避免给别人"放炮"而决定不和牌，便将手中已经上桯的牌破坏，依次打出别人不和的牌，直至别人和牌而自己不"放炮"。

看（打）马掌儿 kàn mǎ zhǎngr　①旧式纸牌玩法之一，先配齐三副点点相连的三张牌者为胜，通常称"看马掌"。②现代麻将玩法之一，称为"打马掌儿"，有"混儿"可以配副，"混儿"多和牌后加番。

对对和 duì duì hú　"和"读 hú。麻将、旧纸牌的一种和法，即手中的牌全部成对。

抠底 kōu dǐ　现代扑克牌玩法术语。一方手中最后剩的牌胜过对方手中最后剩的牌。

上牌 shàng pái　在玩扑克或麻将中，把洗好的牌任意断开，下家由此开始抓牌。

老千儿 lǎo qiānr　①旧式纸牌中的一张。②一种扑克牌的玩法称"抽老千"。

配副子 pèi fù zi　现代麻将、扑克中将牌配成点数相挨的牌，三张点数相挨连在一起叫"一套副子"。

碰球 pèng qiú　酒令中的一种游戏，以儿球碰儿球为绕口令，接不上者即为输。

豹子 bào zi　①现代扑克的一种玩法，三张牌都是一样的牌点儿即为"豹子"，是一种较大的牌儿。②旧式麻将的一种玩法，即牌九中3个色子相同的点数全部朝上。③最厉害、最了不起的人。

玻璃崩崩 bō li bèng beng　一种儿童玩具。用薄玻璃或搪瓷制成空心的有底儿的锥体，吹则底儿振动发出鸟叫等各种响声。

竞杠捶 jìng gàng chúi　即"捶丁壳"，一种儿童游戏。以手出"石头""剪子""布"定先后、定输赢。

打出溜滑儿 dǎ chū liu huár　在冰面上不穿任何器具，而是双脚穿着棉鞋一步一步滑行。

打滑跐溜儿 dǎ huá ci liūr　同"打出溜滑儿"。

打画墨子 dǎ huà mì zi　东北地区达斡尔族一种民族习俗即过"黑灰节"，民族语称"霍乌都如"。每年的正月十六是黑灰节，少男少女手上抹黑灰相争涂向少女脸上，象征吉祥和预祝丰收。

蹲夯 dūn hāng　坐下并使屁股一起一落的戏要行为，一种大人哄小孩的游戏。

压油 yà yóu　中间着地、两头轮流起落的现象如压跷跷板，主要指做"压油"游戏。

鹅翎管儿 é líng guǎnr　专指鹅长翎的根部，这种翎孩子们用来作毽儿。

风呲喽 fēng cī lou　"呲喽"发轻音而短促。风车，一种儿童玩具，也称"风自流"。

花铃棒儿 huā líng bàngr　一种手摇击鼓击出响声的婴幼儿玩具。

呲花 cī huā　烟火的一种，只喷射火花而无爆炸声响。

4. 体育

杠子 gàng zi　单、双杠的统称。

水量 suǐ liàng　游泳的技能。

毛子水 máo zi suǐ　民间自由泳，并非正规姿势的自由泳。

狗刨儿 gǒu páor　两臂划水、同时两脚拍水、手脚并用的泳姿，为非正规泳姿。

大肚漂洋 dà dù piāo yáng　野外游泳的一种，不同于正规姿势的仰泳，而是肚皮露出水面仰面漂浮在水面上。

老将儿 lǎo jiàngr　中国象棋中的将、帅。

老帅儿 lǎo suàir　同"老将儿"。

扝将 kuǎi jiàng　①中国象棋术语，即"老将儿"向左或右离开帅位。②现代麻将术语即怕给别人"放炮"而放弃和牌机会，是一种戏称。

短腿儿车 duǎn tuǐr jū　中国象棋中的兵、卒。

大鼻子象（相）　dà bí zi xiàng　中国象棋中的相、象。

缓棋 huǎn qí　悔棋，包括中国象棋、围棋等棋类，即走出一步后不算数退回原地重走或重下。

冰鞋 bīng xié　非指正规滑冰鞋，而是指东北地区儿童喜欢玩的一种钢筋制成单脚滑行的玩具。

老太太端尿盆儿 lǎo tài tɑi duān niào pénr 一种打篮球的投篮姿势，即两手持球从裆部向上投篮，也叫"端尿盆儿"。

（十九）　商业 金融

1. 商业

五行八作 wǔ háng bā zuò 泛指各行各业。

大门头儿 dà mén tóur 门面大的商店或有影响的大商业企业。

大门市头儿 dà mén shì tóur 同"大门头儿"。

小门头儿 xiǎo mén tóur 门面小的商店或影响小的小商业企业。

小门市头儿 xiǎo mén shì tóur 同"小门头儿"。

买卖家 mǎi mai jiā 旧指各种商店、店铺及小商小贩。

合作社儿 hé zuò shèr 供销合作社的简称。

小铺儿 xiǎo pùr 各种小型商店、店铺的统称。

小卖店儿 xiǎo mài diànr 小型商店、店铺。

铺商 pù shāng 有经营场所的商铺，与行商相对应。

小市儿 xiǎo shìr 小型集市。

早市儿 zǎo shìr 早晨的集市。

晚市儿 wǎn shir 晚上的集市。

夜市儿 yè shir 同"晚市儿"。

小摊 xiǎo tānr 摊在地上出售商品的小商贩、小铺面。

地摊 dì tānr 摊在地上出售商品的小商贩、小铺面。

床子 chuáng zi 出售商品的摊床。

小床子 xiǎo chuáng zi 同"床子"。

烧锅儿 shāo guōr 小型制酒作坊。

小烧儿 xiǎo shāor 小型制酒作坊酿制的地产酒。

酱园子 jiàng yuán zi 经营酱菜的商店。

成衣铺 chéng yī pù 服装裁缝店的旧称。

剃头棚儿 tì tóu péngr 理发店的旧称。

澡塘子 zǎo táng zi 浴池的旧称。

澡池子 zǎo chí zi 同"澡塘子"。

小馆儿 xiǎo guǎnr 小饭店。

小店儿 xiǎo diànr 小旅店。

大车店 dà chē diàn 成挂的马车等畜力车及赶车老板儿寄住的旅店，这样的旅店可以代喂牲口、客人自己做饭吃。

赁器铺 lìn qì pù 旧时专门出租喜丧用品、餐具的铺子。

点柜 diǎn guì 商店闭店后清点当天卖货所得的现钞。

关板儿 guān bǎnr 闭店，也指店铺歇业、倒闭。

驾鹰 jià yīng 旧时商家欺骗顾客的一种方式，即由同伙扮作顾客，用高声讲价或抬价的方式吸引顾客。

马路牙子 mǎ lù yá zi ①对站在马路边卖货的游动商贩的戏称。②马路边高出路面的路基石。

爽手货 shuǎng shǒu huò 出手快、畅销的商品。

窝子 wò zi ①泛指固定的经营场所。如金矿窝子、煤矿窝子。②投饵料定点钓鱼的地方。

许可 xǔ kě 营业执照。

2. 金融

纸票儿 zhǐ piàor 纸币，今指人民币，对硬币而言。

票子 piào zi 同"纸票儿"。

大白边儿 dà bái biānr 原指面值 10 元的人民币，今指面值 100 元的人民币。

大团结 dà tuán jié 面值 100 元的人民币，因票面印有各族人民大团结图案而得名。今已改版。

老头儿票 lǎo tóur piào 今特指面值 100 元的人民币，因票面印有"马恩列斯毛"的头像而得名。今已改版。

毛票儿 máo piàor 1 元以下 5 角、2 角、1 角等面值小的纸币。

钢镚子 gāng bèng zi 硬币。

钢镚儿 gāng bèngr 硬币。

钢板儿 gāng bǎnr 硬币。

钢镦儿 gāng dūnr 硬币。

袁大头 yuán dà tóu 民国时期流通的银币，因币面有民国政府大总统袁世凯的头像而得名。

大钱儿 dà qiánr 旧时各个年代铜钱的统称。

大古钱 dà gǔ qián 明代的铜钱，也称"洪武钱"。

葛拉钱儿 gě la qiánr 一种古钱币。

过河钱儿 guò hé qiánr 平时集攒的以备急需的少量现金。

回头钱儿 huí tóu qiánr 长期投资首次得到的回报或收益。

存折儿 cún zhér 储蓄折。

死期 shǐ qī 定期储蓄。与其对应的是活期储蓄。

死钱儿 shǐ qiánr 不生利息又不用于经营的钱。

浮钱儿 fú qiánr 与不动产比较而言的较少的现钞。

土瘪钱儿 tǔ biě qiánr 私藏的拿不出大面的少量的钱。含有贬义。

压岁钱 yā sùi qian 过春节即大年三十的晚上，长辈给晚辈一笔钱叫压岁钱。

棺材本儿 guān cai běnr 买棺材的钱，引申为手中最后尚存的一点点儿钱。讽刺性用语。

小帐儿 xiǎo zhàngr ①日常生活中的零碎细帐。②对为人吝啬、心胸狭窄、不算大账一味算小账的人的戏称。

倒肩儿 dǎo jiānr 临时挪借小额钱款。

倒坎儿 dǎo kǎnr 挪借钱物以应急需。

倒宽儿 dǎo kuānr 暂时挪借钱物缓解贫困状况。

背儿 bèir 硬币无字的一面。

字儿 zìr 硬币有字的一面。

狗头金 gǒu tóu jīn 略似狗头的较大的纯金块，这是判定金矿脉的重要依据。

白条子 bái tiáo zi ①出具的非正式单据。②不付现金而打的一种欠条。

（二十）交通运输 邮政

1. 交通运输

国道 guǒ dào 国家级公路。

线道 xiàn dào 公路的旧称。

二马车 èr mǎ chē 两匹马拉的大车，一匹为驾辕马，一匹为拉套马。

三马车 sān mǎ chē 三匹马拉的大车，一匹为驾辕马，两匹分左右为拉套马。

三挂大车 sān guà dà chē 同"三马车"。

四马车 sì mǎ chē 四匹马拉的大车，两匹为辕马即头辕、二辕，两匹为拉套马，这是农村运输马车的最高档次。

四大挂儿 sì dà guàr 同"四马车"。

四挂儿马车 sì guàr mǎ chē 同"四马车"。

大板儿车儿 dà bǎnr chēr ①农村两匹马以上拉的大马车，简称"大板儿"。②大型货运汽车。

里短子 lǐ duǎn zi 两匹马拉的车，左边的称"里短子"，右边的称"外短子"。

长套 cháng tào 三匹马拉的车辕马前边的马称"长套"，左边的马称"里套"，右边的马称"外套"。

外套 wài tào 见"长套"。

里套 lǐ tào 见"长套"。

杆子套 gān zi tào 辕子是两根长杆的爬犁。

搭腰 dā yāo 牲口驾车时，搭在牲口背上的帆布带或皮带。

牛鞅子 niú yàng zi 牛鞅。

牛锁子 niú suǒ zi 同"牛鞅"。

车绞根 chē jiǎo gen 捆紧大车上柴草、庄稼等松散物品的一整套工具，其中包括吊鞅、绞绳、绞锥、绞杠等。

煞绳 shǎ shéng 大车上用以捆拢货物用的粗而长的绳子。

绞锥 jiǎo zhuī 牛、马车上用于绞紧煞绳的圆锥形粗木棒子，用时插入被捆的庄稼、柴草，用绞根棒子贴着煞绳绞紧以捆牢车上被捆的物品。

绞根棒子 jiǎo gēn bàng zi 装车时绞紧煞绳用的木棍。

绞根 jiǎo gēn 同"绞根棒子"。

绞杠 jiǎo gàng 同"绞根棒子"。

吊鞅子 diào yāng zi 主要拴在马、牛车尾部，与车绞根共同使用，用来连接绞绳与绞根棒子捆紧被捆物体的工具，因形状类似牛鞅子而得名。

鞭杆儿 biān gǎnr ①鞭子的把柄部分。②一直未结婚成家的成年人。

鞭稍儿 biān shàor 鞭绳中最前端可振动空气发响的细皮条。

鞭由 biān yóu 鞭绳，指鞭的最细端。

鼻嚼 bí jiáo 牛鼻环。

鼻锔 bí jū 牛鼻环。

牛鼻锔子 niú bí jū zi 同"鼻锔"。

牛鼻钳儿 niú bí qiánr 同"鼻锔"。

兜嘴 dōu zuǐ 戴在牲口嘴上防止干活时吃庄稼的笼状物。

箍嘴 gū zuǐ 同"兜嘴"。

蒙眼儿 méng yǎnr 驴等牲畜拉磨时戴的蔽眼罩。

捂眼儿 wǔ yǎnr 同"蒙眼"。

大帕斯 dà pà sī 借用英语。大型公共汽车。

大客儿 dà kèr 大型公共汽车。

小客儿 xiǎo kèr 小型公共汽车。

小面包儿 xiǎo miàn bāor 车体略呈长方体，外形似长方形面包的小型公共汽车。

招手停 zhāo shǒu tíng 中小城镇中的即停即走的小型公交车，因顾客招手即停，因此得名。

车鼻子 chē bí zi 汽车驾驶楼的前边用于被牵引的铁钩。

摩电 mó diàn 有轨电车。

蹦蹦儿 bèng bengr 手扶拖拉机。

大胶轮儿 dà jiāo lúnr 大型胶轮拖拉机。

四轮儿 sì lúnr 小型胶轮拖拉机。

驴吉普 lú jí pǔ 对毛驴拉的两轮大车的戏称。

闷罐车 mēn guàn chē 一种四周全封闭的火车车厢。

敞篷儿 chǎng péngr 无篷的汽车。

侉车儿 kuǎ chēr 独轮车。

二等车 èr děng chē 乘坐他人的自行车被称戏为"坐二等车"。

屁驴子 pì lú zi 摩托车。

电驴子 diàn lú zi 摩托车。

驾脚踹 jià jiǎo chuài 摩托车。

挎斗儿 kuà dour 三轮摩托车右侧的小斗车。

大板儿 dà bǎnr 载重汽车。

轱辘儿 gú lur 车轮。

车跤 chē jiāo 牛、马车车轱辘。分为前跤和后跤。

大轱辘车 dà gū lu chē 旧时由牲畜牵引的载人交通工具，车轮大，故名。

花轱辘车 huā gú lu chē 同"大轱辘车"。

小轱辘码子 xiǎo gū lu mǎ zi 窄轨小火车。

轱辘码 gú lu mǎ 在铁轨上行驶的小型板车，一般只需人力控制，不用机车牵引。

摩托嘎 mó tuo gà 铁路维护系统在铁轨上的巡道车。

票车 piào chē 旅客列车的旧称。

出栅口 chū zhà kǒu 火车站出口的旧称。

猪拱嘴儿 zhū gǒng zuǐer 火车厢最前部联挂车厢的装置。

绝户线 jué hù xiàn 终端封堵不能通行的铁路线。

毛毛道儿 máo mao dàor 羊肠小道。

小毛道儿 xiǎo máo dàor 羊肠小道。

萨玛廖 sāo mǎo liào 借用俄语。飞机的旧称。

威虎 wēi hu 一种小汽船。

海兔子 hǎi tù zi 小汽艇。

爬犁 pá li 即雪撬，在冰雪上滑行的交通工具。爬犁分多种，大体分为冰爬犁和雪爬犁，又分为人拉爬犁和马拉爬犁。

冰爬犁 bīng pá li 冰上爬犁。

雪爬犁 xuě pá li 雪地爬犁。

轧道滚子 yà dào gǔn zi 轧路机。

2. 邮政

局子 jú zi 邮电局的旧称。

印花儿 yìn huār 邮票的旧称。

邮戳 yōu chuō 邮局给信封或其他邮件盖的印章，这种印章可以集邮。

信底儿 xìn dǐr　以前来信的信和信封，主要指信封上来信人的地址。

信瓤儿 xìn rángr　装在信封内写好的信。

包楞 bāo leng　包裹。

（二十一）房屋建筑 畜禽圈舍 水井水沟

1. 院套

当院子 dāng yuàn zi 院中。

当院儿 dāng yuànr 同"当院子"。

院套儿 yuàn tàor 院墙。院墙有多种，如砖、石、木板杖子等。

响窑 xiǎng yáo 旧时农村富户为防匪患在院墙四周修筑的炮台。

板杖子 bǎn zhàng zi 也称"杖子"。用木板、木杆或树枝等钉或夹起来的篱笆墙、木栅栏。一般用于做院墙。

秫秸杖子 shù gāi zhàng zi 用秫秸筑成的栅栏。

花墙子 huā qiáng zi ①用树枝、树条等编成的栅栏。②院墙砌出的花牙子或花状墙。

2. 房屋

独门独户儿 dú mén dú hùr 一座房子或一座院子只住一户人家，周围没有邻居。

采身房 cǎi shēn fáng 用于观察、测量盖房地基的临时房屋。

扠墙 chā qiáng 将穰角（yáng jiao，即碎草段）与土和（huò）泥，用这种穰角泥垛墙。这是东北地区一个历史时期农村建房的主要方式，即保暖又结实还经济实用。

转角房子 zhuàn jiǎo fáng zi 十字路口四角上的房子。

木刻楞房 mù kē lèng 用松木原木刻槽一个镶嵌一个盖起来的木房子，坚固而保暖。

板夹泥房 bǎn jiá ní 里外墙是松木或桦木板、中间夹泥土砌成的一种简易房子，保暖性较差。

板夹锯末儿房 bǎn jiá jù mòr fang 略同"板夹泥房"。板间不是夹土而是夹锯末儿。

一面青 yì miàn qīng 建房时，房屋正面前墙即"门脸儿"用砖砌墙，其余三面均用土砌墙，这种房子称"一面青"。

砖门脸儿 zhuān mén liǎnr 同"一面青"。

大朝阳 dà cáo yáng 一种仿照蒙古包所建的圆形土房，因房屋多面朝阳，故名。

　　干打垒 gā dǎ lěi　一种用泥土垒起来的筑墙方法，先两面钉板，然后在中间加泥土夯实。

　　一揭两瞪眼 yì jiē liǎng dèng yǎn　房屋一种格局，开门后左右各为一屋，故名。这是东北地区农村房屋的主要形式。

　　一担挑儿 yì dàn tiāor　同"一揭两瞪眼儿"。

　　背脸房 bèi liǎn fáng　一种门朝北的房子。

　　倒坐观音 dào zuò guān yīn　同"背脸房"。

　　海青房 hǎi qīng fáng　青砖砌成的草顶房。

　　楼座子 lóu zuò zi　楼房地基、可以继续向上接楼房的平房。

　　仓房 cāng fáng　家庭中用于贮存粮食及各种杂物的仓库。

　　孬门儿 nāo menr　"孬"字发长音，"门儿"发短促轻音。借用俄语。①小房子或小房屋。②楼房一进门的空地。

　　孬木 nāo mu　同"孬门儿"。

　　老少屋儿 lǎo shào wūr　老人和子女分住两屋的平房格局。

　　老少间儿 lǎo shào jiānr　同"老少屋儿"。

　　下屋 xià wú　对正房而言，主要指厢房。

　　外屋地 wài wú dì　外屋，特指厨房。

　　外地 wài dì　厨房。

　　滚水儿 gǔn shuǐr　房屋屋顶的坡度，坡度大即滚水效果好，反之滚水效果差。

　　举架儿 jǔ jiàr　房间的高度。

　　过木 guò mù　架在门框、窗框上承重的横木。

马架子 mǎ jià zi 用木杆、柴草等临时搭建的简易棚子，勉强可以住人。

地窨子 dì yìn zi 旧时一种借山坡挖坑住人的半地下简易住房。

地土仓子 dìtu cāng zi 伐木、挖参的人在山上就地搭起的临时简易住房。

窝棚 wō peng ①用席、木杆等搭起的用于临时栖身的简易小棚子。②多用于地名，如徐家窝棚等。

窝堡 wō pu 同"窝棚"。

厦子 shà zi "厦"读 shà。紧贴正房房山后墙盖的房屋，一般用作仓房，也可勉强住人。

后厦子 hòu shà zi 同"厦子"。

偏厦子 piān shà zi 紧贴正房山墙盖的简易房，多为房顶一面斜坡，主要用于当仓库存放杂物，也可勉强住人。

仓房儿 cāng fángr 家庭中用于贮存杂物的小仓库。

仓棚子 cāng péng zi 同"仓房儿"。

敞巴店儿 chǎng ba diànr 无遮无挡的简易住所。

垛楼子 duǒ lóu zi 离地架起的仓房，便于通风防潮，多用于贮存苞米等粮食。

苞米楼子 bāo mǐ lóu zi 一般用于贮存玉米，离地搭建，故名。

门斗儿 mén dǒur 为防寒而在门外搭建的临时防寒小棚。

风斗儿 fēng dǒur 同"门斗儿"。

风火檐儿 fēng huǒ yánr 为防止大风吹掀苫房草而支在房子两山头上凸起的露出山墙的檐子。

闪檐儿 shǎn yánr 建筑物或器物边沿向外张。如楼房带闪檐的。

房椽儿 fáng chuánr 椽子。

檩条儿 lǐn tiáor 檩子。

纠 jiū 土房等建筑物承放檩子的部分。

门市房儿 mén shì fángr 临街或临闹市可以用来开办商店的商业用房。

茅楼儿 máo lóur 专指露天厕所。

茅房 máo fáng 同"茅楼儿"。

茅屎栏子 máo shǐ lán zi 专指农村露天厕所。

柱脚 zhù jiǎo 房柱子。

柱脚石 zhù jiǎo shí 房屋柱石。

垫墩 diàn dūn 同"柱脚石"。

砖拿哨儿 zhuān ná shàor 在风火墙上压的一层砖。

阴阳瓦 yīn yáng wǎ 因上瓦时一正一反扣住，故名。

大山 dà shān 山墙。

山花子 shān huā zi 山墙的上部。

冷山 lěng shān 与室外冷气直接接触的山墙，与"暖山"相对。

暖山 nǎn shān 暖读nǎn。室内房屋相隔的墙壁，与"冷山"相对。

硬山 yìng shān 上面有柁、柱，直接承受檩木的山墙，对"软山"而言。

软山 ruǎn shān 上面没有柁、柱，承重不大的山墙。

明山 míng shān 大山墙在室内的一面，与"暗山"相对应。

暗山 an shan 大山墙在室外的一面，与"明山"相对应。

房山头儿 fáng shān tóur 房屋两侧的山墙。

房头儿 fáng tóur 同"房山头儿"。

房山花子 fáng shān huā zi 山墙。

房巴 fang bá "巴"读 bá。土草房椽子上面铺的用于保暖的苇帘子、秸秆儿帘子等。

房薄 fáng báo 用秫秸、柴草铺在椽子上的房盖板。

间壁 jiān bǐ "壁"字读 bǐ，下同。间隔两间屋子的墙壁。

间壁墙 jiān bǐ qiáng 同"间壁"。

软间壁子 ruǎn jiān bǐ zi 用屏风遮挡或用胶合板等物体临时搭建的间壁墙，随时可以拆除。

间量 jiān liang 指房屋建筑面积。如这房子间量不小，非常宽敞。

拉合辫儿 lā he biànr 用泥和草把拧在一起而筑成的墙。

瓤角 yáng jiao "瓤"字发重音。盖房和〔huò〕泥时掺到泥土中用以产生拉力的草段、乱麻段等。

麻刀 má dāo 盖房和泥时加入的用以产生拉力的麻段。

拔大门儿 bá da ménr 两开的房门。

亮子 liàng zi 门、窗上边的用于增强照明的小窗。

雨搭　yǔ dá　通向室外的门上的蔽雨阳台即门窗上边平伸出来长方形遮雨设施。

顶门杠　dǐng mén gàng　顶门用的棍子。

插关儿　chā guānr　泛指各种小门闩。

门插关儿　mén chā guānr　小门闩。

门划儿　mén huár　小门闩。

门把手儿　mén bǎ shǒur　门的拉手。

门鼻子　mén bí zi　门鼻儿。

门弓子　mén gōng zi　用铁弹簧或竹弓、胶皮条等物制成的自动拉门关门的装置。

活页　huó yè　折页。

炒盘　chǎo pán　搅拌水泥、白泥膏等建材的大铁盘。

火墙子　huǒ qiáng zi（见前。）

火炕　huo kang（见前。）

火炉子　huo lu zi（见前。）

地火龙　dì huǒ lóng　（见前。）

蔓子炕　wàn zi kàng　连接两铺大炕中间的长条小炕即"条子炕"。

炕面子　kàng miàn zi　火炕朝上的一面。

炕洞子　kàng dòng zi　火炕内走烟的用于取暖的烟道。

炕檐　kàng yán　火炕的外缘，一般嵌以横木，一为装饰，二为保护火炕边缘防止磨损或毁坏。

炕裙子　kàng qún zi　火炕的围子、火炕炕檐下的裙子均称炕裙子。

炕头儿 kàng tóur 火炕靠近灶口的一端,温度较高,与"炕梢儿"相对。

炕梢儿 kàng shāor 火炕远离灶口的一端,温度较低,与"炕头儿"相对。

灶火台 zào huo tái 灶台。

灶火坑 zào huo kēng 灶口内烧火处。

灶坑 zào kēng 同"灶火坑"。

灶坑门子 zào kēng mén zi 灶口。

灶坑脸子 zào kēng liǎn·zi 灶台有灶口的一面即正面。

对面炕 duì miàn kàng 一个屋里相对的两铺火炕。

锅底坑儿 guō dǐ kēngr 同"灶火坑"。

攮灶子 nǎng zào zi 为烧炕而设的灶口。

攮洞子 nǎng dòng zi 同"攮灶子"。

烟筒脖子 yān tong bó zi 烟筒与房子连接部分。旧时东北农村烟筒砌在土房子外边。

烟筒根儿 yān tong gēnr 烟筒在地面部分。

烟筒轿子 yāng tong jiào zi 连接炕洞和烟筒的通道。

寸头儿 cùn tóur 一块砖的四分之一。

四分头 sì fēn tóu 同"寸头儿"。

丁儿 dīngr 砌墙时砌在墙上顺摆的砖,横摆的砖叫"跑儿"。

跑儿 pǎor 砌墙时砌在墙上横摆的砖,顺摆的砖叫"丁儿"。

发楦 fā xuàn 建筑用语,用砖或石头砌成拱形体。

拐巴子 guǎi bà zi 拐直角弯的建筑物或其他拐直角的物品。

拐子炕 guǎi zi kàng 沿房山墙修建的一种拐弯的火炕。

起脊 qǐ jǐ 盖房时起房脊。

起线儿 qǐ xiànr 砌砖时瓦匠把找平的直线再提高一层。

月房 yuè fáng 妇女生孩子占用的房间，在月房的门口处挂一红布条表示此房为月房。

粉房 fěn fáng 制作（马铃薯）粉条的作坊。

3. 畜禽圈窝

马棚 mǎ péng 马厩。

鸡架 jī jià 鸡窝。

蛋窝儿 dàn wōr 鸡下蛋处。

狗洞子 gǒu dòng zi 供狗出入的孔洞。

猫洞儿 māo dòngr 供猫出入的孔洞。

4. 井沟 水沟

土井 tǔ jǐng 在地下凿出的深水井。

旱牢 hàn láo 干涸的井。

井裙子 jǐng qún zi 井口周围砌成的围栏。

井台儿 jǐng táir 井口周围的平台。

拗木 ào mù ①井口至井底四周围镶嵌的板壁。②水井口镶井的井板。

拗子 ào zi ①镶嵌井壁的板壁。②水井口的木栏杆。

辘轳 lù lu 手摇式土水井。

辘轳把子 lù lu bà zi 手摇式土水井的摇把儿。

马葫路 mǎ hú lù 设在马路上的下水井。

沿沟 yàn gōu 沿墙根开的排水沟。

水洞 suǐ dòng 在墙根开的排水洞。

5. 建筑材料

洋灰 yáng huī 水泥的旧称。

白灰 bái huī 石灰。

灰儿 huīr 水泥、石灰的统称。

鱼鳞铁 yú lín tiě 一种镀锌铁，因表面有鱼鳞状花纹，故名。

雪花铁 xuě huā tiě 一种镀锌铁，因表面呈白色且有雪花状花纹而得名。

洋铁 yáng tiě 建筑用铁皮的统称。

洋铁片子 yáng tiě piàn zi 建筑用铁皮的统称，多指陈旧残破的铁皮。

洋钉子 yáng dīng zi 铁钉。

轻铁 qīng tiě 铝。

锡溜 xī liu 焊锡。

磷磺 lín huáng 硫磺。

锯沫子 jù mò zi 火锯切割木材后留下的沫子即锯沫。

臭油子 shòu yóu zi 沥清。

河卵石 hé luǎn shí 水流长期冲击形成的卵状石块儿，主要用于搅拌水泥或地槽回填。

河流石 hé liú shí 水流长期冲击形成的粉末状碎石，主要用于搅拌水泥或地槽回填。

片儿石 piànr shí 成薄片儿状的大石头块儿，主要用于砌房、院墙、牲畜圈等。

板儿石 bǎnr shí 同"片儿石"。

料石 liào shí 大块儿石头，主要用于建房打地基。

面沙 miàn shā 细面沙，主要用于搅拌混凝土。

土坷垃 tǔ kā la "坷垃"读 kā la。土块儿。

翠蓝 cuì lán 蓝绿之间的颜色，一般指粉刷墙壁的颜料。

灰膏子 huī gāo zi 泡制好的膏状白灰。

灰条子 huī tiáo zi 用来钉天棚或隔墙用的窄条板儿，因杨木木质柔软，故多为杨木条。

铅油 qiān yóu 清漆。

清油 qīng yóu 同"铅油"。

亮漆 liàng qī 同"铅油"。

苫房草 shān fáng cǎo 旧时东北地区农村盖房的房盖主要用苫房草，这是一种高约 80～100 公分的草，盖房时将草切成 50～80 公分，再捆成小捆，一捆接一捆平铺在房盖上。这种草不透水而保暖，防水性能极强。

窑头砖 yáo tóu 烧砖时靠近火头形成的不规格的等外砖。

东北方言中的专用动词

（一）历史事件

闯关东 chuǎng guān dōng 清末至民国期间，为谋生计，河北、山东、辽宁、河南、安徽等地农民被迫离开祖居地，拖家带口闯入山海关以东东北各地，这一事件被称为"闯关东"。

跑盲流 pǎo máng liú "盲流"即盲目流入人口。专指20世纪70年代中期我国内地河北、山东、辽宁等地盲目流入东北黑龙江省、内蒙古自治区东北部等地区的农业人口。这部分人被称为"盲流"，这一事件被称为"跑盲流"。

捡洋捞 jiǎn yáng lào ①特指日本侵略军投降后，日本军队、日本开拓团以及其他日本机构撤离中国时，中国人捡拾日本人遗留或丢失的物品，这一举动被称之为"捡洋捞"。②取得的意外收获或便宜也被戏称为"捡洋捞"。

躲老毛子 duǒ lǎo máo zi "老毛子"特指苏联红军。1945年8月苏联政府对日宣战、苏联红军出兵东北时，东北地区各族人民对苏联红军并不了解，苏联红军所到之处，人们四处躲避，这一举动被称为"躲老毛子"。

跑胡子 pǎo hú zi 胡子即土匪。民国时期至新中国成立前夕，东北地区土匪猖獗一时，为害一方，人民群众深受其害，经常躲避土匪的侵扰，四处躲藏，这一行为被称为"跑胡子"。

（二）民俗 习俗

开剪 kāi jiǎn 东北地区民间婚嫁旧俗。新婚夫妇结婚之前，由女方父母或叔伯将男方送来的布匹用剪刀剪下来，表示同意这门婚事儿并表示可以用送来的布匹给新娘做嫁衣。

开脸 kāi liǎn 也叫"开面"。东北地区民间满族、汉族婚嫁旧俗。姑娘出嫁前要请人用线绞掉脸上的汗毛并进行修饰，以示自此成为媳妇，多在上午太阳出来后入轿前进行。主要请有德行、儿女双全的"全福"老妇人用和好的彩线绞去面部和脖子上的汗毛、细眉毛，然后修齐鬓角，涂抹脂粉，象征"别开生面"。

离娘肉 lí niáng ròu 东北婚嫁习俗。结婚当天，出嫁的新娘离开娘家时要带一块猪肋条肉、大葱等物，表示从此离开娘家到公婆家开始新生活，所带的猪肋条肉称之为"离娘肉"。

开锁 kāi shuǒ 东北地区民间旧习俗。男孩生下后，将给小男孩新起的名字写下后锁在箱柜内，或在小男孩的脖子上戴一把银锁，象征长寿。直到小男孩长大成人结婚时，由岳母开锁，表示已长大成人。

叫魂儿 jiào húnr ①东北地区民间旧习俗。不停地喊叫受惊吓的小孩的名字，使其魂儿归位。②不停地喊叫某人的名字而引起反感。讽刺性用语。如你叫魂儿呢？别叫了，烦不烦哪！

躲尿窝儿 nuó sāo wōr 东北地区民间旧习俗。婴儿满月后，母亲带领婴儿到姥姥家住一段时间，也叫"躲臊窝""挪臊窝儿"。

躲臊窝 dǔo sāo wō 同"躲尿窝儿"。

带奶 dài nǎi 东北地区民间旧习俗，也是一种迷信说法。产后无奶的产妇去其他婴儿未满月而又有奶的产妇家取走某种物品，认为这样能把有奶产妇的奶带走。

赶奶 gǎn nǎi 东北地区民间旧习俗。产妇将产后没奶吃的婴儿带到别人有奶的产妇人家吃奶。

吵夜郎 chǎo yè láng 东北地区民间旧习俗。夜间不停哭闹的孩子被称为"吵夜郎"，也称"哭夜郎"。如果有这样整夜啼哭的孩子，家长则四处张贴"我家有个夜哭郎……行人君子念三遍，一觉睡到大天亮"内容的标语传单。

报庙儿 bào miàor 旧时一种祭祀方式。死者家属到土地庙边哭边喊死者名字围着庙转三圈，一表示祭奠，二表示"销户口"。

踩街钱 cǎi jiē qián 东北地区民间旧习俗。农村寡妇改嫁时，必须向所经过路段的"屯大爷"农村中有钱有势力者交一笔钱，这笔钱称为"踩街钱"。

赶酒溜 gǎn jiǔliù 东北地区旧风俗。旧时烧锅规矩，熟人赶上烧锅出酒可以不花钱喝酒而白喝品尝。

躲钉 duǒ dīng 民间旧习俗，死人入殓后钉棺材时，子孙后代跪在棺材前要根据钉子钉在什么方向而喊"向东躲钉"，以此类推，意为恐怕死者被钉子碰着。

换盅 huàn zhōng 东北地区旧风俗。婚事定下来之后，男方请女方及女方亲友及媒人出席酒席宴会。

打画墨子 dǎ huà mí zi 东北地区达斡尔族一种民族习俗即过"黑灰节"，民族语称"霍乌都如"。每年的正月十六是"黑灰节"，少男少女手上抹黑灰相争涂向少女脸上，象征吉祥和预祝丰收。

打袼褙 dǎ gē bei 袼褙，即指旧时民间妇女为手工做布鞋，将破旧碎布用浆糊一层一层糊成较大平板状，既可用作做鞋帮，同时也用作做鞋底。袼褙是民间做布鞋的主要材料，这种材料被称为"袼褙"，这种行为被称为"打袼褙"。与之配套使用的是拨楞槌儿、顶针儿、锥子和专用针大替针儿〔以上详见前文《日常生活用品·缝纫用具》〕。

搬杆子 bān gān zi 旧时一种迷信活动即跳大神用语。大神即巫婆、巫汉，用领魂幡在病人头上绕晃，用此来搬去病人身上所附恶鬼。这是一种骗人的治病方式。

倒头包袱 dǎo tou bāo fu 旧时为死者焚化的装有纸钱、银锭、写有死者姓名的纸口袋。

并骨 bìn gǔ 把先后死亡的夫妻俩的尸骨合葬在一起。

出黑儿 chū hēir 民间一种丧葬活动，人死后由风水先生或职业、非职业丧葬操办者操持丧葬事宜。整个丧葬过程称为"出黑"。

（三）农牧林渔猎业生产

罢园 bà yuán 瓜园、果园瓜果采摘后不能再采摘而逐渐荒芜。

开园 kāi yuán 瓜园、果园开始摘瓜果、卖瓜果。

拿大草 ná dà cǎo 将田间较高大的杂草拔掉，主要为防止杂草生籽散落田间。

劈烟叶 pǐ yān yè 把上满浆的烟叶从茎杆上劈下晾晒。

扦高粱 qiān gāo liang 用扦刀割下已经割倒的高粱的穗。

拉地 lā dì 从田地间向回拉运收割下来的庄稼。

碾场 niǎn cháng 打场。在场院中碾轧谷物等农作物。

破茬 pò chá 传统农耕方式，即将田间庄稼垄破开，垄台变垄沟，垄沟变垄台，在新的垄沟中点籽儿。

起垄 qǐ lǒng 把平坦的土地做成垄以利耕种。

浸麻 qìn má 麻成熟割下来后，必须在水中沤一段时间，使之饱浸水份，这一过程称为"浸麻"，有的地区也称"沤麻"。

猫冬 māo dōng 农民冬季无活儿在家闲呆越冬。

抢秋膘 qiǎng qiū biāo ①马、驴、牛等大牲畜利用秋天庄稼丰收时节多吃以增肥。②对贪吃的人的贪吃行为戏称为"抢球膘"。③对身材特别瘦的人希望长胖一些也戏称"抢秋膘"。

脱壳 tuō ké ①植物外皮从茎上脱离或果实的壳开裂使果肉露出。② 比喻人中途退场。

脱裤儿 tuō kùr 同"脱壳"①。

驴后喘 lú hòu chuǎn 跟着拖拉机步行扶犁的劳动。讽刺性用语。

喔 wó 吆喝牲口的口令，向外或向右偏。

吁 yú 吆喝牲口的口令，向里或向左偏。

忒儿 tēir 吆喝牲口令其抬蹄的口令。

放八儿 fàng bār 牲畜快跑时四蹄分作前后两对儿呈八字形，泛指牲畜快跑、急跑。

倒套子 dǎo tào zi 用马车、牛车或爬犁把伐倒的木材运到集材点。

放排 fang pái 林区林业生产的一种形式即利用江河水道将伐倒的原木串在一起进行水上运输。

跑排 pǎo pái 林区林业生产的一种形式即在江河中放木排。

　　归楞 guī lèng 林区林业生产术语，将伐好的木材归成垛。

　　喊山 hǎn shān 林区林业生产术语。①林业伐木工人在大树即将伐倒前喊出的大树即将倒伏方向的号子，如"顺山倒""横山倒""迎山倒"。②挖参人见到山参后高喊"棒槌"，即为"喊山"。

　　杌子捕鱼 wù zi bǔ yú 在河里用石头块顺水砌成倒八字墙，将杌鱼篓子放至瓶颈处，杌鱼篓子口有防止鱼跑出去的倒装装置，鱼顺水进到篓子里便游不出。

　　杌蓄捕鱼 wù xū bǔ yú 在河水最浅处用石块顺水砌成倒八字墙，将杌子喇叭口卡在八字口上，目的是将上游鱼驱赶至最后留下的八字口，最后进入杌子。为防止进入杌子里的鱼跑出，在杌子内放一杌蓄。杌蓄用柳条编成桶状，是一种放在杌子里防止进入杌子里的鱼跑出来的专用工具。

　　赶山 gǎn shān 猎民进山打猎。

　　放山 fàng shān 上山挖人参。

　　放山号子 fàng shān hào zi ①挖人参术语，发现人参时喊出的号子。②林业生产专用术语，树木即将伐倒前根据大树倒伏方向喊出的号子如"顺山倒""横山倒"等。

　　扫趟子 sǎo tàng zi 猎人检查所设的埋伏机关是否猎获猎物。

　　打拐子 dǎ guǎi zi 在山中或森林中行走时在树上刻路标，即走一段路在路边的大树上刻下标记。

　　麻达山 má da shān 进山后在山中迷路。

甩子 shuǎi zi　"子"发重音。指雌鱼排卵。

翻白儿 fān báir　鱼死后漂在水中白肚皮朝上。

（四）畜牧业 养殖业

开裆 kāi dāng　母鸡开始下蛋。如快来看，小母鸡开裆了！

嘎蛋儿 gá dàr　母鸡下蛋时一边"嘎嘎"叫一边找下蛋的地方。

倒毛 dǎo máo　禽类换毛。

打扑拉 dǎ pū la　"扑"字发重音，"拉"字发轻音。鸡、鸭、鹅等禽类扑打翅膀在地上翻滚、挣扎。

圈养 juàn yǎng　牲畜在室内喂养，与"散放""散养"相对应。

抱羔子 bào gāo zi　母羊生小羊崽。

打圈子 dǎ juàn zi　母猪发情。

打栏 dǎ lán　牛、马、猪等大牲畜发情。

跑臊 pǎo sāo　牲畜发情。一般指牛、马、驴、骡等大牲畜。

打溺 dǎ nì　猪在泥水里翻滚。

啃痒痒 kěn yǎng yang　马、驴、骡等大牲畜互相啃躯体以解痒。

　　打响鼻儿 dǎ xiǎng bír ①马、骡等大牲畜用鼻子发出响声。②也指人一种轻蔑的表示。

　　跑马 pǎo mǎ ①善于奔跑的马，与"走马"相对应。②男子遗精。

　　叫春 jiào chūn 猫、狗等小动物春季发情。

　　叫秧子 jiào yāng zi 同"叫春"。

　　起秧子 qǐ yāng zi 群狗发情。

　　嗛 qiān ①禽类相互啄毛。②用两个指头的指甲拔毛。

　　晚劁 wǎn qiāo 母猪生过崽后被劁。

　　挂掌 guà zhǎng 给马、骡、驴等大牲畜钉铁掌。

　　出圈 chū juàn ①牲畜出栏外卖。②将猪、牛等牲畜圈中的粪便及杂物清理出来，也叫"起圈"。

　　饮 yìn 给牲口喂水称为"饮"（yìn），人喝水则称为"饮"（yǐn）。

　　踩蛋儿 cǎi darn 鸡等禽类交配行为。

（五）疾病 医疗 生理

　　拱脓 gǒng néng "脓"读néng，下同。疖子或伤口化脓。「例」我这疖子一跳一跳的痛，正拱脓呢！

跳脓　tiào néng　伤口或疖疮溃烂化脓，是最疼的时候。

来经儿　lái jīngr　指哺乳期的妇女来奶，乳汁涌出。

来事儿　lái shìr　妇女来月经的代名词。

揽月　lǎn yuè　怀孕妇女推迟正常分娩时间。

倒流经　dào liú jing　妇女月经不调而使血从鼻、口中流出的现象。

回经　huí jīng　女子停止月经。

猫下　māo xiao　分娩。如怎么刚结婚半年多就猫下了？

坐月子　zuò yuè zi　孕妇生孩子的一个月。

猫月子　māo yuè zi　生孩子即"坐月子"。因孕妇生孩子的一个月内不见外人，因此被戏称为"猫月子"。

奶　nài　"奶"读nài。动词，以乳头喂孩子。

棒　bàng　妇女哺乳期间乳房内因液体多而引起的鼓涨。即指人，也指动物。

落炕　lào kàng　长时间有病不能下炕。

开当铺　kāi dàng pù　引申为严重腹泻。如昨晚不知吃什么了，今天早晨肚子就开起了当铺！

脱相　tuō xiàng　因病失去平时的相貌。如病了这么长时间，人都瘦脱相了！

摸脉　mō mài　中医号脉。

坐堂　zuò táng　中医固定在某药店开诊。

（六）自然现象

刺挠 cì nao "挠"字发短促轻音。皮肤发痒，痒痒之意。「罾」我的脖子怎么这么刺挠，是不是要长疖子？

打哏儿喽 dǎ génr lou 吸进的气流在喉部受到时断时续的阻碍而发出的声音。

回生牙 huí shēng yá 成年人或老人重新长出的新牙。

困 kùn 未成熟的水果、蔬菜等放置一段时间使其发生自然变化变得好吃。「例」生涩的大柿子、香蕉等都需"困"后才好吃。

糗 qiǔ 面条等汤类面食、大米粥等粥类食品放置一段时间后成坨而变得不好吃。

筋筋 jīn jin 第二个"筋"字发短促轻音。用水浸泡后使布料缩小。

串种 chuàn zhǒng 两种不同的动物或植物杂交后产生的新品种。

跐圈 cī quān 自行车、畜力车、人力车的外车胎口迸离车圈。

打绺儿 dǎ liǔr ①植物的叶子萎缩、打卷儿、下垂。②人的头发因湿而打卷下垂。

（七）饮　食

爆锅 bào guō　热油中放进葱蒜和其他佐料爆炒一下锅，然后再熬汤或炒菜。

刀口儿 dāo kǒur　"刀"字 发重音，"口儿"突出"儿"音并短促。厨师切工的手艺，即指被切物品切的细与粗、厚与薄、匀不匀。

勾芡 gōu qiàn　①给炒好的菜浇汁。②给汤类加入淀粉使汤变得粘稠。③引申为形容为事件添枝加叶，推波助澜，加剧事情向相反的方向发展。「例」她俩的矛盾已经够大的了，你就别再勾芡了！

干锅儿 gān guōr　蒸馒头或熬粥锅中的水熬干了。

熇油 kào yóu　将肥猪肉或肥油膘用火慢煮使之化成油，这种方式称为"熇油"，这种方式熇出的油称"荤油"。

落锅 lào guō　①蒸煮时间过长而使食物化在锅里。②汤多。

叫勺 jiào sháo　厨师以勺击锅通知服务员，表示菜已炒好。

谨 jǐn　用慢火白水煮肉使之去掉腥味或邪味。

淘米 táo mǐ　①将准备做饭的米洗净。②蒸熟的米饭用凉水泡后再把水倒出去"。

串烟 chuàn yān 做饭的锅底焦糊冒烟。

落滚儿 lào gǔnr 水烧开后停止翻滚。

（八）日常生活用语

办个人儿 bàn ge rénr 多指中老年人丧偶后再娶妻。「例」老伴儿死了多年了，也该再办个人儿了！

说人儿 shuō rénr 娶妻，找爱人，找老伴儿。如岁数还不算太大，我看还是再说个人吧！

处对象 chù duì xiàng 谈恋爱。

出门子 chū mén zi 姑娘出嫁。

过门子 guò mén zi 同"出门子"。

传老婆舌 chuán lǎo po shé 传闲话。含有贬义。「例」你怎么就爱传老婆舌？

出红差 chū hóng chāi 旧时枪决或刀砍犯人时，被处决者多披红游街，因此得名。

去一号 qù yī hào "去厕所"的代用语。

出外 chū wài 同"去一号"。

出张 chū zhāng 出差，公出。

　　出头儿 chū tóur　原指疖疮流出脓血，引申为矛盾公开化。「例」怎么样，作〔音 zūo〕出头儿了吧，非闹到被警察抓去才算完！

　　出血 chū xiě　"血"读 xiě。本意为流血，引申为破费，被迫花钱。「例 1」抓了个大彩儿，无论如何也得出血请请大家吧？「例 2」你也该出出血了？

　　喘气儿 chuǎn qìr　突出"儿"音。在劳动中间稍稍休息。「例」大家停一下，喘喘气儿，十分钟后接着再干！

　　倒跟 dào gen　"倒"字发重音，"跟"字发短促轻音。鞋不穿而常趿拉着，使鞋后跟被踩成底儿，叫做"倒跟"。

　　惇 dǔi　"惇"读 dǔi。将手握成空拳击打对方。这种打法并不是真打而是一种亲昵或嗔怒的表示。「例」她轻轻惇了他一拳，说道："你这个笨蛋……"

　　插裤腰 miǎn kù yāo　老式裤子不分前后，裤腰肥大，穿时要把肥大的裤腰叠扎在一起，这种动作叫插裤腰。

　　换饭 huàn fàn　换班，交接班。

　　回勺 huí sháo　菜凉后重新再热，引申为重新加工。

　　回炉 huí lú　比喻再托生一回。詈语。「例」你这人一身臭毛病，应该回回炉了！

　　卡跟头 kǎ gēn tou　摔跟头。

　　卡油儿 kǎ yóur　勒索，揩油。

　　卡前失 kǎ qián shi　向前摔倒。

　　前趴子 qián pā zi　向前摔跟头。

系娘们儿扣儿 jì niáng menr kòur 也叫"老娘们儿扣儿"，两次交叉系绳扣即能脱扣的活扣儿，与死扣儿相对应。

系蛤蟆扣儿 jì há ma kòur 两次交叉绳儿的绳结儿即"死扣"。

出娘们儿拳 chū niáng menr quán 把大拇指露在外面放在食指根部攥成拳头。

欺怀 qī huái 自己的孩子见爹妈喜欢别人的孩子而抱住自己的母亲或父亲脖子不撒手。

啃春 kěn chūn 立春当天吃萝卜，预示一年顺顺当当。

啃青 kǎn qīng 庄稼未完全成熟就收下来吃，主要包括啃青苞米、煮毛豆即未完全成熟的黄豆等。

擽 lǎi 用手撕。「例」把这块布擽开，做两条裤衩。

跑针儿 pǎo zhēnr 做针线活儿时，因失手造成缝衣针斜出或过头。

绗 háng 用较大的针线缝，主要指缝被面、褥面及其他棉布制品。

落汗 lào hàn "落"读 lào，下同。消汗。

落幌 lào huǎng 闭店，打烊。

落架 lào jià ①房屋被火烧后倒塌。②形容人失势。

落套 lào tào ①衰落，散架子。②形容人因故失掉往日威风。

插茬 chā chá 将两根破开股的绳头编接成一根绳。

抽肩儿 chōu jiānr 也叫搊（音 zhōu）肩。两人将麻袋抬起放在扛麻袋人肩上的工作过程。

胳揪　gé jiu　把手伸入别人腋下或肩窝等处抓挠使人发笑。

干拉儿　gān ler　不吃菜而干喝酒。

放席　fàng xí　摆喜庆宴席。

回笼觉　huí long jiào　睡醒后再小睡一觉。

屁股蹲儿　pì gu dūnr　身体失去平衡未倒下而屁股着地的姿势。

腚蹲儿　dìng dūnr　同"屁股蹲儿"。

耳雷子　ěr léi zi　打耳光子，打嘴巴子。「例」再去惹事生非，看我不搧你一顿耳雷子！

裹　guǒ　用力向里吸。「例」烟袋不通，使劲儿裹一裹就通了！

倒月　dǎo yuè　打月工，按月支付工钱。

开支　kāi zhi　发工资。

拉包天儿　lā bāo tiānr　货运或客运按天计酬而不计件。

拉脚　lā jiǎo　运输。「例」今年我不种地了，买台汽车拉脚！

冒话　mào huà　婴幼儿刚刚会吐极简单的词语。

挪窝儿　nuó wōr　①离开原来的地方。②搬家。

碰锁头　pèng suǒ tou　去某人家串门主人锁门不在。

零嘴儿　líng zuǐr　零食。如小学生上学，零嘴儿不断。

搂扒搂　lōu pá lōu　"扒搂"为搂毛柴的简易工具。"搂扒搂"即用扒搂在山野搂柴草。

认脚　rèn jiǎo　一双鞋不分左右脚。如这双鞋认脚。

撒把　sā bǎ　骑自行车不用手扶把。

撒丫子 sā yā zi 放开脚步快跑。「例」见事不好，赶紧撒丫子！

撒喜儿 sǎ xǐr 举行婚礼时向新娘新郎身上撒五谷杂粮或喷射五色纸片、纸屑。

搧达 shān da ①物体上下摆动。「例」两只帽子耳朵不停地搧达。②形容人不稳重、走路一扭一晃的样子。「例」那小子搧达搧达就来了！

搧乎 shān hu ①吹牛，使坏。「例」那人可真能搧乎，死人也能让他说活！②颤动。「例」小船儿一起一落直搧乎。

起夜 qǐ yè 夜间起来小便。

亮膘 liàng biāo 显示肥胖或壮硕的身体。讽刺性用语。

卖大炕 mài dà kàng 卖淫的隐语。

炕干 kàng gān 粮食、烟叶、葵花籽等物用火炕烘干而不是太阳晒干。

卯子工 mǎo zi gōng 日工，以日计酬，与计件工相对应。

扣斗子 kòu dǒu zi 汽车等交通工具翻成底朝上的形状。「例」公路上发生了交通事故，其中一台大货车已经扣斗子了！

拉鼻儿 lā bír 火车、轮船等拉响汽笛。

净街 jìng jiē 戒严。

伐 fá ①用锉锉锯齿使其锋利。②去掉谷的壳使其成米。

翻背儿 fān bèir 翻个儿，翻个"仰巴叉"。

抽贴 chōu tiē 旧时一种迷信活动，类似占卜抽签儿。

跳大神　tiào dà shén　旧时流行于东北地区的巫术迷信活动，源于萨满教。

跳格儿　tiào gér　跳级，越级。「例」由于他的学习成绩十分优秀，从小学三年级一下子跳格儿到五年级。

渍　jī　"渍"读jī。用温水加调料泡制蔬菜，主要指渍酸菜。「例」秋天到了，该渍酸菜了！

开苞　kāi bāo　①花蕾刚刚绽放。②少女第一次发生性关系。

开瓢儿　kāi piáor　打碎或击穿脑袋。

腾　téng　照原样摹仿剪裁，如腾鞋样子、腾花样子。

挑刺儿　tiāo cìr　挑剔，挑毛病。

挑头　tiǎo tóu　①把车调转方向。②带头。

偷艺　tōu yì　不拜师、不公开学习而暗中偷偷地学某种技艺。

偷油儿　tōu your　偷懒，偷空。

焐被　wù bèi　睡前展开被褥。

坐夜儿　zuò yèr　打更，值夜班。

坐水　zuò shuǐ　烧水。

赶喜儿　gǎn xǐr　参加他人家的婚宴并随礼。

戴绿帽子　dài lù mào zi　媳妇与他人有通奸行为，丈夫被称为"戴绿帽子"即"王八"之意。詈语。

拉帮套　lā bāng tào　旧时因贫穷丈夫允许媳妇与其他男人姘居从中得到些收入，姘夫称为"拉帮套"的，丈夫被称为"戴绿帽子"。

放羊　fàng yáng　引申为放任自流，无人管束。「例」放学铃声一响，孩子们就放羊了。

赶网 gǎn wǎng 赶鱼入网，引申为别人白白效力。含有贬义。「例」辛苦了一年也没挣什么钱，交房租、交税金、交取暖费，净给人家赶网了！

钢 gāng 用语言或行为激怒或刺激对方。「例」怎么问他也不说实情，我又钢了他一句。

过码 guò mǎ "过"字发重音，"码"字发轻音。人际关系，主要指婚庆等相互送礼。「例」我家和他家一直有过码，他的儿子结婚我们一定要去随礼！

摸阎王鼻子 mō yán wáng bí zi 比喻去白白送死。讽刺性用语。「例」你这不存心让我摸阎王鼻子吗？

吹喇叭 chūi lǎ ba ①指仰头像吹喇叭一样嘴对着酒瓶喝酒而不用酒杯。②引申为替他人做宣传。含有贬义。

唻大膘 lǎi dà biāo 说下流话。

唻玄 lǎi xuán 吹牛皮，说大话，说话毫无边际。

烙烧饼 lào shāo bǐng 比喻翻来覆去，反复不定。「例」你怎么了？烙烧饼呢？这么晚了还不睡？

和稀泥 huò xī ní "和"读huò。引申为调和矛盾，折中处理。如这小子真能和稀泥，外号"稀泥匠"！

挑灶 tiǎo zào 拆毁炉灶，引申为散伙或不过日子。「例」两口子说不过就不过了，第二天真的挑灶了。

抢槽 qiǎng cáo 抢占食槽，引申为遇事抢先。「例」这都是计划好的，你凭什么抢槽？

呛汤 qiàng tāng 呛锅后再放水，引申为乱插话、乱掺事。

「例」我们几个人说话，你别乱呛汤！

开光 kāi guāng 原指为死者洗脸及尸身，引申为讽刺不爱洗脸的人。「例」你这个埋汰神，今天也开光了？

开斋 kāi zhāi 原指破除斋戒，引申为改善生活吃好吃的。讽刺性用语。「例」老赵，今天怎么开斋了？舍得钱买海鱼吃？

勾火儿 gōu huǒr 激人发火，挑起事端。「例」都是你勾的火儿，要不他能生这么大的气吗？

打干证 dǎ gān zhèng 打证明，当证明人。「例」这事儿跟我没关系，我可不给你打干证！

缓阳儿 huǎn yángr 原意为人从昏迷中苏醒过来，引申为重新振作精神。含有贬义。「例」这小子刚从大狱出来，这不，老实了几天，又缓阳了！

揩腚 kāi dìng 也说"擦屁股"，引申为为别人收拾残局或遗留问题。讽刺性用语。「例」你把事儿办干净点儿，我可不给你揩腚！

打耙 dǎ pá ①关键时刻临时变卦、反悔、打退堂鼓。②用酱耙子搅动大酱缸而使大酱发酵均匀。

回头棒子 huí tóu bàng zi ①出乎意料地反击或报复。「例」正在得意忘形之时，郭松龄突然率兵偷袭，一个回头棒子，打得吴俊升措手不及。②伐木时树木倒伏后猛然弹起的大树枝。

窟窿船 kū long chuán 引申为设圈套，设陷阱。「例」谁都能看出来，那就是个窟窿船，你偏不信，结果怎么样，上当了吧？

拉稀 lā xī ①临时变卦、反悔。「例」出庭作证时，你可一定咬住，千万不能拉稀！②钢笔等漏水。

说臊皮嗑 shuō sào pí kē 说带有讥讽性、诙谐性的俏皮话。「例」赶车老板的臊皮嗑一套一套的。

说私房话 shuō sī fáng huà 有关个人隐私的话。

说荤嗑儿 shuō hún kēr 说脏话，说下流话。

捅马卵子 tǒng mǎ lǎn zi 惹祸，惹麻烦。

捅毛蛋 tǒng máo dàn 搞无聊、无价值的小活动。

捅尿窝窝 tǒng niào wō wo 在背后搞鬼，暗中使坏。

捅夹肢窝儿 tǒng gǎ zhi wor 偷偷摸摸地干某种事儿。

搂火 lōu huǒ 扣动枪板机开枪。引申为大胆说话、攻击。「例」别人都不说话，就你敢搂火！

赸 shān 躲开，跑开。斥责性用语。「例」别来烦我，没事儿给我一边儿赸着去！

讪不搭 shàn bu dā 很不好意思，很难为情。

讪脸 shàn liǎn 嬉皮笑脸，越给脸越上脸。多用于骂小孩子。

晒脸 sai lian 同"讪脸"。

上脸 shàng liǎn 同"讪脸"。

猫食儿 māo shír 比喻饭量极小。「例」你怎么吃这么点儿饭就不吃了？吃猫食哪？

甩词儿 shuǎi cír 拽〔zhuǎi〕文，滥用词汇。「例」有话好好说，就别再甩词了！

嘚拉 sūo la 用嘴吮吸。「例1」他嘚拉一口冰棍。「例2」

你就喝（酒）吧，嘚拉铁钉子你也能喝！

掏兜 tāo dōu 扒手，绺窃。

掏灰 tāo huī 公爹与儿媳有奸情，民间将这种行为称为"掏灰"，公爹称为"掏灰耙"。

东北方言中的歇后语

A

挨打的野鸡——顾头不顾腚

【注释】野鸡即山鸡，学名环颈雉。野鸡有受惊后一头插进雪堆或草丛中不动的习性。比喻顾此失彼，一片忙乱的样子。"受惊的野鸡——顾头不顾腚"也是此意。

【例句】我们无论做什么事，都要考虑周全，制定周密的方案，采取必要的措施，绝不能象挨打的野鸡——顾头不顾腚，否则将一事无成。

挨了棒打的狗——气急败坏

【注释】一般的笨狗被棒打后边哀嚎边夹尾巴逃走，一副气急败坏的样子。比喻神情沮丧，恼怒而疯狂。

【例句】电视剧《我的兄弟叫顺溜》中，新四军战士、神枪手顺溜即陈二雷设伏将华东日军司令原田击毙，日军联队长松井犹如挨了棒打的狗——气急败坏，出动重兵袭击新四军六分区。

挨刀的肥猪——不怕开水烫

【注释】肥猪被宰后，需用开水烫以褪毛，肥猪全然无觉。形容人不计后果，一副生死不怕、铤而走险的样子。

【例句】批评你几次，你都不思悔改，一副挨刀的肥猪——不怕开水烫的架式。难道非得被抓进监狱才能改掉你小偷小摸的坏毛病吗？

案板子上的肉——任人宰割

【注释】放在案板上的肉，随意由人切或割。形容人毫无反抗能力，任意由人欺侮或压榨。

【例句】我们也不是案板子上的肉——任人宰割。兔子急了还咬人呢，何况我们也是人！如果再不解决问题，我们就到北京上访告状去！

案板上的擀面杖——光棍一个

【注释】擀面杖一般由桦木制成，根据需要长短有所不同，但使用时一般都用一根。形容只有一个人而无其他人，就象光棍未结婚或结婚后离婚丧偶的成年男子总是一个人一样。

【例句】这几年，我一直是案板子上的擀面杖——光棍一个，一个人吃饱了全家不饿。

按住电铃不松手——总老是想（响）

【注释】按住电铃即按住电铃开关，也就是接通了电源，因此电铃响个不停。此处主要借用"响"的谐音"想"，引申为人在不停地思考或思念。

【例句】有一个问题，按住电铃不放手——我总是想（响），同在一个地区黑龙江省甘南县的兴十四村为什么成为远近闻名的富裕村，我们为什么始终摆脱不了贫困面貌？

按倒的葫芦瓢——又起来了

【注释】葫芦在水中漂动，随按随浮起。形容人象按倒的葫芦一样重新站起来或重新被启用。含有贬意。

【例句】这几年出现了一个怪现象，一些贪官被免职下马后，很快就犹如按倒的葫芦瓢——又起来了，重新异地做官，这种怪现象引起了群众的普遍不满。

按住牛头强喝水——勉强不得

【注释】老牛喝水要听凭自然，强按牛头令其喝水当然不行。比喻违反客观规律的事情不能勉强进行，要遵循自然规律办事。"牛不喝水强摁头——勉强不得"也是此意。

【例句】凡事都要按照客观规律进行，绝不能按住牛头强喝水——勉强不得，否则就会自食恶果。

B

八百亩地一根草——独苗一棵

【注释】八百亩地一根草，形容非常稀少。比喻只有一个独生子女或物品非常稀少而显得十分珍贵。

【例句】张家几代单传，到他这一代也只有一个儿子，八百亩地一根草——独苗一棵，因此十分娇惯，成为众人的掌上明珠。

八十老汉吹笛子——上气不接下气

【注释】八十岁的老汉已属高龄，吹起笛子当然上气不接下气。比喻办事非常吃力或困难重重，力不从心。"八十岁老汉学吹打——上气不接下气"也是此意。

【例句】已经六十多岁的人了，还每天去广场跳舞扭秧歌，每次跳完后都是八十岁老汉吹笛子——上气不接下气，到底图的是什么呢？

八十岁老汉学吹打——上气不接下气

【注释】同上。

【例句】哎呦！你这是八十岁老汉学吹打——上气不接下气的，急着干什么去啊？

八十岁老太太出台——兴（性）起来了

【注释】出台，指歌舞厅、夜总会等娱乐场所的坐台或三陪小姐离开吧台去陪客人过夜，八十岁高龄的老太太当然不可能像出台小姐一样再有性欲。这里主要借用"性"的谐音"兴"，比喻兴致极高或手气非常顺即"兴"。

【例句】你的手气可真兴，简直是把把和和 hú，指打麻将，八十岁老太太出台——你可真兴（性）起来了！

八十岁老太太买奶嘴——不为喝奶，只图个乐儿

【注释】奶嘴是婴儿用品，80 岁老太太买奶嘴，只不过是为了好玩儿。比喻不为实现某种目的，只为自寻欢乐，自找乐趣。

【例句】每天到广场跳舞，你说图个啥？嗨，八十岁老太太买奶嘴——只图个乐儿呗！

扒了庙的观音菩萨——慌神了

【注释】被扒了庙的观音菩萨无处可居，感到恐慌。比喻心中发慌，坐卧不安。"龙王庙着大火——慌神"也是此意。

【例句】电视剧《我的兄弟叫顺溜》中，新四军六分区战士顺溜即陈二雷为报姐姐、姐夫被杀之仇，不顾多方劝阻，私自闯入淮阴城，准备枪杀已经宣布无条件投降的日本兵。六分区司令员陈大雷得知这一消息后，如同扒了庙的观音菩萨——慌神了，决定亲自出马寻找顺溜，以免承担违抗国民党当局和新四军总部共同下达的不得向已宣布无条件投降的日本军人开枪的责任。

巴拉狗掀门帘——全仗一张嘴

【注释】小巴拉狗掀门帘子，主要用嘴去叼门帘，形容人说话、办事儿全凭一张能说会道的嘴。

【例句】走红"二人转"演员小沈阳能说会道，表演非常有特点，巴拉狗掀门帘子——全凭一张嘴，红遍全国。

巴拉狗掀门帘——露一小手

【注释】巴拉狗掀门帘，即可用嘴叼，也可用小爪子去扯，形容可以借机露出或显示自己的真实或独家本领。

【例句】台湾青年魔术师刘谦在 2009 年春节晚会上一炮走红之后，在各电视台频频露面，巴拉狗掀门帘——露一小手。

巴拉狗坐轿子——不识抬举

【注释】巴拉狗为宠物，生性活泼好动。让巴拉狗坐轿子，巴拉狗不让抬也不让举，而是百般逃脱。比喻不领情他人的美意而我行我素。

【例句】你们这样盛情邀请我，我再不同意，那真是巴拉狗坐轿子——太不识抬举了！

巴掌心里长毛——老手

【注释】人上了岁数才能长胡子毛，但巴掌心里根本不长毛。说巴掌心也长毛，比喻人的资格很老或某项技术或技艺高超。诙谐性用语。"三十年寡妇——老手守"亦是此意。

【例句】三国时期吴国老将黄盖，真是巴掌心里长毛——算是战场上一把老手，屡建奇功，又与周瑜相互配合，共同演出了一场苦肉计，留下了千古美谈。

疤拉上长疮——坏到一块儿了

【注释】疤拉是伤口愈合后留下的伤痕，在这地方长疮，说明坏上加坏，坏到一块儿了。

【例句】中国四大名著之一、长篇历史小说《水浒传》中，当朝宰相、太尉高俅和太师蔡京相互勾结，沆瀣一气，共同设计陷害梁山泊好汉，两个人犹如疤拉上长疮——坏到一块儿了。

拔了萝卜栽大葱——一茬更比一茬辣

【注释】大葱和萝卜都属辛辣蔬菜，大葱较萝卜更辣些。比喻人才一辈比一辈更强，所谓"长江后浪推前浪"。

【例句】中国四大名著之一、长篇历史小说《三国演义》中，吴国大都督周瑜足智多谋，屡次与蜀国军师诸葛亮斗智斗勇，终被气死。继任者年轻将领陆逊更是智勇双全，文武兼备，真是拔了萝卜栽大葱——一茬更比一茬辣。

掰着狗屁股亲嘴儿——不知香臭

【注释】比喻不知深浅，不辨好歹。含有贬意。

【例句】东北大帅吴俊升为实现更大野心，掰着狗屁股亲嘴儿——不知香臭，竟与死敌张作霖狼狈为奸，结拜为兄弟。

白菜炖豆腐——谁也不借谁的光

【注释】白菜和豆腐都是白颜色，比喻谁也不占谁的便宜或好处，谁也不借谁的光。

【例句】虽然咱们是亲兄弟，但你当你的官，我卖我的菜，咱们是白菜炖豆腐——谁也别借谁的光，各人过各人的日子。

白纸上写黑字——清清楚楚

【注释】白纸上写黑字，反差很大，因此黑白分明，清清楚楚，一目了然。

【例句】你贩毒的罪证犹如白纸上写黑字——清清楚楚，证据确凿，你还想抵赖吗？

白纸上写黑字——黑白分明

【注释】同上。

【例句】你们是黑社会团伙，我们是守法公民，白纸上写黑字——黑白分明，还有什么共同语言吗？

白菜豆腐——各有所爱

【注释】指各有各的爱好不同，不能强求一致。"穿衣戴帽——各有所好"也是此意。

【例句】你喜欢看韩国电视剧，我却爱看武侠类电视剧，白菜豆腐——各有所爱，还能强求一致咋的？

白菜地里耍镰刀——把嗑（棵）唠散了

【注释】白菜地里耍镰刀，会把白菜棵子都割掉了。这里主要借用"棵"的谐音"嗑"，比喻话不投机，越唠越唠不到一起去。

【例句】有话慢慢说，别生气上火了，别白菜地里耍镰刀——把嗑（棵）唠散了！

《百家姓》没有第二姓——就缺"钱"

【注释】《百家姓》第一句是"赵钱孙李"，没有第二姓就是缺少"钱"。比喻万事俱备，只欠东风——金钱。

【例句】孩子的婚事早已定下来了，订婚仪式也举办了，但迟迟不能举行结婚典礼，《百家姓》没有第二姓——就缺钱！

《百家姓》不读第一个姓——开口就是"钱"

【注释】《百家姓》第一个姓是"赵"，第二个姓是"钱"，不读第一个姓而直接读第二个姓，因此开口就读"钱"。

【例句】你怎么想钱想疯了，《百家姓》不读第一姓——怎么开口就是钱？能不能说点儿别的？

败家子儿回头——金不换

【注释】败家子儿，指无所作为、游手好闲、挥霍家财、浑浑噩噩的人。这样的人能够改过自新，十分难能可贵，象金子一样宝贵。"浪子回头——金不换亦是此意。

【例句】电视剧《老娘泪》中，儿子利用职务之便携巨款潜逃。老娘悲痛之余，决心找回儿子投案自首。在老娘的感召下，儿子终于投案自首，改过自新，真所谓败家子儿回头——金不换！

搬起石头砸自己的脚——自作自受

【注释】搬起石头砸自己的脚，比喻自食其果，自己毁了自己。

【例句】抗日战争时期，蒋介石政权不去抵御外侵、打击日本帝国主义的侵略，却调集重兵屡次围剿中国共产党领导的八路军、新四军，结果是搬起石头砸自己的脚——自作自受，最终因众叛亲离而土崩瓦解。

板刷掉光了毛——有板有眼儿

【注释】板刷掉光了毛之后，只剩板和穿毛的孔即"眼儿"。此处借用"板"和"眼"，比喻办事有章有法，非常妥当。

【例句】电视剧《走西口》中，田青办事真是板刷掉光了毛——有板有眼儿，不像其姐夫梁满囤小肚鸡肠，毫无章法。

半道儿捡孝帽子进灵棚——哭了半天不知死了谁

【注释】半路上捡个孝帽子，同大家一起到灵棚里去哭，当然不知道为谁哭。比喻知其然不知所以然，不明白事情的真相。诙谐性语言。

【例句】电视剧《关东大先生》中，出来找妹妹的赵春安稀里糊涂被关进警察局大牢，半道儿捡孝帽子进灵棚——哭了半天不知死了谁，到底为什么被关进大牢，赵春安最终也不清楚，还是一心要找藏宝图的哈贝勒将他保了出来。

半道儿捡个喇叭——有吹的了

【注释】喇叭即唢呐，捡了个唢呐就可以吹奏。比喻有吹牛的资本，可以吹嘘或自吹自擂。含有贬义。

【例句】辛苦了几年，彻底翻身了，买车买摩托又盖房，你真是半路上捡个喇叭——这回有吹的了！

半夜里扯裹脚布——想起一条是一条

【注释】裹脚布，旧时女人缠足用的布条，一般较长，共有几条。比喻想起一件事就立即办一件事，随意性强，无规律可言。

【例句】咱们商量的是救灾的事儿，你怎么又提起"三年自然灾害"的事儿，又说起知识青年上山下乡的事儿，你可真是半夜扯裹脚布——想起一条是一条！

半夜进苞米地——瞎掰

【注释】漆黑之夜去苞米地掰苞米，看不清苞米老和嫩只好乱掰一气。掰，瞎说、胡说、无根据乱说之意，比喻无根据乱说。

【例句】说我有吸毒之嫌，我看你是半夜进苞米地——净瞎掰！我想吸毒也没有钱，何况我和毒品根本不沾边儿！

绊倒摔在粪池边——离死（屎）不远了

【注释】这里主要借"屎"的谐音"死"，比喻事情到了最坏、最危险的境地。

【例句】张老三患胃癌有几年了，最近不吃不喝，人瘦得皮包骨，绊倒摔在粪池边——大概离死（屎）不远了！

绊倒的座席——不是稳当客 qiě

【注释】座席指座椅，由于是四角落地，十分稳当，坐在上面即使不停地摇晃，也不易倒下。而坐在上边的人将座椅给绊倒，因此是个极不稳当的人。比喻人容易招惹是非，为人活跃，不是个性格稳重的人。

【例句】东北大帅吴大舌头吴俊升到处招惹是非，玩弄权术，绊倒的座席——他可不是个稳当客。

棒槌吹火——一窍不通

【注释】棒槌指洗衣服时用以捶衣服的死木棍，即没有孔也没有眼儿。比喻对某问题或某项技艺根本不了解、不熟悉或不内行。"擀面杖吹火——窍不通"也是此意。

【例句】我学的是化学，对航天知识可以说是棒槌吹火——窍不通！

拿着棒槌缝衣服——当真针

【注释】同上。棒槌不可能当针用，此处主要借用"针"的谐音"真"，比喻办事过于认真。

【例句】人家是当笑话讲，你怎么还棒槌缝衣服——当真针了？人世间哪有鬼怪，都是人们编出来的！

包子破了皮——露馅了

【注释】包子破皮后露出了包子馅，比喻事情败露。"包子掉底——露馅了"也是此意。

【例句】费尽心机，利用现代技术进行网络手段参加高考。结果，包子破了皮——露馅了，被考官抓个正着，取消了高考资格。

包子掉底——露馅了

【注释】同上。

【例句】电视连续剧《乡村爱情》中，刘能约谢大脚到小河边会面，费尽心机瞒住王长贵，结果还是包子掉底——露馅了，被刘能碰个正着。

包黑子擦胭粉——表面一层

【注释】包黑子即包拯，以公正不阿、断案公正而闻名，因其不徇私情、铁面无私而又脸黑因此被称为"包黑子"。包黑子擦胭粉改变不了脸黑的本来面目，比喻只看到事物的表面现象而非实质。

【例句】电视连续剧《樱桃》中，葛望和樱桃夫妇帮助女儿红红寻找生身之父，只是包黑子擦胭粉——表面一层，主要目的是为女儿治病。

苞米棒子喘气儿——吹胡子

【注释】苞米棒子即未脱粒的整穗玉米棒，尖端尚有须子即缨子留存。说玉米棒子喘气儿，必然吹动玉米须子，比喻人生气后吹胡子瞪眼。

【例句】我这是劝你走正道儿，你别苞米棒子喘气儿——在那里吹胡子瞪眼的。听不听在你，等犯了事被警察抓走后悔就晚了！

苞米棒子当笛吹——没眼儿

【注释】同上。苞米棒子根本没有眼儿更不能当笛吹，比喻人不灵活，没有眼力见详见"眼力见"。

【例句】你可真是苞米棒子当笛吹——真没眼力见。别人躲都来不及，你却要打官司告状，非要弄个你死我活不可！

保姆奶 nài 孩子——人家的

【注释】保姆也称奶妈，主要职责就是为主人抚养婴幼儿。"奶" nài 即哺乳，俗称喂奶。保姆给孩子喂奶，孩子自然不是自己的。比喻不属自己而属他人。

【例句】别看整天同钱打交道，这是工作需要，这些钱都是保姆奶孩子——人家的，我不过是每天过手而已。

雹子打的高粱——光棍一条，光杆一根

【注释】农作物高粱遭雹子打后叶子落光，只剩一根杆儿，比喻只有一个人而无他人。

【例句】知识青年上山下乡插队落户那旮儿（详见"那旮儿"），几年过后，其它知青们以各种理由先后都返城了，雹子打的高粱——光棍一条，光杆一根，空旷的知青点只剩了我一个人在坚持。

保险柜里安家——图个安全

【注释】保险柜不知密码、没有钥匙根本打不开，十分保险。在保险柜里安家，比喻事情安全系数高，非常有保证。

【例句】我这次外出旅游，不再带现金了，只带银行卡就可以了。这么做也不过是保险柜里安家——图个安全而已。

保险柜挂大锁——万无一失

【注释】保险柜本身安全系数极高，再加挂一把铁锁，更是保险上再加保险，万无一失。

【例句】据说购买农机具还能享受国家补贴，这能是真的吗？放心吧！保险柜挂大锁——万无一失！

炮仗的脾气——点火就着

【注释】炮仗即爆竹，点火就爆响。形容人的脾气非常急燥，就象炮仗一样点火就着。"数爆竹的——点火就炸""干柴遇烈火——一点就着"都是此意。

【例句】你这人怎么象炮仗的脾气——点火就着！拆迁是国家需要，不是你我之间的个人恩怨，总要商量个合适的办法来吧？

背着粪筐上坟——给祖宗添脏

【注释】粪筐属脏物，背着粪筐去祭奠祖宗，比喻办了错事对不起祖先。

【例句】不让你吸毒你偏不听，屡教不改，终于被警察抓去判了刑。你这可真是背着粪筐上坟——给祖宗添脏，你对得起谁啊？

背着风箱串门子——给别人添气

【注释】风箱，旧时烧火助燃的工具，主要用来鼓风。背着风箱串门子，比喻惹他人生气，给他人添堵，令人生气而讨厌。

【例句】她们两口子够闹心的了，家里被小偷翻了个遍，还丢了几千块钱。你这时候去要帐，那不是背着风箱串门子——给别人添气吗？

背着手进鸡窝——不简（捡）单（蛋）

【注释】进鸡窝主要是去捡蛋，背着手进鸡窝当然不为捡蛋。此处借用"捡蛋"的谐音"简单"，比喻事情不像预想的那样简单。

【例句】中国运动员刘翔打破欧美国家垄断的传统体育项目，取得奥运会110米栏世界冠军，背着手进鸡窝——可真不简（捡）单（蛋）！

背心改乳罩——位置很重要

【注释】背心遮挡上半身，而乳罩只遮挡女人的乳房，保护的部位有所不同，保护的位置非常重要。形容所在位置十分重要。

【例句】背心改乳罩——位置很重要。别看小小秘书不是什么官儿，但那绝对是个非常重要的位置！

被窝里的跳蚤——能蹦到哪里去

【注释】比喻本事小而办不成大事，犹如"孙悟空跳不出如来佛手心"，终归逃脱不了被控制的局面。讽刺性用语。

【例句】别看他这几年蹦达的挺欢，其实，被窝里的跳蚤——能蹦到哪里去？还不是当个小小的科员？命运还不是掌握在人家手里？

被窝里打拳——有劲儿使不上

【注释】被窝里打拳，当然使不上劲儿。比喻受各种条件的限制，不能正常发挥自己的能力或特长。

【例句】邓亚萍是著名的乒乓球运动员，多次获得世界冠军。退役后，曾到国外上大学。如今让她担任北京市团委副书记，职位转换非常悬殊，会不会被窝里打拳——有劲儿使不上？

被窝里打拳——没有外人

【注释】被窝里打拳，只有自己对自己。比喻都是自己人、自家人，不必回避或躲避。

【例句】现在是被窝里打拳——没有外人，有什么话你就直说吧！

被窝里放屁——独吞

【注释】在被窝里放屁，只能自己吞。比喻本应大家共同获得的利益却由一个人独占。含有贬意。

【例句】你带领乡亲们去俄罗斯打工，结果挣俩钱儿都让你被窝里放屁——独吞了，回去后你怎么向父老乡亲交待？

被窝里放屁——能文（闻）能武（捂）

【注释】被窝里放屁，即能直接闻也能捂起来闻。此处借用"闻"和"捂"的谐音"文"和"武"，比喻又能文又能武，文武双全。诙谐性用语。

【例句】你小子可真行啊！说能说写能写，又懂电脑，又懂庄稼活儿，真是被窝里放屁——能文（闻）能武（捂）啊！

笨狗撵兔子——沾不上边

【注释】笨狗即本地养的土狗，奔跑速度远不如野兔的奔跑速度。比喻两者间距离较大，相差较远。

【例句】聂卫平是世界著名围棋选手，素有"棋圣"的称号。您想跟聂卫平过招，这不是笨狗撵兔子——沾不上边吗？

鼻子里面插大葱——装相（象）

【注释】大象以鼻子长著称，把其他人或动物比喻成鼻子上插大葱，只不过是为了装成大象。此处借用"象"的谐音"相"，比喻装模作样，伪装自己。

【例句】有人打扮成庙里的尼姑到处行骗，鼻子里插大葱——这都不过是装相（象），真正目的是诈骗钱财。

鼻子尖上抹香油——休想（嗅香）

【注释】在鼻子上抹香油，可以直接闻到即嗅到香油的香味。

此处借用"嗅香"的谐音"休想"，比喻事情根本不成，完全是一种良好的愿望。

【例句】想到台湾去旅游？纯粹是吃饱了撑的！刚刚解决温饱，就异想天开。把心放在肚子里吧！到台湾去旅游，鼻子上抹香油——休想（嗅香）！

闭着眼睛发言——瞎说

【注释】闭着眼睛寓意为眼瞎，瞎子发言即是瞎子说话。比喻说话毫无根据，信口胡说。讽刺性用语。

【例句】糖尿病是迄今为止世界上一直没有攻破的难题，说某地某医院能够治愈糖尿病，这简直是闭着眼睛发言——瞎说。

闭着眼睛哼曲子——心里有谱

【注释】同上。比喻办事有目标、有计划，可按计划行事。

【例句】拆迁啊，这事儿闭着眼睛哼曲子——我心里有谱。不给我个满意价格，哼，休想！

闭着眼睛打架——瞎抓挠

【注释】同上。比喻办事没有明确目标，盲目从事。

【例句】下岗之后，一直没找到合适的工作，打过工、卖过菜，也干过保健品推销，闭着眼睛打架——瞎抓挠，维持个温饱而已。

扁担吹火——一窍不通

【注释】扁担为无孔无眼的死木，当然不通气，比喻对事物完全不懂或不明白。"棒槌吹火——一窍不通""擀面杖吹火——一窍不通"都是此意。

【例句】说起网球赛，其实我是扁担吹火——一窍不通。但我就是喜欢看，主要喜欢国外网球运动员，比如大、小威廉姐妹、毛瑞斯莫、莎拉波娃等。

扁担当桨用——划不来

【注释】扁担是一根又窄又长的直木，无法当桨用。比喻不值得、不合算。

【例句】在本地当木匠给包工头打工，每月能挣两千多元，到深圳打工每月能挣四千多元。但仔细一算帐，扁担当桨用——根本划不来。除去吃、住、行外，抛家舍业的，还不如在家打工划算，还不离开家。

婊子送客 qiě——虚情假意

【注释】婊子即对妓女蔑称，妓女接客完全是假情假意，送客更是虚情假意。比喻没有真情实意，完全是虚情假意。

【例句】张作霖认吴俊升为大哥，完全是婊子送客——虚情假意。真实目的是借助吴俊升的力量获得统治整个东北的最高权力。

别做小豆干饭——总闷（焖）着

【注释】小豆干饭即小豆焖饭，需要焖熟。这里主要借用"焖"的谐音"闷"，比喻不说话、不表态而冷场。

【例句】大家究竟是什么态度？同意不同意总经理担任咱们的董事长。别做小豆干饭——总闷（焖）着，每个人都要表明自己的态度。

冰糖做药引子——苦尽甜来

【注释】药引子即中草药方中的头一味药即"汤头"，一般为苦药，而冰糖为甜物，中草药为苦药，将冰糖做药引子，一苦一甜，合在一起，故为苦尽甜来。

【例句】说起几十年前我们到东北农村插队落户当知青那咭儿，我们初中刚毕业，才十七、八岁，在农村吃尽了苦头。如今冰糖做药引子——苦尽甜来，不仅儿女绕膝，日子也越来越好了！

拨楞鼓摇头——没货了

【注释】拨读 bū。拨楞鼓也称"拨浪鼓"，旧时货郎用来代替吆喝的一种手摇发声工具。拨楞鼓摇头说明货卖完了，没有货了。比喻没办法，无计可施。

【例句】司马懿同诸葛亮斗智斗勇，屡次中计。面对诸葛亮摆出的空城计，司马懿如同拨楞鼓摇头——没货了，真假难辨，无计可施，只好撤兵。

玻璃碴子掉油锅——又奸（尖）又滑

【注释】玻璃碴子又碎又尖，掉进油锅后沾满油腻，因此说又奸尖又滑。比喻为人刁钻，阴险狡猾。"老牛角上抹香油——又奸（尖）又滑"也是此意。

【例句】你这次独闯龙潭虎穴，深入毒枭老窝，面对的都是贩毒分了，他们个个都是玻璃碴子掉油锅——又奸（尖）又滑的，千万要多加小心，保证自己的生命安全要紧！

波罗盖上挂马掌——离题（蹄）太远

【注释】波罗盖即膝盖，蹄即脚的戏称。这里主要借用"蹄"的谐音"题"，比喻远离主题或离目标太远。

【例句】领导讲话我们当然得听，但领导讲话总是波罗盖上挂马掌——离题（蹄）太远，废话连篇，听得我们都腻烦了！

脖梗子上拴驴——不是正庄（桩）

【注释】脖梗 gěng 子即脖子；正庄，正经地方或正经事情之意。脖子不是木桩子，根本不是拴驴的地方，在这里拴驴完全不对路子。这里主要借用"桩"的谐音"庄"，比喻人或事情完全不对路数或不符合规范要求。

【例句】让一个体育运动员去当科技局局长，这事儿怎么想都感觉是脖梗子上拴驴——不是正庄（桩）。

脖子上扎腰带——记（系）错了

【注释】脖子根本不是系腰带的地方，因此是系错地方了。这里主要是借用"系"的谐音"记"，比喻记忆有误。

【例句】电视小品《防忽悠热线》中，大忽悠与范厨师演双簧，拍卖由自行车改造的助力车，二千元起价，五千元成交。范厨师大呼上当，说大忽悠是脖子上扎腰带——记（系）错了，是大忽悠五千元落的锤。

脖子上安轴承——灵活得很

【注释】脖子上安装轴承，脑袋则十分灵活，比喻人的头脑十分灵活。

【例句】电视剧《乡村爱情》中，刘能是脖子上安轴承——灵活得很，一肚子鬼心眼，演出了一连串的闹剧。

补鞋不用锥子——真（针）行

【注释】补鞋本该用锥子，如不用锥子用针也可以。此处借用"针"的谐音"真"，比喻完全可以，表示赞许肯定。"纳鞋底子不用锥子——真（针）行"亦也是此意。

【例句】补鞋不用锥子——你可真（针）行，几年内获得了好几项发明成果奖，还获得世界吉尼斯总部发给的证书！

不蒸馒头——争（蒸）口气

【注释】蒸馒头需用热气来蒸，这里主要是借用"蒸"的谐音"争"，比喻不甘失败或落后，一定要成功或争气。

【例句】不让我到外国旅游，我一定要去！不蒸馒头——争（蒸）口气！

C

擦脚布子当领带——滑稽又可笑

【注释】擦脚布本来不能当领带用，如果将擦脚布当作领带使用，当然十分滑稽可笑！

【例句】电视剧《亮剑》中，八路军独立团长、抗美援朝战争中担任 C 军代理军长的李云龙大老粗出身，竟将钢琴和油画当成"资产阶级情调"，真是擦脚布子当领带——滑稽又可笑！

才学会理发便遇上了大胡子——难题（剃）

【注释】刚刚学会理发便遇到了长了一脸连腮胡子的人，很难刮脸剃头，等于出了一道难题。这是主要借用"剃"的谐音"题"，比喻遇到难以解决的困难或难题。

【例句】刚刚参加工作，领导便安排我去主持一项社会调查。我这是才学会理发便遇上了大胡子——给我出了一道难题（剃），只好硬着头皮去进行社会调查。

裁缝的尺子——光量别人不量自己

【注释】裁缝做衣服首先要量对方的身材，量体裁衣，但裁缝从来不量自己的身材。比喻只用标准或规则来衡量别人而不要求自己或只看到别人的错误缺点而看不到自己的错误缺点。

【例句】当领导者首先要严格要求自己，严于律己才能要求别人。可不能裁缝的尺子——光量别人不量自己，榜样的力量是无穷的！

裁缝不用剪子——净胡扯

【注释】裁缝做衣服主要用剪子裁布，如果不用剪子，只能用手胡乱撕扯，比喻无根无据瞎说、胡说。"卖布的不用尺子——净瞎扯"亦也是此意。

【例句】糖尿病已经能治愈了？这绝不可能，糖尿病的起因世界上还没攻破，这不是裁缝不用剪子——净胡扯吗？

菜板上的肉——任人宰割

【注释】已经放在菜板子上的肉，可任意切丝切条切块，比喻人像菜板子上的肉一样任人摆布或欺侮。

【例句】朝鲜国不顾国际社会的强烈反对，坚持研制发展核武器，长期以来坚持认为：朝鲜国是具有独立主权的国家，绝不能成为菜板上的肉——任人宰割。

菜园子里的辣椒——越老越红

【注释】辣椒只有成熟后才能发红，比喻人年龄越大越出彩儿。

【例句】著名相声表演艺术家杨少华已经70多岁了，仍活跃在曲艺舞台上，又推出了不少新段子，真可以说是菜园子里的辣椒——越老越红。

仓库里着大火——骚（烧）货

【注释】如果仓库里燃起大火，必将库内存储的货物烧掉。这里借用"烧"的谐音"骚"。讽刺人作风轻佻不正派。

【例句】别提了，那人就是仓库里着大火——骚（烧）货一个！

产房传喜讯——升（生）了

【注释】产房是孕妇生孩子的地方，产房里传出喜讯，当然是婴儿平安出生了。这里主要借用"生"的谐音"升"字，比喻升迁或高升。

【例句】电视小品《乡长养鱼》中台词：这不是产房传喜讯——升（生）了吗（指乡长升为副县长）！

苍蝇下蛆——钻空子

【注释】下蛆，即苍蝇产卵。苍蝇产卵需钻进缝隙即空子，比喻办事时找机会、钻空子，有如苍蝇下蛆。讽刺性用语。

【例句】电视剧《关东大先生》中，警察局杜巡长苍蝇下蛆——到处钻空子，终于抓住哈贝勒的把柄，把他关进了大狱。

苍蝇坐月子——报屈（抱蛆）

【注释】苍蝇本不能像人一样"坐月子"孕妇生孩子产卵即下蛆，如果"坐月子"则需抱住所产的"蛆"。此处主要借用"抱蛆"的谐音"报屈"，比喻满含冤枉而叫屈。

【例句】这事儿肯定是你干的，你就别苍蝇坐月子——报屈（抱蛆）了，有啥说啥吧！

草叶上的露水——长不了

【注释】草叶上的露水为晨露，太阳一出便被晒干。比喻事情象草叶子上的晨露一样不能持久，很快就消失。"兔子尾巴——长不了"也是此意。

【例句】如今她在一家外企工作，干得也不错，不过这是第三次"跳槽"了。我担心在这家外企也是草叶子上的露水——长不了，说不定哪天又换地方了！

茶壶煮饺子——有货倒不出来

【注释】茶壶嘴小，根本倒不出饺子。比喻虽然有本领或本事，却受条件限制不能发挥。

【例句】《周易》我已研究多年，但由于文化底子太薄，许多内容不能理解其真正含义，因此也讲不出其中的道理，真是茶壶煮饺子——有货倒不出来！

拆了房子找蛐蛐——不值得

【注释】蛐蛐即蟋蟀，拆掉一座房子仅仅是为了找个蛐蛐当然不值得。比喻因小失大，得不偿失。

【例句】作为一个平头百姓去得罪有权有势的大人物，我看你是拆了房子找蛐蛐——完全不值得！

拆掉房子搭鸡窝——得不偿失

【注释】拆掉一座大房子来搭建小小的鸡窝，根本不值当，比喻事情象拆掉一座房屋来搭鸡窝一样得不偿失。

【例句】为了拆迁多给点拆迁费，你竟然要寻死觅活，以死抗争。为了几个钱搭条性命，我看是拆了房子搭鸡窝——得不偿失。

肠子不打弯——直性子

【注释】肠子在人的肚子是千回百转，如果不打弯，则成一条直肠子。比喻人的性格简单直爽，象直肠子一样不打弯。

【例句】你这个人肠子不打弯——真是个直性子，说话也不加考虑，出口便伤人！

常在河边站——哪能不湿鞋

【注释】常在河边站，鞋总会被河水打湿。比喻人的一生受各种条件限制，不可能不犯错误，没有缺点，"人非圣贤，孰能无过"就是这个道理。

【例句】如今社会不正之风严重，腐败之风盛行，常在河边站　哪能不湿鞋。只要我们每个人都管好自己，社会风气自然会逐渐好转。

唱大鼓的吃白灰——白说

【注释】唱大鼓的即说书的，说书的吃白灰就是口含白灰说书，简言为白说。形容人说话不真实或不准确，等于白说。

【例句】家庭暴力已经好多年了,你想去劝说让他不打老婆,我看是唱大鼓的吃白灰——白说,只有报警才能解决问题。

炒菜不放咸盐——无味

【注释】炒菜而不放盐,当然没有味道。比喻人办事和说话缺少内容或办事儿办不明白,象炒菜不放盐一样索然无味。

【例句】猫没有不吃腥的,你说这话是炒菜不放盐——无味!让一个大老板改掉打小姐的恶习,除非太阳从西边出来!

车把式扔鞭子——没人敢(赶)

【注释】车把式即赶车的老板儿,赶车老板儿扔掉鞭子不去赶车就没人去赶车了。此处借用"赶"的谐音"敢",比喻因胆怯而不敢出头露面或承担责任,"老虎驾车——没人敢(赶)"也是此意。

【例句】中国男足已成为中国体育界最难办的难题之一,谁来担任中国男足主教练?一段时间,车把式扔鞭子——没人敢(赶)。经过长时间的沉默,中国足协通过招标,最后选中前北京国安队主教练高洪波担任新一届中国男足主教练。

车道里的泥鳅——掀不起什么大浪

【注释】车道即车辙印儿,即车轮碾出来的小沟儿。车辙印儿只能积少量雨水,无浪可掀;泥鳅只是极小的小鱼,这样的小鱼在这种泥水中根本掀不起大浪。形容人没有真实本领,没有什么大气候、大作为。"小河沟里的泥鳅——掀不起大浪"也是此意。

【例句】黑龙江省督军吴俊升对部下说:就那么点点儿小

土匪，车道里的泥鳅——掀不起大浪！等把叛匪郭松龄剿灭之后，再收拾他们不迟！

车胎被拔了气门芯——瘪瘪了

【注释】"瘪瘪"读 biē bie 而不读 biě。车胎被拔了气门芯，气放光了，车带自然瘪了。比喻被击中要害而不能理直气壮或无计可施，毫无办法。

【例句】屡次劝你不要去耍钱，你就是不听！这回可好，被拘留又被罚了款。怎么样？车胎被拔了气门芯——这回瘪瘪了吧？

扯着胡子过河——谦（牵）虚（须）过度（渡）

【注释】扯胡子过河，即牵着胡子渡河。这里主要借用"牵须过渡"的谐音"谦虚过度"，比喻过度或虚假的谦虚、客气。诙谐性用语。

【例句】选你当劳模，是大家对你的信任和肯定，你却推三阻四。我看你是扯着胡子过河——谦（牵）虚（须）过度（渡）！

陈士美当驸马——喜新厌旧

【注释】陈士美为《包公案》中的人物，因喜新厌旧、弃原妻当驸马皇帝的女婿而被包公处以铡刑。比喻攀龙附凤、忘掉旧情而贪新欢。

【例句】电视连续剧《走西口》中，主人公田青的姐夫梁满囤陈士美当附马——喜新厌旧，攀龙附凤，休掉在农村的妻子、田青的姐姐，当上了裘记皮铺的上门女婿。

陈士美杀媳妇——忘恩负义

【注释】同上。陈士美之妻曾含辛茹苦供陈士美读书，陈士美成为驸马后派人杀妻，比喻人恩将仇报。

【例句】在农村的女朋友千辛万苦帮助你读完了大学，又在北京就业，进城后就忘记了供你上大学的女朋友，同一个大款的女儿结了婚。你这是陈士美杀媳妇——忘恩负义！

趁着热汤下笊篱——赶紧

【注释】笊篱，东北传统日常炊具，有网状或眼状两种，由不锈钢、铝合金或竹坯制成，主要用于水中捞取食品如捞饺子、捞面条等。锅中煮的食品凉后即成砣，因此要趁热时捞出。比喻趁热打铁，不可迟延。

【例句】今年已经六十多岁了，一直不懂电脑。看到周围的一些老伙伴都玩起了电脑，我也得趁着热汤下笊篱——赶紧了，否则就会成为落伍者。

趁热吃粘（nián）豆包——粘（zhān）手

【注释】粘豆包为东北地区传统民间食品，即粘又软又筋道，十分可口。由于豆包属粘食品，由粘米面包大豆馅而成，出锅时即粘zhān手又烫手，比喻事情缠手又不好办而推脱不掉。

【例句】不让你去帮遭车祸的受害者，你却非要见义勇为。如今怎么样？趁热吃粘豆包——粘手上了吧？好心没好报，人家还把你当成肇事者了！

称四两棉花——访（纺）一访（纺）

【注释】此处主要借用"纺"的谐音"访"，比喻调查采访一下，了解事情内情或真相。

【例句】说我说话撒谎撅屁没个准儿？称四两棉花——你访（纺）一访（纺），我大白唬是那种人吗？

城头上放风筝——出手就不低

【注释】站在城墙上放风筝，本身站得就高，风筝放得就更高。因此说一出手就不低，比喻出手不凡。

【例句】赵本山的"刘老根大舞台"红遍京城，演员更是百里挑一的尖子人物，每个演员的演技都是城墙上放风筝——出手就不低。

程咬金的斧头——有三下子

【注释】著名的历史人物程咬金曾在瓦岗寨做过皇帝，手中的开山大斧沉重有力，非常有名声，但只有三招的真功夫。因此说，程咬金的斧子——有三下子。比喻比两下子还多一下，有点真功夫。诙谐性用语。

【例句】要说"二人转"新秀小沈阳，还真是程咬金的斧头——真有三下子。不仅在2009年春节晚会上演出小品《不差钱》而一炮走红，还在浙江电视台等几家电视台频频露面，红遍大江南北。

乘火车观外景——步步后退

【注释】乘坐火车观看车外景色，这些景色随火车飞速前进而步步后退。比喻办事不顺，节节败退。"老太太过年——一年不如一年"亦是此意。

【例句】抗日战争时期，东北发生了著名的由抗日名将苏炳文领导的"江桥抗战"。由于得不到国民党政府的支持，轰轰烈烈的"江桥抗战"犹如乘火车观外景——步步后退,抗日队伍残部最终退到原苏联境内。

秤砣掉进鸡窝里——捣蛋

【注释】秤砣为铁铸制品,掉进鸡窝里只能将鸡蛋捣碎,比喻给别人制造麻烦或添乱。

【例句】我正在一心一意设计动漫图片,你非要我去相对象,秤砣掉进鸡窝里——纯粹是给我捣蛋!

秤砣掉进鸡窝里——鸡飞蛋打

【注释】同上。秤砣掉进鸡窝里后将鸡惊飞,将蛋打破。比喻全面失败,没有任何结果,犹如"竹篮打水一场空"。

【例句】中国四大名著之一、长篇历史小说《三国演义》中,按照大都督周瑜设计的计策,东吴国主孙权把女儿嫁给蜀主刘备,借机联姻而收回借出收不回来的荆州。计策被蜀国军师诸葛亮识破,将计就计,结果东吴赔了夫人又折兵,秤砣掉进鸡窝里——鸡飞蛋打。

吃冰棍拉冰棍——没话(化)

【注释】冰棍即雪糕类冷食品。此处借用"化"的谐音"话"。比喻话不投机,无话可说。

【例句】你也别解释,我也不听你解释,咱俩是吃冰棍拉冰棍——没话(化)!

吃柳条屙笊篱——现编的

【注释】柳条为编筐编篓的草编类产品的主要原材料之一,吃进柳条便拉出笊篱柳条编成的捞食品的炊具,形容是很快编出来的虚构故事,体现出一个"编"字。

【例句】你说的这些鬼画狐故事，都不过是吃柳条厕笊篱——现编的而已，认不得真的！

吃煎饼卷手指头——自己吃自己

【注释】煎饼为山东人的传统食品，主要吃法为卷大葱。说卷手指头，只能咬自己的手指头，比喻不借用其他力量而自己独立承担。"大拇哥卷煎饼——自己吃自己"也是此意。

【例句】今天聚会，实行 AA 制，咱们是吃煎饼卷手指头——自己吃自己，谁也别占谁的便宜！

吃不上牛肉——光吹死牛皮

【注释】吃不上牛肉，只好吹牛皮。比喻没有真实本领，只能靠吹牛皮维持脸面。

【例句】抗日战争时期，发生在内蒙古自治区呼伦贝尔地区的著名战争"诺门罕战争"震惊中外，参战人数之多、规模之惨烈都创之"最"。可是你又不熟悉历史，硬要说发生在这场战争中的细菌战是日军第一次在战争中使用细菌。说你不熟悉历史你还不承认，吃不上牛肉——光吹死牛皮。这绝对不是日军第一次发动细菌战，而是发动的最大规模的细菌战！

吃了二十五只老鼠——百爪挠心

【注释】二十五只老鼠，凑百爪之意。形容像百只老鼠爪挠心一样心情烦乱，坐立不安。

【例句】电视剧《老娘泪》中，得知儿子携巨款潜逃后，老娘犹如吃了二十五只老鼠——百爪挠心，日夜不安。她决心克服千难万险，去寻找儿子，带他回来投案自首。

吃麻花唱曲子——油腔滑调

【注释】麻花为油炸食品，唱着曲子吃麻花，油使曲子变得油滑。比喻说假话、耍心眼，十分油滑。

【例句】你怎么吃麻花唱曲子——整天油腔滑调的，没一句真话。人还是忠厚为本，像你这么一天耍滑能有什么出息！

吃蜂蜜说好话——甜言蜜语

【注释】借用蜂蜜之甜、好话如蜜，谓之甜言蜜语。比喻说话好听，听着顺耳。

【例句】电视剧《金色农家》中，为取悦邻村寡妇韩玉，红草湾村民大秃噜吃蜂蜜说好话——说尽了甜言蜜语，最终也没打动韩玉的心。

吃一百个豆——不嫌腥

【注释】这里"豆"指黄豆即大豆，生食黄豆有豆腥味。比喻不知羞耻或没脸没皮。骂人语。

【例句】你这人怎么吃一百个豆——不嫌腥呢？两次去求人家，人家都拒绝了，还好意思再去求人家吗？又如你真是吃一百个豆——不嫌腥，批评你多少次了，就是改不了！

吃鱼不吐骨头——带刺儿

【注释】吃鱼需吐骨，吃鱼不吐骨，只能带刺一起吃，比喻话里"带刺"即含有讥讽味道。

【例句】有话就明说，别吃鱼不吐骨头——净带刺儿。不就收了你几千块钱好处费没替你办事吗？办不成退给你就是了？

吃着碗里看着锅里——贪心不足

【注释】吃着碗里的食物还要看着锅里的食物，犹如"得陇望蜀"。比喻得寸进尺，贪心不足。

【例句】到俄罗斯去倒木材，好容易挣了几万块钱。你不知存钱，还要把这几万块钱都投进去，扩大规模。我看你是吃着碗里还看着锅里——贪心不足！

吃着猪肉念佛经——假充善人

【注释】信佛者戒杀生，猪肉为生者，吃猪肉还要念佛经，只能是假行善者，因此是假冒的善人。比喻心狠手辣却要假充善人。讽刺性用语。

【例句】要不是你里挑外撅，吃着猪肉念佛经——假充善人，我们兄弟俩还不能闹分家呢！如今你又来做说客，我看你是吃着猪肉念佛经——假充善人！谁知道你又安的什么心？我家的事不用你多管，哪儿凉快哪儿呆着去吧！

池塘里的莲藕——心眼太多

【注释】莲藕为空心，有许多孔，用莲藕孔多来形容人的心眼象莲藕的孔一样多。

【例句】那小子是池塘里的莲藕——心眼太多！咱们还是离他远点儿为好，免得吃亏上当！

抽烟烧了自己的枕头——怨不得别人

【注释】自己抽烟烧了自己的枕头，责任完全在自己，怨不得别人。比喻咎由自取，责任自负。

【例句】你这次到山东寿光去贩运蔬菜，辛辛苦苦好几天，没挣到钱却赔了本。抽烟烧了自己的枕头——怨不得别人，只怨自己经验不足，没掌握好市场行情！

丑老婆照镜子——长的就是那丑样

【注释】丑老婆长的丑，照镜子照出的还是丑样。比喻先天就丑，不可改变。讽刺性用语。

【例句】"看你这肋膊（lē te）劲儿，怎么不叨扯叨扯详见"叨扯"？""丑老婆照镜子——长的就是那个丑样，还叨扯什么？"

丑媳妇见公婆——早早晚晚的事

【注释】丑媳妇迟早要见公婆，不会因丑而不见公婆，这是自然规律，不可违背。比喻自然规律不可违背，该发生的事迟早都要发生。

【例句】煤矿发生矿难，矿老板还想隐瞒事故真相。雪地里埋不住孩子，矿难真相迟早要暴露，丑媳妇见公婆——这是早早晚晚的事，隐瞒是不可能持久的。

初生牛犊——不怕虎

【注释】初生的牛犊不谙世事，不知深浅，更不知老虎是凶猛的肉食动物而面临险境。比喻涉世不深，不知世道险恶。

【例句】"二人转"演员小沈阳在春晚电视小品《不差钱》中声名鹊起，最小的徒弟一举超过众师兄妹，可谓是初生牛犊——不怕虎，不知道前面的道路还很艰难。

除夕晚上看皇历——没有时间了

【注释】大年三十的第二天即是初一，已经进入农历第二年。此时看皇历，只能看第二年的时间，因此说当年已经没有时间了。

【例句】记帐式国库券正在发行，利息比较高。如果不抓紧办理，就要停办了，除夕晚上看皇历——没有时间了！

厨师拍屁股——坏了菜了

【注释】厨师拍屁股，表示发生了突发事件。厨师发生突然事件，只能是炒菜出了问题，因此说是坏菜了，比喻出现了紧急的预想不到的事情。

【例句】吴俊升高声说道：厨师拍屁股——坏了菜了！只顾与张作霖结拜兄弟，忘记推荐汤玉鳞当军务帮办的事了！

厨师拍屁股回家——不跟你吵（炒）

【注释】厨师拍屁股回家，表示生气而不再炒菜。此处主要借用"炒"的谐音"吵"，比喻不与对方发生争吵即发生不愉快以求安定。

【例句】厨师拍屁股回家——我不跟你吵（炒）！你说对就对，你想怎么办就怎么吧！

窗户外吹喇叭——名（鸣）声在外

【注释】喇叭之声谓之"鸣"，在窗户外吹喇叭，声音响在外。此处主要借用"鸣"字的谐音"名"，比喻很有名声，名声鹊起。"门缝里吹喇叭——名（鸣）声在外"也是此意。

【例句】抗日战争时期发生的"狼牙山五壮士""八女投江"等感人事件，早已是窗户外吹喇叭——名（鸣）声在外，人人皆知。

床头底放风筝——出手就不高

【注释】床头底下，表示很低的位置，在低处放风筝很难放得高。比喻手低眼高，没有什么大出息。

【例句】这次进京参加中央电视台主打栏目《星光大道》比赛，虽然我是纯粹业余选手，床头底下放风筝——出手就不高，但我有几手绝活儿，决心去拼一拼！

锤子砸砧 zhēn 子——实打实凿

【注释】锤子为铁器，打铁的砧子也为铁器，两者相砸，确实是实打实凿。比喻说实话，办实事，不玩虚的。

【例句】咱们是锤子砸砧子——实打实凿。你说，这事儿你能不能办成？给句痛快话！

刺猬的脑袋——刺儿头

【注释】刺猬浑身长满了刺，脑袋也不例外。比喻就像刺猬的脑袋一样长满了刺，经常惹事生非，制造事端。

【例句】电视剧《金色农家》中的村民张发就是刺猬的脑袋——刺儿头！什么事都商量不到一起，村党支部书记靳诚拿他也没什么好办法。

矬子里面拔大个——短中取长

【注释】矬子即对身材矮小的人的戏称，从身材矮小的人中选取高个儿，个子也高不了，比喻只能在低水平中维持局面。

【例句】这次选拔全市奥林匹克数学竞赛参赛选手，咱们是矬子里面拔大个——短中取长。

穿衣戴帽——各有所好

【注释】各人有各人的爱好，不能强求一致。"白菜豆腐——各有所爱"也是此意。

【例句】依我说，穿衣戴帽——各有所好。你喜欢上网聊天，还能让别人同你一样整天去上网聊天？

D

搭人梯过城墙——踩着别人的肩膀往上爬

【注释】人梯即由人搭成的梯子，踩着人梯即踩着人们肩膀过城墙，比喻牺牲或损害他人的利益成就自己的事业，由此向前发展。

【例句】五十年代指二十世纪人帮人，六十年代人整人，七十年代人踩人。那个年代，有许多人是搭人梯过城墙——踩着别人的肩膀往上爬，成为"火箭干部"。

打饱嗝放屁——两头没好气

【注释】打饱嗝是消化不良的症状，气由内向上发，发出的气味难闻；放出的屁是臭气，气由内向下发，气味同样难闻。因此说，上下两头都没好气。比喻两头受气，都没有便宜可占。

【例句】电视剧《金色农家》中，村民张发、张达两兄弟打自己的小算盘，坚决不走集体化道路。结果自己没有发展起来，兄弟阋 xì 墙闹内讧，村民们也都远离他们，打饱嗝放屁——两头都没好气！

打铁匠拆炉子——散伙火了

【注释】铁匠拆了炉子，撤掉明火表示不再打铁。此处借用"火"的谐音"伙"，比喻不再合伙而散伙。

【例句】你们俩人合作经营煤炭，经济效益怎么样？别提了，打铁匠拆炉子——早就散伙火了！

打开棺材喊捉贼——冤枉死人

【注释】棺材里装的是死人，死人不会犯法，故曰冤枉死人。比喻所受冤枉极深，冤枉之极。

【例句】说我是杀人嫌疑犯？这不是打开棺材喊捉贼——冤枉死人了吗？发案时我正在网吧上网，网吧老板可以证明！

打铁烤糊了卵子——看不出火候

【注释】卵子，男性睾丸。铁匠打铁全靠火候，而打铁烤糊了卵子，完全没有看出火候。比喻不识知务，看不出眉眼高低。

【例句】企业破产了，几个头头正商量着鼓捣卖设备。这点烂眼子事儿谁不明白？但谁也不说，你非得去打官司告状，你怎么打铁烤糊了卵子——看不出火候？

打着灯笼上厕所——找死（屎）

【注释】此处主要借用"屎"的谐音"死"。

【例句】不让你去泰国旅游，泰国正发生动乱，你非要去，你这不是打着灯笼上厕所——找死（屎）吗？

打小姐吃豆腐渣——能省就省，该花就花

【注释】打，指从事。小姐，这里指卖淫女。豆腐渣，制作豆腐的下脚料，最低级、最廉价的食品，一般用来喂猪。讽刺人该花的钱不舍得花而十分吝啬，不该花的钱却胡乱花，挥霍无度。讽刺性用语。

【例句】你小子可真是打小姐吃豆腐渣——能省就省，该花就花！孩子上学你舍不得花钱，泡妞你却大把大把花钱，你愧不愧啊？

大伯子背兄弟媳妇——费力不讨好

【注释】大伯子即丈夫的哥哥，也称大伯哥。大伯子背兄弟媳妇，无论是何原因，都有关系不正常之嫌，虽然劳累却没有好结果，比喻白白费力却没有什么好的结果。

【例句】发生严重交通事故，肇事者逃匿。自愿帮忙的热心出租车司机将受害者送进医院抢救，结果被伤者家属误认为是肇事者而非难。这真是大伯子背兄弟媳妇——费力不讨好！

大白天遇见阎王爷——活见鬼

【注释】阎王爷是传说中的掌管人的生死的神仙，根本不可能看到。白天遇到阎王爷，比喻根本不可能发生的事情发生了，或者离奇古怪的事不可相信，绝无此事。

【例句】刚才我还在坑弄手机，怎么转眼就不见了呢？这不是大白天遇见阎王爷——活见鬼了吗？

大水冲了龙王庙——一家人不认一家人

【注释】龙王是传说中主水的神，龙王庙是供奉龙王的庙。大水冲龙王庙，形容自相残杀，自相毁誉。

【例句】电视剧《我的兄弟叫顺溜》中，新四军新战士、神枪手顺溜即陈二雷拿着刚缴获的狙击枪设伏，准备伏击为虎作伥的伪军司令吴大疤拉吴雄飞，结果伏击了新四军六分区司令员陈大雷。这才是大水冲了龙王庙——一家人不认一家人。

大路边上的电线杆——靠边站

【注释】电线杆一般都架设在大路两侧，也可以说是靠边站。命令式用语，命令他人离远些或躲开。

【例句】电影《霓虹灯下的哨兵》中，受资产阶级思想侵蚀严重的解放军警卫排长陈喜认为警卫战士陈阿大你黑巴出溜的，大路边上的电线杆——你就靠边站吧！

大茶壶卡前失——全指嘴支着

【注释】卡前失，向前摔倒之意。比喻没有其他本领，全靠能说会道的一张嘴。"啄木鸟卡前失——全指嘴支着"也是此意。

【例句】电视剧《乡村爱情》中，谢大脚长着一张能说会道、巧舌如簧的嘴，平日里大茶壶卡前失——全指嘴支着，而自己的婚事却坎坎坷坷，十分不顺。

大粪池里练游泳——不怕死（屎）

【注释】这里主要借用"屎"的谐音"死"，比喻生死不怕，铤而走险。

【例句】泰国正在闹动乱，国家已经告知不要去泰国旅游，而你铤而走险非要到泰国旅游，大粪池里练游泳——你就不怕死（屎）吗？

大树底下聊天——净说风凉话

【注释】坐在凉风习习的大树下闲聊，乘着凉风说话，因此是说风凉话，比喻不理解他人而说不中听或刺耳的话。

【例句】家乡遭了灾，人们都在想方设法救援或捐款。你也是家乡人，不仅不积极捐助，还大树底下聊天——净说风凉话，你到底安的什么心？

大拇哥卷煎饼——自己吃自己

【注释】大拇哥即大拇指，煎饼为山东一带的传统食品，主要卷大葱吃，不卷大葱卷自己的大拇指，只能自己咬自己的手指头。比喻无须他人帮助全部由自己承担、负责。"吃煎饼卷手指头——自己吃自己"也是此意。

【例句】今天厂工会组织大家到海南三亚去旅游，费用呢，大拇哥卷煎饼——自己吃自己，全部自费，工会只承担组织管理工作，自愿参加！

大姑娘上轿——头一回

【注释】旧时姑娘结婚一般坐花轿，正常情况下，女人一生只结一次婚，故也只能坐一次花轿。因此说，大姑娘结婚坐轿都是头一回，比喻第一次尝试或做以前从未做过的事。

【例句】长这么大还没坐过飞机，前不久乘坐飞机去国外旅游，这还是大姑娘上轿——头一回。

大姑娘跳板杖子——插皮（插屁）了

【注释】板杖子即木栅栏，大姑娘跳板杖子，不小心就会使板杖子的木板插到屁股。此处主要借用"插屁"的谐音"插皮"

（误会，详见前"插皮"），比喻误会了，事情办错了。讽刺性用语。

【例句】这事儿肯定是大姑娘跳板杖子——弄插皮（插屁）了，解释解释误会就消除了！

大雨天上房——找漏子

【注释】大雨天上房，主要是查看房顶漏雨情况，因此说大雨天上房是为了查找漏雨处。此处主要是突出"漏"字，比喻查找漏洞或失误。

【例句】我来查看值班的保安值班情况，主要是大雨天上房——找漏子，查岗查哨，加强防范，堵塞漏洞，并不是针对某一个人。

大年三十儿逮个兔子——有它过年，没它也过年

【注释】这是一种极形象的比喻，比喻可有可无，无关紧要。

【例句】我们公司的技术力量很强，再派个总工也没必要。大年三十儿逮个兔子——有它过年，没它也过年！

大年三十儿死个驴——有它过年，没它也过年

【注释】过年的物品已经准备好了，并不缺米面肉蛋。如果意外死了个驴，只是意外收获，但并不缺少肉类，有驴肉没驴肉都一样过年。这也是一种极形象的比喻，比喻可有可无，无关紧要。

【例句】如今生活水平提高了，什么米呀面呀肉啊什么都不缺，真可以说是大年三十儿死个驴——有它过年，没它也过年！

戴口罩亲嘴——多一层

【注释】亲嘴何须戴口罩？因此说是多一层，比喻多此一举。

【例句】招录公务员，除了考文化课外，还要面试。不仅考官面试，领导还要再面试，这不是戴口罩亲嘴——多一层吗？

戴着眼镜找眼镜——一时糊涂

【注释】眼镜在自己的脸上戴着却到处找眼镜，只能说是一时的糊涂。

【例句】我这也是戴着眼镜找眼镜——一时糊涂，把你当成了坏人，并没有恶意，还请你多原谅！

戴孝帽子进灵棚——不拿自己当外人

【注释】灵棚，停放死人的场所。戴孝帽子必须是有血缘关系的近亲属，他人不可随意戴孝帽子穿孝服，比喻冒充自己或亲近的人。含有贬义。

【例句】这里没有你什么事儿，你也来趁机套近乎。我看你是戴孝帽子进灵棚——不拿自己当外人！

登梯子上天——没门

【注释】天是虚拟中景观，要想登梯子上天，自然没门。比喻完全不可能，完全办不到。

【例句】东北大帅吴俊升说道：你张作霖要收买人心，让我处理你的亲儿子小六子张学良以协助叛匪郭松龄反叛罪，把罪名安在我的头上，哼！登梯子上天——没门！

电线杆子上绑鸡毛——好大的胆（掸）

【注释】鸡毛掸子是由鸡毛绑在细竹竿上扎起来的，电线杆子上掷鸡毛，可见掸子之大。此处主要借用"掸"的谐音"胆"，比喻胆大妄为。

【例句】你真是电线杆子上绑鸡毛——好大的胆（掸）子，竟欺负到我的头上了，也不打听打听，谁不让我三分？

电梯失灵——不上不下

【注释】电梯失灵后，乘客上不来也下不去。形容人不上不下，位于中游。

【例句】这回参加奥林匹克数学竞赛成绩如何？还算可以，电梯失灵——不上不下，取得了第四名！

电线杆子挂裤衩——玩意儿不咋地，架子可不小

【注释】裤衩即内裤，也称裤头，本是贴身穿的小衣服，却挂在高高的电线杆子上。裤衩微不足道，而挂裤衩的架子却是高高的电线杆子。比喻人微地位低，却故意装作有身份、有地位的样子。讽刺性用语。

【例句】电视连续剧《乡村爱情小夜曲》中的谢广坤，一个卖山货的老农民，却到处装腔作势，竟然到上海冒充大老板，电线杆子上挂裤衩——玩意儿不咋地，架子可不小。

吊死鬼擦胭粉——死要面子

【注释】吊死鬼为死人，死人擦胭粉打扮自己即死要面子。比喻不顾客观因素和条件，只顾自己的脸面，为了自己的脸面而付出代价。

【例句】我看你是吊死鬼擦胭粉——死要面子！人非圣贤，

孰能无错！有了错误认识到改了就是了，怎么就为了面子一直不认错呢？

吊死鬼挨冻——死而无憾（汗）

【注释】吊死鬼是死人，挨冻受热都不可能有汗。这里主要借用"汗"的谐音"憾"，比喻至死也不后悔，也不遗憾。

【例句】这辈子我能到台湾去旅游，花多少钱都不在乎，那样我就吊死鬼挨冻——死而无憾（汗）了！

爹死娘嫁人——各人顾各人

【注释】比喻谁也顾不了谁，各自奔各自的前程或只考虑自己，不为别人着想。

【例句】如今企业已经破产，生活没有了指望，爹死娘嫁人——各人顾个人吧！我决定去外地找老战友谋个生路，何去何从，你自己决定吧！

碟子里扎猛子——不知深浅

【注释】扎猛子，游泳时头朝下钻进水里的潜游。讽刺性用语，比喻说话办事不知轻重，冒失莽撞。"水盆里扎猛子——不知深浅"也是此意。

【例句】当初我就总劝你，不要蛮干，要讲究策略，可你就是碟了里扎猛子——不知深浅！怎么样？出乱子了吧？

顶梁柱当柴烧——可惜了了

【注释】顶梁柱是支撑房屋的主要建材，对房屋的稳定发挥着重要作用，这么重要的物品当柴禾烧，实属可惜。比喻应发挥重要作用而未能发挥重要作用，非常可惜。

【例句】大学毕业生去卖菜，这不是顶梁柱当柴烧——可惜了了吗？

东北"二人转"演出———唱一和（hè）

【注释】东北"二人转"的演出形式，一般为一男一女二人，一人唱时另一人插科打浑，有说有唱，相互配合，因此是一唱一和 hè。比喻相互配合非常默契。

【例句】她说话，你帮腔，你两口子是东北"二人转"演出 —— 一唱一和，配合的挺默契。

东北"二人转"演出——有说有唱

【注释】同上。

【例句】你们这是干啥？来了这么多人，东北"二人转"演出 —— 有说有唱的，我不就是因耍钱被警察抓了一回吗？还至于这么多领导和工友来说我的不是吗？

东扯葫芦西扯瓢——逮住啥说啥

【注释】比喻不入主题而东拉西扯，想到什么说什么，没有中心意思或主题思想。

【例句】电视剧《亮剑》中，八路军团长李云龙为掩饰自己的真实战略意图，与国民党晋绥军团长楚云飞东扯葫芦西扯瓢——逮住啥说啥，胡侃一气！

冬天的大葱——心不死

【注释】大葱的生命力极强，零下二十几度的严冬仍然不死，气温转暖便恢复生长。比喻对已经办不成的事情仍然不死心，努力去争取办成。

【例句】已经两次报考清华大学都未被录取，冬天的大葱——心不死，孩子还要再学习一年，明年还要考清华大学。

都是老中医——少来偏方

【注释】双方都是老资格的中医，因此对中医偏方、验方都很熟悉，无需介绍或卖弄。比喻双方彼此了解，无需客套或拐弯抹角。

【例句】有事说事，不必绕圈子！咱们都是老中医——少来那些偏方！

斗败的公鸡——垂头丧气

【注释】公鸡斗败后只能垂头丧气，落荒而逃。比喻办事不利或事业受挫折而低头搭脑、萎靡不振。

【例句】俗话说，胜败乃兵家常事。做买卖赔了钱你怎么就象斗败的公鸡——一副垂头丧气的样子。年轻就是本钱，总结经验教训接着再干，在哪儿跌倒在哪儿爬起来！

斗败的老狗——落荒而逃

【注释】一般的狗斗败后只能夹着尾巴逃跑，比喻遭受挫折或重创后无力抵抗，只好逃走或躲避。

【例句】电视剧《亮剑》中，八路军独立团团长李云龙英勇善战，多次打得日本鬼子如斗败的老狗——落荒而逃，使敌军闻风丧胆。

豆腐掉进灰堆里——吹吹不得，打打不得

【注释】豆腐掉进灰堆，无法吹去灰土也无法拍打。比喻人或事情非常棘手，非常难办，面对难题而束手无策。

【例句】一个大学生，非要找个农民丈夫，这可真是豆腐掉进灰堆里——吹吹不得，打打不得，你说可该怎么办？

独木桥上见仇人——冤家路窄

【注释】独木桥，顾名思义，由独木搭成的桥，两个仇人在这种地方相见，真可谓冤家路窄。比喻素有仇恨或过节的双方躲也躲不开，总能相遇。

【例句】真是独木桥上见仇人——冤家路窄，找了你多日都没找见你，如今碰上了。好！既然见到了，咱们把事情掰扯掰扯吧！

刀子嘴豆腐心　——吃软不吃硬

【注释】刀子尖锐锋利，豆腐柔软鲜嫩。比喻心地善良却言语犀利嘴上不饶人，或者说能被善言软语打动而不畏强势。

【例句】他这个人就是刀子嘴豆腐心——吃软不吃硬。别看他嘴上不饶人，咱们多说几句好话，他肯定能帮这个忙！

肚子里揣漏勺——心眼太多

【注释】漏勺，炊用工具，主要是漏眼，用于捞物。讽刺性用语，比喻多有心计，诡计多端。

【例句】电视剧《刘老根》中，"药匣子"李保库装神弄鬼，鬼话连篇，肚子里揣漏勺——心眼太多，屡被刘老根训斥。

蹲茅坑看画本——两不耽误

【注释】茅坑即厕所的蹲位，蹲在茅坑一边解大便一边看画本，既解了方便，又看了画本长了见识，增加了知识。比喻两不耽误，一举双收。

【例句】既要正常上班，又要坚持自学考试，真是蹲着茅坑看画本——两不耽误啊！只是不要累坏了身体，身体才是最重要的。

E

耳朵眼里塞鸡毛——装聋

【注释】本来不聋，在耳朵眼里塞鸡毛，只能是装聋。比喻装聋作哑，佯装听不到。

【例句】你说你没听见，耳朵眼里塞鸡毛——你那是装聋！全单位都为灾区捐款，你却装聋作哑起来，你缺德不缺德呀？

儿子不养娘——白疼他一场

【注释】儿子长大后不养老娘，成为逆子，对不起疼爱有加、含辛茹苦将他拉扯大的老娘。比喻忘恩负义，忤逆不孝。

【例句】一把屎一把尿把你拉扯大，又省吃俭用供你上大学。娶了媳妇忘了娘，你却不养父母。儿子不养娘——白白疼你一场！

二齿勾子挠痒痒——是把硬手

【注释】二齿勾是铁制农用工具，用又尖又硬的二齿钩来挠痒痒自然是"硬手"。形容有过硬本领、有真功夫的人。

【例句】三国时期著名历史人物关羽关云长过五关、斩六将，二齿勾子挠痒痒——真是一把硬手！

二八月的猫——叫春

【注释】农历二月和八月都是猫狗发情季节，因此猫狗都要发出难听的声音呼唤同类。形容人举止轻佻，声音嗲声嗲气。

【例句】呦！听听你这声音，瞧瞧你这作派，嗲声嗲气，贱拉巴嗖，二八月的猫——你叫春呢？

F

肥猪进屠宰场——挨刀的货

【注释】肥猪进屠宰场，自然是被屠宰。讽刺性用语，比喻吃亏上当，被人任意宰割或是成为受惩罚的对象。

【例句】如果我把他这点儿隐私给暴露出去，那我就成为他的仇人。这样一来，不仅我失信于人，失掉了起码的信任，我本人也会是肥猪进屠宰场——挨刀的货了！

坟头上耍大刀——吓唬鬼呢

【注释】坟地无人，在此处耍大刀，只能吓唬鬼。比喻借势吓唬别人或只有表面功夫吓唬不了别人而无人害怕。

【例句】坟头上耍大刀——你吓唬鬼呢？我又不犯法，我怕什么？是你要强拆我的住房，而不是我请你们来拆房，还能没个商量吗？

坟墓里招手——把人往死路上引

【注释】坟地只有埋葬的死人，死人招手，只能将你引入坟墓。比喻没有光明前途，只有死路一条。

【例句】那么好的一个孩子，跟你学得又抽又赌还去歌厅，整日整夜都不回家。你这不是坟墓里招手——把人往死路上引吗？

坟圈 quàn 子里拉硬弓——色（射）鬼

【注释】在坟地里拉弓射箭，由于无人，只能射鬼。此处主要借用"射"的谐音"色"，比喻作风不正，贪恋女色。讽刺性用语。

【例句】那小子就是坟圈子里拉硬弓——色（射）鬼一个，见了好看的女人就迈不动步！

粪坑里的石头——又臭又硬

【注释】粪坑里发臭气，石头十分坚硬。形容人软硬不吃，十分倔强。"茅楼里的石头——又臭又硬"也是此意。

【例句】电视剧《大宋提刑官》中，退休将军、曾屡立战功的史文俊真是粪坑里的石头——又臭又硬。平时骄横跋扈，不可一世，结果被仇家诬陷为私通敌国，身陷囹圄。

风匣里的老鼠——两头受气

【注释】风匣即风箱，旧时鼓风助燃的工具，用手推拉，产生气体。推也产生风，拉也产生风，老鼠在风匣里，两头都有风。比喻像老鼠在风匣里一样，里外都受气。

【例句】在单位受领导的气，回家还要受老婆的气。我这不是风匣里的老鼠——两头受气，还有我的活路吗？

疯狗跳墙头——急红了眼

【注释】疯狗跳墙，是疯狂之状。比喻非常生气，着急到了极点。

【例句】电视剧《我的兄弟叫顺溜》中，新四军战士顺溜即陈二雷目睹日本军官强奸姐姐、杀死姐夫后，如同疯狗跳墙头——急红了眼，不顾劝阻，闯入已经宣布无条件投降的日本兵营报仇，掀起了一场轩然大波！

服务员拿钥匙——当家不做主

【注释】服务员只是为旅客拿钥匙开门，并不是旅店的主人。比喻只提供服务或管理，并不是真正的主人而听从别人的管理指挥。"丫环拿钥匙——当家不做主"也是此意。

【例句】电视剧《闯关东》中，长子朱传文管理着东北饭店，但却是服务员拿钥匙——当家不做主，真正做主的是老爹朱开山。

放屁带出屎—— 大意了

【注释】屎即人的粪便。放屁时不小心带屎屎出来，完全是无心，没有注意。比喻粗心大意而没有注意到。诙谐性用语。

【例句】孩子逃学，我打了他几下，谁知他竟赌气出走了。我这也是放屁带出屎来——太大意了！

　　放牛倌的大兜子——净装犊子

　　【注释】"犊子"这里专指刚刚出生的小牛犊。放牛倌在放牛时，一般都身背一个大兜子，一是装一些日常用品和杂物，二是如有母牛在野外下犊，则用大兜子将小牛犊装入大兜带回。此处借用这一做法形容在众人面前装腔作势，故意做作。讽刺性用语。

　　【例句】那人就是放牛倌的大兜子——净装犊子，整日装腔作势，以为自己是什么了不起人似的！

　　放屁砸脚后跟——赶点儿上了

　　【注释】放屁根本砸不到脚后跟，如果真的砸到脚后跟，只能是一种巧合。比喻事情偶然发生，是一种巧合。

　　【例句】我花了 20 元抓体彩票儿，谁知竟中了大奖。这真是放屁砸脚后跟——赶到点儿上了！

G

　　干柴遇烈火——一点就着

　　【注释】干柴遇到烈火，自然一点就着。比喻人的脾气非常暴躁，极容易发脾气。含有贬义。

【例句】他那驴脾气，干柴遇烈火 —— 一点就着。指望他去做工作，那不是竹篮打水一场空吗？

赶车不用鞭子——光拍马屁

【注释】赶车老板不用鞭子赶牲口，自然用手去拍驾辕马的屁股。比喻一味溜须拍马，阿谀奉承。

【例句】电视剧《关东大先生》中，杜巡长为了达到窃取藏宝图的目的，想方设法接近哈贝勒，好话说尽，赶车不用鞭子——光拍马屁。

擀面杖吹火—— 一窍不通

【注释】比喻对某事物完全不了解，不熟悉，丝毫不懂。"棒槌吹火——一窍不通"也是此意。

【例句】眼下许多人都对 UFO 不明飞行物感兴趣，成为 UFO 的研究爱好者，可我对此却擀面杖吹火—— 一窍不通。

高粱地里插草人——吓唬家雀 (qiǎo)

【注释】高粱地以及其他庄稼地里立个稻草人，目的都是为了吓唬家雀麻雀等鸟害祸害庄稼，比喻装样子吓唬人。

【例句】我是吃饭长大的，也不是吓大的。你这么办，高粱地里插草人——吓唬家雀呢，我可不吃你这一套！

哥哥的岳母嫂子的娘——还不都是一样

【注释】哥哥的岳母嫂子的娘，当然都是一个人。形容确定无疑，都是一个人。

【例句】做案的手法、特点都十分接近，哥哥的岳母嫂子的娘——还不都是一个人，我看可以并案了！

隔着大河亲嘴——差得远了

【注释】比喻相差很远,还没有接近事物的实质或距离很远。

【例句】请问：离三亚还有多远？隔着大河亲嘴——差得远了！飞机刚刚飞过沈阳,距三亚还有几千公里的路程！

狗咬尿脬（suī pao）——空喜欢

【注释】尿脬即膀胱。牲畜死后的尿脬只是空囊,内中无物,狗咬住这样的空囊,无肉可吃,只能空喜欢一场。比喻人像狗咬尿脬一样得不到实际的利益而空喜欢一场。

【例句】工友们盛传要大幅度涨工资,仔细一打听,只是在职工人涨工资,并不包括我们退休职工,真是狗咬尿脬——空喜欢一场。

狗咬吕洞宾——不识好人心

【注释】吕洞宾,传说中八仙之一。据说吕洞宾为一个屠夫超度却被屠夫家的狗给咬伤,但吕洞宾不计前嫌,把这条狗也给超度了,留下一段神仙佳话。比喻指责他人不辨真伪,不识好歹。

【例句】我完全是为你着想,你却狗咬吕洞宾——不识好人心！你不听劝就算了,自己想辙去吧！

狗咬刺猬——没处下嘴

【注释】刺猬浑身长满硬刺,根本无处下嘴。比喻事情难办无处着手或说话间无处插嘴。

【例句】这事儿我考虑了很久,总觉得狗咬刺猬——没处下嘴,等等再说吧！

狗眼看人——把人看低了

【注释】狗的身材很短，在低处看人当然看不高，比喻没有看到人的长处优点而小瞧。

【例句】好歹我也是中专毕业，虽然没什么大本领，但当个质检员应该没问题，你不要狗眼看人——把人看低了！

狗长犄角——出洋（羊）相

【注释】牛羊长犄角而狗并不长犄角，狗长犄角是为了装羊。此处主要借用"羊"的谐音"洋"，比喻洋相百出，丢乖露丑。

【例句】我学的专业是物理，却让我去管理酒店，这不是狗长犄角——净让我出洋（羊）相吗？

狗长犄角——洋羊式儿

【注释】同上。比喻并非中国传统式儿而是外国式儿。

【例句】吃饭前你要先喝咖啡，你怎么狗长犄角——净来洋式的呢？

狗撵鸭子——呱呱叫

【注释】狗追赶鸭子，鸭子受惊而呱呱叫。此处主要借用"呱"字，是一种赞扬用语，比喻工作出色，博得一片赞扬。

【例句】中国体操运动员真是狗撵鸭子——呱呱叫叫，男女都获得北京奥运会世界冠军，彻底打了翻身仗！

狗拿耗子——多管闲事

【注释】狗的职责主要是看门望户，捉耗子是老猫的职责。狗去抓耗子，比喻超越自己的职责去从事应该他人从事的事情。

【例句】我吸毒应该由警察去管，你也想来管我，这不是狗拿耗子——多管闲事吗？

狗走千里吃屎，狼走千里吃肉——本性难移

【注释】这两个典故比喻人的本性难以改变，"江山易改，秉性难移"就是这个道理。

【例句】真是狗走千里吃屎，狼走千里吃肉——本性难移。这么多年了，几次判刑入狱，他吸毒又贩毒仍然改不了。

狗掀门帘子——露一小手

【注释】狗掀门帘子，可用嘴叼，也可用爪子掀。形容人展示自己的绝活儿，亮出自己的本事。

【例句】2009 年春节晚会上，台湾小魔术师刘谦狗掀门帘子——露一小手，展示了近景魔术绝活儿，一炮走红！

狗掀门帘子——全靠一张嘴

【注释】同上。形容能说会道全靠嘴的功夫。

【例句】相声演员的功夫真好似狗掀门帘子——全靠一张嘴，说学逗唱样样有绝活儿，深受听众喜欢。

狗掀门帘子——嘴上的功夫

【注释】同上。

【例句】听他的那还有完，他是狗掀门帘子——全是嘴上的功夫，死人都能让他说活了！

狗皮袜子——不分里外

【注释】用狗皮做的袜子，因里外都是"皮"，反穿正穿都可以穿。用此来比喻两人交情深厚，不分彼此，不分里外。

【例句】我们哥儿俩，那是狗皮袜子——不分里外，好得就像一个人！

狗坐轿子——不识抬举

【注释】同"巴拉狗坐轿子"。

【例句】我看你简直就是狗坐轿子——不识抬举！领导这么关照你，你却不买人家的帐，也不领人家的情！

狗戴嚼子——胡勒（lēi）

【注释】嚼子，为勒住马驴骡等大牲畜的口达到驱使或控制目的而为其戴在口中的铁棍儿。狗是宠物，根本不戴嚼子。将嚼子戴在不该戴的狗的口中，因此是胡勒乱勒。比喻不顾客观实际而瞎说、胡说或毫无根据的乱说。讽刺性用语。"猴子戴嚼子——胡勒"也是此意。

【例句】说西双版纳发现野人，这纯属狗带嚼子——胡勒。只是怀疑是野人，从来也未确定发现野人。

高射炮打蚊子——大材小用

【注释】本意指大材料用在小地方，比喻英雄无用武之地，屈了才能。

【例句】小赵，让你去当小企业的经理，确实有点高射炮打蚊子——大材小用。但你太年轻，总要到基层锻炼一阵子，等过一阵子，我会安排你去担任更重要的职务。

胳膊肘往外拐——吃里爬外

【注释】胳膊肘向里拐属正常，向外拐就属不正常。比喻不偏爱自家人而偏袒外人。

【例句】你这个人怎么胳膊肘往外拐——吃里爬外？是政府的人要强行拆掉我的住房，也不同我商量个合理拆价，强行拆迁合法吗？

谷子地里长高粱——高出一大截儿

【注释】谷子一般膝盖高，而高粱一人多高，因此说高粱比谷子高出一大截儿。比喻人与人相比，本领或能力要比对方高出许多，或者说双方差距很大。

【例句】中国篮球运动员姚明不仅个子高，谷子地里长高粱——比别人高出一大截儿，球技和身体都在迅速长进，已成为美国 NBA 美国职业篮球联赛主力队员。

瓜地里系鞋带——让人犯疑

【注释】瓜地里系鞋带，有偷瓜之嫌。比喻自己的语言或行为让他人产生了怀疑。

【例句】你与朋友合伙做生意，帐目一定要清楚，是赔是赚要明确，否则瓜地里系鞋带——让人犯疑就不好了！

关公面前耍大刀——自不量力

【注释】关公即三国时期蜀国名将关羽关云长，手使一柄青龙偃月刀名贯古今。在这样的人面前耍刀，自然是不知深浅。讽刺性用语，常讥讽过高估计自己的能力而自负的人。

【例句】在我面前故弄玄虚，关公面前耍大刀——有点太自不量力了！也不打听打听，我当会计的时候，他还穿着开裆裤呢，竟然敢和我叫板！

棺材板上钉钉子——死定（钉）了

【注释】棺材板子上钉钉子，表示人已死可以出殡了。这里主要借用"钉"的谐音"定"，比喻人确实已经死亡而不能复生，也影射事情的结果已经不能挽回或改变。

【例句】电视剧《红日》中，国民党军队师长张灵甫部被中国人民解放军团团围在孟良固的山中，可以说是棺材板上钉钉子 —— 死定（钉）了。

棺材里面伸出手——死要钱

【注释】棺材里面盛殓的是死人，死人伸出手要钱自然是死要钱。比喻不顾客观条件而一味索要钱或爱财如命。

【例句】你在外边打工，怎么还张口向家里要钱？棺材里面伸出手——总是死要钱，你外边是打小姐了还是吸毒了？挣的钱都到哪里去了？又如楼房价这么高，开发商还在不停涨价，这不是棺材里面伸出手——死要钱吗？

棺材里面露鸡子——有哭有笑

【注释】鸡子，男子生殖器的俗称。棺材里面装的当然是死人，人死了家属因悲伤而哭；棺材里面露出鸡子，又不禁使人发笑。比喻同样的结果，产生不同的反应，有人高兴，有人悲伤。

【例句】1955 年军队授衔时，真是棺材里面露鸡子——有哭有笑，什么样的反应都有。毛泽东主席曾用这样的话来讥讽授衔时人们的不同反应：男儿有泪不轻弹，只因未到授衔时！

棺材头上放鞭炮——吓死人

【注释】棺材里面成殓的是死人，在棺材头上方鞭炮，也只能吓唬死人。比喻受到外界的惊吓而惶恐不安。

【例句】日本发生9.0级特大地震，又发生海啸，海水将游人席卷而去，棺材头上放鞭炮——吓死人了！

锅台上擢巴筲子——饭桶一个

【注释】擢，放置之意；巴筲子，借用俄语即小水桶。小水桶放在锅台上准备盛饭，因此该桶是饭桶，比喻无真实本领。诙谐性用语。

【例句】我看你就是锅台上擢巴筲子——饭桶一个！电脑学了快两个月了，连上网聊天都不会！

裹脚布子改衣裳——不是正经料

【注释】裹脚布子是旧时妇女裹脚的用料，用它来改做衣裳，当然不是好材料。比喻不是正经的人或正经事儿。讽刺性用语。

【例句】电视剧《刘老根》中的药匣子李保库装神弄鬼，行医卖药，裹脚布子改衣裳——根本就不是正经料！

过街老鼠——人人喊打

【注释】老鼠为众人所恶，过街的老鼠更是人人喊打，比喻被众人所恨所恶。"老鼠过街——人人喊打"也是此意。

【例句】我们加强法制教育，就是要提高人民群众的法制观念，养成过街老鼠——人人喊打的好习惯，使坏分子无处藏身。

过坟圈子吹口哨——自己给自己壮胆儿

【注释】坟圈子即坟茔地。一个人走过坟茔地非常害怕，只好边走边吹口哨分散自己的精力，分散心里害怕的心理。是一种形象的比喻。

【例句】你贩毒露出了马脚，你还假装正经上班。我看你就别过坟圈子吹口哨——自己给自己壮胆儿了，还是自首争取主动更好！

寡妇死儿子——没指望了

【注释】寡妇已经失去了丈夫，儿子是寡妇唯一的希望。儿子死了，自然没有任何指望了。比喻唯一的希望落了空，失去了最后的盼头。

【例句】下车后他下意识地摸摸口袋，这一摸惊出一身冷汗：存有1万元的银行卡和几千块钱现金一块儿不翼而飞了，这是给患白血病的孙子的救命钱！尽管他浑身上下摸个遍，仍然是寡妇死儿子——彻底没指望了，只好连跑带颠地向派出所报了案。

光腚拉磨——转圈丢人

【注释】光腚即赤身裸体，已是丢人现眼的事儿，拉磨即像老驴拉磨一样需沿磨道转圈走。讽刺性用语，比喻到处丢人现眼。

【例句】电视小品《卖拐》中，范伟饰演的厨师屡被赵本山饰演的大忽悠所忽悠，屡次上当受骗，光腚拉磨——转圈丢人。

光屁股推碾子——转圈丢人

【注释】同"光腚拉磨"。

【例句】就你那个熊样也想参加辽宁"春晚"？就你那点儿三脚猫功夫，可别光屁股推碾子——转圈丢人了！

光屁股撵狼——胆大不害臊

【注释】光屁股即赤身裸体，狼是凶猛食肉动物。赤身裸体已是丢人现眼的砢碜相，再去撵狼，胆子不小。讽刺性用语，比喻不知廉耻、不顾丢人现眼去从事不该做的事儿。

【例句】《星光大道》也是你去的地方？光屁股撵狼——胆大不害臊，就你那破锣似的嗓子也敢去那里潮乎？

光屁股坐板凳——有板有眼儿

【注释】屁股有眼，板凳有板，谓之有板有眼儿。

【例句】看人家说话多讲究，说话有理有据，光屁股坐板凳——有板有眼儿，真让人佩服！

光屁股奶（nài）孩子——真是一把撒楞手

【注释】奶孩子即给孩子喂奶。来不及或根本就不穿衣服就给孩子喂奶，形容人办事儿利索爽快而不拖泥带水，因此是一把撒楞手办事儿利索爽快的人。

【例句】你瞧你，可真是光屁股奶孩子——真是一把撒愣手，眨眼间，这么大的一堆活儿，这么快就干完了！

罐子里养王八——越养越抽巴

【注释】王八即乌龟的俗称；罐子本为装物品或食品的瓷制品，个体或空间均比王八小；抽巴，"缩小""紧缩"之意。王八养在罐子里，既活动不开也得不到食物，因此，养在罐子里的王八只能越来越瘦小。形容人或事物不仅没有得到发展壮大，反而越来越小，越来越弱。讽刺性用语。

【例句】我在俄罗斯做了几年木材买卖，打拼了好几年，谁知不仅没挣大钱，反而是罐子里养王八——越养越抽巴，倒赔了好几万元！

罐子里养王八——越养越回旋（xuàn）

【注释】同上。回旋，"倒退""今不如昔"之意。形容人或事儿不仅没有得到发展壮大或进步反而倒退。

【例句】我看你是罐子里养王八——越养越回旋，不仅学会了撒谎撂皮，还学会了藏私房钱了！

H

蛤蟆跳井——不懂（咕咚）

【注释】咕咚，拟声词，物体掉入水中发出的声音。这里主要借用"咕咚"的谐音"不懂"，比喻不懂得，不了解。

【例句】你说得这些理论太深奥，我是蛤蟆跳井——完全不懂（咕咚）！

寒冬腊月吃冰棍儿——凉透了

【注释】寒冬腊月是东北地区最冷的季节，这样的冷天再吃冰棍儿自然是里外都凉。比喻从里到外都凉透了，引申为十分失望或寒心。

【例句】电视剧《关东大先生》中，赵春安千里迢迢来找失散的亲妹妹。当他得知所谓的妹妹竟然是日本特务时，寒冬腊月吃冰棍——心里完全凉透了。

耗子舔猫咂（zā）儿——感情处在那了

【注释】"耗子"是老鼠的俗称；"咂儿"即女人乳房的俗称，这里指猫的乳房。耗子与猫本应是一对生死对头，猫是耗子的天敌，耗子却去舔猫咂儿乳房，以示友好，说明两者关系密切，感情深厚。比喻相互友好，感情融洽。讽刺性用语。

【例句】我们俩的交情也不是一天两天了，我们俩亲如兄弟，彼此不分。耗子舔猫咂儿——感情处在那了！又如别看我性格倔强，驴行霸道，而他性格温柔，但我们俩是耗子舔猫咂儿——感情处在那了，关系贼铁！

耗子给猫捋（lǚ）胡子——溜须不顾命

【注释】同上。比喻为巴结人而不顾性命，讽刺性用语。

【例句】为了巴结上级，他什么事都可以干得出来，难怪有人说他耗子给猫捋胡子——溜须不顾命，看来果然如此。

耗子舔猫鼻子——胆子不小

【注释】同上。比喻胆大妄为。

【例句】令董事长不能容忍的是，这么大一笔资金，财务处长竟敢自作主张，耗子舔猫鼻子——胆子可真不小！

耗子见猫——麻爪了

【注释】同上。形容惊慌失措，慌了手脚。

【例句】几个歹徒正在作案，忽然警笛长鸣，武警战士从天而至，将歹徒团团围住，几个歹徒立刻耗子见猫——麻爪了！

耗子喊腰疼——多大个事儿（肾）

【注释】耗子的肾极小，这里主要借用"肾"的谐音"事"，比喻事情很小，不值得一提。

【例句】再借三千元就可以去新新加坡、马马来西亚、泰泰国去旅游？耗子喊腰疼——多大个事儿（肾）？拿去用吧！缺多少吱声！

耗子戴眼镜——鼠目寸光

【注释】同上。耗子视力极差，戴上眼镜也不能改变。比喻只看到眼前利益而没有远见，没有雄心大志。讽刺性用语。

【例句】智力投资是一项看不见的长远投资，现在是科学时代，没有文化怎么行？你别耗子戴眼镜——鼠目寸光，该让孩子上学必须得上学！

耗子尾（yǐ）巴长疖子——能（脓）水不大

【注释】同上。耗子尾巴极细小，即使长疖子也没有什么脓水。这里主要借用"脓"的谐音"能"，形容人没有什么能力和本事。"耗子尾巴长疖子——能有多大能（脓）水"也是此意。

【例句】就喝酒是你的强项，除此之外，耗子的尾巴——能（脓）水不大，任嘛都不行，还总不服气，有能耐干出个样来看看！

耗子尾巴长疖子——能有多大能（脓）水

【注释】同上。

【例句】耗子尾巴长疖子——你能有多大能（脓）水，也想去中央电视台演出？中央电视台是你家开的？

耗子给猫当三陪——挣钱不要命

【注释】同上。"三陪"即酒吧里的三陪女，以挣钱为目的。耗子为了挣钱不顾自身生命危险而去陪伴天敌老猫，自然是豁出生命。比喻为了挣钱而甘冒生命危险。讽刺性用语。

【例句】你疯了？倒腾鞭炮你也敢自己进货？你这不是耗子给猫当三陪——挣钱不要命了吗？

耗子给猫当伴娘——不要命

【注释】同上。耗子与猫本是一对天敌，耗子给猫当伴娘，自然是不顾死活，甘冒生命危险。比喻为实现自己的目标而付出沉重代价甚至生命。

【例句】泰国发生政变，政局极度混乱，谁都不去泰国旅游，你却偏偏非去泰国旅游，你这不是耗子给猫当伴娘——不要命了吗？

耗子掉进面缸里——直翻白眼儿

【注释】同上。耗子掉进白面缸，浑身沾满白面，不停眨动的双眼也同样沾满白面。比喻因惊慌而不知所措。"猴子吃芥茉——直翻白眼儿"也是此意。

【例句】范厨师被大忽悠忽悠得耗子掉进面缸里——直翻白眼儿，不知所措。

喝凉水塞牙缝——倒霉透顶

【注释】喝凉水根本不可能塞牙缝，比喻不能发生的事情发生了，非常倒霉，倒霉到了极点。

【例句】这次参加中央电视台的《星光大道》表演，不想半路上发生车祸，腿摔成骨折而不能进京，真是喝凉水塞牙缝——倒霉透顶了！

和尚头上的虱子——明摆着的

【注释】和尚光头，头上有虱子显而易见。比喻显而易见，躲不开藏不住。"秃头上的虱子——明摆着的"也是此意。

【例句】这不是和尚头上的虱子——明摆着的事儿吗，他突然把一直不养的爹接去，不就是惦念那座房子吗？

何家的姑娘嫁给老郑家——正（郑）合（何）适（氏）

【注释】旧时媳妇结婚后便随夫姓加自姓称"氏"，何家姑娘嫁给郑家，称"郑何氏"。此处主要借用"郑何氏"的谐音"正合适"。

【例句】这次拆迁，经过几次商谈，终于达成一致意见，双方以 45 万元成交。我看是何家姑娘嫁给老郑家——正（郑）合（何）适（氏），你就签字吧！

河里摸不到鱼——抓瞎（虾）

【注释】捉不到鱼，只好抓虾。"瞎"与"虾"同音，比喻做事没有准备而着急慌乱。

【例句】连夜做了几本假帐，结果还是被税务机关查出了偷税漏税的严重问题。面对税务机关的追查，从总经理到总会计师，河里摸不到鱼——都抓瞎（虾）了！

河沟里的泥鳅——掀不起大浪

【注释】同"车辙沟里的泥鳅——掀不起大浪"。

【例句】他一个平头百姓，有什么能耐？河沟里的泥鳅——掀不起大浪，不去管他，该怎么办咱们还怎么办！

猴子吃麻花——满拧

【注释】麻花由白面搓成条拧成"劲儿"进油锅炸熟，本身充满了"劲儿"。猴子吃麻花时在手中搓来搓去，"劲儿"上加"劲儿"，因此说"满拧"。比喻事情出现了差错，与设想或预想的结果完全不同。

【例句】我说东你说西，我说抓鸭你说捉鸡。咱们这是猴子吃麻花——满拧！

猴子吃芥茉——直翻白眼儿

【注释】芥茉为非常辛辣的佐料，人吃多尚且承受不了，猴子吃了更会辣得手足无措，直翻白眼儿。形容人遇事毫无办法，无计可施。

【例句】丈夫屡屡去赌，妻子无计可施。终于赌博犯事，丈夫被警察抓走，妻子气得如同猴子吃芥茉——直翻白眼儿。

猴子吃辣椒——抓耳挠腮

【注释】辣椒之辣人人皆知，猴子吃辣椒只能举足无措，抓耳挠腮。比喻面对难题束手无措，毫无办法。

【例句】电视连续剧《潜伏》中，假扮妻子作掩护、既无文化、又不熟悉地下工作的翠平，特别任性而屡屡一意孤行，险些暴露身份，余则成百般帮助掩饰而无效果，猴子吃辣椒——急得他抓耳挠腮却毫无办法。

猴子的屁股——坐不住

【注释】猴子生性活泼好动，形容人像活泼好动的猴子一样性情急躁，坐立不安，生性好动。

【例句】你怎么是猴子的屁股——坐不住呢？出纳员的特点就是坐在办公室，讲究的就是坐功，可不能随便乱走！

猴子照镜子——里外不是人

【注释】猴子照镜子，镜里是猴子，镜外还是猴子，里外都没人形。形容左也不对，右也不对，怎么办都不对。

【例句】电视剧《金色农家》中，为改变家乡贫困面貌，村党支部书记靳成听取专家建议，停掉污染严重的村办砖厂，兴办生态农业。谁知砖厂厂长非常不满意，到乡政府告状，村民们一时不理解，议论纷纷，妻子也极为反对，使满腔热情的靳成犹如猴子照镜子——里外不是人！

猴子戴嚼子——胡勒 (lēi)

【注释】嚼子，为勒住马驴骡等大牲畜的口达到驱使或控制目的而为其戴在口中的铁棍儿。猴子是野生动物，根本不戴嚼子。将嚼子戴在不该戴的猴子口中，因此是胡勒乱勒。比喻不顾客观实际而瞎说、胡说或毫无根据的乱说。讽刺性用语。

【例句】科学家和考古学家确实在罗布泊沙漠找到了神秘的古墓葬，但根本没有找到失踪科学家彭家木的遗体，你说找到了彭加木的遗体，这不是猴子戴嚼子——胡勒吗？

花岗岩的脑袋——死不开化

【注释】花岗岩质地非常坚硬，形容人像坚硬的花岗岩一样不接受他人劝告或建议，一意孤行，我行我素。

【例句】好话说了一火车，你怎么就是花岗岩的脑袋——死不开化呢？

华佗开药方——手到病除

【注释】华佗为汉代三国时期的名医，被称为"医圣"。他开出的药方自然十分灵验有效。形容遇事有能力、有办法，解决难题如同华佗开出的药方，手到病除，迎刃而解。

【例句】面对电脑出现的网络难题，几个人鼓捣了好半天也没找出原因。谁知网络技师来了，几分钟搞定，真是华佗开药方——手到病除，不服不行！

华佗看病——起死回生

【注释】同上。形容可将根本无法办成或没有希望的事情办成功。

【例句】经过一段时间的改革，砸碎了"大锅饭""铁饭碗"，层层招聘，处处竞争上岗，企业犹如华佗看病——起死回生，重新焕发了勃勃生机！

桦树发芽——一身清（青）白

【注释】桦树树干通身雪白，长出叶子却是青翠碧绿，因此青白分明。这里主要借用"青"的谐音"清"，比喻一尘不染，清清白白。

【例句】包拯是历史上的著名清官，不仅不徇私情，刚直不阿，自身也是清廉如水，桦树发芽——一身清（青）白！

桦树林里一片叶 —— 有你不多，没你不少

【注释】桦树林里落叶缤纷，遍地落叶，因此多一片叶少一片叶无关紧要。比喻缺谁都可以，无关紧要。

【例句】别总以为自己有什么了不起，如今人才多的是，桦树林里一片叶——有你不多，没你不少，还是要摆正自己的位置，做好本职工作是最重要的！

黄连树上一根草——是棵苦苗苗

【注释】黄连，中草药，味苦。黄连树上长出一根草，也是一根苦苗苗。形容出身贫苦，在困难贫穷的环境中长大。

【例句】电视剧《老娘泪》中，老娘的儿子从小出身贫寒，黄连树上一根草——也是一棵苦苗苗，谁知参加工作后顶不住金钱的诱惑，竟携巨款潜逃。

黄鼠狼给鸡拜年 —— 没安好心

【注释】黄鼠狼是黄鼬的俗称，也称黄皮子，以偷鸡著称，民间传说黄鼠狼有神气。黄鼠狼给鸡拜年，目的是偷鸡，因此没安好心。形容居心不良，阴险歹毒，包藏祸心。

【例句】长篇历史小说《三国演义》中，曹操谋士蒋干自告奋勇，到东吴都督周瑜处以探望老朋友为名刺探军情，黄鼠狼给鸡拜年——没安好心。结果周瑜设计，蒋干盗书，曹操中计杀掉两名水军大将。

黄鼠狼下豆触子 —— 一代不如一代

【注释】同上，豆触子即鼹鼠的俗称。鼹鼠较黄鼠狼体型更小，因此黄鼠狼如果下出鼹鼠当然不可能则体型更小。比喻后者不如前者，前者超过后者。"黄鼠狼下豆触子——一窝不如一窝"也是此意。

【例句】一个抗日老英雄的后代，如今竟成为一个贪污犯，这真是黄鼠狼下豆触子——一代不如一代！

黄鼠狼下豆触子 —— 一窝不如一窝

【注释】同上。讽刺性用语。

【例句】有句话说得好，黄鼠狼下豆触子——一窝不如一窝。一个大科学家，名气这么大，怎么他的孩子们一个出息的也没有？

黄鼠狼打哈哧 —— 装神气

【注释】同上。民间认为黄鼠狼具有神气，打哈哧喷出来的自然是神气。比喻装腔作势，狐假虎威。讽刺性用语。

【例句】黄鼠狼打哈哧——你装什么神气？哪儿凉快哪儿呆着去吧！

黄鼠狼放屁 —— 跑骚

【注释】同上。黄鼠狼放屁，射出的是一股骚气。比喻某人行为不正，举止轻佻。讽刺性用语。

【例句】要说起赵四，那人整天神神秘秘，见女人就迈不动步，黄鼠狼放屁——跑骚的货！

黄鼠狼拜佛 —— 讨封

【注释】同上。黄鼠狼拜佛，目的是讨要封赏。比喻最终目的是为了讨官要官或讨要封赏。讽刺性用语。

【例句】他啊，能有什么好事儿？黄鼠狼拜佛 —— 讨封去了呗！

黄鼠狼顶牛粪排（ pǎi）子 —— 装人

【注释】同上。牛粪排（pǎi）子即摔在地上呈帽状的牛粪堆儿。黄鼠狼将帽状牛粪排子顶在头上，戴帽子假装人形。比喻装腔作势，假充英雄或明星。讽刺性用语。

【例句】黄鼠狼顶牛粪排子 —— 你就别装人了！好汉做事儿好汉当，是你干的就是你干的，还装什么呀？

皇帝的妈妈——太厚（后）

【注释】皇帝的妈妈，称为太后。这里主要借用"后"的谐音"厚"，比喻人的脸皮厚、没脸没皮。

【例句】你这个人真是皇帝的妈妈——脸皮太厚（后）。说你几次了，你的脸不红不白的，怎么就改不了你那一身的坏毛病？

皇历牌儿不叫皇历牌儿——白扯

【注释】皇历牌儿即日历的俗称，皇历牌儿要过一天扯一张，一张一张白白扯掉。比喻白费力气而无结果。"日历不叫日历——白扯"也是此意。

【例句】哎哟！这才是皇历牌儿不叫皇历牌儿——白扯呢。本指望利用叙利亚动乱之际倒点儿家电赚俩钱，谁知赔得一塌糊涂！

活人和鬼唠嗑——没有共同语言

【注释】活人不可能与鬼说话，更无法沟通。比喻无法沟通，没有共同语言。

【例句】电视剧《关东大先生》中，警察局杜巡长与清朝遗老哈贝勒多次商谈寻找藏宝图，由于两人各怀心事，活人和鬼唠嗑——根本没有共同语言，几次商谈都不欢而散。

火烧眉毛——只顾眼前

【注释】比喻情况紧急而无暇他顾，只能解决眼前或主要难题。

【例句】抗日战争时期，贺龙所领导的红六军团被数十万国民党军队形成包围之势。情况紧急，贺龙决定，火烧眉毛——只顾眼前，向贵州东部转移，保存实力，再图大计！

好心当成驴肝肺——不识好歹

【注释】驴肝肺，最没有用的东西。比喻好心没得到好报。

【例句】这才是好心当成驴肝肺——不识好歹，见义勇为者将被撞成重伤的受害者送进医院抢救，反而被伤者家属误当成肇事者，遭到家属指责。

J

鸡蛋掉进油锅里——滑蛋一个

【注释】鸡蛋为圆型，非常光滑，掉进油锅沾满油渍更加光滑。比喻为人狡诈奸猾。

【例句】你可真是鸡蛋掉进油锅里——滑蛋一个。大家都心急如焚，集中到政府去反应企业破产后的去向，你却属黄花鱼的，贴边溜底，从不靠前。你究竟打的是什么主意？难道你不是企业职工吗？

鸡蛋里挑骨头——没事找事

【注释】鸡蛋里本无骨头，在鸡蛋里找骨头，纯属没事找事。詈语，谴责某人无事生非，故意找事。

【例句】别人都躲开了，就你还不依不饶，鸡蛋里挑骨头——没事找事！

鸡毛炒韭菜——乱七八糟

【注释】鸡毛与韭菜同时翻炒，自然是乱七八糟。是一种形象的比喻，比喻事物杂乱无章，没有秩序，没有层次。

【例句】事情本来进行的很顺利，结果你乱搅和，鸡毛炒韭菜——乱七八糟，没了头绪。

鸡蛋皮擦屁股 —— 喊喳咔喳

【注释】鸡蛋皮又薄又脆，一揉搓便发出喊喳咔喳清脆的声响。比喻事情或办事非常迅速，非常干脆。

【例句】这件事你到底能不能办成？鸡蛋皮擦屁股——喊喳咔喳，你给个痛快话！

嫁出去的女，泼出去的水——很难挽回

【注释】已经嫁出去的姑娘已属夫家，已经泼出去的水无法收回。形容事已至此，极难挽回。

【例句】电视剧《潜伏》中，地下党员余则成的假妻子翠平刚开始不知地下工作的危险性，在与其他夫人交往中暴露了自己还有一个妹妹在苏区的秘密，嫁出去的女，泼出去的水

——事情已经很难挽回。幸亏余则成多方补救，才化险为夷。

酱缸里的萝卜——闲（咸）人一个

【注释】萝卜同人参一样，外貌略似人形，萝卜腌入大酱缸则成为咸菜。这里主要借用"咸"的谐音"闲"，比喻十分悠闲，无所事事。

【例句】我早已退休了，如今是酱缸里的萝卜——闲（咸）人一个，每天散散步、打打拳，没什么正经营生。

酱缸里的萝卜——没影（缨）了

【注释】萝卜腌进酱缸，连萝卜缨都不见踪影。此处主要借用"缨"的谐音"影"，比喻不见踪影。"萝卜掉进酱缸里——没影（缨）了"亦是此意。

【例句】多日不见，酱缸里的萝卜——没影（缨）了，你究竟到哪里去了？

脚底板儿抹油——溜了

【注释】为机械上油是为了润滑，脚底板抹油也是为了润滑，走得快溜得更快。比喻很快地悄悄地离开或偷偷躲开。

【例句】电视剧《乡村爱情》中，见到谢大脚积极为赵玉田介绍对象，赵玉田的女朋友刘英只好脚底板儿抹油——赶快溜了。

脚上的泡——自己走的

【注释】自己脚上的泡，当然是自己走路磨出的。比喻自酿苦果，自讨苦吃，自作自受。

【例句】脚上的泡——自己走的。当初苦苦劝你，不要整天泡在网吧里，你就是不听。如今怎么样？犯事了吧？

桔梗当人参卖——以假乱真

【注释】桔梗为普通中草药，形状同人参一样略像人参，而人参是名贵的中草药，药用价值和经济价值均远高于桔梗。以桔梗冒充人参，比喻以次充好，以假充真。

【例句】如今社会上桔梗当人参卖——以假乱真的现象屡见不鲜，坑人害人的事件不绝于耳。更让人震惊和不解的是，"万里大造林"的广告曾充满中央电视台等国内各大媒体，原来是一场彻头彻尾的大骗局，无数人家因受骗而倾家荡产。

姐儿俩守寡——谁难受，谁知道

【注释】姐儿俩同时守寡，各有各的难处，因此说其中的苦衷谁难受，谁知道，比喻各有各的为难之处。

【例句】你们家供一个大学生就感到力不从心，我家供着两个大学生和一个高中生，日子更是难过。姐儿俩守寡——谁难受谁知道，就看孩子将来是不是出息了。

井底的蛤蟆——没见过大世面

【注释】井底之蛙，只能看到头上的一小片天。形容目光短浅，涉世不深，没见过什么大世面。

【例句】我是井底的蛤蟆——没见过什么大世面，也没有什么经验，承担不了大任，你们还是另选他人吧！

井中失火——天意

【注释】井中根本不可能着火，如果井中也能失火，真可谓天意使然。

【例句】大兴安岭森林大火烧了几日，扑火队员人困马乏，疲惫至极。谁知天降大雨，将火扑灭，这真是井中失火——天意。

姜太公钓鱼——愿者上钩

【注释】姜太公即商周时期的姜子牙，原名吕尚。曾在渭水河畔隐居用直钩钓鱼，借此等待时机。比喻心甘情愿而非强迫。

【例句】我们这次组织职工去三亚旅游，一切自费，姜太公钓鱼——愿者上钩，绝不勉强。

江北的胡子——不开面

【注释】"江"指松花江。民国时期，松花江两岸匪患频出，猖獗一时，江北的土匪更为猖獗，国民政府屡次征剿失败。因此说，江北的胡子一意孤行，谁的面子也不给。

【例句】电视连续剧《松花江上》程八奶奶对麻旅长说：你也不能江北的胡子——不开面啊，程八爷的面子你总要给的吧？

酒糟鼻子不喝酒——白担个名儿

【注释】酒糟鼻子本与酒无关，因鼻子赤红有浅坑儿与酒糟相似而得名。既然叫"酒糟鼻子"却不喝酒，因此说白白担了个酒名。比喻徒有虚名，名不符实。

【例句】你这个人，名义上是茶文化协会主席，却根本不懂茶，真是酒糟鼻子不喝酒——白担了个名儿！

舅舅娶外甥女当媳妇——乱了辈份

【注释】甥舅之间具有血缘关系，并且是两辈人，根本不允许结婚。是一种形象的比喻，比喻不分辈份而乱伦。

【例句】你把你媳妇的表妹叫婶子？你这不是舅舅娶外甥女当媳妇——乱了辈份了吗？

撅屁股看天——有眼无珠

【注释】撅屁股即屁股朝天，屁股有屁眼而无眼珠。比喻对人或事物看不清或看不出实力或门道。诙谐性用语。

【例句】这么大个学者站在你面前，你不仅看不出来是有学问的人，反而把人家当成老庄稼人，你可真是撅屁股看天——有眼无珠！

K

开封府里的老包公——铁面无私

【注释】包公即宋朝宰相包拯，官至龙图阁大学士，曾任开封府尹，著名清官，铁面无私，刚正不阿。比喻公正严明，不徇私情。

【例句】宋局长为人热情而执法公正，不徇私情，人们都说他是开封府里的老包公——铁面无私。

嗑瓜籽嗑出个臭虫——什么人（仁）都有

【注释】瓜籽即向日葵籽，为东北地区传统民间小吃。此处主要借用"仁"的谐音"人"，比喻各种人物都有，鱼目混珠。

【例句】说你什么好呢？嗑瓜籽嗑出个臭虫——什么人（仁）都有，没想到人堆里还有像你这种人？呸！滚一边去，哪儿凉快哪儿呆着去吧！

孔夫子搬家——都是输（书）

【注释】孔老夫子即孔子孔丘，为中国古代杰出的思想家、教育家。这里主要借用"书"的谐音"输"。比喻总是输而很少赢。

【例句】旧中国积贫积弱，体育竞赛就是孔老夫子搬家——都是输（书）。如今国富民强，奥运会金牌总数连年上升，2008年北京奥运会金牌总数已名列世界第二名。

口嚼咸菜唠家常——闲（咸）话多

【注释】咸菜是咸的，嘴里含着咸菜说话即是闲咸话。这里主要借用"咸"的谐音"闲"，比喻说闲话、传闲话即"传老婆舌"详见"传老婆舌"。

【例句】电视剧《刘老根》中的大辣椒最爱传闲话，口嚼咸菜唠家常——闲（咸）话多。

苦瓜结在黄连上——苦命相连

【注释】苦瓜为蔬菜，味苦；黄连为中草药，味苦。苦瓜结在黄连上，因此是苦命相连。

【例句】电视剧《走西口》中，田青母子是苦瓜结在黄连上——苦命相连，父亲田耀祖输光家产不辞而别，田青母子无家可归，四处流浪乞讨艰难度日。

裤裆里藏脑袋——没脸见人

【注释】裤裆即两条大腿根之间也就是两裆之间，为污秽之处。在这地方藏脑袋，形容羞愧难当，没脸见人。

【例句】我耍钱儿被抓那点丑事闹得满城风雨，真叫裤裆里藏脑袋——没脸见人了！

裤裆里抓卵子——手拿把掐

【注释】裤裆同上；卵子即睾丸的俗称。比喻十拿九稳，很有把握，万无一失。也说"笼子里抓鸡——手拿把掐"。

【例句】让我去当财务主管，那是裤裆里抓卵子——手拿把掐，我学的是财会专业，又从事财会十几年，可以说是人尽其才！

裤裆里抓虱子——十拿九稳

【注释】虱子藏在裤裆里，蹦不出也爬不出。比喻成功把握极大，手拿把掐。"瓮中捉鳖——十拿九稳""老鹰叼小鸡——十拿九稳"都是此意。

【例句】中国女排实力雄厚，正处于上升势头，战胜古巴队应该是裤裆里抓虱子——十拿九稳。

裤裆里放屁——造两岔了

【注释】裤子由两条裤腿组成，两条裤腿交叉处为裤裆；两岔即出现矛盾、不协调。比喻事情出现岔头或出现矛盾而事与愿违。

【例句】这事儿闹的，原以为你去给买卧铺票，谁知你以为我去买！裤裆里放屁 —— 造两岔了！

裤腰带没眼儿——记（系）不住

【注释】这里主要借用"系"的谐音"记",比喻记忆力较差,对某事总也记不住。

【例句】你这个人真是差劲儿,告诉好几遍了,你总是裤腰带没眼儿——记(系)不住!

裤裆里的黄泥――不是屎也说屎

【注释】也说"裤裆里掉黄泥——不是屎也说屎"。黄泥与人屎都是黄色,颜色比较接近。比喻受到怀疑、受到冤枉或委屈无论如何也解释不清。犹如"跳进黄河洗也洗不清"。

【例句】发生车祸,我去帮了受害者一把,谁知被当成肇事者。我是裤裆里的黄泥——不是屎也说屎,怎么也说不清了!

L

拉屎攥拳头――各使一股劲儿

【注释】拉屎即解大便,大便需用力,攥拳头也要用力,但两者发力点不同,各使一股劲儿。形容各有各的用处,各有各的妙招,走的不是一条路。"拉屎拱掉帽子——各使一股劲儿"亦是此意。

【例句】你做买卖是为了挣钱,我开办儿童福利院是为了社会公益事业，咱们是拉屎攥拳头——各使一股劲儿，走的不是一条道儿！

拉屎拱掉帽子——各使一股劲儿

【注释】拉屎即解大便，用的是暗劲，根本不可能拱掉帽子。说拉屎拱掉了帽子，比喻各使一股劲儿而不能形成合力。

【例句】电视剧《乡村爱情》中，谢广坤希望大学毕业的儿子谢永强出人头地，进城当官，谢永强却一心要干一翻事业，实现自己的理想。他们父子俩是拉屎拱掉帽子——各使一股劲儿，走的不是一条路。

垃圾箱里的破烂——都是废物

【注释】垃圾箱里的垃圾当然都是废物。比喻不成才，不成器，没有用处。

【例句】电视剧《我的兄弟叫顺溜》中，新四军战士顺溜违反纪律独闯淮阴城日本军营，分区司令员陈大雷派遣两名战士去寻找，结果两人都被被顺溜捆绑，顺溜乘机逃脱。陈大雷怒斥两名战士是垃圾箱里的破烂——都是废物！

癞蛤蟆上脚面——不咬人隔（gè）应人

【注释】癞蛤蟆即蟾蜍（chánchú），因其背部长满疙瘩而令人厌恶，但不会咬人。隔应，令人讨厌、不喜欢之意。比喻令人非常讨厌又无法明说。

【例句】电视剧《关东大先生》中的杜巡长好话说尽，坏事干绝，真是癞蛤蟆上脚面——不咬人隔应人。

癞蛤蟆上公路——楞装小吉普

【注释】同上。吉普即吉普车，说癞蛤蟆楞装吉普车，形容人装腔作势，不自量力。讽刺性用语。

【例句】你也想参加全国街舞大赛？就你那身材、长相，就你那"三脚猫"水平，你这不是癞蛤蟆上公路——楞装小吉普吗？

癞蛤蟆打苍蝇——刚刚供嘴儿

【注释】同上。形容物质匮乏，不能满足需要。诙谐性用语。

【例句】一个孩子上大学，一个孩子上中专，就凭我挣俩有限的钱，别说积攒，全家的生活也就癞蛤蟆打苍蝇——刚刚供嘴儿！

癞蛤蟆想吃天鹅肉——异想天开

【注释】同上。癞蛤蟆为地上爬行动物，因其丑陋而令人生厌；天鹅为飞禽，因其美丽而令人喜爱，两者相去甚远。地上爬的令人生厌的癞蛤蟆想吃天上飞的令人喜爱的美天鹅是根本不可能的事，比喻不切合实际，根本办不到的事。讽刺性用语。

【例句】你一个目不识丁的庄稼趴子，有两个小钱儿，就想找个女大学生当老婆，这不是癞蛤蟆想吃天鹅肉——异想天开吗？

癞蛤蟆鼓肚子——干生气

【注释】同上。比喻白白生气而无力解决或面对难题却束手无策。

【例句】他不听劝咱也没办法，好话说了一火车，可他就是不进盐精劝告，非要娶一个俄罗斯姑娘。爹妈真是癞蛤蟆鼓肚子——干生气！

癞蛤蟆上菜墩——硬装大块肉

【注释】同上。讽刺无能力硬装有能力，"楞装大瓣蒜"。讽刺性用语。

【例句】他算什么人？癞蛤蟆上菜墩——硬装大块肉，以为自己是什么了不起的人呢！

蛤蟆没毛 —— 随根

【注释】同上。癞蛤蟆的幼虫蝌蚪生来就不长毛，长大成为蛤蟆也不长毛。比喻人或物从根本上都是一样或一致的。

【例句】老赵家二小子从小手脚就不干净，和他爹一个样，真是癞蛤蟆没毛——随根！

蓝布大褂 —— 一年一换

【注释】旧时相声演员演出时总是身穿蓝布大褂，但传统习惯蓝布大褂一年一换。此处借用这一习惯比喻某人或某事儿变化莫测。

【例句】吆！真没看出来，昨天你还在麻将桌上混，什么时候成为歌星了？这真是蓝布大褂——一年一换啊！

懒驴上磨——屎尿多

【注释】懒驴去拉磨，不是拉屎就是撒尿，借故拖延时间而偷懒。比喻人以各种理由投机取巧或忙里偷闲。

【例句】电视剧《走西口》中，梁满囤年轻时就好吃懒做，投机取巧，懒驴上磨——屎尿多，田青的父母安排什么活儿他都借故推托！

懒婆娘的裹脚布——又臭又长

【注释】裹脚布，旧时妇女裹小脚时用的长布条。比喻文章或讲话缺少实际内容，空话套话连篇，不关百姓痛痒却非常长而引起人们反感。

【例句】咱们的同志喜欢写长篇文章，这样显得有知识、有学问。其实，懒婆娘的裹脚布——又臭又长，适得其反，人们并不买你的帐！

卵子上拴线——净扯鸡巴蛋

【注释】卵子，男子睾丸俗称。鸡巴，男子生殖器俗称。比喻瞎说、瞎闹、没有正事。

【例句】东北督军吴俊升对东北大帅张作霖说："吴佩孚那王八蛋叫我接你的位子，纯粹是卵子上拴线——净扯鸡巴蛋！我心里明镜似的，这是触咕（挑拨、怂恿之意）咱们哥们不和，打起来他才乐呢！"

老太太数鸡蛋——鼓捣半天

【注释】鼓捣，反复摆弄之意。老太太年龄大，记忆力差，手脚慢，因此数鸡蛋要数半天。比喻反复进行，翻来覆去做某一件事。

【例句】就一个简单的报表，你怎么也老太太数鸡蛋——鼓捣半天？

老太太踩鸡屎——全免（掭 miǎn）

【注释】掭，用脚踩踏并且碾压。这里主要借用"掭"的谐音"免"，比喻全部免除

【例句】盼了多年，农业税如同老太太踩鸡屎——全免掭，使农民大大减轻了农业负担。

老太太上鸡窝——笨（奔）蛋

【注释】老太太上鸡窝，主要奔着捡拾鸡蛋而去。这里主要借用"奔"的谐音"笨"，比喻人过于呆傻愚笨。讽刺性用语。

【例句】如今电脑已经普及，有文化的人没有不会玩电脑的。你个高中毕业生，至今还没学会玩电脑，真是老太太上鸡窝——笨（奔）蛋一个。

老太太吃柿子——专捡软的捏

【注释】成熟后的大柿子非常软，也是水果中最柔软的一种。老太太牙口不好，吃水果只能捡软的吃。比喻吃软怕硬，欺负弱者。"雷公打豆腐——专捡软的欺"亦是此意。

【例句】我一个下岗职工，无权无势，你为什么老太太吃柿子——专捡软的捏？看我好欺负吗？

老太太的脸——文（纹）绉（皱）绉（皱）的

【注释】老太太的脸自然是布满皱纹，此处主要借用"纹皱皱"的谐音"文绉绉"。

【例句】你一个庄稼趴子，大字识不了几筐，还吟诗作画，装得像老太太的脸——整天文（纹）绉（皱）绉（皱）的，还想当诗人吗？

老太太过年—— 一年不如一年

【注释】老太太年龄越来越大，因此过一年少一年，一年不如一年。形容每况愈下，今不如昔。

【例句】如今农业政策好，乡亲们的日子一天比一天好过。可我这身病越来越重，真是老太太过年——一年不如一年了！

老太太不吃肺子——来干儿杆（肝）吧

【注释】肝和肺都是牲畜的下水，这里主要借用"肝"的谐音"杆"。比喻放手一搏，无所顾忌。

【例句】放心，老太太不吃肺子——你就来杆儿（肝）吧！出了问题我全兜着！

老太太的尿盆子——挨呲儿没够

【注释】"呲儿"突出"儿"音。老太太的尿盆儿，主要用于接尿，向尿盆儿中尿尿称之为"呲儿尿"。"呲儿"，申斥、谴责之意。这里形象地比喻就像不停地向尿盆儿中"呲儿尿"一样经常受申斥、批评、谴责却屡教不改。

【例句】就这么丁点儿事儿，说你多少遍了！你怎么就像老太太的尿盆子——挨呲儿没够呢？

老母猪嚼碗碴 chà 子——满嘴是词（瓷）儿

【注释】碗碴子即破碎的碗，虽然破碎但也都是瓷器。此处主要借用"瓷"的谐音"词"，比喻写文章或说话喜欢咬文嚼字即拽（zhuǎi）文。

【例句】就你个土包子也之乎者也地满嘴拽（zhuǎi）文，真是老母猪嚼碗碴子——满嘴是词（瓷）儿啊！

老母猪喝磨刀水——有内秀（锈）

【例句】这里主要借用"锈"的谐音"秀"。比喻人外表粗糙而内心有修养、有文化。

【例句】电视连续剧《不是钱的事》中翟小明说：没看出来啊，你是老母猪喝磨刀水——挺有内秀（锈）啊！

老母鸡下蛋——脸红脖子粗

【注释】母鸡下蛋时，因用力而使鸡冠子发红。比喻因生气或情绪激动而脸色发红和脖筋充血。

【例句】有事好好商量，用不着老母鸡下蛋——脸红脖子粗的！

老母鸡下蛋离地方——挪窝（wò）了

【注释】"窝"读 wò，地方、位置之意。老母鸡下蛋不在原处，是挪了地方。比喻已经不在原处或原地，改变了地方。

【例句】我找了你多次也没找到你，原来是老母鸡下蛋离地方——挪窝了！怎么？不在原来的摊位卖服装了？

老牛角上抹香油——又奸（尖）又滑

【注释】同"玻璃碴子掉油锅——又奸（尖）又滑"。

【例句】电视连续剧《乡村爱情小夜曲》中的刘能，撒谎撅屁，连蒙带唬，老牛角上抹香油——又奸（尖）又滑，没有一句是真话。

老鹰叼小鸡——十拿九稳

【注释】老鹰是猛禽，捕捉小鸡非常容易，爪到擒来。比喻非常有把握，很有胜算。

【例句】要说中国体操男队，要夺取伦敦奥运会体操冠军，那还不是老鹰叼小鸡——十拿九稳的事儿！

老虎拉磨——不听那一套

【注释】如果让老虎来拉磨，根本不可能像驴拉磨那样听人吆喝。比喻不听指挥，不服从管理。

【例句】他不顾朋友的劝阻，对父母的话更是老虎拉磨

——不听那一套，执意要去泰国旅游。结果，在泰国动乱中身受重伤，被中国驻泰使馆护送回国。

老虎打架——不听劝

【注释】老虎如果打架，不是人类可以劝解的。比喻不听劝告，一意孤行。

【例句】你这个人，怎么老虎打架——不听劝呢？投巨资去建设农庄饭店，风险太大了！

老虎屁股——摸不得

【注释】老虎是凶猛动物，老虎屁股当然摸不得。比喻不接受批评教育，不服从管理。

【例句】她那个人蛮不讲理，谁也不敢惹，老虎屁股——摸不得，你招惹她干什么？

老虎嘴上拔胡子——找死

【注释】老虎是凶猛的肉食动物，到老虎嘴上拔胡子自然是送死。比喻自作自受，自食恶果。

【例句】瘦小子不服李小龙的武功，向李小龙公开挑战。这纯粹是老虎嘴上拔胡子——找死，瘦小子的武功哪里是李小龙的对手，结果被李小龙打得落花流水。

老虎打哈哧——神气十足

【注释】老虎号称山中之王，被林区群众奉为山神，因此也称"山神爷"。"山神爷"打哈哧，喷出的自然是神气。比喻精神振作，精力充沛，非常有震慑力和影响力。"山神爷打哈哧——神气十足"亦是此意。

【例句】电视剧《亮剑》中，日军坂垣师团得知李云龙领导的八路军独立团的驻地后，老虎打哈哧——神气十足，不可一世，出动重兵将独立团重重包围，发誓要彻底消灭八路军独立团。

老虎驾车——没人敢（赶）

【注释】老虎驾车，当然无人敢赶车。这里主要借用"赶"的谐音"敢"，比喻无人敢承担责任或承担重任。

【例句】中国男足每况愈下，主教练空悬多日。面对如此尴尬局面，帅位难当，究竟谁来担任中国男足主教练，真是老虎驾车——没人敢（赶）？

老虎戴念珠——假充善人

【注释】老虎为肉食动物，凶猛无比。念珠即佛珠，和尚念经时不断搓捻手中的串珠。比喻内心毒辣凶狠表面热情，坏人伪装成好人。"老虎戴念珠——假慈悲""猫哭老鼠——假慈悲"都是此意。

【例句】矿上发生矿难，几十名矿工死于非难。矿老板不仅不如实上报矿难实情，反而转移尸体，隐瞒事故真相，还假惺惺地赔礼道歉，真是老虎戴念珠——假充善人。

老虎戴念珠——假慈悲

【注释】同上。

【例句】发生车祸将人撞死，你家既不来看望，也不包赔。事故处理过后要判你死刑，你的家属才来看望死者家属，这不是老虎戴念珠——假慈悲吗？

老寿星插草标——倚老卖老

【注释】老寿星为高寿之人，插草标为出卖之意。比喻倚仗自己的老资格而显摆卖弄。骂人语。

【例句】别以为你有点老资格就老寿星插草标——倚老卖老，没人吃你那一套。

老鼠逗老猫——没事（死）找事（死）

【注释】老鼠，俗称耗子。猫与耗子是一对死敌，耗子挑逗老猫，自然是自寻死路。此处主要借用"死"的谐音"事"，比喻无事生非，制造祸端。

【例句】我看你就是老鼠逗老猫——没事（死）找事（死）！我又不是无故旷工，而是临时晚来了一会儿，值得你小题大作？

老鼠钻风箱——憋气又窝火

【注释】同上。风箱，旧时烧火做饭的助燃工具即鼓风机。比喻心情不畅，生气上火。诙谐性用语，"王八钻灶坑——憋气又窝火"亦是此意。

【例句】冯德麟虽然当上了奉天二号人物——奉天都督张作霖的军务帮办，却总感觉是老鼠钻风箱——憋气又窝火，是让张作霖给耍拉戏弄了，有苦难言。

老鼠拉木锨——大头在后边

【注释】同上。木锨，一种用来扬场的木把农用工具。老鼠拉木锨，一般总要从木把小头开始，木锨的锨头部分在后边。比喻重要事情还未全部出现，只露端倪或一部分。

【例句】电视连续剧《亮剑》中，八路军独立团团长李云龙在与国民党友军团长楚云飞分析敌情时认为：目前出动的日军只是作为诱饵的先头部队，老鼠拉木锹——大头在后边！

老鼠碰见猫——麻爪了

【注释】同上。"麻爪"即惊慌失措、惶恐不安之意。形容在难题面前毫无办法，无计可施或担惊受怕，惶恐不安。

【例句】当张作霖将剿灭叛匪郭松龄的任务交给吴俊升时，吴俊升立刻如同老鼠碰见猫——麻爪了！郭松龄已成气候，势力很大，岂是我吴俊升能够剿灭得了的？

老鼠下豆触（chǔ）子——一代不如一代

【注释】同上。豆触子即土拔鼠，个头比大老鼠略小，比喻今不如昔或品质下降。

【例句】养殖梅花鹿要讲科学，优胜劣汰，首先要选好种公鹿，这样才能培育出优质商品鹿。如果任其自由发展，就会老鼠下豆触子——一代不如一代，商品质量也就会下降。

老鼠啃猫鼻子——盼死等不到天亮

【注释】同上。形容心情急迫，不惜代价、不顾生命危险去达到某种目的。讽刺性用语。

【例句】利比亚国发生严重动乱，中国人都撤回国内了。你却甘冒生命危险，准备利用动乱后物资急缺之机去做买卖。我看你是老鼠啃猫鼻子——盼死等不到天亮了！

老王婆卖瓜——自卖自夸

【注释】老王婆并无实指，泛指卖瓜者。卖瓜者都说自己的瓜甜，老王婆卖瓜也不例外。形容自吹自擂，自我吹嘘。"王婆子卖瓜——自卖自夸"亦是此意。

【例句】你说你的唢呐演奏水平有多高，别人没夸，你自己倒吹起来了！你这不是老王婆卖瓜——自卖自夸吗？

老猫枕咸鱼——忍不住咬一口

【注释】老猫吃鱼，天性使然。比喻随时随地污陷他人，栽赃陷害。

【例句】这小子就是个整人狂，整人是他的看家本领，咱们得多加小心。老猫枕咸鱼——忍不住咬一口，不知什么时候他就会给你栽赃罪名！

老豆角子——干闲（弦）

【注释】老豆角，即生长期过长变老的豆角，因此豆角弦（筋）因老而产生的丝较多。此处主要借用"弦"的谐音"闲"，比喻无所事事而闲呆。讽刺性用语。

【例句】我已经退休多年了，年龄大了，身体也不好，因此每天也是老豆角子——干闲（弦）！

老叫花子唱山歌——穷开心

【注释】老叫花子即上了年纪的乞丐。比喻自娱自乐，自找欢乐。诙谐性用语。

【例句】我刚刚学会吹唢呐，还远不成调。学吹唢呐不过是老叫花子唱山歌——穷开心而已，也不求精！

老叫花子拉二胡——自找乐子

【注释】同上。比喻自寻欢乐。诙谐性用语。

【例句】花了200元钱看了一场歌剧《图兰朵》。其实我根本不懂歌剧，闲来无事，只不过是老叫花子拉二胡——自找乐子罢了！

老叫花子擦胭粉——穷打扮

【注释】同上。比喻不合时宜的打扮。诙谐性用语。

【例句】又不是去当新郎，又穿西服又扎领带的，老叫花子擦胭粉——你穷打扮啥呀？

老叫花子撒尿——穷得瑟

【注释】同上。男人撒尿时，为使尿排净，有抖动一下小便器的习惯作法。得瑟，显摆、炫耀之意。比喻过于显摆、卖弄、炫耀。诙谐性用语。

【例句】这几年农业政策好，刚刚挣了几个小钱儿，你就要到国外去旅游。老叫花子撒尿——你穷得瑟个啥呀？

老叫花子卖鸡蛋——穷捣腾

【注释】同上。比喻瞎折腾、瞎捣腾。诙谐性用语。

【例句】今天卖蔬菜，明天卖水果，样样不挣钱，你又惦记着去卖服装。你这不是老叫花子卖鸡蛋——穷捣腾吗？

老叫花子照镜子——看那副穷样

【注释】同上。谴责他人过于贫穷。诙谐性用语。

【例句】老叫花子照镜子——看你那副穷样，连个砖瓦房都盖不起，挣了几个钱儿还要到国外去旅游？净做美梦！

老叫花子进照相馆——就是一副穷相

【注释】同上。比喻无论如何也摆脱不了穷相。诙谐性用语。

【例句】如今政策好了，买车的买车，盖砖房的盖砖房，日子都富起来了。只有你们家，老叫花子进照相馆——就是一副穷相！

老叫花子亮膘——穷显摆

【注释】同上。亮膘，裸露自己的身体向他人显示。显摆，炫耀、展示之意。比喻过于显摆、炫耀。诙谐性用语。

【例句】去海南三亚市旅游，买了几件珍珠、蓝田玉手饰，回来后给这个看给那个看。老叫花子亮膘——你穷显摆个啥呀！

老叫花子说评书——穷白唬

【注释】同上。比喻无根据的胡说、瞎说、乱说。诙谐性用语。

【例句】我这里忙得脚打后脑勺，你却在那儿老叫花子说评书——穷白唬。赶快闭上你那张乌鸦嘴，帮我干活儿！

老叫花子请客——来的都是穷客（qiě）

【注释】叫花子本身是极穷的下层人，请来的客人也只能是穷人和下层人。比喻自身贫穷，交往的也都是穷朋友。诙谐性用语。

【例句】就你家这穷家破样，孩子过满月还摆席请客。瞧瞧来的这些人，老叫花子请客——来的都是穷客，你觉得光彩吗？

老家贼吵架——乱喳喳

【注释】老家贼即老麻雀的俗称。比喻乱说话、乱插话或喋喋不休地说话。"苏雀（qiǎo）吵架——乱喳喳"亦是此意。

【例句】大家静一静！净听你们老家贼吵架——乱喳喳了！现在先开会，会后你们再唠嗑也不迟！

老达子看戏——白搭功夫

【注释】老达子，旧时对达斡尔族的蔑称，这里泛指东北地区的少数民族。少数民族不懂汉语，因此说看汉族戏曲也是白搭功夫。比喻白白耗神费力而毫无收获。

【例句】吴俊升对副官说："我斗大字不识一口袋，你拿那么多破报纸给我看，不是老达子看戏——白搭功夫吗？就挑主要的给我唠咕唠咕吧！"

老两口一辈子没孩子——闹个白玩

【注释】老两口子一辈子没生后代，只开花没结果，只同房而无子嗣，白玩一辈子。形容虽然努力而没有结果，白忙一场。诙谐性用语。

【例句】你几天没回家，连着打了几天麻将，不知手气如何？嘻！别提了，耗神费力，不输不赢，老两口一辈子没孩子——闹个白玩！

老和尚放屁——一股京（经）味

【注释】此处主要借用"经"字，比喻人说话京腔京味，一本正经。

【例句】别看他说得像真的一样，老和尚放屁——一股京（经）味，哪有一句是真话？

老鳖进灶坑——憋气又窝火

【注释】老鳖即乌龟，俗称王八。乌龟爬进非常热的灶火坑，即憋气又窝火，即郁闷又窝囊。比喻郁闷窝火，有苦难言。

【例句】在外边丢了钱，回到家又叫媳妇痛骂一顿，真是老鳖进灶坑——憋气又窝火！

老母猪钻板杖子——可着脸儿造

【注释】板杖子，用木板夹起来的院墙。板杖子非常坚固，老母猪如果钻板杖子必须用嘴拱，嘴和脸必然受伤。比喻为达到某种目的而不顾脸面、不顾一切去拼搏、去努力。诙谐性用语。

【例句】为了得到老人留下的房屋遗产，兄弟几人是老母猪钻板杖子——可脸儿造，争得头破血流。

姥姥家的狗——吃完就走

【注释】姥姥即外祖母、母亲的母亲；狗，一般戏称姥姥的外孙或外孙女。形容就像外孙女到姥姥家白吃饭一样，理所当然，毫不领情。

【例句】你可别像姥姥家的狗——吃完就走。好不容易来一趟，多玩几天，尝尝农家饭，再游览一下我们这里的自然风光！

雷公打豆腐——专捡软的欺

【注释】雷公，传说中司掌打雷的神，强悍力量的象征；豆腐，柔软的代表物。比喻欺软怕硬，专门欺负弱者。

【例句】你怎么是雷公打豆腐——专捡软的欺？你以为我软弱可欺吗？我不过是能忍则忍、不同你一般见识而已！

雷公打豆腐——一物降一物

【注释】雷公强硬而豆腐柔软，雷公偏打豆腐，比喻某人或某物专门能降服某人或某物。"卤水点豆腐——一物降一物"亦是此意。

【例句】东北大帅吴俊升小的时候为当地富户放马，学得一手驯马识马的独家本领。任何未曾驯服的烈马，到吴俊升手中都服服帖帖，真是雷公打豆腐——一物降一物！

李双双掉眼泪——没希望（喜旺）了

【注释】李双双、喜旺均为电影《李双双》中的人物。这里主要借用"喜旺"的谐音"希望"，比喻前途渺茫而没有希望。

【例句】经过几天考试，我考公务员恐怕是李双双掉眼泪——没希望（喜旺）了！

李双双钻被窝——有希望（喜旺）了

【注释】同上。比喻峰回路转，仍有希望而未完全绝望。

【例句】经与一家合资企业几轮商谈，双方签定了大学毕业生招收合同。看来在京打拼就业是李双双钻被窝——有希望（喜旺）了！

两手拎土篮——没挑

【注释】土篮，东北地区农村用来盛装东西的用柳条或苕条编的浅筐，既可单拎也可肩挑。如果两只手同时拎，自然就不能肩挑。此处借用"挑"字，即一切都好，无可挑剔。

【例句】我看那小伙子人品好，学历高，长相不错，两手拎土篮子——没挑！又如你看怎么好就怎么办，我是两手拎土篮子——没挑！

脸盆里扎猛子——不知深浅

【注释】同"碟子里洗澡——不知深浅"。

【例句】你刚刚初中毕业，就想报考网络总管？我看你是脸盆里扎猛子—太不知深浅了！

刘姥姥进大观园——看啥都新鲜

【注释】刘姥姥是中国四大名著之一《红楼梦》中的人物，大观园是其中一处著名景观。刘姥姥是农妇，没见过世面，初进大观园洋相百出。形容孤陋寡闻，少见拙识。也说"刘姥姥进大观园——眼花缭乱"。

【例句】第一次到海南三亚旅游，这里的景点多，各具特色，尤以海洋景色著称于世。到三亚旅游，真是刘姥姥进大观园——看啥都新鲜！

刘姥姥进大观园——眼花缭乱

【注释】同上。

【例句】广交会上，人头攒动，商品琳琅满目，真是刘姥姥进大观园——叫人眼花缭乱，应接不暇！

龙王庙里着大火——慌神了

【注释】龙王庙里着火，烧的自然是龙王神像，所以老龙王才慌张。比喻心慌意乱，惊慌失措。"孙悟空大闹天宫——慌神了"也是此意。

【例句】听说四川汶川发生大地震，小张可真是龙王庙里着大火——慌神了，那是他的家乡啊！

笼子里抓鸡——手拿把掐

【注释】同"裤裆里抓卵子——手拿把掐"。

【例句】这点儿小事儿，交给我好了！笼子里抓鸡——手拿把掐！

聋子的耳朵——摆设

【注释】聋子因耳聋而耳朵失去了应有的功能，因此成为摆设。比喻徒有其表而无实用价值。

【例句】两个企业签定协议，让我这个主管市长参加，我既不懂外语，又不懂谈判艺术，让我参加，我不成了聋子的耳朵——摆设了吗？

搂草打兔子——捎带

【注释】搂草打个兔子是偏得，比喻在主题之外有所偏得，并不是故意而为，或者做某件事时顺便做另一件事，一举两得。

【例句】我进城去劳务市场谋职，谋职不成去看望一个多年不见的老同学。谁知这位老同学给我指了一条谋职的明路，这真是搂草打兔子——捎带。

炉子不好烧——欠搧

【注释】炉子不好烧，需要用扇子搧以助燃。欠，需要、缺少之意；搧，搧嘴巴子即打、揍之意，泛指揍一顿以示惩戒。形容由于屡犯错误或经常失误需揍一顿为惩戒。"破炉子——欠搧"亦是此意。

【例句】你这孩子，怎么这么不听话？不让你去网吧你偏去，你是不是炉子不好烧——欠搧了！

卤水点豆腐—— 一物降一物

【注释】卤水是一种化学物质，也是工业原料，民间主要用来点制做豆腐。降，降服、制服之意。比喻某人或某物专门能降服或制服某人或某物。"雷公打豆腐——一物降一物"亦是此意。

【例句】电视剧《我的兄弟叫顺溜》中，八路军战士顺溜即陈二雷生性顽皮，却因有神枪的本领受到六分区司令员陈大雷的喜欢，也只有陈大雷能制服他，真是卤水点豆腐——一物降一物。

罗锅上山——钱（前）紧

【注释】罗锅即驼背，上山时身向前倾而自然挺胸，因此说前部紧张。这里主要借用"前"的谐音"钱"，比喻手中缺钱。

【例句】我准备给孩子买台电脑，但目前是罗锅上山——钱（前）紧。等秋天卖粮后，一定给他买一台手提电脑！

萝卜不大——长在辈背上

【注释】萝卜应长在垄台上，却因故长在了垄背垄台的侧面上。这里主要借用"背"的谐音"辈"，形容地位虽低，但掌握实际权利。诙谐性用语。

【例句】28岁就当上了市长，萝卜不大——长在辈背上了。

M

麻雀（què）虽小——五脏俱全

【注释】麻雀俗称家雀（qiǎo），体型虽小，但同其他鸟类一样，五脏俱全。比喻物体虽小，但什么都不缺，也指人虽然地位低，但什么本领都具备。

【例句】别看我们的店铺门面不大，但药品品种非常齐全，还有驻店医师，更有药剂师，麻雀虽小——五脏俱全！

麻子不叫麻子——坑人

【注释】麻子主要在脸上长有许多小坑，经常被戏称为"坑人"。比喻对方或他人使用不正当的手段方法坑害或祸害对方或他人。诙谐性用语。

【例句】我们举全家之力筹集几十万元资金购买期房，我们还要花钱租房等待期房交付使用，包工头却以各种理由推迟交房日期，还要提高房价，这不是麻子不叫麻子——活活坑人吗？

麻杆儿打狼——两头害怕

【注释】麻杆儿即麻的杆儿，非常脆弱，不禁打碰，一打一碰就断。用麻杆儿这种非常脆弱的工具来打凶猛的狼，打狼者因手中麻杆儿非常脆弱而感到害怕，而狼看到麻杆儿不知何物同样感到害怕。是一种形象的比喻，比喻彼此双方都感到害怕、担心。

【例句】吴俊升也感到麻杆儿打狼——两头害怕，既担心被张作霖吃掉，又怕郭鬼子（郭松龄）发展壮大对自己是个巨大威胁。

马槽子伸出个驴头——多嘴多舌

【注释】马槽子是马吃草的槽子，伸出一个驴头，即多出一张嘴、多出一条舌头。比喻不该说话时乱说话，使人感到厌恶或厌烦。讽刺性用语。

【例句】这里召开的是董事会，你既不是董事又不是股东，马槽子里伸出个驴头——用不着你多嘴多舌！

马槽子里伸出个驴头——多出一张嘴

【注释】同上。

【例句】我们正在商量企业破产后的重组事宜，马槽子伸出个驴头——怎么多出你这张嘴？不关你什么事儿，哪儿凉快哪儿呆着去吧！

马尾（ yǐ）巴串豆腐——提不起来

【注释】马尾巴细如发丝，豆腐柔软如水，马尾巴根本串不了豆腐。比喻不值一提，不值一说。"头发丝串豆腐——提不起来"亦是此意。

【例句】我那点破事，马尾巴串豆腐——提不起来！还不是因为耍钱被警察罚了几个钱儿，也没什么大不了的事儿！

马粪蛋子——表面光

【注释】马粪蛋子指刚刚拉出来的尚未破碎略呈圆形的马粪，这时的马粪外包一层薄薄的膜而光滑，里面却是一分不值的粪便。比喻徒有外表。贬低性用语。

【例句】别看他能说会道，嘴甜如蜜，其实是马粪蛋子——表面光，一肚子坏心眼儿！

买把韭菜不择 zái——抖起来了

【注释】韭菜不用手择捡除杂物而用手抖甩动，这里主要借用"抖"字，比喻出乎意料地成气候或出人头地。

【例句】几年不见，买把韭菜不择——你怎么抖起来了！听说你到俄罗斯去种西红柿了，发财了吧？

买白菜不腌——急（jī）（渍）啦

【注释】"急"不读jí而读jī。东北地区素有用白菜渍（jī）酸菜的传统习惯，白菜不腌咸菜而渍酸菜，主要借用"渍"的谐音"急"。"急"，生气或发怒之意，称为"急眼或急歪"。比喻生气上火、怒不可遏。

【例句】两人因入股分成的事儿，几句话不投机，买白菜不腌——急（渍）啦！

麦田里的狗尾（yǐ）巴草——良莠不齐

【注释】狗尾巴草与小麦外表十分接近，与麦苗混杂在一起很难区分。比喻好坏不分，很难区分，良莠不齐。

【例句】我们这次招收中老年国标舞队员，是为了参加全市国标舞大赛，招收的标准很高。有几个队员根本不够标准，麦田里的狗尾巴草——良莠不齐，鱼目混珠，怎么参加大赛呀？

卖布不用尺子——净瞎扯

【注释】卖布主要用尺量，卖布不用尺量只能凭感觉用手胡乱撕扯。比喻没有根据的胡说八道，乱说一气。

【例句】你说的再好，编得再圆，大家也不相信。你是卖布不用尺子——净瞎扯！

卖布的倒贴棉花——白搭

【注释】比喻白白倒贴或所进行的事情没有意义，没有取得预想的结果。诙谐性用语。

【例句】这次去满洲里倒运木材，货也订好了，手续也办齐了，却因为迟迟请不下来车皮而耽误了，卖布的倒贴棉花——白搭了功夫，也白搭了前期费用。

卖瓦盆的——　一套一套的

【注释】瓦盆种类很多，大多数有大有小，可以配成套卖。比喻讲起道理滔滔不绝，有板有眼，有理有据，令人信服。

【例句】那小子可真能白唬，讲起话来如同卖瓦盆的 ——一套一套的，死人都能说活喽！

卖烧饼的卖煎饼——摊上了

【注释】制作烧饼主要是烤和烙，做煎饼主要为"摊"。这里主要借用"摊"字，形容某事儿不是主观而是自然落到某人身上，称之为"摊上"。

【例句】抓了 50 万元大奖，这种好事儿真是卖烧饼的卖煎饼——怎么就叫他摊上了？　又如百年不遇的"非典"，真是卖烧饼的卖煎饼 —— 叫我给摊上了，真够点儿背的！

卖煎饼的说梦话——摊上了

【注释】同上。卖煎饼的主要工作就是摊煎饼，连做梦都是摊煎饼。

【例句】百年不遇的龙卷风飓风把我家的塑料大棚卷个干干净净，这种倒霉的事儿真是卖煎饼的说梦话——怎么叫我摊上了？

满嘴里跑舌头——　想说啥说啥

【注释】舌头长在自己嘴里，想说啥就说啥。形容不受限制和约束，我行我素，想怎么办就怎么办，想说啥就说啥。"满嘴跑舌头——爱说啥说啥"亦是此意。

【例句】你怎么满嘴里跑舌头——想说啥就说啥？人家个人免费收养失学儿童，是一项社会公益事业，是为政府分忧，也是为贫困人群谋利，哪是什么借机敛财？

猫哭老鼠——假慈悲

【注释】猫与老鼠是一对生死对头，猫是老鼠的天敌，天敌不吃对方而为之哭泣，只能是假哭，比喻假装同情而包藏祸心。讽刺性用语。

【例句】你就别猫哭老鼠——假慈悲了，你那点小心眼儿你以为别人都看不出来吗？现在一味想伺候老人，不就图那点家产吗？

猫舔狗鼻子——自讨没趣

【注释】猫与狗虽然同属家庭宠物类，但并不是同一个物种。猫舔狗鼻子，是主动示好的表示，比喻主动示好却不被对方理解而遭冷遇。讽刺性用语。

【例句】你们总想娶赵家女儿当儿媳妇，老媒婆几次说亲也没成功，你们老两口还要亲自上门说亲，你们这不是猫舔狗鼻子——自讨没趣吗？

毛头纸糊窗户—— 一捅就破

【注释】毛头纸，旧时糊窗户的主要用纸，因质地松软而易破，故说一捅就破。形容纸里包不住火，很容易被戳穿或暴露真相。

【例句】其实这点猫腻，毛头纸糊窗户——一捅就破。大家心知肚明，心照不宣，不愿意揭穿就是了。

茅楼里的石头——又臭又硬

【注释】茅楼即开放式厕所或露天厕所，一般指室外厕所而不同于室内"卫生间""洗手间"。比喻软硬不吃，十分倔强。讽刺性用语。"粪坑里的石头——又臭又硬"亦是此意

【例句】电视剧《大宋提刑官》中的退休将军史文俊，简直就是茅楼里的石头——又臭又硬，为朝中权贵所厌恶，被污陷入狱后竟无人相救。

茅楼顶上安烟筒——臭气熏天

【注释】同上。茅楼内只有臭气秽气，烟筒排出的也只能是臭气秽气。比喻臭名昭著，臭名远扬。讽刺性用语。

【例句】北宋时期的大奸臣秦桧就是茅楼顶上安烟筒——臭气熏天，不仅私通敌国，还屡陷忠良。

茅楼里面照镜子——臭美

【注释】同上。比喻不顾周围环境或条件一味追求美。讽刺性用语。"屎壳郎擦胭粉——臭美"亦是此意。

【例句】你一天衣服不知换几套，茅楼里面照镜子——不知臭美个啥？又如你说你可以为我牺牲一切，海枯石烂不变心。我看你是茅楼里照镜子——臭美！

茅楼里扔炸弹——激起公愤（粪）

【注释】同上。此处借用"粪"的谐音"愤"，比喻引起众怒。

【例句】朝鲜国不顾国际社会的强烈反对，坚持发展核武器，

茅楼里面扔炸弹——激起了公愤（粪），许多国家纷纷发表声明表示谴责，联合国也通过了专项决议。

茅楼板子当祖宗牌儿——不是什么好料

【注释】同上。祖宗牌儿即供奉祖先的牌位，非常神圣且庄严，茅楼里的板子既脏又臭，根本不是什么好材料，更不能用来做祖宗牌儿。比喻人品不正，不是什么正经人。讽刺性用语。

【例句】那小子整天游手好闲，惹事生非，茅楼板子当祖宗牌儿——不是什么好料！

茅楼里嗑瓜子——进的少出的多

【注释】同上。在茅楼里主要是解大便，要排出许多粪便；而嗑瓜子只能一粒一粒磕着吃，数量极少，因此说进的少而出的多。比喻进少出多，入不敷出。诙谐性用语。

【例句】唉！这几年我长期有病，治病要花钱，孩子上学也要花钱，只凭我打工挣几个小钱，真是茅楼里嗑瓜子——进的少出的多，日子可真难啊！

门缝里瞧人——把人看扁了

【注释】比喻没有看到对方的实力或能力而小视轻视对方。

【例句】你儿子已经当了副县长了，你还总认为他不成材。你这不是门缝里瞧人——把人看扁了吗？他的前途还大着呢！

门缝里吹喇叭——名（鸣）声在外

【注释】此处借用"鸣"的谐音"名"，比喻名声鹊起，远近闻名。

【例句】你参加了中央电视台《梦想剧场》的仿明星演唱，

你模仿腾格尔的演唱获得了第二名。如今，你已经成为大明星，门缝里吹喇叭——早已名（鸣）声在外了！

蒙眼驴拉磨——瞎转悠

【注释】驴子被蒙上眼睛拉磨，只能按磨道转圈儿，比喻没有目标地随意走动。

【例句】"这么晚了，你这是到哪儿去啊？""蒙眼驴拉磨——瞎转悠！没什么明确目标！"

梦里娶媳妇——净想美事

【注释】娶媳妇是人间喜事也是美事，借此比喻凭空瞎想出的好事、美事，是一种空想、梦想，并不现实。"做梦娶媳妇——净想美事"亦是此意。

【例句】炒股也能挣大钱？梦里娶媳妇——你怎么净想美事？天上不可能掉馅饼，这么好的事能轮到你头上？做梦去吧！

磨道上的驴——听喝

【注释】听喝即听吆喝，服从管理。驴戴上蒙眼在磨道里拉磨，只能听从主人吆喝。比喻非常听话，让干什么就干什么。

【例句】我是磨道上的驴——听喝！分配我干什么我就干什么，绝无二话！

磨道赶驴——转圈撵

【注释】磨道里的毛驴只能按磨道转圈拉磨，赶驴即撵驴。因此，撵驴也只能按磨道转圈撵，比喻按一定方向或规律追撵对方。诙谐性用语。

【例句】贷款要你签字，时间很急。我找了你好几个单位，磨道赶驴——转圈撵，这才找到你，赶快签字吧！

麻杆打狼——两头害怕

【注释】麻杆既细又脆，极易折断，用来打狼，打狼者心中无底发虚而害怕，狼见麻杆也觉吃惊，比喻当事人双方均心中无底而感到害怕。

【例句】咱们也用不着麻杆打狼——两头害怕，咱们怕他们，他们照样也怕咱们呢！

没有鸡蛋——做不了槽子糕

【注释】槽子糕即蛋糕的旧称，蛋糕的主要原材料之一是鸡蛋，缺了鸡蛋，当然做不了蛋糕。比喻缺什么重要人物都可以，不影响事情的圆满结局。谴责性用语。

【例句】张作霖气得浑身乱哆嗦，指着属下五十三旅旅长汤玉麟骂道：“汤玉麟，没你这个鸡蛋还做不了槽子糕了？滚！给我痛快儿滚！”

没头的蚂蚱——瞎蹦达

【注释】蚂蚱即蝗虫，以善跳跃闻名。形容胡乱冲撞或莽撞行事。谴责性用语。

【例句】你能不能稳当点儿？怎么像没头的蚂蚱——瞎蹦达呢！

庙门口的旗杆——光棍一条

【注释】佛家习俗，庙门前只立一根旗杆。比喻单身一人，孤身一个。

【例句】你已经三十多岁了，怎么还是庙门口的旗杆——光棍一条？怎么不组建个家庭？

N

拿着鸡毛当令箭——小题大做

【注释】令箭，封建社会指挥或调度军队的信物；鸡毛，不值一文钱。把轻如鸿毛的鸡毛当做十分重要的令箭，比喻小题大做，借题发挥。

【例句】别拿着鸡毛当令箭——小题大做！我只是暂时借款，并不是挪用公款！

纳鞋底子不用锥子——真（针）行

【注释】与"补鞋不用锥子——真针行"同义。旧时做鞋主要靠手工，纳鞋底即用麻绳缝鞋底，必须用锥子扎眼再用针缝。此处主要借用"针"的谐音"真"，赞扬性用语"真行"、"真可以"。

【例句】如今养殖业长期处于低迷状态，别人都长期处于亏损状态，你可纳鞋底子不用锥子——真（针）行！不仅有盈利，还扩大了规模！

脑门子上贴邮票——走人

【注释】脑门子即额头；邮票是邮信或邮物品的凭证。人的脑门子上贴上邮票，如同像邮信一样将其邮走，故称"走人"。

指令性用语。"脑袋上贴邮票——走人"亦是此意。

【例句】此处不养爷，自有养爷处！别以为我离开这里就活不成了！不用送！脑门子上贴邮票——我现在就走人！

泥菩萨过河——自身难保

【注释】菩萨即南海观世音菩萨，人们心目中的善神。菩萨是传说中的神仙，虽然都说灵验，但人世间并不实际存在。泥塑的菩萨遇水而化，不仅不能给别人带来吉祥，自己也保不住自己。比喻自身难保，更不会保护别人。

【例句】人家有权有势，咱们斗不过人家，闹不好还会泥菩萨过河——自身难保。算了，得过且过吧！

泥瓦匠的手艺——和（huò）稀泥

【注释】泥瓦匠的主要工作之一就是和泥，比喻谁也不得罪而保持中立。

【例句】你好我好他也好，你谁也不得罪，可真是泥瓦匠的手艺——就会和稀泥。

奶（nǎi）妈妈（nài）孩子——人家的

【注释】奶妈即乳母，"奶nài"为动词，给婴儿喂奶之意即哺乳。乳母喂的孩子当然是别人家的孩子，比喻别人之物而非己之物。诙谐性用语。"保姆奶孩子——人家的"亦是此意。

【例句】别看我是银行出纳员，每天都和钱打交道，每天过手的钱何止千万，但这是奶妈妈（nài）孩子——都是人家的，分文也不能贪占！

尿壶镶金边儿——就是图个好看

【注释】尿壶即夜壶，男人专用工具，接尿是它的唯一功能，镶金边也并不能增加它的功能。比喻徒有外表，并不实用。

【例句】我的裙子绣了一朵牡丹花，其实没别的用处，尿壶镶金边——就是图个好看！

尿壶镶金边儿——就是嘴好

【注释】同上。尿壶镶了金边儿，壶嘴也同样镶金边儿。比喻能说会道，全凭一张嘴。贬低性用语。

【例句】谢大脚能说会道,巧舌如簧,尿壶镶金边儿——就是嘴好！

暖水瓶里起风雷——胡（壶）闹

【注释】暖水瓶俗称暖壶，此处主要借用"壶"的谐音"胡"，比喻所做的事情没有必要，毫无意义。谴责性用语。

【例句】电视剧《雄关漫道》中，红六军团二团团长李明皓右臂受重伤，必须截肢。但李明皓拒不截肢，以死抗争，总指挥贺龙斥责李明皓："暖水瓶里起风雷——简直就是胡（壶）闹！为了保全生命，必须截肢！"

暖水瓶的塞子——赌（堵）气

【注释】暖水瓶的塞子主要是堵住瓶中的热气防止散热，这里主要借用"堵"的谐音"赌"，比喻同他人怄气。

【例句】他这是暖水瓶的塞子——赌（堵）气呢！我说了他几句，两顿饭都没吃了！

捏眼皮擤（xǐng）鼻子——有劲儿使不上

【注释】擤鼻子即用力排出鼻子内的鼻涕，需要捏鼻子发暗力，而捏眼皮不可能擤出鼻涕。比喻有劲使不上，有力发不出。

【例句】孩子考大学，紧张得我在考场外团团转，真是捏眼皮擤鼻子——有劲儿使不上，只好耐心等待！

女人的乳罩——包二奶

【注释】女人的乳房，俗称"奶子"。女人使用的乳罩，其功能就是遮挡两个乳房即两个奶子。"二奶"，现代名词即情妇。"包二奶"即包养情妇。

【例句】现在腐败之风严重，许多领导干部或大款都是女人的乳罩——包二奶。党中央制订了"老虎苍蝇一块儿打"的政策后，许多人因"包二奶"而落马。

P

屁股底下有钉子——坐不住

【注释】屁股底下有钉子，人当然坐不住。形容人心急如火、坐立不安的样子。

【例句】你怎么像屁股底下有钉子——坐不住？是不是有什么心事？说出来听听！

屁股上抹香油——不值一文（闻）

【注释】此处主要借用"闻"的谐音"文"，比喻毫无价值，一钱不值。诙谐性用语。

【例句】玩了一辈子鹰却被鹰啄瞎了眼，经营了十几年的文物买卖，花大价钱买了一副自认为真迹的《晴雨快时帖》，谁知竟是赝品，屁股上抹香油——不值一文（闻）！

屁股上插钢针——根硬

【注释】这是一种诙谐又形象的比喻，比喻某人势力很大或有很强大的靠山，他人奈何不得。

【例句】咱哪能跟人家比，人家是屁股上插钢针——根硬。咱们只是平头百姓，有什么靠山？

破茶壶——没准（嘴）儿

【注释】茶壶坏了，嘴儿也掉了。这里主要借用"嘴"的谐音"准"，比喻说不准、说不定、不一定。

【例句】我申请参加地震灾区抢险志愿者，到现在还没有音讯，破茶壶——还没准（嘴）儿呢！

破草帽子——晒脸

【注释】草帽破了，阳光可透过草帽晒脸。谴责对方没脸没皮，自讨无趣。骂人语。

【例句】你这孩子，破草帽子——晒脸！说你几次也没个长进，淘得更没边了！

破炉子——欠搧

【注释】同"炉子不好烧——欠搧"。

【例句】屡次说你不许去歌舞厅，你就是不听。你是不是破炉子——欠搧？

破裤子缠腿——净扯（净胡扯、别跟我扯）

【注释】因裤子过于破，裤腿经常扯住腿而使走路不便。这里主要借用"扯"字，形容胡编滥造或无中生有。"破裤子缠腿——净胡扯""破裤子缠腿——别跟我扯"都是此意。

【例句】什么？说我借钱还不还？这真是破裤子缠腿——净扯！我哪能是借钱不还的主儿？又如破裤子缠腿——净胡扯，我什么时候卖给农民假种子害人啦？

跑腿子的行李——动不得

【注释】跑腿子指一个人长期在外的单身男性，无论已婚、未婚都称"跑腿子"。而行李是跑腿子的主要家当，也是隐藏钱物的唯一地方，因此他人不能翻弄以免暴露隐私。

【例句】那可不行，你不知道有句话说"跑腿子的行李——动不得"啊！他的行李可不能翻！

狍子屁股——白白的

【注释】狍子的屁股长有白毛，用这种自然现象比喻徒劳无功、白费力气。

【例句】"赵大炮（对猎民的尊称），今天上山打猎有什么收获？""唉！狍子的屁股——白白的，毫无收获，空跑一趟！"

皮裤套棉裤——必定有缘故

【注释】皮裤不可能套在棉裤的外边穿，如果这样穿，违反常理，必定有其中的特殊原因。比喻事情的发生，有着它必然的原因。诙谐性用语。

【例句】老局长最近总是闷闷不乐，皮裤套棉裤——必定有缘故，是不是有什么不高兴的事？我们都要多加小心！

迫击炮打蚊子——小题大做

【注释】偌大的迫击炮去打小小的蚊子，比喻没有必要地大动干戈，小题大做。讽刺性用语。

【例句】既然迟到了，就要按制度扣款，这也不是迫击炮打蚊子——小题大做，而是执行规章制度。没有规矩，不成方圆，必须要这么做！

乒乓（ pīng pā）球掉大海——楞装王八蛋

【注释】乒乓读 pīng pā 而不读 pīng pāng。白色的乒乓球颜色与形状均像俗称王八的乌龟蛋。此处借用这一特性比喻装模作样，不懂装懂。贬低性用语、骂人语。与"猪鼻子插大葱——装相象"异曲同工。

【例句】他哪儿懂什么是"达沃斯"？不懂装懂，简直是乒乓球掉大海——楞装王八蛋！

Q

骑脖子拉屎——欺骑人太甚

【注释】骑在人的脖子上拉屎，的确欺负人到了无以复加的地步。这里主要借用"骑"的谐音"欺"，比喻欺负人到了无以复加的地步，让人忍无可忍。

【例句】我就因故一天没来上班，扣工资还不行，还要点名批评，张榜公布。骑脖子拉屎——是不是欺骑人太甚了？

骑毛驴儿看唱本——走着瞧

【注释】"唱本"，旧指剧本的唱词。边骑毛驴儿边看唱本，一边走一边看，故曰"走着瞧"。威胁用语，犹如俗语"你等着！"

【例句】你出售假冒名牌产品，找你换货你还不同意，还出口不逊。好！骑毛驴儿看唱本——咱们走着瞧，有你说软话的时候！

骑毛驴吃豆包——乐颠馅了

【注释】骑毛驴儿比较颠簸，甚至能将豆包颠破而露出馅来。比喻高兴异常，忘乎所以。讽刺性用语。

【例句】又要涨工资，又要发奖金，还要给办"三险"，你这退休职工这回可是骑毛驴吃豆包——乐颠馅了吧？

汽车轧罗锅——死了也值（直）啦

【注释】罗锅即驼背，也指驼背之人。汽车能将弯曲的罗锅轧直，是一种形象的比喻。这里借用"直"的谐音"值"，比喻为达到某种目的而付出任何惨重的代价都值得。

【例句】假如我也能上《星光大道》演出，这一辈子汽车轧罗锅——死了也值（直）啦！

千里地扛个食槽子——就是为了一张嘴

【注释】食槽子指猪、狗、鸡等吃食用的槽子。形容花费很大气力就是为了品尝到某种食物。

【注释】走遍了半个北京城，终于找到了东北三江野生鱼村饭店，品尝到了著名的三江野生鱼铁锅煮鱼。这真是千里地扛个食槽子——就是为了一张嘴。

秋后的蚂蚱——蹦达不了几天

【注释】蚂蚱即蝗虫，秋天天气变凉后即开始冬眠。比喻受条件因素的限制，无法再进行或从事所从事的事情或事业。讽刺性用语。

【例句】别看你现在闹的欢，村委会主任公开选举马上就开始了，秋后的蚂蚱——你也蹦达不了几天了！

秋天的老窝瓜——皮老心不死

【注释】秋天的老窝瓜已经成熟，但仍在生长。比喻人虽然上了年纪，但仍有奋斗精神，犹如"老骥伏枥，壮心不已"。

【例句】电视剧《雄关漫道》中，开明绅士周素圆是秋天的老窝瓜——皮老心不死，不顾国民党的威胁利诱，以70多岁的高龄参加了红军。

苣荬（qǔ mài）菜包饺子——心里苦

【注释】苣荬菜为野生草本植物，味苦，嫩茎叶均可生食，主要蘸大酱生食，是东北民间传统食品。由非常味苦的苣荬菜做馅包饺子，故说心里苦。

【例句】电视剧《闯关东》中，鲜儿命运坎坷，屡经磨难，被迫加入绺子成为土匪三掌柜。其实苣荬菜包饺子——心里非常苦，可又不能表白，因此一直没有答应同朱家老三朱传杰的婚事。

瘸子跳高——忒（tuǐ）（腿）好了

【注释】瘸子能跳高，说明瘸子的腿好了。"忒"即特别、非常之意，此处主要借用"腿"的谐音"忒"即非常好、特别好。肯定性用语。

【例句】下乡销售家用电器国家还要给补贴？瘸子跳高——忒（腿）好了！我现在就去备货，近期就去农村促销！

瘸子打围——站着喊（坐山喊）

【注释】打围即打猎、狩猎。瘸子因腿脚有残疾而行动不便，不能追赶野兽，只能站着喊或坐山喊，比喻空喊口号而缺乏实际行动。

【例句】你别瘸子打围——站着喊！这瓦匠活儿可不是好干的，既要手艺，又要体力，看我们一天挣百十元眼红，你来干几天试试！

瘸子打围——干咋呼

【注释】同上。比喻光说不干，唱高调而不务实。

【例句】光说合资去俄罗斯捣腾木材，咱俩每人投资10万元。事情已过去了几个月，你怎么瘸子打围——干咋呼，到现在也没见一分钱，你到底打的什么主意？

瘸子伸腿——长短不一

【注释】瘸子因腿脚有残疾，因此两条腿不一般长。形容参差不齐，各有所长。

【例句】这批木材质量不太好，粗细不一不说，瘸子伸腿——长短也不一，看来卖不上好价钱！

瘸子靠着瞎子走——取长补短

【注释】瘸子腿有残疾,走路不便;瞎子眼有残疾,无法视物。瘸子利用瞎子腿脚便利,瞎子利用瘸子眼睛便利,双方取长补短,相互利用。

【例句】我缺钱,你缺场地,咱们俩合作,这可是瘸子靠着瞎子走——取长补短,谁也不吃亏!

R

热锅里的蚂蚁——团团转

【注释】热锅里的蚂蚁只能在热锅中乱爬,比喻陷入难以摆脱的困境,无路可走。

【例句】电视剧《潜伏》中,潜伏在国民党军统天津站的地下共产党员余则成得知假妻子翠平被炸的消息后,既不能打探消息,又不能暴露身份,急得像热锅里的蚂蚁——团团转。

热锅上的蚂蚁——走投无路

【注释】同上。

【例句】电视剧《战北平》中,北平今北京守敌已被我数十万中国人民解放军团团围住，已经是犹如热锅上的蚂蚁——走投无路。

肉包子打狗——有去无回

【注释】狗喜欢吃肉，本性使然。用肉包子打狗，自然有去无还。比喻事情不可挽回或有进无退。

【例句】投资几万元炒股，结果股市一跌再跌，一再套牢，看来这几万元是肉包子打狗——有去无回了！

日历不叫日历——白扯

【注释】日历是过一天扯一张，比喻白费力气而无结果。

【例句】电视剧《金色农家》中，村党支部书记靳城为改变本村贫穷落后状况，费尽心血，但一时不被村民理解。靳城的一片心意犹如日历不叫日历——都白扯了。

入秋的高粱——脸儿红了

【注释】入秋后，高粱穗日渐成熟，颜色渐渐转红。比喻因故害羞或不好意思而脸红。

【例句】组织部长找李局长谈话，指出他有贪占的行为。李局长听后，入秋的高粱——一下子就脸儿红了，赶忙检讨了自己的不检点行为。

软刀子杀人——不见血

【注释】软刀子并非真刀，而是利用阴招、狠招杀人，根本不见出血。比喻内心狠毒而表面不露声色。

【例句】有话你就明说，别软刀子杀人——不见血，净背后整事儿！

S

仨大钱儿买个豆触子——贵贱不是个物

【注释】"仨大钱儿"也说"仨大子儿"。不是实指,而是形容很少的钱。"豆触子"即鼹鼠的俗称,体型很小,皮毛也不值钱。用很少的钱买个不值钱的东西,无论贵贱花多少钱,物品都不是贵重物。比喻人品极差,不是个东西。一种粗鲁的骂人语。

【例句】要说吴俊升,那小子是仨大钱儿买个豆触子——贵贱不是个物,不仅与盟兄张作霖反目,还带兵攻打老师郭松龄。

三九天穿裙子——美丽动(冻)人

【注释】三九天是东北地区最寒冷的季节,这种天气穿裙子为了美丽却受冻。这里主要借用"冻"的谐音"动",比喻为了追求美丽而不顾及客观条件。贬低性用语。

【例句】这套衣服穿在你身上,合身又得体,真是三九天穿裙子—— 美丽又动(冻)人啊!

三九天不戴帽子——动动(冻冻)脑子

【注释】同上。此处主要借用"冻"的谐音"动",比喻要开动脑筋,多想办法。讽刺性用语。

【例句】要说解决问题的办法，三九天不戴帽子——你多动动（冻冻）脑子，办法不就有了吗！

三九天穿单褂——抖起来了

【注释】同上。最冷的季节穿单褂，冷得瑟瑟发抖，单褂也在冷风的吹动下抖动。比喻某人神气起来或地位提高、地位显赫。

【例句】夸你几句，你还三九天穿单褂——抖起来了。又如老宋家的小儿子，几年不见，三九天穿单褂——抖起来了，据说现在是拥有亿万资产的大老板。

三个兽医抬个驴——没治了

【注释】驴生重病，濒临死亡，即使三个兽医抬个驴共同治疗，也无能为力，已经救不活了。比喻事情已经无可挽回或无法补救。讽刺性用语。

【例句】事到如今，三个兽医抬个驴——没治了。我看就顺其自然，静观其变吧！又如我那老公耍钱成瘾，屡教不改，已经被警察抓去好几回了，还偷着去耍。三个兽医抬个驴——真的没治了！

三条腿的凳子——欠拾掇

【注释】欠，缺少之意；拾掇，在这里为"修理"即"以武力教训"之意。三条腿的凳子是坏凳子，需要修理。比喻由于屡犯错误或出现过错而需要管教或惩罚。骂人语。

【例句】我看你就是三条腿的凳子——欠拾掇！不让你去网吧，你就是不听！再去网吧不回家，看我不打断你的腿！

三条腿的凳子——欠踹

【注释】同上。踹，用脚踢之意。比喻由于屡犯错误或出现过错需要狠揍一顿以示惩罚。骂人语。

【例句】你是不是皮子痒痒了？三条腿的凳子——我看你就是欠踹！

三十年的寡妇——老手（守）

【注释】三十年为虚指，即很多年之意。几十年的老寡妇一直独守空房，此处主要借用"守"的谐音"手"，形容资格或技艺高人一筹。

【例句】说起网络技术，你可是三十年的寡妇——算把老手（守）了，钻研网络技术已经十多年了吧？

三十里地扛个猪槽子——就为了一张嘴

【注释】三十里无实际意义，比喻道路很长；猪槽子，猪吃食的槽子。比喻只为了吃而付出很大代价。

【例句】咱们跑这么远的路，就为了尝尝手把肉的滋味，真是三十里地扛个猪槽子——就是为了一张嘴。

三十晚上穿棉靰鞡——穷搅（脚）

【注释】棉靰鞡，旧时东北人越冬穿的一种劣质棉鞋。"东北三件宝，人参鹿茸靰鞡草"中的靰鞡草就是垫进棉靰鞡的草用以保温。大年三十还穿这种劣质鞋，人穷脚也穷。此处主要借用脚的谐音"搅"，比喻不讲道理而捣乱搅局。

【例句】要不是赵四那小子三十晚上穿棉靰鞡——穷搅（脚）一气，事情早就办成了！

三岁长胡子——小老样

【注释】正常人3岁不可能长胡子，如果真的长胡子，人小却像老人一样长胡子。讥讽人就像3岁小孩一样不懂事，也讥讽对方根本瞧不起人，一副神气十足的样子。

【例句】看你，三岁长胡子——小老样，任嘛不懂，还熊瞎子戴眼镜——愣装知识分子！又如就你？三岁长胡子——小老样，还敢管起我来了？

杀猪不用吹——蔫退（褪）

【注释】民间传统杀猪，需要用开水腿毛，再将猪周身用气吹鼓，用专用工具刮毛。如果不用这种方法，那就行成悄悄杀猪、悄悄腿毛，就是"蔫褪"。此处借用"褪"的谐音"退"，比喻悄悄地退出、后退。

【例句】你怎么杀猪不用吹——蔫退（褪）了，上访你还去不去了？

傻大姐看戏——瞎起哄

【注释】傻大姐根本不懂戏，只是跟着戏情的起落瞎起起哄而已。形容不知就里、不了解内情而胡乱评论、哄吵。

【例句】我们正在探讨网络管理上的难题，你又不懂，傻大姐看戏——你就别跟着瞎起哄了？

傻小子睡凉炕——全凭火力壮（旺）

【注释】傻小子由于智力低下，不知道睡凉炕要终身受病，以为年轻身体好火力壮就可以抵抗住疾病。比喻不计后果，冒险行事。

【例句】你小子真是傻小子睡凉炕——全凭火力壮（旺）。你这么作践自己的身体，等到老了，什么病都找上来了！

傻小子过年——看借壁儿

【注释】"借壁儿"即邻居、左邻右舍。傻小子因为智力不全，甚至过年都不知道怎么过，只好看邻居怎么过自己就怎么过。比喻自己全无主意，完全参考他人，别人怎么办自己就怎么办。

【例句】你啊，真是傻小子过年——看借壁儿，别人种什么你就种什么，你没有脑子啊？

烧火棍捅心脏——黑了心了

【注释】烧火棍经常捅火，因此接触火的一端总是黑的。比喻心肠歹毒，阴险毒辣。

【例句】辛辛苦苦打了一年工，汗珠子摔八瓣，吃尽了苦头，到头来老板分文没给。这老板真是烧火棍捅心脏——黑了心了。

烧火棍捅火——一头热

【注释】烧火棍捅火，只有接触火的一端被火烧热。形容一厢情愿，只注意一个方面，忽视了另一方面。"剃头担子或挑子——一头热"亦是此意。

【例句】电视剧《金色农家》中，村民张达又滑又懒，一肚子鬼心眼儿。当他向寡妇韩玉求婚时，烧火棍捅火——一头热，遭到严厉拒绝。

屎壳郎搬家——滚球子

【注释】屎壳郎即蜣螂，以粪便等污物为食，常把粪便推滚成球。此处借屎壳郎滚粪球这一特性，含有命令威胁口吻令人滚开。"土豆子搬家——滚球子"亦是此意。均为骂人语。

【例句】张作霖吼道：你给我屎壳郎搬家——滚球子！想拉队伍另立山头，没门！

屎壳郎叫门——臭到家了

【注释】同上。比喻技艺非常低劣或臭名远扬。诙谐性用语。

【例句】你个臭棋篓子，屎壳郎叫门——臭到家了，还想和我过招！我让你一套车马炮！

屎壳郎打喷嚏——满嘴喷粪

【注释】同上。比喻满口胡说八道，令人讨厌。骂人语。

【例句】看他外表斯斯文文的，像个挺有修养的人，谁知说话竟是屎壳郎打喷嚏——满嘴喷粪，一口脏话！

屎壳郎擦胭粉——臭美

【注释】同上，屎壳郎以粪为食，谓之臭；擦胭粉，谓之美。比喻不顾客观环境和条件，一味追求美。诙谐性用语、骂人语。

【例句】一会儿上美容院美容，一会儿擦胭抹粉，屎壳郎擦胭粉——你臭美个啥呀！

屎壳郎掩车轱辘——楞充硬骨头

【注释】同上。掩，动词"垫""塞"之意。小小屎壳郎垫到车轱辘底下，硬充骨头硬而会被碾得粉碎。比喻能力低下却硬充能人好汉。贬低性用语。

【例句】你呀！屎壳郎掩车轱辘——楞充什么硬骨头？说句软话还能低人一等吗？

屎壳郎坐轮船——臭名远扬

【注释】屎壳郎谓之"臭"，坐轮船谓之巡游四海。比喻声名狼藉，远近闻名。讽刺性用语。

【例句】说起张作霖，吴俊升脱口说道："屎壳郎坐轮船——臭名远扬，你以为他是什么好玩意儿呢！"

死孩子放屁——有缓儿

【注释】孩子死后根本不能放屁，说死孩子能放屁，说明死而复活。比喻起死回生，事情有回转的可能。讽刺性用语。

【例句】张大爷久病在床，生活长期不能自理，全靠别人伺候。最近不仅能起床，还能出门散步。看来是死孩子放屁——有缓了！

守着瘸子说矮话——专门揭短

【注释】瘸子的腿脚有残疾，是瘸子的心病，最忌讳别人说瘸。比喻专门说别人短处痛处，犹如"哪壶不开提哪壶"。

【例句】我偷厂子的暖气片被抓的事儿已经是多年前的事儿了，你现在还提这件事儿，这不是守着瘸子说矮话——专门揭短吗？

瘦子打脸——假充胖子

【注释】瘦子的脸当然很瘦，即使打肿脸也不是胖子。形容夸大事实，没有实力硬装有实力。

【例句】你根本没有经济实力，硬要承揽这么大的工程。你这不是瘦子打脸——假充胖子吗？

苏雀（qiǎo）吵架——乱喳喳

【注释】苏雀为大兴安岭小型飞禽，体形和大小与麻雀（què）非常相近，叫声也与麻雀接近。这里借用苏雀吵架，比喻乱说话、乱插话或喋喋不休地说话。"老家贼吵架——乱喳喳"亦是此意。

【例句】你们吵吵了半天，不过是苏雀吵架——乱喳喳，根本商量不出头绪。我的意见，还是请个律师，帮助咱们打官司，依法维护咱们的合法权益！

属穆桂英的——阵阵落（là）不下

【注释】穆桂英为长篇历史小说《杨家将》中的宋朝抗辽英雄人物，参加抗辽战役无数，后因男性将士大部分战死沙场而挂帅出征。形容事事不甘落后，凡事必亲自参与。

【例句】电视剧《乡村爱情》中的谢大脚就是属穆桂英的——阵阵落不下，保媒拉纤，劝架说情，哪里都有她！又如你怎么属穆桂英的——阵阵落不下，到处都有你？

属爆竹的——一点就炸

【注释】形容人像爆竹一样，脾气暴躁，性格粗鲁，极易生气发火，一点就着。

【例句】你这个人怎么是属爆竹的——一点就炸！有话好好说，有事儿商量着办，急歪生气、发怒什么？

属兔子的——溜得倒快

【注释】形容人像奔跑飞快的兔子一样，遇事很快逃避躲开。

【例句】咱们已经商量好，到市政府去反映下岗职工的补贴。你可倒好，属兔子的——溜得倒快，转眼就没影了！

属跳大神的——装神弄鬼

【注释】跳大神即民间巫术，其实就是装神弄鬼糊弄百姓。比喻搬弄是非，欺骗他人。

【例句】电视剧《走西口》中，田青的父亲因赌输光家产，后躲在杀虎口镇，就是个属跳大神的——整天装神弄鬼！

属黄花鱼的——总是溜边儿

【注释】黄花鱼有游动时贴边儿溜底的习性。这里借用黄花鱼的这种习性比喻凡事儿不肯出头露面而有意躲避。

【例句】你小子怎么属黄花鱼的——总是溜边儿啊？

霜降的蚂蚱——蹦达到头了

【注释】同"秋后的蚂蚱——蹦达不了几天了"。比喻没有发展前途，事业到此终止。

【例句】多次劝你你也不听，这回怎么样？霜降的蚂蚱——蹦达到头了吧？营业执照被没收了，还被罚了款！

水盆里扎猛子——不知深浅

【注释】同"浅碟子洗澡——不知深浅"。

【例句】电视剧《李小龙传奇》中，瘦小子是水盆里扎猛子——不知深浅，不服李小龙的武功，闯进武馆要与李小龙比个高低。

水里冒泡——多余（鱼）

【注释】鱼浮到水面换气，水里冒泡，说明鱼很多。这里主要借用"鱼"的谐音"余"。比喻多此一举，毫无意义。

【例句】孩子已经考上大学了，生活已经能够自立了。

你们两口子还要千里迢迢去陪读，这不是水里冒泡——多余（鱼）吗？

死爹哭妈——拧种一个

【注释】爹死了本应哭爹，不听劝告非要哭没死的妈。比喻性格倔强，固执已见，不听劝告。

【例句】你这个人哪，可真是死爹哭妈——拧种一个。老师和家长都劝你报考中央美院，你却坚持要报考鲁迅艺术学院，你怎么这么倔呢？

山神爷打哈哧——神气十足

【注释】同"老虎打哈哧——神气十足"。

【例句】电视连续剧《马大帅》中范伟饰演的大堂经理，整天山神爷打哈哧——神气十足，不可一世，结果被炒了鱿鱼，一败涂地。

上坟烧报纸——糊弄鬼

【注释】上坟，到坟茔地祭奠死者；祭奠死者本应烧烧纸，不烧烧纸而烧报纸，假装正经。比喻假装正经，欺骗别人。诙谐性用语。

【例句】有些领导干部夸夸其谈，高谈反腐倡廉，其实本人就是个大贪官。他那套高谈阔论，不过是上坟烧报纸——糊弄鬼呢！

上坟烧苞米叶子——糊弄鬼

【注释】同上。不烧烧纸而烧苞米叶子，同样是假装正经而糊弄人。

【例句】你小子几百块钱就能做大买卖，还想办超市，你上坟烧苞米叶子——糊弄鬼呢！

上厕所不带纸——想不开（揩）

【注释】上厕所即解大便，代名词，大便后需用手纸来揩擦干净屁股。上厕所不带手纸，自然不能揩屁股。这里借用"揩"的谐音"开"，比喻遇事儿缺少办法或自寻短路。

【例句】你别上厕所不带纸——想不开（揩），办法总比困难多，咱们共同想办法，一定能够越过火焰山！

生疖子——硬挤

【注释】生疖子即没有好转、刚刚生长出来的疖子。这时的疖子还没有化脓，根本无脓可挤。比喻条件尚未成熟而强为之或违反客观规律做事。

【例句】论文可不是那么容易写的，又有论点，又有论据的，不能生疖子——硬挤，还是先请教一下专家吧！

孙猴子的脸——说变就变

【注释】孙猴子即中国四大名著之一《西游记》中的孙悟空，他有七十二般变化。比喻变化无常，变化频繁。含有贬意。

【例句】前几年社会动荡，各项政策也像孙猴子的脸——说变就变。这几年政策稳定多了，也更加人性化。

孙悟空大闹天宫——慌神了

【注释】孙悟空是中国四大名著《西游记》中的美猴王，曾大闹天宫，惊动了天上的神仙。比喻惊慌失措，心慌意乱。

【例句】听到矿难的消息，她是孙悟空大闹天宫——慌神了，三步并作两步跑到矿井打探消息。

T

提着棒子叫狗——越叫越远

【注释】狗怕棒子即棍子，本性使然。提着棒子叫狗，狗怕棒子而逃跑，自然越叫越远。比喻事与愿违，走向本意的反面。

【例句】你怎么是提着棒子叫狗——越叫越远？大家几次选举你当业主委员成员，谁知越商量越不同意，最后连面也不见了！

剃头挑子——一头热

【注释】旧时剃头师傅挑着剃头挑子走街串巷为人理发剃头，挑子一头挑着炭炉热水，故称。比喻一厢情愿。"烧火棍捅火——一头热"亦是此意。

【例句】我看你是剃头挑子——一头热，公务员考试已经结束了，面试也已结束了，你还不死心！

铁路警察——各管一段

【注释】中国警察有多种，分工各有不同，铁路警察只分管铁路辖区社会治安和刑事案件。比喻职责不同，各有分工，互不干涉。"铁路警察——管不着这段儿"亦是此意。

【例句】我卖我的菜，你卖你的水果，咱们是铁路警察——各管一段，谁也不用干涉谁。

铁路警察——管不着这段儿

【注释】同上。比喻职责不同，各有分工。

【例句】说我吸毒，自有警察来管。你一个平民百姓，铁路警察——你也管不着这段儿，该干啥干啥去吧！

铁匠炉里的坯子——横竖都是挨打的货

【注释】铁匠炉里的坯子，将根据需要锤打成不同的成品，因此每个坯件都要经过千锤百炼才能成形，比喻无论如何也摆脱不了被动挨打的命运。

【例句】电视连续剧《女人的村庄》中，村主任张西凤的丈夫景才说："反正我是没个好，铁匠炉里的坯子——横竖都是挨打的货！"

笤帚顶门——头儿太多

【注释】笤帚即用来清扫垃圾的常用工具，多用高粱穗绑扎而成，利用高粱穗的分岔来清扫垃圾。比喻人多嘴杂，岔头极多，不知由谁做主。"笤帚顶门——岔儿太多"亦是此意。

【例句】大家静一静，别乱吵，笤帚顶门——头儿太多，还是选出代表去谈判！

笤帚顶门——岔儿太多

【注释】同上。

【例句】大家乱吵吵总归不是办法，笤帚顶门——岔儿太多。依我说，还是仔细商量一下，找出一个解决问题的办法。

秃头上的虱子——明摆着的

【注释】秃子头上无发，有虱子便能看见。比喻摆在明处，无藏无掖，显而易见。"和尚头上的虱子——明摆着的"亦是此意。

【例句】黑龙江督军吴俊升对东北大帅张作霖说道：剿灭叛匪郭松龄，这是秃头上的虱子——明摆着的事，用不着藏头露尾、藏藏掖掖的！

头顶长疮，脚下流脓——坏透了

【注释】头顶即人身体的最顶部，脚底为最底部，最顶部和最底部都受伤而流脓，因此说坏透了。形容人彻头彻尾地坏。贬低性用语。

【例句】电视剧《关东大先生》中，警察局杜巡长一肚子坏水，坑了这个害那个，真是头顶长疮，脚下流脓——坏透了！

头发丝串豆腐——提不起来

【注释】同"马尾（yǐ）巴串豆腐——提不起来"。

【例句】我的这个小发明，比起那些重大发明，那简直是头发丝串豆腐——提不起来！

听蝲蝲蛄（lálagǔ）叫——还不种庄稼了

【注释】蝲蝲蛄，河水中甲壳昆虫，形似小龙虾而体型略小，大兴安岭冷水特产，味道鲜美。蝲蝲蛄根本不会叫，说蝲蝲蛄叫，是说不该发出的声音发出了。比喻不听他人的议论、指责或闲言碎语，该怎么做就怎么做，我行我素。诙谐性用语。

【例句】该去印度尼西亚旅游还是要去，什么海啸、地震，那早已是过去的事儿了，听蝲蝲蛄叫——还不种庄稼了呢？

秃爪子上鸡窝——不简单（捡蛋）

【注释】秃爪子即无手的残疾人，无手的人来到鸡窝，因其无手而不能捡拾鸡蛋。此处借用"捡蛋"的谐音"简单"，比喻有真实本领，不是简单人物。

【例句】你小子是秃爪子上鸡窝——不简单（捡蛋）啊，《星光大道》不仅获了周冠军，还获了月冠军！

土豆子搬家——滚球子

【注释】土豆即马铃薯，为圆形食品。土豆子搬家即转移地方，由于是圆形，因此移动时连轱辘带滚。"滚球子"为骂人语，即"赶快滚开"之意。"屎壳郎搬家——滚球子"亦是此意。

【例句】小兔子崽子，你给我土豆子搬家——滚球子！再逃学看我不打断你的腿！

土豆子下山——滚蛋

【注释】同上。骂人语，命令对方立刻滚开。

【例句】土豆子下山——立马给我滚蛋！我不想见到你，你立马在我面前消失！

土豆子掉油锅——滑蛋一个

【注释】同上。比喻为人狡诈圆滑。

【例句】清朝乾隆年间的宰相和坤狡诈圆滑，在皇上面前阿谀奉承，溜须拍马，在皇上背后欺下瞒上，阴险毒辣，真可谓是土豆子掉油锅——滑蛋一个！

土命人——心实

【注释】根据五行学说，土命属信，这种人为人诚信、敦厚。比喻为人憨厚、实在、诚信。

【例句】我这个人一贯是土命人——心实。你说得这些玄而又玄，信吧，好像根本不可能，不信吧，你又说得有根有梢，叫我怎么办呢？

土地佬打哈哧——神气十足

【注释】土地佬即民间传说中的土地神，司掌丰收与生活的神。比喻人心高气傲，不屑一顾。

【例句】电视剧《秘密图纸》中，化名为黑桃 Q 的国民党特务组织头目土地佬打哈哧——神气十足地给潜伏特务擦鞋匠下达命令，要求他负责处死解放军某部参谋陈亮。

土地佬放屁——神气十足

【注释】同上。比喻洋洋自得、傲慢无礼的表情。

【例句】原本特老实、特忠厚的一个人，怎么刚当了一个小官儿就变得土地佬放屁——神气十足的一副样子？

土豹子撇标枪——发洋贱（箭）

【注释】土豹子，对无文化、没见过世面的土人的蔑称。撇，"扔"、"投掷"之意。标枪，在这里被戏称为"洋箭"。此处主要借用"箭"的谐音"贱"，比喻人作风轻浮，一副谄媚、阿谀奉承的样子。

【例句】土豹子撇标枪——你发什么洋贱（箭）啊？有什么话你就痛快儿说呗！

兔子尾（ yǐ）巴——长不了

【注释】兔子的耳朵长而尾巴短，形容人或事没有前途、没有希望或没有长性，很快就会失败或结束。贬低性用语。

【例句】别看他现在手兴得很，把咱们三人都给赢了。兔子尾巴——长不了，说不定又该谁兴了，他就该输了！

腿肚子上绑大锣——走到哪儿响到哪儿

【注释】腿肚子即人的小腿后部肌肉部分，腿的主要功能之一就是走路，锣声会随着走动而响彻四方。比喻人名气很大，名声很响，在哪里都有较大的影响。

【例句】中国球星姚明在美国 NBa 美国职业篮球联赛担任主力，名气很大，腿肚子绑大锣——走到哪儿响到哪儿！

腿肚子扎绞锥——初次（粗刺）

【注释】腿肚子，人的小腿后部肌肉部分；绞锥，农村大马车用来捆紧庄稼或柴草的一头尖细一头粗的工具，形状犹如一根又粗又大的刺儿。此处主要借用"粗刺"的谐音"初次"，即第一回、头一回。

【例句】这么多年，咱们彼此知道姓名，从未谋面，今日见面，还真是腿肚子上扎绞锥——初次（粗刺）。

脱裤子放屁——多此一举

【注释】放屁无需脱裤子，比喻画蛇添足，徒劳无功，多费一遍事。"脱裤子放屁——多费一遍事"也是此意。

【例句】我已经办理了储蓄存折，你又让我办银行卡，这不是脱裤子放屁——多此一举吗？

脱裤子放屁——多费二遍事

【注释】同上。

【例句】查完身份证，还要再查户口，这不是脱裤子放屁——多费二遍事儿吗？

跳猫回家——认准一条道

【注释】跳猫即野兔的俗称。野兔有外出觅食后仍按原路返回兔窝的习惯。比喻恪守传统习惯而不善变通。

【例句】你怎么是跳猫回家——认准一条道了呢？考不上国家级重点大学，考省重点大学不也一样吗？

W

歪嘴和尚念经——走样了

【注释】比喻偏离主题、偏离主要内容。

【例句】央行提高的是各类银行的储备金利率，不是人民群众的存款利率，你这是歪嘴和尚念经——走样了！

歪嘴和尚——念不出正经来

【注释】比喻说不出正经话或好听的话。诙谐性用语。

【例句】你就是歪嘴和尚——念不出正经来，什么好话到你嘴里都变味了！

外甥打灯笼——照旧（舅）

【注释】这里主要借用"舅"的谐音"旧"，比喻事情照常进行而无任何变化。

【例句】"咱们商定的共同去俄罗斯考察种植业市场，有什么变化吗？""没有变化，外甥打顶笼——照旧（舅）！"

王八吃秤砣——铁了心了

【注释】王八即甲鱼、乌龟的俗称。王八吃秤砣，秤砣为铁器，铁器进入王八肚里，谓之铁心。比喻决心已下定，毫不动摇，绝不改变主意。

【例句】他经过反复思考，终于王八吃秤砣——铁了心了，决心走法律诉讼之路，讨回自己的合法权益。

王八瞅绿豆——对眼了

【注释】同上。绿豆小而圆，王八眼小而突出圆如绿豆。比喻想法或做法如出一辙，想到一处，完全一致或相互满意相互产生感情。

【例句】他的性格孤僻又隔路gélù，性格古怪、不随和之意，别人都和他关系不好，你们俩却是王八瞅绿豆——对眼了，好得像亲兄弟一样！

王八屁股长疮——乱规定（烂龟腚）

【注释】同上。龟屁股长疮，说明龟的臀部即"腚"溃烂。

此处主要借用"烂龟腚"三字的谐音"乱规定"，比喻做出的规定脱离实际而不被人们所接受。

【例句】目前大多数饭店、酒店都有"谢绝自带酒水"的规定。进饭店就餐是否自带酒水，这是消费者的合法权益和正当权力，饭店酒店无权干涉，这条规定简直就是王八屁股长疮——乱规定（烂龟腚）。

王八的屁股——规定（龟腚）

【注释】同上。腚是屁股的俗称。这里主要借用"龟腚"二字的谐音"规定"，形容已经确定下来的规章或制度。

【例句】不是你想怎么办就怎么办的事儿，这是王八的屁股——规定（龟腚）！

王八坐起来——定（腚）下的事儿

【注释】同上。这里也是借用"腚"字，说王八坐起来，是说"腚底下"的事儿，也是借用"腚"的谐音"定"，即已经决定。

【例句】好！咱们就这么办！这是王八坐起来——定（腚）下的事儿，谁也不能反悔！

王八钻灶坑——憋气又窝火

【注释】同上。灶坑，东北地区火炕烧火之处，既有热量又堆满柴灰。形容诸事不顺，既生气又上火却有苦难言。讽刺性用语。

【例句】没当上东北督军，反而被派去围剿郭松龄，吴俊升是王八钻灶坑——憋气又窝火，有苦难言。

王婆子卖瓜——自卖自夸

【注释】王婆子无实际意义，泛指卖瓜的人。卖瓜者无不说自己所卖的瓜甜瓜好，当然也就是自卖自夸。形容为自己所从事的事业或技能、产品自吹自擂，做类似广告的宣传。

【例句】你说你的文章写得好，我看也不过是王婆子卖瓜——自卖自夸而已。有几篇文章发表了？拿出来看看，也让我们长长见识！

王小二过年——一年不如一年

【注释】王小二，虚拟人物，泛指身体极度衰弱的人。形容事业或身体每况愈下，前途无望或生活无望，越来越困难。

【例句】他家本来是个富裕人家，周围百十里都数得着。自从他吸毒以来，每况愈下，最近连正常生活都出现了困难，王小二过年——真是一年不如一年了！

王小二撵驴——不往好道上赶

【注释】同上。形容人破罐子破摔，不计后果。

【例句】我看你是王小二撵驴——不往好道上赶。年轻人谁不犯错误，改了就是了，怎么还寻死觅活的？

瓮中捉鳖——十拿九稳

【注释】同"裤裆里抓虱子——十拿九稳"。瓮，大缸、酒瓮；鳖，乌龟。比喻在这里捉鳖，把握极大。

【例句】伦敦奥运会，中国男女乒乓球队双双夺取金牌，那是瓮中捉鳖——十拿九稳的事儿！

窝窝头翻个儿——显大眼儿

【注释】窝窝头，东北地区传统主食。将玉米面做成金字塔形，顶部呈尖形，底部有窝儿即眼儿。窝窝头翻个儿，底部的眼儿朝天，因此说"显大眼儿"。形容有意显摆、显示自己。讽刺性用语。

【例句】这里没你什么事儿，窝窝头翻个儿——你在这儿显什么大眼儿？

巫婆打哈哧——来神了

【注释】巫婆也称跳大神的，她的主要活动内容就是装神弄鬼，唬弄百姓而借机敛财。作法时，故弄玄虚地打哈哧，皱眉头，手舞足蹈，表示某神仙附体。此处借用巫婆跳大神比喻精神抖擞，精神十足，含有贬意。

【例句】前几年他一直在外地打工，仅能维持个温饱。这几年农业政策好，他不再外出打工，巫婆打哈哧——他可来神了，又买农机具又买车，决心利用好政策大干一场。

屋檐下的老干葱——叶黄根枯心不死

【注释】葱即大葱，生命力极强，遇有合适条件便恢复生机。形容生命力顽强或对某事心有不甘，表面上接近失败，但仍有恢复的潜在希望。"冬天的大葱——心不死"亦是此意。

【例句】犯罪分子的行踪已经被警方牢牢锁定，伺机抓捕。犯罪分子犹如屋檐下的老干葱——叶黄根枯心不死，妄图负隅顽抗。

伍佰元抻直——玩儿大了

【注释】抻直，现代麻将术语，即算账时只有"五入"而没有"四舍"，如 16 元"抻直"到 20 元，依此类推。民间娱乐性麻将底数较小，否则便是赌博。底数是 500 元还要抻直，因此说是"玩儿大了"。此处借用麻将术语形容事情超过了预想而到了无法收拾的地步。讽刺性用语。

【例句】哎呀！咱们是伍佰元抻直——玩儿大了。这事儿要是让老板知道，咱们还不得卷铺盖回家呀！

武大郎跳骑马舞——你以为你是鸟叔啊

【注释】武大郎，中国历史小说《水浒传》中人物，个子矮小，长相丑陋，以卖炊饼为生；鸟叔，韩国著名艺人，身材高大俊朗，他创作并出演的骑马舞动作在中国曾流行一时，因创作歌曲《鸟》而被冠以鸟叔之称。这里借用中国和韩国艺人两个人物形成强烈对比，讥讽对方自以为了不起、没什么了不起。诙谐性用语。也说"潘金莲跳骑马舞——你以为你是鸟婶儿啊"。

【例句】冯巩、闫学晶、郭冬临共同演出的相声剧《搭把手　不孤独》中冯巩台词：武大郎跳骑马舞——你以为你是鸟叔啊，你不就是个开车的嘛，有什么了不起？

X

瞎猫抓个死耗子——碰巧了

【注释】耗子即老鼠的俗称，瞎猫根本无法抓耗子。瞎猫抓个死耗子，比喻只是一种巧合或碰巧。

【例句】我花了 10 元钱抓了个体彩二等奖，完全是瞎猫抓个死耗子——碰巧了，哪有什么奥秘，也没什么技巧！

瞎子戴眼镜——多一层

【注释】瞎子即盲人，盲人戴眼镜毫无实际意义，比喻多此一举或多费一遍事。

【例句】质检员都检查过了，产品质量都合格。你一个部门经理，还要再检查一遍，这不是瞎子戴眼镜——多一层吗？

瞎子点灯——白费蜡

【注释】同上。比喻白费力气、白搭功夫或精力。

【例句】警察都管不了他，媳妇也没辙，你还想帮助他戒毒？我看是瞎子点灯——白费蜡，还是省点心吧！

瞎目触子戴眼镜——楞充地理（地里）先生

【注释】瞎目触子即鼹鼠的俗称，因其长期生活在地下视力极差而得名。生活在地下的鼹鼠戴眼镜，充当有文化、有知识的地理先生。此处借用"地里"的谐音"地理"，讽刺不懂装懂、缺乏知识而硬装有知识的文化人。

【例句】不懂你就多问问，请教人不丢人，别瞎目触子戴眼镜——楞充地理（地里）先生，硬装明白人了！

下雨天借伞——你用谁不用

【注释】只有下雨天才用伞，雨天借伞，形容不合时宜，不是时候。

【例句】农忙时节，你要借小四轮拖拉机？下雨天借伞——你用谁不用？

闲咸吃萝卜——淡操心

【注释】闲咸吃萝卜，主要借用"咸"的谐音"闲"，比喻没有必要的闲操心，操闲心。讽刺性用语。

【例句】这是我们的家事，用不着你闲咸吃萝卜——淡操心了！

乡巴佬进城——少见多怪

【注释】乡巴佬戏指孤陋寡闻、没见过世面的人，这样的人进城自然少见多怪。"刘姥姥进大观园——看啥都新鲜"亦是此意。

【例句】红红绿绿、一闪一闪的灯叫什么？你可真是乡巴佬进城——少见多怪！告诉你吧，那叫霓虹灯！

象牙筷子挑凉粉——哆里哆嗦

【注释】象牙筷子又细又滑，凉粉又软又滑，用象牙筷子挑凉粉既夹不住也挑不起来。比喻人像象牙筷子挑凉粉一样浑身发抖，哆哆嗦嗦。

【例句】您老人家都七十多岁了，身子骨也不好，走路都像象牙筷子挑凉粉——哆里哆嗦的，怎么还读老年大学呀？

象牙筷子挑凉粉——以滑对滑

【注释】同上。比喻双方都是狡猾奸诈之人。

【例句】黑龙江督军吴俊升和东北大帅张作霖，名义上盟兄盟弟，其实一个粗中有细，鬼心眼极多，一个狡诈狠毒，凶悍粗鲁，两个人明合心不合，各怀心腹事，真可以说是象牙筷子挑凉粉——以滑对滑。

小河沟里的泥鳅——掀不起大浪

【注释】同"车辙沟里的泥鳅——掀不起大浪"。

【例句】"黄总，一些职工正在上访，说咱们公司拖欠职工工资又扣发奖金，您说怎么办？""甭理他们，小河沟里的泥鳅——掀不起大浪，让他们闹去吧！"

小葱拌豆腐——一清（青）二白

【注释】小葱是葱绿色，豆腐是纯白色，两者相拌，绿白相间，颜色鲜明。这里借用"青"的谐音"清"，比喻事情清清楚楚，明明白白。

【例句】咱们的帐目是小葱拌豆腐 —— 一清（青）二白，每季度都张榜公布。如果有什么疑问，可直接去看帐本！

小孩没娘——说来话长

【注释】小孩子没了娘，要说起原因会很复杂。比喻事情复杂，三言两语说不清。

【例句】小孩没娘——说来话长。说起上山下乡当知青那段历史，已经是几十年前的事了……

小孩子的脸 —— 一天十八变

【注释】小孩子心理不成熟，情绪变化快，说哭就哭，说笑就笑，毫无忌惮，毫无拘束。比喻变化多端，变化无常，令人难以琢磨。

【例句】这里是山区，天气变化无常，小孩子的脸 —— 一天十八变，虽然现在太阳高照，但飘来一块云彩就是雨。

小卒子过河 —— 一步一步向前拱

【注释】象棋术语，比喻稳扎稳打，步步紧逼。

【例句】我也没什么惊天动地的成就，让我当劳模，是组织信任我。今后也没什么打算，小卒子过河 —— 一步一步向前拱吧！

小鸡不撒尿——自有它的道儿（各有各的道儿）

【注释】小鸡只有一个排泄器官，不像其他小动物那样排尿，而是随粪便排出。道儿，指门道或通道。比喻途径或方法各有不同，犹如"殊途同归"或"曲径通幽"。

【例句】别看他不声不响，其实小鸡不撒尿——自有它的道儿。他早想出解决问题的办法，时候不到不揭锅罢了！

小猫吃小鱼儿——有头有尾

【注释】猫吃鱼，总是先从鱼腹开始，剩下的是鱼头和鱼刺。而小猫吃鱼，猫小鱼也小，只好连头带尾一起吃掉。比喻事情有头有尾，有始有终。

【例句】为人办事儿，一定要小猫吃小鱼儿——有头有尾，有始有终，千万不能出尔反尔，秃噜反帐反复无常！又如今天咱们是小猫吃小鱼儿——有头有尾。我提第一杯酒，收尾酒也由我来提！

小偷拉电闸——贼毙（闭）

【注释】小偷即是"贼"。小偷拉电闸，即是贼关闭电闸。这里借用"闭"的谐音"毙"，"毙"就是特别、非常、尤其之意，形容某种事物程度达到极致。

【例句】赵本山的众多弟子个个是小偷拉电闸——贼毙！每人都有自己的绝活！

小猫不睁眼——吓唬（瞎虎）

【注释】小猫、老虎都是猫科动物。此处借用"瞎虎"的谐音"吓唬"。

【例句】我看你这是小猫不睁眼——吓唬（瞎虎）人，打听打听，我是吓大的吗！

小家雀（qiǎo）儿再鬼——斗不过老家贼

【注释】小家雀儿即小麻雀；老家贼即成年大麻雀。小家雀儿稚嫩，老家雀经验丰富，稚嫩的小家雀儿无可如何也斗不过狡猾的老家贼。形容涉世未深、缺乏经验的年轻人无可如何也无法与经验丰富、老谋神算的成年人相匹敌。

【例句】你呀，一个小孩牙子，逞什么能？没听说吗，小家雀儿再鬼——也斗不过老家贼。你还嫩着呢，慢慢学吧！

蝎子尾（yǐ）巴——真（针）毒

【注释】蝎子之毒，全在于尾，尾呈针状，谓之毒针。这里主要借用"针"的谐音"真"，比喻阴险毒辣有如蝎尾。

【例句】所谓"万里大造林"不过是一场大骗局，千家万户吃亏上当，家破人亡。犯罪分子蛇蝎心肠，为了个人发财而不择手段，他们可真是蝎子尾巴——真（针）够毒的！

蝎子屁屁（bǎ ba）——独（毒）一份

【注释】同上。屁屁即粪便的俗称。无论任何一种动物都不能拉出带毒的粪便，唯有蝎子。这里主要借用"毒"的谐音"独"，比喻只此一家，别无分店。

【例句】咱们村子几千人，自费出国旅游，你还真是蝎子尾巴——独（毒）一份。

心字头上一把刀——忍着点吧

【注释】心字头上一把刀是个"忍"字，此处主要借用"忍"字，比喻对事或对人要忍耐，宽以待人，克制自己的不满或急躁情绪。

【例句】这事啊，我看就心字头上一把刀——忍着点吧！哪朝哪代没冤死鬼？你这点冤屈算什么呀

心坎子上抓笊篱——多劳（捞）那份心

【注释】笊篱，用以在水中捞物的炊具。这里主要借用"捞"的谐音"劳"，比喻没有必要的瞎操心。

【例句】这事有啥难的，交给我好了，你就别心坎子上抓笊篱——多劳（捞）那份心啦！

熊瞎子摆手——不跟你玩了

【注释】熊瞎子即黑熊或棕熊的俗称，也称黑瞎子，因视力不好、瞭望时喜欢掌搭凉棚而得名。用熊瞎子摆手这一举动比喻就此罢休，不再继续。贬低性用语。

【例句】老年门球赛，这里有猫腻，熊瞎子摆手——不跟你玩了！谁愿参加谁参加吧！

熊瞎子打立正 —— 一手遮天

【注释】同上。熊掌宽大肥厚，用熊瞎子打立正这一举动比喻横行霸道，无法无天。贬低性用语。"熊瞎子敬礼——一手遮天"亦是此意。

【例句】刚刚当上村主任，他就熊瞎子打立正 —— 一手

遮天！这还了得？我们非要杀杀他的威风不可，也让他知道马王爷有三只眼！

熊瞎子敬礼 —— 一手遮天

【注释】同上。

【例句】凭啥你说了算？你这不是熊瞎子敬礼—— 一手遮天吗？大家一块儿商量一下不行吗？

熊瞎子照镜子——瞧那熊样

【注释】同上。表示瞧不起、蔑视对方。贬低性用语。

【例句】熊瞎子照镜子——你瞧他那熊样？新新加坡、马马来西亚、泰泰国转一圈，美出鼻涕泡来了！

熊瞎子掰苞米——掰一穗丢一穗

【注释】同上。熊瞎子偷食田地里的苞米时，掰一穗用臂夹住，去掰另一穗时前一穗已掉下来。用这一举动来形容顾此失彼，丢三落 là 四。讽刺性用语。

【例句】你这孩子，怎么像熊瞎子掰苞米——掰一穗丢一穗？这不是刚刚学过的算术题吗？怎么刚学过就忘了？

熊瞎子敲门——熊到家了

【注释】同上。熊瞎子来敲门，说明熊瞎子到家里来了。比喻非常无能，非常笨而软弱。诙谐性用语。

【例句】电视剧《潜伏》中，假扮地下党员余则成妻子的翠平，由于没有文化，在向余则成学习抄写密电码时，费劲不小，总也学不会，熊瞎子敲门——真是熊到家了，令余则成哭笑不得。

熊瞎子吃臭李子——不在乎（摘核 hú）

【注释】同上。臭李子，大兴安岭生长的一种野生浆果，味道甜中泛酸，成熟时果实呈纯黑色，颗粒比黄豆略大。如果熊吃臭李子，当然不会吐核。这里主要借用"摘核hú"的谐音"在乎"。比喻满不在乎。

【例句】你别熊瞎子吃臭李子—不在乎（摘核）！你再泡网吧不回家，看我怎么修理你！

熊瞎子耍门棍——人熊家伙笨

【注释】同上。门棍，别门的粗木。"家伙"即工具。比喻人笨拙而所使用的工具也笨重。贬低性用语。

【例句】你说你也有车，人家开的是小轿车，你开的是四轮拖拉机，你还跟人家比。熊瞎子耍门棍——人熊家伙笨，你能比得了吗？

熊瞎子捉蚂蚁——瞎忙

【注释】同上。熊瞎子喜欢舔食蚂蚁，但蚂蚁个体极小而爬行速度极快，熊舔食蚂蚁时瞎忙一阵。比喻忙忙乱乱，无主要内容或明确目标地忙乱。贬低性用语。

【例句】老爷子，您最近忙什么呢？熊瞎子捉蚂蚁——瞎忙呗！退休后总也闲不着，忙忙乱乱总有事干！

熊瞎子捉蚂蚱——瞎扑腾

【注释】同上。蚂蚱即蝗虫，蝗虫吃食时不停地跳跃飞舞，熊瞎子捕捉蚂蚱笨拙而困难，瞎扑腾一阵也捕不到几个。比喻费很大劲儿而劳而无功。贬低性用语。

【例句】这次可惨了，到俄罗斯做服装生意，熊瞎子捉蚂蚱——瞎扑腾一年多，不仅没挣着大钱，反而欠了一屁股债！

熊瞎子戴眼镜——楞装知识分子

【注释】同上。人戴眼镜表明有知识、有文化。熊瞎子不可能戴眼镜，形容知识浅薄而硬装有知识、有修养。

【例句】你大字识不了几筐，办公室里的书橱却装满了各种书籍，你这可是熊瞎子戴眼镜——楞装知识分子！

熊瞎子别钢笔——楞装林区大干部

【注释】同上。熊瞎子为森林中的野生动物，熊瞎子别钢笔，装的也只能是林区干部。比喻没有真实本领或真正身份而装成有身份、有地位的人。贬低性用语。

【例句】你个大字不识一筐的林业工人，也要写论文，还要考公务员。算了吧！熊瞎子别钢笔——你就别楞装林区大干部了！

熊瞎子照镜子——对熊

【注释】同上。比喻两个人同样窝囊而无能。贬低性用语。

【例句】电视剧《金色农家》中，村民张发、张达兄弟犹如熊瞎子照镜子——对熊，自以为聪明，坚决不走生态养猪之路，最终赔得一塌糊涂！

徐庶进曹营 —— 一言不发

【注释】徐庶，三国时蜀国的高级谋士，曹操仰慕其才，扣压其母要挟他为魏效力，强使其成为曹操的谋士。徐因母被扣为人质而被迫就范，但不谋一策，不发一言。用这段历史故事形容无论对人或任何事物都缄口不言，不发表任何意见或见解。

【例句】讨论会开了半天了，你怎么徐庶进曹营——一言不发啊？无论如何你也要表个态呀！

新媳妇放屁——零揪了

【注释】零揪，即一点点消耗或消化掉。新媳妇羞涩面嫩，在众人面前放屁十分难堪，只好憋住一点点放。形容完整的事物被一点点零星消耗或消化掉。诙谐性用语。

【例句】外出打工一年多，辛辛苦苦挣了几千块钱，本打算买个农用拖拉机。谁知老爹突然病重，为给老爹治病，准备买拖拉机的几千块钱都新媳妇放屁——一点点零揪光了。

绣花枕头——中看不中用

【注释】绣花的枕头，枕套表面非常漂亮，但枕头瓤却是败絮或一文不值的荞麦皮。比喻徒有外表，没有实用价值。

【例句】学武功要从基础学起，可不能只学些皮毛，绣花枕头——中看不中用。

雪地里埋孩子——藏不住

【注释】雪地里埋孩子，雪一融化，必然暴露。比喻隐瞒不会持久，真相迟早会暴露。

【例句】偷税漏税终究不是长久之计，雪地里埋孩子——藏不住。我看还是依法纳税，免得后悔来不及！

西瓜皮揩屁股——没完没了

【注释】揩即擦，西瓜皮又硬又滑，根本无法揩擦屁股，因滑也擦不干净屁股。比喻反反复复，永无终结。

【例句】人家已经赔礼道歉了，你也不能西瓜皮揩屁股——没完没了哇！得饶人处且饶人吧！

Y

丫鬟拿钥匙——当家不做主

【注释】同"服务员拿钥匙——当家不做主"。

【例句】这事儿你得同我们大老板商量，我也是丫鬟拿钥匙——当家不做主。

哑巴吃黄连——有苦说不出

【注释】哑巴不能说话，黄连为中草药，味道极苦。哑巴吃了黄连，再苦也说不出来。形容有苦难言，只好憋在心里。

【例句】不顾老婆的强烈反对，花高价买了一幅张大千的名画，自认为是真品无疑。不料经《鉴宝》栏目专家鉴定，竟是高仿赝品。这真是哑巴吃黄连——有苦说不出啊！

哑巴吃饺子——心里有数

【注释】形容外表不露而心里非常明白、胸有成竹。诙谐性用语。

【例句】电视连续剧《不是钱的事》中，曲艺团一队队长尤任友对二队队长的阴谋诡计是哑巴吃饺子——心里有数，只是碍于团长的面子佯作不知，不露声色。

腰里揣（ chuāi）（别）副牌——碰谁和谁来

【注释】形容不问对方是谁、是什么情况便任意发作。讽刺性用语。

【例句】你干什么发这么大的火？腰里揣副牌——碰谁和谁来，我又没招你没惹你，你和我急歪什么？

腰里别扁担——横逛

【注释】比喻横行霸道，无所忌惮。贬低性用语。

【例句】东北督军吴俊升的同父异母兄弟吴俊卿依仗哥哥的势力，为非作歹，胡作非为，腰里别个大扁担——横逛，当地百姓称他为"吴老坏"。

窑里烧出的砖——定型了

【注释】砖窑烧好的砖已经定型，不能改变。比喻事情已经决定，不能更改，或人的脾气秉性已经形成不能改变。

【例句】他就是火烧火燎的急脾气，窑里烧出的砖——早已定型了，一辈子也改变不了了。

咬人的狗——不露齿

【注释】真正咬人的狗并不叫唤而是偷着下口，形容人心狠手辣、口蜜腹剑而不露声色或隐蔽性极强而办成大事。

【例句】真是咬人的狗——不露齿，谁也不知道他什么时候蹑（niāo）悄儿地成为大款了！

野猪的獠牙——包不住

【注释】野猪为凶猛的杂食动物，成年公猪长有长长的獠牙露在嘴外。比喻事情的真相早晚会大白天下或准备隐藏的物体迟早会暴露。

【例句】捣腾文物的事儿，我看是野猪的獠牙——包不住，迟早要露馅。

野鸡钻雪堆——顾头不顾腚

【注释】同"挨打的山鸡——顾头不顾腚"。

【例句】你只考虑拆迁政策的落实，却没充分考虑人民群众的切身利益和合法权益，更没有注意建设和谐社会这个大政方针。你这么做，正是野鸡钻雪堆——顾头不顾腚，凡事都要考虑周全才对。

夜猫子进宅——无事不来

【注释】夜猫子即猫头鹰的俗称，因其喜欢夜间捕食而得名。夜猫子半夜入宅，唯一的目的就是捕捉鸡、鸭等家禽。比喻有目的、有目标、有备而来。

【例句】电视小品《孝心》中，哥儿仨的母亲斥责老大台词：你是夜猫子进宅——无事不来，不知这回来又要趸摸（xué mo，寻找、搜刮之意）什么？。

萤火虫的屁股——就那么一点儿亮

【注释】萤火虫夜间尾部发出点点光亮以求偶，比喻希望渺茫或能力有限。

【例句】"考公务员考得怎么样？有希望吗？""难说。文化课考了第四名，面试勉强通过。虽说没有完全绝望，不过也是萤火虫的屁股——就那么一点儿亮！看看最终的结果吧！"

一根奶便是娘——不分好歹

【注释】哺乳期的妇女都有奶，但有奶不一定就是娘。比喻不辨真伪，不分是非。

【例句】你怎么有奶便是娘——不分好歹呢？李老四一点儿人缘没有，坑崩拐骗，无所不为，人们躲都来不及，你却和他整天混在一起，真是臭味相投！

一根肠子通屁眼儿——直来直去

【注释】肠子本应九曲八弯、千回百转才到达肛门俗称屁眼儿。一根肠子通屁眼儿，比喻直来直去，直截了当。诙谐性用语。

【例句】你这个人真是个急性子，一根肠子通屁眼儿——直来直去。遇事你就不会绕个弯仔细想一想，动动脑筋再说话？

一根绳拴俩蚂蚱——跑不了你也蹦不了我

【注释】蚂蚱即蝗虫。比喻双方命运紧密相连，利益相关，双方谁也脱不了干系。

【例句】如今咱们俩是一根绳拴俩蚂蚱——跑不了你也蹦不了我，你犯事了，我也没好日子过！

一张纸画个鼻子——好大的脸

【注释】即比喻脸皮厚而不知羞耻，厚颜无耻，也比喻很给面子。

【例句】你这个人，一张纸画个鼻子——好大的脸。让你参加考察团，你还要当副团长，你咋不尿泡尿照照自己几斤几两呢？又如一张纸画个鼻子——好大的脸！你以为你是谁？你虽然是老市长，但已退休多年，谁还给你这个面子？

一脚踢出个屁——赶当当了

【注释】"赶当当"即恰巧、碰巧。一脚当然不能踢出屁，是一种形象的比喻，比喻赶巧了。

【例句】真是一脚踢出个屁——赶当当了，谢大脚利用夜色去见刘大脑袋，恰巧就被刘能发现了！

一百吨大翻斗——真能装（老能装）了

【注释】大翻斗即吨位特大的翻斗车，现实生活中没有载货量100吨的翻斗车。这里主要借用"装"子，形容人特别能装（见前《日常用语·装》）。讽刺性用语，诙谐性用语。

【例句】别理那小子，那小子是一百吨大翻斗子——老能装了！又如你这个人怎么这样呢？一百吨大翻斗子——可真能装！

洋鬼子看戏——傻眼了

【注释】洋鬼子，对外国人的戏称。外国人看不懂中国戏，也不明白戏的内容。比喻不知所措，目瞪口呆。

【例句】看到几个警察把拐卖儿童的媳妇带走了，老宋如梦初醒，洋鬼子看戏——这才傻眼了！

月子里会情人——宁伤身体，不伤感情

【注释】月子即孕妇生孩子的一个月内。"月子期"不应发生房事。月子里与情人相会，自然免不了发生房事糟蹋自己的身体。比喻为了感情可以牺牲一切。诙谐性用语。

【例句】别看我有心脏病，但与老朋友相会，不能不喝酒。

我这也是月子里会情人——宁伤身体，不伤感情！

烟叶子挂房檐——楞装大片儿鱼

【注释】展开后晾晒的烟叶子与剖开后晾晒的干鱼片儿形状非常相似。比喻装腔作势，不懂装懂。贬低性用语。

【例句】烟叶子挂房檐——你楞装什么大片儿鱼？你个大字识不了几筐的庄稼趴子，懂得什么是"博鳌论坛"？

烟袋杆子窜稀——老油子

【注释】烟袋杆子即抽烟的大烟袋杆儿，由于经常抽烟而使烟杆子里充满了烟油子。这种烟袋杆子窜稀，窜出来的都是烟袋油子。这是一种形象的比喻，比喻为人非常油滑、狡猾，老于世故，即"老油条"。

【例句】要说宋老蔫，那可是烟袋杆子窜稀——老油子了，你可斗不过他！

雁凌水融入（勾起）老冰排——勾起了老感情

【注释】雁凌水也叫沿流水，春天冰雪融化后流在冰面上的雪水。老冰排，春天江河融解后在河面上漂浮的冰块。雁凌水和冰排同为一个属性——水，但两者不能相遇，两者相遇，自然是老感情。比喻很难发生的事情发生了，旧话重提。诙谐性用语。

【例句】几个老知青相会，共同回忆起几十年前那段令人难忘的辛酸往事，有说不完的旧话，真是雁凌水融入（勾起）老冰排——勾起了老感情！

阎王爷摆手——没救了

【注释】阎王爷，传说中司掌生死的神。阎王爷摆手，表示死定了，没救了。比喻不可救药。诙谐性用语。

【例句】电视剧《金色农家》中，村党支部书记靳城对游手好闲、不务正业的村民张达说："你呀，阎王爷摆手——没救了！"

油梭子发白——短练（炼）

【注释】油梭子即肥猪肉炼油后剩余的残渣，东北地区俗称"油梭子"。炼，即将猪油熬净的过程。炼，此处指熬猪油。猪油炼净后行成的油梭子颜色为棕红色，颜色发白即没有炼到时候，因此颜色发白。这里借用"炼"的谐音"练"，比喻涉世不深或经验不足、缺少历练而需要进一步加强锻练和学习。

【例句】要说写文章，其实你只学了些皮毛，油梭子发白——短练（炼）！你还得进一步锻炼文笔，坚持不懈地勤学努力，肯定会写出漂亮文章的！

Z

灶王爷上天——多说好话

【注释】灶王爷即民间供奉的司掌民间生活和保佑平安的

神,传说每到腊月二十三便升天到玉皇大帝处"述职",因此有"上天言好事,下界保平安"的俗语。比喻请人或劝他人多说好话而少进谗言。

【例句】这次去谈判,是咱们主动求对方,因此一定要灶王爷上天——多说好话,力争促成这次合作! 又如电视剧《北平的战与和》中,国民党华北剿匪总司令傅作义指示派出同共产党和谈代表崔载之,在谈判中一定要灶王爷上天——多说好话,讲清本人的苦衷和难处。

灶王爷上天——实话实说(实话实端)

【注释】同上。 也说"灶王爷上天——实话实端"。

【例句】我看啊,还是灶王爷上天——实话实说的好,不必遮遮掩掩,也不是什么见不得人的事儿!

灶王爷贴门神——话(画)里有话(画)

【注释】灶王爷是画,门神也是画,灶王爷贴门神,画中有画。这里主要借用"画"的谐音"话",比喻话中隐含他意。

【例句】你没听出来吗? 经理这是灶王爷贴门神——话(画)里有话画,咱们还是多加小心为是!

灶坑挖井,房巴开门——各人过各人的日子

【注释】灶坑即烧火的炉灶坑,这里根本不可能挖井;房巴即房顶,房顶是封闭的,也不可能开门。说灶坑挖井,屋顶开门,说明想怎么样就怎么样,不受约束。比喻按自己的意愿办事,用不着他人干涉。

【例句】你走你的阳关道,我走我的独木桥。我就愿意不收财礼，决心打破订婚收财礼的老套子。灶坑挖井，房巴开门——咱们是各人过各人的日子，这事用不着你多说！

灶坑挖井，房巴开门——我行我素

【注释】同上。

【例句】那小子一贯是灶坑挖井，房巴开门——我行我素，想怎么样就怎么样。你想劝他改邪归正，我看没戏！

占着茅坑不拉屎——不干正经事儿

【注释】茅坑即茅楼露天厕所的俗称的蹲位，占着专用于大便的茅坑却并不拉屎，比喻空占位置不干应该干的事情。诙谐性用语。

【例句】质检员的工作责任性很强，要干你就必须干好，不能怕得罪人，更不能占着茅坑不拉屎——不干正经事儿！

站在大河里撒尿——随大流

【注释】站在大河里撒尿，尿当然随水漂流。比喻无独立能力或不显山露水，跟随大家统一行动。

【例句】这次去政府上访，我是站在大河里撒尿——随大流。你们什么时候去，叫我一声就行！

站着身子说话——不嫌腰疼

【注释】比喻不体会理解他人的痛苦或难处而不负责地瞎发议论。

【例句】你别站着身子说话——不嫌腰疼！你一个月工资好几千块，我们低保工资每月才几百元，怎么能和你比？

站在锅台上撒尿——乱呛汤

【注释】锅台根本不是撒尿的地方，如果站在这里撒尿，尿水必将冲进做饭烧水的大锅。诙谐性用语。

【例句】这里面有不少见不得人的猫腻，其实大家心里都明白，谁都不说，你就别站在锅台上撒尿——乱呛汤了！

张飞纫针——大眼瞪小眼

【注释】张飞字翼德，三国时期蜀国大将，因勇猛却又鲁莽闻名。张飞眼大而针眼眼小，比喻面对难题或难事束手无策，拿不出解决的办法或方案而目瞪口呆，面面相觑（qù）。

【例句】老赵终因吸毒又贩毒而被警察带走。老赵被戴上手铐、押进警车的那一刻，一家人张飞纫针——大眼瞪小眼，毫无办法。

张飞吃豆芽——小菜儿一碟

【注释】同上。比喻面对难题极容易解决而不成问题。

【例句】这事交给我吧！张飞吃豆芽——小菜儿一碟，保证误不了事！

张飞翻脸　　吹胡子瞪眼

【注释】同上。张飞眼睛大且胡子茂密，用张飞的这一特征来比喻生气或发怒的样子。

【例句】有事儿慢慢说，用不着张飞翻脸——吹胡子瞪眼。真理越辨越明，慢慢讲道理，以理服人！

张三儿不吃死孩子肉——活人惯的

【注释】张三儿，狼的俗称。狼是肉食动物，不可能不吃死孩纸肉。如果不吃肉，则是活人给惯养的。比喻是人为促成、养成的不良习惯。

【例句】他为什么敢这么闹，还不是张三儿不吃死孩纸肉——活人给惯的，还没王法了！

獐子的肚脐子——钱眼

【注释】獐子即麝，也称香獐子，为大兴安岭珍贵的野生动物，因肚脐眼可泌麝香而闻名。麝香为名贵中药，药用价值和经济价值都很高。比喻特别看中钱，俗称"钻进钱眼"，也比喻很能挣钱或多渠道进钱。

【例句】你家老爷子都八十多岁了，人家是建国前的老干部，每月开好几千块钱，医疗费还百分之百报销。这老爷子真是獐子的肚脐子——钱眼啊！

掌鞋没系疙瘩——白走一趟

【注释】掌鞋，即缝补旧鞋或破鞋。掌鞋一般用麻绳或丝线，缝补鞋时第一针的线尾必须系一个疙瘩以防线脱落。说掌鞋没系疙瘩，是说线从扎好的眼中穿过后因没系疙瘩而使线脱出，即白白缝了一针，线白白走了一趟。比喻空走一趟而毫无收获。

【例句】经理叫我去满洲里找俄商联系进口樟松事宜。谁知到满洲里后，俄商已返回伊尔库茨克。掌鞋没系疙瘩——让我白白走了一趟！

丈二和尚——摸不着头脑

【注释】泥塑的和尚虽然高高大大，却无法摸到自己的脑袋。比喻不知缘由，不明底细，不知到底是怎么回事。

【例句】这件事来得突然，我也是丈二和尚——摸不着头脑。

芝麻开花——节节高

【注释】芝麻边开花边拔节生长，比喻越来越好，越来越强。

【例句】老哥！你们家买了四轮车又买农机具，儿子也刚刚娶了媳妇，添人又进口，这日子真是芝麻开花——节节高啊！

猪八戒摔耙子——不伺候（猴）

【注释】猪八戒为长篇神话小说《西游记》中唐僧唐玄奘的二徒弟，猪八戒摔掉手中的兵器九齿钉耙，表示不再跟随大师兄孙悟空去西天取经。这里主要借用"猴"的谐音"候"即伺候，比喻不再进行正在进行的事业或不再跟随某人共同进行某项事业。

【例句】是你们请我来的，又不是我自己请求来的。我一个高级工程师，却给我一个农民工的工资，我还猪八戒摔耙子——不侍候（猴）了呢！

猪八戒照镜子——里外不是人

【注释】同上。猪八戒为猪面人身，因此照镜子里外都不是人。比喻左右为难，两方面都受埋怨，怎么办都没有好结果。

【例句】电视剧《金色农家》中，为了摆脱贫困，带领乡亲们致富，红草湾村党支部书记靳诚采纳农业专家的建议，决定发展生态农业，种植绿色水稻。谁知良好的愿望得不到村民的理解和支持，部分村民坚决反对，老父亲因怕走"生产队大锅饭"的老路而横加干涉，使靳诚猪八戒照镜子——里外不是人。

煮熟的鸭子——嘴硬

【注释】由于鸭子的嘴主要为骨质，鸭子煮熟后鸭嘴仍然很硬。形容人吃亏或处于劣势在语言上仍不服软。贬低性用语。

【例句】你这人怎么就是煮熟的鸭子——嘴硬？人在房檐下，不得不低头。说句软话，问题不就解决了？

啄木鸟卡前失——全指嘴支着

【注释】啄木鸟因嘴长善啄虫而闻名，卡前失即向前摔倒。比喻没有真实本领而依靠能说会道、巧舌如簧的嘴来维持声誉。"大茶壶卡前失——全指嘴支着"亦是此意。

【例句】你这人可真能唠（lǎi）玄（过度夸大、吹嘘），啄木鸟卡前失——全指嘴支着，死人都让你给说活了，你和你老婆整天争吵不休你怎么处理不好？

啄木鸟找食儿——全凭嘴

【注释】同上，比喻全凭一张能说会道的嘴。

【例句】电视剧《乡村爱情》中，刘能能说会道，到处搬弄是非，啄木鸟找食儿——全凭嘴。

诸葛亮的大裤衩——楞装明嘚（dēi）儿

【注释】诸葛亮，字孔明，三国时期蜀国丞相。嘚儿，男人生殖器的俗称。诸葛孔明的大裤衩，自然装着孔明的"嘚儿"。比喻不懂装懂，假充内行。

【例句】我们几个人在讨论 UFO 不明飞行物，你又不懂，别跟着瞎掺乎！诸葛亮的大裤衩——你就别楞装明嘚儿啦！

郑家姑娘嫁给老郝家——正（郑）好（郝）

【注释】此处主要借用"郑郝"的谐音"正好"。

【例句】企业正在实行股份制，每人都要投资入股。我正不知怎么办才好，你愿意顶替我投资入股，郑家姑娘嫁给老郝家——正（郑）好（郝）！

周瑜打黄盖——一个愿打，一个愿挨

【注释】周瑜、黄盖，均为三国时期东吴人物，一个为都督，一个为手下大将，二人曾施苦肉计使黄盖到曹营诈降成功。比喻两厢情愿。

【例句】我们两家换住宅楼，周瑜打黄盖——一个愿打，一个愿挨，也别说谁占便宜谁吃亏。

嘴没上锁——关不住风

【注释】比喻走露风声，泄露秘密。

【例句】东躲西藏，还是嘴没上锁——关不住风，造假的事到底还是露了底，假货全部被没收，还被罚了款。

嘴唇上抹蜂蜜——嘴甜

【注释】形容能说会道，全凭一张嘴。

【例句】谢大脚就是嘴唇上抹蜂蜜——嘴甜，见什么人说什么话，左右逢源！

庄稼佬不认电棒——一股急火

【注释】庄稼佬，对农民的蔑称；电棒，手电筒的俗称。庄稼佬不认识手电筒，只感到一股急火从手电筒中射出。比喻因某事而突然生气上火。诙谐性用语。

【例句】拆迁的事儿没谈成，老郭是庄稼佬不认电棒——一股急火，突然患脑出血入院抢救。

庄稼佬不认月份牌儿——白扯

【注释】庄稼佬同上；月份牌儿，日历牌的俗称。庄稼佬不认识日历牌上记载的日期和文字，虽然照例每天扯掉一页，但并不知道其中的内容而白白扯掉。此处借用"白白扯掉"比喻白白耗神费力或浪费物力而毫无收获。贬低性用语。

【例句】你到俄罗斯倒卖钢材，收获如何？嗨！别提了，白忙活一年，庄稼佬不认月份牌儿——白扯！

栽楞屁股放屁　　横呲

【注释】栽楞，歪歪斜斜之意。呲，损人、呵哧人之意。比喻没有根据的瞎批评、瞎呲人。

【例句】你可别栽楞屁股放屁——横呲人，我什么时候说中国公开核潜艇的秘密了？

做梦娶媳妇儿——净想美事儿

【注释】现实中娶媳妇儿当然是件美事儿，而做梦娶媳妇儿只是一种梦想。形容一心想的美事儿不一定就是现实。讽刺性用语。

【例句】你也想上中央电视台《星光大道》演出？做梦娶媳妇儿——净想美事儿！

附 录

附录1：

东北十大怪（一）

历史上，东北地区荒无人烟，人口稀少。清朝末年，清廷由封禁政策改为开禁政策，加之中东铁路的修通，大批山东、河北等内地流民涌入东北地区，形成大规模的"闯关东"现象，东北地区人口逐渐稠密。东北地区同时也是女真族的发源地，在这里入主中原，建立了清朝。因此，来自内地的汉族以及鄂伦春、鄂温克、达斡尔等少数民族和满族共同创造了灿烂的民族文化，形成了独特的民族习俗和生活特点。久而久之，出现了许多与内地截然不同的"怪现象"，逐渐演变为"东北之怪"。

由于东北地区地域辽阔，生产生活习俗不尽相同，除各地普遍存在的"东北之怪"外，还形成许多地区性的"东北之怪"如"哈尔滨十大怪""盘锦十大怪"等。又因社会的发展变化与社会进步，旧"东北十大怪"和新"东北十大怪"在内容上也有所不同，流传的文本也有所不同。本文只记录旧"东北十大怪"的两个不同文本。作为一种了解和参考，同时将"哈尔滨十大怪"附录于此。

一、窗户纸糊在外

冬季东北地区气候寒冷，取暖保暖是日常生活的主要内容之一。在既没有玻璃也没有塑料布的时代，主要是用窗户纸糊窗户。窗户纸是一种用芦苇、蒲棒草、线麻等制成的叫做"麻纸"的既很薄又柔软、虽不白而发黄的纸，再经过胶油、桐油、苏子油加盐水喷涂，既防潮且因薄而略微透光，但拉力不强，东北歇后语"窗户纸糊玻璃 —— 一捅就破"说的就是这种现象。旧时东北人家贴窗户纸习惯将窗户纸贴在窗户外面而不是贴在里面，这是因为将窗户纸贴在外一是防潮即防止室内潮气侵蚀窗户纸，二是防止大风吹破窗户纸。糊窗户纸非常讲究，要糊得平整、绷直而无褶皱，既美观又耐用。窗户纸糊得好坏，也是衡量一户人家日子过得好坏的标志。随着玻璃和塑料布的大面积使用和流行，用窗户纸糊窗户的现象已不多见。

二、姑娘叼个大烟袋

东北地区的生活习俗受满族习俗影响极大，女人使用烟杆抽烟就是一例。旧时，东北地区妇女抽烟是一种普遍现象，包括年轻妇女在内，均有使用烟杆（烟袋锅）抽旱烟的习俗。旧时女孩子很少上学学文化，而是很小便跟随父母参加农业生产劳动，她们在孩提时代就已经在生产或生活中学着成人抽旱烟，一是在劳动中抽烟熏蚊虫，二是晚间劳动之余抽烟解乏度过漫漫长夜。但她们不是抽卷烟，而是抽自己家种植的旱烟，而且多使用烟袋杆（烟袋锅）抽烟，烟袋杆上多系有玉、玛瑙等烟袋坠儿，抽烟时将烟袋嘴叼在口中，因此有"姑娘叼个大烟袋"的说法。互相敬烟（用烟袋锅抽旱烟）也是东北人待客的传统习惯，客人来了，主人将装满旱烟的烟袋点燃后递给客人是极尊贵的礼节。如今东北地区妇女抽烟也是普遍现象，所不同的是抽的主要是卷烟即香烟，用烟袋抽旱烟的现象已不多见。

三、养活孩子吊起来

这仍然是受满族生活习俗的影响之一。旧时，东北地区人家的住房多为茅草房，没有灰棚，房檩、椽子裸露在外。妇女生孩子后，将婴儿平放在摇篮（育儿工具之一，也称悠车、晃车）内，身下垫有装入谷糠被称作"糠口袋"的柔软而防潮的垫子，再将摇篮用皮条或绳子挂在屋内的檩子或椽子上。孩子的母亲坐在热炕上，一边做针线活，一边摇动摇篮使孩子睡觉。东北地区人家还有"睡脑袋"和"睡体形"的习惯，婴儿入睡后，要不断为婴儿侧身，保证婴儿头部浑圆，以防头部睡偏睡扁。同时，还要将婴儿双臂放直，外边裹紧小棉被，再用绳子将婴儿身体尤其是双腿紧紧捆住，以防婴儿身体长偏、长不直或出现前鸡胸、后罗锅、罗圈腿等现象。以上育儿习俗已经不见，无论城乡均为新法科学育婴。

四、"嘎拉哈"姑娘爱（"嘎拉哈"人人爱）

这也是受满族生活习俗的影响之一。"嘎拉哈"即狍子、羊、猪等小牲畜的膝盖骨，为东北地区满族、蒙古族、鄂伦春族、鄂温克族、达斡尔族等少数民族和汉族少年儿童尤其是小女孩都十分喜爱的一种原始玩具。"嘎拉哈"是满族和蒙古族的共同称呼，其他民族各有不同称呼。旧时，儿童玩具极少，"抓（音 chuǎ）嘎拉哈"曾为少年儿童的主要游戏之一。"嘎拉哈"一般用凤仙花汁将其染成红色或其他颜色，四面分别称为"支儿""轮儿"（也称"驴儿"）"坑儿""背儿"（也称"肚儿"），玩时用"子儿"（即装满粮食或碎石子的小布口袋）猜先决定先后次序。"嘎拉哈"的玩法很多，各地不尽相同。如今会玩"嘎拉哈"的人已不多见，"嘎拉哈"更成稀罕物，有的地区已将玩"嘎拉哈"列为地方非物质文化遗产保护名录。

五、冬包豆包讲鬼怪

粘豆包为东北地区传统食品之一，有很长的历史。包粘豆包时，首先将大黄米碾成粉和（huò）成粘米面，再将优质芸豆烀熟捣成糊状做馅，包成比乒乓球略大团状上屉蒸熟即可。粘豆包柔软又筋道，非常可口，又好吃又耐饿，无论冬夏都可食用，为东北地区传统主食之一。春节时，粘豆包同饺子一样，是必不可少的节日食品。这一"怪事"说的就是人们边包粘豆包边讲一些鬼怪故事、家长里短、闲说话、闲唠嗑。粘豆包吃不完也可冻起来，吃时解冻即可，如蘸白糖味道口感更佳。粘豆包如今仍在东北地区流行，只是不受时间、节日的限制，已经成为一种特色商品，既可自己包，也可购买，想吃就吃，想买就买。

六、大缸小缸腌酸菜
（不吃鲜菜吃酸菜）（新鲜白菜渍酸菜）

东北地区天气寒冷，结冰时间长，如何保存新鲜蔬菜越冬是东北地区人民群众日常生活中的一件大事。食品匮乏时期，东北地区的人们冬季的蔬菜主要是土豆（马铃薯）、大萝卜和白菜，土豆、大萝卜可入窖储存，而白菜极易腐烂，不易越冬，久而久之，聪明的东北人便发明了用新鲜大白菜渍（jī）酸菜的办法，腌渍好的酸菜既酸脆可口，又可使大白菜保存越冬。渍酸菜主要用大小缸，将大白菜洗净层层摆放在缸内并逐一压实，浇满水后，再用大小适合大石块压住，放置屋内不热而又凉爽处，待其自然发酵，发酵适度即可食用。腌渍好的酸菜清脆爽口，口感极佳，食用时既可炒菜，又可炖菜，多与粉条（必须是土豆淀粉制成的粉条）、猪肉同时炖，"猪肉炖粉条酸菜"已成为一道东北名菜。

在物质极大丰富、人们生活条件大为提高的今天，酸菜仍然是东北地区人民群众家庭的主要蔬菜之一，无论什么季节都可食用。"猪肉炖粉条酸菜"也为高档餐厅、酒店的特色菜肴。

七、烟筒砌在山墙外（烟筒立在山墙外）

历史上，在生活条件没有提高之前，东北地区普通人家的住房条件十分简陋，主要为茅草房或土坯房。取暖方式主要是火炕及火墙子、火炉子。而火炕是主要取暖方式，往往将火炕砌成连二大炕、连三大炕（两间或三间房子砌成相连的大炕），然后将烟筒砌在房山，用于取暖的烟在大炕烟道盘旋后从烟筒直接排出，既通风好烧又排烟顺畅。这种取暖方式既可取暖，又可利用热炕烘干粮食、烟叶等食品和日用品。"烟筒砌在山墙外"除上述所指外，也指存放未脱粒的玉米棒的"苞米楼子"即粮食囤子，"苞米楼子"外形极似既粗又高的大烟筒。

八、反穿皮袄毛朝外

东北地区冬季气候十分寒冷，最低温度可达零下四十度以下。在羽绒服等现代化服饰没有投放市场之前，尤其是新中国成立之前，东北地区人民群众的越冬的服饰主要是大棉袄、大棉裤、棉靰鞡、毡疙瘩（gā da）、狗皮帽子，需长时间在外作业或从事其他室外活动，则必须穿皮大衣。皮大衣多为羊皮大衣，普通穷苦人多穿羊皮大衣，有钱人穿貂皮、狐皮等高档皮大衣，外罩高档绸缎。普通人穿羊皮大衣时，往往反穿即毛朝外皮朝里。这样反穿皮大衣的好处，一是抗寒效果更好而且耐磨，二是防止雪花落入衣内，落在皮衣表面的雪花一抖即掉。现代化服装普及后，这种"反穿皮袄毛朝外"的现象极少见，在林区、矿区等偏僻地区寒冷季节还偶可看到。

九、狗皮帽子头上戴
（狐狸皮帽子头上戴，四块瓦片头上戴）

如上所述，东北地区冬季气候寒冷，在现代化服饰流行之前，普通人防寒的帽子主要是各种皮帽子，而以狗皮帽子为最多、最常见，偶有戴狐皮帽子者。另一种"东北之怪"即"四块瓦片头上戴"也是指的这种狗皮帽子。随着现代化服饰的流行普及，狗皮帽子已被淘汰，但在林区、矿区寒冷季节还可偶然看到。

十、火盆热炕烤爷太

如上所述，东北地区冬季气候寒冷，在生活条件没有改善之前，东北地区普通人家的取暖方式主要是火炕。寒冷季节，没有农活时节，人们冬闲越过漫漫严冬，无论老少，往往一家人围坐在热炕上，最冷季节再在热炕上放置一泥盆放入热灰或碳火，用抽旱烟、唠闲嗑的方式度过寒冷的冬天。火盆内还可埋入生鸡蛋、土豆、地瓜、生苞米棒烤熟，为一种时令小吃。"爷太"是一种泛指，即指上了年龄的老年人，既包括老头也包括老太太。在人们生活条件普遍提高、物质极大丰富的今天，这种取暖方式虽然已不多见，但在偏僻贫穷的地区还可见到。

东北十大怪（二）

一、晚上睡觉头朝外

东北地区普通人家的住房都建有火炕，人们睡觉都睡在火炕上。既使在生活条件极大改善的今天，大多数人家仍然睡在火炕上，特别是广大农村更为普遍。而东北地区的人们睡觉习惯都是头朝外睡，这是因为一是脚下一般摆放炕琴（一种摆放在火炕靠窗一侧用来摆放被褥、衣物的柜子）或其他各式柜子，二是起炕方便，且便于听声和通过窗户观察室外动静。

二、百褶皮鞋脚上踹

如前文所述，东北地区冬季气候寒冷，普通人们过冬时所穿的防寒衣物其中包括棉靰鞡。棉靰鞡分多种，其中一种由牛皮或羊皮制作，前部布满褶皱即"包子褶"，内垫入乌拉草，既轻巧又保暖。"东北有三宝，人参貂皮乌拉草"就是指垫入皮靰鞡的这种草。随着社会的发展进步，皮革棉靰鞡逐渐被布面胶底棉靰鞡所替代，但保暖性远不如皮革棉靰鞡。如今，百褶皮革棉靰鞡已基本绝迹，棉胶皮靰鞡仍在使用。

三、草坯房子篱笆寨

如前文所述，东北地区冬季气候寒冷。但生活困难时期，普通人家的住房主要是茅草房和土坯房。儿女多的人家，儿子结婚后，多在父母住房附近再盖一处房屋，久而久之，使一家人的多处住房连成一片。贫穷人家既砌不起砖院墙，也砌不起石头院墙，而是用柳条、各种树枝夹成篱笆院墙，形成"草坯房子篱笆寨"的格局。

四、吃饭不离苣荬菜

苣荬菜为一种多年生草本植物，茎叶嫩时可食用，吃法主要是蘸大酱生食，味道微苦而脆嫩，口感极佳。每到初春苣荬菜生长时节，农户往往倾家进山采苣荬菜，一连吃很长时间。虽然在物质十分丰富的今天，东北人仍有生吃苣荬菜的习惯，许多人都喜欢。如今若想吃苣荬菜，不必进山采摘，整个春天都可在市场上即可买到，一时吃不完，还可以冷藏或冷冻在冰柜中。闲暇之余，如随同采山（山货）大军进山采苣荬菜或其他蕨菜、柳蒿芽等山野菜，则已经是一种休闲行为。

五、马拉（狗拉）爬犁比车快

在交通工具不发达之前，冬季马拉爬犁是东北地区普通人家主要交通工具之一。由于气候过于寒凉，在没有防冻润滑油之前，即使有汽车，在超低温的情况下也无法发动，爬犁便成为极普遍的交通工具。除马拉爬犁外，还有狗拉爬犁。在冰天雪地之中，马拉爬犁驰骋在雪原上，确实要比汽车快。无论走亲戚、接亲办喜事、运送物资等都要乘坐马爬犁。尤其是冬天办喜事，拉爬犁的骏马头戴红缨，脖挂响铃，爬犁披红挂彩，奔驰在皑皑白雪之上，人欢马跃，响铃声声，是一幅壮美的图画。随着交通工具的快速发展，马拉爬犁今已不多见，仅在偏僻的林区或山区偶见。

六、降妖除魔神仙舞

受满族和其他东北少数民族的影响，历史上东北地区汉族也信奉萨满教。所不同的是，汉族的信奉形式主要是"跳大神"。凡有疾病、灾害、烦愁、祸凶等，都要请巫婆神汉"跳大神"。"跳大神"分大神、二神等，还要设置神堂。跳神做法时，大神穿上奇异的神服，手持神鼓，口中念念有词，手舞足蹈，如痴如狂，似鬼神附体，为信奉者驱魔降妖，解除疾病或病痛，"降妖除魔神仙舞"指的就是这种现象。在破除迷信、思想解放的今天，"跳大神"现象虽然已不多见，但在东北地区尚未绝迹，仍有"跳大神"的残余存在。

七、小伙跳墙狗不咬

东北地区民间一直有养狗的习惯，尤其是广大农村，几乎家家户户都养狗。从史到今，依然如此。养狗的目的主要是看家护院，防贼防盗。家家户户都养狗，全村全屯大人小孩彼此都是熟人，因此，人来人往，狗都因为是熟人而不咬不叫，即使发生小伙子跳墙这样的严重事件，看家狗都不做任何表示。

八、宁舍一顿饭不舍"二人转"

东北"二人转"（还有"蹦蹦""蹦蹦戏"等多种称呼）不仅有较长的历史，也有极其广泛的群众基础。"二人转"是东北地区曲艺的一种，多为一男一女二人演出，边唱边舞，打诨骂俏，讲究"说口"（类似京剧中的"念"），诙谐幽默，乐趣横生。东北地区许多人对"二人转"达到痴迷程度，如有"二人转"演出，即使不吃饭、不干活，也要不顾一切地去看"二人转"。在文艺舞台异彩纷呈、各种文艺形式多种多样的今天，东北"二人转"仍有广泛的群众基础，仍然受到广大东北人民群众的喜爱。

九、先摆 8 个压桌菜

东北农村办喜事时，喜事宴会上，往往讲究 8 碟子 8 碗，摆满一桌子菜。虽然是 8 碟子 8 碗，碟碗数量有限，但菜量不限，可随吃随添。这种现象在农村仍然存在。

十、骡马驮（duò）子驮 (tuó) 大载

旧时东北农村交通落后，在偏僻的山区，山势崎岖，道路不平。运输粮食、山货等大宗农产品或山产品出山，则经常用骡马驮将货物驮出大山。而除货郎挑担进山卖日用品外，食盐、布匹等沉重生产生活用品，也要靠骡马驮运进山。交通十分发达的今天，这种使用骡马驮货的现象基本不存在，但在偏僻的山区，由于山势陡峭，没有公路，无法使用汽车等现代运输工具运输货物，使用骡马驮物的现象仍然偶有发生。

哈尔滨十大怪

一、秋林的面包像锅盖（秋林商店卖的一种俄式大面包），禁嚼又抗拽，又好吃又好带，搁上十天半月都不坏。

二、红肠小肚（红肠的品种）供不上卖，味道香而不腻人人爱，走亲串友做礼品，到哪儿都是上等菜。

三、越冷越吃冰凉块儿（雪糕类冷食品），糖葫芦雪糕销得快，冻梨冻柿子冻水饺，想吃就吃哪儿都有卖。

四、喝起酒来像灌溉，酒量大来速度快，为了推销凉啤酒，经常举办大奖赛。

五、冬泳健儿大有人在，松花江里游得快，冰雪助阵齐喝彩，哎呀哎呀真有能耐。

六、貂皮大衣毛朝外，贼拉敢穿又敢戴，大姑娘美小伙子帅，个顶个的招人爱。

七、老年秧歌真来派，一色老头老太太，冰雪名城添风采，欢乐不尽春常在。

八、狗拉爬犁比车快，常搞越野拉力赛，冰雪天，荒郊外，享不尽的冰雪情趣原生态。

九、冰雪大世界造得快（举办冰雕展览），冰雕雪塑千姿百态，五光十色放异彩，巧夺天工誉满海内外。

十、冬天雪地开不败，满街都是姹紫嫣红的"大头菜"（学名羽衣甘蓝，一种冬天开的形状类似大头菜的花），三九严寒冻不死，腊月朔风吹不坏。

附录 2：

大兴安岭林区之"怪"

东边下雨西边晒

　　大兴安岭林区位于祖国东北部，森林蓄积量很大，为中国重点林区之一。由于林木储积量大，因此分布面积广，但分布极不均匀，气候也变化无常。盛夏季节，雨量充沛，有时一片乌云便在局部地区形成大雨，而其他地区仍艳阳高照，因此有"东边下雨西边晒"之说。

六月大雪青菜盖

　　大兴安岭林区寒冷季节长而温暖时间短，大部分时间都处于寒冷季节，无霜期平均只有89 ～ 92天，全年平均温度为一2℃。由于无霜期短，黄瓜、西红柿、青椒、豆角等细菜都不能种植，只能种植土豆马铃薯、长白菜、大头菜（苤蓝）、大萝卜等秋菜。即使这样，也常常遭受早霜、低温等自然灾害的袭击。阳历6月，正是林区的春末夏初时节，有时这一季节也会有霜冻或飘起大雪，正在生长中的各种青菜被大雪覆盖或遭受严重霜冻，"六月大雪青菜盖"并不是偶然现象。随着林区的不断开发和林业生产方针的不断调整，林业生产重点也由"采伐为主，多种经营"转变为"采、育、伐相结合，实行'天保工程'（天然林保护工程）"的生产方针，部分林业工人转为农业工人，引进塑料大棚和"阳光工程"新技术种植各种蔬菜，"六月大雪青菜盖"的现象有所改善。

两条细鳞一麻袋

大兴安岭雨量充沛，河流众多，盛产多种冷水鱼如哲罗鱼、细鳞鱼等，尤以细鳞鱼个体最大，味道最鲜美。细鳞鱼体长而厚，头部扁平，背部呈青褐色，头部及体侧有暗黑色斑点，肉白细嫩，清香可口，有较高的营养价值和经济价值。如有客人自远方来，主人以细鳞鱼招待则是最高礼节。由于细鳞鱼产于河流湍急的大河之中，因此体形硕大，捕捞到十几公斤重的细鳞鱼尚属正常，有几十公斤重、一人拖不动的特大细鳞鱼出水也并不稀罕。因此，"两条细鳞一麻袋"虽是一种形容，但并不夸大。随着林区的过度开发和乱捕乱捞，较大的细鳞鱼如今已不多见，细鳞鱼产量锐减，因此市场价格很高且不易买到。

三只林蛙两盘菜

林蛙即中国林蛙，也称哈仕蟆、田鸡，不仅是名贵的中草药，也是高级营养品，唐朝曾将田鸡列为宫廷筵席上品，为大兴安岭"八珍"之一。东北群众极爱吃林蛙，民间有多种吃法，如"红焖哈什蟆""炸田鸡"等，都是极受欢迎的佳肴。煮饺子时，将活蛙同饺子同时下锅，活蛙则抱住饺子不放，成为东北民间有趣的美食。大兴安岭林区雨量充沛，泡湖遍地，盛产林蛙。人迹罕至的偏僻之处，林蛙个体很大，最大的母蛙如人拳大小，遍体通红，满肚蛙仔，最为鲜美。"三只林蛙两盘菜"并不是溢美之词，只是特大林蛙近年已不多见。在近年实行的"多种经营"中，出现了人工养殖林蛙的专业户。

大碗喝酒比水快

大兴安岭林区开发于二十世纪五十年代初期，林业工人主要来自山东、河北、辽宁、吉林、黑龙江等地。这些人不仅由农民转变为林业工人，也带来了各地不同的酒文化。大兴安岭林区不仅气候寒冷，寒冷的时间也长，结冰期长达近 8 个月。寒冷的气候再加上豪爽粗犷的性格，林业工人逐渐形成喝酒的习惯。林业工人喝酒，既不讲究环境的好坏，也不讲究繁琐的礼节，往往用碗喝酒。喝酒也不是礼节性的小杯碰小杯小口喝酒，而是用吃饭的碗大口喝酒，"大碗喝酒比水快"是一种极形象的描述。

围着火炉吃冰块

"冰块"不是指水结成的冰块，而是指雪糕、冰砖、冰棍等冷食品。林区的人民群众，无论男女老少，也无论冬夏春秋，都爱吃冷食品，一则林区交通多有不便，食品较缺，二则冷食品甘冽可口，一年四季均可供应，因此成为林区人民群众极喜爱的小食品之一。夏天，天气炎热，生产工人挥汗如雨，吃点冷食品解渴又消暑，十分惬意；冬天，室外冰天雪地，滴水成冰，室内铁炉烧红，温暖如春，围着火炉边闲聊，边喝酒，边吃雪糕，更是一种享受，也是一种林区特有的乐趣。

进门用脚踹

东北地区的冬天十分寒冷，大兴安岭尤甚，最寒冷的季节气温一般在－35 ～ -40℃ 左右，最低可超过 -40℃，令人咋舌。林区人民的住房多为大坯房或板夹泥房，也有少量"木刻楞"（用粗大的松木叠搭起来的纯木结构房屋），室内取暖方式主要有铁炉和火墙两种。由于室外气温过低而室内温暖，温差极大，门板会因温差大而形成一层冰面，较长时间不开门，特别是第二天起来后，融化的门水将大门和门框冻在一起，开门时要用脚用力踹几脚，才能将冻在一起的门和门框撞开。实行"改革开放"政策特别是进入二十一世纪之后，林区人民的生活迅速得到改善，住房基本为砖瓦结构房屋，取暖方式也由单一的火墙火炕取暖改为锅炉取暖，"进门用脚踹"的情况已不多见。

火炕连锅盖

大兴安岭冬季漫长而寒冷，取暖和御寒是人们日常生活中首先面临的头等大事。传统的取暖方式主要是火墙、火炕和铁炉子，被称为"东北三大取暖器"。火炕、火墙均由红砖砌成，红砖传热快而散热慢，因此为火墙取暖首选材料，最为普及。为充分发挥火炕、火墙传热的功能，林区人民一般单砌炉灶直通火墙。但与之配套的是利用火炕补充取暖，火炕不仅是林区、也是东北农区的主要传统取暖方式。火炕也是主要由红砖砌成，通过火炕盘旋的烟道将烟慢慢排出，通过这种方式将炕面烧热。而烧火炕的炉灶一式两用，既可以烧水做饭，又可以通过烧水做饭将火炕烧热取暖。"火炕连锅盖"说的就是这种取暖方式，这种取暖方式至今仍在沿用。

邮电局歇礼拜

林业生产工人或是实行计件工资，或是轮流休息，没有星期六、星期日（星期日也称礼拜日）休息放假的概念。由于林业工人大都居住于偏僻的深山密林之中，交通不便，通讯更落后。在没有实行移动手机通讯之前，邮电局是林业工人主要的也是须臾不能分离的重要通讯机构，打长途电话、打电报、邮寄包裹、物品、信件以及订报纸、杂志等都要通过邮电局进行。邮电局为国家兴办的事业单位，在实行五个工作日前实行六个工作日时，逢星期天都要放假休息，这与林业工人的传统作息时间有很大不同。因此，"邮电局休礼拜"成为林区之怪之一。如今实行的是五日工作制，邮电局逢礼拜六、日均休息，反倒见怪不怪了。

电报没有平信快

在没有实行移动手机通讯之前，尤其是林区开发初期，林区的通讯设备非常落后。打长途电话需到邮电局去，遇有紧急情况需要发电报，也只能走很远的路到设在林区林场或城镇的邮电支局去。邮电支局一般设在人口相对集中的乡镇或林场，而林业工人所在的采伐小工队（林业生产的最基层组织）长年驻扎在人迹罕至的深山密林中。如外地有电报发来，受条件和交通的限制，邮电支局无法及时将电报转到收报人手中，而是同包裹、邮件、平信以及电报等几天一次送到采伐小工队。"电报没有平信快"形象地说明了林区通讯的落后状况。随着林区的快速发展和通讯手段、通讯技术的不断进步和更新，林区职工电话座机已经完全普及，尤其是开办移动通讯业务之后，手机已经成为林业工人的必备通讯工具，"电报没有平信快"的现象基本消失。

火车停在镇子外

大兴安岭林区开发于十九世纪五十年代初期至中期，铁路修筑是林区开发的重要内容。林区的铁路分为两种，一种为常轨铁路，一种为窄轨铁路。常轨铁路主要用来发送运输旅客，如牙林铁路（牙克石 ～ 满归）、潮莫铁路（也称潮乌铁路，潮中 ～ 莫尔道嘎）等；窄轨铁路主要用来运输木材，同时也运送上下班的林业职工，因其铁路较常轨稍窄，火车较常轨火车稍小，因此林区人民习惯称之为"森林小火车"。由于修筑常轨铁路时为大兴安岭开发初期，林区人口较少，火车站一般建在人口较为集中的小城镇或林场所在地。随着林区建设的快速发展，人口不断增多，开发初期时的小城镇开始搬迁扩建，城镇新址距原停车的火车站距离较远，比较有代表性的是莫尔道（嘎莫尔道嘎，鄂温克语"绿汪汪一片水"之意）林业局、莫尔道嘎车站所在地莫尔道嘎镇，车站距镇区 3 公里远。旅客列车到站时，停车地点距镇区很远，因此说"火车停在镇子外"。

汽车得用牛车拽

公路运输是大兴安岭林区木材运输的主要方式，无论是冰封雪裹的冬季还是酷暑难当的夏季，都要通过公路运输木材，运输工具以汽车为主，兼有少量拖拉机和牛马车。主要运材公路一般为砂石路，虽有专业维护人员，随时保养维护路面，但在初春翻浆时节和夏季大雨之后，有些路况稍差的地方仍会出现陷车现象，尤其一些路况较差的公路支线更为严重。一旦运材汽车发生了陷车现象，有时不得不请或花钱雇附近农民的牛车，集中几头老牛共同拖拽陷入泥潭的运材汽车。

吃水用麻袋

大兴安岭林区气候十分寒冷，结冰期长达近8个月。驻扎在深山密林中的采伐工人吃水主要靠山泉水或河水。未结冰时节，可直接在山泉或河中取水。冰封雪裹的深冬，取水则非常困难。无论饮用水或生活用水，都要破冰取水，即将冰块砸碎后装入麻袋，再将碎冰块运到采伐工队的驻地，这是林业生产工人冬季用水的唯一途径。林区水系发达，河网密布，用水非常方便。采伐工人选择驻地时，一要考虑距采伐作业地点要近，二要考虑距水源要近，取水用水方便。由于冬季是林木采伐的最佳季节，因此冬季用麻袋装冰块取水司空见惯，这种取水方式至今仍在沿用。

常年炖干菜

林区开发初期，林区的商业较为落后，商业网点也较少，商品品种奇缺。这一时期物资十分匮乏，城镇居民的副食供应十分紧张，大部分副食品都凭票供应。身居深山老林的林业工人生活尤为艰苦，肉、蛋等副食品非常紧缺，很少吃到新鲜蔬菜，长年吃干菜已成家常便饭。计划经济时期，粮食由国家粮店定量供应，蔬菜、肉食、蛋类等副食品均由国营商业网点供应。林业工人的生活虽有好转，但受诸多条件限制和制约，副食品供应仍十分紧张。国家实行"改革开放"政策之后，国营商业逐渐解体，个体商户迅速崛起，林业职工所需粮油和副食品均由个体私营商贩供应。由于大兴安岭林区山高林密，许多林业施业区又在人迹罕至的原始森林之中，远离人群，再加之交通不便，运输困难，林业工人所需各类物资供应不及时，尤其是受交通、运输、气候等条件的制约和限制，新鲜蔬菜供应仍较困难。进入冬季后，大雪封山，行路困难，虽然冬季正是采伐作业的旺季，但受上述因素的限制，林业工人很难吃上新鲜蔬菜。没有新鲜蔬菜，只能吃夏季储备的干菜。进入二十一世纪之后，随着私营个体商业的日趋活跃，林业生产工人在生产季节所需各类主食和副食品，大都由个体商贩送到林业工人生产驻地，食品缺乏的状况大为改善。但由于受气候、运输等条件的限制，深冬季节和盛夏雨季副食品仍难以保证供应，吃不到新鲜蔬菜而炖干菜的现象仍偶有发生。

墨盒绑在大腿外

　　林业生产有一套完整的生产流程，从勘测开始，选材、采伐、造林、归楞、长、短途运输等，其中检尺是各道工序都不可缺少的一环。各林场、各采伐工队都有专职的检尺人员，他们的主要职责就是在各生产阶段对各类木材进行检尺并记录在案。专业检尺员使用的工具除计材尺（一种刻有木材的长度、粗度折合成立方米的专用量尺）、记录本外，还有一种专用工具即墨盒和号锤。墨盒为铁皮制方形，里面装满黑色印泥，检尺员为刚刚伐倒的木材或初步造材的木材检尺时，一手持计材尺，一手握号锤，边检尺、边记录、边打号锤。号锤锤头安有齿轮，齿轮上分别安有刻有2、4、6、8、0的5个铁制锤头，检尺员先用计材尺量元木的小头直径，再调整号锤，将号锤调至所需要的元木直径，如元木直径是42公分，检尺员就先将号锤调出4，在墨盒中蘸一下印泥，在元木上先敲一个"4"，再将号锤调至"2"，再在墨盒中蘸一下印泥，挨着"4"敲一个"2"，这就是元木小头的直径，以此类推。为了更准确地反映元木的直径，后将2、4、6、8、0这5个偶数号锤头改为1、2、3、4、5、6、7、8、9、0共10个号锤头。由于墨盒使用频繁，且墨盒又极易弄脏拎兜、衣服等，为使用方便，检尺员习惯把墨盒随手绑在大腿绑腿外边，随用随摘，用后再挂。如果到林业工人的采伐小工队，发现有人绑腿外挂有墨盒，便知道他就是专业检尺员，这形成了林区极具特色的一道亮丽的风景线。

手闷子吊在屁股蛋

大兴安岭冬季漫长，气候寒冷，防寒服装是十分重要的御寒物资。林业工人冬季服装主要是皮大衣（也称皮大氅、皮大哈〔hà〕，为防雪防寒，习惯毛朝外穿）、皮帽子、毡疙瘩（用粗羊毛制成的长筒靴子，极为保暖）、棉靰鞡（一种胶皮底棉帮带有五眼的棉鞋，可垫靰鞡草也可垫棉毡垫）、手闷子（专指一种拇指为一指、其他四个手指合并为一指的棉手套，五个手指的棉手套不叫手闷子）等。为了防止手闷子丢失，林业工人习惯将两只手闷子用长绳连起来，既不容易丢失，又容易保管。从事林业生产时，将皮大衣脱下作业，如果劳动量大身体发热或从事某些细微作业如划线、检尺等不戴手闷子时，则将两只手闷子甩在身背后，再将手闷子连接绳绞几个扣儿，使两只手闷子自然吊在腰后屁股蛋上。"改革开放"后，随着物资的不断丰富，林业生产工人的御寒服装也发生了很大变化，很少有人再穿翻毛皮大衣和毡疙瘩，取而代之的是羽绒服和翻毛皮鞋（内穿毡袜）或质量较好的棉胶鞋（内穿毡袜），但御寒手套没有太大变化，一部分林业工人改戴羽绒棉手套，但仍有人习惯戴棉手闷子。

袜子套在棉裤外

冬季作业，林业工人不仅要从事繁重的采伐作业，还要翻山越岭，往返于作业点和驻地之间。为了防寒，特别是为了防止磨损棉裤，林业工人习惯在棉裤外再套上皮套裤。这种皮套裤一般由狍子皮制成，也有为犴皮（即驼鹿，也称犴达罕，俗称"四不像"，一种身形类似鹿而身材高大的野生动物）制成，但数量较少。这种皮套裤起自脚面，长可达大腿根部，形同长袜，上端用皮绳系在腰间皮带上。由于是兽皮制成，既十分耐磨，又可御寒，是林业工人常用的日常服装，至今仍在沿用。

皮子朝里毛朝外

　　由于大兴安岭林区气候寒冷，冬季漫长，因此御寒服装是林业工人的十分重要的生活用品。传统的御寒服装如"手闷子吊在屁股蛋"所述，皮大衣是林业工人重要的防寒服装之一。这种皮大衣，林业工人称为大氅或皮大哈，由羊皮制成。林业工人习惯皮朝里而毛朝外穿皮大衣，这样穿的好处，首先是保暖性强，其次是可以防止落雪湿透皮大衣。毛朝外穿皮大衣，落雪落在皮大衣表面后，不易浸透皮大衣的皮张。近十几年间，由于物质的极大丰富，林业工人穿皮大衣的现象明显减少，取而代之的是既轻巧又保暖性极强的羽绒服装。

是男是女分不开

　　由于大兴安岭林区冬季十分寒冷，林区人们的穿着打扮与城镇居民和南方群众有很大区别。在羽绒类服装（包括羽绒服、羽绒裤、羽绒坎肩即马夹等）未传入林区之前，林区人们冬季服装主要是皮大衣、棉大衣、皮帽子、棉帽子、毡疙瘩、棉靰鞡或布棉鞋。为抵御风寒，无论男女，大都穿上述各类防寒服装，尤其是"三九"天最寒冷季节，普通头巾、围脖等都抵挡不住零下三十几度甚至超过零下四十度的严寒的侵袭，即使妇女也都穿皮大衣或棉大衣，头戴狗皮或其他兽皮帽子，因此单从着装上很难分清是男是女。羽绒类服装传入林区之后，各种颜色的羽绒服成为林区人民群众的首选，妇女所穿的羽绒服更是色彩缤纷，款式各异，"是男是女分不开"的现象已不复存在。

四季裙子裹在外

大兴安岭的许多林业局都建在额尔古纳河右岸即中俄边境线上，林区职工家属居住地或施业区内有许多俄罗斯人或华俄后裔。受俄罗斯生活习惯的影响，俄罗斯籍人和华俄后裔妇女大都喜欢穿长裙，既不分季节，也不分场合，一年四季均穿长裙。夏季主要穿"布拉吉"（一种俄罗斯风格长裙，多为女孩或青年妇女穿）或长体薄裙而不穿长裤；春秋天气较凉季节，长裙里面穿体形裤或紧腿裤；严冬季节，裙子内穿毛裤。

摘来松塔用筐卖

松塔，也叫松籽，偃松的果实（大兴安岭不产红松松塔）。果实成熟后颜色为棕黑色，果粒藏于片片伞状果皮之中，状如金钟或塔状，故名松塔，为大兴安岭著名土特山珍之一。传统作法为盐水煮食，果实肉香清脆可口，松树油味浓郁。每到深秋松塔成熟时节，林区集镇的街道两旁一溜溜、一片片摆满了卖松籽等林区野果的摊子，同时出售的还有林区特产野生浆果笃斯（学名笃斯越桔，商品名蓝莓）、红豆（即牙格达俄语"红色浆果"之意）等，春末夏初至深秋出售的野生浆果，还有羊奶子（学名忍冬）、托盘、灯笼果、野生草莓、山丁子、稠李子等。夜幕降临，商贩们点起汽灯或白炽灯，直到深夜，为林区一道极具特色的风景线。大兴安岭开发初期，松塔的产量很高，价格较低，没有专门的收购机构。林区职工家属采到松塔后，并不论斤卖，而是成筐卖。随着林区的大面积开发，偃松面积大幅度减少，松塔的产量也随之减少。如今的松塔不仅不论筐卖，也不论斤卖，而是论个卖，剥出的松籽煮熟后也论斤卖或论杯卖。

爬犁把姑娘往家拽

大兴安岭林区开发初期至计划经济时期，林区人们的生活极为贫困，物质十分匮乏，也没有大型运输车辆，倒运木材的工具主要为牛车马车。随着国民经济的发展，林区逐渐开始使用汽车和拖拉机运材，深冬季节也使用牛爬犁或马爬犁短途运输木材。爬犁日益成为重要的辅助运输工具，林区人民群众的许多生活都使用爬犁，爬犁也成为林区人民群众在冬季的重要运输工具。人们选定结婚的吉日主要在元旦和春节前夕，这一时期正是一年四季中最寒冷的一段时间，最低气温可达零下四十度。在没有使用防冻液之前，这样的严寒气候汽车无法发动更无法开动，因此，男女青年结婚时，往往使用马爬犁接新娘，接亲的运输工具也是马爬犁。接新娘时，拉爬犁的辕马身披彩绸，头戴大红花，脖系响铃，一路人欢马叫，响铃不断，彩带飘飘，其热闹情景不比今天的汽车接亲逊色，反而更具情趣。随着国民经济的飞速发展，林区人们的生活日趋丰富多彩，运输工具也发生了极大变化，如今林区男女青年结婚形式同城镇男女青年结婚形式已没有明显区别，主要使用各种小轿车。

猎人猎枪天天带

历史上，大兴安岭西北麓曾是被称为"使鹿部"的鄂温克族猎民的狩猎区，大兴安岭东北麓曾是鄂伦春族猎民的狩猎区。在这广袤的原始森林中，到处都留下了这两个民族的狩猎足迹。游猎在大兴安岭西北麓的鄂温克族猎民，居无定所，漂泊游移，吃兽肉，住"撮罗子"，牵着驯鹿（一种类似麋鹿的半野生状态的鹿科野生动物），游猎于茫茫林海之中。1957 年 8 月，党和国家帮助他们走出森林，在内蒙古自治区额尔古纳旗（旧称，后改称额尔古纳右旗即今额尔古纳市）奇乾地区（今奇乾乡）初步定居，1965 年 8 月又帮助他们在内蒙古自治区额尔古纳左旗（时称，今根河市）的敖鲁古雅鄂温克民族乡全部实行定居。2003 年 8 月，党和地方政府对他们实行生态移民，整体搬迁到根河市市郊敖鲁古雅鄂温克民族乡新居。1965 年定居之后，鄂温克族猎民实行"以猎为主，多种经营"的方针，后又改为"猎养并举，多种经营"的方针，多个林业局的施业区都曾是鄂温克族猎民的狩猎区。他们身背猎枪，牵着驯鹿带着猎犬，游猎在这一广大地区，经常与林业职工家属相会或相遇，"猎人猎枪天天带"指的就是这部分鄂温克族猎民。进入 2000 年之后，根据国家政策的调整，这部分鄂温克族猎民彻底放下手中的猎枪，不再从事狩猎业，而主要从事驯鹿饲养业和其他各业，"猎人猎枪天天带"的现象已不复存在。

皮子围在房子外

如同"猎人猎枪天天带"所述，在漫长的狩猎过程中，鄂温克族猎民居住的是"撮罗子"（猎民自己称为"纠"即"房子"之意）。它是鄂温克族猎民的重要生活用品，已有近千年的历史。"撮罗子"呈圆锥形，高约 3 米，直径 4 ～ 5 米，有大小之分，用 25 ～ 30 根松木杆搭建，周围覆盖以整张的桦树皮，分层压接，冬天再盖上兽皮为围，既防雪又御寒，无论取暖、做饭、睡觉均在"撮罗子"内。有些林业局的施业区曾是鄂温克族猎民的狩猎区，因此林业工人经常可以看到鄂温克族猎民的"撮罗子"。进入二十一世纪之后，鄂温克族猎民已不再从事狩猎活动，"撮罗子"已不多见，只有在驯鹿饲养点和旅游景点尚可见到少量"撮罗子"。

住房铺着灯笼盖

所谓"灯笼盖"，是林区特有的、由松木劈成的铺房盖的薄木板。在没有修建砖瓦房屋之前，尤其是林区开发初期，林业职工住宅大部分为大坯房或板夹泥房，大坯房即用泥坯叠建而成，非常保暖；板夹泥房由松木板或桦木板钉成空心板墙，墙内再灌满大泥，保暖性较差。无论大坯房、板夹泥房，均用灯笼板为盖。制做灯笼板，需选用平直且无根节的松木，截成所需长度，再顺茬劈成一片片约一公分厚的薄板。这种薄松木板防雨性能好，愈干燥防雨防漏效果更好，但极易发生火灾，遇有火灾便形成"火烧连营"，同时十分浪费林业资源。二十世纪八十年代后，国家加强了林区资源的管理，大力提倡节约木材，提高木材综合利用率，同时推广修建砖瓦结构房屋，灯笼盖土房逐年减少。至二十一世纪初期之后，除极偏远地区外，以灯笼板为盖的土房已不多见。

桦子围房连成片

大兴安岭林区开发初期即二十世纪五十年代初期直至七十年代末期，在漫长的岁月中，无论是林业职工住宅还是城镇居民或林区的机关单位，无论是取暖、烧水、做饭，全部以木材为燃料。所不同的是，林业职工住宅和城镇居民住宅，取暖方式是通过火墙连通火炕传热取暖，机关单位完全通过火墙传热取暖，每年都要烧掉大量木材，其中包括部分质量好的木材。桦子，即松木或桦木截成约 50～60 公分的木段，再顺苕劈成若干条状木块，用来烧火。由于每年要烧掉大量木桦子，因此，拉木材、劈桦子，成为林区人民家家户户必不可少的一种劳动，一般在冬天进行。拉运烧火木材，初时以人力车为主，后改为马车、牛车或拖拉机，后又辅助以汽车。由于每年都要拉桦子、储备桦子，因此家家户户都摆满了已经劈好的木桦子。这些木桦子围着院墙码成垛儿，摆满了院子，谁家的木桦子多，也是能力和富有的象征。进入八十年代后，特别是《森林法》公布实施以后，党和国家加强了林区的管理，提倡"以煤代木"，努力提高林区采伐剩余物的利用率，烧木材的现象逐年减少。随着砖瓦房屋的修建和锅炉、暖气片取暖方式的传入，烧木材数量锐减，除边远偏僻的住户少量烧木材外，林业职工住宅、城镇居民、机关单位基本烧煤炭通过锅炉、暖气片取暖，大量烧木材、"桦子围房连成片"的现象已不多见。

满山树挂真可爱

大兴安岭林区气候寒冷，冬季漫长。崇山峻岭中，水网密布，河流众多。随着气候冷暖的变化，深冬季节，河两岸的树上挂满了树挂，绵延数十公里，蔚为壮观，形成壮丽而雄浑的景色。"北风卷地百草折，胡天八月即飞雪。忽如一夜春风来，千树万树梨花开"。这是唐代诗人岑参诵咏塞外寒冬的著名诗句。但可以肯定地说，岑参诗中的树挂，是根本无法同大兴安岭上宏伟、壮观而又绮丽的树挂相匹敌争姿。那满山遍野的落叶松、白桦林的枝干上，尤其是墨绿的樟松枝条上，沉甸甸、颤悠悠地挂满了洁白的树挂，像是披着白色盔甲战袍列队而立的武士，英姿勃勃，连绵不绝，别有一番风韵。冬日升起之后，放眼望去，琼枝玉带，挂雪披霜，可以与春天的飞絮、夏日的百花、晚秋的枫叶相媲美。

垡子盖房好又快

大兴安岭气候寒冷，冬季漫长，如何取暖保暖是林区人民群众生存和发展所面临的首要问题，而盖房是取暖保暖的重要内容。林区开发初期，除前面所述住房有大坯房、板夹泥房之外，还有一种住房就是垡子房。所谓垡子房，就是由草垡子块搭建的住房。垡子，是指将杂草盘根错节地连在一起、饱含泥水的草甸子地切成的垡子块。在含水量较低的深秋，将草甸子的泥土连同盘根错节的草根一同用快锹切割成块状犹如土坯，慢慢自然阴干，待第二年春天将阴干的垡子如同垒土坯一样盖房。这种垡子房具有保暖、阴凉、盖房速度快且省工省料的特点，是林区常见的一种简易住房。林区人民还常用草垡子块砌猪圈、鸡圈，也具有上述特点。

附录3

大兴安岭林区行话术语

开山：进入林业采伐区从事林业生产的第一天的工作。

采伐：林业工人按照国家计划将成材的树木伐倒的行为。

集材：林业工人将已伐倒的木材运到指定地点或装车的生产过程。

运材：将伐倒的分散的木材集中到楞场后再用汽车、拖拉机或牛车、马车运到贮木场的生产过程。

造材：将伐倒的大树原条根据需要切割成指定的长度。

归楞：将木材按等级或材质归集在一起。

造林：在无林木的地方栽种新林，一般指人工造林。

抚育：一般指造林后人工松土、除草、间伐、护理等作业过程。

起树：采伐放树。

铺锯：开始采伐作业。

抽片：使用电锯伐木第一道工序，即在采伐下茬处先锯掉一片树碴以控制大树倾倒的方向。也叫"挂耳子"。

正面挂：已经被伐倒的大树树梢搭在另一棵生长的大树的树梢上。

侧枝挂：已经被伐倒的大树搭在另一棵大树的侧枝上。

摘挂：用机械或畜力将被挂住的大树放倒或拉开。

总道：采伐作业的大山沟里的运材道。

花道：采伐作业的山场的集材道。

喊山：　采伐工人伐树后，根据大树要倒的方向喊出的号子，如"顺山倒"、"横山倒"、"迎山倒"等。

串坡：将被伐倒的树木从陡峭的山坡上放下来的过程。

倒套子：用马车、牛车将伐倒的大树运送到楞场或指定地点。

砍下颏：伐树过程中的第一道工序，即在大树即将倒伏方向将要伐倒的大树根部砍成豁沟，使树木按需要的方向倒伏。

叫茬：大树被伐倒前发出的"吱吱嘎嘎"的响声。

反茬：大树伐倒后没能按照采伐人的要求方向倒伏而向相反的方向倒去。

坐殿：大树被伐倒后仍在原地站立不倒的现象。

搭挂：也称"搭架"。被伐倒的大树倒下时被其他大树架住而不能倒地。

打桦子：大树被伐倒时树干从中间劈成两半，一半蹦起而另一半仍连在树干上。

回头棒子：　大树被伐倒后随大树反弹回来的树枝丫、棍棒。

站干：没被伐倒仍然站立的枯死大树。

老头树：根粗而梢细、树冠大而枝干短的活立木，也叫"驴尾巴树"。

迎门树：距被伐倒的大树较近的对面的大树，也叫"迎门挂"。

原条：被伐倒后没有进行修整造材的整棵树木。

件子：被伐倒的大树按一定规格切割成的原木段。

腊杆子：秃梢而无大树冠的活立木。

水灌子：长期被水浸泡达到饱和状态的枯死树。

蚂蚁哨：内部朽成无数小洞犹如蚂蚁窝的大树。

红糖包：内部严重腐烂的大树。

吊死鬼：悬于大树上的树枝或大树杈。

佛爷座子：也叫"佛爷凳"。大树被伐倒后剩余的树墩子。

鱼眼圈：大树伐倒后砍掉粗大树枝后在树枝根部形成的痕迹，就像鱼眼圈，故名。

白眼圈：被伐倒的大树的粗树干被砍得与树干平齐，犹如白眼圈。

马耳茬：被伐倒的大树打枝桠时根部留得较高，形成马耳朵状的茬口。

灯碗子：大树的树干受伤后形成的凹陷伤痕。

盘丝头：木材的纹理极度扭曲与交织。

明子：油脂分泌较多的树木，也称"油包"，可以用来做松明子照明。

脱裤子：集材拖拉机履带脱轨被称为"脱裤子"。

套子：运送木材的牛车、马车和爬犁，统称"套子"。

摊煎饼：伐下的木材未经整理而散乱堆满楞场。

哈腰挂：伐木工人抬木头时弯腰搭挂钩的动作。

耍龙：伐木工人抬木头时，最末尾一副"肩儿"一对儿抬木工人形成的一副架儿要跟随前人步伐调整角度，因此最后一副"肩儿"被称为"耍龙"，犹如耍龙时的龙尾。

画龙：伐木工人抬木头时因木材沉重而走路不稳、左右摇摆。

搪桥：木头两端挂物而中间悬空。

看飞机：抬木头时仰面滑倒。

大滑斜：向拖拉机或畜力车装木材时用的一种工具。

轱辘码子：林区森林小铁道上运送木材的小平车。

起吊子：林区森林小铁道上一种运材的平车。

拣洋驴：这是伐木工人间出现的一种特有现象，即在当日收工前，故意选一棵粗大沉重的木材，不断减少抬木人数，被淘汰者当日工资由其他人平分，这种现象被称为"拣洋驴"。

钱包：伐木工人因长期抬木材使脖子后因长期被杠棒磨挤而形成的隆起的肉疙瘩。

土地老：为防滑而在森林小铁道上撒沙子的人被称为"土地老"。

挨咬：　林业工人忌讳受伤，因此被木头碰伤称为"挨咬"。

卡钩：　林业工人归楞木材的一种带铁钩的工具。

压脚子：移动木材时用的一种工具。

树起子：伐树时用于防止夹锯而使用的木塞或楔子。

把门：6～8 人共同抬起一根沉重的木头时所用的一种工具，即两根肩杠和卡物的连接物。

垫杆：伐木工人归楞时在跳板上所加的横木。

磨骨头儿：采伐工人抬木头时放在肩上的木棒，两端呈尖状，也叫"尖肩杠"。

拦圈子：在河水中用铁索拦住随水而漂的木材。

滩河：把堆积在河岸旁准备水运的木材逐一放入水中。

赶羊：在河水里水运木材。

流送：利用河水将木材运到指定地点的过程。

推河：把修理好的原木推入河中准备水运。

连茬滚：用马拉四轮车把伐倒的木材从山场直接运送到推河场或车站贮木场。

漂洋木：被河水冲出河道的零散木材。

沉底木：比重较大的木材因长期浸泡而沉入河底。

拆垛：水运的木材在河中堆积时，找出造成木材堆积的关键木材进行拆除，使被堆积的木材顺流而下。

跑垛：在河水中运输的木材因拆垛而一涌而下，拆垛工人在滚动的木材上迅速跑上河岸躲避风险。

骑水马：在河水中放木材的放排工人骑在漂动的木材上极易落水，这种骑在漂动的木材上的行为被称为"骑水马"。

拽旱滩：放排工人将冲击到岸边的木材拖拽回河水中。

出河：将捆扎好的木材用人力或机械力运到河岸。

坡口：将木材修理成断面呈梯状斜面伸入水中，铺上小铁道道轨，用出河机将钢丝捆扎好的木材拖出河水。

水槽：冬季运材时在河道上刨出来的冰道。

卧槽：冬季因没能及时处理而使木材冻结在地上。

王八坑：陡峭的大山中平坦的地方。

桃花水：春天冰雪消融而顺山沟流出的山水。

大肚子锯：一种两人合力拉的大锯，锯齿部呈弧状，就像鼓出的肚皮，故名。

弯把子锯：一种由一个人使用的大锯，因手柄部同锯身呈45度角而得名。

地窨子：　伐木工人的一种住处，即选择向阳背风处建立的半地下的地穴。

木刻楞房：由松木去皮后凿铆相互叠压搭建起来的一种木房子。

哈拉房：由板夹泥搭建起来的一种简易住房。

小杆儿铺：用松木杆或桦木杆搭建的简易床铺，是采伐工人居住在采伐工地时的主要床铺。

地火龙：将烟道砌在地下，通过地下烟道取暖的一种取暖方式。

棉靰鞡：一种胶底棉帮棉鞋，穿时垫进靰鞡草，既轻巧又保暖，但容易返潮。

毡疙瘩 gāda：用厚毛毡制作的筒装毡靴，分为高腰、低腰两种，一般裹包脚布穿靴，分量很轻，保暖性极强。

拜把头：林业工人或跑山人向山神爷朝拜，请求山神爷保佑平安。

把头爷：山神、土地、老虎均被林业工人称为"把头爷"。

编 后 记

　　2008 年 7 月，乘飞机到海南三亚、海滨城市大连等地旅游。游兴之余，又千里迢迢专程到曾在这片土地流血流汗、度过几年难忘的军旅生涯的故地——陕西省西安市旧地重游。虽然故地景物旧时痕迹已难寻觅，尽管梆梆面、葫芦头泡馍、醪糟等昔日地方小吃已不是当年的味道，但西安兵马俑、秦始皇陵、华清池以及兵谏亭等旅游景点还是给我留下了深刻的印象。旅游闲暇之余，在某购物点偶然买到一本《关东方言趣解》，虽然薄薄百十几页，却地方气息浓郁，妙趣横生——一个纯粹东北人，却因在陕西服役几年而对陕西省尤其是陕南方言情有独钟，仔细读来，倍感亲切。掩卷之余，军旅生涯旧事历历在目，恍如昨日，而那充满地方风味的陕南话，也使我浮想联翩，往事如烟——蓦然间，一个念头在脑海闪现：我的那些厚厚的、多本东北方言记录本尚乖乖地睡在橱柜之中，正等待着主人发掘利用！查遍书店、网络，尚无一本东北方言专著问世，岂不是天赐良机？岂不是恰逢其时？

　　搜集、记录、整理东北方言，已是我坚持多年的习惯，将浩如烟海、妙趣横生的东北方言整理成书，同样也是我梦寐以求的夙愿。人们举杯相邀、酬酢杯影之余，滔滔不绝，醉话连篇之时，却是我记录东北方言的绝好时机；赶车老板夜宿车店、言语交锋、信口胡侃，土得掉渣的东北话、尤其是诙谐幽默、妙趣横生的东北歇后语妙语连珠，如山泉汩汩流出，以此赌酒，我却笔耕不辍，信手拈来，记录在案；《东北大帅吴俊升》《张作霖全传》《少帅张学良》等诸多小说名著，均用东北方言特点书就，其中方言土语及歇后语连篇累牍，比比皆是，竟成取之不尽的源泉；中央电视台相继播出的《刘老根》、《马大帅》、《圣水湖畔》、《金色农家》、《关东大先生》、《女人的村庄》、《乡村爱情》、《乡村爱情故事》、《乡村爱情小夜曲》以及《乡村爱情4～7》等东北风格电视剧以及黑龙江电视台播出的娱乐专题节目……东北地方气息浓郁，东北方言最为闪光，有如繁星满天，闪烁其间；大兴安岭林区采伐生产小工队工棚、知识青年插队落户的庄稼院热炕头、田间地头、茶楼酒肆、机关单位，都是采撷东北方言的极好去处……一卷卷、一本本、一页页、一张张东北方言的记录就这样产生了……

　　在搜集、记录、整理、著书立说、编辑出版的过程中，每逢朋友、同事、同学、战友相聚之时，咂舌惊讶之际，便你补充几条方言土语、他补充几条歇后语，使资料更加丰富、充盈。这其中包括同学张宴林、何继孝、宝金芳；朋友李玉印、周文武、李瑛、郭权、王治宝、宋桂根、杨岱臣、王巨业、徐宝贵……

董连城、张宴林、李玉印为我审阅、校对了全书；我的老师、历史学家徐占江先生给予了无私的指导与帮助；老朋友、扎兰屯市人大常委会主任常秀峰给予了极大帮助与支持；尤其要感谢呼伦贝尔学院党委书记王志、院长朱玉东教授在出书经费给予了极大支持，呼伦贝尔学院文学院院长李萍教授、副院长王云介教授、党总支书记周艳华教授、语言教研室主任刘慧英教授以及娜布其、蔡文婷、曾庆娜、曲建华等各位讲师帮助统编了全书并在专业技术方面给予了全面指导……本书的问世，绝不是我一个人的成就和努力的结晶，而是浸透着众人的心血和汗水，更凝结着众人的期望和心愿。无以言表，在此谨表深深的谢意！

当然，这部《东北方言词条集成》并不能成为东北方言的典籍，只能是人们茶余饭后的一碟鲜果、一杯浓茶。虽经千般努力、万般辛苦，仍有许多经典的东北方言仍未能收入其中，有些词条的解释也未必准确，仅表遗憾，权当不足以待补充修正。

编著者

2014 年 12 月